Harvey W. Rubin

Fachbegriffe
Versicherungswesen

Dictionary of
Insurance Terms

Harvey W. Rubin

# Dictionary of Insurance Terms

– over 3000 terms of U.S. market –

English – German

Harvey W. Rubin

# Fachbegriffe
# Versicherungswesen

– über 3000 Fachbegriffe des
US-amerikanischen Marktes –

Englisch – Deutsch

Die Deutsche Bibliothek – CIP-Einheitsaufnahme

**Rubin, Harvey W.:**
Fachbegriffe Versicherungswesen : über 3000 Fachbegriffe des
US-amerikanischen Marktes ; englisch–deutsch / Harvey W.
Rubin. – Wiesbaden : Gabler, 1994
  Parallelsacht.: Dictionary of insurance terms
  ISBN 3-409-19948-9
NE: HST

Der Gabler Verlag ist ein Unternehmen der Verlagsgruppe Bertelsmann International.

© Betriebswirtschaftlicher Verlag Dr. Th. Gabler GmbH, Wiesbaden 1994

Lektorat: Brigitte Stolz-Dacol

Translated from the English DICTIONARY OF INSURANCE TERMS, 2nd edition
by Harvey W. Rubin, Copyright © 1991 by Barron's Educational Series, Inc. Published
by arrangement with Barron's Educational Series, Inc., Hauppauge, New York
11788.

Das Werk einschließlich aller seiner Teile ist urheberrechtlich
geschützt. Jede Verwertung außerhalb der engen Grenzen des
Urheberrechtsgesetzes ist ohne Zustimmung des Verlags
unzulässig und strafbar. Das gilt insbesondere für Vervielfältigungen, Übersetzungen, Mikroverfilmungen und die
Einspeicherung und Verarbeitung in elektronischen Systemen.

Höchste inhaltliche und technische Qualität ist unser Ziel. Bei der Produktion und
Verbreitung unserer Bücher wollen wir die Umwelt schonen: Dieses Buch ist auf säurefreiem und chlorfrei gebleichtem Papier gedruckt. Die Einschweißfolie besteht aus
Polyäthylen und damit aus organischen Grundstoffen, die weder bei der Herstellung
noch bei der Verbrennung Schadstoffe freisetzen.

Die Wiedergabe von Gebrauchsnamen, Handelsnamen, Warenbezeichnungen usw. in
diesem Werk berechtigt auch ohne besondere Kennzeichnung nicht zu der Annahme,
daß solche Namen im Sinne der Warenzeichen- und Markenschutz-Gesetzgebung als
frei zu betrachten wären und daher von jedermann benutzt werden dürften.

Übersetzung: Klaudia Solbach, Bergisch Gladbach
Umschlaggestaltung: Schrimpf und Partner, Wiesbaden
Satz: Satzstudio RESchulz, Dreieich-Buchschlag
Druck: Wilhelm & Adam, Heusenstamm
Bindung: Osswald & Co., Neustadt/Weinstraße
Printed in Germany

ISBN 3-409-19948-9

# Inhalt

Vorwort und Danksagung .................................... VII

Benutzungshinweise ....................................... XI

Begriffe ................................................ 1

Abkürzungen und Akronyme .............................. 1097

Wörterverzeichnis Deutsch – Englisch ..................... 1109

# Contents

Preface and Acknowledgments .............................. IX

How to Use This Book Effectively .......................... XIII

Terms ................................................ 1

Abbreviations and Acronyms .............................. 1097

Glossary German/English ................................ 1109

# Vorwort

Versicherungen sind ein Finanzinstrument, nicht mehr und nicht weniger. Dieses Finanzinstrument spielt eine entscheidende Rolle bei der persönlichen und der geschäftlichen Finanzplanung.

Im persönlichen Bereich übersteigen die Beträge, die eine Einzelperson im Laufe ihres Lebens für Versicherungen ausgibt, alle anderen Ausgaben, einschließlich derer beim Kauf eines Hauses. Jeder diese Aussage betreffende Zweifel kann durch Aufaddieren der jährlichen Prämienzahlungen für Lebensversicherung, Krankenversicherung, Rentenversicherung, Sozialversicherung, private Rentenversicherung, Keogh Plan, Kfz-Versicherung, Hausbesitzer- oder Mieterversicherung, Berufshaftpflicht- und Globalhaftpflichtversicherung beseitigt werden. Einzelpersonen machen diese Ausgaben jedoch gewöhnlich ohne hinreichende Kenntnis der erworbenen Versicherungsdienstleistung.

Die gleiche Situation herrscht im wesentlichen in der Geschäftswelt vor. In den meisten Fällen übersteigen die Beträge zu den verschiedenen Versicherungen andere geschäftliche Betriebsausgaben. Die Beiträge zu den freiwilligen Sozialleistungen werden in den USA auf 30 bis 45 Cent pro Dollar Gehalt eines Beschäftigten geschätzt. Wenn man diese Ausgaben zu den Kosten anderer geschäftsbedingter Ausgaben, wie der Berufsunfallversicherung, durch Versicherungen finanzierte Kauf-/Verkaufsvereinbarungen, Schlüsselpersonenversicherung, Unternehmenssachversicherung, Unternehmenshaftpflichtversicherung und andere Sonderversicherungen für Unternehmen, hinzufügt, so können die Gesamtkosten überwältigend sein. Und die Entscheidungen über den Abschluß von Unternehmensversicherungen werden erstaunlicherweise oft ohne hinreichende Grundkenntnisse über die verschiedenen erhältlichen Versicherungsdienstleistungen getroffen.

Eine Funktion des Wörterbuchs für versicherungstechnische Fachbegriffe von Barron's ist es somit, Einzelpersonen als Referenzquelle für Entscheidungen über persönliche und Geschäftsversicherungsvorhaben zu dienen. Das Wörterbuch beinhaltet knappe Definitionen und Beispiele derjenigen Fachbegriffe, die dem Verbraucher im Bereich Versicherungen auf allen Ebenen mit größter Wahrscheinlichkeit beggenen werden. Die Versicherungsbranche ändert sich schnell. In den letzten Jahren sind mehr neue Versicherungsdienstleistungen am Markt angeboten worden als in allen vorhergehenden Jahren zusammen. Das Wörterbuch enthält Definitionen und anschauliche Beispiele dieser aktuellen Angebote sowie der traditionellen Produkte. Querverweise erlauben es dem Leser, Variationen noch zu definierender Fachbegriffe und anderer relevanter Definitionen zu untersuchen.

Ein weiterer Grund für die Existenz des Wörterbuches versicherungstechnischer Fachbegriffe von Barron's ist, den Praktikern, die eindeutige, technisch

exakte Antworten zu Fragen der Terminologie des Versicherungs- und Risikomanagements benötigen, eine Referenzquelle zu geben. Die in diesem Bereich Tätigen werden in diesem Wörterbuch ein einfach zugängliches Nachschlagewerk praktisch aller Fachbegriffe, die im täglichen Geschäftsbetrieb gebraucht werden, finden. Das Spektrum der abgedeckten Versicherungsaktivitäten reicht von der Versicherung des Risikos durch die Zentrale bis zur tatsächlichen Vermarktung und dem Vertrieb des Versicherungsproduktes, um das Risiko zu schützen.

Der Versicherungsagent kann dieses Wörterbuch als hilfreich bei der Vermarktung und Bedienung von Versicherungsdienstleistungen empfinden. Viele Kunden haben viele Fragen, die die Merkmale verschiedener Versicherungsdienstleistungen, sowohl neuer als auch traditioneller, auf dem Markt betreffen. Dieses Wörterbuch kann als Ergänzung zu den Verkaufsunterlagen verwendet werden, um diese Fragen sowie auch Anfragen über die Bedienung zu beantworten. Schnelle und genaue Antworten auf diese Fragen können manchmal den Unterschied zwischen Vertragsabschluß und Nicht-Abschluß bedeuten.

# Danksagung

Der Autor möchte der Rezensentin, Diane Orvos vom American Council of Life Insurance, für ihre Beiträge danken. Ihre zahlreichen in die Tiefe gehenden Kommentare waren von großer Wichtigkeit für die fachliche Genauigkeit des Manuskripts. Milton Amsel glättete und schärfte den Stil des Autors und schlug viele bedeutungsvolle Änderungen vor, dank derer dieses Buch gewonnen hat. Don Reis and Sally Strauss von Barron's waren von unschätzbarem Wert, das Manuskript in seine endgültige Fassung zu bringen. Die professionelle Einstellung von Gen Nash beim Schreiben und bei der Korrektur der zahlreichen Fehler des Autors im Verlaufe der Vorbereitung machten die Präsentation des Manuskriptes möglich. Schließlich möchte der Autor seiner Frau Ofie and seinem Sohn Jack für die anhaltende Inspiration danken.

*Harvey W. Rubin*

# Preface

Insurance is a financial instrument – nothing more, nothing less – which plays a critical role in both personal and business financial planning.

On the personal level, the money an individual spends for insurance over a lifetime surpasses all other types of expenditures – including the purchase of a home. Any doubt concerning this statement can be dispelled by adding up the premium payments made yearly for life insurance, health insurance, pension plan, social security, individual retirement account or Keogh Plan, automobile insurance, homeowners or tenants insurance, professional liability insurance, and umbrella liability insurance. Yet, the individual makes these expenditures usually without adequate knowledge of the insurance product purchased.

Essentially the same situation exists in the business world. Contributions paid into various insurance coverages in most instances exceed other business operating expenses. Employee benefit plan contributions alone have been estimated to range betweeen 30–45 cents for each dollar of salary paid to an employee. When added to the cost of other business related insurance expenditures such as workers compensation, buy-sell insurance funded agreements, key person insurance, business property coverage, business liability insurance, and other business specialty insurances coverages, the total cost can be overwhelming. And, astonishingly, the business insurance purchase decision is also frequently made without sufficient basic knowledge of the various insurance products available.

Thus, one function of Barron's *Dictionary of Insurance Terms* is to serve as a reference source for individuals making personal and business insurance planning decisions. The Dictionary provides concise definitions and examples of those terms most likely to confront the insurance consumer on all levels. The insurance field is rapidly changing. More new insurance products have reached the marketplace in the last few years than in all previous years combined. The Dictionary contains definitions and illustrative examples of these "state of the art" offerings as well as of the traditional products. Cross references allow the reader to research variations of the terms to be defined and other relevant definitions.

Another reason for the existence of Barron's *Dictionary of Insurance Terms* is to provide a reference source for practitioners who require succinct, technically accurate answers to insurance and risk management terminology questions. Professionals in the field will find the Dictionary to be a readily accessible reference source for virtually all terms that are used in the everyday conduct of business. The spectrum of insurance activities that is covered ranges from the home office underwriting of the risk to the actual marketing and distribution of the insurance product to protect the risk.

The insurance agent may even find the Dictionary to be useful in marketing and servicing insurance products. Many clients have numerous questions concerning the characteristics of the various insurance products on the market, both new and traditional. The Dictionary can be used as a supplement to the sales literature to answer these questions as well as inquiries about servicing. Fast, accurate responses to these questions can sometimes mean the difference between closing and not closing a sale.

# Acknowledgments

The author would like to acknowledge the contributions made by the reviewer, Diane Orvos of the American Council of Life Insurance. Her many in-depth comments have been of great importance to the technical accuracy of the manuscript. Milton Amsel smoothed and sharpened the author's prose and suggested many meaningful changes that have greatly enhanced the final work. Don Reis and Sally Strauss of Barron's have been invaluable in bringing the manuscript to its final form. Gen Nash's highly professional commitment to typing and correcting the author's many errors along the way has made the presentation of the manuscript possible. Finally, the author wishes to thank his wife, Ofie, and son, Jack, for continuing to be an inspiration.

*Harvey W. Rubin*

# Benutzungshinweise

**Alphabetisierung**: Alle Einträge sind nach dem Alphabet nach Buchstaben und nicht nach Wörtern geordnet. **Age Setback** folgt zum Beispiel **Agent of Record,** und **All Risks** folgt **Allocation of Assets**. In einigen Fällen (wie **NAIC** acts and regulations) erscheinen Abkürzungen zusätzlich zu der separaten Liste der Abkürzungen und Akronyme im hinteren Teil des Buches auch als Eintragungen im Haupttext. Dies geschieht dann, wenn die Kurzform und nicht der formelle Name im normalen Gebrauch der Branche vorherrscht. **NAIC** zum Beispiel wird normalerweise gebraucht, wenn von der „National Association of Insurance Commissioners" die Rede ist, der Eintrag befindet sich somit unter **NAIC**. Zahlen und Zeichen sind so alphabetisch geordnet, als wären sie ausgeschrieben.

Viele Wörter haben ausgeprägt unterschiedliche Bedeutungen, je nach Kontext, in dem sie gebraucht werden. Die verschiedenen Bedeutungen eines Fachbegriffes werden unter einer numerischen oder funktionalen Unter-Überschrift angegeben. Die Leser müssen den für ihren Zweck relevanten Kontext bestimmen.

**Abkürzungen und Akronyme**: Eine separate Liste von Abkürzungen und Akronymen findet sich im Anhang des Wörterbuchs.

**Querverweise**: Um das Verständnis eines Fachbegriffes zu erweitern, wird manchmal auf verwandte oder entgegengesetzte Termini verwiesen. Die Querverweise sind mit einem Verweispfeil gekennzeichnet und erscheinen entweder im Text der Eintragung (oder des Untereintrags) oder am Ende. Diese Begriffe sind nur beim erstmaligen Erscheinen im Text mit einem Verweispfeil gekennzeichnet. Wo ein Begriff vollständig durch einen anderen Begriff definiert wird, wird ein Verweis statt einer Definition angegeben, z. B. **Producer** → Agent.

**Kursivdruck**: Kursivschrift wird generell gebraucht, um herauszustellen, daß ein Wort oder eine Wendung in der Branche eine bestimmte Bedeutung hat. Kursivdruck wird auch für die Titel von Publikationen verwendet.

**Klammern**: Klammern werden aus zwei Gründen in Eintragungstiteln gebraucht. Erstens, um anzuzeigen, daß ein anderer Begriff identisch oder sehr eng verwandt mit dem eingetragenen Ausdruck ist, z. B. **Benefits of Business Life and Health Insurance (Key Person Insurance)**. Der zweite Grund ist, anzuzeigen, daß eine Abkürzung genauso häufig wie der Ausdruck selbst verwendet wird, z. B. **Federal Trade Commission (FTC)**.

**Besondere Definitionen**: Das Wörterbuch schließt Organisationen und Vereinigungen, die eine aktive Rolle in der Branche spielen, mit einer kurzen Angabe ihrer Aufgabe ein.

# How to Use This Book Effectively

**Alphabetization**: All entries are alphabetized by letter rather than by word, so that multiple-word terms are treated as single words. For example, **Age Setback** follows **Agent of Record,** and **All Risks** follows **Allocation of Assets.** In some cases (such as **NAIC** acts and regulations), abbreviations appear as entries in the main text, in addition to appearing in the back of the book in the separate listing of Abbreviations and Acronyms. This occurs when the short form, rather than the formal name, predominates in the common usage of the field. For example, **NAIC** is commonly used in speaking of the "National Association of Insurance Commissioners"; thus, the entry is at **NAIC**. Numbers in entry titles and the ampersand are alphabetized as if they were spelled out.

Many words have distinctly different meanings, depending upon the context in which they are used. The various meanings of a term are listed by numerical or functional subheading. Readers must determine the context that is relevant to their purpose.

**Abbreviations and Acronyms:** A separate list of abbreviations and acronyms follows the Dictionary.

**Cross-References:** To add to your understanding of a term, related or contrasting terms are sometimes cross-referenced. The cross-referenced term is marked with an arrow of reference either in the body of the entry (or subentry) or at the end. These terms are marked with an arrow of reference only the first time they appear in the text. Where an entry is fully defined by another term, a reference rather than a definition is provided – for example: **Producer** → Agent.

**Italics**: Italic type is generally used to highlight the fact that a word or phrase has a special meaning to the trade. Italics are also used for the titles of publications.

**Parentheses:** Parentheses are used in entry titles for two reasons. The first is to indicate that another term has a meaning identical or very closely related to that of the entry word; for example, **Benefits of Business Life and Health Insurance (Key Person Insurance)**. The second reason is to indicate that an abbreviation is used with about the same frequency as the term itself; for example, **Federal Trade Commission (FTC).**

**Special Definitions:** Organizations and associations that play an active role in the field are included in the Dictionary along with a brief statement of their mission.

# A

## AAM
→ Associate in Automation Management (AAM)

## Abandonment and Salvage
Legal status giving an insurance company all rights to an insured's property. The → Abandonment Clause is usually found in → Marine Insurance and not in other → Property insurance policies such as the → Homeowners Insurance Policy and the → Special Multiperil Insurance (SMP) policy. An insured may wish to abandon the hull of a ship if the cost of protecting it exceeds its value. The insured must notify the insurance company of its intent to abandon property but the company is under no obligation to accept the abandoned property.

## Abandonment Clause
In marine insurance, clause giving an insured the right to abandon lost or damaged property and still claim full settlement from an insurer (subject to certain restrictions). Two types of losses are provided for under abandonment clauses.

## AAM
→ Associate in Automation Management (AAM)

## Preisgabe und Bergung
Legaler Status, der einer Versicherungsgesellschaft alle Rechte am Besitz eines Versicherten gibt. Die → Abandonklausel findet man normalerweise in der → Transportversicherung und nicht in anderen Sachversicherungspolicen wie der → Hausbesitzerversicherungspolice und der → Speziellen Vielgefahrenversicherung. Es kann sein, daß ein Versicherter die Fracht seines Schiffes preisgeben möchte, falls die Kosten für den Schutz seinen Wert übersteigen. Der Versicherte muß die Versicherungsgesellschaft über seine Absicht, seinen Besitz preiszugeben, informieren, die Gesellschaft ist jedoch nicht verpflichtet, das preisgegebene Gut anzunehmen.

## Abandonklausel
Bei der Transportversicherung, Klausel, die einem Versicherten das Recht gibt, verlorenes oder beschädigtes Gut preiszugeben und dennoch den vollständigen Ausgleich vom Versicherer zu verlangen (unter dem Vorbehalt gewisser Einschränkungen). Die Abandonklausel sieht zwei Typen von Schäden vor:
1. *Tatsächlicher Totalschaden:* Das Gut ist

1. *Actual total loss*: property so badly damaged it is unrepairable or unrecoverable; clauses include fire, sinking, windstorm damage, and mysterious disappearance. For example, until the 1980s the *Titanic,* which sank off Newfoundland in 1912, was deemed to be unrecoverable and the Commercial Union Insurance Company had paid its owners for their loss due to sinking. Owners of ships that mysteriously disappeared in the Bermuda Triangle have been able to collect insurance proceeds. Disappearance of pleasure craft due to drug pirates has resulted in indemnification of owners through insurance proceeds.

2. *Constructive total loss*: property so badly damaged that the cost of its rehabilitation would be more than its restored value. For example, a ship and/or its cargo is damaged to such a degree that the cost of repair would exceed its restored value. The insured can abandon the property if (a) repair costs are greater than 50% of the value of the property after it has been repaired and (b) the insurance company agrees to the insured's intent to abandon.

so stark beschädigt, daß es nicht zu reparieren oder nicht zu bergen ist. Ursachen schließen Feuer, Versinken, Sturmschaden und mysteriöses Verschwinden ein. Bis in die 80er Jahre galt z.B. die *Titanic,* die 1912 vor Neufundland gesunken war, als nicht bergbar, und die Commercial Union Insurance Company zahlte wegen Verlustes durch Versinken an die Besitzer. Die Eigner von Schiffen, die unter mysteriösen Umständen am Bermuda Dreieck verschwanden, konnten Versicherungsleistungen kassieren. Das Verschwinden von Vergnügungsbooten wegen Drogenpiraten führte zur Entschädigung der Besitzer durch Versicherungsleistungen.

2. *Konstruierter Totalschaden:* Das Gut ist so stark beschädigt, daß die Wiederherstellungskosten höher wären als sein wiederhergestellter Wert. Ein Schiff und/oder seine Fracht sind beispielsweise in solch einem Umfang beschädigt, daß die Reparaturkosten den wiederhergestellten Wert übersteigen würden. Der Versicherte kann das Gut preisgeben, wenn (a) die Reparaturkosten 50 % des Wertes des Guts nach Reparatur übersteigen und (b) die Versicherungsgesellschaft der Preisgabeabsicht des Versicherten zustimmt.

**Absolute Assignment**
→ Assignment Clause

**Offene Forderungsabtretung**
→ Abtretungsklausel

## Absolute Beneficiary
→ Beneficiary; → Beneficiary Clause

## Absolute Liability
Liability without fault; also known as *liability without regard to fault* or *strict liability*. Absolute liability is imposed in various states when actions of an individual or business are deemed contrary to public policy, even though an action may not have been intentional or negligent. For example, in product liability, manufacturers and retailers have been held strictly liable for products that have caused injuries and have been shown to be defective, even though the manufacturer or retailer was not proven to be at fault or negligent. In many states the owner of an animal is held strictly liable for injuries it may cause, even though it does not have a past history of violence.

## Abusive Tax Shelter
Illegal tax deduction (as determined by the Internal Revenue Service) taken under the auspices of a limited partnership. One abuse of taxes is inflating the value of purchased assets far beyond their fair market value. Once the IRS determines that tax deductions are illegal, participants in the limited partnership are subject to the payment of back taxes,

## Absoluter Begünstigter
→ Begünstigter; → Begünstigtenklausel

## Unbeschränkte Haftpflicht
Haftpflicht ohne fehlerhaftes Verhalten, auch als *Haftung unabhängig vom Verschulden* oder *strikte Haftpflicht* bekannt. Die unbeschränkte Haftung gilt in verschiedenen Staaten der USA, wenn Handlungen einer Einzelperson oder eines Unternehmens als im Widerspruch zur öffentlichen Politik stehend angesehen werden, obwohl diese Handlung nicht beabsichtigt oder fahrlässig gewesen sein mag. Bei der Produkthaftung z.B. wurden Hersteller und Einzelhändler für Produkte, die Verletzungen verursachten und sich als defekt herausstellten, streng haftbar gemacht, auch wenn Herstellern und Einzelhändlern nicht nachgewiesen werden konnte, daß sie fehlerhaft oder fahrlässig handelten. In vielen Staaten werden Besitzer von Tieren für die Verletzungen, die dieses Tier verursachen mag, streng haftbar gemacht, auch wenn das Tier in der Vergangenheit nicht gewalttätig war.

## Steuermißbrauch
Illegaler Steuerabzug (wie von der Internal Revenue Service (IRS = Einkommensteuerverwaltung) festgestellt), die unter dem Schutz einer Gesellschaft mit beschränkter Haftung vorgenommen wird. Eine Form des Steuermißbrauchs ist die Bewertung gekaufter Anlagegüter weit über deren gerechtfertigtem Marktwert. Sobald die IRS feststellt, daß Steuerabzüge illegal sind, müssen die Gesellschafter einer Gesellschaft mit beschränkter Haftung rückwirkende Steuern, die auf die rück-

## Accelerated Depreciation

Method in which larger amounts of depreciation are taken in the beginning years of the life of an asset and smaller amounts in later years. The objective is to defer taxes legally, thereby allowing funds to be retained by a business to finance growth.

## Accelerated Option

Life insurance → Policy Provision under which the → Policyholder may apply the accumulated cash value, in the form of a single premium payment, to pay up the policy or to mature the policy as an endowment.

## Acceleration Life Insurance

Policy under which a portion of the → Death Benefit (generally 25%) becomes payable to the insured for a specified medical condition prior to death. The purpose of the accelerated death benefit is to provide funds necessary to finance medical costs to extend the life of the insured. Upon proof of a specified medical condition, the insurance company will pay 25% of the death benefit. When the insured dies, the remainder of the death benefit is paid to the → Beneficiary, just as under a traditional life insurance policy.

interest due on the back taxes, and penalties.

## Vorzeitige Abschreibung

Eine Methode, bei der in den Anfangsjahren eines Anlagegutes größere Abschreibungsbeträge und in den späteren Jahren kleinere Abschreibungsbeträge gewählt werden. Das Ziel ist es, Steuerzahlungen legal zu verschieben und es einem Unternehmen somit zu erlauben, Finanzmittel zur Finanzierung von Wachstum zurückzuhalten.

## Beschleunigte Option

→ Policenbestimmung bei Lebensversicherungen, nach der der → Policenbesitzer den akkumulierten Barwert in Form einer einzigen Prämienzahlung verwenden kann, um die Police vollständig zu bezahlen oder um den Vertrag als Vermächtnis zur Reife zu bringen.

## Beschleunigte Lebensversicherung

Police, bei der ein Teil der → Todesfallleistungen (im allgemeinen 25 %) aufgrund einer bestimmten medizinischen Bedingung vor dem Tod an den Versicherer zahlbar werden. Der Zweck der vorverlegten Todesfalleistung ist es, notwendige Geldmittel zur Finanzierung medizinischer Kosten zur Verfügung zu stellen, um das Leben des Versicherten zu verlängern. Bei Nachweis eines bestimmten medizinischen Zustandes zahlt die Versicherungsgesellschaft 25 % der Todesfallleistung. Wenn der Versicherte stirbt, wird der verbleibende Rest der Todesfalleistung an den → Begünstigten gezahlt, wie dies bei jeder traditionellen Lebensversicherungspolice der Fall ist.

wirkenden Steuern fälligen Zinsen sowie Strafen zahlen.

## Accelerative Endowment

Life insurance policy option under which the → Dividends which have → Accrued may be applied to mature the policy as → Endowment Insurance.

## Acceptance

Agreement to an offer, in contract law, thus forming a contract. For insurance contracts, the insurer usually acknowledges willingness to underwrite a risk by issuing a policy in exchange for a premium from an applicant.

## Accident

Unexpected, unforeseen event not under the control of an insured and resulting in a loss. The insured cannot purposefully cause the loss to happen; the loss must be due to pure chance according to the odds of the laws of probability. For example, under a → Personal Automobile Policy (PAP) if an accident occurs, the insured is covered for loss due to his/her negligent act or omissions resulting in bodily injury or property damage to another party.

## Accidental Death and Dismemberment Insurance

Form of accident insurance which indemnifies or pays a stated benefit to insured or

## Beschleunigte Versicherung auf den Erlebensfall

Option einer Lebensversicherungspolice, bei dem die → Dividenden, die → Angewachsen sind, dazu verwendet werden können, den Vertrag als → Lebensversicherung auf den Erlebensfall zur Reife zu führen.

## Annahme

Zustimmung zu einem Angebot, die im Vertragsrecht somit einen Vertrag bildet. Bei Versicherungsverträgen bekundet der Versicherer gewöhnlich seine Bereitschaft, ein Risiko zu versichern, durch Ausgabe einer Police im Austausch gegen eine Prämie von einem Antragsteller.

## Unfall

Unerwartetes, nicht vorhergesehenes Ereignis, welches nicht unter der Kontrolle eines Versicherten ist und einen Schaden zum Ergebnis hat. Der Versicherte kann den Schaden nicht willentlich herbeiführen, der Schaden muß rein zufällig aufgrund der Unwägbarkeiten der Wahrscheinlichkeitsgesetze erfolgen. Wenn sich z. B. bei der → Privat-Kfz-Versicherungspolice ein Unfall ereignet, ist der Versicherte gegen den Schaden durch seine/ihre fahrlässige Handlung oder Unterlassungen, deren Ergebnis eine Körperverletzung oder Beschädigung des Eigentums Dritter ist, abgesichert.

## Unfalltod- und Verstümmelungsversicherung

Form einer Unfallversicherung, die entschädigt oder eine bestimmte Leistung an einen Versicherten oder seine/ihre

his/her beneficiary in the event of bodily injury or death due to accidental means (other than natural causes). For example, an insured's arm is severed in an accident. A predetermined schedule of payment is used to compensate the insured for this particular loss. The schedule also lists the sums payable for other parts of the body that may be lost, or for death by accident.

Begünstigten im Falle einer Körperverletzung oder im Falle des Todes durch Unfall (außer natürlichen Ursachen) festlegt. Wird z.B. der Arm eines Versicherten bei einem Unfall abgetrennt, wird eine festgesetzte Zahlungstabelle benutzt, um den Versicherten für diesen speziellen Verlust zu entschädigen. Die Tabelle listet auch die Beträge auf, die bei Verlust anderer Körperteile oder bei Unfalltod zahlbar sind.

### Accidental Death Benefit
→ Accidental Death Clause; → Riders; → Life Policies

### Unfalltodleistungen
→ Unfalltodklausel; → Besondere Versicherungsvereinbarungen; → Lebensversicherungspolicen

### Accidental Death Clause
In a life insurance policy, benefit in addition to the death benefit paid to the beneficiary, should death occur due to an accident. In *double indemnity,* twice the face value of the policy will be paid to the beneficiary; in *triple indemnity,* three times the face value is payable. Accidental death caused by war, aviation except as a passenger on a regularly scheduled airline, and illegal activities are generally excluded. Time and age limits are usually applicable, as for example, the insured must die within 90 days of the accident and be age 60 or less.

### Unfalltodklausel
Bei der Lebensversicherung Leistungen, die zusätzlich zu den Todesfalleistungen an den Begünstigten gezahlt werden, sollte der Tod aufgrund eines Unfalls eintreten. Bei der *Doppelentschädigung* wird der zweifache Nennwert der Police an den Begünstigten bezahlt, bei der *Dreifachentschädigung* ist der dreifache Nennwert zahlbar. Durch Krieg verursachter Unfalltod, Tod beim Fliegen, außer als Passagier bei fahrplanmäßig verkehrenden Fluglinien, und illegale Handlungen sind generell ausgeschlossen. Gewöhnlich kommen Zeit- und Altersbegrenzungen zur Anwendung, wie z. B., daß der Versicherte innerhalb von 90 Tagen nach dem Unfall sterben muß oder 60 Jahre oder jünger sein muß.

## Accidental Death Insurance

Coverage in the event of death due to accident, usually in combination with dismemberment insurance. If death is due to accident, payment is made to the insured's beneficiary; if bodily injury is the result of an accident (such as the loss of a limb), the insured receives a specified sum. → Accidental Death Clause

## Accidental Means

Unexpected, unforeseen event not under the control of the insured that results in bodily injury.

## Accident and Health Insurance

Coverage for accidental injury, accidental death, or sickness; also called *Accident and Sickness Insurance*. Benefits include paid hospital expenses, medical expenses, surgical expenses and income payments.
→ Group Health Insurance;
→ Health Insurance

## Accident and Sickness Insurance

Phrase formerly used to describe coverage for *perils* of accident and sickness. For descriptions of current terms. → Accident and Health Insurance; → Disability Insurance; → Group Disability Insurance; → Group Health Insurance; →

## Unfalltodversicherung

Deckung im Todesfall aufgrund eines Unfalls, gewöhnlich in Kombination mit einer Zerstümmelungsversicherung. Wenn sich der Tod aufgrund eines Unfalls ereignet, wird eine Zahlung an den Begünstigten des Versicherten geleistet; wenn eine Körperverletzung (wie der Verlust von Gliedmaßen) das Ergebnis eines Unfalls ist, erhält der Versicherte eine bestimmte Summe. → Unfalltodklausel

## Unfall

Unerwartetes, nicht vorhergesehenes Ereignis, das sich der Kontrolle des Versicherten entzieht und eine körperliche Verletzung zum Ergebnis hat.

## Unfall- und Krankenversicherung

Deckung für Unfallverletzung, Unfalltod oder Krankheit. Leistungen schließen Krankenhauskosten, medizinische Ausgaben, Arztkosten und Einkommenszahlungen ein. → Gruppenkrankenversicherung; → Krankenversicherung

## Unfall- und Erkrankungsversicherung

Bezeichnung die früher gebraucht wurde, um die Deckung von Unfall- und Krankheitsgefahren zu beschreiben. Zur Illustration der aktuellen Bedingungen. → Unfall- und Krankenversicherung, → Invaliditätsversicherung, → Gruppeninvaliditätsversicherung, → Gruppenkrankenversicherung, → Health Maintenance

Health Maintenance Organization (HMO)

Organization (HMO)

## Accident Frequency
Number of times an accident occurs. Used in predicting losses upon which premiums are based.

## Unfallhäufigkeit
Anzahl der auftretenden Unfälle. Wird gebraucht, um Schäden, auf denen die Prämien basieren, vorherzusagen.

## Accident Insurance
Coverage for bodily injury and/or death resulting from accidental means (other than natural causes). For example, an insured is critically injured in an accident. Accident insurance can provide income and/or a death benefit if death ensues.

## Unfallversicherung
Deckung für körperliche Verletzungen und/oder Tod infolge von Unfalleinwirkung (außer natürliche Ursachen). Ein Versicherter wird beispielsweise bei einem Unfall schwer verletzt. Eine Unfallversicherung kann Einkommen zur Verfügung stellen und/oder, falls der Tod eintritt, eine Todesfalleistung zahlen.

## Accident Prevention
→ Engineering Approach; → Human Approach

## Unfallverhütung
→ Ingenieurtechnischer Ansatz; → Menschlicher Ansatz

## Accident Rate
→ Accident Frequency

## Unfallquote
→ Unfallhäufigkeit

## Accident Severity
Extent of the loss caused by accidents. Used in predicting the dollar amount of losses upon which the premiums are based.

## Unfallschwere
Umfang des durch Unfälle verursachten Schadens. Wird verwendet, um den Verlust in Dollar vorherzubestimmen, worauf die Prämien basieren.

## Accident-Year Statistics
Record of losses and premiums received for accident coverage within a 12-month period. These statistics show the percentage of each premium received which is being paid out in claims and enables the establishment of a basic premium

## Unfalljahresstatistiken
Aufzeichnung von Schäden und zur Unfalldeckung erhaltener Prämien innerhalb eines Zeitraumes von 12 Monaten. Diese Statistiken zeigen den Prozentsatz jeder erhaltenen Prämie, der bei Forderungen ausgezahlt wird, und ermöglicht die Aufstellung von Grundprämien, die die reinen Schutzkosten widerspiegeln. Diese

reflecting the pure cost of protection. The trend line generated by the record of losses is an important statistical tool for predicting future losses.

### Accommodation Line
Agreement by an insurance company to underwrite business submitted by an → Agent or → Broker even though that business is *substandard.* The object is to continue to attract profitable business of that agent.

### Accountants Liability Insurance
→ Accountants Professional Liability Insurance

### Accountants Professional Liability Insurance
Insurance for accountants covering liability lawsuits arising from their professional activities. For example, an investor bases a buying decision on the balance sheet of a company's annual statement. The figures later prove fallacious and not according to → Generally Acceptable Accounting Principles (GAAP). The accountant could be found liable for his professional actions, and would be covered by this policy. However, if the accountant ran over someone or damaged property with a car, this policy would not provide coverage.

durch die Schadensaufzeichnung erzeugte Entwicklungslinie ist ein wichtiges statistisches Werkzeug für die Vorhersage zukünftiger Schäden.

### Gefälligkeitsdeckung
Vereinbarung einer Versicherungsgesellschaft, ein von einem → Agenten oder → Makler eingereichtes Geschäft zu versichern, obwohl dieses Geschäft *unterhalb des Standards* liegt. Das Ziel ist es, weiterhin gewinnbringende Geschäfte dieses Agenten anzuziehen.

### Bilanzbuchhalterhaftpflichtversicherung
→ Bilanzbuchhalterberufshaftpflichtversicherung

### Bilanzbuchhalterberufshaftpflichtversicherung
Versicherung für Bilanzbuchhalter, die Haftungsklagen, die durch deren berufliche Aktivitäten entstehen, abdeckt. Wenn z. B. ein Investor seine Kaufentscheidung auf die Bilanzaufstellung der Jahresbilanz der Firma stützt, und die Zahlen sich später als falsch und nicht in Übereinstimmung mit den → Allgemein akzeptierten Buchführungsprinzipien herausstellen, so könnte der Bilanzbuchhalter für seine beruflichen Handlungen haftbar gemacht werden und würde durch die Versicherung abgedeckt. Wenn der Bilanzbuchhalter jedoch jemanden überfahren würde oder wenn er mit seinem Auto Sachschäden verursachen würde, würde diese Versicherung keine Deckung zur Verfügung stellen.

## Account Current

Financial statement, issued by the → Insurance Company on a monthly basis to its agents, showing for each agent his or her commissions earned, premiums written, policy cancellations, and any policy endorsements.

## Accounting

→ Generally Accepted Accounting Principles (GAAP)

## Accounts Receivable Insurance

Coverage when business records are destroyed by an insured peril and the business cannot collect money owed. The policy covers these uncollectible sums plus the expense of record reconstruction and extra collection fees. It does not insure the physical value of the records themselves such as the paper or computer disks and tapes.

## Accountants Report

→ Statement of Opinion (→ Accountants Report, → Auditors Report)

## Accredited Advisor in Insurance (AAI)

Professional designation earned after the successful completion of three national examinations given by the → Insurance Institute of America (IIA). Covers such areas of

## Kontenübersicht

Von der → Versicherungsgesellschaft monatlich herausgegebene Finanzaufstellung für ihre Agenten, die für jeden Agenten seine/ihre verdienten Provisionen, die gezeichneten Prämien, die Vertragstornierungen und alle Policennachträge aufzeigt.

## Buchführung

→ Allgemein akzeptierte Buchführungsgrundsätze

## Debitorenversicherung

Deckung, wenn die Geschäftsunterlagen durch eine versicherte Gefahr zerstört werden und das Geschäft das ihm zustehende Geld nicht eintreiben kann. Die Police deckt diese nichteintreibbaren Forderungen und die Kosten für die Rekonstruktion der Aufzeichnungen und die zusätzlichen Ausgaben für die Eintreibung. Der physische Wert der Aufzeichnungen selbst, wie Papier, Computerdisketten und Bänder, sind nicht versichert.

## Bericht des Rechnungsprüfers

→ Revisionsbericht (→ Bericht des Rechnungsprüfers, → Bericht des Buchprüfers)

## Accredited Advisor in Insurance (AAI)

(Akkreditierter Berater für Versicherungsfragen) – Berufsbezeichnung nach erfolgreichem Abschluß dreier nationaler Examina vor dem → Insurance Institute of America (Versicherungsinstitut von Amerika). Deckt solche Sachbereiche wie

expertise as insurance production (insurance sales, exposure identification, legal liability, personal lines insurance, commercial lines insurance); multiple-lines insurance production; and agency operations and sales management. Program of study is recommended for individuals who have production responsibilities.

**Accrue**
To accumulate. For example, under one of the dividend options of a participating life insurance policy, dividends can accumulate at interest by leaving them with the insurance company; cash values of life insurance accumulate at a given rate; employee retirement credits for pension benefits accumulate at a stipulated rate.

**Accrued Benefit Cost Method**
Actuarial method of crediting retirement benefits earned and the costs associated with these earned retirement benefits. An increment (unit) of benefit is credited for each year of recognized service which an employee has earned. Then the present value of these benefits (including the employee's life expectancy) is calculated and assigned to the year earned. The benefit earned by the employee can take the form of a

Versicherungsproduktion (Versicherungsverkauf, Gefahrenidentifikation, gesetzliche Haftung, Personenversicherungen, Geschäftsversicherungen), Mehrfachbranchenversicherungsproduktion, Agentenbetrieb und Verkaufsmanagement. Das Studienprogramm wird für Personen, die Produktionsverantwortung haben, empfohlen.

**Anwachsen**
Akkumulieren. Bei einer der Dividendenoptionen eines gewinnbeteiligten Lebensversicherungsvertrages können die Dividenden mit Zinsen akkumuliert werden, indem sie bei der Versicherungsgesellschaft belassen werden. Die Barwerte der Lebensversicherung wachsen zu einem gegebenen Zinssatz, die Arbeitnehmerpensionsguthaben für die Rentenbezüge wachsen zu einem vereinbarten Zinssatz.

**Erworbene Leistungsberechtigungskostenmethode**
Versicherungstechnische Methode der Gutschrift verdienter Rentenbezüge und die mit diesen verdienten Rentenbezügen verbundenen Kosten. Eine Leistungszuwachseinheit wird für jedes anerkannte Dienstjahr, das ein Arbeitnehmer erworben hat, gutgeschrieben. Dann wird der Gegenwartswert dieser Bezüge (einschließlich der Lebenserwartung des Arbeitnehmers) berechnet und dem erworbenen Jahr zugeschrieben. Die von einem Beschäftigten erworbenen Bezüge können die Form eines Pauschalbetrages in Dollar oder eines Prozentsatzes des

flat dollar amount or a percentage of compensation. For example, this may work out to 1 1/2% of an employee's compensation being credited to the employee's account for each year of recognized service.

Gehaltes annehmen. Dies kann beispielsweise 1 1/2 % des Gehaltes des Arbeitnehmers, die dem Arbeitnehmer für jedes anerkannte Beschäftigungsjahr gutgeschrieben werden, ausmachen.

### Accumulation Benefits
Accrual or addition to life insurance benefits. → Accrue

### Akkumulationsleistungen
Anhäufung oder Addition von Lebensversicherungsbezügen. → Anwachsen

### Accumulation Period
Time frame during which an → Annuitant makes premium payments to an insurance company. The obligations of the company to the annuitant during this period depend on whether a → Pure Annuity or → Refund Annuity is involved. Many factors enter an annuity purchase, but some experts suggest a pure annuity to minimize cost and if there are no dependents. In other circumstances a refund annuity might be considered. → Annuity

### Thesaurierungszeitraum
Zeitrahmen, während dessen ein → Rentenempfänger Prämienzahlungen an eine Versicherungsgesellschaft leistet. Die Verpflichtungen der Gesellschaft gegenüber dem Rentenempfänger hängen davon ab, ob eine → Reine Rente oder eine → Rückerstattungsrente vorliegt. Viele Faktoren beeinflussen den Rentenkauf, aber einige Experten empfehlen eine reine Rente, um die Kosten zu minimieren, wenn keine Nachkommen vorhanden sind. In anderen Fällen könnte eine Rückerstattungsrente in Betracht gezogen werden. → Rente

### Acquired Immunodeficiency Syndrome (AIDS)
Condition characterized by illnesses indicative of reduced immune responsiveness in otherwise healthy individuals. Viral organisms dubbed HTLVIII (for human T lymphotrophic virus type III) and LAV (for lymphadenopathy-

### Erworbenes Immun-Defekt-Syndrom (AIDS)
Eine durch Immunschwäche ansonsten gesunder Menschen angezeigte Krankheit. Der mutmaßliche Verursacher der Zerstörung des körperlichen Verteidigungssystems sind Virenorganismen, die HTLVIII (Abkürzung für human T lymphotrophic virus type III) bzw. LAV (Abkürzung für lymphadenopathy-associated virus).

associated virus), respectively, are the putative causative agents of this destruction of bodily defenses. Together, these viral organisms have become known as *human immunodeficiency virus (HIV)*. The HIV infection is the initial event in the course of a disease which culminates in AIDS in some of its victims.

HIV is a member of the class of RNA viruses known as *retroviruses,* identifiable by their use of the enzyme *reverse transcriptase*. This enzyme permits retroviruses to replicate their own genetic information, utilizing mammalian host cell DNA to produce the new viral RNA necessary for the assembly of new organisms. Reverse transcriptase also allows the virus to incorporate its genetic material into that of the host. In this manner the virus may "immortalize" itself by lying dormant within the host genome while remaining capable of producing new viral organisms at a future time.

HIV infection begins with viral penetration of lymphocytes and monocytes, the white blood cells involved in immune defense. The first phase of the infection frequently causes an illness with symptoms similar to those produced by infectious mononucleosis. After days or weeks of mild illness, some patients appear to

Zusammen wurden diese Virusorganismen als HIV-Virus *(human immunodeficiency virus)* bekannt. Die HIV-Infektion ist das Anfangsereignis im Verlaufe einer Erkrankung, die für einige ihrer Opfer in AIDS endet. HIV ist ein Mitglied der Klasse von Ribonukleinsäure-Viren, die als *Retroviren,* die durch ihre Verwendung des Enzyms *reverse Transkriptase* identifizierbar sind, bekannt sind. Dieses Enzym erlaubt es Retroviren, ihre eigene genetische Information zu replizieren, indem es die Wirtzelle DNA benutzt, um neue RNA für die Bildung neuer Organismen zu produzieren. Die reverse Transkriptase erlaubt es dem Virus auch, sein genetisches Material in die Wirtzelle einzubringen. Auf diese Weise kann sich der Virus unsterblich machen, indem er einen ruhenden Erreger in das Wirtchromosom legt, während er selbst in der Lage bleibt, in der Zukunft neue Virenorganismen zu produzieren. Eine HIV-Infektion beginnt mit der Penetration von Lymphozyten und Monozyten, den weißen Blutkörperzellen, die am Immunsystem beteiligt sind. Die erste Phase der Infektion verursacht häufig eine Krankheit mit Symptomen, die denen des infektiösen Pfeiffer-Drüsenfiebers sehr ähnlich sind. Nach Tagen oder Wochen einer milden Krankheit scheinen sich einige Patienten zu erholen. Bei anderen schreitet die Zerstörung der Wirtzellen unaufhörlich fort, wobei der Virus andere Gewebeschichten, einschließlich Gehirnzellen, infiziert. Nach einer latenten Phase, die sich je nach Alter, Ausmaß der Immunreaktion und der Anzahl der Virenpartikel unterscheidet, die die anfängliche Infektion verursachen, beginnen sich beim Patienten die Zeichen und Symptome der Immunsystembeschä-

recover. In the others, the viral destruction of host cells continues unabated with the virus infecting other tissues, including cells in the brain. After a latent phase, which varies with age, degree of immune responsiveness, and the number of viral particles producing the initial infection, the patient begins to manifest signs and symptoms of immune system damage. These late sequelae of HIV infection include unexplained fevers, lymph node enlargement, persistent infections with fungi or viruses, and unexplained weight loss. When these symptoms fulfill specific criteria, they are referred to as the *AIDS-related complex,* or *ARC.* Only the patients who develop the most severe immune system damage, resulting in infections such as *Pneumocystis carinii* pneumonia (PCP) or unusual cancers like Kaposi's sarcoma, are classified as having AIDS. The direct impact of the AIDS virus is and will be felt by both the property and casualty insurance and the life and health insurance branches.

• Property and Casualty Insurance

From a property and casualty insurance perspective, the AIDS issue could impact the liability sections of the homeowners insurance policy, automobile insurance policies digung zu manifestieren. Diese späten Folgeerscheinungen der HIV-Infektion schließen unerklärliches Fieber, Lymphknotenvergrößerung, hartnäckige Infektionen mit Pilzen oder Viren und unerklärlichen Gewichtsverlust ein. Wenn diese Symptome spezielle Kriterien erfüllen, werden sie als *AIDS-related complex* oder *ARC* bezeichnet. Nur die Patienten, die die schwerste Immunsystembeschädigung entwickeln, die Infektionen wie *Pneumocystis-carinii*-Pneumonie (PCP) oder ungewöhnliche Krebsarten, wie Kaposi-Sarkom, zur Folge haben, werden als AIDS-Kranke klassifiziert.

• Sach- und Unfallversicherung

Aus der Perspektive der Sach- und Unfallversicherung könnte der AIDS-Fall einen Einfluß auf die Haftungsteile der Hauseigentümerversicherungsverträge, der KFZ-Versicherungsverträge (sowohl privat als auch geschäftlich), die allgemeine Unternehmenshaftpflichtversicherung und die Berufsunfallversicherung haben:

1. → Hausbesitzerversicherungspolice: Das Hausbesitzerversicherungspolicenformular des → Insurance Services Office (ISO) (Versicherungsdienstleistungsbüro) verfügt über einen Nachtrag, der einen → Ausschluß ansteckender Krankheiten beinhaltet. Die meisten Sach- oder Unfallversicherer benutzen entweder dieses Formular in seiner Gesamtheit oder mit kleineren Änderungen. Da dieser Ausschluß bis heute noch nicht Gegenstand einer gegenteiligen Gerichtsentscheidung war, kann es sein, daß die Hauseigentümerversicherung der AIDS-Gefährdung nicht ausgesetzt ist.

2. → Kfz-Versicherungspolicen (sowohl Privat- als auch Unternehmensversiche-

(both personal and business), commercial general liability (CGL) policy, and workers compensation policy:

1. → Homeowners Insurance Policy: the Insurance Services Office (ISO) homeowners insurance policy form has a communicable disease endorsement → Exclusion. Most property and casualty companies use this form either in total or with minor modification. Since this exclusion to date has not been subject to an adverse ruling by a court of law, it may be that the homeowners policy does not have an AIDS → Exposure.

2. → Automobile Insurance policies (both personal and business): An AIDS exposure could result (these policies do not have a communicable disease endorsement exclusion) because of negligent acts and/or omissions of a driver resulting in:

(a) an injured party contracting AIDS through a blood transfusion necessitated by an accident and then bringing suit against the driver, who is found negligent under the → Tort Liability system. In a similar circumstance, an injured party's open wound comes into contact with an open wound of another injured party who has AIDS, with an ensuing suit against the negligent driver. Certainly, the wounds would

rungsverträge): Eine AIDS-Gefährdung könnte (diese Verträge haben keinen Nachtrag, der ansteckende Krankheiten ausschließt) wegen fahrlässiger Handlungen und/oder Unterlassung des Fahrers zur Folge haben:

(a) eine verletzte Partei, die sich durch eine durch einen Unfall erforderlich gewordene Bluttransfusion mit AIDS infiziert und eine Klage gegen den Fahrer vorbringt, der nach dem System der → Haftung aus unerlaubter Handlung für fahrlässig befunden wird. Unter ähnlichen Umständen kommt die offene Wunde eines Verletzten mit der Wunde eines anderen Verletzten, der AIDS hat, in Kontakt, was eine Klage gegen den fahrlässigen Fahrer nach sich zieht. Wenn der Unfall nicht erfolgt wäre, wären die beiden Wunden gewiß nicht in Kontakt geraten;

(b) die Aktivierung eines zuvor ruhenden AIDS-Virus (wie oben ausgeführt, kann der Virus sich selbst „verewigen", indem er ruhend im Gastchromosom liegt und trotzdem in der Lage bleibt, in Zukunft neue Virenorganismen zu erzeugen) in einem Verletzten. Der Verletzte verklagt den Fahrer, dessen Handlungen und/oder Unterlassungen von einem Gericht als fahrlässig angesehen werden. Hätte der Katalysatorunfall nicht stattgefunden, wäre der AIDS-Virus ruhend geblieben.

3. → Allgemeine gewerbliche Haftpflichtversicherungspolice: Eine AIDS-Gefährdung kann aufgrund fahrlässiger Handlungen von Beschäftigten oder Begleitumstände, die auf dem Unternehmensgrundstück geschehen, entstehen:

(a) Eine AIDS-Gefährdung könnte für den Fall entstehen, wenn ein AIDS-infizierter Angestellter ein Produkt und/oder eine Dienstleistung verseucht, die einem Kun-

not have come into contact if the accident had not occurred. (b) the activation of a previously dormant AIDS virus (as discussed above, the virus may "immortalize" itself by lying dormant within the host genome while remaining capable of producing new viral organisms at a future time) in an injured party, with the injured party bringing suit against the driver whose acts and/or omissions are deemed to be negligent by a court of law. Had the catalyst accident not occurred, the AIDS virus would have remained dormant.

3. → Commercial General Liability (CGL) policy: An AIDS exposure may arise because of negligent acts of employees or circumstances occurring on a business' property:

(a) An AIDS exposure could result in the event that an AIDS-infected employee contaminates a product and/or service being provided to a customer or fellow employee, and the customer or fellow employee brings suit against the business. For example, the infected employee may have a cut finger and drops of his or her blood may accidentally become mixed with the food being consumed by a customer or fellow employee. Or the infected employee could intentionally contaminate the food den oder einem angestellten Kollegen zur Verfügung gestellt wird, und der Kunde oder angestellte Kollege das Unternehmen verklagt. Der infizierte Angestellte kann sich z.B. in den Finger geschnitten haben, und Tropfen seines/ihres Blutes vermischen sich zufällig mit dem Essen, das der Kunde oder der Kollege zu sich nehmen. Oder der infizierte Angestellte könnte das Essen absichtlich als Racheakt mit seinen/ihren Körperflüssigkeiten vergiften.

(b) Eine AIDS-Gefährdung könnte aus dem Fall resultieren, daß eine Vergewaltigung durch einen AIDS-infizierten Vergewaltiger (egal, ob der Vergewaltiger ein Angestellter ist oder nicht) eines Kunden stattfindet, während dieser das Unternehmensgelände besucht, und der verletzte Kunde das Unternehmen verklagt. Es liegt in der Verantwortung des Unternehmens, sein Geschäftsgelände für eingeladene Kunden sicher zu machen. Der Connie Francis-Fall ist der Präzendenzfall eines sexuellen Angriffes für diese Gefährdung. Ein ähnlicher Umstand könnte sich ergeben, wenn ein AIDS-infizierter Angreifer einen Angestellten vergewaltigt.

(c) Eine AIDS-Gefährung könnte für den Fall entstehen, daß ein Unternehmen nicht in der Lage ist, die Vertraulichkeit der Personalakte eines AIDS-infizierten Angestellten zu wahren, und der Angestellte das Unternehmen wegen der zu Schadenersatzklagen berechtigenden Handlungen der Verunglimpfung, Verleumdung und des Eindringens in die Privatsphäre verklagt.

4. → Berufsunfallversicherungspolice: Eine AIDS-Gefährdung könnte entstehen, wenn ein am Arbeitsplatz verletzter Beschäftigter eine Bluttransfusion von einem Kollegen erhält, der AIDS-infiziert

with his or her body fluid as a vengeful act.
(b) An AIDS exposure could result in the event that a sexual assault by an AIDS-infected assailant (regardless of whether or not the assailant is an employee) is incurred by a customer while visiting the premises of the business and the injured customer brings suit against the business. It is the responsibility of the business to render its premises safe for the invited customer. The Connie Francis case is the precedent sexual assault case for this exposure. A similar circumstance could result if an AIDS-infected assailant assaults an employee.
(c) An AIDS exposure could result in the event that a business fails to maintain the confidentiality of an AIDS-infected employee's personnel file and the employee brings suit against the business for the tort acts of libel, slander, and invasion of privacy.
4. → Workers Compensation policy: An AIDS exposure could result if an employee injured at work receives a blood transfusion from a fellow employee who has AIDS. Is the transmission of AIDS in this manner a job-related injury, thus qualifying the injured employee for benefits under workers compensation? Certainly the injured employee

ist. Stellt die Übertragung von AIDS in einer solchen Weise eine berufsbedingte Verletzung dar, die den verletzten Angestellten somit zum Bezug von Leistungen aus der Berufsunfallversicherung berechtigt? Der verletzte Angestellte hätte die Bluttransfusion gewiß nicht benötigt, hätte die Verletzung an der Arbeitsstelle nicht stattgefunden.
In einer anderen Situation könnten zwei oder mehrere Beschäftigte in einem gemeinsamen Unfall verletzt werden, mit dem Ergebnis, daß offene Wunden verschiedener Beschäftigter in Kontakt kämen. Wenn wenigstens einer der Verletzten Träger des AIDS-Virus ist, könnten mehrere Arbeitnehmer infiziert werden. Der AIDS-Virus verbreitet sich am wahrscheinlichsten als Resultat engen Kontaktes mit Blut, Blutprodukten oder dem Sperma einer infizierten Person. Ist dieses Szenarium nicht der klassische Fall für eine Berufsunfallforderung?
Nehmen wir bei jedem der beiden vorhergehenden Beispiele an, der Arbeitgeber sei sich der AIDS-Bedingungen des/der Arbeitnehmer vor dem Unfall bewußt gewesen und hätte diese Information vertraulich behandelt, um nicht in die Privatsphäre des/der Arbeitnehmer einzugreifen. Könnte(n) in diesen Fall der/die neu AIDS-infizierten Arbeitnehmer nicht Schadenersatzleistungen von dem Arbeitgeber, die über die Berufsunfallentschädigung hinausgehen, verlangen? Sicher war sich der Arbeitgeber der inhärent potentiell gefährlichen Situation am Arbeitsplatz bewußt und ergriff keine Maßnahmen, um die Situation zu lindern oder sie ungefährlich zu gestalten. Bildet nicht ein ähnlicher Umstand die Grundlage für Arbeitgeberstraftaten aufgrund arbeitsbedingter

would not have required the blood transfusion had the injury not occurred at work.

In another situation, two or more employees may be injured in a common accident, resulting in open wounds of various employees coming into contact. If at least one of the injured employees is a carrier of the AIDS virus, several employees could become infected. The AIDS virus is most likely to be spread as the result of close contact with blood, blood products, or semen from an infected person. Is this scenario not a classic case for a workers compensation claim? In each of the two preceding examples, assume that the employer was aware of the AIDS condition of the employee(s) prior to the accident and kept this information confidential so as not to invade the privacy of the employee(s). In this instance, could not the newly AIDS-infected employee(s) seek damages for benefits against the employer beyond that provided by workers compensation? Certainly the employer was aware of an inherently potentially dangerous situation in the workplace and took no actions to alleviate the situation or render it harmless. Is not a similar circumstance the basis for the employer tort cases for job-related injuries resulting Verletzungen wegen Asbestgefährdung?

● Lebens- und Krankenversicherung
AIDS-bedingte Tode könnten einen bedeutenden Einfluß auf die → Lebensversicherungs- und die → Krankenversicherungs-Branche haben, da diese Tode das normale Versicherungsfallmuster für → Gruppenlebensversicherungen und Einzellebensversicherungen beeinflussen:

1. *Gruppenlebens-, -kranken- und -invaliditätsversicherung:* Falls der Gruppenversicherungsvertrag ein wahrhafter Gruppenvertrag ist, müssen während des offenen Beitrittszeitraums alle Antragsteller akzeptiert werden. Eine AIDS-infizierte Person würde somit automatisch versichert werden.

Wenn sich jedoch eine bedeutsame Anzahl von Schadensansprüchen unter dem Gruppenversicherungsvertrag ergibt, so kann die Versicherungsgesellschaft dieser nachteiligen Erfahrung bei den Prämientarifen des nächsten Jahres Rechnung tragen. Die Versicherungsgesellschaft hat weiterhin die Möglichkeit, die Gruppendeckung nicht zu erneuern.

Auch bei der → Todesfalleistung bei Gruppenverträgen gibt es eine Beschränkung. Arbeitnehmergruppenlebensversicherungen z.B. begrenzen die Deckung pro Arbeitnehmer auf ein Vielfaches (normalerweise das Doppelte) des Jahresgehaltes des Arbeitnehmers. Diese Beschränkung reduziert die mit einem AIDS-infizierten Arbeitnehmer, der sich für höhere Deckungsbegrenzungen entscheidet, verbundene → Negative Auswahl.

2. *Einzellebens-, -kranken- und -invaliditätsversicherung:* Bei der Zeichnung von Individualverträgen werden (im Gegensatz zu Gruppenversicherungsver-

## Acquired Immunodeficiency Syndrome (AIDS)/Erworbenes Immun-Defekt-Syndrom (AIDS)

from exposure to asbestos?
• Life and Health Insurance
AIDS-related deaths could have a significant impact on the → Life Insurance and → Health Insurance industries as these deaths affect the normal claims pattern for → Group Life Insurance and → Individual Life Insurance:
1. *Group Life, Medical, and Disability Insurance:* If the insurance policy is a true group policy, all applicants must be accepted during the open enrollment period. Thus a person who has AIDS would automatically be insured.
If, however, there are a significant number of claims under the group policy, the insurance company can reflect this adverse experience in next year's premium rates. The insurance company also has the option of not renewing the group's coverage.
There is also a limit on the → Death Benefit available under group policies. For example, employee group life policies limit the coverage per employee to a multiple (usually twice) of the employee's annual salary. This limitation reduces somewhat the → Adverse Selection associated with the AIDS-infected employee opting for higher limits of coverage.
2. *Individual Life, Medical, and Disability Insurance:* In

trägen, bei denen lediglich die Faktoren Alter, Geschlecht und Klassifikation der Branche berücksichtigt werden) zahlreiche Faktoren, einschließlich Alter, Geschlecht, persönliche Krankengeschichte, Gesundheit der Familie, Beschäftigung, Beruf, Hobbies, Gewohnheiten, wie chemischer Mißbrauch, Lebensstil usw., bewertet. Diese Faktoren werden einer strengen Prüfung unterzogen, besonders dann, wenn höhere Deckungsgrenzen beantragt werden. Jedoch könnte sich der Antragsteller, nachdem er oder sie zum → Versicherten geworden ist, mit AIDS infizieren, eine Möglichkeit, die im → Prämientarif nicht eingeschlossen war. Einzellebensversicherungsverträge (gewöhnliche Verträge und sogar Zeitversicherungen, die nach Wahl des Versicherten erneuert oder umgewandelt werden können) sind Verträge auf Lebenszeit. Somit ist der Versicherer, sobald er einen Antragsteller für die Deckung akzeptiert hat, jedweder AIDS-Epidemie ausgesetzt. Einige Lebensversicherungsverträge haben → Policenkaufoptionen, bei denen der Versicherte die Deckungsgrenze automatisch erhöhen kann, wenn bestimmte Ereignisse, wie etwa jeder fünfte Jahrestag des Vertrages, eintreten. Der/die AIDS-Patient(in) könnte dann über zahlreiche Zeiträume seine/ihre Deckung erhöhen. Außerdem könnte der AIDS-Patient bei dividendenzahlenden Verträgen Dividenden benutzen, um automatisch bezahlte Zusätze zu seinem oder ihrem Vertrag zu kaufen, ohne sich einer ärztlichen Untersuchung zu unterziehen oder medizinische Fragen zu beantworten (im Kern ist dies eine → Garantierte Versicherbarkeit). Der Versicherer hat wiederum keine Kontrolle über diese Ereignisse oder Verteilungen).

underwriting individual coverages (unlike group insurance, where the factors of age, sex, and industry classification only are considered) numerous factors are evaluated, to include age, sex, personal health record, family health, occupation, vocation, hobbies, habits such as chemical abuse, lifestyle, and so forth. These factors undergo close scrutiny, especially when the higher limits of coverage are applied for. However, after the applicant becomes an → Insured, he or she could contact AIDS, an eventuality which was not included in the → Premium rate. Individual life insurance contracts (ordinary policies and even term insurance, which can be renewed and converted at the option of the insured) are contracts for life. Thus, once the insurer accepts the applicant for coverage, the insurer is at the mercy of any future AIDS epidemic.

Some life insurance policies have → Policy Purchase Options (PPO), whereby the insured can automatically increase the limits of coverage when certain events occur, such as every fifth policy anniversary. The AIDS patient then could automatically increase his or her coverage over various periods of time. Also, for dividend-paying policies the AIDS patient could use the

Bei Lebensversicherungspolicen, die bereits in Kraft sind, wurden AIDS-bezogene Fragen noch nicht bei → Antragstellung gefragt. Viele Gesellschaften haben somit riesige Geschäftseinheiten, die möglicherweise den Auswirkungen der AIDS-Epidemie unterliegen.

dividends to automatically purchase paid-up additions to his or her policy without having to take a physical or answer any medical-related questions (in essence, this is → Guaranteed Insurability). Once again, the insurer has no control over these events or distributions.

For life insurance policies already in existence, AIDS-related questions were not asked on the → Application. Thus, many companies have huge blocks of business which may be susceptible to the effects of the AIDS epidemic.

## Acquisition Cost

Expense of soliciting and placing new insurance business on a company's books. It includes agent's commissions, underwriting expenses, medical and credit report fees, and marketing support services. Because of competition, significant efforts are made by insurance companies to lower acquisition costs. Traditional → Captive Agent companies have often turned to brokerage as additional distribution or sole distribution channels for this reason.

## Active Retention
→ Self Insurance

## Act of God
Natural occurence beyond human control or influence. Such

## Akquisitionskosten

Ausgaben für das Werben und Plazieren eines neuen Versicherungsgeschäftes in den Büchern einer Gesellschaft. Sie schließen ein die Provisionen des Agenten, Ausgaben für die Zeichnung, Gebühren für den medizinischen und Bonitätsbericht und Vertriebsunterstützungsdienstleistungen. Wegen des Wettbewerbs unternehmen Versicherungsgesellschaften bedeutsame Anstrengungen, um die Akquisitionskosten zu senken. Die traditionellen Gesellschaften mit → Firmeneigenen Agenten haben sich aus diesem Grunde oft an Makler als zusätzliche oder alleinige Vertriebswege gewandt.

## Aktiver Selbstbehalt
→ Selbstversicherung

## Gotteshandlung
Natürliche Erscheinung, die außerhalb der menschlichen Kontrolle oder des

acts of nature include hurricanes, earthquakes, and floods.

### Acts
Performance of a deed or function. Certain acts are prohibited from coverage in insurance. For example, if the insured commits a felony, the insured's beneficiary cannot collect under the accidental death provision of a life insurance policy. Intentional destruction of an insured's property by the insured or someone hired by an insured to destroy the property is a prohibited act under property insurance, and an insurance policy will not indemnify the insured for losses incurred.

### Actual Cash Value
Cost of replacing damaged or destroyed property with comparable new property, minus depreciation and obsolescence. For example, a 10-year-old living room sofa will not be replaced at current full value because of a decade of depreciation. The actual cash value clause is common in property insurance contracts. In some instances artistic or antique property may appreciate over time. To receive full coverage such items must be specifically scheduled in a policy.

menschlichen Einflusses liegt. Solche Naturereignisse schließen Hurrikane, Erdbeben und Überschwemmungen ein.

### Handlungen
Durchführung einer Tat oder Funktion. Bestimmte Handlungen sind für die Abdeckung durch Versicherung verboten. Wenn ein Versicherter beispielsweise ein Kapitalverbrechen begeht, so kann der Begünstigte des Versicherten die Lebensversicherungspolice unter der Unfalltodbestimmung nicht kassieren. Die absichtliche Zerstörung des Besitzes eines Versicherten durch den Versicherten oder durch jemanden, der von einem Versicherten beauftragt wurde, den Besitz zu zerstören, ist bei der Sachversicherung eine verbotene Handlung, und ein Versicherungsvertrag wird den Versicherten nicht für die entstandenen Verluste entschädigen.

### Tatsächlicher Barwert
Die Kosten für die Ersetzung von beschädigtem oder zerstörtem Eigentum durch vergleichbares neues Eigentum abzüglich Wertminderung und Veralterung. So wird beispielsweise ein 10 Jahre altes Wohnzimmersofa nicht mit dem vollständigen Zeitwert ersetzt werden, weil es schon eine Wertminderung von einem Jahrzehnt hat. Die tatsächliche Barwertklausel ist bei Sachversicherungsverträgen üblich. In einigen Fällen kann künstlerisches oder antikes Eigentum im Laufe der Zeit an Wert zunehmen. Um volle Deckung zu erhalten, müssen solche Gegenstände besonders in einer Police aufgelistet sein.

## Actual Total Loss
→ Total Loss

## Actuarial
→ Actuarial Science; → Actuary

## Actuarial Adjustment
Modification in premiums, reserves, and other values to reflect actual loss experience and expenses and expected benefits to be paid.

## Actuarial Consultant
Independent advisor to insurance companies, corporations, Federal, state, and local governments, and labor unions on actuarial matters. These include evaluation of the liabilities of small insurance companies, estimates of pension plan liabilities and the design of such plans, appearance as an expert witness giving testimony concerning lost income due to an accident, and the design of information systems. → Actuarial Science; → Actuary

## Actuarial Cost Methods
System for calculating the relationship between a pension plan's present cost and its present future benefits. This relationship shows the extent to which a pension plan's

## Tatsächlicher Totalschaden
→ Totalschaden

## Versicherungsmathematisch
→ Versicherungsmathematik; → Versicherungsmathematiker

## Versicherungsmathematische Anpassung
Änderung der Prämien, Rückstellungen und anderer Werte, um den aktuellen Schadenserfahrungen und Ausgaben und den erwarteten auszuzahlenden Leistungen Rechnung zu tragen.

## Versicherungsmathematischer Berater
Unabhängiger Berater von Versicherungsgesellschaften und Unternehmen, Bundes-, Staats- und örtlichen Regierungen und von Gewerkschaften bei versicherungstechnischen Angelegenheiten. Diese schließen ein die Bewertung von Verbindlichkeiten kleiner Versicherungsgesellschaften, die Schätzung der Verbindlichkeiten aus einem Pensionssystem und die Ausarbeitung solcher Systeme, das Auftreten als Expertenzeuge, um über unfallbedingte Einkommensverluste auszusagen, und die Gestaltung von Informationssystemen. → Versicherungsmathematik; → Versicherungsmathematiker

## Versicherungsmathematische Kostenmethoden
Ein System zur Berechnung des Verhältnisses zwischen den gegenwärtigen Kosten eines Pensionssystems und seinen gegenwärtigen zukünftigen Leistungen. Dieses Verhältnis zeigt den Umfang, in dem die Leistungen eines Pensionssystems

benefits are funded. The objective is to identify on a year-by-year basis the cost of benefits accrued for the particular year. To illustrate, a relationship of 1.0 shows that there is 100% funding available for the pension plan's benefits.

## Actuarial Equivalent
Mathematical determination based on the expectation of loss and the benefits to be paid in such an eventuality. The premium charged will vary directly with the probability of loss.

## Actuarial Gains and Losses
Experience as it relates to the annual costs associated with a pension plan. In calculating premiums due under a pension plan, basic assumptions must be made concerning future loss experience and expenses. Actual loss experience can prove to be better or worse than envisioned. If the experience is better, the result is an *actuarial gain*. If the experience is worse, the result is an *actuarial loss*.

## Actuarial Rate
Rate based on historical loss experience, from which future loss experience is predicted.
→ Actuarial Equivalent; →

finanziert werden. Das Ziel ist es, auf der Grundlage von einem Jahr zum nächsten die Kosten der für ein bestimmtes Jahr angesammelten Leistungen zu ermitteln. Ein Verhältnis von 1.0 z.B. zeigt, daß eine 100%-ige Finanzierung für die Leistungen des Pensionssystems zur Verfügung steht.

## Versicherungsmathematisches Äquivalent
Mathematische Bestimmung, die auf der Erwartung von bei einem solchen Ereignis zu erwartenden Verlusten und zu zahlenden Leistungen beruht. Die in Rechnung gestellten Prämien unterscheiden sich unmittelbar in Abhängigkeit von der Schadenswahrscheinlichkeit.

## Versicherungsmathematische Gewinne und Verluste
Erfahrung, die sich auf die jährlichen mit einem Pensionssystem verknüpften Kosten bezieht. Bei der Berechnung der fälligen Beiträge bei einem Pensionssystem sind grundlegende Annahmen über die Praxis zukünftiger Schäden und Ausgaben erforderlich. Die aktuelle Schadenserwartung kann sich als besser oder schlechter als vorhergesehen herausstellen. Falls die Praxis besser ist, ist das Ergebnis ein *versicherungsmathematischer Gewinn*. Ist die Praxis schlechter, ist das Ergebnis ein *versicherungsmathematischer Verlust*.

## Versicherungsmathematische Prämie
Auf der historischen Schadenserfahrung basierende Prämie, von der zukünftige Schadenserfahrungen vorhergesagt werden. → Versicherungsmathematisches

Actuarial Science; → Rate Making

## Actuarial Science
Branch of knowledge dealing with the mathematics of insurance, including probabilities. It is used in ensuring that risks are carefully evaluated, that adequate premiums are charged for risks underwritten, and that adequate provision is made for future payments of benefits.

## Actuary
Mathematician in the insurance field. Actuaries conduct various statistical studies; construct → Morbidity and → Mortality Tables; calculate premiums, reserves and dividends for participating policies; develop products; construct annual reports in compliance with numerous regulatory requirements; and in many companies oversee the general financial function. The successful actuary has a strong general business background as well as mathematical ability. Professional actuarial associations provide actuarial qualification examinations.

## Actuary, Enrolled
Individual who has met professional standards of the Internal Revenue Service and the Department of Labor for sign-

Äquivalent; → Versicherungsmathematik; → Prämienfestsetzung

## Versicherungsmathematik
Wissenszweig, der von der Mathematik von Versicherungen, einschließlich Wahrscheinlichkeiten, handelt. Sie wird benutzt, um sicherzustellen, daß die Risiken sorgfältig bewertet werden, daß angemessene Beiträge für die gezeichneten Risiken berechnet werden und daß angemessene Vorsorge für die zukünftige Zahlung von Leistungen getroffen wird.

## Versicherungsmathematiker
Mathematiker im Versicherungsgewerbe. Versicherungsmathematiker führen verschiedene statistische Studien durch, sie stellen → Erkrankungs- und → Sterblichkeitstabellen auf, sie berechnen Prämien, Rückstellungen und Dividenden für gewinnbeteiligte Versicherungen; sie entwickeln Produkte, erstellen Jahresberichte unter Beachtung zahlreicher Durchführungserfordernisse, und in vielen Firmen überwachen sie die allgemeinen Finanzfunktionen. Der erfolgreiche Versicherungsmathematiker hat einen starken betriebswirtschaftlichen Hintergrund sowie mathematische Fähigkeiten. Berufsverbände von Versicherungsmathematikern halten Prüfungen über versicherungsmathematische Qualifikationen ab.

## Eingeschriebener Versicherungsmathematiker
Eine Person, die die Berufsstandards des Internal Revenue Service (Einkommensteuerverwaltung) und des Arbeitsministeriums für die durch den Employee

ing the actuarial reports required by the Employee Retirement Security Act of 1974 – Title II. An enrolled actuary may certify annually that benefit cost and funding requirements of a pension plan have been calculated according to accepted actuarial principles as a best estimate of expected experience of the pension plan.

**ACV**
→ Actual Cash Value

**Additional Death Benefit**
Extra layer of life insurance coverage. This term is often applied to double indemnity. For example, some life insurance policies provide a death benefit of a multiple of the face value if the insured dies between certain ages when dependent children may still be living at home. → Accidental Death Clause

**Additional Deposit Privilege**
Clause in some → Current Assumption Whole Life Insurance policies such as → Universal Life Insurance which allows unscheduled premiums to be paid at any time prior to the policy's maturity date, provided there is no outstanding loan. If there is a loan, additional deposits will be first

Retirement Security Act von 1974 – Title II (Arbeitnehmerrentensicherheitsgesetz von 1974 – Abschnitt II) geforderte Unterzeichnung der versicherungsmathematischen Berichte erfüllt. Ein eingeschriebener Versicherungsmathematiker kann jährlich beglaubigen, daß die Kosten der Altersbezüge und Finanzierungserfordernisse eines Pensionssystems nach den akzeptierten versicherungsmathematischen Prinzipien berechnet worden sind als eine beste Schätzung der erwarteten Erfahrung des Pensionssystems.

**ACV**
→ Tatsächlicher Barwert

**Zusätzliche Todesfalleistung**
Eine Extraschicht des Lebensversicherungsschutzes. Der Ausdruck wird oft verwendet, um die Entschädigung zu verdoppeln. Einige Lebensversicherungsverträge bieten Todesfalleistungen mit einem Vielfachen des Nennwertes, falls der Versicherte innerhalb eines bestimmten Alters stirbt, bei dem abhängige Kinder noch zu Hause leben könnten. → Unfalltodklausel

**Zusätzliches Einzahlungsprivileg**
Klausel in einigen → Versicherungspolicen auf den Todesfall mit laufender Übernahme, wie der → universellen Lebensversicherung, die die Zahlung außerplanmäßiger Prämien jederzeit vor dem Fälligkeitsdatum des Vertrages zuläßt, vorausgesetzt, daß kein offenstehendes Darlehn existiert. Falls ein Darlehn existiert, werden die zusätzlichen Einzahlungen zuerst für das Darlehn verwendet. Die

applied against the loan. Most policies have a minimum that will be accepted as an additional deposit, such as $1000.

### Additional Insured
Individual added to a life insurance policy other than the insured named in the policy. For example, an insured father can have a dependent son and daughter added to the policy as additional insureds. In many instances, adding an additional insured to an existing policy is less expensive than purchasing a separate policy for that insured.

In property and liability insurance: another person, firm or other entity enjoying the same protection as the named insured.

### Additional Interest
→ Additional Insured

### Additional Living Expense Insurance
Coverage under a *Homeowners, Condominium, and Renters* policy, which reimburses costs of residing in a temporary location until the insured's home can be made whole again. It usually provides living expenses of from 10–20% of the structural coverage on the home.

meisten Verträge haben ein Minimum, das sie als zusätzliche Einzahlung akzeptieren, wie etwa US$ 1000.

### Zusätzlicher Versicherter
Eine andere als die in der Versicherungspolice genannte versicherte Person, die dem Versicherungsvertrag hinzugefügt wird. Ein versicherter Vater kann beispielsweise einen abhängigen Sohn und eine Tochter dem Versicherungsvertrag als zusätzliche Versicherte hinzufügen lassen. In vielen Fällen ist das Hinzufügen eines zusätzlichen Versicherten zu einem bestehenden Vertrag weniger teuer als der Kauf einer separaten Police für diesen Versicherten.

Bei der Sach- und Haftpflichtversicherung: eine andere Person, Firma oder eine andere Einheit, die den gleichen Schutz wie der genannte Versicherte genießt.

### Zusätzliches Interesse
→ Zusätzlicher Versicherter

### Versicherung gegen zusätzliche Lebenshaltungskosten
Versicherungsschutz, bei dem eine *Hausbesitzer-, Mitbesitz- und Mieterversicherungspolice* die Kosten für das Bewohnen einer vorübergehenden Wohnung erstattet, bis das Haus des Versicherten wieder. hergestellt werden kann. Sie zahlt gewöhnlich die Lebenshaltungskosten von 10 bis 20 % des strukturellen Versicherungsschutzes des Hauses.

## Additional Living Expense Loss
→ Additional Living Expense Insurance

## Adequacy
→ Rate Making

## Adequacy, Life Insurance
→ Human Life Value Approach (EVOIL); → Needs Approach

## Adhesion Insurance Contract
Agreement prepared by an insurance company and offered to prospective insureds on a take-it-or-leave-it basis. If the contracts are misinterpreted by insureds, courts have ruled in their favor since the insureds had no input into the contract. All insurance contracts have been deemed by courts to be contracts of adhesion.

## Adjacent
That which adjoins. Most property insurance policies such as the → Homeowners Insurance Policy provide structural coverage on an adjacent building on the same basis as the primary building.

## Adjoining
→ Adjacent

## Schaden durch zusätzliche Lebenshaltungskosten
→ Versicherung gegen zusätzliche Lebenshaltungskosten

## Angemessenheit
→ Prämienfestsetzung

## Angemessenheit, Lebensversicherung
→ Ansatz zum Wert eines menschlichen Lebens; → Bedürfnis-Ansatz

## Einwilligungsversicherungsvertrag
Von einer Versicherungsgesellschaft vorbereitete Vereinbarung, die dem potentiellen Versicherten mit der Option, einzuwilligen oder abzulehnen, angeboten wird. Falls diese Verträge vom Versicherten fehlinterpretiert werden, haben die Gerichte zu deren Gunsten entschieden, da die Versicherten dem Vertrag nichts hinzugefügt hatten. Alle Versicherungsverträge sind von den Gerichten als Einwilligungsverträge angesehen worden.

## Angrenzend
Das, was benachbart ist. Die meisten Sachversicherungen, wie etwa die → Hausbesitzerversicherungspolice, bieten strukturellen Versicherungsschutz für ein angrenzendes Gebäude auf der gleichen Grundlage wie bei dem Hauptgebäude.

## Benachbart
→ Angrenzend

## Adjustable Life Insurance

Coverage under which the face value, premiums, and plan of insurance can be changed at the discretion of the *policyowner* in the following manner, without additional policies being issued:

1. *face value* can be increased or decreased (to increase coverage, the insured must furnish evidence of insurability). The resultant size of the cash value will depend on the amount of face value and premium.

2. *Premiums* and length of time they are to be paid can be increased or decreased. Unscheduled premiums can be paid on a lump sum basis. Premiums paid on an adjusted basis can either lengthen or shorten the time the protection element will be in force, as well as lengthen or shorten the period for making premium payments. For example, assume that John, who is 28, buys a $100,000 adjustable term life policy to age 65 with an annual premium of $1250. As his career prospers, he finds at age 32 that he can double the annual premium payment to $2500. This increase may change the original term amount to a fully paid-up life policy at age 65. With time, John might experience economic hardship and have to decrease his annual

## Anpassungsfähige Lebensversicherung

Versicherungsschutz, bei dem der Nennwert, die Beiträge und der Versicherungsplan nach Ermessen des *Policeninhabers* in folgender Weise geändert werden können, ohne daß zusätzliche Policen ausgegeben werden:

1. Der *Nennwert* kann erhöht oder gesenkt werden (um den Versicherungsschutz zu erhöhen, muß der Versicherte Nachweise über die Versicherbarkeit bereitstellen). Der resultierende Umfang des Barwertes hängt von der Höhe des Nennwertes und des Beitrages ab.

2. *Prämien* und Zeitdauer, für die sie gezahlt werden müssen, können angehoben oder gesenkt werden. Unplanmäßige Prämien können auf einmaliger Basis gezahlt werden. Beiträge, die auf einer angepaßten Grundlage gezahlt werden, können den Zeitraum, während dessen das Schutzelement in Kraft ist, verlängern oder verkürzen sowie den Zeitraum zur Zahlung der Beiträge verlängern oder verkürzen. Nehmen wir beispielsweise an, John, 28 Jahre alt, kauft eine anpassungsfähige Lebensversicherung über US$ 100.000 bis zum Alter von 65 Jahren mit einem jährlichen Beitrag von US$ 1.250. Da seine Karriere gedeiht, befindet er im Alter von 32 Jahren, daß er den jährlichen Beitrag auf 2.500 US$ erhöhen kann. Diese Erhöhung kann die ursprüngliche Vertragssumme in einen mit 65 Jahren voll bezahlten Versicherungsvertrag verändern. Mit der Zeit könnte John von wirtschaftlichen Schwierigkeiten betroffen werden und seine jährlichen Zahlungen um zwei Drittel senken müssen. Das Resultat könnte die Rückänderung der mit 65 Jahren voll einbezahlten Police in eine Terminversiche-

payment by two thirds. This could result in changing the paid-up-at-65 policy back to a term policy to age 65. Thus, at any time the policy can be either *ordinary life* or *term*. → Universal Life Insurance.

**Adjustable Premium**
Premium that can vary up or down. Some life insurance policies permit the company to change the premiums after the policy is in force, depending on mortality experience, expenses, and investment returns. If profits are sufficient, premiums can be reduced; if not, they can be raised to specific maximums.

**Adjusted Net Worth**
Value of an insurance company or other company that consists of capital and surplus and an estimated value for business on the company's books.

**Adjusted Underwriting Profit**
→ Underwriting Gain (Loss)

**Adjuster**
Individual employed by a property and casualty insurance company to settle on its behalf claims brought by insureds. The adjuster evaluates the merits of each claim and makes recommendations to the insurance company. → Independent Adjuster

rung bis zum Alter von 65 Jahren sein. Somit kann die Police zu jeder Zeit entweder eine *Lebensversicherung auf den Todesfall* oder eine *Terminversicherung* sein. → Universelle Lebensversicherung

**Anpassungsfähige Prämie**
Prämie, die sich nach oben oder unten verändern kann. Einige Lebensversicherungsverträge erlauben es der Gesellschaft, die Beiträge nach Inkrafttreten des Vertrages in Abhängigkeit von der erfahrungsgemäßen Sterblichkeit, den Ausgaben und den Erträgen des investierten Kapitals zu ändern. Wenn die Gewinne ausreichend sind, können die Beiträge gesenkt, falls nicht, können sie bis zu bestimmten Höchstgrenzen angehoben werden.

**Bereinigter Nettowert**
Der Wert einer Versicherungsgesellschaft oder einer anderen Gesellschaft, der aus dem Kapital plus dem Überschuß und einem geschätzten Wert für Geschäfte in den Büchern der Gesellschaft besteht.

**Bereinigter Zeichnungsgewinn**
→ Zeichnungsgewinn (-verlust)

**Schadenssachverständiger**
Bei einer Sach- und Unfallversicherungsgesellschaft angestellter Sachverständiger, der die von Versicherten vorgebrachten Ansprüche für die Versicherungsgesellschaft regelt. Der Sachverständige bewertet das Wesen eines jeden Anspruches und erteilt der Versicherungsgesellschaft Empfehlungen. → Unabhängiger Sachverständiger

## Adjuster, Average
→ Average Adjuster

## Adjuster Independent
→ Independent Adjuster

## Adjuster, Public
→ Public Adjuster

## Adjuster, Staff
Employee of an insurance company who assesses insurance coverage for property claimed to be damaged and determines the insurance proceeds that might be payable for the claim. A *fee adjuster* works for himself and does claims adjustments on a fee basis.

## Adjustment Bureau
Company organized with the business objective of providing claims adjustment services to insurance companies that do not have an internal claims department. → Adjuster, Staff

## Adjustment Income
Income payable to a surviving spouse or other beneficiary upon the death of the primary wage earner to bridge the gap until the beneficiary is self-sufficient. For example, income can be provided for a limited period of time until a

## Schadenregulierer, Havarie
→ Havarieschadenregulierer

## Schadenssachverständiger, Unabhängiger
→ Unabhängiger Schadenssachverständiger

## Schadenssachverständiger, Öffentlicher
→ Öffentlicher Schadenssachverständiger

## Schadenssachverständiger, Personal
Angestellter einer Versicherungsgesellschaft, der den Versicherungsschutz bei als beschädigt gemeldeten Vermögensgegenständen bewertet und die Versicherungsgelder, die für den Schaden zahlbar sein könnten, festlegt. Ein *Gebühren-Sachverständiger* arbeitet für sich selbst und erstellt Schadensgutachten auf der Grundlage von Gebühren.

## Sachverständigenbüro
Eine Gesellschaft mit dem Unternehmensziel, Versicherungsgesellschaften, die keine interne Schadensabteilung haben, Dienstleistungen für Schadensgutachten zur Verfügung zu stellen. → Schadenssachverständiger, Personal

## Ausgleichseinkommen
An eine überlebende Witwe oder andere Begünstigte bei Tod des Hauptverdieners auszuzahlendes Einkommen, um die Übergangszeit, bis der Begünstigte nicht mehr auf fremde Hilfe angewiesen ist, zu überbrücken. Das Einkommen kann beispielsweise für einen begrenzten Zeitraum, bis die Witwe die emotionale Stabilität

widow can regain emotional stability, receive career guidance, as well as training, to establish a pemanent career if necessary. The need for adjustment income is a significant consideration in deciding how much life insurance to purchase.

## Administering Agency

Employer using a self-administered insurance plan; or an insurer that administers a group employee benefit plan. In an employer administered plan, the employer maintains all required administrative records based on demographic and other information from the employer's monthly reports.

## Administration

Performance of management functions associated with administering an → Employee Benefit Insurance Plan, to include actuarial services, booklet and contract plan designing, billing, accounting, and establishing evidence of insurability for the plan participants. → Administering Agency; → Administrative Charge; → Administrative Services Only (ASO)

## Administration Bond

Coverage that guarantees that the executor or administrator of an estate will conduct his or

wiedererlangen kann, gezahlt werden, sie kann berufliche Anleitung sowie eine Ausbildung erhalten, um, falls erforderlich, eine ständige berufliche Laufbahn aufzubauen. Der Bedarf an Ausgleichseinkommen stellt eine bedeutsame Überlegung bei der Entscheidung, in welcher Höhe eine Lebensversicherung abgeschlossen wird, dar.

## Verwaltungsagentur

Ein Arbeitgeber, der einen selbstverwalteten Versicherungsplan benutzt oder ein Versicherer, der ein betriebliches Sozialzulagensystem verwaltet. Bei einem vom Arbeitgeber verwalteten System erhält der Arbeitgeber alle erforderlichen Verwaltungsunterlagen, die auf demographischen und anderen Informationen basieren, von den monatlichen Berichten des Arbeitgebers.

## Administration

Durchführung von Managementfunktionen bei der Verwaltung eines → betrieblichen Sozialzulagenversicherungssystems, einschließlich versicherungsmathematischer Leistungen, Entwurf von Broschüren und Vertragsplänen, Rechnungslegung, Buchhaltung, Erstellung von Beweisen über die Versicherbarkeit der Teilnehmer des Projektes. → Verwaltungsagentur; → Verwaltungsgebühr; → Nur Verwaltungsdienstleitungen

## Sicherheitsleistung des Nachlaßverwalters

Versicherungsschutz, der garantiert, daß der Testamentsvollstrecker oder der Verwalter eines Nachlasses seine oder ihre

her duties according to the provisions of the will and the legal requirements of the jurisdiction. If dishonest acts by the executor or administrator result in financial loss to the estate, the bond will act as an → Indemnitor to the estate. This bond is posted by the executor or administrator of the estate.

**Administrative Charge**
Billing by an → Administering Agency for expenses associated with administering a group employee benefit plan.

**Administrative Law**
Law created by government regulatory agencies, such as the office of the → Commissioner of Insurance, through decisions, orders, regulations, and rules. For example, → Rate Making hearings conducted by the insurance commissioner are common. Based on the findings of the hearings, rate increases may or may not be granted.

**Administrative Services Only (ASO)**
Services provided in an employee benefit plan such as a → Pension Plan. An employer provides the clerical staff to operate the plan, in effect acting as custodian. The trustee provides direction for investment of the plan's funds, usually in

Pflichten gemäß den Vorkehrungen des Testamentes und den legalen Erfordernissen der Rechtsprechung durchführt. Falls unehrliche Handlungen des Testamentsvollstreckers oder des Verwalters einen finanziellen Verlust des Nachlasses zur Folge haben, wird die Sicherheitsleistung als → Haftungsschuldner für den Nachlaß eintreten. Diese Kaution wird vom Testamentsvollstrecker oder vom Verwalter des Nachlasses als Sicherheit hinterlegt.

**Verwaltungsgebühr**
Wird von einer → Ausübenden Agentur für Ausgaben, die mit der Verwaltung eines betrieblichen Sozialzulagensystems verbunden sind, in Rechnung gestellt.

**Verwaltungsrecht**
Von Aufsichtsbehörden der Regierung, wie dem Büro des → Regierungsbevollmächtigten für Versicherungen, geschaffenes Recht durch Entscheidungen, Beschlüsse, Verordnungen und Bestimmungen. So sind z. B. vom Versicherungsbevollmächtigten durchgeführte Anhörungen über die Prämienfestsetzung üblich. Gestützt auf die Ergebnisse der Anhörungen, können Prämiensteigerungen bewilligt oder nicht bewilligt werden.

**Nur Verwaltungsdienstleistungen**

Bei einem betrieblichen Sozialzulagensystem wie einem → Pensionssystem zur Verfügung gestellte Dienstleistungen. Der Arbeitgeber stellt das Büropersonal, um das Projekt durchzuführen und handelt in Wirklichkeit als Treuhänder. Der Treuhänder gibt eine Richtung für die Investionen der finanziellen Mittel des Vorhabens

a self-directed investment account. Trustee plans are gaining in popularity as both the employer and employees seek more control over pension funds investments. In a self-insured property or liability plan the group may have an ASO contract with an insurance company or a third-party administrator to handle claims processing and administration.

### Administrator
Court-appointed person to manage the estate of a deceased individual who declared no → Executor or → Executrix. This person so appointed acts in a → Fiduciary capacity with regard to that estate.

### Admiralty Liability
Maritime acts resulting in a → Liability circumstance falling under → Common Law and statutory law. → Jones Act (Merchant Marine Act)

### Admiralty Proceeding
Conducting of maritime suits involving → Ocean Marine Insurance policy claims before an admiralty court.

### Admitted Assets
Assets permitted by state law to be included in an insurance company's → Annual Statement. These assets are an important factor when regulators measure insurance company

an, gewöhnlich auf einem selbstgeführten Investitionskonto. Treuhändervorhaben gewinnen an Popularität, da Arbeitgeber wie Arbeitnehmer mehr Kontrolle über die Investitionen der Rentenkasse suchen. Bei einem selbstversicherten Sach- oder Haftungsvorhaben kann die Gruppe einen Vertrag über die reinen Verwaltungsdienstleistungen mit einer Versicherungsgesellschaft oder einen dritten Verwalter haben, der die Bearbeitung der Forderungen und die Administration handhabt.

### Nachlaßverwalter
Vom Gericht bestellte Person, die den Nachlaß einer verstorbenen Einzelperson, die keinen → Testamentsvollstrecker oder eine → Testamentsvollstreckerin benannt hat, verwaltet. Die so bestellte Person handelt in bezug auf diesen Nachlaß in einer Eigenschaft als → Treuhänder.

### Admiralitätshaftpflicht
See-Erlasse, die zur Folge haben, daß → Haftungsumstände unter das → Gewohnheitsrecht und unter das Gesetzesrecht fallen. → Jones-Gesetz (Handelsmarinegesetz)

### Seerechtliches Verfahren
Durchführung von Seerechtsklagen, die Ansprüche gegenüber → Seetransportversicherungspolicen beinhalten, vor einem Seegericht.

### Zulässige Aktiva
Vermögen, das durch staatliches Gesetz in einen → Jahresabschluß einer Versicherungsgesellschaft aufgenommen werden darf. Dieses Vermögen bildet einen wichtigen Faktor bei der Bemessung der Solvenz der Versicherungsgesellschaft durch

solvency. They include mortgages, stocks, bonds, and real estate. Historically, a large part of admitted assets consisted of long term mortgages, but with the advent of → Current Assumption Whole Life Insurance policies, short term financial instruments can be used to make up a large part of admitted assets.

**Admitted Company**
Life insurance company or property and casualty insurance company licensed by a particular state to conduct business there. The company is subject to the state insurance code governing such aspects as company reserves and advertising. If an insurance company is not licensed by a given state or if its license is terminated, the company can no longer conduct insurance business in that state.

**Advanced Funded Pension Plan**
Retirement plan in which money is currently allocated to fund an employee's pension. → Allocated Funding Instrument; → Unallocated Funding Instrument

**Advanced Life Underwriting**
Process of analyzing complex personal and business cases according to tax and estate

Regulatoren. Die zugelassenen Aktiva schließen ein: Hypotheken, Aktien, Schuldverschreibungen und Immobilien. Historisch gesehen bestand ein großer Teil der zugelassenen Aktiva aus langfristigen Hypotheken, aber mit der Einführung der → Lebensversicherung auf den Todesfall mit laufender Übernahme können kurzfristige Finanzinstrumente genutzt werden, um einen großen Teil der zugelassenen Aktivposten zu bilden.

**Zugelassene Gesellschaft**
Von einem bestimmten Staat lizensierte Lebensversicherungsgesellschaft oder Sach- und Unfallversicherungsgesellschaft, um dort Geschäfte durchzuführen. Die Gesellschaft unterliegt dem staatlichen Versicherungskodex, der solche Aspekte wie Rückstellungen einer Gesellschaft und die Werbung regelt. Falls eine Versicherungsgesellschaft keine Lizenz eines bestimmten Staates hat oder falls ihre Lizenz ausgelaufen ist, kann das Unternehmen nicht länger Versicherungsgeschäfte in diesem Staat durchführen.

**Vorfinanziertes Pensionssystem**
Rentenplan, bei dem Geld laufend zugeteilt wird, um die Rente eines Arbeitnehmers zu finanzieren. → Zugewiesenes Finanzinstrument; → Nicht-zugewiesenes Finanzinstrument

**Fortgeschrittene Übernahme von Lebensversicherungen**
Prozeß des Analysierens komplexer persönlicher und geschäftlicher Fälle entsprechend Steuer- und Nachlaßplanungs-

planning requirements to determine life insurance needs. The family life agent or underwriter normally does not become involved in complex business or personal cases, but draws on the expertise of the advanced life underwriter when needed.

## Advance Funding
Payment of premiums before their due date. In pension plans, premium payments are allocated to the payment of future benefits prior to benefits becoming payable. → Advanced Funded Pension Plan

## Advance Payments
Payments made to the insured by the insurance company before the settlement date. For example, a claim is scheduled to be settled on June 1, 1987, but the insurance company pays the claimant prior to that date.

## Advance Premium
Premium paid before the due date. For example, a premium is due on July 1, 1987, but the insured actually makes the premium payment on January 1, 1987, receiving a premium discount.

## Adverse Selection
Process in life insurance by which an applicant who is uninsurable, or is a greater than

erfordernissen, um Lebensversicherungsbedürfnisse zu bestimmen. Der Familienlebensversicherungsagent oder Zeichner befaßt sich normalerweise nicht mit komplexen Unternehmens- oder persönlichen Fällen, sondern zieht das Fachwissen des fortgeschrittenen Lebensversicherers heran, wenn erforderlich.

## Vorfinanzierung
Prämienzahlung vor ihrem Fälligkeitsdatum. Bei Pensionssystemen werden Prämienzahlungen für die Zahlung zukünftiger Leistungen zugewiesen, bevor die Leistungen fällig werden. → Vorfinanziertes Pensionssystem

## Schadenbevorschussung
Von der Versicherungsgesellschaft vor dem Regulierungsdatum an den Versicherten geleistete Zahlung. Wenn beispielsweise geplant ist, einen Schaden am 1. Juni 1987 zu regulieren, die Versicherungsgesellschaft den Erstattungsberechtigten aber schon vor diesem Datum bezahlt.

## Vorgezogene Prämie
Eine vor dem Fälligkeitsdatum gezahlte Prämie. Wenn eine Prämie z.B. am 1. Juli 1987 fällig ist, der Versicherte die Prämie tatsächlich jedoch am 1. Januar 1987 zahlt und einen Prämienrabatt erhält.

## Negative Auswahl
Ein Vorgang bei Lebensversicherungen, bei dem ein Antragsteller, der nicht versicherbar ist oder der ein größeres Risiko als

average risk, seeks to obtain a policy from a company at a standard premium rate. Life insurance companies carefully screen applicants for this reason, since their premiums are based on policyholders in average good health and in nonhazardous occupations.

**Advertisers Liability Insurance**
Coverage for an advertiser's negligent acts and/or omissions in advertising (both oral and written) that may result in a civil suit for libel, slander, defamation of character, or copyright infringement.

**Advertising, Insurance Company**
Highly visible form of marketing communication with the public with these objectives: (1) encourage agents and brokers to sell insurance company products, (2) predispose customers to be receptive to sales calls, (3) enhance an insurance company's public image, (4) support introduction of new products, and (5) influence public and legislative opinions on issues of importance to the insurance industry. *Product advertising* describes particular products and why they would be beneficial. *Institutional advertising* describes the financial strength and the

der Durchschnitt verkörpert, versucht, einen Vertrag mit Standardprämientarifen von einer Versicherungsgesellschaft zu erhalten. Aus diesem Grunde durchleuchten Versicherungsgesellschaften die Antragsteller sorgfältig, da ihre Beiträge auf Policeninhabern mit durchschnittlich guter Gesundheit in ungefährlichen Berufen basieren.

**Haftpflichtversicherung für Werbungtreibende**
Versicherungsschutz für fahrlässige Handlungen und/oder Auslassungen in der Werbung von Werbungtreibenden (sowohl mündlich als auch schriftlich), die in einer Zivilklage wegen Verunglimpfung, übler Nachrede, Diffamierung des Charakters oder Copyright-Verletzung enden können.

**Werbung, Versicherungsgesellschaft**
Sehr gut sichtbare Form der Marketingkommunikation mit der Öffentlichkeit mit diesen Zielen: (1) Agenten und Makler zu fördern, Produkte der Versicherungsgesellschaft zu verkaufen, (2) Kunden darauf einzustellen, für Verkaufsanrufe offen zu sein, (3) das öffentliche Image der Versicherungsgesellschaft zu steigern, (4) die Einführung neuer Produkte zu unterstützen, (5) die öffentliche und gesetzgebende Meinung bei für das Versicherungsgewerbe wichtigen Fragestellungen zu beeinflussen. *Produktwerbung* beschreibt bestimmte Produkte und warum sie von Vorteil sein würden. *Institutionenwerbung* beschreibt die finanzielle Stärke und die Stabilität eines Unternehmens. Abhängig von Zielmarkt und -größe kann die Werbung eines Unternehmens national, lokal

stability of a company. Depending on target market and size, company advertising may be national, local, or cooperative (a joint venture using both company and agency dollars).

oder kooperativ (ein Joint Venture, bei dem sowohl Geld des Unternehmens als auch der Agentur benutzt werden) sein.

### Advisory Committee
Group that advises on employee benefit plans as to amount of benefits to be paid, how benefits are to be financed, and how employees are to qualify for benefits (→ Vesting *requirements*). An advisory committee only suggests; it does not have line authority.

### Beratender Ausschuß
Eine Gruppe, die bei betrieblichen Sozialzulagensystemen berät, in welcher Höhe Leistungen gezahlt werden sollen, wie die Leistungen finanziert werden sollen, und wie sich die Arbeitnehmer für diese Leistungen qualifizieren (→ Übertragungs-*Erfordernisse*). Ein beratender Ausschuß schlägt nur vor, er hat keine Linienvollmacht.

### Affiliated Companies
Associated insurers that are under common stock ownership or interlocking directorates. Such an arrangement makes it easier to exchange insurance products for sale to the consumer, reduces duplication of efforts, and lowers product research and development costs.

### Tochtergesellschaften
Verbundene Versicherer, die dem gleichen Aktienbesitz oder ineinandergreifenden Unternehmensleitungen angehören. Eine solche Organisation erleichtert den Austausch von Versicherungsprodukten zum Verkauf an den Kunden, verringert die Vervielfältigung der Anstrengungen und senkt die Produktforschungs- und Entwicklungskosten.

### Affirmative Warranty
→ Warranty

### Versicherung der Richtigkeit der gemachten Angaben
→ Zusicherung der Richtigkeit der gemachten Angaben

### Age Change
Date, in insurance, on which a person becomes one year older. Depending on the insurance company, premiums in life and health insurance manuals are figured to the age-nearest-

### Änderung des Alters
Bei Versicherungen Datum, an dem eine Person ein Jahr älter wird. Abhängig von der Versicherungsgesellschaft werden die Prämien in Lebensversicherungs- und Krankenversicherungshandbüchern nach dem zum Geburtstag nächstliegenden

birthday or age-last-birthday.

### Age Limits
Maximum age of an applicant or insured beyond which an insurance company will not initially underwrite a risk or continue to insure it. For example, under some forms of → Renewable Term Life Insurance, coverage will not be renewed beyond age 60.

### Agency
Individuals under common management whose goal is to sell and service insurance. Office may be managed by a → General Agent or *branch manager*. → Captive Insurance Company; → Independent Agency System

### Agency Agreement
→ Agency Contract

### Agency by Estoppel
→ Estoppel

### Agency by Ratification
Confirmation by an insurance company of the acts of its → Agent, regardless of whether or not these acts were committed within the limit of authority granted the agent by the company. By so ratifying the agent's acts, the company becomes responsible for consequences arising from these acts.

Alter oder zum Alter des letzten Geburtstages berechnet.

### Altersgrenzen
Das maximale Alter eines Antragstellers oder Versicherten, über das hinaus eine Versicherungsgesellschaft zuerst kein Risiko zeichnen wird oder fortfahren wird, es zu versichern. So wird z.B. bei einigen Formen der → Befristeten Lebensversicherung mit Verlängerungsrecht der Versicherungsschutz nach einem Alter von 60 Jahren nicht erneuert.

### Agentur
Unter gemeinsamer Geschäftsführung stehende Einzelpersonen, deren Ziel es ist, Versicherungen zu verkaufen und zu bedienen. Das Büro kann von einem → Generalagenten oder von einem *Zweigstellenleiter* geführt werden. → Selbst-Versicherungsgesellschaft; → Unabhängiges Agentursystem

### Agenturvereinbarung
→ Agenturvertrag

### Durch schlüssiges Verhalten erteilte Vollmacht
→ Rechtshemmender Einwand

### Wirksamkeit durch Anerkennung
Bestätigung der Handlungen eines ihrer → Agenten durch eine Versicherungsgesellschaft, unbeeinflußt davon, ob diese Handlungen innerhalb der dem Agenten von dem Unternehmen zugestandenen Befugnisse ausgeführt wurden oder nicht. Durch die Bestätigung der Handlungen des Agenten wird die Gesellschaft verantwortlich für die aus diesen Handlungen entstehenden Konsequenzen. Wenn eine

For example, if the insurance company, with full knowledge of the agent's misdeeds in soliciting the application and the premium from the → Prospect, accepts the premium for the policy from the agent, this acceptance constitutes ratification of the act of the agent.

Versicherungsgesellschaft beispielsweise in vollständiger Kenntnis der Fehlhandlungen des Agenten bei dessen Bemühen um den Antrag und die Prämie des → Voraussichtlichen Kunden die Prämie für die Versicherungspolice vom dem Agenten akzeptiert, so stellt dieses Akzeptieren die Anerkennung der Handlung des Agenten dar.

## Agency Contract (Agency Agreement)

Rules of conduct and commissions paid to agents. For example, under the rules of conduct agents may be required to submit all of their business to only that agency. The contract also lists commission schedules.

## Agenturvertrag (Agenturvereinbarung)

Verhaltensregeln und an Agenten gezahlte Provisionen. Bei den Verhaltensregeln kann beispielsweise von den Agenten gefordert werden, alle Geschäfte nur bei dieser Agentur einzureichen. Der Vertrag enthält auch Provisionstabellen.

## Agency Manager

Individual in charge of an insurance company agency. The manager is an employee of the company and is usually compensated on a salary-and-bonus basis, the latter relating to premium volume production of all the agents in the agency. He or she is responsible for hiring and training agents.

## Agenturleiter

Für eine Versicherungsagentur verantwortliche Einzelperson. Der Geschäftsführer ist Angestellter des Unternehmens und wird gewöhnlich auf der Grundlage eines Gehaltes plus Bonus bezahlt. Letzteres bezieht sich auf den Prämienumsatz aller Agenten in der Agentur. Er oder sie ist verantwortlich für die Einstellung und Ausbildung der Agenten.

## Agency Plant

Insurance company's total number of agents

## Agenturbetrieb

Gesamtzahl der Agenten einer Versicherungsgesellschaft

## Agency System

→ Agent; → Independent Agency System

## Agentursystem

→ Agent; → unabhängiges Agentursystem

## Agent

Individual who sells and services insurance policies in either of two classifications:

1. *Independent agent* represents at least two insurance companies and (at least in theory) services clients by searching the market for the most advantageous price for the most coverage. The agent's commission is a percentage of each premium paid and includes a fee for servicing the insured's policy. → American Agency System

2. *Direct writer* represents only one company and sells only its policies. This agent is paid on a commission basis in much the same manner as the independent agent.

## Agent Commission
→ Commission

## Agent, General
→ General Agent (GA)

## Agent, Independent
→ Independent Agent

## Agent License
→ Licensing of Agents and Brokers

## Agent of Record

Individual who has a contractual agreement with a policyowner. The agent of record has a legal right to commissions from the insurance policy.

## Agent

Einzelperson, die Versicherungspolicen verkauft und Kundendienstleistungen verrichtet in einer der beiden Klassifikationen:

1. *Unabhängiger Agent* – repräsentiert mindestens zwei Versicherungsgesellschaften und dient den Kunden (zumindest theoretisch) durch Erforschung des Marktes nach dem günstigsten Preis für das umfangreichste Versicherungsschutzrecht. Die Provision des Agenten ist ein Prozentsatz jeder gezahlten Prämie und schließt eine Gebühr für die Verrichtung des Kundendienstes bei der Police des Versicherten ein. → Amerikanisches Agentursystem

2. *Direkter Zeichner* – repräsentiert nur eine Gesellschaft und verkauft nur ihre Verträge. Dieser Agent wird in der gleichen Weise wie der unabhängige Agent auf Provisionsbasis bezahlt.

## Provision des Agenten
→ Provision

## Agent, General-
→ Generalagent

## Agent, unabhängiger
→ Unabhängiger Agent

## Agentenlizenz
→ Lizensierung von Agenten und Maklern

## Verbürgter Agent

Einzelperson, die eine vertragliche Vereinbarung mit dem Policeninhaber hat. Der verbürgte Agent hat ein gesetzliches Anrecht auf Provisionen aus dem Versicherungsvertrag.

### Agent, Policywriting
Agent with the authority from an insurance company to prepare and to place into business an insurance policy.

### Agent, Recording
→ Agent of Record

### Agent's Authority
Authority derived from an agent's contract with an insurance company. → Apparent Agency (Authority)

### Agent's Balance
Statement showing the amount of money owed the agent by the insurance company, according to the contract he or she has with the insurance company.

### Agent, Special
→ Special Agent

### Agent's Qualification Laws
Legislation establishing the minimum education and experience level required by the state as a prerequisite for a person to become a licensed → Agent. → License; → Licensing of Agents and Brokers

### Agent, State
→ State Agent

### Age Setback
Subtraction of a number of years from a standard table of life insurance rates under the

### Agent, Policenzeichnender
Ein Agent mit Vollmacht einer Versicherungsgesellschaft, einen Versicherungsvertrag vorzubereiten und ein Geschäft abzuschließen.

### Agent, Aufzeichnender
→ Verbürgter Agent

### Vollmacht des Agenten
Aus dem Vertrag eines Agenten mit einer Versicherungsgesellschaft hergeleitete Vollmacht. → Scheinagentur (-vollmacht)

### Kontostand des Agenten
Aufstellung, die die Höhe der Beträge zeigt, die die Versicherungsgesellschaft dem Agenten nach dem Vertrag, den er oder sie mit der Versicherungsgesellschaft hat, schuldet.

### Agent, Sonder-
→ Sonderbevollmächtigter

### Gesetze über die Qualifikation von Agenten
Gesetze, die die Mindestanforderungen an Ausbildungs- und Erfahrungsniveau durch den Staat festlegen, als Voraussetzung dafür, daß eine Person ein lizensierter → Agent werden kann. → Lizenz; → Lizensierung von Agenten und Maklern

### Agent, Staatlicher
→ Staatlicher Agent

### Verringerung des Alters
Subtraktion einer Anzahl von Jahren von der Standardtabelle der Lebensversicherungstarife unter der Annahme, daß eine

assumption that a particular group – women – outlive men and presumably will be paying premiums for a longer time. For example, a 38-year-old woman may pay the same premiums as a 35-year-old man. Age setback is a women's rights issue, with at least one state having legislated that men and women the same age must be charged the same rates for the life insurance they buy.

**Aggregate Annual Deductible**
Deductible that applies for the year. For example, a business pays for the first $40,000 of losses incurred during the year and the insurance company pays for all losses above that amount up to the → Limit of Recovery stated in the policy.

**Aggregate Excess Contract**
Policy in which an insurer agrees to pay property or liability losses (generally 80 – 100%) in excess of a specific amount paid on all losses during a → Policy Year.

**Aggregate Excess of Loss Retention**
→ Excess of Loss Reinsurance; → Stop Loss Reinsurance

**Aggregate Indemnity**
Total limit of coverage under

besondere Gruppe, Frauen, länger als Männer leben und voraussichtlich für eine längere Zeit Prämien zahlen werden als Männer. Eine 38 Jahre alte Frau beispielsweise kann die gleichen Prämien zahlen wie ein 35 Jahre alter Mann. Die Verringerung des Alters ist eine Frage der Frauenrechte, und zumindest ein Staat hat gesetzlich festgelegt, daß Männer und Frauen gleichen Alters mit den gleichen Prämien für die Lebensversicherung, die sie abschließen, belastet werden müssen.

**Jährlicher Gesamtselbstbehalt**
Selbstbehalt, der für ein Jahr gilt. Ein Geschäft zahlt z.B. für die ersten US$ 40.000 der während des Jahres entstandenen Schäden, und die Versicherungsgesellschaft zahlt für alle Schäden oberhalb dieses Betrages bis zu der im Vertrag genannten → Rückvergütungsgrenze.

**Gesamtüberschußvertrag**

Vertrag, bei dem ein Versicherer einwilligt, Sach- und Haftpflichtschäden (allgemein 80 bis 100 %), die über einen bestimmten Betrag für alle Schäden während eines → Policenjahres hinausgehen, zu zahlen.

**Gesamtschadenüberschußselbstbehalt**
→ Schadenexzedentenrückversicherung;
→ Stop Loss Rückversicherung

**Gesamtentschädigung**
Gesamtdeckungsgrenze bei allen Policen,

all policies applicable to the covered loss for which an insured can be indemnified. For example, if two health insurance policies are in force on the same person, the total limit of coverage is that provided by the *primary* policy in combination with the *secondary* policy. → Aggregate Limit; → Primary Insurance Amount; → Secondary Plan

die auf den versicherten Schaden, für den der Versicherte entschädigt werden kann, anwendbar sind. Wenn z.B. zwei Krankenversicherungspolicen für die gleiche Person in Kraft sind, ist die Gesamtdeckungsgrenze die der *Haupt*police in Kombination mit der *zweitrangigen* Police. → Gesamtlimit; → Grundrente; → Zweitrangiges System

## Aggregate Level Cost Method

Actuarial method of calculating benefits and their costs for all the employees as a group rather than for each individual employee. The costs of the benefits are measured in the form of a percentage of the total payroll for the employee group.

## Gesamtkostenniveaumethode

Versicherungsmathematische Methode der Berechnung von Leistungen und ihrer Kosten für alle Angestellten als Gruppe statt für jeden einzelnen Arbeitnehmer. Die Kosten der Leistungen werden in Form eines Prozentsatzes am Gesamtarbeitsentgelt der Arbeitnehmergruppe gemessen.

## Aggregate Limit

Maximum dollar amount of coverage in force under a health insurance policy, a property damage policy, or a liability policy. This maximum can be on an occurrence basis, or for the life of the policy. The following are examples.
1. *Health insurance*. The insured was billed $107,000 for a serious illness, but the aggregate limit of the policy was $100,000 for the life of the policy, so the most that the insured could be reimbursed is $100,000. The insured would

## Gesamtlimit

Höchstdeckung in Dollar, die bei einer Krankenversicherungspolice, einer Sachschadenspolice oder einer Haftpflichtversicherungspolice in Kraft ist. Das Maximum kann auf der Basis des einzelnen Schadensfalls oder für den Vertragszeitraum gelten. Das Folgende sind Beispiele:
1. *Krankenversicherung:*
Der Versicherte erhielt für eine ernsthafte Erkrankung eine Rechnung über US$ 107.000, aber das Gesamtlimit der Police lag bei US$ 100.000 für den Vertragszeitraum. Der Höchstbetrag, den der Versicherte erstattet bekommen konnte, war somit US$ 100.000. Der Versicherte

have to pay $7000. Any medical expenses arising from future illness would now have to be paid by the insured.

2. *Liability insurance.* The insured is at fault in an automobile accident (single occurrence) causing injury to four individuals of $100,000, $150,000, $85,000 and $115,000, respectively, a total of $450,000. The aggregate limit of the policy is $400,000. The insured would have to pay the remaining $50,000.

**Aggregate Products Liability Limit**

Maximum sum of money which the insurance company will pay, during the time interval that the → Product Liability Insurance coverage is in effect, for all product liability-related claims arising which are covered under the policy.

**Agreed Amount Clause**

In → Property Insurance, a stipulated agreement between the insurance company and the insured that the amount of insurance coverage under the policy is sufficient to be in compliance with the → Coinsurance requirement.

**Agreed Amount Form**

→ Agreed Amount Clause

**Agreement**

→ Insuring Agreement

würde US$ 7.000 zahlen müssen. Alle aus zukünftigen Erkrankungen entstehenden medizinischen Ausgaben würden nun vom Versicherten bezahlt werden müssen.

2. *Haftpflichtversicherung:*

Ein Versicherter verschuldet einen Autounfall (einmalige Erscheinung) und verletzt vier Personen mit einem Schaden von US$ 100.000, US$ 150.000, US$ 85.000 und US$ 115.000, dies entspricht einem Gesamtschaden von US$ 450.000. Das Gesamtlimit des Vertrages beträgt US$ 400.000. Der Versicherte würde die verbleibenden US$ 50.000 selbst zahlen müssen.

**Gesamtprodukthaftungslimit**

Höchstsumme an Geld, die eine Versicherungsgesellschaft während des Zeitintervalls, während dessen die → Produkthaftungsversicherung in Kraft ist, für alle entstehenden produkthaftungsbezogenen Ansprüche bezahlen wird, die von der Police abgedeckt sind.

**Vereinbarte Betragsklausel**

Bei der → Sachversicherung eine vertragsgemäße Vereinbarung zwischen der Versicherungsgesellschaft und dem Versicherten, daß die Versicherungshöhe der Police ausreicht, um die Erfordernisse der → Mitversicherung zu erfüllen.

**Vereinbarte Betragsform**

→ Vereinbarte Betragsklausel

**Vereinbarung**

→ Versicherungsvereinbarung

## Agricultural Equipment Insurance

Property damage coverage for mobile agricultural equipment and machinery, including harness, saddles, blankets, and liveries. Perils insured are fire, lightning, vandalism, malicious mischief, and removal. Additional perils can be added at extra charge. Excluded from coverage are crops, aircraft, watercraft, feed, hay, and grass. (Crops, aircraft, and watercraft can be covered under other types of insurance policies.)

## AIA
→ American Insurance Association (AIA)

## AIAF
→ Associate in Insurance Accounting and Finance (AIAF)

## AIC
→ Associate in Claims (AIC)

## AIM
→ Associate in Management (AIM)

## Air Cargo Insurance

Coverage for an air carrier's legal liability for damage, destruction, or other loss of a customer's property while being shipped. Coverage is on an → All Risks basis subject to specific perils excluded in the policy. Air cargo insurance is

## Versicherung der landwirtschaftlichen Ausrüstung

Versicherungsschutz für Sachschäden an beweglicher landwirtschaftlicher Ausstattung und Maschinen, einschließlich Geschirr, Satteln, Decken und Mietstallungen. Die versicherten Gefahren sind Feuer, Gewitter, Vandalismus, böswillige Zerstörung und Entfernung. Weitere Gefahren können gegen Extraberechnung hinzugefügt werden. Vom Versicherungsschutz ausgeschlossen sind Ernten, Flugzeuge, Boote, Futter, Heu und Gras. (Ernten, Flugzeuge und Wasserfahrzeuge können durch andere Arten von Versicherungspolicen abgedeckt werden.)

## AIA
→ American Insurance Association (AIA)

## AIAF
→ Associate in Insurance Accounting and Finance (AIAF)

## AIC
→ Associate in Claims (AIC)

## AIM
→ Associate in Management (AIM)

## Luftfrachtversicherung

Versicherungsschutz für die gesetzliche Haftung eines Flugzeugbeförderers für die Beschädigung, Zerstörung oder den Verlust von Kundeneigentum während des Transportes. Der Versicherungsschutz erfolgt auf einer → All-Risiken-Grundlage, bei der bestimmte Gefahren in der Police ausgeschlossen werden. Die Luftfracht-

a form of → Marine Insurance, which at one time only covered goods in transit over waterways. Today, goods in transit can be insured regardless of the means of transportation.

**Aircraft Hull Insurance**
Coverage on an → All Risks basis whether the airplane is on the ground or in the air; also called *hull aircraft insurance*. Exclusions, although none are standard, include illegal use of an aircraft; using an aircraft for purposes other than that described in the policy; wear and tear; piloting the aircraft by someone not named in the policy; operating an aircraft outside stipulated geographical boundaries; and damage or destruction of an aircraft resulting from war, riots, strikes, and civil commotions, mechanical breakdown loss, structural failure loss, and conversion. The hull value includes instruments, radios, autopilots, wings, engines, and other equipment attached to or carried on the plane as described in the policy.

**Aircraft Liability Insurance**
Coverage for the insured in the event that the insured's negligent acts and/or omissions result in losses in connection with the use, ownership, or maintenance of aircraft. Liability coverage can be provided

versicherung ist eine Form der → Transportversicherung, die früher einmal nur Güter versicherte, die über Wasserwege befördert wurden. Heute können in Transport befindliche Waren ohne Rücksicht auf das Verkehrsmittel versichert werden.

**Flugzeugkaskoversicherung**
Versicherung auf einer → All-Risiken-Grundlage, ob das Flugzeug am Boden oder in der Luft ist. Auch *Kaskoflugzeugversicherung* genannt. Ausschlüsse, obwohl keine Norm, schließen ein: illegale Benutzung eines Flugzeuges, die Benutzung eines Flugzeuges für einen anderen als in der Police angegebenen Zweck, natürlicher Verschleiß, das Fliegen des Flugzeuges durch einen in der Police nicht benannten Piloten, der Betrieb des Flugzeuges außerhalb der vertraglich festgelegten geographischen Grenzen und Beschädigung oder Zerstörung eines Flugzeuges aufgrund von Krieg, Unruhen, Streiks, bürgerlicher Aufruhr, Schaden durch mechanischen Zusammenbruch, Schaden durch strukturelles Versagen und Umwandlung. Der Kaskowert beinhaltet Instrumente, Radios, Autopiloten, Flügel, Motoren und andere Ausrüstung, die am Flugzeug angebracht oder im Flugzeug mitgeführt werden, wie in der Police beschrieben.

**Flugzeughaftpflichtversicherung**
Versicherungsschutz für den Versicherten für den Fall, daß die fahrlässigen Handlungen und/oder Unterlassungen des Versicherten in Verbindung mit der Benutzung, dem Besitz oder der Unterhaltung eines Flugzeuges Schäden zur Folge hat. Haftpflichtversicherungsschutz kann für

for bodily injury and/or property damage to passengers and also to individuals who are not passengers. → Medical Payments Insurance may be included on an optional basis. → Aviation Insurance

**Airport Liability Coverage**
Insurance for owners and operators of private, municipal, or commercial airports, as well as fixedbase operators, against claims resulting from injuries to members of the general public or physical damage to the property of members of the general public, provided that these individuals are on the premises of the airport or its related facilities. The policy may include any or all of the following coverages: (1) → Premises and Operations Liability Insurance; (2) → Personal Injury; (3) → Premises Medical Payments Insurance; and (4) contractual. The policy can be tailored to meet the particular requirements of the → Insured.

**ALCM**
→ Associate in Loss Control Management (ALCM)

**Alcoholic Beverage Control Laws**
→ Dram Shop Law

Körperverletzungen und/oder Sachbeschädigungen an Passagieren erfolgen und auch an Einzelpersonen, die keine Passagiere sind. Eine → Versicherung zur Zahlung der medizinischen Leistungen kann wahlweise mit eingeschlossen werden. → Luftfahrtversicherung

**Flughafenhaftpflichtversicherungsschutz**
Versicherung für Inhaber und Betreiber von privaten, städtischen oder gewerblichen Flughäfen sowie Betreibern von Flugbasen gegen Schadensansprüche wegen Verletzung von Mitgliedern der allgemeinen Öffentlichkeit, körperliche Beschädigung von Eigentum von Mitgliedern der allgemeinen Öffentlichkeit, unter der Voraussetzung, daß sich diese Einzelpersonen auf dem Flughafengelände oder seinen verbundenen Einrichtungen befinden. Der Vertrag kann eines oder alle der folgenden Versicherungsschutzrechte beinhalten: (1) → Haftpflichtversicherung für die Anlage und den Betrieb; (2) → Personenschaden; (3) → Versicherung der Anlage gegen Zahlungen für medizinische Leistungen; und (4) den vertragsgemäßen Versicherungsschutz. Die Police kann maßgeschneidert werden, um die speziellen Bedürfnisse des → Versicherten zu erfüllen.

**ALCM**
→ Associate in Loss Control Management (ALCM)

**Kontrollgesetze für alkoholische Getränke**
→ Brandweinschenkengesetz

## Alcoholic Beverage Liability Insurance
→ Dram Shop Liability Insurance

## Aleatory Contract
Contract that may or may not provide more in benefits than premiums paid. For example, with only one premium payment on a property policy an insured can receive hundreds of thousands of dollars should the protected entity be destroyed. On the other hand, an insurance company can collect more in premiums than it ever pays out in benefits, as in a fire insurance policy under which the protected property is either damaged or destroyed. Most insurance contracts are aleatory in nature.

## Alien Insurer
Insurance company formed according to the legal requirements of a foreign country. In order for an alien insurer to be able to carry on general operations and sell its products in a particular state in the U.S., it must conform to that state's rules and regulations governing insurance companies.

## Alliance of American Insurers (AAI)
Membership organization, based in Chicago, Illinois, consisting principally of prop-

## Haftpflichtversicherung für alkoholische Getränke
→ Brandweinschenkenhaftpflichtversicherung

## Risikovertrag
Ein Vertrag, der mehr Leistungen zahlt als Prämien einnimmt oder auch nicht. Ein Versicherter kann z.B. mit nur einer Prämienzahlung für eine Sachversicherungspolice Hunderttausende Dollars erhalten, sollte die geschütze Einheit zerstört werden. Auf der anderen Seite kann eine Versicherungsgesellschaft mehr Prämien kassieren, als sie jemals an Leistungen auszahlt, wie etwa bei einer Feuerversicherungspolice, bei der das geschützte Eigentum weder beschädigt noch zerstört wird. Die meisten Versicherungspolicen sind von Natur aus Risikoverträge.

## Ausländischer Versicherer
Eine in Übereinstimmung mit den rechtlichen Vorschriften eines ausländischen Landes gebildete Versicherungsgesellschaft. Damit ein ausländischer Versicherer allgemeine Operationen ausführen und seine Produkte in einem bestimmten Staat der Vereinigten Staaten ausüben kann, muß er mit den die Versicherungsgesellschaften regierenden Regeln und Vorschriften dieses Staates übereinstimmen.

## Alliance of American Insurers (AAI)
(Vereinigung amerikanischer Versicherer) – in Chicago, Illinois, angesiedelte Mitgliederorganisation, die im wesentlichen

erty and casualty insurance companies. Its objectives are to influence the public and the legislators on matters concerning the property and casualty insurance industry, to publish materials, and to conduct research and various educational programs for member companies.

**Allied Lines**
Property insurance closely associated with fire insurance and usually purchased in conjunction with a *Standard Fire Policy*. Allied lines include → Data Processing Insurance; → Demolition Insurance; → Earthquake Insurance; → Increased Cost of Construction Clause; → Radioactive Contamination Insurance; → Sprinkler Leakage Insurance; → Standing Timber Insurance; → Vandalism and Malicious Mischief Insurance; → Water Damage Insurance

**All Lines Insurance**
Combination of coverages from property, liability, health, and life insurance into a single insurance policy from one insurance company. → Multiple Line Insurance

**Allocated Benefits**
Payments in a → Defined Benefit Plan. Benefits are allocated to the pension plan participants as premiums are

aus Sach- und Unfallversicherungsgesellschaften besteht. Ihre Ziele sind es, die Öffentlichkeit und den Gesetzgeber zu Fragen des Sach- und Unfallversicherungsgewerbes zu beeinflussen, Materialien zu veröffentlichen und Untersuchungen und verschiedene Lehrprogramme für Mitgliedsfirmen durchzuführen.

**Verbundene Sparten**
Eng mit der Feuerversicherung verbundene und gewöhnlich in Verbindung mit einer *Einheitsfeuerversicherungspolice* abgeschlossene Sachversicherung. Die verbundenen Sparten schließen ein → Datenverarbeitungsversicherung; → Abbruchversicherung; → Erdbebenversicherung; → Erhöhte Baukosten-Klausel; → Versicherung gegen radioaktive Verseuchung; → Sprinklerleckageversicherung; → Nutzholzversicherung; → Versicherung gegen Vandalismus und böswillige Beschädigung; → Wasserschadenversicherung

**Alle Spartenversicherung**
Versicherungschutzkombination von Sach-, Haftpflicht-, Kranken- und Lebensversicherung in einem einzigen Versicherungsvertrag einer einzigen Versicherungsgesellschaft. → Mehrspartenversicherung

**Zugewiesene Leistungen**
Zahlungen bei einem → Definierten Leistungssystem. Die Leistungen werden den Pensionssystemteilnehmern zugeteilt, wie die Prämien von der Versicherungsgesell-

received by the insurance company. Since the benefits purchased are paid up, the employee is guaranteed a pension at retirement, even if the firm goes out of business.

**Allocated Funding Instrument**
Insurance or annuity contract used in pension plans to purchase increments of retirement benefits through contributions for each employee paid into a fund. Benefits are guaranteed to employees at retirement; the insurance company is legally obligated to pay all benefits for which it has received premiums. Pension plans, in which no funds are available to purchase benefits prior to retirement involve → Unallocated Funding Instruments (benefits were not purchased at the time premium payments were made).

**Allocation of Plan Assets**
→ Allocation of Plan Assets on Termination

**Allocation of Plan Assets on Termination**
Distribution of assets if a pension plan is terminated. The allocation is made by either (1) refunding all of an employee's contributions, plus interest, or (2) establishment of classes of employees and their beneficiaries ac-

schaft erhalten werden. Da die gekauften Leistungen bezahlt sind, wird dem Arbeitnehmer bei Pensionierung eine Rente garantiert, auch wenn die Firma geschlossen wird.

**Zugewiesenes Finanzierungsinstrument**
Bei Pensionssystemen verwendeter Versicherungs- oder Rentenvertrag, um die Wertzuwächse der Rentenbezüge durch für jeden Arbeitnehmer in den Fonds eingezahlte Beiträge zu erwerben. Die Leistungen werden dem Arbeitnehmer bei Pensionierung garantiert. Die Versicherungsgesellschaft ist rechtlich verpflichtet, alle Leistungen, für die sie Beitragszahlungen erhalten hat, zu zahlen. Pensionssysteme, bei denen keine Finanzmittel verfügbar sind, um Leistungen vor der Pensionierung zu erwerben, beinhalten → Nicht-zugewiesene Finanzierungsinstrumente (die Leistungen wurden nicht zu dem Zeitpunkt erworben, zu dem die Beitragszahlungen geleistet wurden).

**Zuweisung der Systemguthaben**
→ Zuweisung der Systemguthaben bei Beendigung

**Zuweisung der Systemguthaben bei Beendigung**
Verteilung der Guthaben, wenn ein Pensionssystem abgeschlossen wird. Die Zuweisung erfolgt entweder durch (1) Rückerstattung aller Beiträge eines Arbeitnehmers plus Zinsen oder (2) durch Erstellung von Klassen von Arbeitnehmern und deren Begünstigten nach ihrem Anspruch auf Leistungen.

cording to entitlement to benefits.

**Allowed Assets**
→ Admitted Assets

**All Risk Insurance**
→ All Risks

**All Risks**
Insurance that covers each and every loss except for those specifically excluded. If the insurance company does not specifically exclude a particular loss, it is automatically covered. This is the broadest type of property policy that can be purchased. For example, if an insurance policy does not specifically exclude losses from wind damage, or from a meteor falling on the insured's house, the insured is covered for such losses. → Named Peril Policy; → Specified Peril Insurance

**Alternative Minimum Cost Method**
Means of funding permitted under the → Employee Retirement Income Security Act of 1974 (ERISA). The administrator of a pension plan can comply with required minimum funding standards by electing an alternative cost method under which the normal cost is the lesser of the normal cost (1) according to the actuarial cost method of the

**Erlaubte Aktiva**
→ Zulässige Aktiva

**Globalrisikoversicherung**
→ Alle Risiken

**Alle Risiken**
Versicherung, die alle Schäden abdeckt, außer den speziell ausgeschlossenen Schäden. Falls eine Versicherungsgesellschaft einen bestimmten Schaden nicht speziell ausschließt, ist er automatisch abgedeckt. Dies ist die breiteste Art eines Sachversicherungsvertrages, den man erwerben kann. Wenn der Versicherungsvertrag z.B. Schäden durch Windbeschädigung oder durch einen Meteor, der auf das Haus des Versicherten fällt, nicht speziell ausschließt, ist der Versicherte gegen diese Schäden abgedeckt. → Benannte Gefahren-Police; → Spezifizierte Gefahrenversicherung

**Alternative Mindestkostenmethode**
Unter dem → Employee Retirement Income Security Act of 1974 (ERISA) (Arbeitnehmerrenteneinkommensicherheitsabkommen von 1974) zugelassenes Finanzierungsmittel. Der Verwalter eines Pensionssystems kann die Bedingungen der geforderten Mindestfinanzierungsstandards erfüllen, indem er die alternative Kostenmethode wählt, bei der die normalen Kosten das Kleinere der normalen Kosten (1) gemäß der versicherungsmathematischen Kostenmethode des Planes

plan, or (2) according to the accrued benefit cost method without benefit projections.

## Alternative Minimum Tax
→ Corporate Alternative Minimum Tax: Implications for Corporate-Owned Life Insurance

## Ambiguity
Language in the insurance policy that can be considered unclear or subject to different interpretations. Under these circumstances, the courts have generally ruled in favor of insured individuals and against insurance companies since insurance policies are deemed to be contracts of adhesion, and also that insurance companies have sufficient legal talent at their disposal to make policy language clear.

## Amendment
Provisions added to an original insurance policy which alter or modify benefits and coverages of the contract. For example, a → Homeowners Insurance Policy can be endorsed to cover a secondary dwelling; perils can be added for coverage. → Endorsement; → Rider

## American Academy of Actuaries
Professional association that

## Alternative Mindeststeuer
→ Alternative Mindestkörperschaftsteuer: Auswirkungen auf Lebensversicherungen in Firmenbesitz

## Mehrdeutigkeit
Sprache in einem Versicherungsvertrag, die als unklar betrachtet werden kann oder Anlaß verschiedener Interpretationen sein kann. Unter diesen Bedingungen haben die Gerichte generell zugunsten der versicherten Einzelpersonen und gegen die Versicherungsgesellschaften entschieden, da Versicherungsverträge als Beitrittsverträge angesehen werden und weil Versicherungsgesellschaften hinreichendes juristisches Talent zu ihrer Verfügung haben, die Sprache der Verträge klar zu gestalten.

## Zusatz
Zu einem Original-Versicherungsvertrag hinzugefügte Bestimmungen, die die Leistungen oder den Versicherungsschutz des Vertrages modifizieren oder ändern. In einer → Hausbesitzerversicherungspolice kann beispielsweise nachgetragen werden, daß eine zweite Wohnung abgedeckt werden soll; Gefahren können dem Versicherungsschutz hinzugefügt werden. → Nachtrag; → Besondere Versicherungsvereinbarung

## American Academy of Actuaries
(Amerikanische Akademie der Versiche-

sets standards of performance for those engaged in actuarial functions. Members are entitled to use the professional designation MAAA (Member, American Academy of Actuaries). The U.S. Department of Labor and the Internal Revenue Service requires that documents filed with these governmental agencies be signed by a member of the American Academy of Actuaries attesting to the validity of actuarial calculations concerning benefits to be paid and their funding. The Academy is located in Chicago, Illinois.

rungsmathematiker) – Berufsvereinigung, die Normen für die Berufsausübung mit versicherungsmathematischen Funktionen betrauter Personen setzte. Die Mitglieder sind berechtigt, die Berufsbezeichnung MAAA zu verwenden (Member, American Academy of Actuaries) – Mitglied der amerikanischen Akademie der Versicherungsmathematiker). Das Arbeitsministerium und der Internal Revenue Service (Einkommensteuerverwaltung) der Vereinigten Staaten verlangen, daß bei diesen Regierungsbehörden eingereichte Dokumente von einem Mitglied der amerikanischen Akademie der Versicherungsmathematiker unterzeichnet werden, der die Gültigkeit versicherungsmathematischer Berechnungen, die die zu zahlenden Leistungen und ihre Finanzierung betreffen, attestiert. Sitz der Akademie ist Chicago, Illinois.

**American Agency System**

Marketing of insurance through independent agents; also called *independent agency system*. Independent agents usually represent several insurance companies and try to insure the risk according to availability of coverage and most favorable price. Independent agents are paid a commission in the form of a percentage of the premiums generated by the policy sold. They own all the records of the policies sold and have the right to solicit renewals. They are not restricted to maintaining business with just one company and can transfer the

**Amerikanisches Agentursystem**

Vermarktung von Versicherungen durch unabhängige Agenten, auch *unabhängiges Agentensystem* genannt. Unabhängige Agenten vertreten gewöhnlich mehrere Versicherungsgesellschaften und versuchen das Risiko nach Versicherungsschutzverfügbarkeit und dem günstigsten Preis zu versichern. Unabhängigen Agenten wird eine Provision in Form eines Prozentsatzes der durch die verkaufte Police hervorgebrachten Prämien gezahlt. Sie besitzen Unterlagen aller verkauften Policen und haben das Recht, Verlängerungen abzuschließen. Sie sind nicht darauf beschränkt, nur mit einer Gesellschaft Geschäfte zu unterhalten, und können das Geschäft bei Verlängerung zu einer anderen Gesellschaft transferieren.

business upon renewal to another company.

## American College

(Formerly the American College of Life Underwriters) accrediting body for the CLU (Chartered Life Underwriter) and the ChFC (Chartered Financial Consultant) designations. Provides undergraduate, graduate and continuing education in life insurance and financial services courses on both a residence and correspondence basis. Courses include life insurance, pensions, economics, finance, investments, business evaluations, tax planning and estate planning. The College, which also confers the Master of Science in Financial Services degree, is located in Bryn Mawr, Pennsylvania.

## American Council of Life Insurance

Association of life insurance companies focusing on legislation and public relations which may affect the life insurance business on Federal, state, and local levels. Membership is composed of both stock and mutual life insurance companies. The Council lobbies to voice the views of the life insurance business in order to influence public opinion and legislation. It also acts as a control source of infor-

## American College

(Amerikanisches College, früher das American College of Life Underwriters) – akkreditierendes Organ für die Bezeichnung CLU (Chartered Life Underwriter, geprüfter Lebensversicherer) und ChFC (Chartered Financial Accountant, geprüfter Finanzberater). Führt Nicht-Graduierten-, Graduierten- und Weiterbildungskurse in Lebensversicherungen und Finanzdienstleistungen sowohl als Präsenzveranstaltungen als auch als Fernkurse durch. Die Kurse schließen ein Lebensversicherung, Renten, Volkswirtschaft, Finanzierung, Investitionen, Geschäftsbewertungen, Steuerplanung und Immobilienplanung. Das College, das auch den wissenschaftlichen Abschluß des Magister in Finanzdienstleistungen verleiht, sitzt in Bryn Mawr, Pennsylvania.

## American Council of Life Insurance

(Amerikanischer Lebensversicherungsrat) – Vereinigung von Lebensversicherungsgesellschaften, die sich auf die Gesetzgebung und die Öffentlichkeitsarbeit, die die Lebensversicherungsgeschäfte auf Bundes-, Staats- und lokaler Ebene beeinflussen können, konzentrieren. Die Mitglieder setzen sich sowohl aus Aktiengesellschaften als auch aus Lebensversicherungsvereinen auf Gegenseitigkeit zusammen. Der Rat versucht Abgeordnete zu beeinflussen, um den Ansichten des Lebensversicherungsgewerbes Ausdruck zu geben, um die öffentliche Meinung und die Gesetzge-

mation on the life insurance business for the public. Located in Washington, D.C.

bung zu beeinflussen. Er fungiert auch als Informationskontrollquelle über das Lebensversicherungsgewerbe für die Öffentlichkeit. Sitz in Washington, D.C.

## American Experience Table

Chart published in 1868 by Sheppard Homans, an actuary with the Mutual Life Insurance Company of New York, based on insured lives from 1843 to 1858. Historically, it was widely used for life insurance premium and reserve calculations. It was replaced by the C.S.O. Table. → Commissioners Standard Ordinary Mortality Table (CSO)

## American Experience Table

(Amerikanische Sterblichkeitstabelle) – eine 1868 von Shepard Homans, einem Versicherungsmathematiker bei der Mutual Life Insurance Company of New York veröffentlichte Tabelle, die auf versicherten Leben von 1843 bis 1853 basiert. Historisch gesehen wurde die Tabelle weit verbreitet für die Berechnung von Lebensversicherungsbeiträgen und Reserven benutzt. Sie wurde durch die C.S.O. Tabelle ersetzt. → Commissioners Standard Ordinary Mortality Table (CSO)

## American Institute for Property and Liability Underwriters

Accrediting body for the CPCU (Chartered Property and Casualty Underwriter) designation. The Institute provides undergraduate and continuing education in property and casualty insurance courses on a correspondence basis. Courses include risk management and insurance, commercial property risk management and insurance, commercial liability risk management and insurance, personal risk management and insurance, insurance company operations, legal environment of insurance, management, accounting, finance and economics. Located in

## American Institute for Property and Liability Underwriters

(Amerikanisches Institut für Sach- und Haftpflichtversicherer) – akkreditierendes Organ für die Bezeichnung CPCU (Chartered Property and Casualty Underwriter, geprüfter Sach- und Unfallversicherer). Das Institut veranstaltet Nicht-Graduierten- und Weiterbildungskurse im Sach- und Unfallversicherungswesen im Fernunterricht. Die Kurse schließen Risikomanagement und Versicherungen, gewerbliches Objektrisikomanagement und Versicherungen, gewerbliches Haftungsrisikomanagement und Versicherungen, Personenrisikomanagement und Versicherungen, Arbeitsweisen von Versicherungsgesellschaften, gesetzliches Umfeld von Versicherungen, Management, Rechnungswesen, Finanzierung und Volkswirtschaft mit ein. Sitz

Malvern, Pennsylvania.

**American Insurance Association (AIA)**
Membership organization of property and liability insurance companies. The Association promotes the economic, legislative, and public standing of its members through its attention to accounting procedures, catastrophe and pollution problems, auto insurance reform, and other activities. Located in New York City, New York.

**American Life Convention**
→ American Council of Life Insurance

**American Lloyd's**
→ Lloyd's Association

**American Mutual Insurance Alliance**
→ Alliance of American Insurers (AAI)

**American Risk and Insurance Association**
Membership organization of companies, academics, and individuals in the insurance business whose interest is to further education and research in insurance and risk management. The association publishes *The Journal of Risk and Insurance,* which is devoted to

ist Malvern, Pennsylvania.

**American Insurance Association (AIA)**
(Amerikanische Versicherungsvereinigung) – Mitgliedsorganisation von Sach- und Haftpflichtversicherungsgesellschaften. Die Vereinigung fördert das wirtschaftliche, gesetzliche und öffentliche Ansehen ihrer Mitglieder durch ihre Aufmerksamkeit für Buchführungsverfahren, Katastrophen- und Umweltverschmutzungsproblemen, die Reform der Kfz-Versicherung und andere Aktivitäten. Sitz in New York City, New York.

**American Life Convention**
(Amerikanische Lebensversicherungsversammlung) → American Council of Life Insurance

**American Lloyd's**
(Amerikanische Lloyd's) → Lloyd's Association

**American Mutual Insurance Alliance**
(Amerikanische Allianz der Versicherungen auf Gegenseitigkeit) → Alliance of American Insurers (AAI)

**American Risk and Insurance Association**
(Amerikanische Risiko- und Versicherungsvereinigung) – Mitgliederorganisation für Firmen, Akademiker und Einzelpersonen im Versicherungsgewerbe, deren Interesse es ist, die Ausbildung und Forschung im Versicherungs- und Risikomanagement zu fördern. Die Vereinigung veröffentlicht *The Journal of Risk and Insurance* (Zeitschrift für Risiko und

scholarly articles on insurance, risk management, and allied fields of study.

**AMIM**
→ Associate in Marine Insurance Management (AMIM)

**Amortization**
The systematic liquidation of a sum owed. A payment is charged at specific time intervals which will reduce the outstanding debt to zero at the end of a given period of time.

**Amortization Schedule**
Method of paying a sum due whose value has been discounted, according to a predetermined schedule. Each periodic payment includes part of the principal and interest due thereon.

**Amortized Value**
→ Amortization; → Amortization Schedule

**Amount at Risk**
1. Difference between the face value of a permanent life insurance policy and its accrued cash value. The pure cost of protection is based on this difference. For example, if the face value of a life insurance policy is $100,000 and the cash value is $80,000 then the net amount at risk is $20,000. From the Internal Revenue

**AMIM**
→ Associate in Marine Insurance Management (AMIM)

**Amortisation**
Die systematische Liquidierung einer geschuldeten Summe. In bestimmten Zeitintervallen wird eine Zahlung berechnet, die die ausstehenden Schulden zu einem gegebenen Zeitpunkt auf Null reduziert.

**Amortisationsplan**
Methode, eine fällige Summe zu zahlen, deren Wert nach einem vorbestimmten Plan verringert worden ist. Jede periodische Zahlung schließt einen Teil der Hauptsumme und darauf fällige Zinsen ein.

**Amortisierter Wert**
→ Amortisation; → Amortisationsplan

**Risikobetrag**
1. Unterschied zwischen dem Nennwert einer Lebensversicherungspolice mit einjähriger Kündigungsfrist und ihrem aufgelaufenen Barwert. Die reinen Schutzkosten basieren auf dieser Differenz. Wenn der Nennwert einer Versicherungspolice beispielsweise US$ 100.000 beträgt und der Barwert US$ 80.000, dann beträgt die Nettorisikosumme US$ 20.000. Aus der Sicht des Internal Revenue Service (Einkommensteuerverwaltung) muß ein

Service perspective, a corridor of protection or net amount of risk must be apparent in a life insurance policy if the policy is to retain its tax advantaged treatment.
2. In property and liability insurance, the lesser of the policy limit or the maximum possible loss to the insured.

Schutzkorridor oder eine Nettorisikosumme bei einer Lebensversicherungspolice ersichtlich sein, um der Police ihre steuerbegünstigte Behandlung zu erhalten.
2. Bei Sach- und Haftpflichtversicherungen der geringere Wert vom Policenlimit oder dem größtmöglichen Schaden für den Versicherten.

**Amount for which Loss Settled**
→ Loss Settlement Amount

**Betrag, für den ein Schaden reguliert wird**
→ Schadenregulierungshöhe

**Amount Subject**
→ Maximum Probable Loss (MPL)

**Betragsgegenstand**
→ Wahrscheinlicher Höchstschaden

**AMT**
→ Corporate Alternative Minimum Tax: Implications for Corporate-Owned Life Insurance

**AMT**
→ Alternative Mindestkörperschaftsteuer: Auswirkungen auf Lebensversicherungen in Firmenbesitz

**Analysis**
→ Analysis of Property and Casualty Policy; → Risk Classification

**Analyse**
→ Analyse einer Sach- und Unfallversicherungspolice; → Risikoklassifizierung

**Analysis of Property and Casualty Policy**
Determination of (1) property covered, property excluded; (2) perils covered, perils excluded; (3) location covered, location excluded; (4) time period the policy is in force; (5) persons covered, persons excluded; (6) policy limits; and (7) coinsurance requirements.

**Analyse einer Sach- und Unfallversicherungspolice**
Bestimmung (1) des abgedeckten Besitzes, des ausgeschlossenen Besitzes; (2) der abgedeckten Gefahren, der ausgeschlossenen Gefahren; (3) die abgedeckte Örtlichkeit, die ausgeschlossene Örtlichkeit; (4) der Zeitraum, für den der Vertrag in Kraft ist; (5) der abgedeckten Personen, der ausgeschlossenen Personen; (6) Policengrenzen; und (7) Mitversicherungserfordernisse.

## Analytic System
→ Dean Analytic Schedule

## Ancillary Benefits
Health insurance coverage for miscellaneous medical expenses associated with a hospital stay. Benefits provided in individual and group health insurance include ambulance service to and from a hospital, drugs, blood, surgical dressings, operating room, medicines, bandages, X-rays, diagnostic tests, and anesthetics. Ancillary benefits are expressed as a multiplier of the daily hospital benefits (10, 15, or 20 times).

## Animal Health Insurance
→ Livestock Mortality (Life) Insurance; → Livestock Transit Insurance

## Animal Life Insurance
→ Livestock Insurance

## Anniversary
→ Policy Anniversary

## Annual Aggregate Limit
Predetermined dollar amount up to which an insurance policy will cover an insured each year, regardless of the number of claims submitted or defense costs associated with these claims. For example, if the policy limit was established at $1,000,000, the insurance company would pay only up to

## Analytisches System
→ Analytischer Plan nach Dean

## Ergänzungsleistungen
Krankenversicherungsschutz für verschiedene mit einem Krankenhausaufenthalt verbundene medizinische Ausgaben. Die bei der Einzel- und Gruppenkrankenversicherung zur Verfügung gestellten Leistungen beinhalten Ambulanzdienste von und zum Krankenhaus, pharmazeutische Präparate, Blut, Operationsverbände, Operationsräume, Medikamente, Bandagen, Röntgenaufnahmen, Diagnosetests und Betäubungsmittel. Ergänzungsleistungen werden als ein Multiplikator der Krankenhaustagesleistungen ausgedrückt (10-, 15- oder 20mal).

## Tierkrankenversicherung
→ Viehsterblichkeits-(Lebens-)versicherung; → Viehtransportversicherung

## Tierlebensversicherung
→ Viehversicherung

## Jahrestag
→ Policenjahrestag

## Jährliches Gesamtlimit
Vorbestimmte Summe in Dollar, bis zu der ein Versicherungsvertrag einen Versicherten jedes Jahr abdecken wird, ohne Berücksichtigung der Anzahl der eingereichten Ansprüche oder der mit diesen Ansprüchen verbundenen Verteidigungskosten. Wenn das Policenlimit beispielsweise bei US$ 1.000.000 festgelegt worden ist, würde die Versicherungsgesellschaft nur bis zu US$ 1.000.000 bezahlen, unge-

$1,000,000 regardless of the number of claims during a particular year.

achtet der Anzahl der Ansprüche während eines bestimmten Jahres.

**Annual Convention Blank**
→ Annual Statement

**Annual Convention Blank**
(Für den Jahresabschluß verwendetes Formular) → Jahresabschluß

**Annual Expected Dollar Loss**
Over a long period of time, the → Average loss an individual, individuals, or an organization can expect to incur from a particular → Exposure.

**Jährlicher erwarteter Schaden in Dollar**
Der Schaden, den eine Einzelperson, Einzelpersonen oder eine Organisation im → Durchschnitt über einen langen Zeitraum erwartet, sich durch eine → Gefährdung zuzuziehen.

**Annual Insurance Policy**
→ Annual Policy

**Jahresversicherungspolice**
→ Jahrespolice

**Annual Policy**
Contract remaining in force for up to 12 months unless canceled earlier. After 12 months the policy can either be renewed or not renewed by the insurance company or the insured. The policy need not be paid for on an annual basis.

**Jahrespolice**
Ein Vertrag, der, wenn er nicht früher storniert wird, bis zu 12 Monate in Kraft bleibt. Nach 12 Monaten kann der Vertrag durch die Versicherungsgesellschaft oder den Versicherten erneuert oder auch nicht erneuert werden. Der Vertrag muß nicht auf einer jährlichen Basis bezahlt werden.

**Annual Report**
Statement of the financial condition of the insurance company, as well as significant events during the year in which the company has been involved and/or which have affected the company. This statement is furnished to the stockholders (if a → Stock Insurance Company) or → Policyholders (if a → Mutual Insurance Company).

**Geschäftsbericht**
Aufstellung über die finanzielle Situation der Versicherungsgesellschaft sowie über bedeutende Ereignisse während des Jahres, an denen die Gesellschaft beteiligt war und/oder die Einfluß auf die Gesellschaft hatten. Diese Aufstellung wird (wenn es sich um eine → Versicherungsgesellschaft auf Aktien handelt) den Aktionären oder (wenn es sich um einen → Versicherungsverein auf Gegenseitigkeit handelt) den → Policeninhabern zur Verfügung gestellt.

## Annual Statement

Report that an insurance company must file annually with the State Insurance Commissioner in each state in which it does business. The Statement shows the current status of reserves, expenses, assets, total liabilities, investment portfolio, and employees earning over $40,000 per year. It provides information needed to assure that an insurance company has adequate reserves, and that assets are available to meet all benefit payments for which the company has received premiums. The form used is agreed upon by the National Association of Insurance Commissioners (NAIC). This form is also known as *Annual Convention Blank*.

## Annuitant

Person who receives an income benefit from an → Annuity for life or for a specified period.

## Annuity

Contract sold by insurance companies that pays a monthly (or quarterly, semiannual, or annual) income benefit for the life of a person (the *annuitant*), for the lives of two or more persons, or for a specified period of time. The annuitant can never outlive the income from the annuity. While the basic purpose of life insurance

## Jahresabschluß

Bericht, den eine Versicherungsgesellschaft jährlich beim staatlichen Bevollmächtigten für Versicherungen in jedem Staat, in dem sie Geschäfte betreibt, einreichen muß. Der Jahresabschluß zeigt den gegenwärtigen Status der Rückstellungen, der Ausgaben, der Aktiva, der Gesamtverbindlichkeiten, des Wertpapierbestandes und die Angestellten mit einem Jahresgehalt von über US$ 40.000. Der Jahresbericht liefert die notwendigen Informationen, um sicherzustellen, daß die Versicherungsgesellschaft über angemessene Rückstellungen verfügt und daß Aktiva für die Zahlung aller Leistungen, für die die Gesellschaft Beiträge erhalten hat, verfügbar sind. Das benutzte Formular wurde von der National Association of Insurance Commissioners (NAIC), der nationalen Vereinigung der Versicherungsbevollmächtigten, verabschiedet. Dieses Formular ist auch als *Annual Convention Blank* bekannt.

## Rentenempfänger

Eine Person, die lebenslänglich oder für einen spezifischen Zeitraum Einkommensleistungen aus einer → Rente erhält.

## Rente

Ein von Versicherungsgesellschaften verkaufter Vertrag, der monatliche (oder vierteljährliche, halbjährliche oder jährliche) Einkommensleistungen für das Leben einer Person (des *Rentenempfängers),* für die Leben zweier oder mehrerer Personen oder für einen spezifizierten Zeitraum zahlt. Der Rentenempfänger kann das Einkommen aus der Rente nie überleben. Während der grundlegende Zweck einer Lebensversicherung ist, einem Begün-

is to provide an income for a beneficiary at the death of the insured, the annuity is intended to provide an income for life for the annuitant. There are variations in both the way that payments are made by a buyer during the *accumulation period,* and in the way payments are made to the annuitant during the *liquidation period.* An annuity may be bought by means of installments, with benefits scheduled to begin at a specified age such as 65; or, it may be bought by means of a single lump sum, with benefits scheduled to begin immediately or at a later date. No physical examination is required. For variations in methods of payment, → Cash Refund Annuity; → Fixed Dollar Annuity; → Installment Refund Annuity; → Joint-Life and Survivorship Annuity; → Joint Life Annuity; → Life Annuity Certain; → Pure Annuity; → Variable Dollar Annuity

stigten beim Tod des Versicherten ein Einkommen zur Verfügung zu stellen, ist die Rente dazu gedacht, ein Lebenseinkommen für den Rentenempfänger zu liefern. Bei beiden Arten, wie Zahlungen geleistet werden, durch den Käufer während des *Ansammlungszeitraums,* und der Art, wie Zahlungen während des *Liquidationszeitraumes* an den Rentenempfänger geleistet werden, gibt es Variationen.

Eine Rente kann durch Ratenzahlungen gekauft werden, wobei der Beginn der Leistungen für ein bestimmtes Alter, wie etwa 65, geplant ist. Sie kann auch mit einer einzigen Zahlung gekauft werden, wobei der Leistungsbeginn ab sofort gilt oder für ein späteres Datum geplant ist. Eine ärztliche Untersuchung wird nicht gefordert. Für Variationen der Zahlungsmethoden → Rente mit Barausschüttung nicht erschöpfter Prämienzahlungen; → Festgelegte Dollarrente; → Rente mit Ausschüttung nicht erschöpfter Prämienzahlungen in Raten; → Gemeinsame Überlebensrente; → Gemeinsame Lebensrente; → Leibrente mit gesicherter Zahl an Auszahlungen; → Reine Rente; → Variable Dollarrente

**Annuity Analysis**

Includes rate of return, how long the annuity's interest rate is guaranteed, loads (front, middle and back), financial ranking of the insurance company offering the annuity, the monthly income factor per $1000 of cash value on deposit. For example, for the last item, if the monthly income factor is

**Rentenanalyse**

Schließt die Ertragsrate, wie lange der Zinssatz der Rente garantiert ist, Belastungen (am Anfang, in der Mitte, am Ende), die finanzielle Stellung der die Rente anbietenden Versicherungsgesellschaft, den monatlichen Einkommensfaktor pro US$ 1000 Barwert im Depot ein. Wenn der monatliche Einkommensfaktor für den letzten Punkt z.B. US$ 6,18 pro US$ 1000 im Depot beträgt und sich der

$6.18 per $1000 of cash value on deposit and the size of the cash value on account is $100,000, a male annuitant would receive a monthly income benefit of $618 at age 65.

Umfang des Barwertes auf dem Konto auf US$ 100.000 beläuft, so würde ein männlicher Rentenempfänger im Alter von 65 Jahren eine monatliche Einkommensleistung von US$ 618 erhalten.

**Annuity, Cash Refund**
→ Cash Refund Annuity

**Rente, Barausschüttung nicht erschöpfter Prämienzahlungen**
→ Rente mit Barausschüttung nicht erschöpfter Prämienzahlungen

**Annuity, CD**
Product which guarantees the initial interest rate for funds on deposit for the length of the maturity, whether it is for a period of 1, 3, 5, 10 or 15 years. At maturity, the → Policyholder has two choices: (1) withdraw the funds without having to pay a → Surrender Charge (it is important to note that taxes must be paid on the interest earned and there is a 10% penalty on the earnings if the policyholder is less than age 59 1/2); or (2) roll the funds over into another annuity for a limited number of years or a product of longer duration. In contrast to certificates of deposit (CDs), interest earned through this → Annuity accumulates on a tax-deferred basis. This type of annuity provides liquidity, preserves principal, and stipulates a fixed rate of return.

**Rente, Depotschein**
Ein Produkt, das die Anfangszinsrate für Finanzmittel im Depot für die Länge bis zur Vertragsreife, ob es sich um einen Zeitraum von 1, 3, 5, 10 oder 15 Jahren handelt, garantiert. Bei Vertragsreife hat der → Policeninhaber zwei Wahlmöglichkeiten: (1) die Finanzmittel abzuziehen, ohne eine → Aufgabegebühr zahlen zu müssen (es ist wichtig festzuhalten, daß für die verdienten Zinsen Steuern gezahlt werden müssen und daß es eine 10-prozentige Strafe auf die Einnahmen gibt, wenn der Policeninhaber jünger als 59 1/2 Jahre alt ist); oder (2) die Finanzmittel für eine begrenzte Anzahl von Jahren in eine andere Rente oder ein Produkt längerer Dauer zu überführen. Im Gegensatz zu Depotscheinen werden die Zinsen dieser → Rente auf einer steueraufschiebenden Grundlage angespart. Dieser Rententyp liefert Liquidität, wahrt die Kapitaleinlage und sieht eine feste Ertragsrate vor.

## Annuity Certain
→ Life Annuity Certain

## Annuity Consideration
Single payment or periodic payments which are made to purchase an annuity.

## Annuity Due
Annuity under which payments are made in the beginning of each period (month, quarter, or year).

## Annuity Forms
→ Annuity, Annuity Due; → Life Annuity Certain; → Cash Refund Annuity; → Installment Refund Annuity; → Variable Dollar Annuity

## Annuity, Installment Refund
→ Installment Refund Annuity

## Annuity, Joint Life
→ Joint Life Annuity

## Annuity Tables
Chart showing for a group of people (1) the number living at the beginning of a designated year and (2) the number dying during that year. Yearly probabilities are used in calculating premium payments for future

## Rente mit gesicherter Zahl an Auszahlungen
→ Leibrente mit gesicherter Zahl an Auszahlungen

## Rentenprämie
Einzelne Zahlung oder periodische Zahlungen, die geleistet werden, um eine Rente zu kaufen.

## Vorschüssige Rente
Rente, bei der Zahlungen zu Beginn jeder Periode (Monat, Quartal oder Jahr) geleistet werden.

## Rentenformen
→ Rente; → Vorschüssige Rente; → Leibrente mit gesicherter Zahl an Auszahlungen; → Rente mit Barausschüttung nicht erschöpfter Prämienzahlungen; → Rente mit Ausschüttung nicht erschöpfter Prämienzahlungen in Raten; → Variable Dollarrente

## Rente, Ausschüttung nicht erschöpfter Prämienzahlungen in Raten
→ Rente mit Ausschüttung nicht erschöpfter Prämienzahlungen in Raten

## Rente, Gemeinsame Leib-
→ Gemeinsame Leibrente

## Rententabellen
Schema, das für eine Gruppe von Leuten zeigt: (1) die Zahl derer, die zu Beginn eines bestimmten Jahres leben und (2) die Zahl derer, die im Verlaufe dieses Jahres sterben. Jährliche Wahrscheinlichkeiten werden bei der Berechnung von Prämienzahlungen für zukünftige Einkommens-

income payments to annuitants.

**Annuity, Tax Deferred**
→ Tax Deferred Annuity

**Anticoercion Law**
Section of the "Unfair Trade Practices Code" of most states which declares the use of coercion to be in violation of the state code. → Unfair Trade Practice

**Antifreeze**
Provision of the 1987 Tax Act which excludes life insurance owned by a third party or an irrevocable trust from → Federal Estate Taxes. Life insurance, as well as the deceased's personal residence, was exempted because neither is considered to be an "enterprise" as defined by the Internal Revenue Service (IRS). The IRS defines an enterprise as "any arrangement, relationship, or activity that has significant business or investment aspects."

**Antirebate Law**
Statute that makes it illegal in most states for an agent to rebate (return) any portion of his → Commission as an inducement for an applicant to purchase insurance from him.

**Antiselection**
→ Adverse Selection

zahlungen an Rentenempfänger verwendet.

**Rente, Steuern aufschiebende**
→ Steuern aufschiebende Rente

**Antizwangsgesetz**
Teil des „Kodex gegen unfaire Handelspraktiken" der meisten Staaten, das die Ausübung von Zwang als Verletzung des Staatskodex erklärt. → Unfaire Handelspraktiken

**Antifreeze**
Bestimmung des Steuergesetzes von 1987, das Lebensversicherungen im Besitz Dritter oder eine unwiderrufliche Stiftung von den → Bundeserbschaftsteuern ausschließt. Die Lebensversicherung wie auch die persönliche Wohnung des Verstorbenen wurden ausgeschlossen, weil keine von beiden als Unternehmen entsprechend der Definition des Internal Revenue Service (IRS) (Einkommensteuerverwaltung) angesehen wird. Der IRS definiert ein Unternehmen als „jedwede Anordnung, Beziehung oder Aktivität, die bedeutsame geschäftliche oder Investitionsaspekte aufweist".

**Anti-Preisnachlaß Gesetz**
Gesetzesvorschrift, die einen Preisnachlaß (Rückerstattung) irgendeines Teiles seiner → Provision durch einen Agenten, als Anreiz für den Antragssteller, eine Versicherung von ihm zu kaufen, in den meisten Staaten für ungesetzlich erklärt.

**Antiselektion**
→ Negative Auswahl

## APP
→ Application

## Apparent Agency (Authority)
Situation wherein the agent's conduct causes a client or prospective insured reasonably to believe that the agent has the authority to sell an insurance policy and contract on behalf of the insurance company. For example, if an agent continues to use insurance company documents, such as its application forms, rate manuals, stationery, and emblems on the door, the client has every reason to believe that the agent does in fact continue to represent the insurance company.

## Apparent Authority
→ Apparent Agency (Authority)

## Appeal Bond
Guarantee of payment of the original judgment of a court. When a judgment is appealed, a bond is usually required to guarantee that if the appeal is unsuccessful, funds would be available to pay the original judgment was well as costs of the appeal. This serves to discourage an individual from appealing merely to stall for time or for frivolous reasons.

## Appleton Rule
Regulation named after a for-

## APP
→ Antragsstellung

## Scheinagentur (-vollmacht)
Situation, in der das Verhalten eines Agenten dazu führt, daß der Kunde oder angehende Versicherte zu der begründeten Ansicht gelangt, daß der Agent bevollmächtigt ist, eine Versicherungspolice zu verkaufen und Verträge im Namen der Versicherungsgesellschaft abzuschließen. Wenn ein Agent beispielsweise fortfährt, Dokumente der Versicherungsgesellschaft zu benutzen, wie Antragsformulare, Prämienhandbücher, Büromaterial, Embleme auf der Tür, hat der Kunde Grund zu der Annahme, der Agent fahre in der Tat damit fort, die Versicherungsgesellschaft zu vertreten.

## Scheinvollmacht
→ Scheinagentur (-vollmacht)

## Sicherheitsleistung
Zahlungsgarantie für die ursprüngliche Entscheidung eines Gerichtes. Wenn gegen eine Entscheidung Einspruch eingelegt wird, wird gewöhnlich eine Kaution verlangt, die garantiert, daß dann, wenn der Einspruch nicht erfolgreich endet, Finanzmittel vorhanden sind, um das ursprüngliche Urteil sowie die Kosten des Widerspruchs zu zahlen. Dies geschieht, um Einzelpersonen davon abzuhalten, nur um Zeit zu schinden oder aus nichtigen Gründen Einspruch einzulegen.

## Appleton-Verordnung
Bestimmung, benannt nach dem früheren

mer Superintendent of Insurance of New York State, and instituted in the early 1900s. It requires every insurer admitted to New York to comply with the New York Insurance Code and even in other states where that insurer does business. This rule has had a nationwide impact on the insurance industry. New York State is known for its leadership role in insurance regulation. Thus, if an insurance company is admitted to conduct business in New York, it is a sign that it has met exacting requirements.

### Application

Written statements on a form by a prospective insured about himself, including assets and other personal information. These statements and additional information, such as a medical report, are used by an insurance company to decide whether or not to insure the risk. Falsification or nondisclosure of information may give the insurance company grounds for rescinding a policy that has been issued. Statements in the application are also used to decide on an applicant's underwriting classification and premium rates.

### Appointment of Trustees for Terminated Plan

Plan initiated by the → Pension Benefit Guaranty Corporation

Leiter der Insurance of New York State (Versicherung des Staates New York), die zu Beginn des 20. Jahrhunderts eingeführt wurde. Sie verlangt von jedem in New York zugelassenen Versicherer, den New Yorker Versicherungskodex auch in anderen Staaten, in denen der Versicherer Geschäfte betreibt, zu befolgen. Diese Verordnung hat landesweite Auswirkungen auf das Versicherungsgewerbe gehabt. Der Staat New York ist für seine führende Rolle bei den Versicherungsvorschriften bekannt. Wenn eine Versicherungsgesellschaft zur Durchführung von Geschäften in New York zugelassen ist, ist dies somit ein Zeichen dafür, daß sie strenge Anforderungen erfüllt.

### Antragstellung

Schriftliche Erklärungen auf einem Formular von einem angehenden Versicherten über sich selbst, einschließlich Vermögen und anderer persönlicher Informationen. Diese Erklärungen und Zusatzinformationen, wie etwa ein medizinischer Bericht, werden von der Versicherungsgesellschaft zur Entscheidung darüber benutzt, ob ein Risiko versichert wird oder nicht. Falschdarstellung oder Nicht-Offenlegung von Informationen können der Versicherungsgesellschaft Grund dafür geben, eine ausgegebene Police zu widerrufen. Die Erklärungen im Antrag werden auch dafür genutzt, um über die Zeichnungsklassifikation und die Prämientarife eines Antragstellers zu entscheiden.

### Bestellung von Treuhändern für ein beendetes System

Von der → Pension Benefit Guaranty Corporation (PBGC-Gesellschaft zur

(PBGC) upon the involuntary termination of a pension plan. With the concurrence of the United States District Court, the PBGC appoints a trustee(s) to administer the terminated plan. The trustee(s) safeguards the remaining assets of the pension plan, protects the assets from being further depleted, limits further increases in liabilities, and in general acts as protector of the benefits for the pension plan's participants.

Garantie von Rentenbezügen) bei ungewollter Beendigung eines Pensionssystemes initiierter Plan. Unter Mitwirkung des amerikanischen Bezirksgerichtes bestellt die PBGC einen oder mehrere Treuhänder zur Verwaltung des beendeten Plans. Der/die Treuhänder überwachen das verbleibende Vermögen des Pensionssystems, schützen das Vermögen vor weiterer Ausbeutung, beschränken den weiteren Anstieg der Verbindlichkeiten und handeln allgemein als Beschützer der Leistungen für die Teilnehmer am Pensionssystem.

## Apportionment

Division of a loss among insurance policies in the proportion that each policy bears to the total coverage applicable to the loss. For example, assume Policies A, B, C, and D have $50,000, $60,000, $70,000 and $80,000 of insurance in force, respectively: a total of $260,000 of coverage. Under the apportionment clause found in many property insurance policies, Policy A's percentage of any loss is 19.23%, Policy B's is 21.43%, Policy C's is 26.92%, and Policy D's is 30.77%.

## Proportionale Verteilung

Verteilung eines Schadens zwischen Versicherungsverträgen entsprechend dem Anteil, den jeder Vertrag an der für den Schaden anwendbaren Gesamtdeckung trägt. Nehmen wir z.B. an, bei den Policen A, B, C und D wäre ein Versicherungsschutz von US$ 50.000, US$ 60.000, US$ 70.000 und US$ 80.000 in Kraft bzw. eine Gesamtdeckung von US$ 260.000. Bei der Verteilungsklausel, die Bestandteil vieler Sachversicherungsverträge ist, beträgt der Prozentsatz eines jedweden Schadens an der Police A 19,23 %, der Police B 21,43 %, der Police C 26,92 % und der Police D 30,77 %.

## Appraisal

Valuation of property for damage resulting from an insured peril or for establishing the base amount of insurance coverage to be purchased. If an insured and an insurance com-

## Schätzung

Bewertung von Sachgütern wegen Beschädigung aufgrund versicherter Gefahren oder um den Grundbetrag der zu erwerbenden Versicherungsdeckung festzulegen. Falls ein Versicherter und eine Versicherungsgesellschaft sich nicht auf

Approval/Billigung

pany cannot agree on the amount of an insurer's liability for a property loss, the policy may specify that, upon written request, the dispute is submitted to appraisal. Usually, each party selects an appraiser and the two appraisers select a disinterested umpire. Disagreements by the appraisers go to the umpire, whose decisions typically are binding.

die Haftungshöhe des Versicherers für den Sachschaden einigen können, kann der Vertrag vorsehen, daß auf schriftliche Aufforderung der Streitfall der Schätzung unterworfen wird. Gewöhnlich wählt jede Partei einen Schätzer und die beiden Schätzer wählen einen unparteiischen Schiedsrichter. Meinungsverschiedenheiten der Schätzer gehen an den Schiedsrichter, dessen Entscheidungen typischerweise bindend sind.

### Approval

Acceptance of an application for an insurance policy by the insurance company, indicated by the signature of an officer of the company on the policy. The officer, who must have signature authority, is usually the president or the secretary of the company. The agent who sells the policy normally does not have signature authority to approve the policy.

### Billigung

Annahme eines Antrages für eine Versicherungspolice durch die Versicherungsgesellschaft, die durch die Unterschrift eines Vorstandsmitglieds der Gesellschaft auf der Police angezeigt wird. Das Vorstandsmitglied, das Unterschriftsvollmacht haben muß, ist gewöhnlich der Präsident oder der Sekretär der Gesellschaft. Der Agent, der die Police verkauft, hat normalerweise keine Unterschriftenvollmacht, um die Police zu billigen.

### Approved Roof

Roof used in construction that is composed of fireresistive materials such as slate as approved by the → Underwriters Laboratories Inc. (UL).

### Genehmigtes Dach

Ein beim Bau verwendetes Dach, das aus feuerhemmenden Materialien, wie Schiefer, besteht, wie von der → Underwriters Laboratories Inc. (UL) empfohlen wird.

### Appurtenant Structures

Coverage for additional buildings on the same property as the principal insured building. Most property insurance contracts such as the → Homeowners Insurance Policy cover appurtenant structures. For

### Zugehörige Gebäude

Deckung für zusätzliche Gebäude auf demselben Besitz wie das hauptversicherte Gebäude. Die meisten Sachversicherungsverträge, wie die → Hausbesitzerversicherungspolice, decken zugehörige Strukturen ab. Bei einer Hausbesitzerpolice würde eine einzeln stehende Garage

example, under the Homeowners policy a separate garage on an insured's premise would be covered up to 10% of the home's structure amount.

**Arbitration**
→ Arbitration Clause

**Arbitration Clause**
Provision in a property insurance policy to the effect that in the event the insured and insurer cannot agree on the amount of a claim settlement, each appoints an appraiser. The appraisers select a disinterested umpire. When at least two of the three, appraisers and umpire, agree on the settlement amount, it is binding on both the insured and the insurer.

**ARIA**
→ American Risk and Insurance Association

**ARM**
→ Associate in Risk Management (ARM)

**Armored Car and Messenger Insurance**
Coverage during the transfer of securities and monies, precious metals, and other specified types of valuables by armored guard services. Policies are specifically designed to fit an insured's requirements. Standard coverage is available on an → All Risks

auf dem Grundstück des Versicherten mit bis zu 10 % des Strukturbetrages des Hauses abgedeckt.

**Schiedspruchverfahren**
→ Schiedspruchverfahrensklausel

**Schiedspruchverfahrensklausel**
Bestimmung bei Sachversicherungsverträgen, die bewirkt, daß für den Fall, daß Versicherter und Versicherer sich nicht auf die Höhe der Anspruchsbegleichung einigen können, jeder einen Schätzer bestellt. Die Schätzer bestellen einen unparteiischen Schiedsrichter. Wenn sich wenigstens zwei der drei Schätzer und Schiedsrichter auf den Regulierungsbetrag geeinigt haben, ist dieser Betrag sowohl für den Versicherten als auch für den Versicherer bindend.

**ARIA**
→ American Risk and Insurance Association (ARIA)

**ARM**
→ Associate in Risk Management (ARM)

**Versicherung für gepanzerte Fahrzeuge und Boten**
Versicherungsschutz während des Transportes von Wertpapieren und Geldern, Edelmetallen und anderen spezifizierten Arten von Wertgegenständen durch gepanzerte Wachdienste. Die Policen werden speziell entworfen, um den Anforderungen eines Versicherten zu entsprechen. Der Standardversicherungsschutz ist auf der Grundlage → Aller

basis, excluding perils of war, nuclear disaster, and dishonest acts of shipper and/or consignee.

**Armstrong Investigation**
Inquiry conducted by a committee of the legislature of the State of New York in 1905 which looked at abuses of life insurance companies operating in the state. This study led to stricter supervision by New York and other state insurance departments. For example, many of the policies sold at that time contained language that made the receipt of benefits very difficult to obtain. As a result of the investigation, standard provisions were introduced into life insurance policies. While actual language is not dictated word for word by state regulatory authorities, a policy must provide minimum benefits (such as nonforfeiture provisions) expressed in acceptable language.

**ARP**
→ Associate in Research and Planning (ARP)

**Arson**
Actual or attempted malicious and deliberate burning of a physical asset owned by another party. Coverage against arson is provided under property insurance, but only if the insured has not committed the

Risiken erhältlich, wobei Kriegsgefahren, atomare Unfälle und unehrliche Handlungen des Frachtführers und/oder des Empfängers ausgeschlossen sind.

**Armstrong-Untersuchung**
Eine 1905 von einem Komitee der Legislative im Staate New York durchgeführte Untersuchung über die Übergriffe von in New York arbeitenden Lebensversicherungsgesellschaften. Die Studie führte zu einer strengeren Überwachung durch New York und andere staatliche Versicherungsaufsichtsbehörden. So bedienten sich viele zu dieser Zeit verkauften Policen einer Sprache, die den Erhalt von Leistungen sehr schwer machte. Als Ergebnis der Untersuchung wurden Standardbestimmungen in Lebensversicherungspolicen eingeführt. Obwohl der tatsächliche Text nicht Wort für Wort durch die staatlichen Aufsichtsbehörden diktiert wird, muß ein Vertrag ein Minimum an in akzeptabler Sprache formulierten Leistungen liefern (wie die Vorschriften, die die Anspruchsverwirkung ausschließen).

**ARP**
→ Associate in Research and Planning (ARP)

**Brandstiftung**
Tatsächliches oder versuchtes böswilliges und vorsätzliches Verbrennen von Sachvermögen im Besitz einer anderen Partei. Versicherungsschutz gegen Brandstiftung wird bei der Sachversicherung gewährt, jedoch nur dann, wenn der Versicherte die Brandstiftung nicht selbst begangen hat.

arson. The property insurance business has long worked to discourage arson and to prosecute arsonists.

Das Sachversicherungsgewerbe hat lange daran gearbeitet, Brandstiftungen zu verhindern und Brandstifter zu verfolgen.

**ASO**
→ Administrative Services Only

**ASO**
→ Nur Verwaltungsdienstleistungen

**Assailing Thieves**
Individuals other than the crew of a ship who forcefully steal the ship and/or its cargo. This event is an → Insured Peril under → Ocean Marine Insurance.

**Angreifende Diebe**
Einzelpersonen, außer der Mannschaft eines Schiffes, die das Schiff und/oder seine Fracht mit Gewalt stehlen. Dieser Vorfall ist eine bei der → Überseeversicherung → Versicherte Gefahr.

**Assault**
Threatening act, physical and/or verbal, which causes a person to reasonably fear for life or safety. For example, if a boxing champion said he was going to hit someone, this would probably cause a reasonably prudent person to fear serious bodily injury. An insured's liability for assault is excluded from all standard liability policies such as the → Special Multiperil Insurance (SMP) and the → Homeowners Insurance Policy.

**Angriff**
Bedrohungshandlung, physisch und/oder verbal, die eine Person dazu bringt, begründete Angst um Leben oder Sicherheit zu haben. Wenn beispielsweise ein Boxchampion sagen würde, daß er jemanden schlagen würde, so würde eine einigermaßen vernünftige Person eine ernsthafte Körperverletzung befürchten. Die Haftpflicht eines Versicherten für Angriffe ist bei allen Standardhaftpflichtversicherungsverträgen, wie der → Speziellen Vielgefahren-Versicherung und der → Hausbesitzerversicherungspolice, ausgeschlossen.

**Assessable Insurance**
Coverage in which an initial premium is charged, with the stipulation that an additional premium can be charged later if the loss experience of the insurance company warrants it; that is, if losses exceed pre-

**Nachschußpflichtige Versicherung**
Versicherungsschutz, bei dem eine Anfangsprämie mit der Abmachung berechnet wird, daß später eine zusätzliche Prämie in Rechnung gestellt werden kann, wenn die Schadenerfahrung der Versicherungsgesellschaft dies rechtfertigt, d.h., wenn die Schäden das Prämienein-

mium income. → Assessment Company

## Assessable Mutual
Assessment mutual company that operates on a statewide basis or in more than one state. Assessable or assessment mutuals operate by taking a cash deposit, or premium, from members in exchange for insurance protection. If the company's losses and expenses exceed these deposits, the company can assess members for additional monies to cover losses. These companies are commonly used by a group of local farmers or merchants in a small geographical area. Some states have specific laws governing these mutuals. For example, they might be limited to a certain type of business or have a maximum dollar limit for each risk.

## Assessed Value
Monetary worth of real or personal property as a basis for its taxation. This value, established by a government agency, is rarely used as a means to determine indemnification of an insured for property damage or destruction. → Indemnity; → Replacement Cost Less Physical Depreciation and Obsolescence

kommen übersteigen. → Sterbegeldverein mit Umlageverfahren

## Nachschußpflichtige Versicherung auf Gegenseitigkeit
Versicherung auf Gegenseitigkeit mit Umlageverfahren, die auf landesweiter Basis oder in mehr als einem Staat tätig ist. Nachschußpflichtige oder Versicherungen auf Gegenseitigkeit mit Umlageverfahren arbeiten, indem sie Bareinlagen oder Prämien von Mitgliedern als Gegenleistung für Versicherungsschutz nehmen. Wenn die Schäden und Ausgaben der Gesellschaft diese Einlagen übersteigen, kann die Gesellschaft Mitglieder höher bewerten, um die Schäden abzudecken. Diese Gesellschaften werden allgemein von einer Gruppe lokaler Farmer oder Händler eines kleinen geographischen Bereichs in Anspruch genommen. Einige Staaten haben besondere Gesetze für diese Genossenschaften. Sie können z.B. auf einen bestimmten Unternehmenstyp beschränkt sein oder eine Höchstgrenze in Dollar pro Risiko haben.

## Taxierter Wert
Geldmäßiger Wert von realem oder persönlichem Besitz als Besteuerungsgrundlage. Dieser durch eine Regierungsbehörde festgelegteWert wird nur selten als Mittel zur Bestimmung der Entschädigung eines Versicherten für Sachbeschädigung oder -zerstörung verwendet. → Entschädigung; → Wiederbeschaffungskosten abzüglich physischer Wertminderung und Veralterung

## Assessment Company

Insurance company which has the authority to assess or charge its policyholders for losses that the company is incurring. This company is sometimes called *stipulated premium company* or *assessment association*. These companies were relatively common in the 1800s and early 1900s but have since become rare. Most insurance companies cannot assess policyholders for losses. → Assessment Insurance; → Assessment Period

## Assessment Insurance

Contract under which an assessment insurance company can charge policyowners additional sums if the company's loss experience is worse than had been loaded for in the premium. This insurance is sometimes called *stipulated premium* and *natural premium* insurance. → Assessment Company; → Assessment Period

## Assessment Period

Time during which an assessment life insurance company has the right to assess policyholders if losses are worse than anticipated in the premium charged. → Assessment Company; → Assessment Insurance

## Sterbegeldverein mit Umlageverfahren

Versicherungsgesellschaft, die die Vollmacht hat, ihre Policeninhaber für Verluste, die die Gesellschaft macht, zu veranlagen und diesen in Rechnung zu stellen. Diese Gesellschaft wird manchmal *stipulated premium company* (Vertragsprämiengesellschaft) oder *assessment association* (Veranlagungsvereinigung) genannt. Um 1800 und zu Beginn des 20. Jahrhunderts waren diese Gesellschaften relativ verbreitet, aber seit dieser Zeit sind sie selten geworden. Die meisten Versicherungsgesellschaften können von Policeninhabern keine Beiträge für Verluste fordern. → Versicherung auf Gegenseitigkeit; → Veranlagungszeitraum

## Versicherung auf Gegenseitigkeit

Vertrag, bei dem eine Lebensversicherungsgesellschaft mit Umlageverfahren Policeninhabern zusätzliche Summen in Rechnung stellen kann, wenn die Schadenspraxis schlechter ist als durch die Prämien berechnet. Diese Versicherung wird manchmal *Vertragsprämien-* und *natürliche Prämienversicherung* genannt. → Sterbegeldverein mit Umlageverfahren; → Veranlagungszeitraum

## Veranlagungszeitraum

Zeitraum, während dessen eine Bewertungslebensversicherung das Recht hat, Beiträge von Policeninhabern zu fordern, wenn die Schäden höher sind als durch die berechneten Prämien vorhergesehen. → Sterbegeldverein mit Umlageverfahren; → Versicherung auf Gegenseitigkeit

## Assessment Plan
→ Assessment Company; → Assessment Insurance; → Assessment Period

## Asset
Entity with exchange or commercial value, such as the book value of property owned by an insurance company as listed on its balance sheet.

## Assets and Valuation
Actuarial evaluation of the assets of a pension plan according to the fair market value of the assets.

## Asset Share Value
Policyholder's equity share of the life insurance company's assets. The share is based on the policyholder's contribution to assets (the company's gross premiums minus cost of insurance, expenses and dividends for the classification to which the policy belongs). This computation is derived from the actual experience of the insurance company instead of the assumptions initially used in calculating premiums and reserves. The actual experience may or may not deviate significantly from the expected experience.

## Asset Sufficiency or Insufficiency
Computation of the → Asset Share Value, *surrender value,*

## Veranlagungssystem
→ Sterbegeldverein mit Umlageverfahren; → Versicherung auf Gegenseitigkeit; → Veranlagungszeitraum

## Vermögenswert
Einheit mit Tausch- oder kommerziellem Wert, wie der Buchwert von Vermögensgegenständen der Versicherungsgesellschaft, wie in der Bilanz aufgeführt.

## Vermögen und Bewertung
Versicherungsmathematische Bewertung des Vermögens eines Pensionssystems entsprechend dem gerechten Marktwert des Vermögens.

## Vermögensanteilwert
Der Eigenkapitalanteil des Policeninhabers am Aktivvermögen der Lebensversicherung. Der Anteil basiert auf dem Beitrag des Policeninhabers zum Aktivvermögen (die Bruttoprämien der Gesellschaft abzüglich Versicherungskosten, Ausgaben und Dividenden für die Klassifikation, der die Police angehört). Diese Berechnung wird von der tatsächlichen Erfahrung der Versicherungsgesellschaft abgeleitet anstelle der ursprünglich bei der Berechnung der Prämien und Rückstellungen verwendeten Annahmen. Die tatsächliche Praxis kann deutlich von der erwarteten Erfahrung abweichen oder auch nicht.

## Hinlänglichkeit oder Unzulänglichkeit des Vermögens
Berechnung des → Vermögensanteilwertes, des *Rückkaufwertes* und der *Rückstel-*

and *reserve* and the comparison of the three computations in order to judge the adequacy and equity of the tentative → Gross Premium scale to be utilized.

### Asset Valuation
Excess or deficit of gross premium above the pure cost of insurance and expenses. The result becomes the valuation of the asset share of the policyholder at the end of a given year. The valuation of the asset share reflects the policyowner's share of the asset of the insurance company.

### Assigned Claims
→ Automobile Assigned Risk Insurance Plan

### Assigned Risk
→ Automobile Assigned Risk Insurance Plan

### Assigned Risk Plan
→ Automobile Assigned Risk Insurance Plan

### Assignee
→ Collateral Creditor (Assignee)

### Assignment
Transfer of rights under an insurance policy to another person or business. For example, to secure a debt, it is not uncommon for the policyowner to transfer to the creditor his

*lung* und der Vergleich der drei Berechnungen, um die Angemessenheit und das Eigenkapital der zu benutzenden vorläufigen → Bruttoprämien-Skala zu bewerten.

### Wert des Vermögens
Überschuß oder Defizit der Bruttoprämie über die reinen Versicherungskosten und Ausgaben. Das Ergebnis wird zum Wert des Anteils des Policeninhabers am Vermögen am Ende eines gegebenen Jahres. Der Wert des Vermögensanteils spiegelt den Anteil des Policeninhabers am Vermögen der Versicherungsgesellschaft wider.

### Zugewiesene Ansprüche
→ Kraftfahrzeugversicherungssystem mit zugewiesenem Risiko

### Zugewiesenes Risiko
→ Kraftfahrzeugversicherungssystem mit zugewiesenem Risiko

### Zugewiesenes Risikosystem
→ Kraftfahrzeugversicherungssystem mit zugewiesenem Risiko

### Zessionar
→ Nebengläubiger

### Abtretung (Zession)
Übertragung von Rechten einer Versicherungspolice auf eine andere Person oder ein Geschäft. Um beispielsweise eine Schuld zu sichern, ist es nicht ungewöhnlich, daß ein Policeninhaber seine Rechte auf den Gläubiger überträgt, um den Barwert zu

rights to borrow on the cash value. Life insurance policies are freely assignable to secure loans and notes (property and casualty insurance policies are not). Creditors such as banks often have printed assignment forms on hand at the time of making loans.

### Assignment Clause, Life Insurance

Feature in a life insurance policy allowing a policyowner to freely assign (give, sell) a policy to another or institution. For example, in order to secure a loan, a bank asks to be assigned the policy. If the insured dies before repayment of the loan, the bank would receive a portion of the death benefit that equals the outstanding loan, the remainder of the death benefit being payable to the insured's beneficiary. The fact that life insurance is freely assignable makes it a useful financial instrument through which to secure a loan. The insurance company does not guarantee the validity of the assignment.

### Associate in Automation Management (AAM)

Professional designation earned after the successful completion of three national examinations given by the → Insurance Institute of America (IIA). Covers such areas of expertise as essentials of auto-

beleihen. Lebensversicherungspolicen sind frei abtretbar, um Darlehn und Schuldscheine zu sichern (auf Sach- und Unfallversicherungen trifft dies nicht zu). Gläubiger, wie Banken, haben zum Zeitpunkt der Darlehnsvergabe häufig gedruckte Abtretungsformulare zur Hand.

### Abtretungsklausel, Lebensversicherung

Merkmal in einer Lebensversicherungspolice, die es einem Policeninhaber erlaubt, eine Police frei an einen anderen oder eine Institution abzutreten (abzugeben, zu verkaufen). Um z.B. einen Kredit zu sichern fordert eine Bank die Abtretung der Police. Falls der Versicherte vor Rückzahlung des Kredites stirbt, würde die Bank denjenigen Teil der Todesfalleistungen erhalten, der dem offenstehenden Kredit entspricht. Der verbleibende Rest der Todesfalleistungen wäre an den Begünstigten des Versicherten zu zahlen. Die Tatsache, daß eine Lebensversicherung frei abtretbar ist, macht sie zu einem nützlichen Finanzinstrument, um dadurch einen Kredit zu sichern. Die Versicherungsgesellschaft garantiert die Geltung der Abtretung nicht.

### Associate in Automation Management (AAM)

(Fachmann im Automatisierungsmanagement) – Berufsbezeichnung nach erfolgreichem Abschluß von drei nationalen Examina des → Insurance Institute of America (IIA) (Versicherungsinstitut von Amerika). Sie decken solche Fachgebiete, wie die Wesensmerkmale der Automati-

mation (how computers work, automation terminology, and software); automation in insurance; and managing automated activities. Program of study is recommended for individuals involved in automated activities within the insurance organization.

sierung (wie Computer arbeiten, Automatisierungsterminologie und Software), Automatisierung bei Versicherungen, das Managen automatisierter Handlungen, ab. Das Studienprogramm wird für Einzelpersonen, die mit automatisierten Aktivitäten bei einer Versicherungsorganisation befaßt sind, empfohlen.

**Associate in Claims (AIC)**
Professional designation earned after the successful completion of four national examinations given by the → Insurance Institute of America (IIA). Covers such areas of expertise as the claims person and the public, principles of property, liability claims adjusting, property insurance adjusting, and liability insurance adjusting. Program of study is recommended for experienced adjusters, claims supervisors, and examiners who have in-depth knowledge of the claims area but have not undertaken formal study of the claims principles.

**Associate in Claims (AIC)**
(Fachmann für Versicherungsansprüche) – Berufsbezeichnung nach erfolgreichem Abschluß von vier nationalen Examina des → Insurance Institute of America (IIA) (Versicherungsinstitut von Amerika). Sie decken solche Fachgebiete, wie die Anspruch erhebende Person und die Öffentlichkeit, Prinzipien des Eigentums, Regulierung von Haftungsansprüchen, Regulierung bei Sachversicherungen und die Regulierung bei Haftpflichtversicherungen, ab. Das Studienprogramm wird für erfahrene Regulierer, Schadensüberwacher und Prüfer, die über fundierte Kenntnisse im Bereich der Schadensfallregulierung verfügen, aber kein formelles Studium der Schadensfallprinzipien absolviert haben, empfohlen.

**Associate in Insurance Accounting and Finance (AIAF)**
Professional designation earned after the successful completion of four national examinations given by the → Insurance Institute of America (IIA). Covers such areas of expertise as insurance company operations (marketing,

**Associate in Insurance Accounting and Finance (AIAF)**
(Fachmann für das Rechnungs- und Finanzwesen bei Versicherungen) – Berufsbezeichnung nach erfolgreichem Abschluß von vier nationalen Examina des → Insurance Institute of America (IIA) (Versicherungsinstitut von Amerika). Sie decken solche Fachgebiete, wie die Betätigungsfelder einer Versicherungsgesell-

underwriting, rate making, claims adjusting, reinsurance, and loss control); statutory accounting for property and liability insurers; insurance information systems; and insurance company finance. Program of study is recommended for individuals involved in the accounting, statistical, and financial areas of an insurance company.

schaft (Marketing, die Zeichnung von Risiken, Prämienfestsetzung, Schadensregulierung, Rückversicherung und Schadenskontrolle), gesetzmäßige Buchführung für Sach- und Haftpflichtversicherer, Versicherungsinformationssysteme und das Finanzwesen von Versicherungsgesellschaften, ab. Das Studienprogramm wird für Einzelpersonen, die in den Bereichen Rechnungswesen, Statistik und Finanzwesen einer Versicherungsgesellschaft tätig sind, empfohlen.

## Associate in Loss Control Management (ALCM)

Professional designation earned after the successful completion of five national examinations given by the → Insurance Institute of America (IIA). Covers such areas of expertise as accident prevention, property protection, industrial and environmental hygiene, principles of risk management and insurance, insurance company operations, and management. Program of study is recommended for individuals involved in the area of loss control.

## Associate in Loss Control Management (ALCM)

(Fachmann für Schadenskontrollmanagement) – Berufsbezeichnung nach erfolgreichem Abschluß von fünf nationalen Examina des → Insurance Institute of America (IIA) (Versicherungsinstitut von Amerika). Deckt solche Fachgebiete, wie Unfallprävention, Vermögensschutz, industrielle und Umwelthygiene, Prinzipien des Risikomanagements und der Versicherung, Geschäftstätigkeiten einer Versicherungsgesellschaft und Management, ab. Das Studienprogramm wird für Personen empfohlen, die auf dem Gebiet der Schadenskontrolle arbeiten.

## Associate in Management (AIM)

Professional designation earned after the successful completion of four national examinations given by the → Insurance Institute of America (IIA). Covers such areas of expertise as the process of

## Associate in Management (AIM)

(Managementfachmann) – Berufsbezeichnung nach erfolgreichem Abschluß von vier nationalen Examina des → Insurance Institute of America (IIA) (Versicherungsinstitut von Amerika). Deckt solche Fachgebiete, wie den Managementprozeß, Management und den Faktor Mensch

management, management and human resources, and managerial decision making. Program of study is recommended for individuals who perform management functions within an insurance organization.

## Associate in Marine Insurance Management (AMIM)

Professional designation earned after the successful completion of six national examinations given by the → Insurance Institute of America (IIA). Covers such areas of expertise as ocean marine insurance, inland marine insurance, principles of risk management and insurance, insurance company operations, legal environment of insurance, and management. Program of study is recommended for individuals involved in the areas of ocean marine and inland marine insurance.

## Associate in Premium Auditing (APA)

Professional designation earned after the successful completion of six national examinations given by the → Insurance Institute of America (IIA). Covers such areas of expertise as premium auditing applications, principles of premium auditing, principles of risk management and insur-

sowie die Entscheidungsfindung im Management, ab. Das Studienprogramm wird Personen empfohlen, die Managementfunktionen innerhalb von Versicherungsgesellschaften ausüben.

## Associate in Marine Insurance Management (AMIM)

(Fachmann für Transportversicherungsmanagement) – Berufsbezeichnung nach erfolgreichem Abschluß von sechs Examina des → Insurance Institute of America (IIA) (Versicherungsinstitut von Amerika). Deckt solche Fachgebiete, wie Seetransportversicherung, Binnentransportversicherung, Prinzipien des Risikomanagements und Versicherung, Arbeitsgebiete von Versicherungsgesellschaften, das gesetzliche Umfeld von Versicherungen und Management, ab. Das Studienprogramm wird Personen empfohlen, die in den Bereichen Seetransport- und Binnentransportversicherung beschäftigt sind.

## Associate in Premium Auditing (APA)

(Fachmann für Prämienrevision) – Berufsbezeichnung nach erfolgreichem Abschluß von sechs Examina des → Insurance Institute of America (IIA) (Versicherungsinstitut von Amerika). Deckt solche Fachgebiete, wie die Anwendung von Prämienrevisionen, die Prinzipien der Prämienrevision, Prinzipien des Risikomanagements und Versicherung, gewerbliches Haftungsrisikomanagement und

ance, commercial property risk management and insurance, commercial liability risk management and insurance, and accounting and finance. Program of study is recommended for individuals involved in the area of premium auditing for an insurance company.

Versicherung sowie Rechnungs- und Finanzwesen, ab. Das Studienprogramm wird Personen empfohlen, die in dem Bereich Prämienrevision für eine Versicherungsgesellschaft tätig sind.

## Associate in Research and Planning (ARP)

Professional designation earned after the successful completion of six national examinations given by the → Insurance Institute of America (IIA). Covers such areas of expertise as business research methods, strategic planning for insurers, principles of risk management and insurance, insurance company operations, economics, and ethics. Program of study is recommended for individuals involved in the areas of corporate planning, research, product development, and forecasting for an insurance company.

## Associate in Research and Planning (ARP)

(Fachmann für Forschung und Planung) – Berufsbezeichnung nach erfolgreichem Abschluß von sechs Examina des → Insurance Institute of America (IIA) (Versicherungsinstitut von Amerika). Deckt solche Fachgebiete, wie wirtschaftliche Forschungsmethoden, strategische Planung für Versicherer, die Arbeitsbereiche einer Versicherungsgesellschaft, Volkswirtschaft und Ethik, ab. Das Studienprogramm wird Personen empfohlen, die in den Bereichen Unternehmensplanung, Forschung, Produktentwicklung und Vorhersage für eine Versicherungsgesellschaft tätig sind.

## Associate in Risk Management (ARM)

Professional designation earned after the successful completion of three national examinations given by the → Insurance Institute of America (IIA). Covers such areas of expertise as essentials of risk management (identification and measurement of loss ex-

## Associate in Risk Management (ARM)

(Fachmann für Risikomanagement) – Berufsbezeichnung nach erfolgreichem Abschluß von drei Examina des → Insurance Institute of America (IIA) (Versicherungsinstitut von Amerika). Deckt solche Fachgebiete, wie die Wesensmerkmale des Risikomanagements (Identifikation und Bemessung von Schadensgefährdungen und Analysieren verschiede-

posures, and analyzing various techniques to deal with the exposure); essentials of risk control; and essentials of risk financing (risk retention and commercial insurance). Program of study is recommended for individuals involved in the areas of risk management for noninsurance companies, as well as insurance producers who want to provide risk management counseling to their clients.

ner Techniken, um mit Gefährdungen umzugehen), Wesensmerkmale der Risikokontrolle und Wesensmerkmale der Risikofinanzierung (Risikoselbstbehalt und gewerbliche Versicherung), ab. Das Studienprogramm wird Personen empfohlen, die in den Bereichen Risikomanagement für Nicht-Versicherungsgesellschaften sowie Versicherungsproduzenten, die Risikomanagementberatung für ihre Kunden anbieten wollen.

### Associate in Underwriting (AU)
Professional designation earned after the successful completion of four national examinations given by the → Insurance Institute of America (IIA). Covers such areas of expertise as principles of property and liability underwriting, personal lines underwriting, commercial liability underwriting, and commercial property and multiple lines underwriting. Program of study is recommended for individuals who have experience as underwriters or producers.

### Associate in Underwriting (AU)
(Fachmann für die Zeichnung von Risiken) – Berufsbezeichnung nach erfolgreichem Abschluß von vier Examina des → Insurance Institute of America (IIA) (Versicherungsinstitut von Amerika). Deckt solche Fachgebiete, wie die Prinzipien der Zeichnung von Sach- und Haftungsrisiken, Privatspartenzeichnung, gewerbliche Haftpflichtzeichnung und gewerbliche Sach- und Vielspartenzeichnung, ab. Das Studienprogramm wird Personen empfohlen, die über Erfahrungen als Zeichner oder Produzenten verfügen.

### Association
→ Pool; → Syndicate

### Vereinigung
→ Pool; → Syndikat

### Association Captive
Insurance company established by a trade group or other association to provide selected types of → Primary Insurance

### Gesellschaftseigener Versicherer
Von einer Handelsgruppe oder einer anderen Vereinigung gegründete Versicherungsgesellschaft, um ausgewählte Typen von → Erstrangigen Versicherungen und/

and/or → Liability Insurance for members of the association and access to → Reinsurance markets. For example, the American Newspaper Publishers Association has established an association capitve to provide → Libel Insurance for member newspapers, and the American Bankers Association sponsors a captive that provides → Directors and Officers Liability Insurance for member banks.

oder → Haftpflichtversicherungen für Mitglieder der Vereinigung und Zugang zu den Rückversicherungs-Märkten zur Verfügung zu stellen. Die American Newspaper Publishers Association, Vereinigung der amerikanischen Zeitungsverleger, hat beispielsweise eine gesellschaftseigene Versicherung gegründet, um den Mitgliedszeitungen eine → Verleumdungsversicherung zu bieten, und die American Bankers Association, Vereinigung amerikanischer Bankiers, unterstützt einen gesellschaftseigenen Versicherer, der den Mitgliedsbanken eine → Haftpflichtversicherung für Direktoren und leitende Angestellte bietet.

**Association Group**
Bona fide organization that purchases insurance on a group basis on behalf of members. However, a group cannot be formed for the purpose of purchasing insurance since adverse selection would take place. Group selling permits economies of scale to operate, so that the cost of insurance to a member is appreciably less than an individual policy. The insurance company/agent is able to benefit through individual sales to the group's members. → Adverse Selection

**Verbandsgruppe**
Organisation auf Treu und Glauben, die Versicherungsleistungen auf Gruppenbasis für ihre Mitglieder kauft. Die Gruppe kann jedoch nicht zum Zweck des Versicherungskaufes gebildet werden, weil eine negative Auswahl stattfinden würde. Bei einem Verkauf an Gruppen fallen bei steigenden Verkaufszahlen die anteiligen Kosten, so daß die Versicherungskosten für ein Mitglied weit weniger betragen als die eines Einzelversicherungsvertrages. Die Versicherungsgesellschaft/der Versicherungsagent kann von Einzelverkäufen an Gruppenmitglieder profitieren. → Negative Auswahl

**Association Group Insurance**
→ Association Group

**Verbandsgruppenversicherung**
→ Verbandsgruppe

**Assume**
To accept by a → Reinsurer, part or all of a → Risk trans-

**Übernehmen**
Annehmen eines Teiles oder des gesamten durch den → Erstrangigen Versicherer

ferred to it by a primary → Insurer or another reinsurer. → Cede; → Reinsurance

**Assumed Liability**
→ Contractual Liability

**Assumed Loss Ratio**
Projected percentage of the → Earned Premiums which will be required by the insurance company to pay for the → Incurred Losses plus the → Loss Adjustment Expense.

**Assumption**
Acceptance by a → Reinsurer of part or all of a → Risk which has been transferred to it by a primary → Insurer or another reinsurer. → Cede; → Reinsurance

**Assumption Certificate**
→ Cut-Through Endorsement (Assumption of Risk)

**Assumption of Risk**
Technique of risk management (better known as *retention* or → Self Insurance) under which an individual or business firm assumes expected losses that are not catastrophic losses through the purchase of insurance. For example, a business firm assumes the risk of its employees being absent because of minor illness, but buys disability insurance to cover absences due to extended ill-

oder einen anderen → Rückversicherer an einen Rückversicherer übertragenen → Risikos durch diesen. → Zedieren; → Rückversicherung

**Übernommene Haftung**
→ Vertragliche Haftung

**Angenommene Schadensquote**
Der vorhergeplante Prozentsatz an → Verdienten Prämien, den eine Versicherungsgesellschaft benötigt, um die → Erlittenen Schäden plus die → Schadensregulierungsausgaben zu zahlen.

**Übernahme**
Annahme eines Teiles oder des gesamten durch den erstrangigen → Versicherer oder einen anderen Rückversicherer an ihn übertragenen Risikos durch einen → Rückversicherer. → Zedieren; → Rückversicherung

**Übernahmezertifikat**
→ Durchgreifender Nachtrag (Risikoübernahme)

**Risikoübernahme**
Technik des Risikomanagements (besser bekannt als *Selbstbehalt* oder → Selbstversicherung), bei der eine Einzelperson oder ein Unternehmen erwartete Schäden, die keine katastrophalen Schäden sind, durch den Abschluß einer Versicherung übernimmt. So übernimmt eine Firma beispielsweise das Risiko der Abwesenheit ihrer Angestellten wegen kleinerer Krankheiten, aber sie kauft eine Invaliditätsversicherung, um Fehlzeiten wegen langanhaltender Krankheiten abzudecken. Bezieht sich auch auf (1) Situationen, bei

ness. Also refers to (1) situations where insureds place themselves in situations that they realize pose a danger, and (2) the acceptance of risks by an insurance company.

denen sich Versicherte in Situationen begeben, von denen sie wissen, daß sie eine Gefahr darstellen und (2) die Annahme von Risiken durch eine Versicherungsgesellschaft.

**Assumption of Risk Rule**
→ Assumption of Risk

**Risikoübernahmeregel**
→ Risikoübernahme

**Assumption Reinsurance**
Form of insurance whereby the buyer (→ Reinsurer) assumes the entire obligation of the → Cedent company, effected through the transfer of the policies from the cedent to the books of the reinsurer. Several thousand policies are transferred annually among insurance companies. Generally, life, health, and investment-type policies such as annuities are the policies most likely to be transferred since they are of longer duration and in many instances cannot be cancelled by the insurance company.

**Übernahmerückversicherung**
Versicherungsform, bei der der Käufer (→ Rückversicherer) die gesamte Verpflichtung der Gesellschaft des → Zedenten übernimmt, was durch den Transfer der Policen vom Zedenten in die Bücher des Rückversicherers bewirkt wird. Tausende von Policen werden jährlich zwischen Versicherungsgesellschaften übertragen. Allgemein sind Lebens-, Kranken- und Kapitalanlageversicherungen, wie Renten, diejenigen Policen, die am wahrscheinlichsten übertragen werden, da sie von längerer Dauer sind und in vielen Fällen nicht von der Versicherungsgesellschaft annulliert werden können.

**Assumptions**
Circumstances taken for granted. For example, in calculating annuity values, a particular interest rate is assumed. This assumption is critical to → Current Assumption Whole Life Insurance policies since projections of future cash values ultimately being realized are determined by the validity of the underlying assumptions.

**Annahmen**
Umstände, die als zutreffend angenommen werden. Bei der Berechnung von Rentenwerten z.B. wird ein bestimmter Zinssatz angenommen. Diese Annahme ist für die → Lebenversicherungspolicen auf den Todesfall mit laufender Übernahme ein kritischer Wert, da die Planung der zukünftigen Barwerte, die letztendlich realisiert werden, durch die Gültigkeit der zugrundeliegenden Annahmen bestimmt wird.

**Assurance**
→ Insurance

**Assured**
→ Insured

**Assurer**
→ Insurer

**Atomic Energy Commission**
→ Nuclear Regulatory Commission

**Atomic Energy Reinsurance**
→ Mutual Atomic Energy Reinsurance Pool

**Attachment**
Addition to a basic insurance policy to further explain coverages, add or exclude perils and locations covered, and add or delete positions covered. For example, an endorsement to the *Standard Fire Policy* might add coverage for vandalism and malicious mischief. This form has largely been replaced by an → Endorsement or → Rider.

**Attachment Point**
Critical point in the total amount of claims paid above which the → Excess Insurance policy pays a percentage (generally 80–100%) of the claims for any → Policy Year Experience.

**Assekuranz**
→ Versicherung

**Versicherungsnehmer**
→ Versicherter

**Assekurant**
→ Versicherer

**Atomic Energy Commission**
(Atomenergiekommission) → Nuclear Regulatory Commission

**Atomenergierückversicherung**

→ Atomenergierückversicherungspool auf Gegenseitigkeit

**Anlage**
Zusatz zu einer Basisversicherungspolice, um den Versicherungsschutz näher zu erläutern, abgedeckte Gefahren und Orte hinzuzufügen oder auszuschließen, abgedeckte Positionen hinzuzufügen oder zu streichen. In einem Nachtrag zu einer *Einheits-Feuerversicherungspolice* könnte beispielsweise Versicherungsschutz für Vandalismus und mutwillige Beschädigung hinzugefügt werden. Diese Form wurde weitgehend durch einen → Nachtrag oder eine → Besondere Versicherungsvereinbarung ersetzt.

**Angliederungspunkt**
Kritischer Punkt bei dem Gesamtbetrag an bezahlten Ansprüchen, oberhalb dessen die → Überversicherungs-Police einen Prozentsatz (im allgemeinen 80 bis 100 %) der Ansprüche jedweder → Policenjahreserfahrung zahlt.

## Attained Age

Insured's age at a particular point in time. For example, many → Term Life Insurance policies allow an insured to convert to permanent insurance without a physical examination at the insured's then attained age. Upon conversion, the premium usually rises substantially to reflect the insured's age and diminished life expectancy. Since later in life rates become prohibitive, many insureds do not make an attained age conversion. → Original Age

## Attained Age Conversion
→ Attained Age

## Attorney-In-Fact
→ Reciprocal Exchange

## Attorneys Professional Liability Insurance
→ Lawyers Liability Insurance

## Attractive Nuisance

Property which is inherently dangerous and particularly enticing to children. For example, a swimming pool has a strong attraction to children and could lead to a liability judgment against the pool's owner. The owner must take all necessary steps to prevent accidents, such as building an adequate fence around the pool.

## Erreichtes Alter

Das Alter des Versicherten zu einem bestimmten Zeitpunkt. So erlauben z.B. viele → Befristete Lebensversicherungs-Policen dem Versicherten die Umwandlung in eine ständige Versicherung ohne ärztliche Untersuchung des Versicherten zu dem dann erreichten Alter. Bei Umwandlung steigt der Beitrag gewöhnlich erheblich, um das Alter des Versicherten und die verringerte Lebenserwartung widerzuspiegeln. Da die Raten später im Leben unerschwinglich werden, nehmen viele Versicherten keine Umwandlung bei erreichtem Alter vor. → Ursprüngliches Alter

## Umwandlung bei erreichtem Alter
→ Erreichtes Alter

## Gesetzlicher Vertreter
→ Gegenseitigkeitsverein

## Anwaltliche Berufshaftpflichtversicherung
→ Anwaltliche Haftpflichtversicherung

## Anziehende Gefahrenstelle

Besitz, der von sich aus gefährlich ist und anziehend auf Kinder wirkt. Ein Swimmingpool beispielsweise übt eine starke Anziehungskraft auf Kinder aus und könnte zu einem Haftungsurteil gegen den Swimmingpool-Besitzer führen. Der Besitzer muß alle notwendigen Schritte, wie etwa den Bau eines Zaunes um den Pool, einleiten, um Unfälle zu verhindern.

## AU
→ Associate in Underwriting

## Audit
In → Workers Compensation Insurance policies and several business property and liability policies, review of the payroll of a business firm in order to determine the premium for coverage. Premiums in Workers Compensation are based on units of payroll.

## Auditors Report
→ Statement of Opinion (→ Accountants Report; → Auditors Report)

## Authority to Terminate Plan
Means of ending a pension plan only for reasons of business necessity, following IRS regulations. If the IRS determines that the plan was terminated for other reasons, employee and employer contributions become taxable. Reasons acceptable to the IRS include bankruptcy, insolvency, and the inability of a business to continue to make its contributions because of adverse financial conditions.

## Authorization
Maximum amount of insurance coverage that an underwriter will write on a particular class of property or risk exposure.

## AU
→ Associate in Underwriting (AU)

## Buchprüfung
Bei → Berufsunfallversicherungs-Policen und einigen geschäftlichen Sach- und Haftpflichtversicherungspolicen. Überprüfung der Lohnliste einer Firma, um die Prämie für den Versicherungsschutz festzulegen. Die Prämien der Berufsunfallversicherung basieren auf Einheiten der Gesamtlohnsumme.

## Bericht des Buchprüfers
→ Revisionsbericht (→ Bericht des Rechnungsprüfers; → Bericht des Buchprüfers)

## Vollmacht, ein System zu beenden
Mittel zur Beendigung eines Pensionsplans lediglich aufgrund unternehmerischer Notwendigkeit unter Beachtung der Bestimmungen der Einkommensteuerverwaltung. Stellt die Einkommensteuerverwaltung fest, daß das System aus anderen Gründen beendet wurde, sind die Beiträge der Arbeitnehmer und Arbeitgeber steuerpflichtig. Von der Einkommensteuerverwaltung akzeptierte Beweggründe schließen Konkurs, Zahlungsunfähigkeit und die durch widrige finanzielle Umstände bedingte Unfähigkeit eines Unternehmens, mit seinen Beitragszahlungen fortzufahren, ein.

## Bevollmächtigung
Der Höchstbetrag des Versicherungsschutzes, den ein Versicherer für eine bestimmte Klasse von Sach- oder Risikogefährdung zeichnet.

## Authorized Insurer
Insurance company that is *licensed* by a state to market and service particular *lines of insurance* in that state.

## Automatic Builders Risk Form
→ Builders Risks Forms

## Automatic Coverage
Policy that comes into existence or adjusts the amount of coverage to provide protection for newly acquired or increasing values of an insured's real or personal property.

## Automatic Increase in Insurance Endorsement
→ Inflation Endorsement

## Automatic Nonproportional Reinsurance
Automatic protection for an → Insurer against losses that exceed a predetermined loss limit. This reinsurance may be subdivided into three primary types: → Excess of Loss; → Catastrophe Loss; and *stop loss;* → Reinsurance.

## Automatic Premium Loan Provision
Life insurance policy clause. If at the end of the → Grace Period the premium due has not been paid, a policy loan will automatically be made from the

## Autorisierter Versicherer
Versicherungsgesellschaft, die von einem Staat *lizensiert* ist, bestimmte *Versicherungssparten* in diesem Staat zu vermarkten und zu bedienen.

## Automatische Bauunternehmerrisikoversicherungsform
→ Bauunternehmerrisikoversicherungsformen

## Automatischer Versicherungsschutz
Vertrag, der entsteht oder den Deckungsbetrag für neu erworbenes oder im Wert gestiegenes unbewegliches oder bewegliches Vermögen eines Versicherten anpaßt.

## Automatischer Anstieg beim Versicherungsnachtrag
→ Inflationsnachtrag

## Automatische nicht-proportionale Rückversicherung
Automatischer Schutz für einen → Versicherer gegen Schäden, die eine vorherbestimmte Schadensgrenze übersteigen. Diese Rückversicherung kann in drei Haupttypen untergliedert werden: → Schadensexzedenten; → Katastrophenschaden und *Stop-Loss;* → Rückversicherung.

## Automatische Prämiendarlehnsvorkehrung
Lebensversicherungspolicenklausel. Wenn zum Ende einer → Nachfrist die fällige Prämie nicht gezahlt worden ist, wird automatisch ein Policendarlehn vom Barwert der Police genommen, um die

policy's cash value to pay the premium. The primary purpose is to prevent unintentional lapse of the policy. Funds in the cash value must at least be equal to the loan amount plus one year's interest. Many experts recommend this provision because under some circumstances the premium may go unpaid because of illness, vacations, or inadvertence.

**Automatic Proportional Reinsurance**

Form of coverage in which an insurer automatically reinsures individual risks with its reinsurer. The insurer must transfer (cede) the risks to its reinsurer and its reinsurer must accept this transfer (cession). Losses and premiums are shared; the reinsurer shares them in the same proportion as it does that total policy limits of the risks. The insurer receives from the reinsurer a transfer commission reflecting the so-called equity in the unearned premium reserve of the insurer. This provides for acquisition expenses, premium taxes, and the insurer's cost of servicing the business. Automatic proportional reinsurance may be subdivided into two primary types: *quota share* and *surplus*.
→ Reinsurance

Prämie zu zahlen. Der Hauptzweck ist die Verhinderung eines unbeabsichtigten Verfalls der Police. Die Finanzmittel des Barwertes müssen denen des Darlehnsbetrages plus der Zinsen eines Jahres zumindest entsprechen. Viele Experten empfehlen diese Vorkehrung, da unter Umständen der Beitrag aufgrund von Krankheit, Urlaub oder Unaufmerksamkeit unbezahlt bleiben kann.

**Automatische proportionale Rückversicherung**

Form des Versicherungsschutzes, bei der ein Versicherer die Einzelrisiken automatisch bei seinem Rückversicherer versichert. Der Versicherer muß die Risiken auf seinen Rückversicherer übertragen (zedieren), und der Rückversicherer muß diese Übertragung (Zession) akzeptieren. Schäden und Prämien werden geteilt. Der Rückversicherer teilt sie im gleichen Verhältnis, wie er es bei den Gesamtpolicenbegrenzungen der Risiken tut. Der Versicherer erhält vom Rückversicherer eine Übertragungsprovision, die das sogenannte Eigenkapital bei der Deckungsrücklage des Versicherers widerspiegelt. Diese deckt Akquisitionsausgaben, Prämiensteuern und die Kosten des Versicherers für die Verrichtung des Kundendienstes bei dem Geschäft. Die automatische proportionale Rückversicherung kann in zwei Haupttypen unterteilt werden: *Quotenrückversicherung* und *Exzedentenrückversicherung*. → Rückversicherung

## Automatic Reinstatement Clause

Provision in a property or liability policy stating that after a loss has been paid, the total original limits of the policy are once again in effect. For example, assume a loss of $40,000 has been paid under a $100,000 property damage coverage → Homeowners Insurance Policy. After payment of the loss, the original $100,000 is reinstated.

## Automatic Reinsurance

Automatic reinsuring of individual risks by an insurer with a reinsurer. The insurer must transfer the risks to its reinsurer and its reinsurer must accept this transfer. → Reinsurance

## Automatic Sprinkler Clause

→ Sprinkler Leakage Insurance; → Sprinkler Leakage Legal Liability Insurance

## Automatic Sprinkler System

→ Sprinkler Leakage Insurance; → Sprinkler Leakage Legal Liability Insurance

## Automobile Assigned Risk Insurance Plan

Coverage in which individuals who cannot obtain conventional automobile liability in-

## Automatische Wiederinkraftsetzungsklausel

Vorkehrung bei einer Sach- oder Haftpflichtpolice, die besagt, daß, nachdem ein Schaden beglichen worden ist, die ursprünglichen Gesamtlimits der Police wieder in Kraft treten. Nehmen wir z.B. an, ein Schaden von US$ 40.000 wurde bei einer → Hausbesitzerversicherungspolice mit einem Deckungsschutz für Sachschäden bis zu US$ 100.000 bezahlt. Nach Bezahlung des Schadens treten die ursprünglichen US$ 100.000 wieder in Kraft.

## Automatische Rückversicherung

Automatisches Rückversichern von Einzelrisiken durch einen Versicherer bei einem Rückversicherer. Der Versicherer muß die Risiken auf seinen Rückversicherer übertragen, und der Rückversicherer muß diese Übertragung akzeptieren. → Rückversicherung

## Automatische Sprinklerklausel

→ Sprinklerleckageversicherung; → Gesetzliche Haftpflichtversicherung gegen Sprinklerleckage

## Automatisches Sprinklersystem

→ Sprinklerleckageversicherung; → Gesetzliche Haftpflichtversicherung gegen Sprinklerleckage

## Kraftfahrzeugversicherungssystem mit zugewiesenem Risiko

Versicherungsschutz, bei dem Einzelpersonen, die gewöhnlich wegen nachteiliger Fahrvergangenheit keine konventionelle

surance, usually because of adverse driving records, are placed in a residual insurance market. Insurance companies are assigned to write insurance for them, at higher prices, in proportion to the premiums written in a particular state. These plans protect motorists who suffer injury or property damage through the negligence of bad drivers who otherwise would not have insurance.

Kfz-Haftpflichtversicherung bekommen können, in einem Restversicherungsmarkt untergebracht werden. Die Versicherungsgesellschaften sind angewiesen, sie, im Verhältnis zu den im Staat gezeichneten Prämien, zu höheren Preisen zu versichern. Diese Systeme schützen Fahrer, die Verletzungen oder Sachschäden durch die Unachtsamkeit schlechter Fahrer erleiden.

**Automobile, Boat, and Aircraft Insurance**
Coverage for motorized vehicles, each of which requires separate policies for property damage and liability exposures. Motorized vehicles are not covered under a → Homeowners Insurance Policy for property damage and/or bodily injury liability situations when operated away from an insured's premises.

**Kraftfahrzeug-, Boots- und Flugzeugversicherung**
Versicherungsschutz für motorisierte Fahrzeuge, von denen jedes eine getrennte Police für Sachbeschädigungs- und Haftpflichtgefährdungen erfordert. Motorisierte Fahrzeuge sind bei Haftpflichtsituationen aufgrund von Sachbeschädigung und/oder Körperverletzung nicht durch die → Hausbesitzerversicherungspolice abgedeckt, wenn sie außerhalb des Geländes des Versicherten genutzt werden.

**Automobile Collision**
→ Collision Insurance

**Automobilzusammenstoß**
→ Kollisionsversicherung

**Automobile Comprehensive**
→ Comprehensive Insurance

**Kombinierte Kfz-Haftpflicht- und Kaskoversicherung**
→ Kombinierte Haftpflicht- und Kaskoversicherung

**Automobile Fleet**
→ Fleet Policy

**Kraftfahrzeugpark**
→ Fahrzeugparkpolice

**Automobile Insurance**
→ Business Automobile Policy (BAP); → Personal Auto-

**Kraftfahrzeugversicherung**
→ Geschäftswagenpolice; → Privat-Kfzpolice

mobile Policy (PAP)

### Automobile Insurance Plan
→ Automobile Assigned Risk Insurance Plan

### Automobile Liability Insurance
Coverage if an insured is legally liable for bodily injury or property damage caused by an automobile. The → Personal Automobile Policy (PAP) and the → Business Automobile Policy (BAP) cover the judgment awarded (up to the limits of the policy) and the court cost and legal defense fees. Experts advise against driving an automobile without automobile liability insurance as a matter of common sense, and because state laws require such a policy or evidence of financial responsibility. Passengers in automobiles should assure themselves that drivers are covered by this insurance.

### Automobile Physical Damage Insurance
Coverage in the event an insured's automobile is damaged, destroyed, or lost through fire, theft, vandalism, malicious mischief, collision, or windstorm. There are two kinds of property damage coverage – *collision insurance* and → Comprehensive Insur-

### Kraftfahrzeugversicherungssystem
→ Kraftfahrzeugversicherungssystem mit zugewiesenem Risiko

### Kfz-Haftpflichtversicherung
Versicherungsschutz, falls ein Versicherter für eine durch ein Auto verursachte Körperverletzung oder Sachbeschädigung gesetzlich haftbar ist. Die → Privat-Kfz-Police und die → Geschäftswagenpolice decken das Urteil (bis zu den Versicherungsgrenzen) und die Gerichtskosten sowie die Gebühren für die Verteidigung. Experten raten aus reinem Menschenverstand davon ab, ein Auto ohne Kfz-Haftpflichtversicherung zu fahren, weil staatliche Gesetze eine solche Versicherung oder einen Nachweis für die finanzielle Verantwortung verlangen. Mitfahrer sollten sich selbst davon überzeugen, daß der Fahrer durch diese Versicherung abgedeckt ist.

### Versicherung gegen physische Kfz-Beschädigung
Versicherungsschutz, für den Fall, daß das Auto eines Versicherten beschädigt, zerstört oder durch Feuer, Diebstahl, Vandalismus, böswillige Beschädigung, Zusammenprall oder Windsturm verloren geht. Es gibt zwei Arten von Versicherungsschutz für Sachbeschädigungen – die *Kollisionsversicherung* und die → Kombinierte Haftpflicht- und Kaskoversiche-

ance; → Business Automobile Policy (BAP); → Personal Automobile Policy (PAP).

**Automobile Reinsurance Facility**
→ Automobile Assigned Risk Insurance Plan

**Automobile Shared Market**
→ Automobile Assigned Risk Insurance Plan

**Automobile Theft**
→ Comprehensive Insurance

**Average**
Arithmetic mean; the sum of a series of numbers divided by the number of numbers comprising the sum. For example, given the following series of numbers: 1, 4, 5, 6, 8, 9 and 10, the arithmetic mean, or average:

$$= \frac{1+4+5+6+8+9+10}{7}$$
$$= 6.143$$

The arithmetic mean is the → Expected Loss which the insurance company prepares itself to pay, as reflected in the → Basic Premium.

**Average Adjuster**
Individual employed by an → Ocean Marine Insurance company to settle on its behalf ocean marine-related claims brought by its insureds. The

rung; → Geschäftswagenpolice; → Privat-Kfz-Police.

**Kfz-Rückversicherungsmöglichkeit**
→ Kraftfahrzeugversicherungssystem mit zugewiesenem Risiko

**Geteilter Kraftfahrzeugmarkt**
→ Kraftfahrzeugversicherungssystem mit zugewiesenem Risiko

**Kfz-Diebstahl**
→ Kombinierte Haftpflicht- und Kaskoversicherung

**Durchschnitt**
Arithmetisches Mittel, die Summe einer Reihe von Zahlen dividiert durch die Anzahl der die Summe umfassenden Zahlen. Bei der gegebenen Reihe von Zahlen: 1, 4, 5, 6, 8, 9 und 10 z.B. ist das arithmetische Mittel oder der Durchschnitt:

$$= \frac{1+4+5+6+8+9+10}{7}$$
$$= 6.143$$

Das arithmetische Mittel ist der → Erwartete Schaden, auf den sich die Versicherungsgesellschaft, wie in der → Grundprämie widergespiegelt, vorbereitet zu zahlen.

**Havariesachverständiger**
Bei einer → Überseeversicherungs-Gesellschaft beschäftigte Person, die durch die Versicherten der Gesellschaft gestellte seetransportbezogene Schadensansprüche im Namen der Gesellschaft

adjuster evaluates the merits of each claim and makes recommendations to the insurance company.

**Average Clause**
→ Coinsurance; → Pro Rata Distribution Clause

**Average, General**
→ General Average

**Average Indexed Monthly Earnings (AIME)**
Method of calculating the → Primary Insurance Amount (PIA) for Social Security benefits. Employees' covered monthly earnings are adjusted to reflect changes in the national average annual earnings. Benefits should rise in proportion to increases in national average annual earnings.

**Average Loss Clause**
→ Pro Rata Distribution Clause

**Average Monthly Earnings (AME)**
→ Average Monthly Wage (AMW)

**Average Monthly Wage (AMW)**
Figure used in calculating a worker's → Primary Insurance Amount (PIA) to determine Social Security benefits in the following manner:
1. Calculate the number years

reguliert. Der Sachverständige bewertet den Wert jeder Forderung und gibt Empfehlungen an die Versicherungsgesellschaft.

**Verhältnisklausel**
→ Mitversicherung; → Anteilige Verteilungsklausel

**Havarie, Große**
→ Große Havarie

**Average Indexed Monthly Earnings (AIME)**
(Durchschnittliche indizierte monatliche Einkommen) – Methode zur Berechnung der → Grundrente für die Sozialversicherungsleistungen. Die abgedeckten monatlichen Einkommen der Arbeitnehmer werden angepaßt, um den Änderungen bei den nationalen durchschnittlichen Jahreseinkommen Rechnung zu tragen. Die Leistungen sollten im Verhältnis zu den Steigerungen bei den nationalen durchschnittlichen Einkommen steigen.

**Durchschnittsschadenklausel**
→ Anteilige Verteilungsklausel

**Monatliches Durchschnittseinkommen**
→ Monatlicher Durchschnittslohn

**Monatlicher Durchschnittslohn**

Bei der Berechnung der → Grundrente eines Arbeiters benutzte Zahl, um die Sozialversicherungsleistungen in folgender Weise zu bestimmen:
1. Berechnung der Jahre zwischen dem 21. Geburtstag des Arbeiters und dem Jahr,

between the worker's twenty-first birthday and the year prior to the worker reaching age 62 (a maximum of 40 years).
2. Exclude the five lowest years of earnings, thereby selecting the 35 highest years (420 months) of earnings.
3. Divide the total of the 35 highest years of earnings by 420 months to calculate the Average Monthly Wage.
A Social Security Administration table shows the PIA for the Average Monthly Wage calculated in Step 3. The PIA is then increased to reflect the → Cost-Of-Living Adjustment (COLA) to determine the actual benefit.

## Average Net Cost
→ Interest Adjusted Cost

## Average, Particular
→ Particular Average

## Average Rate
Applicable rate, in property insurance, of each location multiplied by the value of the real and/or personal property at that location, all of which is divided by the total value of all real and/or personal property at all locations multiplied by their respective rates.

## Average Semiprivate Rate
In → Health Insurance, the applicable average rate charged

bevor der Arbeiter das Alter von 62 Jahren erreicht (maximal 40 Jahre).
2. Ausschluß der Jahre mit den 5 niedrigsten Einkommen, damit Auswahl der 35 Jahre (420 Monate) mit dem höchsten Einkommen.
3. Division der Gesamtsumme der 35 höchsten Jahreseinkommen durch 420 Monate, um den durchschnittlichen Monatslohn zu errechnen.
Eine Tabelle der Sozialversicherungsbehörde zeigt die Grundrente für den monatlichen Durchschnittslohn wie unter Punkt 3 berechnet. Die Grundrente wird dann erhöht, um der → Lebenshaltungskostenangleichung Rechnung zu tragen und um die tatsächliche Leistung zu bestimmen.

## Durchschnittliche Nettokosten
→ Zinsbereinigte Kosten

## Havarie, Besondere, Teil-
→ Besondere Havarie, Teilhavarie

## Durchschnittlicher Prämiensatz
Bei der Sachversicherung anwendbarer Prämiensatz jeden Standortes multipliziert mit dem Wert des unbeweglichen und/oder beweglichen Vermögens an diesem Standort. Dies alles wird dividiert durch den Gesamtwert allen unbeweglichen und/oder beweglichen Vermögens an allen Standorten und mit den entsprechenden Prämiensätzen multipliziert.

## Halbprivater durchschnittlicher Prämiensatz
Bei der → Krankenversicherung der anwendbare durchschnittliche Prämiensatz,

for a semiprivate room in the geographical area in which the charge is incurred.

**Average Weekly Wage**
Wage rate used as the basic for calculating benefits under → Workers Compensation Insurance. → Workers Compensation Benefits

**Aviation Accident Insurance**
Life insurance policy (individual or employee group basis) providing protection for a passenger on a regularly scheduled airline. → Aviation Trip Life Insurance

**Aviation Exclusion**
Common exclusion in life and → Accidental Death Insurance (double indemnity) policies, indicating that coverage does not apply unless an insured is a passenger on a regularly scheduled airline. For example, if an insured is killed while a passenger in a private plane crash, the aviation exclusion would apply, and the insured's beneficiary would not receive a death payment.

**Aviation Hazard**
Additional → Hazard associated with aeronautics other than that of being a passenger on a regularly scheduled airline. An extra premium is charged, and/or there are

der für einen halbprivaten Raum in einem geographischen Gebiet, in dem die Gebühr erhoben wird, berechnet wird.

**Durchschnittlicher Wochenlohn**
Als Grundlage für die Berechnung von Leistungen bei der → Berufsunfallversicherung verwendeter Lohnsatz. → Unfallentschädigungsleistungen

**Luftfahrtunfallversicherung**
Lebensversicherungspolice (auf Individual- oder Arbeitnehmergruppenbasis), die Schutz für einen Passagier auf einer regulär eingetragenen Fluglinie bietet. → Flugreiselebensversicherung

**Luftfahrtausschluß**
Üblicher Ausschluß bei Lebens- und → Unfalltodversicherungs-Policen (doppelte Entschädigung), der besagt, daß kein Versicherungsschutz besteht, außer wenn ein Versicherter Passagier einer regulär eingetragenen Fluglinie ist. Wenn ein Versicherter beispielsweise als Passagier in einem privaten Flugzeugzusammenstoß ums Leben kommt, ist der Luftfahrtausschluß anwendbar, und der Begünstigte des Versicherten würde die Zahlung für den Todesfall nicht erhalten.

**Luftfahrtrisiko**
Zusätzliche mit der Luftfahrt assoziierte → Gefahren, außer der des Passagiers einer regulär eingetragenen Fluglinie. Es wird eine zusätzliche Prämie in Rechnung gestellt, und/oder es gibt gewöhnlich auf bestimmte Leistungen angewendete Aus-

usually exclusions applied to certain benefits associated with this hazard. For example, pilots of small private planes are subject to this hazard.

schlüsse, die mit dieser Gefahr verbunden sind. Piloten kleiner privater Flugzeuge unterliegen z.B. diesem Risiko.

**Aviation Insurance**

Combination of → Property Insurance on the hull of an airplane and → Liability Insurance in the following manner.
1. *Property coverage* – provided on an → All Risks basis or on a specified perils basis for the hull, autopilots, instruments, radios, and any other equipment in the airplane as described in the policy.
2. *Liability coverage* – provided in the event that the insured's negligent acts and/or omissions result in bodily injury and/or property damage to passengers and individuals who are not passengers.

**Luftfahrtversicherung**

Kombination einer → Sachversicherung für den Rumpf eines Flugzeuges und einer → Haftpflichtversicherung in der folgenden Weise.
1. *Sachversicherungsschutz* – auf einer Basis → Aller Risiken oder auf der Grundlage spezieller Gefahren für den Flugzeugrumpf, Autopiloten, Instrumente, Radios und jedwede andere Ausrüstung in einem Flugzeug, wie in der Police beschrieben.
2. *Haftpflichtversicherungsschutz* – falls die unaufmerksamen Handlungen und/oder Auslassungen des Versicherten Körperverletzungen oder Sachbeschädigungen für Passagiere und Personen, die keine Passagiere sind, zur Folge haben.

**Aviation Trip Life Insurance**

Term life insurance, usually purchased at an airport by an airplane passenger. It provides a death payment to the passenger's beneficiary in the event of a fatal accident on one or more specified flights. The term of coverage is from the time that the passenger enters the airplane until the time that he leaves. Ground transportation to and from the airport may also be covered. With the advent of hijacking and terrorism,

**Flugreisenlebensversicherung**

Zeitlich begrenzte Lebensversicherung, die gewöhnlich von einem Flugzeugpassagier an einem Flughafen erworben wird. Sie gewährt eine Todesfallzahlung an den Begünstigten des Versicherten im Falle eines tödlichen Unfalls auf einem oder mehreren spezifizierten Flügen. Der Versicherungsschutzzeitraum beginnt, wenn der Passagier das Flugzeug betritt und endet zu dem Zeitpunkt, wenn er das Flugzeug verläßt. Der Transport von und zum Flughafen am Boden kann auch abgedeckt sein. Mit dem Auftreten von Entführungen und Terrorismus wird dieser

this coverage is becoming more widely purchased.

## Avoidance
Technique of risk management. It ensures that an individual or business does not incur any liability relating to a given activity by avoiding the activity in question. For example, a business which does not own computer equipment cannot incur financial loss due to the destruction of the computer by fire. However, in the real world, the risk control technique of avoidance is rarely practical. A more realistic approach is self-insurance or commercial insurance.

Versicherungsschutz immer häufiger abgeschlossen.

## Vermeidung
Technik des Risikomanagements. Sie stellt sicher, daß eine Einzelperson oder ein Geschäft keine Haftung für eine gegebene Aktivität hervorrufen, indem sie die in Frage stehende Aktivität vermeiden. Ein Geschäft, das keine Computerausrüstung besitzt, kann z. B. keine finanziellen Verluste aufgrund von Zerstörung des Computers durch Feuer hervorrufen. In der realen Welt jedoch ist die Risikokontrolltechnik der Vermeidung nur selten praktikabel. Ein realistischer Ansatz ist die Selbstversicherung oder die gewerbliche Versicherung.

# B

**Back Load**
Expenses taken out when benefits are paid. For example, a specific dollar amount is subtracted from a monthly income payment for company expenses.

**Baggage Insurance**
→ Tourist Baggage Insurance

**Bail Bond**
Monetary guarantee that an individual released from jail will be present in court at the appointed time. If the individual is not present in court at that time, the monetary value of the bond is forfeited to the court (jumping bail). *Personal automobile policies* commonly cover fees for an insured's bail bond.

**Bailee**
Individual who has temporary rightful possession of another's property. The bailee often furnishes a receipt in exchange for the bailor's property. For example, a dry cleaner has temporary custody of a suit to be cleaned and must exercise proper care to safeguard it against physical loss. If the

**Rückbelastung**
Ausgaben werden entnommen, wenn die Leistungen bezahlt werden. Z. B. wird ein bestimmter Dollarbetrag von einer monatlichen Einkommenszahlung für die Ausgaben der Gesellschaft abgezogen.

**Gepäckversicherung**
→ Urlaubergepäckversicherung

**Kaution**
Eine Garantie in Form von Geld, daß eine aus dem Gefängnis entlassene Person zu der vorbestimmten Zeit im Gericht anwesend sein wird. Falls die Person zu diesem Zeitpunkt nicht im Gericht anwesend ist, verfällt der Geldwert der Kaution an das Gericht (verfallende Kaution). *Private Autoversicherungen* decken gewöhnlich die Gebühren für die Kaution eines Versicherten ab.

**Aufbewahrer**
Person, die zeitweilig im rechtmäßigen Besitz eines Vermögensgegenstandes eines anderen ist. Der Aufbewahrer stellt oft eine Quittung im Austausch gegen den Vermögensgegenstand des Hinterlegers aus. Z. B. eine Reinigung bewahrt einen Anzug, der gereinigt werden soll, zeitweise auf und hat dafür Sorge zu tragen, ihn gegen physischen Schaden zu schützen. Falls das Eigentum beschädigt wird, wird

property is damaged, the bailee's insurance policy often becomes the primary coverage and must indemnify the loss.

## Bailee's Customers Insurance

Coverage for legal liability resulting from damage or destruction of the bailor's property while under the bailee's temporary care, custody, and control. Includes property on or in transit to and from the bailee's premises. Perils covered include fire, lightning, theft, burglary, robbery, windstorm, explosion, collision, flood, sprinkler leakage, earthquake, strike, and damage or destruction in the course of transportation by a common carrier. The insurance is in effect when the bailee issues a receipt to the bailor for the item. Coverage excludes property belonging to the insured bailee and loss due to vermin and insects. For example, a suit to be cleaned is under the temporary control of the bailee (cleaner). The bailor (owner) expects the suit to be returned in good condition. If the suit is stolen from the cleaner, the insurance would cover the loss.

## Bailment

Transfer of property from a bailor to a bailee; for example, transferring a suit to be cleaned

die Versicherung des Aufbewahrers häufig zum erstrangigen Versicherungsschutz und muß den Schaden ersetzen.

## Kundenversicherung des Aufbewahrers

Versicherungsschutz für die gesetzliche Haftpflicht, die sich aus der Beschädigung oder Zerstörung des Eigentums eines Hinterlegers ergibt, während sich dies unter der zeitweiligen Obhut, im Gewahrsam und unter der Kontrolle des Aufbewahrers befindet. Die abgedeckten Gefahren schließen ein Feuer, Blitzschlag, Diebstahl, Einbruchdiebstahl, Raub, Sturm, Explosion, Zusammenprall, Überschwemmung, Sprinklerleckage, Erdbeben, Streik und Beschädigung oder Zerstörung beim Transport durch einen Spediteur. Die Versicherung tritt in Kraft, sobald der Aufbewahrer dem Hinterleger eine Quittung für den Gegenstand ausstellt. Der Versicherungsschutz schließt dem versicherten Aufbewahrer gehörendes Eigentum und Verlust wegen Ungeziefer und Insekten aus. Ein zu reinigender Anzug befindet sich z.B. unter der zeitweiligen Kontrolle des Aufbewahrers (der Reinigung). Der Hinterleger (Besitzer) erwartet, daß der Anzug in gutem Zustand zurückgegeben wird. Falls der Anzug der Reinigung gestohlen werden sollte, würde die Versicherung den Schaden abdecken.

## Hinterlegung

Übertragung von Besitz von einem Hinterleger auf einen Aufbewahrer; z.B. die Übergabe eines zu reinigenden Anzuges

from the bailor (owner) to the bailee (cleaners). → Bailee; → Bailor

**Bailor**
Individual who retains title to property which is being transferred on a temporary basis to the care, custody, and/or control of another. → Bailee

**Bail-Out Provision**
Clause found in an → Annuity contract which enables the owner of that contract to withdraw his or her money without surrender penalties, if the annual interest rate is lowered below a certain predetermined minimum.

**Balance Sheet**
Accounting statement showing the financial condition of a company at a particular date. Listed on the statement are the company's assets and liabilities, and capital and surplus.

**Balance Sheet Reserves**
Amount expressed as a liability on the insurance company's balance sheet for benefits owed to policyowners. These reserves must be maintained according to strict actuarial formulas as they serve to guarantee that all benefit payments for which the insurance company has received premiums will be made.

vom Hinterleger (Besitzer) an den Aufbewahrer (Reinigung). → Aufbewahrer; → Hinterleger

**Hinterleger**
Person, die den Besitzanspruch an dem Eigentum, welches zeitweilig in die Obhut, den Gewahrsam und/oder die Kontrolle eines anderen übergeben wird, zurückbehält. → Aufbewahrer

**Zurückziehungs-Bestimmung**
In einem → Renten-Vertrag vorgefundene Klausel, die den Besitzer dieses Vertrages in die Lage versetzt, sein oder ihr Geld ohne Rückkaufgebühren zurückzuziehen, wenn der jährliche Zinssatz unter ein bestimmtes, vorher festgelegtes Minimum herabgesetzt wird.

**Bilanz**
Buchhalterische Aufstellung, die den finanziellen Zustand einer Gesellschaft zu einem bestimmten Datum zeigt. In der Aufstellung aufgeführt sind das Vermögen und die Verbindlichkeiten der Gesellschaft und das Kapital und der Überschuß.

**Bilanzrückstellungen**
Der in der Bilanz der Versicherungsgesellschaft als Verbindlichkeit für Policeninhabern geschuldete Leistungen ausgewiesene Betrag. Diese Rückstellungen müssen gemäß strengen versicherungsmathematischen Formeln unterhalten werden, da sie als Garantie dafür dienen, daß alle Zahlungen von Leistungen, für die die Versicherungsgesellschaft Prämien erhalten hat, geleistet werden.

## Bank Burglary and Robbery Insurance

Coverage on the bank's premises for burglary of monies, securities and other properties from within the bank's safe(s); robbery of monies and securities; loss of monies and securities as the result of vandalism or malicious mischief; general damage due to vandalism and malicious mischief resulting from burglary and/or robbery.

## Bankers Blanket Bond

Coverage for a bank in the event of loss due to dishonest acts of its employees or individuals external to the bank. For example, if a teller goes to Mexico with the bank's money, the bank would be indemnified for its loss.

## Banking Act of 1933

→ Glass-Steagall Act

## Bank Loan Plan

→ Financed Insurance (Minimum Deposit Insurance); → Financed Premium

## Barratry

Violation of duty in marine insurance, such as acts of the master and crew of a ship which result in damage to the vessel including purposefully running it aground, diverting it from its true course of travel,

## Bankeinbruch- und -raubversicherung

Versicherungsschutz auf dem Bankgelände gegen Einbruchdiebstahl von Geldern, Wertpapieren und anderem Eigentum aus dem/den Safe(s) der Bank; Raub von Geld und Wertpapieren; Verlust von Geld und Wertpapieren als Ergebnis von Vandalismus oder böswilliger Beschädigung; allgemeine Beschädigung wegen Vandalismus und böswilliger Beschädigung in Folge von Einbruchdiebstahl und/oder Raub.

## Blankettversicherungsschein für Bankangestellte

Versicherungsschutz für eine Bank im Falle von Verlust durch unehrliche Handlungen ihrer Angestellten oder durch Außenstehende. Wenn z.B. ein Kassierer mit dem Geld der Bank nach Mexiko ginge, würde die Bank für diesen Verlust entschädigt.

## Banking Act of 1933 (Bankgesetz von 1933)

→ Glass-Steagall-Gesetz

## Bankendarlehnsystem

→ Finanzierte Versicherung (Versicherung mit Mindesteinlage); → Finanzierte Prämie

## Barraterie

Pflichtverletzung bei der Seeversicherung, wie solche Handlungen von Eigentümer und Mannschaft eines Schiffes, die eine Beschädigung des Schiffes, einschließlich das absichtliche Auf-Grund-laufen-Lassen, das Wegleiten vom richtigen Kurs der Reise, das Stehlen seiner Fracht und die

stealing of its cargo, and abandoning the vessel.

Aufgabe des Schiffes, zur Folge haben.

### Baseline Data
Statistics (such as health data from physical examination of employees or other insureds) used as a benchmark from which deviations and comparisons of expected losses, as well as future actual losses, are measured.

### Grundliniendaten
Als Nivellierungszeichen benutzte Statistiken (wie Gesundheitsdaten von ärztlichen Untersuchungen von Angestellten oder anderen Versicherten), anhand derer Abweichungen und Vergleiche des erwarteten Schadens sowie zukünftige tatsächliche Verluste gemessen werden.

### Base Premium
A → Ceding Company's premium to which the *reinsurance premium* factor is used to produce the reinsurance premium.

### Grundprämie
Die Prämie einer → Zedierenden Gesellschaft, auf die ein *Rückversicherungsprämien*-Faktor verwendet wird, um die Rückversicherungsprämie hervorzubringen.

### Basic Benefits, Basic Hospital Plan
Minimum payments provided under a health insurance policy. → Group Health Insurance; → Health Insurance

### Grundleistungen, Krankenhausgrundversorgungssystem
Mindestzahlungen unter einer Krankenversicherungspolice. → Gruppenkrankenversicherung; → Krankenversicherung

### Basic Limit
Minimum amount of coverage for which a company will write a → Liability Insurance policy.

### Untergrenze
Mindestdeckungshöhe, für die eine Gesellschaft eine → Haftpflichtversicherungs-Police zeichnen wird.

### Basic Limits of Liability
Required minimum amounts of coverage that an insurance company will underwrite. For example, for auto liability coverage the minimum that many companies will write is $25,000. Most liability suits are not below this range.

### Mindesthaftpflichtbeträge
Die geforderten Mindestdeckungsbeträge, die eine Versicherungsgesellschaft zeichnen wird. Bei der Kfz-Haftpflichtversicherung z.B. beträgt das Minimum, das viele Gesellschaften zeichnen, US $ 25.000. Die meisten Haftpflichtprozesse liegen nicht unterhalb dieses Bereiches.

## Basic Premium
Premium applied in → Workers Compensation Insurance and in life insurance. In the latter, it is the portion of a premium which is loaded to reflect an insured's expectation of loss, administrative expenses associated with putting the policy on the company's books, and the agent's commission.

## Basic Rate
→ Manual Rate

## Basic Time Frame
Time period, for a life insurance policy, in which losses occur. This period must be determined to project the → Frequency and *severity* of future loss experience.

## Basis Point
Unit used to measure movements in interest rates. It is the equivalent to one one-hundredth of 1%. One hundred basis points equals 1%.

## Battery
Unlawful application of force to another's person; physical striking of another without permission.

## Bench Error
Mistake made during the manufacturing process of a product which results in an inherit defect in the product. This

## Grundprämie
Bei der → Berufsunfallversicherung und der Lebensversicherung angewendete Prämie. Bei letzterer ist sie der Teil einer Prämie, der mit einem Zuschlag versehen ist, um der Schadenserwartung des Versicherten, den Verwaltungskosten, die mit dem Führen der Police in den Büchern der Gesellschaft verbunden sind, und der Provision des Agenten Rechnung zu tragen.

## Grundtarif
→ Handbuchtarif

## Grundlegender Zeitrahmen
Zeitraum für einen Lebensversicherungsvertrag, in dem Schadensfälle auftreten. Dieser Zeitraum muß festgelegt werden, um die → Häufigkeit und die *Härte* zukünftiger Schadensfälle vorherzuberechnen.

## Prozentpunkt
Zur Messung der Bewegung von Zinssätzen benutzte Einheit. Sie entspricht einem Einhundertstel von 1 %. Einhundert Prozentpunkte entsprechen 1 %.

## Tätlichkeit
Gesetzwidrige Anwendung von Gewalt auf die Person eines anderen; das Schlagen eines anderen ohne Erlaubnis.

## Werkbankfehler
Ein während des Herstellungsprozesses bei einem Produkt gemachter Fehler, der einen innewohnenden Defekt des Produktes zur Folge hat. Dieser Fehler wird durch die →

mistake is covered under → Products and Completed Operations Insurance.

## Beneficiary

Designation by the owner of a life insurance policy indicating to whom the proceeds are to be paid upon the insured's death or when an endowment matures. Anyone can be named a beneficiary (relative, non-relative, pet, charity, corporation, trustee, partnership). A *primary beneficiary* is the first-named beneficiary, who must survive the death of the insured in order to collect the proceeds. A *contingent* or *secondary beneficiary* will receive the proceeds if the primary beneficiary does not survive the insured. A *revocable beneficiary* (primary or secondary) can be changed by the policyowner at any time. An *irrevocable beneficiary* (primary or secondary) can be changed by the policyowner only with the written permission of that beneficiary. Naming an irrevocable beneficiary removes the policy from the estate of the insured, who thereby gives up incidences of ownership for estate tax purposes.

If a beneficiary is convicted of murdering the insured, the beneficiary cannot collect the death benefit. The insured's estate would receive the benefit.

Versicherung für Produkte und abgeschlossene Arbeiten abgedeckt.

## Begünstigter

Bestimmung durch den Besitzer einer Lebensversicherungspolice, an wen die Leistungen bei Tod des Versicherten oder wenn ein Vermächtnis zur Auszahlungsreife gelangt, gezahlt werden soll. Jeder kann als Begünstigter benannt werden (Verwandter, Nicht-Verwandter, Haustier, wohltätige Vereinigung, Aktiengesellschaft, Treuhänder, Handelsgesellschaft). Ein *Erstbegünstigter* ist der erstgenannte Begünstigte, der, um den Erlös kassieren zu können, den Tod des Versicherten überleben muß. Ein *bedingter* oder *Zweitbegünstigter* erhält den Erlös, falls der Erstbegünstigte den Versicherten nicht überlebt. Ein *widerruflicher Begünstigter* (erst- oder zweitrangig) kann von einem Policeninhaber jederzeit geändert werden. Ein *unwiderruflicher Begünstigter* (erst- oder zweitrangig) kann vom Policeninhaber nur mit schriftlicher Einwilligung dieses Begünstigten geändert werden. Die Benennung eines unwiderruflichen Begünstigten entfernt die Police aus dem Besitz des Versicherten, der dadurch den Besitzereinfluß aus Gründen der Vermögensteuer aufgibt.

Falls ein Begünstigter des Mordes an dem Versicherten überführt wird, so kann der Begünstigte die Todesfalleistungen nicht kassieren. Der Nachlaß des Versicherten würde die Bezüge erhalten.

## Beneficiary Clause
Provision in a life insurance policy that permits the policyowner to name anyone as primary and secondary beneficiaries. The policyowner may change the beneficiaries at any time by simply writing the insurance company and sending the policy for endorsement if that is requested.
→ Beneficiary

## Beneficiary of Trust
Person for whom the trust was created and who receives the benefits thereof. In many instances a trust is established to prevent the careless exhaustion of an estate. For example, the establishment of a trust for the benefit of a child seeks to guarantee that the parent's estate will not be carelessly diminished.

## Benefit
Monetary sum paid or payable to a recipient for which the insurance company has received the premiums.

## Benefit Formula
Procedure in employee benefit plans to calculate life insurance and retirement benefits to which an employee is entitled.
→ Defined Benefit Plan; → Defined Contribution Pension (Money Purchase Plan); → Group Life Insurance

## Begünstigtenklausel
Vorschrift bei einem Lebensversicherungsvertrag, die es dem Policeninhaber erlaubt, irgend jemanden als Erst- oder Zweitbegünstigten zu benennen. Der Policeninhaber kann die Begünstigten jederzeit ändern, indem er der Versicherungsgesellschaft einfach schreibt und indem er, falls dies erforderlich ist, die Police für einen Nachtrag einsendet. → Begünstigter

## Begünstigter des Treuhandverhältnisses
Die Person, für die das Treuhandverhältnis geschaffen wurde und die die Leistungen daraus bezieht. In vielen Fällen wird ein Treuhandverhältnis gegründet, um der sorglosen Plünderung eines Vermögens vorzubeugen. Z.B. versucht die Gründung eines Treuhandverhältnisses zugunsten eines Kindes sicherzustellen, daß der Besitz der Eltern nicht sorglos vermindert wird.

## Leistung
An einen Empfänger gezahlte oder zahlbare Summe an Geld, für die die Versicherungsgesellschaft Prämien erhalten hat.

## Leistungsformel
Verfahren bei betrieblichen Sozialzulagensystemen, um die Lebensversicherungs- und Pensionsbezüge, auf die ein Arbeitnehmer Anspruch hat, zu berechnen.
→ Definiertes Leistungssystem; → Pensionssystem mit definierten Beiträgen (Rentenkaufplan); → Gruppenlebensversicherung

## Benefit Period

In → Health Insurance, the number of days for which benefits are paid to the → Named Insured and his or her dependents. For example, the number of days that benefits are calculated for a calendar year consist of the days beginning on January 1 and ending on December 31 of each year.

## Benefits of Business Life and Health Insurance (Key Person Insurance)

Life insurance and long-term disability income insurance on major employees, with benefits payable to the business. Key person insurance has these advantages: (1) enhances the ability of the business to continue operations; (2) fosters smooth sale of a going business between an estate and a purchaser by providing funds to buy out the interest of a deceased key person; (3) encourages key employees to stay on the job; (4) attracts new key employees; (5) provides funds for expenses of hiring and training of a replacement key employee; (6) provides a line of credit (A permanent life insurance policy has cash values which are available for loans at advantageous rates.); (7) policy proceeds, which are income free, are payable even if the key person is no longer in the employ of the business at

## Leistungszeitraum

Bei der → Krankenversicherung die Anzahl der Tage, für die Leistungen an den → Benannten Versicherten und für seine/ihre abhängigen Familienangehörigen gezahlt werden. Die Anzahl der Tage, für die Leistungen für ein Kalenderjahr berechnet werden, besteht z.B. aus den Tagen, die mit dem 1. Januar eines jeden Jahres beginnen und mit dem 31. Dezember enden.

## Leistungen der Unternehmenslebens- und -krankenversicherungen (Schlüsselpersonenversicherung)

Lebensversicherung und Langzeitinvaliditätsversicherung für leitende Angestellte mit an das Unternehmen zahlbaren Leistungen. Die Schlüsselpersonenversicherung hat diese Vorteile: (1) steigert die Fähigkeit des Unternehmens, mit der Geschäftstätigkeit fortzufahren; (2) fördert den reibungslosen Verkauf eines laufenden Unternehmens von einem Erben und an einen Käufer durch Bereitstellung von Finanzmitteln, um den Anteil der verstorbenen Schlüsselperson aufzukaufen; (3) ermutigt Angestellte in Schlüsselpositionen, in ihrer Position zu bleiben; (4) zieht neue Angestellte in Schlüsselpositionen an; (5) stellt Finanzmittel für die Anstellung und Einarbeitung eines Ersatzangestellten in Schlüsselposition bereit; (6) stellt Kreditlinien zur Verfügung (eine Lebensversicherungspolice mit einjähriger Kündigungsfrist verfügt über Barwerte, für die Darlehn zu günstigen Zinssätzen erhältlich sind). (7) Die Erlöse der Police, die einkommensfrei sind, sind auch dann zahlbar, wenn die Schlüsselperson zum Zeitpunkt des Todes nicht länger bei dem Unternehmen beschäftigt

the time of death; however, the business must continue to make the premium payments after the key person leaves the employment.); (8) a life insurance policy can be surrendered for its cash value or sold to the insured key person; thus, the business will usually at least receive the return of premiums; (9) long-term disability income insurance on a key person also provides funds for salary continuation to the disabled key person. (For temporary disability, the business might prefer to self insure because the expense of premiums for this coverage is generally excessive when compared with the potential income benefits.)

**Betterment Insurance**
→ Improvements and Betterments Insurance

**BI**
→ Bodily Injury; → Business Interruption

**Bid Bond**
Bond required of a contractor submitting the lowest bid on a project. If the contractor then refuses to undertake the project, the bid bond assures that the developer will be paid the difference between the lowest bid and next lowest bid. The bid bond encourages contractors to make serious bids and live up to their obligations.

ist. (8) Eine Lebensversicherungspolice kann für ihren Barwert aufgegeben oder an die versicherte Schlüsselperson verkauft werden; das Unternehmen erhält somit gewöhnlich zumindest den Erlös der Prämien. (9) Die Langzeitinvaliditätseinkommensversicherung für Schlüsselpersonen stellt auch finanzielle Mittel für die Fortzahlung des Gehalts an die behinderte Schlüsselperson zur Verfügung. (Für zeitlich begrenzte Arbeitsunfähigkeit könnte das Unternehmen es vorziehen, selbst zu versichern, weil die Prämienausgaben für diesen Versicherungsschutz im allgemeinen im Vergleich zu den möglichen Einkommensleistungen überhöht sind.)

**Wertzuwachsversicherung**
→ Verbesserungs- und Wertzuwachsversicherung

**BI**
→ Körperverletzung; → Geschäftsunterbrechung

**Bietungsgarantie**
Eine von einem Unternehmer, der das niedrigste Angebot für ein Projekt eingereicht hat, geforderte Kaution. Wenn sich der Unternehmer dann weigert, das Projekt zu übernehmen, stellt die Bietungsgarantie sicher, daß der Bauherr die Differenz zwischen dem niedrigsten und dem nächstniedrigsten Angebot erhält. Die Bietungsgarantie veranlaßt Unternehmer, ernsthafte Angebote zu unterbreiten und ihre Verpflichtungen einzugehen.

## Bilateral Contract
Contract under which there is an exchange of a promise for a promise. An → Insurance Policy is deemed to be a → Unilateral Contract.

## Bill of Lading
Document used in the transportation of goods which must be presented when a claim is made for a loss incurred. This document establishes the fact that the goods were under the care, custody, or control of the shipper at the time the loss occurred.

## Binder
Temporary insurance contract providing coverage until a permanent policy is issued. In property and casualty insurance, some agents have authority to bind the insurance company to cover until a policy can be issued. For example, the purchaser of an automobile can call the agent, who can then bind the insurance company to temporary coverage.

## Binding Authority
→ Binder

## Binding Receipt
Evidence of a temporary contract obliging a property insurance company to provide coverage as long as the premium accompanies the application. A property insurance

## Zweiseitiger Vertrag
Vertrag, bei dem ein Versprechen gegen ein Versprechen ausgetauscht wird. Eine → Versicherungspolice wird als → Einseitiger Vertrag angesehen.

## Konnossement
Bei dem Transport von Gütern benutztes Dokument, das vorgelegt werden muß, wenn eine Schadensforderung für einen entstandenen Schaden gestellt wird. Dieses Dokument besagt, daß die Waren zu dem Zeitpunkt, als sich der Schaden ereignete, unter der Obhut, Bewahrung oder Kontrolle des Verfrachters befand.

## Vorläufige Deckungszusage
Ein befristeter Versicherungsvertrag, der Versicherungsschutz bietet, bis die ständige Police ausgegeben wird. Bei der Sach- und Unfallversicherung haben einige Agenten die Vollmacht, die Versicherungsgesellschaft zur Deckung zu verpflichten, bis eine Versicherungspolice ausgegeben werden kann. Der Käufer eines Autos z.B. kann den Agenten anrufen, der dann die Versicherungsgesellschaft zum zeitlich begrenzten Versicherungsschutz verpflichtet.

## Bindende Kraft
→ Vorläufige Deckungszusage

## Deckungszusage
Beweis eines zeitlich begrenzten Vertrages, der eine Sachversicherungsgesellschaft verpflichtet, Versicherungsschutz zu gewähren, solange die Prämie dem Antrag beigefügt ist. Ein Sachversicherungsagent kann eine Gesellschaft *ver-*

agent can *bind* a company to cover a specific risk. Some agents are authorized to give an *oral binder,* which is generally followed with a written binder. For life and health insurance, → Conditional Receipt.

## Binomial Distribution

Statistical function that displays the probability of determining a stated number of successes in a series of trials in which the probability of success is the same in each trial. In insurance, the binomial distribution is used to analyze certain future events. Some chance events have only two possible outcomes; the probability of occurrence $p = 1 - q$ and the probability of nonoccurrence $q = 1 - p$. (Note that $p + q = 1$; that is to say, the probability of success plus the probability of failure is always equal to 1.) The probability of exactly $x$ *outcomes (x successes)* in $n$ *independent repetitions* is given by the function

$$f(x) = \binom{n}{x} p^x q^{n-x}$$

where: $x = 0, 1, 2, \ldots, n$
For example, if a fair coin is tossed in the air a total of six times, the *probability* of getting exactly five heads is:

*pflichten,* ein bestimmtes Risiko abzudecken. Einige Agenten sind bevollmächtigt, mündliche *vorläufige Deckungszusagen* abzugeben, denen gewöhnlich eine schriftliche Deckungszusage folgt. Für Lebens- und Krankenversicherung → Bedingte Deckungszusage.

## Binominalverteilung

Statistische Funktion, um die Wahrscheinlichkeit einer gegebenen Zahl von Erfolgen in einer Reihe von Versuchen zu bestimmen, bei der die Erfolgswahrscheinlichkeit bei jedem Versuch gleich ist. Bei Versicherungen wird die Binominalverteilung zur Analyse bestimmter zukünftiger Ereignisse benutzt. Einige Zufallsereignisse haben nur zwei mögliche Ausgänge. Die Eintrittswahrscheinlichkeit $p = 1 - q$ und die Nicht-Eintrittswahrscheinlichkeit $q = 1 - p$ (Anmerkung: $p + q = 1$, d.h. die Erfolgswahrscheinlichkeit plus die Mißerfolgswahrscheinlichkeit ist immer gleich 1). Die Wahrscheinlichkeit von genau $x$ *Ausgängen* (x *Erfolgen)* bei n *unabhängigen Wiederholungen* wird durch die Formel angegeben

$$f(x) = \binom{n}{x} p^x q^{n-x}$$

wobei $x = 0, 1, 2, \ldots, n$
Z.B., wenn eine echte Münze insgesamt sechsmal in die Luft geworfen wird, so ist die *Wahrscheinlichkeit,* genau 5 Köpfe zu bekommen:

$$f(5) = \binom{6}{5}\left(\frac{1}{2}\right)^5\left(\frac{1}{2}\right) = \frac{6}{24}$$

$$f(5) = \binom{6}{5}\left(\frac{1}{2}\right)^5\left(\frac{1}{2}\right) = \frac{6}{24}$$

**Birth Rate**
Number of people born as a percentage of the total population in any given period of time.

**Blanket Bond**
Coverage for an employer in the event of dishonesty of any employee. → Fidelity Bond

**Blanket Contract**
Policy covering an insured's property at several different locations. This coverage is used by business firms which have several locations and may move property from location to location.

**Blanket Coverage**
→ Blanket Bond; → Blanket Contract; → Blanket Crime Policy; → Blanket Insurance; → Blanket Medical Expense Insurance; → Blanket Position Bond

**Blanket Crime Endorsement**
→ Blanket Crime Policy

**Blanket Crime Policy**
Coverage usually provided as part of the → Special Multi-peril Insurance (SMP) policy through the attachment of the

**Geburtsrate**
Anzahl der Geburten als Prozentsatz der Gesamtbevölkerung für einen gegebenen Zeitraum.

**Blankettversicherungsschein**
Versicherungsschutz für einen Arbeitgeber, für den Fall von Untreue eines Mitarbeiters. → Kaution gegen Veruntreuung

**Pauschalvertrag**
Police, die den Besitz eines Versicherten an verschiedenen Orten abdeckt. Dieser Versicherungsschutz wird bei Unternehmen verwendet, die mehrere Niederlassungen haben und den Besitz vielleicht von einer Niederlassung zur anderen bewegen.

**Kollektivversicherungsschutz**
→ Blankettversicherungsschein; → Pauschalvertrag; → Pauschalverbrechenspolice; → Kollektivversicherung; → Pauschalversicherung für medizinische Ausgaben; → Blankettversicherungsschein mit getrenntem Deckungslimit pro Arbeitnehmer

**Pauschalverbrechensnachtrag**
→ Pauschalverbrechenspolice

**Pauschalverbrechenspolice**
Bietet gewöhnlich Versicherungsschutz als Teil der → Speziellen Vielgefahrenversicherung durch einen *Pauschalverbrechensnachtrag*. Die versicherten

*Blanket Crime Endorsement.* Perils covered include dishonesty of a business's employees; loss of money both while inside as well as outside a business's premises; lost money orders; forgery due to the acts of a depositor, and counterfeit paper currency. Since this crime policy is so comprehensive it is said to provide the insured with a *blanket of coverage.*

Gefahren schließen Untreue eines Arbeitnehmers des Unternehmens, Verlust von Geld sowohl auf dem Geschäftsgelände als auch außerhalb des Geschäftsgeländes, verlorene Zahlungsanweisungen, Fälschung aufgrund von Handlungen eines Einzahlers und gefälschtes Papiergeld mit ein. Da die Verbrechenspolice so umfassend ist, sagt man, sie biete den Versicherten einen *Kollektivversicherungsschutz.*

**Blanket Fidelity Bond**

→ Blanket Bond

**Blankettversicherungsschein gegen Untreue**
→ Blankettversicherungsschein

**Blanket Form**
→ Blanket Insurance

**Kollektivversicherungsform**
→ Kollektivversicherung

**Blanket Honesty Bond**
→ Commercial Blanket Bond

**Blankotreueversicherung**
→ Blankettversicherungsschein für Versicherungsdelikte von Betriebsangehörigen

**Blanket Insurance**
Single policy on the insured's property for (1) two or more different kinds of property in the same location; (2) same kind of property in two or more locations; (3) two or more different kinds of property in two or more different locations. Blanket coverage is ideal for such businesses as chain stores, all of whose property is covered with no specific limit on each particular property regardless of its location (thereby enabling the business to shift merchandise from store to

**Kollektivversicherung**
Einzelpolice für den Besitz eines Versicherten für (1) zwei oder mehr verschiedene Arten von Eigentum am gleichen Ort; (2) die gleiche Art von Eigentum an zwei oder mehreren Orten; (3) zwei oder mehrere verschiedene Arten von Besitz an zwei oder mehreren verschiedenen Orten. Die Kollektivversicherung ist ideal für solche Unternehmen wie Kettenläden, deren gesamter Besitz ohne spezielle Begrenzung für jedes spezielle Besitzstück ohne Rücksicht auf die Niederlassung abgedeckt ist (und das Unternehmen somit in die Lage versetzt, die Ware von Geschäft zu Geschäft zu verlagern). Diese Versicherung kann (muß aber nicht) auf

store). This insurance can (but need not) be written on an → All Risks basis subject to exclusions of war, nuclear disaster, and wear and tear.

Grundlage → Aller Risiken unter Ausschluß von Krieg, nuklearen Unfällen und Verschleiß gezeichnet werden.

### Blanket Limit
Maximum amount of insurance coverage that an insurance company will underwrite in a particular geographic area.

### Pauschalgrenze
Deckungshöchstbetrag, den eine Versicherungsgesellschaft in einer bestimmten geographischen Region zeichnen wird.

### Blanket Medical Expense Insurance
Health insurance policy providing coverage for an insured's medical expenses except those that are specifically excluded. This may be the most advantageous medical expense policy for an insured because unless a specific medical expense is excluded it is automatically covered.

### Pauschalversicherung für medizinische Ausgaben
Krankenversicherungspolice, die Versicherungsschutz für alle medizinischen Ausgaben eines Versicherten bietet, außer denen, die speziell ausgeschlossen sind. Dies kann die vorteilhafteste Versicherungspolice für medizinische Ausgaben für einen Versicherten sein, weil, wenn eine spezielle medizinische Ausgabe nicht speziell ausgeschlossen ist, sie automatisch abgedeckt ist.

### Blanket Position Bond
Covers all employees of a business on a blanket basis with the maximum limit of coverage applied separately to each employee guilty of a crime. → Commercial Blanket Bond; → Fidelity Bond

### Blankettversicherungsschein mit getrenntem Deckungslimit pro Arbeitnehmer
Deckt alle Angestellten eines Unternehmens auf Kollektivgrundlage mit einer Deckungshöchstgrenze ab, die auf jeden eines Verbrechens schuldigen Mitarbeiter getrennt angewendet wird. → Blankettversicherungsschein für Versicherungsdelikte von Betriebsangehörigen; → Kaution gegen Veruntreuung

### Blanket Rate
Premium charged (and applied on a uniform basis) for property insurance covering properties at multiple locations. This rate

### Pauschaltarif
In Rechnung gestellte (und auf einheitlicher Grundlage angewendete) Prämie für eine Sachversicherung, die Vermögensgegenstände an vielen Orten abdeckt.

is used under a → Blanket Insurance policy instead of using a specific rate for each location or type of property.

**Block Policy**
Coverage on an → All Risks basis for goods in transit, bailment, and while on the premises of others. → Jewelers Block Insurance Policy

**Blue Cross**
Independent, nonprofit, membership hospital plan. Benefits provided include coverage for hospitalization expenses subject to certain restrictions: for example, semiprivate room only. A member hospital agrees to a predetermined schedule for specified medical services. The hospital sends the bills directly to the Blue Cross plan for reimbursement. Also covered are outpatient services, and supplementary or extended care such as nursing home care, as described in the contract.

**Blue Shield**
Independent, nonprofit, membership medical-surgical plan. Benefits cover expenses associated with medical and surgical procedures. The physician and/or surgeon bills the Blue Shield Plan directly rather than the patient, who is responsible for any difference between the

Dieser Tarif wird bei der → Kollektivversicherung anstelle eines spezifischen Tarifs für jeden Ort und für jede Art von Vermögensgegenstand verwendet.

**Generalpolice**
Versicherungsschutz auf Grundlage → Aller Risiken für im Transit befindliche Waren, hinterlegte Waren und auf dem Geschäftsgelände anderer befindliche Waren. → Juweliergeneralversicherungspolice

**Blue Cross**
(Blaues Kreuz) – unabhängiges, gemeinnütziges Mitgliederkrankenhaussystem. Die Leistungen schließen Versicherungsschutz für Krankenhauskosten vorbehaltlich einiger Einschränkungen ein: z.B. nur halbprivates Zimmer. Ein Mitgliedskrankenhaus stimmt einer vorher festgelegten Liste für spezifische medizinische Dienstleistungen zu. Das Krankenhaus sendet die Rechnungen zur Begleichung direkt an das Blue Cross System. Auch abgedeckt sind ambulante Dienstleistungen und zusätzliche oder verlängerte Versorgung, wie Pflegeheimversorgung, wie im Vertrag beschrieben.

**Blue Shield**
(Blaues Schutzschild) – unabhängiges, gemeinnütziges medizinisch-ärztliches Mitgliedschaftssystem. Leistungen decken die mit medizinischen und ärztlichen Verfahren verbundenen Ausgaben ab. Der praktische Arzt und/oder Chirurg schickt seine Rechnungen direkt an das Blue Shield anstatt an den Patienten, der für jede Differenz zwischen den planmäßigen

scheduled rates and the doctor's fees.

### Board Insurer
→ Bureau Insurer

### Bobtail Liability Insurance
Coverage of a common carrier for liability on trucks that have delivered their cargo and are on the way back to the terminal. The company that hires the truck assumes liability while the truck is loaded, but after delivery, that firm's liability ends. The carrier can be protected by bobtail liability coverage for the return trip.

### Bodily Injury
Physical damage to one's person. The purpose of liability (casualty) insurance is to cover bodily injury to a third party resulting from the negligent or intentional acts and omissions of an insured.

### Bodily Injury Liability Insurance
→ Liability Insurance

### Boiler and Machinery Insurance
Covers losses resulting from the malfunction of boilers and machinery. Most property insurance policies exclude these losses, which is why a separate boiler and machinery policy or a → Special Multiperil Insurance (SMP) policy is needed.

Tarifen und den Gebühren des Arztes verantwortlich ist.

### Syndikatversicherer
→ Verbandsversicherer

### Bobtailhaftpflichtversicherung
Haftpflichtversicherungsschutz für einen Spediteur für LKWs, die ihre Fracht abgeliefert haben und sich auf ihrem Rückweg zum Terminal befinden. Die Gesellschaft, die den LKW mietet, übernimmt die Haftung solange der LKW beladen ist, aber nach der Lieferung endet die Haftpflicht der Firma. Der Spediteur kann sich für die Rückreise mit der Bobtailhaftpflichtversicherung schützen.

### Körperverletzung
Körperliche Beschädigung an einer Person. Zweck der Haftpflicht- (Unfall-)versicherung ist, Körperverletzungen an Dritten als Folge von fahrlässigen oder beabsichtigten Handlungen oder Unterlassungen eines Versicherten abzudecken.

### Haftpflichtversicherung für Körperverletzungen
→ Haftpflichtversicherung

### Dampfkessel- und Maschinenparkversicherung
Deckt Schäden infolge von Defekten bei Dampfkesseln und Maschinen ab. Die meisten Sachversicherungspolicen schließen diese Schäden aus, weshalb eine getrennte Dampfkessel- und Maschinenpolice oder eine → Spezielle Vielgefahrenversicherung benötigt wird. Die Versicherung deckt das Geschäftseigentum,

The insurance covers business property, other property involved, and legal fees if any.

### Bond
Form of suretyship. For example, fidelity bonds reimburse an employer for financial loss resulting from dishonest acts of employees. → Blanket Position Bond; → Commercial Blanket Bond; → Contract Bond; → Fidelity Bond; → Individual Fidelity Bond; → Judicial Bond; → Name Schedule Bond.

### Bond, Contract
→ Contract Bond

### Bond, Court
→ Judicial Bond

### Bond, Fidelity
→ Fidelity Bond

### Bond (Financial)
Corporate or government security that pays interest and obligates the corporation or government agency to pay that interest at the end of specific time intervals, and to pay the principal at maturity of the security.

### Bond, Forgery
→ Depositors Forgery Insurance

anderen beteiligten Besitz und, falls vorhanden, Rechtskosten ab.

### Verpflichtungserklärung
Form von Sicherheit. Kautionen gegen Veruntreuung, z.B. Entschädigung eines Arbeitgebers für finanzielle Verluste durch betrügerische Handlungen von Angestellten. → Blankettversicherungsschein mit getrenntem Deckungslimit pro Arbeitnehmer; → Blankettversicherungsschein für Versicherungsdelikte von Betriebsangehörigen; → Unternehmerkaution; → Kaution gegen Veruntreuung; → Einzelkaution gegen Veruntreuung; → Gerichtliche Kaution; → Betrieblicher Garantieversicherungsschein anhand einer Personalaufstellung.

### Kaution, Unternehmer-
→ Unternehmerkaution

### Kaution, Gerichts-
→ Gerichtliche Kaution

### Kaution, Veruntreuung
→ Kaution gegen Veruntreuung

### Festverzinsliches Wertpapier
Firmen- oder Regierungswertpapier, das Zinsen zahlt und die Aktiengesellschaft oder die Regierung verpflichtet, die Zinsen am Ende von bestimmten Zeitintervallen zu zahlen und die Hauptsumme bei Reife des Wertpapiers zu zahlen.

### Fälschungskaution
→ Einzahlerversicherung gegen Fälschung

**Bond, Maintenance**
→ Maintenance Bond

**Bond, Performance**
→ Contract Bond

**Bond, Permit**
→ Permit Bond

**Bond, Public Official**
→ Public Official Bond

**Bond, Surety**
→ Surety Bond

**Book of Business**
Total amount of insurance on an insurer's books at a particular time. → Net Retained Lines

**Book Value**
Cost of the assets listed on the accounting records of the company. These assets include the following: real estate (to include any adjustments for depreciation), transportation equipment (to include any adjustments for depreciation), policy loans (limited to the unpaid principal balance plus any unamortized premiums minus any accrued discounts), mortgage loans (limited to the unpaid principal balance plus any unamortized premiums minus any accrued discounts), cash, and joint ventures. Not listed at book value are securities.

**Garantieschein, Kaufmännischer**
→ Kaufmännischer Garantieschein

**Bietungsgarantie**
→ Unternehmerkaution

**Kaution, Genehmigungs-**
→ Genehmigungskaution

**Kaution, Staatstreuhänder**
→ Kaution für Staatstreuhänder

**Kautionsversicherung**
→ Kautionsversicherung

**Geschäftsbuch**
Gesamtversicherungsbetrag in den Büchern eines Versicherers zu einem bestimmten Zeitpunkt. → Nettozurückbehalt

**Buchwert**
Kosten der in den Buchhaltungsunterlagen aufgelisteten Aktiva einer Gesellschaft. Diese Aktiva schließen folgendes ein: Immobilien (einschließlich jedweder Anpassungen für Wertminderungen), Transportausstattung (einschließlich jedweder Anpassungen für Wertminderungen), Policendarlehn (begrenzt auf die nicht eingezahlte Hauptsumme plus alle nicht amortisierten Prämien minus alle angesammelten Rabatte), Hypothekendarlehn (begrenzt auf die nicht eingezahlte Hauptsumme plus alle nicht amortisierten Prämien minus alle angesammelten Rabatte), Bargeld und Gemeinschaftsunternehmen. Wertpapiere werden nicht zum Buchwert aufgeführt.

## Book Value per Common Share

Value of a share of common stock, derived by dividing the total common stockholders' equity at the end of a period of time by the total number of shares outstanding at the end of the same period of time.

## Boot

Property or money received as additional consideration in regard to a tax-free exchange of property. If the → Policyholder receives money in an otherwise nontaxable life insurance policy exchange, the money received will be taxable income to the policyholder. Likewise, if the loan on an old policy is cancelled by the insurer when that policy is exchanged for a new policy, the loan amount so cancelled becomes taxable income to the policyholder. → Minimum Deposit Rescue; → Tax-Free Exchange of Insurance Products

## Bordereau

Form of reinsurance that shows loss history and premium history with respect to specific risks. The → Ceding Company provides its *reinsurer* with that information. This information is used by the *reinsurance company* in establishing the reinsurance premium rates.
→ Reinsurance

## Buchwert pro Stammaktie

Anteilswert einer gemeinen Aktie, abgeleitet durch Division des gesamten Eigenkapitals der Stammaktionäre am Ende eines Zeitraumes durch die Gesamtzahl der am Ende dieses gleichen Zeitraumes offenstehenden Aktien.

## Vorteil

Als zusätzliche Entschädigung erhaltener Vermögensgegenstand oder Geld in Hinblick auf einen steuerfreien Austausch von Besitz. Wenn ein → Policenbesitzer Geld in einem ansonsten steuerfreien Lebensversicherungspolicentausch erhält, so stellt das erhaltene Geld steuerpflichtiges Einkommen für den Policenbesitzer dar. In gleicher Weise, wenn das Darlehn auf eine alte Police vom Versicherer storniert wird, wenn diese Police für eine neue Police ausgetauscht wird, so wird der so stornierte Darlehnsbetrag steuerpflichtiges Einkommen für den Policeninhaber. → Mindesteinlagenrettung; → Steuerfreier Austausch von Versicherungsprodukten

## Bordereau

Form der Rückversicherung, die die Schadens- und Beitragsgeschichte in bezug auf spezifische Risiken zeigt. Die → Zedierende Gesellschaft liefert ihrem *Rückversicherer* diese Informationen. Diese Informationen werden von der *Rückversicherungsgesellschaft* zur Festsetzung der Rückversicherungsprämientarife benutzt. → Rückversicherung

## Borderline Risk
Prospective insurance applicant who has questionable → Underwriting characteristics.

## Grenzrisiko
Angehender Versicherungsantragsteller mit fraglichen → Zeichnungscharakteristika.

## Borrowing Authority of Pension Benefit Guaranty Corporation (PBGC)
Authorization to borrow from the U.S. Treasury by the issuance of notes to the Treasury. The Secretary of the Treasury must approve the notes and their interest rates. The PBGC must be self supporting through the premium it charges for various plans and thus its notes carry the same obligations of any notes, in that they are expected to be repaid.

## Borrowing Authority of Pension Benefit Guaranty Corporation (PBGC)
(Entleihungsbehörde der Pensionsleistungengarantiekörperschaft) – Bevollmächtigung von der US-amerikanischen Staatskasse, durch die Ausgabe von Schuldscheinen an die Staatskasse zu entleihen. Der Finanzminister muß diesen Schuldscheinen und ihren Zinssätzen zustimmen. Die PBGC muß sich durch die Beiträge, die sie für verschiedene Pläne in Rechnung stellt, selbst tragen, und die Schuldscheine tragen somit die gleichen Verpflichtungen wie alle Schuldscheine, indem ihre Rückzahlung erwartet wird.

## Boston Plan
Agreement named after the city of Boston under which insurance companies insure real property in lower socioeconomic neighborhoods if property owners correct any hazards found upon inspection.

## Boston Plan
Nach der Stadt Boston benannte Vereinbarung, nach der Versicherungsgesellschaften Immobilien in wirtschaftlich und sozial schlechter gestellten Gegenden versichern, wenn die Besitzer der Immobilien bei Inspektionen vorgefundene Gefahren beseitigen.

## Both-To-Blame Clause
In → Ocean Marine Insurance, provision stipulating that upon the collision of two or more ships, when all ships are at fault, all owners and shippers having monetary interests in the voyage of the ships involved must share in all losses in proportion to the monetary values of their interests prior to

## Beiderseitige Schuldklausel
Bei der → Überseeversicherung Vorschrift, die fordert, daß bei einem Zusammenstoß von zwei oder mehr Schiffen, wenn alle Schiffe Schuld haben, alle Besitzer und Verfrachter, die ein finanzielles Interesse an der Fahrt der Schiffe haben, alle Schäden im Verhältnis zum Geldwert ihrer Interessen vor dem Zusammenstoß teilen müssen. Diese Klausel hebt alle anderen Vorschriften für

the occurrence of the collision. This clause supercedes all other provisions for the allocation of losses among owners and shippers in ocean marine policies.

## Bottomry
Method of transferring pure risks that is perhaps the seed of the modern day insurance policy. Ancient Greece held to the concept that a loan on a ship was canceled if the ship failed to return to its port. This concept was adopted by Lloyd's of London in the 1600s when insuring England's merchants for goods shipped to the colonies. The formation of property and casualty insurance companies worldwide began by insuring the transport of merchandise over bodies of water.

## BPPCF
→ Business and Personal Property Coverage From (BPPCF)

## Branch Manager
→ Agency Manager

## Branch Office
Local business headquarters of an insurance company that markets and services its products and lines of insurance.
→ Manager

die Zuweisung von Verlusten zwischen Eigentümern und Verfrachtern bei Überseeversicherungspolicen auf.

## Bodmerei
Übertragungsmethode purer Risiken, vielleicht die Saat der Versicherungspolice der modernen Zeit. Das antike Griechenland hielt an dem Konzept fest, daß ein Darlehn auf ein Schiff storniert wurde, wenn das Schiff nicht zu seinem Hafen zurückkehrte. Dieses Konzept wurde um 1600 von Lloyds, London übernommen, als sie Englands Händler für in die Kolonien verfrachtete Waren versicherte. Die weltweite Bildung von Sach- und Unfallversicherungen begann mit der Versicherung des Transportes von Waren über Gewässer.

## BPPCF
→ Unternehmens- und Privatsachversicherungsschutzform

## Zweigstellenmanager
→ Agenturleiter

## Zweigstellenbüro
Örtliche Hauptgeschäftsstelle einer Versicherungsgesellschaft, die ihre Produkte und Versicherungssparten vermarket und den Kundendienst durchführt. → Manager

## Breach of Contract

Failure of a party (not having a legal excuse) to perform in accordance with a promise made. An → Insurance Policy consists of legally enforceable promises made by the → Insurance Company (Insurer) only. No such promises are made by the → Insured. This is the reason why the insurance policy is a → Unilateral Contract.

## Break in Service

Feature of pension plans whereby an employee whose service has been interrupted can have that period credited toward retirement.

## Bridge Insurance

Coverage for damage or destruction to an insured bridge. Insures on an → All Risks basis subject to exclusions of war, wear and tear, inherent defect, and nuclear damages. Coverage is purchased by state and local governing bodies to limit exposures to the expense of an immediate tax increase to rebuild a damaged or destroyed bridge.

## Bridge Insurance for Bridges under Construction

Provides coverage during the construction of a bridge in the event of fire, lightning, collision, flood, rising water,

## Vertragsbruch

Das Versäumnis einer Partei, gemäß einem gemachten Versprechen zu handeln (ohne dafür eine rechtliche Entschuldigung zu haben). Eine → Versicherungspolice besteht aus rechtlich durchsetzbaren, nur von der → Versicherungsgesellschaft (dem → Versicherer) gemachten Versprechen. Von dem → Versicherten werden keine solchen Versprechen gemacht. Aus diesem Grund ist eine Versicherungspolice ein → Einseitiger Vertrag.

## Ausfallzeit

Merkmal in Pensionssystemen, wobei ein Arbeitnehmer, dessen Dienstzeit unterbrochen wurde, diesen Zeitraum zur Pensionierung gutgeschrieben bekommen kann.

## Brückenversicherung

Versicherungsschutz für die Beschädigung oder Zerstörung einer versicherten Brücke. Versichert auf Grundlage → Aller Risiken unter dem Ausschluß von Krieg, Verschleiß, innewohnenden Defekten und nuklearen Beschädigungen. Der Versicherungsschutz wird von Staats- und örtlichen Regierungsstellen gekauft, um die Gefährdung einer sofortigen Steuererhöhung, um eine beschädigte oder zerstörte Brücke wiederzuerbauen, zu begrenzen.

## Brückenversicherung für im Bau befindliche Brücken

Versicherungsschutz während des Baus einer Brücke im Falle von Feuer, Blitzschlag, Zusammenprall, Überschwemmung, steigendem Wasser, Sturm, Eis,

windstorm, ice, explosion, and earthquake. This coverage is essential, since the value of destroyed labor and materials could bankrupt a contractor without insurance protection.

### Broad Form Insurance
Coverage for numerous perils such as that found in the → Broad Form Personal Theft Insurance.

### Broad Form Personal Theft Insurance
Coverage on an → All Risks basis for loss due to theft or mysterious disappearance of personal property; damage to premises and property within resulting from theft; and vandalism and malicious mischief to the interior of the premises as well as to other property of an insured which is away from the insured's premises. Sublimits are in effect on specialty property which is particularly susceptible to theft, such as money, securities, paintings, coins, and jewelry. This insurance is most often found in Part I Coverage C of the → Homeowners Insurance Policy and is expressed as a percentage of the home's structure.

### Broad Form Property Damage Endorsement
Attachment to a general liability policy thereby eliminating the exclusion of property under

Explosion und Erdbeben. Der Versicherungsschutz ist wichtig, weil der Wert der Arbeit und der Materialien den Konkurs eines Bauunternehmers ohne Versicherungsschutz mit sich bringen könnte.

### Breite Form der Versicherung
Versicherungsschutz für zahlreiche Gefahren wie die bei der → Breiten Form der privaten Diebstahlversicherung.

### Breite Form der privaten Diebstahlversicherung
Versicherungsschutz auf Grundlage → Aller Risiken für Schäden wegen Diebstahl oder geheimnisvollen Verschwindens von beweglichem Vermögen, Beschädigung von Anlagen und darin befindlichen Vermögensgegenständen infolge von Diebstahl und Vandalismus und böswilliger Beschädigung im Inneren des Geländes sowie an anderem Besitz eines Versicherten, der nicht auf dem Grundstück des Versicherten liegt. Für den Besitz von Besonderheiten, der besonders diebstahlanfällig ist, wie z.B. Geld, Wertpapiere, Gemälde, Münzen und Juwelen, treten Untergrenzen in Kraft. Diese Versicherung findet man am häufigsten in Teil I, Deckung C der → Hausbesitzerversicherungspolice, und sie wird ausgedrückt als Prozentsatz der Baustruktur des Hauses.

### Breite Form des Sachbeschädigungsnachtrages
Anlage zu einer allgemeinen Haftpflichtversicherungspolice, wodurch der Ausschluß von Besitz unter der Obhut, dem

the care, custody, and/or control of an insured. Without this endorsement there would be no coverage under the → General Liability Insurance Policy in the event of damage or destruction of property under the care, custody, and control of the insured.

**Broad Form Storekeepers Insurance**
Coverage usually provided as part of the → Storekeepers Burglary and Robbery Insurance in the event merchandise, fixtures, equipment, and furniture are lost due to theft and burglary.

**Broker**
Insurance salesperson who searches the marketplace in the interest of clients, not insurance companies. → Agent; → Brokerage Department

**Brokerage**
Insurance coverage sold by a → Broker as contrasted with insurance coverage sold by an → Agent. → Brokerage Fee

**Brokerage Business**
Insurance coverage placed by a → Broker with an insurance company. → Brokerage Department

**Brokerage Department**
Section of an insurance company which sells through bro-

Gewahrsam und/oder der Kontrolle eines Versicherten beseitigt wird. Ohne diesen Nachtrag gäbe es unter der → Allgemeinen Haftpflichtversicherungs-Police keinen Versicherungsschutz im Fall von Beschädigung oder Zerstörung von Besitz unter der Obhut, dem Gewahrsam und der Kontrolle eines Versicherten.

**Breite Form der Ladenbesitzerversicherung**
Gewöhnlich als Teil der → Ladenbesitzer-Einbruchdiebstahl- und -Raubversicherung für den Fall, daß Ware, Inventarstücke, Ausrüstung und Mobiliar wegen Diebstahls und Raub verlorengehen.

**Makler**
Versicherungsverkäufer, der den Markt im Interesse des Kunden und nicht der Versicherungsgesellschaften absucht. → Agent; → Maklerabteilung

**Maklergewerbe**
Durch einen → Makler verkaufter Versicherungsschutz, Gegensatz zu dem durch einen → Agenten verkauften Versicherungsschutz. → Courtage

**Maklergeschäft**
Von einem → Makler bei einer Versicherungsgesellschaft plazierter Versicherungsschutz. → Maklerabteilung

**Maklerabteilung**
Der Bereich einer Versicherungsgesellschaft, der durch Makler verkauft. Einige

kers. Some brokerage departments are self-contained in that they have their own underwriting and marketing staffs. Brokerage departments have come into their own in recent times as even captive agent insurance companies have sought additional distribution channels which may be less expensive than the captive agent field force. → Broker; → Captive Agent

Maklerabteilungen sind eigenständig, indem sie ihr eigenes Zeichnungs- und Marketingpersonal haben. Maklerabteilungen sind in letzter Zeit entstanden, weil sogar Versicherungsgesellschaften mit firmeneigenen Agenten nach zusätzlichen Absatzkanälen gesucht haben, die weniger teuer als die firmeneigenen Außendienstagenten sind. → Makler; → Firmeneigener Agent

**Brokerage fee**
Commission paid to a broker for selling an insurance company's products. This fee may or may not include an expense allowance depending on the amount of business the broker places with the company.

**Courtage**
An einen Makler für den Verkauf eines Produktes der Versicherungsgesellschaft gezahlte Provision. Diese Gebühr kann eine Ausgabenvergütung einschließen, die von der Höhe der Geschäfte, die ein Makler mit der Gesellschaft macht, abhängt oder auch nicht.

**Broker-Agent**
Independent insurance salesperson who represents particular insurers but may also function as a broker by searching the entire insurance market to place an applicant's coverage to maximize protection and minimize cost. This person is licensed as an agent and broker.

**Makler-Agent**
Unabhängiger Versicherungsverkäufer, der einen bestimmten Versicherer vertritt, der aber auch durch das Absuchen des gesamten Versicherungsmarktes als Makler fungieren kann, um den Versicherungsschutz für einen Antragsteller zu maximieren und die Kosten zu minimieren. Diese Person ist als Agent und als Makler lizensiert.

**Broker of Record**
→ Agent of Record

**Verbürgter Makler**
→ Verbürgter Agent

**Build**
To construct

**Bauen**
Konstruieren

## Builders Risk Coverage Form
→ Builders Risks Forms

## Builders Risk Hull Insurance

Property coverage for a builder of ships until possession passes to the owners. Protects against pre-launch and post-launch perils. Coverage can be purchased on an → All Risks basis subject to the exclusions of war, nuclear disaster, and inherent defects. The builder buys either insurance that covers the startup value of the property, to be adjusted upward to reflect additional construction *(Reporting Form);* or insurance to cover the completed value of the property *(Completed Form).*

## Builders Risk Insurance
→ Builders Risks Forms

## Builders Risks Forms

Types of contracts that insure building contractors for damage to property under construction. The *completed value form* requires a 100% coinsurance because insurance carried must equal the completed value of the structure. The *reporting form* allows coverage to be carried according to the stage of completion of the structure. Perils insured

## Bauunternehmerrisikoversicherungsschutzform
→ Bauunternehmerrisikoformen

## Schiffbauerrisikoversicherung

Sachversicherungsschutz für einen Schiffsbauer, bis der Besitz an den Eigentümer übergeht. Schützt vor Gefahren vor und nach dem Stapellauf. Versicherungsschutz kann auf Grundlage → Aller Risiken unter Ausschluß von Krieg, Atomunfällen und innewohnenden Defekten abgeschlossen werden. Der Bauer kauft entweder eine Versicherung, die den Wert des Besitzes zu Beginn abdeckt und nach oben hin angepaßt wird, um dem weiteren Bau Rechnung zu tragen *(Berichtsform),* oder eine Versicherung, die den vollständigen Wert des Besitzes abdeckt *(vollendete Form).*

## Bauunternehmerrisikoversicherung
→ Bauunternehmerrisikoversicherungsformen

## Bauunternehmerrisikoversicherungsformen

Typen von Verträgen, die Bauunternehmer gegen Beschädigung in Bau befindlichen Eigentums versichern. Die *Fertigstellungsform* erfordert eine 100%ige Mitversicherung, weil die vorgenommene Versicherung dem vollständigen Wert des Baus entsprechen muß. Die *Berichtsform* erlaubt, daß der Versicherungsschutz entsprechend dem Fertigstellungsstadium des Baus vorgenommen wird. Die versicherten Gefahren sind Feuer, Blitzschlag, Vandalismus, böswillige Beschädigung, Unru-

against are fire, lightning, vandalism, malicious mischief, riot and civil commotion, smoke, sprinkler leakage, water damage, windstorm, and hail.

hen und politischer Aufruhr, Rauch, Sprinklerleckage, Wasserschaden, Sturm und Hagel.

### Building and Personal Property Coverage Form

→ Business and Personal Property Coverage Form (BPPCF)

### Sachversicherungsschutzform für Gebäude und bewegliches Vermögen

→ Unternehmens- und Privatsachversicherungsform

### Bumbershoot Policy

Liability insurance coverage, primarily for shipyards for ocean marine risks, provided in much the same manner as → Umbrella Liability Insurance for nonmarine risks. Coverages may be provided in addition to liability include → Protection and Indemnity Insurance (P&I), → Longshoremen and Harbor Workers Act Liability, collision, and salvage expenses.

### Bumbershoot Policy

Haftpflichtversicherungsschutz, in erster Linie zur Versicherung von Überseerisiken für Werften, wird in gleicher Weise wie bei der → Globalhaftpflichtversicherung für Nicht-Seegefahren angeboten. Zusätzlich zur Haftpflicht kann Versicherungsschutz für → Schiffshaftpflichtversicherung, → Kai- und Hafenarbeitergesetz-Haftpflicht, Zusammenstoß- und Bergungsausgaben angeboten werden.

### Bureau Insurer

Insurance company that is a member of a → Rating Bureau. The insurer usually joins such an organization when its statistical experience in a given *line of insurance* is not sufficient for it to accurately predict loss experience for that line.

### Verbandsversicherer

Eine Versicherungsgesellschaft, die Mitglied eines → Prämienfestsetzungsbüros ist. Ein Versicherer tritt einer solchen Organisation bei, wenn seine statistischen Erfahrungen in einer gegebenen *Versicherungsbranche* nicht ausreichen, um die Schadenserfahrung für diese Branche exakt vorherzusagen.

### Bureau of Labor Statistics

→ Labor Statistics, Bureau of

### Bureau of Labor Statistics (Büro für Arbeitsstatistik)

→ Labor Statistics, Bureau of

## Bureau Rate
→ Rating Bureau

## Burglary
Forced entry into premises. Coverage is provided under various property insurance contracts such as → Homeowners and → Special Multiperil Insurance (SMP).

## Burglary Insurance
Coverage against loss as the result of a burglary. Found as part of the → Special Multiperil Insurance (SMP) policy and the → Mercantile Open Stock Burglary Insurance policy. Covers loss of merchandise, furniture, equipment, fixtures due to force and violence to the exterior of a business's premises in order to gain entry, and damage to the premises of the business as the result of the burglary. There is a coinsurance requirement which ranges from 40 to 80%.

## Burglary/Theft Insurance
→ Burglary Insurance

## Burial Insurance
Small face amount life insurance policy. → Funeral Insurance

## Burning Cost Ratio (Pure Loss Cost)
Ratio of excess losses to premium income. Excess losses are those that a reinsurer is re-

## Tarifbüroprämie
→ Prämienfestsetzungsbüro

## Einbruch
Erzwungener Zutritt zu Gebäuden. Versicherungsschutz unter verschiedenen Sachversicherungsverträgen wie der → Hausbesitzer- und der → Speziellen Vielgefahrenversicherung.

## Einbruchversicherung
Versicherungsschutz gegen Schäden als Ergebnis von Diebstahl. Bestandteil der → Speziellen Vielgefahrenversicherung und der → Einbruchversicherung offener Warenlager. Deckt den Verlust von Waren, Möbeln, Ausstattung, Apparaturen wegen Gewalt am Äußeren eines Geschäftsgeländes, um Zutritt zu erlangen, und Beschädigung an Geschäftsgebäuden als Ergebnis des Einbruchs. Es gibt ein Mitversicherungserfordernis, das von 40 bis 80 % reicht.

## Einbruch-/Diebstahlversicherung
→ Einbruchversicherung

## Sterbeversicherung
Lebensversicherungspolice von kleinem Nennwert. → Begräbnisversicherung

## Burning Cost Ratio (Reine Schadenskosten)
Verhältnis der Schadensüberschüsse zum Prämieneinkommen. Schadensüberschüsse sind solche, für die ein Rückversicherer

sponsible for if its coverage is in effect during the period under consideration. The premium income used for → Excess of Loss and Catastrophe Loss reinsurance is the gross premium less the expense of reinsurance. The premium income used for → Stop Loss Reinsurance is the earned premium income. The excess losses are defined as the incurred losses in excess of the cedent's retention up to the limits specified in the reinsurance contract. → Reinsurance

verantwortlich ist, falls ihr Versicherungsschutz während des Beobachtungszeitraums eintritt. Das für die → Schadenexzedenten- und → Katastrophenschaden-Rückversicherung verwendete Prämieneinkommen ist die Bruttoprämie abzüglich der Rückversicherungsausgaben. Das für die → Stop-Loss-Rückversicherung verwendete Prämieneinkommen ist das verdiente Prämieneinkommen. Die Überschäden sind als die über den Selbstbehalt des Zedenten hinausgehenden erlittenen Schäden bis zu dem im Rückversicherungsvertrag angegebenen Höchstbetrag definiert. → Rückversicherung

**Burning Ratio**
1. Actual fire losses divided by the total value of the property exposed to the → Peril of fire.
2. Actual loss resulting from fire divided by the total fire amount of → In-Force Business. → Burning Cost Ratio (Pure Loss Cost)

**Brandrate**
1. Tatsächliche Feuerschäden dividiert durch den Gesamtwert der der Feuer-(→) Gefahr ausgesetzten Vermögensgegenstände.
2. Tatsächliche Schäden infolge von Feuer dividiert durch den Gesamtfeuerbetrag des → Bestandes. → Burning Cost Ratio (Reine Schadenkosten)

**Business**
In insurance, volume of premiums written. Also describes commercial activities with the profit motive as the goal of the organization. Commercial insurance companies are organized with the profit motive as the normal business objective.

**Geschäft**
Bei Versicherungen der Umfang der gezeichneten Prämien. Beschreibt auch gewerbliche Aktivitäten mit einem Profitmotiv als Ziel der Organisation. Gewerbliche Versicherungsgesellschaften haben das Profitmotiv als ihr normales Unternehmensziel.

**Business and Personal Property Coverage Form (BPPCF)**
Provision for coverage for

**Unternehmens- und Privatsachversicherungsform**

Vorkehrung für den Versicherungsschutz

buildings and personal property within the → Simplified Commercial Lines Portfolio Policy (SCLP). The buildings and personal property coverage may be classified in three ways:

1. *Owned buildings* – these buildings are listed and described in the → Declaration Section of the policy. Also covered is anything which has become a permanent part of the buildings, to include additions, fixtures, extensions, and machinery and equipment.

2. *Owned business personal property* – property covered is the business personal property which ist owned by the insured and is common in the occupancy usage by the insured.

3. *Nonowned business personal property* – properties covered are improvements and betterments (alterations made by the insured to a building which her or she is leasing and which cannot be removed upon the termination of the lease), and personal property of someone other than the insured which is under the care, custody, or control of the insured.

Extensions of coverage are available under the BPPCF to include:

1. *Outdor property* – trees, shrubs, and plants; signs; radio and television antennas; and fences. There is an overall limit of $1,000 and a sublimit of $250

für Gebäude- und Privateigentum bei der → Vereinfachten Geschäftsspartenportefeuillepolice. Die Gebäude- und Privatsachversicherung kann auf drei Arten klassifiziert werden:

1. *Gebäude im Besitz des Versicherten:* Diese Gebäude sind im → Erklärungenteil der Police aufgelistet und erklärt. Auch abgedeckt ist all das, was ein ständiger Bestandteil der Gebäude geworden ist, einschließlich zusätzlicher Gebäude und Grundstücke, Armaturen, Anbauten, Maschinenpark und Ausstattung.

2. *Bewegliches Unternehmenseigentum im Besitz des Versicherten:* Die abgedeckten Vermögensgegenstände sind das bewegliche Unternehmensvermögen, das sich im Besitz des Versicherten befindet und bei der gewerblichen Nutzung durch den Versicherten üblich ist.

3. *Bewegliches Unternehmenseigentum, das sich nicht im Besitz des Versicherten befindet:* Die abgedeckten Vermögensgegenstände umfassen Verbesserungen und Wertzuwächse (Änderungen des Versicherten am Gebäude, das er oder sie least, und die nach Beendigung des Leasingzeitraums nicht entfernt werden können) und Privatbesitz von jemand anderem als dem Versicherten, das sich in der Obhut, im Gewahrsam oder in der Kontrolle des Versicherten befindet.

Bei dieser Versicherung sind u.a. folgende Erweiterungen des Versicherungsschutzes möglich:

1. *Außenbesitz:* Bäume, Sträucher, Pflanzen, Schilder, Radio- und Fernsehantennen und Zäune. Es gibt ein Gesamtlimit von US$ 1.000 und eine Untergrenze von US$ 250 für jeden Baum, jeden Strauch oder jede Pflanze.

2. *Wertvolle Dokumente und Aufzeich-*

# Business and Personal Property Coverage Form/ Unternehmens- und Privatsachversicherungsform

for each tree, shrub, or plant.

2. *Valuable papers and records* – cost of replacing or restoring information lost because of the damage or destruction of valuable papers and records. There is a $1,000 limit of coverage.

3. *Personal effects and property of others* – personal effects of the named insured, employees, and others which are under the care, custody, or control of the insured.

4. *Business personal property on location at premises newly acquired* – 10% of the owned business personal property coverage is applicable, subject to $100,000 limit for each building. Thirty days after the acquisition of property, coverage terminates.

5. *Newly acquired buildings or additions* – 25% of the owned building coverage is applicable, subject to $250,000 limit for each building. Within 30 days, newly acquired buildings or additions must be reported by the insured.

6. *Off-premises property* – property on a temporary location (other than a vehicle) not owned, leased, or operated by the insured.

→ Perils insured against are available under three forms:

1. *Basic form* – includes fire, lightning, windstorm, hail, explosion, vandalism, smoke, sprinkler leakage, riot or civil

*nungen:* Die Kosten für die Ersetzung oder die erneute Speicherung der wegen Beschädigung oder Zerstörung der wertvollen Dokumente und Aufzeichnungen verlorenen Informationen. Die Deckungsgrenze liegt bei US$ 1.000.

3. *Privatvermögen und Eigentum anderer:* Privatvermögen des benannten Versicherten, der Angestellten und anderer, das sich in der Obhut, im Gewahrsam oder unter der Kontrolle des Versicherten befindet.

4. *Geschäftliches Privatvermögen am Ort neu erworbener Gebäude:* 10 % der Deckung von geschäftlichem Privatvermögen sind hier anwendbar, vorbehaltlich eines Limits von US$ 100.000 für jedes Gebäude. 30 Tage nach Erwerb des Besitzes endet der Versicherungsschutz.

5. *Neu erworbene Gebäude oder zusätzliche Gebäude und Grundstücke:* 25 % der Deckung der Gebäude im Besitz des Versicherten ist anwendbar, vorbehaltlich eines Limits von US$ 250.000 für jedes Gebäude. Neu erworbene Gebäude oder zusätzliche Gebäude und Grundstücke müssen vom Versicherten innerhalb von 30 Tagen mitgeteilt werden.

6. *Besitz außerhalb des Geschäftsgrundstückes:* Eigentum auf einem temporären Standort (außer Fahrzeugen), das nicht vom Versicherten besessen, geleast oder bedient wird.

Eine Versicherung gegen → Gefahren gibt es in drei Formen:

1. *Grundform:* schließt Feuer, Blitzschlag, Sturm und Hagel, Explosion, Vandalismus, Rauch, Sprinklerleckage, Aufruhr und politische Unruhen, Abflußrohrzusammenbruch, Vulkanausbrüche ein.

2. *Erweiterte Form:* umfaßt die unter der Grundform vorgefundenen Gefahren sowie herunterfallende Gegenstände, die

commotion, sinkhole collapse, volcano.

2. *Broad form* – includes perils found under the basic form plus falling objects causing exterior damage which results in interior damage; weight of ice, sleet, and snow; accidental discharge of water or steam from a system or appliance containing steam or water, but not including an automatic sprinkler system; and breakage of glass; subject to a $500,000 maximum limit.

3. *Special cause-of-loss form* – includes all direct accidental losses except those specifically excluded in the policy (such as flood, war, wear and tear, and earth movement).

→ Endorsement can be added to the BPPCF to include:

1. *Perils extension* – adds earthquake, volcanic eruption, and radioactive contamination.

2. *Limits of recovery extension* – increase maximum dollar amounts of coverage for trees, shrubs, and plants; radio and television antennas; and outdoor signs.

3. *Replacement cost endorsement* – changes basis of recovery under the BPPCF to a → Replacement Cost Less Physical Depreciation and Obsolescence from an → Actual Cash Value basis.

Außenbeschädigungen verursachen, die eine Beschädigung des Inneren zur Folge haben, das Gewicht von Eis, Graupeln und Schnee, eine durch einen Unfall bedingte Entleerung von Wasser oder Dampf eines Wasser oder Dampf enthaltenden Systems oder einer Apparatur ein, jedoch kein automatisches Sprinklersystem, und Glasbruch, unter dem Vorbehalt einer Höchstgrenze von US$ 500.000.

3. *Besondere Schadensursachenformen:* umfaßt alle direkten Unfallschäden, außer den in der Police speziell ausgeschlossenen (wie etwa Überschwemmung, Krieg, Verschleiß und Erdbeben).

Zu der Unternehmens- und Privatsachversicherungsform können → Nachträge hinzugefügt werden, um einzuschließen:

1. *Eine Ausweitung der Gefahren:* fügt Erdbeben, Vulkaneruptionen und radioaktive Verseuchung hinzu.

2. *Grenzen der Erweiterung der Schadenrückvergütung:* Erhöhung der Dollarhöchstbeträge für Bäume, Sträucher und Pflanzen, Radio- und Fernsehantennen und Außenschilder.

3. *Wiederbeschaffungskostennachtrag:* ändert die Schadensrückerstattungsgrundlage bei der Unternehmens- und Privatsachversicherungsform in → Wiederbeschaffungskosten abzüglich materieller Wertminderung und Veralterung von der → Tatsächlichen Barwert-Grundlage.

## Business Automobile Policy (BAP)

Coverage for automobiles used by a business when a liability judgment arises out of the use of the automobile, or the automobile is subject to damage or destruction. The business can select coverage for any auto in use, whether business, personal, or hired. The policy is organized as follows:

Parts I, II, and III – define terms used in the policy, such as auto, accident, insured bodily injury, property damage, territorial limits of coverage.

Part IV → Liability Insurance – in a liability judgment against the insured business and/or individual, the insurance company will pay the monetary damages up to the limit of the policy. Negligent acts and/or omissions of the insured business and/or individual must arise out of the ownership and operation of a covered auto, subject to specific exclusions.

Part V *physical damage insurance* – in the event of damage to an auto, the insurance company will pay under one of two categories: → Comprehensive Insurance – damage resulting from fire, explosion, theft, vandalism, malicious mischief, windstorm, hail, earthquake, or flood; or *collision insurance* – damage resulting from colliding with another object or the overturning of the

## Geschäftswagenpolice

Versicherungsschutz für vom Unternehmen genutzte Kraftfahrzeuge, wenn ein Haftungsurteil aus dem Gebrauch des Wagens entsteht. Das Unternehmen kann jedes im Gebrauch befindliche Auto, ob Geschäfts-, Privat- oder Leihwagen, für den Versicherungsschutz auswählen. Der Versicherungsvertrag ist wie folgt organisiert:

Teile I, II und III: definieren die in der Police verwendeten Termini wie Auto, Unfall, versicherte Körperverletzung, Sachbeschädigung, territoriale Beschränkungen des Versicherungsschutzes.

Teil IV → Haftpflichtversicherung: Bei einem Haftungsurteil gegen das versicherte Unternehmen und/oder gegen die Einzelperson bezahlt die Versicherungsgesellschaft die geldwerten Schäden bis zur Policengrenze. Fahrlässige Handlungen und/oder Unterlassungen des versicherten Unternehmens und/oder der Einzelperson müssen von dem Besitz und der Bedienung des versicherten Autos herrühren, vorbehaltlich spezieller Ausschlüsse.

Teil V *Versicherung gegen materielle Beschädigung:* Im Falle der Beschädigung eines Autos bezahlt die Versicherungsgesellschaft nach einer der beiden Kategorien: → Kombinierte Haftpflicht- und Kaskoversicherung – Beschädigung aufgrund von Feuer, Explosion, Diebstahl, Vandalismus, böswilliger Beschädigung, Sturm, Hagel, Erdbeben oder Überschwemmung – oder → Kollisionsversicherung: Beschädigung aufgrund eines Zusammenstoßes mit einem anderen Gegenstand oder Umkippen des versicherten Autos.

insured auto.
Part VI → Condition – stipulate what the policyholder must do in the event of a loss, such as give notice to the insurance company; submit proof of the loss; submit to inspection of damaged property by the company; cooperate with the company in the event of a liability suit.

**Business Continuation Insurance**
→ Business Life and Health Insurance

**Business Crime Insurance**

Protection for the assets of a business (including merchandise for sale, real property, money and securities) in the event of robbery, burglary, larcency, forgery and embezzlement. Coverage is provided in package policies such as → Special Multiperil Insurance (SMP) policy Section III, and the → Businessowners Policy (BOP) Section III. Or coverage can be written under separate policies such as: → Bank Burglary and Robbery Insurance; → Combination Safe Depository Insurance; → Mercantile Open-Stock; → Burglary Insurance; → Mercantile Robbery Insurance; → Mercantile Safe Burglary Insurance; → Money and Securities Broad From Policy; → Office Bur-

Teil VI → Bedingung: Festlegung, was ein Policeninhaber im Schadensfalle tun muß, wie er die Versicherungsgesellschaft verständigen, Beweise über den Schaden einreichen, sich der Überprüfung des beschädigten Eigentums durch die Versicherungsgesellschaft unterziehen, im Falle einer Haftpflichtklage mit der Gesellschaft zusammenarbeiten muß.

**Geschäftsfortführungsversicherung**
→ Unternehmenslebens- und -krankenversicherung

**Geschäftliche Verbrechensversicherung**
Schutz des Vermögens eines Unternehmens (einschließlich der für den Verkauf bestimmten Handelsware, Immobilien, Geld und Wertpapiere) im Fall von Raub, Einbruch, Diebstahl, Fälschung und Veruntreuung. Versicherungsschutz wird in Policenpaketen wie der → Speziellen Vielgefahrenversicherungspolice, Teil III, und der → Geschäftsbesitzerpolice, Teil III, angeboten. Oder der Versicherungsschutz kann in getrennten Policen gezeichnet werden, wie: → Bankeinbruch- und -raubversicherung; → Kombinierte Safeeinlagenversicherung; → Einbruchdiebstahlversicherung offener Warenlager; → Einbruchversicherung; → Raubversicherung; → Betriebliche Safeeinbruchversicherung; → Geld- und Wertpapierpolice, erweiterte Form; → Büroeinbruchdiebstahl- und -raubversicherung; → Kassiererraubversicherung; → Ladenbesitzereinbruchdiebstahl- und -raubversicherung.

glary and Robbery Insurance; → Paymaster Robbery Insurance; → Storekeepers Burglary and Robbery Insurance.

## Business Health Insurance
→ Business Life and Health Insurance

## Business Insurance
Coverage designed to protect against loss exposures of business firms, as opposed to those of individuals. → Business Automobile Policy (BAP); Business Crime Insurance; → Business Interruption Insurance; → Business Life and Health Insurance; → Businessowners Policy; → Buy and Sell Agreement; → Close Corporation Plan; → Partnership Life and Health Insurance; → Sole Proprietor Life and Health Insurance

## Business Interruption
Break in commercial activities due to the occurrence of a peril. Coverage against business interruption by various named perils can be obtained through insurance. → Business Interruption Insurance

## Business Interruption Insurance
Indemnification for the loss of profits and the continuing fixed expenses. Business interruption insurance is available in these forms: → Contingent

## Unternehmenskrankenversicherung
→ Unternehmenslebens- und -krankenversicherung

## Unternehmensversicherung
Versicherungsschutz zum Schutz gegen Verlustgefahren von Unternehmen im Gegensatz zu denen von Einzelpersonen. → Geschäftswagenpolice; → Geschäftliche Verbrechensversicherung; → Geschäftsunterbrechungsversicherung; → Unternehmenslebens- und -krankenversicherung; → Geschäftsbesitzerpolice; → Kauf- und Verkaufvereinbarung; → Close Corporation Plan; → Teilhaber-Lebens- und Krankenversicherung; → Alleinunternehmer-Lebens- und -krankenversicherung

## Geschäftsunterbrechung
Unterbrechung der gewerblichen Aktivitäten wegen des Auftretens einer Gefahr. Versicherungsschutz gegen Geschäftsunterbrechung durch verschiedene benannte Gefahren kann durch eine Versicherung erhalten werden. → Geschäftsunterbrechungsversicherung

## Geschäftsunterbrechungsversicherung
Entschädigung für den Verlust von Gewinnen und die fortlaufenden fixen Ausgaben. Geschäftsunterbrechungsversicherung ist in den folgenden Formen erhältlich: → Bedingte Geschäftsunter-

Business Interruption Form; → Extra Expense Form; → Gross Earnings Form; → Profits and Commissions Form; → Tuition Form.

brechungsform; Zusatzausgabenform, → Bruttoertragsform; → Gewinn- und Provisionenform; → Unterrichtsversicherungsform.

**Business Liability Insurance**

Coverage for liability exposure resulting from the activities of a business; includes: (1) → Direct Liability – acts of the business resulting in damage or destruction of another party's property or bodily injury to that party; (2) → Contingent Liability – although the business may not have direct liability, it may incur a secondary or contingent liability, for example through the employment of an independent contractor; (3) → Medical Payments to Others Insurance – acts of the business resulting in injury to another party, with the insurance company paying the medical expenses to that party (up to the policy limits) without regard to legal liability of the insured business. The policy has three principal sections:
1. → Declarations Section lists the insured, policy limits, premium, time period of coverage, kind of policy, and endorsements, if any.
2. → Insuring Agreements states that if any of the insured perils result in damage or destruction of another party's

**Unternehmenshaftpflichtversicherung**

Versicherungschutz für die Haftungsgefährdung aus den Aktivitäten eines Unternehmens. Er schließt ein: (1) → Direkte Haftpflicht: Handlungen des Unternehmens mit der Folge von Beschädigung oder Zerstörung von Eigentum einer anderen Partei oder der körperlichen Verletzung dieser Partei; (2) → Bedingte Haftpflicht: Obwohl das Unternehmen nicht direkt haftbar sein kann, kann es eine zweitrangige oder bedingte Haftpflicht erleiden, z.B. durch den Einsatz eines unabhängigen Subunternehmers; (3) → Versicherung für die Zahlung medizinischer Behandlungskosten an andere: Handlungen des Unternehmens, die die Verletzung einer anderen Partei zur Folge haben, wobei die Versicherungsgesellschaft die medizinischen Ausgaben dieser Partei zahlt (bis zur Policengrenze) ohne Berücksichtigung der gesetzlichen Haftpflicht des versicherten Unternehmens. Die Police hat drei Hauptteile:
1. → Erklärungenteil: listet den Versicherten, die Policengrenzen, die Prämie, den Deckungszeitraum, die Art der Police, und, falls vorhanden, die Nachträge auf.
2. → Versicherungsvereinbarungen: besagt, daß, falls eine der versicherten Gefahren die Beschädigung oder Zerstörung des Eigentums einer anderen Partei oder eine Verletzung dieser Partei zur Folge hat, die Versicherungsgesellschaft die Summen, zu deren Zahlung das

property or injury to that party, the company will pay (up to the limits of the policy) sums which the business becomes legally obligated to pay. (a) *Time Period of the Loss* – policy can be written either on a *claims occurrence* basis or a *claims made* basis; (b) → Bodily Injury – damage or destruction of a body to include sickness, disease, and/or resulting death (most liability insurance policies provide coverage for this definition); (c) → Personal Injury – defamation of character, libel and slander, false arrest, malicious prosecution, and invasion of privacy (many liability policies can be endorsed to provide these coverages); (d) *Property Damages* – damage or destruction of real and personal property and the loss of use of this property; (e) → Defense Costs – costs of defending the insured business to include investigation, defense, and the settlement of claims which are paid in addition to the limits of coverage under the policy; and (f) *Policy Limits* – the maximum that the insurance company is obligated to pay on behalf of the insured business.

3. → Exclusions to avoid duplications of coverage in other policies and/or to eliminate certain kinds of coverage, including: property under the

Unternehmen gesetzlich verpflichtet ist (bis zur Policengrenze), zahlen wird. (a) *Schadenszeitraum* – die Police kann entweder auf der Grundlage des *Anspruchseintritts* oder des *geltend gemachten Anspruches* gezeichnet werden; (b) → Körperverletzung – Beschädigung oder Zerstörung eines Körpers einschließlich Krankheit, Leiden und/oder Todesfolge (die meisten Haftpflichtversicherungsverträge bieten Versicherungsschutz für diese Definition); (c) → Persönliche Verletzung: Diffamierung des Charakters, Verleumdung, fälschliche Verhaftung, böswillige Verfolgung und Eindringen in die Privatsphäre (viele Haftpflichtversicherungen können mit einem Nachtrag versehen werden, um diese Deckungen zu bieten); (d) *Sachbeschädigungen* – Beschädigung oder Zerstörung von Immobilien- oder beweglichem Vermögen und der Gebrauchsverlust dieses Vermögens; (e) → Verteidigungskosten: die Kosten für die Verteidigung des versicherten Unternehmens einschließlich Untersuchung, Verteidigung und die Begleichung der Ansprüche, die zuzüglich zu den Deckungsgrenzen bei der Police bezahlt werden; (f) *Policenhöchstgrenzen:* der Höchstbetrag, den eine Versicherungsgesellschaft für das versicherte Unternehmen zu zahlen verpflichtet ist.

3. → Ausschlüsse: um die Verdoppelung des Versicherungsschutzes in anderen Policen zu vermeiden und/oder um spezielle Arten des Versicherungsschutzes auszuschließen, einschließlich: Besitz unter der Obhut, dem Gewahrsam und der Kontrolle des versicherten Unternehmens, aus vertraglichen Verpflichtungen resultierende Haftpflicht zwischen dem versicherten Unternehmen und einer anderen

care, custody and control of the insured business; liability arising out of contractual obligations between the insured business and another party; liability associated with recall of the insured business's products; liability associated with the insured business's pollution and contamination exposure; and liability that may arise out of conflict with state liquor regulations.

4. *Conditions* stipulate that (a) the insured, after an accident, must behave so as not to increase the severity of bodily injury and/or property damage that has just occurred; (b) the insurance company has the right to inspect the insured business's premises as well as its operations; and (c) if there is more than one policy covering a claim, each policy will pay an equal share of the loss.

Partei, die mit dem Rückruf der Produkte eines versicherten Unternehmens verbundene Haftpflicht, die mit der Umweltverschmutzung und der Gefährdung durch Verunreinigung des versicherten Unternehmens verbundene Haftpflicht und die Haftpflicht, die aus einem Konflikt mit den staatlichen Alkoholvorschriften entstehen kann.

4. *Bedingungen:* fordern, daß (a) sich der Versicherte nach einem Unfall so benehmen muß, daß er die Schwere der körperlichen Verletzung und/oder des Sachschadens, der gerade eingetreten ist, nicht steigert; (b) die Versicherungsgesellschaft ein Recht hat, die Unternehmensgebäude des versicherten Unternehmens sowie seine Arbeitsweisen zu untersuchen; (c) falls mehr als eine Police den Anspruch abdecken sollte, daß jede Police den gleichen Anteil des Verlustes tragen wird.

### Business Life and Health Insurance

Coverage providing funds for maintenance of a business as closely to normal as possible in the event of a loss of a key person, owner, or partner. → Benefits of Business Life and Health Insurance; → Buy-and-Sell Agreement; → Close Corporation Plan; → Partnership Life and Health Insurance

### Unternehmenslebens- und -krankenversicherung

Versicherungsschutz, der im Falle des Ausscheidens einer Schlüsselperson, des Besitzers oder eines Gesellschafters Finanzmittel bereitstellt, damit ein Unternehmen so normal wie möglich weitergeführt werden kann. → Leistungen der Unternehmenslebens- und -krankenversicherung; → Kauf- und Verkaufvereinbarung; → Close Corporation Plan; → Teilhaber-Lebens- und -krankenversicherung

## Business Life Insurance
→ Business Life and Health Insurance

## Business Overhead Expense Insurance
→ Business Interruption Insurance

## Businessowners Policy (BOP)
Combination property, liability, and business interruption policy. It is usually written to cover expenses of small and medium size businesses resulting from (1) damage or destruction of business's property or (2) when actions or nonactions of the business's representatives result in bodily injury or property damage to another individual(s). Businesses that qualify under this heading include office buildings three stories or under not to exceed 100,000 square feet; apartment buildings six stories or under not to exceed 60 dwelling units; any other buildings not to exceed 7500 square feet for mercantile space, occupied principally as an apartment, office, or engaging in trade or commerce. Properties that cannot be insured under this policy include banks, condominiums, bars, restaurants, automobiles, recreational vehicles, contractor functions, and manufacturing operations. → Business-

## Unternehmenslebensversicherung
→ Unternehmenslebens- und -krankenversicherung

## Unternehmensfertigungsgemeinkostenversicherung
→ Geschäftsunterbrechungsversicherung

## Geschäftsbesitzerversicherungspolice
Kombination einer Sach-, Haftpflicht- und Geschäftsunterbrechungsversicherungspolice. Sie wird gewöhnlich gezeichnet, um die Ausgaben kleiner und mittlerer Unternehmen, aufgrund von (1) Beschädigung oder Zerstörung des Firmenbesitzes oder (2) wenn die Handlungen oder Unterlassungen von Vertretern des Unternehmens eine Körperverletzung oder Sachbeschädigung einer anderen Person/von anderen Personen zur Folge haben, abzudecken. Unternehmen, die sich unter dieser Überschrift qualifizieren, schließen ein bis zu drei Stockwerke hohe Bürogebäude, die nicht größer als 100.000 Fuß$^2$ sind, bis zu sechs Stockwerke hohe Appartementhäuser, die nicht mehr als 60 Wohneinheiten umfassen, alle anderen Gebäude, die nicht mehr als 7.500 Fuß$^2$ für gewerblichen Raum haben, der hauptsächlich als Appartement, als Büro oder für die Ausübung von Handel und Gewerbe genutzt wird. Unter dieser Police nicht versicherbare Vermögensgegenstände schließen Banken, Mitbesitz, Bars, Restaurants, Autos, Freizeitfahrzeuge, Subunternehmerfunktionen und Herstellungshandlungen ein. → Geschäftsbesitzerpolice – Teil I: → Sachversicherungsschutz; → Geschäftsbesitzerpolice – Teil II: → Haftpflichtversicherungsschutz

owners Policy – Section I: → Property Coverages; → Businessowners Policy – Section II: → Liability Coverages

## Businessowners Policy – Section I: Property Coverages

Contract that details coverage for business property losses in three specific areas:

1. *Coverage A (Building).* All buildings on the site are covered with no coinsurance requirement and on a replacement cost basis to include: the buildings themselves; the owner's personal property used to maintain the building(s) and provided to tenants; permanent fixtures, equipment and machinery; improvements and betterments by tenants; removal of debris; and outdoor furniture and fixtures.

2. *Coverage B (Personal Property of the Business).* All personal property used in the business on the premises, as well as personal property of others under the care, custody and control of the owner of the building used to operate the business; and limited coverage for items temporarily away from the premises of the business as well as for property purchased and placed at a new business location.

3. *Coverage C (Loss of Income).* Reimbursement for loss of income because of inability

## Geschäftsbesitzerpolice – Teil I: Sachversicherungsschutz

Vertrag, der den Versicherungsschutz für geschäftliche Sachschäden in drei Gebieten ausführt:

1. *Deckung A (Gebäude):* Alle Gebäude auf dem Unternehmensgelände sind ohne Mitversicherungserfordernis abgedeckt und schließen auf einer Wiederbeschaffungsbasis ein: die Gebäude selbst, das bewegliche Vermögen des Eigentümers, das zum Unterhalt der Gebäude benutzt wird und den Pächtern zur Verfügung gestellt wird, ständige Armaturen, Ausrüstung und Maschinenpark, Verbesserungen und Besserungen durch Pächter, die Beseitigung von Trümmern und Außenmöbel und -armaturen.

2. *Deckung B (bewegliches Vermögen des Unternehmens):* Das gesamte auf dem Geschäftsgelände des Unternehmens verwendete bewegliche Vermögen sowie das bewegliche Vermögen anderer unter der Obhut, im Gewahrsam und unter der Kontrolle des Besitzers des Gebäudes, das benutzt wird, um das Unternehmen zu unterhalten; begrenzter Versicherungsschutz für Gegenstände, die zeitweise vom Geschäftsgelände entfernt worden sind, sowie für gekaufte Vermögensgegenstände, die an einem neuen Unternehmensstandort plaziert wurden.

3. *Deckung C (Einkommensverlust):* Erstattung von Einkommensverlusten wegen Unfähigkeit, die Geschäftsmiete zu kassieren, der Unterbrechung der norma-

to collect business rent; interruption of normal business functions; and extra expenses associated with resuming normal business activities as the result of the damage or destruction of business property by an insured peril. (Optionally, under Section I, coverage can be extended to insure against burglary, robbery, theft, employee dishonesty, and boiler and machinery explosion. Earthquake damage can be covered through an endorsement.)

## Businessowners Policy – Section II: Liability Coverages

Coverage that protects a business, up to the policy limits, if actions or non-actions of the insured result in a legally enforceable claim for bodily injury, property damage, or personal injury. Included are coverages for: (1) nonowned automobiles used by the business in its normal operations (owned automobiles are excluded); (2) host liquor liability where the business is having a social gathering. For example, liability at an office party would be covered, since this social function is incidental to normal business activity (excluded would be operation of a liquor store on the premises of the business); (3) fire and explosion legal liability, where

len Unternehmensfunktionen, und der zusätzlichen Ausgaben, die mit der Wiederherstellung des normalen Unternehmensbetriebs verbunden sind, infolge von Beschädigung oder Zerstörung von Unternehmenseigentum durch eine versicherte Gefahr. (Wahlweise kann der Versicherungsschutz unter Teil I auf Einbruch, Raub, Diebstahl, Unehrlichkeit von Arbeitnehmern und Dampfkessel- und Maschinenexplosion ausgeweitet werden. Erdbebenschäden können durch einen Nachtrag abgedeckt werden.)

## Geschäftsbesitzerpolice – Teil II: Haftpflichtversicherungsschutz

Versicherungsschutz, der ein Unternehmen bis zur Policengrenze schützt, falls die Handlungen oder Unterlassungen des Versicherten einen rechtlich durchsetzbaren Anspruch wegen Körperverletzung, Sachbeschädigung oder persönlicher Verletzung zur Folge haben. Der Versicherungsschutz schließt ein: (1) Kraftfahrzeuge, die nicht Eigentum des Versicherten sind und von dem Unternehmen für die normale Geschäftstätigkeit benutzt werden (unternehmenseigene Kraftfahrzeuge sind ausgeschlossen); (2) Alkoholhaftpflicht des Gastgebers, wenn das Unternehmen eine Feierlichkeit abhält. So wäre beispielsweise die Haftung bei einer Büroparty abgedeckt, weil diese soziale Veranstaltung ein Nebeneffekt der normalen Geschäftstätigkeit ist (ausgeschlossen wäre das Betreiben eines Ladens für alkoholische Getränke auf dem Geschäftsgelände); (3) gesetzliche Haft-

the insured is renting business space in a building. If a fire or explosion from business operations is proven to be of negligent origin, the insurer of the owner of the buildings has subrogation rights against the business; (4) products, for which completed operations coverage is provided. Excluded from Section II coverages are professional liability, owned automobiles of the business, operation of airplanes and other aircraft. Workers Compensation, liquor liability (other than that served as a host at business social functions), and off-premises operation of boats.

### Business Property and Liability Insurance Package

Protection of the property of the business that is damaged or destroyed by perils such as fire, smoke, and vandalism; and/or if the actions (or nonactions) of the business' representatives result in bodily injury or property damage to other individuals. Many insurance policies provide such coverages, but the two most often used are the → Special Multiperil Insurance (SMP) policy and the → Businessowners Policy (BOP).

### Business Risk Exclusion

Omissions from coverage found in *products liability in-*

pflicht für Feuer und Explosion, wenn der Versicherte einen Geschäftsraum in einem Gebäude mietet. Falls nachgewiesen wird, daß ein Feuer oder eine Explosion aus Gründen der Fahrlässigkeit herrührt, so verfügt der Versicherer des Gebäudebesitzers über Subrogationsrechte gegenüber dem Unternehmen; (4) Produkte, für die Versicherungsschutz abgeschlossener Produktionsprozesse geboten wird. Vom Versicherungsschutz unter Teil II ausgeschlossen sind Berufshaftpflicht, unternehmenseigene Kraftfahrzeuge, Betreiben von Flugzeugen oder anderen Luftfahrzeugen, Arbeiterentschädigung, Alkoholhaftung (außer für die als Gastgeber bei betrieblichen Feierlichkeiten servierten alkoholischen Getränke) und das Betreiben von Booten außerhalb des Geschäftsgeländes.

### Unternehmenssach- und -haftpflichtversicherungspaket

Schutz von Unternehmenseigentum, das durch Gefahren wie Feuer, Rauch und Vandalismus beschädigt oder zerstört wird, und/oder falls Handlungen (oder Unterlassungen) von Repräsentanten eine Körperverletzung oder die Beschädigung von Eigentum anderer Personen zur Folge haben. Viele Versicherungspolicen bieten solchen Versicherungsschutz, aber die beiden meistverbreiteten sind die → Spezielle Vielgefahrenversicherungspolice und die → Geschäftsbesitzerpolice.

### Ausschluß von Geschäftsrisiken

Bei der *Produkthaftpflichtversicherung* vorgefundene Auslassungen beim Versi-

*surance*. The policy does not provide coverage if the business manufactures a product that does not meet the level of performance as advertised, represented, or warranted. For example, an automobile antifreeze is advertised as being able to withstand temperatures as low as 30° below zero. An engine block containing the fluid freezes at a temperature of 10° above zero. In this instance a products liability policy would not provide coverage for the insured business.

**Buy-and-Sell Agreement**
Approach used for sole proprietorships, partnerships, and close corporations in which the business interests of a deceased or disabled proprietor, partner or shareholder are sold according to a predetermined formula to the remaining member(s) of the business. For example, a partnership has three principals. Upon the death of one, the two survivors have agreed to purchase, and the deceased partner's estate has agreed to sell, the interest of that partner according to a predetermined formula for valuing the partnership to the survivors. Funds for buying out the deceased partner's interest are usually provided by life insurance policies, with each partner purchasing a policy on the other partners. Each is the

cherungsschutz. Die Police bietet keinen Versicherungsschutz, falls das Unternehmen ein Produkt herstellt, das dem in der Werbung dargestellten, vorgestellten oder garantierten Leistungsniveau nicht entspricht. Wird z.B. geworben, ein Frostschutzmittel für Kraftfahrzeuge sei in der Lage, Temperaturen bis 30° unter Null zu widerstehen, und ein Motorblock, der diese Flüssigkeit enthält, friert bei einer Temperatur von 10° über Null, so ist dies ein Fall, bei dem die Produkthaftpflichtpolice dem versicherten Unternehmen keine Deckung gewähren würde.

**Kauf- und Verkaufvereinbarung**
Für Einzelunternehmen, Handelsgesellschaften, Gesellschaften mit beschränkter Haftung verwendeteter Ansatz, bei dem die Geschäftsanteile eines verstorbenen oder behinderten Eigentümers, Gesellschafters oder Aktionärs in Übereinstimmung mit einer vorherbestimmten Formel an das verbleibende Mitglied/die verbleibenden Mitglieder verkauft werden. Z.B.: Eine Handelsgesellschaft hat drei Haupteigentümer. Bei dem Tod eines Gesellschafters haben die beiden Überlebenden vereinbart zu kaufen, und der Nachlaß des verstorbenen Gesellschafters hat dem Verkauf der Geschäftsanteile dieses Gesellschafters an die Überlebenden nach einer zuvor bestimmten Formel für die Bewertung der Gesellschaft zugestimmt. Finanzmittel, um die Anteile des verstorbenen Gesellschafters aufzukaufen, werden gewöhnlich von Lebensversicherungsverträgen, bei denen jeder Gesellschafter eine Police für die anderen Gesellschafter abschließt, zur Verfügung

owner and beneficiary of the policies purchased on the other partners.
When a sole proprietor dies, usually a key employee is the buyer/successor. The sole proprietorship, partnership, and close corporation under the entity plan can buy and own life insurance policies on the proprietor, partner or shareholder and achieve the same result as when an individual buys and owns the policies.

**Buy-Back Deductible**
→ Deductible eliminated through the payment of an additional premium, resulting in → First-Dollar Coverage under the policy.

**Bypass Trust**
Type of → Trust used to remove assets from a surviving spouse's estate, thereby excluding such assets from → Federal Estate Tax upon the death of the surviving spouse. This type of trust allows for a lifetime benefit to be available to both spouses while living, as well as to a single surviving spouse. A bypass trust permits a maximum of $1.2 million transfer to heirs of the spouses on a tax-free basis under the unified gift and estate tax credits.

gestellt. Jeder ist Besitzer und Begünstigter der für die anderen Gesellschafter abgeschlossenen Policen.
Wenn ein Einzelbesitzer stirbt, so ist gewöhnlich ein Schlüsselangestellter der Käufer/Nachfolger. Bei dem Einheitenplan können Einzelunternehmen, Handelsgesellschaften und Gesellschaften mit beschränkter Haftung auf den Besitzer, Gesellschafter oder Aktionär lautende Lebensversicherungspolicen abschließen und besitzen und das gleiche Ergebnis erreichen, als wenn eine Einzelperson Policen abschließt und besitzt.

**Zurückgekaufter Selbstbehalt**
Durch Zahlung einer zusätzlichen Prämie ausgeschalteter → Selbstbehalt, der bei der Police einen → Versicherungsschutz ab dem ersten Dollar zur Folge hat.

**Umgehungs-Treuhandvermögen**
Typ → Treuhandvermögen zur Entfernung von Vermögensgegenständen aus dem Vermögen eines überlebenden Ehegatten und damit Ausschluß dieser Vermögensgegenstände von der → Bundeserbschaftsteuer bei Tod des überlebenden Ehegatten. Dieser Typ des Treuhandvermögens erlaubt die lebenslange Verfügbarkeit von Leistungen zu Lebzeiten beider Ehegatten sowie für einen einzelnen überlebenden Ehepartner. Ein Umgehungs-Treuhandvermögen erlaubt die Übertragung eines Höchstbetrages von US$ 1,2 Millionen auf die Erben der Ehegatten auf einer steuerfreien Grundlage nach den vereinheitlichten Schenkungs- und Vermögensteuergutschriften.

# C

### Cafeteria Benefit Plan
Arrangement under which employees may choose their own employee benefit structure. For example, one employee may wish to emphasize health care and thus would select a more comprehensive health insurance plan for the allocation of the premiums, while another employee may wish to emphasize retirement and thus allocate more of the premiums to the purchase of pension benefits.

### Selbstwahl-Sozialzulagensystem
Übereinkunft, bei der die Arbeitnehmer ihre eigene betriebliche Sozialzulagenstruktur wählen können. Ein Arbeitnehmer könnte z.B. die Gesundheitsvorsorge betonen wollen und würde somit ein umfassenderes Krankenversicherungsvorhaben für die Ansammlung von Prämien wählen, während ein anderer Arbeitnehmer die Pensionierung hervorheben und somit mehr Prämien für den Kauf von Pensionsleistungen ansammeln möchte.

### Calculable Change of Loss
→ Probability

### Kalkulierbare Schadensänderung
→ Wahrscheinlichkeit

### Calendar Year Experience
Paid loss experience for the period of time from January 1 to December 31 of a specified year (not necessarily the current year).

### Kalenderjahreserfahrung
Bezahlte Schadenerfahrung für den Zeitraum vom 1. Januar bis zum 31. Dezember eines bestimmten Jahres (nicht notwendigerweise des laufenden Jahres).

### Calendar Year Statistics
→ Calendar Year Experience

### Kalenderjahresstatistiken
→ Kalenderjahreserfahrung

### Camera and Musical Instruments Dealers Insurance
Coverage on an → All Risks basis for the insured's own property as well as property of

### Versicherung für Händler von Kameras und Musikinstrumenten
Versicherungsschutz auf Grundlage → Aller Risiken für das Privatvermögen des Versicherten wie auch das Eigentum

others under the insured firm's care, custody, and control. Exclusions are →Wear and Tear, →Mysterious Disappearance, earthquake, flood, theft from an unlocked and unattended vehicle, loss of market, and delay. For example, if a dealer's personal flute is damaged by fire, or if a customer's camera is stolen, the dealer would be covered for both occurrences up to the limits of the policy.

anderer unter der Obhut, im Gewahrsam und unter der Kontrolle der versicherten Firma. Ausgeschlossen sind → Verschleiß, → Mysteriöses Verschwinden, Erdbeben, Überschwemmung, Diebstahl von einem unverschlossenen und unbeaufsichtigten Fahrzeug, Verlust des Marktes und Verspätung. Wenn die persönliche Flöte eines Händlers z.B. durch Feuer beschädigt wird oder wenn die Kamera eines Kunden gestohlen wird, wäre der Händler gegen beide Vorkommnisse bis zur Policengrenze versichert.

## Canadian Institute of Actuaries

Membership organization representing professional actuaries in all insurance fields in Canada including life and health, casualty, consulting and fraternal actuaries. A member must reside in Canada and belong to an approved actuarial organization, including the →Society of Actuaries (SA).

## Canadian Institute of Actuaries (Kanadisches Institut der Versicherungsmathematiker)

Mitgliedsorganisation, die professionelle Versicherungsmathematiker aller Versicherungsbranchen in Kanada repräsentiert, einschließlich bei Lebens-, Kranken- und Unfallversicherungen beschäftigten Versicherungsmathematikern, beratenden Versicherungsmathematikern und bei Unterstützungsvereinen auf Gegenseitigkeit arbeitenden Versicherungsmathematikern. Ein Mitglied muß in Kanada wohnen und einer anerkannten versicherungsmathematischen Organisation, einschließlich der → Society of Actuaries, der Gesellschaft der Versicherungsmathematiker, angehören.

## Cancel

Termination of a policy. Contract may be terminated by an insured or insurer as stated in the policy. If the insurance company cancels a policy, any unearned premiums must be returned. If an insured cancels

## Kündigen

Beendigung einer Police. Ein Vertrag kann vom Versicherten oder Versicherer, wie in der Police beschrieben, beendet werden. Falls die Versicherungsgesellschaft eine Police kündigt, so müssen alle nichtverdienten Beiträge rückerstattet werden. Falls ein Versicherter eine Police kündigt,

the policy, an amount less than the unearned premiums is returned, reflecting the insurance company's administration costs of placing the policy on its books. Usually this term is applied only in property and disability insurance.

### Cancellable
→ Cancel; → Cancellation Provision Clause

### Cancellation
→ Cancellation Provision Clause

### Cancellation, Pro Rata
→ Pro Rata Cancellation

### Cancellation Provision Clause
Provision permitting an insured or an insurance company to cancel a property and casualty or a health insurance policy (circumstances vary; → Commercial Health Insurance) at any time before its expiration data. The insured must send written notice to the insurance company, which then refunds the excess of the premium paid above the customary short rates for the expired term. If the insurance company cancels, it sends written notice to the insured of cancellation and refunds the unearned portion of the premium.

so wird ein Betrag, der geringer ist als die nichtverdienten Beiträge, zurückerstattet, was den Verwaltungskosten der Versicherungsgesellschaft dafür, daß sie die Police in ihren Büchern führt, Rechnung trägt. Gewöhnlich wird diese Bedingung nur bei Sach- und Invaliditätsversicherungen angewendet.

### Kündbar
→ Kündigen; → Kündigungsvorbehaltklausel

### Kündigung
→ Kündigungsvorbehaltklausel

### Kündigung, Anteilige
→ Anteilige Kündigung

### Kündigungsvorbehaltklausel
Vorbehalt, der es einem Versicherten oder einer Versicherungsgesellschaft erlaubt, eine Sach- oder Unfallversicherung oder eine Krankenversicherungspolice (die Bedingungen sind unterschiedlich; → Gewerbliche Krankenversicherung) zu jeder Zeit vor ihrem Ablaufdatum zu kündigen. Der Versicherte muß eine schriftliche Mitteilung an die Versicherungsgesellschaft schicken, die dann den Prämienüberschuß, der über die gewöhnlichen Kurztarife für den abgelaufenen Zeitraum hinausgeht, rückerstattet. Wenn die Versicherungsgesellschaft annulliert, sendet sie eine schriftliche Mitteilung an den Versicherten und erstattet den nicht verdienten Anteil an der Prämie zurück.

## Cancellation, Short Rate
→ Short Rate Cancellation

## Kündigung, Gekürzte Prämienrückerstattung
→ Kündigung mit gekürzter Prämienrückerstattung

## Cap
→ Coinsurance

## Mitversicherung
→ „Coinsurance"

## Capacity
Maximum that an insurance company can underwrite. The limits of coverage that a property and casualty company can underwrite are determined by its retained earnings and invested capital. → Reinsurance is a method of increasing the insurance company's capacity, in that a portion of the unearned premium reserve maintenance requirement can be relieved. Commissions earned are ceded, underwriting results are stabilized, and financing of the expansion of the insurer's capacity can take place.

## Kapazität
Das Maximum, das eine Versicherungsgesellschaft zeichnen kann. Die Deckungsgrenzen, die eine Sach- und Unfallversicherungsgesellschaft zeichnen kann, werden durch ihre zurückbehaltenen Erlöse und das investierte Kapital bestimmt. Die → Rückversicherung ist eine Methode zur Steigerung der Kapazität einer Versicherungsgesellschaft, so daß ein Teil der Forderung, eine Rückstellung für nicht verdiente Prämien zu unterhalten, erlassen werden kann. Die verdienten Kommissionen werden zediert, die Zeichnungsergebnisse stabilisiert, und eine Finanzierung der Kapazitätserweiterung des Versicherers kann stattfinden.

## Capacity of Parties
Legal capability of those involved in mutual assent of making a contract, including an insurance contract. Those who have been deemed to be incompetent to make a valid contract include intoxicated and insane persons, and enemy aliens. Minors can enter into a contract, but it is voidable at the option of the minor. For example, if an agent sells an insurance policy to a minor, and the insurance company

## Kapazität der Parteien
Die gesetzliche Befähigung der an einer gegenseitigen Einwilligung, einen Vertrag abzuschließen, Beteiligten, einschließlich eines Versicherungsvertrages. Diejenigen, die für den Abschluß von gültigen Verträgen als inkompetent angesehen wurden, sind betrunkene oder berauschte und geisteskranke Personen und feindliche Ausländer. Minderjährige können einem Vertrag beitreten, aber der Vertrag kann nach Wahl des Minderjährigen für nichtig erklärt werden. Wenn z.B. ein Versicherungsagent eine Versicherungspolice an einen Minderjährigen verkauft, und die

agrees to underwrite it, the policy can be voided at any time the minor wishes both before and after the minor reaches the age of majority. The insurance company cannot void the contract.

Versicherungsgesellschaft willigt ein, den Vertrag zu zeichnen, so kann der Vertrag jederzeit, wenn der Minderjährige dies wünscht, sowohl vor als auch nachdem der Minderjährige das Volljährigkeitsalter erreicht hat, für nichtig erklärt werden. Die Versicherungsgesellschaft kann den Vertrag nicht für nichtig erklären.

## Capital
Equity of shareholders of a stock insurance company. The company's capital and → Surplus are measured by the difference between its assets minus its liabilities. This value protects the interests of the company's policyowners in the event it develops financial problems; the policyowners' benefits are thus protected by the insurance company's capital. Shareholders' interest is second to that of policyowners.

## Kapital
Das Eigenkapital der Aktionäre einer Versicherungsgesellschaft auf Aktien. Das Kapital der Gesellschaft und der → Überschuß werden gemessen durch die Differenz zwischen ihrem Vermögen und ihren Verbindlichkeiten. Dieser Wert schützt die Interessen der Policeninhaber der Gesellschaft für den Fall, daß sie finanzielle Probleme bekommt. Die Bezüge der Policeninhaber werden somit durch das Kapital der Versicherungsgesellschaft geschützt. Der Anteil der Aktionäre ist dem der Policeninhaber gegenüber zweitrangig.

## Capital Gains
Excess of the sales price of an asset over its book value. Listed as part of the *Annual Report* in the summary of the surplus account and/or in the Summary of Operations.

## Kapitalerträge
Überschuß des Verkaufspreises eines Vermögensgegenstandes über seinen Buchwert hinaus. Wird als ein Teil des *Jahresberichtes* in der Zusammenfassung des Überschußkontos und/oder in der Zusammenfassung der Geschäftstätigkeiten aufgeführt.

## Captive Agent
Representative of a single insurer or fleet of insurers who is obliged to submit business only to that company, or at the very minimum, give that company first refusal rights on a sale. In exchange, that insurer

## Firmeneigener Agent
Vertreter eines einzelnen Versicherers oder einer Gruppe von Versicherern, der verpflichtet ist, Geschäfte nur bei dieser Gesellschaft einzureichen oder dieser Firma zumindest die ersten Ablehnungsrechte für einen Verkauf einzuräumen. Im Austausch gewährt der Versicherer seinen

usually provides its captive agents with an allowance for office expenses as well as an extensive list of employee benefits such as pensions, life insurance, health insurance, and credit unions.

## Captive Insurance Company

Company formed to insure the risks of its parent corporation. Reasons for forming a captive insurance company include:
1. Instances when insurance cannot be purchased from commercial insurance companies for a business risk. In many instances companies within an industry form a joint captive insurance company for that reason.
2. Premiums paid to a captive insurance company are deductible as a business expense for tax purposes according to the Internal Revenue Service. However, sums set aside in a self insurance program are not deductible as a business expense.
3. Insurance can be obtained through the international reinsurance market at a more favorable premium, with higher limits of coverage.
4. Investment returns can be obtained directly on its invested capital.
However, competent personnel to manage and staff the company could be excessively firmeneigenen Agenten gewöhnlich einen Zuschuß zu den Büroausgaben sowie eine breit gefächerte Liste von Arbeitnehmerleistungen wie Pensionen, Lebensversicherung, Krankenversicherung und Kreditgenossenschaft.

## Selbstversicherungsgesellschaft

Zur Versicherung der Risiken ihrer Muttergesellschaft gebildete Gesellschaft. Die Gründe für die Bildung einer Selbstversicherungsgesellschaft schließen ein:
1. Fälle, bei denen für ein Geschäftsrisiko bei gewerblichen Versicherungsgesellschaften kein Versicherungsschutz erworben werden kann. In vielen Fällen bilden Gesellschaften innerhalb einer Branche aus diesem Grunde eine gemeinsame Selbstversicherungsgesellschaft.
2. Die an die Selbstversicherungsgesellschaft gezahlten Prämien sind gemäß den Bestimmungen des Internal Revenue Service (Einkommensteuerverwaltung) für steuerliche Zwecke als Geschäftsausgaben abzugsfähig. Bei dem Selbstversicherungsprogramm beiseite gelegte Summen sind jedoch nicht als Geschäftsausgaben abzugsfähig.
3. Durch den internationalen Rückversicherungsmarkt kann Versicherungsschutz zu günstigeren Prämien mit höheren Deckungsgrenzen erreicht werden.
4. Investitionserlöse können direkt auf das investierte Kapital erhalten werden. Jedoch könnte kompetentes Personal zur Führung und Verwaltung der Gesellschaft übermäßig teuer sein, und darüber hinaus könnte ein katastrophales Ereignis oder eine Reihe von Ereignissen die Gesellschaft in den Konkurs führen.

expensive: and further, a catastrophic occurrence or series of occurrences could bankrupt the company.

**Captive Insurance Companies Association (CICA)**
Trade association located in New York, NY, and consisting of approximately 200 → Captive Insurance Companies. The objective of the association is to further the common interests of its members.

**Care, Custody, and Control**
Phrase in most liability insurance policies which eliminates from coverage damage or destruction to property under the care, custody, and control of an insured. Such coverage is excluded from liability policies because the insured either has some ownership interest in such property (better covered through property not liability insurance) or is a bailor of the property (and can better cover this bailment exposure through an appropriate bailee policy).

**Cargo Insurance**
Shipper's policies covering one cargo exposure or all cargo exposures by sea on → All Risks basis. Exclusions include war, nuclear disaster,

**Captive Insurance Companies Association (CICA)**
(Vereinigung der Selbstversicherungsgesellschaften) – in New York ansässige Handelsvereinigung, die aus ungefähr 200 → Selbstversicherungsgesellschaften besteht. Das Ziel der Vereinigung ist es, die gemeinsamen Interessen ihrer Mitglieder zu fördern.

**Obhut, Gewahrsam und Kontrolle**
Eine Formulierung in den meisten Haftpflichtversicherungspolicen, die die Beschädigung oder Zerstörung von Eigentum unter der Obhut, im Gewahrsam und unter der Kontrolle eines Versicherten vom Versicherungsschutz ausschließt. Solch eine Deckung wird bei Haftpflichtversicherungspolicen ausgeschlossen, weil der Versicherte entweder ein Eigentümerinteresse an einem solchem Besitz hat (was besser durch eine Sach- und nicht durch eine Haftpflichtversicherung abgedeckt wird), oder er ist ein Hinterleger des Sachgegenstandes (und diese Kautionsgefährdung kann besser durch eine angemessene Aufbewahrerpolice abgedeckt werden).

**Transportgüterversicherung**
Policen des Verfrachters, die eine Transportgutgefahr oder alle Transportgütergefahren auf See auf Grundlage → Aller Risiken abdecken. Ausschlüsse schließen Krieg, atomares Unglück, Verschleiß,

wear and tear, dampness, mold, losses due to delay of shipment, and loss of market for the cargo. *One Cargo Exposure (Single Risk Cargo Policy)* covers a single shipment of goods and/or a single trip. *All Cargo Exposure (Open Cargo Policy)* covers all shipments of goods and/or all trips generally used by most shippers which require automatic coverage for all of its shipments, subject to 30 days' notice of cancellation.

**Cargo Liability Insurance**

→ Cargo Insurance

**Cargo Marine Insurance**
→ Cargo Insurance

**Carpenter Plan (Spread Loss Cover, Spread Loss Reinsurance)**
Form of excess of loss reinsurance under which each year's → Reinsurance premium is determined by the amount of the *cedent's* excess losses for a given period of time, usually three or five years. Upon renewal, the first year's initial rate is based on the total of three or five years of previous experience, a form of →Retrospective Rating. The Carpenter Plan is particularly relevant to economic conditions in the way it handles the factor of inflation.

Feuchtigkeit, Schimmelpilz, Verluste wegen Verspätung der Lieferung und Verlust des Marktes für das Transportgut aus. *Eintransportgutgefährdung (Einzelrisikofrachtpolice)* deckt eine einzige Lieferung von Gütern und/oder eine einzelne Fahrt ab. *Globaltransportgütergefährdung (offene Transportgüterpolice)* deckt alle Lieferungen von Gütern und/oder Fahrten; wird im allgemeinen von den meisten Spediteuren, die einen automatischen Versicherungsschutz für alle ihre Lieferungen vorbehaltlich einer Kündigungsmitteilung von 30 Tagen benötigen, verwendet.

**Transportgüterhaftpflichtversicherung**
→ Transportgüterversicherung

**Seetransportgüterversicherung**
→ Transportgüterversicherung

**Carpenter Plan (Verteilte Schadensdeckung, Verteilte Schadensrückversicherung)**
Form der Schadenüberschußrückversicherung, bei der die → Rückversicherungs-Prämie eines jeden Jahres durch die Höhe der Schadensüberschüsse des *Zedenten* für einen gegebenen Zeitraum, gewöhnlich 3 oder 5 Jahre, bestimmt wird. Bei Erneuerung basiert der Anfangstarif des ersten Jahres auf den gesamten drei oder fünf Jahren der vorhergehenden Erfahrung, eine Form der → Rückschauenden Prämienfestsetzung. Der Carpenter Plan ist in der Art und Weise, wie er den Faktor Inflation behandelt, für die ökonomischen Bedingungen besonders relevant.

## Carrier
Insurance company which actually underwrites and issues the insurance policy. The term is used because the insurance company assumes or carries the risk for policyowners. The agent usually has a *primary carrier* (the insurance company to which most of the business is submitted) and *secondary carriers* (to which lesser amounts are submitted). The primary carrier provides the agent with commission schedules, expense allowance, and the availability of markets for the agent's business.

## CAS
→ Casualty Actuarial Society (CAS)

## Cash Flow Plans
Method of payment of an insurance premium which allows an insured to regulate the amount and frequency of the premium payments in accordance with cash flow over a stipulated period of time. This enables the insured to maintain control over the funds for a longer period of time and thus reap benefits from their earnings.

## Cash out of Vested Benefits
Money withdrawn by an employee from benefits owned. When an employee exercises

## Träger
Versicherungsgesellschaft, die die Versicherungspolice tatsächlich zeichnet und herausgibt. Der Ausdruck wird gebraucht, weil die Versicherungsgesellschaft das Risiko für den Policeninhaber annimmt oder trägt. Der Agent hat gewöhnlich einen *Hauptträger* (die Versicherungsgesellschaft, bei der die meisten Geschäfte eingereicht werden) und *zweitrangige Träger* (bei denen kleinere Beträge eingereicht werden). Der Hauptträger stellt dem Agenten Provisionslisten, Zuschüsse zu den Ausgaben und die Verfügbarkeit von Märkten für das Geschäft des Agenten zur Verfügung.

## CAS
→ Casualty Actuarial Society (CAS)

## Cash Flow-Systeme
Methode zur Zahlung einer Versicherungsprämie, die es einem Versicherten erlaubt, die Höhe und die Häufigkeit der Prämienzahlungen gemäß dem Cash Flow innerhalb eines festgelegten Zeitraumes zu regulieren. Dies versetzt den Versicherten in die Lage, die Kontrolle über seine Finanzmittel für einen längeren Zeitraum zu bewahren und somit Leistungen aus ihren Erlösen zu ernten.

## Bargeld aus wohlerworbenen Leistungen
Geld, das von einem Arbeitnehmer von den eigenen Leistungen entnommen wird. Wenn ein Arbeitnehmer dieses Recht

this right, future benefits purchased by the employer on behalf of the employee are usually forfeited.

ausübt, so sind zukünftige vom Arbeitgeber für den Arbeitnehmer erworbene Leistungen gewöhnlich verwirkt.

**Cash Refund Annuity (Lump Sum Refund Annuity)**
If the annuitant dies before receiving total income at least equal to the premiums paid, the beneficiary receives the difference in a lump sum. If the annuitant lives after the income paid equals the premiums paid, the insurance company continues to make income payments to the annuitant for life. → Annuity

**Rente mit Barausschüttung nicht erschöpfter Prämienzahlungen (Pauschalbetragserstattungsrente)**
Falls der Rentenempfänger stirbt, bevor er das wenigstens den gezahlten Prämien entsprechende Gesamteinkommen erhalten hat, so erhält der Begünstigte die Differenz in einem Pauschalbetrag. Falls der Rentenempfänger noch lebt, nachdem das ausgezahlte Einkommen den bezahlten Beiträgen entspricht, fährt die Versicherungsgesellschaft damit fort, für die Zeit seines Lebens Einkommenzahlungen an den Rentenempfänger zu leisten. → Rente

**Cash Surrender Value**
Money the policyowner is entitled to receive from the insurance company upon surrendering a life insurance policy with cash value. The sum is the cash value stated in the policy minus a surrender charge and any outstanding loans and interest thereon.

**Rückkaufbarwert**
Geld, welches der Policeninhaber berechtigt ist, von der Versicherungsgesellschaft bei Aufgabe einer Lebensversicherung mit dem Barwert zu erhalten. Die Summe umfaßt den in der Police genannten Barwert abzüglich einer Rückkaufgebühr und aller ausstehenden Darlehn und der darauf entfallenden Zinsen.

**Cash Value**
→ Cash Surrender Value

**Barwert**
→ Rückkaufbarwert

**Cash Value Life Insurance**
Policy which generates a savings element. Cash values are critical to a permanent life insurance policy. The size of a cash value buildup differs substantially from company to company. In many instances

**Barwertlebensversicherung**
Eine Lebensversicherung, die ein Sparelement erzeugt. Barwerte sind für eine unbefristete Lebensversicherung von besonderer Wichtigkeit. Der Umfang des Aufbaus von Barwerten unterscheidet sich von Unternehmen zu Unternehmen erheblich. In vielen Fällen gibt es keine

there is no correlation between the size of the cash value and premiums paid; in some cases there is an inverse relationship. Everything which the policyowner wishes to do with this policy while living is determined by the size of the cash value. For example, at some future time, a policyowner may wish to convert the cash value to a monthly retirement income. Its size will depend on (1) the amount of the cash value and (2) the attained age of the policyowner. → Annuity; → Nonforfeiture Benefit (Option)

Beziehung zwischen der Höhe des Barwertes und den gezahlten Prämien, in einigen Fällen gibt es ein inverses Verhältnis. All das, was ein Policeninhaber zu Lebzeiten mit dieser Police zu tun wünscht, wird von der Größe des Barwertes bestimmt. Der Policeninhaber kann z.B. zu einem zukünftigen Zeitpunkt den Barwert in ein monatliches Renteneinkommen umwandeln. Seine Höhe wird abhängen von (1) der Barwerthöhe und (2) dem vom Policeninhaber erreichten Alter. → Rente; → der Anspruchsverwirkung nicht unterworfene Leistung (Option)

**Cash Withdrawals**
Removal of money from an individual life insurance policy or an employee benefit plan. A cash withdrawal from a life insurance policy reduces the death benefit by the amount of the withdrawal plus interest thereon. When a cash withdrawal is made from an employee benefit such as a pension plan, the employee usually forfeits all benefits purchased on the employee's behalf by the employer. → Cash Value Life Insurance

**Barentnahmen**
Entnahme von Geld bei einer Einzellebensversicherungspolice oder einem betrieblichen Sozialzulagensystem. Eine Barentnahme von einer Lebensversicherungspolice verringert die Leistungen im Todesfall in Höhe der Entnahme und der darauf entfallenden Zinsen. Wenn eine Barabhebung von einem betrieblichen Sozialzulagensystem, wie einem Pensionssystem, erfolgt, verwirkt der Arbeitnehmer gewöhnlich alle vom Arbeitgeber für den Arbeitnehmer erworbenen Leistungen. → Barwertlebensversicherung

**Casualty**
Liability or loss resulting from an → Accident. Such liability or losses are covered under such policies as the following → Business Automobile

**Unfall**
Haftpflicht oder Schaden aus einem → Unfall. Diese Haftpflicht oder Schäden werden unter solchen Policen wie den folgenden abgedeckt: → Geschäftswagenpolice; → Unternehmenssach- und

Policy (BAP); → Business Property and Liability Insurance Package; → Businessowners Policy (BOP); → Casualty Insurance, → Commercial General Liability Form (CGL); → Condominium Insurance, → Homeowners Insurance Policy; → Personal Automobile Policy (PAP); → Simplified Commercial Lines Portfolio Policy (SCLP); → Tenants Insurance, and → Workers Compensation Insurance

Haftpflichtversicherungspaket; → Geschäftsbesitzerpolice; → Unfallversicherung; → Allgemeine gewerbliche Haftpflichtversicherungsform; → Mitbesitzversicherung; → Hausbesitzerversicherungspolice; → Privat-Kfz-Versicherung; → Vereinfachte Geschäftsspartenportefeuillepolice; → Mieterversicherung; → Berufsunfallversicherung

**Casualty Actuarial Society (CAS)**

Accrediting body for the ACAS (Associate of the Casualty Actuarial Society) designation and the FCAS (Fellow of the Casualty Actuarial Society) designation. To earn these designations, members take a series of examinations on actuarial mathematics and related topics as they apply to the property and casualty insurance field. Passing the examinations denotes a sound background in mathematics as well as knowledge of business such as finance and economics. Located in New York City, New York.

**Casualty Actuarial Society (CAS)**

(Gesellschaft der Unfallversicherungsmathematiker) – akkreditierende Körperschaft für die Bezeichnung ACAS (Associate of the Casualty Actuarial Society, Gesellschafter der Gesellschaft der Unfallversicherungsmathematiker) und für die Bezeichnung FCAS (Fellow of the Casualty Actuarial Society, Mitglied der Gesellschaft der Unfallversicherungsmathematiker). Um diese Bezeichnungen zu erwerben, legen die Mitglieder eine Reihe von Examina in Versicherungsmathematik und verwandten Fachgebieten ab, da sie auf die Sach- und Unfallversicherungsbranche angewendet werden. Das Bestehen der Examina zeugt von einem gesunden Hintergrundwissen in Mathematik sowie von wirtschaftswissenschaftlichem Wissen wie Finanzen und Volkswirtschaft. Sitz ist New York City, New York.

**Casualty Catastrophe**

Casualty losses of high severity. → Casualty Insurance

**Unfallkatastrophe**

Unfallschäden von großer Härte. → Unfallversicherung

## Casualty Insurance

Coverage primarily for the liability of an individual or organization which results from negligent acts and omissions, thereby causing bodily injury and/or property damage to a third party. However, the term is an elastic one that traditionally has included such property insurance as → Aviation Insurance, → Boiler and Machinery Insurance and *glass and crime insurance*. → Business Liability Insurance

## Catastrophe Excess Reinsurance

→ Excess of Loss Reinsurance

## Catastrophe Hazard

Circumstance under which there is a significant deviation of the actual aggregate losses from the expected aggregate losses. For example, a hurricane is a hazard that is catastrophic in nature, since whole units or blocks of businesses may be threatened. Catastrophic hazards often cannot or will not be insured by commercial insurance companies either because the hazard is too great or because the actuarial premium is prohibitive. Where a void exists in the marketplace, a government agency may subsidize the coverage with such programs as → Federal Flood Insurance and →

## Unfallversicherung

In erster Linie Versicherungsschutz für die Haftung einer Einzelperson oder einer Organisation, die von fahrlässigen Handlungen und Unterlassungen herrührt und damit eine Körperverletzung und/oder Sachbeschädigung einer dritten Partei verursacht. Der Begriff ist jedoch dehnbar und schließt traditionell solche Sachversicherungen wie die → Luftfahrtversicherung, die → Dampfkessel- und Maschinenparkversicherung und die *Glas- und Verbrechensversicherung* ein. → Unternehmenshaftpflichtversicherung

## Katastrophenüberschußversicherung

→ Schadenexzedentenversicherung

## Katastrophenrisiko

Umstände, bei denen es eine beträchtliche Abweichung der tatsächlichen Gesamtschäden von den erwarteten Gesamtschäden gibt. Ein Hurrikan z. B. ist von der Natur her ein Katastrophenrisiko, da ganze Geschäftseinheiten oder Blöcke bedroht sein können. Katastrophenrisiken können oder werden häufig nicht von gewerblichen Versicherungsgesellschaften versichert, entweder, weil das Risiko zu groß ist oder weil die versicherungsmathematische Prämie unerschwinglich ist. Wo eine Lücke im Markt besteht, kann eine Regierungsstelle den Versicherungsschutz mit solchen Programmen wie der → Bundesüberschwemmungenversicherung und der → Gruppenlebensversicherung der Streitkräfte unterstützen.

Servicemen's Group Life Insurance (SGL).

**Catastrophe Insurance**
→ Comprehensive Health Insurance; → Group Health Insurance; → Major Medical Insurance

**Catastrophe Loss**
High severity loss which does not lend itself to accurate prediction and thus should be transferred by the individual or business to an insurance company. → Expected Loss; → Self Insurance

**Catastrophe Reinsurance**
→ Automatic Nonproportional Reinsurance; → Automatic Proportional Reinsurance; Automatic Reinsurance; → Excess of Loss Reinsurance; → Facultative Reinsurance; → Nonproportional Reinsurance; → Proportional Reinsurance; → Quota Share Reinsurance; → Stop Loss Reinsurance; → Surplus Reinsurance

**Catastrophic Coverage Act**
→ Medicare Catastrophic Coverage Act

**Catastrophic Health Insurance**
→ Medicare Catastrophic Coverage Act

**Katastrophenversicherung**
→ Umfassende Krankenversicherung; → Gruppenkrankenversicherung; → Große Krankenversicherung

**Katastrophenschaden**
Sehr schwerer Schaden, der sich nicht zur genauen Vorhersage eignet und somit von der Einzelperson oder dem Unternehmen an eine Versicherungsgesellschaft übertragen werden sollte. → Erwarteter Schaden; → Selbstversicherung

**Katastrophenrückversicherung**
→ Automatische nicht-proportionale Rückversicherung; → Automatische proportionale Rückversicherung; → Automatische Rückversicherung; → Schadenexzedentenrückversicherung; → Individuelle Rückversicherung; → Nicht-proportionale Rückversicherung; → Proportionale Rückversicherung; → Quotenrückversicherung; → Stop-Loss-Rückversicherung; → Exzedentenrückversicherung

**Catastrophic Coverage Act**
(Katastrophenversicherungsschutz-Gesetz) → Medicare Catastrophic Coverage Act

**Katastrophenkrankenversicherung**
→ Medicare Catastrophic Coverage Act

## Caveat Emptor
Latin expression meaning "let the buyer beware." The purchaser buys a product or service at his or her own risk. This principle has been modified significantly as it relates to an → Insurance Policy. → Adhesion Insurance Contract; Free Examination "Free Look" Period

## CCC
→ Care, Custody, and Control

## CD Annuity
→ Annuity, CD

## Cede
To transfer a risk from an insurance company to a reinsurance company.

## Cedent
→ Ceding Company

## Ceding Company
Insurance company which transfers a risk to a reinsurance company.

## Central Guarantee Fund
Fund from which losses are paid for the insolvent members of → Lloyd's of London. Each year, members of Lloyd's of London contribute a percentage of their premium volume to this fund to act as a reserve for losses which insolvent members are unable to pay. → Guaranty Fund (Insolvency Fund)

## Caveat Emptor
Lat. Aussage, die bedeutet: „lasse sich der Käufer in acht nehmen". Der/die Käufer/in kauft ein Produkt oder eine Dienstleistung auf sein oder ihr Risiko hin. Dieses Prinzip hat sich in bezug auf eine Versicherungspolice bedeutsam gewandelt. → Einwilligungsversicherungsvertrag; → Freier Prüfungs-, „Freier Ansichts"-Zeitraum

## CCC
→ Obhut, Gewahrsam und Kontrolle

## Depotscheinrente
→ Rente, Depotschein

## Zedieren
Ein Risiko von einer Versicherungsgesellschaft auf eine Rückversicherungsgesellschaft übertragen.

## Zedent
→ Zedierende Gesellschaft

## Zedierende Gesellschaft
Eine Versicherungsgesellschaft, die ein Risiko auf eine Rückversicherungsgesellschaft überträgt.

## Central Guarantee Fund
(Zentraler Garantiefonds) – Fonds, aus dem Schäden für insolvente Mitglieder von → Lloyd's of London gezahlt werden. Die Mitglieder von Lloyd's of London zahlen jedes Jahr einen Prozentsatz ihres Prämienaufkommens an diesen Fonds, der als Reserve für Schäden, die insolvente Mitglieder nicht mehr zahlen können, dient. → Garantiefonds (Insolvenzfonds)

| | |
|---|---|
| **Central Limit Theorem**<br>Statistical approach stating that if a series of samples is taken from a stable population, the distribution of the means (averages) of these samples will form a normal distribution whose mean approaches the population as the samples become larger. | **Zentrales Grenztheorem**<br>Statistischer Ansatz, der besagt, daß, wenn eine Reihe von Stichproben innerhalb einer stabilen Bevölkerung gemacht werden, die Verteilung des Mittels (Durchschnitts) dieser Proben eine normale Verteilung bildet, deren Mittel sich mit Größerwerden der Stichproben der Bevölkerung nähert. |
| **Central Loss Fund**<br>→ Guaranty Fund (Insolvency Fund) | **Zentraler Schadenfonds**<br>→ Garantiefonds (Insolvenzfonds) |
| **Certain Annuity**<br><br>→ Life Certain Annuity | **Rente mit einer gesicherten Zahl an Auszahlungen**<br>→ Leibrente mit einer gesicherten Zahl an Auszahlungen |
| **Certificate**<br>→ Certificate of Insurance | **Zertifikat**<br>→ Versicherungszertifikat |
| **Certificate of Authority**<br>Written statement by an insurance company attesting to the powers it has vested in an agent. | **Vollmacht**<br>Schriftliche Erklärung einer Versicherungsgesellschaft, in der sie die Befugnisse, die sie einem Agenten erteilt hat, bescheinigt. |
| **Certificate of Insurance**<br>Document in life and health insurance issued to a member of a group insurance plan showing participation in insurance coverage. In property and liability insurance, evidence of the existence and terms of a particular policy. | **Versicherungszertifikat**<br>An ein Mitglied eines Gruppenversicherungssystems ausgegebenes Dokument bei der Lebens- und Krankenversicherung, das die Teilnahme am Versicherungsschutz der Versicherung zeigt. Bei der Sach- und Haftpflichtversicherung Beweis der Existenz und der Bedingungen einer bestimmten Police. |
| **Certified Employee Benefit Specialist (CEBS)**<br>Professional designation con- | **Certified Employee Benefit Specialist (CEBS)**<br>(Zugelassener Spezialist für betriebliche |

ferred by the International Foundation of Employee Benefit Plans and the Wharton School of the University of Pennsylvania. In addition to professional business experience in employee benefits, recipients must pass national examinations in pensions, Social Security, other retirement related plans, health insurance, economics, finance, labor relations, group insurance, and other employee benefit related plans. This program responds to the information requirements of individuals responsible for the operation of an employee benefit plan department in large and medium size businesses. (It has been estimated that for every dollar of salary an additional 40 cents is paid to cover employee benefits.)

**Certified Financial Planner (CFP)**

Professional designation conferred by the College For Financial Planning. In addition to professional business experience in financial planning, recipients must pass national examinations in insurance, investments, taxation, employee benefit plans, and estate planning. This program responds to the growing need for help with personal financial planning.

Sozialzulagen) – von der International Foundation of Employee Benefit Plans (Internationale Stiftung für betriebliche Sozialzulagensysteme) und der Wharton School der Universität von Pennsylvania verliehene Berufsbezeichnung. Zusätzlich zur Berufserfahrung bei betrieblichen Sozialzulagen muß der Empfänger nationale Prüfungen in Pensionen, Sozialversicherung, anderen pensionsbezogenen Systemen, Krankenversicherung, Volkswirtschaft, Finanzen, Arbeitsbeziehungen, Gruppenversicherung und anderen mit betrieblichen Sozialzulagensystemen in Verbindung stehenden Systemen bestehen. Dieses Programm entspricht den Informationserfordernissen von Einzelpersonen, die für den Betrieb einer betrieblichen Sozialzulagen-Abteilung bei großen und mittleren Unternehmen verantwortlich sind. (Es wurde geschätzt, daß für jeden Dollar Gehalt zusätzlich 40 Cents gezahlt werden, um betriebliche Sozialzulagen abzudecken).

**Certified Financial Planner (CFP)**

(Zugelassener Finanzplaner) – vom College for Financial Planning (College für Finanzplanung) verliehene Berufsbezeichnung. Zusätzlich zur Berufserfahrung bei der Finanzplanung müssen die Empfänger nationale Prüfungen in Versicherungswesen, Investitionen, Steuern, betrieblichen Sozialzulagensystemen und Vermögensplanung bestehen. Dieses Programm entspricht dem wachsenden Bedarf an Hilfe bei der persönlichen Finanzplanung.

## Cession
→ Cede

## Zession
→ Zedieren

## Cestui Que Vie
Person by whose life the duration of an insurance policy, estate, trust, or gift is measured. This person is generally referred as the → Insured in an insurance policy.

## Cestui Que Vie
Person, an deren Leben die Dauer einer Versicherungspolice, eines Nachlasses, einer Stiftung oder einer Schenkung gemessen wird. Diese Person wird bei einer Versicherungspolice gewöhnlich als → Versicherter bezeichnet.

## Chance of Loss
→ Probability

## Schadenswahrscheinlichkeit
→ Wahrscheinlichkeit

## Change in Conditions
→ Difference in Conditions Insurance

## Änderung bei den Bedingungen
→ Versicherung unterschiedlicher Zustände

## Change of Beneficiary Provision
Element of a life insurance policy permitting the policyowner to change a beneficiary as frequently as desired unless the beneficiary has been designated as irrevocable. Here the written permission of that beneficiary must be obtained in order to make a change.

## Änderung der Begünstigtenbestimmung
Bestandteil einer Lebensversicherungspolice, die es dem Policeninhaber erlaubt, den Begünstigten, so oft er dies wünscht, zu ändern, außer der Begünstigte wurde unwiderruflich benannt. Hier muß eine schriftliche Genehmigung des Begünstigten eingeholt werden, um die Änderung vorzunehmen.

## Charitable and Government Immunity
Principle that no liability exposure can result from the performance of proprietary functions.

## Wohltätigkeits- und Regierungsimmunität
Prinzip, daß keine Haftungsgefährdung aus der Ausübung der Eigentümerfunktionen erwachsen kann.

## Chartered Financial Consultant (ChFC)
Professional designation awarded by The American College. In addition to pro-

## Chartered Financial Consultant (ChFC)
(Geprüfter Finanzberater) – vom American College verliehene Berufsbezeichnung. Zusätzlich zur Berufserfahrung bei

fessional business experience in financial planning, recipients are required to pass national examinations in insurance, investments, taxation, employee benefit plans, estate planning, accounting, and management. This program responds to the growing need for help in personal financial planning.

der Finanzplanung müssen Empfänger nationale Prüfungen in Versicherungswesen, Investitionen, Steuern, betrieblichen Sozialzulagensystemen, Vermögensplanung, Buchführung und Management bestehen. Dieses Programm entspricht dem wachsenden Bedarf an Hilfe bei der persönlichen Finanzplanung.

### Chartered Life Underwriter (CLU)

Professional designation conferred by The American College. In addition to professional business experience in insurance planning and related areas, recipients must pass national examinations in insurance, investments, taxation, employee benefit plans, estate planning, accounting, management and economics. This program responds to a need by individuals for technically proficient help in planning their life insurance.

### Chartered Life Underwriter (CLU)

(Geprüfter Lebensversicherer) – vom American College verliehene Berufsbezeichnung. Zusätzlich zu der Berufserfahrung bei der Versicherungsplanung und verwandten Gebieten müssen Empfänger nationale Prüfungen in Versicherungswesen, Investitionen, Steuern, betrieblichen Sozialzulagensystemen, Vermögensplanung, Buchführung, Management und Volkswirtschaft bestehen. Dieses Programm entspricht einem Bedarf von Einzelpersonen nach technisch fortgeschrittener Hilfe bei der Planung ihrer Lebensversicherung.

### Chartered Property and Casualty Underwriter (CPCU)

Professional designation earned after the successful completion of 10 national examinations given by the American Institute for Property and Liability Underwriters. Covers such areas of expertise as insurance, risk management, economics, finance, manage-

### Chartered Property and Casualty Underwriter (CPCU)

(Geprüfter Sach- und Unfallversicherer) – nach dem erfolgreichen Abschluß von 10 nationalen Prüfungen erworbene Berufsbezeichnung, die vom American Institute for Property and Liability Underwriters (Amerikanisches Institut für Sach- und Haftpflichtversicherer) verliehen wird. Deckt solche Wissensgebiete wie Versicherung, Risikomanagement, Volkswirt-

ment, accounting, and law. Three years of work experience are also required in the insurance business or a related area.

### Chronological Stabilization Plan
→ Retrospective Rating

### CICA
→ Captive Insurance Companies Association (CICA)

### Civil Action
Remedy imposed by a court of law, usually in the form of a monetary award, as compensation to the insured party for the → Civil Wrong incurred. A civil action is initiated by the injured party (the plaintiff) against the party causing the damages (the defendant). The → Statute of Limitations applies to these actions; → Civil Damages

### Civil Damages
Sums payable to the winning plaintiff by the losing defendant in a court of law; can take any or all of these forms: *general, punitive,* and *special.*

### Civil Liability
Negligent acts and/or omissions, other than breach of contract, normally independent of moral obligations for which a remedy can be pro-

schaft, Finanzen, Management, Buchführung und Recht ab. Eine dreijährige Berufserfahrung im Versicherungsgeschäft oder einem verwandten Bereich wird ebenfalls gefordert.

### Chronologischer Stabilisierungsplan
→ Rückschauende Prämienfestsetzung

### CICA
→ Captive Insurance Companies Association (CICA)

### Zivilprozeß
Durch ein Gericht auferlegtes Rechtsmittel, gewöhnlich in Form einer Geldstrafe, als Kompensation an eine versicherte Partei für das erlittene → Zivile Unrecht. Ein Zivilprozeß wird von der verletzten Partei (dem Kläger) gegen die Partei, die die Schäden verursacht hat (dem Angeklagten) geführt. Die → Gesetzlichen Verjäh-rungsvorschriften treffen auf diese Prozesse zu. → Zivilrechtlicher Schadenersatz

### Zivilrechtlicher Schadenersatz
An den gewinnenden Kläger vom vor Gericht unterliegenden Beklagten zahlbare Summe, kann jede oder alle diese Formen annehmen: Schadenersatz für *nicht in Geld feststellbaren Schaden, Bußgeld* und *zusätzlicher Schadenersatz.*

### Zivilrechtliche Haftung
Fahrlässige Handlungen und/oder Unterlassungen, außer Vertragsbruch, normalerweise unabhängig von moralischen Verpflichtungen, für die vor Gericht ein Rechtsmittel bereitgestellt wird. Z. B. kann

vided in a court of law. For example, a person injured in someone's home can bring suit under civil liability law.

### Civil Wrong
An act or violation that consists of two wrongs:
1. → Tort – negligent act or omission by one or more parties against the person or property or another party or parties. → Liability Insurance is designated to cover an insured for unintentional tort.
2. Breach or violation of the provisions of a → Contract. → Civil Liability.

### Claim
Request by an insured for indemnification by an insurance company for loss incurred from an insured peril.

### Claim Adjuster
→ Adjuster

### Claim Against Employers Net Worth
Claim by the → Pension Benefit Guaranty Corporation (PBGC) against an employer for reimbursement of the PBGC's loss (for a terminated plan) up to 30% of the net worth of the employer. If this amount is not paid, the PBGC may place a lien on all of the assets of the employer.

eine Person, die im Haus eines anderen verletzt wird, nach dem Zivilhaftpflichtgesetz Klage erheben.

### Ziviles Unrecht
Eine Handlung oder Verletzung, die aus zwei Unrechten besteht:
1. → Straftat: fahrlässige Handlung oder Unterlassung von einer oder mehreren Parteien gegen die Person oder das Vermögen oder eine andere Partei oder Parteien. Die → Haftpflichtversicherung ist dafür vorgesehen, einen Versicherten für unbeabsichtigte Straftaten zu versichern.
2. Bruch oder Verletzung von Bestimmungen eines → Vertrages. → Zivilrechtliche Haftung.

### Anspruch
Forderung eines Versicherten nach Entschädigung von einer Versicherungsgesellschaft für einen durch eine versicherte Gefahr erlittenen Schaden.

### Schadensregulierer
→ Schadensachverständiger

### Anspruch gegenüber dem Eigenkapital des Arbeitgebers
Anspruch der → Pension Benefit Guaranty Corporation (PBGC) – (Gesellschaft zur Garantierung der Pensionsleistungen) an einen Arbeitgeber auf Rückerstattung des Verlustes der PBGC (für ein beendetes Vorhaben) von bis zu 30 % des Eigenkapitals des Arbeitgebers. Falls der Betrag nicht bezahlt wird, kann die PBGC ein Pfandrecht auf alle Vermögensgegenstände des Arbeitgebers geltend machen.

## Claimant
One who submits a claim.

## Claim Expense
Cost incurred in adjusting a claim. Claim-adjustment expenses include such items as attorney's fees and investigation expenses (e.g., witness interviews). The claim settlement dollar amount awarded to the injured party is not considered a claim expense item.

## Claim, Obligation to Pay
Clause in liability insurance policies stating that the insurance company has a legally enforceable obligation to pay all claims and defend all suits (even if groundless) up to the policy limits on behalf of the insured for which the insured becomes legally obligated to pay.

## Claim Provision
Clause in an insurance policy which describes the administration and submission of claims procedure.

## Claim Report
Report furnished by the → Adjuster to the → Insurance Company (→ Insurer) which documents the amount of payment the insurer is legally obligated to pay to or on behalf of the → Insured under the terms of the → Policy. This report includes the following items:
1. Is there an → Insurable In-

## Anspruchsteller
Jemand, der einen Anspruch einreicht.

## Schadenregulierungskosten
Die bei der Regulierung eines Schadens erlittenen Kosten. Schadenregulierungskosten schließen solche Posten wie Rechtsanwaltsgebühren und Ausgaben für die Untersuchung (z.B. die Befragung von Zeugen) ein. Der der verletzten Partei zuerkannte Dollarbetrag zur Begleichung des Anspruches wird nicht als Bestandteil der Schadenregulierungskosten angesehen.

## Verpflichtung zur Schadensvergütung
Klausel bei Haftpflichtversicherungspolicen, die besagt, daß die Versicherungsgesellschaft eine rechtlich durchsetzbare Verpflichtung hat, alle Schadensansprüche zu zahlen und alle Prozesse bis zu den Policengrenzen für den Versicherten, für die ein Versicherter rechtlich zu zahlen verpflichtet ist, zu verteidigen (sogar dann, wenn unbegründet).

## Anspruchsbestimmung
Klausel in einer Versicherungspolice, die die Verwaltung und den Verfahrensablauf bei der Einreichung von Schadensansprüchen beschreibt.

## Schadensbericht
Vom → Schadensachverständigen der → Versicherungsgesellschaft (dem → Versicherer) zur Verfügung gestellter Bericht, der die Höhe der Zahlungen, die der Versicherer nach den → Policen-Bedingungen an oder für den → Versicherten zu zahlen gesetzlich verpflichtet ist, aufzeigt. Der Bericht schließt folgende Punkte ein:
1. Besteht ein → Versicherbares Interesse – erwartete die Person, die die Forderung

terest – did the person who submitted the claim have expectation of a monetary loss?
2. Is there a coverable cause of loss – was the source of the loss an → Insured Peril?
3. Is the property covered – was the damaged or destroyed property insured?
4. What is the location of the loss – was the occurrence of the insured peril within the geographical scope of the policy?
5. What is the date of the loss – did the loss occur while the policy was in effect?
6. What are the applicable → Exclusions – was the loss caused by a peril specifically excluded by the policy?
7. What are the applicable → Condition(s) and → Warranty(s) – were the condition(s) and warranty(s) under the policy complied with by the insured?
8. What is the → Salvage value of the damaged property – is there a portion of the damaged property which can be salvaged and how does the value of the salvageable property affect the total dollar amount of the loss?
9. What is the status of any → Other Insurance in force – are there any other insurance policies in force carried by the → Claimant covering the loss?
10. What is the status of → Subrogation – are there any third parties responsible for a covered loss against which the

einreichte, einen Geldverlust?
2. Gibt es einen abzudeckenden Schadensgrund – war die Quelle des Schadens eine → Versicherte Gefahr?
3. Ist der Besitz abgedeckt – war der beschädigte oder zerstörte Besitz versichert?
4. Wo trat der Schaden auf – trat die versicherte Gefahr innerhalb der geographischen Reichweite der Police auf?
5. An welchem Tag trat der Schaden auf – trat der Schaden auf, während die Police in Kraft war?
6. Welches sind die anzuwendenden → Ausschlüsse – wurde der Schaden durch eine in der Police speziell ausgeschlossenen Gefahr verursacht?
7. Welches sind die anzuwendende(n) → Bedingung(en) und → Zusicherung(en) der Richtigkeit der gemachten Angaben – wurden die Bedingung(en) und Zusicherung(en) der Richtigkeit der gemachten Angaben vom Versicherten eingehalten?
8. Wie hoch ist der → Bergungs-Wert des beschädigten Eigentums – gibt es einen Teil des beschädigten Eigentums, der geborgen werden kann, und beeinflußt der Wert des zu bergenden Besitzes die Höhe des Gesamtschadens in Dollar?
9. Welches ist der Status irgendeiner → Sonstigen Versicherung, die in Kraft ist – sind irgendwelche anderen vom → Anspruchsteller getragenen Policen in Kraft, die den Schaden decken?
10. Wie ist der → Subrogations-Status – gibt es dritte Parteien, die für den abgedeckten Schaden verantwortlich sind und gegen die der Versicherte rechtliche Schritte einleiten kann?
11. Waren eine → Falschdarstellung (Vorspiegelung falscher Tatsachen) und → Verschweigen beteiligt, verfälschte der

insurer can take legal action?
11. Was there any → Misrepresentation (False Pretense) and → Concealment involved – did the insured falsify or withhold material facts from the insurer?
12. What is the status of the availability of documentation – are there photographs available of the damaged or destroyed insured property? Does the insured have receipts or other pertinent records relating to the damaged or destroyed insured property?

## Claims and Loss Control
→ Engineering Approach; → Human Approach

## Claims Made
→ Claims Made Basis Liability Coverage

## Claims Made Basis Liability Coverage

Method of determining whether or not coverage is available for a specific claim. If a claim is made during the time period when a liability policy is in effect, an insurance company is responsible for its payment, up to the limits of the policy, regardless of when the event causing the claim occurred. Experts often advise that it is extremely important, when purchasing a property and casualty policy, to deter-

Versicherte wichtigte Fakten, oder hielt er diese vor dem Versicherer zurück?
12. Wie ist der Status bei der Verfügbarkeit von Belegen – sind Photographien des beschädigten oder zerstörten versicherten Besitzes verfügbar? Hat der Versicherte Quittungen oder andere wichtige Unterlagen, die sich auf das beschädigte oder zerstörte versicherte Eigentum beziehen?

## Anspruchs- und Schadenskontrolle
→ Ingenieurtechnischer Ansatz; → Menschlicher Ansatz

## Geltend gemachter Anspruch
→ Haftpflichtversicherungsschutz auf der Grundlage geltend gemachter Ansprüche

## Haftpflichtversicherungsschutz auf der Grundlage geltend gemachter Ansprüche

Methode zur Feststellung, ob Versicherungsschutz für einen bestimmten Anspruch verfügbar ist oder nicht. Wenn ein Anspruch während des Zeitraumes, in dem die Haftpflichtpolice in Kraft ist, gestellt wird, ist eine Versicherungsgesellschaft bis zu den Grenzen der Police für dessen Zahlung verantwortlich, unabhängig von dem Zeitpunkt, an dem das den Anspruch verursachende Ereignis eintrat. Experten weisen oft darauf hin, daß es äußerst wichtig ist, beim Kauf einer Sach- oder Unfallversicherungspolice festzulegen, ob Ansprüche auf der Grundlage geltend

# Claims Reserve/Reserve für Schadensfälle

mine if claims are paid on a claims made basis or a *claims occurrence* basis.

### Claims Made Form
→ Claims Made Basis Liability Coverage

### Claims Occurrence Basis Liability Coverage

Method of determining whether or not coverage is available for a specific claim. If a claim arises out of an event during the period when a policy is in force, the insurance company is responsible for its payment, up to the limits of the policy, regardless of when the business submits the claim. Experts often suggest that it is extremely important, when purchasing a property and casualty insurance policy, to determine if claims are paid on a *claims made* basis or on a claims occurrence basis.

### Claims Occurrence Form
→ Claims Occurrence Basis Liability Coverage

### Claims Representative
→ Adjuster

### Claims Reserve
Monetary fund established to pay for claims that the insurance company is aware of (claims incurred or future claims) but that the insurance

gemachter Ansprüche oder auf der Grundlage des *Anspruchseintritts* bezahlt werden.

### Geltend gemachte Anspruchsform
→ Haftpflichtversicherungsschutz auf der Grundlage geltend gemachter Ansprüche

### Haftpflichtversicherungsschutz auf der Grundlage des Eintritts von Ansprüchen

Methode zur Feststellung, ob Versicherungsschutz für einen bestimmten Anspruch verfügbar ist oder nicht. Wenn ein Anspruch aus einem Ereignis während des Zeitraumes, in dem die Police in Kraft ist, entsteht, ist die Versicherungsgesellschaft bis zu den Grenzen der Police für dessen Zahlung verantwortlich, unabhängig von dem Zeitpunkt, zu dem das Unternehmen den Anspruch einreicht. Experten weisen oft darauf hin, daß es äußerst wichtig ist, beim Kauf einer Sach- oder Unfallversicherungspolice festzulegen, ob Ansprüche auf der Grundlage *geltend gemachter Ansprüche* oder auf der Grundlage des Anspruchseintritts bezahlt werden.

### Anspruchseintrittsform
→ Haftpflichtversicherungsschutz auf der Grundlage des Eintritts von Ansprüchen

### Anspruchsvertreter
→ Schadenssachverständiger

### Reserve für Schadensfälle
Zur Begleichung von Ansprüchen, deren sich die Versicherungsgesellschaft bewußt ist (entstandene Ansprüche oder zukünftige Ansprüche), die die Versicherungsgesellschaft aber noch nicht beglichen hat,

company has not yet settled. This reserve is critical since it is an accurate indication of a company's liabilities. This reserve does not take into account → Incurred But Not Reported Losses (IBNR).

geschaffener Geldfonds. Diese Reserve ist von entscheidender Wichtigkeit, da sie ein genaues Anzeichen für die Verbindlichkeiten einer Gesellschaft ist. Diese Reserve berücksichtigt die → Erlittenen, aber nicht gemeldeten Schäden nicht.

## Class
Group of insureds with the same characteristics, established for rate-making purposes. For example, all wood-frame houses within 200 feet of a fire plug in the same geographical area would have similar probabilities of incurring a total loss. → Rate Making

## Klasse
Zur Erstellung von Tarifen geschaffene Gruppe von Versicherten mit den gleichen Merkmalen. So würden z.B. alle Holzrahmen-Häuser innerhalb von 200 Fuß eines Hydranten im gleichen geographischen Bereich eine ähnliche Wahrscheinlichkeit aufweisen, einen Totalschaden zu erleiden. → Prämienfestsetzung

## Classification
→ Class

## Klassifizierung
→ Klasse

## Classified Insurance
→ Substandard Health Insurance; → Substandard Life Insurance

## Klassifizierte Versicherung
→ Risikokrankenversicherung; → Risikolebensversicherung

## Class Premium Rate
→ Class Rate

## Klassenprämientarif
→ Klassentarif

## Class Rate
Rate applied to risks with similar characteristics or to a specified class of risk.

## Klassentarif
Ein auf Risiken mit ähnlichen Merkmalen oder auf eine spezifische Klasse von Risiken angewandter Tarif.

## Clause
In an insurance policy, sentences and paragraphs describing various coverages, exclusions, duties of the insured, locations covered, and conditions which suspend or terminate coverage.

## Klausel
Bei einer Versicherungspolice Sätze und Paragraphen, die verschiedene Deckungsarten, Ausschlüsse, Pflichten des Versicherten, abgedeckte Orte und Bedingungen, die den Versicherungsschutz aussetzen oder beenden, beschreiben.

## Clauses Added to a Life Insurance Policy

Provisions, usually requiring an additional premium, which are appended to an insurance contract. These include → Waiver of Premium (WP), → Disability Income (DI), → Accidental Death Clause, *policy purchase option (PPO)*. The young family with children may wish to consider these clauses since the breadwinner is seven to nine times more likely to become disabled than to die at young ages.

## Cleanup Fund

Component of necessary coverage determined by the "needs approach" to life insurance for a family. It is intended to cover last-minute expenses as well as those that surface after the death of an insured, such as burial costs, probate charges, and medical bills.

## Clear-Space Clause

In → Property Insurance policies, a clause which requires that a particular insured property be a specified distance from like insured or noninsured property. For example, stored dynamite should be at least 100 yards from an insured building.

## Zu einer Lebensversicherungspolice hinzugefügte Klauseln

Bestimmungen, die gewöhnlich eine zusätzliche Prämie erfordern, die einem Versicherungsvertrag als Anlage hinzugefügt werden. Diese schließen ein → Prämienverzicht; → Invaliditätseinkommen; → Unfalltodklausel; *Option zum Policenkauf*. Eine junge Familie mit Kindern sollte diese Klauseln in Betracht ziehen, da die Wahrscheinlichkeit, daß ein Brotverdiener zum Invaliden wird, sieben bis neun mal größer ist, als daß er in jungen Jahren stirbt.

## Aufwicklungsfonds

Durch den Bedarfsansatz bestimmte Komponente des notwendigen Versicherungsschutzes einer Lebensversicherung für eine Familie. Es ist beabsichtigt, die Ausgaben der letzten Minute ebenso abzudecken, wie auch diejenigen Kosten, die sich nach dem Tod eines Versicherten einstellen, wie Begräbniskosten, Testamentsgebühren und Arztrechnungen.

## Freiraumklausel

Bei → Sachversicherungs-Policen eine Klausel, die fordert, daß ein bestimmter versicherter Besitz sich in einer bestimmten Entfernung vom ebenfalls versicherten oder nicht-versicherten Besitz befinden muß. Z.B. sollte gelagertes Dynamit mindestens 100 Yards von einem versicherten Gebäude entfernt liegen.

## Cliff Vesting

→ Ten Year Vesting (Cliff Vesting)

## Klippe bei der Übertragung von Pensionsansprüchen

→ Übertragung von Pensionsansprüchen nach 10 Jahren (Klippe bei der Übertragung von Pensionsansprüchen)

## Clifford Trust

Up to 1986, arrangement to provide a personal trust while the settlor is still alive. The income is paid to named children, who enjoy lower income taxes. After 10 years and a day, the property reverst to the original owner. The Internal Revenue Service had ruled that the income from the property in trust is not income to the original owner. The Clifford Trust was eliminated under the → Tax Reform Act of 1986.

## Clifford Trust

Bis 1986 ein Arrangement, um ein persönliches Treuhandvermögen zu bieten, während der Treugeber noch lebt. Das Einkommen wird an die benannten Kinder gezahlt, die einer niedrigeren Einkommensteuer unterliegen. Nach 10 Jahren und einem Tag geht der Besitz an den ursprünglichen Eigentümer zurück. Der Internal Revenue Service (Einkommensteuerverwaltung) hatte entschieden, daß das Einkommen vom Vermögen der Stiftung kein Einkommen des ursprünglichen Eigentümers darstellt. Unter dem → Tax Reform Act of 1986 (Steuerreform-Gesetz von 1986) wurde der Clifford Trust abgeschafft.

## Close Corporation Plan

Prior arrangement for surviving stockholders to purchase shares of a deceased stockholder according to a predetermined formula for setting the value of the corporation. Often, the best source for its funding is a life insurance policy in either of these forms: (1) *Individual Stock Purchase Plan (Cross Purchase Plan)*, much like the *partnership cross purchase* plan. Each stockholder buys, owns, and pays the premium for insurance equal to his/her share of the agreed purchase price for

## Close Corporation Plan

(Vorhaben einer Gesellschaft mit beschränkter Haftung) – vorhergehendes Arrangement für überlebende Aktionäre, die Aktien eines verstorbenen Aktionärs nach einer vorher festgelegten Formel zur Wertfestsetzung der Gesellschaft zu erwerben. Häufig ist die beste Quelle zu ihrer Finanzierung eine Lebensversicherungspolice einer der nachfolgenden Formen: *Individuelles Aktienkaufvorhaben (gegenseitiges Kaufvorhaben)*, ähnlich wie das *gegenseitige Teilhaber-Kaufvorhaben*. Jeder Aktionär kauft, besitzt und zahlt Versicherungsprämien entsprechend seinem/ihrem Anteil des vereinbarten Kaufpreises für die Aktien der anderen Aktionäre. (2) Das *Gesellschaftsaktien-*

the stock of the other stockholders. (2) *Corporation Stock Purchase Plan (Stock Redemption Plan)*, similar to the *partnership entity plan* is a better choice if the number of stockholders is large. The corporation purchases and pays the premiums on the amount of insurance needed to purchase the deceased stockholder's interest at the price set by the predetermined formula. These premiums are not tax deductible as a business expense, but the death benefits are not subject to income tax. Life insurance owned by the corporation is listed as an asset on the corporation's balance sheet. Ownership of life insurance on the stockholders thus increases the corporation's net worth, and if permanent insurance is purchased, its cash value would be available for loans in the event of business emergencies.

*kaufvorhaben (Aktienrückkaufvorhaben),* ähnlich dem *Teilhaber-Einheitenvorhaben,* ist eine bessere Alternative, wenn die Zahl der Aktionäre groß ist. Die Gesellschaft schließt eine Versicherung in der Höhe ab, die erforderlich ist, um den Anteil des verstorbenen Gesellschafters zu einem Preis, der durch eine im voraus bestimmte Formel festgelegt wurde, zu erwerben, und bezahlt die Prämien. Diese Prämien sind nicht als Geschäftsausgaben steuerlich abzugsfähig, aber die Leistungen im Todesfall unterliegen nicht der Einkommensteuer. Lebensversicherungen im Besitz der Gesellschaft werden in der Bilanz als Aktivposten ausgewiesen. Der Besitz von Lebensversicherungen für Aktionäre erhöht somit den Nettowert der Gesellschaft, und falls eine ständige Lebensversicherung erworben wird, steht ihr Barwert für geschäftliche Notfälle für Darlehn zur Verfügung.

## CLU
→ Chartered Life Underwriter (CLU)

## CLU
→ Chartered Life Underwriter (CLU) – (Geprüfter Lebensversicherer)

## Coding
Placement of verbal descriptive information into numerical form for the purposes of analysis.

## Kodierung
Die Übertragung schriftlicher Informationen in numerische Form für Analysezwecke.

## Coinsurance
In → Property Insurance, when the insurance policy

## Mitversicherung
Wenn eine Versicherungspolice bei der → Sachversicherung diese Klausel ent-

contains this clause, coinsurance defines the amount of each loss that the company pays according to the following relationship:

hält, definiert die Mitversicherung die Höhe jedes Schadens, den die Gesellschaft zahlt, entsprechend dem folgenden Verhältnis:

$$\frac{\text{Amount of Insurance Carried}}{\text{Amount of Insurance Required}} \times \text{Amount of Loss} = \text{Insurance Company Payment}$$

Where:
Amount of Insurance Required = Value of Property Insured x Coinsurance Clause Percentage Amount of Insurance Required

$$\frac{\text{Betrag der getragenen Versicherung}}{\text{Betrag der erforderlichen Versicherung}} \times \text{Höhe des Schadens} = \text{Zahlung der Versicherungsgesellschaft}$$

Wo:
Der Betrag der erforderlichen Versicherung = Wert des versicherten Besitzes x Mitversicherungsklausel-Prozentsatz der erforderlichen Versicherung

*Example:*
Value of building = $100,000
Coinsurance Clause Percentage Amount of Insurance Required = 80%
Amount of Fire Damage to the Building = $60,000
Amount of Insurance Carried = $75,000
The insurance company would be required to pay $56,250 of the $60,000 loss:

*Beispiel:*
Wert des Gebäudes = US$ 100.000
Prozentsatz des erforderlichen Versicherungsbetrages gemäß Mitversicherungsklausel = 80 %
Höhe des Feuerschadens am Gebäude = US$ 60.000
Betrag der getragenen Versicherung = US$ 75.000
Die Versicherungsgesellschaft hätte US$ 56.250 des Schadens von US$ 60.000 zu zahlen:

$$\frac{\$\,75{,}000}{\$\,100{,}000 \times 80\,\%} \times \$\,60{,}000 = \$\,56{,}250$$

Note that the indemnification of the insured for a property loss can never exceed (1) the dollar amount of the actual loss; (2) the dollar limits of the insurance policy; (3) the dollar amount determined by the co-insurance relationship. The lesser of the above three amounts will always apply.

In commercial health insurance, when the insured and the insurer share in a specific ratio of the covered medical expenses, coinsurance is the insured's share of covered losses. For example, in some policies the insurer pays 75–80% of the covered medical expenses and the insured pays the remainder. In other policies, after the insured pays a *deductible* amount, the insurer pays 75–80% of the covered medical expenses above the deductible and the insured pays the remainder until a maximum dollar amount is reached (for example, $ 5,000). The insurer pays 100% of covered medical expenses over this dollar amount up to the limits of the policy.

Es ist zu beachten, daß die Entschädigung eines Versicherten für einen Sachschaden (1) nie die Höhe des tatsächlichen Schadens in Dollar, (2) die Höchstgrenze der Police in Dollar, (3) den durch das Mitversicherungsverhältnis bestimmten Betrag in Dollar übersteigen kann. Es wird stets der niedrigere der oben genannten drei Beträge angewendet.

Bei der gewerblichen Krankenversicherung, bei der sich Versicherter und Versicherer die abgedeckten medizinischen Ausgaben in einem bestimmten Verhältnis teilen, ist die Mitversicherung der Anteil des Versicherten an den versicherten Schäden. Bei einigen Policen zahlt der Versicherer z.B. 75 bis 80 % der versicherten medizinischen Ausgaben, und der Versicherte zahlt den Rest. Bei anderen Policen bezahlt der Versicherte einen Selbstbehalt, der Versicherer bezahlt 75 bis 80 % der über den Selbstbehalt hinausgehenden versicherten medizinischen Ausgaben, und der Versicherte bezahlt den Rest, bis ein Höchstbetrag in Dollar (z.B. US$ 5.000) erreicht worden ist. Der Versicherer bezahlt 100 % der versicherten medizinischen Ausgaben über diesem Betrag in Dollar bis zur Policengrenze.

**Coinsurance Clause**
→ Coinsurance

**Mitversicherungsklausel**
→ Mitversicherung

**Coinsurance Formula**
→ Coinsurance

**Mitversicherungsformel**
→ Mitversicherung

**Coinsurance Limit**
In a → Mercantile Open-Stock Burglary Insurance policy, the

**Mitversicherungshöchstgrenze**
Bei einer → Einbruchdiebstahlversicherungspolice offener Warenlager die Ver-

dollar amount of coverage as required by the → Coinsurance clause. This dollar amount is the → Maximum Probable Loss (MPL) of merchandise that the insurer estimates could result from a single burglary. The indemnification of the insured merchant cannot exceed the lesser of this coinsurance limit or the → Coinsurance Percentage of the total dollar value of the merchandise which has been insured.

### Coinsurance Penalty
Reduction in the amount that the insured receives from the insurer, after having incurred a property loss, because the insurer failed to carry the amount of coverage required by the Coinsurance clause. → Coinsurance Requirement

### Coinsurance Percentage
In many → Property Insurance policies, a requirement that the insured carry insurance as a percentage of the total monetary value of the insured property. If this percentage is not carried, the insured is subject to the → Coinsurance Penalty. → Coinsurance; → Coinsurance Requirement

### Coinsurance Requirement
Amount of insurance that the insured must carry in order to be indemnified for the total dollar amount of the actual sicherungshöhe in Dollar wie von der → Mitversicherungs-Klausel gefordert. Dieser Betrag in Dollar ist der → Wahrscheinliche Höchstschaden einer Handelsware, der, wie der Versicherer schätzt, bei einem einzigen Einbruchdiebstahl entstehen kann. Die Entschädigung des versicherten Kaufmanns kann den geringeren Betrag von dieser Mitversicherungshöchstgrenze oder dem → Mitversicherungsprozentsatz des Gesamtwertes der versicherten Handelsware in Dollar nicht übersteigen.

### Mitversicherungsstrafe
Reduzierung des Betrages, den der Versicherte von dem Versicherer erhält, nachdem er einen Sachschaden hervorgerufen hat, weil der Versicherte es versäumte, die von der Mitversicherungsklausel geforderte Versicherungshöhe zu tragen. → Mitversicherungserfordernis

### Mitversicherungsprozentsatz
In vielen → Sachversicherungs-Policen eine Forderung, daß der Versicherte eine Versicherung als Prozentsatz des gesamten Geldwertes eines versicherten Vermögensgegenstandes trägt. Falls der Prozentsatz nicht getragen wird, unterwirft sich der Versicherte einer → Mitversicherungsstrafe. → Mitversicherung; → Mitversicherungserfordernis

### Mitversicherungserfordernis
Der Versicherungsbetrag, den der Versicherte tragen muß, um für die Gesamthöhe des tatsächlichen Schadens in Dollar entschädigt zu werden. Wird dieses Erfor-

loss. If this requirement is met by the insured, the → Coinsurance Penalty will not go into effect. The amount of insurance required is usually expressed as a percentage of the value of the property insured at the time the loss is incurred; however, the amount may also be expressed as a flat dollar amount. → Coinsurance; → Coinsurance Percentage

**Coinsurer**
Party which shares in the loss under an insurance policy or policies. → Coinsurance; → Coinsurance Limit; → Coinsurance Penalty; → Coinsurance Percentage; → Coinsurance Requirement

**Cold Call
(Cold Canvassing)**
Call on a prospective insurance buyer without a prior appointment. Many salespeople find this exercise the most threatening in their career development. Some observers attribute the substantial failure rate among new agents to their repugnance to cold calls.

**Cold Canvassing**
→ Cold Call (Cold Canvassing)

**Collateral Assignment**
Designation of a policy's death benefit or its cash surrender value to a creditor as security

dernis vom Versicherten erfüllt, so wird die → Mitversicherungsstrafe nicht wirksam. Der erforderliche Versicherungsbetrag wird gewöhnlich als Prozentsatz des Wertes des Vermögensgegenstandes zu dem Zeitpunkt, als der Schaden eintrat, ausgedrückt. Der Betrag kann auch als Pauschalbetrag in Dollar ausgedrückt werden. → Mitversicherung; → Mitversicherungsprozentsatz

**Mitversicherer**
Eine Partei, die am Schaden bei einer Versicherungspolice oder Versicherungspolicen teilhat. → Mitversicherung; → Mitversicherungshöchstgrenze; → Mitversicherungsstrafe; → Mitversicherungsprozentsatz; → Mitversicherungserfordernis

**Unangemeldeter Besuch
(Unaufgeforderte Kundenwerbung)**
Besuch eines möglichen Versicherungskäufers ohne vorherige Verabredung. Viele Verkäufer empfinden diese Übung als die bedrohlichste in ihrer Karriereentwicklung. Einige Beobachter schreiben die beträchtliche Versagensrate bei neuen Agenten ihrem Widerwillen gegenüber unangemeldeten Besuchen zu.

**Unaufgeforderte Kundenwerbung**
→ Unangemeldeter Besuch (unaufgeforderte Kundenwerbung)

**Indirekte Abtretung**
Bestimmung der Todesfalleistungen einer Police oder ihres Barrückkaufwertes für einen Gläubiger als Sicherheit für ein

for a loan. If the loan is not repaid, the creditor receives the policy proceeds up to the balance of the outstanding loan, and the beneficiary receives the remainder. Because life insurance is freely assignable it is readily acceptable to lending institutions as security. Also, the lender is certain to receive the money should death strike the borrower before the loan can be repaid.

### Collateral Borrower

Individual who assigns rights to a benefit. For example, a life insurance policy may be assigned as security for a loan made by the borrower. The policy protects the → Collateral Creditor (Assignee) if the borrower does not pay the loan when due. If a loan remains unpaid at the death of an insured, the loan balance is subtracted from the death benefit and paid to the creditor, with the balance going to the insured's beneficiary. On the other hand, if the insured (the borrower) does not pay the loan when due, the creditor can withdraw the amount due from the cash value of the policy. When a loan is repaid, the assignment ends and the policyowner is again vested with all rights to the policy.

### Collateral Creditor (Assignee)

Individual to whom rights to a

Darlehn. Wird ein Darlehn nicht zurückgezahlt, so erhält der Gläubiger den Policenerlös bis zum Ausgleich des offenstehenden Darlehns, und der Begünstigte erhält den Rest. Da Lebensversicherungen frei abtretbar sind, sind sie von Kreditinstituten leicht als Sicherheit akzeptierbar. Der Darlehnsgeber ist darüber hinaus sicher, das Geld zu erhalten, falls der Darlehnsnehmer sterben sollte, bevor das Darlehn zurückgezahlt werden kann.

### Nebenschuldner

Eine Einzelperson, die Rechte an einer Leistung abtritt. Eine Lebensversicherungspolice kann z.B. als Sicherheit für ein von dem Darlehnsnehmer aufgenommenes Darlehn abgetreten werden. Die Police schützt den → Nebengläubiger (Zessionar), falls der Kreditnehmer das Darlehn bei Fälligkeit nicht zahlt. Falls ein Darlehn beim Tod eines Versicherten unbezahlt bleibt, wird die Darlehnssumme von den Todesfalleistungen abgezogen und an den Gläubiger gezahlt. Der Rest geht an den Begünstigten des Versicherten. Auf der anderen Seite, falls der Versicherte (Kreditnehmer) das Darlehn bei Fälligkeit nicht bezahlt, kann der Gläubiger den fälligen Betrag vom Barwert der Police abziehen. Sobald ein Darlehn zurückgezahlt ist, endet die Abtretung, und der Policeninhaber verfügt wieder über alle Rechte aus der Police.

### Nebengläubiger (Zessionar)

Einzelperson, der Rechte an Leistungen

benefit are assigned. A life insurance policy is assigned by the → Collateral Borrower (assignor) to the → Collateral Creditor (assignee) as security for a loan. → Collateral Borrower

**Collateral Source Rule**
Judicial rule of evidence under which no reduction in damages awarded by a court is allowed for bodily injury, sickness, illness, or accident merely because the plaintiff has other financial sources paying benefits such as → Health Insurance and → Disability Income Insurance.

**Collection Book**
Record a debit (or other) agent makes for premiums collected, time period for which the policy is paid, and the week of collection or date the premium was paid. In essence, the debit agent, through the collection book, becomes a bookkeeper as well as a salesperson, since at the end of each week the agent has to balance the debit book, which in some instances is time consuming. → Debit Agent

**Collection Commission**
Commission paid to an agent as a percentage of the premiums her or she collects on → Debit Insurance (Home Service Insurance, Industrial Insurance).

abgetreten werden. Eine Lebensversicherungspolice wird vom → Nebenschuldner (Zedent) an den → Nebengläubiger (Zessionar) als Sicherheit für ein Darlehn abgetreten. → Nebenschuldner

**Nebenquellenregel**
Gerichtliche Beweisregel, nach der keine Reduzierung der vom Gericht zuerkannten Entschädigung für Körperverletzung, Krankheit, Erkrankung oder Unfall erlaubt ist, nur weil der Kläger über andere Leistungen zahlende Finanzquellen, wie eine → Krankenversicherung und eine → Invaliditätseinkommensversicherung, verfügt.

**Inkassobuch**
Aufzeichnungen, die ein Inkasso- (oder anderer) Agent macht, für die kassierten Prämien, den Zeitraum, für den die Police bezahlt ist, die Woche, in der kassiert wurde, oder das Datum, an dem die Prämie bezahlt wurde. Der Inkassoagent wird durch das Inkassobuch im wesentlichen zu einem Buchhalter sowie einem Verkäufer, weil der Agent am Ende jeder Woche das Rechnungsbuch saldieren muß, was in manchen Fällen zeitaufwendig ist. → Inkassoagent

**Inkassoprovision**
An einen Agenten als Prozentsatz der Prämien gezahlte Provision, die er oder sie für eine → Inkassoversicherung (Home Service Versicherung, Kleinlebensversicherung) kassiert.

## Collection Fee

Fee paid to an agent as compensation for his or her collecting premiums for → Debit Insurance (Home Service Insurance, Industrial Insurance).

## Collection Expense Insurance

→ Accounts Receivable Insurance

## Collective Merchandising of Insurance

→ Mass Merchandising

## College Retirement Equities Fund (CREF)

Entity maintained by the Teachers Insurance Annuity Association. The fund essentially serves college faculties and staff, who pay premiums through salary deductions toward a tax-sheltered retirement variable annuity.

## Collision

Physical contact of an automobile with another inanimate object resulting in damage to the insured car. Insurance coverage is available to provide protection against this occurence. → Personal Automobile Policy (PAP)

## Collision Damage Waiver

Special property damage coverage purchased by an individual renting an automobile

## Inkassogebühr

An einen Agenten als Vergütung für das Kassieren von Prämien für eine → Inkassoversicherung (Home Service Versicherung, Kleinlebensversicherung) gezahlte Gebühr.

## Inkassokostenversicherung

→ Debitorenversicherung

## Kollektive Absatzförderung bei Versicherungen

→ Massenabsatzförderung

## College Retirement Equities Fund (CREF)

(College-Rentenkapitalfonds) – von der Teachers Insurance Annuity Association (Rentenversicherungsvereinigung für Lehrer) unterhaltene Organisation. Der Fonds dient im wesentlichen Collegefakultäten und -personal, die die Prämien für eine steuergeschützte variable Pensionsrente durch Gehaltsabzüge zahlen.

## Kollision

Physischer Kontakt eines Kraftfahrzeugs mit einem anderen unbelebten Gegenstand, der eine Beschädigung des versicherten Autos zur Folge hat. Es gibt Versicherungsschutz, der gegen dieses Ereignis Schutz bietet. → Privat-Kfz-Versicherungspolice

## Verzicht auf Schadenersatz bei Kollisionsschäden

Spezieller Versicherungsschutz gegen Sachschäden, der von einer Person, die ein Kraftfahrzeug mietet, abgeschlossen wird.

under which the rental company waives any right to recover property damage to the automobile from that individual, regardless of who is at fault. A significant fee is paid by the individual to the rental company for this waiver for coverage that may already be provided by a → Personal Automobile Policy (PAP).

**Collision Insurance**
In automobile insurance, coverage providing protection in the event of physical damage to the insured's own automobile (other than that covered under → Comprehensive Insurance) resulting from → Collision with another inanimate object. → Personal Automobile Policy (PAP)

**Collusion**

Agreement between two or more individuals to commit fraud. For example, an insured hires someone to burn down this house in order to collect the insurance proceeds.

**Combination Agent**
Representative of an insurance company who sells ordinary and industrial life insurance policies. In an effort to move their field forces into the ordinary life business, many industrial companies have systematically trained their agents

Dabei verzichtet die Verleihfirma auf jedwedes Recht auf Schadenersatz für Sachbeschädigungen an dem Kraftfahrzeug gegenüber dieser Person, unabhängig davon, wer schuldig ist. Die Person zahlt für diesen Verzicht auf Versicherungsschutz, der vielleicht bereits durch eine Privat-Kfz-Versicherungspolice bereitgestellt wird, eine beträchtliche Gebühr an die Verleihfirma.

**Kollisionsversicherung**
Versicherungsschutz bei der Kfz-Versicherung, der im Falle einer materiellen Beschädigung am Auto des Versicherten (außer einer unter der → Kombinierten Haftpflicht- und Kaskoversicherung abgedeckten) infolge eines Zusammenstoßes mit einem anderen unbelebten Gegenstand Schutz bietet. → Privat-Kfz-Versicherungspolice

**Heimliches Einverständnis zu betrügerischen Zwecken**
Vereinbarung zwischen zwei oder mehr Personen, einen Betrug zu begehen. Ein Versicherter stellt beispielsweise jemanden an, der sein Haus niederbrennt, um die Versicherungserlöse zu kassieren.

**Kombinationsagent**
Ein Vertreter einer Versicherungsgesellschaft, der Groß- und Kleinlebensversicherungspolicen verkauft. Bei dem Bestreben ihren Außendienst in Richtung Großlebensversicherungen zu bewegen, haben viele Kleinlebensversicherungsgesellschaften ihre Agenten systematisch ausgebildet, um Großlebensversiche-

to sell ordinary life policies.

## Combination Policy (Plan)
1. A contract in life insurance that includes elements of whole life and term insurance.
2. In pensions, a combined life insurance policy and a side (auxiliary) fund to enhance the amount of a future pension.
3. In automobile insurance, different coverages using policies of two or more insurance companies (rare).

## Combination Safe Depository Insurance
Covers property damage and theft coverage in two areas not subject to a coinsurance requirement or a deductible.
*Coverage A.* If the bank becomes liable for loss to a customer's property while that property is: (1) on the bank's premises in safe deposit boxes in the vault; or (2) being deposited into or taken out of the safe deposit boxes.
*Coverage B.* Loss to the bank customer's property due to burglary or robbery, whether actual or attempted, even if the bank is not held liable.

## Combined Ratio
In insurance, combination of the → Loss Ratio and the → Expense Ratio:

rungspolicen zu verkaufen.

## Kombinationspolice (-vorhaben)
1. Ein Vertrag bei Lebensversicherungen, der Elemente der Lebensversicherung auf den Todesfall und der befristeten Versicherung aufweist.
2. Bei Pensionen eine kombinierte Lebensversicherungspolice und ein Neben-(Hilfs-)fonds, um die Höhe der zukünftigen Rente zu steigern.
3. Bei der Kfz-Versicherung verschiedene Deckungsarten, die Policen von zwei oder mehreren Versicherungsgesellschaften verwenden (selten).

## Kombinierte Safeeinlagenversicherung
Deckt Sachbeschädigung und Versicherungsschutz für Diebstahl in zwei Bereichen ab, die keinem Mitversicherungserfordernis oder Selbstbehalt unterliegen.
*Deckung A.* Falls eine Bank für den Verlust des Vermögens eines Kunden haftbar gemacht wird, während sich dieses Vermögen: (1) im Bankgebäude in einem Wertfach im Tresor befindet, oder (2) wenn es im Wertfach hinterlegt oder aus dem Wertfach herausgenommen wird.
*Deckung B.* Verlust des Vermögens des Bankkunden wegen tatsächlichen oder versuchten Einbruchdiebstahls oder Raubes, auch dann, wenn die Bank nicht haftbar gemacht wird.

## Kombinierte Quote
Bei Versicherungen die Kombination der → Schadensquote und des → Unkostenanteils:

1. Loss Ratio =
$$\frac{\text{Incurred Losses} + \text{Loss Adjustment Expense}}{\text{Earned Premiums}}$$

2. Expense Ratio =
$$\frac{\text{Incurred Expense}}{\text{Written Premiums}}$$

The combined ratio is important to an insurance company since it indicates whether or not the company is earning a profit on the business it is writing, *not* taking into account investment returns on the premiums received. The property and casualty insurance business sometimes goes through cycles. During the 1980s, for instance, it was not unusual to have a combined ratio of over 120%. Obviously, the difference has to be made up from the company's surplus, which in some instances even put the major companies under severe financial strain.

### Combined Single Limit
Bodily injury liability and property damage liability expressed as a single sum of coverage.

### Commencement of Coverage
Date at which insurance protection begins.

1. Schadensquote =
$$\frac{\text{erlittene Schäden} + \text{Schadensregulierungskosten}}{\text{Verdiente Prämien}}$$

2. Unkostenanteil =
$$\frac{\text{erlittene Aufwendungen}}{\text{gezeichnete Prämien}}$$

Die kombinierte Quote ist wichtig für eine Versicherungsgesellschaft, weil sie anzeigt, ob eine Gesellschaft bei den Geschäften, die sie zeichnet, einen Gewinn erwirtschaftet oder nicht, *ohne* dabei die Investitionserträge der erhaltenen Prämien zu berücksichtigen. Das Sach- und Unfallversicherungsgeschäft durchläuft bisweilen zyklische Schwankungen. Während der 80er Jahre z.B. war es nicht ungewöhnlich, eine kombinierte Rate von 120% zu haben. Die Differenz muß natürlich durch den Überschuß der Gesellschaft ausgeglichen werden, was in einigen Fällen auch die großen Gesellschaften unter großen finanziellen Druck setzte.

### Kombiniertes Einzellimit
Haftpflicht für Körperverletzung und Sachbeschädigung, ausgedrückt in einer einzigen Deckungssumme.

### Deckungsbeginn
Datum, an dem der Versicherungsschutz beginnt.

## Commercial Blanket Bond

Coverage of the employer for all employees on a *blanket* basis, with the maximum limit of coverage applied to any one loss without regard for the number of employees involved. Both *commercial* and *position blanket bonds* work the same way if only one employee causes the loss, or if the guilty employee(s) cannot be identified. For example, five identifiable employees as a team steal $50,000. A $10,000 → Blanket Position Bond would cover the loss in full. A $50,000 commercial blanket bond would be required to repay the insured business for the same loss.

## Blankettversicherungsschein für Versicherungsdelikte von Betriebsangehörigen

Versicherungsschutz des Arbeitgebers für alle Arbeitnehmer auf einer *kollektiven* Grundlage, bei dem die Deckungshöchstgrenze auf jeden Schaden anwendbar ist, ohne Berücksichtigung der daran beteiligten Arbeitnehmer. Sowohl *Blankettversicherungsscheine für Versicherungsdelikte von Betriebsangehörigen* als auch *Blankettversicherungsscheine mit getrenntem Deckungslimit pro Arbeitnehmer* funktionieren auf die gleiche Art und Weise, wenn nur ein Arbeitnehmer den Schaden verursacht, oder, wenn der/die schuldige(n) Arbeitnehmer nicht identifiziert werden können. Z.B.: Fünf identifizierte Arbeitnehmer stehlen als Team US$ 50.000. Ein → Blankettversicherungsschein mit getrenntem Deckungslimit pro Arbeitnehmer über US$ 10.000 würde den Schaden vollständig decken. Um dem versicherten Unternehmen den gleichen Schaden zurückzuzahlen, wäre ein Blankettversicherungsschein für Versicherungsdelikte von Betriebsangehörigen über US$ 50.000 erforderlich.

## Commercial Credit Insurance

Coverage for an insured firm if its business debtors fail to pay their obligations. The insured firm can be a manufacturer or a service organization but it cannot sell its products or service on a retail level to be covered under commercial credit insurance. Under this form of insurance, the insured firm assumes the expected loss

## Gewerbliche Kreditversicherung

Versicherungsschutz für eine versicherte Firma, wenn ihre Geschäftsschuldner ihren Zahlungsverpflichtungen nicht nachkommen. Die versicherte Firma kann ein Hersteller oder eine Dienstleistungsorganisation sein, sie kann ihre Produkte oder Dienstleistungen jedoch nicht auf der Einzelhandelsebene verkaufen, um bei der gewerblichen Kreditversicherung abgedeckt zu werden. Bei dieser Versicherungsform übernimmt die versicherte

up to the rentention amount and the insurance company pays the excess losses above that amount, up to the limits of the credit insurance policy.

**Commercial Forgery Policy**
Coverage for an insured who unknowingly accepts forged checks. Coverage can be found under the → Special Multiperil Insurance (SMP) policy (Section III Crime Coverage Insuring Agreement 5 – Depositors Forgery).

**Commercial Forms**
Insurance policies covering various business risks.

**Commercial General Liability Form (CGL)**
Liability coverage section of a → Simplified Commercial Lines Portfolio Policy (SCLP). Provides for separate limits of coverage for general liability, fire legal liability, products and completed operations liability, advertising and personal liability, and medical payments. An → Aggregate Limit of liability is in force for the general liability, fire legal liability, advertising and personal liability, and medical payments claims. When total claims for all of these areas exceed a given annual aggregate limit of liability, the policy limits are said

Firma den erwarteten Schaden bis zur Höhe des Selbstbehalts, und die Versicherungsgesellschaft bezahlt die über diesen Betrag hinausgehenden Schäden bis zu den Höchstgrenzen der Kreditversicherungspolice.

**Gewerbliche Fälschungspolice**
Versicherungsschutz für einen Versicherten, der unwissentlich gefälschte Schecks akzeptiert. Versicherungsschutz kann unter der → Speziellen Vielgefahrenversicherungs-Police (Teil III Versicherungsvereinbarung 5 über Verbrechensdeckung – Fälschung des Einzahlers) erfolgen.

**Gewerbliche Versicherungsformen**
Versicherungspolicen, die verschiedene Unternehmensrisiken abdecken.

**Allgemeine gewerbliche Haftpflichtversicherungsform**
Haftpflichtversicherungsteil einer → Vereinfachten Geschäftssparteportefeuillepolice. Bietet getrennte Deckungshöchstgrenzen für allgemeine Haftpflicht, gesetzliche Feuerhaftpflicht, Haftpflicht für Produkte und abgeschlossene Arbeiten, Werbung und persönliche Haftpflicht sowie medizinische Zahlungen. Für Ansprüche, die die allgemeine Haftpflicht, gesetzliche Feuerhaftpflicht, Werbung und persönliche Haftpflicht sowie medizinische Zahlungen betreffen, tritt ein Haftungs-(→)Gesamtlimit in Kraft. Wenn die gesamten Ansprüche für all diese Gebiete ein bestimmtes jährliches Haftungsgesamtlimit übersteigen, werden die Policengrenzen als erschöpft bezeichnet, und für dieses Jahr werden keine weiteren

to be exhausted and no more claims for that year will be paid under the policy. There is also an aggregate limit of liability in force for products and completed operations liability claims. This form has replaced the → Comprehensive General Liability Insurance (CGL) form.

Ansprüche aus dieser Police bezahlt. Auch für Haftungsansprüche wegen Produkten und abgeschlossenen Arbeiten gibt es ein Haftungs-Gesamtlimit. Diese Form hat die → Allgemeine Haftpflichtversicherung ersetzt.

## Commercial Health Insurance

Coverage that provides two types of benefits, → Disability Income (DI) and *medical expenses*. Sold by insurance companies whose business objective is the profit motive (as distinct from Blue Cross/Blue Shield) it can be classified by its → Renewal Provisions, and types of *benefits provided*.
1. *Renewal Provisions:* (a) Optionally renewable. The insurance company has the option to renew the policy at the end of the term period, (one year, six months, three months or one month). If the company renews the policy, it has the option to adjust the premium up or down; limit the types of perils insured against; and limit some or all of the benefits. (b) Nonrenewable for stated reasons only. When the insured reaches a certain age or when all similar policies are not renewed, the policy is said to be nonrenewable for the reasons

## Gewerbliche Krankenversicherung

Versicherungsschutz, der zwei Arten von Leistungen bietet, ein → Invaliditätseinkommen und *medizinische Ausgaben.* Sie wird von Gesellschaften verkauft, deren Geschäftsgegenstand (im Gegensatz zum Blue Cross/Blue Shield) das Gewinnmotiv ist. Sie kann nach ihren → Verlängerungsbestimmungen und den Arten der *gebotenen Leistungen* klassifiziert werden:
1. *Verlängerungsbestimmungen:* (a) Wahlweise erneuerbar. Die Versicherungsgesellschaft hat die Option, die Police am Ende des vertraglich festgelegten Zeitraumes (1 Jahr, 6 Monate, 3 Monate oder 1 Monat) zu erneuern. Falls die Versicherungsgesellschaft die Police erneuert, so hat sie das Recht, die Prämie nach oben oder nach unten anzupassen, die Zahl der versicherten Gefahren zu begrenzen und einige oder alle der Leistungen zu begrenzen. (b) Lediglich aufgrund angegebener Gründe nicht erneuerbar. Wenn ein Versicherter ein bestimmtes Alter erreicht oder wenn alle gleichartigen Policen nicht erneuert werden, so sagt man von der Police, sie sei aus den angegebenen Gründen nicht erneuerbar. (c) Nicht kündbar. Die Versicherungsgesellschaft

stated. (c) Noncancellable. The insurance company must renew the policy and cannot change any of the provisions of the policy nor raise the premium while the policy is in forse. (d) Guaranteed renewable. The company must renew the policy but the company has the option to adopt a new rate structure for the future renewal premiums.

2. *Benefits Provided:* (a) Disability income for total and partial disability subject to a maximum dollar amount and maximum lenght of time. Limitations include: pre-existing injury or condition; elimination period beginning with the first day of disability during which no benefits are paid; probationary period during which no benefits are paid for a sickness contracted or beginning during the first 15, 20, 25, or 30 days that the policy is in force; a recurrent disability such that before the current disability will be deemed to be a new disability, the insured must have returned to full time continuous employment for at least six months. (b) Medical Expense Benefits for hospital charges for room, board, nursing, use of the operating room, physicians and surgeons fees; and miscellaneous medical expenses for laboratory tests, drugs, medicines, X-rays, an-

muß die Police erneuern und kann keine Vorschriften der Police ändern oder die Prämie der Police erhöhen, während die Police in Kraft ist. (d) Garantiert erneuerbar. Die Gesellschaft muß die Police erneuern, aber die Gesellschaft hat das Recht, eine neue Tarifstruktur auf die zukünftigen Erneuerungsprämien anzuwenden.

2. *Gebotene Leistungen:* a) Invaliditätseinkommen für totale oder teilweise Invalidität vorbehaltlich eines Höchstbetrages in Dollar und einer maximalen Zeitdauer. Die Beschränkungen schließen ein: zuvor bestehende Verletzung oder Zustand; Ausschlußzeitraum, der mit dem ersten Tag der Invalidität beginnt, währenddessen keine Leistungen gezahlt werden; Probezeitraum, währenddessen für beginnende oder während der ersten 15, 20, 25 oder 30 Tage, die eine Police in Kraft ist, zugezogene Krankenheiten keine Leistungen gezahlt werden; eine wiederkehrende Invalidität in der Form, daß der Versicherte, bevor eine laufende Invalidität als neue Invalidität anerkannt wird, für mindestens sechs Monate zu einer Vollzeitbeschäftigung zurückgekehrt sein muß. (b) Leistungen für medizinische Ausgaben: Krankenhausgebühren für Zimmer, Verpflegung, Pflege, Benutzung des Operationssaales, Arzt- und Chirurgenhonorare und sonstige medizinische Ausgaben für Labortests, Arzneimittel, Medikamente, Röntgenaufnahmen, Betäubungsmittel, künstliche Gliedmaßen, Therapeutika und Ambulanzdienste zum und vom Krankenhaus.

esthetics, artificial limbs, therapeutics, and ambulance service to and from the hospital.

## Commercial Insurance
Insurance sold by privately formed insurance companies with the objective of making a profit.

## Gewerbliche Versicherungen
Von privaten Versicherungsgesellschaften verkaufte Versicherungen mit dem Ziel, einen Gewinn zu erwirtschaften.

## Commercial Insurance Company
Privately formed insurance company whose objective is to make a profit.

## Gewerbliche Versicherungsgesellschaft
Eine private Versicherungsgesellschaft, deren Ziel es ist, Gewinne zu erwirtschaften.

## Commercial Lines
Insurance coverages for businesses, commercial institutions, and professional organizations, as contrasted with → Personal Insurance. → Business Automobile Policy (BAP); → Business Crime Insurance; → Business Interruption Insurance; → Business Life and Health Insurance; → Businessowners Policy (BOP); → Buy-And-Sell Agreement; → Close Corporation Plan; → Commercial General Liability Form (CGL); → Partnership Life and Health Insurance; → Simplified Commercial Lines Portfolio Policy (SCLP); → Sole Proprietor Life and Health Insurance

## Gewerbliche Sparten
Versicherungsschutz für Unternehmen, gewerbliche Institutionen und berufliche Organisationen im Gegensatz zur → Privatversicherung. → Geschäftswagenpolice; → Geschäftliche Verbrechensversicherung; → Geschäftsunterbrechungsversicherung; → Unternehmenslebens- und Krankenversicherung; → Geschäftsbesitzerpolice; → Kauf- und Verkaufvereinbarung; → Close Corporation Plan; → Allgemeine gewerbliche Haftpflichtversicherungsform; → Teilhaber-Lebens- und Krankenversicherung; → Vereinfachte Geschäftssportenportefeuillepolice; → Alleinunternehmer-Lebens- und -krankenversicherung

## Commercial Package Policy (CRP)
Insurance policy which is → Commercial Lines in orienta-

## Gewerbliches Policenpaket
Versicherungspolice, die über eine → Gewerbliche Sparten-Orientierung ver-

tion and is composed of two or more of the following coverages: → Commercial Property; → Business Crime; → Business Automobile; → Boiler and Machinery, and → Commercial General Liability (CGL).

**Commercial Policy**
→ Commercial Health Insurance

**Commercial Property Policy**
Coverage for business risks including goods in transit, fire, burglary, and theft. A common example is the → Special Multiperil Insurance (SMP) policy.

**Commingled Trust Fund**
Pooling of assets of two or more pension funds under common portfolio management.

**Commission**
Fee paid to an insurance salesperson as a percentage of the premium generated by a sold insurance policy.

**Commissioner of Insurance (Insurance Commissioner, Superintendent of Insurance)**
Top state regulator of the insurance business who is either elected to office or appointed by a state to safeguard the interests of policyowners.

fügt und sich aus zwei oder mehreren der folgenden Deckungen zusammensetzt: → Gewerbliche Sachversicherung; → Geschäftliche Verbrechensversicherung; → Geschäftswagen-, → Dampfkessel- und Maschinenpark-, → Allgemeine gewerbliche Haftpflichtversicherung.

**Gewerbliche Police**
→ Gewerbliche Krankenversicherung

**Gewerbliche Sachversicherungspolice**
Versicherungsschutz für Geschäftsrisiken, einschließlich in Transport befindlicher Güter, Feuer, Einbruchdiebstahl und Diebstahl. Ein gängiges Beispiel ist die → Spezielle Vielgefahrenversicherungs-Police.

**Vermischter Treuhandfonds**
Das Zusammenlegen der Guthaben zweier oder mehrerer Pensionsfonds unter ein gemeinsames Portfoliomanagement.

**Provision**
Eine an einen Versicherungsverkäufer in Form eines Prozentsatzes einer durch den Verkauf einer Versicherungspolice hervorgebrachten Prämie gezahlte Gebühr.

**Commissioner of Insurance (Insurance Commissioner, Superintendent of insurance) (Regierungsbevollmächtigter für Versicherungen)**
Oberster staatlicher Überwacher des Versicherungsgeschäftes, der entweder ins Amt gewählt oder vom Staat ernannt wird, um die Interessen der Policeninhaber zu wahren.

## Commissioners Standards Industrial Mortality Table (CSI)

Table used in calculating various nonforfeiture values for industrial life insurance policies. These tables give the minimum values that must be generated to the policyowner. The insured's life expectancy, according to the Commissioners Standard Industrial Mortality Table, is shorter than the life expectancy given in ordinary life tables such as the → Commissioners Standard Ordinary Mortality Table (CSO). Thus the Industrial Mortality Table's premiums are relatively higher than those based on the CSO Table. This is because the life expectancy of purchasers of industrial policies tends on average to be less than that of people who buy ordinary life policies.

## Commissioners Standard Ordinary Mortality Table (CSO)

Table used in calculating minimum nonforfeiture values and policy reserves for ordinary life insurance policies. These tables, which give minimum values that must be guaranteed to policyowners as approved by the → National Association of Insurance Commissioners (NAIC), depict the number of

## Commissioners Standards Industrial Mortality Table (CSI)

(Standardtabelle des Versicherungsbevollmächtigten zur Industriesterblichkeit) – zur Berechnung verschiedener Nicht-Verfallbarkeitswerte für Arbeiterlebensversicherungen herangezogene Tabelle. Diese Tabelle gibt die Mindestwerte an, die für den Policeninhaber geschaffen werden müssen. Die Lebenserwartung des Versicherten ist nach der Standardtabelle des Versicherungsbevollmächtigten zur Industriesterblichkeit geringer als die Lebenserwartung, die bei gewöhnlichen Lebenstabellen, wie der → Commissioners Standard Ordinary Mortality Table (CSO) (Standardtabelle des Versicherungsbevollmächtigten zur gewöhnlichen Sterblichkeit), angegeben werden. Somit sind die Beiträge der Industriesterblichkeitstabelle im Verhältnis höher als die auf der CSO basierenden Prämien. Dies geschieht deshalb, weil die Lebenserwartung von Käufern von Arbeiterlebensversicherungen im Durchschnitt geringer ist als die von Leuten, die gewöhnliche Lebensversicherungspolicen kaufen.

## Commissioners Standard Ordinary Mortality Table (CSO)

(Standardtabelle des Versicherungsbevollmächtigten zur gewöhnlichen Sterblichkeit) – zur Berechnung minimaler Nicht-Verfallbarkeitswerte und Policenreserven für gewöhnliche Lebensversicherungspolicen herangezogene Tabelle. Diese Tabellen, die die Mindestwerte, die den Policeninhabern garantiert werden müssen, wie von der → National Association of Insurance Commissioners (NAIC)

people dying each year out of the original population, not as individuals, but in age groups.

## Commissioners Values
Specific values of securities computed annually by the → National Association of Insurance Commissioners (NAIC) as guidelines and procedures for insurance companies in listing of their securities in their annual statements. Values are the same for all insurers. This gives insurance commissioners a basis for valuing securities and ensuring that a company has sufficient assets to back up the reserve requirements.

## Common Carrier
Transportation firm that must carry any customer's goods if the customer is willing to pay. Common carriers include trucking companies, bus lines, and airlines. → Inland Marine Insurance

## Common Disaster Clause (Survivorship Clause)
Wording in life insurance policies to determine the order of deaths when the insured and the beneficiary die in the same accident. For example, if the insured is deemed to have died

(nationale Vereinigung der staatlichen Versicherungsbevollmächtigten) genehmigt, angeben, stellen die Zahl der jedes Jahr aus der Originalbevölkerung sterbenden Menschen nicht als Einzelpersonen, sondern in Altersgruppen dar.

## Commissioners Values
(Werte des Versicherungsbevollmächtigten) – jährlich von der → National Association of Insurance Commissioners (NAIC) (nationale Vereinigung der staatlichen Versicherungsbevollmächtigten) berechnete spezifische Wertpapierwerte als Richtlinien und Verfahren für Versicherungsgesellschaften bei der Auflistung ihrer Wertpapiere in ihren Jahresbilanzen. Die Werte sind für alle Versicherer gleich. Dies gibt den Versicherungsbevollmächtigten eine Grundlage zur Bewertung der Wertpapiere und Sicherstellung, daß eine Gesellschaft über ein ausreichendes Vermögen verfügt, um die Rückstellungserfordernisse zu erfüllen.

## Spediteur
Transportfirma, die alle Güter eines Kunden transportieren muß, wenn ein Kunde zu zahlen bereit ist. Spediteure schließen ein: Fuhrunternehmen, Buslinien und Fluggesellschaften. → Binnentransportversicherung

## Allgemeine Unglücksklausel (Überlebensklausel)
Formulierung bei Lebensversicherungspolicen zur Bestimmung der Reihenfolge der Todesfälle, wenn der Versicherte und der Begünstigte beim selben Unfall sterben. Wenn z.B. davon auszugehen ist, daß der Versicherte zuerst gestorben ist, sind

first, the proceeds are payable to a named contingent beneficiary. Otherwise, the proceeds are payable to the insured's estate and are subject to probate and other legal fees.

die Erlöse an einen benannten bedingt Begünstigten zahlbar. Andernfalls sind die Erlöse an den Nachlaß des Versicherten zu zahlen und unterliegen der Erblegitimation und anderen rechtlichen Gebühren.

## Common Law
Legal system in the U.S., Great Britain, and other countries. Inherited from England, it is based on case decisions acting as the precedent, not on written law. → Statutory Liability

## Gewohnheitsrecht
Rechtssystem in den USA, Großbritannien und anderen Ländern. Von England ererbt basiert es auf fallweisen Entscheidungen, die als Präzedenzfall dienen, und nicht auf geschriebenem Gesetz. → Gesetzliche Haftung

## Common Law Defenses
Arguments composed of → Assumption of Risk; → Contributory Negligence; and → Fellow Servant Rule.

## Gewohnheitsrechtliche Verteidigungen
Aus der → Risikoübernahme, dem → Mitwirkenden Verschulden und der → Nichthaftung für durch Betriebsangehörige verursachte Schäden zusammengesetzte Argumente.

## Common Policy Declarations
→ Declaration; → Declarations Section

## Allgemeine Policenerklärungen
→ Erklärung; → Erklärungenteil

## Common Stock Investments
Allocation of monetary resources to equities

## Stammaktienbesitz

Zuweisung von Geldquellen zum Eigenkapital

## Common Trust Fund
→ Commingled Trust Fund

## Gemeinsamer Treuhandfonds
→ Vermischter Treuhandfonds

## Community Property
All property acquired after marriage, deemed to be the result of the joint efforts of both spouses (regardless of whether or not only one spouse has earned income). Each spouse is

## (Gesetzliche) Gütergemeinschaft
Nach der Eheschließung erworbener Besitz, der als Ergebnis der gemeinsamen Bestrebungen beider Ehepartner angesehen wird (unabhängig davon, ob nur ein Ehepartner über ein verdientes Einkommen verfügt oder nicht). Jeder Ehegatte hat

entitled to one half of the property. Community property states are Arizona, California, Hawaii, Idaho, Louisiana, New Mexico, Oklahoma, Texas, and Washington.

ein Anrecht auf eine Hälfte des Besitzes. Staaten mit gesetzlicher Gütergemeinschaft sind: Arizona, Kalifornien, Hawaii, Idaho, Louisiana, New Mexico, Oklahoma, Texas und Washington.

**Commutation**
Selection of a lump sum benefit option in exchange for a series of installment benefit payments.

**Umwandlung**
Wahl einer Leistungsoption in Form einer Pauschalsumme im Austausch gegen eine Reihe von Leistungszahlungen in Raten.

**Commutation Right**
Privilege of a beneficiary to take unpaid income payments under a settlement option of an annuity or life insurance policy in the form of a lump sum. For example, if a beneficiary had a series of 20 income payments remaining, the present value of these payments can be commuted to a single lump sum payment.

**Umwandlungsrecht**
Das Privileg eines Begünstigten, nichtbezahlte Einkommenszahlungen bei einer Begleichungsoption einer Renten- oder Lebensversicherungspolice in Form eines Pauschalbetrages anzunehmen. Wenn einem Begünstigten z.B. 20 Einkommenszahlungen verbleiben, so kann der gegenwärtige Wert dieser Zahlungen in eine einzige Pauschalzahlung umgewandelt werden.

**Commute**
→ Commutation Right

**Umwandeln**
→ Umwandlungsrecht

**Commuted Value**
→ Commutation Right

**Umgewandelter Wert**
→ Umwandlungsrecht

**Company Organization**
→ Insurance Company Organization

**Unternehmensorganisation**
→ Organisationsstruktur einer Versicherungsgesellschaft

**Comparative Negligence**
In some states, principle of tort law providing that in the event of an accident each party's negligence is based on that party's contribution to the ac-

**Mitverschulden**
In einigen Staaten Prinzip des Schadenersatzrechtes, welches vorsieht, daß im Falle eines Unfalles das Verschulden jeder Partei auf dem Beitrag der Partei zum Unfall beruht. Wenn in einem Autounfall z.B.

cident. For example, if in an auto accident both parties fail to obey the yield sign, their negligence would be equal, and neither would collect legal damages from the other.

beide Parteien ein Vorfahrtschild mißachten würden, so träfe sie das gleiche Verschulden, und keiner würde rechtmäßigen Schadenersatz vom anderen kassieren.

## Compensating Balances Plan

Premium paid by an insured business to an insurance company from which the company subtracts charges for the cost of putting a policy on its books, premium taxes, and profit. The remainder of the premium is deposited in the insured business's bank account from which the insured business can make withdrawals.

## Kontokorrentsystem

Die von einem versicherten Unternehmen an eine Versicherungsgesellschaft gezahlte Prämie, von der die Gesellschaft die Gebühren dafür, daß sie die Police in ihren Büchern führt, die Prämiensteuern und den Gewinn abzieht. Der verbleibende Rest der Prämie wird auf das Bankkonto der versicherten Gesellschaft gezahlt, von dem das versicherte Unternehmen Abhebungen vornehmen kann.

## Compensatory Damages
→ Liability; Civil Damages Awarded

## Ersatz des tatsächlichen Schadens
→ Haftpflicht, zuerkannter zivilrechtlicher Schadenersatzanspruch

## Competence
Capacity of parties to an insurance contract to understand the meanings of their action in order for the contract to be valid.

## Kompetenz
Die Fähigkeit von Versicherungsvertragsparteien, die Bedeutung ihrer Handlung zu verstehen, damit der Vertrag rechtswirksam wird.

## Competitive State Fund
→ Monopolistic State Fund

## Competitive State Fund
(Staatlicher Wettbewerbsfonds) → Monopolistic State Fund

## Completed Operations Insurance
Coverage for a contractor's liability for injuries or property damage suffered by third parties as the result of the con-

## Versicherung für abgeschlossene Arbeiten
Versicherungsschutz für die Haftung eines Unternehmers für von dritten Parteien erlittene Verletzungen oder Sachbeschädigungen infolge der Erfüllung einer

tractor completing an operation. The contractor must take reasonable care in rendering a project safe and free from all reasonable hazards. → Comprehensive General Liability Insurance (CGL)

Arbeit durch den Unternehmer. Der Unternehmer hat angemessene Sorge dafür zu tragen, daß ein Projekt sicher und frei von allen annehmbaren Gefahren ist. → Allgemeine Haftpflichtversicherung

**Completion Bond**
Protection for a mortgagee guaranteeing that the mortgagor will complete construction. The mortgagee (such as a Savings and Loan Association) lends money to the mortgagor (the owner of the project) in order to pay the contractor who is actually physically building the project. Upon completion, the project then serves to secure the loan. Should the project not be completed, the mortgagee is protected through the completion bond.

**Fertigstellungskaution**
Schutz eines Hypothekengläubigers, der garantiert, daß der Hypothekenschuldner den Bau beenden wird. Der Hypothekengläubiger (wie etwa eine Spar- und Darlehns-Vereinigung) verleiht Geld an den Hypothekenschuldner (den Eigentümer des Vorhabens), um den Unternehmer, der das Projekt tatsächlich baut, zu bezahlen. Bei Fertigstellung dient das Projekt zur Besicherung des Darlehns. Sollte das Projekt nicht fertiggestellt werden, so wird die Hypothek durch die Fertigstellungskaution geschützt.

**Compound Interest**
Accumulation of interest yearly or more frequently, including interest paid on interest.

**Zinseszinsen**
Jährliche oder häufigere Ansammlung von Zinsen, einschließlich der auf die Zinsen gezahlten Zinsen.

**Comprehensive Automobile Liability Insurance**
→ Automobile Liability Insurance; → Comprehensive Insurance

**Gesamt-Kfz-Haftpflichtversicherung**
→ Kfz-Haftpflichtversicherung; → Kombinierte Haftpflicht- und Kaskoversicherung

**Comprehensive "3-D" Policy**
→ Dishonesty, Disappearance, and Destruction Policy ("3-D" Policy)

**Comprehensive „3-D" Policy**
→ Untreue-, Schwund- und Zerstörungs-Police ("3-D" Policy)

## Comprehensive Crime Endorsement

Attachment to a → Special Multiperil Insurance (SMP) policy to cover counterfeit currency, depositor's forgery, employee dishonesty, and the loss of money, money orders, and securities by the insured business. → Special Multiperil Insurance (SMP) for a description of actual coverages available

## Comprehensive General Liability Insurance (CGL)

Coverage against all liability exposures of a business unless specifically excluded. Coverage includes products, completed operations, premises and operations, elevators, and independent contractors.

*Products coverage* insures when a liability suit is brought against the manufacturer and/or distributor of a product because of someone incurring bodily injury or property damage through use of the product. (The manufacturer of the product must use all reasonable means to make certain that the product is free from any inherent defect.)

*Completed operations coverage* for bodily injury or property damage incurred because of a defect in a completed project of the insured.

*Premises and operations coverage* for bodily injury in-

## Umfassender Verbrechensnachtrag

Anlage zu einer → Speziellen Vielgefahrenversicherungs-Police, um gefälschte Währung, Fälschung des Einlegers, Untreue eines Angestellten und den Verlust von Geld, Zahlungsanweisungen und Wertpapieren durch das versicherte Unternehmen zu versichern. Bezüglich einer Beschreibung der tatsächlich verfügbaren Deckungsarten: → Spezielle Vielgefahrenversicherung

## Allgemeine Haftpflichtversicherung

Versicherungsschutz gegen alle Haftpflichtgefährdungen eines Unternehmens, falls nicht ausdrücklich ausgeschlossen. Der Versicherungsschutz schließt Produkte, abgeschlossene Arbeiten, Betriebsgelände und Arbeitsvorgänge, Aufzüge und unabhängige Unternehmer ein.

*Produktdeckung:* versichert, wenn eine Haftpflichtklage gegen den Hersteller und/oder den Wiederverkäufer eines Produktes angestrengt wird, weil jemand durch die Verwendung des Produktes eine Körperverletzung oder eine Sachbeschädigung erleidet. (Der Hersteller eines Produktes muß alle angemessenen Mittel nutzen, um sicherzustellen, daß das Produkt von jedwedem innewohnenden Mangel frei ist.)

*Versicherungsschutz für abgeschlossene Arbeiten:* für eine wegen eines Defekts in einem abgeschlossenen Projekt des Versicherten erlittene Körperverletzung oder Sachbeschädigung.

*Versicherungsschutz für das Betriebsgelände und Arbeitsvorgänge:* für auf dem Betriebsgelände des Versicherten und/

curred on the premises of the insured, and/or as the result of the insured's business operations.
*Elevator coverage* for bodily injury incurred in an elevator or escalator on the insured's premises.
*Independent contractors coverage* for bodily injury incurred as the result of negligent acts and omissions of an independent contractor employed by the insured.

oder infolge der Arbeitsvorgänge des versicherten Unternehmens erlittene Körperverletzungen.
*Versicherungsschutz für Aufzüge:* in einem Aufzug oder auf einer Rolltreppe auf dem Betriebsgelände des Versicherten erlittene Körperverletzung.
*Versicherungsschutz für unabhängige Unternehmer:* für infolge fahrlässiger Handlungen oder Unterlassungen eines vom Versicherten beschäftigten unabhängigen Unternehmers erlittene Körperverletzungen.

## Comprehensive Glass Insurance

Coverage on an → All Risks basis for glass breakage, subject to exclusions of war and fire. Thus, if a vandal throws a brick through a window of an insured's establishment, the coverage would apply.

## Allgemeine Glasversicherung

Versicherungsschutz gegen Glasbruch auf der Grundlage → Aller Risiken, vorbehaltlich der Ausschlüsse von Krieg und Feuer. Wenn ein Randalierer einen Ziegelstein durch das Fenster der Niederlassung eines Versicherten werfen würde, würde der Versicherungsschutz somit Anwendung finden.

## Comprehensive Health Insurance

Complete coverage for hospital and physician charges subject to deductibles and coinsurance. This coverage combines basic medical expense policy and major medical policy. → Group Health Insurance; → Health Maintenance Organization (HMO)

## Umfassende Krankenversicherung

Vollständiger Versicherungsschutz für Krankenhaus- und Arztkosten unter dem Vorbehalt von Selbstbehalten und Mitversicherung. Dieser Versicherungsschutz kombiniert die Versicherungspolice für medizinische Grundausgaben und der großen Krankenversicherungspolice. → Gruppenkrankenversicherung; → Health Maintenance Organization (HMO)

## Comprehensive Insurance

Coverage in automobile insurance providing protection in the event of physical damage

## Kombinierte Haftpflicht- und Kaskoversicherung

Versicherungsschutz bei der Kfz-Versicherung, die Schutz für den Fall materieller Beschädigung (außer → Zu-

(other than → Collision) or theft of the insured car. For example, fire damage to an insured car would be covered under the comprehensive section of the → Personal Automobile Policy (PAP).

**Comprehensive Liability Insurance**
Policy providing businesses with coverage for negligence based civil liability in: (1) Bodily injury and property damage liability, on an occurrence basis, resulting from the ownership, use, and/or maintenance of the premises, completed operations and products. (2) Bodily injury and property damage liability for operation of an elevator. (3) Medical expenses resulting from bodily injury incurred by a member of the general public through the use of the premises or involvement in the operations. Medical expense reimbursement of the business is without regard to fault of the business.

**Comprehensive Major Medical Insurance**
→ Group Health Insurance; → Health Insurance; → Health Maintenance Organization (HMO)

**Comprehensive Personal Liability Insurance**
Coverage such as → Homeowners Insurance Policy –

sammenprall) oder Diebstahl des versicherten Autos bietet. Ein Feuerschaden an einem versicherten Auto würde z.B. unter dem Teilkasko-Teil der → Privat-Kfz-Versicherungspolice abgedeckt werden.

**Allgemeine Haftpflichtversicherung**
Eine Police, die Unternehmen bei zivilrechtlicher Haftpflicht wegen Fahrlässigkeit Versicherungsschutz bietet bei: (1) Haftpflicht wegen Körperverletzung und Sachbeschädigung auf der Grundlage des Eintritts, infolge des Besitzes, Gebrauchs und/oder des Unterhalts des Betriebsgeländes, abgeschlossener Arbeiten und Produkte. (2) Haftpflicht für Körperverletzung und Sachbeschädigung wegen Betreibens eines Aufzuges. (3) Von einem Mitglied der allgemeinen Öffentlichkeit durch die Benutzung des Betriebsgeländes oder die Beteiligung an Arbeitsvorgängen erlittene medizinische Ausgaben infolge einer Körperverletzung. Die Erstattung medizinischer Ausgaben des Unternehmens erfolgt ungeachtet eines Verschuldens des Unternehmens.

**Allgemeine Große Krankenversicherung**
→ Gruppenkrankenversicherung; → Krankenversicherung; → Health Maintenance Organization (HMO)

**Allgemeine Privathaftpflichtversicherung**
Versicherungsschutz, wie die → Hausbesitzerversicherungspolice, Teil II, auf der

Section II on an → All Risks basis for personal acts and omissions by the insured and residents of the insured's household. Included are sports activities, pet activities, and miscellaneous events such as someone tripping in an insured's cemetery plot.

**Comprehensive Policy**

Combination of several coverages to protect the insured. For example, the → Comprehensive Health Insurance policy combines the *basic hospital plan* with → Major Medical Insurance to cover medical expenses (room, board, surgical and physician expenses) and miscellaneous expenses (surgical dressings, drugs, ambulance services, blood, and operating room). Many policies have a maximum lifetime limit of $1 million for the insured and for each member of the insured's family who is a dependent resident of the insured's household. The → Comprehensive Personal Liability Insurance policy covers the insured for just about any negligent act or omission which results in property damage or bodily injury to another party, subject to the exclusions of automotive liability and professional liability. The → Special Multiperil Insurance (SMP) policy provides the businessowner with com-

Grundlage → Aller Risiken, für persönliche Handlungen und Unterlassungen des Versicherten und der Bewohner des Haushaltes des Versicherten. Eingeschlossen sind sportliche Aktivitäten, Handlungen von Haustieren und verschiedene Ereignisse, wie etwa, daß jemand auf dem Friedhofsgrundstück des Versicherten ausgleitet.

**Gesamtpolice**

Kombination verschiedener Deckungen zum Schutz des Versicherten. Die → Umfassende Krankenversicherungspolice z.B. kombiniert den *Krankenhausgrundplan* mit der → Großen Krankenversicherung, um die medizinischen Ausgaben (Raum, Verpflegung, Arzt- und Chirurgiekosten) und verschiedene Ausgaben (Verbände, Medikamente, Ambulanzdienste, Blut und Operationssaal) abzudecken. Viele Policen haben eine Lebenshöchstgrenze von US$ 1 Million für den Versicherten und für jedes Familienmitglied des Versicherten, das ein unterhaltsberechtigter Bewohner des Haushaltes des Versicherten ist. Die → Allgemeine Privathaftpflichtversicherungs-Police deckt den Versicherten bei fast allen fahrlässigen Handlungen oder Unterlassungen ab, die eine Sachbeschädigung oder eine Körperverletzung einer anderen Partei zur Folge haben, vorbehaltlich der Ausschlüsse der Kfz-Haftpflicht und der Berufshaftpflicht. Die → Spezielle Vielgefahrenversicherungs-Police bietet dem Geschäftsbesitzer umfassenden Versicherungsschutz gegen Sachbeschädigungen auf der Grundlage → Aller Risiken.

prehensive property damage coverage on an → All Risks basis.

## Compulsory Automobile Liability Insurance
→ Compulsory Insurance

## Compulsory Insurance
Coverage required by the laws of a particular state. For example, many states stipulate minimum amounts of automobile liability insurance which must be carried. → Financial Responsibility Law

## Compulsory Retirement Age
Mandatory age of retirement

## Concealment
Intention to withhold or secrete information. If an insured withholds information on a material fact, about which the insurance company has no knowledge, the company has grounds to void the contract. For example, the insured neglects to tell the company that, within a week of the policy issue date, the manufacture of gunpowder in the insured business's building will commence. If an explosion related to the gunpowder then occurs in the building the company has legal grounds for not paying for the property damage.

## Kfz-Pflicht-Haftpflichtversicherung
→ Pflichtversicherung

## Pflichtversicherung
Von den Gesetzen eines bestimmten Staates verlangter Versicherungsschutz. Viele Staaten fordern z.B. Mindesthöhen der Kfz-Haftpflichtversicherung, die getragen werden müssen. → Finanzverantwortungsgesetz

## Zwangspensionierungsalter
→ Pflichtpensionierungsalter

## Verschweigen
Die Absicht, Informationen zurückzuhalten oder zu verheimlichen. Falls ein Versicherter Informationen zu einer wesentlichen Tatsache zurückhält, über die die Versicherungsgesellschaft keine Kenntnis hat, so hat die Versicherungsgesellschaft eine Grundlage dafür, den Vertrag für ungültig zu erklären. Ein Versicherter vernachlässigt es z.B. der Gesellschaft mitzuteilen, daß innerhalb einer Woche nach dem Policenausgabedatum die Herstellung von Schießpulver im Geschäftsgebäude des Versicherten beginnen wird. Wenn sich dann in dem Gebäude eine Explosion wegen des Schießpulvers ereignet, so hat die Gesellschaft eine rechtliche Grundlage dafür, nicht für die Sachbeschädigung zu zahlen.

## Concurrency
Circumstance in which at least two insurance policies provide identical coverage for the same risk. → Double Recovery

## Concurrent Insurance
→ Concurrency

## Condition
Action(s) that the insured must take, or continue to take, for the insurance policy to remain in force and the insurance company to process a claim. For example, insured must pay the premiums when due, notify the insurance company as soon as possible in the case of an accident, and cooperate with the company in defense of the insured in case of a liability suit.

## Conditional
Terms specifying obligations of an insured to keep a policy in force. For example, an insured must pay the premiums due; in life insurance, if death occurs, the beneficiary or the insured's estate must submit proof of death; if there is a property loss, the insured must submit proof of loss.

## Conditional Binding Receipt
→ Binding Receipt; → Conditional Receipt

## Übereinstimmung
Umstand, bei dem wenigstens zwei Versicherungspolicen identischen Versicherungsschutz für das gleiche Risiko bieten. → Doppelte Rückvergütung

## Übereinstimmende Versicherung
→ Übereinstimmung

## Bedingung
Handlung(en), die ein Versicherter vornehmen muß oder weiterhin vornehmen muß, damit eine Versicherungspolice in Kraft bleibt und die Versicherungsgesellschaft einen Anspruch bearbeitet. Der Versicherte muß z.B. die Prämien bei Fälligkeit zahlen, die Versicherungsgesellschaft im Falle eines Unfalls so schnell wie möglich informieren und bei der Verteidigung des Versicherten im Falle einer Haftungsklage mit der Gesellschaft zusammenarbeiten.

## Vertragsgemäß
Bedingungen, die die Pflichten eines Versicherten darlegen, damit die Versicherungspolice weiterhin in Kraft bleibt. Ein Versicherter muß z.B. die Prämien bei Fälligkeit zahlen. Bei der Lebensversicherung muß der Begünstigte oder der Nachlaß des Verstorbenen, wenn der Tod eintritt, einen Beweis über den Tod einreichen. Wenn es einen Vermögensschaden gibt, muß der Versicherte einen Nachweis über den Schaden einreichen.

## Bedingte Deckungszusage
→ Deckungszusage; → Bedingte Deckungszusage

## Conditional Insurance
→ Conditional Sales Floater

## Conditional Receipt
Evidence of a temporary contract obliging a life or health insurance company to provide coverage as long as a premium accompanies an acceptable application. This gives the company time to process the application and to issue or refuse a policy, as the case may be. If the applicant were to die before a policy is issued, the company will pay the death benefit if the policy would have been issued. For example, Mr. A applies for $ 100,000 of life insurance but is killed by an automobile before the policy is issued. The company finds that it would have issued the policy, and therefore pays $ 100,000 to the beneficiary. → Binding Receipt

## Conditional Renewable Health Insurance
Automatic right of an insured to renew a policy until a given date or age except under stated conditions. It is extremely important for the purchaser to review the conditions for renewal in order to make sure of their acceptability.

## Conditional Sales Floater
Coverage for the seller of property on an installment or

## Bedingte Versicherung
→ Bedingte Pauschalverkaufsversicherung

## Bedingte Deckungszusage
Nachweis eines zeitlich befristeten Vertrages, der eine Lebens- oder Krankenversicherungsgesellschaft verpflichtet, Versicherungsschutz zu leisten, solange ein annehmbarer Antrag von einer Prämie begleitet wird. Dies gibt der Versicherungsgesellschaft Zeit, den Antrag zu bearbeiten und eine Police auszugeben oder zu verweigern, wie es der Fall sein kann. Sollte der Antragsteller vor Ausgabe einer Police sterben, so zahlt die Versicherungsgesellschaft die Leistungen für den Todesfall, wenn die Police ausgegeben worden wäre. Herr A. beantragt z.B. eine Lebensversicherung über US$ 100.000, wird jedoch bei einem Autounfall getötet, noch bevor die Police ausgegeben worden ist. Die Gesellschaft befindet, daß sie eine Police ausgegeben hätte und zahlt deshalb US$ 100.000 an den Begünstigten. → Deckungszusage

## Bedingt erneuerbare Krankenversicherung
Das automatische Recht eines Versicherten, eine Police bis zu einem bestimmten Datum oder Alter, außer aufgrund angegebener Bedingungen, zu erneuern. Für den Käufer ist es äußerst wichtig, die Erneuerungsbedingungen zu überprüfen, um sicherzustellen, daß diese akzeptabel sind.

## Bedingte Pauschalverkaufsversicherung
Versicherungsschutz für den Verkäufer von Vermögensgegenständen auf der

conditional sales contract if it is damaged or destroyed. For example, a television set is sold on an installment basis but is destroyed by a customer. The seller would be indemnified for the loss.

Grundlage eines Raten- oder bedingten Verkaufsvertrages, wenn diese beschädigt oder zerstört werden. Ein Fernsehgerät wird z.b. auf Ratenbasis verkauft, wird jedoch von einem Kunden zerstört. Der Verkäufer würde für den Schaden entschädigt werden.

**Conditional Vesting**
→ Vesting, Conditional

**Bedingte Übertragung**
→ Übertragung, bedingte

**Conditions for Qualification**
Rights and duties of an insured as a prerequisite for collecting benefits. For example, in the event of property damage, the insured may be required to submit proof of loss to the insurance company.

**Vorbedingungen**
Rechte und Pflichten eines Versicherten als Voraussetzung dafür, die Leistungen zu kassieren. Im Falle einer Sachbeschädigung z.B. kann vom Versicherten verlangt werden, einen Nachweis über den Schaden an die Versicherungsgesellschaft einzureichen.

**Condominium Insurance**
Coverage under the *Homeowners Form-4 (HO-4)* for the insured's personal property and loss of use against fire and/or lightning; vandalism and/or malicious mischief; windstorm and/or hail; explosion, riot and/or civil commotion; vehicles; aircraft; smoke; falling objects; weight of ice, sleet, and/or snow; volcanic eruption; damage from artificially generated electricity; freezing of plumbing, heating, air conditioning or sprinkler system or household appliances; accidental tearing apart, cracking, burning, or bulging of a steam or hot water heating system, air condition-

**Mitbesitzversicherung**
Versicherungsschutz bei der *Hausbesitzerform 4 (HO 4)* für das persönliche Eigentum des Versicherten und den Gebrauchsverlust gegen Feuer und/oder Blitzschlag; Vandalismus und/oder böswillige Beschädigung; Sturmwind und/oder Hagel; Explosion, Unruhen und/oder bürgerliche Aufstände; Fahrzeuge; Flugkörper; Rauch; herunterfallende Gegenstände; das Gewicht von Eis, Graupeln und/oder Schnee; Vulkaneruptionen; Beschädigung durch künstlich erzeugte Elektrizität; Gefrieren von Rohrleitungen, der Heizung, Klimaanlage oder des Sprinklersystems oder von Haushaltsgeräten; unfallbedingtes Zerreißen, Zerbrechen, Brennen oder Anschwellen eines Dampf- oder Heißwasser-Heizsystems, Klimaanlagensystems oder eines automatischen Brandschutzsprinklersystems.

ing system, or an automatic fire protective sprinkler system.

### Confidence Level
Percentage of confidence in a finding. For example, if an insurance company's total → Loss Reserves should be $10,000,000 in order to attain an 80% confidence level that enough money will be available to pay anticipated claims, then, in 8 times out of 10, after all claims have been settled the total claims paid out will be less than $10,000,000. Conversely, in 2 times out of 10 the total claims paid out will be greater than $10,000,000. In another example, a 70% confidence level of one's house burning would mean that the house would burn approximately once every 3.33 years [1 ./. (1 − 0.70) = 3.33].

### Confining Condition
Term describing illness, sickness, or disability incurred by the insured such that the insured is restricted to his or her home, a hospital, or a nursing home. Many → Health Insurance policies provide benefits only if the insured is restricted in such a manner.

### Confusion of Goods
Peril that occurs when personal property of two or more people is mixed to such an extent that any one owner can no longer

### Vertrauensniveau
Prozentsatz an Vertrauen in ein Ergebnis. Z. B., wenn die gesamten → Schadensrückstellungen einer Versicherungsgesellschaft US$ 10.000.000 betragen sollten, um ein Vertrauensniveau von 80 %, daß genügend Geld zur Begleichung der vorhergesehenen Ansprüche vorhanden sein wird, zu erhalten, dann würden in 8 von 10 Fällen, nachdem alle Ansprüche beglichen worden sind, die gesamten ausgezahlten Ansprüche weniger als US$ 10.000.000 betragen. Umgekehrt, werden bei 2 von 10 Fällen die gesamten Ansprüche größer als US$ 10.000.000 sein. In einem weiteren Beispiel würde ein 70prozentiges Vertrauensniveau, daß das Haus von irgend jemandem brennen wird, bedeuten, daß das Haus ungefähr alle 3,33 Jahre einmal brennen würde [1 ./. (1 -0,70) = 3,33].

### Beschränkende Verfassung
Ein Begriff, der Erkrankung, Krankheit oder Leiden beschreibt, die oder das sich ein Versicherter zuzieht, so daß der Versicherte auf sein oder ihr Haus, ein Krankenhaus oder ein Pflegeheim beschränkt ist. Viele → Krankenversicherungs-Policen zahlen Leistungen nur dann, wenn der Versicherte in einer solchen Weise eingeschränkt ist.

### Verwechslung von Gütern
Eine Gefahr, die eintritt, wenn das bewegliche Vermögen zweier oder mehrerer Leute in einem solchen Ausmaß vermischt wird, daß keiner der Besitzer sein oder ihr

identify his or her property.

Eigentum länger identifizieren kann.

## Consequential Loss

Value of loss resulting from loss of use of property. For example, a fire damages the structure of business premises and the business loses customer income until it can reopen. The loss in income – the consequential loss – can be covered under → Business Interruption Insurance. Basic property insurance policies, such as the *Fire Policy,* do not cover the consequential or indirect loss.

## Folgeschaden

Der Wert eines Schadens, der sich aus dem Gebrauchsverlust ergibt. Ein Feuer beschädigt z.B. die Struktur von Betriebsgebäuden, und das Unternehmen verliert Kundeneinkommen, bis es wiedereröffnen kann. Der Einkommensverlust – der Folgeschaden – kann mit einer → Geschäftsunterbrechungsversicherung abgedeckt werden. Basis-Sachversicherungen, wie die *Feuerversicherung,* decken den Folge- oder indirekten Schaden nicht ab.

## Conservation

Effort to keep life insurance policies from *lapsing.* Many life insurance companies have conservation officers who contact lapsing *policyowners* explaining the benefits of keeping their policies in force. Often, the → Agent of Record is notified of policies in danger or in process of lapsing so that the agent may also contact the policyowner.

## Aufrechterhaltung

Anstrengung, Lebensversicherungspolicen vor dem Verfall zu bewahren. Viele Lebensversicherungsgesellschaften haben Angestellte für die Aufrechterhaltung von Versicherungspolicen, die Kontakt zu den *Policeninhabern* verfallender Policen aufnehmen und den Nutzen aus der Aufrechterhaltung ihrer Police erklären. Oft wird der → Verbürgte Agent über vom Verfall gefährdete oder im Verfall befindliche Policen informiert, so daß auch der Agent Kontakt zum Policeninhaber aufnehmen kann.

## Conservator

Court-appointed or → Commissioner of Insurance – appointed custodian to manage the affairs of an insurance company whose management is deemed unable to manage that company in a proper fashion. Usually such a company faces → Insolvency prior

## Aufsichtsbeamter

Gerichtlich eingesetzter oder vom → Commissioner of Insurance (Regierungsbevollmächtigter für Versicherungen) eingesetzter Treuhänder, der die Angelegenheiten einer Versicherungsgesellschaft, deren Leitung als unfähig angesehen wird, diese Gesellschaft in angemessener Weise zu führen, verwaltet. Vor der Einsetzung eines Aufsichtsbeamten ist

to the appointment of the conservator.

### Consideration
1. Under contract law, anything of value exchanged for a promise or for performance that is needed to make an instrument binding on the contracting parties.
2. Adherence to all provisions of an insurance policy by an insured; for example, the insured agrees to make all premium payment when due in order to maintain a policy in full force.
3. Payment for an annuity. → Insurance Contract, Life; → Insurance Contract, Property and Casualty

### Consignment Insurance
Coverage for items that are on consignment, including exhibits, goods up for auction, and goods awaiting someone's approval. The stipulation for coverage is that these items cannot be under the care, custody, and control of the owner.

### Construction Bond
→ Bid Bond; → Completion Bond; → Labor and Material Bond; → Maintenance Bond; → Surety Bond

### Construction Insurance
Property coverage for damage

eine Gesellschaft gewöhnlich von → Zahlungsunfähigkeit betroffen.

### Gegenleistung
1. Beim Vertragsrecht alles von Wert im Austausch gegen ein Versprechen oder für eine Leistung, die benötigt wird, um ein Instrument für die Vertragsparteien bindend zu machen.
2. Befolgung aller Bestimmungen einer Versicherungspolice durch einen Versicherten. Der Versicherte stimmt z.B. zu, alle Prämienzahlungen bei Fälligkeit zu leisten, um die Police vollständig in Kraft zu halten.
3. Zahlung für eine Rente. → Versicherungsvertrag, Lebensversicherung; → Versicherungsvertrag, Sach- und Unfallversicherung

### Kommissionsversicherung
Versicherungsschutz für Gegenstände, die sich in Kommission befinden, einschließlich Ausstellungsgegenstände, für Auktionen vorgesehene Waren und Güter, die irgend jemandes Zustimmung erwarten. Die Bedingung für den Versicherungsschutz besteht darin, daß diese Gegenstände sich nicht unter der Obhut, im Gewahrsam oder unter der Kontrolle des Besitzers befinden dürfen.

### Kaution eines Bauunternehmers
→ Bietungsgarantie; → Fertigstellungskaution; → Arbeitslöhne- und Materialkaution; → Kaufmännischer Garantieschein; → Kautionsversicherung

### Bauversicherung
Sachversicherungsschutz für die Beschä-

or destruction of structures in the course of construction. For example, the standing frame of a house destroyed by fire would be covered. → Builder's Risk Property Insurance

**Constructive Total Loss**
Partial loss of such significance that the cost of restoring damaged property would exceed its value after restoration. For example, an automobile is so badly damaged by fire that fixing it would cost more than the restored vehicle would be worth.

**Consultant**
In insurance, independent advisor who specializes in pension and profit sharing plans. Usually a licensed insurance agent.

**Consumer Credit Protection Act**
1968 Federal legislation which makes it mandatory for lenders to disclose to credit applicants the annual interest percentage rate (APR) and any finance charge.

**Consumer Protection Act**
→ Consumer Credit Protection Act

**Contents**
1. In → Personal Property insurance, coverage is for personal property items which are

digung oder Zerstörung von Bauten während des Bauens. Das durch Feuer zerstörte stehende Balkenwerk eines Hauses wäre z.B. abgedeckt. → Bauunternehmerrisiko-Versicherungsformen

**Konstruktiver Totalschaden**
Ein Teilschaden von einer solchen Bedeutung, daß die Wiederherstellungskosten für das beschädigte Gut dessen Wert nach der Wiederherstellung übersteigen würden. Ein Kraftfahrzeug wird z.B. so stark von einem Feuer beschädigt, daß die Reparaturkosten höher wären als der Wert des reparierten Kraftfahrzeugs.

**Berater**
Bei Versicherungen ein unabhängiger Berater, der sich auf Renten- und Gewinnbeteiligungspläne spezialisiert hat. Gewöhnlich ein lizensierter Versicherungsagent.

**Consumer Credit Protection Act**
(Verbraucherkreditschutzgesetz) – Bundesgesetzgebung von 1968, die Kreditgeber dazu verpflichtet, den Kreditantragstellern die jährliche Zinsrate und alle finanziellen Gebühren offenzulegen.

**Consumer Protection Act**
(Verbraucherschutzgesetz) → Consumer Credit Protection Act

**Hausrat**
1. Bei der Versicherung von → Privateigentum Versicherungsschutz für Gegenstände des Privateigentums, die beweglich

movable, that is, not attached to the building's structure (the home), such as television sets, radios, clothes, household goods. Not included under the coverage are animals, automobiles, and boats.

2. In → Commercial Property insurance, coverage is for the business's personal property items which are movable, that is, not attached to the building's structure such as inventory, machinery, equipment, furniture and fixtures. Not included under the coverage are animals, automobiles, boats, and crops.

**Contents Rate**
Premium rate charged on the property within a building, but not on the building structure.

**Contestable Clause**
→ Incontestable Clause

**Contingencies**
Unexpected claims occurring above the expected claims for which a → Contingency Reserve is maintained.

**Contingency**
Event which may or may not occur in a given time period. For example, whether a specific person will die, or a particular house will burn this year is a contingency.

**Contingency Reserve**
Percentage of total surplus re-

sind, d.h., die nicht am Bauwerk des Gebäudes (der Wohnung) befestigt sind, wie Fernsehgeräte, Radios, Kleidung, Haushaltswaren. Bei diesem Versicherungsschutz nicht eingeschlossen sind Tiere, Kraftfahrzeuge und Boote.

2. Bei der → Gewerblichen Sachversicherung Versicherungsschutz für die Gegenstände des Privateigentums des Unternehmens, die beweglich, d.h., die nicht am Bauwerk des Gebäudes befestigt sind, wie das Inventar, der Maschinenpark, Geräte, Möbel und Armaturen. Bei diesem Versicherungsschutz nicht eingeschlossen sind Tiere, Kraftfahrzeuge, Boote und Ernten.

**Hausrat-Tarif**
Für das Vermögen innerhalb eines Gebäudes, nicht jedoch für das Bauwerk berechneter Prämientarif.

**Anfechtbarkeitsklausel**
→ Unanfechtbarkeitsklausel

**Unvorhergesehene Ausgaben**
Über die erwarteten Ansprüche hinausgehende unerwartet eintretende Ansprüche, für die eine → Sicherheitsrücklage unterhalten wird.

**Ungewisses Ereignis**
Ein Ereignis, das innerhalb eines vorgegebenen Zeitraums eintreten kann oder auch nicht. Ob z.B. eine bestimmte Person in diesem Jahr sterben wird, oder ob ein bestimmtes Haus in diesem Jahr verbrennen wird, ist ein ungewisses Ereignis.

**Sicherheitsrücklage**
Prozentsatz des gesamten durch den Ver-

tained, in insurance company operations, that serves as a reserve to cover unexpected losses as well as to cover the short fall if the earned surplus in a particular year is not adequate to maintain a company's announced dividend scale for participating policies.

sicherungsbetrieb verdienten Überschusses, der als Rücklage zur Deckung unerwarteter Schäden sowie zur Deckung eines Engpasses dient, falls der verdiente Überschuß in einem bestimmten Jahr nicht zur Aufrechterhaltung der von der Gesellschaft angekündigten Dividendenstaffelung für gewinnbeteiligte Policen ausreicht.

**Contingency Surplus**
→ Contingency Reserve

**Sicherheitsüberschuß**
→ Sicherheitsrücklage

**Contingent Annuitant**
→ Beneficiary

**Bedingter Rentenempfänger**
→ Begünstigter

**Contingent Annuity**
Contract providing income payments beginning when the named contingency occurs. For example, upon the death of one spouse (the contingency), a surviving spouse will begin to receive monthly income payments.

**Bedingte Rente**
Vertrag, der Einkommenszahlungen bietet, die beginnen, wenn das benannte ungewisse Ereignis eintritt. Z.B. bei dem Tod eines Ehegatten (dem ungewissen Ereignis) beginnt der überlebende Ehepartner monatliche Einkommenszahlungen zu erhalten.

**Contingent Beneficiary**
→ Beneficiary

**Bedingt Begünstigter**
→ Begünstigter

**Contingent Business Interruption Form**
Coverage for loss in the net earnings of a business if a supplier business, subcontractor, key customer, or manufacturer doing business with the insured business cannot continue to operate because of damage or destruction. For example, a specialty hot dog stand noted for its great buns cannot sell its product

**Bedingte Geschäftsunterbrechungsversicherungsform**
Versicherungsschutz für den Verlust bei den Nettoerträgen eines Unternehmens, wenn ein Lieferunternehmen, Subunternehmer, wichtiger Kunde oder Hersteller, der mit dem Versicherten Geschäfte macht, wegen Beschädigung oder Zerstörung nicht mit der Arbeit fortfahren kann. Z.B. ein Spezialitäten-Hot Dog-Stand, der für seine großen Brötchen bekannt ist, kann sein Produkt nicht verkaufen, wenn die

if the bakery supplier of hot dog buns burns down. In instances where a business is heavily dependent on its suppliers or subcontractors, interruption of the flow of material from the supplier usually results in a substantial loss to the business.

## Contingent Business Interruption Insurance
→ Contingent Business Interruption Form

## Contingent Liability (Vicarious Liability)
Liability incurred by a business for acts other than those of its own employees. This particular situation may arise when an independent contractor is hired. The business can be held liable for negligent acts of the contractor to the extent that its representatives give directions of exercise control over the contractor's employees.

## Contingent Liability Insurance
Coverage of contingent liability exposure. → Contingent Liability

## Contingent Transit Insurance
Coverage if an insured cannot collect on property damage or destruction losses from the hired transporter. For example, a truck transporting furniture of the insured is involved in an

liefernde Bäckerei abbrennt. In Fällen, bei denen ein Unternehmen stark von seinen Lieferanten oder Subunternehmern abhängig ist, führt eine Unterbrechung des Materialflusses von einem Lieferanten gewöhnlich zu erheblichen Verlusten für das Unternehmen.

## Bedingte Geschäftsunterbrechungsversicherung
→ Bedingte Geschäftsunterbrechungsversicherungsform

## Bedingte Haftpflicht (Stellvertretende Haftung)
Haftpflicht eines Unternehmens für Handlungen, die nicht durch seine eigenen Arbeitnehmer begangen wurden. Diese spezielle Situation kann eintreten, wenn ein unabhängiger Unternehmer verpflichtet wird. Das Unternehmen kann für fahrlässige Handlungen des Unternehmers in dem Umfang haftbar gemacht werden, in dem seine Vertreter den Mitarbeitern des Unternehmers Anweisungen erteilen oder Kontrolle über sie ausüben.

## Bedingte Haftpflichtversicherung
Versicherungsschutz für eine bedingte Haftpflichtgefährdung. → Bedingte Haftpflicht

## Bedingte Transitversicherung
Versicherungsschutz, falls ein Versicherter für Sachbeschädigung oder Schäden durch Zerstörung vom beauftragten Transporteur nichts kassieren kann. Z.B.: Ein Lastwagen, der Möbel des Versicherten transportiert, ist an einem Unfall

accident and the furniture is damaged. The truck owner refuses to compensate the insured for damages; the recourse of the insured is to collect from the insurance company.

### Contract
In insurance, agreement between an insurer and an insured under which the insurer has a legally enforceable obligation to make all benefit payments for which it has received premiums.

### Contract Bond
A guarantee of the performance of a contractor. In general, contract bonds are used to guarantee that the contractor will perform according to the specifications of the construction contract. If the contractor fails to perform according to contract, the insurance company is responsible to the insured for payment, up to the limit of the bond, which is usually for an amount equal to the cost of the construction project. The insurance company then has recourse against the contractor for reimbursement. → Bid Bond; → Payment Bond; → Performance Bond

### Contract Carrier
Transportation firm that carries only select customers' goods

beteiligt, und die Möbel werden beschädigt. Der Besitzer des Lkw weigert sich, dem Versicherten die Schäden zu erstatten. Der Versicherte kann im Rückgriff von der Versicherungsgesellschaft kassieren.

### Vertrag
Bei Versicherungen Übereinkunft zwischen einem Versicherer und einem Versicherten, bei der der Versicherer eine rechtlich durchsetzbare Verpflichtung hat, alle Leistungszahlungen zu tätigen, für die er Prämien erhalten hat.

### Unternehmerkaution
Leistungsgarantie eines Unternehmers. Im allgemeinen werden Unternehmerkautionen dazu verwendet, um sicherzustellen, daß ein Unternehmer gemäß den Spezifikationen des Bauvertrages handelt. Falls der Unternehmer es versäumt, vertragsgemäß zu handeln, so ist die Versicherungsgesellschaft dem Versicherten gegenüber für die Zahlung bis zur Kautionsgrenze, die gewöhnlich einem Betrag für die Baukosten des Projektes entspricht, verantwortlich. Die Versicherungsgesellschaft kann dann den Unternehmer wegen Rückerstattung in Regreß nehmen. → Bietungsgarantie; → Zahlungsversprechen; → Leistungsversprechen

### Vertragsspediteur
Eine Transportfirma, die nur die Waren von ausgewählten Kunden transportiert

and is not obligated to carry any particular customer's goods even if that customer is willing to pay. Contrast with → Common Carrier.

**Contract Holder**
In insurance, individual with rightful possession of an insurance policy, usually the *policyowner*.

**Contract Inception and Time of Loss**
→ Claims Made Basis; → Claims Occurrence Basis Liability Coverage

**Contract of Adhesion**
→ Adhesion Insurance Contract

**Contract of Indemnity**
Property and liability insurance contracts that restore the insured to his/her original financial condition after suffering a loss. The insured cannot profit by the loss; otherwise an unscrupulous homeowner, for example, could buy several fire insurance policies, set fire to the house, and collect on all the policies.

**Contract of Insurance**
→ Contract; → Health Insurance Contract; → Insurance Contract, General; → Insurance Contract, Life; → Insurance Contract, Property and Casualty

und nicht verpflichtet ist, die Waren irgendeines bestimmten Kunden zu transportieren, auch wenn dieser Kunde zu zahlen bereit ist. Vergleiche → Spediteur.

**Vertragsinhaber**
Bei Versicherungen eine Person im rechtmäßigen Besitz einer Versicherungspolice, gewöhnlich der *Policeninhaber*.

**Vertragsbeginn und Schadenszeitpunkt**
→ Haftpflichtversicherungsschutz auf der Grundlage geltend gemachter Ansprüche;
→ Haftpflichtversicherungsschutz auf der Grundlage des Eintritts von Ansprüchen

**Einwilligungsvertrag**
→ Einwilligungsversicherungsvertrag

**Schadenersatzvertrag**
Sach- und Haftpflichtversicherungsverträge, die eine(n) Versicherte(n) nach Erleiden eines Verlustes wieder in den ursprünglichen finanziellen Zustand zurückversetzen. Der Versicherte kann von dem Verlust nicht profitieren, andernfalls könnte ein skrupelloser Hausbesitzer z.B. mehrere Feuerversicherungspolicen abschließen, das Haus in Brand stecken und von allen Policen kassieren.

**Versicherungsvertrag**
→ Vertrag; → Krankenversicherungsvertrag; → Versicherungsvertrag, allgemeiner; → Versicherungsvertrag, Lebensversicherung; → Versicherungsvertrag, Sach- und Unfallversicherung

## Contract of Utmost Good Faith
→ Uberrimae Fidel Contract

## Contractors Equipment Floater
Form of marine insurance that covers mobile equipment of a contractor, including road building machinery, steam shovels, hoists, and derricks used on the job by builders of structures, roads, bridges, dams, tunnels and mines. Coverage is provided on a specified peril or an → All Risks basis, subject to exclusions of wear and tear, work, and nuclear disaster.

## Contractors Equipment Insurance
→ Contractors Equipment Floater

## Contractual Liability
Liability incurred by a party through entering into a written contract. → Civil Liability; → Civil Wrong

## Contribute-to-Loss Statute
Law in some states which permits an insurance company to deny payment of a claim resulting from an insured loss because of breach of warranty or misrepresentation, provided that the breach of warranty or misrepresentation made a material contribution to the loss.

## Vertrag von äußerst gutem Glauben
→ Vertrag von höchster Redlichkeit

## Pauschalausrüstungsversicherungspolice
Form der Transportversicherung für Unternehmer, die die bewegliche Ausrüstung eines Unternehmers einschließlich des Straßenbaumaschinenparks, Dampflöffelbaggern, Hebefahrzeugen, Dreh- und Wippkränen, die beim Bauen von Gebäuden, Straßen, Brücken, Dämmen, Tunneln und Minen bei der Arbeit gebraucht werden, abdeckt. Der Versicherungsschutz wird auf der Grundlage einer bestimmten Gefahr oder auf der Grundlage → Aller Risiken gewährt, unter dem Vorbehalt der Ausschlüsse von Verschleiß, Arbeit und nuklearem Unglück.

## Ausrüstungsversicherung für Unternehmer
→ Pauschalausrüstungsversicherungspolice für Unternehmer

## Vertragliche Haftung
Sich durch Beitritt zu einem schriftlichen Vertrag von einer Partei zugezogene Haftpflicht. → Zivilrechtliche Haftung; → Zivilrechtliches Unrecht

## Schadenbeitragsstatut
Gesetz in einigen Staaten, das es einer Versicherungsgesellschaft erlaubt, die Zahlung eines Anspruches, der von einem versicherten Schaden herrührt, aufgrund einer Garantieverletzung oder Falschdarstellung unter der Voraussetzung zu verweigern, daß die Garantieverletzung oder die Falschdarstellung einen entscheidenden Anteil an dem Schaden beigetragen hat.

## Contributing Insurance
→ Contribution

## Contributing Properties Coverage
→ Contingent Business Interruption Form

## Contributing Property
→ Business Interruption form that covers an insured business in the event that a manufacturer's operations are interrupted or suspended, thereby resulting in a monetary loss because a supplier of the insured has had his facility damaged or destroyed by an insured peril. → Contingent Business Interruption Insurance

## Contribution
Principle of equity in property, casualty, and health insurance. When two or more policies apply to the loss, each policy pays its part of the loss, unless its terms provide otherwise. For example, if two policies each insure a risk for $100,000 and there is a $50,000 loss, then each policy (depending on coinsurance requirements) will pay $25,000. In employee benefits, payment made by an employee.

## Contribution Clause
Clause, generally found in → Business Interruption Insurance, that establishes the same indemnification basis as the → Coinsurance clause.

## Beitragspflichtige Versicherung
→ Beitrag

## Versicherungsschutz gegen beitragende Bedingungen
→ Bedingte Geschäftsunterbrechungsversicherungsform

## Beitragende Bedingungen
→ Geschäftsunterbrechungs-Versicherungsform, die ein versichertes Unternehmen für den Fall abdeckt, daß die Arbeiten eines Herstellers unterbrochen oder eingestellt werden, wodurch ein Geldschaden entsteht, weil die Einrichtung eines Lieferanten des Versicherten durch eine versicherte Gefahr beschädigt oder zerstört worden war. → Bedingte Geschäftsunterbrechungsversicherung

*Unter diesem Begriff versteht man:*
### 1. Schadensbeteiligung
Gleichheitsprinzip bei der Sach-, Unfall- und Krankenversicherung. Wenn zwei oder mehr Policen auf den Schaden anwendbar sind, so zahlt jede Police ihren Teil am Schaden, außer wenn ihre Bedingungen dies anders vorsehen. Wenn z.B. zwei Policen ein Risiko für US$ 100.000 versichern und es einen Schaden von US$ 50.000 gibt, so zahlt jede Police (in Abhängigkeit von den Mitversicherungserfordernissen) US$ 25.000.
### 2. Beitrag
Bei betrieblichen Sozialzulagen die vom Arbeitnehmer geleisteten Zahlungen.

## Beitragsklausel
Eine gewöhnlich bei der → Geschäftsunterbrechungsversicherung vorgefundene Klausel, die die gleiche Entschädigungsbasis aufstellt wie die → Mitversicherungs-Klausel.

## Contributory

Employee benefit plans under which both the employee and the employer pay part of the premium. Contribution ratios vary. For example, an employer contributes two dollars for every dollar contributed by the employee up to 6% of the employee's salary.

## Contributory Negligence

Principle of law recognizing that injured persons may have contributed to their own injury. For example, by not observing the "Don't Walk" sign at a crosswalk, pedestrians may cause accidents in which they are injured.

## Convention Blank

→ Annual Statement

## Convention Values

Monetary sums attached to an insurance company's assets, as listed on the → Annual Statement.

## Convention Examination

Audit of the *convention blank* (NAIC Statement Blank) every third year as to (1) all of the financial activities of a company; (2) company claim practices; and (3) general policyowner relations.

## Beitragspflichtig

Betriebliche Sozialzulagensysteme, bei denen beide, Arbeitnehmer und Arbeitgeber, einen Teil der Prämie zahlen. Die Beitragsverhältnisse variieren. Ein Arbeitgeber steuert beispielsweise für jeden durch den Arbeitnehmer gezahlten Dollar zwei Dollar bis zu 6 % des Gehaltes des Arbeitnehmers bei.

## Mitwirkendes Verschulden

Rechtsprinzip, das anerkennt, daß verletzte Personen an ihrer eigenen Verletzung mitgewirkt haben können. Durch Nichtbeachtung einer roten Fußgängerampel an einem Fußgängerüberweg z.B. können Fußgänger Unfälle verursachen, in denen sie verletzt werden.

## Konventionsformular

→ Jahresabschluß

## Konventionswerte

Zum Vermögen einer Versicherungsgesellschaft gehörende Geldsummen, wie im → Jahresabschluß aufgeführt.

## Konventionsüberprüfung

Rechnungsprüfung des *Konventionsformulars* (NAIC-Rechenschaftsberichtsformular – Formular der nationalen Vereinigung der Regierungsbevollmächtigten für Versicherungen) in jedem dritten Jahr (1) zur Überprüfung aller finanziellen Aktivitäten einer Gesellschaft, (2) der Anspruchsfallpraktiken der Gesellschaft und (3) der allgemeinen Policeninhaberbeziehungen.

## Conversion

1. Tort against another person's property, designed to detain or dispose of it in a wrongful manner. For example, wrongful selling of another person's automobile without permission would qualify as an act of conversion.
2. In group life and health insurance, a provision that allows a certificate holder to convert group coverage to an individual policy under specified conditions.

## Conversion Factor for Employee Contributions

Inverse of the actuarial present value of a life annuity, taking the employee's life expectancy into account, to commence income payments at the → Normal Retirement Age of the employee. It is used in a → Defined Benefit Plan to determine the amount of accrued benefits that result from the employee's contributions.

## Conversion Privilege

Right of a certificate holder to convert group life or group health insurance to an individual policy without a physical examination to furnish evidence of insurability. Usually this must be done within 31 days of termination of employment. Under group life insur-

*Unter diesem Begriff versteht man:*
## 1. Unterschlagung

Straftat gegenüber dem Eigentum eines anderen, die so geplant ist, dies in ungesetzlicher Weise zurückzuhalten oder zu beseitigen. Der unrechtmäßige Verkauf des Kraftfahrzeuges einer anderen Person ohne deren Einwilligung z.B. würde als Unterschlagungsakt gelten.

## 2. Umwandlung

Bei der Gruppenlebens- und -krankenversicherung eine Vorschrift, die es dem Inhaber eines Versicherungszertifikates erlaubt, unter bestimmten Bedingungen eine Gruppendeckung in eine Einzelpolice umzuwandeln.

## Umwandlungsfaktor für Arbeitnehmerbeiträge

Das Gegenteil des versicherungsmathematischen Gegenwartswertes einer Leibrente, die die Lebenserwartung des Arbeitnehmers berücksichtigt, um die Einkommenszahlungen mit dem → Normalen Rentenalter des Versicherten beginnen zu lassen. Er wird in einem → Definierten Leistungssystem verwendet, um die Höhe der angesammelten Leistungen, die von den Beiträgen des Arbeitnehmers herrühren, zu bestimmen.

## Umwandlungsprivileg

Das Recht eines Versicherungszertifikatinhabers, eine Gruppenlebens- oder Gruppenkrankenversicherung in eine individuelle Police umzuwandeln, ohne ärztliche Untersuchung, um einen Beweis für die Versicherbarkeit beizubringen. Gewöhnlich muß dies innerhalb von 31 Tagen nach Beendigung der Beschäftigung geschehen. Bei der Gruppenlebensversicherung er-

ance, conversion is made at the employee's attained age rate, which can be prohibitively costly in later years. Many term life insurance policies can be converted to a whole life policy at the insured's attained age, with no physical examination required.

**Convertible**
→ Convertible Term Life Insurance

**Convertible Term Life Insurance**
Coverage that can be converted into permanent insurance regardless of an insured's physical condition and without a medical examination. The individual cannot be denied coverage or charged an additional premium for any health problems.

**Cooperative Insurance**
→ Social Insurance

**Cooperative Insurer**
Mutual insurance association which issues insurance to its members on a nonprofit basis. Examples of such associations include fraternal societies, unions, and employee membership groups.

**Coordination of Benefits**
Arrangement in health insurance to discourage multiple

folgt die Umwandlung zu dem Tarif des erreichten Alters des Arbeitnehmers, was in späteren Jahren unerschwinglich teuer sein kann. Viele befristete Lebensversicherungspolicen können zu dem erreichten Alter des Versicherten in eine Lebensversicherung auf den Todesfall umgewandelt werden, ohne daß eine körperliche Untersuchung erforderlich ist.

**Umwandelbar**
→ Umwandelbare, befristete Lebensversicherung

**Umwandelbare, befristete Lebensversicherung**
Versicherungsschutz, der unabhängig von der körperlichen Verfassung des Versicherten und ohne ärztliche Untersuchung in eine Versicherung auf den Todesfall umgewandelt werden kann. Der Person kann der Versicherungsschutz nicht verweigert werden oder wegen irgendeines gesundheitlichen Problems eine zusätzliche Prämie in Rechnung gestellt werden.

**Genossenschaftliches Versicherungswesen**
→ Sozialversicherung

**Genossenschaftlicher Versicherer**
Versicherungsvereinigung auf Gegenseitigkeit, die auf einer gemeinnützigen Grundlage Versicherungen an ihre Mitglieder ausgibt. Beispiele solcher Vereinigungen schließen Vereinigungen zur Förderung gemeinsamer Interessen, Gewerkschaften und Arbeitnehmermitgliedergruppen ein.

**Koordination von Leistungen**
Vorkehrung bei der Krankenversicherung, die davon abhalten soll, mehrere Zahlun-

payment for the same claim under two or more policies. When two or more group health insurance plans cover the insured and dependents, one plan becomes the *primary* plan and the other plan(s) the *secondary* plan(s). For example, two working spouses have health insurance at their respective places of employment. If one spouse becomes ill, his/her policy at work would become the primary plan. Medical expenses not covered under the primary plan would be covered under the secondary plan of the other spouse. → Coinsurance

gen für den gleichen Anspruch bei mehreren Policen zu kassieren. Wenn zwei oder mehr Gruppenkrankenversicherungssysteme den Versicherten und seine Angehörigen abdecken, so wird ein Plan zum *erstrangigen* System und der/die andere(n) System(e) zu dem/den *zweitrangigen* System(en). Z.B.: Zwei arbeitende Ehepartner haben an ihren jeweiligen Arbeitsplätzen eine Krankenversicherung. Falls ein Ehepartner erkrankt, wird ihre/seine Police am Arbeitsplatz das erstrangige System. Unter dem erstrangigen System nicht abgedeckte medizinische Ausgaben wären unter dem zweitrangigen System des anderen Ehegatten abgedeckt.
→ Mitversicherung

## Copayment
Partial payment of medical service expenses required in group health insurance, in addition to the membership fee. For example, for each visit of a physician a member may be required to pay $ 5, regardless of the expense of the services rendered. Or, for each prescription for drugs and medicines, the member may have to pay a flat $ 2 regardless of the actual cost.

## Zuzahlung
Teilzahlung von medizinischen Dienstleistungen, die bei der Gruppenkrankenversicherung zuzüglich zur Mitgliedsgebühr gefordert werden. So kann beispielsweise von einem Mitglied verlangt werden, unabhängig von den Kosten für die erbrachte Dienstleistung, US$ 5 für jeden Arztbesuch zu zahlen. Oder, das Mitglied muß für jedes Rezept für Arzneimittel und Medikamente, egal wie hoch die tatsächlichen Kosten auch sein mögen, eine Pauschalsumme von US$ 2 zahlen.

## Corporate Alternative Minimum Tax: Implications for Corporate-Owned Life Insurance
Tax that exhibits direct impact on the book income preference. Beginning with the year 1990, the book income preference

## Alternative Mindestkörperschaftsteuer: Auswirkungen auf Lebensversicherungen in Firmenbesitz
Steuer, die einen direkten Einfluß auf die buchmäßige Einkommensvergünstigung hat. Seit Anfang 1990 entsprach die buchmäßige Einkommensvergünstigung 75 %

became equal to 75% of the excess of current adjusted earnings of the alternative minimum taxable income (AMTI). Book income preferences are affected by corporate-owned life insurance in the following situations:

1. If the insured dies, the excess of the life insurance policy's → Death Benefit over the → Cash Surrender Value becomes book income to the corporation.

2. If the insurance policy's annual premium exceeds the increase in the cash surrender value for a particular year, the result is a decline in the book income and thus a decline in the corporation's exposure to the alternative minimum tax (AMT).

3. Conversely, if the insurance policy's cash surrender value exceeds the increase in the annual premium for a particular year, the result is an increase in the book income and thus an increase in the corporation's exposure to the alternative minimum tax.

Generally, if the corporation in any given year has taxable income, corporate-owned life insurance results in an alternative minimum tax liability if a significant death benefit is paid to the corporation upon the death of the insured. The result is that the alternative minimum tax will cause a reduction in the net des Überschusses der gegenwärtigen bereinigten Verdienste des alternativen steuerpflichtigen Einkommens. Die buchmäßigen Einkommensvergünstigungen werden in den folgenden Situationen durch Lebensversicherungen in Firmenbesitz beeinflußt:

1. Falls der Versicherte stirbt, wird der Überschuß der → Todesfalleistung der Lebensversicherungspolice, der über den → Rückkaufbarwert hinausgeht, zum buchmäßigen Einkommen der Gesellschaft.

2. Falls die jährliche Prämie der Versicherungspolice die Steigerung des Rückkaufbarwertes in einem bestimmten Jahr übersteigt, so ist das Ergebnis ein Rückgang des buchmäßigen Einkommens und somit ein Rückgang des Betrages der Gesellschaft, der der alternativen Mindeststeuer unterliegt.

3. Umgekehrt, falls der Rückkaufbarwert einer Versicherungspolice die Jahresprämie für ein bestimmtes Jahr übersteigt, so ist das Ergebnis ein Anstieg des buchmäßigen Einkommens, und somit unterliegt die Gesellschaft in gesteigertem Maße der alternativen Mindeststeuer.

Ganz allgemein führt eine Lebensversicherung in Firmenbesitz zu einer alternativen Mindeststeuerschuld, wenn eine Gesellschaft in einem bestimmten Jahr über ein zu versteuerndes Einkommen verfügt und eine bedeutende Todesfalleistung bei Tod des Versicherten an die Gesellschaft gezahlt wird. Das Ergebnis ist, daß die alternative Mindeststeuer eine Reduzierung der an die Gesellschaft gezahlten Netto-Todesfalleistung aus der Lebensversicherungspolice verursacht.

death benefit from the life insurance policy paid to the corporation.

## Corporation Stock Purchase Plan
→ Close Corporation Plan

## Corridor Deductible
Type of major medical deductible amount which acts as a corridor between benefits under a basic health insurance plan and benefits under a major medical insurance plan. After benefits are paid under the basic plan, a fixed dollar per-loss deductible amount often is required of the insured (benefits paid under the basic plan do not apply towards this deductible) before major medical benefits are paid.

## Cost
→ Premium; → Pure Premium Rating Method

## Cost-Benefit Analysis
Comparison of the cost of a solution and the economic benefits that would accrue if the solution is put into effect. This analysis is a prerequisite to the installation of an employee benefit plan. Questions to be answered include: (1) will the cost result in greater loyalty of employees? (2) Will the cost result in greater productivity; and (3) will the benefits encourage employees to participate in their cost?

## Gesellschaftsaktienkaufvorhaben
→ Close Corporation Plan

## Selbstbehaltkorridor
Typ eines großen medizinischen Selbstbehaltes, der als Korridor zwischen den Leistungen eines Basiskrankenversicherungssystems und den Leistungen bei einem großen Krankenversicherungssystem dient. Nachdem Leistungen bei der Basisversicherung bezahlt werden, wird häufig ein festgelegter Selbstbehalt in Dollar pro Schadensfall vom Versicherten gefordert, bevor größere medizinische Leistungen gezahlt werden (die bei der Basisversicherung geleisteten Zahlungen fallen nicht unter diesen Selbstbehalt).

## Kosten
→ Prämie; → Reine Prämienfestsetzungsmethode

## Kosten-Nutzenanalyse
Vergleich der Kosten einer Lösung und den wirtschaftlichen Gewinnen, die entstehen würden, wenn die Lösung in die Tat umgesetzt würde. Diese Analyse ist eine Voraussetzung für die Einführung eines betrieblichen Sozialzulagensystems. Die zu beantwortenden Fragen schließen ein: (1) Haben die Kosten eine größere Loyalität der Arbeitnehmer zur Folge? (2) Haben die Kosten eine größere Produktivität zur Folge; und (3) werden die Leistungen die Arbeitnehmer dazu ermutigen, an den Kosten teilzuhaben?

## Cost Containment Provision

In many → Health Insurance and → Dental Insurance policies, stipulation that, if the estimated cost of a recommended plan of treatment exceeds a specified sum, the insured must submit the plan of treatment to the insurance company for review and predetermination of benefits before service begins. Usually, however, predetermination of benefits is not necessary for emergency treatment.

## Cost of Insurance

Value or cost of the actual net protection, in life insurance, in any year (face amount less reserve) according to the yearly renewal term rate used by an insurance company. → Interest Adjusted Cost

## Cost-of-Living Adjustment (COLA)

Automatic adjustment applied to Social Security retirement payments when the consumer price index increases at a rate of at least 3%, the first quarter of one year to the first quarter of the next year. → Riders, Life Policies

## Cost-of-Living Increase

→ Cost-of-Living Adjustment (COLA); → Cost-of-Living Rider

## Kosteneindämmungsvorschrift

Forderung bei vielen → Krankenversicherungs- und → Zahnärztlichen Versicherungs-Policen, daß, wenn die geschätzten Kosten einer empfohlenen Behandlung eine bestimmte Summe übersteigen, der Versicherte den Behandlungsplan vor Behandlungsbeginn der Versicherungsgesellschaft zur Überprüfung und vorhergehenden Festlegung der Leistungen einreicht. Eine Vorherbestimmung der Leistungen ist bei Notfallbehandlungen jedoch gewöhnlich nicht notwendig.

## Versicherungskosten

Wert oder Kosten des tatsächlichen Nettoschutzes bei der Lebensversicherung in jedem Jahr (Nennwert abzüglich Reserve) entsprechend dem von einer Versicherungsgesellschaft verwendeten jährlichen Vertragserneuerungstarif. → Zinsbereinigte Kosten

## Lebenshaltungskostenangleichung

Bei der Sozialversicherung angewendete automatische Angleichung der Sozialversicherungs-Rentenzahlungen, falls der Verbraucherpreisindex vom ersten Quartal eines Jahres zum ersten Quartal des folgenden Jahres um wenigsten drei Prozent ansteigt. → Besondere Versicherungsvereinbarungen, Lebensversicherungspolicen

## Anstieg der Lebenshaltungskosten

→ Lebenshaltungskostenangleichung; → Lebenshaltungskostenzusatzklausel

## Cost-of-Living Plan

Plan providing benefits that are adjusted according to variations in a specified index of prices. For example, some pension plans adjust retirement benefits yearly according to the rise in the Consumer-Price Index (CPI).

## Cost-of-Living Rider

Usually term insurance for one year added to a basic life insurance policy. In effect, this increases or decreases the face amount of the basic policy to reflect cost-of-living changes as measured by the Consumer Price Index (CPI). This rider can also be used in conjunction with a disability income policy in which the income benefit is adjusted to reflect fluctuations in the CPI.

## Cost of Loss
→ Expected Loss

## Cost of Protection
→ Cost of Insurance; → Premium; → Pure Premium Rating Method

## Cost of Risk (COR)

Quantitative measurement of the total costs (losses, risk control costs, risk financing costs, and administration costs) associated with the → Risk Management function, as

## Lebenshaltungskostenplan

Plan, der Leistungen zur Verfügung stellt, die gemäß den Schwankungen bei einem bestimmten Preisindex angepaßt werden. So passen z.B. einige Rentensysteme ihre Rentenleistungen jährlich gemäß der Steigerung des Consumer Price Index (CPI) (Verbraucherpreisindex) an.

## Lebenshaltungskostenzusatzklausel

Gewöhnlich eine auf ein Jahr befristete Versicherung, die einer Basis-Lebensversicherungpolice hinzugefügt wird. Diese steigert oder senkt praktisch den Nennwert der Basispolice, um die Änderungen bei den Lebenshaltungskosten, wie bei dem Consumer Price Index (CPI) (Verbraucherpreisindex) gemessen, widerzuspiegeln. Diese besondere Versicherungsvereinbarung kann auch in Verbindung mit der Invaliditätseinkommenspolice verwendet werden, bei der die Einkommensleistungen entsprechend den Schwankungen beim CPI angepaßt werden.

## Schadenskosten
→ Erwarteter Schaden

## Schutzkosten
→ Versicherungskosten; → Prämie; → Reine Prämienfestsetzungsmethode

## Risikokosten

Quantitative Bemessung der Gesamtkosten (Schadensfälle, Risikokontrollkosten, Risikofinanzierungskosten und Verwaltungskosten) verbunden mit der → Risikomanagement-Funktion in Vergleich zu den Umsätzen eines Unternehmens, des

compared to a business's sales, assets, and number of employees. The purpose of such a comparison is to determine whether the total costs of the risk management function are increasing, decreasing, or remaining constant as a function of the business's economic activity. After the quantitative measurement has been derived, a comparison can be made between the COR of that business and the CORs of its peer groups. In addition, COR will allow the business to focus on the areas of operation that will have the greatest long-term effects on its total risk management function costs.

Vermögens und der Anzahl der Beschäftigten. Zweck eines solchen Vergleiches ist, festzustellen, ob die Gesamtkosten der Risikomanagementfunktion als eine Funktion der wirtschaftlichen Aktivitäten des Unternehmens ansteigen, fallen oder konstant bleiben. Nachdem die quantitative Bemessung abgeleitet worden ist, kann ein Vergleich der Risikokosten dieses Unternehmens mit den Risikokosten der Gruppe der gleichartigen Unternehmen vorgenommen werden. Darüber hinaus erlauben es die Risikokosten dem Unternehmen, sich auf die Gebiete des Geschäftsbetriebes zu konzentrieren, die die größten langfristigen Auswirkungen auf seine gesamten Risikomanagementfunktionskosten haben.

## Cost Plus

Insured plan under which the insurance company agrees to provide the insured with a series of benefits on a benefits-paid basis plus administrative services on a stipulated-fee basis. This plan enables the → Policyholder to control more of its own cash flow than it can under traditional insurance plans. While this plan is similar to the → Administrative Services Only (ASO) plan, it is dissimilar in that it is an insured plan.

## Kosten Plus

Versichertes Vorhaben, bei dem eine Versicherungsgesellschaft zustimmt, dem Versicherten eine Reihe von Leistungen auf der Grundlage gezahlter Leistungen zu bieten plus administrativer Dienstleistungen auf der Grundlage festgelegter Gebühren. Dieses System ermöglicht es dem → Policenbesitzer, mehr Kontrolle über den eigenen Cash Flow auszuüben, als er dies bei traditionellen Versicherungssystemen könnte. Während dieses System dem System → „Nur Verwaltungsdienstleistungen" gleicht, unterscheidet es sich darin, daß es sich um ein versichertes Vorhaben handelt.

## Cotton Insurance

Coverage for property damage by a covered peril to insured cotton during the time period

## Baumwollversicherung

Versicherungsschutz für Sachbeschädigung an versicherter Baumwolle durch eine versicherte Gefahr von ihrem Ein-

from its weighing in at the gin until its delivery to the buyer. Written either on a *specified peril* basis or on an → All Risks basis. The purpose of cotton insurance is much the same as the purchase of insurance by a merchant to protect business inventory prior to its sale, since in many instances the primary asset is the inventory.

**Countersignature**
Licensed → Agent's signature on an insurance policy.

**Countersignature Law**
State law which requires that an insurance policy issued by an insurance company in a particular state be signed by an → Agent of the company holding a → License in that state.

**Coupon Policy**
*Nonparticipating life insurance* (also called a *guaranteed dividend* or *guaranteed investment policy*) sold by a stock life insurance company, usually as a 20-payment policy with coupons attached. The *policyowner* can cash in each coupon (which is actually one of a series of pure endowments) for a stipulated sum at the time of paying the annual premium.

**Court Bond**
→ Judicial Bond

wiegen in die Entkörnungsmaschine bis zu ihrer Lieferung an den Käufer. Wird entweder auf der Grundlage einer *spezifizierten Gefahr* oder auf der Grundlage → Aller Risiken gezeichnet. Der Zweck der Baumwollversicherung ist ähnlich dem des Abschlusses einer Versicherung durch einen Händler, um sein Geschäftsinventar vor dem Verkauf abzusichern, da in vielen Fällen das Inventar das Hauptvermögen ist.

**Gegenzeichnung**
Die Unterschrift eines lizensierten → Agenten auf einer Versicherungspolice.

**Gegenzeichnungsgesetz**
Staatliches Gesetz, welches fordert, daß eine von einer Versicherungsgesellschaft in einem bestimmten Staat herausgegebene Versicherungspolice von einem → Agenten der Gesellschaft, der in diesem Staat eine → Lizenz besitzt, unterzeichnet werden muß.

**Kouponpolice**
*Nicht-gewinnbeteiligte Lebensversicherung* (auch *garantierte Dividenden-* oder *garantierte Kapitalanlagepolice* genannt), die von einer Lebensversicherungsgesellschaft auf Aktien verkauft wird, gewöhnlich als eine Police mit 20 Zahlungen, wobei Koupons beigefügt sind. Der *Policeninhaber* kann bei Zahlung der Jahresprämie jeden Koupon (der tatsächlich eine einer Reihe von Lebensversicherungen auf den Todesfall darstellt) gegen eine festgelegte Summe in bar verkaufen.

**Gerichtskaution**
→ Gerichtliche Kaution

### Courtesy Interest

Husband's interest in his wife's property upon her death. A husband has an → Insurable Interest in that property and can purchase a property and casualty insurance policy to cover the → Exposures on it. → Dower Interest

### Cover

To place insurance in force on an individual, individuals, or an organization. → Contract; → Coverage, Individual; → Coverage, Location; → Coverage of Hazard; → Coverage, Peril; → Coverage, Property; → Covered Expenses

### Coverage

Protection under an insurance policy. In property insurance, coverage lists perils insured against, properties covered, locations covered, individuals insured, and the limits of indemnification. In life insurance, living and death benefits.

### Coverage, Individual
→ Individual Insurance

### Coverage, Location
→ Property Insurance, Coverage

### Coverage of Hazard
→ Hazard Increase Resulting in Suspension or Exclusion of Coverage.

### Nutznießungsanteil

Der Anteil eines Ehegatten am Besitz seiner Ehefrau bei deren Tod. Ein Ehegatte hat ein → Versicherbares Interesse an diesem Besitz und kann eine Sach- und Unfallversicherungspolice für deren → Gefährdungen abschließen. → Witwenanteil

### Abdecken

Eine Versicherung auf eine Einzelperson, Personen oder eine Organisation in Kraft setzen. → Vertrag; → Versicherungsschutz, Individual-; → Versicherungsschutz, Standort; → Gefahrendeckung; → Versicherungsschutz, Gefahr; → Versicherungsschutz, Sach-; → Abgedeckte Ausgaben

### Versicherungsschutz

Schutz unter einer Versicherungspolice. Bei der Sachversicherung führt der Versicherungsschutz die Gefahren, gegen die versichert wird, die abgedeckten Vermögensgegenstände, die abgedeckten Standorte, die versicherten Personen und die Entschädigungshöchstgrenzen auf. Bei der Lebensversicherung die Lebens- und die Todesfalleistungen.

### Versicherungsschutz, Individual-
→ Individualversicherung

### Versicherungsschutz, Standort
→ Sachversicherungsschutz

### Gefahrendeckung
→ Gefahrensteigerung, die eine Aussetzung oder den Ausschluß des Versicherungsschutzes zur Folge hat.

## Coverage Part
Section of the → Insurance Policy which lists all of the provisions that are applicable to the insurance coverage provided under that section. This section is attached to the policy → Jacket (which lists the provisions common to all the insurance coverages) to form the insurance policy.

## Coverage, Peril
→ All Risks; → Property Insurance, Coverage

## Coverage, Property
→ Property Insurance, Coverage

## Covered
→ Coverage

## Covered Expenses
1. In health insurance, reimbursement for an insured's medically related expenses, including room and board, surgery, medicines, anesthetics, ambulance service to and from a hospital, operating room expenses, X-ray, and fluoroscope.
2. In business interruption insurance, reimbursement of an insured for loss if a business cannot operate, including payroll expense and taxes.
3. In extra expense insurance, reimbursement of an insured for extra expenditures made to keep a business operating even under emergency conditions.

## Deckungsteil
Teil der → Versicherungspolice, der alle Vorschriften, die für den in diesem Teil gebotenen Versicherungsschutz anzuwenden sind, auflistet. Dieser Teil ist dem → Umschlag der Police (der die bei jedem Versicherungsschutz üblichen Vorschriften auflistet) beigefügt, um die Versicherungspolice zu bilden.

## Versicherungsschutz, Gefahr
→ Alle Risiken; → Sachversicherungsschutz

## Versicherungsschutz, Sach-
→ Sachversicherungsschutz

## Abgedeckt
→ Versicherungsschutz

## Abgedeckte Ausgaben
1. Bei Krankenversicherungen die Erstattung medizin-bezogener Ausgaben einschließlich Unterkunft und Verpflegung, Chirurgie, Medikamenten, Betäubungsmitteln, Ambulanzdiensten zum und vom Krankenhaus, Ausgaben für Operationssäle, Röntgenaufnahmen, Durchleuchtung.
2. Bei der Geschäftsunterbrechungsversicherung die Erstattung eines Schadens an einen Versicherten, wenn ein Unternehmen nicht arbeiten kann, einschließlich Lohnkosten und Steuern.
3. Bei der Zusatzausgabenversicherung Erstattung von Extraausgaben an einen Versicherten, um ein Geschäft auch unter Notfallbedingungen weiter arbeiten zu lassen.

**Covered Expenses, Pro Rata Distribution Clause**
→ Double Recovery; → Pro Rata Distribution Clause

**Covered Location, Property Insurance**
→ Property Insurance, Coverage

**Covered Losses**
→ Loss

**Covered Person, Property Insurance**
→ Property Insurance, Coverage

**Cover Note**
Document issued to the → Insured by an → Agent or → Broker as evidence that the insurance is in force. This instrument is sometimes used instead of a → Binder.

**CPCU**
→ Chartered Property and Casualty Underwriter (CPCU)

**CPL**
→ Comprehensive General Liability Insurance (CGL)

**Credibility of Loss Experience**
→ Loss Development

**Credit Card Forgery**
→ Credit Card Insurance

**Abgedeckte Ausgaben, Anteilige Deckungsklausel**
→ Doppelte Rückvergütung; → Anteilige Deckungsklausel

**Abgedeckter Standort, Sachversicherung**
→ Sachversicherungsschutz

**Abgedeckte Schäden**
→ Schaden

**Abgedeckte Person, Sachversicherung**
→ Sachversicherungsschutz

**Deckungsbescheid**
Ein von einem → Agenten oder → Makler für den → Versicherten als Nachweis dafür ausgestelltes Dokument, daß die Versicherung in Kraft ist. Dieses Dokument wird manchmal anstelle einer → Deckungszusage verwendet.

**CPLU**
→ Chartered Property and Casualty Underwriter (CPLU)

**CPL**
→ Allgemeine Haftpflichtversicherung

**Glaubwürdigkeit der Schadenserwartung**
→ Schadensentwicklung

**Kreditkartenfälschung**
→ Kreditkartenversicherung

## Credit Card Insurance
Coverage under a → Homeowners Insurance Policy in the event that a credit card is fraudulently used or altered. Fraud includes theft and the unauthorized use of a credit card.

## Credit Health Insurance
Coverage issued to a creditor on the life of a debtor so that if the debtor becomes disabled, the insurance policy pays the balance of the debt to the creditor.

## Credit Insurance
→ Credit Health Insurance; → Credit Life Insurance (Creditor Life Insurance)

## Credit Investigation
→ Retail Credit Report

## Credit Life Insurance (Creditor Life Insurance)
Insurance issued to a creditor (lender) to cover the life of a debtor (borrower) for an outstanding loan. If the debtor dies prior to repayment of the debt, the policy will pay off the balance of the amount outstanding. Credit life insurance is sold on a group or individual basis, and usually is purchased to cover small loans of short duration. When issued under a group policy, a certificate is issued to the debtor, the master policy being issued by the

## Kreditkartenversicherung
Versicherungsschutz bei einer → Hausbesitzerversicherungspolice für den Fall, daß eine Kreditkarte betrügerisch gebraucht oder geändert wird. Der Betrug schließt Diebstahl und den unerlaubten Gebrauch einer Kreditkarte ein.

## Kredit-Krankenversicherung
Versicherungschutz für einen Gläubiger über das Leben eines Schuldners, so daß dann, wenn der Schuldner arbeitsunfähig wird, die Versicherungsgesellschaft den offenstehenden Teil der Schuld an den Gläubiger zahlt.

## Kreditversicherung
→ Kredit-Krankenversicherung; → Kredit-Lebensversicherung (Gläubigerlebensversicherung)

## Kredituntersuchung
→ Kundenkreditreport

## Kreditlebensversicherung (Gläubigerlebensversicherung)
An einen Gläubiger (Kreditgeber) ausgegebene Versicherung, um das Leben eines Schuldners (Kreditnehmers) für ein ausstehendes Darlehn abzudecken. Falls ein Schuldner vor Rückzahlung der Schuld stirbt, so zahlt die Police den Ausgleich des offenstehenden Betrages. Kreditlebensversicherungen werden auf der Grundlage von Gruppen- oder Individualversicherungen verkauft und werden gewöhnlich abgeschlossen, um kleinere Darlehn kurzer Laufzeit abzudecken. Wenn unter einer Gruppenpolice ausgegeben, wird ein Versicherungszertifikat an den Schuldner ausgegeben, die Masterpolice wird an den

creditor. The face value of a credit life insurance policy decreases in proportion to the reduction in the loan amount until both equal zero.

**Creditor Life Insurance**
→ Credit Life Insurance (Creditor Life Insurance)

**Creditor Rights in Life Insurance**
→ Life Insurance, Creditor Rights

**Credit, Pension Plan**
Value of benefit or contribution allocated to an employee under a pension plan; method of determining benefits due a retired employee. Each private pension plan establishes rules for awarding credits to employees, taking into account age, amount of time with the employer, number of days worked per year, breaks in service, maximum salary, and position in the company. For an employee who joined a firm before the plan was put in place, the company computes *past service credit,* crediting work done prior to establishment of the plan. Ultimately, credits determine the level of pension income the employee receives upon retiring.

**Credit Report**
→ Retail Credit Report

Gläubiger ausgegeben. Der Nennwert einer Kreditlebensversicherung nimmt im Verhältnis zur Verringerung des Darlehnsbetrages ab, bis beide gleich Null sind.

**Gläubigerlebensversicherung**
→ Kreditlebensversicherung (Gläubigerlebensversicherung)

**Gläubigerrechte bei der Lebensversicherung**
→ Lebensversicherung, Gläubigerrechte

**Gutschrift, Pensionssystem**
Wert einer für einen Arbeitnehmer angehäuften Leistung oder eines Beitrages bei einem Rentensystem. Methode zur Festlegung der einem pensionierten Arbeitnehmer zustehenden Leistungen. Jedes private Pensionssystem stellt Regeln für die Zuerkennung von Gutschriften an Arbeitnehmer auf, wobei das Alter, die Dauer des Beschäftigungsverhältnisses bei dem Arbeitgeber, die Zahl der pro Jahr gearbeiteten Tage, Unterbrechungen des Beschäftigungsverhältnisses, das Höchstgehalt und die Stellung innerhalb des Unternehmens berücksichtigt werden. Für einen Arbeitnehmer, der einer Firma vor Einführung des Systems beitrat, berechnet das Unternehmen eine *Gutschrift für vergangene Dienste,* bei der die vor Einrichtung des Systems erbrachte Arbeit gutgeschrieben wird. Letztlich bestimmen die Gutschriften das Niveau des Pensionseinkommens, das der Arbeitnehmer bei Pensionierung erhält.

**Kreditbericht**
→ Kundenkreditreport

## Crime Insurance

Coverage for the perils of burglary, theft, and robbery. → Burglary Insurance; → Business Insurance; → Homeowners Insurance Policy; → Personal Automobile Policy (PAP); → Simplified Commercial Lines Portfolio Policy (SCLP); → Special Multiperil Insurance (SMP)

## Criminal Liability

Crime against the state for which an officer of the state can bring legal action. Society is harmed by an individual breaking the laws of the state. Usually there is no statue of limitations for criminal liability. Property and casualty insurance is not designed to provide coverage for the criminal acts of an insured individual.

## Crop Insurance

Coverage for crops in the event of loss or damage by insured perils including hail, fire, and lightning. Prior to the passage of the Federal Crop Insurance Act in 1938 it was virtually impossible to obtain insurance protection against crop damage. Today coverage is available from the Federal Crop Insurance Corporation as well as from private sources. Exclusions from coverage include the perils of war and nuclear disaster.

## Verbrechensversicherung

Versicherungsschutz gegen die Gefahren von Einbruchdiebstahl, Diebstahl und Raub. → Einbruchversicherung; → Unternehmensversicherung; → Hausbesitzerversicherungspolice; → Privat-Kfz-Police; → Vereinfachte Geschäftsspartenportefeuillepolice; → Spezielle Vielgefahrenversicherung

## Strafrechtliche Verantwortlichkeit

Verbrechen gegen den Staat, für das ein Staatsbeamter rechtliche Schritte einleiten kann. Die Gesellschaft wird durch eine Einzelperson, die ein Gesetz des Staates bricht, geschädigt. Gewöhnlich gibt es keine Verjährungsfrist für die strafrechtliche Verantwortlichkeit. Sach- und Unfallversicherungen sind nicht dafür vorgesehen, Versicherungsschutz für die kriminellen Handlungen einer versicherten Einzelperson zu bieten.

## Ernteversicherung

Versicherungsschutz für Ernten im Fall von Verlust oder Beschädigung durch versicherte Gefahren, einschließlich Hagel, Feuer und Blitzschlag. Vor Verabschiedung des Federal Crop Insurance Act (Bundeserntenversicherungsgesetz) im Jahr 1938 war es praktisch unmöglich, Versicherungsschutz gegen Ernteschäden zu erlangen. Heute ist Versicherungsschutz von der Federal Crop Insurance Corporation (Bundeskörperschaft zur Versicherung von Ernten) sowie von privaten Anbietern erhältlich. Deckungsausschlüsse schließen die Gefahren von Krieg und atomaren Unglücken ein.

**Cross Liability**
→ Liability incurred by one → Insured as the result of his or her damaging another insured when both insureds are covered under the same → Liability Insurance policy. Each insured must be treated as a separate entity under a cross-liability clause in a liability insurance policy.

**Cross Purchase Plan**
→ Partnership Life and Health Insurance

**Crude Death Rate**
Total deaths as a percentage of total population for a stipulated period of time.

**Crummey Trust**
Unfunded trust that acts as the owner of a life insurance policy. The trust receives a donor's cash payments on a periodic basis, from which the beneficiary of the trust has a specified period in which to make a cash withdrawal. If this is not done, the cash paid by the donor is used to pay the premiums due on the life insurance policy. Under this circumstance the IRS deems that a gift of present value interest by the donor has been made. It is important that a gift of present value interest be established because such a gift in trust will enable the donor to

**Gegenseitige Haftung**
Von einem → Versicherten verursachte → Haftpflicht als Ergebnis seines oder ihres Schädigens eines anderen Versicherten, wenn beide Versicherten unter der gleichen → Haftpflichtversicherungs-Police abgedeckt sind. Jeder Versicherte muß nach der gegenseitigen Haftungsklausel in Haftpflichtversicherungspolicen als getrennte Einheit behandelt werden.

**Gegenseitiges Kaufvorhaben**
→ Teilhaber-Lebens- und Krankenversicherung

**Nicht aufgegliederte Sterblichkeitsziffer**
Gesamtzahl der Sterbefälle als Prozentsatz der Gesamtbevölkerung für einen festgelegten Zeitraum.

**Crummey Trust**
Schwebendes Treuhandvermögen, das als Inhaber einer Lebensversicherungspolice fungiert. Das Treuhandvermögen erhält in periodischen Abständen Bargeldzahlungen von einem Treugeber, wovon der Begünstigte des Treuhandvermögens innerhalb eines bestimmten Zeitraumes Bargeldentnahmen vornehmen kann. Falls dies nicht geschieht, wird das von dem Treugeber gezahlte Geld dazu verwendet, um die bei der Lebensversicherungspolice fälligen Prämien zu zahlen. Unter diesen Umständen geht der IRS (Einkommensteuerverwaltung) davon aus, daß vom Treugeber ein Geschenk in Höhe des Gegenwartswertes der Zinsen gemacht worden ist. Es ist wichtig, daß ein Geschenk in Höhe des Gegenwartswertes der Zinsen gemacht wird, weil solch ein

contribute up to $10,000 ($20,000 if two donors such as husband and wife contribute) in premium payments and enjoy the gift tax exclusion. When the donor dies, the life insurance policy in trust is effectively removed from the donor's estate.

Geschenk an das Treuhandvermögen den Treugeber in die Lage versetzt, bis zu US$ 10.000 (US$ 20.000, falls zwei Treugeber, wie Ehemann und Ehefrau, Beiträge leisten) an Prämienzahlungen beizutragen und den Schenkungsteuerausschluß in Anspruch zu nehmen. Wenn der Treugeber stirbt, so wird die in dem Treuhandvermögen befindliche Lebensversicherungspolice effektiv aus dem Nachlaß des Treugebers entfernt.

## CSL
→ Combined Single Limit

## CSL
→ Kombiniertes Einzellimit

## CSO Table
→ Commissioners Standard Ordinary Mortality Table (CSO)

## CSO Table
→ Commissioners Standard Ordinary Mortality Table (CSO)

## Cumulative Liability
Reinsurance: total of the limits of liability of all reinsurance policies that a reinsurer has outstanding on a single risk. The total of all such limits includes all *ceding* contracts from all insurers representing all lines of coverage for the single risk.
Liability insurance: total of the limits of liability of all policies that an insurer has outstanding on a single risk. Examples are the → Homeowners Insurance Policy; → Personal Automobile Policy (PA), and *personal umbrella liability policy*.

## Kumulative Haftung
Rückversicherung: Die Gesamtsumme der Haftungshöchstgrenzen aller Rückversicherungspolicen, die ein Rückversicherer für ein einziges Risiko ausstehen hat. Die Gesamtsumme aller solcher Begrenzungen umfaßt alle *zedierenden* Verträge von allen Versicherern, die alle Deckungsarten für das Einzelrisiko vertreten.
Haftpflichtversicherung: Die Gesamtsumme der Haftpflichthöchstgrenzen aller Policen, die ein Versicherer für ein einziges Risiko ausstehen hat. Beispiele sind die → Hausbesitzerversicherungspolice, → Privat-Kfz-Police und die *private Globalhaftpflichtversicherungspolice*.

## Cumulative Trauma
Injury that continues after a wound from physical or psy-

## Kumulatives Trauma
Eine Verletzung, die nach Eintritt einer körperlichen oder seelischen Verletzung

chic entry. (The latter is a wound that makes a lasting impression on the mind, especially upon the subconscious mind; for example, a three-year-old child could be traumatized by seeing father abuse mother.) Trauma results in other injuries of a continuing nature and is usually covered under health insurance policies.

**Cumulative Trend Method**
Approach to derive trend lines that can be applied to rating insured losses. Other methods require substantial preliminary operations to solve systems of equations of several unknowns. The cumulative method reduces the probability of mistakes because a relatively simple computation is required to prepare a set of data for the → Burning Cost Ratio.

**Cure**
→ Rest Cure

**Current Assumptions**
Basis for calculating life insurance premiums and benefits using current interest and mortality rates, rather than historic rates. Current assumptions are critical to interest-sensitive products such as *Universal Life*. When interest rates are high, benefits projections (such as cash values) are high. When interest rates are

anhält. (Die letztere ist eine Verwundung, die einen bleibenden Eindruck auf das Bewußtsein, insbesondere auf das Unterbewußtsein, zurückläßt. Ein dreijähriges Kind z.B. könnte dadurch ein Trauma erleiden, daß es sieht, wie der Vater die Mutter mißhandelt). Das Ergebnis eines Traumas sind andere Verletzungen fortdauernder Art, und es ist gewöhnlich bei Krankenversicherungspolicen abgedeckt.

**Kumulative Trendmethode**
Ansatz zur Ableitung von Trendlinien, die bei der Bewertung versicherter Schäden herangezogen werden können. Andere Methoden setzen umfangreiche Vorarbeiten voraus, um Systemgleichungen mehrerer Unbekannter zu lösen. Die kumulative Methode reduziert die Fehlerwahrscheinlichkeit, da eine relativ einfache Berechnung erforderlich ist, um einen Datensatz für die → Burning Cost Ratio vorzubereiten.

**Heilbehandlung**
→ Ruhekur

**Gegenwärtige Annahmen**
Grundlage für die Berechnung von Lebensversicherungsprämien und -leistungen unter Verwendung laufender Zins- und Sterblichkeitsraten anstelle von historischen Raten. Gegenwärtige Annahmen sind für zinsempfindliche Produkte, wie die *universelle Lebensversicherung*, wichtig. Wenn die Zinssätze hoch sind, sind die Leistungsvorhersagen (wie etwa die Barwerte) hoch. Wenn die Zinssätze niedrig sind, so sind diese Vorhersagen

low, these projections are not as alluring. The thesis of current-assumption life insurance products is that policyowner earnings should reflect current market conditions.

## Current Assumption Whole Life Insurance

Variation of → Ordinary Life Insurance under which current mortality experience and investment earnings are credited to the insurance policy either through the cash value account and/or the premium structure (in a stock company) or the dividend structure (in a mutual company). Regardless of whether a company is stock or mutual, the policy has these characteristics:
1. Premiums are subject to change based on the experience (mortality, expenses, investment) of the company. The *policyowner* does not exercise any control over the changes.
2. A policyowner can use the cash value to make loans just as with traditional ordinary life insurance.
3. A minimum amount of cash value is guaranteed, just as with traditional ordinary life insurance.
4. The death benefit does not fluctuate.

## Current Disbursement

Payment of premiums and

nicht verlockend. Die These von Lebensversicherungsprodukten auf der Basis gegenwärtiger Annahmen ist die, daß die Gewinne der Policeninhaber die gegenwärtigen Marktbedingungen widerspiegeln sollten.

## Lebensversicherung auf den Todesfall auf der Basis einer gegenwärtigen Annahme

Variation der → Lebensversicherung auf den Todesfall, bei der die gegenwärtige Sterblichkeitserfahrung und die Investitionsgewinne der Versicherungspolice entweder durch das Barwertkonto und/oder die Prämienstruktur (bei einer Aktiengesellschaft) oder der Dividendenstruktur (bei einer Gesellschaft auf Gegenseitigkeit) gutgeschrieben werden. Unabhängig davon, ob es sich um eine Aktiengesellschaft oder eine Gesellschaft auf Gegenseitigkeit handelt, hat die Police folgende Eigenschaften:
1. Die Prämien können unter Berücksichtigung der Erfahrung (Sterblichkeit, Ausgaben, Investitionen) geändert werden. Der *Policeninhaber* übt keinerlei Kontrolle über die Änderungen aus.
2. Ein Policeninhaber kann den Barwert wie bei der Lebensversicherung auf den Todesfall dazu verwenden, Darlehn zu nehmen.
3. Genau wie bei der traditionellen Lebensversicherung auf den Todesfall wird ein Mindestbarwert garantiert.
4. Die Todesfalleistung unterliegt keiner Schwankung.

## Laufende Auszahlung

Die Zahlung von Prämien und Leistungen

benefits as they come due. In pension plans, known as the "pay as you go basis." The plan depends on new employees coming into the work force so that their contributions can help pay for the benefits of the retiring employees. If the company is not experiencing growth and is in fact part of a matured or even a dying industry, there may not be enough on hand to pay benefits of retiring employees.

**Currently Insured Status**
Social Security provision under which the family of a deceased insured worker can receive survivor benefits even if the worker was not *fully insured*.

**Custodial Account**
Account established to manage the assets of a minor. This account is under the auspices of a custodian (either an individual or an institution). The → Gift Tax exclusion would apply on any annual gifts to a minor.

**Custodial Care**
Assistance provided to a person in performing the basic daily necessities of life, such as dressing, eating, using a toilet, walking, bathing, and getting in and out of bed. This type of care does not require hospitalization for the treatment of a

bei Fälligkeit. Bei Pensionssystemen bekannt als die „Zahle, wenn du gehst"-Grundlage. Das System hängt davon ab, daß neue Arbeitnehmer zur Arbeitnehmerschaft hinzukommen, so daß deren Beiträge dabei helfen können, die Leistungen für in Rente ausscheidende Arbeitnehmer zu zahlen. Falls ein Unternehmen nicht wächst, sondern in der Tat Teil eines gesättigten oder sogar eines sterbenden Industriezweiges ist, kann es sein, daß nicht genügend zur Zahlung der Leistungen an die in Rente gehenden Arbeitnehmer zur Verfügung steht.

**Gegenwärtiger Versicherten-Status**
Bestimmung der Sozialversicherung, bei der die Familie eines verstorbenen, versicherten Arbeiters Hinterbliebenenleistungen erhalten kann, auch wenn der Arbeiter nicht *vollständig versichert* war.

**Treuhänderkonto**
Ein zur Verwaltung des Vermögens eines Minderjährigen eingerichtetes Konto. Dieses Konto steht unter dem Schutz eines Treuhänders (entweder einer Einzelperson oder einer Organisation). Der → Schenkungsteuer-Ausschluß wäre auf alle jährlichen Geschenke an einen Minderjährigen anwendbar.

**Pflegschaft**
Einer Person zur Durchführung der täglichen Lebensnotwendigkeiten gebotene Hilfe, wie sich ankleiden, essen, die Toilette benutzen, gehen, baden, ins Bett gehen, aus dem Bett aufstehen. Diese Form der Sorge erfordert nicht die Einweisung ins Krankenhaus aufgrund einer Krankheit, eines Unfalles oder einer Verletzung.

diesease, illness, accident, or injury. Its cost may or may not be covered by health insurance.

Die Kosten hierfür können von der Krankenversicherung abgedeckt werden oder auch nicht.

**Customary and Reasonable Charge**

Term referring to the most common charge, in → Health Insurance, for a service.

**Übliche und angemessene Gebühr**

Ein Begriff, der sich auf die üblichste Gebühr für eine Dienstleistung bei der → Krankenversicherung bezieht.

**Cut-Through Endorsement (Assumption of Risk)**

Guarantee by a reinsurance company that payment for losses incurred by a third party will be made even though that third party has no contractual arrangement with the reinsurance company.

**Durchgreifender Nachtrag (Übernahme eines Risikos)**

Garantie einer Rückversicherungsgesellschaft, daß eine Zahlung für von einer dritten Partei erlittene Schäden geleistet wird, obwohl diese dritte Partei keine vertragliche Vereinbarung mit der Rückversicherungs-Gesellschaft hat.

# D

### Daily Form (Report)
Shortened report showing pertinent insurance policy information, copies of which are distributed in the insurance company's → Home Office and → Branch Offices, as well as to → Agents and → Brokers.

### Damages
Sum the insurance company is legally obligated to pay an insured for losses incurred.

### Damage to Property of Others
→ Homeowners Insurance Policy – Section II (Liability Coverage)

### D&O
→ Directors and Officers Liability Insurance

### Data Processing Insurance
Coverage on data processing equipment, data processing media (such as magnetic tapes, disks), and extra expense involved in returning to usual business conditions. The data processing equipment is usually written as → All Risks on a specifically scheduled

### Tagesformular (Täglicher Bericht)
Verkürzter Bericht, der wichtige Versicherungspoliceninformationen zeigt. Kopien hiervon werden in der → Hauptverwaltung der Versicherungsgesellschaft, den → Zweigstellenbüros sowie an → Agenten und → Makler verteilt.

### Schadenersatz
Die Summe, die eine Versicherungsgesellschaft rechtlich an einen Versicherten für erlittene Schäden zu zahlen verpflichtet ist.

### Beschädigung von Eigentum anderer
→ Hausbesitzerversicherungspolice – Teil II (Haftpflichtversicherungsschutz)

### D & O
→ Haftpflichtversicherung für Direktoren und leitende Angestellte

### Datenverarbeitungsversicherung
Versicherung für die Datenverarbeitungsgeräte, die Datenverarbeitungsmedien (wie Magnetbänder, Disketten) und die bei der Rückkehr zu normalen Geschäftsbedingungen entstehenden zusätzlichen Ausgaben. Die Datenverarbeitungsgeräte werden gewöhnlich auf einer besonders geplanten Grundlage → Aller Risiken gezeichnet. Die Datenverarbeitungsme-

basis. The data processing media is usually written on an → All Risks basis. No → Co-insurance is required for the data processing media and the extra expense coverage.

### Date of Issue
Date when an insurance company issues a policy. This date may be different from the date the insurance becomes effective.

### Date of Plan Termination
Stipulation of the exact time when the → Pension Benefit Guaranty Corporation assumes the legal liabilities for an insured pension plan which is being terminated. → Pension Benefit Guaranty Corporation (PBGC)

### DDD
Directors and Officers Liability Insurance.

### Dealers Insurance
Coverage on an → All Risks basis, subject to listed exclusions, for personal property of the insured dealer that is used in normal business activities. Goods that have been sold on an installment basis contract upon leaving the care, custody, and control of the insured dealer; furniture and fixtures used in the business activities of the insured dealer; money; securities; and items that are in

dien werden gewöhnlich auf der Grundlage → Aller Risiken gezeichnet. Eine → Mitversicherung ist für die Datenverarbeitungsmedien und die Deckung der zusätzlichen Kosten nicht erforderlich.

### Ausgabedatum
Datum, an dem eine Versicherungsgesellschaft eine Police ausgibt. Dieses Datum kann sich von dem Datum, an dem die Versicherung in Kraft tritt, unterscheiden.

### Datum der Systembeendigung
Festlegung des exakten Zeitpunktes, zu dem die → Pension Benefit Guaranty Corporation (Körperschaft für die Garantie von Pensionsleistungen) die rechtlichen Verbindlichkeiten für ein versichertes Pensionssystem, welches beendet wird, übernimmt. → Pension Benefit Guaranty Corporation

### DDD
Haftpflichtversicherung für Direktoren und leitende Angestellte.

### Händlerversicherung
Versicherungsschutz auf der Grundlage → Aller Risiken, vorbehaltlich der aufgelisteten Ausschlüsse, für das bewegliche Vermögen des versicherten Händlers, das bei den normalen geschäftlichen Aktivitäten verwendet wird. Generell vom Versicherungsschutz ausgeschlossen sind bei Verlassen der Obhut, des Gewahrsams und der Kontrolle des versicherten Händlers Waren, die auf der Grundlage eines Ratenvertrages verkauft worden sind, Möbel und Armaturen, die bei den geschäftlichen Aktivitäten des Händlers verwendet wer-

the process of being manufactured are generally excluded from coverage.

### Dean Analytic Schedule
Rating method for commercial fire insurance according to a predetermined schedule. Published by A. F. Dean in 1902, this method was the first comprehensive qualitative analysis procedure to take into consideration the numerous physical factors impacting the fire exposure. No longer widely used, since most companies have developed their own schedules or use schedules advocated by the → Insurance Services Office (ISO).

### Death
Termination of life. A death certificate is required by a life insurance company for a beneficiary to receive the death payment.

### Death Benefit
Amount payable, as stated in a life insurance policy, upon the death of the insured. This is the face value of the policy plus any riders, less any outstanding loans and the interest accrued thereon.

### Death Benefit Only Life Insurance Plan
→ Key Employees, Insurance Plans For

den, sowie Geld, Wertpapiere und im Herstellungsprozeß befindliche Ware.

### Analytischer Plan nach Dean
Prämienfestsetzungsmethode für die gewerbliche Feuerversicherung nach einem vorbestimmten Schema. Von A.F. Dean im Jahre 1902 veröffentlicht, war diese Methode das erste umfassende qualitative Analyseverfahren zur Berücksichtigung der zahlreichen physikalischen Faktoren, die die Feuergefährdung beeinflussen. Sie ist nicht mehr weitverbreitet, da die meisten Gesellschaften ihre eigenen Tabellen entwickelt haben oder die vom → Insurance Services Office (ISO) (Versicherungsdienstleistungsbüro) empfohlenen Tabellen verwenden.

### Tod
Beendigung des Lebens. Damit ein Begünstigter das Sterbegeld erhalten kann, wird von der Lebensversicherungsgesellschaft eine Todesurkunde verlangt.

### Todesfalleistung
Ein Betrag, wie in der Lebensversicherungspolice aufgeführt, der bei Tod des Versicherten zahlbar ist. Dies ist der Nennwert der Police zuzüglich aller besonderen Versicherungsvereinbarungen und abzüglich aller ausstehenden Darlehn und der darauf entfallenden Zinsen.

### Lebensversicherungsvorhaben nur mit Todesfalleistung
→ Schlüsselangestellte, Versicherungsvorhaben für

## Death Planning

Estimate of the funds necessary to maintin the lifestyle of a family after the death of the wage earner. → Human Life Value Approach (Economic Value of an Individual Life)

## Death Rate

→ Mortality Rate

## Debit

In insurance, → Debit Agent's list of total premiums to be collected. This also applies to the geographical area in which an agent collects the premiums.

## Debit Agent (Home Service Agent)

Insurance company representative who sells debit life insurance (industrial life insurance). This agent is usually more of a collector of small premium payments on a weekly, bi-weekly, or monthly basis than a salesperson.

## Debit Insurance (Home Service Insurance, Industrial Insurance)

Life insurance on which a premium is collected on a weekly, bi-weekly, or monthly basis, usually at the home of a policyholder. The face value of the policy is usually $1000 or less.
→ Debit; → Debit Agent

## Todesplanung

Schätzung der zum Erhalt des Lebensstiles einer Familie nach dem Tod des Lohnempfängers notwendigen finanziellen Mittel. → Ansatz zum Wert des menschlichen Lebens (wirtschaftlicher Wert eines einzelnen Lebens)

## Todesrate

→ Sterblichkeitsziffer

## Inkassoeinzugsumfang

Bei Versicherungen die gesamte Liste der von dem → Inkassoagenten zu kassierenden Prämien. Dies trifft auch auf das geographische Gebiet, in dem ein Agent Prämien kassiert, zu.

## Inkassoagent (Home Service Agent)

Der Vertreter einer Versicherungsgesellschaft, der Inkassolebensversicherungen (Kleinlebensversicherungen) verkauft. Dieser Agent ist gewöhnlich eher ein Kassierer kleiner Prämienzahlungen auf einer wöchentlichen, zweiwöchentlichen oder monatlichen Basis als ein Verkäufer.

## Inkassoversicherung (Home Service Versicherung, Kleinlebensversicherung)

Lebensversicherung, bei der ein Beitrag wöchentlich, zweiwöchentlich oder monatlich gewöhnlich bei dem Policeninhaber zu Hause kassiert wird. Der Nennwert der Police beträgt normalerweise US$ 1.000 oder weniger. → Inkassoeinzugsumfang; → Inkassoagent

## Debit Life Insurance
→ Debit Insurance

## Debit System
→ Debit Insurance

## Debris Removal Clause
In property insurance, contract section providing for reimbursement for removal of debris resulting from an insured peril. The amount of reimbursement under the → Homeowners Insurance Policy ranges from 5–10% of the face value.

## Deceptive Practice
→ Concealment of the actual fact. For example, an insurance agent tells a prospective insured that a policy provides a particular benefit when in actual fact this benefit is not in the written language of the policy. → Twisting

## Declaration
Statement that the insured makes (declares) about loss exposures in an application for a policy. For example, in a personal automobile policy the applicant tates his/her name, address, occupation, type of automobile, expected mileage per year, etc. Based on this information, the insurance company decides which underwriting classification in which to place the risk; applicable premium rate; maximum limits of coverage; and any special

## Inkassolebensversicherung
→ Inkassoversicherung

## Inkassosystem
→ Inkassoversicherung

## Schuttentfernungsklausel
Vertragsteil bei Sachversicherungen, der die Entschädigung für die Entfernung von durch eine versicherte Gefahr bedingten Trümmern vorsieht. Der Entschädigungsbetrag liegt bei der → Hausbesitzerversicherungspolice zwischen 5 und 10 % des Nennwertes.

## Irreführende Praxis
→ Verheimlichung tatsächlicher Fakten. Ein Versicherungsagent erzählt einem potentiellen Versicherten z.B., daß eine Police eine bestimmte Leistung bietet, obwohl die schriftliche Fassung der Police diese Leistung nicht beinhaltet. → Verdrehung

## Erklärung
Aussage, die ein Versicherter über Schadensgefährdungen in einem Antrag auf eine Police macht (erklärt). Bei einer Privat-Kfz-Police z.B. gibt ein Antragsteller seinen/ihren Namen, die Adresse, Beschäftigung, den Kraftfahrzeugtyp, die erwartete Kilometerzahl pro Jahr etc. an. Aufgrund dieser Informationen entscheidet die Versicherungsgesellschaft über die Zeichnungsklassifikation, in die sie das Risiko plazieren soll, den anwendbaren Prämientarif, die Deckungshöchstgrenze und alle speziellen Bedingungen, die das Verhalten des Versicherten regeln, die der Police beigefügt werden.

conditions to govern the insured's behavior that is to be attached to the policy.

## Declarations Section

In property and casualty insurance, contract section containing such information as name, description, and location of insured property, name and address of the insured, period a policy is in force, premiums payable, and amount of coverage.

## Declination

Rejection by an insurance company of an application for a policy.

## Decreasing Term Life Insurance

Coverage in which the face amount of a life insurance policy declines by a stipulated amount over a period of time. For example, the initial face amount of a $100,000 decreasing term policy decreases by $10,000 each year, until after 10 years the face value equals zero. The premium does not decrease.

## Deductibility of Employer Contributions

Contributions (under qualified employee benefit plans, such as pensions and health insurance) made by an employer on behalf of employees, deducted as a business expense for tax pur-

## Erklärungenteil

Bei der Sach- und Unfallversicherung der Vertragsteil, der solche Informationen wie Name, Beschreibung und Standort des versicherten Vermögens, Name und Adresse des Versicherten, Zeitraum, für den die Police in Kraft ist, zahlbare Prämien und Deckungsbetrag beinhaltet.

## Ablehnung

Zurückweisung eines Antrages auf eine Police durch eine Versicherungsgesellschaft.

## Befristete Lebensversicherung mit abnehmendem Nennwert

Versicherungsschutz, bei dem der Nennwert einer Lebensversicherungspolice im Laufe der Zeit um einen festgesetzten Betrag abnimmt. Der ursprüngliche Nennwert einer Lebensversicherung mit abnehmendem Nennwert über US$ 100.000 nimmt pro Jahr um US$ 10.000 ab, bis nach 10 Jahren der Nennwert gleich Null ist. Die Prämie nimmt nicht ab.

## Abzugfähigkeit von Arbeitgeberbeiträgen

Vom Arbeitgeber für die Arbeitnehmer geleistete Beiträge (zu steuerbegünstigten betrieblichen Sozialzulagensystemen, wie Pensionen und Krankenversicherung) werden zu Steuerzwecken als Betriebsausgaben abgezogen. Arbeitgeberbeiträge

poses. Employer contributions are not considered current taxable income to the employee. Thus, significant tax advantages are available to both an employer and an employee.

**Deductible**
Amount of loss that insured pays in a claim; includes the following types:
1. *Absolute dollar amount.* Amount the insured must pay before the company will pay, up to the limits of the policy. The higher the absolute dollar amount, the lower the premium.
2. *Time period amount (Elimination period/Waiting period).* Length of time the insured must wait before any benefit payments are made by the insurance company. In disability income policies it is common to have a waiting period of 30 days during which no income benefits are paid to the insured. The longer this time period, the lower the premium.

The consumer would be well advised to select the highest deductible (by dollar amount and/or time period) that he/she can afford. First dollar coverages are very costly. A high deductible allows the insured to self-insure expected losses – those of high frequency and low severity.

werden nicht als laufend zu versteuerndes Einkommen des Arbeitnehmers angesehen. Somit sind sowohl für Arbeitgeber als auch für Arbeitnehmer beträchtliche Steuervorteile verfügbar.

**Selbstbehalt**
Höhe eines Schadens, den ein Versicherter bei einem Anspruch zahlt. Umfaßt die folgenden Arten:
1. *Absoluter Dollarbetrag:*
Der Betrag, den der Versicherte bezahlen muß, bevor die Gesellschaft bis zu den Policengrenzen zahlt. Je höher der absolute Dollarbetrag, desto niedriger die Prämie.
2. *Länge des Zeitraumes (Löschungs-/Wartezeitraum):*
Zeitdauer, die der Versicherte warten muß, bevor irgendwelche Leistungszahlungen von der Versicherungsgesellschaft getätigt werden. Bei Invaliditätsversicherungspolicen ist eine Wartezeit von 30 Tagen, während derer keine Einkommensleistungen an den Versicherten gezahlt werden, üblich. Je länger dieser Zeitraum, desto niedriger die Prämie.

Der Verbraucher wäre gut beraten, den höchsten Selbstbehalt (nach Dollarbetrag und/oder Zeitraum), den er oder sie sich leisten kann, auszuwählen. Versicherungsschutz ab dem ersten Dollar ist sehr kostenintensiv. Ein hoher Selbstbehalt erlaubt es dem Versicherten, erwartete Schäden, jene die häufig auftreten und nicht sehr ernst sind, selbst zu versichern.

**Deductible, Aggregate Annual**
→ Aggregate Annual Deductible

**Deductible, Buy-Back**
→ Buy-Back Deductible

**Deductible Clause**
Provision in insurance policies which states the → Deductible. → Coinsurance; → Loss Settlement Amount; → Settlement Options, Property and Casualty Insurance

**Deductible, Corridor**
→ Corridor Deductible

**Deductible, Disappearing**
→ Disappearing Deductible

**Deductible, Franchise**
→ Franchise Deductible

**Deductible, Percentage-of-Loss**
→ Percentage-of-Loss Deductible

**Deductible, Period**
→ Disability Income Insurance (→ Elimination Period)

**Deductible, Split**
→ Split Deductible

**Defamation of Character**
Oral or written statement that results in injuring the good name or reputation of another, causing that individual to be held in disrepute.

**Selbstbehalt, Jährlicher Gesamt-**
→ Jährlicher Gesamtselbstbehalt

**Selbstbehalt, Zurückgekaufter**
→ Zurückgekaufter Selbstbehalt

**Selbstbehaltklausel**
Bestimmung bei Versicherungspolicen, die den Selbstbehalt angibt. → Mitversicherung; → Schadenregulierungsbetrag; → Wahlmöglichkeiten bei der Schadenregulierung, Sach- und Unfallversicherung

**Selbstbehalt, Korridor**
→ Selbstbehaltkorridor

**Selbstbehalt, Schwindender**
→ Schwindender Selbstbehalt

**Abzugsfranchise**
→ Abzugsfranchise

**Selbstbehalt, Prozentsatz des Schadens**
→ Selbstbehalt in Form eines Prozentsatzes des Schadens

**Selbstbehalt, Zeitraum**
→ Invaliditätseinkommensversicherung (→ Ausschließungszeitraum)

**Selbstbehalt, Aufgegliederter**
→ Aufgegliederter Selbstbehalt

**Diffamierung des Charakters**
Mündliche oder schriftliche Aussage, die die Verletzung des guten Namens oder der Reputation eines anderen zur Folge hat und verursacht, daß diese Person in Verruf gerät.

## Defendant Bond

Type of → Court Bond filed on behalf of the defendant and used to release assets to him or her which have been attached pending a court decision. → Appeal Bond; → Bail Bond; → Injunction Bond; → Judicial Bond

## Defense against Unintentional Tort

→ Tort, Defense against Unintentional

## Defense Clause

→ Demolition Clause

## Defense Costs

Expense of defending a lawsuit. To mount a legal defense against civil or criminal liability, a defendant faces expenses for lawyers, investigation, fact gathering, bonds, and court costs. Of critical importance in purchasing liability insurance is not only the limits of coverage under the policy but also the obligation of the insurance company to defend the insured against suits, even if a suit is without foundation. Because legal defense costs can be extremely high, the consumer should consider liability insurance that pays all defense costs in addition to the policy limits.

## Beklagtenkaution

Art von → Gerichtskaution für den Beklagten, die dazu verwendet wird, Vermögen für sie oder ihn freizusetzen, das während einer schwebenden Gerichtsentscheidung beschlagnahmt war. → Sicherheitsleistung; → Kaution; → Verpflichtung zur Sicherheitsleistung; → Gerichtliche Kaution

## Verteidigung gegen unbeabsichtigte Straftat

→ Straftat, Verteidigung gegen unbeabsichtigte

## Verteidigungsklausel

→ Abbruchklausel

## Verteidigungskosten

Verteidigungsausgaben eines Prozesses. Um eine rechtliche Verteidigung gegen zivilrechtliche oder strafrechtliche Haftung aufzustellen, entstehen dem Beklagten Ausgaben für Rechtsanwälte, Untersuchung, die Sammlung von Fakten, Kautionen und Gerichtskosten. Beim Abschluß einer Haftpflichtversicherung sind nicht nur die Haftungsgrenzen der Police besonders wichtig, sondern auch die Verpflichtung der Versicherungsgesellschaft, den Versicherten gegen Klagen zu verteidigen, sogar dann, wenn eine Klage unbegründet ist. Weil rechtliche Verteidigungskosten extrem hoch sein können, sollte der Verbraucher eine Haftpflichtversicherung in Betracht ziehen, die alle Verteidigungskosten zuzüglich zu den Policengrenzen zahlt.

## Defense of Suit against Insured

Clause in a liability insurance policy under which an insurance company agrees to defend an insured even if a lawsuit is without foundation. The costs of defending the insured are covered, in addition to the limits of coverage under the policy. For example, if the limits of coverage under a policy is $ 1,000,000 and defense costs are $ 120,000, the $ 120,000 costs are in addition to the $ 1,000,000 of coverage. This is critical, since defense costs can be quite high.

## Defense Research Institute (DRI)

Organization of trial attorneys who specialize in the representation of defendants who become subject to → Tort actions. Generally, these tort actions involve bodily injury or personal injury claims against the defendant.

## Deferred Annuity

Annuity that can be paid either with a single premium or a series of installments. For example, an annuitant pays a single premium of $100,000 on June 1 of the current year and is scheduled to receive a monthly income of $1300 at a specified later date. Or, the annuitant pays $50 a month to

## Verteidigung einer Klage gegen den Versicherten

Klausel bei einer Haftpflichtversicherungspolice, bei der eine Versicherungsgesellschaft zustimmt, einen Versicherten zu verteidigen, auch wenn eine Klage ohne Grundlage ist. Die Kosten für die Verteidigung des Versicherten sind zuzüglich zu den Deckungsgrenzen der Police abgedeckt. Falls z.B. die Deckungsgrenze einer Police US$ 1.000.000 beträgt und die Verteidigungskosten bei US$ 120.000 liegen, so verstehen sich die Kosten von US$ 120.000 zusätzlich zu der Deckung von US$ 1.000.000. Dies ist besonders wichtig, da Verteidigungskosten sehr hoch sein können.

## Defense Research Institute (DRI)

(Verteidigungsforschungsinstitut) – Organisation von Prozeßanwälten, die sich auf die Vertretung von Beklagten, die Rechtsstreiten aufgrund von → Straftaten ausgesetzt sind, spezialisiert haben. Im allgemeinen beinhalten diese Rechtsstreite Ansprüche wegen Körperverletzung oder persönlicher Verletzung gegen den Beklagten.

## Anwartschaftsrente

Eine Rente, die entweder mit einer einzigen Prämie oder einer Reihe von Raten bezahlt werden kann. Ein Rentenempfänger zahlt beispielsweise am 1. Juni des laufenden Jahres eine einzige Prämie von US$ 100.000, und es ist geplant, daß er zu einem angegebenen späteren Zeitpunkt ein monatliches Einkommen von US$ 1.300 erhält. Oder der Rentenempfänger zahlt ab dem 1. Juni 1968 bis zum 1. Juni 1987 US$

the insurance company, starting June 1, 1968, and ending June 1, 1987, and begins receiving a monthly income of $1300, beginning July 1, 1987.
→ Annuity

50 pro Monat an die Versicherungsgesellschaft und erhält ab dem 1. Juli 1987 ein monatliches Einkommen von US$ 1.300.
→ Rente

**Deferred Benefits and Payments**
→ Deferred Contribution Plan; → Deferred Retirement Credit

**Aufgeschobene Leistungen und Zahlungen**
→ Aufgeschobenes Beitragssystem; → Aufgeschobene Rentengutschrift

**Deferred Compensation Plan**
Means of supplementing an executive's retirement benefits by deferring a portion of his or her current earnings. Deferring income in this manner encourages the loyalty of executives. To qualify for a tax advantage, the IRS requires a written agreement between an executive and the employer stating the specified period of deferral of income. An election by an executive to defer income must be irrevocable and must be made prior to performing the service for which income deferral is sought.

**Aufgeschobenes Entschädigungsvorhaben**
Ein Mittel, die Rentenleistungen eines leitenden Angestellten durch Verschiebung eines Teils seines oder ihres derzeitigen Verdienstes zu ergänzen. Das Einkommen in dieser Art und Weise zu verschieben, fördert die Loyalität leitender Angestellter. Als Vorbedingung für einen Steuervorteil fordert der IRS (Einkommenssteuerverwaltung) eine schriftliche Vereinbarung zwischen einem leitenden Angestellten und dem Arbeitnehmer, in der der bestimmte Zeitraum der Einkommensverschiebung angegeben wird. Die Wahl eines leitenden Angestellten, sein Einkommen zu verschieben, muß unwiderruflich sein und muß vor Ableistung des Dienstes, für den die Einkommensverschiebung gewünscht wird, getroffen werden.

**Deferred Contribution Plan**
Arrangement in which an unused deduction (credit carryover) to a profit sharing plan can be added to an employer's future contribution on a tax deductible basis. It occurs

**Aufgeschobenes Beitragssystem**
Ein Arrangement, bei dem ein nichtverwendeter Abzug (Guthabenübertragung) eines Gewinnbeteiligungsvorhabens den zukünftigen Beiträgen eines Arbeitgebers auf steuerlich abzugsfähiger Grundlage hinzugefügt werden kann. Es

when the employer's contribution to a profit sharing plan is less than the annual 15% of employee compensation allowed by the Federal Tax Code.

tritt auf, wenn die Arbeitgeberbeiträge zu einem Gewinnbeteiligungssystem weniger als die nach dem Federal Tax Code (Bundessteuervorschriften) zulässigen jährlichen 15 % der Arbeitnehmerentschädigung umfassen.

**Deferred Group Annuity**
Retirement income payments for an employee that begin after a stipulated future time period, and continue for life. (A beneficiary of a deceased annuitant may receive further income, depending on whether the contract is a → Pure Annuity or → Refund Annuity). Each year, contributions are used to buy a paid-up single premium deferred annuity. These increments, added together, provide income payments at retirement.

**Gruppenanwartschaftsrente**
Renteneinkommenszahlungen für einen Arbeitnehmer, die nach einem festgesetzten zukünftigen Zeitraum beginnen und ein Leben lang gezahlt werden. (Ein Begünstigter eines verstorbenen Rentenempfängers kann weitere Einkommenszahlungen erhalten, je nachdem, ob es sich um eine → Reine Rente oder eine → Rente mit Rückerstattung nicht erschöpfter Prämienzahlungen handelt). Jedes Jahr werden die Beiträge dazu verwendet, eine Anwartschaftsrente mit einer einbezahlten Einzelprämie zu erwerben. Diese Aufstockungen ergeben zusammengenommen die Einkommenszahlungen bei Pensionierung.

**Deferred Premium**
Life insurance premium which is not currently due. Future payments are made on a frequency basis other than annual.

**Noch nicht fällige Prämie**
Eine Lebensversicherungprämie, die nicht laufend fällig ist. Zukünftige Zahlungen werden häufig, jedoch nicht jährlich geleistet.

**Deferred Profit-Sharing**
Portion of company profits allocated by an employer, in good years, to an employee's trust. Contributions on behalf of each employee are expressed as a percentage of salary with 5% being common practice. If the profit sharing plan is a *qualified* plan ac-

**Aufgeschobene Gewinnbeteiligung**
Teil der Firmengewinne, die vom einem Arbeitgeber in guten Jahren einem Arbeitnehmertreuhandvermögen zugeführt werden. Die Beiträge für jeden Angestellten werden in Form eines Prozentsatzes des Gehaltes, üblicherweise 5%, ausgedrückt. Falls es sich bei dem Gewinnbeteiligungssystem nach dem IRS (Einkommensteuerverwaltung) um ein

cording to the IRS, employer contributions are tax deductible as a business expense. These contributions are not currently taxable to the employee; benefits are taxed at the time of distribution.

**Deferred Retirement**
Retirement taken after the normal retirement age. For example, if the normal retirement age is 65 or 70 an employee may continue to work beyond those ages. Normally the election of deferred retirement does not increase the monthly retirement income when the employee actually retires.

**Deferred Retirement Credit**
Former arrangement under which retirement benefits payable to an employee who continued to work beyond →Normal Retirement Age were frozen, and not increased in recognition of added work time. This was eliminated by the Federal *Omnibus Budget Reconciliation Act of 1986*.

**Deferred Vesting**
→ Vesting, Deferred

**Deficiency Reserve**
Addition to reserves of a life insurance company required by various states because the → Valuation Premium is greater than the → Gross Premium. Without a deficiency

*steuerbegünstigtes* System handelt, sind die Arbeitgeberbeiträge als Betriebsausgabe steuerlich abzugsfähig. Diese Beiträge sind für den Arbeitnehmer nicht laufend zu versteuern, die Leistungen werden zum Zeitpunkt der Verteilung versteuert.

**Aufgeschobene Pensionierung**
Eine nach dem üblichen Rentenalter in Anspruch genommene Pensionierung. Wenn das normale Rentenalter z.B. 65 oder 70 ist, kann ein Arbeitnehmer auch nach Erreichen dieses Alters weiterarbeiten. Die Wahl einer aufgeschobenen Pensionierung steigert das monatliche Renteneinkommen normalerweise nicht, wenn der Arbeitnehmer tatsächlich in Rente geht.

**Aufgeschobene Rentengutschrift**
Veraltete Regelung, bei der die an einen Arbeitnehmer, der über das → Normale Rentenalter hinaus arbeitet, zahlbaren Rentenleistungen eingefroren und nicht unter Anerkennung der zusätzlichen Arbeitszeit erhöht wurden. Dies wurde durch den Federal *Omnibus Budget Reconciliation Act of 1986* (Rahmengesetz über die Haushaltsabstimmung von 1986) abgeschafft.

**Aufgeschobene Übertragung**
→ Übertragung, Aufgeschobene

**Rückstellung für Mindereinnahmen**
Zusatz zu den Rückstellungen einer Lebensversicherungsgesellschaft, die von verschiedenen Staaten gefordert wird, weil die → Bewertungsprämie höher ist als die → Bruttoprämie. Ohne die Rückstellung für Mindereinnahmen wäre die normale

reserve, the normal reserve by itself would be less than the actual reserve required.

## Defined Benefit Plan

Retirement plan under which benefits are fixed in advance by formula, and contributions vary. The defined benefit plan can be expressed in either of two ways:

1. *Fixed Dollars:* (a) *Unit benefit* approach – a *discrete* unit of benefit is credited for each year of service recognized by the employer. The unit is either a flat dollar amount or (more often) a percentage of compensation – usually 1 1/2 – 2 1/2%. Total years of service are multiplied by this percentage. For example, if total years of service is 30 and the percentage is 1 1/2, 45% would be applied to either the career average earnings or final average earnings (highest three of five consecutive years of earnings). If the average of the highest five consecutive years of earnings is $100,000, the yearly retirement benefit would be $45,000. (b) *Level Percentage of Compensation* – After a minimum number of years of service (usually 20) and a minimum age (usually 50), all employees will receive the same percentage of earnings as a retirement benefit, regardless of income, position in the company, or years of

Rückstellung für sich alleingenommen kleiner als die tatsächlich erforderliche Rückstellung.

## Definiertes Leistungssystem

Rentensystem, bei dem die Leistungen im voraus durch eine Formel festgelegt werden und die Beiträge variieren. Das definierte Leistungssystem kann auf eine der beiden Arten ausgedrückt werden:

1. *Festgelegter Dollarbetrag:* (a) Leistungseinheitsansatz – eine einzelne Leistungseinheit wird für jedes vom Arbeitgeber anerkannte Dienstjahr gutgeschrieben. Die Einheit besteht entweder aus einem Pauschalbetrag in Dollar oder (häufiger) einem Prozentsatz der Entschädigung, gewöhnlich 1 1/2 bis 2 1/2 %. Die Gesamtzahl der Dienstjahre wird mit diesem Prozentsatz multipliziert. Wenn die Dienstjahre z.B. insgesamt 30 Jahre betragen und der Prozentsatz bei 1 1/2 % liegt, so würden 45 % entweder auf den durchschnittlichen Verdienst der Berufslaufbahn oder den letzten durchschnittlichen Verdienst (die höchsten drei von fünf aufeinanderfolgenden Dienstjahren) angewendet. Falls der Durchschnitt der fünf aufeinanderfolgenden Jahre mit den höchsten Verdiensten US$ 100.000 beträgt, so lägen die jährlichen Pensionsleistungen bei US$ 45.000. (b) Gleicher *Entschädigungsprozentsatz* – Nach einer Mindestanzahl von Dienstjahren (gewöhnlich 20) und Erreichen eines Mindestalters (in der Regel 50) erhalten alle Arbeitnehmer den gleichen Prozentsatz von Verdiensten als Rentenleistung, unabhängig von dem Einkommen, der Stellung im Unternehmen oder der Anzahl der Dienstjahre. Z.B. erhält jeder Arbeitnehmer, der mindestens 50 Jahre alt ist und wenigstens über 20

service. For example, each employee who is at least 50 years of age, with at least 20 years of service receives 20% of compensation. This plan is more common than the flat amount approach described below. (c) *Flat Amount* – After having attained a minimum number of years of service (usually 20) and a minimum age (usually 50), all employees will receive the same absolute dollar amount as a retirement benefit, regardless of income, position in the company, or years of service. For example, each employee who is at least 50 years of age, with at least 20 years of service receives $8000 a year in retirement benefits.
2. *Variable Dollars:* (a) Cost-of-Living Plan – benefits are modified according to changes in a predetermined price index – usually, the Consumer Price Index (CPI). For example, when the CPI increases by at least 3% benefits are increased by that percentage. (b) Equity Annuity Plan – premiums are paid into a variable annuity plan to purchase accumulation units. At retirement, the accumulation units are converted to *retirement* units whose values fluctuate according to the common stock portfolio in which the premiums were invested.

Dienstjahre verfügt, 20% der Entschädigung. Dieses System ist gebräuchlicher als der unten beschriebene Pauschalbetrag-Ansatz. (c) *Pauschalbetrag* – Nach Erreichung einer Mindestanzahl von Dienstjahren (gewöhnlich 20) und einem Mindestalter (gewöhnlich 50) erhalten alle Arbeitnehmer den gleichen absoluten Betrag in Dollar als Rentenleistung, unabhängig vom Einkommen, der Stellung im Unternehmen oder der Dienstjahre. Beispielsweise erhält jeder Arbeitnehmer, der mindestens 50 Jahre alt ist, mit wenigstens 20 Dienstjahren US$ 8.000 Pensionsleistungen pro Jahr.
2. *Variabler Dollarbetrag:* (a) Lebenshaltungskostensystem – die Leistungen werden entsprechend den Änderungen bei einem vorher festgelegten Preisindex, gewöhnlich dem Consumer Price Index (CPI) (Verbraucherpreisindex), modifiziert. Wenn der CPI z.B. um mindestens 3 % ansteigt, so werden die Leistungen um den gleichen Prozentsatz angehoben. (b) Eigenkapitalrentensystem – die Prämien werden in ein variables Rentensystem eingezahlt, um Kapitalansammlungseinheiten zu erwerben. Bei Pensionierung werden die Kapitalansammlungseinheiten in *Renten*einheiten umgewandelt, deren Werte entsprechend dem Wertpapierbestand, in den die Prämien investiert wurden, schwanken.

## Defined Contribution Pension Plan (Money Purchase Plan)

Retirement plan under which contributions are fixed in advance by formula, and benefits vary. These plans are often used by organizations that must know what the cost of employee benefits will be in the years ahead. For example, nonprofit organizations such as charities need to project future pension expenses that will not rise above a preset limit. This enables budgets to be established that provide guidelines for their solicitation of funds.

## Definite Loss
→ Requirements of Insurable Risk

## Degree of Care
Minimum of care owed by one party for the physical safety of another. Liability suits are brought because of negligent acts and omissions resulting from failures to exercise due care.

## Degree of Risk
Amount of uncertainty in a given situation. Probability that actual experience will be different from what is expected.

## Delay Clause
In → Cash Value Life Insurance policies, provision which

## Pensionssystem mit definiertem Beitrag (Rentenkaufsystem)

Rentensystem, bei dem die Beiträge im voraus durch eine Formel festgelegt sind und die Leistungen variieren. Diese Systeme werden oft von Organisationen verwendet, die für die vor ihnen liegenden Jahre wissen müssen, wie hoch die Kosten der Leistungen an die Arbeitnehmer sein werden. Gemeinnützige Organisationen, wie Wohlfahrtsorganisationen z.B., müssen zukünftige Pensionsausgaben, die eine zuvor festgelegte Höchstgrenze nicht übersteigen, planen. Dies ermöglicht die Aufstellung von Budgets, die eine Orientierung für ihre Werbung um Finanzmittel bieten.

## Bestimmter Schaden
→ Anforderungen an ein versicherbares Risiko

## Grad der Sorgfalt
Das jemandem von einer anderen Partei für dessen materielle Sicherheit geschuldete Mindestmaß an Sorgfalt. Haftpflichtklagen werden aufgrund fahrlässiger Handlungen oder Unterlassungen wegen Nichtbeachtung der notwendigen Sorgfalt erhoben.

## Risikograd
Die Höhe der Unsicherheit bei einer gegebenen Situation. Die Wahrscheinlichkeit, daß die tatsächliche Praxis sich von dem, was erwartet wird, unterscheidet.

## Verzögerungsklausel
Bestimmung bei → Barwertlebensversicherungs-Policen, die es der Versiche-

allows the insurance company to refuse the → Policyholder a loan on the cash value for a period of time, usually up to 6 months, from the request date. The only exception is for premium payments due on the policy.

### Delayed Payment Clause
Life insurance policy provision stating that after the death of an insured, the proceeds from a policy are not immediately paid to the primary beneficiary; instead, they are delayed for a specified time period. This usually occurs in *common disaster* situations.

### Delivery
Physical handing of an insurance policy to the insured. Sales training emphasizes the importance of delivery of a policy by the agent. This develops a caring attitude on the part of the agent and reinforces the insured's belief that he or she made the right decision in purchasing the policy.

### Demolition Clause
In → Property Insurance policies, provision which excludes the insurance company's liability for indemnification of the insured for the insured's expenses incurred in the demolition of undamaged property.

rungsgesellschaft erlaubt, dem → Policenbesitzer ein Darlehn auf den Barwert für einen Zeitraum, gewöhnlich bis zu 6 Monate ab Antragsdatum, zu verweigern. Die einzige Ausnahme sind die für die Police fälligen Prämienzahlungen.

### Auszahlungsverzögerungsklausel
Vorschrift bei Lebensversicherungspolicen, die festlegt, daß nach dem Tod eines Versicherten die Erlöse aus einer Police nicht sofort an den Erstbegünstigten gezahlt werden, sondern statt dessen für einen bestimmten Zeitraum verzögert werden. Dies ist normalerweise bei *allgemeinen Unglücks*-Situationen der Fall.

### Aushändigung
Die materielle Überreichung einer Versicherungspolice an den Versicherten. Die Verkaufsausbildung betont die Bedeutung der Aushändigung einer Police durch den Agenten. Dies entwickelt eine fürsorgliche Einstellung auf seiten des Agenten und verstärkt den Glauben des Versicherten, daß er oder sie bei Abschluß der Police die richtige Entscheidung getroffen hat.

### Abbruchklausel
Bestimmung bei → Sachversicherungs-Policen, die die Haftung der Versicherungsgesellschaft für eine Entschädigung des Versicherten für die vom Versicherten beim Abbruch unbeschädigten Eigentums erlittenen Ausgaben ausschließt.

## Demolition Insurance
Coverage that will indemnify the insured for the expenses, up to the limits of the policy, if a building is damaged by a peril such as fire, and zoning requirements and/or building codes mandate that the building be demolished.

## Demurrage
Compensation payable to the owner of a ship detained for reasons beyond his or her control who incurs a loss of earnings because of the delay. Detainment can be caused by a delay in the loading or unloading of the ship.

## Demutualization (Stocking a Mutual)

Conversion of form of ownership from a → Mutual Insurance Company to a → Stock Insurance Company. Interest in demutualization of life insurance companies surged in the early 1980s among many large mutual companies because they felt they needed new sources of capital to compete in the financial services revolution.

## Dental Insurance
Coverage for dental services under a group or individual policy.

## Abbruchversicherung
Versicherungschutz, der den Versicherten bis zu den Policengrenzen für die Ausgaben entschädigt, wenn ein Gebäude durch eine Gefahr wie Feuer beschädigt wird und Aufteilungserfordernisse und/oder eine Bauordnungsverfügung erfordern, daß das Gebäude abgerissen werden muß.

## Überliegezeit
An den/die Besitzer(in) eines Schiffes, welches aus Gründen, die außerhalb seiner oder ihrer Kontrolle liegen, festgehalten wird und der/die wegen dieser Verzögerung einen Ertragsverlust erleidet, zahlbare Entschädigung. Die Verzögerung kann durch eine Verspätung beim Be- oder Entladen des Schiffes verursacht werden.

## Auflösung eines Gegenseitigkeitsverhältnisses (einen Verein auf Gegenseitigkeit mit Aktien aufstocken)
Umwandlung der Eigentumsform von einem → Versicherungsverein auf Gegenseitigkeit in eine → Versicherungsgesellschaft auf Aktien. Das Interesse an einer Umwandlung von Versicherungsvereinen auf Gegenseitigkeit wogte zu Beginn der 80er Jahre bei vielen großen Versicherungsvereinen auf Gegenseitigkeit, weil sie glaubten, neue Kapitalquellen zu benötigen, um bei der Finanzdienstleistungsrevolution konkurrieren zu können.

## Zahnärztliche Versicherung
Versicherungsschutz für zahnärztliche Dienstleistungen bei einer Gruppen- oder bei einer Individualpolice.

## Department Store Insurance Floater

Coverage for items of property being delivered to a customer. The means of transportation covered include such common carriers as aircraft, railroads, trucks, express carrier and other variations, as well as the department store's trucks and other delivery vehicles. Coverage can be purchased on an → All Risks basis subject to excluded perils such as war and nuclear disaster. Coverage applies on a *blanket* basis meaning that all locations of points of delivery are covered.

## Dependent

A person who relies on another for economic support. For insurance purposes, the following may be included: (1) the insured's legal spouse; (2) any unmarried children younger than a specified age who are dependent upon the insured for support (age requirements vary from plan to plan); (3) unmarried children between specified years of age who are dependent upon the insured for support, and who are fulltime students in an educational institution (age requirements vary).
A dependent child cannot be covered under more than one insured employee's plan. For example, if the husband and wife are both insured employees of different com-

## Kaufhauspauschalversicherung

Versicherungsschutz für Besitzgegenstände, die an einen Kunden geliefert werden. Die abgedeckten Verkehrsmittel schließen solche allgemeinen Transportmittel wie Flugzeug, Züge, Lkw, Expressbeförderung und andere Abwandlungen sowie die Lkw des Kaufhauses und andere Auslieferungsfahrzeuge ein. Versicherungsschutz kann auf der Grundlage → Aller Risiken, unter dem Vorbehalt ausgeschlossener Gefahren, wie Krieg und atomares Unglück, abgeschlossen werden. Versicherungsschutz ist auf einer *pauschalen* Grundlage gegeben, d.h., daß alle Örtlichkeiten von Auslieferungspunkten abgedeckt sind.

## Unterhaltsberechtigter

Eine Person, die von der wirtschaftlichen Unterstützung eines anderen abhängig ist. Zu Versicherungszwecken können die folgenden Personen eingeschlossen werden: (1) der rechtmäßige Ehepartner des Versicherten, (2) alle unverheirateten Kinder unterhalb eines bestimmten Alters, die von der Unterstützung des Versicherten abhängig sind (die Anforderungen an das Alter sind von System zu System unterschiedlich), (3) unverheiratete Kinder zwischen bestimmten Altersstufen, die von der Unterstützung des Versicherten abhängig sind und die Vollzeitstudenten einer Ausbildungseinrichtung sind (die Anforderungen an das Alter variieren).
Ein unterhaltsberechtigtes Kind kann nicht unter mehr als einem Arbeitnehmerversicherungssytem abgedeckt sein. Wenn z.B. Ehemann und -frau beide versicherte Arbeitnehmer verschiedener Firmen sind, so würde die Koordination von Leistungen

panies, coordination of benefits would determine which plan is *primary* and which plan is *secondary*. In some states, the father's plan is primary; in other states, the *birthday rule* would be used: the parent with the earlier birthday would have the primary plan.

**Dependent Administration Coverage**
→ Dependent; → Dependent Coverage

**Dependent Care Assistance Plans (DCAP)**
Fringe benefit provided by the employer to its employees as sanctioned under the 1981 Economic Recovery Tax Act. Under Internal Revenue Code Section 129, this benefit is nontaxable to the employee and the costs incurred by the employer are considered tax deductible as a necessary business expense. The dependent under DCAP is defined as a dependent child under age 15, a dependent elderly relative, or a dependent mentally and/or physically handicapped individual. DCAP can be implemented through a salary reduction program under which the employee can choose to reduce his or her salary up to a maximum of $5,000 annually for dependent care-related expenses. A current → Employee Benefit Insurance Plan can be

bestimmen, welches System *erstrangig* und welches System *zweitrangig* ist. In einigen Staaten ist das System des Vaters das erstrangige, in anderen Staaten würde die *Geburtstagsregel* angewandt werden: der Elternteil mit dem früheren Geburtstag verfügte über das erstrangige System.

**Verwaltungsversicherungsschutz für Unterhaltsberechtigte**
→ Unterhaltsberechtigter; → Versicherungsschutz für Unterhaltsberechtigte

**Beihilfesysteme für die Betreuung Unterhaltsberechtigter**
Vom Arbeitgeber seinen Arbeitnehmern zur Verfügung gestellte Sozialleistung, wie bei dem Economic Recovery Act (Gesetz zur wirtschaftlichen Gesundung) aus dem Jahre 1981 bestätigt. Unter dem Internal Revenue Code (Einkommensteuerordnung) Teil 129 ist diese Leistung für den Arbeitnehmer nicht steuerpflichtig, und die vom Arbeitgeber erlittenen Kosten sind als notwendige Geschäftsausgaben steuerlich abzugsfähig. Unter dem Beihilfesystem für die Betreuung Unterhaltsberechtigter wird ein Unterhaltsberechtigter als unterhaltsberechtigtes Kind unter 15 Jahren, als ein unterhaltsberechtigter älterer Verwandter oder als unterhaltsberechtige geistig und/oder körperlich behinderte Person definiert. Das Beihilfesystem für die Betreuung Unterhaltsberechtigter kann durch ein Gehaltreduzierungsprogramm, bei dem der Arbeitnehmer sein oder ihr Gehalt jährlich um bis zu US$ 5.000 für Ausgaben, die die Betreuung eines Unterhaltsberechtigten betreffen, reduzieren kann, durchgeführt werden. Ein laufendes

amended to include DCAP, thereby making the benefit available to all employees. DCAP permits the employee to select the type of dependent care program that he or she prefers.

→ Betriebliches Sozialzulagenversicherungssystem kann dahingehend ergänzt werden, daß es das Beihilfesystem für die Betreuung Unterhaltsberechtigter einschließt und somit die Leistung allen Arbeitnehmern zugänglich macht. Das Beihilfesystem für die Betreuung Unterhaltsberechtigter erlaubt es dem Arbeitnehmer, die Art von Betreuungsprogramm für Unterhaltsberechtigte auszuwählen, die er oder sie vorzieht.

## Dependent Coverage

Coverage under life and health insurance policies for dependents of a named insured to insured to include a spouse and unmarried children under a specified age. Under some life insurance policies and insured's spouse and dependent children, unmarried and under age 21, can be added at favorable rates. Health insurance policies cover the same dependent individuals at a far cheaper rate than the cost of separate policies for them.

## Versicherungsschutz für Unterhaltsberechtigte

Versicherungsschutz bei Lebens- und Krankenversicherungspolicen für die Unterhaltsberechtigten eines benannten Versicherten einschließlich Ehegatten und unverheirateten Kindern unterhalb eines spezifischen Alters. Bei einigen Lebensversicherungspolicen können der Ehegatte und die unterhaltsberechtigten, unverheirateten Kinder unter 21 Jahren zu günstigen Raten dem Vertrag hinzugefügt werden. Krankenversicherungspolicen decken die gleichen unterhaltsberechtigten Personen zu weit preiswerteren Tarifen ab als die Kosten getrennter Policen für diese.

## Deposit Administration Group Annuity

→ Pension Plan Funding: Group Deposit Administration Annuity

## Einlagenverwaltungsgruppenrente

→ Pensionssystemfinanzierung: Gruppeneinlagenverwaltungsrente

## Deposit Administration Plan

Unallocated funding instrument for pension plans under which premiums are placed on deposit, and are not currently

## Einlagenverwaltungssystem

Nicht zugewiesenes Finanzierungsinstrument für Pensionssysteme, bei denen Prämien in ein Depot gegeben werden und nicht laufend für den Erwerb von Lei-

allocated to the purchase of benefits for the employee. At retirement, an immediate retirement annuity is purchased for the employee. The amount of monthly income depends on the investment results of the funds left on deposit. Many insurance companies guarantee a minimum rate of return on funds left on deposit.

stungen für den Arbeitnehmer zugeteilt werden. Bei Pensionierung wird eine sofortige Pensionsrente für den Arbeitnehmer gekauft. Die Höhe des monatlichen Einkommens hängt von den Kapitalanlageergebnissen der im Depot verbliebenen Finanzmittel ab. Viele Versicherungsgesellschaften garantieren eine Mindestverzinsung der hinterlegten Finanzmittel.

### Depositors Forgery Insurance
Coverage provided for individuals or businesses for loss due to forgery or alteration of such financial instruments as notes, checks, drafts, and promissory notes.

### Einzahlerversicherung gegen Fälschung
Versicherungsschutz für Personen oder Unternehmen gegen Verlust wegen Fälschung oder Änderung solcher Finanzierungsmittel wie Banknoten, Schecks, Wechsel oder Schuldscheinen.

### Deposit Premium
Premium required by an insurance company for plans subject to premium adjustment. The initial provisional premium is paid to put a commercial property or liability insurance policy into force. The final premium is determined at the end of the policy period, based on an insured's actual exposures and loss experience.

### Prämieneinlage
Von einer Versicherungsgesellschaft für Vorhaben unter dem Vorbehalt einer Prämienanpassung geforderte Prämie. Die erste, vorläufige Prämie wird gezahlt, um eine gewerbliche Sach- oder Haftpflichtversicherungspolice in Kraft zu setzen. Die letzte Prämie wird am Ende des Policenzeitraumes auf der Grundlage der tatsächlichen Gefährdungen und der Schadenspraxis des Versicherten festgelegt.

### Deposit Term Life Insurance
Policy in which a premium (the deposit) is paid in the first policy year, in addition to the regular term insurance premiums required. The deposit is left to accumulate at interest for

### Befristete Einlagenlebensversicherung
Police, bei der eine Prämie (die Einlage) im ersten Policenjahr zusätzlich zu den geforderten regulären Prämien der befristeten Versicherung gezahlt wird. Die Einlage wird für eine bestimmte Anzahl von Jahren, z.B. 10 Jahre, im Depot

a specific number of years, e.g., 10. Thereafter, the *policyowner* can receive the deposit plus interest or may renew the policy without the → Insured having to furnish → Evidence of Insurability. This procedure can be repeated every 10 years, in some instances up to age 100. A deposit term policy can be converted to → Ordinary Life, or → Decreasing Term Life Insurance without evidence of insurability. However, if the policyowner cancels the policy prior to the initial 10 years, the deposit and any interest is forfeited. If the insured dies before the policy is converted, the deposit plus the interest is added to the death benefit.

belassen, um Zinsen anzusammeln. Danach kann der *Policeninhaber* die Einlage plus Zinsen erhalten, oder er kann die Police erneuern, ohne daß der → Versicherte einen → Nachweis der Versicherbarkeit beibringen muß. Diese Vorgehensweise kann alle 10 Jahre wiederholt werden, in einigen Fällen bis zum Alter von 100 Jahren. Eine befristete Police kann ohne Nachweis der Versicherbarkeit in eine → Lebensversicherung auf den Todesfall oder eine → Befristete Lebensversicherung mit abnehmendem Nennwert umgewandelt werden. Wenn der Policeninhaber die Police jedoch vor den ersten 10 Jahren kündigt, so verfallen die Einlage und alle Zinsen. Stirbt der Versicherte vor Umwandlung der Police, so werden die Einlage plus Zinsen zu den Todesfalleistungen hinzugefügt.

### Depreciation
Actual or accounting recognition of the decrease in the value of a hard asset (property) over a period of time, according to a predetermined schedule such as *straight line depreciation.*

### Abschreibung
Tatsächliche oder buchhalterische Anerkenntnis der Wertminderung bei einem Anlagegut (Vermögensgegenstand) über einen Zeitraum gemäß einem vorbestimmten Plan, wie etwa der linearen *Abschreibung.*

### Depreciation Insurance
→ Replacement Cost Less Physical Depreciation and Obsolescence

### Wertminderungsversicherung
→ Wiederbeschaffungskosten abzüglich materieller Wertminderung und Veralterung

### Deviated Rate
Rates used by a property and casualty insurance company which are different from that suggested by a → Rating Bureau. An insurance com-

### Abweichender Tarif
Von einer Sach- und Unfallversicherungsgesellschaft verwendete Tarife, die sich von denen, die das → Prämienfestsetzungsbüro vorschlägt, unterscheiden. Eine Versicherungsgesellschaft kann

pany may use deviated rates because it feels they are more indicative of the company's experience.

**Deviation**
→ Deviated Rate

**Diagnosis Related Group**
Method of determining reimbursement from medical insurance according to diagnosis on a prospective basis. It originated with the → Medicare program.

**DIC**
→ Difference in Conditions Insurance

**Difference In Conditions Insurance**
Coverage for a physical structure, machinery, inventory, and merchandise within the structure in the event of earthquakes, flood collapses, and subsidence strikes. Even though coverage is on an → All Risks basis, important perils are excluded such as fire, vandalism, sprinkler leakage, employee dishonesty, boiler and machinery losses, and mysterious disappearance, since it is assumed that the insured business already has coverage for these perils under a business property insurance policy.

**Dip-Down Clause**
Provision in an → Umbrella

abweichende Tarife verwenden, weil sie glaubt, daß sie der Erfahrung der Gesellschaft besser Rechnung tragen.

**Abweichung**
→ Abweichender Tarif

**Diagnosebezogene Gruppe**
Methode zur Bestimmung der Entschädigung von einer Krankenversicherung gemäß der Diagnose auf einer vorausschauenden Grundlage. Sie entstand mit dem → Medicare-Programm.

**DIC**
→ Versicherung unterschiedlicher Zustände

**Versicherung unterschiedlicher Zustände**
Versicherungsschutz für materielle Baustruktur, Maschinenpark, Inventar und Handelsware innerhalb des Gebäudes im Falle von Erdbeben, Fluteinbrüchen und Eintritt von Bodensenkungen. Obwohl der Versicherungsschutz auf Grundlage → Aller Risiken erfolgt, sind wichtige Risiken wie Feuer, Vandalismus, Sprinklerleckage, Untreue von Angestellten, Dampfkessel- und Maschinenparkschäden und mysteriöses Verschwinden ausgeschlossen, da angenommen wird, daß das versicherte Unternehmen für diese Risiken bereits über Versicherungsschutz aufgrund einer Unternehmenssachversicherungspolice verfügt.

**Eintauchklausel**
Bestimmung bei einer → Globalhaft-

Liability Insurance policy under which the policy will pay those losses which come within the retention limits of the primary policy, but the primary policy cannot pay because its aggregate limits have no further capacity.

pflichtversicherungs-Police, bei der die Police die Schäden zahlen wird, die innerhalb der Selbstbehaltsgrenzen der erstrangigen Police liegen, die die erstrangige Police aber nicht zahlen kann, weil ihre Aggregatshöchstgrenzen keine weitere Kapazität aufweisen.

### Direct Cover
→ Automatic Nonproportional Reinsurance treaty or → Automatic Proportional Reinsurance treaty which provides coverage for losses upon which claims are made while the treaty is in force, without regard to when these losses actually occurred. → Claims Made Basis Liability Coverage; → Claims Occurrence Basis Liability Coverage

### Direkte Deckung
→ Automatischer, nicht-proportionaler Rückversicherungs-Vertrag oder → Automatischer, proportionaler Rückversicherungs-Vertrag, der Versicherungsschutz für Schäden bietet, bei denen Ansprüche geltend gemacht werden, während die Police in Kraft ist, ungeachtet dessen, wann der Schaden tatsächlich eingetreten ist. → Haftpflichtversicherungsschutz auf der Grundlage geltend gemachter Ansprüche; → Haftpflichtversicherungsschutz auf der Grundlage des Eintritts von Ansprüchen

### Direct Liability
Legal obligation of an individual or business because of negligent acts or omissions resulting in bodily injury and/or property damage or destruction to another party. There are no intervening circumstances.

### Direkte Haftung
Gesetzliche Verpflichtung einer Person oder eines Unternehmens wegen fahrlässiger Handlungen oder Unterlassungen, die Körperverletzungen und/oder Sachbeschädigung oder Zerstörung von Eigentum einer anderen Partei zur Folge haben. Es gibt keine hindernden Umstände.

### Direct Loss
Property loss in which the insured peril is the *proximate cause* (an unbroken chain of events) of the damage or destruction. Most basic property insurance policies (such as the *Standard Fire Policy*) insure against only direct loss and not → Indirect Loss or → Conse-

### Direkter Schaden
Sachschaden, bei dem die versicherte Gefahr die *unmittelbare Ursache* (eine ununterbrochene Kette von Ereignissen) für die Beschädigung oder die Zerstörung ist. Die meisten Basissachversicherungspolicen (wie die *Einheits-Feuerversicherungspolice*) versichern nur gegen direkten Schaden und nicht gegen → Indirekten Schaden oder → Folgeschaden. Ein Brand

quential Loss. For example, a fire within the wall structure of a house causes the drapes to catch fire, which in turn fans flames onto the furniture – a direct loss. An indirect loss would be inconvenience of the inhabitants, who would not be able to sleep in their home, thus causing a drop in their efficiency at work.

**Directors and Officers Liability Insurance**
Coverage when a director or officer of a company commits a negligent act or omission, or misstatement or misleading statement, and a successful libel suit is brought against the company as a result. Usually a large deductible is required. The policy provides coverage for directors' and officers' liability exposure if they are sued as individuals. Coverage is also provided for the costs of defense such as legal fees and other court costs.

**Direct Recognition**
Immediate taking-into-account of present interest rates, mortality experience, and expenses in premiums currently charged. This is critical to the formulation of → Current Assumption Whole Life Insurance products. → Universal Life Insurance

innerhalb eines Hauses führt z.B. dazu, daß die Vorhänge Feuer fangen, was wiederum zur Folge hat, daß die Flammen auf die Möbel übergreifen – ein direkter Schaden. Ein indirekter Schaden wäre die Unannehmlichkeit der Bewohner, die nicht in der Lage wären, in ihrem Haus zu schlafen, was wiederum eine Beeinträchtigung ihrer Effizienz bei der Arbeit zur Folge hätte.

**Haftpflichtversicherung für Direktoren und leitende Angestellte**
Versicherungsschutz, wenn ein Direktor oder ein leitender Angestellter einer Gesellschaft fahrlässige Handlungen oder Unterlassungen begeht oder eine Falschaussage oder eine irreführende Aussage macht und als Ergebnis eine erfolgreiche Verleumdungsklage gegen die Gesellschaft angestrengt wird. Gewöhnlich wird ein hoher Selbstbehalt gefordert. Die Police bietet Versicherungsschutz gegen das Haftpflichtrisiko von Direktoren und leitenden Angestellten, wenn sie als Einzelpersonen verklagt werden. Es wird auch Versicherungsschutz für die Verteidigungskosten, wie Anwaltsgebühren und andere Gerichtskosten, geleistet.

**Direkte Anerkennung**
Die sofortige Einbeziehung der gegenwärtigen Zinssätze, der Sterblichkeitserfahrung und der Ausgaben bei den laufend in Rechnung gestellten Prämien. Dies ist für die Abfassung der → Lebensversicherungsprodukte auf den Todesfall auf der Basis einer gegenwärtigen Annahme besonders wichtig. → Universelle Lebensversicherung

## Direct Response Marketing (Direct Selling System)

Method of selling insurance directly to insureds through a company's own employees, through the mail, or at airport booths. The company uses this method of distribution rather than independent or captive agents for effectiveness and efficiency.

## Direct Selling
→ Direct Response Marketing (Direct Selling System)

## Direct Selling System
→ Direct Response Marketing (Direct Selling System)

## Direct Writer
1. Property insurer that distributes its products through a *direct selling system*. Traditionally, insurers often were known as direct writers if they used either a direct selling system or an *exclusive agency system* for distribution. Increasingly, the term applies only to those using a direct selling system.
2. Reinsurer that deals directly with a → Ceding Company, without using a → Reinsurance Broker.

## Direct Writing Agent
→ Captive Agent

## Direct Response Marketing (Direktverkaufssystem)

Methode, Versicherungen direkt durch die eigenen Angestellten einer Gesellschaft, durch die Post oder auf Flughafenständen an die Versicherten zu verkaufen. Aufgrund der Wirkung und der Wirtschaftlichkeit benutzt die Gesellschaft diese Methode anstelle von unabhängigen oder firmeneigenen Agenten.

## Direktverkauf
→ Direct Response Marketing (Direktverkaufssystem)

## Direktverkaufssystem
→ Direct Response Marketing (Direktverkaufssystem)

## Direktversicherer
1. Sachversicherer, der seine Produkte durch ein *Direktverkaufssystem* vertreibt. Traditionell waren Versicherer häufig als direkte Zeichner bekannt, wenn sie entweder ein Direktverkaufssystem oder ein *Alleinvertretungssystem* für den Vertrieb benutzten. In zunehmendem Maße bezieht sich die Bezeichnung nur noch auf jene, die ein Direktverkaufssystem verwenden.
2. Ein Rückversicherer, der direkt mit einer → Zedierenden Gesellschaft zusammenarbeitet, ohne einen → Rückversicherungsmakler einzuschalten.

## Direktversichernder Agent
→ Firmeneigener Agent

## Direct Written Premium

Total premiums received by a → Property and Liability Insurance company without any adjustments for the ceding of any portion of these premiums to the → Reinsurer.

## Disability

Physiological or psychological condition which prevents an insured from performing normal job functions.

## Disability Benefit

Income paid under a disability policy that is not covered under → Workers Compensation Benefits. It is usually expressed as a percentage of the insured's income prior to the disability, but there may be a limit on the amount and duration of benefits. The most advantageous policy pays a monthly disability income benefit for as long as the insured is unable to perform suitable job functions determined by experience, education, and training.

## Disability Benefit, Commercial Health Insurance

→ Disability Benefit

## Disability Buy-Out Insurance

Buy-sell agreements found in partnerships, sole proprietorships, and close corporations.

## Direktversicherte Prämie

Die Gesamtsumme der von einer → Sach- und Haftpflichtversicherungs-Gesellschaft erhaltenen Prämien, ohne irgendwelche Anpassungen für das Zedieren eines Teiles dieser Prämien an den → Rückversicherer.

## Invalidität

Körperliche oder psychologische Bedingung, die einen Versicherten von der Erfüllung normaler beruflicher Funktionen abhält.

## Invaliditätsleistung

Bei einer Invaliditätspolice gezahltes Einkommen, daß von → Berufsunfallentschädigungsleistungen nicht abgedeckt wird. Die Invaliditätsleistung wird gewöhnlich ausgedrückt als Prozentsatz des Einkommens des Versicherten vor der Invalidität. Es kann jedoch eine Begrenzung der Höhe und der Dauer der Leistungen geben. Die vorteilhafteste Police zahlt eine monatliche Invaliditätseinkommensleistung für die Dauer der Unfähigkeit des Versicherten, eine nach Erfahrung, Bildung und Ausbildung geeignete Berufstätigkeit aufzunehmen.

## Invaliditätsleistung, gewerbliche Krankenversicherung

→ Invaliditätsleistung

## Invaliditätsauskaufversicherung

Kauf-/Verkaufsvereinbarung bei Handelsgesellschaften, Einzelunternehmen und Gesellschaften mit beschränkter Haf-

Either the business entity or the surviving members of the business agree to buy out the interest of a disabled member according to a predetermined formula funded through insurance. Disability buy-out insurance can be more important to a business than death buy-out insurance because the chances of becoming disabled are 7 to 10 times greater than death, depending on the age of the individual. The mechnisms available for the disability buy-out are the same as those found under → Business Life and Health Insurance. → Partnership Life and Health Insurance

tung. Entweder vereinbaren die Geschäftseinheit oder die überlebenden Mitglieder des Unternehmens, den Anteil des arbeitsunfähigen Mitglieds nach einer vorher festgelegten Formel, die durch eine Versicherung finanziert wird, aufzukaufen. Eine Invaliditätsauskaufversicherung kann für ein Unternehmen wichtiger sein als eine Auskaufversicherung für den Todesfall, weil die Wahrscheinlichkeit, arbeitsunfähig zu werden, in Abhängigkeit vom Alter des Versicherten 7 bis 10 mal höher ist als der Tod. Die für einen Invaliditätsauskauf verfügbaren Mechanismen entsprechen denen bei der → Unternehmenslebens- und -krankenversicherung. → Lebens- und Krankenversicherung bei Handelsgesellschaften

**Disability Income (DI)**

Life insurance payment issued after the insured has been disabled for at least six months. One percent of the face value of the policy is paid the insured as a monthly income benefit and premiums are waived for the duration of the disability. A → Disability Income Rider can be attached to an ordinary life insurance policy to provide this disability income benefit at extra charge. The insured can have a → Waiver of Premium benefit without a disability income benefit, but cannot have the disability income benefit without the waiver of premiums benefit.

**Invaliditätseinkommen**

Lebensversicherungszahlung, die geleistet wird, nachdem der Versicherte mindestens sechs Monate arbeitsunfähig war. Ein Prozent des Nennwertes der Police wird dem Versicherten als monatliche Einkommensleistung gezahlt, und auf Prämienzahlungen wird für die Dauer der Invalidität verzichtet. Eine → Invaliditätseinkommenszusatzklausel kann einer Lebensversicherungspolice auf den Todesfall hinzugefügt werden, um diese Invaliditätseinkommensleistungen gegen eine zusätzliche Gebühr zu bieten. Der Versicherte kann den Vorzug eines → Prämienverzichtes ohne Invaliditätseinkommensleistung erlangen, aber er kann kein Invaliditätseinkommen ohne Verzicht auf die Prämienleistungen haben.

## Disability Income Insurance

Health insurance that provides income payments to the insured wage earner when income is interrupted or terminated because of illness, sickness or accident. Definitions under this insurance include:

1. *Total and Partial Disability* – reduction in benefits if the insured is found to be partially disabled instead of totally disabled.

2. *Amount of Benefits* – many policies stipulate that all sources of disability income cannot exceed 50 to 80% of the insured's earnings prior to the disability, subject to a maximum absolute dollar amount.

3. *Duration of Benefits* – length of time benefits will be paid. Some policies will pay benefits for one or two years, whereupon the insured must agree to be retrained for other work. Other policies pay benefits, as long as the insured is unable to do the job for which he/she is suited by training, education, and experience (often up to age 65, when retirement programs take over). Some policies pay lifetime benefits.

4. → Elimination Period *(Waiting Period)* – period beginning with the first day of disability, during which no payments are made to the insured. The longer this period, the lower the premiums.

## Invaliditätseinkommensversicherung

Krankenversicherung, die einem versicherten Lohnempfänger Einkommenszahlungen bietet, wenn das Einkommen wegen Krankheit oder Unfall unterbrochen oder beendet wird. Unter diese Versicherung fallen:

1. *Vollständige und Teilinvalidität:* Reduzierung der Leistungen, falls festgestellt wird, daß ein Versicherter nur teilweise statt vollständig arbeitsunfähig ist.

2. *Leistungshöhe:* Viele Policen fordern, daß alle Invaliditätseinkommensquellen 50 bis 80 % des Verdienstes des Versicherten vor der Invalidität, unter dem Vorbehalt eines absoluten Höchstbetrages in Dollar, nicht übersteigen können.

3. *Dauer der Leistungen:* die Zeitdauer, für die Leistungen gezahlt werden. Einige Policen zahlen Leistungen für ein oder zwei Jahre, danach muß ein Versicherter zustimmen, für einen anderen Beruf umgeschult zu werden. Andere Policen zahlen Leistungen solange der Versicherte unfähig ist, die Tätigkeit, für die er oder sie sich durch Ausbildung, Schulbildung und Erfahrung qualifiziert haben, auszuüben (oft bis zum Alter von 65, wenn Rentenprogramme übernehmen). Einige Policen zahlen lebenslange Leistungen.

4. → Auslassungszeitraum *(Wartezeitraum):* mit dem ersten Tag der Invalidität beginnender Zeitraum, während dessen keine Zahlungen an den Versicherten geleistet werden. Je länger dieser Zeitraum, desto niedriger die Prämien.

5. *Ärztliche Pflege:* Der Versicherte muß regelmäßig von einem juristisch qualifizierten Arzt untersucht werden, weil es erforderlich ist, Änderungen bei der Schwere der Invalidität zu bewerten.

5. *Physician's Care* – the insured must be regularly attended by a legally qualified physician because it is necessary to assess changes in severity of disability.

6. → Preexisting Condition – if an insured has a preexisting injury, sickness or illness, most policies will not pay income benefits either for the duration of the policy or until a period of time (usually from six months to one year) has elapsed.

7. *Recurrent Disability* – most policies will not pay income benefits to an insured who is experiencing a recurrent disability unless the recurrent disability is deemed a new disability. Some more progressive policies define a recurrent disability as a new disability if there has been a break of at least six months between the first disability and the current disability, and the insured has returned to work during that break.

8. → Residual Disability – many policies pay for the unused portion of the total disability period, limited to age 65.

6. → Vorher existierender Zustand: Falls ein Versicherter eine zuvor existierende Verletzung, Krankheit oder ein Leiden hat, so zahlen die meisten Policen keine Einkommensleistungen entweder für die Dauer der Police oder bis nach Ablauf einer bestimmten Zeit (gewöhnlich von sechs Monaten bis einem Jahr).

7. *Wiederkehrende Invalidität:* Die meisten Policen zahlen keine Einkommensleistungen an einen Versicherten, der eine wiederkehrende Invalidität erleidet, außer wenn diese wiederkehrende Invalidität als neue Invalidität angesehen wird. Einige progressivere Policen definieren eine wiederkehrende Invalidität als neue Invalidität, wenn zwischen der ersten und der gegenwärtigen Invalidität eine Unterbrechung von mindestens sechs Monaten besteht und der Versicherte während dieses Unterbrechungszeitraums zur Arbeit zurückgekehrt ist.

8. → Restinvalidität: Viele Policen zahlen für den nicht verbrauchten Teil der Invaliditätsgesamtzeit, begrenzt bis zum Alter von 65 Jahren.

## Disability Income Rider

Addition to a life insurance policy stating that when an insured becomes disabled for at least six months, premiums due are waived. Depending on the rider, the insured may begin to

## Invaliditätseinkommenszusatzklausel

Zusatz zu einer Lebensversicherungspolice, die besagt, daß dann, wenn ein Versicherter für wenigstens sechs Monate arbeitunfähig wird, auf die fälligen Prämien verzichtet wird. Abhängig von der Zusatzklausel kann der Versicherte damit

receive a monthly income, (usually 1% of the face value of the policy) or, only the premium may be waived. The length of time that income payments will continue depends on the definition of disability in the policy. During the time that premiums are waived, the life insurance policy stays in force, so that if the insured dies, the beneficiary receives the face value of the policy. Cash values continue to build, and if the policy is participating, dividends continue to be paid. → Disability Income (DI); → Disability Income Insurance

beginnen, ein monatliches Einkommen zu erhalten (gewöhnlich 1 % des Nennwertes der Police), oder es kann nur auf die Prämie verzichtet werden. Die Länge des Zeitraumes, für den Einkommenszahlungen weitergezahlt werden, hängt von der Definition von Invalidität in der Police ab. Während der Zeit, in der auf Prämien verzichtet wird, bleibt die Lebensversicherungspolice in Kraft, so daß, wenn der Versicherte stirbt, der Begünstigte den Nennwert der Police erhält. Barwerte werden weiter gebildet, und falls die Police gewinnbeteiligt ist, werden weiter Dividenden gezahlt. → Invaliditätseinkommen; → Invaliditätseinkommensversicherung

**Disability Insurance**
→ Disability Benefit; → Disability Buy-Out Insurance; → Disability Income (DI); → Disability Income Insurance; → Disability Income Rider; → Partnership Life and Health Insurance

**Invaliditätsversicherung**
→ Invaliditätsleistung; → Invaliditätsauskaufversicherung; → Invaliditätseinkommen; → Invaliditätseinkommensversicherung; → Invaliditätszusatzklausel; → Teilhaberlebens- und -krankenversicherung

**Disability Insurance, Conditions**
→ Disability Benefit; → Disability Income Insurance

**Invaliditätsversicherung, Bedingungen**
→ Invaliditätsleistung; → Invaliditätseinkommensversicherung

**Disability, Long Term**
→ Long-Term Disability Income Insurance

**Invalidität, Langfristige**
→ Langzeitinvaliditätseinkommensversicherung

**Disability of Partner Buy and Sell Insurance**
→ Partnership Life and Health Insurance

**Kauf- und Verkaufversicherung bei Invalidität eines Teilhabers**
→ Teilhaber-Lebens- und -Krankenversicherung

**Disability, Permanent Partial**
→ Disability Income Insurance; → Permanent Partial Disability

**Disability, Permanent Total**
→ Disability Income Insurance; → Permanent Total Disability

**Disability, Short-Term**
→ Disability Income Insurance

**Disability, Temporary Partial**
→ Disability Income Insurance; → Temporary Disability Benefits

**Disability, Temporary Total**
→ Disability Income Insurance; → Temporary Disability Benefits

**Disappearing Deductible**
In property insurance, amount that an insured does not have to pay when a loss exceeds a predetermined sum; here the insurance company pays more than 100% of the loss, so that the deductible amount specified in a contract "vanishes." For example, if a deductible amount is $ 100, an insurance company may pay 125% of the losses exceeding $ 100, 150% of the losses exceeding $ 200, and if the losses exceed $ 300 the company pays the total

**Invalidität, Ständige Teil-**
→ Invaliditätseinkommensversicherung; → Ständige Teilinvalidität

**Ständige Vollinvalidität**
→ Invaliditätseinkommensversicherung; → Ständige Vollinvalidität

**Invalidität, Kurzfristige**
→ Invaliditätseinkommensversicherung

**Invalidität, Zeitweilige Teil-**
→ Invaliditätsversicherung; → Zeitweilige Invaliditätsleistungen

**Invalidität, Zeitweilige Voll-**
→ Invaliditätsversicherung; → Zeitweilige Invaliditätsleistungen

**Schwindender Selbstbehalt**
Bei der Sachversicherung der Betrag, den ein Versicherter nicht zu zahlen braucht, wenn ein Schaden eine vorbestimmte Summe übersteigt. Die Versicherungsgesellschaft zahlt hier mehr als 100 % des Schadens, so daß der im Vertrag angegebene Selbstbehalt „verschwindet". Wenn ein Selbstbehalt beispielsweise US$ 100 beträgt, so kann eine Versicherungsgesellschaft 125 % des Schadens über US$ 100, 150 % des Schadens, der über US$ 200 beträgt, und wenn die Schäden US$ 300 übersteigen, den Gesamtschaden zahlen (so daß der Versicherte keinen Selbstbehalt für Schäden über US$ 300 über-

amount of the loss (so that the insured does not assume any deductible for losses over $300). In another application an insured pays 125% of all losses over $100, the deductible disappears for any loss of $500 or more. → Deductible

**Disaster Clause**
→ Common Disaster Clause (Survivorship Clause)

**Discontinuance**
Termination of coverage in insurance.

**Discontinuance of Contributions**
Termination of premium payments by an employer on behalf of an employee to an employee benefit plan. → Group Disability Insurance; → Group Health Insurance; → Group Life Insurance; → Group Paid-Up Life Insurance; → Group Permanent Life Insurance; → Group Term Life Insurance; → Pension Plan; → Pension Plan Funding Instruments

**Discontinuance of Plan**
Termination of a plan. Under Federal tax law, a plan can only be terminated for reasons of business necessity. Otherwise, prior employer tax deductible contributions under the plan are disallowed.

nimmt). Bei einer anderen Anwendung zahlt ein Versicherter 125 % aller Schäden über US$ 100. Der Selbstbehalt entfällt für alle Schäden von US$ 500 oder mehr. → Selbstbehalt

**Unglücksklausel**
→ Allgemeine Unglücksklausel (Überlebensklausel)

**Aufhebung**
Beendigung des Versicherungsschutzes bei einer Versicherung.

**Einstellung der Beiträge**
Beendigung der Prämienzahlungen eines Arbeitgebers an ein betriebliches Sozialzulagensystem für einen Arbeitnehmer. → Gruppeninvaliditätsversicherung; → Gruppenkrankenversicherung; → Gruppenlebensversicherung; → Einbezahlte Gruppenlebensversicherung; → Gruppenlebensversicherung mit einjähriger Kündigungsfrist; → Befristete Gruppenlebensversicherung; → Pensionssystem; → Pensionssystemfinanzierungsinstrumente

**Systembeendigung**
Beendigung eines Systems. Unter den Bundessteuergesetzen kann ein System nur aus Gründen betriebswirtschaftlicher Notwendigkeit beendet werden. Andernfalls werden vorherige steuerlich abzugsfähige Beiträge des Arbeitgebers bei dem System nicht anerkannt.

### Discovery Period

Clause in a → Bond that permits a principal who was formerly insured by the bond to report a loss to the surety company that occurred while the bond was in force. The period of time for reporting after the bond terminates is usually limited to one year.

### Discretionary Authority

Legal power of the Commissioner of Internal Revenue to approve any classification of employees that does not discriminate in favor of a prohibited group. Such approval is necessary before a retirement plan can be a *qualified pension plan* and thus subject to tax benefits.

### Discrimination

Failure of an insurance company to offer similar insurance coverages at comparable premium rates to all individuals or groups with the same → Underwriting characteristics. Such discriminatory practices are prohibited by state and federal law.

### Disease

Illness or sickness such as cancer, poliomyelitis, leukemia, diphtheria, smallpox, scarlet fever, tentanus, spinal meningitis, encephalitis, tularemia, hydrophobia, and sickle

### Meldespielraum für Schäden

Klausel bei einer Verpflichtungserklärung, die es einem Auftraggeber, der vorher durch die → Verpflichtungserklärung versichert war, erlaubt, einen Schaden, der eintrat, als die Verpflichtungserklärung in Kraft war, an die Garantieversicherungsgesellschaft zu melden. Der Zeitraum für die Meldung nach Ablauf der Verpflichtungserklärung ist gewöhnlich auf ein Jahr beschränkt.

### Unumschränkte Vollmacht

Gesetzliche Vollmacht des Commissioners of Internal Revenue (Bevollmächtigter der Einkommensteuerbehörden), jede Klassifizierung von Arbeitnehmern, die nicht zugunsten einer verbotenen Gruppe diskriminiert, zu genehmigen. Eine solche Genehmigung ist erforderlich, bevor ein Rentensystem ein *steuerbegünstigtes Pensionssystem* werden kann und somit Steuervorteile genießt.

### Diskriminierung

Das Versäumnis einer Versicherungsgesellschaft, allen Einzelpersonen oder Gruppen mit den gleichen → Zeichnungs-Merkmalen ähnlichen Versicherungsschutz zu vergleichbaren Prämientarifen zu bieten. Solche Diskriminierungspraktiken sind durch staatliche und Bundesgesetze verboten.

### Krankhafter Zustand

Krankheit oder Leiden wie Krebs, Kinderlähmung, Leukämie, Diphtherie, Pocken, Scharlach, Wundstarrkrampf, Hirnhautentzündung, Gehirnentzündung, Tularämie, Tollwut, Sichelzellenanämie, die alle bei Krankenversicherungspolicen,

cell anemia, all of which are covered in health insurance policies as specified.

wie angegeben, abgedeckt sind.

## Dishonesty, Disappearance, and Destruction Policy ("3-D" Policy)

→ Combination → Policy Plan of *fidelity insurance* and *crime insurance* under five standard agreements:
1. *Insuring Agreement I* – dishonesty of employees on either a → Commercial Blanket Bond or → Blanket Position Bond basis.
2. *Insuring Agreement II* – coverage inside an insured's premises or a bank premises if money and securities are lost due to dishonesty, disappearance, or destruction.
3. *Insuring Agreement III* – coverage of money and securities being transported by an insured's messenger outside an insured's premises if they are lost due to dishonesty, disappearance, or destruction.
4. *Insuring Agreement IV* – coverage if an insured accepts counterfeit U.S. or Canadian paper currency or money orders of no value.
5. *Insuring Agreement V* – coverage for depositor forgery if an insured's own commercial paper is forged or altered. Additional coverages can be added through endorsement, including check forgery, pay-

## Untreue-, Schwund- und Zerstörungs-Police (3-D-Police)

Ein(e) → Kombinationspolice (-vorhaben) der *Kautionsversicherung* und der *Verbrechensversicherung* bei fünf Standardvereinbarungen:
1. *Versicherungsvereinbarung I:* die Untreue von Angestellten entweder auf der Basis eines → Blankettversicherungsscheins für Versicherungsdelikte von Betriebsangehörigen oder eines → Blankettversicherungsscheins mit getrenntem Deckungslimit pro Arbeitnehmer ausgestellt.
2. *Versicherungsvereinbarung II:* Versicherungsschutz innerhalb des Betriebsgeländes eines Versicherten oder dem Gebäude einer Bank, wenn Geld und Wertpapiere aufgrund von Untreue, Schwund oder Zerstörung verlorengehen.
3. *Versicherungsvereinbarung III:* Versicherungsschutz für Geld und Wertpapiere, die von einem Boten des Versicherten außerhalb des Betriebsgeländes des Versicherten transportiert werden, wenn sie aufgrund von Untreue, Schwund oder Zerstörung verlorengehen.
4. *Versicherungsvereinbarung IV:* Versicherungsschutz, falls ein Versicherter gefälschtes US-amerikanisches oder kanadisches Papiergeld oder wertlose Zahlungsanweisungen akzeptiert.
5. *Versicherungsvereinbarung V:* Versicherungsschutz gegen Einlagenfälschung, wenn die eigenen Handelswechsel eines Versicherten gefälscht oder

master robbery, *broad form* payroll robbery coverage both inside and outside an insured's premises, broad form payroll robbery coverage inside premises only, burglary and theft of merchandise, forgery of warehouse receipts, wrongful obstruction of securities or lessees from safe deposit boxes, burglary of office equipment, theft of office equipment, paymaster robbery inside premises only, and forgery in use of credit cards.

## Dismemberment Benefit
Income paid under health insurance for loss of use of various parts of the body due to an accident. A schedule of benefits available in a policy lists payments for each part of the body that is dismembered.

## Dismemberment Insurance
→ Accidental Death and Dismemberment Insurance

## Distribution By Living Hand
→ Estate Planning; → Estate Planning Distribution

## Distribution Clause
→ Pro Rata Distribution Clause

verändert worden sind. Zusätzliche Deckungsarten einschließlich Scheckfälschung, Ausraubung des Kassierers, *erweiterte Form* des Versicherungsschutzes gegen den Lohnraub sowohl außerhalb als auch innerhalb des Betriebsgeländes, erweiterte Form des Versicherungsschutzes gegen Lohnraub nur innerhalb des Betriebsgeländes, Einbruchdiebstahl und Diebstahl von Handelswaren, Fälschung von Lagerpfandscheinen, unrechtmäßige Behinderung von Wertpapieren oder Mietern von Bankwertfächern, Einbruchdiebstahl von Büroausstattung, Diebstahl von Büroausstattung, Ausraubung des Kassierers nur innerhalb des Betriebsgeländes und Fälschung bei der Verwendung von Kreditkarten.

## Versehrtenunterstützung bei Gliederverlust
Von der Krankenversicherung gezahltes Einkommen für den Gebrauchsverlust verschiedener Körperteile aufgrund eines Unfalles. Eine Tabelle der bei der Police verfügbaren Leistungen listet die Zahlungen für jeden zerstümmelten Körperteil auf.

## Zerstümmelungsversicherung
→ Unfalltod- und Zerstümmelungsversicherung

## Verteilung durch die lebende Hand
→ Nachlaßplanung; → Nachlaßverteilungsplanung

## Verteilungsklausel
→ Anteilige Deckungsklausel

## Distribution of Property at Death of Owner
→ Estate Planning; → Estate Planning Distribution

## Divided Cover
Insurance coverage purchased on the same item from two or more insurance companies.

## Dividend
Sum returned to a policyowner by an insurance company under a participating policy. Dividends are not deemed as taxable distributions, as the Internal Revenue Service interprets them as a refund of a portion of the premium paid. There are several ways in which the policyowner may use dividends. → Dividend Option

## Dividend Accumulation
Option under a participating life insurance policy in which dividends are left on deposit with the company to accumulate at a specified interest rate. If this option is chosen it is important to determine the interest rate. Interest on dividends left on deposit is taxable.

## Dividend Addition
Option in a participating policy under which dividends are used to purchase fully paid-up units of whole life insurance. This option deserves careful

## Verteilung von Vermögen bei Tod des Besitzers
→ Nachlaßplanung; → Nachlaßverteilungsplanung

## Getrennte Deckung
Für den gleichen Gegenstand bei zwei oder mehreren Versicherungsgesellschaften abgeschlossener Versicherungsschutz.

## Dividende
Bei einer gewinnbeteiligten Police von einer Versicherungsgesellschaft an einen Policeninhaber zurückgezahlte Summe. Dividenden werden nicht als steuerpflichtige Ausschüttung angesehen, da sie der Internal Revenue Service (Einkommensteuerverwaltung) als eine Rückerstattung eines Teiles der gezahlten Prämien interpretiert. Es gibt verschiedene Arten, wie der Policeninhaber die Dividenden verwenden kann. → Dividendenoption

## Dividendenansammlung
Option bei einer gewinnbeteiligten Lebensversicherungspolice, bei der die Dividenden zu einem bestimmten Zinssatz zur Ansammlung im Depot der Gesellschaft belassen werden. Wird diese Option gewählt, so ist es wichtig, den Zinssatz zu bestimmen. Die Zinsen auf im Depot belassenen Dividenden sind steuerpflichtig.

## Dividendenaddition
Wahlrecht bei einer gewinnbeteiligten Police, bei der Dividenden dazu verwendet werden, vollständig einbezahlte Einheiten einer Lebensversicherung auf den Todesfall zu erwerben. Diese Option verdient

consideration by young families since it allows the purchase of extra life insurance without having to take a physical examination. Paid-up additions generate dividends and cash values which in turn will generate additional dividends and cash values.

**Dividend Option**
Methods of handling policyholder dividends. In a participating life insurance policy, dividends are paid to the policyowner according to which of the following options is selected: (1) applied to reduce premiums; (2) paid in cash; (3) purchase increments of paid-up life insurance; (4) left on deposit with the insurance company to accumulate at interest; or (5) purchase extended term life insurance for one year in the amount a dividend can buy (Fifth Dividend Option). Some health and property insurance policies have dividend options.

**Divisible Contract Clause**
In → Property Insurance contracts, provision which states that the violation of one or more contract condition(s) at a particular location which is insured will not void coverage at other insured locations.

**Divisible Surplus**
Proportion of an insurance

sorgfältiges Überdenken junger Familien, da sie den Erwerb zusätzlicher Lebensversicherung ohne ärztliche Untersuchung zuläßt. Die einbezahlten Hinzufügungen schaffen Dividenden und Barwerte, die wiederum zusätzliche Dividenden und Barwerte hervorbringen werden.

**Dividendenoption**
Methoden der Behandlung von Dividenden der Policenbesitzer. Bei einer gewinnbeteiligten Lebensversicherungspolice werden Dividenden an den Policenbesitzer gezahlt, je nachdem, welche der folgenden Optionen ausgewählt worden ist: (1) Sie werden verwendet, um Prämien zu verringern; (2) sie werden in bar ausgezahlt; (3) sie erwerben Anteile einbezahlter Lebensversicherung; (4) sie werden zur Ansammlung unter Verzinsung im Depot der Versicherungsgesellschaft belassen; (5) sie erwerben eine erweiterte befristete Lebensversicherung für ein Jahr in der Höhe, die mit einer Dividende bezahlt werden kann (Fünfte Dividendenoption). Einige Kranken- und Sachversicherungspolicen verfügen über Dividendenoptionen.

**Vertragsteilbarkeitsklausel**
Vorschrift bei → Sachversicherungs-Verträgen, die besagt, daß die Verletzung einer oder mehrerer Vertragsbedingung(en) an einem bestimmten versicherten Standort den Versicherungsschutz an anderen versicherten Standorten nicht aufhebt.

**Verteilbarer Überschuß**
Teil des Gesamtüberschusses einer Versi-

company's total surplus at the end of each year's operation that is distributed to policyowners of participating life insurance policies.

**DOC**
→ Drive Other Car Insurance

**Doctrine of Last Clear Chance**
→ Last Clear Chance

**Domestic Insurer**
Insurance company incorporated according to the laws of the state in which a risk is located and the policy issued. The insurance company is *domiciled* in that state.

**Domicile**
State in which an insurance company has its principal legal residence; where an individual resides in a fixed permanent home.

**Domino Theory of Accident Causation**
Theory developed in 1931 by *H.W. Heinrich*; states that an accident is only one of a series of factors, each of which depends on a previous factor in the following manner:
1. accident causes an injury;
2. individual's negligent act or omission, or a faulty machine, causes an accident;
3. personal shortcomings

cherungsgesellschaft am Ende der Geschäftstätigkeit eines jeden Jahres, der an die Policeninhaber gewinnbeteiligter Lebensversicherungspolicen verteilt wird.

**DOC**
→ Versicherung für das Fahren des Fahrzeuges eines anderen

**Lehre der letzten klar erkennbaren Möglichkeit**
→ Letzte klar erkennbare Möglichkeit

**Inländischer Versicherer**
Eine entsprechend den Gesetzen eines Staates, in dem sich ein Risiko befindet und die Police herausgegeben wird, eingetragene Versicherungsgesellschaft. Die Versicherungsgesellschaft ist an diesem Ort *ansässig*.

**Wohnsitz**
Der Staat, in dem eine Versicherungsgesellschaft ihren rechtlichen Hauptsitz hat, wo eine Person in einer feststehenden ständigen Wohnung wohnt.

**Dominotheorie der Unfallverursachung**
Eine von *H.W. Heinrich* im Jahre 1931 entwickelte Theorie, die besagt, daß ein Unfall nur ein Faktor aus einer Reihe von Faktoren ist, wobei jeder von ihnen in der folgenden Art von einem vorhergehenden Faktor abhängig ist:
1. Ein Unfall verursacht eine Verletzung.
2. Eine fahrlässige Handlung oder Unterlassung einer Person oder eine fehlerhafte Maschine verursachen einen Unfall.
3. Persönliche Unzulänglichkeiten verur-

cause negligent acts or omissions;
4. hereditary and environment cause personal shortcomings.
→ Heinrich, H. W.

**Double Indemnity**
→ Accidental Death Clause

**Double-Protection Policy**
Life insurance contract which combines → Term Life Insurance with → Whole Life Insurance. The term portion of the contract expires after a stipulated time period. If the insured dies during this stipulated period, both the term portion and the whole life portion of the contract will pay. If the insured dies after the stipulated time period, only the whole life portion of the contract will pay.

**Double Recovery**
Payments in excess of the value of the loss – a prohibited practice. When an insured has more than one policy covering a risk, the full value cannot be collected from each policy if a loss occurs. The most that can be collected is each policy's pro rata share of the loss. For example, a home is insured under two policies of $100,000 each. If there is a fire loss of $100,000, the most that can be collected from each policy is $50,000.

sachen fahrlässige Handlungen oder Unterlassungen.
4. Vererbung und Umgebung verursachen persönliche Unzulänglichkeiten.
→ Heinrich, H.W.

**Doppelte Entschädigung**
→ Unfalltodklausel

**Doppelschutzpolice**
Lebensversicherungsvertrag, der eine → Befristete Lebensversicherung mit einer → Lebensversicherung auf den Todesfall kombiniert. Der befristete Teil des Vertrages endet nach einem festgelegten Zeitraum. Stirbt der Versicherte während dieses festgelegten Zeitraums, so zahlen sowohl der zeitliche Teil als auch der lebenslängliche Teil des Vertrages. Stirbt der Versicherte während dieses festgelegten Zeitraums, so zahlt die Versicherung entsprechend dem befristeten Vertragsteil und dem Vertragsteil auf den Todesfall.

**Doppelte Rückvergütung**
Über den Wert eines Schadens hinausgehende Zahlungen, eine verbotene Handlungsweise. Verfügt ein Versicherter über mehr als eine Police, die ein Risiko abdecken, so kann der vollständige Wert nicht von jeder Police kassiert werden, wenn ein Schaden eintritt. Wenn ein Schaden eintritt, kann höchstens die anteilmäßige Quote einer jeden Police am Schaden kassiert werden. Ein Haus ist beispielsweise bei zwei Policen über jeweils US$ 100.000 versichert. Falls ein Brandschaden von US$ 100.000 eintritt, können von jeder Police höchstens US$ 50.000 kassiert werden.

## Dower Interest
Wife's interest in her husband's property upon his death. The wife has an *insurable interest* in that property and can purchase a property and casualty insurance policy to cover the → Exposures faced by it.
→ Courtesy Interest

## Dram Shop Law
Liquor liability legislation in 20 states under which a dispenser of alcoholic beverages is held responsible for bodily injury and/or property damage caused by its customers to a third party. Insurance coverage is available, but at a high premium rate. → Dram Shop Liability Insurance; → Liquor Liability Laws

## Dram Shop Liability Insurance
Coverage for dispensers of alcoholic beverages against suits arising out of bodily injury and/or property damage caused by its customers to a third party. Establishments covered include bars, restaurants, hotels, motels, or wherever the alcoholic beverages are dispensed. These establishments are excluded from coverage under → General Liability Insurance.

## Dread Disease Insurance
Health insurance coverage

## Witwenanteil
Das Interesse einer Ehefrau am Vermögen ihres Mannes bei dessen Tod. Die Ehefrau hat ein *versicherbares Interesse* an diesem Vermögen und kann eine Sach- und Unfallversicherungspolice abschließen, die → Gefährdungen, dem es ausgesetzt ist, abdeckt. → Nutznießungsanteil

## Branntweinschenkengesetz
Alkoholhaftpflichtgesetzgebung in 20 Staaten, bei der ein Verteiler von alkoholischen Getränken für von seinen Kunden einer dritten Partei beigebrachte Körperverletzungen und/oder Sachbeschädigungen haftbar gemacht wird. Es gibt Versicherungsschutz, jedoch zu einem hohen Prämientarif. → Branntweinschenkenhaftpflichtversicherung; → Alkoholhaftpflichtgesetze

## Branntweinschenkenhaftpflichtversicherung
Versicherungsschutz für Verteiler von alkoholischen Getränken gegen Klagen wegen von seinen Kunden einer dritten Partei zugefügten Körperverletzungen und/oder Sachbeschädigungen. Die versicherten Einrichtungen umfassen Bars, Restaurants, Hotels, Motels oder wo auch immer alkoholische Getränke ausgeschenkt werden. Diese Einrichtungen sind vom Versicherungsschutz der → Allgemeinen Haftpflichtversicherung ausgeschlossen.

## Versicherung gegen Schwerstkrankheiten
Krankenversicherungsschutz nur gegen

only for a specified catastrophic disease such as cancer. It is important to ascertain the waiting period required, maximum benefits and maximum length of time they are payable, and the exact definition of the disease covered. Individual and group health insurance usually cover all disease, including dread diseases.

eine bestimmte schwere Krankheit wie Krebs. Es ist wichtig, sich der Länge der geforderten Wartezeit, der maximalen Leistungen und der maximalen Zeitdauer, für die sie zahlbar sind, sowie der genauen Definition der abgedeckten Krankheit zu vergewissern. Individual- und Gruppenkrankenversicherungen decken gewöhnlich alle Krankheiten, einschließlich Schwerstkrankheiten ab.

### Drive Other Car Insurance (DOC)
Endorsement to an automobile insurance policy which protects an insured in either or both of two circumstances when driving a nonowned car:
1. *Business endorsement* – if the insured's negligent acts or omissions result in bodily injury or property damage to a third party while the insured is driving a nonowned car for business activities.
2. *Personal endorsement* – if the insured's negligent acts or omissions result in bodily injury or property damage to a third party while the insured is driving a nonowned car for nonbusiness activities.

### Versicherung für das Fahren des Fahrzeuges eines anderen
Nachtrag zu einer Kfz-Versicherungspolice, die einen Versicherten bei einem oder beiden Fälle schützt, wenn er ein Auto fährt, das ihm nicht gehört:
1. *Geschäftsnachtrag* – wenn die fahrlässigen Handlungen oder Unterlassungen eines Versicherten eine Körperverletzung oder eine Sachbeschädigung einer dritten Partei zur Folge haben, während der Versicherte aufgrund geschäftlicher Aktivitäten ein Auto fährt, das ihm nicht gehört.
2. *Privater Nachtrag* – wenn die fahrlässigen Handlungen oder Unterlassungen eines Versicherten eine Körperverletzung oder eine Sachbeschädigung einer dritten Partei zur Folge haben, während der Versicherte aufgrund nicht-geschäftlicher Aktivitäten ein Auto fährt, das ihm nicht gehört.

### Driving While Intoxicated (DWI)
Term for operating an automobile while under the influence of alcoholic beverages so as to be unable to drive safely. An insurance company can suspend auto coverage under

### Fahren bei Trunkenheit
Begriff für die Unfähigkeit, ein Kraftfahrzeug unter Alkoholeinfluß sicher zu fahren. Eine Versicherungsgesellschaft kann den Kfz-Versicherungsschutz bei einer → Privat-Kfz-Versicherung aussetzen.

## Drop Down
In → Reinsurance contracts, clause which requires the → Reinsurer to provide coverage if an underlying carrier is unable to fulfill its obligations under the policy → Ceded to the reinsurer.

## Herabfallen
Klausel bei → Rückversicherungs-Verträgen, die fordert, daß der → Rückversicherer Versicherungschutz bietet, falls ein Träger nicht in der Lage ist, seine Verpflichtungen bei der an den Rückversicherer → Zedierten Police zu erfüllen.

## Druggists Liability Insurance
Coverage in the event that, while practicing the profession of druggist, an act or omission is committed resulting in bodily injury, personal injury and/or property damage to a customer. Also covered is liability arising through the use of products on and off of the business's premises. For example, a child is born after a druggist negligently places sugar tablets in a container for a customer instead of birth control pills. The druggist may have to provide funds necessary to sustain the child until the age of majority.

## Drogistenhaftpflichtversicherung
Versicherungsschutz für den Fall, daß während der Berufsausübung eines Drogisten eine Handlung oder eine Unterlassung begangen wird, die eine Körperverletzung und/oder Sachbeschädigung eines Kunden zur Folge hat. Auch abgedeckt ist die aus der Verwendung der Produkte inner- und außerhalb des Betriebsgeländes entstehende Haftpflicht. Wird z.B. ein Kind geboren, weil ein Drogist fahrlässig anstelle von Anti-Baby-Pillen Zuckertabletten in den Behälter eines Kunden legt, dann muß der Drogist unter Umständen Finanzmittel für den Unterhalt des Kindes bis zu dessen Volljährigkeit zur Verfügung stellen.

## Dual Capacity Doctrine
Rule of law under which a defendant who has two or more relationships with a plaintiff may be liable under any of these relationships. For example, an employer may be liable in two ways to an em-

## Lehre von der zweifachen Zuständigkeit
Gesetzesregel, nach der ein Beklagter, der in zwei oder mehr Beziehungen zum Kläger steht, unter jeder dieser Beziehungen haftbar gemacht werden kann. Z.B. kann ein Arbeitgeber einem Arbeitnehmer gegenüber, der während der Arbeit eine Körperverletzung infolge Verwendung

ployee who incurs bodily injury on the job as the result of using a product or service produced by that employer: first, as the employer of the injured employee and second, as the producer of the product or service which caused injury to the employee. The injured employee may then either collect benefits for job related injuries under *workers compensation* or sue the employer as the producer of the defective product or service. For example, if an employee injures an arm at work while operating a machine with a defective blade which the employer manufactures, the employee can receive benefits under workers compensation or sue the employer as the manufacturer of the defective blade.

eines Produktes oder einer Dienstleistung, die von diesem Arbeitgeber produziert wird, erleidet, auf zwei Arten haftbar sein: 1. als Arbeitgeber des verletzten Arbeitnehmers und 2. als Produzent des Produktes oder der Dienstleistung, die die Verletzung des Arbeitnehmers verursachte. Der verletzte Arbeitnehmer kann nun entweder Leistungen für berufsbezogene Verletzungen bei der *Berufsunfallversicherung* beziehen oder den Arbeitgeber als Produzenten des fehlerhaften Produktes oder der Dienstleistung verklagen. Wenn sich ein Arbeitnehmer beispielsweise während der Arbeit bei der Bedienung einer Maschine mit einer fehlerhaften Klinge, die der Arbeitgeber herstellt, einen Arm verletzt, so kann er Berufsunfallentschädigungsleistungen beziehen oder den Arbeitgeber als Hersteller der fehlerhaften Klinge verklagen.

**Dual Life Stock Company**
Stock life insurance company which sells → Participating Insurance and → Nonparticipating Insurance.

**Duale Lebensversicherungsgesellschaft auf Aktien**
Lebensversicherungsgesellschaft auf Aktien, die → Gewinnbeteiligte Versicherungen und → Nicht-gewinnbeteiligte Versicherungen verkauft.

**Duplication of Benefits**
Coverage in health insurance by two or more policies for the same insured loss. In such a circumstance, each policy pays its proportionate share of the loss, or one policy becomes *primary* and the other policy *secondary*. → Coordination of Benefits

**Verdoppelung der Leistungen**
Bei der Krankenversicherung Versicherungsschutz bei zwei oder mehreren Policen für den gleichen versicherten Schaden. Unter einer solchen Bedingung zahlt jede Police ihren proportionalen Anteil am Schaden, oder eine Police wird zur *erstrangigen* und die andere Police zur *zweitrangigen*. → Koordination von Leistungen

## Duplication of Exposure Units
→ Segregation of Exposure Units

## Duration of Benefits
→ Disability Income Insurance

## Duties of an Insured in the Event of Loss under Property and Casualty Policy
→ Property and Casualty Insurance Provisions

## Duties of Insured
→ Insurance Contract, Life; → Insurance Contract, Property and Casualty

## Dwelling, Buildings, and Contents Insurance (DB&C)
Coverage when residential property does not qualify according to the minimum requirements of a homeowner's policy, or because of a requirement for the insured to select several different kinds of coverage and limits on this protection. DB&C insurance coverages can be selected from the following forms and attached to the Standard Fire Policy:
1. *Basic/Regular/General Form* – Coverage for property damage to a building used as a dwelling, as well as its contents. (Contents coverage is not restricted to the building or

## Verdoppelung der Gefährdungseinheiten
→ Abtrennung von Gefährdungseinheiten

## Leistungsdauer
→ Invaliditätseinkommensversicherung

## Pflichten eines Versicherten bei einer Sach- und Unfallversicherungspolice im Schadensfall
→ Sach- und Unfallversicherungsbestimmungen

## Pflichten des Versicherten
→ Versicherungsvertrag, Lebensversicherung; → Versicherungsvertrag, Sach- und Unfallversicherung

## Wohnungs-, Gebäude- und Inhaltversicherung
Versicherungsschutz, falls das Wohneigentum die Mindestanforderungen für eine Hausbesitzerpolice nicht erfüllt oder aufgrund eines Bedürfnisses des Versicherten, verschiedene Arten von Versicherungsschutz und Höchstgrenzen dieses Schutzes auszuwählen. Die Wohnungs-, Gebäude- und Inhaltversicherung kann von den folgenden Formen ausgewählt und der Einheits-Feuerversicherungspolice beigefügt werden:
1. *Grund-/reguläre/allgemeine Form:* Versicherungsschutz für Sachschäden an einem als Wohnung benutzten Gebäude sowie dessen Inhalt. (Die Deckung des Inhaltes ist nicht auf das Gebäude oder die Wohnung beschränkt. Der Versicherungsschutz kann auf den Inhalt von Gebäuden wie Hotels, die bei der Woh-

dwelling; coverage can be applied to contents of buildings such as hotels, that do not qualify as dwellings under the DB&C. The property coverage for the building includes items attached to the building such as equipment and fixtures, built-ins, furnace, air conditioner, hot water heater, and lighting fixtures. An optional extension of the dwelling coverage of up to 10% can be applied to private structures on the premises such as a garage. Contents coverage on household and personal goods within the dwelling can be extended to off-premises household and personal contents for up to 10%. Perils insured for both dwelling and contents are fire, lightning, and removal of the property from the premises to further protect it from damage from the perils. For an additional charge, vandalism and malicious mischief can also be insured against.

2. *Broad Form* – Includes the basic coverages plus the additional perils of burglary; falling objects; weight of snow and/or ice; accidental discharge, leakage, or overflow of water or steam from an air conditioning, heating, and/or plumbing mechanism, and/or household appliance; glass breakage, damage resulting from water or freezing of plumbing and/or heating mechanisms; and

nungs-, Gebäude- und Inhaltversicherung nicht als Wohnungen gelten, angewendet werden). Der Sachversicherungsschutz für das Gebäude umfaßt zum Gebäude gehörige Gegenstände wie Ausstattung und Armaturen, Einbaugegenstände, Öfen, Klimaanlage, Heißwassergerät, Lichtinstallationen. Eine wahlweise Erweiterung der Wohnraumdeckung von bis zu 10 % kann auf private Bauten auf dem Gelände, wie eine Garage, angewendet werden. Der Versicherungsschutz für Haushalts- und persönliche Waren innerhalb der Wohnung kann für bis zu 10 % auf Haushalts- und persönliche Inhalte außerhalb des Geländes erweitert werden. Die sowohl für die Wohnung als auch für den Inhalt versicherten Gefahren sind Feuer, Blitzschlag und Entfernung des Besitzes vom Gelände, um es weiter vor Beschädigung durch diese Gefahren zu beschützen. Gegen eine zusätzliche Gebühr kann auch gegen Vandalismus und böswillige Beschädigung versichert werden.

2. *Erweiterte Form:* Umfaßt den Basisversicherungsschutz zuzüglich der zusätzlichen Gefahren von Einbruchdiebstahl, herunterfallenden Gegenständen, Gewicht von Schnee und/oder Eis, unfallbedingte Entladung, Leckage oder das Überlaufen von Wasser oder Dampf aus einer Klimaanlage, Heizung und/oder einem Klempnermechanismus und/oder Haushaltsgerät, Glasbruch, Wasserschaden oder eingefrorene Leitungen und/oder Heizmechanismen und bauliche Probleme, die zum Einsturz des Gebäudes führen. Für die Schäden aus den versicherten Gefahren, die zusätzliche Unterhaltsausgaben zur Folge haben, wird auch Vorsorge getroffen.

3. *Spezielle Form:* Versicherungsschutz

structural problems leading to the collapse of the building. Damage from insured perils resulting in additional living expenses is also provided.

3. *Special Form* – Coverage on an → All Risks basis for only the structure of a dwelling, with no coverage for its contents.

**Dwelling Coverage**
→ Dwelling, Buildings, and Contents Insurance (DB&C)

**Dwelling Form**
→ Dwelling, Buildings, and Contents Insurance (DB&C)

**Dwelling Insurance Policy Program**
Coverage for a dwelling's structure; appurtenant structures on the premises; personal contents and household items within the dwelling; and 10% of the coverage applicable to such personal contents and household items away from the premises, for example at a hotel. Additional living expenses are covered because of the damage of an insured peril to the dwelling and/or its contents, and loss of rental value of the dwelling and/or its contents.

**Dynamic**
Changing state of the economy associated with changes in hu-

auf Grundlage → Aller Risiken nur für die Baustruktur einer Wohnung ohne Deckung ihres Inhalts.

**Versicherungsschutz für die Wohnung**
→ Wohnungs-, Gebäude- und Inhaltversicherung

**Versicherungsschutzform für die Wohnung**
→ Wohnungs-, Gebäude- und Inhaltversicherung

**Wohnungsversicherungspolicenprogramm**
Versicherungsschutz für die Baustruktur einer Wohnung, für die zugehörigen Strukturen auf dem Gelände, für persönliche Inhalte und Haushaltsgegenstände innerhalb der Wohnung. 10% des Versicherungsschutzes sind auf persönliche Inhalte und Haushaltsgegenstände außerhalb des Geländes, z.B. in einem Hotel, anwendbar. Zusätzliche Lebensausgaben wegen der Beschädigung aufgrund einer versicherten Gefahr in der Wohnung und/oder ihrem Inhalt und Verlust des Mietwertes der Wohnung und/oder ihres Inhaltes sind abgedeckt.

**Dynamik**
Mit den Änderungen menschlicher Wünsche und Bedürfnisse verbundener sich

man wants and desires such that losses or gains occur. Dynamic changes are not insurable.

**Dynamic Risk**
→ Dynamic

**Dynamo Clause**
→ Electrical Exemption Clause

ändernder Zustand der Wirtschaft, so daß Verluste oder Gewinne eintreten. Dynamische Veränderungen sind nicht versicherbar.

**Dynamisches Risiko**
→ Dynamik

**Dynamoklausel**
→ Elektrische Ausschlußklausel

# E

**E&O**
→ Errors and Omissions Liability Insurance

**Early Retirement**
Term in pensions; leaving a job before normal retirement age, subject to minimum requirements of age and years of service. There usually is a reduction in the monthly retirement benefit.

**Earned Premium**
Portion of a premium paid by an insured which has been allocated to the insurance company's loss experience, expenses, and profit year to date.

**Earned Surplus**
→ Retained Earnings

**Earnings Insurance**
→ Gross Earnings Form

**Earthquake Insurance**
Coverage that can be purchased as an endorsement to many property policies such as the *Standard Fire Policy* or as a separate policy. Coverage is for direct damage resulting from earthquake or volcanic

**E & O**
→ Haftpflichtversicherung für Fehler und Unterlassungen

**Vorruhestand**
Begriff bei Pensionen. Ausscheiden aus dem Beruf vor dem normalen Ruhestandsalter, unter dem Vorbehalt der Erfüllung von Mindestanforderungen bezüglich des Alters und der Dienstjahre. Es gibt gewöhnlich eine Reduzierung der monatlichen Rentenleistung.

**Verdiente Prämie**
Teil einer von einem Versicherten gezahlten Prämie, die der Schadenerfahrung, den Ausgaben und dem aktuellen Gewinnjahr einer Versicherungsgesellschaft zugewiesen wurde.

**Verdienter Überschuß**
→ Nicht ausgeschüttete Gewinne

**Gewinnversicherung**
→ Bruttogewinnversicherungsform

**Erdbebenversicherung**
Versicherungsschutz, der als Nachtrag zu vielen Sachversicherungspolicen, wie der *Einheits-Feuerversicherungspolice*, oder als separate Police abgeschlossen werden kann. Der Versicherungsschutz gilt für eine direkte Beschädigung infolge eines Erdbebens oder einer Vulkaneruption.

eruption. If there is a lapse of at least 72 hours between earthquake shocks, then each loss by a given earthquake is subject to a new claim. Excluded are losses resulting from fire, explosion, flood or tidal wave.

### Easement
Right of one party to use land owned by another party. For example, an electric utility can obtain an easement through court action to place its power lines across someone's property, even if the owner is unwilling to give permission.

### Economic Benefit
→ Split Dollar Life Insurance

### Economic Loss
Total estimated cost incurred by a person or persons, a family, or a business resulting from the death or disability of a wage earner (→ Key Employee), damage or destruction of property, and/or a liability suit (negligent acts or omissions by a person result in property damage or bodily injury to a → Third Party). Factors included in the total cost are loss of earnings, medical expenses, funeral expenses, property damage restoration expenses, and legal expenses. → Economic or Use Value; → Human

Falls zwischen den Erdbebenstößen wenigstens 72 Stunden vergehen, so unterliegt jeder Schaden eines gegebenen Erdbebens einem neuen Anspruch. Ausgeschlossen sind Schäden infolge Feuer, Explosion, Überschwemmung oder Flutwelle.

### Grunddienstbarkeit
Das Recht einer Partei, das Land, das einer anderen Partei gehört, zu benutzen. Eine elektrische Einrichtung kann durch eine Gerichtsentscheidung den Status einer Grunddienstbarkeit erhalten, um ihre Stromleitungen durch das Grundstück eines anderen zu legen, auch dann, wenn der Besitzer nicht gewillt ist, eine Genehmigung zu erteilen.

### Wirtschaftlicher Vorteil
→ Arbeitnehmer-Lebensversicherung durch den Arbeitgeber

### Wirtschaftlicher Schaden
Die geschätzten, von einer Person oder Personen, einer Familie oder einem Unternehmen erlittenen Gesamtkosten infolge Tod oder Invalidität des Lohnempfängers (→ Schlüsselarbeitnehmers), Beschädigung oder Zerstörung von Besitz und/oder eine Haftpflichtklage (fahrlässige Handlungen oder Unterlassungen einer Person haben eine Sachbeschädigung oder eine Körperverletzung einer → Dritten Partei zur Folge). Die bei den Gesamtkosten eingeschlossenen Faktoren sind Verdienstverlust, medizinische Ausgaben, Beerdigungskosten, Kosten für die Wiederherstellung beschädigten Eigentums und anwaltliche Kosten. → Wirtschaftlicher oder Gebrauchswert; →

Life Value Approach (Economic Value of an Individual Life) (EVOIL); → Split Dollar Life Insurance

**Economic or Use Value**
Property valued according to its earnings potential. However, property insurance contracts generally indemnify an insured on a → Replacement Cost Less Physical Depreciation and Obsolescence Basis.

**Economic Value of an Individual Life (EVOIL)**
→ Human Life Value Approach (Economic Value of an Individual Life) (EVOIL)

**Educational Fund**
Factor considered in determining amount of life insurance to purchase in order that funds will be available to pay for a child's education expenses in the event of the premature death of the wage earner. → Needs Approach

**EEL**
→ Emergency Exposure Limit (EEL)

**Effective Date**
Date at which an insurance policy goes into force. → Date of Issue

**Effective Time**
→ Date of Issue; → Effective Date

Ansatz zum Wert eines menschlichen Lebens (Wirtschaftlicher Wert eines einzelnen Lebens); → Arbeitnehmer-Lebensversicherung durch den Arbeitgeber

**Wirtschaftlicher oder Gebrauchswert**
Nach seinem Gewinnpotential bewertetes Vermögen. Sachversicherungsverträge jedoch entschädigen einen Versicherten generell auf der Grundlage der → Wiederbeschaffungskosten abzüglich materieller Wertminderung und Veralterung.

**Wirtschaftlicher Wert eines einzelnen Lebens**
→ Ansatz zum Wert eines menschlichen Lebens (Wirtschaftlicher Wert eines einzelnen Lebens).

**Erziehungsfonds**
Bei der Festlegung der Höhe einer abzuschließenden Lebensversicherung berücksichtigter Faktor, damit Finanzmittel für die Ausbildung eines Kindes zur Verfügung stehen, falls der Ernährer frühzeitig sterben sollte. → Bedürfnisansatz

**EEL**
→ Notfallbestrahlungshöchstgrenze

**Inkrafttreten**
Datum, an dem eine Versicherungspolice in Kraft tritt. → Ausgabedatum

**Effektivzeit**
→ Ausgabedatum; → Inkrafttreten

## Electrical (Electrical Apparatus) Exemption Clause

Common element in property insurance which excludes electrical damage or destruction of an appliance unless the damage is caused by a resultant fire.

## Elektrische (Elektroapparat) Ausschlußklausel

Übliches Element bei der Sachversicherung, das elektrische Beschädigung oder Zerstörung einer Vorrichtung ausschließt, es sei denn, die Beschädigung wird durch ein daraus entfachtes Feuer verursacht.

## Elements of an Insurance Contract

→ Analysis of Property and Casualty Policy; → Insurance Contract, General; → Insurance Contract, Health; → Insurance Contract, Life; → Insurance Contract, Property and Casualty

## Bestandteile eines Versicherungsvertrages

→ Analyse einer Sach- und Unfallversicherungspolice; → Versicherungsvertrag, Allgemein; → Versicherungsvertrag, Krankenversicherung; → Versicherungsvertrag, Lebensversicherung; → Versicherungsvertrag, Sach- und Unfallversicherung

## Elevator Collision Insurance

Liability coverage for damage or destruction of a structure, elevator, and/or personal property due to the collision of an elevator.

## Aufzugkollisionsversicherung

Haftpflichtversicherungsschutz für die Beschädigung oder die Zerstörung einer Baustruktur, eines Aufzuges und/oder eines Privatbesitzes aufgrund der Kollision eines Aufzuges.

## Elevator Liability Insurance

Coverage for suits brought by a plaintiff as the result of bodily injury incurred while using an elevator on the insured's premises.

## Aufzughaftpflichtversicherung

Versicherungsschutz gegen eine von einem Kläger vorgebrachte Klage als Ergebnis einer während der Benutzung eines Aufzuges auf dem Gelände des Versicherten erlittenen Körperverletzung.

## Eligibility Period

Length of time in life and health insurance in which an employee can apply for and pay the first premium without having to show evidence of

## Eignungsperiode

Zeitraum bei einer Lebens- und Krankenversicherung, bei der ein Arbeitnehmer einen Aufnahmeantrag stellen und die erste Prämie zahlen kann, ohne einen Nachweis der Versicherbarkeit beibringen zu müssen

insurability (take a physical examination). The period is usually the first 30 days of employment. After expiration of the eligibility period, an employee may have to take a physical or provide medical history information to qualify for coverage. If the employee does not pass the physical, coverage can be denied under a group plan or the employee can be charged a much higher premium rate than the group rate. This is why it is extremely important for a new employee to apply for group life and health insurance during the eligibility period.

### Eligibility Requirements
Conditions found in employee benefit plans such as pensions, under which minimum requirements, such as 20 years of service, must be met by an employee to qualify for benefits.

### Eligible Expenses
→ Group Health Insurance

### Elimination Period
Form of deductible usually found in disability income insurance; for example, no benefits may be payable for a length of time beginning with the first day of illness. Subsequently, benefits are usually paid only for costs incurred after the end

(sich einer ärztlichen Untersuchung unterziehen zu müssen). Der Zeitraum umfaßt gewöhnlich die ersten 30 Anstellungstage. Nach Ablauf dieser Eignungsperiode kann es sein, daß der Arbeitnehmer sich einer ärztlichen Untersuchung unterziehen muß oder daß er seine medizinischen Unterlagen zur Verfügung stellen muß, um sich für den Versicherungsschutz zu qualifizieren. Falls der Arbeitnehmer die ärztliche Untersuchung nicht besteht, kann der Versicherungsschutz unter dem Gruppenversicherungvorhaben verweigert werden, oder dem Arbeitnehmer kann ein weit höherer Prämientarif als der Gruppentarif in Rechnung gestellt werden. Aus diesem Grund ist es besonders wichtig für einen neuen Arbeitnehmer, den Aufnahmeantrag zur Gruppenlebens- und Krankenversicherung während der Eignungsperiode zu stellen.

### Eignungserfordernisse
Bei betrieblichen Sozialzulagensystemen, wie Pensionsvorhaben, vorgefundene Bedingungen, bei denen Mindestanforderungen, wie 20 Dienstjahre, vom Arbeitnehmer erfüllt werden müssen, um sich für Leistungen zu qualifizieren.

### Akzeptable Ausgaben
→ Gruppenkrankenversicherung

### Auslassungszeitraum
Form des Selbstbehaltes, den man gewöhnlich bei einer Invaliditätseinkommensversicherung vorfindet. Z.B. können für einen Zeitraum, beginnend mit dem ersten Tag der Krankheit, keine Leistungen zahlbar sein. Dementsprechend werden Leistungen gewöhnlich nur für nach Beendigung des Auslassungszeit-

of the elimination period. The longer the elimination period in a policy, the lower the premium.

### Embezzlement
Theft of another's property by a person entrusted with that property. Coverage can be found under various bonding arrangements. → Fidelity Bond

### Emergency Exposure Limit (EEL)
Maximum amount of a toxic agent to which an individual can be exposed for a very brief (emergency) period of time and still maintain physical safety. → Threshold Level

### Emergency Fund
Factor considered in determining amount of life insurance to purchase in order that funds will be available to pay the emergency expenses following the death of a family member. → Needs Approach

### Empirical Consideration
→ Loading to the → Burning Cost Ratio for a reinsurer's expenses, profit, and to build a reserve to meet unusually large claims.

### Empirical Probability
Mathematical relationship resulting from experimentation. For example, the → Probabil-

raums erlittene Kosten gezahlt. Je länger die Auslassungsperiode einer Police ist, desto niedriger ist die Prämie.

### Veruntreuung
Diebstahl von Eigentum eines anderen durch eine mit diesem Besitz betraute Person. Versicherungsschutz wird bei verschiedenen Kautionsregelungen angeboten. → Kaution gegen Veruntreuung

### Notfallbestrahlungshöchstgrenze

Die Höchstmenge an toxischen Wirkstoffen, denen ein Mensch für einen sehr kurzen (Notfall-) Zeitraum ausgesetzt werden kann und trotzdem seine körperliche Sicherheit bewahrt. → Schwellenniveau

### Notfallfonds
Ein bei der Festlegung der Höhe einer abzuschließenden Lebensversicherung in Betracht gezogener Faktor, damit nach dem Tod eines Familienmitglieds Finanzmittel für Notfallausgaben zur Verfügung stehen. → Bedürfnisansatz

### Empirische Prämie
→ Zuschlag zur → Burning Cost Ratio für die Ausgaben und den Gewinn eines Rückversicherers und um eine Rückstellung für ungewöhnlich hohe Schadensansprüche zu schaffen.

### Empirische Wahrscheinlichkeit
Mathematisches Verhältnis, das sich aus experimentellen Untersuchungen herleitet. Z.B. kann die → Wahrscheinlich-

ity Distribution for the possible number of heads from four tosses of a fair coin having both a head and a tail can be calculated from experimentation and observation by allowing for the accumulation of empirical data.

**Empirical Rate Calculation**
Adjustment of the → Burning Cost Ratio for the increase in number and size of losses (losses likely in excess of that used in the unadjusted burning cost rate), → Incurred But Not Reported Losses (IBNR), inflation, expenses, profits, and contingencies.

**Employee as an Insured**
→ Business Liability Insurance; → Businessowners Policy (BOP)

**Employee Benefit Insurance Plan**
Provision by an employer for the economic and social welfare of employees. Generally include: (1) pension plans for retirement; (2) group life insurance for death; (3) group health insurance for illness and accident; (4) group disability income insurance for loss of income due to illness and accident; and (5) accidental death and dismemberment. Dental insurance, eyeglass insurance, and legal expense insurance

keitsverteilung der möglichen Anzahl von Köpfen bei vier Würfen einer nicht manipulierten Münze, die sowohl einen Kopf als auch eine Zahl hat, durch Experimentieren und Beobachten dadurch errechnet werden, daß man die Ansammlung empirischer Daten zuläßt.

**Empirische Tarifberechnung**
Anpassung der → Burning Cost Ratio wegen des zahlenmäßigen und größenordnungsmäßigen Anstieges der Schadensfälle (Schäden, die wahrscheinlich über die bei der nicht-angepaßten Burning Cost Ratio verwendeten hinausgehen) → Erlittener, aber nicht gemeldeter Schäden, Inflation, Ausgaben, Gewinne und unvorhergesehener Ausgaben.

**Der Arbeitnehmer als Versicherter**
→ Unternehmenshaftpflichtversicherung; → Geschäftsbesitzerpolice

**Betriebliches Sozialzulagenversicherungssystem**
Vorsorge für das wirtschaftliche und soziale Wohlergehen von Arbeitnehmern durch den Arbeitgeber. Dies schließt im allgemeinen ein: (1) Pensionssysteme für die Pensionierung; (2) Gruppenlebensversicherung für den Todesfall; (3) Gruppenkrankenversicherung für Krankheit und Unfall; (4) Gruppeninvaliditätseinkommensversicherung für den Einkommensverlust wegen Krankheit und Unfall; und (5) Unfalltod und Zerstümmelung. Zahnärztliche Versicherung, Brillenversicherung und Rechtsschutzversicherung können eingeschlossen sein. Diese

may be included. These plans are established for the reasons of morale, to reduce turnover, and for tax benefits (contributions are usually deductible as business expenses to employers and not currently taxable income to employees).

Systeme werden aus moralischen Gründen, um den Umsatz zu schmälern und wegen Steuervorteilen geschaffen (die Beiträge sind gewöhnlich für die Arbeitgeber steuerlich abzugsfähig und stellen kein laufendes steuerpflichtiges Einkommen für die Arbeitnehmer dar).

### Employee Contributions
Workers' premiums in a contributory employee benefit plan.

### Arbeitnehmerbeiträge
Die Prämien der Arbeiter bei einem beitragspflichtigen betrieblichen Sozialzulagensystem.

### Employee Death Benefits
→ Employee Benefit Insurance Plan

### Arbeitnehmertodesfalleistungen
→ Betriebliches Sozialzulagenversicherungssystem

### Employee Dishonesty
→ Fidelity Bond

### Untreue eines Arbeitnehmers
→ Kaution gegen Veruntreuung

### Employee Health Benefits
→ Employee Benefit Insurance Plan

### Arbeitnehmerkrankenversicherungsleistungen
→ Betriebliches Sozialzulagenversicherungssystem

### Employee Retirement Income Security Act of 1974 (ERISA)
Law that established rules and regulations to govern private pension plans, including vesting requirements, funding mechanisms, and general plan design and descriptions. For example, three ways of vesting were established: full vesting after 10 years of service (Cliff Vesting); → Five To Fifteen Year Rule (at least 25% of benefits vest at end of 5 years of service, 5% each year during

### Employee Retirement Income Security Act of 1974 (ERISA)
(Arbeitnehmerrenteneinkommenssicherheitsgesetz aus dem Jahre 1974) – ein Gesetz, das Regeln und Vorschriften für die Leitung privater Pensionssysteme aufstellte, einschließlich Übertragungserfordernissen, Finanzierungsmechanismen und der allgemeinen Systembeschaffenheit und Beschreibungen. Z.B. wurden drei Arten der Übertragung festgelegt: vollständige Übertragung nach 10 Dienstjahren (Klippe bei der Übertragung von Pensionsansprüchen), → Fünf-bis-fünfzehn-Jahre-Regel (mindestens 25 %

the next 5 years, and 10% each year during the next 5 years); and Rule of 45 (when employee's age and years of service add up to 45), 50% of the benefits must be vested with 10% additional vesting each year thereafter.

Under the → Tax Reform Act of 1986, vesting requirements were changed to 100% vesting after 5 years of service or 20% vesting after 3 years of service, 40% at the end of 4 years of service, 60% at the end of 5 years of service, 80% at the end of 6 years of service and 100% at the end of 7 years of service. (These vesting requirements are effective as of January 1, 1989).

**Employee Stock Ownership Plan (ESOP), Trust (ESOP)**

Type of benefit in which an employee obtains shares of stock in the company, the amount normally determined by the employee's level of compensation. ESOP acts as a leverage tool through which the business is able to obtain a source of capital. The procedure is for a lender (usually a bank) to lend money to the ESOP. The ESOP then takes the borrowed money to buy stock from the company's treasury. In the meantime, the ESOP has signed a note with

der Leistungen werden nach 5 Dienstjahren übertragen, 5 % in jedem Jahr während der nächsten fünf Jahre und 10 % in jedem Jahr während der darauffolgenden fünf Jahre) und die 45er Regel (bei der sich das Alter des Arbeitnehmers und die Dienstjahre zu 45 aufaddieren), 50 % der Leistungen müssen übertragen werden, mit einer zusätzlichen Übertragung von 10 % in jedem nachfolgenden Jahr.

Unter dem → Tax Reform Act of 1986 (Steuerreformgesetz von 1986) wurden die Übertragungserfordernisse auf eine 100%ige Übertragung nach 5 Dienstjahren oder eine 20%ige Übertragung nach 3 Dienstjahren, 40% nach Beendigung von 4 Dienstjahren, 60% nach Beendigung von 5 Dienstjahren, 80 % nach Beendigung von 6 Dienstjahren und 100% nach Beendigung von 7 Dienstjahren geändert. (Diese Übertragungserfordernisse gelten ab dem 1. Januar 1989).

**Arbeitnehmeraktienbesitzvorhaben, Treuhandvermögen**

Ein Typ von Leistung, bei dem ein Arbeitnehmer Aktienanteile an der Gesellschaft erhält. Die Höhe wird normalerweise vom Vergütungsniveau des Arbeitnehmers bestimmt. Das Arbeitnehmeraktienbesitzvorhaben dient als Hebelwerkzeug, mit dessen Hilfe das Unternehmen in der Lage ist, eine Kapitalquelle zu erhalten. Das Verfahren für den Kreditgeber (gewöhnlich eine Bank) besteht darin, Geld an das Arbeitnehmeraktienbesitzvorhaben zu verleihen. Das Arbeitnehmeraktienbesitzvorhaben nimmt das entliehene Geld, um davon Aktien von der Finanzabteilung der Gesellschaft zu kaufen. In der Zwischen-

the lender for the borrowed funds with the stock pledged as collateral for the loan, and the business has guaranteed repayment if the ESOP fails to do so. The stock held in the ESOP is allocated to each employee as the business pays its contributions into the ESOP. The ESOP uses the company's contributions to repay the loan and the interest thereon. The contributions per employee that the company makes into the ESOP are tax deductible, and they are not taxable to the employee until the benefits are received.

### Employer Credits

Credits, in a pension plan, that an employer is required to make against future contributions (other than a cash basis as required by the IRS). Such credits may arise when an employee leaves an employer prior to being fully *vested,* works beyond normal retirement age.

### Employers Contingent Escrowing of Assets Liability

→ Employers Contingent Net Worth Liability Determination

zeit hat das Arbeitnehmeraktienbesitzvorhaben dem Kreditgeber für die entliehenen Finanzmittel einen Schuldschein mit den Aktien als Nebensicherheit für das Darlehn unterzeichnet, und das Unternehmen hat die Rückzahlung für den Fall garantiert, daß dem Arbeitnehmeraktienbesitzvorhaben dies nicht gelingt. Die Aktien im Besitz des Arbeitnehmeraktienbesitzvorhabens werden jedem Arbeitnehmer auf die gleiche Weise zugeteilt, wie das Unternehmen seine Beiträge an das Arbeitnehmeraktienbesitzvorhaben einzahlt. Das Arbeitnehmeraktienbesitzvorhaben verwendet die Beiträge der Gesellschaft, um das Darlehn und die darauf entfallenden Zinsen zurückzuzahlen. Die Beiträge pro Arbeitnehmer, die die Gesellschaft an das Arbeitnehmeraktienbesitzvorhaben leistet, sind steuerlich abzugsfähig und sind für den Arbeitnehmer bis zum Erhalt der Leistungen nicht steuerpflichtig.

### Arbeitgebergutschriften

Gutschriften bei einem Pensionssystem, die ein Arbeitgeber gegenüber zukünftigen Beiträgen (anders als eine Bargeldgrundlage, wie vom Internal Revenue Service (Einkommensteuerverwaltung) gefordert) vornehmen muß. Solche Gutschriften können entstehen, wenn ein Arbeitnehmer einen Arbeitgeber verläßt, bevor seine Pensionsansprüche vollständig *übertragen* wurden, und er über das normale Pensionierungsalter hinaus arbeitet.

### Haftung des Arbeitgebers für die bedingte Übertragung von Vermögen

→ Bestimmung der Nettowertausfallhaftung des Arbeitgebers

## Employers Contingent Insurance Coverage

→ Liability coverage mandated by the → Employee Retirement Income Security Act of 1974 (ERISA) under which employers are required to purchase insurance to cover their contingent liability for unfunded employee pension benefits in the event a pension plan is terminated. This requirement is enforced by the → Pension Benefit Guaranty Corporation (PBGC).

## Employers Contingent Liability

→ Employers Contingent Insurance Coverage; → Employers Contingent Lien against Assets Liability

## Employers Contingent Lien against Assets Liability

Claim (lien) of the → Pension Benefit Guaranty Corporation (PBGC) against an employer's assets upon termination of a pension plan for the amount of an employee's unfunded benefits.

## Employers Contingent Net Worth Liability Determination

Requirement upon termination of a pension plan; an employer must reimburse the → Pension Benefit Guaranty Corporation

## Ausfallversicherungsschutz für Arbeitgeber

Vom → Employee Retirement Income Security Act of 1974 (ERISA) (Arbeitnehmerrenteneinkommenssicherheitsgesetz aus dem Jahre 1974) geforderter → Haftpflicht-Versicherungsschutz, bei dem Arbeitgeber eine Versicherung abschließen müssen, um ihre Eventualhaftung für schwebende Arbeitnehmerpensionsleistungen für den Fall abzudecken, daß ein Pensionssystem beendet wird. Diese Forderung wird durch die → Pension Benefit Guaranty Corporation (PBGC) (Körperschaft für die Garantie von Pensionsleistungen) durchgesetzt.

## Ausfallhaftung des Arbeitgebers

→ Ausfallversicherungsschutz für Arbeitgeber; → Eventualpfandrecht bei Vermögenshaftpflicht des Arbeitgebers

## Eventualpfandrecht bei Vermögenshaftpflicht des Arbeitgebers

Anspruch (Pfandrecht) der → Pension Benefit Guaranty Corporation (PBGC) (Körperschaft für die Garantie von Pensionsleistungen) an das Vermögen eines Arbeitgebers in Höhe der schwebenden Bezüge eines Arbeitnehmers bei Beendigung eines Pensionssystems.

## Bestimmung der Nettowertausfallhaftung des Arbeitgebers

Vorschrift bei der Beendigung eines Pensionssystems. Ein Arbeitgeber muß der → Pension Benefit Guaranty Corporation (PBGC) (Körperschaft für die Garantie

(PBGC) for any loss that the PBGC incurs as the result of paying employee benefits that were the responsibility of the employer. The law requires reimbursement of up to 30% of the plan's net worth without regard to any contingent liability. This net worth is increased by escrowing or transferring any assets by the employer in contemplation of the plan's termination.

**Employers Insurance**
→ Business Automobile Policy (BAP); → Business Crime Insurance; → Business Interruption Insurance; → Business Life and Health Insurance; → Business Property and Liability Insurance Package; → Businessowners Policy (BOP)

**Employers Legal Obligation to Fund**
Pension plan format. After deciding how much to contribute, the employer can suspend, reduce, or discontinue contributions during the first 10 years only for reasons of business necessity; otherwise the employer will face a substantial IRS tax penalty. If a plan is terminated or if contributions to the plan are discontinued, the employer is only liable for benefit payments for which contributions were previously made.

von Pensionsleistungen) jeden Verlust, den die PBGC dafür erleidet, daß sie Arbeitnehmerleistungen, für die der Arbeitgeber verantwortlich war, bezahlt, zurückerstatten. Das Gesetz fordert eine Rückerstattung von bis zu 30 % des Nettowertes des Vorhabens ohne Berücksichtigung irgendeiner Eventualhaftung. Dieser Wert wird durch die Hinterlegung oder Übertragung irgendwelcher Vermögensgegenstände durch den Arbeitgeber in Hinblick auf die Beendigung des Vorhabens gesteigert.

**Arbeitgeberversicherung**
→ Geschäftswagenpolice; → Geschäftliche Verbrechensversicherung; → Geschäftsunterbrechungsversicherung; → Unternehmenslebens- und -krankenversicherung; → Unternehmenssach- und -haftpflichtversicherungspaket; → Geschäftsbesitzerpolice

**Rechtliche Finanzierungsverpflichtung des Arbeitgebers**
Pensionssystemformat. Nach der Entscheidung über die Höhe der Beiträge kann der Arbeitgeber die Beiträge während der ersten 10 Jahre nur aufgrund betriebswirtschaftlicher Notwendigkeit aussetzen, reduzieren oder unterbrechen, ansonsten setzt sich der Arbeitgeber einer empfindlichen Strafsteuer durch den IRS (Einkommensteuerverwaltung) aus. Wird das System beendet oder werden die Beiträge zu dem System unterbrochen, so ist der Arbeitgeber nur für Leistungszahlungen haftbar, für die früher Beiträge geleistet wurden.

**Employers Liability Coverage**
→ Workers Compensation, Coverage B

**Employers Net Worth**
→ Employers Contingent Net Worth Liability Determination

**Employers Nonownership Liability Insurance**
Coverage for the employer in the event of a → Tort committed by an employee in the use of his or her own car while conducting business on behalf of the employer.

**Encumbrance**
Claim, such as a worker's lien, to property under the care, custody, and control of another. This situation occurs when a worker is not paid for labor provided. For example, a carpenter unable to collect payment for installing wood finishings seeks an encumbrance on the owner's property.

**Endorsement**
Written agreement attached to a policy to add or subtract insurance coverages. Once attached, the endorsement takes precedence over the original provisions of the policy. For example, under a homeowners policy an inflation guard endorsement is used so that

**Arbeitgeberhaftpflichtversicherungsschutz**
→ Berufsunfallentschädigung, Versicherungsschutz B

**Nettowert des Arbeitgebers**
→ Bestimmung der Nettowertausfallhaftung des Arbeitgebers

**Kfz-Haftpflichtversicherung eines Arbeitgebers für Unfälle von Erfüllungsgehilfen**
Versicherungsschutz für den Arbeitgeber, wenn ein(e) Arbeitnehmer(in) mit dem eigenen Auto eine → Straftat begeht, während er/sie Geschäfte für den Arbeitgeber erledigt.

**Belastung**
Anspruch, wie das Pfandrecht eines Arbeiters, auf Vermögen unter der Obhut, im Gewahrsam und unter der Kontrolle eines anderen. Diese Situation tritt ein, wenn ein Arbeiter für die geleistete Arbeit nicht bezahlt wird. Z.B. ein Tischler, der die Zahlung für das Anbringen von Holzarbeiten nicht erhält, erwirkt eine Belastung des Vermögens des Besitzers.

**Nachtrag**
Einer Police beigefügte schriftliche Vereinbarung, um Versicherungsschutz hinzuzufügen oder abzuziehen. Einmal hinzugefügt, hat der Nachtrag Vorrang vor den ursprünglichen Bestimmungen der Police. Bei der Hausbesitzerpolice z.B. wird ein Inflationsangleichungsnachtrag so verwendet, daß die Sachschadenhöchstgrenzen automatisch erhöht wer-

property damage limits are increased automatically to reflect an increase in the cost of construction in the community. Vandalism and malicious mischief can be added to the *Standard Fire Policy* through an endorsement.

den, um einem Anstieg der Baukosten in der Gemeinde Rechnung zu tragen. Vandalismus und mutwillige Beschädigung können durch einen Nachtrag zu einer Einheits-*Feuerversicherungspolice* hinzugefügt werden.

## Endowment Insurance

Life insurance under when an insured receives the face value of a policy if the individual survives the endowment period. If the insured does not survive, a beneficiary receives the face value of the policy. An endowment policy is the most expensive type of life insurance.

## Lebensversicherung auf den Erlebensfall

Lebensversicherung, bei der ein Versicherter den Nennwert einer Police erhält, wenn die Person den Versicherungszeitraum überlebt. Überlebt der Versicherte nicht, so erhält ein Begünstigter den Nennwert der Police. Eine Lebensversicherung auf den Erlebensfall ist die teuerste Art der Lebensversicherung.

## Energy-Release Theory (of Accident Causation)

Method, developed in 1970 by Dr. William Haddon, Jr., of classifying and preventing damage caused by accidents. The thesis is that accidents are caused by the transfer of energy with such force that bodily injury and property damage result. According to Dr. Haddon, strategies can interrupt or suppress the chain of accident-causing events. These strategies revolve around (1) control and prevention of buildup of energy that is inherently injurious; (2) creation of an environment that is not conducive to injurious buildup of

## Theorie der Energiefreisetzung (der Unfallverursachung)

Eine 1970 von Dr. William Haddon, Jr., entwickelte Methode zur Klassifizierung und Verhinderung von Unfallschäden. Die These besagt, daß Unfälle durch den Energietransfer mit einer solchen Kraft verursacht werden, daß Körperverletzungen und Sachschäden die Folge sind. Nach Dr. Haddon können Strategien die Kette der unfallverursachenden Ereignisse unterbrechen oder unterdrücken. Diese Strategien drehen sich um (1) die Kontrolle und die Verhinderung der Bildung von Energie, die inhärent verletzend ist; (2) die Schaffung einer Umgebung, die der Bildung von verletzender Energie nicht förderlich ist; und (3) die Schaffung von zur Bildung von verletzender Energie gegenläufigen Maßnahmen.

energy; and (3) production of counteractive measures to injurious buildup of energy.

**Engineering Approach**
Approach in loss prevention placing emphasis on physical features of the workplace as a potential cause of injuries. For example, if a product is inherently dangerous in design or during manufacture, an insurance company may assign an engineer to analyze the situation and recommend changes which could improve safety and lower insurance premiums.

**Ingenieurtechnischer Ansatz**
Ein Ansatz bei der Schadensprävention, der die physikalischen Merkmale des Arbeitsplatzes als einen möglichen Grund für Verletzungen betont. Wenn ein Produkt z.B. in seinem Design oder während der Herstellung inhärent gefährlich ist, so kann eine Versicherungsgesellschaft einen Ingenieur damit beauftragen, die Situation zu analysieren und Änderungen zu empfehlen, die die Sicherheit verbessern und die Versicherungsprämien senken.

**Enrolled**
**Actuary**
→ Actuary, Enrolled

**Eingeschriebener**
**Versicherungsmathematiker**
→ Eingeschriebener Versicherungsmathematiker

**Enrollment Card**
Document used to sign up employees for plans such as salary savings, life insurance, or other employee benefits.

**Einschreibungskarte**
Für die Aufnahme von Arbeitnehmern in Vorhaben wie Gehältersparen, Lebensversicherung oder andere betriebliche Sozialzulagen verwendetes Dokument.

**Entire Contract Clause**
Feature of life and health insurance policies which stipulates that the policy represents the whole agreement between the insurance company and the insured, and that there are no other outstanding agreements.

**Gesamtvertragsklausel**
Merkmal von Kranken- und Lebensversicherungspolicen, das besagt, daß die Police die gesamte Vereinbarung zwischen der Versicherungsgesellschaft und dem Versicherten darstellt und daß es keine anderen Nebenabreden gibt.

**Entity Plan**
→ Partnership Life and Health Insurance

**Einheitenvorhaben**
→ Teilhaber-Lebens- und Krankenversicherung

## Equipment Dealers Insurance

Coverage on → All Risks basis for such items as binders, reapers, harvesters, plows, tractors, pneumatic tools and compressors, bulldozers, and road scrapers. Excluded from coverage are wear and tear, loss due to delay, loss of market, consequential loss such as loss of income because of damage to the equipment, and mechanical breakdown. Property excluded includes aircraft, water craft, motor vehicles, and property sold on an installment contract basis after it has left the care, custody, and control of the insured dealer.

## Equipment Floaters Insurance

Coverage for property that moves from location to location from the perils of fire, lightning, explosion, windstorm, earthquake, collapse of bridges, flood, collision under one of the following forms: → Agricultural Equipment Insurance; → Contractors Equipment Floater; → Livestock Insurance; → Physicians and Surgeons Equipment Insurance.

## Equities

Representation of ownership rights such as stocks

## Versicherung für Händler von Betriebseinrichtungen

Versicherungsschutz auf der Grundlage → Aller Risiken für solche Gegenstände wie Garbenbinder, Mähmaschinen, Erntemaschinen, Pflüge, Traktoren, pneumatische Werkzeuge und Kompressoren, Bulldozern und Straßenhobeln. Vom Versicherungsschutz ausgeschlossen sind Verschleiß, Schaden wegen Verspätung, Verlust des Marktes, Folgeschäden wie Einkommensverlust wegen Beschädigung der Betriebseinrichtung und mechanischem Zusammenbruch. Zu den ausgeschlossenen Sachgegenständen gehören Flugzeuge, Wasserfahrzeuge, Kraftfahrzeuge und Sachgegenstände, die auf der Grundlage von Ratenzahlungsverträgen verkauft wurden, nachdem sie die Obhut, den Gewahrsam und die Kontrolle des versicherten Händlers verlassen haben.

## Gerätepauschalversicherung

Versicherungsschutz für Sachgegenstände, die sich von einem Ort zum anderen bewegen, gegen die Gefahren von Feuer, Blitzschlag, Explosion, Sturm, Erdbeben, Brückeneinsturz, Überschwemmung, Zusammenstoß bei einer der folgenden Formen: → Versicherung der landwirtschaftlichen Ausrüstung; → Pauschalausrüstungsversicherungspolice; → Viehversicherung; → Versicherung der Ausrüstung von Ärzten und Chirurgen.

## Wertpapiere

Verkörperung von Eigentumsrechten wie Aktien

## Equity

Fairness (as an objective of insurance pricing). Premium rates are set according to expectation of loss among a classification of policyowners. The premise is that all insureds with the same characteristics should have the same expectation of loss and should be listed under the same underwriting classification. For example, in life insurance, individuals with a good personal health history, family health history, a job with no special hazards, and who are of good character should be classified as standard risks and thereby pay standard rates.

## Equity among Policyowners

Grouping of applicants for life insurance according to expected mortality, so as to produce an underwriting classification in which the spread between health of the worst and best applicant is not so great as to skew the distribution curve.

## Equity Annuities
→ Variable Dollar Annuity

## Equity, Policyowners
→ Policyowners Equity

## Errors and Omissions Liability Insurance

Policies generally available to the various professions that

## Rechtschaffenheit

Gerechtigkeit (als ein Ziel der Versicherungspreisgebung). Prämientarife werden entsprechend der Schadenserwartung bei einer Klasse von Policeninhabern festgesetzt. Die Voraussetzung ist, daß alle Versicherten mit den gleichen Merkmalen die gleiche Schadenserwartung aufweisen und in der gleichen Zeichnungsklasse aufgelistet sein sollten. Bei einer Lebensversicherung z.B. sollten alle Personen mit einer guten persönlichen Krankengeschichte, Familienkrankengeschichte, einem Beruf ohne besondere Risiken, die einen guten Charakter aufweisen, als Standardrisiko klassifiziert werden und damit Standardtarife zahlen.

## Gleichheit zwischen Policeninhabern

Gruppierung von Antragstellern bei der Lebensversicherung entsprechend der Sterblichkeitserwartung, damit eine Zeichnungsklassifikation entsteht, bei der die Verteilung zwischen der Gesundheit des schlechtesten und des besten Antragstellers nicht so groß ist, daß sie die Verteilungskurve krümmt.

## Eigenkapitalrenten
→ Variable Dollarrente

## Eigenkapital, Policeninhaber
→ Eigenkapital des Policeninhabers

## Haftpflichtversicherung für Fehler und Unterlassungen

Policen sind im allgemeinen erhältlich für verschiedene Berufsgruppen, die Schutz

require protection for negligent acts and/or omissions resulting in bodily injury, personal injury, and/or property damage liability to a client. For example, insurance agents are constantly exposed to the claim that inadequate or improper coverage was recommended, resulting in the client suffering a loss of indemnification. If sustained, the agent (or the carrier) would have to make good the claim of the client without the adequate insurance coverage.

gegen fahrlässige Handlungen und/oder Unterlassungen, die eine Körperverletzung, persönliche Verletzung oder Sachbeschädigung des Kunden zur Folge haben, benötigen. So sind Versicherungsagenten z.B. ständig der Forderung ausgesetzt, daß unangemessener oder unrichtiger Versicherungsschutz empfohlen wurde, so daß der Kunde einen Verlust bei der Entschädigung erleidet. Wenn dem stattgegeben wird, so muß der Agent (oder der Versicherungsträger) den Anspruch des Versicherten ohne ausreichenden Versicherungsschutz gutmachen.

**Estate Planning**
Procedure for accumulating, conserving, and distributing personal wealth. In essence, estate planning focuses on enhancement of the value of an estate and its conservation. At the death of an owner, estate planning seeks to transfer the estate to the heir(s) with a minimum loss in taxes and other expenses. Depending on the size and nature of an estate, the expertise of one or more of these specialists may be useful: lawyer, accountant, life insurance agent, banker, or a qualified financial or estate planner.

**Nachlaßplanung**
Verfahren zur Ansammlung, Bewahrung und Verteilung persönlichen Reichtums. Im wesentlichen konzentriert sich die Nachlaßplanung auf eine Steigerung des Vermögens und dessen Bewahrung. Bei Tod eines Besitzers versucht die Nachlaßplanung, das Vermögen mit einem minimalen Verlust an Steuern und anderen Ausgaben an die Erben zu übertragen. Abhängig von der Größe und der Beschaffenheit eines Vermögens kann das Fachwissen eines oder mehrerer Spezialisten nützlich sein: Rechtsanwalt, Wirtschaftsprüfer, Lebensversicherungsagent, Bankkaufmann oder eines qualifizierten Finanz- oder Vermögensplaners.

**Estate Planning, Death Planning**
→ Estate Planning; → Estate Planning Distribution

**Nachlaßplanung, Todesfallplanung**
→ Nachlaßplanung; → Nachlaßverteilungsplanung

## Estate Planning Distribution

Plan that involves distribution of property by living hand and distribution of property after the death of its owner. Distribution by living hand can take the form of an outright gift, a grant of limited property interest, or a gift in trust. Distribution at death can be accomplished through a will; or if there is no will, as directed by state law. Common terms include:
*Beneficiary of Trust* person who receives the benefits of the trust.
*Life Estate* property that can be used in any manner that pleases the donee during his/her life. Upon the death of the donee, the property reverts to the donor or the donor's estate.
*Living Trust* property distributed by living individuals.
*Personal Trust* one in which an owner of property gives it to another person to safeguard, hold, and use for the benefit of a third party.
*Power of Appointment* owner of a property grants the right to another person to decide who should receive title to the property.
*Tenancy* donee has the right to use property and to receive income it generates for a limited time, whereupon the property reverts to the owner.
*Testamentary Trust* property

## Nachlaßverteilungsplanung

Ein Vorhaben, welches sich mit der Verteilung von Vermögen durch die lebende Hand und die Verteilung von Vermögen nach dem Tod seines Besitzers beschäftigt. Die Verteilung durch die lebende Hand kann die Form einer vorbehaltlosen Schenkung, einer Übereignung einer beschränkten Beteiligung oder einer Schenkung an ein Treuhandvermögen annehmen. Die Verteilung nach dem Tode kann durch ein Testament vollstreckt oder, falls kein Testament vorhanden ist, wie vom staatlichen Gesetz vorgeschrieben erfolgen. Die allgemeinen Bedingungen schließen ein:
*Begünstigter eines Treuhandvermögens:* eine Person, die die Leistungen des Treuhandvermögens erhält.
*Nießbrauch:* Vermögensgegenstand, der zu Lebzeiten des/der Beschenkten so verwendet werden kann, wie es ihm/ihr gefällt. Nach dem Tod des/der Beschenkten kehrt der Vermögensgegenstand an den Schenker oder den Nachlaß des Schenkers zurück.
*Treuhandvermögen zu Lebzeiten des Verfügungsberechtigten:* von lebenden Einzelpersonen verteiltes Vermögen.
*Treuhandverhältnis für bestimmte Begünstigte:* ein Treuhandverhältnis, bei dem ein Besitzer von Vermögen dieses an eine andere Person zur Sicherung, Aufbewahrung und zum Gebrauch zugunsten einer dritten Partei gibt.
*Nachlaßeinsetzung:* Der Besitzer eines Vermögens erteilt einer anderen Person das Recht zu entscheiden, wer das Recht an dem Vermögen erhalten sollte.
*Grundstücksnießbrauch:* Der Beschenkte hat das Recht, den Besitz zu benutzen und

disposed at the death of the trustor, who has previously described what property is to be placed in the trust, how it is to be managed, and who is to be the trustee. The trustor can change the provisions of the trust by a will. But at the death of the trustor, the testamentary trust becomes irrevocable.
*Trustee* person to whom a trustor transfers property. The trustee is obligated to safeguard, manage, and use the property in accordance with the terms and conditions of the trust.
*Trustor* individual who puts his/her thoughts in writing concerning the terms of the trust and the process of transferring the property to the trustee.

ein daraus erwachsenes Einkommen für einen begrenzten Zeitraum zu kassieren. Danach geht der Besitz an den Besitzer zurück.
*Testamentarisch errichtetes Treuhandvermögen:* nach dem Tode des Treugebers verteiltes Vermögen, der zuvor beschrieben hatte, welches Vermögen an das Treuhandvermögen gehen sollte, wie es zu verwalten sei und wer der Treuhänder sein sollte. Der Treugeber kann die Bestimmungen des Treuhandvermögens durch ein Testament ändern. Nach dem Tod des Treugebers wird das testamentarische Treuhandvermögen jedoch unwiderruflich.
*Treuhänder:* die Person, an die ein Treugeber Vermögen überträgt. Der Treuhänder ist verpflichtet, das Vermögen entsprechend den Bestimmungen des Treuhandvermögens zu sichern, zu verwalten und zu verwenden.
*Treugeber:* eine Person, die ihre Gedanken, die die Bestimmungen des Treuhandvermögens und das Verfahren der Vermögensübergabe an den Treuhänder betreffen, in schriftlicher Form niederlegt.

## Estate Planning, Life Planning
→ Estate Planning; → Estate Planning Distribution

## Estate Tax
→ Federal Estate Tax

## Estimated Premium
Method of premium payment under which a temporary premium is charged based on projected loss experience. At

## Nachlaßplanung, Lebensplanung
→ Nachlaßplanung; → Nachlaßverteilungsplanung

## Erbschaftsteuer
→ Bundeserbschaftssteuer

## Geschätzte Prämie
Methode der Prämienzahlung, bei der eine vorübergehende Prämie auf der Grundlage der vorhergeplanten Schadenserfahrung in Rechnung gestellt wird. Am Jahresende

the end of the year this premium is adjusted to reflect the actual loss experience. → Retrospective Rating

wird die Prämie angepaßt, um der tatsächlichen Schadenserfahrung Rechnung zu tragen. → Rückschauende Prämienfestsetzung

### Estoppel
Stop or bar, such that one party makes a statement upon which a second party has every reason to rely, thereby preventing the first party from denying the validity of that statement. For example, the misleading actions of an agent of the insurance company result in the insured being estopped from having to perform according to the provisions of the contract.

### Rechtshemmender Einwand
Stop oder Hindernis in der Form, daß eine Partei eine Erklärung abgibt, auf die sich zu verlassen die zweite Partei allen Grund hat und die erste Partei somit davon abhält, die Gültigkeit dieser Aussage zu verneinen. Die irreführenden Handlungen eines Agenten einer Versicherungsgesellschaft führen beispielsweise dazu, daß der Versicherte daran gehindert wird, entsprechend den Vertragsregeln handeln zu müssen.

### Evidence Clause
Clause requiring an insured to cooperate with an insurance company by producing all evidence requested in settlement of a claim. The company may have difficulty settling a claim without the proper examination and documentation of evidence.

### Beweisklausel
Klausel, die fordert, daß ein Versicherter mit einer Versicherungsgesellschaft zusammenarbeitet, indem er alle für die Regulierung eines Schadens erforderlichen Beweise liefert. Die Gesellschaft kann Schwierigkeiten haben, einen Schaden ohne ordnungsgemäße Untersuchung und Dokumentation der Beweise zu regulieren.

### Evidence of Insurability
Documentation of physical fitness by an applicant for insurance. Usually this takes the form of a medical examination. Group plans (life, health, disability) require such evidence if the 30-day eligibility period expires before the employee has applied for coverage. → Eligibility Period

### Nachweis der Versicherbarkeit
Dokumentation der körperlichen Fitness durch einen Antragsteller für eine Versicherung. Gewöhnlich geschieht dies in Form einer medizinischen Untersuchung. Gruppenvorhaben (Lebens-, Kranken-, Invaliditätsversicherung) fordern einen solchen Nachweis, wenn die 30tägige Eignungsperiode abläuft, bevor der Arbeitnehmer einen Antrag auf Versicherungsschutz gestellt hat. → Eignungsperiode

## Examination
→ Convention Examination;
→ Medical Examination

## Examined Business
Life or health insurance policy written on an applicant who has passed a → Medical Examination and signed the → Application but has not paid the premium due.

## Examiner
Life and Health: physician appointed by an insurance company to examine applicants for insurance. → Examined Business
Regulatory: representative of the → Commissioner of Insurance who conducts an audit of the insurance company's records. → Convention Examination

## Excepted Period
→ Probationary Period

## Exception
→ Exclusions; → Exclusions, Business Liability Insurance; → Exclusions From Medical Benefits Exemption; → Exclusions, Homeowners Insurance; → Exclusions, Property and Casualty Insurance

## Excess Insurance
Property, liability, or health coverage above the primary amount of insurance. For example, the primary coverage is

## Untersuchung
→ Konventionsüberprüfung; → Ärztliche Untersuchung

## Untersuchtes Geschäft
Die gezeichnete Lebens- oder Krankenversicherungspolice eines Antragstellers, der eine → Ärztliche Untersuchung bestanden und den → Antrag unterzeichnet, aber die fällige Prämie nicht gezahlt hat.

## Prüfer
Lebens- und Krankenversicherung: ein von einer Versicherungsgesellschaft für die Untersuchung von Antragstellern für eine Versicherung benannter Arzt. → Untersuchtes Geschäft.
Prüfer der Aufsichtsbehörde: Vertreter des → Commissioners of Insurance (Regierungsbevollmächtigter für Versicherungen), der eine Revision der Akten einer Versicherungsgesellschaft durchführt. → Konventionsüberprüfung

## Ausgeschlossener Zeitraum
→ Probezeit

## Ausnahme
→ Ausschlüsse; → Ausschlüsse, Unternehmenshaftpflichtversicherung; → Ausschlüsse von der Ausnahmeregelung für medizinische Leistungen; → Ausschlüsse, Hausbesitzerversicherung; → Ausschlüsse, Sach- und Unfallversicherung

## Überschußversicherung
Über den Hauptbetrag der Versicherung hinausgehender Versicherungsschutz bei Sach-, Haftpflicht- oder Krankenversicherungen. Der erstrangige Versiche-

$ 100,000 and the excess insurance is $ 1 million. After the losses exceed $ 100,000 the excess insurance will pay for the losses up to a total of $ 1 million.

### Excess Interest
Amount credited to the cash value of an insured's life insurance policy above the minimum interest rate it guarantees. This payment is of extreme importance to a policyowner since it will directly affect the size of the cash value. → Cash Value Life Insurance

### Excess Interest Whole Life Insurance
Type of insurance under which it is assumed that the interest earned will exceed the interest rate guaranteed. Excess interest is credited to the policyowner in the following manner:
1. In a mutual company – paid to policyowners through the policy dividend structure.
2. In a stock company – paid to policyowners through their cash values or future premiums due. → Current Assumption Whole Life Insurance

### Excess Limit
In a → Liability Insurance policy, limit above the minimum amount of coverage for which the policy can be written ac-

rungsschutz beläuft sich z.B. auf US$ 100.000, und die Überschußversicherung beträgt US$ 1 Million. Nachdem die Schäden US$ 100.000 übersteigen, zahlt die Überschußversicherung für die Schäden bis zu einer Gesamtsumme von US$ 1 Million.

### Zinsüberschuß
Dem Barwert einer Lebensversicherungspolice eines Versicherten gutgeschriebener Betrag, der über den garantierten Mindestzinssatz hinausgeht. Diese Zahlung ist für den Policeninhaber von äußerster Wichtigkeit, da sie die Höhe des Barwertes direkt beeinflußt. → Barwertlebensversicherung

### Lebensversicherung auf den Todesfall mit Zinsüberschuß
Versicherungstyp, bei dem angenommen wird, daß der Zinsertrag die garantierte Verzinsung übersteigen wird. Der Zinsüberschuß wird dem Policeninhaber auf folgende Weise gutgeschrieben:
1. bei einem Versicherungsverein auf Gegenseitigkeit. Der Betrag wird durch die Policendividendenstruktur an die Policeninhaber gezahlt.
2. Bei einer Aktiengesellschaft. Der Betrag wird durch ihre Barwerte oder zukünftig fällige Prämien an die Policeninhaber gezahlt. → Lebensversicherung auf den Todesfall auf der Grundlage gegenwärtiger Annahmen

### Überschußhöchstbetrag
Bei einer → Haftpflichtversicherungs-Police Höchstgrenze oberhalb der Mindesthöhe des Versicherungsschutzes, für den die Police entsprechend den Firmen- oder ge-

cording to company or legal restrictions. → Excess Insurance

## Excess Line Broker (Surplus Line Broker)

Insurance salesperson who is licensed to place coverage with an insurance company that is not licensed to do business in the state of domicile of the broker. The excess line coverage must be unavailable from a company licensed in the broker's state.

## Excess Loss Cover
→ Excess of Loss Reinsurance

## Excess (Nonproportional) Reinsurance
→ Excess of Loss Reinsurance

## Excess of Loss Reinsurance

Method whereby an insurer pays the amount of each claim for each risk up to a limit determined in advance and the reinsurer pays the amount of the claim above that limit up to a specific sum. For example, assume that an insurer issues automobile liability policies of $150,000 on any one risk and retains the first $50,000 of any risk. The insurer purchases excess loss reinsurance for $100,000 in excess of $50,000 on any one risk. The insurer pays the first $50,000 of all losses and the reinsurer pays

setzlichen Bestimmungen gezeichnet werden kann. → Überschußversicherung

## Makler überzähliger Aufträge (Makler für auf dem regulären Markt bei einem lizensierten Versicherer nicht plazierbare Aufträge)

Versicherungsverkäufer, der lizensiert ist, Versicherungsschutz bei einer Versicherungsgesellschaft in Auftrag zu geben, die in dem Staat, in dem der Makler seinen Wohnsitz hat, nicht zur Durchführung von Geschäften lizensiert ist. Der Versicherungsschutz für überzählige Aufträge darf von einer im Staat des Maklers lizensierten Gesellschaft nicht erhältlich sein.

## Schadenüberschußdeckung
→ Schadenexzedentenrückversicherung

## (Nicht-proportionale) Überschußrückversicherung
→ Schadenexzedentenrückversicherung

## Schadenexzedentenrückversicherung

Methode, bei der ein Versicherer jede Schadenshöhe für jedes Risiko bis zu einer vorher bestimmten Höchstgrenze zahlt und der Rückversicherer den Schaden oberhalb dieser Grenze bis zu einer bestimmten Summe zahlt. Nehmen wir z.B. an, ein Versicherer gibt Kfz-Versicherungspolicen von US$ 150.000 zu irgendeinem Risiko aus und behält die ersten US$ 50.000 eines jeden Risikos zurück. Der Versicherer schließt eine Schadenexzedentenrückversicherung von US$ 100.000 über die US$ 50.000 eines jeden Risikos ab. Der Versicherer zahlt die ersten US$ 50.000 aller Schäden, und der Rückversicherer zahlt jeden Überschußbetrag bis zu einem Höchstbetrag von US$ 100.000.

any excess amount up to a maximum of $100,000.

### Excess per Risk Reinsurance
→ Excess of Loss Reinsurance

### Excess Policy
Policy that pays benefits only when coverage under other applicable insurance policies has become exhausted. For example, the *personal umbrella liability* policy pays after the liability limits in the homeowners insurance policy have been exceeded.

### Excess-Surplus Lines
→ Surplus Lines (Excess-Surplus Lines)

### Excluded Peril
→ Exclusions; → Exclusions, Business Liability Insurance; → Exclusions From Medical Benefits Exemption; → Exclusions, Homeowners Insurance; → Exclusions, Medical Benefits; → Exclusions, Property and Casualty Insurance

### Excluded Period
→ Probationary Period

### Excluded Property
→ Exclusions, Business Liability Insurance; → Exclusions, Property and Casualty Insurance

### Überschuß pro Risiko-Rückversicherung
→ Schadenexzedentenrückversicherung

### Überschußpolice
Police, die Leistungen nur dann zahlt, wenn der Versicherungsschutz bei anderen anzuwendenden Versicherungspolicen ausgeschöpft ist. Z.B. zahlt die private *Globalhaftpflicht*-Police, nachdem die Haftpflichthöchstgrenzen bei der Hausbesitzerversicherungspolice überschritten worden sind.

### Bei zugelassenen Versicherern eines Staates nicht versicherbare Risiken
→ Bei zugelassenen Versicherern eines Staates nicht versicherbare Risiken

### Ausgeschlossene Gefahr
→ Ausschlüsse; → Ausschlüsse, Unternehmenshaftpflichtversicherung; → Ausschlüsse von der Ausnahmeregelung für medizinische Leistungen; → Ausschlüsse, Hausbesitzerversicherung; → Ausschlüsse, medizinische Leistungen; → Ausschlüsse, Sach- und Unfallversicherung

### Ausgeschlossener Zeitraum
→ Probezeit

### Ausgeschlossener Vermögensgegenstand
→ Ausschlüsse, Unternehmenshaftpflichtversicherung; → Ausschlüsse, Sach- und Unfallversicherung

## Exclusion Ratio
→ Tax Deferred Annuity

## Exclusions
Provision in an insurance policy that indicates what is denied coverage. For example, common exclusions are: hazards deemed so catastrophic in nature that they are uninsurable, such as war; wear and tear, since they are expected through the use of a product; property covered by other insurance, in order to eliminate duplication that would profit the insured; liability arising out of contracts; and liability arising out of Workers Compensation laws. Exclusions are also listed in a → Boiler and Machinery Insurance policy; → Business Automobile Policy; → Business Interruption Insurance, Homeowners Insurance Policy, *Liability Policy,* and → Special Multiperil Insurance (SMP) policy.

## Exclusions, Business Liability Insurance
Provision used to avoid duplication of coverage in other policies; to eliminate coverage for property under the care, custody and control of an insured business; as well as to avoid liability arising out of contractual obligations between the insured business and another party; liability associated with recall of the insured

## Ausschlußverhältnis
→ Steueraufschiebende Rente

## Ausschlüsse
Bestimmung bei einer Versicherungspolice, die anzeigt, wann der Versicherungsschutz verweigert wird. Übliche Ausschlüsse sind z.B. Gefahren, die von ihrer Natur her als so katastrophal angesehen werden, daß sie nicht versicherbar sind, wie Krieg, Verschleiß, da sie bei Gebrauch des Produktes zu erwarten sind; von einer anderen Versicherung abgedeckte Vermögensgegenstände, um eine Verdopplung, die dem Versicherten einen Gewinn versprechen, auszuschließen; aus Verträgen entstehende Haftpflicht; aus Berufsunfallgesetzen entstehende Haftpflicht. Ausschlüsse werden auch in einer → Dampfkessel- und Maschinenparkversicherungspolice, → Geschäftswagenpolice, → Geschäftsunterbrechungspolice, →Hausbesitzerversicherungspolice, *Haftpflichtpolice* und der → Speziellen Vielgefahrenversicherungs-Police aufgelistet.

## Ausschlüsse, Unternehmenshaftpflichtversicherung
Bestimmung, die verwendet wird, um eine Verdopplung des Versicherungsschutzes bei anderen Policen zu vermeiden, um Versicherungsschutz für Vermögensgegenstände unter der Obhut, im Gewahrsam und unter der Kontrolle eines versicherten Unternehmens auszuschließen, sowie um aus Vertragsverpflichtungen zwischen dem versicherten Unternehmen und einer anderen Partei entstehende Haftpflicht zu vermeiden; die Haftpflicht im Zusam-

business's products; liability associated with the insured business's pollution and contamination exposure; and liability that may arise if the insured business is found to be in conflict with state liquor regulations.

## Exclusions from Medical Benefits Exemption

Found under the "Exceptions and Exclusions Section for All Medical Benefits" in many health insurance policies which exclude:
1. Complications arising from elective, nontherapeutic voluntary abortion.
2. Necessary cosmetic surgery for the immediate repair of a nonoccupational disease, illness, accident, or injury.
3. Custom built orthopedic shoes, wedges, or arch supports.
4. Speech therapy ordered by a physician to restore partial or complete loss of speech resulting from stroke, cancer, radiation laryngitis, or cerebral palsy.
5. Services, supplies, or treatment in connection with or related to endogenous obesity or obesity resulting from external causes which the physician certifies is associated with a serious or life-threatening disorder.

menhang mit dem Rückruf der Produkte des versicherten Unternehmens; mit der Umweltverschmutzungs- und Vergiftungsgefährdung des versicherten Unternehmens verbundene Haftpflicht; und die Haftpflicht, die entstehen kann, wenn festgestellt wird, daß das versicherte Unternehmen in Konflikt zu staatlichen Alkoholbestimmungen steht.

## Ausschlüsse von der Ausnahmeregelung für medizinische Leistungen

Findet man bei vielen Krankenversicherungspolicen unter dem „Ausnahmen- und Ausschluß-Teil für alle medizinischen Leistungen". Sie schließen aus:
1. aus einer wahlweisen, nicht therapeutisch bedingten, freiwilligen Abtreibung entstehende Komplikationen;
2. notwendige kosmetische Chirurgie für die sofortige Wiederherstellung eines nicht-berufsbedingten Leidens, einer Krankheit, eines Unfalls oder einer Verletzung;
3. maßangefertigte, orthopädische Schuhe, Absätze oder Schuheinlagen;
4. von einem Arzt verordnete Sprachtherapie, um den teilweisen oder kompletten Sprachverlust infolge Schlaganfall, Krebs, Kehlkopfentzündung oder Gehirnlähmung zu beheben;
5. Dienstleistungen, Lieferungen oder Behandlung in Verbindung mit oder verwandt mit endogener Fettleibigkeit oder Fettleibigkeit infolge externer Gründe, bei denen der Arzt bescheinigt, daß sie mit einer ernsthaften oder lebensbedrohlichen Störung verbunden ist.

### Exclusions from Medical Benefits Group Health Insurance
→ Exclusions, Medical Benefits; → Exclusions From Medical Benefits Exemption

### Exclusions, Homeowners Insurance
Provision that excludes from coverage under *Form No. 3*: flood damage, except if the flood causes a fire, explosion, or theft; water damage from the back up of sewers; earthquake, except if the earthquake causes a fire explosion, theft, or glass breakage; war; nuclear exposure (hazard); wear and tear, vandalism and malicious mischief, or glass breakage if the house has been vacant for more than 30 consecutive days before the day of the loss.

### Exclusions, Medical Benefits
Limiting provision. Exclusions listed in group health plans include: benefits under Workers Compensation; certain dental procedures; convalescent or rest cures; medical expenses resulting from the insured person and/or covered dependents committing a felony or misdemeanor; cosmetic surgery, unless required immediately because of non-occupational disease, illness, accident, injury, or congenital anomaly in an insured newborn

### Ausschlüsse von medizinischen Leistungen bei Gruppenkrankenversicherungen
→ Ausschlüsse, Medizinische Leistungen; → Ausschlüsse von der Ausnahmeregelung für medizinische Leistungen

### Ausschlüsse, Hausbesitzerversicherung
Bestimmung, die bei *Form Nr. 3* vom Versicherungsschutz ausschließt: Überschwemmungsschaden, außer, wenn die Überschwemmung ein Feuer verursacht; Explosionen oder Diebstahl; Wasserschaden durch den Rückstau von Abwasser; Erdbeben, es sei denn, das Erdbeben verursacht eine Brandexplosion; Diebstahl oder Glasbruch; Krieg; atomares Risiko (Gefahr); Verschleiß; Vandalismus; böswillige Beschädigung oder Glasbruch, wenn das Haus für mehr als 30 aufeinanderfolgende Tage vor dem Schadenseintritt unbewohnt war.

### Ausschlüsse, Medizinische Leistungen
Begrenzungsbestimmung. Die in Gruppenkrankenversicherungsvorhaben aufgelisteten Ausschlüsse schließen ein: Leistungen bei der Berufsunfallentschädigung; bestimmte zahnärztliche Verfahren; Gesundungs- oder Ruhekuren; medizinische Ausgaben, die entstehen, weil die versicherte Person und/oder mitversicherte Angehörige ein Verbrechen oder Vergehen begehen; kosmetische Chirurgie, es sei denn, sie ist sofort wegen eines nicht berufsbedingten Leidens, einer Krankheit, eines Unfalles, einer Verletzung, einer angeborenen Anomalie bei einem versicherten neugeborenen Säug-

infant; expenses incurred by a member of a → Health Maintenance Organization (HMO) or other prepaid medical plan; expenses associated with intentional self-inflicted injuries or attempt at suicide; unreasonable charges for services or supplies; convenience items such as telephone and television.

**Exclusions of Policy**
→ Exclusion

**Exclusions, Property and Casualty Insurance**
Denial of coverage for various perils (such as war, flood); hazards (storing dynamite in the home thereby increasing the chance of loss); property (such as pets); and locations. These are excluded because they are uninsurable by nature in that the loss frequency and severity do not lend themselves to accurate predictions, the premium rates chargeable would be prohibitive, and in some instances coverages are found in other policies.

**Exclusive Agency System**
→ Captive Agent

**Exculpatory Provision**
Clause in legal contracts that excuses a given party to the contract from liability for unintentional negligent acts and/or omissions.

ling erforderlich; von einem Mitglied einer → Health Maintenance Organization (HMO) (Gesunderhaltungsorganisation) oder eines anderen im voraus bezahlten medizinischen Projektes erlittene Ausgaben; mit absichtlich selbst zugefügten Verletzungen oder Selbstmordversuchen in Zusammenhang stehende Ausgaben; unangemessene Gebühren für Dienstleistungen oder Lieferungen; Annehmlichkeiten wie Telefon und Fernseher.

**Policenausschlüsse**
→ Ausschluß

**Ausschlüsse, Sach- und Unfallversicherung**
Der Versicherungsschutz wird für zahlreiche Gefahren (wie Krieg, Überschwemmung), Risiken (die Lagerung von Dynamit im Haus, wodurch das Schadensrisiko gesteigert wird), Eigentum (wie Haustiere) und Örtlichkeiten verweigert. Diese werden ausgeschlossen, weil sie von Natur aus nicht versicherbar sind, weil die Schadenshäufigkeit und die Ernsthaftigkeit sich nicht für genaue Vorhersagen eignen. Die in Rechnung zu stellenden Prämien wären unannehmbar hoch, und in einigen Fällen liegt Versicherungsschutz bei anderen Policen vor.

**Alleinvertretungssystem**
→ Firmeneigener Agent

**Entlastungsbestimmung**
Klausel in rechtsgültigen Verträgen, die eine gegebene Vertragspartei von der Haftung bei unbeabsichtigten, fahrlässigen Handlungen und/oder Unterlassungen freistellt.

## Executor

Fiduciary named in a will to settle an estate of a deceased person. The executor must act as a reasonably prudent man in safeguarding that property in his care, custody, and control. Insurance coverages are available for executors. → Fidelity Bond

## Executrix

Woman executor; → Executor

## Exemplary Damages

→ Liability, Civil Damages Awarded

## Exemption

Size of estate passing free from estate and gift of taxes. The exempted amounts as of January 1, 1987 is $ 600,000.

## Ex Gratia Payment

"From favor" payment by an insurance company to an insured even though the company has no legal liability. The company makes such a payment for goodwill purposes.

## Exhibition Insurance

Coverage provided on an → All Risks basis for an exhibitor whose product while being displayed at a public exhibition is damaged or destroyed by a peril which is not specifically excluded in the policy.

## Testamentsvollstrecker

In einem Testament benannter Treuhänder, der einen Nachlaß einer verstorbenen Person regeln soll. Der Testamentvollstrecker muß bei der Sicherung dieses Vermögens in seiner Obhut, seinem Gewahrsam und unter seiner Kontrolle als besonnener Mensch handeln. Für Testamentsvollstrecker ist Versicherungsschutz erhältlich. → Kaution gegen Veruntreuung

## Testamentsvollstreckerin

Weiblicher Testamentsvollstrecker; → Testamentsvollstrecker

## Verschärfter Schadenersatz

→ Haftpflicht, zuerkannnter, zivilrechtlicher Schadenersatzanspruch

## Freibetrag

Höhe des Vermögens, das von der Vermögen- und Schenkungsteuer befreit ist. Der Freibetrag beläuft sich ab dem 1. Januar 1987 auf US$ 600.000.

## Zahlung ohne Anerkennung einer Rechtspflicht

Gefälligkeitszahlung einer Versicherungsgesellschaft an einen Versicherten, sogar dann, wenn für die Gesellschaft keine gesetzliche Haftpflicht besteht. Die Gesellschaft leistet solche Zahlungen aus Gründen der Gefälligkeit.

## Ausstellungsversicherung

Auf Grundlage → Aller Risiken angebotener Versicherungsschutz für einen Aussteller, dessen Produkt, während es auf einer öffentlichen Ausstellung gezeigt wird, durch eine Gefahr, die in der Police nicht besonders ausgeschlossen ist, beschädigt oder zerstört wird.

## Expectation of Life
→ Life Expectancy

## Expectation of Loss
→ Expected Loss

## Expected Expense Ratio
Relationship between expected incurred insurance-related costs (not including claims) and expected written premiums. → Expense Ratio; → Manual Rate; → Rate Making.

## Expected Expenses
Anticipated insurance-related costs, not including claims-related costs.

## Expected Loss
Probability of loss upon which a basic premium rate is calculated.

## Expected Loss Ratio
Proportion of a premium allocated to pay losses which is equivalent to (1.00 − → Expense Ratio).

## Expected Morbidity
Expectation of illness or injury. The probability of such occurrence is shown by a → Morbidity Table, which is important in determining the premiums for health insurance policies.

## Expected Mortality
Expectation of death. The

## Lebenserwartung
→ Lebenserwartung

## Schadenserwartung
→ Erwarteter Schaden

## Erwarteter Unkostenanteil
Verhältnis zwischen den erwarteten, erlittenen, versicherungsbezogenen Kosten (ohne Ansprüche) und den erwarteten, gezeichneten Prämien. → Unkostenanteil; → Handbuchtarif; → Prämienfestsetzung.

## Erwartete Unkosten
Vorhergesehene, versicherungsbezogene Kosten, ohne Kosten, die sich auf Ansprüche beziehen.

## Erwarteter Schaden
Wahrscheinlichkeit eines Schadens, auf dessen Grundlage ein Grundversicherungstarif errechnet wird.

## Erwartete Schadensquote
Verhältnis einer zur Zahlung von Schäden zugeteilten Prämie, das 1 % − → Unkostenanteil entspricht.

## Erwartete Erkrankungsziffer
Krankheits- oder Verletzungserwartung. Die Wahrscheinlichkeit eines solchen Ereignisses wird von einer → Erkrankungstabelle angezeigt, die für die Festlegung der Prämien von Krankenversicherungspolicen wichtig ist.

## Erwartete Sterblichkeit
Todesfallerwartung. Ihre Eintrittswahr-

probability of its occurrence is shown by a → Mortality Table, which is important in determining the premiums for life insurance policies.

scheinlichkeit wird durch eine → Sterblichkeitstabelle angezeigt, die für die Festlegung der Prämien von Lebensversicherungspolicen wichtig ist.

## Expected Value
Sum of money to be received by an insured in the event a given loss occurs.

## Erwartungswert
Die von einem Versicherten zu erhaltende Geldsumme, für den Fall, daß ein gegebener Schaden eintritt.

## Expedited Funds Availability Act
Legislation passed in 1988 by the U.S. Congress to facilitate movement of checks through the collection system. As the result of this Act, the Federal Reserve has established rules for the endorsement of checks stipulating that the endorsement must be within an area of 1 1/2 inches from the left edge of the back of the check and no additional marks or notations can be made on the back of the check beyond this 1 1/2 inch boundary.

## Expedited Funds Availability Act
(Gesetz über die beschleunigte Verfügbarkeit von Finanzmitteln) – ein im Jahr 1988 durch den U.S.-amerikanischen Kongreß verabschiedetes Gesetz zur Erleichterung des Scheckverkehrs durch das Einzugsverfahren. Als Ergebnis dieses Gesetzes hat die Federal Reserve Bank Bestimmungen für das Girieren von Schecks aufgestellt, die fordern, daß das Giro innerhalb eines Bereiches von 1 1/2 Inch von der linken Ecke auf der Rückseite des Schecks zu erfolgen hat und daß keine zusätzlichen Zeichen oder Bemerkungen oberhalb dieser 1 1/2 Inch-Grenze auf der Rückseite des Schecks gemacht werden dürfen.

## Expediting Expenses
Payment by an insurance company to a damaged or destroyed business to hasten its return to normal business operations. For example, if a kitchen of a restaurant is damaged by fire, the insurance company may be willing to pay overtime wages to enable the restaurant to return to normal operations as soon as possible.

## Beschleunigungskosten
Zahlung an ein geschädigtes oder zerstörtes Unternehmen durch eine Versicherungsgesellschaft, um dessen Rückkehr zum normalen Geschäftsbetrieb zu beschleunigen. Wenn z.B. die Küche eines Restaurants durch einen Brand beschädigt wird, mag die Versicherungsgesellschaft bereit sein, Überstundenlöhne zu zahlen, um das Restaurant in die Lage zu versetzen, so schnell wie möglich zum Normalbetrieb zurückzukehren.

## Expense
Cost of doing business, not including pure *expectation of loss*. → Expense Loading

## Expense Allowance
Payment to an insurance agent in addition to commissions. Expense allowances, which differ from company to company, vary with the amount of business agents place with that company and the need of the company to attract future business.

## Expense Incurred
→ Incurred Expense

## Expense Limitation
Ceiling on expense reimbursement allowance, as stated in New York insurance law, which an insurance company licensed in New York State can give its agents. This is one reason why a company that is admitted (licensed) in all states but New York may have a sister company doing business only in New York State. If an insurance company is not admitted in New York State, it can allocate greater expense allowances and commissions to agents, thereby attracting more of their business.

## Expense Loading
Amount added to the basic premium (expectation of loss) to cover an insurance com-

## Kosten
Die Kosten, ein Geschäft zu machen, ohne reine *Schadenserwartung*. → Unkostenbelastung

## Aufwandsentschädigung
Über die Provision hinausgehende Zahlung an einen Versicherungsagenten. Aufwandsentschädigungen sind von Gesellschaft zu Gesellschaft unterschiedlich und sind abhängig von dem Umsatz, den ein Agent mit dieser Gesellschaft macht und von dem Bedarf der Gesellschaft, zukünftige Aufträge anzuziehen.

## Erlittene Kosten
→ Erlittene Kosten

## Spesenbeschränkung
Obergrenze bei dem Spesenzuschuß, wie im New Yorker Versicherungsgesetz angegeben, die eine im Staate New York lizensierte Versicherungsgesellschaft ihren Agenten zahlen darf. Dies ist ein Grund dafür, daß eine Gesellschaft, die in allen Staaten zugelassen (lizensiert) ist, außer in New York, eine Schwestergesellschaft haben kann, die nur in New York Geschäfte tätigt. Wenn eine Versicherungsgesellschaft nicht im Staate New York zugelassen ist, kann sie Agenten größere Aufwandsentschädigungen und Provisionen zuteilen und somit mehr ihrer Geschäfte anziehen.

## Unkostenbelastung
Ein zur Grundprämie (Schadenserwartung) hinzuaddierter Betrag, um die Kosten einer Versicherungsgesellschaft

pany's expenses. These expenses include agent commissions, premium taxes, costs of putting a policy on the books, marketing support costs, and contingencies. → Current Assumptions products, in order to be competitive, must emphasize low expense loadings. Companies which sell these products make special efforts to control expenses.

abzudecken. Diese Kosten schließen die Provisionen der Agenten, Prämiensteuern, die Kosten für die Aufnahme einer Police in die Bücher, Verkaufsförderungskosten und unvorhergesehene Ausgaben ein. Produkte mit → Gegenwärtiger Annahme müssen, um wettbewerbsfähig zu bleiben, niedrige Unkostenbelastungen betonen. Gesellschaften, die diese Produkte verkaufen, unternehmen besondere Anstrengungen, um die Kosten zu überwachen.

### Expense Ratio

Formula used by insurance companies to relate income and expenses:

$$\text{Expense Ratio} = \frac{\text{Incurred Insurance – Related Expenses}}{\text{Written Premiums}}$$

This ratio is of critical importance to the insurance company since it reflects the percentage of the premiums income that goes for expenses; that is, how much it costs the company to acquire the premiums, a key element in today's competitive marketplace.

### Unkostenanteil

Von Versicherungsgesellschaften verwendete Formel, um Einkommen und Ausgaben in ein Verhältnis zu setzen:

$$\text{Unkostenanteil} = \frac{\text{Erlittene versicherungsbedingte Ausgaben}}{\text{Gezeichnete Prämien}}$$

Dieses Verhältnis ist für die Versicherungsgesellschaft von sehr großer Wichtigkeit, weil es den Prozentsatz des Prämieneinkommens, der für Unkosten verwendet wird, d.h., wieviel es die Gesellschaft kostet, Prämien zu akquirieren, widerspiegelt, ein Schlüsselelement in dem von Wettbewerbern umkämpften Markt von heute.

### Expense Reimbursement Allowance

→ Expense Allowance

### Spesenzuschuß

→ Aufwandsentschädigung

### Expense Reserve

Insurance company's liability for incurred but unpaid expenses. → Incurred but not Reported Losses (IBNR)

### Kostenrückstellung

Haftung einer Versicherungsgesellschaft für erlittene, aber nicht bezahlte Ausgaben. →Erlittene, aber nicht gemeldete Schäden

## Expenses of Replacement
→ Valuable Papers (Records) Insurance

## Experience
Record of losses, whether or not insured. This record is used in predicting future losses and in developing premium rates based on *expectation of insured losses*.

## Experience Account
Loss experience of a given insured.

## Experienced Morbidity
Actual morbidity experience of an insured group as compared to the → Expected Morbidity for that group.

## Experienced Mortality
Actual mortality experience of an insured group as compared to the → Expected Mortality for that group.

## Experience Modification
Adjustment of premiums resulting from the use of → Experience Ratings. Experience rating plans take the form of *retrospective plans* or *prospective plans*. Under retrospective plans, premiums are modified after the fact. That is, once the policy period ends, premiums are adjusted to reflect actual loss experience of an insured. In contrast, under prospective plans, an insured's

## Wiederbeschaffungskosten
→ Versicherung wertvoller Dokumente (Unterlagen)

## Erfahrung
Aufzeichnung von Schadensfällen, ob versichert oder nicht. Diese Aufzeichnung wird bei der Vorhersage zukünftiger Schäden und bei der Entwicklung von auf der Erwartung von *versicherten Schäden* basierenden Prämientarifen verwendet.

## Erfahrungskonto
Schadenserfahrung eines bestimmten Versicherten.

## Tatsächliche Erkrankungsziffer
Tatsächliche Erkrankungserfahrung einer versicherten Gruppe im Vergleich zu der → Erwarteten Erkrankungsziffer dieser Gruppe.

## Tatsächliche Sterblichkeit
Tatsächliche Sterblichkeitserfahrung einer versicherten Gruppe im Vergleich zu der → Erwarteten Sterblichkeit dieser Gruppe.

## Erfahrungsmodifikation
Als Ergebnis der → Erfahrungsbeurteilungen vorgenommene Prämienanpassung. Die Erfahrungsbeurteilungssysteme nehmen die Form von *rückschauenden* oder *vorausschauenden Systemen* an. Bei rückschauenden Systemen werden die Prämien den Tatsachen entsprechend modifiziert. D.h., sobald der Policenzeitraum endet, werden die Prämien angepaßt, damit sie die tatsächliche Schadenserfahrung eines Versicherten widerspiegeln. Bei vorausschauenden Systemen dagegen wird die vergangene Erfahrung eines

past experience (usually for the immediate preceding three years) is used to determine the premium for the current year of coverage.

Versicherten (gewöhnlich die drei unmittelbar vorhergehenden Jahre) dazu verwendet, um die Prämie für das laufende Versicherungsschutzjahr festzulegen.

**Experience, Policy Year**
→ Policy Year Experience

**Erfahrung, Policenjahr**
→ Policenjahreserfahrung

**Experience Rating**
Statistical procedure used to calculate a premium rate based on the loss experience of an insured group. Applied in group insurance it is the opposite of manual rates. Here the premiums paid are related to actual claims and expense experience expected for that specific group. In → Prospective Rating, the past three years loss experience of the insured is the basis for the premium calculation for the current year of coverage. In → Retrospective Rating, the current premium rate for the current period of time is modified at the close of that period to reflect actual loss experience. The premium actually paid then can be adjusted, subject to a pre-agreed minimum and maximum rate.

**Erfahrungsbeurteilung**
Zur Berechnung der Prämienrate verwendetes statistisches Verfahren auf der Grundlage der Schadenserfahrung einer versicherten Gruppe. Auf Gruppenversicherungen angewendet ist sie das Gegenteil von Handbuchtarifen. Hier werden die bezahlten Prämien auf die tatsächlichen Ansprüche und die für diese spezifische Gruppe erwartete Kostenerfahrung bezogen. Bei der → Vorausschauenden Prämienfestsetzung sind die letzten drei Jahre der Schadenserfahrung eines Versicherten die Grundlage für die Prämienberechnung des laufenden Versicherungsschutzjahres. Bei der → Rückschauenden Prämienfestsetzung wird der aktuelle Prämientarif für den laufenden Zeitraum bei Beendigung dieses Zeitraums modifiziert, um der tatsächlichen Schadenserfahrung Rechnung zu tragen. Die tatsächlich gezahlte Prämie kann dann unter dem Vorbehalt eines vorher vereinbarten Mindest- und Höchsttarifs angepaßt werden.

**Experience Refund**

Return of a percentage of premium paid by a business firm if its loss record is better than the amount loaded into the basic premium. → Experience Modification

**Auf der Schadenserfahrung basierende Prämienrückerstattung**
Rückerstattung eines Prozentsatzes einer von einem Unternehmen gezahlten Prämie, falls seine Schadensakte besser ist als der der Grundprämie zugeschlagene Betrag. → Erfahrungsmodifikation

## Expiration
Termination date of coverage as indicated on the insurance policy. → Expiration File

## Expiration Card
→ Expiration File

## Expiration File
Agents records showing when clients' policies expire.

## Expiration Notice
Written notice to an insured showing date of termination of an insurance policy.

## Expiry
Point in time when a → Term Life Insurance policy terminates its coverage.

## Explosion, Collapse, and Underground Exclusion
Inherent danger resulting from certain construction procedures that are excluded from general business liability policies. Coverage for this exclusion can be acquired at an extra premium through an → Endorsement to the various business liability policies.

## Explosion Insurance
→ Extended Coverage Endorsement

## Export-Import Bank
Partnership between an agency

## Zeitablauf
Beendigungsdatum des Versicherungsschutzes, wie in der Versicherungspolice angegeben. → Verzeichnis ablaufender Policen

## Ablaufkarte
→ Verzeichnis ablaufender Policen

## Verzeichnis ablaufender Policen
Aufzeichnungen des Agenten, die zeigen, wann die Policen von Kunden ablaufen.

## Benachrichtigung über Versicherungsablauf
Schriftlicher Hinweis an einen Versicherten, der das Enddatum einer Versicherungspolice zeigt.

## Ablauf
Zeitpunkt, zu dem der Versicherungsschutz einer → Befristeten Lebensversicherungs-Police endet.

## Ausschluß von Explosion, Zusammenbruch und Untergrund
Innewohnende Gefahr, die sich aus bestimmten Konstruktionsformen ergibt, die von der allgemeinen Betriebshaftpflichtversicherung ausgeschlossen sind. Durch einen → Nachtrag zu den verschiedenen Unternehmenshaftpflichtversicherungspolicen kann gegen eine zusätzliche Prämie Versicherungsschutz für diesen Ausschluß erlangt werden.

## Explosionsversicherung
→ Erweiterter Deckungsnachtrag

## Export-Import Bank
Partnerschaft zwischen einer Behörde der

of the U.S. government and the Foreign Credit Insurance Association (50 commercial insurance companies, both stock and mutual). Insures that businesses are indemnified for losses resulting from uncollectible accounts for goods sold in foreign markets. Additional perils covered are war, insurrection, confiscation and/or currency devaluation. This coverage encourages the American businesses to sell their products in foreign markets.

U.S.-Regierung und der Foreign Credit Insurance Association (50 gewerbliche Versicherungsgesellschaften sowohl auf Aktien als auch auf Gegenseitigkeit). Versichert, daß Unternehmen für Verluste aus uneinbringlichen Forderungen aus dem Verkauf von Gütern auf Auslandsmärkten entschädigt werden. Zusätzlich abgedeckte Risiken sind Krieg, Aufruhr, Beschlagnahmung und/oder Währungsabwertung. Dieser Versicherungsschutz ermutigt amerikanische Unternehmen, ihre Produkte auf ausländischen Märkten zu verkaufen.

### Exposure
Possibility of loss. The most cost efficient way to purchase insurance is to insure an unexpected loss with a low probability of occurrence. Insuring a loss with a high probability of occurrence means swapping dollars with an insurance company, since the premium charged would reflect the expected probability of loss. Expense and profit loadings would also be added by the insurer. → Self Insurance

### Gefährdung
Die Möglichkeit eines Schadens. Die kosteneffizienteste Art, eine Versicherung abzuschließen, ist, einen unerwarteten Schadensfall mit niedriger Eintrittswahrscheinlichkeit zu versichern. Einen Schadensfall mit hoher Eintrittswahrscheinlichkeit zu versichern bedeutet, Dollars mit einer Versicherungsgesellschaft auszutauschen, weil die in Rechnung gestellte Prämie die erwartete Schadenswahrscheinlichkeit widerspiegelt. Kosten- und Gewinnzuschläge werden von dem Versicherer ebenfalls hinzugefügt. → Selbstversicherung

### Expressed Warranty

→ Warranty

### Vertragliche Gewährleistung für zugesicherte Eigenschaften
→ Versicherung der Richtigkeit der Angaben

### Expropriation Insurance
Coverage against foreign country expropriation underwritten by the → Overseas

### Enteignungsversicherung
Durch die → Overseas Private Investment Corporation (OPIC) (Körperschaft für Privatinvestitionen in Übersee) gezeich-

Private Investment Corporation (OPIC) for U.S. owned companies investing in given developing countries.

### Extended Coverage Endorsement
Extension of coverage available under the *Standard Fire Policy*. The standard policy only covers the perils of fire and lightning. The endorsement covers riot, riot attending a strike, civil commotion, smoke, aircraft and vehicle damage, windstorm, hail, and explosion.

### Extended Term Insurance
Nonforfeiture option which uses the cash value of an ordinary life policy as a single premium to purchase term life insurance in the amount of the original policy. The length of the term policy depends on (1) the size of the cash value and (2) the attained age of the insured.

### Extortion Insurance
Coverage in the event of threats to injure an insured or damage or destroy his property.

### Extra Expense Insurance
Form that covers exposures associated with efforts to operate a business that is damaged by a peril such as fire. For exam-

nete Versicherung gegen Enteignung im Ausland für in U.S.-amerikanischem Besitz befindliche Gesellschaften, die in bestimmten Entwicklungsländern investieren.

### Erweiterter Deckungsnachtrag
Bei der *Einheits-Feuerversicherungspolice* mögliche Erweiterung des Versicherungsschutzes. Die Standardpolice deckt nur die Gefahren Feuer und Blitzschlag ab. Der Nachtrag versichert gegen Unruhen, Unruhen bei Streiks, bürgerliche Aufruhr, Rauch, Flugzeug- und Fahrzeugbeschädigung, Sturm, Hagel und Explosion.

### Erweiterte befristete Versicherung
Unverfallbarkeits-Option, die den Barwert einer Lebensversicherungspolice auf den Todesfall als eine einzige Prämie verwendet, um eine befristete Lebensversicherung in Höhe der ursprünglichen Police zu erwerben. Die Dauer der befristeten Police hängt (1) von der Höhe des Barwertes und (2) von dem vom Versicherten erreichten Alter ab.

### Erpressungsversicherung
Versicherungsschutz im Fall von Drohungen, einen Versicherten zu verletzen oder seinen Besitz zu beschädigen oder zu zerstören.

### Zusatzausgabenversicherung
Form, die Gefährdungen abdeckt, die mit den Anstrengungen, ein Unternehmen zu betreiben, daß durch eine Gefahr wie Feuer beschädigt worden ist, in Verbindung ste-

ple, a special electrical generator may have to be purchased in the event of a long-range loss of electricity if the business is to continue to operate.

## Extra Percentage Tables
Form of substandard ratings which shows additions to standard premiums to reflect physical impairments of applicants for life or health insurance. The additions reflect the greater probability of mortality or morbidity. → Substandard Health Insurance; → Substandard Life Insurance

## Extra Premium
Addition to reflect exposures with a greater probability of loss than standard exposures. For example, insuring a munitions factory obviously requires a premium greater than that required for insuring an accounting office.

## Extraterritoriality
Provision in → Workers Compensation Insurance under which an employee who incurs an injury in another state, and elects to come under the law of his home state, will retain coverage under the workers compensation policy.

hen. Z. B. kann es wegen eines langandauernden Elektrizitätsverlustes erforderlich sein, einen besonderen elektrischen Generator zu kaufen, wenn das Unternehmen weiterarbeiten soll.

## Prozentzuschlagtabellen
Form der Risikoprämienfestsetzung, die Zuschläge zu den Standardprämien aufweist, um den körperlichen Beeinträchtigungen von Antragstellern für eine Lebens- oder Krankenversicherung Rechnung zu tragen. Die Zuschläge veranschaulichen die größere Sterblichkeits- und Erkrankungswahrscheinlichkeit. → Risikokrankenversicherung; → Risikolebensversicherung

## Zusatzprämie
Zuschlag, der Gefährdungen mit einer größeren Schadenswahrscheinlichkeit als den Standardgefährdungen Rechnung tragen soll. Die Versicherung einer Munitionsfabrik z.B. erfordert selbstverständlich eine höhere Prämie als die Versicherung eines Buchhaltungsbüros.

## Extraterritorialität
Bestimmung bei der → Berufsunfallversicherung, bei der ein Arbeitnehmer, der in einem anderen Staat eine Verletzung erleidet und sich entscheidet, unter die Gesetze seines Heimatstaates zu fallen, Versicherungsschutz gemäß der Berufsunfallversicherungspolice erhalten wird.

# F

**401 (k) Plan**
→ Section 401 (k) Plan (Salary Reduction Plan)

**403 (b) Plan**
→ Section 403 (b) Plan

**Face**
First page of an insurance policy.

**Face Amount
(Face of Policy)**
Sum of insurance provided by a policy at death or maturity.

**Face of Policy**
→ Face Amount (Face of Policy)

**Facility of Payment Clause**
Element usually found in industrial life insurance policies under which the insurance company upon the death of the insured under certain conditions is allowed to choose the beneficiary if the beneficiary named in the policy is a minor or deceased. For example, the funeral home may receive a death benefit if the beneficiary is not alive.

**401 (k) Plan**
→ Section 401 (k) Plan (Gehaltsreduzierungsplan)

**403 (b) Plan**
→ Section 403 (b) Plan

**Vorderseite**
Erste Seite einer Versicherungspolice.

**Nennwert
(Nennwert einer Police)**
Von einer Police bereitgestellte Versicherungssumme bei Tod oder Vertragsreife.

**Nennwert einer Police**
→ Nennwert (Nennwert einer Police)

**Zahlungserleichterungsklausel**
Ein gewöhnlich bei Kleinlebensversicherungspolicen vorgefundenes Element, bei dem die Versicherungsgesellschaft nach dem Tod des Versicherten unter bestimmten Umständen einen Begünstigten wählen darf, falls der in der Police benannte Begünstigte ein Minderjähriger oder verstorben ist. Z.B. kann das Bestattungsunternehmen Todesfalleistungen erhalten, falls der Begünstigte nicht mehr lebt.

## Factory Insurance Association (FIA)

Association of stock property insurance companies, formed to provide engineering services for member companies. These companies generally insure highly protected risks (risks characterized by a high degree of care taken for safety and potential loss reduction).

## Factory Mutual

Organization of a group of insurers composed of mutual property and casualty insurance companies, a subsidiary stock insurance company, and a subsidiary safety engineering company. Their objective is to provide insurance and safety engineering services for large manufacturing companies, substantial housing projects, public institutions, and educational institutions. Coverage includes the perils of fire, explosion, windstorm, riot, civil commotion, sprinkler leakage, malicious mischief, damage to vehicles, and damage to aircraft. Field offices staffed by salaried personnel deal directly with insureds; there is no agency field force.

## Factual Expectation

Strong expectation of an occurrence resulting in a monetary interest which gives rise to

## Factory Insurance Association (FIA)

Vereinigung von Sachversicherungsgesellschaften auf Aktien, die sich gebildet hat, um den Mitgliedsgesellschaften Ingenieurdienstleistungen anzubieten. Diese Gesellschaften versichern im allgemeinen hoch geschützte Risiken (Risiken, die dadurch gekennzeichnet sind, daß in hohem Umfang Sorge für die Sicherheit und die Reduzierung eines möglichen Schadensfalles getragen wird).

## Betriebsversicherung auf Gegenseitigkeit

Organisation einer Gruppe von Versicherern, die aus Sach- und Unfallversicherungsvereinen auf Gegenseitigkeit, einer Versicherungstochtergesellschaft auf Aktien und einer Tochtergesellschaft für Sicherheitstechnik zusammengesetzt ist. Ihr Ziel ist es, großen Produktionsgesellschaften, umfangreichen Wohnungsbauprojekten, öffentlichen Einrichtungen, öffentlichen Institutionen und Bildungseinrichtungen Versicherungs- und sicherheitstechnische Dienstleistungen zu bieten. Der Versicherungsschutz schließt die Gefahren Feuer, Explosion, Sturm, Unruhen, bürgerliche Aufruhr, Sprinklerleckage, böswillige Beschädigung, Beschädigungen an Fahrzeugen und Beschädigungen an Flugzeugen ein. Außendienstbüros sind mit angestelltem Personal ausgestattet, das direkt mit den Versicherten verhandelt. Es gibt keinen Agentur-Außendienst.

## Stichhaltige Erwartung

Starke Eintrittserwartung, die ein geldwertes Interesse zur Folge hat, das ein versicherbares Interesse entstehen läßt.

an insurable interest. For example, a daughter has a strong expectation of wearing her mother's wedding gown and thus has an insurable interest in the gown even though the gown is still the property of her mother.

**Facultative Obligatory Treaty**
Hybrid between →Facultative Reinsurance and *treaty reinsurance* where the → Ceding Company may elect to assign certain risks that the reinsurer is obligated to accept.

**Facultative Reinsurance**
Individual risk offered by an insurer for acceptance or rejection by a reinsurer. Both parties are free to act in their own best interests regardless of any prior contractual arrangements. With proportional facultative reinsurance, the reinsurer assumes a proportional share of premiums and losses. On a nonproportional basis, the reinsurer is liable only for losses which exceed the insurer's retention level; premiums vary with loss expectation.

**Failure Mode and Effect Analysis**
Analytical procedure to predict the failure rate of a system still in the design stage.

Z.B. hegt eine Tochter die starke Erwartung, das Brautkleid ihrer Mutter zu bekommen und hat somit ein versicherbares Interesse an dem Kleid, obwohl das Kleid noch im Besitz ihrer Mutter ist.

**Fakultativ obligatorischer Rückversicherungsvertrag**
Hybrid zwischen der → Fakultativen Rückversicherung und der der *automatisch wirksamen Rückversicherung,* wobei die → Zedierende Gesellschaft bestimmte Risiken, die der Rückversicherer zu akzeptieren verpflichtet ist, zedieren kann.

**Fakultative Rückversicherung**
Einem Rückversicherer von einem Versicherer zur Annahme oder Ablehnung angebotenes Einzelrisiko. Beide Parteien sind unabhängig von irgendwelchen früheren vertraglichen Vereinbarungen frei, nach ihren eigenen besten Interessen zu handeln. Bei der proportionalen fakultativen Rückversicherung übernimmt der Rückversicherer einen proportionalen Anteil der Prämien und Schäden. Auf einer nicht-proportionalen Grundlage ist der Rückversicherer nur für die Schäden, die den Selbstbehalt des Versicherers übersteigen, haftbar. Die Prämien variieren in Abhängigkeit von der Schadenserwartung.

**Versagensmodus und Wirkungsanalyse**
Analytisches Verfahren, die Versagensrate eines Systems, das noch in der Entwurfsphase steckt, vorherzusagen.

## Failure to Perform Exclusion

Coverage which is excluded under → Commercial General Liability Insurance (→ Comprehensive General Liability Insurance) for the loss of use of undamaged tangible real or personal property as the result of failure of the performance of a product or service as warranted or represented by the insured.

## Fair Access to Insurance Requirements (FAIR) Plan

Insurance that grew out of the urban demonstrations and riots of the 1960s. Because of the deteriorated social and economic circumstances in these areas, it became impossible for many business owners and homeowners to purchase property insurance. As a result, the Federal government established the FAIR plans based on the stop loss reinsurance method. If a business owner or homeowner cannot purchase property insurance through conventional means, application can be made through an agent who represents an insurance company participating in the FAIR plan. If the property is acceptable to the company, insurance will be provided. If the property is deficient, improvements are

## Leistungsversagensausschluß

Bei der → Allgemeinen gewerblichen Haftpflichtversicherung (→ Allgemeine Haftpflichtversicherung) ausgeschlossener Versicherungsschutz für den Gebrauchsverlust von unbeschädigtem dinglichem Immobilienbesitz oder beweglichen Vermögensgegenständen infolge Leistungsversagens eines Produktes oder einer Dienstleistung, wie vom Versicherten garantiert oder präsentiert.

## Vorhaben über einen gerechten Zugang zu Versicherungserfordernissen (FAIR Plan)

Versicherung, die aus städtischen Demonstrationen und Aufständen in den sechziger Jahren erwachsen ist. Wegen der heruntergekommenen sozialen und wirtschaftlichen Bedingungen in diesen Gebieten wurde es für viele Geschäfts- und Hausbesitzer unmöglich, Sachversicherungen abzuschließen. Als Ergebnis gründete die Bundesregierung die auf der Stop-Loss-Rückversicherungsmethode basierenden FAIR-Vorhaben. Falls ein Geschäfts- oder Hausbesitzer mit konventionellen Mitteln keine Sachversicherung abschließen kann, so kann der Antrag durch einen Agenten gestellt werden, der eine Versicherungsgesellschaft, die an dem FAIR-Plan teilnimmt, vertritt. Falls das Vermögen für die Versicherungsgesellschaft akzeptabel ist, so wird die Versicherung bereitgestellt. Falls das Vermögen mangelhaft ist, so werden Verbesserungen vorgeschlagen, und bei deren Erfüllung wird die Police ausgegeben.

suggested, and upon compliance the policy is issued.

### Fair Credit Reporting Act
Federal legislation giving an insurance applicant the right to contact a reporting organization doing a credit check and be advised of information contained in the applicant's file showing the reason for rejection for insurance.

### FAIR Plan
→ Fair Access to Insurance Requirements (FAIR) Plan

### Fallen Building Clause
Section in some property insurance contracts which eliminates further coverage for buildings after they have collapsed from causes other than fire or explosion. For example, fire coverage would not be applicable to buildings that collapse because of inherent defects.

### False Imprisonment
Tort of wrongful physical confinement of an individual. This is not restricted to physical confinement but includes any unjustified limitation of another's freedom of movement. If an individual is intimidated into responding to an order, the courts have interpreted this as false imprisonment.

### Fair Credit Reporting Act
(Kreditauskunftsgesetz) – Bundesgesetzgebung, die einem Versicherungsantragsteller das Recht einräumt, Kontakt zu einer Auskunftei aufzunehmen, die eine Kreditüberprüfung durchführt, und über in den Akten des Antragstellers enthaltene Informationen, die den Grund für die Verweigerung der Versicherung zeigen, Auskunft zu erhalten.

### FAIR Plan
→ Vorhaben über den fairen Zugang zu Versicherungserfordernissen (FAIR Plan)

### Risikoausschluß bei Gebäudeeinsturz
Teil einiger Sachversicherungsverträge, der weitergehenden Versicherungsschutz für Gebäude, nachdem diese aus anderen Gründen als Feuer und Explosion zusammengefallen sind, ausschließt. Feuerversicherungsschutz wäre z.B. nicht anwendbar bei Gebäuden, die aufgrund innewohnender Mängel zusammenfallen.

### Freiheitsberaubung
Die unrechtmäßige Handlung der fälschlichen Inhaftierung einer Person. Dies ist nicht auf die direkte Inhaftierung beschränkt, sondern schließt auch jede ungerechtfertigte Einschränkung der Bewegungsfreiheit eines anderen ein. Wird eine Person eingeschüchtert, einem Befehl Folge zu leisten, so haben die Gerichte dies als Freiheitsberaubung interpretiert.

**False Pretense**
→ Misrepresentation (False Pretense)

**Family Considerations**
Factors influencing the amount of life insurance to purchase, such as marketable skills of spouse, age of children, savings, investments, number of future working years expectancy, amount of bills and notes outstanding, and funds necessary to maintain the family's customary life style should the wage earner die. → Life Insurance

**Family Coverage**
Insurance coverage for the → Named Insured and his or her eligible dependents.

**Family Expense Insurance**
Type of health insurance under which an insured's coverage extends to all family members if they are residents of the insured's household. Insures all medical expenses (except those excluded), among them room and board, surgical and physician costs, drugs and medicines, blood, ambulance service to and from the hospital, X-rays, and floor nursing. → Insurance

**Family History**
Background information used in life and health insurance underwriting to ascertain the

**Vorspiegelung falscher Tatsachen**
→ Falschdarstellung (Vorspiegelung falscher Tatsachen)

**Familienerwägungen**
Faktoren, die die Höhe der abzuschließenden Lebensversicherung beeinflussen, wie wirtschaftlich verwertbare Fähigkeiten des Ehepartners, Alter der Kinder, Ersparnisse, Kapitalanlagen, erwartete Anzahl zukünftiger Arbeitsjahre, Höhe der offenstehenden Rechnungen und die zur Aufrechterhaltung des gewohnten Lebensstils der Familie notwendigen finanziellen Mittel, wenn der Alleinverdiener sterben sollte. → Lebensversicherung

**Familienversicherungsschutz**
Versicherungsschutz für den → Benannten Versicherten und seine oder ihre rechtmäßigen Unterhaltsberechtigten.

**Familienausgabenversicherung**
Typ der Krankenversicherung, bei der der Versicherungsschutz eines Versicherten auf alle Familienmitglieder ausgeweitet wird, wenn sie Mitbewohner des Haushaltes des Versicherten sind. Versichert alle medizinischen Ausgaben (außer denen, die ausgeschlossen sind), unter ihnen Unterkunft und Verpflegung, Chirurgen- und Arztkosten, Arzneimittel und Medikamente, Blut, Ambulanzdienstleistungen zum und vom Krankenhaus, Röntgenaufnahmen und Etagenkrankenpflege. → Versicherung

**Familiengeschichte**
Bei der Zeichnung von Lebens- und Krankenversicherungen verwendete Hintergrundinformationen, um die Wahr-

probability of hereditary disease. The purpose is to determine if the disease is of such a nature that the life expectancy of an applicant will be adversely affected and if so to what degree?

## Family Income Policy

Contract combining whole life and decreasing term insurance. A monthly income is paid to a beneficiary if an insured dies during a specific period. At the end of that period, the full face amount of the policy is also paid to the beneficiary. It is designed to provide income for a household while the children are still young. If an insured dies after the specified period, only the face amount of the policy is paid. For example, the face value of a family income policy is $ 100,000 and the specified period is 20 years. If the insured dies 10 years into the speicified period, the beneficiary receives a monthly income of 1% of the face amount ($ 1000) for the remaining 10 years. At the end of the 10 years, the beneficiary also receives $ 100,000. If the insured dies after the 20 year specified period, the beneficiary receives $ 100,000, which is the face amount. → Family Income Rider; → Family Maintenance Policy

scheinlichkeit von Erbkrankheiten festzustellen. Der Zweck ist, zu bestimmen, ob die Krankheit derartiger Natur ist, daß die Lebenserwartung des Antragstellers nachteilig beeinflußt wird, und falls dies der Fall ist, in welchem Umfang.

## Familieneinkommenspolice

Vertrag, der die Lebensversicherung auf den Todesfall und die Versicherung mit abnehmendem Nennwert miteinander kombiniert. Stirbt der Versicherte innerhalb eines bestimmten Zeitraums, wird ein monatliches Einkommen an einen Begünstigten gezahlt. Am Ende dieses Zeitraumes wird auch der vollständige Nennwert der Police an den Begünstigten gezahlt. Er ist dafür vorgesehen, einem Haushalt ein Einkommen zur Verfügung zu stellen, solange die Kinder noch jung sind. Stirbt ein Versicherter nach dem bestimmten Zeitraum, wird nur der Nennwert der Police gezahlt. Der Nennwert einer Familieneinkommenspolice beträgt z.B. US$ 100.000, und der bestimmte Zeitraum beträgt 20 Jahre. Stirbt der Versicherte nach 10 Jahren innerhalb des bestimmten Zeitraums, so erhält der Begünstigte ein monatliches Einkommen von 1% des Nennwertes (US$ 1000) für die verbleibenden 10 Jahre. Nach Beendigung der 10 Jahre erhält der Begünstigte außerdem die US$ 100.000. Stirbt der Versicherte nach dem bestimmten Zeitraum von 20 Jahren, so erhält der Begünstigte US$ 100.000, dies ist der Nennwert. → Familieneinkommens-Zusatzklausel; → Familienunterhaltspolice

## Family Income Rider

Attachment of decreasing term life insurance to an ordinary life policy to provide monthly income to a beneficiary if death occurs during a specified period. If the insured dies after the specified period, only the face value is paid to the beneficiary since the decreasing term insurance has expired.
→ Family Income Policy

## Family Maintenance Policy

Combination of whole life and level term that provides income to a beneficiary for a selected period of time (e.g., 20 years) if an insured dies during that period. At the end of the income paying period the beneficiary also receives the entire face amount of the policy. If an insured dies after the end of the selected period, the beneficiary receives only the face value of the policy. The remainder of the benefits are the same as under the → Family Income Policy. → Family Income Rider

## Family Policy

Contract providing whole life insurance on the father and term insurance on the mother and all children, including newborns after reaching a stated age, usually 15 days. Children, upon reaching the age of majority, have the right

## Familieneinkommens-Zusatzklausel

Beifügung einer Lebensversicherung mit abnehmendem Nennwert zu einer Lebensversicherungspolice auf den Todesfall, um einem Begünstigten ein monatliches Einkommen zur Verfügung zu stellen, falls der Tod innerhalb eines bestimmten Zeitraums eintritt. Falls der Versicherte nach dem bestimmten Zeitraum stirbt, wird nur der Nennwert an den Begünstigten gezahlt, da die Versicherung mit dem abnehmenden Nennwert abgelaufen ist. → Familieneinkommenspolice

## Familienunterhaltspolice

Kombination einer Lebensversicherung auf den Todesfall mit einer Lebensversicherung mit gleichbleibendem Nennwert, die einem Begünstigten ein Einkommen für einen ausgewählten Zeitraum (z.B. 20 Jahre) bietet, wenn ein Versicherter während dieses Zeitraums stirbt. Nach Ablauf des Zeitraums, während dessen Einkommen gezahlt wurde, erhält der Begünstigte auch den vollständigen Nennwert der Police. Falls ein Versicherter nach Ablauf des gewählten Zeitraums stirbt, so erhält der Versicherte nur den Nennwert der Police. Der verbleibende Rest der Leistungen entspricht dem der → Familieneinkommenspolice. → Familieneinkommens-Zusatzklausel

## Familienpolice

Ein Vertrag, der eine Lebensversicherung auf den Todesfall auf den Vater und eine zeitlich befristete Versicherung auf die Mutter und alle Kinder, einschließlich Neugeborene nach Erreichung eines bestimmten Alters, gewöhnlich 15 Tage, bietet. Bei Erreichung des Volljährigkeitsalters haben Kinder das Recht, ihre

to convert their insurance to a permanent policy up to the amount of term coverage without having to show evidence of insurability (take a physical examination). The premium is the same regardless of the number of children covered.

**Family Protection Endorsement**
→ Uninsured Motorist Coverage; → Underinsured Motorist Endorsement

**Family Support Act of 1988**
Legislation that changed the tax treatment concerning child-care expenses so that an employee who has incurred child-care expenses greater than $4,800 and who is participating in a company-sponsored dependent care assistance program is required to choose between the company plan and the child-care credit. The tax benefit gained by the employee from the child-care credit is reduced dollar for dollar to the extent that the company plan is used to cover child-care expenses.

**Farmers Comprehensive Personal Liability Insurance**
Provides the same coverage as a → Comprehensive Personal Liability Insurance policy, plus coverage to exposures which

Versicherung in eine Police auf den Todesfall bis zur Höhe des befristeten Versicherungsschutzes umzuwandeln, ohne einen Nachweis über die Versicherbarkeit beibringen zu müssen (sich einer ärztlichen Untersuchung unterziehen zu müssen). Die Prämie bleibt unabhängig von der Zahl der versicherten Kinder gleich.

**Familienschutznachtrag**
→ Versicherungsschutz gegen nicht versicherte Fahrzeuglenker; → Nachtrag gegen unterversicherte Fahrzeuglenker

**Family Support Act of 1988**
(Familienunterhaltsgesetz aus dem Jahre 1988) – Gesetzgebung, die die steuerliche Behandlung von Kinderbetreuungsausgaben änderte, so daß ein Angestellter, der Ausgaben für Kinderbetreuung von über US$ 4.800 erlitten hat und an einem firmengesponserten Angehörigenfürsorge-Beihilfeprogramm teilnimmt, zwischen dem Firmenprogramm und dem Kinderbetreuungsfreibetrag wählen muß. Der von dem Arbeitnehmer durch den Kinderbetreuungsfreibetrag gewonnene Steuervorteil wird Dollar für Dollar in dem Umfang reduziert, in dem das Firmenprogramm dazu verwendet wird, Kinderbetreuungsausgaben abzudecken.

**Allgemeine Privathaftpflichtversicherung von Farmern**
Bietet denselben Versicherungsschutz wie eine → Allgemeine Privathaftpflichtversicherungs-Police plus Versicherungsschutz für Gefährdungen, die für Farmen

are peculiar to farms, such as farm business operations, farm employees engaged in farm business activities, and liability arising out of selling farm products.

## Farmowners and Ranchowners Insurance
Package coverage for a dwelling and its contents, barns, stables, and other land structures as well as liability coverage. By means of a number of special forms which follow the format of the → Homeowners Insurance Policy, this insurance protects a number of named perils and liabilities.

## FASB 87
→ Financial Accounting Standards Board (FASB) 87

## Fault Tree Analysis
Diagram of cause and effect relationships, showing the possible outcomes if a particular course of action is taken or continued. This method of analysis, which is founded in the testing of aerospace materials, has increasingly been applied to safety engineering accident cause and prevention.

## Faulty Installation
Coverage in the event of property damage or destruction resulting from wrongful installation of equipment.

spezifisch sind, wie Betriebsleistungen von Farmen, Farmangestellte, die mit den wirtschaftlichen Aktivitäten der Farm betraut sind, und die aus dem Verkauf von Farmprodukten entstehende Haftpflicht.

## Farm- und Ranchbesitzerversicherung
Deckungspaket für eine Wohnung und ihren Inhalt, Scheunen, Ställe und andere Landbauten sowie Haftpflichtversicherungsschutz. Durch eine Anzahl von speziellen Formen, die an das Format der → Hausbesitzerversicherungspolice angelehnt sind, schützt diese Versicherung gegen eine Reihe benannter Gefahren und Haftungen.

## FASB 87
→ Financial Accounting Standards Board (FASB) 87

## Fehlerbaumanalyse
Diagramm von Ursache- und Wirkungsbeziehungen, das die möglichen Ausgänge zeigt, wenn eine bestimmte Handlungsfolge ergriffen oder fortgesetzt wird. Diese Analysemethode, die sich auf den Test von Raumfahrtmaterialien gründet, wird immer mehr bei der Sicherheitstechnik von Unfallursache und -verhinderung eingesetzt.

## Fehlerhafte Installation
Versicherungsschutz im Fall von Sachbeschädigung oder -zerstörung infolge fehlerhafter Installation von Geräten.

## Fayol, Henri
French industrialist whose thesis is that all business activities revolve around six areas: *technical* (production), *commercial* (buying and selling), *financing* (capital employment), *accounting* (financial record keeping), *managerial* (planning, organizing, directing, coordinating, controlling), and *security* (protection of property against loss and the physical safety of individuals). Fayol's view of security has become the → Risk Management of modern business.

## FCAS
→ Fellow, Casualty Actuarial Society (FCAS)

## FC&S
→ Free-of-Capture-and-Seizure Clause

## FCIC
→ Federal Crop Insurance

## FDIC
→ Federal Deposit Insurance Corporation (FDIC)

## Federal Crime Insurance
Protection under the auspices of the Federal government where such insurance cannot be purchased by a homeowner, business owner, or tenant at affordable community rates. A homeowner or tenant's per-

## Fayol, Henri
Französischer Industrieller, der die These vertritt, daß sich alle Geschäftsaktivitäten um sechs Bereiche drehen: *Technik* (Produktion), *Wirtschaft* (Kaufen und Verkaufen), *Finanzierung* (Einsatz von Kapital), *Buchhaltung* (Führung finanzieller Aufzeichnungen), *Management* (Planen, Organisieren, Leiten, Koordinieren, Kontrollieren) und *Sicherheit* (Schutz von Vermögen gegen Verlust und die körperliche Sicherheit von Menschen). Fayols Sicht der Sicherheit ist zum → Risikomanagement des modernen Unternehmens geworden.

## FCAS
→ Fellow, Casualty Actuarial Society (FCAS)

## FC&S
→ Frei von Aufbringung und Beschlagnahme-Klausel

## FCIC
→ Bundeserntenversicherung

## FDIC
→ Federal Deposit Insurance Corporation (FDIC)

## Bundesverbrechensversicherung
Schutz unter der Schirmherrschaft der Bundesregierung, wenn eine solche Versicherung nicht von einem Haus-, Geschäftsbesitzer oder Pächter zu erschwinglichen Gemeinschaftstarifen abgeschlossen werden kann. Der persönliche Besitz eines Hausbesitzers oder Pächters

sonal property is covered for burglary and/or robbery, and premises for damage due to burglary and robbery. A business owner's fixtures, furniture, equipment, merchandise, money and securities due are covered for burglary and/or robbery. → Federal Insurance Administration

ist bei Einbruchdiebstahl und/oder Raub und das Gelände gegen Beschädigung wegen Einbruch und Raub versichert. Die Armaturen, das Mobiliar, die Ausstattung, die Handelsware, Geld und Wertpapiere eines Geschäftsbesitzers sind gegen Einbruchdiebstahl und/oder Raub geschützt.
→ Bundesversicherungsverwaltung

## Federal Crop Insurance

Protection against natural disasters which may strike crops. Coverage on → All Risks basis began in 1948 under the auspices of the U.S. Department of Agriculture. Premiums reflect actual losses incurred by farmers. The objective is to level out farmers' income that otherwise would be adversely affected by natural disasters striking their crops. → Federal Insurance Administration

## Bundeserntenversicherung

Schutz gegen Naturkatastrophen, die Ernten betreffen können. Der Versicherungsschutz auf Grundlage → Aller Risiken begann im Jahre 1948 unter der Schirmherrschaft des US-amerikanischen Landwirtschaftsministeriums. Die Prämien spiegeln die tatsächlich von den Farmern erlittenen Schäden wider. Das Ziel ist es, das Einkommen der Farmer auszugleichen, das andernfalls durch die ihre Ernten betreffenden Naturkatastrophen nachteilig beeinflußt würde. → Bundesversicherungsverwaltung

## Federal Deposit Insurance Corporation (FDIC)

Agency formed as the result of bank failures in the 1930s to insure the deposits of customers of member banks. The FDIC, an agency of the Federal government, is self supporting in that it receives fees from the member banks at the rate of 5% of the bank's deposits and the income from reserves that have been invested. Each account is insured up to $ 100,000.

## Federal Deposit Insurance Corporation (FDIC)

(Bundesversicherungsanstalt für Krediteinlagensicherung) – Eine infolge der Bankeinbrüche in den dreißiger Jahren geschaffene Behörde, um die Einlagen der Kunden von Mitgliedsbanken zu versichern. Die FDIC, eine Behörde der Bundesregierung, trägt sich, indem sie Gebühren in Höhe von 0,5% der Bankeinlagen von den Mitgliedsbanken erhält sowie durch dieEinkünfte aus den Reserven, die investiert wurden. Jedes Konto ist bis zu US$ 100.000 versichert.

### Federal Employees Group Life Insurance (FEGLI)

Plan administered through a primary private life insurer and reinsured through other private life insurers, providing a death benefit equal to: (1) one year's salary for active employees at least age 45 until they reach age 65; and (2) two years' salary for active employees age 35 and under. The death benefit is graduated for Federal employees age 36 through 44. After retirement, the full death benefit remains in force until the retired employee reaches age 65, whereupon the death benefit is reduced by 2% per month until it levels off at 25% of the employee preretirement annual salary. The Federal government pays approximately one-third of the monthly premium and the employee pays the remainder.

### Federal Employers Liability Act (FELA)

Federal law comparable to state workers compensation statutes setting out liability of railroads for work-related injuries or death of their employees. Railroad employees are not covered by *workers compensation* laws. Under normal tort law, the injured party must prove he or she did nothing to contribute to the negligence or the risk. But under the terms of the Federal act,

### Bundesbedienstetengruppenlebensversicherung

Durch einen erstrangigen privaten Lebensversicherer verwaltetes und durch andere private Versicherer rückversichertes Vorhaben, welches Todesfalleistungen zur Verfügung stellt, die entsprechen: (1) einem Jahresgehalt für aktive Bedienstete mit einem Mindestalter von 45, bis sie das Alter von 65 Jahren erreichen, und (2) zwei Jahresgehälter für aktive Bedienstete im Alter von 35 Jahren und darunter. Die Todesfalleistung für Bundesbedienstete im Alter zwischen 36 und 44 Jahren ist abgestuft. Nach der Pensionierung bleibt die vollständige Todesfalleistung in Kraft, bis der pensionierte Bedienstete das Alter von 65 Jahren erreicht, wonach sich die Todesfalleistung um monatlich 2% verringert, bis sie sich bei 25% des Jahresgehaltes des Bediensteten vor der Pensionierung eingependelt hat. Die Bundesregierung bezahlt ca. ein Drittel der monatlichen Prämie, und der Bedienstete bezahlt den verbleibenden Rest.

### Federal Employers Liability Act (FELA)

(Bundesarbeitgeberhaftpflichtgesetz) – Mit den staatlichen Berufsunfallstatuten vergleichbares Bundesgesetz, das die Haftpflicht der Eisenbahnen für arbeitsbezogene Verletzungen oder den Tod ihrer Mitarbeiter festlegt. Eisenbahnangestellte sind nicht durch die *Berufsunfallversicherungsgesetze* abgedeckt. Unter dem normalen Schadenersatzrecht muß die verletzte Partei beweisen, daß er oder sie nichts zu der Fahrlässigkeit oder dem Risiko beigetragen hat. Unter den Bedingungen des Bundesgesetzes jedoch müs-

railroad employees must only show that negligence on the part of the employer contributed to the injury. Therefore, this law gives railroads responsibility for on-the-job injuries to employees. But the railroads are not protected by the theory that workers compensation should be the only responsibility of employers for their employees, or by the prescribed schedule of benefits.

## Federal Estate Tax

Federal government tax imposed on the estate of a decedent according to the value of that estate. The first step in the computation of the federal estate tax owed is to determine the value of the decedent's gross estate. This determination can be made by adding the following values of assets owned by the decedent at the time of death:
1. property owned outright;
2. gratuitous lifetime transfers but with the stipulation that the decedent retained the income or control over the income;
3. gratuitous lifetime transfers subject to the recipient's surviving the decedent;
4. gratuitous lifetime transfers subject to the decedent's retaining the right to revoke, amend, or alter the gift;
5. annuities purchased by the decedent which are payable for the lifetime of the named sur-

sen die Eisenbahnangestellten lediglich zeigen, daß Fahrlässigkeit auf seiten des Arbeitgebers zu der Verletzung beigetragen hat. Daher überträgt dieses Gesetz den Eisenbahnen die Verantwortung für Verletzungen an Angestellten während der Arbeitszeit. Doch die Eisenbahnen werden nicht durch die Theorie geschützt, daß die Berufsunfallentschädigung die einzige Verantwortung der Arbeitgeber für ihre Angestellten sein sollte, oder durch eine vorgeschriebene Leistungstabelle.

## Bundeserbschaftsteuer

Auf den Nachlaß eines Erblassers entsprechend dem Wert dieses Nachlasses erhobene Bundesregierungssteuer. Der erste Schritt bei der Berechnung der fälligen Bundeserbschaftsteuer ist es, den Wert des Bruttonachlasses des Erblassers zu bestimmen. Diese Bestimmung kann durch Addition der folgenden Vermögenswerte, die sich zum Zeitpunkt des Todes im Besitz des Erblassers befanden, erfolgen:
1. vollständig im Besitz befindliches Vermögen;
2. unentgeltliche lebenslängliche Übertragungen, jedoch mit der Forderung, daß der Erblasser das Einkommen oder die Kontrolle über das Einkommen zurückbehielt;
3. unentgeltliche lebenslängliche Übertragungen unter dem Vorbehalt, daß der Empfänger den Erblasser überlebt;
4. unentgeltliche lebenslängliche Übertragungen unter dem Vorbehalt, daß der Erblasser das Recht behält, die Schenkung zu widerrufen, anzupassen oder zu ändern;
5. vom Erblasser erworbene Renten, die für

vivor as well as the annuitant;
6. property jointly held in such a manner that another party receives the decedent's interest in that property at the decedent's death because of that party's survivorship;
7. life insurance in which the decedent retained incidents of ownership;
8. life insurance which was payable to the decedent's estate.

The second step in the computation of the federal estate tax owed is to subtract allowable deductions (including bequests to charities, bequests to the surviving spouse, funeral expenses, and other administration expenses) from the gross estate. This results in the taxable estate. Adjustable taxable gifts are then added to the taxable estate, resulting in the computational tax base. From the table below, the appropriate tax rate is then applied to the computational tax base, resulting in the tentative (certain credits may still be subtracted) federal estate tax.

die Lebensdauer des benannten Hinterbliebenen sowie für den Renteninhaber zu zahlen sind;
6. Vermögen in gemeinschaftlichem Besitz, in der Form, daß eine andere Partei den Anteil des Erblassers an diesem Vermögen bei Tod des Erblassers wegen des Überlebens dieser Partei erhält;
7. Lebensversicherung, bei der der Erblasser Nebeneigentumsrechte zurückbehalten hat;
8. Lebensversicherung, die an den Nachlaß des Erblassers zahlbar war.

Der zweite Schritt bei der Berechnung der fälligen Bundeserbschaftsteuer ist, erlaubte Abzüge (einschließlich Vermächtnisse an wohltätige Vereinigungen, Vermächtnisse an den hinterbliebenen Ehepartner, Bestattungskosten und andere Verwaltungsausgaben) vom Bruttonachlaß vorzunehmen. Dies ergibt den steuerpflichtigen Nachlaß. Anpassungsfähige steuerpflichtige Schenkungen, die die rechnerische Besteuerungsgrundlage zum Ergebnis haben, werden dann dem steuerpflichtigen Nachlaß hinzugefügt. Aus der nachfolgenden Tabelle wird dann der entsprechende Steuersatz auf die rechnerische Besteuerungsgrundlage angewendet, was die vorläufige Bundeserbschaftsteuer ergibt (bestimmte Freibeträge können noch abgezogen werden).

*If Computational Tax Base*

| *Is More Than:* | and | *Equal to or Less Than:* | *Tentative Tax Is:* | |
|---|---|---|---|---|
| $ 0 | | $ 10,000 | 18% | |
| 10,000 | | 20,000 | $1,800 + 20% of excess over | $10,000 |
| 20,000 | | 40,000 | $3,800 + 22% of excess over | $20,000 |
| 40,000 | | 60,000 | $8,200 + 24% of excess over | $40,000 |
| 60,000 | | 80,000 | $13,000 + 26% of excess over | $60,000 |
| 80,000 | | 100,000 | $18,200 + 28% of excess over | $80,000 |
| 100,000 | | 150,000 | $23,800 + 30% of excess over | $100,000 |
| 150,000 | | 250,000 | $38,800 + 32% of excess over | $150,000 |
| 250,000 | | 500,000 | $70,800 + 34% of excess over | $250,000 |
| 500,000 | | 750,000 | $155,800 + 37% of excess over | $500,000 |
| 750,000 | | 1,000,000 | $248,300 + 39% of excess over | $750,000 |
| 1,000,000 | | 1,250,000 | $345,000 + 41% of excess over | $1,000,000 |
| 1,250,000 | | 1,500,000 | $448,300 + 43% of excess over | $1,250,000 |
| 1,500,000 | | 2,000,000 | $555,800 + 45% of excess over | $1,500,000 |
| 2,000,000 | | 2,500,000 | $780,800 + 49% of excess over | $2,000,000 |
| 2,500,000 | | No limit | $1,025,800 + 50% of excess over | $2,500,000 |

*Wenn die rechnerische Besteuerungsgrundlage*

| *größer ist als:* | *gleich oder kleiner ist als:* | | *beträgt die vorläufige Steuer:* | |
|---|---|---|---|---|
| US$ 0 | US$ 10.000 | | 18% | |
| 10.000 | 20.000 | US$ | 1.800 + 20% d.Überschusses ü.US$ | 10.000 |
| 20.000 | 40.000 | US$ | 3.800 + 22% d.Überschusses ü.US$ | 20.000 |
| 40.000 | 60.000 | US$ | 8.200 + 24% d.Überschusses ü.US$ | 40.000 |
| 60.000 | 80.000 | US$ | 13.000 + 26% d.Überschusses ü.US$ | 60.000 |
| 80.000 | 100.000 | US$ | 18.200 + 28% d.Überschusses ü.US$ | 80.000 |
| 100.000 | 150.000 | US$ | 23.800 + 30% d.Überschusses ü.US$ | 100.000 |
| 150.000 | 250.000 | US$ | 38.800 + 32% d.Überschusses ü.US$ | 150.000 |
| 250.000 | 500.000 | US$ | 70.800 + 34% d.Überschusses ü.US$ | 250.000 |
| 500.000 | 750.000 | US$ | 155.800 + 37% d.Überschusses ü.US$ | 500.000 |
| 750.000 | 1.000.000 | US$ | 248.300 + 39% d.Überschusses ü.US$ | 750.000 |
| 1.000.000 | 1.250.000 | US$ | 345.800 + 41% d.Überschusses ü.US$ | 1.000.000 |
| 1.250.000 | 1.500.000 | US$ | 448.300 + 43% d.Überschusses ü.US$ | 1.250.000 |
| 1.500.000 | 2.000.000 | US$ | 555.800 + 45% d.Überschusses ü.US$ | 1.500.000 |
| 2.000.000 | 2.500.000 | US$ | 780,800 + 49% d.Überschusses ü.US$ | 2.000.000 |
| 2.500.000 | keine Begrenzung | US$ | 1.025.800 + 50% d.Überschusses ü.US$ | 2.500.000 |

Note that the above tax schedule is applicable to the taxable estate only after the adjustment for settlement costs, administrative expenses, and the unified estate and gift tax credit. It is important to note that there is an unlimited marital deduction (the estate of the decedent passes to the spouse free of federal estate taxes) and that all federal estate taxes are eliminated on estates having a computational tax base of $ 600,000 or less. To conform with the unlimited marital deduction in estates, tax-free gifts between spouses are allowed in unlimited amounts.

**Federal Flood Insurance**

Coverage made available to residents of a community on a subsidized and nonsubsidized premium rate basis once the governing body of the community qualifies that community for coverage under the National Flood Insurance Act. Residents include business and nonbusiness operations with coverage written on structures and their contents. Coverage is purchased through licensed agents. Prior to passage of the Housing and Urban Development Act of 1968 of which the National Flood Insurance Act is a part, it was virtually impossible to obtain flood insurance coverage on an industrial

Anmerkung: Diese Besteuerungstabelle ist erst nach Berücksichtigung der Regulierungskosten, der Verwaltungsausgaben und des einheitlichen Erbschaft- und Schenkungsteuerfreibetrages anwendbar. Es ist wichtig anzumerken, daß es einen unbegrenzten ehelichen Freibetrag gibt (der Nachlaß eines Erblassers geht bundeserbschaftsteuerfrei an den Ehegatten über) und daß alle Bundeserbschaftsteuern für Nachlässe mit einer rechnerischen Besteuerungsgrundlage von US$ 600.000 oder weniger ausgeschlossen werden. In Übereinstimmung mit dem unbegrenzten ehelichen Freibetrag bei Nachlässen sind steuerfreie Geschenke zwischen Ehegatten in unbegrenzter Höhe erlaubt.

**Bundesüberschwemmungsversicherung**

Versicherungsschutz für Bewohner einer Gemeinde auf subventionierter oder nicht-subventionierter Prämiengrundlage, sobald das regierende Organ der Gemeinde die Gemeinde für den Versicherungsschutz unter dem National Flood Insurance Act (dem nationalen Überschwemmungsversicherungsgesetz) berechtigt. Bewohner schließen Unternehmen und nichtgeschäftliche Betriebe mit Versicherungsschutz, der für Gebäude und deren Inhalt gezeichnet wurde, ein. Der Versicherungsschutz wird durch lizensierte Agenten abgeschlossen. Vor Verabschiedung des Housing and Urban Development Act (Wohnungsbau- und Stadtentwicklungsgesetz) aus dem Jahre 1968, wovon der National Flood Insurance Act (nationales Überschwemmungsversicherungsgesetz) ein Teil ist, war es so gut wie

building, residential building, retailing building, or a single family dwelling.

unmöglich, Überschwemmungsversicherungsschutz für ein Industriegebäude, ein Wohnhaus, ein Geschäftsgebäude oder eine Einfamilienwohnung abzuschließen.

## Federal Government Insurance (FTC)

→ Federal Crime Insurance; → Federal Crop Insurance; → Federal Deposit Insurance Corporation (FDIC); → Federal Flood Insurance; → Federal Savings and Loan Insurance Corporation (FSLIC); → Social Insurance

## Bundesregierungsversicherung

→ Bundesverbrechensversicherung; → Bunderntenversicherung; → Federal Deposit Insurance Corporation (FDIC); → Bundesüberschwemmungsversicherung; → Federal Savings and Loan Insurance Corporation (FSLIC); → Sozialversicherung

## Federal Insurance Administration

Government agency whose function is to administer the *Federal Flood Insurance Program,* the *Federal Crime Insurance Program,* and the → Fair Access to Insurance Requirement (FAIR) Plan.

## Bundesversicherungsverwaltung

Regierungsbehörde, deren Funktion darin besteht, das *Bundesüberschwemmungsversicherungsprogramm,* das *Bundesverbrechensversicherungsprogramm* und das → Vorhaben über den fairen Zugang zu Versicherungserfordernissen (FAIR Plan) zu führen.

## Federal Insurance Contributions Act (FICA)

Tax charged to finance the → Old Age, Survivors, Disability, and Health Insurance (OASDHI) plan. Both employer and employee share in the cost, making contributions on an equal basis. The employer pays the tax on its payroll, and the employee pays the tax on wages earned. The total contribution (employer and employee payments) tax rate is 15.3% in 1990 for the covered wages.

## Federal Insurance Contributions Act (FICA)

(Sozialversicherungsgesetz) – zur Finanzierung von → Alters-, Hinterbliebenen-, Invaliditäts- und Krankenversicherung erhobene Steuern. Sowohl Arbeitgeber als auch Arbeitnehmer tragen die Kosten und leisten die Beiträge zu gleichen Teilen. Der Arbeitgeber zahlt die Steuer auf die Lohnsumme, der Arbeitnehmer zahlt die Steuer auf die verdienten Löhne. Der Steuersatz für die Gesamtbeiträge (Arbeitgeber- und Arbeitnehmerzahlungen) für die abgedeckten Löhne betrug 1990 15,3 %.

### Federal Nuclear Regulatory Commission
→ Nuclear Regulatory Commission

### Federal Officials Bond
Coverage for the Federal government in the event of loss due to dishonest acts of Federal government employees.

### Federal Savings and Loan Insurance Corporation (FSLIC)
Agency of the Federal government formed as the result of bankruptcies of savings and loan associations during the 1930s. Insures deposits of customers up to $100,000 for each account. In 1986, 1987, 1988, 1989, and 1990, when numerous savings and loan associations failed or nearly failed, FSLIC backed up their deposits and prevented runs.

### Federal Taxation
→ Annuity; → Tax Free Income; → Taxation, Insurance Companies; → Taxation, Interest on Dividends; → Taxation, Participating Dividends; → Taxation, Proceeds; → Tax Benefits of Life Insurance

### Federal Trade Commission (FTC)
Government agency, under the McCarran-Ferguson Act (Public Law 15), that has no authority over insurance matters to the

### Bundesatomaufsichtsbehörde
→ Atomaufsichtsbehörde

### Bundesbeamtenkaution
Versicherungsschutz für die Bundesregierung für Schadensfälle wegen Untreue von Bediensteten der Bundesregierung.

### Federal Savings and Loan Insurance Corporation (FSLIC)
(Bundesaufsichtsamt für Bausparkassenwesen) – als Ergebnis der Konkurse von Spar- und Darlehnsvereinigungen während der dreißiger Jahre gegründete Behörde der Bundesregierung. Versichert die Einlagen von Kunden von bis zu US$ 100.000 für jedes Konto. In den Jahren 1986, 1987, 1988, 1989 und 1990, als viele Spar- und Darlehnsvereinigungen Konkurs gingen oder nahezu Konkurs gingen, stützte die FSLIC ihre Einlagen und verhinderte Panik.

### Bundesbesteuerung
→ Rente; → steuerfreies Einkommen; → Besteuerung, Versicherungsgesellschaften; → Besteuerung, Zinsen auf Dividenden; → Besteuerung, gewinnbeteiligte Dividenden; → Besteuerung, Erlöse; → Steuererleichterungen der Lebensversicherung

### Federal Trade Commission (FTC)
(Ausschuß zur Bekämpfung unlauteren Wettbewerbs) – Regierungsbehörde unter dem McCarran-Ferguson-Gesetz (Öffentliches Recht 15), die in dem Umfang keine

extent the states regulate insurance to the satisfaction of Congress. However, this does not prevent the FTC from conducting investigations into the insurance industry. For example, in 1970 the Congress charged the FTC with the responsibility of enforcing the → Fair Credit Reporting Act, which requires an insurance company to notify an insurance applicant of an impending → Inspection Report and to release information so collected to the applicant upon request. If the report results in the applicant's rejection for insurance, he must be notified of the adverse report and his right to its contents. Perhaps the best known FTC investigation involved its study, "Life Insurance Cost Disclosure," that was extremely critical of industry cost disclosure practices.

Macht über Versicherungsangelegenheiten hat, in dem die Staaten das Versicherungswesen zur Zufriedenheit des Kongresses regeln. Dies hält die FTC jedoch nicht davon ab, Untersuchungen innerhalb der Versicherungsbranche durchzuführen. 1970 z.B. beauftragte der Kongreß die FTC damit, den → Fair Credit Reporting Act (Kreditauskunftsgesetz) durchzusetzen, der von einer Versicherungsgesellschaft verlangt, einen Versicherungsantragsteller über einen schwebenden → Untersuchungsbericht zu informieren und die so gesammelten Informationen dem Antragsteller auf Anfrage zugänglich zu machen. Führt der Bericht dazu, daß dem Antragsteller der Versicherungsschutz verwehrt wird, so muß er über den nachteiligen Bericht und sein Recht auf dessen Inhalt informiert werden. Vielleicht die bekannteste Untersuchung der FTC ist seine Studie „Offenlegung der Lebensversicherungskosten", die die Kostenoffenlegungspraktiken der Branche äußerst kritisch beurteilte.

## Fee Simple Estate
Form of common law ownership of real property that permits disposition of property by its holder in any manner desired. Both the holder and the holder's heirs have use of property in perpetuity and have an insurable interest in the property.

## Allodialgut
Form des allgemeinen Eigentumsrechtes von Immobilienbesitz, die die Übertragung des Besitzes durch den Eigentümer in jeder gewünschten Form erlaubt. Beide, sowohl der Besitzer als auch die Erben des Besitzers, haben den unbefristeten Nutzen des Besitzes und haben ein versicherbares Interesse an dem Besitz.

## Fellow, Casualty Actuarial Society (FCAS)
Designation earned by passing 10 national examinations on

## Fellow, Casualty Actuarial Society (FCAS)
(Mitglied der Gesellschaft für Unfallversicherungsmathematiker) – nach Bestehen

subjects including mathematics of property and casualty insurance, actuarial science, insurance, accounting, and finance. Examinations and course materials are prepared and administered by the Casualty Actuarial Society.

**Fellow, Life Management Institute (FLMI)**
Professional management designation earned by passing 10 national examinations on life and health insurance subjects including insurance, finance, marketing, law, information systems, accounting, management, and employee benefits. Examinations and course materials are prepared and administered by the Life Office Management Association.

**Fellow Servant Rule**

Formerly an employer's defense under which an injured employee had to bring a cause for action against the fellow employee causing the injury, not the employer. Workers Compensation laws have nullified the rule for job-related injuries. → Workers Compensation, Coverage B

von 10 nationalen Prüfungen in Fächern einschließlich Sach- und Unfallversicherungsmathematik, Versicherungswissenschaft, Versicherungswesen, Rechnungswesen und Finanzierung erlangte Berufsbezeichnung. Die Prüfungen und die Kursmaterialien werden von der Casual Actuarial Society (Gesellschaft für Unfallversicherungsmathematiker) erstellt und verwaltet.

**Fellow, Life Management Institute (FLMI)**
(Mitglied des Instituts für Lebensversicherungsmanagement) – nach Bestehen von 10 nationalen Prüfungen in Lebens- und Krankenversicherungsfächern einschließlich Versicherungswesen, Finanzierung, Marketing, Recht, Informationssysteme, Rechnungswesen, Management und Arbeitnehmerleistungen erworbene Berufsbezeichnung. Die Prüfungen und die Kursmaterialien werden von der Life Office Management Association (Lebensversicherungsbüro-Managementvereinigung) erstellt und verwaltet.

**Nicht-Haftung für durch Betriebsangehörige verursachte Schäden**
Früher eine Verteidigung eines Arbeitgebers, bei der ein verletzter Angestellter einen Klagegrund gegen den Mitangestellten, der die Verletzung verursacht hatte, vorbringen mußte und nicht gegen den Arbeitgeber. Berufsunfallgesetze haben diese Regel für berufsbezogene Verletzungen aufgehoben. → Berufsunfallentschädigung, Versicherungsschutz B

## Fellow, Society of Actuaries (FSA)

Designation earned by passing 10 national examinations on subjects including mathematics of life and health insurance, actuarial science, insurance, accounting, finance, and employee benefits. Examinations and course materials are prepared and administered by the Society of Actuaries.

## FIA

→ Federal Insurance Administration

## Fictitious Group

Assembly of people formed only for obtaining → Group Insurance. Such a group is uninsurable and violates underwriting principles concerning group insurance.

## Fidelity and Surety Catastrophe Insurance

Mechanism used by a fidelity and surety insurance company to spread its liability through → Reinsurance by issuing a *surplus treaty* as a first layer of coverage, thereby enabling a *cedent* to limit its liability on the business written while at the same time utilizing the flexibility that the surplus method offers. The reinsurance *catastrophe cover* provides a second layer of coverage. Re-

## Fellow, Society of Actuaries (FSA)

(Mitglied der Gesellschaft der Versicherungsmathematiker) – durch Bestehen von 10 nationalen Prüfungen in Fächern einschließlich Lebens- und Krankenversicherungsmathematik, Versicherungswissenschaft, Versicherungswesen, Rechnungswesen, Finanzen, Arbeitnehmerleistungen erlangte Berufsbezeichnung. Die Prüfungen und die Kursmaterialien werden von der Society of Actuaries (Gesellschaft der Versicherungsmathematiker) erstellt und verwaltet.

## FIA

→ Bundesversicherungsverwaltung

## Fiktive Gruppe

Eine Ansammlung von Leuten, die nur deshalb gebildet wurde, um eine → Gruppenversicherung zu erhalten. Eine solche Gruppe ist nicht versicherbar und verletzt die die Gruppenversicherung betreffenden Zeichnungsprinzipien.

## Kautions- und Garantie-Katastrophenversicherung

Von einer Kautions- und Garantieversicherungsgesellschaft verwendeter Mechanismus, ihre Haftung durch → Rückversicherung durch Ausgabe eines *Vertrages zur Feststellung des Selbstbehaltes* als erste Deckungsschicht zu streuen und dadurch einen *Zedenten* in die Lage zu versetzen, seine Haftung auf das gezeichnete Geschäft zu beschränken, während er gleichzeitig die Flexibilität, den die Überschußmethode bietet, nutzt. Die Rückversicherungs*katastrophendeckung* bietet eine zweite Deckungsschicht. Die Rückversicherungs-

insurance covers are used by the insurance company to:
1. avoid accumulation of liability on individual principles. Warehouse bonds are an example of such accumulations because they are required in great number and they result in large aggregate amounts;
2. achieve a balance among the various types of bonds that the insurer assumes;
3. reduce violent fluctuations in experiencing high loss ratios on many classes of bonds.

**Fidelity Bond**
Coverage that guarantees that the insurance company will pay the insured business or individual for money or other property lost because of dishonest acts of its bonded employees, either named or by positions. The bond covers all dishonest acts, such as larceny, theft, embezzlement, forgery, misappropriation, wrongful abstraction, or willful misapplication, whether employees act alone or as a team. Businesses often bond their employees not only because the insurance will pay for the losses, but also because the bonding company may prevent losses by uncovering dishonesty in the work history of a new employee. Since a fidelity bond makes up only a part of protection against theft, other crime insurance is mandatory.

schichten werden von der Versicherungsgesellschaft dazu verwendet, um:
1. die Ansammlung von Haftung für Einzelprinzipien zu vermeiden. Lagerkautionen sind ein Beispiel solcher Ansammlungen, weil sie in großer Zahl verlangt werden und große Gesamtbeträge zum Ergebnis haben;
2. ein Gleichgewicht zwischen den verschiedenen Kautionstypen, die ein Versicherer übernimmt, zu erreichen;
3. die gewaltigen Fluktuationen bei hohen Schadensquoten in vielen Kautionsklassen zu reduzieren.

**Kaution gegen Veruntreuung**
Versicherungsschutz, der garantiert, daß die Versicherungsgesellschaft das versicherte Unternehmen für Geld oder anderes Vermögen, das wegen unredlicher Handlungen von entweder benannten oder nach Positionen unter die Kaution fallenden Angestellten verloren wurde, bezahlt. Die Kaution deckt alle unredlichen Handlungen ab wie Diebstahl, Veruntreuung, Fälschung, Unterschlagung, fälschliche Entwendung oder absichtliche Falschanwendung, unabhängig davon, ob Angestellte allein oder als Team handeln. Unternehmen versichern ihre Angestellten häufig nicht nur, weil die Versicherungsgesellschaft für die Schäden zahlen wird, sondern auch, weil die versichernde Gesellschaft durch Aufdeckung von Untreue in der Arbeitsgeschichte eines neuen Angestellten Schäden verhindern kann. Da die Kaution gegen Veruntreuung nur einen Teil des Schutzes gegen Diebstahl ausmacht, ist eine weitere Verbrechensversicherung obligatorisch. Eine Versicherung gegen Untreue von Arbeitnehmern wird

Employee dishonesty insurance is usually bought through an individual Fidelity Bond, → Blanket Position Bond, → Commercial Blanket Bond, or a → Name Schedule Bond.

gewöhnlich durch eine individuelle Kaution gegen Veruntreuung, einen → Blankettversicherungsschein mit getrenntem Deckungslimit pro Arbeitnehmer; einem → Blankettversicherungsschein für Versicherungsdelikte von Betriebsangehörigen, einem → Betrieblichen Garantieversicherungsschein anhand einer Personalaufstellung erworben.

### Fidelity Exclusion
Provision of liability insurance which excludes coverage for dishonest acts of an insured.

### Treueausschluß
Bestimmung bei der Haftpflichtversicherung, die den Versicherungsschutz für unredliche Handlungen eines Versicherten ausschließt.

### Fiduciary
Holding of property, or otherwise acting on behalf of another in trust. The fiduciary must exercise due care in safeguarding property left under personal care, custody, and control. Insurance coverage is available for this exposure. → Judicial Bond

### Treuhänder
Treuhänderische Verwaltung von Vermögen oder anderweitiges Handeln im Namen eines anderen. Der Treuhänder muß bei der Sicherung des unter seiner persönlichen Obhut, in seinem Gewahrsam und unter seiner Kontrolle belassenen Vermögens die notwendige Sorgfalt walten lassen. Für diese Gefährdung ist Versicherungsschutz erhältlich. → Gerichtliche Kaution

### Fiduciary Aspect of Insurance
Status in which an insurance company holds funds of its insureds (the payment of premiums) in trust, and through an → Insuring Agreement promises to make all benefit payments for which it has received premiums.

### Treuhänderischer Aspekt von Versicherungen
Status, bei dem eine Versicherungsgesellschaft Finanzmittel ihrer Versicherten (die Zahlung von Prämien) treuhänderisch verwaltet und durch eine → Versicherungsvereinbarung verspricht, alle Leistungszahlungen, für die sie Prämien erhalten hat, zu leisten.

### Fiduciary Bond
→ Judicial Bond

### Kautionsverpflichtung
→ Gerichtliche Kaution

## Field Force
Agents, managers, and office personnel serving in the branches of an insurance company.

## File-and-Use Rating Laws
Use of new rate structures by an insurance company without first obtaining approval of a State Insurance Department.

## File and Use State
→ Rating Bureau

## Final Average
Method of calculating retirement benefits under pension plans, by averaging the highest three or five years of earnings (usually the final five years).

## Final Expense Fund
Amount of life insurance required to purchase burial, probate, medical, and other costs associated with death.

## Final Insurance (Minimum Deposit Insurance)
Premiums paid out of funds borrowed from the cash value of a life insurance policy.

## Financed Insurance
→ Final Insurance (Minimum Deposit Insurance)

## Außendienst
Agenten, Manager und Büropersonal, die in den Zweigstellen einer Versicherungsgesellschaft arbeiten.

## File-and-Use Prämienfestsetzungsgesetze
Die Verwendung von neuen Tarifstrukturen durch eine Versicherungsgesellschaft ohne vorherige Erlangung einer Zustimmung eines staatlichen Versicherungsaufsichtsamtes.

## File-and-Use Staat
→ Prämienfestsetzungsbüro

## Enddurchschnitt
Methode zur Berechnung der Rentenbezüge bei Pensionsvorhaben durch Durchschnittsbildung der höchsten drei von fünf Verdienstjahren (gewöhnlich der letzten fünf Jahre).

## Fonds für die letzten Ausgaben
Für die Bezahlung des Begräbnisses, der Testamentseröffnung, medizinischer und anderer mit dem Tod verbundener Kosten erforderlicher Betrag der Lebensversicherung.

## Letzte Versicherung (Mindesteinlagenversicherung)
Prämien, die mit vom Barwert einer Lebensversicherungspolice entliehenen Finanzmitteln bezahlt werden.

## Finanzierte Versicherung
→ Letzte Versicherung (Mindesteinlagenversicherung)

## Financed Premium

Premiums paid with funds that are not borrowed from life insurance. It is important to ascertain the finance charges and the costs/benefits of such a transaction.

## Financial Accounting Standards Board (FASB) 87

New pension-accounting rule created by the Financial Accounting Standards Board. The objective of this rule is to clarify pension accounting so that investors, employers, and employees will know what the assets and liabilities of a particular pension plan are. The rule requires that a company disclose all relevant figures concerning its pension plan on the face of the company's income statement. Previously, the company could bury these figures in the footnotes of the income statement. Also, under the new disclosure requirement, the expected liabilities of the pension plan must be recalculated annually, assuming market interest rates. Thus, a company's pension liabilities each year will rise or fall according to the market interest rate, thereby affecting the company's income statement and balance sheet.

## Financial Considerations

Investment and savings posi-

## Finanzierte Prämie

Mit Finanzmitteln, die nicht von einer Lebensversicherung entliehen worden sind, bezahlte Prämien. Es ist wichtig, die Finanzierungsgebühren und die Kosten/Leistungen einer solchen Transaktion zu bestimmen.

## Financial Accounting Standards Board (FASB) 87

(Finanzbuchhaltungsnormen-Kommission 87) – von dem Financial Accounting Standards Board geschaffene neue Pensions-Buchhaltungsregel. Das Ziel dieser Regel ist es, die Pensionsbuchhaltung klar zu gestalten, so daß Investoren, Arbeitgeber und Arbeitnehmer wissen, wie hoch das Vermögen und die Verbindlichkeiten eines Pensionsvorhabens sind. Die Regel fordert, daß ein Unternehmen alle relevanten Zahlen, die sein Pensionsvorhaben betreffen, auf der Vorderseite der Einkommenserklärung des Unternehmens offenlegt. Vorher konnte das Unternehmen diese Zahlen in den Fußnoten der Einkommenserklärung verstecken. Außerdem müssen nach der neuen Offenlegungsforderung die erwarteten Verbindlichkeiten des Pensionsvorhabens jährlich unter Übernahme marktgängiger Zinssätze neu berechnet werden. Die Pensionsverbindlichkeiten eines Unternehmens steigen oder fallen somit entsprechend dem marktgängigen Zinssatz und beeinflussen damit die Einkommenserklärung und die Bilanz des Unternehmens.

## Finanzielle Überlegungen

Bei der Bestimmung der Höhe der abzu-

tion of an insured used in determining the amount of life insurance to purchase. The amount of investment and savings is subtracted from the total insurance requirement.

schließenden Lebensversicherung verwendete Kapitalanlage- und Ersparnisposition eines Versicherten. Die Höhe der Kapitalanlagen und Ersparnisse wird von dem Gesamtversicherungserfordernis abgezogen.

## Financial Institutions Reform, Recovery, and Enforcement Act of 1989 (FIRREA)

Legislation designed to provide the structural reform necessary to strengthen the thrift industry after the bailout of the insolvent Federal Savings and Loan Insurance Corporation (FSLIC) in 1989. The Act is designed to accomplish the following through regulatory reform: to establish a stable system for affordable housing financing; to place the FSLIC insurance funds on a sound financial basis; to manage and resolve failed savings associations and, if necessary, to provide the funds required to deal expeditiously with failed savings associations; to improve the supervision of savings associations; and to strengthen the enforcement powers of federal regulators of savings associations. If the preceding aims are accomplished, the federal regulators will have the necessary power and capital to terminate insolvent savings associations in an effective and efficient manner before the crisis stage is reached.

## Financial Institutions Reform, Recovery, and Enforcement Act of 1989 (FIRREA)

(Reform-, Erhaltungs- und Durchführungsgesetz für Finanzinstitutionen aus dem Jahre 1989) – Gesetzgebung, die entwickelt wurde, um die für die Stärkung der Sparbranche nach dem Aussteigen der zahlungsunfähigen Federal Savings and Loan Insurance Corporation (FSLIC) (Bundesaufsichtsamt für Bausparkassenwesen) im Jahre 1989 notwendige Strukturreform zu leisten. Das Gesetz wurde verabschiedet, um die folgenden Resultate durch Ausführungsreform zu erreichen: ein stabiles System zur Hausfinanzierung zu schaffen, die Versicherungsfonds der FSLIC auf eine gesunde finanzielle Grundlage zu stellen, gescheiterte Sparvereinigungen zu verwalten und aufzulösen und, falls erforderlich, die erforderlichen Finanzmittel zur Verfügung zu stellen, um sich schnell mit den gescheiterten Sparvereinigungen zu befassen, die Aufsicht über Sparvereinigungen zu verbessern und die Durchsetzungsvollmachten der Bundesaufsichtsbehörden von Sparvereinigungen zu stärken. Falls die obigen Ziele erreicht sind, haben die Bundesaufsichtsbehörden die erforderliche Vollmacht und das Kapital, zahlungsunfähige Sparvereinigungen auf effektive und effiziente Weise vor Erreichen des Krisenstadiums aufzulösen.

## Financial Planning

Analysis of current financial conditions of an individual or business to include all sources of present income, expenditures, and net worth; projection of this financial condition into the future; establishment of a budget within which the participants must operate; use of various financial instruments (stocks, bonds, insurance, mutual funds) to guarantee financial independence; and plan for orderly transfer of wealth to a selected individual(s) or business(es).

## Financial Reinsurance

Transaction of → Reinsurance under which there is a limit on the total liability of the → Reinsurer and future investment income is a recognized component of the underwriting process. This financial instrument incorporates the time value of money into the → Ceding process such that the → Cedent can reinsure its liabilities at a premium rate less than the true rate for the liabilities transferred (difference in the two rates to be made up by the investment income generated during the years the reinsurance contract remains in force). Financial reinsurance can be used effectively in several situations:
1. *Surplus relief* (→ Quota

## Finanzplanung

Analyse der gegenwärtigen finanziellen Lage eines einzelnen oder eines Unternehmens unter Berücksichtigung aller Quellen des gegenwärtigen Einkommens, der Ausgaben und des Nettowertes; Projektion dieser finanziellen Lage auf die Zukunft; Erstellung eines Budgets, innerhalb dessen die Teilnehmer arbeiten müssen; Verwendung verschiedener Finanzinstrumente (Aktien, festverzinsliche Wertpapiere, Versicherung, Investmentfonds), um die finanzielle Unabhängigkeit sicherzustellen; Aufstellung eines Planes für die ordnungsgemäße Übertragung von Vermögen auf eine ausgewählte Einzelperson/Einzelpersonen oder ein oder mehrere Unternehmen.

## Finanzielle Rückversicherung

→ Rückversicherungstransaktion, bei der eine Begrenzung der Gesamthaftung des → Rückversicherers existiert und das zukünftige Investitionseinkommen ein anerkannter Bestandteil des Zeichnungsprozesses ist. Dieses Finanzinstrument bezieht den Zeitwert von Geld in den → Zedierungsprozeß ein, so daß der → Zedent seine Verbindlichkeiten zu einem Prämientarif, der unterhalb des wahren Tarifes für die übertragenen Verbindlichkeiten liegt, rückversichern kann (der Unterschied zwischen den zwei Tarifen soll durch das Investitionseinkommen kompensiert werden, das im Laufe der Jahre, in denen der Rückversicherungsvertrag in Kraft bleibt, geschaffen werden soll). Die finanzielle Rückversicherung kann in verschiedenen Situationen wirksam verwendet werden:
1. *Überschußentlastung* (→ Quotenrückversicherung): Die → Zedierende Gesell-

Share Reinsurance) – → Ceding Company transfers a percentage of its book of business to the reinsurer (the reinsurer will limit its total liability under any one contract).

2. *Portfolio transfers* – ceding company transfers reserves on known losses to the reinsurer in exchange for premiums equal to the present value of the future claims experience.

3. *Retrospective aggregates* – ceding company transfers reserves on known losses as well as → Incurred But Not Reported Losses (IBNR).

4. *Prospective aggregates* – ceding company pays a premium on a → Prospective Rating basis to the reinsurer. In exchange, the reinsurer is obligated to pay future losses incurred by the cedent. If these future losses are less than expected, the cedent will receive the → Underwriting Gain. Any gains from investments and fees will be retained by the reinsurer. Through this mechanism, in essence, the cedent gains current capacity for writing additional business by borrowing against income to be received in the future.

5. *Catastrophe protection* – coverage against shock losses is provided by spreading the payment of such losses over several years.

schaft überträgt einen Prozentsatz ihrer Aufträge auf den Rückversicherer (der Rückversicherer begrenzt seine Gesamthaftung bei jedem Vertrag).

2. *Portfolio-Übertragung:* Die zedierende Gesellschaft überträgt Reserven bekannter Schäden im Austausch gegen Prämien, die dem gegenwärtigen Wert der zukünftigen Schadenserwartung entsprechen, an den Rückversicherer.

3. *Rückwirkende Gesamtsumme:* Die zedierende Gesellschaft überträgt Reserven bekannter Schäden sowie → Erlittene, aber nicht gemeldete Schäden.

4. *Vorausschauende Gesamtsumme:* Die zedierende Gesellschaft zahlt eine Prämie auf Grundlage einer → Vorausschauenden Prämienfestsetzung an den Rückversicherer. Im Gegenzug ist der Rückversicherer verpflichtet, zukünftige, vom Zedenten erlittene Schäden zu begleichen. Sind die zukünftigen Schäden geringer als erwartet, so erhält der Zedent den → Zeichnungsgewinn. Alle Gewinne aus Kapitalanlagen und Gebühren werden vom Rückversicherer zurückbehalten. Durch diesen Mechanismus gewinnt der Zedent im wesentlichen die laufende Kapazität zur Zeichnung zusätzlicher Geschäfte durch Entleihen gegenüber zukünftigem Einkommen.

5. *Katastrophenschutz:* Versicherungsschutz gegen Schockschäden wird durch Verteilen der Zahlung solcher Schäden über einen Zeitraum von mehreren Jahren geleistet.

## Financial Reporting

Recording and presentation of financial statements, such as the → Annual Statement, by the insurance company. Financial reporting statements are used by the State Insurance Commissioner in regulating the adequacy of company reserves for benefit liabilities, assets availability, and worth.

## Financial Responsibility Clause

Provision in automobile insurance, such as the → Personal Automobile Policy (PAP), stating that a particular policy furnishes adequate coverage, the minimum of which is at least equal to that required by the financial responsibility laws in the state in which the insured is driving.

## Financial Responsibility Law

Law requiring the operator of an automobile to show financial ability to pay for automobile-related losses. In many states evidence usually takes the form of a minimum amount of automobile liability insurance.

## Financial Statement

Balance sheet and profit and loss statement of an insurance company. This statement is

## Finanzberichterstattung

Die Aufzeichnung und Präsentation finanzieller Erklärungen, wie des → Jahresabschlusses, durch die Versicherungsgesellschaft. Die Finanzberichterstattungserklärungen werden vom State Insurance Commissioner (staatlichen Regierungsbevollmächtigten für Versicherungen) verwendet, um die Angemessenheit der Unternehmensrückstellungen für Leistungsverbindlichkeiten, die Verfügbarkeit der Aktiva und des Wertes zu ordnen.

## Finanzielle Haftungsklausel

Bestimmung bei der Kfz-Versicherung, wie der → Privat-Kfz-Police, die besagt, daß eine bestimmte Police angemessene Deckung bietet, deren Minimum zumindest den Anforderungen der Gesetze über die finanzielle Haftung des Staates, in dem der Versicherte fährt, entspricht.

## Financial Responsibility Law

(Gesetz über die finanzielle Haftung) – Gesetz, das von einem Fahrzeughalter die finanzielle Befähigung verlangt, für Kfz-bezogene Schäden aufzukommen. In vielen Staaten nimmt der Beweis gewöhnlich die Form einer Mindesthöhe bei der Kfz-Haftpflichtversicherung an.

## Jahresabschluß

Bilanz und Gewinn- und Verlustrechnung einer Versicherungsgesellschaft. Dieser Bericht wird von den State Insurance

used by State Insurance Commissioners to regulate an insurance company according to reserve requirements, assets, and other liabilities.

Commissioners (staatliche Regierungsbevollmächtigte für Versicherungen) dazu verwendet, eine Versicherungsgesellschaft entsprechend den Rückstellungserfordernissen, den Aktiva und anderen Verbindlichkeiten zu lenken.

**Financial Structure**
→ Annual Statement, → Financial Statement

**Finanzstruktur**
→ Jahresabschluß

**Financing**
Securement of funds from outside sources such as by borrowing or by attracting equity control. Use of leverage to improve the profitability of a business. Achievement of an investment return on the borrowed funds at a higher rate than the interest being paid for the use of the funds.

**Finanzierung**
Sicherung von Finanzmitteln aus Außenquellen, wie Kreditaufnahme, das Anziehen der Kontrolle über das Eigenkapital. Verwendung der Hebelgesetze, um die Wirtschaftlichkeit eines Unternehmens zu verbessern. Das Erreichen eines Kapitalertrages auf entliehenes Kapital zu einem höheren Zinssatz als den für die Verwendung der Finanzmittel gezahlten Zinsen.

**Fine Art Dealers Insurance**
Coverage for works of art, antiques and similar articles of value on → All Risks basis, subject to exclusion of wear and tear, war, breakage, repairing, infidelity of the insured's employees, and mysterious disappearance. Fine Arts Insurance Policies are written on a scheduled basis with damaged or destroyed items being indemnified on a valued basis. The same type of coverage for fine arts is available through a *Fine Arts Endorsement* for a → Special Multi-Peril Insurance (SMP) policy.

**Kunsthändlerversicherung**
Versicherungsschutz für Arbeiten aus den Bereichen Kunst, Antiquitäten und ähnlichen wertvollen Artikeln auf Grundlage → Aller Risiken unter dem Vorbehalt des Ausschlusses von Verschleiß, Krieg, Bruch, Reparatur, Untreue der Mitarbeiter des Versicherten und mysteriöses Verschwinden. Kunstversicherungspolicen werden auf Listenbasis gezeichnet, wobei die beschädigten oder zerstörten Gegenstände auf einer bewerteten Grundlage entschädigt werden. Die gleiche Art von Versicherungsschutz für Kunstgegenstände ist durch einen *Kunst-Nachtrag* bei einer → Speziellen Vielgefahrenversicherungs-Police erhältlich.

## Fine Arts and Antiques Insurance

Coverage for paintings, pictures, etchings, tapestries, art glass windows, antique furniture, coin collections and stamp collections owned by individuals and businesses. These works are not covered if owned by dealers or auction firms. Protection is on an → All Risks basis subject to exclusions of damage from ordinary breakage, wear and tear, war, and nuclear disaster. Each item must be specifically listed and valued in the policy.

## Fire

Intense combustion resulting in a flame or glow. In order for the fire → Peril to be covered under → Property Insurance, the fire must be a → Hostile Fire, not a → Friendly Fire.

## Fire Catastrophe Reinsurance

Means used by a *direct fire underwriter* to protect against accumulation for a fire account, as well as against extremely large fire account liability. For example, heavy liabilities under individual risks can be analyzed by the initial fire underwriter to determine the number of separate fire risks involved. The reinsurance method applied to the risks is a → Quota Share or *surplus* share treaty with the

## Kunst- und Antiquitätenversicherung

Versicherungsschutz für Gemälde, Bilder, Kupferstiche, Wandteppiche, Kunstglasfenster, Antikmöbel, Münz- und Briefmarkensammlungen im Besitz von Einzelpersonen und Unternehmen. Diese Werke sind nicht versichert, wenn sie sich im Besitz von Händlern oder Auktionsfirmen befinden. Der Schutz erfolgt auf Grundlage → Aller Risiken unter dem Vorhalt der Ausschlüsse von gewöhnlichem Bruch, Verschleiß, Krieg und Atomunglück. Jeder Gegenstand muß gesondert in der Police aufgeführt und bewertet werden.

## Feuer

Starke Verbrennung, die eine Flamme oder ein Glühen zum Ergebnis hat. Damit die Feuer-(→)Gefahr bei der → Sachversicherung abgedeckt ist, muß es sich bei dem Feuer um ein → Schadenfeuer und nicht um ein → Nutzfeuer handeln.

## Feuerkatastrophenrückversicherung

Von einem *direkten Feuerzeichner* verwendetes Mittel, sich gegen eine Ansammlung für ein Feuerkonto sowie gegen extrem große Feuerkontenhaftpflicht zu schützen. Z.B. können schwerwiegende Verbindlichkeiten bei Einzelrisiken durch den ursprünglichen Feuerzeichner analysiert werden, um die Anzahl der einzelnen beteiligten Feuerrisiken zu bestimmen. Die auf die Risiken angewendete Rückversicherungsmethode ist ein → Quoten- oder *Überschuß*anteilvertrag unter Verwendung einer → Fakultativen Rückversicherungs-Deckung, falls erforderlich.

use of a → Facultative Reinsurance cover if necessary. Under this method, the reinsurer assumes the liability of a proportionate share of the risks in exchange for a proportionate share of the premiums. An extremely large number of losses under individual risks caused by a single event, commonly referred to as a conflagration hazard, arises when different risks may be affected by one fire. An example would be wide-spread damage to many adjacent private houses. While the loss for each retained individual risk would be small, the aggregate would be so large that it would affect the stability of the fire insurance company. Catastrophe reinsurance would protect any → Surplus Reinsurance and → Excess of Loss Reinsurance up to a stated amount.

Bei dieser Methode übernimmt der Rückversicherer die Haftung für einen proportionalen Anteil an den Risiken als Gegenleistung für einen proportionalen Anteil an den Prämien. Eine extrem große Zahl von Schäden bei einzelnen Risiken, die durch ein einziges Ereignis verursacht wurden, gemeinhin als Flächenbrandrisiko bezeichnet, entsteht, wenn verschiedene Risiken durch ein Feuer beeinflußt werden können. Ein Beispiel wäre eine weit verbreitete Beschädigung vieler angrenzender Privathäuser. Während der Schaden für jedes zurückbehaltene Einzelrisiko klein wäre, wäre die Summe so groß, daß sie die Stabilität der Feuerversicherungsgesellschaft beeinflussen würde. Die Katastrophenrückversicherung würde jede → Exzedentenrückversicherung und → Schadenexzedentenrückversicherung bis zu einem angegebenen Betrag schützen.

## Fire Department Service Clause

In → Property Insurance policies, provision which states that the → Insured will receive → Indemnity for expenses incurred as a result of acts by the fire department taken to save or reduce damage to the insured's property. For example, if the insured has a house outside the fire district, the fire department might charge a fee for responding to a fire call.

## Feuerwehrleistungen-Klausel

Bestimmung bei → Sachversicherungs-Policen, die besagt, daß der → Versicherte eine → Entschädigung für von der Feuerwehr zur Rettung oder Schadensbegrenzung am Besitz des Versicherten ergriffene Maßnahmen erhält. Wenn ein Versicherter z.B. ein Haus außerhalb des Dienstbereiches der Feuerwehr besitzt, so könnte die Feuerwehr ihm eine Gebühr für den Feuerwehreinsatz in Rechnung stellen.

## Fire Division

Separation of a building into distinct separate parts by → Fire Wall or open air spaces between buildings to minimize the probability of a fire spreading horizontally or vertically.

## Fire Door

Partition of noncombustible material in a wall of similar material, designed when closed to slow the spread of fire from one side of the wall to the other. The → National Fire Protection Association rates the doors according to the number of hours they can be expected to withstand fire before burning through.

## Fire Extinguisher

Instrument that uses noncombustible substances such as carbon dioxide to deprive a fire of oxygen, thereby extinguishing it.

## Fire Insurance – Standard Fire Policy

Poliy known as the 165-line policy because of the standard form used in most states. The policy is not complete, and additional forms and endorsements are added so that it can cover numerous direct and indirect risks. The Standard Fire Policy is *Section I* – property coverage of most package policies such as the → Home-

## Feuertrennung

Teilung eines Gebäudes in verschiedene getrennte Teile durch eine → Feuerwand oder offene Freiräume zwischen Gebäuden, um die Wahrscheinlichkeit, daß sich ein Feuer horizontal oder vertikal ausbreiten kann, zu minimieren.

## Feuertür

Trennung aus nicht-brennbarem Material in einer Wand aus gleichartigem Material, um, wenn geschlossen, die Geschwindigkeit der Ausbreitung eines Brandes von einer Seite der Wand zur anderen Seite zu verringern. Die → National Fire Protection Association (nationale Feuerschutzvereinigung) bewertet die Türen entsprechend der Anzahl der zu erwartenden Stunden, die sie einem Feuer standhalten, bevor sie durchbrennen.

## Feuerlöscher

Gerät, das nicht-brennbare Substanzen, wie Karbondioxyd verwendet, um einem Feuer Sauerstoff zu entziehen und es dadurch auszulöschen.

## Feuerversicherung – Einheits-Feuerversicherungspolice

Die wegen der in den meisten Staaten verwendeten Standardform als die 165-Linien-Police bekannte Police. Die Police ist nicht vollständig, und zusätzliche Formulare und Nachträge werden hinzugefügt, so daß sie eine Vielzahl direkter und indirekter Risiken abdecken kann. Die Einheits-Feuerversicherungspolice ist *Teil I* – Sachversicherungsschutz der meisten Policenpakete, wie der → Hausbesitzer- und der → Speziellen Vielgefahren-Police.

owners and → Special Multiperil. It provides the foundation for property insurance coverages regardless of the form in which they appear. The Standard Fire Policy has four sections:

1. → Declarations – description and location of property, insured amount, name of insured.

2. → Insuring Agreements – premium amount, obligations of the insured, actions the insured must take in the event of loss and resultant claim.

3. *Conditions* – describes that which suspends or restricts the coverage, such as an increase in the hazard with the knowledge of the insured.

4. → Exclusions – perils not covered under the policy, such as enemy attack including action taken by military force in resisting actual or immediately impending enemy attack.

Forms that can be added to a Standard Fire Policy include *Dwelling Buildings and Contents Basic Form; Dwelling, Buildings and Contents Broad Form;* → General Property Form. Since the Standard Fire Policy insures only against fire and lightning, the → Extended Coverage Endorsement can cover the additional perils of windstorm, hail, riot, civil commotion, vehicle and aircraft damage to the insured property, explosion, and smoke

Sie liefert die Grundlage für Sachversicherungsdeckungen unabhängig von der Form, in der sie erscheinen. Die Einheits-Feuerversicherungspolice verfügt über vier Teile:

1. → Erklärungen: Beschreibung und Standort des Besitzes, der versicherte Betrag, der Name des Versicherten;

2. → Versicherungsvereinbarungen: Prämienhöhe, Pflichten des Versicherten, Maßnahmen, die der Versicherte im Falle eines Schadens und des sich daraus ergebenden Anspruches ergreifen muß;

3. *Bedingungen:* beschreibt das, was den Versicherungsschutz aussetzt oder beschränkt, wie eine Steigerung des Risikos mit Wissen des Versicherten;

4. → Ausschlüsse: unter der Police nicht versicherte Gefahren, wie feindliche Angriffe, einschließlich vom Militär zur Abwehr tatsächlicher oder sofort bevorstehender feindlicher Angriffe ergriffene Handlungen.

Die Formen, die zu einer Einheits-Feuerversicherungspolice hinzugefügt werden können, schließen ein *Wohnung, Gebäude und Inhalt – Grundform; Wohnung, Gebäude und Inhalt – erweiterte Form;* → Allgemeines Sachversicherungsformular. Da die Einheits-Feuerversicherungspolice nur gegen Feuer und Blitzschlag versichert, kann der → Erweiterte Deckungsnachtrag gegen die zusätzlichen Risiken Sturm, Hagel, Unruhen, bürgerliche Aufstände, Fahrzeug- und Flugzeugbeschädigung an versichertem Vermögen, Explosion und Rauchbeschädigung versichern. Ein → Nachtrag gegen Vandalismus und böswillige Beschädigung kann auch hinzugefügt werden.

damage. A → Vandalism and Malicious Mischief Endorsement can also be added.

### Fire Legal Liability Insurance
Coverage for property loss liability as the result of negligent acts and/or omissions of the insured which allows a spreading fire to damage others' property. Negligent acts and omissions can result in fire legal liability. For example, an insured through negligence allows a fire to spread to a neighbor's property. The neighbor then brings suit against the insured for negligence. In another example, a tenant occupying another party's property through negligence causes serious fire damage to the property.

### Fire Load
Amount of combustible matter present which can act as a fuel to feed a → Hostile Fire.

### Fire Map
Detail showing distribution of property coverages written by an insurance company. Illustrates a potential danger of concentration of insured risks.

### Fire Mark
Historic insignia representing evidence of coverage placed on property insured by a particular insurance company. If the

### Gesetzliche Feuerhaftpflichtversicherung
Versicherungsschutz für die Haftpflicht bei Sachschäden infolge fahrlässiger Handlungen und/oder Unterlassungen des Versicherten, die es einem sich ausbreitenden Feuer erlauben, sich auf dem Besitz eines anderen auszubreiten. Die fahrlässigen Handlungen und Unterlassungen können eine gesetzliche Haftung für das Feuer zur Folge haben. Z. B. erlaubt ein Versicherter durch Fahrlässigkeit, daß ein Feuer sich auf den Besitz des Nachbarn ausweitet. Der Nachbar verklagt den Versicherten daraufhin wegen Fahrlässigkeit. In einem weiteren Beispiel verursacht der Mieter, der den Besitz einer anderen Partei bewohnt, durch Fahrlässigkeit einen schwerwiegenden Feuerschaden an dem Besitz.

### Feuerbelastung
Die Summe an vorliegendem brennbarem Material, das als Nahrung für ein → Schadenfeuer dienen kann.

### Feuerkarte
Details zeigende Verteilung des von einer Versicherungsgesellschaft gezeichneten Sachversicherungsschutzes. Veranschaulicht die mögliche Gefahr einer Konzentration versicherter Risiken.

### Feuermarke
Historisches Zeichen, das den Versicherungsschutznachweis eines bei einer bestimmten Versicherungsgesellschaft versicherten Besitzes darstellt. Falls der

property on fire did not have the company's fire mark, its private fire department would not fight the fire.

**Fire Mark Society**
Sales honor group of property and casualty insurance agents created by the National Association of Professional Insurance Agents.

**Fireproof**
Use of engineering approved fire resistive construction materials exclusively within a structure. → Fire Resistive Construction

**Fire Protection**
→ Fire Resistive Construction; → Fire Wall; → Fireproof

**Fire Resistive Construction**
Use of engineering-approved masonry or fire resistive materials for exterior walls, floors, and roofs to reduce the severity of a potential fire and lower premium rates.

**Fire Wall**
Structure separating parts of a building in order to contain the spread of fire. Fire walls reduce the severity of a potential fire and lower premium rates.

brennende Besitz keine Feuermarke der Gesellschaft aufweist, wird ihre private Feuerwehr das Feuer nicht bekämpfen.

**Fire Mark Society**
(Feuermarken-Gesellschaft) – Verkaufs-Ehrengruppe von Sach- und Unfallversicherungsagenten, die von der National Association of Professional Insurance Agents (nationale Vereinigung professioneller Versicherungsagenten) geschaffen wurde.

**Feuerfest**
Verwendung ausschließlich ingenieurtechnisch anerkannter feuerresistenter Baumaterialien innerhalb einer Baustruktur. → Feuerbeständige Konstruktion

**Feuerschutz**
→ Feuerbeständige Konstruktion; → Feuerwand; → Feuerfest

**Feuerbeständige Konstruktion**
Verwendung ingenieurtechnisch anerkannter Maurerarbeit oder feuerbeständiger Materialien für Außenwände, Flure and Dächer, um die Schwere potentieller Brände zu verringern und die Prämientarife zu senken.

**Feuerwand**
Eine Struktur, die Teile eines Gebäudes voneinander trennt, um die Ausbreitung eines Feuers zu begrenzen. Feuerwände verringern die Schwere eines potentiellen Brandes und senken die Prämientarife.

## First-Dollar Coverage

Insurance policy under which payment is made for a loss not subject to any → Deductible or under which payment is made up to the limits of the policy and then an → Excess Insurance policy takes effect. For example, a → Homeowners Insurance Policy – Section II (Liability Coverage) would pay up to its limits for an insured loss, whereupon an → Umbrella Liability Insurance policy would go into effect.

## First Loss Retention (Deductible)

→ Excess of Loss Reinsurance

## First Party Insurance

Coverage for the insured's personal and real property and the insured's own person. Contrast with → Third Party

## First Surplus Reinsurance

→ Surplus Lines; → Surplus Reinsurance

## First Surplus Treaty

→ Surplus Reinsurance

## First Year Commission

Percentage of first year's premium paid to compensate an

## Versicherungsschutz ab dem ersten Dollar

Versicherungspolice, bei der Zahlungen für einen Schaden geleistet werden, ohne die Einschränkung irgendeines → Selbstbehalts, oder bei der eine Zahlung bis zur Policengrenze geleistet wird und danach eine → Überschußversicherungspolice in Kraft tritt. Eine → Hausbesitzerversicherungspolice – Teil II (Haftpflichtversicherungsschutz) z.B. würde bis zu ihren Grenzen für einen versicherten Schaden zahlen, danach würde eine → Globalhaftpflichtversicherungs-Police in Kraft treten.

## Erstschadenselbstbehalt

→ Schadenexzedentenrückversicherung

## Versicherung der ersten Partei

Versicherungsschutz für das bewegliche Vermögen und den Immobilienbesitz des Versicherten und der Person des Versicherten. Vergleiche → Dritte Partei

## Erste Exzedentenrückversicherung

→ Für die Rückversicherung vorgesehene Versicherungssumme, bei zugelassenen Versicherern eines Staates nicht versicherbare Risiken; → Exzedentenrückversicherung

## Erster Vertrag zur Festlegung des maximalen Selbstbehalts

→ Exzedentenrückversicherung

## Provision für das erste Jahr

Prozentsatz der Prämie des ersten Jahres, der als Entschädigung an den Versiche-

insurance agent. This is known as the *"First Years"* to show how much new business the agent is generating, compared with *renewal commissions* generated by previous business.

rungsagenten gezahlt wird. Er ist unter der Bezeichnung „*first years*" bekannt, die veranschaulichen soll, wieviel neue Verträge ein Agent im Vergleich zu *Erneuerungsprovisionen* für früher abgeschlossene Verträge abschließt.

## Five Percent Rule

Coinsurance requirement such that if a loss is less than $ 10,000, and also less than 5% of the total of insurance to cover a loss, then the insurance company will not require that the property not damaged by the peril be inventoried or appraised.

## Fünf-Prozent-Regel

Mitversicherungserfordernis in der Form, daß dann, wenn ein Schaden weniger als US$ 10.000 beträgt und außerdem weniger als 5% der den Schaden abdeckenden Gesamtversicherung ausmacht, die Versicherungsgesellschaft nicht verlangt, daß der von der Gefahr nicht beschädigte Besitz inventarisiert oder bewertet wird.

## Five Percent Waiver Clause
→ Five Percent Rule

## Fünf-Prozent-Verzichtsklausel

→ Fünf-Prozent-Regel

## Five to Fifteen Year Rule

→ Vesting provision of the → Employee Retirement Income Security Act of 1974 (ERISA) under which vesting must accrue at not less than the following rates:

## Fünf-bis-fünfzehn-Jahre-Regel

→ Übertragungs-Bestimmung des → Employee Retirement Income Security Act of 1974 (ERISA) (Arbeitnehmerrenteneinkommenssicherheitsgesetz aus dem Jahre 1974), bei dem die Übertragung zu nicht weniger als den folgenden Raten entstehen muß:

| *Years of Service* | *Vesting* |
|---|---|
| 0 to less than 5 | 0 |
| at least 5 | 25% |
| 6 to 10 | 5% increase per year |
| 11 to 15 | 10% increase per year |

| *Dienstjahre* | *Übertragung* |
|---|---|
| 0 bis weniger als 5 Jahre | 0 |
| mindestens 5 Jahre | 25 % |
| 6 bis 10 Jahre | 5 % Steigerung pro Jahr |
| 11 bis 15 Jahre | 10 % Steigerung pro Jahr |

At the end of 15 years. 100% vesting has been achieved. The → Tax Reform Act of 1986

Nach Beendigung der 15 Jahre ist eine 100%ige Übertragung erreicht. Das → Steuerreformgesetz aus dem Jahre 1986

eliminates this option of vesting beginning January 1, 1989.

schloß diese Übertragungsmöglichkeit ab dem 1. Januar 1989 aus.

### Fixed-Amount Settlement Option

Choice of beneficiary in which the death benefit of a life insurance policy is retained by the company to be paid as a series of installments of fixed dollar amounts per installment until the death benefit and interest are exhausted. Any excess interest earned above the minimum guaranteed is applied to extend the time period for making the payments. This option emphasizes dollar amount per installment as opposed to length of time installments are to be paid. → Life Insurance; → Optional Modes of Settlement

### Zahlungsoption mit einem festgelegten Betrag

Wahlrecht eines Begünstigten, bei dem die Todesfalleistung einer Lebensversicherungspolice von der Versicherungsgesellschaft zurückbehalten wird, um als eine Reihe von Raten in Höhe festgelegter Dollarbeträge pro Ratenzahlung gezahlt zu werden, bis Todesfalleistung und Zinsen erschöpft sind. Alle verdienten Überschußzinsen oberhalb des garantierten Minimums werden dazu verwendet, um den Zahlungszeitraum zu verlängern. Diese Option betont die Höhe der Raten im Gegensatz zur Länge des Zeitraums, während dessen Raten gezahlt werden müssen. → Lebensversicherung; → Wahlmöglichkeiten bei den Auszahlungsmodalitäten

### Fixed Annuity
→ Fixed Dollar Annuity

### Festgelegte Rente
→ Festgelegte Dollarrente

### Fixed Benefits

Payment to a beneficiary that does not vary; for example, a fixed monthly retirement income benefit of $800 paid to a retired employee.

### Festgelegte Leistungen

Eine Zahlung an einen Begünstigten, die sich nicht ändert, beispielsweise eine an einen pensionierten Arbeitnehmer gezahlte festgelegte monatliche Renteneinkommensleistung von US$ 800.

### Fixed Dollar Annuity

Annuity that guarantees that a specific sum of money will be paid in the future, usually as monthly income, to an annuitant. For example, a $1000-a-month income benefit will be

### Festgelegte Dollarrente

→ Rente, die garantiert, daß eine bestimmte Geldsumme in der Zukunft, gewöhnlich als monatliches Einkommen, an einen Rentenempfänger gezahlt werden wird. Z.B. wird eine Einkommensleistung von monatlich US$ 1.000 gezahlt, solange

paid as long as the annuitant lives; the dollar amount will not fluctuate regardless of adverse changes in the insurance company's mortality experience, investment return, and expenses.

**Fixed-Period Option Settlement**
Beneficiary's choice, in a life insurance policy or annuity, for receiving income payments for a given period of time. The number of payments are fixed by the payee; the benefit amount is determined by the death proceeds. For example, an income benefit of $1000 per month is paid for a period of 48 months whereupon all income payments cease.

**Fixed Premium**
Payment for coverage that remains throughout the same premium-paying period.

**Flat Amount**
→ Defined Benefit Plan

**Flat Cancellation**
Cancellation of an insurance policy on the date that policy becomes effective. This type of cancellation does not require any fees to be paid to the insurance company.

**Flat Commission**
Compensation to an agent in the same absolute dollar amount,

der Rentenempfänger lebt. Der Dollarbetrag unterliegt, unabhängig von etwaigen nachteiligen Änderungen bei der Sterblichkeitserfahrung, den Kapitalanlageerträgen und den Kosten der Versicherungsgesellschaft, keinerlei Schwankungen.

**Zahlung gemäß dem Wahlrecht mit festgelegtem Zeitraum**
Die Wahl des Begünstigten bei einer Lebensversicherung oder Rente, Einkommenszahlungen für einen festgelegten Zeitraum zu beziehen. Die Anzahl der Zahlungen wird durch den Zahler festgelegt, die Leistungshöhe wird durch die Todesfallerlöse bestimmt. Z.B. wird eine Einkommensleistung von US$ 1.000 pro Monat für einen Zeitraum von 48 Monaten gezahlt, danach werden alle Einkommenszahlungen eingestellt.

**Festgelegte Prämie**
Zahlung für Versicherungsschutz, die während des Prämienzahlungszeitraumes gleich bleibt.

**Pauschalbetrag**
→ Definiertes Leistungssystem

**Kündigung per Stichtag**
Kündigung einer Versicherungspolice an dem Tag, an dem die Police in Kraft tritt. Diese Art der Kündigung macht eine Zahlung irgendwelcher Gebühren an die Versicherungsgesellschaft nicht erforderlich.

**Pauschalprovision**
An einen Agenten gezahlte Entschädigung in der gleichen absoluten Höhe in Dollar,

regardless of the type of insurance policy sold. Contrast with → Graded Commission.

**Flat Deductible**
→ Deductible

**Flat Extra Premium**
Certain fixed payment made in addition to the regularly scheduled premium.

**Flat Maternity Benefit**
Stated fixed payment for maternity costs regardless of the actual costs.

**Flat Rate (Flat Schedule)**
Rate not subsequently adjusted. The rate stays in effect regardless of an insured's subsequent loss record.

**Flat Schedule**
→ Flat Rate (Flat Schedule)

**Fleet of Companies**
Several insurance companies under common ownership and often common management.

**Fleet Policy**
Numerous automotive vehicles covered under a common insurance policy.

**Flexible Benefit Plan**
Employee benefit plan which allows the employee to choose among several different benefits offered by the employer. In essence, the employee is pro-

unabhängig vom Typ der verkauften Versicherungspolice. Vergleiche → Gestaffelte Provision.

**Pauschalselbstbehalt**
→ Selbstbehalt

**Pauschale Sonderprämie**
Bestimmte festgelegte Zahlung, die zusätzlich zur regulären Listenprämie geleistet wird.

**Pauschale Mutterschaftsleistung**
Angegebene festgelegte Zahlung für Mutterschaftskosten, unabhängig von den tatsächlichen Kosten.

**Pauschalsatz (Pauschalliste)**
Tarif, der nicht nachträglich angepaßt wird. Die Rate bleibt unabhängig von der nachfolgenden Schadensakte eines Versicherten in Kraft.

**Pauschalliste**
→ Pauschalsatz (Pauschalliste)

**Unternehmensgruppe**
Mehrere Versicherungsgesellschaften in gemeinschaftlichem Besitz und häufig unter gemeinschaftlichem Management.

**Fahrzeugparkpolice**
Zahlreiche Kraftfahrzeuge, die unter einer gemeinsamen Versicherungspolice versichert sind.

**Flexibles Leistungssystem**
Betriebliches Sozialzulagensystem, welches dem Arbeitnehmer die Wahl zwischen verschiedenen vom Arbeitgeber angebotenen Leistungen erlaubt. Im wesentlichen wird dem Arbeitnehmer die

vided with the opportunity to make a trade-off by trading one benefit for another which best meets the employee's needs at a particular point in time. Contributions paid into the plan, whether on a → Contributory or → Noncontributory basis, can be allocated to satisfy the needs of a particular employee rather than those of the employees as a whole. The result should be a balance between the employee's primary needs and the benefit/cost constraints. Among the personal choices which the employee can make are health care plans (choices in types and amount of coverages), → Wellness Program plans, child-care benefits, and → Long-Term Care (LTC) Plans.

Gelegenheit geboten, eine Leistung gegen eine andere Leistung auszutauschen, die den Bedürfnissen des Arbeitnehmers zu einem bestimmten Zeitpunkt am besten entspricht. Die in das System einbezahlten Beiträge können, ob auf einer → Beitragspflichtigen oder → Beitragsfreien Grundlage, zugeteilt werden, um die Bedürfnisse eines bestimmten Arbeitnehmers anstelle der Arbeitnehmerschaft als Ganzes zufriedenzustellen. Das Ergebnis sollte ein Gleichgewicht zwischen den Hauptbedürfnissen eines Arbeitnehmers und den Leistungs-/Kostenbeschränkungen sein. Unter den persönlichen Wahlmöglichkeiten, die ein Arbeitnehmer treffen kann, sind Krankenfürsorgevorhaben (Wahlmöglichkeiten bei den Typen und die Höhe des Versicherungsschutzes), → Medizinvorsorgeprogramme, Kinderbetreuungsleistungen und → Langzeitpflege-Vorhaben.

**Flexible Funding**
Arrangement whereby the insured pays the insurance company a relatively small monthly premium payment. In exchange for this premium payment, the insurance company processes and pays claims from a fund owned and maintained by the insured. Should the claims exceed a stipulated limit, the insurance company pays the excess amount of claims.

**Flexible Finanzierung**
Regelung, bei der der Versicherte der Versicherungsgesellschaft relativ niedrige monatliche Prämienzahlungen macht. Als Gegenleistung für diese Prämienzahlung bearbeitet und zahlt die Versicherungsgesellschaft Ansprüche aus einem Fonds im Besitz des Versicherten, der von diesem unterhalten wird. Sollten die Ansprüche einen festgelegten Höchstbetrag überschreiten, zahlt die Versicherungsgesellschaft den Überschußbetrag der Ansprüche.

**Flexible Premium**
One in which the amount and frequency of payment may

**Flexible Prämie**
Prämie, bei der die Höhe und die Häufigkeit der Zahlung fluktuieren kann. →

fluctuate. → Flexible Premium Annuity; → Flexible Premium Life Insurance; → Flexible Premium Variable Life; → Universal Life Insurance; → Universal Variable Life Insurance

Rente mit flexibler Prämie; → Lebensversicherung mit flexibler Prämie; → Variable Lebensversicherung mit flexibler Prämie; → Universelle Lebensversicherung; → Universelle variable Lebensversicherung

**Flexible Premium Annuity**
Annuity with no fixed schedule for payment of premiums. For example, premiums can be paid for 10 straight months, then not paid for the next 10 months, then paid every other month, or any combination thereof.

**Rente mit flexibler Prämie**
Rente ohne festgelegtes Schema für die Zahlung von Prämien. Z.B. können Prämien für 10 aufeinanderfolgende Monate gezahlt werden, dann keine für die nächsten zehn Monate, dann jeden zweiten Monat oder irgendeine Kombination davon.

**Flexible Premium Life Insurance**
Policy which has an initial premium with flexible premiums thereafter. Within limits, a policyowner can select both the future amount and frequency of premiums, or can stop and start premium payments at his or her discretion. Lump sum premium payments can be deposited, subject only to Federal tax code restrictions.

**Lebensversicherung mit flexibler Prämie**
Police mit einer Anfangsprämie und nachfolgenden flexiblen Prämien. Innerhalb von Grenzen kann ein Policeninhaber sowohl die zukünftige Höhe als auch die Häufigkeit der Prämien auswählen, oder er kann Prämienzahlungen nach seiner Wahl beginnen oder beenden. Pauschalprämienzahlungen können unter dem Vorbehalt etwaiger Einschränkungen durch Bundessteuervorschriften eingezahlt werden.

**Flexible Premium Variable Life**
Insurance that combines features of → Flexible Premium Life Insurance and → Universal Life Insurance into one policy in the following manner:
1. *Premiums* – after the required minimum initial premium payment, premiums are

**Variable Lebensversicherung mit flexibler Prämie**
Versicherung, die Merkmale der → Lebensversicherung mit flexibler Prämie und der → Universellen Lebensversicherung in einer Police in der folgenden Weise kombiniert:
1. *Prämien:* Nach der erforderlichen Mindestanfangsprämienzahlung sind die Prämien flexibel. Der Policeninhaber kann,

flexible. The policyowner can select both their future amount and frequency, with certain restrictions that depend on the design of the policy. The policyowner can stop and start the premiums at his or her discretion, and a lump sum premium can be made at any time subject only to Federal tax restrictions.

2. *Variable* – the death benefit may increase or decrease subject to the performance of an investment account of equities in which the premiums are placed. However, a minimum death benefit is guaranteed – the initial face value of the policy. Cash values fluctuate according to the performance of this investment account.

unter bestimmten Einschränkungen, die von der Art der Police abhängen, sowohl ihre zukünftige Höhe als auch ihre Häufigkeit auswählen. Der Policeninhaber kann Prämien nach seiner Wahl beenden und beginnen, und eine Pauschalsummenprämie kann lediglich unter dem Vorbehalt etwaiger Einschränkungen durch Bundessteuervorschriften jederzeit gezahlt werden.

2. *Variable:* Die Todesfalleistung kann in Abhängigkeit von der Leistung eines Wertpapieranlagekontos, in dem die Prämien plaziert werden, ansteigen oder abnehmen. Eine Mindesttodesfalleistung wird jedoch garantiert – der ursprüngliche Nennwert der Police. Die Barwerte schwanken entsprechend der Leistung dieses Anlagekontos.

### FLMI
→ Fellow, Life Management Institute (FLMI)

### FLMI
→ Fellow, Life Management Institute (FLMI)

### Float
Funds set aside by an insurance company to pay → Incurred Losses which have not yet been paid.

### Schwebende Überweisungen
Von einer Versicherungsgesellschaft beiseite gestellte Finanzmittel, um → Erlittene Schäden, die noch nicht beglichen worden sind, zu bezahlen.

### Floater
Coverage for property which moves from location to location either on a scheduled or unscheduled basis. If the floater covers scheduled property, coverage is listed for each item. If a floater covers un-

### Pauschalversicherung
Versicherungsschutz für Vermögen, das sich von einem Standort zum anderen bewegt, entweder auf aufgelisteter oder nicht aufgelisteter Grundlage. Falls die Pauschalversicherung gelistetes Vermögen versichert, wird der Versicherungsschutz für jeden Gegenstand aufgeführt.

scheduled property, all property is covered for the same limits of insurance. → Personal Articles Insurance; → Personal Property Floater

Falls die Pauschalversicherungspolice nicht aufgelistetes Vermögen versichert, ist alles Vermögen zu den gleichen Versicherungshöchstgrenzen versichert. → Private Hausratversicherung; → Pauschalversicherung für Privateigentum

**Flood Insurance**
→ Federal Flood Insurance

**Überschwemmungsversicherung**
→ Bundesüberschwemmungsversicherung

**Floor Plan Insurance**

Coverage for a lender who has accepted property on the floor of a merchant as security for a loan. If the merchandise is damaged or destroyed the lender is indemnified. The policy is on an → All Risks basis.

**Versicherung von als Darlehnssicherheit fungierender Handelsware**

Versicherungsschutz für einen Kreditgeber, der das Vermögen, das sich auf der Verkaufsfläche eines Händlers befindet, als Sicherheit für ein Darlehn akzeptiert. Wird die Ware beschädigt oder zerstört, so wird der Kreditgeber entschädigt. Die Police basiert auf der Grundlage → Aller Risiken.

**Flow-Through Cost (No Load Insurance)**

Net cost of insurance with no markup to cover an intermediary's profit or expenses. An intermediary, such as a broker, sells an insurance product net; that is, there is no loading for his own cost of soliciting business or his profit margin.

**Durchflußkosten (Versicherung ohne Zuschlag)**

Nettokosten der Versicherung ohne Zuschlag für den Gewinn oder die Ausgaben eines Zwischenverkäufers. Ein Zwischenhändler, wie z. B. ein Makler, verkauft das Versicherungsprodukt netto, d.h., es erfolgt kein Zuschlag für die eigenen Kosten, der Anbahnung von Geschäften oder für seine Gewinnmarge.

**Following Form**

Written form which has precisely the same terms as the other → Property Insurance policies covering a particular property.

**Folgeform**

Schriftliche Form, die genau die gleichen Bedingungen wie die anderen → Sachversicherungs-Policen, die ein bestimmtes Vermögen abdecken, hat.

**Foreign Credit Insurance Association**
→ Export-Import Bank

**Foreign Insurer**
Insurance company whose domicile is in a state other than the one in which the company is writing business.

**Forfeiture**
Relinquishment of rights in an insurance policy or pension plan. For example, by withdrawing contributions to a pension plan, an employee forfeits future retirement benefits under that plan.

**Forfeiture of Vested Benefits**
Relinquishment of rights to benefits when an employee withdraws previous contributions to a plan. An employee who had not withdrawn these contributions would have been entitled to full benefits at normal retirement age, or to a reduced benefit at early retirement, whether or not he or she is in the service of the employer at that time.

**Forgery Bond**
→ Depositors Forgery Insurance

**Form**
Attachment to an insurance policy to complete its cover-

**Foreign Credit Insurance Association**
(Auslandskreditversicherungsvereinigung)
→ Export-Import Bank

**Ausländischer Versicherer**
Versicherungsgesellschaft, deren Firmensitz in einem anderen Staat als dem, in dem die Gesellschaft Geschäfte zeichnet, liegt.

**Verwirkung**
Preisgabe von Rechten bei einer Versicherungspolice oder einem Pensionssystem. Durch Zurücknahme von Beiträgen an ein Pensionssystem z. B. verwirkt ein Arbeitnehmer zukünftige Pensionsleistungen bei diesem System.

**Verwirkung übertragener Leistungen**
Preisgabe von Rechten auf Leistungen, wenn ein Arbeitnehmer frühere Beiträge zu einem System entnimmt. Ein Arbeitnehmer, der diese Beiträge nicht entnommen hätte, wäre bei Erreichen des normalen Rentenalters zum Bezug der vollständigen Leistungen oder zu einer reduzierten Leistung bei Frühpensionierung berechtigt gewesen, unabhängig davon, ob er oder sie sich zu diesem Zeitpunkt in den Diensten des Arbeitgebers befindet oder nicht.

**Fälschungskaution**
→ Einzahlerversicherung gegen Fälschung

**Formular**
Anlage zu einer Versicherungspolice, um deren Versicherungsschutz zu vervoll-

age. For example, the *Standard Fire Policy* must have certain forms attached for it to provide the coverage desired.

ständigen. Die *Einheits-Feuerversicherungspolice* z.B. muß über bestimmte Formulare als Anlage verfügen, damit sie den gewünschten Versicherungsschutz bietet.

### Form No. 1 (Basic or Standard), Homeowners Insurance Policy
→ Homeowners Insurance Policy – Section 1 (Property Coverage)

### Formular Nr. 1 (Basis oder Standard), Hausbesitzerversicherungspolice
→ Hausbesitzerversicherungspolice – Teil 1 (Sachversicherungsschutz)

### Form No. 2 (Broad), Homeowners Insurance Policy
→ Homeowners Insurance Policy – Section 1 (Property Coverage)

### Formular Nr. 2 (breite Form), Hausbesitzerversicherungspolice
→ Hausbesitzerversicherungspolice – Teil 1 (Sachversicherungsschutz)

### Form No. 3 (Special), Homeowners Insurance Policy
→ Homeowners Insurance Policy – Section 1 (Property Coverage)

### Formular Nr. 3 (spezielle Form), Hausbesitzerversicherungspolice
→ Hausbesitzerversicherungspolice – Teil 1 (Sachversicherungsschutz)

### Form No. 4 (Contents Broad Form), Homeowners Insurance Policy
→ Homeowners Insurance Policy – Section 1 (Property Coverage)

### Formular Nr. 4 (Inhalt breite Form), Hausbesitzerversicherungspolice
→ Hausbesitzerversicherungspolice – Teil 1 (Sachversicherungsschutz)

### Form No. 6 (Condominium Unit Owner's Form), Homeowners Insurance Policy
→ Homeowners Insurance Policy – Section 1 (Property Coverage)

### Formular Nr. 6 (Eigentumswohnung, Form für den Besitzer einer Eigentumswohnung), Hausbesitzerversicherungspolice
→ Hausbesitzerversicherungspolice – Teil 1 (Sachversicherungsschutz).

## Form 5500

Form that reports the status and activity of retirement plans to the Internal Revenue Service (IRS). The IRS uses this form to determine whether a retirement plan is in compliance with all requirements. Form 5500 must be filed with the IRS by the last day of the seventh month following the plan's year-end.

## Fortuitous Event
→ Fortuitous Loss

## Fortuitous Loss

Loss occurring by accident or chance, not by anyone's intention. Insurance policies provide coverage against losses which occur only on a chance basis, where the insured cannot control the loss; thus the insured should not be able to burn down his/her own home and collect. Insurance is not provided against a certainty such as wear and tear. Life insurance will not pay a death benefit if the insured commits suicide within the first two years that the policy is in force. Even though death is a certainty, the insured cannot buy a policy with the intention of suicide within the first two years.

## Forty-Five Year Rule

One of three ways vesting must occur in a pension plan under the → Employee Retirement

## Formular 5500

Formular, das über den Status und die Aktivität von Pensionssystemen an den Internal Revenue Service (IRS) (Einkommensteuerverwaltung) berichtet. Der IRS verwendet dieses Formular, um festzustellen, ob ein Pensionssystem alle Anforderungen erfüllt. Das Formular 5500 muß bis zum letzten Tag des siebten Monats nach Beendigung des Systemjahres eingereicht werden.

## Zufälliges Ereignis
→ Zufälliger Schaden

## Zufälliger Schaden

Zufälliger und unvorhergesehener, nicht durch jemandes Absicht eintretender Schaden. Versicherungspolicen bieten Versicherungsschutz gegen Schäden, die lediglich auf einer Zufallsgrundlage eintreten, bei denen der Versicherte den Schaden nicht steuern kann. Der Versicherte sollte somit nicht in der Lage sein, sein oder ihr eigenes Haus niederzubrennen und zu kassieren. Gegen eine Gewißheit, wie Verschleiß, wird kein Versicherungsschutz geboten. Eine Lebensversicherung zahlt keine Todesfallleistung, falls der Versicherte innerhalb der ersten beiden Jahre nach Inkrafttreten der Police Selbstmord begeht. Obwohl der Tod eine Gewißheit darstellt, kann der Versicherte keine Police mit der Absicht abschließen, innerhalb der ersten beiden Jahre Selbstmord zu begehen.

## Fünfundvierzig-Jahre-Regel

Einer von drei Wegen, wie die Übertragung bei einem Pensionsvorhaben nach dem → Employee Retirement Income

Income Security Act of 1974 (ERISA). An employee is entitled to 50% of his or her benefits after 10 years of employment, or when the total years of service (at least 5) and the employee's age equal 45, whichever is the earlier achieved. After that, the employee is credited with 10% for each year of service for the next 5 years, whereupon 100% vesting is achieved. Under the → Tax Reform Act of 1986, this vesting rule will no longer be in effect for plan years after December 31, 1988. → Vesting

Security Act of 1974 (ERISA) (Arbeitnehmerrenteneinkommensicherheitsgesetz aus dem Jahre 1974) erfolgen muß. Ein Arbeitnehmer hat nach 10 Dienstjahren ein Recht auf 50 % seiner oder ihrer Leistungen oder wenn die Gesamtsumme der Dienstjahre (mindestens 5) und das Alter des Arbeitnehmers 45 betragen, je nachdem, welcher der beiden Wege zuerst erreicht wird. Danach werden dem Arbeitnehmer 10 % für jedes Dienstjahr der nächsten 5 Jahre gutgeschrieben, wonach eine 100%ige Übertragung erreicht ist. Nach dem → Steuerreformgesetz aus dem Jahre 1986 ist die Übertragungsregel für Vorhabensjahre nach dem 31. Dezember 1988 nicht mehr rechtsgültig. → Übertragung

**FPA**
→ Free of Particular Average (FPA)

**FPA**
→ Nicht gegen Teilhavarie versichert

**Fractional Premium**
Annual premium expressed on a proportionate basis such as monthly, quarterly, or semiannually.

**Bruchteilsprämie**
Auf einer proportionalen Grundlage, wie einer monatlichen, vierteljährlichen oder halbjährlichen Basis, ausgedrückte Jahresprämie.

**Franchise Deductible**
Stipulation that no claim will be paid until a loss exceeds a flat dollar amount or a given percentage of the amount of insurance in force. After the loss exceeds this dollar amount or percentage amount, the insurance company pays 100% of the claim loss.

**Abzugsfranchise**
Forderung, daß kein Anspruch bezahlt wird, bis ein Anspruch einen bestimmten pauschalen Dollarbetrag oder einen bestimmten Prozentsatz des Versicherungsbetrages überschreitet. Nachdem der Schaden diesen Dollarbetrag oder den Prozentsatz überschritten hat, zahlt die Versicherungsgesellschaft 100% der Schadensforderung.

## Franchise Insurance (Wholesale Insurance)

Coverage for small groups that cannot meet the underwriting standards of *true group* insurance. Even though the franchise insurance covers an entire group, individual policies are written on each insured person, each having the right to different coverage than other members. Usually sold to employer groups.

## Fraternal Life Insurance

Group coverage for members of a fraternal association, usually on a nonprofit basis.

## Fraud

Dishonest act. Coverage for loss by fraud (not liability for committing fraud) is provided under the various bonds and crime insurance policies. → Fidelity Bond

## Fraudulent Claim

Demand without foundation, such as a claim submitted to an insurance company by an insured who caused a loss, or for a loss that never occurred.

## Fraudulent Misrepresentation

Dishonest statement to induce an insurance company to write coverage on an applicant. If the company knew the truth it would not accept the applicant.

## Franchiseversicherung (Großhandelsversicherung)

Versicherungsschutz für kleine Gruppen, die den Zeichnungsnormen einer *echten Gruppen*versicherung nicht entsprechen können. Obwohl die Franchiseversicherung eine ganze Gruppe versichert, werden Einzelpolicen für jede versicherte Person gezeichnet, wobei jede ein Anrecht auf einen anderen Versicherungsschutz als andere Mitglieder hat. Sie wird gewöhnlich an Arbeitgebergruppen verkauft.

## Bruderschaftslebensversicherung

Gruppenversicherungsschutz für Mitglieder eines Vereines zur Förderung gemeinsamer Interessen, gewöhnlich auf einer gemeinnützigen Grundlage.

## Betrug

Unredliche Handlung. Versicherungsschutz für Schaden durch Betrug (nicht die Haftung für das Begehen von Betrug) wird bei verschiedenen Kautionen und Verbrechensversicherungspolicen geboten. → Kaution gegen Veruntreuung

## Betrügerischer Anspruch

Forderung ohne Begründung, wie etwa ein durch den Versicherten, der einen Schaden verursachte, oder für einen Schaden, der niemals eintrat, bei einer Versicherungsgesellschaft eingereichter Anspruch.

## Arglistige Täuschung

Unredliche Erklärung, um eine Versicherungsgesellschaft dazu zu bewegen, den Versicherungsschutz für einen Antragsteller zu zeichnen. Wenn die Versicherungsgesellschaft die Wahrheit kennen

Fraudulent misrepresentation gives a property and casualty company grounds to terminate a policy at any time. A life insurance company, on the other hand, can terminate a policy on the grounds of fraudulent misrepresentation only during its first two years; after that, the → Incontestable Clause takes effect.

würde, würde sie den Antragsteller nicht akzeptieren. Eine arglistige Täuschung gibt einer Sach- und Unfallversicherungsgesellschaft das Recht, eine Police jederzeit zu beenden. Eine Lebensversicherungsgesellschaft hingegen kann eine Police nur während der ersten zwei Jahre wegen arglistiger Täuschung beenden, danach tritt die → Unbestreitbarkeitsklausel in Kraft.

## Free Examination "Free Look" Period

Right, in most states, of an insured to have 10 days in which to examine an insurance policy, and if not satisfied, to return it to the company for a full refund of the initial premium.

## Freier Prüfungs-, „freier Ansichts"-Zeitraum

In den meisten Staaten existierendes Recht eines Versicherten, eine Versicherungspolice 10 Tage lang überprüfen zu dürfen und diese, falls er nicht zufrieden ist, an die Versicherungsgesellschaft gegen vollständige Rückerstattung der Anfangsprämie zurückzugeben.

## Free Look Period

→ Free Examination "Free Look" Period

## Freier Ansichts-Zeitraum

→ Freier Prüfungs-, „freier Ansichts"-Zeitraum

## Free-of-Capture-and-Seizure Clause

Exclusion of coverage in marine insurance if damage or destruction of property results from war, capture, or seizure.

## Frei von Aufbringung- und Beschlagnahme-Klausel

Ausschluß des Versicherungsschutzes bei der Seetransportversicherung, falls die Sachbeschädigung oder -zerstörung von Krieg, Aufbringung oder Beschlagnahme herrührt.

## Free of Particular Average (FPA)

Marine insurance contract clause which limits an insurance company's liability. The company agrees to pay only losses which exceed a percentage or flat dollar amount;

## Nicht gegen Teilhavarie versichert

Seetransportversicherungsvertragsklausel, die die Haftung einer Versicherungsgesellschaft begrenzt. Die Gesellschaft stimmt der Zahlung nur solcher Schäden zu, die einen Prozentsatz oder Pauschalbetrag in Dollar übersteigen. Teilschäden

partial (below this percentage or amount) losses are not paid. In essence, the principle is like the → Deductible feature of other policies.

**Free Trade Zone**
Geographical area in which commerce can be conducted without tariffs being applied. The concept was adopted in insurance through the use of a → Reinsurance Facility for buying and selling of insurance coverages without a premium tax being applied.

**Freezing of Supplemental Liability**
Procedure whereby there is no amortization of the employer's liability for the supplemental cost of an employee's future benefits to be paid at retirement. → Individual Level Cost Method With Supplemental Liability

**Freight Insurance**
Coverage for goods during shipment on a common carrier. → Cargo Insurance

**Frequency**
Number of times a loss occurs.

**Frequency and Distribution of Losses**
Number of times losses occur, and their severity. These statistics measure expectation of

**Freihandelszone**
Geographisches Gebiet, in dem Handel betrieben werden kann, ohne daß Zölle zur Anwendung kommen. Dieses Konzept wurde auf die Versicherung durch Verwendung der → Rückversicherungseinrichtung für den Kauf und Verkauf von Versicherungsschutz eingeführt, ohne daß eine Prämiensteuer angewendet wird.

**Einfrierung zusätzlicher Verbindlichkeit**
Verfahren, durch das es keine Amortisation der Verbindlichkeit des Arbeitgebers für die zusätzlichen Kosten der zukünftigen Leistungen eines Arbeitnehmers, die bei Pensionierung zahlbar sind, gibt. → Individuelle, gleichbleibende Kostenmethode mit zusätzlicher Verbindlichkeit

**Frachtversicherung**
Versicherungsschutz für Güter während des Versandes durch einen Spediteur. → Transportgüterversicherung

**Häufigkeit**
Anzahl, wie oft ein Schaden auftritt.

**Häufigkeit und Verteilung von Schäden**
Anzahl, wie oft Schäden auftreten und ihre Schwere. Diese Statistiken messen die Schadenserwartung und sind bei der Fest-

loss, and are critical in establishing a basic premium or the pure cost of protection which is based on expectation of loss.

legung einer Grundprämie oder der reinen Schutzkosten, die auf der Schadenserwartung basieren, von besonderer Wichtigkeit.

### Friendly Fire
Kindling intentionally set in a fireplace, stove, furnace, or other containment which has not spread beyond it. Property insurance does not protect against damage from a friendly fire. For example, smoke damage to the inside of a fireplace is not covered because the fire is in its normal habitat; to insure it would be insuring against a certainty. Insurance is designed to provide coverage against the fortuitous loss. → Hostile Fire

### Nutzfeuer
Absichtlich in eine Feuerstelle, einen Herd, einen Ofen oder einen anderen Behälter eingebrachtes Anzündmaterial, das sich nicht darüber hinaus verbreitet hat. Die Sachversicherung schützt nicht gegen Schäden durch ein Nutzfeuer. Rauchschaden an der Innenseite einer Feuerstelle z.B. ist nicht abgedeckt, weil das Feuer an seinem normalen Ort ist. Dies zu versichern würde bedeuten, gegen eine Gewißheit zu versichern. Eine Versicherung ist jedoch dazu da, um Versicherungsschutz gegen den zufälligen Schaden zu liefern. → Schadenfeuer

### Fronting (Fronting Company)
Procedure under which the → Ceding Company (the primary or fronting company) cedes the risk it has underwritten to its *reinsurer* with the ceding company retaining none or a very small portion of that risk for its own account. → Reinsurance

### Vorzeichnung (Vorzeichnungsgesellschaft)
Verfahren, bei dem die → Zedierende Gesellschaft (die erstrangige oder vorzeichnende Gesellschaft) ein Risiko, das sie gezeichnet hat, an ihren *Rückversicherer* zediert, wobei die zedierende Gesellschaft gar kein oder nur einen sehr kleinen Teil dieses Risikos für das eigene Konto zurückbehält. → Rückversicherung

### Fronting Company
→ Fronting (Fronting Company)

### Vorzeichnungsgesellschaft
→ Vorzeichnung (Vorzeichnungsgesellschaft)

### Front Loading
Expenses added to the beginning of a premium payment period. For example, an annu-

### Anfangsprämienzuschlag
Zu Beginn eines Prämienzahlungszeitraumes hinzugefügte Ausgaben. Eine Rente mit einem Anfangsprämienzuschlag

ity with a 10% front load would include $ 10 of expenses for each $ 100 premium paid.

## Frozen Keogh Plan
Plan to which contributions are not being made, but which has not been formally terminated. The freezing of a → Keogh Plan (HR-10) may occur in the following circumstances:
1. self-employed person stops contributing to the plan;
2. personal corporation is dissolved and stops contributing to the plan even though the employee of the personal corporation may continue in the same occupation;
3. self-employed person under the original plan may form a partnership or incorporate, necessitating the freezing of the original plan and the establishment of a new plan.

Owners of a frozen plan must make sure the plan continues to conform to current regulations and continue to file annually → Form 5500. Annual administrative costs may be saved by terminating the frozen plan and rolling over its assets into a currently active qualified plan.

## FSA
→ Fellow, Society of Actuaries (FSA)

## FSLIC
→ Federal Savings and Loan Corporation (FSLIC)

von 10% z. B. würde für jede US$ 100 gezahlte Prämie Ausgaben von US$ 10 enthalten.

## Eingefrorener Keogh Plan
Vorhaben, zu dem keine Beiträge geleistet werden, das jedoch nicht formell beendet worden ist. Das Einfrieren eines → Keogh Plans (HR-10) kann unter den folgenden Bedingungen erfolgen:
1. Eine selbständige Person hört auf, Beiträge zu dem Vorhaben zu leisten.
2. Eine Personengesellschaft wird aufgelöst und hört auf, Beiträge zu dem Vorhaben zu leisten, obwohl der Arbeitnehmer der Personengesellschaft noch immer dieselbe Tätigkeit ausüben kann.
3. Eine bei dem ursprünglichen Vorhaben selbständige Person kann eine Handelsgesellschaft oder eine juristische Person gründen, so daß das Einfrieren des ursprünglichen Vorhabens und die Schaffung eines neuen Vorhabens erforderlich werden.

Die Eigentümer eines eingefrorenen Vorhabens müssen sicherstellen, daß das Vorhaben weiterhin die laufenden Vorschriften einhält, und müssen weiterhin jährlich das → Formular 5500 einreichen. Jährliche Verwaltungskosten können dadurch, daß das eingefrorene Vorhaben aufgelöst und dessen Aktiva in ein laufendes, aktives, steuerbegünstigtes Vorhaben übertragen werden, eingespart werden.

## FSA
→ Fellow, Society of Actuaries (FSA)

## FSLIC
→ Federal Savings and Loan Corporation (FSLIC)

**FTZ**
→ Free Trade Zone

**FTZ**
→ Freihandelszone

**Full Coverage**
All insured losses paid in full.

**Vollständiger Versicherungsschutz**
Alle versicherten Schäden werden vollständig bezahlt.

**Full Preliminary Term Reserve Plan**
Method of valuing a reserve under which a life insurance policy, from an actuarial point of view, combines one-year term insurance and a one-year deferred plan. Here the net premium is sufficient only to pay first-year death claims. For example, a 10-pay life insurance policy issued at age 30 would be viewed actuarially, for full preliminary term reserve plan purposes, as one-year term insurance at age 30 plus a nine-pay policy issued at age 30 but deferred to age 31.

**Vollständiger zunächst befristeter Rückstellungsplan**
Methode, eine Rückstellung zu bewerten, bei der eine Lebensversicherungspolice vom versicherungsmathematischen Gesichtspunkt aus eine einjährige befristete Versicherung und ein um ein Jahr verschobenes Vorhaben miteinander kombiniert. Hier reicht die Nettoprämie nur dazu aus, die Todesfallansprüche des ersten Jahres zu zahlen. Eine bei einem Alter von 30 Jahren ausgegebene Lebensversicherungspolice mit 10 Zahlungen würde z.B. versicherungsmathematisch für Zwecke eines vollständigen zunächst befristeten Rückstellungsplanes betrachtet als einjährige Versicherung im Alter von 30 plus einer Police mit neun Zahlungen, die im Alter von 30 Jahren ausgegeben, aber auf das Alter 31 verschoben wurde.

**Full Preliminary Term Reserve Valuation**
Mathematical combination of one-year term insurance and one-year deferred permanent insurance such that no reserve has to be set up for the first year the policy is in force and allowance is made for adjustment in future reserves to reflect this one-year lag.

**Vollständige zunächst befristete Rückstellungsbewertung**
Mathematische Kombination einer auf ein Jahr befristeten Versicherung und einer um ein Jahr verschobenen ständigen Versicherung, so daß keine Rückstellung für das erste Jahr, in dem die Police in Kraft ist, gebildet und eine Anpassung zukünftiger Rückstellungen berücksichtigt werden muß, um dieser einjährigen Verzögerung Rechnung zu tragen.

## Full Reporting Clause

Provision in commercial property coverage under which an insured must report the value of an insured property at periodic intervals in order to preserve coverage up to values reported. In essence, this clause requires the insured to maintain total insurance to the value of the property, or 100% coinsurance. If the insured maintains less than the 100% requirement and a loss takes place, only a portion of that loss will be paid. → Coinsurance

## Full Valuation Reserve

Method of valuing a reserve under which no reserve is established for a life insurance policy at the end of the first policy year, but reserves are established at the end of the second policy year. This approach enables the company to have more funds available during the first policy year to pay the expenses associated with selling the policy. → Full Preliminary Term Reserve Plan

## Full Vesting

Entitlement to pension benefits without a reduction, even though an employee is no longer in the service of an employer at retirement. For example, under the → Ten Year

## Vollständige Berichterstattungsklausel

Bestimmung bei dem gewerblichen Sachversicherungsschutz, bei dem ein Versicherter den Wert eines versicherten Vermögens in periodischen Abständen melden muß, um den Versicherungsschutz für die berichteten Werte zu bewahren. Im wesentlichen fordert diese Klausel vom Versicherten, daß er eine totale Versicherung im Wert des Vermögens oder eine 100%ige Mitversicherung aufrechterhält. Falls der Versicherte weniger als die 100%-Forderung aufrechterhält und es tritt ein Schaden ein, wird nur ein Teil dieses Schadens bezahlt. → Mitversicherung

## Vollständige Bewertungsrückstellung

Bewertungsmethode einer Rückstellung, bei der zum Ende des ersten Policenjahres für eine Lebensversicherungspolice keine Rückstellung aufgestellt wird, sondern die Rückstellungen am Ende des zweiten Policenjahres geschaffen werden. Dieser Ansatz ermöglicht es der Gesellschaft, daß sie während des ersten Policenjahres mehr finanzielle Mittel zur Verfügung hat, um die mit dem Verkauf der Police zusammenhängenden Kosten zu zahlen. → Vollständiger zunächst befristeter Rückstellungsplan

## Vollständige Übertragung

Anspruch auf Pensionsleistungen ohne Abzug, obwohl ein Arbeitnehmer bei Pensionierung nicht länger in den Diensten eines Arbeitgebers ist. Nach der Regel zur → Übertragung von Pensionsansprüchen nach 10 Jahren z. B. werden einem

Vesting rule, an employee who has worked 10 years for an employer is automatically credited with future retirement benefits. → Vesting, Conditional

Arbeitnehmer, der 10 Jahre für einen Arbeitgeber gearbeitet hat, automatisch zukünftige Pensionsleistungen gutgeschrieben. → Übertragung, Bedingte

## Fully Insured Status
Provision in Social Security: to receive retirement monthly income, a participant must have earned income on which Social Security taxes were paid for at least 10 years or 40 quarters.

## Vollständiger Versichertenstatus
Vorschrift bei der Sozialversicherung. Um ein monatliches Renteneinkommen zu beziehen, muß ein Teilnehmer Einkommen verdient haben, wofür mindestens 10 Jahre oder 40 Quartale Sozialversicherung abgeführt worden sind.

## Fully Paid Policy
Limited pay whole life policy under which all premium payments have been made. For example, a 20 pay policy is completely paid for after 20 payments; no future premiums have to be made and the policy remains in full force for the life of the insured.

## Vollständig einbezahlte Police
Eine Lebensversicherungspolice auf den Todesfall mit begrenzter Zahlung, bei der alle Prämienzahlungen geleistet worden sind. Eine Police mit 20 Zahlungen z. B. ist nach 20 Zahlungen vollständig einbezahlt. Es müssen keine zukünftigen Prämien gezahlt werden, und die Police bleibt vollständig in Kraft, solange der Versicherte lebt.

## Fundamental
Basic requirements of an employee benefit insurance plan such as minimum age and years of service with an employer.

## Grundlage
Grundlegende Anforderungen an ein betriebliches Sozialzulagenversicherungsvorhaben, wie Mindestalter und Dienstjahre bei einem Arbeitgeber.

## Funded Pension Plan
Plan in which funds are currently allocated to purchase retirement benefits. An employee is thus assured of receiving retirement payments even if the employer is no longer in business at the time the employee retires. → Allocated Funding Instrument

## Finanziertes Pensionsvorhaben
Vorhaben, bei dem Finanzmittel laufend zugeteilt werden, um Pensionsleistungen zu erwerben. Ein Arbeitnehmer kann somit sicher sein, daß er Pensionszahlungen erhalten wird, auch wenn der Arbeitgeber, wenn der Arbeitnehmer in Pension geht, nicht länger im Geschäft ist. → Zugewiesenes Finanzierungsinstrument

**Funded Retirement Plan**
→ Funded Pension Plan

**Funding**
Allocation of funds in a retirement plan. → Allocated Funding Instrument

**Funding Standard Account**
Approach in pension plan funding under which a separate account is maintained for comparing actual contributions to the plan with the minimum contributions required to meet future employee benefit liabilities. This account acts as a reservoir in that it can store excess contributions above the minimum required. It also allows excess contributions to accumulate at interest and then applies these accrued contributions to reduce the minimum required future contributions.

**Funds Paid in Advance to Cover Expenses**
→ Rain Insurance

**Funeral Insurance**
Modest life insurance coverage to pay burial expenses upon the death of an insured.

**Fur and Jewelry Floater**
Coverage on an → All Risks basis for loss or damage to fur and jewelry at any location. Furs and jewelry must be scheduled in order to be covered.

**Finanziertes Rentenvorhaben**
→ Finanziertes Pensionsvorhaben

**Finanzierung**
Zuteilung von Finanzmitteln in einem Rentenvorhaben. → Zugewiesenes Finanzierungsinstrument

**Standardfinanzierungskonto**
Ansatz bei der Pensionsvorhabenfinanzierung, bei dem ein getrenntes Konto geführt wird, um die tatsächlichen Beiträge zu dem Vorhaben mit den für die Begleichung der zukünftigen Verbindlichkeiten für Arbeitnehmerleistungen erforderlichen Mindestbeiträgen zu vergleichen. Dieses Konto dient als Reservoir, da es Überschußbeiträge, die über das erforderliche Minimum hinausgehen, aufbewahren kann. Es erlaubt auch, daß die Überschußbeiträge Zinsen ansammeln und verwendet diese angesparten Beiträge, um die zukünftigen Mindestbeiträge zu senken.

**Zur Deckung der Kosten im voraus gezahlte Finanzmittel**
→ Regenversicherung

**Begräbnisversicherung**
Bescheidener Lebensversicherungsschutz zur Bezahlung der Begräbniskosten nach dem Tode eines Versicherten.

**Pelz- und Juwelen-Pauschalversicherungspolice**
Versicherungsschutz auf Grundlage → Aller Risiken für Verlust und Beschädigung von Pelz und Juwelen an jedem Standort. Um versichert zu sein, müssen Pelze und Juwelen aufgelistet sein.

## Furriers Block Insurance

Coverage for furs owned by a furrier, or a customer's furs in the care, custody, and control of the furrier. Coverage is on an → All Risks basis except those specifically excluded: wear and tear; war, delay; loss of market; flood; earthquake; loss or damage while furs are being worn by the insured or his/her representatives; loss resulting from infidelity of any person under the care, custody, and control of the insured; damage or destruction of the furs after it leaves the care, custody, and control of the insured which has been sold under an installment contract; and mysterious disappearance.

## Furriers Customers Policy

Coverage on an → All Risks basis for fur garments belonging to customers of a furrier. → Furriers Block Insurance

## Furs Insurance

Coverage on fur coats as well as other clothes which have fur trim. Protection is provided at any location on an → All Risks basis subject to the exclusions of wear and tear, war, and nuclear disaster. Each item must be specifically listed in the policy.

## Future Service Benefits

Retirement payments to be

## Kürschnergeneralversicherung

Versicherungsschutz für Pelze im Besitz eines Kürschners oder den Pelz eines Kunden in der Obhut, dem Gewahrsam und unter der Kontrolle des Kürschners. Der Versicherungsschutz erfolgt auf Grundlage → Aller Risiken, außer den speziell ausgeschlossenen Risiken: Verschleiß, Krieg, Verspätung, Verlust des Marktes, Überschwemmung, Erdbeben, Verlust oder Beschädigung während die Pelze vom Versicherten oder seinen/ihren Vertretern getragen werden, Verlust wegen Untreue irgendeiner Person unter der Obhut, im Gewahrsam und unter der Kontrolle des Versicherten, Beschädigung oder Zerstörung eines Pelzes, der mit einem Ratenvertrag verkauft worden ist, nachdem er die Obhut, den Gewahrsam und die Kontrolle des Versicherten verlassen hat, und mysteriöses Verschwinden.

## Kürschnerkundenpolice

Versicherungsschutz auf Grundlage → Aller Risiken für Pelzbekleidungstücke, die den Kunden eines Kürschners gehören. → Kürschnergeneralversicherung

## Pelzversicherung

Versicherungsschutz für Pelzmäntel sowie für andere Kleidungsstücke, die einen Pelzbesatz haben. Schutz auf Grundlage → Aller Risiken wird an jedem Ort geboten, vorbehaltlich der Ausschlüsse von Verschleiß, Krieg, Atomunglück. Jeder Gegenstand muß speziell in der Police aufgelistet sein.

## Leistungen für zukünftige Dienstjahre

Für zukünftige Dienstjahre bei einem

credited for future years of service with an employer.

## Futures Tied to Reinsurance

Futures contracts based on automobile and health → Reinsurance policies to be traded on the Commodity Future Exchange of the Chicago Board of Trade. The purpose is to allow insurance companies in the United States and abroad to use these futures contracts to hedge against losses on automobile and health policies that the companies underwrite. At the expiration point of the 3-month-long futures contract, certificates of reinsurance (showing evidence of the existence and terms of a particular policy or policies) are issued to the remaining contract holders. After all the claims have been paid, the reinsurance certificates are redeemed for an amount equal to the net earned premium. → Financial Reinsurance; → Automatic Nonproportional Reinsurance; → Automatic Proportional Reinsurance; → Automatic Reinsurance; → Excess of Loss Reinsurance; → Facultative Reinsurance; → Nonproportional Reinsurance; → Proportional Reinsurance; → Quota Share Reinsurance; → Stop Loss Reinsurance; → Surplus Reinsurance

Arbeitgeber gutzuschreibende Rentenzahlungen.

## An Rückversicherung gebundene Termingeschäfte

Termingeschäftsverträge, die auf Kfz- und Kranken-(→)Rückversicherungs-Policen basieren, die auf dem Commodity Future Exchange of the Chicago Board of Trade gehandelt werden sollen. Der Zweck besteht darin, Versicherungsgesellschaften in den Vereinigten Staaten und im Ausland zu erlauben, diese Termingeschäftsverträge zu verwenden, um sich gegen Verluste aus den Kfz- und Krankenversicherungspolicen, die die Gesellschaften zeichnen, abzuschirmen. Bei Ablauf der dreimonatigen Termingeschäftsverträge werden Rückversicherungsurkunden (die Beweise über die Existenz und die Bedingungen einer bestimmten Police oder von Policen zeigen) an die verbleibenden Vertragsinhaber ausgegeben. Nachdem alle Ansprüche bezahlt worden sind, werden die Rückversicherungszertifikate für einen Betrag, der der nettoverdienten Prämie entspricht, zurückgekauft. → Finanzielle Rückversicherung; → Automatische, Nicht-Proportionale Rückversicherung; → Automatische, Proportionale Rückversicherung; → Automatische Rückversicherung; → Schadenexzedentenrückversicherung; → Fakultative Rückversicherung; → Nicht-Proportionale Rückversicherung; → Proportionale Rückversicherung; → Quotenrückversicherung; → Stop-Loss-Rückversicherung; → Exzedentenrückversicherung

# G

### Gambling Insurance
→ Wagering and Insurance

### Garage Insurance
Coverage for bodily injury, property damage or destruction, for which the insured garage and/or its representatives become legally liable resulting from the operation of the garage. For example, negligent repair to a customer's automobile brakes cause them to fail, thereby injuring the driver. The garage faces a liability suit for perhaps three types of damages: special, general, and punitive.

### General Adjustment Bureau (GAB)
National agency supported by property insurance companies. The bureau is used by companies which do not have their own claims adjusters.

### General Agency System
Means of distribution that uses general agents rather than branch offices to sell life and health insurance. → General Agent (GA)

### Glücksspielversicherung
→ Wetten . /. Versicherung

### Kfz-Werkstattversicherung
Versicherungsschutz gegen Körperverletzung, Sachbeschädigung oder -zerstörung, für die eine versicherte Werkstatt und/oder deren Vertreter wegen des Betreibens der Werkstatt gesetzlich haftbar sind: z. B., wenn die fahrlässige Reparatur der Bremsen eines Kundenfahrzeuges dazu führt, daß diese versagen und der Fahrer dadurch verletzt wird. Die Werkstatt sieht sich einer Haftpflichtklage auf vielleicht drei Arten von Schadenersatz ausgesetzt: zusätzlichen Schadenersatz, Schadenersatz für nicht in Geld meßbare Schäden und Bußgeld.

### General Adjustment Bureau (GAB)
(Allgemeines Regulierungsbüro) – nationale von Sachversicherungsgesellschaften unterstützte Agentur. Das Büro wird von Gesellschaften benutzt, die keine eigenen Schadensregulierer haben.

### Generalagentursystem
Vertriebsmittel, das Generalagenten anstelle von Zweigstellenbüros einsetzt, um Lebens- und Krankenversicherungen zu verkaufen. → Generalagent

## General Agent (GA)

Individual responsible for insurance agency operation in a particular area, including sale of life and health insurance, servicing policies already sold, recruiting and training agents, and providing administrative support. General agents are compensated on a commission basis and usually pay all expenses of administering their agencies.

## General Agents and Managers Conference (GAMC)

Association of general agents and managers affiliated with the → National Association For Life Underwriting (NALU). Their objective is to seek solutions to common managerial problems. GAMC provides a forum for exchange of ideas and gives awards for outstanding performance by members.

## General Average

Expenses and damages incurred as the result of damage to a ship and its cargo and/or of taking direct action to prevent initial or further damage to the ship and its cargo. These expenses and damages are paid by those with an interest in the ship and its cargo in proportion to their values exposed to the common danger. Contrast with
→ Particular Average

## Generalagent

Für den Betrieb einer Agentur, einschließlich des Verkaufes von Lebens- und Krankenversicherungen, der Bedienung bereits verkaufter Policen, der Rekrutierung und Ausbildung von Agenten und der verwaltungsmäßigen Unterstützung, in einer bestimmten Region verantwortliche Einzelperson. Generalagenten werden auf der Grundlage von Provisionen entlohnt und zahlen gewöhnlich alle Kosten für die Verwaltung ihrer Agenturen.

## General Agents and Managers Conference (GAMC)

(Generalagenten- und Manager-Konferenz) – Vereinigung von Generalagenten und Managern, die mit der → National Association for Life Unterwriters (NALU) (nationale Vereinigung für die Zeichnung von Lebensversicherungen) verbunden ist. Ihr Ziel ist es, nach Lösungen für allgemeine Management-Probleme zu suchen. Die GAMC bietet ein Forum für Gedankenaustausch und verleiht Preise für herausragende Leistungen von Mitgliedern.

## Große Havarie

Kosten und Schadenersatz, die als Ergebnis einer Beschädigung an einem Schiff und seiner Fracht und/oder durch die sofortige Ergreifung von Maßnahmen, um eine anfängliche oder weitere Beschädigung am Schiff und seiner Ladung zu verhindern, erlitten werden. Diese Kosten und der Schadenersatz werden von denjenigen, die ein Interesse an dem Schiff und seiner Fracht haben, entsprechend ihrer der allgemeinen Gefahr ausgesetzten Werte bezahlt. Vergleiche → Besondere Havarie, Teilhavarie

### General Characteristics
Attributes of a particular employee benefit plan. For example, a general characteristic of group life insurance is that the whole group is underwritten, not individual members.

### General Considerations
→ General Characteristics

### General Damages
→ Liability, Civil Damages Awarded

### General Liability Insurance
Coverage for an insured when negligent acts and/or omissions result in bodily injury and/or property damage on the premises of a business, when someone is injured as the result of using the product manufactured or distributed by a business, or when someone is injured in the general operation of a business.

### Generally Accepted Accounting Principles (GAAP)
Type of accounting method, in life insurance, designed to match revenues and expenses of an insurer according to principles designed by the *Financial Accounting Standards Board* and the *Audit Guide for Stock Life Insurance Companies* published by the

### Allgemeine Merkmale
Attribute eines bestimmten betrieblichen Sozialzulagensystems. Ein allgemeines Merkmal einer Gruppenlebensversicherung ist z.B., daß sie für die gesamte Gruppe gezeichnet wird und nicht für einzelne Mitglieder.

### Allgemeine Überlegungen
→ Allgemeine Merkmale

### Schadenersatz für nicht in Geld feststellbare Schäden
→ Haftpflicht, zivilrechtlich zuerkannter Schadenersatzanspruch

### Allgemeine Haftpflichtversicherung
Versicherungsschutz für einen Versicherten, falls fahrlässige Handlungen und/oder Unterlassungen Körperverletzung und/oder Sachbeschädigung auf dem Betriebsgelände eines Unternehmens zur Folge haben, daß jemand infolge der Verwendung eines von dem Unternehmen hergestellten oder vertriebenen Produktes verletzt wird oder daß jemand beim allgemeinen Betrieb des Unternehmens verletzt wird.

### Allgemein akzeptierte Buchführungsgrundsätze
Art einer Buchhaltungsmethode bei der Lebensversicherung, die so beschaffen ist, daß sie Einnahmen und Ausgaben eines Versicherers entsprechend den vom *Financial Accounting Standards Board* (Finanzbuchhaltungsnormenkommission) entwickelten Prinzipien und dem von dem American Institute of CPAs veröffentlichen *Audit Guide for Stock Life Insur-*

American Institute of CPAs. For example, under GAAP, acquisition expenses (costs of placing insurance on a company's books such as administrative expenses and agent commissions) are recognized in the same proportion that premium income is recognized over the premium paying period, with losses subtracted from premium and investment income as they occur.

## General Operating Expense

Costs incurred by an insurance company other than agent commissions and taxes; that is, mainly the administrative expense of running a company.

## General Property Form

Attachment to a property business insurance policy providing coverage for a business structure and any additions and/or extensions; merchandise and other stock and inventory within the structure (not including animals, pets, watercraft, outdoor trees, shrubs, and plants, outdoor signs, fences, and swimming pools); personal property of the insured while in the insured structure and within 100 feet of the premises; and personal property of a third party under the safekeeping of the insured in the insured

*ance Companies* (Buchprüfungsratgeber für Versicherungsgesellschaften auf Aktien) in Einklang bringt. Z.B. werden nach den allgemein akzeptierten Buchführungsgrundsätzen Akquisitionskosten (Kosten für das Plazieren von Versicherungen in den Büchern der Gesellschaft, wie Verwaltungskosten und Provisionen für Agenten) im gleichen Verhältnis anerkannt, wie das Prämieneinkommen über den prämienzahlenden Zeitraum anerkannt wird, wobei Verluste von Prämien- und Kapitalanlageeinkommen abgezogen werden, wenn sie eintreten.

## Allgemeine Betriebskosten

Von einer Versicherungsgesellschaft erlittene Kosten, außer Provisionen für Agenten und Steuern, d.h. hauptsächlich die Verwaltungskosten für das Betreiben einer Gesellschaft.

## Allgemeines Sachversicherungsformular

Anlage zu einer Geschäftssachversicherungspolice, die Versicherungsschutz für Bauten eines Unternehmens und alle Hinzufügungen und/oder Erweiterungen für Handelsware, sonstigen Lagerbestand und Inventar innerhalb des Gebäudes (ohne Tiere, Haustiere, Wasserfahrzeuge, Bäume außerhalb des Gebäudes, Sträucher und Pflanzen, Außenschilder, Zäune und Swimmingpools) und für das Privateigentum des Versicherten bietet, wenn es sich innerhalb des versicherten Gebäudes befindet und innerhalb von 100 Fuß vom Betriebsgelände entfernt liegt, Privatbesitz einer dritten Partei in der Sicherheitsaufbewahrung des Versicherten in dem versicherten Gebäude ist und innerhalb von

structure and within 100 feet of the premises. The General Property Form Provides coverage in three ways:
1. *Specific* – an amount of insurance is provided on a specified piece of property.
2. *Schedule* – an amount of insurance is provided on several specified pieces of property listed in the policy.
3. *Blanket* – an amount of insurance is provided on several different kinds of property, several different locations, or a combination of several different kinds of property at several different locations.

**Geographical Limitation**
→ Territorial Limits

**Gift**
Transfer of property without payment

**Gift in Trust**

Value or property given by an individual to a *trustee* who holds and administers it for the benefit of the donee (recipient of the gift). For example, a father entrusts a life insurance policy with all ownership rights to a trustee. The trustee owns the policy, collects the proceeds, and administers the proceeds for the benefit of the donee son. → Estate Planning Distribution

100 Fuß vom Betriebsgelände entfernt liegt. Das allgemeine Sachversicherungsformular bietet auf drei Arten Versicherungsschutz:
1. *Spezifisch:* Für einen bestimmten Vermögensgegenstand wird Versicherungsschutz in bestimmter Höhe geleistet.
2. *Liste:* Für mehrere bestimmte, in der Police aufgelistete Vermögensgegenstände wird Versicherungsschutz in bestimmter Höhe geleistet.
3. *Pauschal:* Für mehrere verschiedene Arten von Besitz, mehrere verschiedene Standorte oder eine Kombination von verschiedenen Arten von Besitz an mehreren Standorten wird Versicherungsschutz in bestimmter Höhe geleistet.

**Geographische Begrenzung**
→ Territoriale Beschränkungen

**Schenkung**
Übertragung von Besitz ohne Bezahlung

**Schenkung an ein Treuhandvermögen**
Wert oder Vermögen, das von einer Einzelperson an einen *Treuhänder* übergeben wird und den dieser zugunsten des Beschenkten (Empfänger der Schenkung) treuhänderisch verwaltet. Z.B.: Ein Vater vertraut eine Lebensversicherungspolice mit allen Eigentümerrechten einem Treuhänder an. Der Treuhänder besitzt die Police, kassiert die Erlöse und verwaltet die Erlöse zugunsten des beschenkten Sohnes. → Nachlaßverteilungsplanung

## Gift Outright

Value or property given by an individual directly to a donee (recipient of the gift), for example, when a father gives a life insurance policy with all ownership rights to his son. → Estate Planning Distribution

## Gift Tax

Tax, under Federal and State laws, on transfer of property made without payment or other value in exchange.

## Glass Insurance

→ Comprehensive Glass Insurance

## Glass-Steagall Act (Banking Act of 1933)

Legislation excluding commercial banks that are members of the Federal Reserve System from most types of investment banking activities. The coauthor of the Act, Senator Carter Glass of Virginia, believed that commercial banks should restrict their activities to involvement in short-term loans to coincide with the nature of their primary classification of liabilities, demand deposits. Today, many in the banking field view these constraints as particularly burdensome because of increased competition from other financial institutions for customers' savings and investment dollars.

## Vorbehaltlose Schenkung

Durch eine Einzelperson direkt an einen Beschenkten (Empfänger der Schenkung) übergebener Wert oder Besitz. Z.B., wenn ein Vater eine Lebensversicherungspolice mit allen Eigentümerrechten direkt an seinen Sohn weitergibt. → Nachlaßplanungsverteilung

## Schenkungsteuer

Steuer nach Bundes- und Staatsgesetzen für die Übertragung von Vermögen ohne Zahlung oder anderen Wert als Gegenleistung.

## Glasversicherung

→ Allgemeine Glasversicherung

## Glass-Steagall Gesetz (Bankgesetz aus dem Jahre 1933)

Gesetzgebung, die gewerbliche Banken, die Mitglied des Federal Reserve Systems sind, von den meisten Arten der Kapitalanlagegeschäfte ausschließt. Der Mitautor dieses Gesetzes, Senator Carter Glass aus Virginia, glaubte, daß gewerbliche Banken ihre Aktivitäten auf ihre Beteiligung an kurzfristigen Darlehn beschränken sollten, um dem Wesen ihrer Hauptklassifikationen von Verbindlichkeiten und Sichteinlagen zu entsprechen. Heute betrachten viele aus dem Bankfach diese Beschränkungen wegen der verschärften Konkurrenz von anderen Finanzinstitutionen im Bereich Kundensparen und Kapitalanlagen als besonders belastend.

## Golfers Equipment Insurance

Coverage for golf clubs and golf equipment on an → All Risks basis subject to exclusions of wear and tear, war, and nuclear disaster. Location of coverage is a clubhouse locker or any other building used in golf activities. For example, if a golfer's clubs were in the locker in the clubhouse and they were stolen, the golfer would be indemnified. There is usually no coinsurance requirement and coverage is provided on a replacement cost basis.

## Good Samaritan Coverage

→ Homeowners Insurance Policy – Section II (Liability Coverage)

## Good Student Discount

Reduction in automobile insurance rate for a student with a good academic record. Some statistical studies suggest that good students have fewer automobile accidents.

## Goodwill

Monetary value of the reputation of a business. Goodwill is an intangible asset and thus may be difficult to measure.

## Government Insurance

Coverage under the auspices of a Federal or state agency which can be either mandatory or elective. → Social Insurance

## Golfspielerausrüstungsversicherung

Versicherungschutz für Golfclubs und Golfausrüstungen auf Grundlage → Aller Risiken, vorbehaltlich der Ausschlüsse von Verschleiß, Krieg und atomarem Unglück. Der Versicherungsschutzort ist ein Clubhaus-Schließfach oder jedes andere Gebäude, das für Golfaktivitäten verwendet wird. Wenn die Schläger eines Golfspielers sich beispielsweise in einem Schließfach im Clubhaus befinden und gestohlen würden, so würde der Golfspieler entschädigt werden. Gewöhnlich wird keine Mitversicherung gefordert, und der Versicherungsschutz wird auf einer Wiederbeschaffungskostengrundlage geboten.

## Guter Samariter-Deckung

→ Hausbesitzerversicherungspolice – Teil II (Haftpflichtversicherungsschutz)

## Rabatt für gute Studenten

Reduzierung eines Kfz-Versicherungstarifes für einen Studenten mit guten akademischen Leistungen. Einige statistische Untersuchungen behaupten, daß gute Studenten weniger Autounfälle haben.

## Goodwill

Geldwert des guten Rufes eines Unternehmens. Bei dem Goodwill handelt es sich um einen immateriellen Vermögenswert, der somit schwer meßbar sein kann.

## Staatliche Versicherung

Versicherungsschutz unter der Leitung einer Bundes- und staatlichen Behörde, der entweder obligatorisch oder wahlweise erfolgen kann. → Sozialversicherung

## Government Life Insurance

Coverage for present and past U.S. uniformed services members under one of these programs:
1. *United States Government Life Insurance (USGLI)* – established in 1919 to provide → Renewable Term Life Insurance up to $10,000. This program is no longer available.
2. *National Service Life Insurance (NSLI)* – established in 1940 to take the place of USGLI; terminated in 1950. Today NSLI exists for amounts ranging from $1000 to $10,000 under five year renewable term and permanent forms of life insurance. The latter policies have the same *nonforfeiture benefits* and → Optional Modes of Settlement as → Commercial Forms of life insurance.
3. → Servicemen's Group Life Insurance (SGLI) – established in 1965 to cover active members of the U.S. uniformed forces; purchased through *commercial insurance companies* on a group basis at a government subsidized rate. Each service person pays a premium which reflects non-military mortality expectation and administrative expenses. The Federal government subsidizes the premium by paying for any extra mortality and ad-

## Staatliche Lebensversicherung

Versicherungsschutz für gegenwärtige und frühere Mitglieder uniformierter Streitkräfte unter einem dieser Programme:
1. *Staatliche Lebensversicherung der Vereinigten Staaten:* wurde 1919 gegründet, um eine → Befristete Lebensversicherung mit Verlängerungsrecht bis zu US$ 10.000 zu bieten. Dieses Programm ist nicht länger verfügbar.
2. *Militärdienst-Lebensversicherung:* gegründet 1940, um an die Stelle der staatlichen Lebensversicherung der Vereinigten Staaten zu treten. Wurde 1950 beendet. Heute besteht das Militärdienst-Lebensversicherungsprogramm für Beträge zwischen US$ 1.000 bis US$ 10.000 bei Lebensversicherungen mit einer Laufzeit von fünf Jahren mit Verlängerungsrecht und Lebensversicherungen auf den Todesfall. Die letzteren Policen haben dieselben *der Anspruchsverwirkung nicht unterworfenen Leistungen* und → Wahlmöglichkeiten bei den Auszahlungsmodalitäten wie die → Gewerblichen Versicherungsformen der Lebensversicherung.
3. → Gruppenlebensversicherung der Streitkräfte: 1965 gegründet, um aktive Mitglieder der uniformierten Streitkräfte der Vereinigten Staaten zu versichern, abgeschlossen bei *gewerblichen Versicherungsgesellschaften* auf einer Gruppengrundlage zu einem von der Regierung subventionierten Tarif. Jeder Angehörige der Streitkräfte zahlt eine Prämie, die der nicht-militärischen Sterblichkeitserwartung und den Verwaltungskosten Rechnung trägt. Die Bundesregierung subventioniert die Prämie durch Zahlung aller zusätzlichen Ausgaben für jedwede Sterblichkeit und alle Verwaltungskosten, die

ministrative expenses associated with the military exposure. Upon discharge, a SGLI policy can be converted, regardless of physical condition, to a five-year nonrenewable Veterans Group Life Policy (VGLI), and then can be converted (after five years) – again regardless of health – to an individual life policy with any of the participating commercial life insurance companies.

4. → Veterans Group Life Insurance (VGLI) – nonrenewable convertible 5-year term insurance to which SGLI is converted at the time a service person is discharged. It has no cash or loan value, disability benefits, paid-up benefits, or extended term benefits. It can be converted to an individual policy with a participating company.

## Grace Period

Period after the date the premium is due during which the premium can be paid with no interest charged, the policy remaining in force. This period is for 30 or 31 days. If the insured dies during this period, the beneficiary would receive the full face amount of the policy minus the premium owed. Thus the use of the grace period allows the financial technique of leveraging.

mit der militärischen Gefährdung verbunden sind. Nach der Entlassung kann eine Gruppenlebensversicherung für Angehörige der Streitkräfte, unabhängig von der körperlichen Verfassung, in eine nicht verlängerbare Veteranengruppenlebensversicherung mit einer Laufzeit von fünf Jahren und dann (nach Ablauf der fünf Jahre), unabhängig vom Gesundheitszustand, bei einer der teilnehmenden gewerblichen Lebensversicherungsgesellschaften, in eine Einzellebensversicherungspolice umgewandelt werden.

4. → Veteranengruppenlebensversicherung: nicht verlängerbare, umwandelbare Versicherung mit einer Laufzeit von 5 Jahren, in die eine Gruppenlebensversicherung der Streitkräfte zum Zeitpunkt der Entlassung eines Angehörigen der Streitkräfte umgewandelt wird. Sie hat keinen Bar- oder Darlehnswert, Invaliditätsleistungen, einbezahlte Leistungen oder erweiterte Vertragsleistungen. Sie kann bei einer beteiligten Gesellschaft in eine Einzelpolice umgewandelt werden.

## Nachfrist

Zeitraum nach dem Datum, an dem die Prämie fällig ist, während dessen die Prämie bezahlt werden kann, ohne daß Zinsen berechnet werden und die Police in Kraft bleibt. Dieser Zeitraum beträgt 30 oder 31 Tage. Stirbt der Versicherte während dieses Zeitraums, so erhält der Begünstigte den vollständigen Nennwert der Police, abzüglich der geschuldeten Prämie. Die Nutzung dieser Nachfrist erlaubt somit die Finanztechnik der Hebelgesetze.

## Graded
→ Graded Commission; → Graded Death Benefit; → Graded Premium, Whole Life Insurance

## Graded Commission
Compensation that varies with the class and type insurance sold. Many insurance companies offer varying commissions according to the volume of business an agent places with the company.

## Graded Death Benefit
Death payment that increases with the age of an insured. Graded benefits may increase gradually and then level off, or may increase sharply before becoming level. This type of coverage is most common in juvenile life insurance.

## Graded Policy
Insurance for which premiums are charged according to the size of the → Face Amount of the policy, so that the greater the face amount, the lower the cost per $1,000 unit of insurance.

## Graded Premium, Whole Life Insurance
Coverage under which initial premiums are less than normal for the first few years, then gradually increase for the next several years until they become level for the duration of the policy.

## Gestaffelt
→ Gestaffelte Provision; → Gestaffelte Todesfalleistung; → Gestaffelte Prämie, Lebensversicherung auf den Todesfall

## Gestaffelte Provision
Entlohnung, die sich je nach Klasse und Typ der verkauften Versicherung unterscheidet. Viele Versicherungsgesellschaften bieten unterschiedliche Provisionen, je nach dem Geschäftsvolumen, welches ein Agent bei einer Gesellschaft plaziert, an.

## Gestaffelte Todesfalleistung
Todesfallzahlung, die mit dem Alter des Versicherten steigt. Die gestaffelten Leistungen können allmählich ansteigen und sich dann auf einem Niveau einpendeln, oder sie können scharf ansteigen, bevor sie die Endstufe erreichen. Dieser Typ des Versicherungsschutzes ist die geläufigste Form bei der Jugendlebensversicherung.

## Gestaffelte Police
Versicherung, bei der Prämien entsprechend der Höhe des Nennwertes der Police berechnet werden, d. h., je größer der Nennwert, desto niedriger die Kosten pro US$ 1.000-Einheit der Versicherung.

## Gestaffelte Prämie, Lebensversicherung auf den Todesfall
Versicherungsschutz, bei dem die Anfangsprämien in den ersten Jahren geringer sind als normal. Danach steigen diese dann allmählich für die nächsten paar Jahre an, bis sie das Niveau für die Laufdauer der Police erreicht haben.

## Graduated Life Table
→ Mortality Table which reflects irregularities from age due to chance fluctuations in the sequence of the rates of mortality. The rates of death as reflected by the mortality table in its most idealized form (the "perfect world" approach) should proceed smoothly from age bracket to subsequent age bracket. Irregularities may result from:
1. statistical fluctuations due to an insufficiently large data base;
2. use of statistics that are not homogeneous;
3. statistics of one particular mortality study not representing other mortality studies;
4. mortality statistics for later policy years too scanty to yield reliable information, and too heavily weighted towards the earlier policy years.

## Graduated Mortality Table
→ Graduated Life Table

## Grant of Limited Property Interest
→ Estate Planning Distribution

## Grantor
Individual who creates a → Trust and generally places his or her assets in it.

## Gestaffelte Sterbetafel
→ Sterblichkeitstabelle, die die Irregularitäten von Alter zu Alter wegen zufälliger Schwankungen in der Reihenfolge der Sterblichkeitsziffern widerspiegelt. Die Sterblichkeitsziffern, wie in der Sterblichkeitstabelle in ihrer idealisiertesten Form (dem „Vollkommene-Welt"-Ansatz) dargestellt, sollten sanft von einer Altersgruppe zur nachfolgenden Altersgruppe verlaufen. Die Unregelmäßigkeiten können herrühren von:
1. statistischen Schwankungen aufgrund einer nicht ausreichend großen Datengrundlage;
2. Verwendung von Statistiken, die nicht homogen sind;
3. Statistiken einer bestimmten Sterblichkeitsstudie, die andere Sterblichkeitsstudien nicht vertreten;
4. Sterblichkeitsstatistiken sind für spätere Policenjahre zu dürftig, um verläßliche Informationen hervorzubringen und sind in bezug auf die früheren Policenjahre zu schwer gewichtet.

## Gestaffelte Sterblichkeitstabelle
→ Gestaffelte Sterbetafel

## Erteilung beschränkter Besitzanteile
→ Nachlaßverteilungsplanung

## Stifter
Eine Person, die ein → Treuhandvermögen schafft und im allgemeinen sein oder ihr Vermögen in das Treuhandvermögen einbringt.

## Grantor-Retained Income Trust (GRIT)

Irrevocable → Trust into which the → Grantor places assets and retains the income from or the use of these assets for a stipulated period of time. At the termination of this time period, the principal (assets) of the trust is transferred to the grantor's noncharitable → Beneficiary. The noncharitable beneficiary may include individual(s) such as a grandchild, niece, nephew, son, or daughter. Should the grantor survive the stipulated period of time, he or she will incur substantial savings in estate and gift taxes. In order for these savings in taxes to occur, the following requirements must be met by the grantor:

1. Income to the grantor must be the sale result of the income generated by assets held in the trust.
2. Any income generated by the assets held in the trust can be paid only to the grantor of the trust.
3. Neither the grantor nor the spouse of the grantor can act as a trustee of the trust.
4. Any income retained by the grantor must be for a period of time not to exceed 10 years.

Should the grantor die before the stipulated period of time the trust expires, the value of the assets of the trust are included in the grantor's estate for Federal Estate Tax purposes, even

## Stiftung mit zurückbehaltenem Stiftereinkommen

Unwiderrufliches → Treuhandvermögen, in das ein → Stifter Vermögen einbringt und das Einkommen aus der Verwendung dieses Vermögens für einen festgelegten Zeitraum zurückbehält. Bei Beendigung dieses Zeitraumes wird das Hauptkapital (Vermögen) der Stiftung an den nicht-wohltätigen → Begünstigten des Stifters übertragen. Der nicht-wohltätige Begünstigte können solche Einzelpersonen, wie etwa Enkel, Nichte, Neffe, Sohn oder Tochter, sein. Sollte der Stifter den festgelegten Zeitraum überleben, so genießt er beträchtliche Einsparungen bei der Erbschaft- und Schenkungsteuer. Damit diese Steuerersparnisse eintreten können, muß der Stifter die folgenden Anforderungen erfüllen:

1. Das Einkommen an den Stifter muß das Verkaufsergebnis des von dem Stiftungsvermögen hervorgebrachten Einkommens sein.
2. Alles von dem Stiftungsvermögen hervorgebrachte Einkommen darf nur an den Stifter der Stiftung gezahlt werden.
3. Weder der Stifter noch der Ehepartner des Stifters können als Treuhänder der Stiftung auftreten.
4. Jedwedes vom Stifter zurückbehaltene Einkommen darf einen Zeitraum von 10 Jahren nicht übersteigen.

Sollte der Stifter vor Ablauf des festgelegten Stiftungszeitraumes sterben, so wird der Wert des Stiftungsvermögens zu Zwecken der Bundeserbschaftsteuer zum Nachlaß des Stifters gerechnet, obwohl das Vermögen nicht materiell auf den Nachlaß des Stifters übertragen wird. → Supergrit

though the assets are not physically transferred to the estate of the grantor. → Supergrit

**Gross**
→ Gross Earnings Form; → Gross Income; → Gross Premium

**Gross Earnings Form**
Coverage for loss in the gross earnings of the business (minus expenses that cease while the business is inoperative) as the result of the interruption of normal business activities caused by damage to the premises by an insured peril. Noncontinuing expenses include light, gas, and advertising for which there is no contractual obligation. Coverage can be obtained on either a 50, 60, 70, or 80% coinsurance basis. Selection of the coinsurance percentage is dependent upon the length of time business is expected not to operate in the worst of circumstances.

**Gross Income**
Total income before adjustment for deduction as applied to tax calculation for both the individual and the firm.

**Gross Line**
Total limit on the amount of coverage an → Insurer will underwrite on an individual → Risk. The amount under-

**Brutto**
→ Bruttogewinnversicherungsform; → Bruttoeinkommen; → Bruttoprämie

**Bruttogewinnversicherungsform**
Versicherungsschutz für Verluste bei den Bruttogewinnen eines Unternehmens (abzüglich der Ausgaben, die entfallen, während das Unternehmen nicht arbeitet) infolge einer Unterbrechung der normalen Betriebstätigkeiten, die durch eine Beschädigung des Betriebsgeländes durch eine versicherte Gefahr verursacht wurde. Nicht fortlaufende Ausgaben schließen Licht, Gas und Werbung, für die keine vertragliche Verpflichtung besteht, ein. Versicherungsschutz kann auf einer 50-, 60-, 70- oder 80prozentigen Mitversicherungsgrundlage erfolgen. Die Wahl des Mitversicherungsprozentsatzes ist abhängig von der erwarteten Länge des Zeitraums, während dessen das Unternehmen unter den schlimmsten Bedingungen nicht arbeiten kann.

**Bruttoeinkommen**
Gesamteinkommen vor Berücksichtigung der bei der Steuerberechnung sowohl bei Personen als auch bei Firmen vorzunehmenden Abzüge.

**Übernahmegrenze**
Gesamtgrenze der Versicherungsschutzhöhe, die ein → Versicherer bei einem Einzel-(→)Risiko zeichnen wird. Der gezeichnete Betrag schließt den durch eine

written includes the amount to be → Ceded through a → Reinsurance agreement.

→ Rückversicherungs-Vereinbarung zu → Zedierenden Betrag ein.

### Gross Negligence
Reckless action without regard to life, limb, and/or property, for example, driving 100 miles per hour on a road or highway.

### Grobe Fahrlässigkeit
Leichtfertige Handlung ohne Rücksicht auf Leib und Leben und/oder Vermögen, z.B. das Fahren auf einer Landstraße oder einem Highway mit 100 Meilen pro Stunde.

### Gross Premium
General: net premium, plus operating and miscellaneous expenses, and agent's commissions.
Life Insurance: premium before dividends are subtracted.

### Bruttoprämie
Allgemein – Nettoprämie, zuzüglich Betriebs- und sonstigen Ausgaben sowie Provisionen des Agenten.
Lebensversicherung – Prämien vor Abzug der Dividende.

### Group Annuity
Contract providing a monthly income benefit to members of a group of employees. A group annuity has the same characteristics as an individual annuity, except that it is underwritten on a group basis. → Annuity

### Gruppenrente
Ein Vertrag, der einem Mitglied einer Gruppe von Arbeitnehmern eine monatliche Einkommensleistung bietet. Eine Gruppenrente verfügt über die gleichen Merkmale wie eine Einzelrente, außer, daß sie auf einer Gruppengrundlage gezeichnet wird. → Rente

### Group Certificate
Summary certificate of benefits issued to an employee in lieu of a policy. The master contract remains with the employer. For example, in group life insurance, an employee receives only a summary certificate of benefits, while the master contract remains with the employer.

### Gruppenzertifikat
Zertifikat mit einer Zusammenfassung der Leistungen, das an einen Arbeitnehmer anstelle einer Police ausgegeben wird. Der Rahmenvertrag verbleibt bei dem Arbeitgeber. Bei einer Gruppenlebensversicherung z. B. erhält ein Angestellter nur ein Zertifikat mit einer Zusammenfassung der Leistungen, während der Rahmenvertrag beim Arbeitgeber verbleibt.

## Group Contract
→ Group Insurance

## Group Credit Insurance
Coverage issued to a creditor on the lives of debtors for outstanding loans. If a debtor dies before repayment, the policy pays the remainder of the loan to the creditor. The contract covers an entire group of debtors, rather than each debtor separately.

## Group Creditor Insurance
→ Credit Life Insurance (Creditor Life Insurance); → Group Credit Insurance

## Group Deferred Annuity
Contract for retirements benefits in which an entire group of employees is underwritten, as opposed to a single annuity for each employee. Each premium pays for an increment of a paid-up annuity; thus a group deferred annuity is a series of single premium paid-up annuities. It may be considered an → Allocated Funding Instrument for purchasing retirement benefits. Single premium paid-up annuities that have already been purchased guarantee that an employee will receive retirement income whether or not the employer remains in business at the time he retires.

## Gruppenvertrag
→ Gruppenversicherung

## Gruppenkreditversicherung
An einen Gläubiger ausgegebener Versicherungsschutz über das Leben von Kreditnehmern für ausstehende Darlehn. Falls ein Kreditnehmer vor Rückzahlung stirbt, zahlt die Police den Rest des Darlehns an den Gläubiger. Der Vertrag versichert die Gesamtgruppe der Kreditnehmer anstelle jedes einzelnen Kreditnehmers getrennt.

## Gruppengläubigerversicherung
→ Kreditlebensversicherung (Gläubigerlebensversicherung); → Gruppenkreditversicherung

## Gruppenanwartschaftsrente
Vertrag über Pensionsleistungen, bei der für eine gesamte Gruppe von Angestellten anstatt für jeden einzelnen Arbeitnehmer eine getrennte Rente gezeichnet wird. Jede Prämie zahlt für einen Teil einer einbezahlten Rente. Eine Gruppenanwartschaftsrente umfaßt somit eine Reihe einzelner durch eine Prämie einbezahlter Renten. Sie kann als → Zugewiesenes Finanzierungsinstrument zum Erwerb von Pensionsleistungen angesehen werden. Einzelne, durch Prämie einbezahlte Renten, die bereits gekauft worden sind, garantieren, daß ein Arbeitnehmer Pensionseinkommen beziehen wird, unabhängig davon, ob der Arbeitgeber zu dem Zeitpunkt, zu dem er in Rente geht, noch im Geschäft ist oder nicht.

## Group Deposit Administration Annuity

→ Pension Plan Funding; → Group Deposit Administration Annuity

## Group Disability Insurance

Coverage of an employee group whose members receive a monthly disability income benefit, subject to a maximum amount, if illness or accident prevents a member from performing the normal functions of his job. Benefits are usually limited to a stated length of time, and the maximum monthly income benefit is usually no more than 50–60% of earnings prior to the disability, or a flat dollar amount, whichever is less.

## Group Health Insurance

Coverage underwritten on members of a natural group, such as employees of a particular business, union, association, or employer group. Each employee is entitled to benefits for hospital room and board, surgeon and physician fees, and miscellaneous medical expenses. There is a → Deductible and a → Coinsurance requirement each employee must pay. Characteristics of group health insurance include:
1. → True Group Plan – one in which all employees must be accepted for coverage regard-

## Gruppeneinlagenverwaltungsrente

→ Pensionssystemfinanzierung; → Gruppeneinlagenverwaltungsrente

## Gruppeninvaliditätsversicherung

Versicherungsschutz für eine Arbeitnehmergruppe, deren Mitglieder ein monatliches Invaliditätseinkommen unter dem Vorbehalt eines Höchstbetrags erhalten, falls Krankheit oder Unfall ein Mitglied daran hindert, seinen normalen beruflichen Funktionen nachzukommen. Leistungen werden gewöhnlich auf einen angegebenen Zeitraum beschränkt, und die maximale Höhe der monatlichen Einkommensleistungen beträgt gewöhnlich nicht mehr als 50 bis 60 % des Verdienstes vor der Invalidität oder einen Pauschalbetrag in Dollar, je nachdem, welcher der beiden Beträge geringer ist.

## Gruppenkrankenversicherung

Für Mitglieder einer natürlichen Gruppe, wie die Arbeitnehmer eines bestimmten Unternehmens, einer Gewerkschaft, einer Vereinigung oder einer Arbeitgebergruppe, gezeichneter Versicherungsschutz. Jeder Arbeitnehmer hat ein Anrecht auf Leistungen für Unterkunft und Verpflegung im Krankenhaus, Chirurgen- und Arztgebühren und verschiedenartige medizinische Ausgaben. Es gibt einen → Selbstbehalt und eine → Mitversicherungs-Forderung, die jeder Arbeitnehmer zahlen muß. Die Merkmale einer Gruppenkrankenversicherung schließen ein:
1. → Echtes Gruppenvorhaben: eines, bei dem alle Arbeitnehmer unabhängig von ihrer physischen Verfassung aufgenommen werden müssen. (Der Versiche-

less of physical condition. (For example, coverage cannot be denied because of a pre-existing condition such as cancer.) Usually an employee must apply and pay the first premium within the first 30 days of employment or he/she forfeits the right to automatic coverage (a form of → Guaranteed Insurability). Individuals are covered under a → Master Contract, each receiving a certificate denoting coverage.

2. *Schedule of Benefits* – describes what the insured and his/her covered dependent(s) is entitled to in the event of disease, illness, or injury. After the insured or the covered dependent has satisfied the → Deductible (defined as the first portion of all of the eligible expenses which occur during a calendar year of coverage), the insurance company pays a given percentage (usually 80%) until a total sum *(stop loss),* usually $5000, is reached for the calendar year. After the total sum has been reached, the insurance company pays 100% of the total eligible expenses until the end of the calendar year subject to a maximum lifetime amount. → Dependent

3. *Eligible Expenses* – include hospital bills, surgery, doctor's services, private nursing, medicines, and X-rays. Pay-

rungsschutz kann z.B. nicht wegen eines zuvor bestehenden Zustandes, wie etwa Krebs, verweigert werden). Gewöhnlich muß ein Arbeitnehmer innerhalb der ersten 30 Tage des Arbeitsverhältnisses einen Aufnahmeantrag stellen und die erste Prämie zahlen, oder er/sie verliert das Recht auf automatischen Versicherungsschutz (eine Form → Garantierter Versicherbarkeit). Einzelpersonen sind unter einem → Rahmenvertrag versichert, wobei jeder einzelne ein Zertifikat erhält, welches den Versicherungsschutz angibt.

2. *Auflistung der Leistungen:* beschreibt, worauf ein Versicherter und seine/ihre mitversicherten Unterhaltsberechtigten im Fall eines Leidens, einer Krankheit oder einer Verletzung ein Anrecht haben. Nachdem der Versicherte oder der mitversicherte Unterhaltsberechtigte den → Selbstbehalt beglichen hat (definiert als der erste Teil aller akzeptablen Ausgaben, die während eines Versicherungskalenderjahres auftreten), bezahlt die Versicherungsgesellschaft einen bestimmten Prozentsatz (gewöhnlich 80 %), bis eine Gesamtsumme (Stop-Loss), gewöhnlich US$ 5.000 für das Kalenderjahr, erreicht ist. Nachdem die Gesamtsumme erreicht worden ist, zahlt die Versicherungsgesellschaft 100 % der gesamten akzeptablen Ausgaben bis zum Ende des Kalenderjahres unter dem Vorbehalt eines Lebenshöchstbetrages. → Unterhaltsberechtigter

3. *Akzeptable Ausgaben:* schließen Krankenhausrechnungen, Chirurgie, ärztliche Dienstleistungen, private Krankenpflege, Medikamente, Röntgenaufnahmen ein. Die für diese und andere Ausgaben erlaubte Zahlung ist in der Police aufgelistet. Die täglichen Krankenhausgebühren für Unterkunft und Verpflegung z.B.

ment allowed for these and other expenses are spelled out in the policy. For example, the hospital's daily charge for room and board is subject to a specified maximum.

4. *Exclusions from Provisions of Medical Benefits* – many exclusions occur in group health plans, including benefits under Workers Compensation; certain mouth conditions; convalescent or rest cures; expenses incurred by a member of a → Health Maintenance Organization (HMO) or other prepaid medical plan; expenses associated with intentional self-inflicted injuries or attempt at suicide.

5. → Coordination of Benefits – when there are two or more group health insurance plans covering the insured one plan becomes the *Primary Plan* and the other plan(s) becomes the *Secondary Plan(s)*. The Primary Plan is required to pay benefits due the insured and/or covered dependents before any other plan pays benefits. When a claim is made, the primary plan must pay the claim without regard to the benefits provided under any other plan. The secondary plan pays the difference between the total claim amount and the amount which the primary plan has paid, up to total allowable expenses.

unterliegen einem bestimmten Höchstbetrag.

4. *Ausschlüsse von der Bereitstellung medizinischer Leistungen:* Viele Ausschlüsse treten bei Gruppenkrankenversicherungsvorhaben auf, einschießlich der Leistungen bei der Berufsunfallversicherung; bestimmte Mundbedingungen; Heil- oder Erholungskuren; durch ein Mitglied einer → Health Maintenance Organization (HMO) (Gesunderhaltungsorganisation) erlittene Ausgaben oder anderer im voraus bezahlter medizinischer Vorhaben; mit absichtlich selbst beigefügten Verletzungen oder Selbstmordversuchen in Verbindung stehende Ausgaben.

5. → Koordination von Leistungen: Wenn es zwei oder mehrere Gruppenkrankenversicherungen gibt, die den Versicherten abdecken, so wird ein Vertrag das *erstrangige System* und der/die andere(n) Vertrag/Verträge das/die *zweitrangige(n) System(e)*. Das erstrangige System ist erforderlich, um an den Versicherten und/oder mitversicherte Unterhaltsberechtigte fällige Leistungen zu zahlen, bevor irgendeine andere Versicherung Leistungen zahlt. Wenn ein Anspruch geltend gemacht wird, muß das erstrangige System den Anspruch zahlen, unabhängig von den bei irgendeinem anderen System gebotenen Leistungen. Das zweitrangige System zahlt den Unterschied zwischen der Gesamthöhe des Anspruches und dem Betrag, den das erstrangige System gezahlt hat, bis zu den insgesamt zulässigen Ausgaben.

## Group Immediate Participation Guaranteed Annuity

→ Pension Plan Funding; → Group Immediate Participation Guaranteed (IPG) Contract Annuity

## Group Insurance

Single policy under which individuals in a natural group (such as employees of a business firm) and their dependents are covered. → Group Annuity; → Group Certificate; → Group Credit Insurance; → Group Deferred Annuity; → Group Disability Insurance; → Group Health Insurance; → Group Life Insurance; → Group Paid-Up Life Insurance; → Group Permanent Life Insurance; → Group Term Life Insurance; → Pension Plan Funding; → Group Deposit Administration Annuity

## Group Life Insurance

Basic employee benefit under which an employer buys a master policy and issues certificates to employees denoting participation in the plan. Group life is also available through unions and associations. It is usually issued as yearly renewable term insurance although some plans provide permanent insurance. Employers may pay all the cost, or share it with employees. Characteristics include:

## Sofortige Gruppenrente mit garantierter Beteiligung

→ Pensionssystemfinanzierung; → Sofortige Gruppenvertragsrente mit garantierter Beteiligung

## Gruppenversicherung

Einzelne Police, bei der Einzelpersonen innerhalb einer natürlichen Gruppe (wie die Arbeitnehmer eines Unternehmens) und deren Unterhaltsberechtigte versichert sind. → Gruppenrente; → Gruppenzertifikat; → Gruppenkreditversicherung; → Gruppenanwartschaftsrente; → Gruppeninvaliditätsversicherung; → Gruppenkrankenversicherung; → Gruppenlebensversicherung; → Einbezahlte Gruppenlebensversicherung; → Gruppenlebensversicherung mit einjähriger Kündigungsfrist; → Befristete Gruppenlebensversicherung; → Pensionssystemfinanzierung; → Gruppeneinlagenverwaltungsrente

## Gruppenlebensversicherung

Arbeitnehmergrundleistung, bei der ein Arbeitgeber eine Rahmenpolice abschließt und Zertifikate an die Arbeitnehmer ausgibt, die die Beteiligung an der Versicherung angeben. Gruppenlebensversicherungen sind auch über Gewerkschaften und Vereinigungen erhältlich. Sie werden normalerweise als jährlich verlängerbare Versicherung mit begrenzter Laufzeit ausgegeben, obwohl einige Versicherungen eine ständige Versicherung bieten. Arbeitgeber können die gesamten Kosten zahlen oder die Kosten mit den Arbeitnehmern teilen. Merkmale schließen ein:

1. *Group Underwriting* – an entire group of employees is underwritten, unlike individual life insurance whereunder only the individual is underwritten.

2. *Guaranteed Issue* – every employee must be accepted; an employee cannot be denied coverage because of a pre-existing illness, sickness, or injury.

3. *Conversion at Termination of Employment* – regardless of whether termination is because of severance, disability, or retirement, the employee has the automatic right to convert to an individual life policy without evidence of insurability or taking a physical examination. Conversion must be within 30 days of termination. The premium upon conversion is based on the employee's age at the time (→ Attained Age).

4. → Disability Benefit – available in many policies to an employee less than 60 years of age who can no longer work because of the disability. The benefit takes the form of waiver of premium, and the employee is covered for as long as the disability continues. The beneficiary will receive the death benefit even though the employee may not have been in the service of the employer for a long time.

5. → Death Benefit Structure or Schedule – is usually based

1. *Gruppenzeichnung:* Eine vollständige Gruppe von Arbeitnehmern wird versichert, im Gegensatz zur individuellen Lebensversicherung, bei der nur die Einzelperson versichert wird.

2. *Garantierte Ausgabe:* Jeder Arbeitnehmer muß akzeptiert werden; einem Arbeitnehmer kann der Versicherungsschutz nicht wegen eines vorher bestehenden Leidens, einer Krankheit oder einer Verletzung verweigert werden.

3. *Umwandlung bei Beendigung des Arbeitsverhältnisses:* Unabhängig davon, ob die Beendigung wegen Auflösung des Beschäftigungsverhältnisses, Invalidität oder Pensionierung erfolgt, hat der Arbeitnehmer ein automatisches Recht, die Versicherung in eine Einzellebensversicherungspolice umzuwandeln, ohne vorherigen Nachweis der Versicherbarkeit oder Vornahme einer ärztlichen Untersuchung. Die Umwandlung muß innerhalb von 30 Tagen nach Beendigung erfolgen. Die Prämie bei der Umwandlung basiert auf dem Alter des Arbeitnehmers zu diesem Zeitpunkt (→ Erreichtes Alter).

4. → Invaliditätsleistung: bei vielen Policen für Arbeitnehmer unter 60 Jahren, die wegen einer Behinderung nicht länger arbeiten können, verfügbar. Die Leistung nimmt die Form eines Prämienverzichtes an. Der Arbeitnehmer ist zudem, solange die Behinderung anhält, versichert. Der Begünstigte erhält die Todesfallleistung, obwohl der Arbeitnehmer seit einer geraumen Zeit nicht mehr in den Diensten des Arbeitgebers war.

5. → Todesfallleistung: Struktur oder Liste – basiert gewöhnlich auf dem Verdienst eines Arbeitnehmers. Die Leistung beträgt ein Vielfaches des Verdienstes, normalerweise das Ein- bis Zweieinhalbfache des

on an employee's earnings. The benefit is a multiple of the employee's earnings, normally 1 to 2 1/2 times the employee's yearly earnings. In many companies if the employee dies while on company business, 6 times the yearly earnings are paid as a death benefit. For example, a $50,000 a year employee dies in an accident while traveling on company time; the beneficiary would receive $300,000. But if the same employee died in his sleep at home, the beneficiary would receive $100,000 (assuming that the normal death benefit is twice annual earnings).

Jahresverdienstes des Arbeitnehmers. Bei vielen Unternehmen wird dann, wenn der Arbeitnehmer während des Dienstes stirbt, das Sechsfache des Jahresverdienstes als Todesfalleistung gezahlt. Z. B.: Ein Arbeitnehmer mit einem Jahreseinkommen von US$ 50.000 stirbt bei einem Unfall auf einer Fahrt während der Arbeitszeit. Der Begünstigte würde US$ 300.000 erhalten. Wenn der gleiche Angestellte jedoch zu Hause im Schlaf sterben würde, so würde der Begünstigte US$ 100.000 erhalten (unter der Annahme, daß die normale Todesfalleistung den zweifachen Jahresverdienst beträgt).

**Group of Companies**
→ Fleet of Companies

**Gruppe von Gesellschaften**
→ Unternehmensgruppe

**Group Paid-Up Life Insurance**
Combination of two basic plans: (1) accumulating units of paid-up permanent life insurance, and (2) decreasing units of group term life insurance. The premium paid each month consists of the (a) employee's contribution and (b) employer's contribution. The employee's portion purchases increments of paid-up insurance and the employer's portion purchases group decreasing term. The employer's contribution is tax deductible as a business expense and these

**Einbezahlte Gruppenlebensversicherung**
Kombination von zwei Basisversicherungen: (1) Gewinnansammlungseinheiten der einbezahlten Lebensversicherung mit einjähriger Kündigungsfrist und (2) abnehmende Einheiten der befristeten Gruppenlebensversicherung. Die jeden Monat bezahlte Prämie besteht aus (a) dem Arbeitnehmerbeitrag und (b) dem Arbeitgeberbeitrag. Der Anteil des Arbeitnehmers erwirbt Teile der einbezahlten Versicherung und der Teil des Arbeitgebers den Gruppenversicherungsschutz mit abnehmender Laufzeit. Der Beitrag des Arbeitgebers ist als eine Geschäftsausgabe steuerlich abzugsfähig, und diese Beiträge stellen kein steuerpflichtiges Einkommen

contributions are not taxable income to the employee. (However, if the employer purchases increments of paid-up units of permanent insurance, these contributions are taxable income to the employee on a current basis.) Paid-up units purchased by an employee are vested and thus can be taken as a paid-up life benefit regardless of the reason for termination of employment. The paid-up benefit will always remain in force; no further premium payments are required.

**Group Permanent**
→ Group Permanent Life Insurance

**Group Permanent Life Insurance**
Coverage following the same structure as *group term,* the significant difference being that premiums go toward the purchase of permanent insurance instead of term insurance. The employee has a vested interest in the increments of paid-up insurance purchased. Because of the tax consequences to the employee, group permanent insurance usually is applied to fund retirement plans such as pensions instead of providing life insurance coverage. If the employer purchased permanent insurance on the employee's behalf, für den Arbeitnehmer dar. (Wenn der Arbeitgeber jedoch Teile der einbezahlten Einheiten der Versicherung mit einjähriger Kündigungsfrist erwirbt, so stellen diese Beiträge für den Arbeitnehmer steuerpflichtiges Einkommen auf laufender Grundlage dar). Die von einem Arbeitnehmer gekauften einbezahlten Teile werden übertragen und können somit unabhängig von dem Grund für die Beendigung des Arbeitsverhältnisses als einbezahlte Lebensversicherungsleistung verwendet werden. Die einbezahlte Leistung wird stets in Kraft bleiben, es sind keine weiteren Prämienzahlungen erforderlich.

**Ständige Gruppenversicherung**
→ Gruppenlebensversicherung mit einjähriger Kündigungsfrist

**Gruppenlebensversicherung mit einjähriger Kündigungsfrist**
Versicherungsschutz, der der gleichen Struktur folgt wie die *befristete Gruppenversicherung,* mit dem bedeutsamen Unterschied, daß die Prämien für den Kauf einer ständigen Lebensversicherung verwendet werden, anstelle einer Versicherung mit befristeter Laufzeit. Der Arbeitnehmer hat einen unabdingbaren Anteil am Zuwachs der gekauften einbezahlten Versicherung. Wegen der steuerlichen Konsequenzen für den Arbeitnehmer wird die Gruppenversicherung mit einjähriger Kündigungsfrist gewöhnlich dazu verwendet, um Pensionierungsvorhaben, wie Pensionen, zu finanzieren, anstatt Lebensversicherungsschutz zu bieten. Würde der Arbeitgeber eine ständige Versicherung im Namen des Arbeitnehmers abschließen, so

the contributions would become taxable income to the employee on a current basis. Group life insurance is *experience rated,* in that the loss experience of the entire group determines the premium rate applied to each employee.

### Group Term Life Insurance
One-year coverage that is renewable at the end of each year. Since the group plan is subject to → Experience Rating, the premium rate upon renewal is based on such factors as the loss record (death) of the group and range of employee ages. All employees are insured with term life insurance. Realistically, coverage is temporary because on termination of employment, the employee usually does not convert group term to individual permanent insurance because the conversion is at a higher attained age rate. → Attained Age

### Growth of Assets
Rate of increase in asset value

### Guaranteed Cost Premium
Premium charged for an insurance policy whose coverage does not vary according to the insured loss experience. The premium is calculated either on a specified rating basis or on a prospective basis (fixed or adjustable).

würden die Beiträge zu steuerpflichtigem Einkommen des Arbeitnehmers auf laufender Grundlage werden. Die Gruppenlebensversicherung basiert auf einer *Erfahrungsbeurteilung,* indem die Schadenserfahrung der gesamten Gruppe den auf jeden Arbeitnehmer anzuwendenden Prämientarif bestimmt.

### Befristete Gruppenlebensversicherung
Einjähriger Versicherungsschutz, der zum Ende jedes Jahres verlängerbar ist. Da die Gruppenversicherung der → Erfahrungsbeurteilung unterliegt, basiert der Prämientarif bei Verlängerung auf solchen Faktoren, wie dem Schadensfallregister (Tod) der Gruppe und dem Altersspektrum der Arbeitnehmer. Alle Arbeitnehmer sind durch eine befristete Lebensversicherung versichert. Realistischerweise ist der Versicherungsschutz zeitlich befristet, weil der Arbeitnehmer bei Beendigung des Beschäftigungsverhältnisses die Gruppenversicherung nicht in eine ständige Individualversicherung umwandelt, da die Umwandlung zu einem höheren Tarif des erreichten Alters erfolgen würde. → Erreichtes Alter

### Wachstum des Vermögens
Steigerungsrate des Vermögenswertes

### Garantierte Kostenprämie
Eine für eine Versicherungspolice in Rechnung gestellte Prämie, deren Versicherungsschutz nicht entsprechend der versicherten Schadenserfahrung variiert. Die Prämie wird entweder auf einer spezifischen Bemessungsgrundlage berechnet oder auf einer vorausschauenden Grundlage (festgelegt oder anpassungsfähig).

## Guaranteed Insurability

Right of an insured to make additional purchases of life insurance without having to take a physical examination or show other evidence of insurability. Additions can be bought at (1) stated times; (2) upon specified policy anniversaries such as every fifth year of a policy up to a maximum age (usually 40 or 45); or (3) upon the birth of a child. Many young families should consider adding this option, since a likely time to add to a life insurance portfolio is when family obligations increase.
→ Riders, Life Policies

## Guaranteed Investment Contract (GIC)

Institutional investment sold by life insurance companies that guarantees principal and offers withdrawal flexibility. This conservative investment, which can be used with a corporate qualified plan, became one of the most popular choices in such *salary reduction plans* as the 401 (k) plan. Many of these plans offered employees three choices for depositing their pre-tax retirement dollars: a stock fund, a bond fund and a GIC. By 1987, about 40% of employees had elected GIC investments.

## Garantierte Versicherbarkeit

Das Recht eines Versicherten, zusätzlichen Lebensversicherungsschutz abzuschließen, ohne sich einer ärztlichen Untersuchung unterziehen zu müssen oder einen anderen Nachweis der Versicherbarkeit erbringen zu müssen. Hinzufügungen können abgeschlossen werden (1) zu angegebenen Zeiten, (2) bei speziellen Policenjubileen, wie etwa jedes fünfte Policenjahr bis zu einem Höchstalter (gewöhnlich 40 oder 45), oder (3) bei der Geburt eines Kindes. Viele junge Familien sollten in Betracht ziehen, diese Option hinzuzufügen, da es eine geeignete Möglichkeit ist, etwas zum Lebensversicherungportfolio hinzuzufügen, wenn sich die Verpflichtungen einer Familie erhöhen.
→ Besondere Versicherungsvereinbarungen, Lebensversicherungspolicen

## Garantierter Kapitalanlagevertrag

Von Lebensversicherungsgesellschaften verkaufte institutionelle Kapitalanlage, die die Kapitaleinlage garantiert und Rückzugsflexibilität bietet. Diese konservative Kapitalanlage, die bei einem steuerbegünstigten Firmenvorhaben verwendet werden kann, wurde zu einer der beliebtesten Wahlmöglichkeiten in solchen *Gehaltsreduzierungsvorhaben* wie dem 401 (k) Plan. Viele dieser Projekte boten Arbeitnehmern drei Wahlmöglichkeiten für die Anlage ihrer Rentendollarbeträge vor Steuern an: einen Aktienfonds, einen Hypothekenfonds und einen garantierten Kapitalanlagevertrag. Bis 1987 hatten ungefähr 40% der Arbeitnehmer Investitionen nach dem garantierten Kapitalanlagevertrag ausgewählt.

| **Guaranteed Issue** | **Garantierte Ausgabe** |
|---|---|

**Guaranteed Issue**
The right to purchase insurance without physical examination; the present and past physical condition of the applicant are not considered.

**Guaranteed Purchase Option**
→ Guaranteed Insurability

**Guaranteed Renewable Contract (Life or Health)**
Insurance policy renewable at the option of the insured for a specified number of years or to a stated age. The insurance company cannot refuse to renew the policy and cannot change any of its provisions except the → Premium Rate. If the insurance company changes the premium it must do so for the entire policyholder classification, not just for one or a few members. → Guaranteed Insurability

**Guaranteed Renewable Health Insurance**
→ Commercial Health Insurance

**Guarantees, Lack of**
→ Unallocated Funding Instrument

**Guarantor**
Term in surety coverage. Through the issue of a surety bond, a surety company is in effect the guarantor. → Surety Bond

**Garantierte Ausgabe**
Das Recht, eine Versicherung abzuschließen, ohne ärztliche Untersuchung. Die gegenwärtige und die vergangene körperliche Verfassung des Antragstellers werden nicht berücksichtigt.

**Garantierte Kaufoption**
→ Garantierte Versicherbarkeit

**Garantiert erneuerbarer Vertrag (Leben oder Krankheit)**
Versicherungspolice, die nach Wahl des Versicherten für eine bestimmte Anzahl von Jahren oder zu einem angegebenen Alter erneuert werden kann. Die Versicherungsgesellschaft kann die Erneuerung der Police nicht verweigern und außerdem → Prämientarif keine der Bestimmungen ändern. Falls die Versicherungsgesellschaft die Prämie ändert, so muß sie dies für die gesamte Policeninhaberklassifikation tun, nicht nur für ein oder wenige Mitglieder. → Garantierte Versicherbarkeit

**Garantiert erneuerbare Krankenversicherung**
→ Gewerbliche Krankenversicherung

**Garantien, Fehlen von**
→ Nicht-zugewiesenes Finanzierungsinstrument

**Bürge**
Begriff bei dem Kautionsversicherungsschutz. Durch Ausgabe einer Kautionsversicherung wird eine Kautionsversicherungsgesellschaft in der Tat zum Bürgen. → Kautionsversicherung

## Guaranty Fund (Insolvency Fund)

Aggregate sums, in certain states, to pay claims of insolvent insurance companies. These funds are maintained by contributions of companies operating in a particular state in proportion to their business written in the state. A guaranty fund insures the integrity of the insurance business.

## Guertin Laws

Standard State Valuation and Nonforfeiture Law approved by the → National Association of Insurance Commissioners (NAIC) in 1942. This law is named for Alfred N. Guertin, the actuary who headed the NAIC committee which studied the need for a new mortality table to be used in calculating life insurance nonforfeiture values. In essence, application of this law guarantees that an insured is entitled to all benefits for which the life insurance company has received premiums. The insured cannot be made to forfeit his equity built up in a life insurance product. → Nonforfeiture Benefits (Option)

## Guest Law

Legal right of a passenger in an automobile involved in an accident to bring a liability suit

## Garantiefonds (Insolvenzfonds)

Gesamtbetrag in bestimmten Staaten, um die Ansprüche zahlungsunfähiger Versicherungsgesellschaften zu bezahlen. Diese Fonds werden durch die Beiträge von in einem bestimmten Staat arbeitenden Gesellschaften, die im Verhältnis zu deren in diesem Staat gezeichneten Geschäften stehen, unterhalten. Ein Garantiefonds versichert die Integrität des Versicherungsgewerbes.

## Guertin-Gesetze

Von der → National Association of Insurance Commissioners (NAIC) (Nationale Vereinigung der Regierungsbevollmächtigten für Versicherungen) 1942 genehmigtes staatliches Standardgesetz zur Bewertung und Unverfallbarkeit. Dieses Gesetz ist nach Alfred N. Guertin benannt, dem Versicherungsmathematiker, der das NAIC Komitee, das die Notwendigkeit einer neuen Sterblichkeitstabelle für die Berechnung von Unverfallbarkeitswerten bei Lebensversicherungen untersuchte, leitete. Im wesentlichen garantiert die Anwendung dieses Gesetzes, daß ein Versicherter ein Anrecht auf alle Leistungen, für die eine Lebensversicherungsgesellschaft Prämien erhalten hat, hat. Der Versicherte kann nicht dazu gebracht werden, sein in einem Lebensversicherungsprodukt aufgebautes Eigenkapital verwirken zu lassen. → Der Anspruchsverwirkung nicht unterworfene Leistung (Option)

## Gastrecht

Legales Recht eines Insassen in einem Kraftfahrzeug, das an einem Unfall beteiligt ist, eine Haftpflichtklage gegen den

against the driver. It is deemed that a special standard of care is owed by an automobile driver towards the passenger. This law bars suits only for ordinary – not gross or criminal – negligence. In many states such actions by a passenger are prohibited; in other states, intentional misconduct of the driver must be shown.

**Guiding Principles**
Title of a published set of rules, adhered to by member companies of major property and liability associations, which stipulate how losses should be adjusted when the same loss is covered by more than one insurance company. Particular emphasis is placed on how the cost of the losses should be apportioned among the companies under various situations.

Fahrer anzustrengen. Man ist der Auffassung, daß der Fahrer eines Kraftfahrzeuges einem Fahrzeuginsassen ein besonderes Maß an Sorgfalt schuldet. Dieses Gesetz behindert nur Klagen wegen gewöhnlicher Fahrlässigkeit, nicht wegen grober oder strafbarer Fahrlässigkeit. In vielen Staaten sind solche Klagen durch einen Kraftfahrzeuginsassen verboten; in anderen Staaten muß absichtliches Fehlverhalten des Fahrers aufgezeigt werden.

**Leitsätze**
Titel eines veröffentlichten Satzes von Regeln, die von den Mitgliedsgesellschaften großer Sach- und Haftpflichtvereinigungen befolgt werden. Die Regeln legen fest, wie Schäden reguliert werden sollten, wenn derselbe Schaden von mehr als einer Versicherungsgesellschaft abgedeckt wird. Ein besonderes Schwergewicht wird auf die Frage gelegt, wie in unterschiedlichen Situationen die Kosten der Schäden zwischen den Gesellschaften aufgeteilt werden sollten.

# H

### Habits
Behavior or character standing of an individual in a community. Some personal habits are considered in underwriting an insurance application.

### Hail Insurance
Coverage against hail damage to crops. Coverage is on a proportionate basis; that is, in the event of loss, a farmer will recover an amount based on the ratio of the damaged part of a crop to the entire crop.

### Hangarkeepers Legal Liability Insurance
Coverage for the owner of an airplane in cirumstances where use of his premises as an aircraft hangar results in bodily injury or property damage to a third party. Excluded from coverage is property under the care, custody and control of the insured. Another application of this policy covers the operator of a hangar for liability from damage to an aircraft that the owner has placed under his care, custody, and control for storage or repair.

### Gewohnheiten
Benehmen oder charakterliches Ansehen einer Einzelperson innerhalb einer Gemeinschaft. Einige persönliche Gewohnheiten werden bei der Zeichnung eines Versicherungsantrages berücksichtigt.

### Hagelversicherung
Versicherungsschutz gegen Hagelschaden an Ernten. Der Versicherungsschutz erfolgt auf einer proportionalen Grundlage, d.h., im Schadensfalle erhält der Bauer einen Betrag, der auf dem Verhältnis der beschädigten Ernte zur gesamten Ernte basiert.

### Gesetzliche Haftpflichtversicherung für Betreiber von Flugzeughallen
Versicherungsschutz für den Besitzer eines Flugzeuges unter Bedingungen, unter denen die Benutzung seines Betriebsgeländes als Flugzeughangar eine Körperverletzung oder eine Sachbeschädigung einer dritten Partei zur Folge hat. Vom Versicherungsschutz ausgeschlossen ist Besitz unter der Obhut, im Gewahrsam und unter der Kontrolle des Versicherten. Eine weitere Anwendung dieser Police deckt den Betreiber eines Hangars gegen die Haftung für die Beschädigung an einem Flugzeug, welches der Besitzer zur Lagerung oder Reparatur unter seine Obhut, in seinen Gewahrsam und unter seine Kontrolle gestellt hat.

## Hardship

Existence of a financial need which permits in-service withdrawals of funds from a → Section 401 (k) Plan or a → Section 403 (b) Plan to pay tuition for postsecondary education for a participant or his or her spouse, children, or other dependents.

## Hazard

Circumstance that increases the likelihood or probable severity of a loss. For example, the storing of explosives in a home basement is a hazard that increases the probability of an explosion.

## Hazard Increase Resulting in Suspension or Exclusion of Coverage

Provision commonly found in fire insurance contracts. If the insured knows that a hazard is increased, most property contracts permit the insurance company to suspend or terminate coverage. For example, manufacture of drugs in the home would give the insurance company the right to invoke this clause if it could show that the manufacturing process increases the probability of fire.
→ Losses Paid

## Hazard, Moral
→ Moral Hazard

## Härte

Existenz eines finanziellen Bedarfs, der Entnahmen von Finanzmitteln während der Dienstzeit aus einem → Section 401(k) Plan oder einem → Section 403 (b) Plan erlaubt, um für die weiterführende Berufsausbildung eines Teilnehmers oder seines oder ihres Ehegatten, der Kinder oder anderer Unterhaltsberechtigter zu zahlen.

## Gefahr

Umstand, der die Wahrscheinlichkeit oder die wahrscheinliche Härte eines Schadens erhöht. Das Lagern von explosiven Materialien im Keller eines Hauses stellt eine Gefahr dar, die die Wahrscheinlichkeit einer Explosion erhöht.

## Gefahrensteigerung, die eine Aussetzung oder einen Ausschluß des Versicherungsschutzes zur Folge hat

Bestimmung, die man gemeinhin bei Feuerversicherungsverträgen vorfindet. Falls der Versicherte weiß, daß eine Gefahr sich vergrößert, erlauben es die meisten Sachversicherungsverträge der Versicherungsgesellschaft, den Versicherungsschutz auszusetzen oder zu beenden. Z.B. würde die Herstellung von Arzneimitteln im Haus der Versicherungsgesellschaft das Recht geben, diese Klausel anzuwenden, falls sie nachweisen könnte, daß das Herstellungsverfahren die Feuerwahrscheinlichkeit steigert. → Bezahlte Schäden

## Risiko, Subjektives
→ Subjektives Risiko

### Hazard, Morale
→ Morale Hazard

### Hazard, Physical
→ Hazard; → Increased Hazard

### Head Office
→ Home Office

### Health Insurance
Three basic plans are available to cover the costs of health care: → Commercial Health Insurance, *private noncommercial* (→ Blue Cross/→ Blue Shield), and → Social Insurance *(Social Security);* → Medicaid; → Medicare; and → Workers Compensation Insurance.

### Health Insurance Association of America (HIAA)
Organization that seeks to educate the public on the benefits of private health insurance coverage. Its membership consists of private companies that sell health insurance. The HIAA publishes materials and lobbies Federal and state legislatures in an effort to support its objective. Based in Washington, D.C.

### Health Insurance Contract
Policy that pays benefits to an insured who becomes ill or injured, provided that documentation is offered to confirm the

### Risiko, Moralisches
→ Moralisches Risiko

### Risiko, Körperliches
→ Gefahr; → Gesteigertes Risiko

### Hauptgeschäftsstelle
→ Hauptverwaltung

### Krankenversicherung
Drei Grundversicherungsarten sind zur Abdeckung der Krankenpflegekosten verfügbar: die → Gewerbliche Krankenversicherung, die *private nicht-gewerbliche* (→ Blue Cross/→ Blue Shield) und die → Sozialversicherung *(Social Security);* → Medicaid; → Medicare und → Berufsunfallversicherung.

### Health Insurance Association of America (HIAA)
(Krankenversicherungsvereinigung von Amerika) – eine Organisation, die bestrebt ist, die Öffentlichkeit über die Leistungen des privaten Versicherungsschutzes zu unterrichten. Ihre Mitglieder setzen sich aus Privatgesellschaften, die Krankenversicherungen verkaufen, zusammen. Die HIAA veröffentlicht Materialien und tritt, um ihre Ziele zu fördern, als Lobby bei der Bundes- und Staatsgesetzgebung auf. Sitz ist Washington, D.C.

### Krankenversicherungsvertrag
Police, die Leistungen an einen Versicherten zahlt, der erkrankt oder verletzt wird, vorausgesetzt, es wird ein Beleg angeboten, der die Krankheit oder Verlet-

illness or injury. → Disability Insurance; → Group Disability Insurance; → Group Health Insurance; → Health Insurance; → Health Maintenance Organization (HMO); → Surgical Expense Insurance

**Health Insurance Renewability**
→ Health Insurance

**Health Maintenance Organization (HMO)**
Prepaid group health insurance plan which entitles members to services of participating physicians, hospitals, and clinics. Emphasis is on preventive medicine. Members of the HMO pay a flat periodic fee (usually deducted from each paycheck) for these medical services:
1. *HMO Managing Physician* – a new member can select an HMO physician, who is then responsible for providing all of his/her health care needs. If necessary, the managing physician makes arrangements for the member to see a specialist.
2. *HMO Copayment* – a member may be required to pay an amount in addition to required periodic payments, for example, a $5 flat fee for each visit regardless of how expensive the services may be. Or, for each prescription, to pay a flat amount of $2 regardless of the actual cost.

zung bestätigt. → Invaliditätsversicherung; → Gruppeninvaliditätsversicherung; → Gruppenkrankenversicherung; → Krankenversicherung; → Health Maintenance Organization (HMO); → Chirurgiekostenversicherung

**Krankenversicherungsverlängerbarkeit**
→ Krankenversicherung

**Health Maintenance Organization (HMO)**
(Gesunderhaltungsorganisation) – im voraus bezahlte Gruppenkrankenversicherung, die Mitglieder berechtigt, Dienstleistungen teilnehmender Ärzte, Krankenhäuser und Kliniken in Anspruch zu nehmen. Das Schwergewicht liegt auf der vorbeugenden Medizin. Mitglieder der HMO zahlen einen monatlichen Pauschalbetrag (wird gewöhnlich von jeder Gehaltszahlung abgezogen) für folgende medizinische Dienstleistungen:
1. *HMO Hausarzt:* Ein neues Mitglied kann einen Arzt der HMO auswählen, der dann dafür verantwortlich ist, für alle seine/ihre Krankenpflegebedürfnisse Sorge zu tragen. Falls erforderlich, kann der Hausarzt für ein Mitglied den Besuch bei einem Spezialisten arrangieren.
2. *HMO Zuzahlung:* Ein Mitglied kann einen Betrag, der über die geforderten periodischen Zahlungen hinausgeht, z.B. eine Pauschalgebühr von US$ 5 für jeden Besuch, zahlen, unabhängig davon, wie teuer die Dienstleistung ist. Oder er kann, unabhängig von den tatsächlichen Kosten, für jedes Rezept einen Pauschalbetrag von US$ 2 bezahlen.
3. *Krankenhausdienstleistungen der*

3. *HMO Hospital Services* – include, among others, room and board, operating room, laboratory tests, radiation, medications, and physical therapy.

4. *HMO Physicians and Surgeons Services in Hospital* – include surgeons and related medical specialists, with no copayment.

5. *HMO Outpatient Hospital Care* – members receive the same services that are provided under Inpatient Hospital Services, as authorized by the managing physician; there is no copayment.

6. *HMO Outpatient Health Services Provided at HMO Facility* – include physician services, preventive health services, diagnosis and treatment services, skilled nursing facility services, mental health and/or alcohol and drug abuse services, dental care under specific circumstances, and emergency services in and out of the HMO area. A copayment may be required.

*HMO exclusions* include custodial care, experimental procedures, conveniences not medically related such as television, radio, and telephones, and cosmetic care except for medically necessary reconstruction.

*HMO:* schließen u.a. ein Unterkunft und Verpflegung, Operationssaal, Labortests, Bestrahlung, Medikation und physikalische Therapie.

4. *HMO Ärzte- und Chirurgendienstleistungen im Krankenhaus:* schließen Chirurgen und verwandte medizinische Spezialisten ohne Zuzahlung ein.

5. *Ambulante Krankenhauspflege der HMO:* Mitglieder erhalten die gleichen Dienstleistungen, wie sie auch bei den stationären Krankenhausleistungen geboten werden, wie vom leitenden Arzt autorisiert. Es gibt keine Zuzahlung.

6. *Ambulante Krankendienstleistungen der HMO, die in Einrichtungen der HMO angeboten werden:* schließen ärztliche Dienstleistungen, vorbeugende Gesundheitsdienstleistungen, Diagnose- und Behandlungsleistungen, qualifizierte Krankenpflegeeinrichtungsleistungen, Dienstleistungen bei seelischen Erkrankungen und/oder Alkohol- und Drogenmißbrauch, zahnärztliche Versorgung unter bestimmten Voraussetzungen und Notfalldienste innerhalb und außerhalb des Gebietes der HMO ein. Eine Zuzahlung kann erforderlich sein.

*Ausschlüsse der HMO:* vormundschaftliche Sorge, experimentelle Verfahren, nicht medizinbezogene Annehmlichkeiten wie Fernseher, Radio, Telefon, kosmetische Versorgung, außer bei medizinisch notwendiger Wiederherstellung.

**Heinrich, H. W.**
Executive of Travelers Insur-

**Heinrich, H.W.**
Leitender Angestellter der Traveler Insur-

ance Company who developed the → Domino Theory of Accident Causation by studying over 75,000 industrial accidents and concluding that most accidents would be preventable if only the acquired behavior of individuals could be changed. Heinrich held that extensive programs should be conducted by industrial companies to convince employees to act safely.

**Highly Protected Risk**
Exposures where action has been taken to reduce the frequency and severity of loss, such as adding sprinkler systems in public buildings. These actions may result in a significant reduction in the fire insurance premium.

**Hobbies or Avocations**
Activities of interest in underwriting an application for life insurance to determine the rate classification (premium) for the applicant. For example, a sky diver is at greater personal risk than average, and accordingly is charged a much higher premium for life insurance.

**Hold-Harmless Agreements**
Assumption of liability through contractual agreement by one party, thereby eliminating liability on the part of

ance Company, der die → Dominotheorie der Unfallverursachung entwickelte, indem er 75.000 Industrieunfälle untersuchte und daraus schloß, daß die meisten Unfälle vermeidbar wären, wenn nur das angenommene Verhalten von Einzelpersonen verändert werden könnte. Heinrich war der Auffassung, daß breit angelegte Programme von Industrieunternehmen durchgeführt werden sollten, um Arbeitnehmer davon zu überzeugen, sicher zu handeln.

**Hoch geschütztes Risiko**
Gefährdungen, bei denen Maßnahmen ergriffen worden sind, um die Häufigkeit und die Schwere von Schadensfällen zu reduzieren, wie das Hinzufügen von Sprinkleranlagesystemen in öffentlichen Gebäuden. Diese Maßnahmen können eine bedeutende Senkung der Feuerversicherungsprämie zur Folge haben.

**Hobbies oder Nebenbeschäftigungen**
Aktivitäten, die bei der Zeichnung eines Antrages für eine Lebensversicherung von Interesse sind, um die Tarifklassifizierung (Prämie) für den Antragsteller zu bestimmen. Ein Fallschirmspringer z.B. unterliegt einem größeren persönlichen Risiko als der Durchschnitt und ihm wird daher eine sehr viel höhere Lebensversicherungsprämie berechnet.

**Schadloshaltungsvereinbarungen**
Die Haftungsübernahme durch vertragliche Vereinbarung durch eine Partei, wodurch die Haftung der anderen Partei ausgeschaltet wird. Ein Beispiel ist eine

another party. An example is a railroad sidetrack agreement with a manufacturing company under which the manufacturer is held harmless for damage to railroad equipment and tracks.

Eisenbahnnebengleisvereinbarung mit einer Herstellerfirma, bei der der Hersteller für Beschädigungen der Eisenbahnausrüstung und der Gleise schadlos gehalten wird.

### Home Office
Central (main) office of an insurance company whose facilities usually include actuarial, claims, investment, legal, underwriting, agency, and marketing departments.

### Hauptverwaltung
Zentrales (Haupt-)Büro einer Versicherungsgesellschaft, deren Einrichtungen gewöhnlich Versicherungsmathematik-, Anspruchs-, Kapitalanlage-, Rechts-, Zeichnungs-, Agentur- und Marketingabteilungen umfassen.

### Home Office Life Underwriters Association (HOLUA)

Organization of home office underwriters of life insurance companies. HOLUA offers educational material and national examinations for home office life underwriters, the individuals who evaluate applications for insurance, decide if an applicant meets the requirements of the company for issuing insurance, and determine the rate classification into which the applicant should be placed.

### Home Office Life Underwriters Association (HOLUA) (Vereinigung der Hauptverwaltungslebensversicherer)
Organisation von Hauptverwaltungsversicherern von Lebensversicherungsgesellschaften. Die HOLUA bietet Ausbildungsmaterial und nationale Prüfungen für Hauptverwaltungslebensversicherer an, die Versicherungsanträge bewerten und entscheiden, ob ein Antragsteller den Anforderungen der Gesellschaft für die Ausgabe einer Versicherung entspricht, und die Tarifklassifikation bestimmen, in die ein Antragsteller eingruppiert werden sollte.

### Home Office Underwriter
→ Underwriter, Lay; → Underwriting; → Underwriting Cycle; → Underwriting Gain (or Loss)

### Hauptverwaltungsversicherer
→ Prämienfestsetzer; → Zeichnung; → Konjunkturverlauf im Versicherungsgeschäft; → Zeichnungsgewinn (-verlust)

## Homeowners Insurance Policy

Package policy that combines (1) coverage against the insured's property being destroyed or damaged by various perils, and (2) coverage for liability exposure of the insured.

Homeowners policies cover both individuals as well as property. In addition to the insured, those covered include his/her spouse, their relatives, and any others under 21 who are residents of the insured's household.

## Homeowners Insurance Policy – Section I (Property Coverage)

Section providing protection in four areas:
1. *Coverage A (Home)* – the structure of the home (basic contract amount). Other property coverages in Section I are expressed as a percentage of Coverage A.
2. *Coverage B (Garage or Appurtenant Private Structures)* – structures not attached to or part of the home, covered up to 10 % of the basic home structure.
3. *Coverage C (Contents or Personal Property)* – coverage of 40 to 50% (depending on the form selected) of the structural coverage of the home for the contents or personal property in the home; coverage of up to

## Hausbesitzerversicherungspolice

Policenpaket, das kombiniert (1) Versicherungsschutz dagegen, daß der Besitz des Versicherten durch diverse Gefahren zerstört oder beschädigt wird und (2) Versicherungsschutz für die Haftungsgefährdung des Versicherten.

Hausbesitzerpolicen versichern sowohl Einzelpersonen als auch Besitz. Zusätzlich zu dem Versicherten sind mitversichert sein/ihr Ehepartner, ihre Angehörigen und jeder andere unter 21, der Bewohner des Haushaltes des Versicherten ist.

## Hausbesitzerversicherungspolice – Teil I (Sachversicherungsschutz)

Teil, der auf vier Gebieten Schutz bietet:
1. *Deckung A (Haus):* die Struktur des Hauses (Grundbetrag des Vertrages). Sonstiger Sachversicherungsschutz in Teil I wird ausgedrückt als Prozentsatz von Deckung A.
2. *Deckung B (Garage oder dazugehörige Privatbauten):* Bauten, die dem Haus nicht angegliedert oder Teil des Hauses sind, sind bis zu 10 % des Grundhausbaus versichert.
3. *Deckung C (Inhalt oder bewegliches Vermögen):* 40 bis 50%ige Deckung (in Abhängigkeit von der gewählten Form) des strukturellen Versicherungsschutzes des Hauses für den Inhalt oder das bewegliche Vermögen in einem Haus. Ein Versicherungsschutz von bis zu 10 % besteht für den Inhalt außerhalb des Hauses. Ein Haus, dessen Wert US$ 100.000 beträgt, würde z.B. über einen Versiche-

10% applies to contents away from the home. For example, a home whose value is $ 100,000 would have coverage on the contents of $ 50,000 (assuming 50 percent contents coverage); away from home contents coverage would be up to $ 5000.

4. *Coverage D (Additional Living Expenses)* – coverage if the home is damaged or destroyed and the insured must seek temporary lodging. Reimbursement is 10 to 20% of the structural coverage of the home, depending on the form selected.

All four property coverages A, B, C, and D are offered through one of the following forms:

1. *Form No. 1 (Basic or Standard)* – coverage for fire, lightning, windstorm, hail, explosion, smoke, theft, vandalism, malicious mischief, riot, civil commotion, glass breakage, vehicles, and aircraft.

2. *Form No. 2 (Broad)* – coverage for a broader spectrum of perils than under Form No. 1.

3. *Form No. 3 (Special)* – provides that Coverage A *(Home)*, Coverage B *(Garage or Appurtenant Private Structures)* and Coverage C *(Contents or Personal Property)* are insured on an → All Risks basis. This form is sometimes called "landlords and tenants insurance" since the building and

rungsschutz von US$ 50.000 für den Inhalt verfügen (bei Annahme einer 50%igen Deckung für den Inhalt). Außerhalb des Hauses würde der Versicherungsschutz bis zu US$ 5.000 betragen.

4. *Deckung D (zusätzliche Lebenshaltungskosten):* Versicherungsschutz, falls das Haus beschädigt oder zerstört wird und der Versicherte sich eine vorübergehende Unterkunft suchen muß. Die Erstattung beträgt in Abhängigkeit von der ausgewählten Form 10 bis 20 % der strukturellen Deckung des Hauses.

Alle vier Sachversicherungsschutzformen A, B, C und D werden anhand eines der folgenden Formulare angeboten:

1. *Formular Nr. 1 (Basis- oder Standardform):* Versicherungsschutz gegen Feuer, Blitzschlag, Sturm, Hagel, Explosion, Rauch, Diebstahl, Vandalismus, böswillige Beschädigung, Unruhe, bürgerlichen Aufstand, Glasbruch, Kraftfahrzeuge und Flugzeuge.

2. *Formular Nr. 2 (breite Form):* Versicherungsschutz gegen ein breiteres Gefahrenspektrum als unter Formular Nr. 1.

3. *Formular Nr. 3 (spezielle Form):* sieht vor, daß Deckung A (Haus), Deckung B *(Garage und dazugehörige Privatbauten)* und Deckung C *(Inhalt oder bewegliches Vermögen)* auf der Grundlage → Aller Risiken versichert werden. Diese Form wird manchmal „Vermieter und Pächter-Versicherung" genannt, da das Gebäude, die Garage und dazugehörige Privatbauten und der Inhalt auf Grundlage aller Risiken abgedeckt sind. Bei Formular Nr. 3 gibt es eine Reihe von Ausschlüssen.

4. *Formular Nr. 4 (Inhalt breite Form):* Versicherungsschutz nur für den Inhalt einer Wohnung (Deckung C) und zusätzliche Lebenshaltungskosten (Deckung D)

garage or appurtenant private structure and contents are covered on an all risks basis. There are a number of exclusions under Form No. 3.

4. *Form No. 4 (Contents Broad Form)* – coverage only for the contents of a dwelling (Coverage C) and additional living expense (Coverage D) as the result of the perils listed in Form No. 2. This form is called the "renters form" since it does not cover damage to the structure of an apartment building, its garages or appurtenants.

5. *Form No. 5 (Condominium Unit Owners Form)* – provides the same coverage as Form No. 4 but extends coverage for damage to additions and/or alterations that the unit owner may have made inside the unit. Coverage goes into effect as an excess amount above that insurance (if any) that the condominium association may have.

Numerous endorsements can be added to each one of the above forms to increase the limits of coverage and the properties insured. For example, specified property such as jewelry, furs, silverware and guns can be added through a *valuable personal articles endorsement*. Also, an inflation guard endorsement (reflecting increases in the cost of construction) can be added to Coverage A, which automatically increases Coverages B,

als Ergebnis der in Formular Nr. 2 aufgelisteten Gefahren. Diese Form wird als die „Mieterform" bezeichnet, da sie die Beschädigung an der Struktur eines Appartementgebäudes, seiner Garage oder dazugehöriger Gebäude nicht abdeckt.

5. *Formular Nr. 5 (Eigentumswohnung – Form für den Besitzer einer Eigentumswohnung):* bietet den gleichen Versicherungsschutz wie Formular Nr. 4, weitet den Versicherungsschutz jedoch auf Hinzufügungen und/oder Änderungen, die der Besitzer der Einheit innerhalb der Einheit vorgenommen haben mag, aus. Der Versicherungsschutz tritt als Überschußbetrag über die Versicherung (falls vorhanden) in Kraft, die die Eigentümergemeinschaft haben mag.

Zu jedem der obigen Formulare können zahlreiche Nachträge vorgenommen werden, um die Höchstgrenzen des Versicherungsschutzes und des versicherten Vermögens zu erhöhen. Bestimmtes Vermögen, wie z.B. Schmuck, Pelze, Silber und Waffen, können beispielsweise durch einen *Nachtrag für persönliche Wertgegenstände* hinzugefügt werden. Ein Inflationsschutznachtrag (der das Anwachsen der Baukosten widerspiegelt) kann zur Deckung A hinzugefügt werden, was automatisch Deckungen B, C und D steigert, da diese als ein Prozentsatz von Deckung A ausgedrückt sind.

Der Versicherte ist verpflichtet, nach einem Schadensfall bestimmte Maßnahmen zu ergreifen, u.a.: die Gesellschaft oder den Agenten sofort zu informieren; wenn ein Schaden wegen Diebstahls eintritt, sofort die Polizei zu informieren; wenn Kreditkarten gestohlen werden, die Kreditkartengesellschaft sofort zu unterrichten; den Besitz vor weiterer Beschä-

C, and D since they are expressed as a percentage of Coverage A.
The insured is obligated to take certain actions following a loss, including: notifying the company or agent immediately; if the loss is due to theft, notifying the police immediately; if credit cards are stolen, notifying the credit card company immediately; and protecting the property from further damage.
There is usually an 80% coinsurance requirement which means that the insured must carry insurance on a replacement cost basis of at least 80%. For example, a home is worth $ 200,000, and a fire does $ 50,000 damage. If the insured carries $ 150,000 of insurance, only $ 46,875 would be covered according to the following formula:

$$\frac{\text{Amount of Insurance Carried}}{\text{80\% Insurance to Value Replacement Cost Basis}} \times \text{Loss} = \text{Insured Reimbursement}$$

$$\frac{\$ 150{,}000}{\$ 160{,}000} \times \$ 50{,}000 = \$ 46{,}875$$

If however the insured had carried an 80% insurance to a value of $160,000 then the total loss of $50,000 would have been to the following formula:

$$\frac{\text{US\$ 160.000}}{\text{US\$ 160.000}} \times \text{US\$ 50.000} =$$

$$\text{US\$ 50.000}$$

digung zu schützen.
Es gibt gewöhnlich eine 80%ige Mitversicherungsforderung, die bedeutet, daß der Versicherte eine Versicherung auf einer Wiederbeschaffungsgrundlage von wenigstens 80 % tragen muß. Ein Haus ist z.B. US$ 200.000 wert, und ein Feuer verursacht einen Schaden von US$ 50.000. Falls der Versicherte eine Versicherung über US$ 150.000 unterhält, werden nach der folgenden Formel nur US$ 46.875 abgedeckt:

$$\frac{\text{Unterhaltener Versicherungsbetrag}}{\substack{\text{80 \% Versicherung} \\ \text{im Verhältnis zum} \\ \text{Wert auf der Grundlage der} \\ \text{Wiederbeschaffungskosten}}} \times \text{Schadensfall} = \substack{\text{Versicherte} \\ \text{Erstattung}}$$

$$\frac{\text{US\$ 150.000}}{\text{US\$ 160.000}} \times \text{US\$ 50.000} = \text{US\$ 46.875}$$

Falls der Versicherte jedoch eine 80%-ige Versicherung zu einem Wert von US$ 160.000 unterhalten hätte, dann hätte der Gesamtschaden von US$ 50.000 der folgenden Formel entsprochen:

$$\frac{\$ 160.000}{\$ 160.000} \times \$ 50.000 =$$

$$\$ 50.000$$

## Homeowners Insurance Policy – Section II (Liability Coverage)

Section providing protection under three coverages:

1. *Coverage E (Personal Liability)* – coverage in the event a suit is brought against the insured because of bodily injury and/or property damage resulting from the acts or non-acts of the insured. Also covers the insured's spouse, relatives of either, and others under age 21 under the insured's care. Just about any personal act is insured. For example, if the insured lives in Shreveport, Louisiana and hits someone with a tennis ball in a game in Hong Kong, the insured is covered against a possible lawsuit. The insurance company must also pay for the costs of defending the insured even if a suit has no reasonable basis. Defense costs are separate and in addition to the limits of liability in the policy. For example, if the limits of the policy are $ 100,000 and the defense costs are $ 200,000 the insurance company could have to pay a total of $ 300,000 on behalf of the insured. Once the insurance company pays the $ 100,000 limit in the policy, the insurance company's obligation to defend the insured any further ends. The basic liability limits are $ 100,000 – the minimum amount stipulated in

## Hausbesitzerversicherungspolice – Teil II (Haftpflichtversicherungsschutz)

Teil, der Versicherungsschutz unter drei Deckungsarten bietet:

1. *Deckung E (persönliche Haftpflicht):* Versicherungsschutz für den Fall, daß eine Klage wegen Körperverletzung und/oder Sachbeschädigung aufgrund von Handlungen oder Nicht-Handlungen des Versicherten vorgebracht wird. Deckt auch den Ehepartner des Versicherten, Verwandte von beiden und andere, die die Volljährigkeit nicht erreicht haben und unter der Obhut des Versicherten stehen. So gut wie jede persönliche Handlung ist versichert. Wenn der Versicherte z.B. in Shreveport, Louisiana, lebt und in Hongkong jemanden während eines Spiels mit einem Tennisball trifft, so ist der Versicherte gegen eine mögliche Klage versichert. Die Versicherungsgesellschaft muß für die Verteidigungskosten bezahlen, auch wenn eine Klage keine vernünftige Grundlage hat. Die Verteidigungskosten sind getrennt und zuzüglich zu den Haftpflichtgrenzen in der Police. Wenn die Höchstgrenze der Police z.B. bei US$ 100.000 liegt und die Verteidigungskosten US$ 200.000 betragen, so muß die Versicherungsgesellschaft eine Gesamtsumme von US$ 300.000 für den Versicherten zahlen. Sobald die Versicherungsgesellschaft die US$ 100.000-Grenze der Police bezahlt hat, endet die Verpflichtung der Versicherungsgesellschaft, den Versicherten weiterhin zu verteidigen. Die grundlegende Haftungsgrenze liegt bei US$ 100.000, dem in der Police festgelegten Mindestbetrag. (Für einen relativ geringen Betrag in Dollar kann diese Grenze wesentlich gesteigert werden).

the policy. (For a relatively few dollars these limits can be increased substantially.)

2. *Coverage F (Medical Payments to Others)* – coverage for reimbursement of reasonable medical expenses incurred (a) by the insured (and individuals as defined in Coverage E, above); and (b) for injuries sustained by a third party either on or off of the insured's premises as a result of the activities of the insured and others covered. This is called "Good Samaritan Coverage" because by providing emergency medical expenses of an injured third party, the insured does not admit liability, nor does the injured third party relinquish his/her right to bring suit against the insured by accepting the medical aid.

3. *Coverage G (Damage to Property of Others)* – as with Coverage F, the insured is reimbursed for expenses incurred up to $250 regardless of legal liability for damage to the property of a third party. The insured and covered residents of the household make payment out of a feeling of moral responsibility for the damage to the property which may have the result of a liability suit not being brought.

2. *Deckung F (medizinische Zahlungen an andere):* Versicherungsschutz für die Erstattung angemessener medizinischer Ausgaben, die (a) von dem Versicherten (und Einzelpersonen wie unter Deckung E oben definiert) und (b) für von einer dritten Partei erlittene Verletzungen entweder auf oder außerhalb des Geländes des Versicherten infolge der Handlungen des Versicherten und sonstiger Mitversicherter bezahlt werden müssen. Dies wird „Guter-Samariter-Versicherungsschutz" genannt, weil durch die Bereitstellung der medizinischen Notfallausgaben einer versicherten dritten Partei weder der Versicherte die Haftung zugibt noch die versicherte dritte Partei dadurch, daß sie die medizinische Hilfeleistung annimmt, auf sein/ihr Recht verzichtet, den Versicherten zu verklagen.

3. *Deckung G (Beschädigung am Besitz anderer):* Wie bei Deckung F werden dem Versicherten, unabhängig von der gesetzlichen Haftung, erlittene Kosten bis zu US$ 250 für Beschädigung am Besitz einer dritten Partei erstattet. Der Versicherte und die abgedeckten Bewohner des Haushalts leisten die Zahlung aus einem Gefühl einer moralischen Verpflichtung für die Beschädigung an dem Besitz heraus, was zur Folge haben kann, daß eine Haftpflichtklage nicht eingereicht wird.

**Home Service Agent**
→ Debit Agent (Home Service Agent)

**Home Service Agent**
→ Inkassoagent (Home Service Agent)

## Home Service Industrial Insurance
→ Industrial Life Insurance

## Home Service Life Insurance
→ Debit Insurance (Home Service Insurance, Industrial Insurance)

## Home Service Ordinary
Life insurance in which the *debit system* is used to collect premiums on a monthly basis. → Debit Insurance (Home Service Insurance, Industrial Insurance); → Ordinary Life Insurance

## Homestead Right
Use of a home, and the land and buildings surrounding that home, free from the claim of creditors. This right gives rise to an → Insurable Interest.

## Homogeneity
→ Insurable Risk

## Homogeneous Exposures
Elements within a group under study that have the same characteristic(s), have the same → Expectation of Loss, are very much alike with respect to the variable under consideration, and do not show significant differences through any given time periods. Homogeneity of exposure units is extremely important to the accuracy of the prediction of future loss based

## Home Service Kleinlebensversicherung
→ Kleinlebensversicherung

## Home Service Lebensversicherung
→ Inkassoversicherung (Home Service Versicherung, Kleinlebensversicherung).

## Gewöhnliche Home Service Lebensversicherung
Lebensversicherung, bei der das *Inkassosystem* verwendet wird, um die Prämien monatlich zu kassieren. → Inkassoversicherung (Home Service Versicherung, Kleinlebensversicherung); → Lebensversicherung auf den Todesfall

## Heimstättenvollstreckungsschutz
Nutzung eines Hauses und des Landes und der das Haus umgebenden Gebäude, frei von Gläubigeransprüchen. Dieses Recht läßt ein → Versicherbares Interesse entstehen.

## Homogenität
→ Versicherbares Risiko

## Homogene Gefährdungen
Elemente innerhalb einer untersuchten Gruppe, die das/die gleiche(n) Merkmal(e) aufweisen, die gleiche → Schadenserwartung haben und in bezug auf die untersuchte Variable sehr ähnlich sind und innerhalb irgendeines gegebenen Zeitraums keine bedeutsamen Unterschiede aufweisen. Die Homogenität der Gefährdungseinheiten ist für die Genauigkeit der Vorhersage von zukünftigen Schadensfällen, die auf einer geschichtlichen Schadenserfahrung basiert, von äußerster

on historical loss experience. For example, if an → Actuary is going to predict the number of wood-frame houses likely to suffer a fire loss, the sample upon which the prediction is based should consist of wood-frame houses, not brickframe houses.

### Hospice
Facility which provides short periods of stay for a terminally ill person in a homelike setting for either direct care or respite. A "terminally ill" person has a life expectancy of six months or less. A hospice provides continuous care. Some health insurance plans pay benefits in full up to a maximum without a deductible for charges incurred for a terminally ill person while in a hospice care program. Also provided is bereavement benefits up to a maximum (usually $200) per family unit.

### Hospital Expense Insurance
→ Group Health Insurance; Health Insurance; → Health Maintenance Organization (HMO)

### Hospital Indemnity Insurance
→ Group Health Insurance; → Health Insurance; → Health Maintenance Organization (HMO)

Wichtigkeit. Wenn ein → Versicherungsmathematiker z. B. vorhersagen will, wie viele Holzhäuser wahrscheinlich einen Feuerschaden erleiden werden, so sollte die Probe, auf die die Vorhersage gestützt ist, aus Holzhäusern und nicht aus Ziegelhäusern bestehen.

### Hospiz
Einrichtung, die kurzfristige Aufenthalte für eine sterbenskranke Person in einer häuslichen Umgebung bietet, entweder für die direkte Pflege oder eine Ruhepause. Eine „sterbenskranke" Person hat eine Lebenserwartung von sechs Monaten oder weniger. Ein Hospiz bietet andauernde Pflege. Einige Krankenversicherungen zahlen Leistungen in vollständiger Höhe bis zu einem Höchstbetrag ohne einen Selbstbehalt für die von einer sterbenskranken Person erlittenen Kosten, während sie an einem Hospizpflegeprogramm teilnimmt. Außerdem werden Trauerfallleistungen bis zu einem Höchstbetrag (gewöhnlich US$ 200) pro Familieneinheit geboten.

### Krankenhauskostenversicherung
→ Gruppenkrankenversicherung; → Krankenversicherung; → Health Maintenance Organization (HMO)

### Krankenhausentschädigungsversicherung
→ Gruppenkrankenversicherung; → Krankenversicherung; → Health Maintenance Organization (HMO)

## Hospitalization Insurance
→ Group Health Insurance; → Health Insurance; → Health Maintenance Organization (HMO)

## Hospital Liability Insurance
Form of insurance covering (1) liability arising out of the provision or nonprovision of hospital services so as to have an action brought against the hospital for malpractice, error, or mistake; (2) injuring of a patient by another patient; (3) food and other items resulting in injury to the patients; (4) injury to a person treated in an ambulance; and (5) costs to defend the hospital even if the suit is groundless.

## Hospital Medical Insurance
→ Group Health Insurance; → Health Insurance; → Health Maintenance Organization (HMO)

## Hospital Services, HMO
→ Health Maintenance Organization (HMO)

## Hospital, Surgical, and Medical Expense Insurance
→ Group Health Insurance; → Health Insurance; → Health Maintenance Organization (HMO)

## Krankenhausaufenthaltversicherung
→ Gruppenkrankenversicherung; → Krankenversicherung; → Health Maintenance Organization (HMO)

## Krankenhaushaftpflichtversicherung
Form der Versicherung, die abdeckt (1) aus der Erbringung oder Nicht-Erbringung von Krankenhausleistungen entstehende Haftpflicht, wie etwa, daß wegen Fehlbehandlung, Irrtum oder Fehler eine Klage gegen das Krankenhaus angestrengt wird; (2) die Verletzung eines Patienten durch einen anderen Patienten; (3) Speisen und andere Gegenstände, die eine Verletzung von Patienten zur Folge haben; (4) Verletzung einer in einer Ambulanz behandelten Person; (5) Kosten, um das Krankenhaus zu verteidigen, auch dann, wenn die Klage unbegründet ist.

## Medizinische Krankenhausversicherung
→ Gruppenkrankenversicherung; → Krankenversicherung; → Health Maintenance Organization (HMO)

## Krankenhausleistungen, HMO
→ Health Maintenance Organization (HMO)

## Krankenhaus-, Chirurgie- und Arztkostenversicherung
→ Gruppenkrankenversicherung; → Krankenversicherung; → Health Maintenance Organization (HMO)

## Hostile Fire
Unfriendly fire not confined to its normal habitat. For example, fire in the fireplace leaps onto the sofa. Property contracts protect against damage from a hostile fire, not from damage from fire in the fireplace, its normal habitat. The insurance is designed to cover → Fortuitous Loss, which the hostile fire is. → Friendly Fire

## Host Liability
Exposure created by an individual acting as a host serving alcoholic beverages at no charge to persons already intoxicated, resulting in these intoxicated individuals causing property damage and/or bodily injury to third parties. → Dram Shop Law

## Host Liquor Liability
→ Host Liability

## How Long a Policy Will be in Force
Duration of a policy. Property and casualty coverages are usually written for one year, although a personal automobile policy can be for six months. Life insurance can be written on (1) a term basis (1 year, 5 years, 20 years, to age 65), (2) whole of life basis, or (3) any combination of the two. Health insurance can be written on a multiple time period basis.

## Schadenfeuer
Kein auf seinen normalen Platz begrenztes Nutzfeuer. Ein Feuer in einer Feuerstelle geht z. B. auf das Sofa über. Sachversicherungsverträge schützen gegen Beschädigung durch ein Schadenfeuer, nicht gegen Beschädigung durch ein Feuer in der Feuerstelle, seinem normalen Platz. Die Versicherung wurde entwickelt, um → Zufälligen Schaden abzudecken – z. B. durch ein feindliches Feuer. → Nutzfeuer

## Haftung des Gastgebers
Durch eine als Gastgeber fungierende Person, die kostenlos alkoholische Getränke an bereits berauschte Personen ausgibt, geschaffene Gefährdung, die zur Folge hat, daß diese berauschten Personen Sachbeschädigungen und/oder Körperverletzungen an dritten Parteien verursachen. → Branntweinschenkengesetz

## Alkoholhaftpflicht des Gastgebers
→ Haftung des Gastgebers

## Wie lange eine Police in Kraft sein wird
Laufzeit einer Police. Sach- und Unfallversicherungsschutz wird gewöhnlich für ein Jahr gezeichnet, obwohl eine Privat-Kfz-Versicherungspolice für sechs Monate gelten kann. Eine Lebensversicherung kann (1) mit befristeter Laufzeit (1 Jahr, 5 Jahre, 20 Jahre, bis zum Alter von 65), (2) auf den Todesfall oder (3) aufgrund einer Kombination der beiden Formen gezeichnet werden. Eine Krankenversicherung kann auf einer vielfachen Zeitraumgrundlage gezeichnet werden.

## HR-10 Plan
→ Keogh Plan (HR-10)

## Hull Marine Insurance
Coverage of the hull of a ship and its tackle, passenger fittings, equipment, stores, boats and ordnance. Coverage is provided under the following types of policies: → Builders Risk Hull Insurance; → Navigation Risk Insurance, and → Port Risk Insurance.

## Human Approach
Technique of loss control and reduction of losses in insurance. Supporters of this method believe that the safety attitudes of individuals determine the safety precautions they take. The human approach seeks to convince people to *want* to be safe in order to reduce loss frequency and severity. For example, campaigns encouraging the use of seat belts help promote a safety-conscious society.

## Human Factors Engineering
→ Human Approach

## Human Life Value Approach (Economic Value of an Individual Life) (EVOIL)
Quantitative measure to determine the amount of life insurance required to replace lost future earnings of a wage

## HR 10 Plan
→ Keogh Plan (HR 10)

## Schiffskaskoversicherung
Versicherungsschutz für den Schiffsrumpf eines Schiffes und sein Takelwerk, der Fahrgasteinrichtungen, der Ausrüstung, Läden, Boote und Geschütze. Versicherungsschutz wird bei folgenden Policentypen geboten: → Schiffbauerrisikoversicherung; → Schiffahrtrisikoversicherung und → Hafenrisikoversicherung.

## Menschlicher Ansatz
Technik der Schadenskontrolle und Reduzierung der Schäden bei Versicherungen. Die Anhänger dieser Methode glauben, daß die Einstellung von Personen gegenüber der Sicherheit die von ihnen getroffenen Sicherheitsvorkehrungen bestimmen. Der menschliche Ansatz versucht, Menschen davon zu überzeugen, sicher sein zu *wollen,* um die Häufigkeit und Schwere von Schadensfällen zu verringern. Kampagnen, die zur Verwendung von Sicherheitsgurten ermutigen, helfen dabei, eine sicherheitsbewußte Gesellschaft voranzutreiben.

## Betriebstechnik unter Einbeziehung menschlicher Faktoren
→ Menschlicher Ansatz

## Ansatz zum Wert eines menschlichen Lebens (wirtschaftlicher Wert eines einzelnen Lebens)
Quantitatives Maß, um die erforderliche Höhe einer Lebensversicherung zu bestimmen, um verlorene zukünftige Verdienste eines Lohnempfängers zu ersetzen.

earner. Three steps are used in arriving at the needed sum
1. Determine average yearly earned income devoted to a family in the future by the wage earner (AEIDF).
2. Determine future number of years wage earner is planning to work *(n)*.
3. Determine the interest rate *(i)* (discount factor) to be used in calculating the present value of the average yearly earned income devoted to family.
The calculation uses this equation:

$$EVOIL = \sum_{n=1}^{m} AEIDF\,(1+i)^{-n}$$

where $m$ = last year at work before normal retirement
$n$ = first remaining year of life.

## Hurricane Insurance

Part of windstorm coverage, usually one of a group of property coverages which covers all kinds of winds such as storms and tornadoes. → Storm Insurance (Windstorm Insurance)

Um die benötigte Summe herauszufinden, werden drei Schritte angewendet:
1. Bestimmung des durchschnittlich verdienten Jahreseinkommens, das von einem Lohnempfänger in der Zukunft einer Familie gewidmet wird (DJF).
2. Bestimmung der zukünftigen Anzahl der Jahre, die der Lohnempfänger zu arbeiten plant *(n)*.
3. Bestimmung des Zinssatzes *(i)* (Diskontfaktor), der zur Berechnung des Gegenwartswertes des durchschnittlich verdienten, der Familie übergebenen Jahreseinkommens verwendet wird.
Die Berechnung verwendet diese Gleichung:

$$WEEL = \sum_{n=1}^{m} DJF\,(1+i)^{-n} \quad,$$

wobei $m$ = das letzte Jahr an der Arbeitsstelle vor der normalen Pensionierung,
$n$ = das erste verbleibende Lebensjahr ist.

## Hurrikanversicherung

Teil des Sturmwindversicherungsschutzes, gewöhnlich eine von einer Gruppe von Sachversicherungsdeckungen, die alle Arten von Winden wie Stürme und Tornados abdeckt. → Sturmversicherung (Sturmwindversicherung)

# I

**IBNR**
→ Incurred But Not Reported Loss (IBNR)

**IBNR**
→ Erlittene, aber nicht gemeldete Schäden

**Identification**
First step in the risk management process. The objective is to determine the sources of losses. For example, the profit and loss statement of a business firm not only shows the sources of its earnings but identifies exposures that these sources face from various perils, such as worker injuries, ill-designed products and hazardous manufacturing conditions.

**Identifizierung**
Der erste Schritt bei dem Risikomanagementverfahren. Ziel ist es, die Schadensquellen zu bestimmen. Die Gewinn- und Verlustrechnung einer Firma zeigt z.B. nicht nur die Quellen ihrer Gewinne, sondern identifiziert auch Gefährdungen, denen diese Quellen von verschiedenen Gefahren ausgesetzt sind, wie Verletzungen der Arbeiter, schlecht geplante Produkte und gefährliche Herstellungsbedingungen.

**Immediate Annuity**
→ Annuity that begins payments after a single premium is paid. For example, the annuitant pays a single premium of $100,000 on June 1 of the current year and begins receiving a monthly income of $1200 for life starting July 1.

**Sofort fällige Rente**
Eine → Rente, die mit der Zahlung beginnt, nachdem eine einzige Prämie bezahlt wurde. Der Rentenempfänger bezahlt z.B. eine einzige Prämie in Höhe von US$ 100.000 am 1. Juni des laufenden Jahres und erhält, beginnend mit dem 1. Juli, ein lebenslanges monatliches Einkommen von US$ 1.200.

**Immediate Participation Guarantee Plan (IPG)**
→ Pension Plan Funding: Group Immediate Participation Guaranteed (IPA) Contract Annuity

**Vorhaben mit sofortiger Teilnahmegarantie**
→ Pensionssystemfinanzierung: sofortige Gruppenvertragsrente mit garantierter Beteiligung

## Immediate Vesting

Entitlement of an employee to benefits immediately upon entering a retirement plan. As benefits are earned, they are credited to the employee's account. These "portable" future benefits can be withdrawn by individuals leaving the service of the employer.

## Impaired Risk (Substandard Risk)

In life and health insurance, person whose physical condition is less than standard or who has a hazardous occupation or hobby. For example, an applicant with a history of strokes is regarded as an impaired risk. Some substandard insurance companies specialize in insuring substandard risks, applying an additional premium (surcharge) to reflect the higher probability of loss from a particular impairment.

## Impairment of Capital

Situation where a stock insurer must invade its capital account in order to meet its obligations. Most states do not allow insurers to do this and quickly rescind their right to do business.

## Implied Authority

→ Apparent Agency (Authority)

## Sofortige Übertragung

Anrecht eines Arbeitnehmers auf Leistungen sofort bei Beitritt zu einem Pensionierungsvorhaben. So wie die Leistungen verdient werden, werden sie dem Konto des Arbeitnehmers gutgeschrieben. Diese „tragbaren" zukünftigen Leistungen können von Personen, die die Dienste des Arbeitgebers verlassen, entnommen werden.

## Verschlimmertes Risiko (Anomales Risiko)

Bei der Lebens- und Krankenversicherung eine Person, deren körperlicher Zustand unterhalb des Standards liegt oder die eine gefährliche Beschäftigung oder ein gefährliches Hobby hat. Ein Antragsteller mit einer Krankengeschichte von mehreren Schlaganfällen z.B. wird als verschlimmertes Risiko angesehen. Einige Risikoversicherungsgesellschaften haben sich auf die Versicherung von anomalen Risiken spezialisiert. Sie wenden eine zusätzliche Prämie (Zuschlag) an, um der höheren Schadenswahrscheinlichkeit wegen einer bestimmten Beeinträchtigung Rechnung zu tragen.

## Verminderung des Kapitals

Situation, bei der ein Versicherer auf Aktien sein Kapitalkonto angreifen muß, um seinen Verpflichtungen nachzukommen. Die meisten Staaten erlauben Versicherern dies nicht und widerrufen schnell ihr Recht, Geschäfte zu tätigen.

## Implizite Vollmacht

→ Scheinagentur (-Vollmacht)

## Imprest Account
Fund established to pay specified losses, usually the low *severity* property losses. This type of account is an excellent device in conjunction with a → Self-Insurance plan in which the fund is infused with new money as it goes to zero after paying property losses.

## Improvements and Betterments Insurance
Tenant's modifications of leased space to fit his particular needs. Up to 10% of contents coverage inside the structure may be applied to insure against damage or destruction of improvements or betterments made by a tenant who does not carry coverage on the structure itself. For example, under the → Homeowners Insurance Policy, if the contents of an apartment are insured for $ 25,000, then $ 2500 would apply to cabinets that the tenant built into the kitchen.

## In-Area Emergency Services
Provision of → Health Maintenance Organization (HMO) coverage. A member who is critically injured within the geographical service area of the HMO can use the nearest hospital for emergency care, rather than a more distant HMO-authorized hospital.

## Vorschußkonto
Fonds, der aufgestellt wurde, um bestimmte Schäden, gewöhnlich Sachschäden von geringer *Härte,* zu bezahlen. Dieser Kontentyp ist in Verbindung mit einem → Selbstversicherungs-Vorhaben ein exzellentes Mittel, bei dem dem Fonds neues Geld zugeführt wird, wenn er nach Zahlung der Sachschäden auf Null geht.

## Verbesserungs- und Wertzuwachsversicherung
Die Änderungen eines gemieteten Raumes durch einen Pächter, um seinen besonderen Bedürfnissen zu entsprechen. Bis zu 10 % des Versicherungsschutzes für den Inhalt innerhalb des Gebäudes können dazu verwendet werden, um gegen Beschädigung oder Zerstörung von Verbesserungen oder Wertzuwachs, die durch den Mieter, der für den Bau selbst keinen Versicherungsschutz unterhält, vorgenommen wurden, zu versichern. Bei der → Hausbesitzerversicherungspolice würden z.B., falls der Inhalt eines Appartements für US$ 25.000 versichert ist, US$ 2.500 auf Schränke, die der Pächter in die Küche eingebaut hat, zur Anwendung kommen.

## Notfalldienste innerhalb des Bezirks
Bestimmung für den Versicherungsschutz bei der → Health Maintenance Organization (HMO) (Gesunderhaltungsorganisation). Ein schwerverletztes Mitglied innerhalb des geographischen Dienstgebietes der HMO kann für die Notfallversorgung das nächste Krankenhaus aufsuchen, anstelle eines weiter entfernten, von der HMO autorisierten Krankenhauses.

## Incendiarism

Act of starting a fire; arson. Arson is a covered peril under a → Property Insurance contract, provided that the owner of the property is not responsible for the arson.

## Inception Date

→ Effective Date

## Inchmaree Clause

Provision of → Marine Insurance. It protects property damaged or destroyed as the result of the negligent acts of the crew. The name is derived from a steamer in which a pump was damaged by its crew's negligence.

## Incidence Rate

→ Frequency and Distribution of Losses

## Incidental Contract

Secondary (not primary) reason for forming a contract. In group insurance, the group must be formed and maintained for reasons other than obtaining insurance. If the group were formed primarily to obtain insurance, → Adverse Selection would take place.

## Incidental Malpractice

Medical malpractice that is the legal responsibility of a person or organization not in the medical profession or business. It is usually covered un-

## Brandstiftung

Akt des Feuerlegens, Brandlegung. Brandstiftung ist eine bei einem → Sachversicherungs-Vertrag versicherte Gefahr, vorausgesetzt, der Eigentümer des Besitzes ist nicht für die Brandstiftung verantwortlich.

## Anfangsdatum

→ Inkrafttreten

## Inchmaree-Klausel

Bestimmung bei der → Transportversicherung. Sie schützt Besitz, der infolge fahrlässiger Handlungen der Mannschaft beschädigt wurde. Der Name stammt von einem Dampfer, auf dem eine Pumpe durch die Fahrlässigkeit der Mannschaft beschädigt wurde.

## Häufigkeitsquote

→ Häufigkeit und Verteilung von Schäden

## Nebenvertrag

Zweitrangiger (nicht Haupt-) Grund für das Abschließen eines Vertrages. Bei einer Gruppenversicherung muß sich die Gruppe aus einem anderen Grund als dem Erhalt einer Versicherung gebildet und erhalten haben. Hätte sich die Gruppe in erster Linie deshalb gebildet, um eine Versicherung zu erhalten, fände eine → Negative Auswahl statt.

## Beiläufiger Kunstfehler

Medizinischer Kunstfehler, der der rechtlichen Verantwortung einer Person oder einer Organisation unterliegt, die keinem medizinischen Beruf oder Unternehmen angehört. Sie wird gewöhnlich bei einer

der a → Professional Liability Insurance policy.

### Incidents of Ownership
Policyowner rights under a life insurance policy, including the right to name a new beneficiary at any time and to surrender the policy for its cash value.

### Income
All sources of cash flow, usually stated on an annual basis.

### Income Averaging
Income averaged over a specified period of years. For example, to calculate benefits in a pension plan, it is common to average the highest three years or five years of earnings.

### Income Continuation Insurance
→ Partnership Life and Health Insurance

### Income (Personal) Insurance
→ Disability Income Insurance

### Income Policy
Proceeds from a life insurance policy paid on a monthly basis instead of in a lump sum.

→ Berufshaftpflichtversicherungs-Police abgedeckt.

### Eigentümerpflichten
Rechte eines Policeninhabers bei einer Lebensversicherungspolice, einschließlich des Rechtes, jederzeit einen neuen Begünstigten zu benennen und die Police gegen ihren Barwert aufzugeben.

### Einkommen
Alle Quellen des Geldflusses, wird gewöhnlich auf einer jährlichen Grundlage angegeben.

### Einkommensdurchschnittsbildung
Der über einen bestimmten Zeitraum von Jahren gebildete Einkommensdurchschnitt. Um z.B. die Leistungen eines Pensionssystems auszurechnen, ist es üblich, den Durchschnitt der drei höchsten von fünf Verdienstjahren zu bilden.

### Einkommenfortzahlungsversicherung
→ Teilhaber-Lebens- und Krankenversicherung

### (Persönliche) Einkommensversicherung
→ Invaliditätseinkommensversicherung

### Einkommenspolice
Erlöse aus einer Lebensversicherungspolice, die auf einer monatlichen Grundlage anstelle einer Pauschalsumme gezahlt werden.

## Income Reimbursement Insurance
→ Income Replacement

## Income Replacement
Benefit in disability income insurance whereby an injured or ill wage earner receives a monthly income payment to replace a percentage of his lost earnings. → Disability Income Insurance (*Amount of Benefits*)

## Income-Shifting Strategies
Ownership of tax-free or tax-deferred investments by a child or for a child, given that these investments will not reach maturity before the child attains at least age 14. The objective is to shift investment producing current income from high-tax-bracket adults to low-tax-bracket children. Possible means of achieving this objective would be the utilization of the following investment instruments:
1. *Municipal bonds* – interest earned is not subject to federal or state taxes.
2. *Savings Bonds* (U.S. EE savings bonds that have a maturity date after the child attains age 14) – these bonds guarantee payment of 85% of the average interest rate of U.S. Treasury notes and bonds subject to a minimum guarantee rate of 6%. These bonds must

## Einkommenserstattungsversicherung
→ Einkommensersetzung

## Einkommensersetzung
Leistung bei der Invaliditätseinkommensversicherung, bei der ein verletzter oder kranker versicherter Lohnempfänger eine monatliche Einkommenszahlung erhält, um einen Prozentsatz seiner verlorenen Verdienste zu ersetzen. → Invaliditätseinkommensversicherung (*Leistungshöhe*)

## Einkommenverschiebende Strategien
Besitz steuerfreier oder steuerverschobener Kapitalanlagen durch ein Kind oder für ein Kind unter der Voraussetzung, daß diese Kapitalanlagen nicht fällig werden, bevor das Kind zumindest das Alter von 14 Jahren erreicht hat. Ziel ist es, Kapitalanlagen, die ein laufendes Einkommen hervorbringen, von hochbesteuerten Erwachsenen auf niedrig besteuerte Kinder zu verschieben. Die Nutzung der folgenden Kapitalanlageinstrumente wären mögliche Mittel zur Erreichung dieses Ziels:
1. *Kommunalobligationen:* die verdienten Zinsen unterliegen nicht Bundes- und staatlichen Steuern.
2. *Kleingestückelte Staatsobligationen:* (US EE Savings Bonds, deren Fälligkeitsdatum erreicht ist, wenn das Kind 14 Jahre alt wird) – diese Obligationen garantieren die Zahlung von 85% der Verzinsung von Schuldscheinen und Obligationen des U.S. Finanzministeriums unter dem Vorbehalt einer garantierten Verzinsung von 6%. Diese Obligationen müssen, damit die vollständige Verzinsung zur Anwendung

be held for at least 5 years for the full interest rate to apply.

3. → Permanent Life Insurance – earnings accumulate on a tax-deferred basis with the possibility of avoiding taxes on the accrued earnings if the policy remains in force until the insured's death.

4. → Deferred Annuity – this instrument offers the same tax-deferred treatment as life insurance.

5. *Growth equities* – taxes need not be paid on "paper gains;" taxes on gains are paid only after stock is sold.

6. *Custodial account* – parent retains control of the asset owned by the child until the child reaches the age of majority. The first $1,000 of income in the account is taxed at the child's rate (if child is less than age 14) and any additional income is taxed at the parent's rate. When the child reaches age 14, all income in the account becomes taxable at the child's rate.

kommt, für wenigstens 5 Jahre gehalten werden.

3. → Lebensversicherung mit einjähriger Kündigungsfrist: Gewinne sammeln sich auf einer steueraufschiebenden Grundlage an, mit der Möglichkeit, Steuern auf die angesammelten Gewinne zu vermeiden, falls die Police bis zum Tod des Versicherten in Kraft bleibt.

4. → Anwartschaftsrente: Dieses Instrument bietet die gleiche steueraufschiebende Behandlung wie die Lebensversicherung.

5. *Wachstumswertpapiere:* Auf „Papiergewinne" brauchen keine Steuern entrichtet zu werden, es werden erst Steuern auf den Gewinn gezahlt, nachdem die Aktien verkauft worden sind.

6. *Treuhänderkonto:* Ein Elternteil behält die Kontrolle über das Vermögen im Besitz des Kindes, bis das Kind das Volljährigkeitsalter erreicht. Die ersten US$ 1.000 des Einkommens auf dem Konto werden zum Kindertarif besteuert (falls das Kind unter 14 Jahre alt ist), und jedes zusätzliche Einkommen wird zum Tarif des Elternteils besteuert. Sobald das Kind 14 Jahre alt wird, ist das gesamte Einkommen auf dem Konto zum Kindertarif zu versteuern.

**Incontestable Clause**

Section in a life insurance policy stating that after the policy is in force two years, the company cannot void it because of misrepresentation or concealment by the insured in obtaining the policy. For example, when asked on the application if there is a history of diabetes in the family, the applicant

**Unbestreitbarkeitsklausel**

Teil einer Lebensversicherungspolice, der besagt, daß, nachdem eine Police zwei Jahre in Kraft ist, die Gesellschaft diese wegen einer Falschdarstellung oder Verschweigen durch den Versicherten, um die Police zu erhalten, nicht für ungültig erklären kann. Z.B., wenn im Antrag gefragt wird, ob es in der Familie Diabetisfälle gegeben habe, und der Antragsteller dies verneint, obwohl er weiß, daß

writes no, knowing that both her father and mother have diabetes. This does not void the policy after two years. However, if the age of the applicant had been understated, say to obtain a lower premium, the company will recalculate the benefit according to the correct age.

sowohl der Vater als auch die Mutter Diabetis haben. Dies macht die Police nach zwei Jahren nicht ungültig. Wenn das Alter eines Antragstellers jedoch zu niedrig angegeben wurde, sagen wir, um in den Genuß einer niedrigen Prämie zu gelangen, so wird die Gesellschaft die Leistung entsprechend dem richtigen Alter neu kalkulieren.

## Incorporation into Funding Agreement

Factors taken into account concerning the instrument used in funding a pension plan. For example, an allocated funding instrument guarantees that benefits will be paid for all premium payments received. This should eliminate concerns of employees about the availability of funds to pay their benefits at retirement.

## Aufnahme in die Finanzierungsvereinbarung

In Betracht gezogene Faktoren, die sich auf das bei der Finanzierung eines Pensionssystems verwendete Instrument beziehen. Ein zugewiesenes Finanzierungsinstrument z.B. garantiert, daß für alle erhaltenen Prämienzahlungen Leistungen gezahlt werden. Dies sollte Sorgen der Arbeitnehmer über die Verfügbarkeit von Finanzmitteln, um ihre Leistungen bei Pensionierung zu zahlen, auslöschen.

## Incorporeal Interests

Right to insurable interest in property such as the right of a secured creditor in the property pledged as security.

## Immaterielle Interessen

Recht an einem versicherbaren Interesse bei Vermögen, wie das Recht eines abgesicherten Gläubigers an einem als Sicherheit hinterlegten Vermögen.

## Increased Cost Endorsement

Coverage for extra expenses associated with the reconstruction of a damaged or destroyed building where zoning requirements mandate more costly construction material. This endorsement is attached to property policies.

## Kostensteigerungsnachtrag

Versicherungsschutz für zusätzliche Kosten, die mit dem Wiederaufbau eines beschädigten oder zerstörten Gebäudes, wo die Unterteilungserfordernisse kostenintensivere Baumaterialien erforderlich machen, verbunden sind. Dieser Nachtrag wird Sachversicherungspolicen beigefügt.

## Increased Cost of Construction Clause

Coverage if state or municipal law requires that a damaged or destroyed building must be rebuilt at an increased cost to comply with buildings code provisions that were not in effect when the building was originally constructed.

## Increased Hazard

State that increases the probability of a loss. For example, storage of flammable material next to a furnace in one's home increases the hazard with the knowledge of an insured, and is grounds for suspension of a policy by an insurance company.

## Increasing Life Insurance

Term or whole life policy with a face value that increases over time.

## Incurred but not Reported Losses (IBNR)

Insured losses that have occurred but have not been reported to a → Primary Insurance company. These types of claims have a tremendous effect on a → Reinsurance treaty, which may be showing a healthy profit when in reality it is losing money. Hence, under this false security, the reinsurer will continue operating under a rating plan that is to-

## Erhöhte Baukosten-Klausel

Versicherungsschutz, falls staatliche oder städtische Gesetze fordern, daß ein beschädigtes oder zerstörtes Gebäude zu höheren Kosten wiedererbaut werden muß, um den Bauvorschriften, die, als das Gebäude ursprünglich erstellt wurde, noch nicht in Kraft waren, zu genügen.

## Gesteigertes Risiko

Zustand, der die Wahrscheinlichkeit eines Schadens steigert. Die Lagerung von entzündlichen Materialien neben einem Ofen in einer Wohnung z.B. steigert das Risiko mit Wissen eines Versicherten und stellt einen Grund für die Aussetzung einer Police durch die Versicherungsgesellschaft dar.

## Steigende Lebensversicherung

Befristete oder unbefristete Lebensversicherungspolice auf den Todesfall mit einem Nennwert, der sich im Laufe der Zeit steigert.

## Erlittene, aber nicht gemeldete Schäden

Versicherte Schadensfälle, die sich ereignet haben, einer → Erstrangigen Versicherungs-Gesellschaft jedoch nicht gemeldet worden sind. Diese Typen von Ansprüchen haben eine erhebliche Auswirkung auf einen → Rückversicherungs-Vertrag, der einen gesunden Gewinn ausweisen kann, wenn er in Wirklichkeit Geld verliert. Unter dieser fälschlichen Sicherheit wird der Rückversicherer fortfahren, mit einem Tarifplan zu arbeiten, der für die Schäden vollkommen unangemessen ist.

tally inadequate for the losses. This explains why a provision for incurred but not reported losses should be made in a rating plan. Also, the reinsurer must establish an adequate reserve for IBNR claims to make a correct analysis of its business. If such a reserve is not established, overly optimistic evaluation of the real loss may not be revealed for several years. A method of deriving the reserve for IBNR claims is to calculate a percentage of the *Claims Paid and Outstanding*.

Dies erklärt, warum in einem Tarifplan eine Vorkehrung für erlittene, aber nicht gemeldete Schäden getroffen werden sollte. Außerdem muß der Rückversicherer eine angemessene Rückstellung für Ansprüche aus erlittenen, aber nicht gemeldeten Schadensfällen einrichten, um eine korrekte Analyse seines Geschäftes durchführen zu können. Wird eine solche Rückstellung nicht geschaffen, kann es sein, daß eine übermäßig optimistische Bewertung der tatsächlichen Schäden über mehrere Jahre nicht entdeckt wird. Eine Methode für die Ableitung der Rückstellung für Ansprüche aus erlittenen, aber nicht gemeldeten Schadensfällen besteht darin, einen Prozentsatz der *bezahlten und ausstehenden Ansprüche* auszurechnen.

**Incurred Expenses**
Expenses that have or may not yet have been paid by an insurance company.

**Erlittene Kosten**
Ausgaben, die bereits von der Versicherungsgesellschaft bezahlt worden sind oder auch nicht.

**Incurred Losses**
Losses which have occurred within a stipulated time period whether paid or not.

**Erlittene Schäden**
Schäden, die innerhalb eines vorgeschriebenen Zeitraums aufgetreten sind, ob bezahlt oder nicht.

**Incurred Loss Ratio**
Proportion of losses incurred to premiums earned. This ratio indicates the amount of a premium dollar which is being consumed by losses.

**Erlittene Schadensquote**
Verhältnis der erlittenen Schäden zu den verdienten Prämien. Dieses Verhältnis zeigt die Höhe des Prämienbetrages in Dollar an, der von den Schäden verbraucht wird.

**Indemnify**
→ Indemnity

**Entschädigen**
→ Entschädigung

**Indemnitee**
Recipient of an indemnity.

**Entschädigungsberechtigter**
Empfänger einer Entschädigung.

## Indemnitor
Provider of an indemnity payment.

## Indemnity
Compensation for loss. In a property and casualty contract, the objective is to restore an insured to the same financial position after the loss that he/she was in prior to the loss. But the insured should not be able to profit by damage or destruction of property, nor should the insured be in a worse financial position after a loss.
In life insurance the situation is totally different. By the payment of a single premium, the beneficiary of an insured can be placed in a much better financial position at the death of an insured than he/she was in prior to the death. However, the payment of a predetermined amount upon the insured's death does not make a life insurance policy a contract of indemnity.
In hospital indemnity and other health insurance plans, → Coordination of Benefits is designed so that the insured cannot profit from an illness. → Coordination of Benefits

## Indemnity Agreement
Policy provision designed to restore an insured to his or her original financial position after a loss. The insured should neither profit nor be put at a

## Haftungsschuldner
Derjenige, der die Entschädigungszahlung leistet.

## Entschädigung
Wiedergutmachung für einen Schaden. Bei einem Sach- und Unfallvertrag ist es das Ziel, einen Versicherten nach dem Schaden in die gleiche finanzielle Situation zurückzuversetzen, in der er/sie sich vor dem Schaden befand. Aber der Versicherte sollte von der Beschädigung oder der Zerstörung seines Besitzes weder profitieren können, noch sollte der Versicherte nach einem Schaden in einer schlechteren finanziellen Verfassung sein.
Bei der Lebensversicherung ist die Situation vollkommen anders. Durch Zahlung einer einzigen Prämie kann der Begünstigte eines Versicherten nach dem Tod des Versicherten in eine viel bessere finanzielle Situation gelangen, als er oder sie dies vor dem Tod war. Die Zahlung eines vorherbestimmten Betrages bei Tod des Versicherten macht jedoch aus einer Lebensversicherungspolice keinen Entschädigungsvertrag.
Bei der Krankenhausentschädigung und anderen Krankenversicherungsvorhaben ist die → Koordination von Leistungen so angelegt, daß der Versicherte nicht von einer Krankheit profitieren kann. → Koordination von Leistungen

## Entschädigungsvereinbarung
Policenbestimmung, die vorsieht, daß ein Versicherter nach einem Schaden in seine oder ihre ursprüngliche finanzielle Position zurückversetzt wird. Der Versicherte sollte durch das Erleiden eines Schadens

monetary disadvantage by incurring the loss. → Insurance Contract, General; → Insurance Contract, Life; → Insurance Contract, Property and Casualty

**Indemnity Bond**
Coverage for loss of an obligee in the event that the principal fails to perform according to standards agreed upon between the obligee and the principal.

**Independent Adjuster**
Independent contractor who adjusts claims for different insurance companies. Such services are used by insurance companies whose financial resources or volume of claims do not warrant employing their own in-house adjusters.

**Independent Agency System**
Means of selling and servicing property and casualty insurance through agents who represent different companies. The agents own the records of the policies they sell. → Independent Agent

**Independent Agent**
Contractor who represents different insurance companies and who searches the market for the best place for a client's business. The independent agent, who owns the records of

weder profitieren noch in einen materiellen Nachteil versetzt werden. → Versicherungsvertrag, Allgemein; → Versicherungsvertrag, Lebenversicherung; → Versicherungsvertrag, Sach- und Unfallversicherung

**Ausfallbürgschaft**
Versicherungsschutz für den Verlust eines Gläubigers, für den Fall, daß ein Hauptschuldner nicht entsprechend den zwischen Gläubiger und Hauptschuldner vereinbarten Normen handelt.

**Unabhängiger Schadenssachverständiger**
Unabhängiger Unternehmer, der Ansprüche für verschiedene Versicherungsgesellschaften reguliert. Solche Dienste werden von Versicherungsgesellschaften in Anspruch genommen, deren finanzielle Möglichkeiten die Beschäftigung hausinterner Schadenssachverständiger nicht zulassen.

**Unabhängiges Agentursystem**
Ein Mittel, Sach- und Unfallversicherungen durch Agenten, die unterschiedliche Gesellschaften vertreten, zu verkaufen und zu bedienen. Die Agenten besitzen die Unterlagen der Policen, die sie verkaufen. → Unabhängiger Agent

**Unabhängiger Agent**
Unternehmer, der verschiedene Versicherungsgesellschaften vertritt und den Markt nach dem besten Platz für das Geschäft eines Kunden absucht. Der unabhängige Agent, dem die Unterlagen der verkauften Policen gehören, wird von keiner Gesell-

policies sold, is not controlled by any one company, pays agency's expenses out of the commissions earned, and is responsible for maintaining employee benefits.

schaft kontrolliert. Er bezahlt die Agenturkosten von den verdienten Provisionen und ist verantwortlich für die Unterhaltung betrieblicher Sozialzulagen.

**Independent Contractors Insurance**
→ Owners and Contractors Protective Liability Insurance

**Versicherung für selbständige Unternehmer**
→ Eigentümer- und Unternehmerschutzhaftpflichtversicherung

**Independent Insurance Agents of America (IIAA)**
Association of independent agents whose objective is to further the interests of these agents through education, obbying, and professional ethics.

**Independent Insurance Agents of America (IIAA)**
(Unabhängige Versicherungsagenten von Amerika) – Vereinigung unabhängiger Agenten, deren Ziel es ist, die Interessen dieser Agenten durch Ausbildung, Interessenvertretung nach außen und Berufsethik zu fördern.

**Independent Insurer**
Insurance company that is not a member of a rating bureau or is not under common ownership or management with other companies. The insurance company is said to *stand alone*.
→ Independent Agent; → Independent Agency System

**Unabhängiger Versicherer**
Versicherungsgesellschaft, die nicht Mitglied eines Prämienfestsetzungsbüros ist oder unter dem gemeinschaftlichen Besitz oder der Leitung mit anderen Gesellschaften steht. Von der Versicherungsgesellschaft wird auch gesagt, sie *stehe allein*. → Unabhängiger Agent; → Unabhängiges Agentursystem

**Indeterminate Premium Life Insurance**
*Nonparticipating life insurance* under which the first few annual premiums are smaller than would be the case under a traditional nonparticipating policy. While the maximum amount of these initial premiums is guaranteed, future premiums can be increased, but

**Lebensversicherung mit unbestimmten Prämien**
*Nicht-gewinnbeteiligte Lebensversicherung,* bei der die ersten wenigen Jahresprämien kleiner sind, als dies bei einer traditionellen nicht-gewinnbeteiligten Police der Fall sein würde. Während der Höchstbetrag dieser Anfangsprämien garantiert ist, können zukünftige Prämien erhöht werden, jedoch nicht über eine garantierte Höchstgrenze hinaus. Prä-

not beyond a guaranteed maximum. Adjustments to premiums reflect the insurance company's anticipated mortality experience, investment return, and expenses. If these three elements are more profitable than had been loaded for in the initial premiums, future premiums will be reduced; if less profitable, they will be increased but not greater than the guaranteed maximum. → Adjustable Life Insurance

**Indexed Life Insurance**
Policy with a face value that varies according to a prescribed index of prices; otherwise benefits provided are similar to ordinary whole life. The death benefit is based on the particular index used, such as the Consumer Price Index (CPI). The policyowner has the choice of having the index applied either automatically or on an elective basis. With an *automatic index* increase, the premium remains level since it has already been loaded to reflect the automatic increase. If the policy allows for an *optional index increase,* an extra premium is charged when this option is exercised by the policyowner. Regardless of which index is selected – automatic or optional – the increased death benefit does not require another physical examination or other evidence of insurability.

mienangleichungen spiegeln die vorweggenommene Sterblichkeitserfahrung, Kapitalanlageerlöse und Kosten einer Versicherungsgesellschaft wider. Falls diese drei Elemente gewinnträchtiger sind als bei den ursprünglichen Prämien berechnet, werden zukünftige Prämien gesenkt werden. Falls sie weniger profitabel sind, werden sie erhöht, aber nicht stärker als die garantierte Höchstsumme. → Anpassungsfähige Lebensversicherung

**Indexierte Lebensversicherung**
Police, die sich entsprechend einem vorgeschriebenen Preisindex ändert. Ansonsten sind die gebotenen Leistungen ähnlich denen einer gewöhnlichen Versicherung auf den Todesfall. Die Todesfallleistung basiert auf dem bestimmten verwendeten Index, wie dem Verbraucherpreisindex. Der Policeninhaber hat die Wahl, den Index entweder automatisch anwenden zu lassen oder auf einer wahlweisen Grundlage. Bei einer *automatischen Index-Steigerung* bleiben die Prämien gleich, da sie bereits so berechnet wurden, daß sie der automatischen Steigerung Rechnung tragen. Falls die Police eine *wahlweise Index-Steigerung* zuläßt, wird eine zusätzliche Prämie berechnet, wenn die Option vom Policeninhaber ausgeübt wird. Unabhängig davon, welcher Index gewählt wird, der automatische oder der wahlweise, die gesteigerte Todesfallleistung bedarf keiner weiteren ärztlichen Untersuchung oder eines sonstigen Nachweises der Versicherbarkeit.

### Indexed Life Policies
→ Indexed Life Insurance

### Indirect Loss
Loss that is not a direct result of a peril. For example, damage to property of a business firm would be a direct loss, but the loss of business earnings because of a fire on its premises would be an indirect loss.

### Individual Balance Sheet
Statement showing assets and liabilities of an individual.

### Individual Contract Pension Plan
→ Pension Plan Funding: Individual Contract Pension Plan

### Individual Fidelity Bond
Bond that reimburses a business for loss caused by the dishonest act of an employee. Since crime insurance policies exclude coverage of dishonest acts of employees, it is necessary to have a fidelity bond for this protection. Fidelity bonds cover mercantile business and financial institutions. → Fidelity Bond

### Individual Income Statement
Report showing sources of income and expenses of an individual.

### Indexierte Lebensversicherungspolicen
→ Indexierte Lebensversicherung

### Indirekter Schaden
Ein Schaden, der kein direktes Ergebnis einer Gefahr ist. Beschädigung von Firmenbesitz z. B. wäre ein direkter Schaden, aber der Verlust des Unternehmensgewinnes aufgrund eines Brandes auf dem Betriebsgelände wäre ein indirekter Schaden.

### Einzelbilanz
Aufstellung, die das Vermögen und die Verbindlichkeiten einer Einzelperson zeigt.

### Pensionssystemeinzelvertrag
→ Pensionssystemfinanzierung: Pensionssystemeinzelvertrag

### Einzelkaution gegen Veruntreuung
Versicherungspolice, die ein Unternehmen für einen durch die unredliche Handlung eines Arbeitnehmers verursachten Schaden entschädigt. Da Verbrechensversicherungspolicen den Versicherungsschutz für unredliche Handlungen von Arbeitnehmern ausschließen, ist es erforderlich, für diesen Schutz über eine Kaution gegen Veruntreuung zu verfügen. Kautionen gegen Veruntreuung versichern Handelsunternehmen und Finanzinstitutionen. → Kaution gegen Veruntreuung

### Individuelle Einkommenserklärung
Bericht, der die Einkommensquellen und die Ausgaben einer Einzelperson zeigt.

## Individual Insurance

Single policy under which one individual is insured. → Annuity; → Broad Form Personal Theft Insurance; → Comprehensive Personal Liability Insurance; → Disability Income Insurance; → Family Income Policy; → Family Income Rider; → Family Maintenance Policy; → Family Policy; → Farmers Comprehensive Personal Liability Insurance; → Health Insurance; → Homeowners Insurance Policy; → Individual Life Insurance; → Life and Health Insurance, Personal and Family Exposures; → Personal Automobile Policy (PAP)

## Individualversicherung

Einzelne Police, bei der eine Einzelperson versichert ist. → Rente; → Breite Form der privaten Diebstahlversicherung; → Allgemeine Privathaftpflichtversicherung; → Invaliditätseinkommensversicherung; → Familieneinkommensversicherungspolice; → Familieneinkommens-Zusatzklausel; → Familienunterhaltspolice; → Familienpolice; → Allgemeine Privathaftpflichtversicherung von Farmern; → Krankenversicherung; → Hausbesitzerversicherungspolice; → Einzellebensversicherung; → Lebens- und Krankenversicherung, Persönliche und Familiengefährdungen; → Privat-Kfz-Police

## Individual Level Cost Method

Means, in pension plans, by which a projection is made of benefits credited to each employee's account at retirement age. Costs are then allocated on a level basis over a specified future period of time. This cost method can be classified according to whether there is or is not a supplemental liability. → Individual Level Cost Method with Supplemental Liability; → Individual Level Cost Method without Supplemental Liability

## Individuelle gleichbleibende Kostenmethode

Mittel bei einem Pensionssystem, mit dessen Hilfe eine Vorausberechnung der Leistungen, die dem Konto jedes Arbeitnehmers zum Pensionierungsalter gutgeschrieben werden, vorgenommen wird. Kosten werden dann auf einer gleichbleibenden Grundlage über einen bestimmten zukünftigen Zeitraum zugewiesen. Diese Kostenmethode kann danach klassifiziert werden, ob es eine zusätzliche Verbindlichkeit gibt oder nicht. → Individuelle gleichbleibende Kostenmethode mit zusätzlicher Verbindlichkeit; → Individuelle gleichbleibende Kostenmethode ohne zusätzliche Verbindlichkeit

**Individual Level Cost Method without Supplemental Liability**
Means of projecting the costs of pension plans on a level basis over a specified future period of time. The actuarial value of each employee's future benefits to be paid at retirement is determined (including past service benefits to be credited, if any) and their costs are spread equally over the remaining work experience of the employee. The equation states that the present value of future benefits equals the present value of future costs.

**Individual Level Cost Method with Supplemental Liability**
Means of projecting the costs of pension plans on a level basis over a specified future period of time. The actuarial value of each employee's future benefits to be paid at retirement is determined (beginning with the first day an employee could have joined the pension plan, had it been in effect at that time – thereby creating a supplemental liability), and their costs are spread equally over the remaining work experience of the employee.

**Individual Life Insurance**
Coverage of a single life, in

**Individuelle gleichbleibende Kostenmethode ohne zusätzliche Verbindlichkeit**
Mittel der Vorausberechnung von Kosten eines Pensionssystems auf einer gleichbleibenden Grundlage über einen bestimmten zukünftigen Zeitraum. Der versicherungsmathematische Wert der zukünftigen Leistungen eines jeden Arbeitnehmers, die bei Pensionierung bezahlt werden sollen, wird bestimmt (einschließlich gutzuschreibender Leistungen für vergangene Dienste, falls vorhanden), und ihre Kosten werden gleichmäßig über die verbleibende Arbeitserfahrung des Arbeitnehmers verteilt. Die Gleichung besagt, daß der gegenwärtige Wert zukünftiger Leistungen dem gegenwärtigen Wert zukünftiger Kosten entspricht.

**Individuelle gleichbleibende Kostenmethode mit zusätzlicher Verbindlichkeit**
Mittel der Vorhersage von Kosten eines Pensionssystems auf einer gleichbleibenden Grundlage über einen bestimmten zukünftigen Zeitraum. Der versicherungsmathematische Wert der zukünftigen Leistungen eines jeden Arbeitnehmers, die bei Pensionierung bezahlt werden sollen, wird bestimmt (mit dem ersten Tag beginnend, an dem ein Arbeitnehmer dem Pensionssystem beigetreten sein könnte, wenn es zu diesem Zeitpunkt in Kraft gewesen wäre und dadurch eine zusätzliche Verbindlichkeit verursacht), und ihre Kosten werden gleichmäßig über die verbleibende Arbeitserfahrung des Arbeitnehmers verteilt.

**Einzellebensversicherung**
Versicherungsschutz eines Einzellebens

contrast to group life insurance, which covers many lives. → Endowment Insurance; → Life Insurance; → Ordinary Life Insurance; → Term Life Insurance

im Gegensatz zur Gruppenlebensversicherung, die viele Leben abdeckt. → Lebensversicherung auf den Erlebensfall; → Lebensversicherung; → Lebensversicherung auf den Todesfall; → Befristete Lebensversicherung

**Individual Policy Pension Trust**
→ Pension Plan Funding: Individual Contract Pension Plan

**Individualpolicenpensionskasse**
→ Pensionssystemfinanzierung: Einzelvertragpensionssystem

**Individual Retirement Account (IRA)**
Fund under the → Tax Reform Act of 1986 into which any individual employee can contribute up to $ 2000. However, income level and eligibility for an employee pension plan determine whether or not the employee's contribution or a percentage is tax deductible. The following are the circumstances of contribution to an IRA and the tax consequences under the current law:

**Individuelles Rentenkonto**
Fonds unter dem → Steuerreformgesetz von 1986, in den jeder einzelne Arbeitnehmer bis zu US$ 2.000 einzahlen kann. Das Einkommensniveau und die Eignung als Arbeitnehmerpensionssystem bestimmen jedoch, ob der Beitrag des Arbeitnehmers oder ein Prozentsatz steuerlich abzugsfähig ist. Im folgenden werden die Beitragsbedingungen eines individuellen Rentenkontos und die steuerlichen Konsequenzen nach dem derzeitigen Gesetz aufgeführt:

| *Income* | | Covered by Employee Pension Plan *(Either or both spouses)* | Tax Consequences of $2000 *Contribution* |
|---|---|---|---|
| *Individual* | *Family* | | |
| No restrictions on income | No restrictions on income | No | Totally deductible |
| $25,000 or less | $40,000 or less | Yes | Totally deductible |
| Between $25,000 and $35,000 | Between $40,000 and $50,000 | Yes | Partially deductible |
| Greater than $35,000 | Above $50,000 | Yes | No deduction |

# Individual Retirement Account Plus (IRA Plus)/ Individuelles Rentenkonto Plus

| *Einkommen* | | Abgedeckt durch Arbeitnehmer-pensionssystem | steuerl. Konsequenzen US$ 2.000 |
|---|---|---|---|
| *Einzelperson* | *Familie* | *1 od. beide Ehepartner* | *Beitrag* |
| keine Einkommensbeschränkung | keine Einkommensbeschränkung | nein | vollständig abzugsfähig |
| $ 25.000 oder weniger | $ 40.000 oder weniger | ja | vollständig abzugsfähig |
| $ 25.000 - $ 35.000 | $ 40.000 - 50.000 | ja | teilweise abzugsfähig |
| > $ 35.000 | >$ 50.000 | ja | kein Abzug |

Note that relevant employee pension plans include *401 (k), 403 (b), Keogh*, and → Defined Benefit Plan. (There is no requirement for the employee to have benefits vested.) IRA earnings remain tax deferred. Withdrawals prior to age 59 1/2 are subject to a 10% penalty except for disability or death.

## Individual Retirement Account Plus (IRA Plus)

Proposal, endorsed by President Bush and Secretary of the Treasury Nicholas Brady, which expands in a significant manner the number of individuals who could take advantage of the effect of tax-deferred compounding of savings for retirement. The plan would be available to everyone since there are no income caps, to include employees who are covered under an employer's qualified pension plan. A

Anmerkung: Die relevanten Arbeitnehmerpensionssysteme schließen ein: *401 (k), 403 (b), Keogh* und → Das definierte Leistungssystem. (Der Arbeitnehmer muß die Leistungen nicht übertragen lassen). Die Gewinne aus dem individuellen Rentenkonto bleiben steueraufschiebend. Entnahmen vor dem Alter von 59 1/2 sind, außer bei Invalidität oder Tod, einer 10%igen Strafe unterworfen.

## Individuelles Rentenkonto Plus

Von President Bush und dem Finanzminister Nicholas Brady gebilligter Vorschlag, der die Zahl der Personen, die von dem steueraufschiebenden Effekt der Anhäufung von Ersparnissen für die Pensionierung profitieren können, auf bedeutsame Weise steigert. Dieses Vorhaben wäre für jedermann, einschließlich Arbeitnehmern, die unter einem steuerbegünstigten Arbeitgeberpensionssystem abgedeckt sind, zugänglich, da es keine Einkommensgrenzen gibt. Ein Ehepartner ohne Einkommen könnte ebenfalls ein solches Konto einrichten. Die Beiträge zu

spouse without an earned income could also establish such an account. Contributions to this account would be made with after-tax dollars. All principal would compound on a tax-free basis, so that no taxes would be due upon distribution. As the plan is currently designed, a participant could withdraw without penalty up to 25% of his or her account to purchase a first home, to meet catastrophic medical bills, or to pay for college expenses. Contrast with → Individual Retirement Account (IRA).

diesem Konto würden mit versteuertem Geld vorgenommen werden. Das gesamte Hauptkapital würde sich steuerfrei ansammeln, so daß bei Verteilung keine Steuern fällig würden. Da das Vorhaben kontinuierlich geschaffen wird, könnte ein Teilnehmer ohne Strafe bis zu 25% ihres oder seines Kontos entnehmen, um eine erste Wohnung zu kaufen, um katastrophal hohe Arztrechnungen zu begleichen oder um Collegekosten zu zahlen. Vergleiche mit → Individuelles Pensionskonto.

### Individual Risk Premium Modification Plan

In group insurance, adjustment of premiums, because of reduced expenses due to economy of scale. Group life premiums are subject to negotiation and modification because of administrative savings in dealing with large numbers of people. In contrast, a single person cannot negotiate his premium rate because each policy is handled individually.

### Individuelles Risikoprämienmodifizierungssystem

Bei Gruppenversicherungen die Anpassung von Prämien aufgrund des Umfanges verringerter Kosten. Die Prämien bei Gruppenlebensversicherungen unterliegen wegen der Ersparnisse bei den Verwaltungskosten durch die großen Zahlen von Personen Verhandlungen und Modifikationen. Im Gegensatz dazu kann eine Einzelperson über ihre Prämienrate nicht verhandeln, weil jede Police einzeln gehandhabt wird.

### Individual Stock Purchase Plan
→ Close Corporation Plan

### Individuelles Aktienkaufvorhaben
→ Close Corporation Plan

### Inducement to Establishment of Pension Plans
Circumstances that encourage the organization of pension

### Veranlassung, Pensionssysteme einzurichten
Umstände, die die Organisation von Pensionssystemen durch Arbeitgeber fördern.

plans by employers. For example, employer contributions are tax deductible as business expenses and not currently taxable income to employees. Pensions also help attract employees, maintain employee loyalty, and help improve the image of a business firm in its community.

**Industrial Life Insurance**
Modest amounts of coverage sold on a Debit basis. The face amount is usually less than $1000. → Debit Insurance (Home Service Insurance, Industrial Insurance)

**Industrial Property Policy Program**
Predecessor of → Special Multiperil Insurance (SMP) policy, which covered property of manufacturing installations, in at least two different locations, including machinery and equipment, and optionally, improvements and betterments.

**Infidelity Exclusion**
→ Fidelity Exclusion

**Inflation Endorsement**
Attachment to a property insurance policy which automatically adjusts its coverage according to the construction cost index in a community. This endorsement is necessary in a property contract to maintain

Z.B. sind Arbeitgeberbeiträge als Geschäftsausgaben steuerlich abzugsfähig und stellen für den Arbeitnehmer kein laufendes steuerpflichtiges Einkommen dar. Pensionen helfen auch dabei, Arbeitnehmer anzuziehen, Arbeitnehmerloyalität zu wahren und das Ansehen eines Unternehmens in seiner Gemeinde zu verbessern.

**Kleinlebensversicherung**
Auf einer Inkassogrundlage abgeschlossene bescheidene Deckungsbeträge. Der Nennwert beträgt gewöhnlich weniger als $ 1.000. → Inkassoversicherung (Home Service Versicherung, Kleinlebensversicherung)

**Policenprogramm für gewerbliches Eigentum**
Vorläufer der → Speziellen Vielgefahrenversicherungs-Police, die das Vermögen von Herstellungseinrichtungen an mindestens zwei verschiedenen Standorten, einschließlich Maschinenpark, Ausstattung und wahlweise Verbesserungen und Wertzuwachs abdeckte.

**Untreueausschluß**
→ Treueausschluß

**Inflationsnachtrag**
Anlage zu einer Sachversicherungspolice, die ihre Deckung automatisch entsprechend dem Baukostenindex in einer Gemeinde anpaßt. Dieser Nachtrag ist bei einem Sachversicherungsvertrag erforderlich, um eine angemessene Deckung zu wahren. Andernfalls ist es für den Poli-

adequate coverage. Otherwise, it is advisable for a policyowner, at time of renewal, to adjust the limits of coverage to reflect the increased cost of construction and the market value of the property.

### Inflation Factor
Adjustment in property insurance to reflect increased construction costs. → Inflation Endorsement

### Inflation Guard Endorsement
→ Inflation Endorsement

### In-Force Business
Aggregate amount of insurance policies that are paid-up (or are being paid) which a life or health insurance company has on its books. The size of a life or health insurance company is often measured by its in-force business. In a life insurance company, the measure is expressed as a face amount of the insurer's portfolio. In a health insurance company, the measure is expressed as premium volume.

### Inherent Explosion Clause
Provision of a property insurance policy which covers conditions usually present in a particular location. For example, there is an inherent risk of explosion in a flour mill.

ceninhaber ratsam, die Deckungshöchstgrenze bei Verlängerung anzupassen, um den gesteigerten Baukosten und dem Marktwert des Besitzes Rechnung zu tragen.

### Inflationsfaktor
Anpassung bei der Sachversicherung, um gesteigerten Baukosten Rechnung zu tragen. → Inflationsnachtrag

### Inflationsüberwachungsnachtrag
→ Inflationsnachtrag

### Bestand
Gesamtbetrag an Versicherungspolicen, die einbezahlt sind (oder bezahlt werden), die eine Lebens- oder Krankenversicherungsgesellschaft in ihren Büchern führt. Die Größe einer Lebens- oder Krankenversicherungsgesellschaft wird oft an ihrem Bestand gemessen. Bei einer Lebensversicherungsgesellschaft wird das Maß ausgedrückt als Nennwert des Portfolios des Versicherers. Bei einer Krankenversicherungsgesellschaft wird das Maß als Prämienvolumen ausgedrückt.

### Inhärente Explosionsklausel
Bestimmung einer Sachversicherungspolice, die die Bedingungen, die an einem bestimmten Standort gewöhnlich vorliegen, abdeckt. In einer Mühle z.B. gibt es ein inhärentes Explosionsrisiko.

## Inherent Vice Exclusion

Provision of a property policy which excludes construction that it is likely to suffer a loss. For example, the roofing material used may not be able to withstand a wind force of more than 15 miles per hour.

## Initial Premium

Premium paid at the time a policy goes into effect. With some policies, such as group health insurance, premiums are subject to adjustment at the end of the policy period to reflect loss experience. If the loss experience is good (that is, if the losses are smaller than anticipated in the premium loading), a significant premium reduction can be made at the end of the policy period, with a refund going to the policyowner. → Premium

## Injunction Bond

Type of judicial bond under which a plaintiff is held liable for damages in the event of a false injunction. The objective of this bond is to protect the party who has been wrongly accused by a plaintiff and suffers financial loss.

## Injuries and Diseases Covered

List of injuries and diseases covered in a health insurance policy. Consumers are well

## Ausschluß verborgener Mängel

Bestimmung einer Sachversicherungspolice, die eine Konstruktion ausschließt, die wahrscheinlich einen Schaden erleiden wird. Das verwendete Dachmaterial könnte z. B. nicht in der Lage sein, einer Windstärke von mehr als 15 Meilen pro Stunde zu widerstehen.

## Anfangsprämie

Zu dem Zeitpunkt, an dem eine Police in Kraft tritt, gezahlte Prämie. Bei einigen Policen, wie der Gruppenkrankenversicherung, unterliegen die Prämien einer Angleichung am Ende der Policenlaufzeit, um der Schadenserfahrung Rechnung zu tragen. Falls die Schadenserfahrung gut ist (d.h., die Schäden sind geringer als bei der Prämienberechnung erwartet), kann am Ende der Policenlaufzeit eine bedeutsame Prämienreduzierung mit einer Rückerstattung an den Policeninhaber erfolgen. → Prämie

## Verpflichtung zur Sicherheitsleistung

Eine Art gerichtlicher Kaution, bei der ein Kläger im Falle einer falschen Verfügung für Schäden haftbar gemacht wird. Das Ziel dieser Kaution ist es, die Partei, die von einem Kläger fälschlich angeklagt worden ist und einen finanziellen Schaden erleidet, zu schützen.

## Abgedeckte Verletzungen und Krankheiten

Liste der bei einer Krankenversicherungspolice abgedeckten Verletzungen und Krankheiten. Die Verbraucher sind gut

advised to read and understand the definitions of injuries and diseases in a health insurance policy. → Health Insurance

### Injury Independent of all other Means
Injury covered in a health insurance policy that is isolated from any previous injury.

### Inland Marine
Transit over land.

### Inland Marine Exposure
→ Inland Marine Insurance (Transportation Insurance): Business Risks

### Inland Marine Insurance Bureau
Rate-making division of → Insurance Services Offices (ISO) for inland marine insurance coverages of member companies.

### Inland Marine Insurance (Transportation Insurance): Business Risks
Coverage for (1) property damage or destruction of an insured's property and (2) liability exposure of an insured for damage or destruction of someone else's property under his/her care, custody, or control. The insured (shipper) needs this insurance because the carrier (who can also be the

beraten, die Definitionen von Verletzungen und Krankheiten bei einer Krankenversicherungspolice zu lesen und zu verstehen. → Krankenversicherung

### Von allen anderen Dingen unabhängige Verletzung
Bei einer Krankenversicherungspolice abgedeckte Verletzung, die von jedweder vorhergehenden Verletzung isoliert ist.

### Binnentransport
Transport über Land.

### Binnentransportgefährdung
→ Binnentransportversicherung (Transportversicherung): Geschäftsrisiken

### Inland Marine Insurance Bureau
(Binnentransportversicherungsbüro) – Prämienfestsetzungsabteilung des → Insurance Services Office (ISO) (Versicherungsdienstleistungsbüro) für Binnentransportversicherungsschutz von Mitgliedsgesellschaften.

### Binnentransportversicherung (Transportversicherung): Geschäftsrisiken
Versicherungsschutz für (1) Sachbeschädigung oder Zerstörung von Besitz eines Versicherten und (2) Haftpflichtgefährdung eines Versicherten wegen Beschädigung oder Zerstörung des Besitzes eines anderen unter seiner/ihrer Obhut, Gewahrsam oder Kontrolle. Der Versicherte (Versender) benötigt diese Versicherung, weil es sein kann, daß der Spediteur (der auch versichert werden und eine

insured and purchase inland marine insurance) may be found not at fault for damage to a property; or the carrier may not have any insurance or adequate insurance.

Perils covered include fire, lightning, windstorm, flood, earthquake, landslide, theft, collision, derailment, overturn of the transporting vehicle, and collapse of bridges. Specialty coverages include: → Accounts Receivable Insurance; → Air Cargo Insurance; → Armored Car and Messenger Insurance; → Consignment Insurance; → Contingent Transit Insurance; → Cotton Insurance; → Department Store Insurance Floater; → Equipment Floaters Insurance; → Installation Insurance; → Instrumentalities of Transportation Insurance; → Motor Truck Cargo Insurance; → Parcel Post Insurance; → Railroad Rolling Stock Insurance; → Registered Mail and Express Mail Insurance; → Stock Processing Insurance; → Trip Transit Insurance; → Valuable Papers (Records) Insurance

Binnentransportversicherung abschließen kann) für die Beschädigung als nicht verantwortlich befunden werden kann, oder weil der Spediteur über keine oder keine angemessene Versicherung verfügt.

Die abgedeckten Gefahren schließen ein: Feuer, Blitzschlag, Sturmwind, Überschwemmung, Erdbeben, Erdrutsch, Diebstahl, Zusammenstoß, Entgleisung, Umkippen des Transportfahrzeugs und Brückeneinsturz. Spezialversicherungen schließen ein: → Debitorenversicherung; → Luftfrachtversicherung; → Versicherung für gepanzerte Fahrzeuge und Boten; → Kommissionsversicherung; → Bedingte Transitversicherung; → Baumwollversicherung; → Kaufhauspauschalversicherung; → Gerätepauschalversicherung; → Installationsversicherung; Ratenversicherung; → Zweckdienlichkeiten der Transportversicherung; → Lkw-Frachtversicherung; → Paketpostversicherung; → Eisenbahnbetriebsmittelversicherung; → Postwertversicherung für Einschreiben und Eilbriefe; → Versicherung für die Weiterverarbeitung von Waren; → Reisetransportversicherung; → Versicherung wertvoller Dokumente (Unterlagen)

**Inland Marine Underwriters Association**
Organization of inland marine insurance underwriters.

**Inland Marine Underwriters Association**
(Binnentransportversicherervereinigung) – Organisation von Binnentransportversicherern.

**Innkeepers Liability**
Liability arising out of the op-

**Haftpflicht von Gastwirten**
Aus dem Betrieb eines Motels oder eines

eration of a motel or hotel as it pertains to the physical safety of guests and their property.

## Innkeepers Liability Insurance
Coverage for negligent acts or omissions of an operator of a motel or hotel resulting in bodily injury to guests and damage or destruction of a guest's property.

## In-Patient
Resident patient of a medical installation. Previously, health insurance benefits were limited to in-patient care. Today health insurance policies provide an extensive list of out-patient benefits. → Group Health Insurance; → Health Maintenance Organization (HMO); → Outpatient

## Insect Exclusion
Exclusion in property insurance eliminating coverage for damage or destruction of property due to insects.

## Insolvency
Bankruptcy. If an insured business firm becomes bankrupt the circumstance does not relieve an insurance company of its obligations under an insurance contract.

## Insolvency Clause
Provision of a reinsurance contract which states that the

Hotels entstehende Haftpflicht, die die körperliche Sicherheit der Gäste und deren Besitz betrifft.

## Gastwirtehaftpflichtversicherung
Versicherungsschutz bei fahrlässigen Handlungen oder Unterlassungen des Betreibers eines Motels oder Hotels, die eine Körperverletzung an Gästen und eine Beschädigung oder Zerstörung des Besitzes eines Gastes zur Folge haben.

## Stationärer Patient
In einer medizinischen Einrichtung wohnender Patient. Früher waren Krankenversicherungsleistungen auf die stationäre Patientenpflege beschränkt. Heute bieten Krankenversicherungspolicen eine umfassende Liste von Leistungen für ambulante Patienten. → Gruppenkrankenversicherung; → Health Maintenance Organization (HMO); → Ambulanter Patient

## Insektenausschluß
Ausschluß bei der Sachversicherung, der den Versicherungsschutz für Beschädigung oder Zerstörung von Sachbesitz durch Insekten ausschließt.

## Zahlungsunfähigkeit
Konkurs. Falls ein versichertes Unternehmen in Konkurs geht, befreit dieser Umstand die Versicherungsgesellschaft nicht von ihren unter einem Versicherungsvertrag bestehenden Verpflichtungen.

## Zahlungsunfähigkeitsklausel
Bestimmung eines Rückversicherungsvertrages, die besagt, daß die Rückversi-

reinsurance company remains liable for its predetermined share of a claim submitted by an insured, even though the primary insurance company is no longer in business.

cherungsgesellschaft für ihren vorherbestimmten Anteil eines durch einen Versicherten eingereichten Anspruches haftbar bleibt, auch wenn die erstrangige Versicherungsgesellschaft nicht länger im Geschäft ist.

### Insolvency Fund
→ Guaranty Fund (Insolvency Fund)

### Insolvenzfonds
→ Garantiefonds (Insolvenzfonds)

### Inspection
In *property* or *liability* insurance, right retained by the company to inspect the insured premises as well as its operations in order to detect inherent structural defects and other hidden hazards. Inspections also help reduce loss frequency and severity through recommended safety engineering loss prevention and reduction procedures. In → Workers Compensation Insurance, the insurance company must inspect the business's payroll record since premiums are based on the business's gross payroll. In → Life Insurance, the company may obtain verification of statements by an applicant and other information.

### Untersuchung
Bei der *Sach- oder Haftpflicht*-Versicherung ein von der Gesellschaft vorbehaltenes Recht, das Betriebsgelände des Versicherten sowie seine Geschäftstätigkeiten zu inspizieren, um innewohnende bauliche Mängel und andere verborgene Gefahren aufzudecken. Die Untersuchungen tragen auch dazu bei, durch empfohlene sicherheitstechnische Schadenvermeidungs- und -verringerungsverfahren die Schadenshäufigkeit und -schwere zu verringern. Bei der → Berufsunfallversicherung muß die Versicherungsgesellschaft die Lohnliste des Unternehmens überprüfen, da die Prämien auf der Bruttolohnliste des Unternehmens basieren. Bei der → Lebensversicherung kann die Gesellschaft Bestätigung der Angaben durch einen Antragssteller oder andere Informationen erhalten.

### Inspection Receipt
Form provided for an → Inspection Report

### Inspektionsquittung
Für einen → Untersuchungsbericht geliefertes Formular

### Inspection Report
Statement prepared by an *inspection bureau* for a life or

### Untersuchungsbericht
Von einem *Untersuchungsbüro* für eine Lebens- oder Krankenversicherung er-

health insurance company which summarizes information about an applicant for a policy, including financial standing, morals, physical condition, habits, and other information. This report is used by a company underwriter in evaluating an application for insurance; that is, whether the company should classify an individual as a standard risk at standard insurance rates, as a substandard risk (charged an extra rate) or as uninsurable.

stellte Erklärung, die Informationen über einen Antragsteller für eine Police zusammenfaßt, einschließlich der finanziellen Stellung, der moralischen und physischen Verfassung, der Gewohnheiten, und sonstige Informationen. Dieser Bericht wird von einem Firmenzeichner dazu verwendet, um einen Antrag auf Versicherung zu bewerten, d.h., ob die Gesellschaft eine Person als Standardrisiko zu Standardversicherungstarifen, als anomales Risiko (mit Prämienzuschlag) oder als unversicherbar einstufen soll.

## Installation Insurance

Property coverage on a dealer's interest in equipment while it is being installed. Labor and material are protected against such perils as fire, lightning, and windstorm. For example, if an elevator was installed and it was damaged or destroyed before the buyer can take possession, the contractor would lose the cost of labor and materials if there was no installation insurance.

## Installationsversicherung

Sachversicherungsschutz für das Interesse eines Händlers an Geräten, während diese installiert werden. Arbeit und Material sind gegen solche Gefahren wie Feuer, Blitzschlag und Sturmwind versichert. Wenn z.B. ein Aufzug installiert wird und dieser beschädigt oder zerstört wird, bevor der Käufer ihn in Besitz nehmen kann, wird der Unternehmer die Arbeitskosten und die Materialien verlieren, wenn es keine Installationsversicherung gibt.

## Installment Refund

→ Installment Refund Annuity

## Ratenrückerstattung

→ Rente mit Ausschüttung nicht erschöpfter Prämienzahlungen in Raten

## Installment Refund Annuity

→ Annuity contract. If the annuitant dies before receiving income at least equal to the premiums paid, a beneficiary

## Rente mit Ausschüttung nicht erschöpfter Prämienzahlungen in Raten

→ Renten-Vertrag. Falls ein Rentenempfänger vor Erhalt eines Einkommens, das wenigstens den eingezahlten Prämien entspricht, stirbt, so erhält ein Begünstigter

receives the difference in installments. If the annuitant lives after the income paid equals the premiums paid, the insurance company continues to make income payments to the annuitant for life.

**Installment Sales Floater**
→ Conditional Sales Floater

**Installment Settlement**
Life insurance policy → Death Benefit or cash value paid out in a series of installments, rather than in a lump sum. → Fixed-Amount Settlement Option; → Fixed-Period Option Settlement; → Life Income; → Life Income with Period Certain

**Institute of Actuaries**
→ Canadian Institute of Actuaries

**Instrumentalities of Transportation Insurance**
Coverage for entities (other than motorized vehicles) used in the transportation of property, including → Bridge Insurance; → Bridge Insurance for Bridges Under Construction; → Piers, Wharves, Docks and Slips Insurance; → Radio and Television Transmitting Equipment, Transmission Lines, Pipe Lines, Traffic Lights Insurance; → Tunnel Insurance

die Differenz in Raten. Lebt der Rentenempfänger noch, nachdem das bezahlte Einkommen den bezahlten Prämien entspricht, fährt die Versicherungsgesellschaft fort, lebenslang Einkommensleistungen an den Rentenempfänger zu zahlen.

**Ratenverkaufspauschalversicherung**
→ Bedingte Verkaufspauschalversicherung

**Regulierung in Raten**
Mit einer Reihe von Raten ausbezahlte → Todesfalleistung oder Barwert einer Lebensversicherung anstelle einer Pauschalsumme. → Zahlungsoption mit einem festgelegten Betrag; → Zahlung gemäß dem Wahlrecht mit festgelegtem Zeitraum; → Lebenseinkommen; → Lebenseinkommen mit garantiertem Auszahlungszeitraum

**Institute of Actuaries**
→ Canadian Institute of Actuaries

**Zweckdienlichkeiten einer Transportversicherung**
Versicherungsschutz für Einheiten (außer motorbetriebenen Kraftfahrzeugen), die bei dem Transport von Vermögensgegenständen verwendet werden, einschließlich → Brückenversicherung; → Brückenversicherung für im Bau befindliche Brücken; → Piere-, Werften-, Docks- und Gleitbahnenversicherung; → Radio- und Fernsehübertragungsausrüstungs-, Übertragungsleitungen-, Rohrleitungen-, Verkehrsampelversicherung; → Tunnelversicherung

## Insurability

Circumstance in which an insurance company can issue life or health insurance to an applicant based on standards set by the company.

## Insurable Interest

Expectation of monetary loss that can be covered by insurance. Insurable interest varies according to the type of policy. These relationships give rise to insurable interest: (1) owner of the property; (2) vendor (to the extent of the unpaid balance due on the property sold to the vendee); (3) vendee; (4) bailee (to the extent of the value of the property under his/her temporary care, custody, and control); (5) bailor; (6) life estates; (7) fee simple estates; (8) mortgagee (to the extent of the unpaid balance due on the loan to which the property is pledged as security); and (9) mortgagor. → Insurable Interest: Life Insurance; → Insurable Interest: Property and Casualty Insurance

## Insurable Interest: Life Insurance

1. Each individual has an unlimited interest in his/her own life, and therefore can select anyone as a beneficiary.
2. Parent and child, husband and wife, brother and sister have an insurable interest in each other because of blood or

## Versicherbarkeit

Umstand, bei dem eine Versicherungsgesellschaft eine auf den durch die Gesellschaft festgesetzten Normen basierende Lebens- oder Krankenversicherung an einen Antragsteller ausgeben kann.

## Versicherbares Interesse

Erwartung eines geldwerten Schadens, der durch eine Versicherung abgedeckt werden kann. Das versicherbare Interesse unterscheidet sich nach dem Policentyp. Diese Beziehungen lassen ein versicherbares Interesse entstehen: (1) Besitzer des Vermögensgegenstandes; (2) Verkäufer (bis zur unbezahlten Differenz, die für den an den Käufer verkauften Vermögensgegenstandes fällig ist); (3) Käufer; (4) Bewahrer (bis zu dem Wert des Vermögensgegenstandes, der sich unter seiner/ihrer zeitweiligen Obhut, Gewahrsam und Kontrolle befindet); (5) Hinterleger; (6) Grundstücksnießbrauch;(7) Allodialgüter; (8) Hypothekengläubiger (bis zu der für ein Darlehn fälligen nicht bezahlten Differenz, für das ein Vermögensgegenstand als Sicherheit hinterlegt worden ist) und (9) Hypothekenschuldner. → Versicherbares Interesse: Lebensversicherung; → Versicherbares Interesse: Sach- und Unfallversicherung

## Versicherbares Interesse: Lebensversicherung

1. Jede Person hat ein unbegrenztes versicherbares Interesse an seinem/ihrem Leben und kann daher jeden als Begünstigten auswählen.
2. Eltern und Kind, Ehemann und -frau, Bruder und Schwester haben wegen Blutsverwandtschaft oder Heirat ein versicherbares Interesse aneinander.

marriage.
3. Creditor-debtor relationships give rise to an insurable interest. The creditor can be the beneficiary for the amount of the outstanding loan, with the face value decreasing in proportion to the decline in the outstanding loan amount.
4. Business relationships give rise to an insurable interest. An employee may insure the life of an employer, and an employer may insure the life of an employee. → Benefits of Business Life and Health Insurance (Key Person Insurance); → Key Employee (Key Man); → Partnership Life and Health Insurance
Insurable interest must exist at the inception of the contract, not necessarily at the time of loss. For example, because a woman has an insurable interest in the life of her fiance she purchases an insurance policy on his life. Even if the relationship is terminated, as long as she continues to pay the premiums she will be able to collect the death benefit under the policy.

3. Gläubiger-Schuldner-Beziehungen lassen ein versicherbares Interesse entstehen. Der Gläubiger kann für einen Betrag in Höhe des offenstehenden Darlehns, dessen Nennwert im Verhältnis zur Verminderung des offenstehenden Darlehnsbetrages abnimmt, Begünstigter werden.
4. Geschäftsbeziehungen lassen ein versicherbares Interesse entstehen. Ein Arbeitnehmer kann das Leben eines Arbeitgebers versichern, und ein Arbeitgeber kann das Leben eines Arbeitnehmers versichern. → Leistungen der Unternehmenslebens- und Krankenversicherungen (Schlüsselpersonenversicherung); → Schlüsselarbeitnehmer (Schlüsselperson); → Teilhaber-Lebens- und Krankenversicherung
Das versicherbare Interesse muß zu Beginn des Vertrages bestehen, nicht notwendigerweise zum Schadenszeitpunkt. Weil eine Frau z.B. ein versicherbares Interesse an ihrem Verlobten hat, schließt sie eine Versicherungspolice auf sein Leben ab. Auch wenn die Beziehung beendet wird, wird sie, solange sie damit fortfährt, Prämien zu zahlen, in der Lage sein, Todesfalleistungen unter dieser Police zu kassieren.

## Insurable Interest: Property and Casualty Insurance

1. Owner of property has an insurable interest because of the expectation of monetary loss if that property is damaged or destroyed.

## Versicherbares Interesse: Sach- und Unfallversicherung

1. Der Besitzer eines Vermögensgegenstandes verfügt aufgrund der Erwartung eines geldwerten Schadens, wenn das Vermögen beschädigt oder zerstört wird, über ein versicherbares Interesse.

2. Creditor of an insured has an insurable interest in property pledged as security.
Insurable interest has to exist both at the inception of the contract and at the time of a loss. For example, an insured can purchase a homeowners policy because of insurable interest in a home. Upon selling it, the insured no longer has an insurable interest because there is no expectation of a monetary loss should the home burn down.

### Insurable Risk
Condition in which an applicant has met an insurance company's standards. Requirements include a loss that is (1) definable; (2) fortuitous; (3) one of a large number of homogeneous exposures; and (4) carries a premium reasonable in relation to a potential loss.

### Insurable Value
→ Insurable Risk

### Insurance
Mechanism for contractually shifting burdens of a number of → Pure Risks by pooling them.

### Insurance Agent
Representative of an insurance company in soliciting and servicing policyholders. An agent's knowledge concerning an insurance transaction is said

2. Der Gläubiger eines Versicherten hat ein versicherbares Interesse an dem als Sicherheit hinterlegten Vermögen.
Ein versicherbares Interesse muß sowohl bei Vertragsbeginn als auch zum Schadenszeitpunkt bestehen. Z.B.: Ein Versicherter kann wegen des versicherbaren Interesses an einem Haus eine Hausbesitzerpolice abschließen. Bei dessen Verkauf hat der Versicherte nicht länger ein versicherbares Interesse, weil eine Erwartung eines geldwerten Schadens, sollte das Haus niederbrennen, nicht besteht.

### Versicherbares Risiko
Bedingung, bei der ein Antragsteller die Normen einer Versicherungsgesellschaft erfüllt. Die Anforderungen schließen einen Schaden ein, der (1) definierbar ist, (2) zufällig ist, (3) eine von vielen homogenen Gefährdungen ist, und (4) eine im Verhältnis zu einem potentiellen Schaden vernünftige Prämie trägt.

### Versicherbarer Wert
→ Versicherbares Risiko

### Versicherung
Mechanismus, die Lasten einer Anzahl von → Reinen Risiken durch deren Sammlung vertraglich zu verschieben.

### Versicherungsagent
Vertreter einer Versicherungsgesellschaft zur Beratung und Bedienung von Policeninhabern. Von dem Know-how eines Versicherungsagenten, das sich auf eine Versicherungstransaktion bezieht, wird

to be the knowledge of the insurance company as well. Wrongful acts of the agent are the responsibility of the company; these bind the company to the customer. Notice given by an insured to the agent is the same as notice to the company.
→ Agent; → Captive Agent;
→ Independent Agent

gesagt, daß es auch das Know-how der Versicherungsgesellschaft ist. Für widerrechtliche Handlungen des Agenten ist die Gesellschaft verantwortlich, diese binden die Gesellschaft an den Kunden. Mitteilungen, die dem Agenten zugehen, sind so gut, als wenn sie der Gesellschaft zugehen würden. → Agent; → Firmeneigener Agent; → Unabhängiger Agent

**Insurance Agents and Brokers Liability Insurance**
Coverage for acts or omissions committed by an agent or broker resulting in adequate insurance in the event of a liability suit or property damage to a client.

**Haftpflichtversicherung für Versicherungsagenten und -makler**
Versicherungsschutz für von einem Agenten oder Makler begangene Handlungen oder Unterlassungen, die eine angemessene Versicherung für den Fall einer Haftpflichtklage oder Sachbeschädigung an einem Kunden zur Folge haben.

**Insurance and Society**
Phrase referring to constructive relationship, in which insurance provides society with benefits such as security, savings, encouragement of investment, and reduction in prices of goods to consumers.

**Versicherung und Gesellschaft**
Bezeichnung, die sich auf eine konstruktive Beziehung bezieht, bei der die Versicherung der Gesellschaft Leistungen wie Sicherheit, Ersparnisse, Förderung von Kapitalanlagen, Reduzierung von Preisen bei Waren für Verbraucher bietet.

**Insurance Broker**
Representative of an insured, not of an insurance company. Acts of a broker are not the responsibility of the company, and notice given by an insured to a broker is not the same as notice to the company. The broker searches the insurance marketplace for a company in which to place the insured's business for the most coverage

**Versicherungsmakler**
Vertreter eines Versicherten, nicht einer Versicherungsgesellschaft. Für die Handlungen eines Maklers ist die Versicherungsgesellschaft nicht verantwortlich, und eine von dem Versicherten dem Makler gegenüber gemachte Mitteilung entspricht nicht einer Mitteilung an die Gesellschaft. Der Makler sucht den Versicherungsmarkt nach einer Gesellschaft ab, bei der er das Geschäft des Versicherten mit dem größtmöglichen Versicherungs-

at the best price. The broker is not restricted to placing business with any one company.

schutz zum besten Preis plazieren kann. Der Makler unterliegt keiner Beschränkung, ein Geschäft bei irgendeiner bestimmten Gesellschaft zu plazieren.

### Insurance Carrier
→ Insurance Company (Insurer); → Insurer

### Versicherungsträger
→ Versicherungsgesellschaft (Versicherer); → Versicherer

### Insurance Commissioner
→ Commissioner of Insurance (Insurance Commissioner, Superintendent of Insurance)

### Insurance Commissioner
→ Commissioner of Insurance (Insurance Commissioner, Superintendent of Insurance)

### Insurance Company, Choosing an
Consideration should be given to a company's capacity to underwrite a particular risk, as indicated by its financial standing, claims philosophy, price structure, agent representation, loss prevention and reduction services, and risk analysis expertise. Information can be gained in several ways:
1. *Reputation* – a prospective insured can fairly easily learn something about an insurance company through business and professional associates (lawyer, accountant, banker), through conversations with others in the same field, and by discussions with agents and brokers.
2. *Financial capacity* – larger businesses and public libraries often have up-to-date reference books, such as *Best's Insurance Reports* (available in *Live-Health* and *Property-*

### Versicherungsgesellschaft, Wahl einer
Die Kapazität einer Gesellschaft, ein bestimmtes Risiko zu versichern, wie durch ihre finanzielle Situation, ihre Anspruchsphilosphie, Preisstruktur, Vertretung durch Agenten, Schadensvorbeugungs- und -reduzierungsdienstleistungen und das Fachwissen bei der Risikoanalyse veranschaulicht, sollten berücksichtigt werden. Die Informationen können auf verschiedene Weisen gewonnen werden:
1. *Ansehen:* Ein zukünftiger Versicherter kann durch Geschäftspartner oder Berufskollegen (Rechtsanwalt, Buchhalter, Bankangestellten), durch Gespräche mit anderen, die auf dem gleichen Gebiet tätig sind, und durch Diskussionen mit Agenten und Maklern ziemlich leicht etwas über eine Versicherungsgesellschaft in Erfahrung bringen.
2. *Finanzielle Kapazität:* Größere Unternehmen und öffentliche Bibliotheken verfügen häufig über aktuelle Nachschlagewerke, wie dem *Best's Insurance Report* (erhältlich als *Lebens-/Krankenversicherungs*ausgabe und *Sach-/Unfallversicherungs*ausgabe), die detaillierte Ana-

*Casualty* editions) giving detailed analyses of hundreds of companies.
3. *State Insurance Department* – information about specific insurance companies may be available from the Insurance Departments located in state capitals.

**Insurance Company Department**
→ Insurance Company Organization

**Insurance Company Fleet**
→ Fleet of Companies

**Insurance Company (Insurer)**
Organization which underwrites insurance policies. There are two principal types of insurance companies: *mutual* and *stock*. A mutual company is owned by its policyowners, who elect a board of directors that is responsible for its operation. A stock company is owned by its stockholders. In a mutual company, profits take the form of *policy dividends,* or refunds of part of premiums paid, which are distributed to policyowners. Profits in a stock company take the form of stockholders dividends, which are distributed to stockholders.

**Insurance Company Organization**
Structure. In general, company

lysen von Hunderten von Gesellschaften bieten.
3. *Staatliche Versicherungsaufsichtsbehörde:* Informationen über spezielle Versicherungsgesellschaften können von den in den Hauptstädten der Staaten ansässigen Versicherungsaufsichtsbehörden erhältlich sein.

**Abteilung einer Versicherungsgesellschaft**
→ Organisationsstruktur einer Versicherungsgesellschaft

**Versicherungsgruppe**
→ Unternehmensgruppe

**Versicherungsgesellschaft (Versicherer)**
Organisation, die Versicherungspolicen zeichnet. Es gibt zwei Haupttypen von Versicherungsgesellschaften: Versicherungsvereine *auf Gegenseitigkeit* und Versicherungsgesellschaften *auf Aktien.* Ein Verein auf Gegenseitigkeit ist im Besitz der Policeninhaber, die den Vorstand wählen, der für deren Betrieb verantwortlich ist. Eine Aktiengesellschaft gehört den Aktionären. Bei einem Verein auf Gegenseitigkeit nehmen die Gewinne die Form von *Policendividenden* oder Rückerstattungen eines Teils der gezahlten Prämien an, die an die Policeninhaber verteilt werden. Gewinne bei einer Aktiengesellschaft nehmen die Form von Aktiendividenden an, die an die Aktionäre verteilt werden.

**Organisationsstruktur einer Versicherungsgesellschaft**
Aufbau. Im allgemeinen werden die

functions are delegated to several departments: → Actuarial, → Agency, *claims and loss control,* → Investments, *legal,* → Marketing, and → Underwriting.

## Insurance Contract
→ Health Insurance Contract; → Insurance Contract, General; → Insurance Contract, Life; → Insurance Contract, Property and Casualty

## Insurance Contract, General
Legally binding unilateral agreement between an insured and an insurance company to indemnify the buyer of a contract under specified circumstances. In exchange for premium payment(s) the company covers stipulated perils. → Adhesion Insurance Contract; → Aleatory Contract; → Application; → Capacity of Parties; → Conditional; → Consideration; → Endorsements; → Indemnity; → Insurable Interest; → Legal Purpose; → Mutual Assent; → Utmost Good Faith

## Insurance Contract, Health
→ Health Insurance Contract

## Insurance Contract, Life
→ Beneficiary; → Clauses Added to a Life Insurance Pol-

Funktionen einer Gesellschaft an verschiedene Abteilungen delegiert: → Versicherungsmathematik*;* → Agentur-; *Anspruchs- und Schadenskontrolle;* → Kapitalanlagen-, *Rechts-,* → Marketing- und → Zeichnungs-Abteilung.

## Versicherungsvertrag
→ Krankenversicherungsvertrag; → Versicherungsvertrag, Allgemein; → Versicherungsvertrag, Lebensversicherung; → Versicherungsvertrag, Sach- und Unfallversicherung

## Versicherungsvertrag, Allgemein
Eine rechtlich verbindliche, einseitige Vereinbarung zwischen einem Versicherten und einer Versicherungsgesellschaft, den Käufer eines Vertrages unter bestimmten Bedingungen zu entschädigen. Die Gesellschaft versichert die festgelegten Gefahren als Gegenleistung für eine Prämienzahlung(en). → Einwilligungsversicherungsvertrag; → Risikovertrag; → Antragstellung; → Kapazität der Parteien; → Vertragsgemäß; → Gegenleistung; → Nachtrag; → Entschädigung; → Versicherbares Interesse; → Legale Zweckbestimmung; → Gegenseitiges Einverständnis; → Äußerst guter Glaube

## Versicherungsvertrag, Krankenversicherung
→ Krankenversicherungsvertrag

## Versicherungsvertrag, Lebensversicherung
→ Begünstigter; → Zu einer Lebensversicherungspolice hinzugefügte Klauseln;

icy; → Non-Forfeiture Provision; → Policy Loan; → Representations; → Standard Provisions, Life Insurance; → Suicide Clause; → Valued Policy; → War Exclusion Clause

→ Obligatorische Rückkaufbestimmung; → Policendarlehn; → Erklärungen; → Standardbestimmungen, Lebensversicherung; → Selbstmordklausel; → Police mit Wertangabe; → Kriegsausschlußklausel

**Insurance Contract, Property and Casualty**
→ Concealment; → Deductible; → Double Recovery; → Estoppel; → Indemnity; → Insurance to Value; → Large Loss Principle; → Misrepresentation (False Pretense); → Personal Contract; → Small Loss Principle; → Standard Provisions; → Life Insurance; → Subrogation Clause; → Waiver; → Warranty

**Versicherungsvertrag, Sach- und Unfallversicherung**
→ Verschweigen; → Selbstbehalt; → Doppelte Rückvergütung; → Rechtshemmender Einwand; → Entschädigung; → Versicherung gegenüber dem Wert; → Prinzip des großen Schadens; → Falschdarstellung (Vorspiegelung falscher Tatsachen); → Privatrechtlicher Vertrag mit dem Gemeinschuldner; → Prinzip des kleinen Schadens; → Standardbestimmungen, Lebensversicherung; → Subrogationsklausel; → Verzicht; → Zusicherung der Richtigkeit der gemachten Angaben

**Insurance Crime Prevention Institute**
Organization of over 300 property and casualty insurance companies whose mission is to investigate fraudulent claims and bring to justice those making such claims.

**Insurance Crime Prevention Institute**
(Institut zur Versicherungskriminalitätsprävention) – Organisation von über 300 Sach- und Unfallversicherungsgesellschaften, deren Anliegen es ist, betrügerische Ansprüche zu untersuchen und diejenigen, die solche Ansprüche einreichen, zu verklagen.

**Insurance Department**
Authority that administers state laws regulating insurance and licenses insurance companies and their agents.

**Versicherungsaufsichtsbehörde**
Behörde, die die staatlichen Gesetze, die das Versicherungsgeschäft regulieren, überwacht und Versicherungsgesellschaften und ihre Agenten lizensiert.

**Insurance Examiner**
Employee of a state insurance department who audits statements of insurance companies

**Versicherungsprüfer**
Angestellter einer staatlichen Versicherungsaufsichtsbehörde, der die Bilanzen von Versicherungsgesellschaften prüft,

## Insurance Exchange
→ New York Insurance Exchange

## Versicherungsbörse
→ New York Insurance Exchange

## Insurance Fields
→ Social Insurance

## Versicherungsfelder
→ Sozialversicherung

## Insurance Form
Attachment to a property and casualty policy that makes it operative. For example, the *Standard Fire Policy* remains inoperative until a form such as the *Buildings and Contents Form* is attached.

## Versicherungsformular
Anlage zu einer Sach- und Unfallpolice, die diese wirksam werden läßt. Eine *Einheits-Feuerversicherungspolice* z.B. bleibt unwirksam, bis ein Formular, wie das *Gebäude- und Inhalt-Formular* beigefügt worden ist.

## Insurance Guaranty Act
Law, in several states, establishing a fund to guarantee benefits under policies issued by insurance companies which become insolvent.

## Insurance Guaranty Act
(Versicherungsgarantiegesetz) – Gesetz in verschiedenen Staaten, welches einen Fonds vorsieht, um Leistungen bei Policen, die von Versicherungsgesellschaften ausgegeben wurden, die zahlungsunfähig geworden sind, zu garantieren.

## Insurance Information Institute
Organization having as its objective the education of the general public concerning items of national concern of member property and casualty insurance companies.

## Insurance Information Institute
(Versicherungsinformationsinstitut) – eine Organisation, die zum Ziel hat, die allgemeine Öffentlichkeit über Dinge von nationalem Interesse der Sach- und Unfallversicherungsgesellschaften, die Mitglied des Institutes sind, zu unterrichten.

## Insurance Institute for Highway Safety
Organization located in Washington, D.C., whose membership consists of automobile insurers.

## Insurance Institute for Highway Safety
(Versicherungsinstitut für Straßensicherheit) – eine in Washington D.C. ansässige Organisation, deren Mitgliedschaft aus Kfz-Versicherern besteht.

---

to determine their continued solvency.

um deren fortdauernde Zahlungsfähigkeit festzustellen.

## Insurance Institute of America (IIA)
Organization that develops and publishes educational material and administers national examinations in supervisory management, general insurance, claims, management, risk management, underwriting, loss control management, accredited adviser in insurance, premium auditing, research and planning, and accounting and finance.

## Insurance Institute of America (IIA)
(Versicherungsinstitut von Amerika) – Organisation, die Ausbildungsmaterialien entwickelt und veröffentlicht und nationale Prüfungen in Überwachungsmanagement, allgemeiner Versicherung, Ansprüchen, Management, Risikomanagement, Zeichnung, Schadenskontrollmanagement, akkreditierte Versicherungsberatung, Prämienprüfung, Forschung, Planung, Buchführung und Finanzwesen abhält.

## Insurance Plans Covered
→ Business Insurance; → Group Insurance; → Individual Insurance

## Abgedeckte Versicherungsvorhaben
→ Unternehmensversicherung; → Gruppenversicherung; → Individualversicherung

## Insurance Plans for Key Employees
→ Key Employees, Insurance Plans for

## Versicherungsvorhaben für Schlüsselangestellte
→ Schlüsselangestellte, Versicherungsvorhaben für

## Insurance Policy
Written contract between an insured and an insurance company stating the obligations and responsibilities of each party. → Insurance Contract, Life; → Insurance Contract, Property and Casualty

## Versicherungspolice
Schriftlicher Vertrag zwischen einem Versicherten und einer Versicherungsgesellschaft, der die Verpflichtungen und Verantwortlichkeiten jeder Partei aufführt. → Versicherungsvertrag, Lebensversicherung; → Versicherungsvertrag, Sach- und Unfallversicherung

## Insurance Pool
→ Pool

## Versicherungspool
→ Pool

## Insurance Rate
Amount charged to an insured that reflects expectation of loss for a covered risk; and insurance company expenses and

## Versicherungstarif
Einem Versicherten in Rechnung gestellter Betrag, der die Schadenserwartung für ein abgedecktes Risiko widerspiegelt und die Kosten und den Gewinn der Versiche-

profit. → Premium; → Pure Premium Rating Method

**Insurance Regulation**
→ State Supervision and Regulation

**Insurance Regulatory Information System (IRIS)**
Financial analysis method established by the → National Association of Insurance Commissioners (NAIC) to detect problems of property and casualty insurance companies and life and health insurance companies according to these audit ratios:
Property and casualty insurance companies: (1) current year increase or decrease in net written premiums to net written premiums in previous year; (2) net written premiums to adjusted policyowners' surplus; (3) loss ratio for two years; (4) expense ratio for two years; (5) net investment income to average invested assets; (6) liabilities to liquid assets; (7) unpaid premiums to surplus; and (8) previous year adjusted surplus to current year adjusted surplus.
(Other property and casualty audit ratios concern measurement of the adequacy of a company's *reserve*.)
Life and health insurance companies: (1) yield on investments; (2) nonadmitted assets to assets; (3) net gain to total

rungsgesellschaft. → Prämie; → Nettoprämienfestsetzungsmethode

**Versicherungsverordnung**
→ Staatliche Überwachung und Lenkung

**Versicherungsausführungsinformationssystem**
Von der → National Association of Insurance Commissioners (NAIC) (nationale Vereinigung der Regierungsbevollmächtigten für Versicherungen) aufgestellte Finanzanalysemethode, um Probleme von Sach- und Unfallversicherungsgesellschaften und Lebens- und Krankenversicherungsgesellschaften entsprechend diesen Buchprüfungsverhältnissen aufzudecken:
Sach- und Unfallversicherungsgesellschaften: (1) Anstieg oder Rückgang der gezeichneten Nettoprämien gegenüber den gezeichneten Nettoprämien des Vorjahrs, (2) gezeichnete Nettoprämien gegenüber dem Überschuß der Policeninhaber, (3) Schadensquote für zwei Jahre, (4) Unkostenanteil für zwei Jahre, (5) Nettokapitalertrag gegenüber dem durchschnittlich investierten Kapital, (6) Verbindlichkeiten gegenüber liquiden Mitteln, (7) nicht bezahlte Prämien gegenüber dem Überschuß und (8) bereinigter Überschuß des vergangenen Jahres gegenüber dem bereinigten Überschuß des laufenden Jahres.
(Andere Sach- und Unfallbuchprüfungskennzahlen betreffen die Bewertung der Angemessenheit der *Rückstellung* einer Gesellschaft).
Lebens- und Krankenversicherungsgesellschaften: (1) Investitionserträge, (2) unzulässige Aktiva gegenüber Aktiva, (3) Nettogewinn gegenüber Gesamteinkommen, (4) Investitionen in Tochtergesell-

income; (4) investments in affiliates to capital and surplus; (5) expenses (including agents commissions) to premiums; (6) exchange in capital and surplus; and (7) surplus increase or decrease.

**Insurance Risk**
Coverage for exposures that exhibit a possibility of financial loss.

**Insurance Services Office (ISO)**
Organization that calculates rates and develops insurance policies for its property and casualty member companies. The suggested rates are used by smaller companies where the loss experience lacks actuarial accuracy. Its rates are also used by larger companies, which modify them to fit their own loss experience.

**Insurance Solicitor**
→ Solicitor

**Insurance to Value**
In property coverage, ratio of the amount of insurance to the value of an insured property. This ratio, multiplied by the amount of the loss, determines the indemnification payment.
→ Coinsurance

**Insured**
Party covered by an insurance

schaften gegenüber Kapital und Überschuß, (5) Ausgaben (einschließlich Provisionen an Agenten), (6) Austausch bei Kapital und Überschuß und (7) Überschußsteigerung oder -minderung.

**Versicherungsrisiko**
Versicherungsschutz für Gefährdungen, die eine Möglichkeit eines finanziellen Schadens aufweisen.

**Insurance Services Office (ISO)**
(Versicherungsdienstleistungsbüro) – Organisation, die für ihre Sach- und Unfallmitgliedsgesellschaften Tarife berechnet und Versicherungspolicen entwickelt. Die vorgeschlagenen Tarife werden von kleineren Gesellschaften verwendet, bei denen die Schadenserfahrung einer versicherungsmathematischen Genauigkeit entbehrt. Ihre Tarife werden auch von größeren Gesellschaften verwendet, die diese modifizieren, um sie an die eigene Schadenserfahrung anzupassen.

**Versicherungsagent**
→ Agent

**Versicherung gegenüber dem Wert**
Beim Sachversicherungsschutz das Verhältnis des Versicherungsbetrages gegenüber dem Wert des versicherten Vermögens. Dieses Verhältnis ergibt multipliziert mit der Schadenshöhe die Entschädigungszahlung. → Mitversicherung

**Versicherter**
Von einer Versicherungspolice abge-

policy. In life insurance policies there is one designated insured, the person so named; or a policy can be issued to numerous insureds on a group basis. The insured persons in property and casualty policies may also include residents of the insured's household, such as a spouse, relatives of either, and other individuals under their care, custody, and control if under age 21.

deckte Partei. Bei Lebensversicherungspolicen gibt es einen angegebenen Versicherten, die so benannte Person, oder eine Police kann an zahlreiche Versicherte auf einer Gruppengrundlage ausgegeben werden. Die bei Sach- und Unfallversicherungspolicen versicherten Policen können auch Bewohner des Haushalts des Versicherten einschließen, wie einen Ehegatten, Verwandte von beiden und andere Personen unter deren Obhut, in deren Gewahrsam und unter deren Kontrolle, wenn sie unter 21 Jahre alt sind.

### Insured, Named
→ Named Insured

### Versicherter, Benannter
→ Benannter Versicherter

### Insured Peril
Source of loss which is covered under an insurance policy, such as a fire, and explosion, among others.

### Versicherte Gefahr
Schadensquelle, die unter einer Versicherungspolice abgedeckt ist, wie etwa u.a. Feuer und Explosion.

### Insured Premises
Real property (structure(s) attached to the land) that is occupied and/or is under the care, custody, or control of an individual, individuals, or an organization for which an insurance policy provides coverage. Within the insurance policy, the premises will be listed in the → Declarations Section and/or further defined in the policy.

### Versichertes Gelände
Immobilienbesitz (zum Land gehörige(r) Bau(ten)), der von einer Person, Personen oder einer Organisation besetzt ist und/oder unter deren Obhut, in deren Gewahrsam oder deren Kontrolle ist, für den eine Versicherungspolice Versicherungsschutz bietet. Innerhalb der Versicherungspolice wird das Gelände im → Erklärungenteil aufgeführt und/oder in der Police näher definiert.

### Insured's Obligation after Loss
→ Property and Casualty Insurance Provisions

### Verpflichtung eines Versicherten nach einem Schaden
→ Sach- und Unfallversicherungbestimmungen

## Insurer

Company offering protection through the sale of an insurance policy to an insured. → Insurance Company (Insurer)

## Insurer Finances: Life and Health, Property and Casualty

Management of premium inflow and benefit outflow. → Assets and Valuation; → Full Preliminary Term Reserve Plan; → Investments and Regulation; → Prospective Reserve; → Reinsurance Reserve; → Retained Earnings; → Underwriting Gain (Loss)

## Insuring Agreement

Section describing coverages under a policy. Elsewhere in the policy other sections may restrict or exclude coverages. → Insuring Agreement, Property and Casualty Policy

## Insuring Agreement, Automobile Policies

→ Insuring Agreement, Property and Casualty Policy

## Insuring Agreement, Fire

→ Insuring Agreement, Property and Casualty Policy

## Insuring Agreement, Liability

→ Insuring Agreement, Property and Casualty Policy

## Versicherer

Gesellschaft, die durch den Verkauf einer Versicherungspolice an einen Versicherten Schutz anbietet. → Versicherungsgesellschaft (Versicherer)

## Versichererfinanzen: Lebens- und Kranken-, Sach- und Unfallversicherung

Management der hereinkommenden Prämieneinzahlungen und der hinausgehenden Leistungsauszahlungen. → Vermögen und Bewertung; → Vollständiger zunächst befristeter Rückstellungsplan; → Kapitalanlagen und Bestimmungen; → Vorausschauende Rückstellung; → Rückversicherungsreserve; → Nicht ausgeschüttete Gewinne; → Zeichnungsgewinn (-verlust)

## Versicherungsvereinbarung

Teil, der den Versicherungsschutz bei einer Police beschreibt. Anderswo in der Police können andere Teile den Versicherungsschutz einschränken oder ausschließen. → Versicherungsvereinbarung, Sach- und Unfallversicherungspolice

## Versicherungsvereinbarung, Kraftfahrzeugpolicen

→ Versicherungsvereinbarung, Sach- und Unfallversicherungspolice

## Versicherungsvereinbarung, Feuerversicherung

→ Versicherungsvereinbarung, Sach- und Unfallversicherungspolice

## Versicherungsvereinbarung, Haftpflichtversicherung

→ Versicherungsvereinbarung, Sach- und Unfallversicherungspolice

## Insuring Agreement, Property and Casualty Policy

Section of a policy specifying: (1) *parties to the contract* (the insurance company and the person or business to be insured); (2) terms of the policy – when it goes into force, and when it ends, (3) premiums and their due date; (4) limits of insurance; (5) types and location of property to be insured; (6) → Consideration; (7) perils (what the policy protects against); and (8) assignment (and under what conditions the policy can be assigned).

## Versicherungsvereinbarung, Sach- und Unfallversicherungspolice

Teil einer Police, der angibt: (1) *Vertragsparteien* (die Versicherungsgesellschaft und die zu versichernde Person oder das Unternehmen), (2) die Laufzeit der Police, wann sie in Kraft tritt und wann sie endet, (3) die Prämien und ihr Fälligkeitsdatum, (4) Grenzen der Versicherung, (5) Arten und Standorte des zu versichernden Vermögens, (6) → Gegenleistung, (7) Gefahren (wogegen die Police schützt) und (8) Abtretung (unter welchen Bedingungen eine Police abgetreten werden kann).

## Insuring Agreement, Workers Compensation and Employers Liability

→ Insuring Agreement, Property and Casualty Policy

## Versicherungsvereinbarung, Berufsunfall- und Arbeitgeberhaftpflichtversicherung

→ Versicherungsvereinbarung, Sach- und Unfallversicherungspolice

## Insuring Clause

Essential part of an insurance policy. It names the individual(s) covered, property and locations covered, perils covered, the time a policy goes into force, and its termination date. → Insuring Agreement, Property and Casualty Policy

## Festlegung des Versicherungsumfangs

Wesentlicher Teil einer Versicherungspolice. Er benennt die abgedeckte(n) Person(en), das abgedeckte Vermögen und die abgedeckten Standorte, die abgedeckten Gefahren, den Zeitpunkt, zu dem eine Police in Kraft tritt, und ihr Verfallsdatum. → Versicherungsvereinbarung, Sach- und Unfallversicherungspolice

## Intangible Personal Property

That which cannot be touched; having no meaning to the senses. It is represented by incorporeal rights in property

## Immaterielles persönliches Eigentum

Das, was nicht berührt werden kann; ohne Bedeutung für die Sinneswahrnehmung. Es wird vertreten durch immaterielle Eigentumsrechte (die ein Beweis sind oder

(that which is evidence or represents value, for example, a copyright).

einen Wert darstellen, z.B. ein Copyright).

**Integrated Deductible**
Deductible amount between a basic health insurance plan and major medical insurance.

**Integrierter Selbstbehalt**
Höhe des Selbsthaltes zwischen einer Basiskrankenversicherung und einer großen Krankenversicherung.

**Integration Percentage**
→ Integration with Social Security

**Anrechnungsprozentsatz**
→ Anrechnung bei der Sozialversicherung

**Integration with Social Security**
Method of reducing an employee pension according to IRS procedures:
1. *Offset method* – restricted to a → Defined Benefit Plan under which a mandatory percentage of the monthly Social Security benefit payable to a retired employee is subtracted from the monthly retirement benefit payable to the employee under a business firm's qualified retirement plan.
2. *Integration method* – used with a defined benefit plan or a *defined contribution plan* under which a basic level of compensation is established for a retired employee so that (a) for compensation above this level, the employee receives a greater retirement benefit; or (b) for compensation below this level, the employee receives a smaller retirement benefit.

**Anrechnung bei der Sozialversicherung**
Methode, eine Arbeitnehmerpension entsprechend den Verfahren des IRS (Einkommensteuerverwaltung) zu reduzieren:
1. *Verrechnungsmethode:* auf ein → Definiertes Leistungssystem beschränkt, bei dem ein Pflichtprozentsatz der monatlich an einen pensionierten Arbeitnehmer zahlbaren Sozialversicherungsleistungen von der monatlichen Rentenleistung, die bei einem steuerbegünstigten Firmenpensionssystem an einen Arbeitnehmer gezahlt wird, abgezogen wird.
2. *Integrationsmethode:* wird verwendet bei einem definierten Leistungssystem oder einem *definierten Beitragssystem*, bei dem ein Basisentschädigungsniveau für einen pensionierten Arbeitnehmer festgelegt wird, so daß (a) der Arbeitnehmer für eine Entschädigung, die über diesem Niveau liegt, eine höhere Pensionsleistung erhält, oder (b) der Arbeitnehmer für eine Entschädigung, die unterhalb dieses Niveaus liegt, eine geringere Pensionsleistung erhält.

## Intentional Tort

Deliberate act or omission, including trespass, assault and battery, invasion of privacy, libel, and slander. An intentional tort is a branch of civil liability. Liability insurance can be purchased to cover libel and slander but not the other intentional torts.

## Absichtliche Straftat

Beabsichtigte Handlung oder Unterlassung, einschließlich Überschreiten, Körperverletzung und tätlichem Angriff, Eindringen in die Privatsphäre, Verleumdung und übler Nachrede. Eine absichtliche Straftat ist ein Zweig der Zivilhaftpflicht. Zur Abdeckung von Verleumdung und übler Nachrede kann eine Haftpflichtversicherung abgeschlossen werden, nicht jedoch gegen die anderen absichtlichen Straftaten.

## Intercompany Arbitration

Settlement of a dispute that arises when two or more insurers cover a single loss and there is a question concerning the amount each is responsible to pay. The companies are bound by the arbitration decision.

## Schiedsspruchverfahren zwischen Gesellschaften

Beilegung eines Streites, der entsteht, wenn zwei oder mehrere Versicherer einen einzigen Schaden abdecken und es eine Frage dahingehend gibt, für die Zahlung welchen Betrags jeder verantwortlich ist. Die Gesellschaften sind an den Schiedsspruch gebunden.

## Intercompany Data

Information generated by the → Medical Information Bureau (MIB) and made available to member companies concerning medical information of applicants for life and health insurance. Member companies are required to report to the MIB physical impairments of an applicant as uncovered through the underwriting process.

## Gesellschaftsübergreifende Daten

Vom → Medical Information Bureau (MIB) (Büro für medizinische Informationen) erhobene und den Mitgliedsgesellschaften zur Verfügung gestellte Informationen, die medizinische Informationen von Antragstellern für Lebens- und Krankenversicherungen betreffen. Mitgliedsfirmen müssen dem MIB körperliche Schwächen eines Antragstellers durch das Zeichnungsverfahren als nicht gedeckt melden.

## Interest

Money paid by one party for the use of another party's funds.

## Zinsen

Von einer Partei für die Verwendung finanzieller Mittel einer anderen Partei gezahltes Geld.

### Interest Adjusted Cost
Procedure for calculating the cost of life insurance, taking into account the → Time Value of Money (investment return on sums placed in premium dollars had these sums been invested elsewhere). There are several ways to calculate interest adjusted cost based on time value of money. → Linton Yield Method; → Net Payments Index; → Surrender Cost Index

### Interest Assumption
Minimum rate of return, in life insurance, guaranteed to a policyowner in calculating benefits for a life insurance policy. It is also used by an insurance company as the minimum rate of return it expects on its investments in calculating reserves.

### Interest Free Loans
Means of borrowing at no charge by a policyowner under → Universal Life Insurance policies.

### Interest Option
Use of a life insurance policy dividend by the owner of a participating policy. Here the policy dividend is left with the insurance company to accumulate at a guaranteed minimum interest rate. Also, an interest option is a choice a beneficiary can make by leav-

### Zinsbereinigte Kosten
Verfahren zur Berechnung von Lebensversicherungskosten unter Berücksichtigung des → Zeitwertes von Geld (Kapitalanlageerlöse von für Prämien ausgegebenen Geldsummen, wären diese Summen anderweitig angelegt worden). Es gibt verschiedene Wege, zinsbereinigte Kosten auf der Grundlage des Zeitwertes von Geld zu berechnen. → Linton-Ertragsmethode; → Nettozahlungsindex; → Rückkaufkostenindex

### Zinsübernahme
Einem Policeninhaber bei der Berechnung von Leistungen für eine Lebensversicherung garantierter Mindesterlös bei einer Lebensversicherung. Sie wird von einer Versicherungsgesellschaft auch als Mindesterlös verwendet, den sie für ihre Kapitalanlagen bei der Berechnung ihrer Rückstellungen erwartet.

### Zinslose Darlehn
Möglichkeit eines Policeninhabers, bei → Universellen Lebensversicherungspolicen kostenlose Anleihen vorzunehmen.

### Zinsoption
Verwendung der Dividende einer Lebensversicherungspolice durch den Besitzer einer gewinnbeteiligten Police. Hier wird die Policendividende bei der Versicherungsgesellschaft belassen, um zu einem garantierten Mindestzinssatz angespart zu werden. Die Zinsoption stellt auch ein Wahlrecht des Begünstigten dar, der die Todesfallzahlung zur Ansparung

ing death proceeds with the insurance company to accumulate at interest. Interest earned under either option is subject to Federal and state income taxes.

### Interest Policies
→ Current Assumption Whole Life Insurance; → Interest Sensitive Policies; → Universal Life Insurance; → Universal Variable Life Insurance

### Interest Rates, Guaranteed/Excess
Circumstances in life insurance in which, although a minimum rate is guaranteed, a policyowner may earn additional (excess) interest, depending on the company's investment return. → Current Assumptions

### Interest Sensitive Policies
A newer generation of life insurance policies that are credited with interest currently being earned by insurance companies on these policies.

### Interinsurance Company Claims
Those claims that arise when two or more property and casualty insurance companies have coverage on a loss. Which company then owes which portion of the claim must be determined. → Intercompany Arbitration

bei Verzinsung bei der Versicherungsgesellschaft belassen kann. Die bei dieser Option verdienten Zinsen unterliegen Bundes- und staatlichen Einkommensteuern.

### Zinspolicen
→ Lebensversicherung auf den Todesfall auf der Basis einer gegenwärtigen Annahme; → Zinsempfindliche Policen; → Universelle Lebensversicherung; → Universelle variable Lebensversicherung

### Zinssätze, Garantierte/Überschuß
Umstände bei der Lebensversicherung, bei der, obwohl ein Mindestsatz garantiert ist, ein Policeninhaber in Abhängigkeit von den Kapitalanlageerlösen einer Gesellschaft zusätzliche (Überschuß-) Zinsen verdienen kann. → Gegenwärtige Annahmen

### Zinsempfindliche Policen
Eine neuere Generation von Lebensversicherungspolicen, denen die Zinsen, die bei diesen Policen laufend von den Versicherungsgesellschaften verdient werden, gutgeschrieben werden.

### Versicherungsgesellschaftsübergreifende Ansprüche
Diejenigen Ansprüche, die entstehen, wenn zwei oder mehrere Sach- und Unfallversicherungsgesellschaften Versicherungsschutz zu einem Schaden haben. Welche Gesellschaft dann welchen Teil des Anspruches schuldet, muß festgelegt werden. → Schiedsspruchverfahren zwischen Gesellschaften

## Interinsurance Exchange
→ Reciprocal Exchange

## Interinsurance Claim Service Organization
Type of organization of property and casualty insurance companies whose objective is to share information on fraudulent claims, handle claims in an expeditious manner, and disseminate public information concerning safeguarding of property. Some interinsurer organizations are the → American Insurance Association (AIA) Index Bureau; → Insurance Crime Prevention Institute; → National Association of Independent Insurance Adjusters (NAII), and → National Automobile Theft Bureau

## Interior Robbery Policy
Coverage for the inside of an insured premises of a business firm if it experiences a loss of money, securities, personal property, and damage or destruction of real or personal property due to robbery, whether successful or attempted.

## Intermediary
Reinsurance broker for a primary company *(the reinsured)*. This broker is paid commissions by the reinsurance company, just as an agent is

## Schadensteilungsverband
→ Gegenseitigkeitsverein

## Interinsurance Claim Service Organization
(Versicherungsübergreifende Anspruchsdienstleistungsorganisation) – Organisationsform von Sach- und Unfallversicherungsgesellschaften, deren Ziel es ist, Informationen über betrügerische Ansprüche auszutauschen, Ansprüche auf prompte Art und Weise zu behandeln und öffentliche Informationen bezüglich der Sicherung von Besitz zu erteilen. Einige versicherungsübergreifende Organisationen sind: die → American Insurance Association (AIA) Index Bureau; → Insurance Crime Prevention Institute; → National Association of Independent Insurance Adjusters (NAII) und das → National Automobile Theft Bureau.

## Raubversicherungspolice für das Innere eines Betriebsgeländes
Versicherungsschutz für das Innere des Betriebsgeländes eines versicherten Unternehmens, falls dieses aufgrund von Raub, ob nun erfolgreich oder versucht, einen Verlust von Geld, Wertpapieren, Privateigentum und/oder Beschädigung oder Zerstörung von Immobilien- oder beweglichem Vermögen erleidet.

## Vermittler
Rückversicherungsmakler für eine erstrangige Gesellschaft *(den Rückversicherten)*. Diesem Makler zahlt die Rückversicherungsgesellschaft Provisionen, wie einem Agenten von einer Versiche-

paid commissions by an insurance company for selling its policies.

## Intermediate Disability
→ Disability Income Insurance; → Temporary Disability Benefits

## Internal Revenue Code
Federal statute defining the Federal tax code, covering such topics as credits against tax; business related credits; computing credit for investment in certain depreciable property; computation of taxable income; definition of gross income, adjusted gross income, and taxable income; itemized deductions; pensions, profit-sharing, and stock bonus plans; taxation of estates and trusts; taxation of life insurance companies, capital gains and losses; and other areas.

## Internal Revenue Code: Section 303 Stock Redemption Plan
Portion of the Federal tax code outlining the procedure by which a corporation cancels or redeems its shares with funds paid out of earnings or profits, thus making the distribution a taxable dividend.

rungsgesellschaft für den Verkauf ihrer Policen Provision gezahlt werden.

## Zwischeninvalidität
→ Invaliditätseinkommensversicherung; → Befristete Invaliditätsleistungen

## Internal Revenue Code
(Steuereinkommensordnung) – Bundesstatut, das die Bundessteuerordnung definiert und solche Themen wie Steuerfreibeträge, steuerliche Vergünstigungen für Unternehmen, die Berechnung von Freibeträgen für Investitionen in bestimmtes abschreibungsfähiges Vermögen, Berechnung des steuerpflichtigen Einkommens, Definition von Bruttoeinkommen, bereinigtes Bruttoeinkommen und steuerpflichtiges Einkommen, einzeln aufgeführte Abzüge, Pensionen, Gewinnbeteiligung und Aktienbonusvorhaben, Besteuerung von Nachlässen und Stiftungen, Besteuerung von Lebensversicherungsgesellschaften, von Kapitalgewinnen und Verlusten und anderen Bereichen definiert.

## Internal Revenue Code: Section 303 Stock Redemption Plan
(Steuereinkommensordnung: Teil 303 Aktienrückkaufvorhaben) – Teil der Bundessteuerordnung, der das Verfahren erklärt, durch das ein Unternehmen seine Aktien für verfallen erklärt oder mit Finanzmitteln, die von Erlösen oder Gewinnen gezahlt werden, zurückkauft und die Verteilung somit zu einer steuerpflichtigen Dividende macht.

**Internal Revenue Code: Section 501 (c)**
Portion of the Federal tax code that determines which organizations are exempt from Federal income taxation. These are generally nonprofit corporations, funds, and foundations for education, religious, charitable, or scientific purposes; civic leagues for general social welfare; fraternal beneficial societies, orders, or associations; and others.

**International Employee Benefit Network**
Agreement among insurance companies through which a multinational employer is permitted to purchase employee benefits coverages for two or more of its overseas subsidiaries under a single master policy. This working arrangement (network) may be composed of several overseas independent insurance companies, may consist of a co-operative agreement between a U.S. insurance company and an overseas insurance company, or may be administered by an insurance company which has several subsidiary companies overseas. Employee benefits provided through these multinational networks include life, health, pensions, disability income, and accidental death. Such a network pools the loss experi-

**Internal Revenue Code Section 501(C)**
(Steuereinkommensordnung: Teil 501 (c) – Teil der Bundessteuerordnung, der bestimmt, welche Organisationen von der Bundeseinkommensteuer befreit sind. Dies sind im allgemeinen gemeinnützige Unternehmen, Fonds und Stiftungen für Ausbildungs-, religiöse, allgemeinnützige oder wissenschaftliche Zwecke, bürgerliche Ligen für allgemeine soziale Wohlfahrt, wohltätige Vereine zur Förderung gemeinsamer Interessen, Orden oder Vereinigungen u.a.

**Internationales Netzwerk für Arbeitnehmerleistungen**
Vereinbarung zwischen Versicherungsgesellschaften, die es einem multinationalen Arbeitgeber erlaubt, Versicherungsschutz für Arbeitnehmerleistungen für zwei oder mehrere ausländische Tochtergesellschaften unter einer Rahmenpolice abzuschließen. Diese Arbeitsregelung (Netzwerk) kann sich aus verschiedenen Versicherungsgesellschaften aus Übersee zusammensetzen. Das Netzwerk kann sich aus einer Kooperationsvereinbarung zwischen einer U.S.-amerikanischen Versicherungsgesellschaft und einer Versicherungsgesellschaft aus Übersee zusammensetzen, oder es kann von einer Versicherungsgesellschaft, die über mehrere Tochtergesellschaften in Übersee verfügt, verwaltet werden. Die durch diese multinationalen Netzwerke gebotenen Arbeitnehmerleistungen schließen Lebens-, Kranken-, Pensions-, Invaliditätseinkommens- und Unfalltodversicherungsleistungen ein. Ein solches Netzwerk sammelt die Schadenserfahrungen der überseeischen Tochtergesellschaften eines

ences of a particular employer's overseas subsidiaries. If the pooled loss experience is better than that expected through the premium charged, a dividend is paid to the employer. However, if the loss experience is worse than that expected through the premium charged, three courses of action are available: (1) the adverse loss experience is charged to the employer's account with any negative balance shifted to the following loss-experience year; (2) the adverse loss experience is absorbed by the insurance companies in the network, and any negative balance is *not* shifted to the following loss-experience year; (3) the adverse loss experience is charged to the employer's account with any negative balance shifted to the following loss-experience year, and a contingency fund is established with annual contributions against which future adverse loss experiences can be charged. The pooling effect allows the employer's adverse loss experience in one country to be offset by better than expected loss experience in another country.

bestimmten Arbeitgebers. Falls die gesamte Schadenserfahrung besser ist als die durch die in Rechnung gestellte Prämie erwartete, wird eine Dividende an den Arbeitgeber gezahlt. Wenn die Schadenserfahrung jedoch schlechter ist als die durch die Prämie in Rechnung gestellte, gibt es drei mögliche Handlungsweisen: (1) Das Konto des Arbeitgebers wird mit der nachteiligen Schadenserfahrung belastet, wobei jede negative Differenz auf das folgende Schadenserfahrungsjahr verschoben wird; (2) die nachteilige Schadenserfahrung wird durch die am Netzwerk beteiligten Versicherungsgesellschaften aufgefangen, und eine etwaige negative Differenz wird *nicht* auf das folgende Schadenserfahrungsjahr übertragen; (3) die nachteilige Schadenserfahrung wird dem Konto des Arbeitgebers belastet, wobei eine negative Differenz auf das folgende Schadenserfahrungsjahr übertragen wird, und es wird ein Eventualfonds mit jährlichen Beiträgen aufgestellt, der mit zukünftigen nachteiligen Schadenserfahrungen belastet werden kann. Der Sammeleffekt erlaubt, daß die nachteilige Schadenserfahrung des Arbeitgebers in einem Land mit einer Schadenserfahrung in einem anderen Land, die besser ist als erwartet, verrechnet wird.

## International Insurance Seminars, Inc. (IIS)

Annual meetings of insurance practitioners and academicians

## International Insurance Seminars, Inc. (IIS)

(Internationale Versicherungsseminare) – jährliche Treffen von Versicherungsprak-

from throughout the world interested in exchanging ideas concerning the theory and applications of insurance. The meeting is held in a different part of the world each year.

**Interpleader**
Legal procedure through which a court determines the rightful claimant (of two or more claimants making the same claim) against a third party. Insurance companies use interpleader if claims are made by different parties. For example, upon the death of an insured two or more individuals (such as the widow and a former wife), may contest the beneficiary's rights. The insurance company will deposit the policy proceeds with the court until it decides on the ownership.

**Interstate Commerce Commission Endorsement**
Certificate of insurance required by law under the auspices of the Interstate Commerce Commission. The endorsement is attached to all → Inland Marine policies issued to interstate motor carriers. The insurance company covers all damage or destruction on an → All Risks basis to property being transported.

**Interstate Commerce Commission (ICC)**
Federal agency that regulates

tikern und Akademikern aus der ganzen Welt, die an einem Ideenaustausch über die Theorie und den Einsatz von Versicherungen interessiert sind. Das Treffen wird jährlich in einem anderen Teil der Welt abgehalten.

**Interventionsklage**
Gesetzmäßiges Verfahren, durch das ein Gericht den rechtmäßigen Anspruchsteller (von zwei oder mehreren Anspruchstellern, die den gleichen Anspruch geltend machen) gegenüber einer dritten Partei feststellt. Versicherungsgesellschaften verwenden Interventionsklagen, falls Ansprüche von zwei unterschiedlichen Parteien geltend gemacht werden. Z.B. wetteifern bei dem Tod eines Versicherten zwei oder mehrere Personen (wie etwa die Witwe und eine frühere Ehefrau) um die Begünstigtenrechte. Die Versicherungsgesellschaft hinterlegt die Policenerlöse bei Gericht, bis es über die Eigentümerschaft entschieden hat.

**Nachtrag der Interstate Commerce Commission**
(Bundesverkehrsbehörde) – vom Gesetz verlangte Versicherungsurkunde unter der Schirmherrschaft der Interstate Commerce Commission. Der Nachtrag ist allen → Binnentransportpolicen beigefügt, die an zwischenstaatliche Fuhrunternehmen ausgegeben werden. Die Versicherungsgesellschaft deckt jede Beschädigung oder Zerstörung von zu transportierendem Vermögen auf Grundlage → Aller Risiken ab.

**Interstate Commerce Commission (ICC)**
(Bundesverkehrsbehörde) – Bundesbe-

commerce across state lines. The ICC does not oversee insurance, which is subject to regulation by the states according to Public Law 15, McCarran-Ferguson Act. However, insurance companies must comply with many Federal laws and regulations.

hörde, die den Handel über die Staatsgrenzen hinweg regelt. Die ICC überwacht die Versicherungsbranche nicht, die dem Public Law (öffentlichen Recht) 15, McCarran-Ferguson Gesetz, der Lenkung durch die Staaten unterliegt. Die Versicherungsgesellschaften müssen jedoch vielen Bundesgesetzen und -bestimmungen entsprechen.

### Inter-Vivo Trust
Trust that is established by people still alive. → Estate Planning; → Estate Planning Distribution

### Inter-Vivo-Treuhandvermögen
Treuhandvermögen, das von Leuten errichtet wurde, die noch leben. → Nachlaßplanung; → Nachlaßverteilungsplanung

### Intestacy
→ Intestate

### Fehlen eines Testaments
→ Ohne letztwillige Verfügung

### Intestate
Death without a will having been drawn. Under this circumstance, the court follows state law in deciding how the estate of the deceased is to be distributed. → Estate Planning; → Estate Planning Distribution

### Ohne letztwillige Verfügung
Tod, ohne daß der letzte Wille festgelegt worden ist. Unter dieser Bedingung folgt das Gericht bei der Entscheidung, wie das Vermögen des Verstorben verteilt werden soll, dem staatlichen Gesetz. Nachlaßplanung; → Nachlaßverteilungsplanung

### Intestate Distribution
→ Estate Planning Distribution

### Verteilung ohne letztwillige Verfügung
→ Nachlaßverteilungsplanung

### In-Trust (On-Consignment) Policies
Insurance that follows an insured property. → Consignment Insurance

### Policen für Vermögensgegenstände, die zu treuen Händen (in Kommission) gegeben wurden
Versicherung, die dem versicherten Besitz folgt. → Versandversicherung

**Inverted Yield Curve**
Curve that results when yields on short-term treasury issues exceed those on long-term government debt. A widely accepted theory holds that when short-term and intermediate-term issues are higher than those on long-term isssues a recession is imminent and investors expect rates to decline further.

**Investment and Valuation of Assets**
→ Investments and Regulation

**Investment Earnings of Insurance Company**
Investment income. Insurance companies invest part of their premiums that are not immediately needed for claims and administrative expenses. These earnings are critical to an insurance company. A property and casualty company depends on investment earnings to balance underwriting losses. A life company depends on the investment earnings to help build policy cash values.

**Investment Income**
Earnings by an insurance company from dividends on its equity portfolio, rent from real estate and other property it owns, and interest on its bond holdings.

**Umgekehrte Ertragskurve**
Eine Kurve, die sich ergibt, wenn die Erträge kurzfristiger Finanzanleihen die der langfristigen Regierungsschulden übersteigen. Eine weithin akzeptierte Theorie besagt, daß, wenn kurz- und mittelfristige Anleihen höher sind als langfristige Anleihen, eine Rezession unmittelbar bevorsteht und Investoren erwarten, daß die Zinssätze noch weiter fallen.

**Kapitalanlage und Bewertung von Aktiva**
→ Kapitalanlagen und Bestimmungen

**Kapitalanlagegewinne einer Versicherungsgesellschaft**
Kapitalertrag. Versicherungsgesellschaften legen einen Teil ihrer Prämien, die nicht unmittelbar für Ansprüche und Verwaltungsausgaben benötigt werden, an. Diese Gewinne sind für eine Versicherungsgesellschaft von besonderer Wichtigkeit. Eine Sach- und Unfallversicherungsgesellschaft ist von Kapitalanlagegewinnen abhängig, um Zeichnungsverluste auszugleichen. Eine Lebensversicherungsgesellschaft ist von den Kapitalanlagegewinnen abhängig, um bei der Bildung von Policenbarwerten zu helfen.

**Kapitalertrag**
Gewinne einer Versicherungsgesellschaft aus den Dividenden auf ihr Aktienportefeuille, Mieten aus Immobilienvermögen und anderem Vermögen, das sie besitzt, und Zinsen auf ihren Wertpapierbesitz.

## Investments

Money expended with the object of profit. The goal of an insurance company is to invest in assets with a rate of return greater than that to be paid out as benefits under its policies. Traditionally, life insurance companies have invested in long term financial instruments such as mortgages. Today, under → Current Assumption life insurance policies, investments are in short term financial instruments. Property and casualty insurance companies, because of the nature of their policies, favor short term financial instruments as investments.

## Investments and Regulation

Life insurance:
1. *Bonds* – most state regulations permit life insurance company investments in debentures, mortgage bonds, and blue chip corporate bonds.
2. *Stocks* – (a) *preferred stock* investment is limited to 20% of the total stock of any one company, not exceeding 2% of a company's admitted assets; (b) *common stock* investment is limited to the lesser amount of 1% of the → Admitted Assets or the *policyowner's surplus*.
3. *Mortgage* – investment is unlimited in first mortgages on residential, commercial, and industrial real estate.

## Kapitalanlagen

Geld, das mit dem Ziel ausgegeben wird, einen Gewinn zu erzielen. Das Ziel einer Versicherungsgesellschaft ist es, in Anlagevermögen zu investieren, dessen Erlösrate höher ist als die bei ihren Policen auszuzahlenden Leistungen. Traditionell haben Versicherungsgesellschaften in langfristige Finanzinstrumente, wie Hypotheken, investiert. Heute, bei den Lebensversicherungspolicen mit → Gegenwärtiger Annahme erfolgen die Anlagen in kurzfristigen Finanzinstrumenten. Sach- und Unfallversicherungsgesellschaften bevorzugen wegen der Natur ihrer Policen kurzfristige Finanzinstrumente als Kapitalanlagen.

## Kapitalanlagen und Bestimmungen

Lebensversicherung:
1. *Schuldverschreibungen:* Die meisten staatlichen Bestimmungen erlauben Lebensversicherungsgesellschaften, in Schuldscheine, Hypothekenpfandbriefe und sichere Firmenschuldverschreibungen zu investieren.
2. *Aktien:* (a) Die Investition in *Vorzugsaktien* ist beschränkt auf 20% der gesamten Aktien irgendeiner Gesellschaft, nicht über 2% der zulässigen Aktiva einer Gesellschaft; (b) die Investition in Stammaktien ist beschränkt auf den geringeren Betrag von 1% der → Zulässigen Aktiva oder den *Überschuß des Policeninhabers*.
3. *Hypothek:* Investitionen in erstrangige Hypotheken auf Wohn-, Geschäfts- und Industrieimmobilien sind unbeschränkt.
4. *Immobilien*: Investitionen sind be-

4. *Real Estate* – investment is limited to 10% of admitted assets.

Valuation of the assets in a typical state is accomplished in the following manner: (1) stocks or bonds in default (principal or interest) cannot be valued at greater than market value; (2) bonds not in default valued according to their purchase price adjusted to equal par at maturity; (3) preferred and common stocks of firms in good financial condition are valued according to purchase price; (4) preferred and common stocks in companies not in good financial condition are valued at market price; and (5) real estate, mortgages, and policy loans are valued at book value.

Property and casualty insurance:

1. → Domestic Insurers and → Foreign Insurers must invest according to the minimum capitalization requirement in Federal, state, or municipal bonds.

2. Company funds in excess of minimum capitalization and reserve requirements can be invested in Federal, state, or municipal bonds as well as stocks or real estate. The insurance company is limited in its investment in any one firm up to no more than 10% of its admitted assets; its real estate investment can be no more than 10% of its admitted assets.

schränkt auf 10% der zulässigen Aktiva.

Die Bewertung der Aktiva erfolgt in einem typischen Staat auf folgende Art und Weise: (1) Notleidende Aktien oder Schuldverschreibungen (Hauptsumme oder Zinsen) können nicht höher als ihr Marktwert bewertet werden; (2) nicht notleidende Schuldverschreibungen werden entsprechend ihrem Kaufpreis angepaßt, so daß er dem Nennwert bei Reife entspricht; (3) Vorzugsaktien und Stammaktien von Firmen in einem guten finanziellen Zustand werden zum Kaufpreis bewertet; (4) Vorzugsaktien und Stammaktien von Unternehmen, die sich in keiner guten finanziellen Situation befinden, werden zum Marktpreis bewertet; (5) Immobilien, Hypotheken und Policendarlehn werden zum Buchwert bewertet.

Sach- und Unfallversicherung:

1. → Inländische Versicherer und → Ausländische Versicherer müssen entsprechend der Mindestanforderung an die Kapitalausstattung in Bundes-, Staats- oder städtische Schuldverschreibungen investieren.

2. Gesellschaftsfonds, die über die Mindestanforderungen an die Kapitalausstattung und die Rückstellungen hinausgehen, können in Bundes-, Staats- oder städtische Schuldverschreibungen sowie in Aktien oder Immobilien angelegt werden. Die Versicherungsgesellschaft ist bei ihrer Investition in irgendeine Firma bis auf nicht mehr als 10% ihrer zulässigen Aktiva beschränkt, ihre Immobilienanlagen dürfen nicht mehr als 10% ihrer zulässigen Aktiva ausmachen.

## Investment Year Method of Allocating Investment Income

Procedure in which investment income is paired with each life insurance policy according to the time frame in which the premiums for that particular policy are received.

## Invitee

Person who is expressly, or by implication, asked to visit property in the possession, care, or control of another person. The inviter has the obligation to render his property safe for the visit of the invitee. Liability insurance is designed to protect an insured in the event that his negligent acts or omissions result in bodily injury to the invitee.

## IRA

→ Individual Retirement Account

## Irrevocable

Something that cannot be changed. In life insurance, a beneficiary who has been named as irrevocable, cannot be changed without his or her formal (written) permission.

## Irrevocable Beneficiary

→ Beneficiary Clause

## Investitionsjahrmethode der Zuweisung von Kapitalerträgen

Verfahren, bei dem Kapitalerträge jeder Lebensversicherungspolice entsprechend dem zeitlichen Rahmen, in dem die Prämien für die betreffende Police eingenommen werden, zugeordnet werden.

## Eingeladener

Eine Person, die ausdrücklich oder implizit darum gebeten worden ist, ein Grundstück im Besitz, unter der Obhut, im Gewahrsam oder unter der Kontrolle einer anderen Person zu besuchen. Der Einladende hat die Verpflichtung, seinen Besitz für den Besuch sicher zu gestalten. Eine Haftpflichtversicherung ist dafür vorgesehen, einen Versicherten für den Fall, daß seine fahrlässigen Handlungen oder Unterlassungen eine Körperverletzung des Eingeladenen zur Folge haben, zu schützen.

## Individuelles Rentenkonto

→ Individuelles Rentenkonto

## Unwiderruflich

Etwas, das nicht geändert werden kann. Bei einer Lebensversicherung kann ein Begünstigter, der unwiderruflich benannt worden ist, nicht ohne dessen formelle (schriftliche) Einwilligung geändert werden.

## Unwiderruflicher Begünstigter

→ Begünstigtenklausel

## Irrevocable Living Trust

→ Trust in which rights to make any changes therein are surrendered permanently by the → Grantor. The grantor uses this type of trust to transfer assets and any potential depreciation out of his or her estate in order to avoid → Federal Estate Tax on the second estate distributions to heirs, as well as to avoid → Probate expenses. The primary disadvantage of this type of trust is that the grantor surrenders all control over the assets and the right to change the terms of the trust. → Estate Planning Distribution; → Revocable Living Trust

## Irrevocable Trust

Trust that cannot be revoked by the creator. → Estate Planning Distribution

## ISO

→ Insurance Services Office

## Issued Business

Policies that have been sold to and paid for by an insured, but not yet delivered to the insured.

## Unwiderrufliches Treuhandvermögen zu Lebzeiten des Verfügungsberechtigten

→ Treuhandvermögen, bei dem die Rechte, irgendwelche Änderungen an ihm vorzunehmen, vom → Stifter permanent aufgegeben worden sind. Der Stifter verwendet diese Art von Treuhandvermögen, um Vermögen und jede mögliche Abwertung aus seinem Vermögen heraus zu übertragen, um die → Bundeserbschaftsteuer bei der zweiten Verteilung des Erbes an Erben zu vermeiden, sowie um Kosten für die → Gerichtliche Testamentsbestätigung und Erbscheinerteilung zu vermeiden. Der Hauptnachteil dieser Art von Treuhandvermögen ist es, daß der Stifter jedwede Kontrolle über das Vermögen und das Recht, die Bedingungen des Treuhandvermögens zu ändern, aufgibt. → Nachlaßverteilungsplanung; → Widerrufliches Treuhandvermögen zu Lebzeiten des Verfügungsberechtigten

## Unwiderrufliches Treuhandvermögen

Treuhandvermögen, das durch den Urheber nicht widerrufen werden kann. → Nachlaßverteilungsplanung

## ISO

→ Insurance Services Office

## Ausgefertigtes Geschäft

Policen, die an einen Versicherten verkauft und von diesem bezahlt wurden, die jedoch noch nicht an den Versicherten ausgeliefert wurden.

# J

### Jacket
Outer covering containing an insurance policy; in many instances it lists provisions common to several types of policies.

### Jeweler's Block Insurance Policy
Type of → Inland Marine Insurance which provides coverage for jewels, watches, gold, silver, platinum, pearls, precious and semiprecious stones. Property can be owned by the insured jeweler; or can be customer's property in care, custody, and control of the jeweler. Coverage is on an → All Risks basis except specifically excluded perils such as wear and tear; war; delay; loss of market; flood; earthquake; loss or damage while jewelry is being worn by the insured or his/her representatives; loss resulting from the infidelity of any person under the care, custody, and control of the insured; damage or destruction of jewelry after it leaves the insured under an installment contract; mysterious disappearance; and shipments of jewelry not sent registered first class mail.

### Umschlag
Äußerer Einband, der eine Versicherungspolice enthält. In vielen Fällen listet sie die Bestimmungen, die vielen Policentypen gemein sind, auf.

### Juwelierpauschalversicherungspolice
Art von → Binnentransportversicherung, die Versicherungsschutz für Juwelen, Uhren, Gold, Silber, Platin, Perlen, Edel- und Halbedelsteine bietet. Das Vermögen kann Eigentum des versicherten Juweliers sein, oder es kann sich um den Besitz eines Kunden in der Obhut, dem Gewahrsam und unter der Kontrolle eines Juweliers handeln. Der Versicherungsschutz erfolgt auf einer Grundlage → Aller Risiken, außer ausdrücklich ausgeschlossene Gefahren, wie Verschleiß, Krieg, Verspätung, Verlust des Marktes, Überschwemmung, Erdbeben, Verlust oder Beschädigung, während der Schmuck vom Versicherten oder seinen/ihren Vertretern getragen wird; Verlust infolge von Untreue irgendeiner Person unter der Obhut, im Gewahrsam und unter der Kontrolle des Versicherten, Beschädigung oder Zerstörung des Schmuckes, nachdem er den Versicherten für einen Ratenvertrag verlassen hat, mysteriöses Verschwinden und Schmucksendungen, die nicht als Einschreiben erster Klasse verschickt worden sind.

## Jewelry Floater
→ Personal Jewelry Insurance

## Jewelry Insurance
→ Personal Jewelry Insurance

## Job Related Injuries, Death
Incidents covered under → Workers Compensation Benefits.

## Joint and Survivor Option
Settlement choice under a life insurance policy whereby a beneficiary may elect to have the death proceeds paid in the form of a joint and survivor annuity. → Joint Life and Survivorship Annuity

## Joint Annuity
→ Joint Life Annuity

## Joint Control
Estate under the legal and administrative guidance of both the *surety* and the *fiduciary*. Any actions on the part of the estate requires the signatures of both in order to reduce the chances of fraud.

## Joint Insurance
→ Joint Life and Survivor Insurance; → Joint Life and Survivorship Annuity; → Joint Life Annuity; → Joint Life Insurance

## Juwelen-Pauschalversicherungspolice
→ Private Schmuckversicherung

## Schmuckversicherung
→ Private Schmuckversicherung

## Berufsbezogene Verletzungen, Tod
Unter den → Berufsunfallentschädigungsleistungen abgedeckte Vorfälle.

## Gemeinsame Überlebensoption
Wahl der Regulierung bei einer Lebensversicherungspolice, wonach ein Versicherter wählen kann, daß die Todesfallzahlung in Form einer gemeinsamen Überlebensrente gezahlt wird. → Gemeinsame Überlebensrente

## Gemeinsame Rente
→ Gemeinsame Lebensrente

## Gemeinschaftliche Kontrolle
Besitz unter der rechtlichen und administrativen Führung sowohl des *Bürgen* als auch des *Treuhänders*. Um die Betrugsmöglichkeiten zu verringern, erfordern alle Handlungen, die den Besitz betreffen, die Unterschrift von beiden.

## Gemeinsame Versicherung
→ Gemeinsame Überlebensversicherung; → Gemeinsame Überlebensrente; → Gemeinsame Lebensrente; → Gegenseitigkeitsversicherung

## Joint Life and Survivor Insurance

Coverage for two or more persons with the death benefit payable at the death of the last of those insured. Premiums are significantly lower under joint life and survivor insurance than for policies that insure only one person, since the probability of having to pay a death claim is lower.

## Joint Life and Survivorship Annuity

→ Annuity that continues income payments as long as one annuitant, out of two or more annuitants, remains alive. For example, a married couple would receive an income for as long as both spouses are alive. Thereafter, payments would continue as long as the surviving spouse is alive, usually for a smaller amount. This type of annuity is ideal for a husband and wife in that it guarantees the surviving spouse an income for life. Even with a → Life Annuity Certain or other type of refund annuity it is possible for a surviving spouse to outlive the money that has been funding the annuity. → Annuity

## Joint Life Annuity

Retirement plan in which income payments continue until the death of the first of two or more annuitants. This type of annuity is not appropriate for

## Gemeinsame Überlebensversicherung

Versicherungsschutz für zwei oder mehrere Personen, bei dem die Todesfalleistung bei Tod des letzteren dieser Versicherten zahlbar ist. Bei einer gemeinsamen Überlebensversicherung sind die Prämien bedeutend niedriger als bei Policen, die nur eine Person versichern, da die Wahrscheinlichkeit, einen Todesfallanspruch zahlen zu müssen, geringer ist.

## Gemeinsame Überlebensrente

Eine → Rente, die mit Einkommenszahlungen fortfährt, solange ein Rentenempfänger von zwei oder mehreren Rentenempfängern am Leben bleibt. Ein verheiratetes Paar z.B. würde, solange beide Ehepartner leben, ein Einkommen beziehen. Danach würden die Zahlungen, solange der überlebende Ehepartner am Leben ist, fortgesetzt, gewöhnlich in geringerer Höhe. Diese Rentenart ist für Ehegatten ideal, da sie dem überlebenden Ehepartner ein lebenslängliches Einkommen garantiert. Selbst bei einer → Leibrente mit gesicherter Zahl an Auszahlungen oder einer anderen Art von Rente mit Rückerstattung nicht erschöpfter Prämienzahlungen ist es möglich, daß ein überlebender Ehepartner das Geld, das die Rente finanziert hat, überlebt. → Rente

## Gemeinsame Lebensrente

Pensionierungsvorhaben, bei dem Einkommenszahlungen bis zum Tod des ersten von zweien oder mehreren Rentenempfängern andauern. Dieser Rententyp ist für Ehemann und -frau nicht geeignet,

a husband and wife since at the death of the first spouse income payments cease. The monthly benefit is greater than with other annuities since income payments cease at the first death. → Annuity

da die Einkommenszahlungen bei Tod des ersten Ehepartners aufhören. Die monatlichen Leistungen sind größer als bei anderen Renten, da die Einkommenszahlungen bei dem ersten Tod aufhören. → Rente

### Joint Life Insurance
Coverage of two or more persons with the death benefit payable at the first death. Premiums are significantly higher than for policies that insure one person, since the probability of having to pay a death claim is higher.

### Gegenseitigkeitsversicherung
Versicherungsschutz für zwei oder mehrere Personen mit einer Todesfalleistung, die bei dem ersten Tod zahlbar ist. Die Prämien sind bedeutend höher als bei Policen, die eine Person versichern, da die Wahrscheinlichkeit, einen Todesfallanspruch bezahlen zu müssen, größer ist.

### Joint Loss Apportionment
→ Apportionment

### Gemeinsame Schadenszuteilung
→ Proportionale Verteilung

### Joint Protection
→ Joint-Life and Survivorship Annuity; → Joint Life Insurance

### Gemeinsamer Schutz
→ Gemeinsame Überlebensrente; → Gegenseitigkeitsversicherung

### Joint Tenancy
→ Joint Tenants

### Gesamthandseigentum
→ Gesamthandseigentümer

### Joint Tenants
Property owned by two or more parties in such a way that at the death of one, the survivors retain complete ownership of the property.

### Gesamthandseigentümer
Eigentum im Besitz von zwei oder mehreren Parteien, in der Art, daß bei Tod des einen die Überlebenden das vollständige Besitzrecht über das Eigentum zurückbehalten.

### Joint Underwriter Association
Combination of several insurance companies to provide the capacity to underwrite a particular type or size of exposure.

### Gemeinschaftliche Vereinigung von Versicherern
Kombination mehrerer Versicherungsgesellschaften, um die Kapazität zur Zeichnung eines bestimmten Gefahrentyps oder einer Gefahrengröße zu bieten. Z.B. wurde

For example, liability coverage for a drug company's vaccine has been instituted as the result of several insurance companies working together to provide the required capacity due to the extra hazard.

der Haftpflichtversicherungsschutz für einen Impfstoff einer Arzneimittelfirma dadurch bereitgestellt, daß mehrere Versicherungsgesellschaften zusammenarbeiten, um die erforderliche Kapazität wegen des zusätzlichen Risikos bereitzustellen.

### Joint Venture
Agreement of two or more insurance companies to provide a product or service.

### Gemeinschaftsunternehmen
Vereinbarung von zwei oder mehreren Versicherungsgesellschaften, ein Produkt oder eine Dienstleistung bereitzustellen.

### Jones Act
### (Merchant Marine Act)
Federal law passed in 1920 which allows any seaman incurring bodily injury as the result of the performance of one or more functions of the job to bring a suit for damages against the employer. The employer's exposures under the Act consist of negligence, unseaworthiness of the vessel, and disability income for the injured man or woman.

### Jones-Gesetz

(Handelsmarine-Gesetz) – 1920 verabschiedetes Bundesgesetz, das jedem Seemann, der eine Körperverletzung infolge Ausführung einer oder mehrerer Berufsfunktionen erlitten hat, erlaubt, den Arbeitgeber auf Schadenersatz zu verklagen. Die Gefährdungen des Arbeitgebers bestehen dem Gesetz nach aus Fahrlässigkeit, Seeuntüchtigkeit des Schiffes und Invaliditätseinkommen für den verletzten Mann oder die Frau.

### Journal of Risk and Insurance
Academic publication of the → American Risk and Insurance Association in which articles deal with aspects of risk, insurance, and allied fields of study.

### Journal of Risk and Insurance
(Risiko- und Versicherungsjournal) – akademische Veröffentlichung der → American Risk and Insurance Association (Amerikanische Risiko- und Versicherungsvereinigung), in der die Artikel Aspekte des Risikos, der Versicherung und verwandte Studiengebiete beinhalten.

### Judgment
Decision by a court of law.

### Urteil
Entscheidung durch ein Gericht.

## Judgment by Default
Decision in the absence of a plaintiff or defendant at the specified court time.

## Judgment Rating
Underwriting phrase denoting the best judgment, based on the experience of an underwriter, in classifying a particular risk.

## Judicial Bond
Type of → Surety Bond that is either a *fiduciary* or *court bond.*
1. *Fiduciary Bond* – guarantees that individuals in a position of trust will safeguard assets belonging to others placed under their control. For example, guardians appointed by a court who are authorized to pay expenses of the minor and administrators of estates who take care of a deceased's assets may require fiduciary bond.
2. *Court Bond* – guarantees concerning ligation such as: (1) → Appeal Bond, which guarantees that a judgment will be paid if an appeal is lost in a higher court; (b) *Plaintiff's Replevin Bond,* which guarantees that damages will be paid if the replevin action is wrongfully brought; (c) *Removal Bond,* which guarantees that damages will be paid if improper removal actions are taken.

## Versäumnisurteil
Entscheidung in Abwesenheit des Klägers oder des Angeklagten zum angegebenen Gerichtstermin.

## Prämienfestsetzung nach dem Ermessen
Redewendung bei der Zeichnung von Versicherungen, die die beste Beurteilung bei der Klassifizierung eines bestimmten Risikos auf Grundlage der Erfahrung eines Versicherers bedeutet.

## Gerichtliche Kaution
Typ von → Kautionsversicherung, die entweder eine *Kautionsverpflichtung* oder eine *Gerichtskaution* ist.
1. *Kautionsverpflichtung:* garantiert, daß Personen in einer Vertrauensposition das Vermögen, das anderen gehört und ihrer Kontrolle unterstellt worden ist, beschützen. Z.B. können vom Gericht bestimmte Vormunde, die autorisiert sind, die Ausgaben des Minderjährigen zu zahlen, und Nachlaßverwalter, die sich um das Vermögen eines Verstorbenen kümmern, eine Kautionsverpflichtung benötigen.
2. *Gerichtskaution:* Garantien, die Rechtsstreitigkeiten betreffen, wie etwa: (1) eine → Sicherheitsleistung, die garantiert, daß ein Urteil bezahlt wird, falls ein Einspruch in einer höheren Instanz verloren wird; (b) *Kaution des Klägers im Vollstreckungsverfahren,* die garantiert, daß Schadenersatz gezahlt wird, falls die einstweilige Verfügung zu Unrecht beantragt wurde; (c) *Entfernungskaution,* die garantiert, daß Schäden bezahlt werden, falls widerrechtliche Entfernungsmaßnahmen ergriffen werden.

## Jumping Juvenile Policy (Juvenile Estate Builder)
Life insurance coverage on a child in which the initial face amount of the life insurance policy increases when the child reaches the age of majority, with no corresponding increase in premium.

## Juvenile Estate Builder
→ Jumping Juvenile Policy (Juvenile Estate Builder)

## Juvenile Insurance
Life insurance on the life of a child.

## Sprunghaft ansteigende Jugendversicherungspolice (Vermögensbildung für Jugendliche)
Lebensversicherungsschutz für ein Kind, bei dem der ursprüngliche Nennwert der Lebensversicherungspolice steigt, wenn das Kind das Volljährigkeitsalter erreicht, ohne daß ein entsprechender Prämienanstieg erfolgt.

## Vermögensbildung für Jugendliche
→ Sprunghafte ansteigende Jugendversicherungspolice (Vermögensbildung für Jugendliche)

## Jugendversicherung
Lebensversicherung auf das Leben eines Kindes.

# K

### Keeton-O'Connell Automobile Insurance Plan

Early type of no-fault automobile insurance developed by two law professors, Robert Keeton and Jeffrey O'Connell. Its basic premise is that for many accidents it is impossible to place the blame as required by the tort legal system. In this approach, each individual would be able to collect from his or her own insurance company without having to prove fault on the part of anyone.

### Kenney Ratio

Proposal by Roger Kenney, an insurance journalist, that in order to maintain the solvency of a property and casualty insurance company, insurance premiums written should not exceed more than twice the company's surplus and capital. This historical measure is used by regulators to determine a property and casualty company's capacity to make claim payments while maintaining its solvency.

### Keogh Plan (HR-10)

Act first passed in 1962 which

### Keeton-O'Connell Kraftfahrzeugversicherung

Früher Typ der Kraftfahrzeugversicherung ohne Verschuldensprinzip, der von zwei Jura-Professoren, Robert Keeton und Jeffrey O'Connell, entwickelt wurde. Seine grundlegende Prämisse ist, daß es für viele Unfälle unmöglich ist, eine Beschuldigung vorzubringen, wie durch das Schadenersatzrechtssystem gefordert. Bei diesem Ansatz wäre jeder Versicherte in der Lage, von seiner eigenen Versicherungsgesellschaft zu kassieren, ohne auf irgend jemandes Seite ein Verschulden nachweisen zu müssen.

### Kenney Rate

Vorschlag von Roger Kenney, einem Versicherungsjournalisten, daß, um die Zahlungsfähigkeit einer Sach- und Unfallversicherungsgesellschaft aufrechtzuerhalten, die gezeichneten Versicherungsprämien das Zweifache des Überschusses und des Kapitals der Gesellschaft nicht übersteigen sollten. Dieses historische Maß wird von Aufsichtsbehörden verwendet, um die Befähigung einer Sach- und Unfallversicherungsgesellschaft für die Leistung von Anspruchszahlungen bei Wahrung ihrer Zahlungsfähigkeit festzustellen.

### Keogh Plan (HR-10)

Ein 1962 verabschiedetes Gesetz, das es

permits the self-employed individual to establish his or her own retirement plan. This individual can make nondeductible voluntary contributions and tax-deductible contributions subject to a maximum limit of 25% of earned income up to 30,000 for a defined contribution plan after the reduction for the contribution to the Keogh Plan. This is an equivalent rate of 20% of earned income prior to the contribution to the Keogh Plan.

**Key Employee Insurance**
→ Benefits of Business Life and Health Insurance (Key Person Insurance); → Key Employee (Key Person)

**Key Employee (Key Person)**
Individual who possesses a unique ability essential to the continued success of a business firm. For example, this individual might have the technical knowledge necessary for research and development of products that keep the company at the cutting edge of its field. The death or disability of this key individual could severely handicap the company. → Benefits of Business Life and Health Insurance (Key Person Insurance)

einem/einer Selbständigen erlaubt, seinen oder ihren eigenen Rentenplan einzurichten. Diese Person kann nicht-abzugsfähige freiwillige Beiträge und steuerlich abzugsfähige Beiträge vorbehaltlich einer Höchstgrenze von 25% des verdienten Einkommens bis zu US$ 30.000 für einen definierten Beitragsplan nach Abzug des Beitrages zum Keogh Plan leisten. Dies entspricht einer Rate von 20% des verdienten Einkommens vor dem Beitrag zum Keogh Plan.

**Schlüsselarbeitnehmerversicherung**
→ Leistungen der Unternehmenslebens- und -krankenversicherung (Schlüsselpersonenversicherung); → Schlüsselarbeitnehmer (Schlüsselperson)

**Schlüsselarbeitnehmer (Schlüsselperson)**
Person, die eine einzigartige Fähigkeit besitzt, die für den fortlaufenden Erfolg einer Firma wesentlich ist. Z. B. kann diese Person über das technische Wissen, das für die Erforschung und Entwicklung von Produkten, die das Unternehmen an der Schnittstelle seiner Branche halten, verfügen. Der Tod oder die Invalidität dieser Schlüsselperson könnte das Unternehmen schwer behindern. → Leistungen der Unternehmenslebens- und -krankenversicherung (Schlüsselpersonenversicherung)

## Key Employees, Insurance Plans for

Typical → Nonqualified Plans of life insurance for key employees include:

1. → Permanent Life Insurance – dividends generated by the policy are used to pay the income tax of the key employee that results from the premiums paid by the employer on the permanent insurance policy. For federal tax purposes the employer-paid premiums are taxed as additional earned income for the employee. Under the better permanent policies, after the policy has been in force a few years the dividends should exceed the taxable premium income to the employee. The advantages of permanent insurance to the key employee include life insurance coverage for life, increasing cash values, increasing dividends, selection of beneficiary, and ownership of policy.

2. → Term Life Insurance – premiums paid by the employer are considered federal taxable income to the employee. Employee selects beneficiary and owns policy. Policy probably will not remain in force after retirement because the premiums continue to increase in cost and become prohibitive.

3. → Split Dollar Life Insurance – permanent life insur-

## Schlüsselangestellte, Versicherungsvorhaben für

Typische → Nicht-steuerbegünstigte Lebensversicherungsvorhaben für Schlüsselangestellte schließen ein:

1. → Lebensversicherung mit einjähriger Kündigungsfrist: Die von der Police hervorgebrachten Dividenden werden dazu verwendet, um die Einkommensteuer des Schlüsselangestellten, die sich aus den vom Arbeitgeber für die Versicherungspolice mit einjähriger Kündigungsfrist gezahlten Prämien ergibt, zu zahlen. Für Bundessteuerzwecke werden die vom Arbeitgeber gezahlten Prämien beim Angestellten als zusätzlich verdientes Einkommen besteuert. Bei den besseren Policen mit einjähriger Kündigungsfrist sollten die Dividenden, nachdem die Police einige Jahre in Kraft war, das vom Angestellten zu versteuernde Prämieneinkommen übersteigen. Die Vorteile der Versicherung mit einjähriger Kündigungsfrist für den Schlüsselangestellten sind u. a. lebenslänglicher Lebensversicherungsschutz, ansteigende Barwerte, ansteigende Dividenden, Wahl des Begünstigten und Eigentum der Police.

2. → Befristete Lebensversicherung: Die vom Arbeitgeber gezahlten Prämien werden als bundessteuerpflichtiges Einkommen des Angestellten angesehen. Der Angestellte wählt den Begünstigten und ist Eigentümer der Police. Die Police bleibt nach der Pensionierung wahrscheinlich nicht in Kraft, da die Prämienkosten weiter ansteigen und unerschwinglich werden.

3. → Arbeitnehmer-Lebensversicherung durch den Arbeitgeber: Eine Lebensversicherung mit einjähriger Kündigungsfrist wird auf das Leben des Angestellten abgeschlossen. Prämienzahlungen werden

ance is purchased on the life of the employee. Premium payments are split between the employee and the employer. The employer has an equity interest in the cash value of the policy to the extent of the premium payment he or she has paid in. The employee has an equity interest in the cash value of the policy to the extent that the cash value exceeds the premiums paid in by the employer. Under the better permanent policies, the cash values will accumulate to a substantial sum, whereupon the employer can withdraw from the cash value an amount equal to his or her premium paid in. At this point the split dollar plan is said to terminate and the employee has sole possession of the policy. The cash values remaining should be sufficient so that no further premium payments are required by the employee to keep the policy in force.

4. → Salary Continuation Plan – employer usually purchases permanent life insurance on the life of the employee, is the beneficiary of the policy, and owns the policy. If the employee dies before receiving all promised supplemental pension benefits, the employer will pay the remaining supplemental pension benefits to the beneficiary of the deceased employee. Funds for payments

zwischen dem Angestellten und dem Arbeitgeber aufgeteilt. Der Arbeitgeber hat in dem Umfang der von ihm geleisteten Prämienzahlungen ein Billigkeitsinteresse an dem Barwert der Police. Der Angestellte hat in dem Umfang, in dem der Barwert die vom Arbeitgeber bezahlten Prämien übersteigt, ein Billigkeitsinteresse an dem Barwert der Police. Bei den besseren Policen mit einjähriger Kündigungsfrist häufen sich die Barwerte zu einer beträchtlichen Summe an, wonach der Arbeitgeber einen Betrag, der seinen oder ihren einbezahlten Prämien entspricht, vom Barwert entnehmen kann. Man sagt, daß das Prämienaufteilungssystem zu diesem Zeitpunkt endet und der Arbeitnehmer alleiniger Eigentümer der Police ist. Die verbleibenden Barwerte sollten ausreichend sein, so daß keine weiteren Prämienzahlungen vom Arbeitnehmer erforderlich sind, um die Police in Kraft zu halten.

4. → Gehaltsfortzahlungssystem: Der Arbeitgeber schließt gewöhnlich eine Lebensversicherung mit einjähriger Kündigungsfrist auf das Leben des Arbeitnehmers ab, er ist der Begünstigte und Eigentümer der Police. Stirbt der Angestellte vor Erhalt aller versprochenen zusätzlichen Pensionsleistungen, zahlt der Arbeitgeber die verbleibenden zusätzlichen Pensionsleistungen an den Begünstigten des verstorbenen Angestellten. Die Finanzmittel für die Zahlungen werden von den Erlösen aus der Lebensversicherung bereitgestellt.

5. *Lebensversicherungsvorhaben nur mit Todesfalleistung:* Der Arbeitgeber schließt gewöhnlich eine Lebensversicherung mit einjähriger Kündigungsfrist auf das Leben des Arbeitnehmers ab, er ist der Begün-

are provided from the life insurance proceeds.

5. *Death Benefit Only Life Insurance Plan* – employer usually purchases permanent life insurance on the life of the employee, is the beneficiary of the policy, and owns the policy. Premiums paid by the employer are not considered federal taxable income to the employee. Upon the death of the employee, the employer will use the life insurance proceeds to pay death benefits for several years to the employee's beneficiary. The employer receives the life insurance proceeds tax free; however, the death payments to the employee's beneficiary are federal taxable income to that beneficiary. This plan can also be utilized to supplement the employee's pension plan at retirement.

## Keynesian Economics

Theory, named after the British economist John Maynard Keynes, that deals with current consumption at the expense of saving. This theory has important implications for life insurance products and annuities since their purchase requires foregoing a portion of current consumption in favor of savings and future financial security. → Annuity; → Savings Element, Life Insurance

stigte und Eigentümer der Police. Die vom Arbeitgeber bezahlten Prämien werden nicht als bundessteuerpflichtiges Einkommen des Angestellten angesehen. Bei Tod des Angestellten benutzt der Arbeitgeber den Erlös der Lebensversicherung, um die Todesfalleistungen für mehrere Jahre an den Begünstigten des Angestellten zu zahlen. Der Arbeitgeber erhält den Erlös der Lebensversicherung steuerfrei. Die Todesfallzahlungen an den Begünstigten des Angestellten stellen jedoch für diesen Begünstigten bundessteuerpflichtiges Einkommen dar. Dieses Vorhaben kann auch verwendet werden, um das Pensionsvorhaben des Angestellten bei Pensionierung zu ergänzen.

## Volkswirtschaftstheorie nach Keynes

Nach dem britischen Volkswirtschaftler John Maynard Keynes benannte Theorie, die vom laufenden Verbrauch zu Lasten des Sparens handelt. Diese Theorie ist von wichtiger Bedeutung für Lebensversicherungsprodukte und Renten, da ihr Erwerb einen vorhergehenden Teil an laufendem Verbrauch zugunsten von Ersparnissen und zukünftiger finanzieller Sicherheit erfordert. → Rente; → Sparelement, Lebensversicherung

## Key Person Insurance
→ Benefits of Business Life and Health Insurance (Key Person Insurance)

## Key Person Life and Health Insurance
→ Benefits of Business Life and Health Insurance (Key Person Insurance); → Business Life and Health Insurance

## Kidnap Insurance
Coverage in the event an employee is kidnapped from an insured business's premises and forced to return to aid a criminal in a theft.

## Kindnap-Ransom Insurance
→ Ransom Insurance

## Knock-for-Knock Agreement
Arrangement between two or more insurance companies under which the parties to the agreement waive their → Subrogation rights against the other. Most such agreements are no longer in use. → Intercompany Arbitration

## Schlüsselpersonenversicherung
→ Leistungen der Unternehmens-Lebens- und Krankenversicherung (Schlüsselpersonenversicherung)

## Schlüsselpersonen-Lebens- und Krankenversicherung
→ Leistungen der Unternehmens-Lebens- und Krankenversicherung (Schlüsselpersonenversicherung); → Unternehmens-Lebens- und Krankenversicherung

## Entführungsversicherung
Versicherungsschutz für den Fall, daß ein Arbeitnehmer vom Betriebsgelände des versicherten Unternehmens entführt wird und dazu gezwungen wird, zurückzukehren, um einem Kriminellen bei einem Diebstahl zu helfen.

## Entführungs-Lösegeldversicherung
→ Lösegeldversicherung

## Regreßverzichtsvereinbarung
Regelung zwischen zwei oder mehreren Versicherungsgesellschaften, bei dem die Vertragsparteien auf ihre Subrogationsrechte dem anderen gegenüber verzichten. Solche Vereinbarungen werden nicht länger verwendet. → Schiedsspruchverfahren zwischen Gesellschaften

# L

**Labor and Material Bond**
Coverage to indemnify an owner for whom work was done if the completed work is not free of worker's liens for labor and material.

**Arbeitslöhne- und Materialkaution**
Versicherungsschutz, um einen Eigentümer, für den Arbeiten ausgeführt wurden, zu entschädigen, falls die abgeschlossene Arbeit nicht frei von Pfandrechten für Arbeit und Material des Arbeiters ist.

**Labor Management Relations Act of 1947**

→ Taft-Hartley Act

**Labor Management Relations Act of 1947 (Betriebsverfassungsgesetz aus dem Jahre 1947)**
→ Taft-Hartley Gesetz

**Labor Statistics, Bureau of**
Federal agency which collects and analyzes numerous U.S. demographics used by government and industry. Insurance companies use the demographics to predict areas of high demand for their products, to perform market segmentation studies, and to position distribution systems.

**Labor Statistics, Bureau of (Arbeitsstatistik, Büro für)**
Bundesbehörde, die zahlreiche US-amerikanische demographische Daten, die von der Regierung und der Industrie verwendet werden, sammelt und analysiert. Versicherungsgesellschaften verwenden die demographischen Daten, um in Gebieten, in denen ein hoher Bedarf an ihren Produkten herrscht, vorherzusagen, um Marktsegmentierungsstudien durchzuführen und Vertriebssysteme zu positionieren.

**Lag**
Time which has elapsed between when claims actually occurred and when the claims are actually paid.

**Verzögerung**
Zeit, die zwischen dem tatsächlichen Eintritt von Ansprüchen und der tatsächlichen Bezahlung der Ansprüche vergeht.

## Land Ownership, Use and Possession of

Liability exposure, in insurance, associated with three classifications of individuals that may come upon an insured property:
1. → Trespasser – individual enters without permission. Generally the insured has no legal obligation to render his land safe for the trespasser, but the insured cannot create a death trap.
2. → Licensee – individual enters with permission but there is no mutual profit motive involved. Generally, the insured's only obligation to the licensee is to warn of any hidden dangers of which the insured is aware.
3. → Invitee – individual expressly or by implication is invited to enter property; there is a mutual profit motive. Generally, the insured must use reasonable care to render his property safe for the invitee's visit.

## Lapse

1. In property and casualty insurance, termination of a policy because of failure to pay a renewal premium.
2. In life insurance, termination of a policy because of failure to pay a premium and lack of sufficient cash value to make a premium loan.

## Landeigentum, Nutzung und Besitz von

Haftpflichtgefährdung, bei der Versicherung verbunden mit drei Klassifikationen von Personen, die auf ein versichertes Grundstück kommen können:
1. → Unbefugter: Eine Person betritt das Grundstück ohne Erlaubnis. Im allgemeinen ist der Versicherte nicht gesetzlich verpflichtet, sein Land für einen Unbefugten sicher zu gestalten, aber er kann keine Todesfalle schaffen.
2. → Konzessionsträger: Eine Person betritt das Grundstück mit Erlaubnis, aber es liegt kein gegenseitiges Gewinnmotiv vor. Die einzige Verpflichtung des Versicherten besteht allgemein darin, den Konzessionsträger vor versteckten Gefahren, die dem Versicherten bekannt sind, zu warnen.
3. → Eingeladener: Die Person, die ausdrücklich oder implizit eingeladen worden ist, das Grundstück zu betreten; es gibt ein beiderseitiges Gewinnmotiv. Der Versicherte muß generell erforderliche Sorgfalt walten lassen, um seinen Besitz für den Besucher sicher zu gestalten.

## Verfall

1. Bei der Sach- und Unfallversicherung die Beendigung einer Police, weil versäumt worden ist, eine Erneuerungsprämie zu zahlen.
2. Bei der Lebensversicherung die Beendigung einer Police, weil versäumt wurde, eine Prämie zu zahlen, und der Barwert nicht ausreichte, um ein Prämiendarlehn vorzunehmen.

## Lapsed Policy
→ Lapse

## Lapse Ratio
Percentage of a life insurance company's policies in force at the beginning of the year that are no longer in force at the end of the year. This ratio is critical because it indicates the rate at which policies are going off the books and the resultant loss of earnings to the company.

## Large Loss Principle
Transfer of high severity risks through the insurance contract to protect against catastrophic occurrences. While insurance is generally not the most cost-effective means of recovery of minor losses, an insured cannot predict catastrophes and thus set aside enough money to cover losses on a mathematical basis or to self-insure. Actuarial tables are based on the large loss principle: the larger the number of exposures, the more closely losses will match the probability of loss. In essence, a large number of insureds, each paying a modest sum into an insurance plan, can protect against the relatively few catastrophes that will strike some of their numbers.

## Last Clear Chance
Common law rule of negligence which imposes liability on an individual who had one last op-

## Verfallene Police
→ Verfall

## Verfallsrate
Prozentsatz der Policen einer Lebensversicherungsgesellschaft, die zu Beginn eines Jahres in Kraft sind und am Ende dieses Jahres nicht länger in Kraft sind. Dieses Verhältnis ist kritisch, weil es den Prozentsatz, zu dem die Policen die Bücher verlassen und den sich daraus ergebenden Verdienstverlust für die Gesellschaft anzeigt.

## Prinzip des großen Schadens
Übertragung von Risiken großer Härte durch einen Versicherungsvertrag, um gegen katastrophale Ereignisse zu schützen. Während eine Versicherung generell nicht das kosteneffektivste Mittel zur Rückvergütung geringfügiger Schäden ist, kann ein Versicherter Katastrophen nicht vorhersagen und somit genügend Geld auf die Seite legen, um Schäden auf einer mathematischen Grundlage abzudecken oder selbst zu versichern. Versicherungsmathematische Tabellen basieren auf dem Prinzip des großen Schadens: Je größer die Zahl der Gefährdungen, desto näher rücken die Schäden der Schadenswahrscheinlichkeit. Im wesentlichen können eine große Zahl von Versicherten, die jeweils eine bescheidene Summe an das Versicherungsvorhaben zahlen, die relativ wenigen Katastrophen abdecken, die einige aus ihren Reihen treffen werden.

## Letzte erkennbare Möglichkeit
Allgemeine Rechtsregel der Fahrlässigkeit, die einer Person, die eine letzte Gelegenheit hatte, einen Unfall zu verhin-

portunity to avoid an accident but did not take it. An example is a driver who could have avoided hitting another automobile by applying his brakes but did not do so. One reason for not avoiding – or even causing – an accident is a desire to collect insurance proceeds.

## Law of Large Numbers

Mathematical premise stating that the greater the number of exposures (1) the more accurate the prediction; (2) the less the deviation of the actual losses from the expected losses ($X - \bar{x}$ approaches zero); and (3) the greater the credibility of the prediction (credibility approaches one). This law forms the basis for the statistical expectation of loss upon which premium rates for insurance policies are calculated. Out of a large group of policyholders the insurance company can fairly accurately predict the number of policyholders who will suffer a loss, not by name but by number. Life insurance premiums are loaded for the expected loss plus modest deviations. For example, if a life insurance company expects ($\bar{x}$) 10,000 of its policyholders to die in a particular year and the number or fewer actually die ($X$), there is no cause for concern on the part of the company's actuaries. However, if the life insurance com-

dern, diese jedoch nicht ergriffen hat, von der Haftpflicht auferlegt wird. Ein Beispiel hierfür wäre ein Fahrer, der das Auffahren auf ein anderes Kraftfahrzeug durch Betätigung seiner Bremsen hätte verhindern können, dies jedoch nicht getan hat. Ein Grund für das Nichtverhindern oder gar Verursachen eines Unfalls ist der Wunsch, Versicherungserträge zu kassieren.

## Gesetz der großen Zahlen

Mathematische Prämisse, die besagt, je größer die Zahl der Gefährdungen (1), desto genauer ist die Vorhersage, (2) desto geringer ist die Abweichung der tatsächlichen Schäden von den erwarteten Schäden ($X - \bar{x}$ nähert sich Null) und (3) desto größer die Glaubwürdigkeit der Vorhersage (die Glaubwürdigkeit nähert sich eins). Dieses Gesetz bildet die Grundlage für die statistische Schadenserwartung, auf der die Prämientarife für Versicherungspolicen berechnet werden. Aus der großen Gruppe der Policenbesitzer kann die Versicherungsgesellschaft ziemlich genau die Zahl der Policenbesitzer vorhersagen, die einen Schaden erleiden werden, nicht dem Namen nach, aber nach der Anzahl. Lebensversicherungsprämien werden für den erwarteten Verlust plus bescheidener Abweichungen berechnet. Wenn eine Versicherungsgesellschaft z. B. erwartet, daß ($\bar{x}$) von 10.000 ihrer Policenbesitzer in einem bestimmten Jahr sterben werden und daß die Zahl der tatsächlich Sterbenden ($X$) geringer ist, so besteht bei den Versicherungsmathematikern der Gesellschaft kein Grund zur Sorge. Wenn die Lebensversicherungsgesellschaft jedoch erwartet, daß ($\bar{x}$) von 10.000 ihrer Policenbesitzer in einem bestimmten Jahr sterben werden, und es sterben mehr als

pany expects ($\bar{x}$) 10,000 of its policyholders to die in a particular year and more than that number dies ($X$) there is much cause for concern by actuaries.

diese Zahl ($X$), gibt es bei den Versicherungsmathematikern viel Grund zur Sorge.

## Lawyers (Attorneys Professional) Liability Insurance

Coverage if a lawyer's professional act (or omission) results in the client inflicting bodily injury or property damage to another party, or if personal injury and/or property damage is incurred by a client, who brings an action for injuries and/or damages suffered. The policy also provides for defense costs, legal fees, and court costs of the defendant, even if the suit is without foundation.

## Anwaltliche (Berufs-) Haftpflichtversicherung

Versicherungsschutz, falls die beruflichen Handlungen (oder Unterlassungen) eines Anwaltes zur Folge haben, daß der Mandant einer anderen Partei eine Körperverletzung oder Sachbeschädigung zufügt oder, falls der Mandant selbst eine Verletzung und/oder Sachbeschädigung erleidet, der wegen der erlittenen Verletzungen und/oder Beschädigungen klagt. Die Police sorgt auch für Verteidigungskosten, Anwaltsgebühren und Gerichtskosten des Angeklagten, auch dann, wenn die Klage unbegründet ist.

## Layering

Combination of several policies with each adding an additional layer or limit of coverage above the limits of the policy which comes before it. For example, Policy A adds $ 100,000, then Policy B adds $ 200,000 and then Policy C adds $ 300,000, for a total of $ 600,000. In some instances a business firm cannot obtain the total coverage it requires from a single insurance company. Thus, the business may have to buy several policies from different companies in order to acquire the total needed.

## Schichtung

Kombination mehrerer Policen, wobei jede eine zusätzliche Schicht oder eine zusätzliche Deckungsgrenze oberhalb der Deckungsgrenzen der vorhergehenden Police hinzufügt. Zum Beispiel: Wenn Police A US$ 100.000 hinzufügt, dann fügt Police B US$ 200.000 und Police C US$ 300.000 hinzu. Zusammen ergeben sie eine Summe von US$ 600.000. In einigen Fällen kann eine Firma nicht den gesamten Versicherungsschutz, den sie benötigt, von einer einzigen Versicherungsgesellschaft erhalten. Es kann somit sein, daß das Unternehmen verschiedene Policen bei verschiedenen Gesellschaften abschließen muß, um die benötigte Gesamtsumme zu erlangen.

## Lay Underwriter
Home office underwriter who evaluates risk based on probability, statistics, and medical knowledge.

## Lead Insurer
Insurance company that puts together a consortium of insurance and reinsurance companies to provide an adequate financial base with sufficient underwriting capacity to insure large risks. Usually the lead insurer will take a large percentage of the risk for its own account.

## Lease
Use of another party's property in exchange for rental payment. → Leasehold Insurance; → Leasehold Profit Interest; → Leasehold Value Interest

## Leasehold
→ Lease

## Leasehold Insurance
Coverage for a tenant with a favorable lease (enabling the lessee to rent premises for less than the market value). If the lease is canceled by the *lessor* because an insured peril (such as fire) strikes, the lessee is indemnified for the loss incurred. The premise is that the lessee will have to forgo earnings derived from having an advantageous lease, and should be indemnified for this incurred loss.

## Prämienfestsetzer
Versicherer in der Hauptverwaltung, der Risiken auf der Grundlage von Wahrscheinlichkeit, Statistiken und medizinischem Wissen bewertet.

## Führender Versicherer
Versicherungsgesellschaft, die ein Konsortium von Versicherungs- und Rückversicherungsgesellschaften zusammenstellt, um eine angemessene finanzielle Grundlage mit ausreichender Zeichnungskapazität zu schaffen, um große Risiken zu versichern. Gewöhnlich übernimmt der führende Versicherer einen großen Prozentsatz des Risikos auf sein eigenes Konto.

## Pacht
Nutzung des Eigentums einer anderen Partei im Austausch gegen eine Mietzahlung. → Pachtausfallversicherung; → Pachtgewinnanteil; → Pachtwertanteil

## Pachtbesitz
→ Pacht

## Pachtausfallversicherung
Versicherungsschutz für einen Pächter mit günstiger Pacht (der es dem Pächter ermöglicht, Grund und Boden für weniger als den Marktwert zu mieten). Kündigt der *Verpächter* die Pacht, weil eine versicherte Gefahr (wie Feuer) eintritt, wird der Pächter für den erlittenen Schaden entschädigt. Die Prämisse ist, daß der Pächter auf Gewinne, die sich aus der günstigen Pacht herleiten lassen, verzichten muß und für diesen erlittenen Schaden entschädigt werden sollte.

## Leasehold Profit Interest
Difference between the rent received by a lessee for the subletting property, and the rent the lessee pays the lessor.

## Leasehold Value Interest
Difference between the rent paid by a lessee as fixed by a lease prior to destruction of property, and the rent received by the lessor after that property has been restored.

## Ledger Cost
→ Life Insurance Cost

## Legal
→ Legal Purpose; → Legal Reserve; → Liability, Legal

## Legal Expense Insurance
Prepaid legal insurance coverage plan sold on a group basis. Entitles a group member to a schedule of benefits, at a stipulated premium, for adoptions, probates, divorces and other legal services. This emerging employee benefit has had wide acceptance in some localities but limited acceptance elsewhere. After scheduled benefits have been exhausted, subsequent legal fees are usually based on the attorney's customary rate. For example, a prepaid legal insurance plan may provide only three legal consultations a year.

## Pachtgewinnanteil
Differenz zwischen der von einem Pächter erhaltenen Miete für die Untervermietung des Besitzes und der Pacht, die der Pächter an den Verpächter zahlt.

## Pachtwertanteil
Differenz zwischen der von einem Pächter gezahlten Miete, wie durch eine Pacht vor Zerstörung des Besitzes festgelegt, und der vom Verpächter bezogenen Miete nach Wiederherstellung des Besitzes.

## Hauptbuchkosten
→ Lebensversicherungskosten

## Gesetzlich
→ Legale Zweckbestimmung; → Gesetzliche Rücklage; → Haftpflicht, Gesetzliche

## Rechtsschutzversicherung
Auf Gruppenbasis abgeschlossenes, im voraus bezahltes Rechtsschutzversicherungsvorhaben. Gruppenmitglieder können zu einer vertragsmäßigen Prämie eine Reihe von Leistungen wie Adoptionen, gerichtliche Testamentsbestätigungen, Scheidungen und andere juristische Dienstleistungen wahrnehmen. Diese sich entwickelnde Arbeitnehmerleistung traf an einigen Orten auf breite Akzeptanz, wurde an anderen Orten jedoch nur in begrenztem Maße angenommen. Nachdem die aufgelisteten Leistungen erschöpft sind, basieren nachfolgende Anwaltsgebühren gewöhnlich auf den üblichen Tarifen des Anwalts. Ein im voraus bezahltes Rechtsschutzversicherungsvorhaben kann z. B. nur drei Rechtsberatungen pro Jahr bieten.

## Legal Liability
→ Liability, Legal

## Legal Purpose
Principle stating that an agreement to be entered into must be in line with public policy; that is, it cannot break any laws. The courts will not enforce an agreement based on illegal activities. For example, a contract for murder cannot be enforced in a court of law should the would-be murderer's efforts fail.

## Legal Reserve
Minimum that a life insurance company must maintain as a reserve for policies sold, as required by state insurance laws. Legal reserves are listed as liabilities on the insurance company's balance sheet.

## Legal Reserve Life Insurance Company
Company in which reserves are determined by state law as sufficient to pay policyholder benefits when due. Reserves are listed as liabilities on the balance sheet of a life insurance company since they represent claims by policyholders against the company's assets. State insurance departments supervise the adequacy of a life insurance company's reserves.

## Gesetzliche Haftpflicht
→ Haftpflicht, Gesetzliche

## Gesetzliche Zweckbestimmung
Ein Prinzip, das besagt, daß eine einzugehende Vereinbarung mit der öffentlichen Politik in Einklang stehen muß, d.h., daß sie keine Gesetze brechen kann. Die Gerichte werden keine Vereinbarung durchsetzen, die auf gesetzeswidrigen Handlungen basiert. Ein Vertrag wegen Mordes z. B. kann bei einem Gericht nicht geltend gemacht werden, sollten die Anstrengungen des vorgesehenen Mörders fehlschlagen.

## Gesetzliche Rücklage
Das Minimum, das eine Lebensversicherungsgesellschaft, wie von den staatlichen Versicherungsgesetzen gefordert, als Reserve für verkaufte Policen unterhalten muß. Gesetzliche Rücklagen werden in der Bilanz der Versicherungsgesellschaft als Passiva aufgeführt.

## Lebensversicherunggesellschaft mit gesetzlicher Rücklage
Gesellschaft, bei der die Rücklagen vom staatlichen Gesetz als ausreichend bestimmt werden, um den Policenbesitzern bei Fälligkeit Leistungen zu zahlen. Die Rücklagen werden in der Bilanz der Versicherungsgesellschaft als Passiva ausgewiesen, da sie Ansprüche der Policenbesitzer gegenüber dem Vermögen der Gesellschaft darstellen. Staatliche Versicherungsaufsichtsbehörden überwachen die Angemessenheit der Rücklagen einer Lebensversicherungsgesellschaft.

### Lemon AID Insurance
Property and casualty coverage that indemnifies automobile dealers if a dissatisfied customer demands a refund within the period of time allowed under the Uniform Commercial Code. This insurance is not widely sold today because of the increase in recalls of vehicles for inherent defects.

### Lender Estate v. Commissioner
Legal decision wherein proceeds of a life insurance policy on which the decedent's corporation paid the premiums within 3 years of his or her death are not includable in the decedent's gross estate, as affirmed by the Tenth Circuit Court of Appeals.

### Lenders Holder-In-Due-Course Insurance
Coverage that indemnifies a third party lender if a customer refuses to repay a loan made on a faulty product, and the dealer who arranged the loan refuses to correct the fault. This coverage has gained new importance as more customers are refusing to repay loans on products with inherent defects.

### Level
Uniformity. → Commercial Health Insurance, → Level Commission; → Level Pre-

### Versagerhilfeversicherung
Sach- und Unfallversicherungsschutz, der Kraftfahrzeughändler entschädigt, wenn ein unzufriedener Kunde innerhalb der bei dem Uniform Commerical Code (vereinheitlichtes Handelsrecht) erlaubten Frist eine Rückerstattung fordert. Diese Versicherung wird heute wegen des Anstiegs der Rückrufe von Kraftfahrzeugen aufgrund innewohnender Mängel nicht oft abgeschlossen.

### Lender Estate v. Commissioner
(Kreditgebereigentum ./. Regierungsbevollmächtigter) – Rechtsentscheidung, wonach der Erlös einer Lebensversicherungspolice, für die die Firma des Verstorbenen innerhalb von drei Jahren bis zu seinem Tod die Prämien gezahlt hat, nicht in den Bruttonachlaß des Verstorbenen einbezogen werden kann, wie vom 10. Berufungsgericht bestätigt.

### Versicherung für gutgläubige Kreditgeber
Versicherungsschutz, der einen Kreditgeber als dritte Partei entschädigt, wenn sich ein Kunde weigert, ein Darlehn für ein fehlerhaftes Produkt zurückzuzahlen, und der Händler, der das Darlehn arrangiert hat, sich weigert, den Fehler zu beheben. Dieser Versicherungsschutz hat an neuer Wichtigkeit gewonnen, da mehr Kunden sich weigern, Darlehn für Produkte mit innewohnenden Defekten zurückzuzahlen.

### Gleiche Höhe
Uniformität. → Gewerbliche Krankenversicherung; → Gleichbleibende Provision; → Versicherung mit gleichbleiben-

mium Insurance; → Level Term Insurance

## Level Commission
Compensation in which an insurance agent's fee for the sale of a policy is the same year after year. Most life insurance companies pay a high first year commission and lower commissions in later years. This commission structure is controversial since critics feel that it is heavily weighted towards selling a product at the expense of subsequent service.

## Level Percentage of Compensation
→ Defined Benefit Plan

## Level Premium
Premium that remains unchanged over time, regardless of any change in the nature of the risk.

## Level Premium Insurance
Coverage in which premiums do not increase or decrease for as long as the policy remains in force. In the early years of a policy, the premiums are greater than is necessary to pay mortality costs. The excess is used to build the cash value and to provide for the increasing mortality costs later in the life of the policy.

der Prämie; → Versicherung mit gleichbleibender Bedingung

## Gleichbleibende Provision
Entschädigung, bei der die Gebühr eines Versicherungsagenten für den Verkauf einer Police Jahr um Jahr gleich bleibt. Die meisten Lebensversicherungsgesellschaften zahlen eine hohe Provision für das erste Jahr und senken die Provisionen in den späteren Jahren. Diese Provisionsstruktur ist umstritten, da Kritiker meinen, sie sei stark in Richtung Verkauf eines Produktes zu Lasten des nachfolgenden Service gewichtet.

## Gleicher Entschädigungsprozentsatz
→ Definiertes Leistungssystem

## Gleichbleibende Prämie
Prämie, die im Verlaufe der Zeit unverändert bleibt, unabhängig von jedweder Änderung bei der Natur des Risikos.

## Versicherung mit gleichbleibender Prämie
Versicherungsschutz, bei dem die Prämien, solange die Police in Kraft ist, nicht steigen oder fallen. In den frühen Jahren einer Police sind die Prämien höher als zur Zahlung der Sterblichkeitskosten erforderlich. Der Überschuß wird dazu verwendet, um den Barwert zu bilden und um für die ansteigenden Sterblichkeitskosten im späteren Leben der Police Vorsorge zu treffen.

## Level Premium Renewable Term Health Insurance

→ Commercial Health Insurance

## Level Term Insurance

Coverage in which the face amount of a policy remains uniform, neither increasing nor decreasing for as long as the policy is in force.

## Liabilities: Life Insurance Companies

Future benefits to be paid to the policyholders and beneficiaries, assigned surpluses, and miscellaneous debts. These primary liabilities take the form of reserves, which must be listed on the company's balance sheet as part of the liabilities section. The valuation of a company's reserves, which guarantee that funds will be available to meet its liabilities, is strictly regulated by the state insurance departments. Life insurance company liabilities also include cash surrender values of its policies and annuities.

## Liability

Legal obligation to perform or not perfom specified act(s): In insurance the concern is with the circumstance in which (1) one party's property is damaged or destroyed, or (2) that

## Verlängerbare befristete Krankenversicherung mit gleichbleibender Prämie

→ Gewerbliche Krankenversicherung

## Versicherung mit gleichbleibender Bedingung

Versicherungsschutz, bei dem der Nennwert einer Police gleich bleibt und, solange die Police in Kraft ist, weder ansteigt noch sinkt.

## Verbindlichkeiten: Lebensversicherungsgesellschaften

Zukünftige an die Policenbesitzer und Begünstigte zu zahlende Leistungen, zugewiesene Überschüsse und verschiedene Schulden. Diese Hauptverbindlichkeiten nehmen die Form von Rücklagen an, die in der Bilanz der Gesellschaft als Bestandteil der Passiva ausgewiesen werden müssen. Die Bewertung der Rücklagen einer Gesellschaft, die garantieren, daß Finanzmittel für die Begleichung der Verbindlichkeiten vorhanden sein werden, werden von den staatlichen Versicherungsaufsichtsbehörden streng überwacht. Zu den Passiva einer Lebensversicherungsgesellschaft gehören auch die Barrückkaufwerte ihrer Policen und Renten.

## Haftpflicht

Rechtliche Verpflichtung, eine bestimmte Handlung(en) auszuführen oder nicht auszuführen. Bei der Versicherung geht es um den Umstand, bei dem (1) der Besitz einer Partei beschädigt oder zerstört wird, oder (2) daß die Partei infolge fahrlässiger

party incurs bodily injury as the result of the negligent acts or omissions of another party. Liability insurance is designed to provide coverage for either exposure on a business or personal basis. → Business Liability Insurance; → Comprehensive Personal Liability Insurance; → Liability, Personal Exposures

Handlungen oder Unterlassungen einer anderen Partei eine Körperverletzung erleidet. Die Haftpflichtversicherung ist dazu geschaffen, Versicherungsschutz für beide Gefährdungen auf einer geschäftlichen oder privaten Grundlage zu bieten. → Unternehmenshaftpflichtversicherung; → Allgemeine Privathaftpflichtversicherung; → Haftpflicht, Persönliche Gefährdungen

**Liability, Absolute**
→ Absolute Liability

**Haftpflicht, Unbeschränkte**
→ Unbeschränkte Haftpflicht

**Liability, Business Exposures**
Negligent acts or omissions which result in actual or imagined bodily injury and/or property damage to a third party, who brings suit against a business firm and its representatives.

**Haftpflicht, Unternehmensgefährdungen**
Fahrlässige Handlungen oder Unterlassungen, die eine tatsächliche oder eingebildete Körperverletzung und/oder Sachbeschädigung einer dritten Partei, die eine Firma und ihre Vertreter verklagt, zur Folge haben.

**Liability, Civil**
Alleged torts or breaches of contract, but not crimes. Action is brought by one individual against another at the litigant's own expense, within the statute of limitations. The losing party must pay any judgment plus court expenses. Casualty insurance provides coverage for an insured in a civil liability suit for alleged negligent acts or omissions, even if the suit is without foundation.

**Haftung, Zivilrechtliche**
Behauptete Unrechtshandlungen oder Vertragsbrüche, jedoch keine Verbrechen. Von einer Person wird eine Klage gegen eine andere auf Kosten des Prozeßführers innerhalb der Verjährungsfrist vorgebracht. Die verlierende Partei muß jedes Urteil zuzüglich Gerichtskosten bezahlen. Die Unfallversicherung bietet Versicherungsschutz für einen Versicherten in einem zivilrechtlichen Prozeß wegen behaupteter fahrlässiger Handlungen oder Unterlassungen, auch wenn die Klage unbegründet ist.

## Liability, Civil Damages Awarded

Three types of damages can be awarded to a plaintiff:
1. *Special Damages* – reimbursement for out-of-pocket expenses, including medical bills, legal charges, cost of repairing damaged or destroyed property, and loss of current and projected income.
2. *General Damages* – reimbursement for damages which do not readily lend themselves to quantitative measurement, commonly known as "pain and suffering."
3. *Punitive Damages* – reimbursement for damages due to gross negligence by a defendant.

## Liability Claim
→ Claims Made Basis Liability Coverage; → Claims Occurrence Basis Liability Coverage

## Liability, Contingent
→ Contingent Liability (Vicarious Liability)

## Liability, Contractual
→ Contractual Liability

## Liability, Criminal
Wrong against the government or society as a whole. An individual representing the State (usually the district attorney) brings an action on behalf of

## Haftpflicht, zuerkannter zivilrechtlicher Schadenersatzanspruch

Drei Typen von Schadenersatz können einem Kläger zuerkannt werden:
1. *Zusätzlicher Schadenersatz:* Erstattung der Barauslagen, einschließlich Arztrechnungen, Anwaltsgebühren, Reparaturkosten für beschädigten oder zerstörten Besitz und Verlust von laufendem und vorhergeplantem Einkommen.
2. *Schadenersatz für nicht in Geld meßbare Schäden:* Erstattung für Schäden, die sich nicht leicht quantitativ bemessen lassen, allgemein bekannt unter „Schmerzen und Leiden".
3. *Bußgeld:* Entschädigung für Schäden, die aufgrund grober Fahrlässigkeit seitens des Angeklagten verursacht wurden.

## Haftpflichtanspruch
→ Haftpflichtversicherungsschutz auf der Grundlage geltend gemachter Ansprüche;
→ Haftpflichtversicherungsschutz auf der Grundlage des Eintritts von Ansprüchen

## Haftpflicht, Bedingte
→ Bedingte Haftpflicht (stellvertretende Haftung)

## Haftung, Vertragliche
→ Vertragliche Haftung

## Verantwortlichkeit, Strafrechtliche
Unrecht gegenüber der Regierung oder der Gesellschaft. Eine Person, die den Staat vertritt (gewöhnlich der Bezirksstaatsanwalt) bringt im Namen des Staates eine Klage gegen eine Person/Personen oder

the State against an individual(s) or entity who has broken a criminal (non-civil) law. Insurance is not designed to cover criminal liability; to do so would encourage criminal behavior.

## Liability Insurance

Coverage for all sums which the insured becomes legally obligated to pay because of bodily injury or property damage, and sometimes other wrongs to which an insurance policy applies. Personal liability policies include → Comprehensive Personal Liability (CPL), → Homeowners Insurance Policy, → Personal Automobile Policy (PAP), *Personal Umbrella Liability,* and the *Uninsured Motorist Endorsement.* Business liability policies include → Business Automobile Policy (PAP), → Businessowners Policy, *Completed Operations and Products Liability,* → Comprehensive General Liability Insurance (CGPL), *Employers Liability and Workers Compensation,* → Manufacturers and Contractors Liability (M&C), → Owners, Landlords and Tenants Liability Insurance Policy (OL&T), *Physicians, Surgeons and Dentists Professional Liability,* → Storekeepers Liability Insurance, *Umbrella Liability Policy,* and the *Uninsured Motorists Coverage.*

eine Einheit, die ein Strafgesetz (kein Zivilrecht) gebrochen hat, vor. Eine Versicherung ist nicht dazu beschaffen, um strafrechtliche Verantwortlichkeit abzudecken. Dies zu tun würde bedeuten, zu kriminellem Verhalten zu ermutigen.

## Haftpflichtversicherung

Versicherungschutz für alle Beträge, die der Versicherte wegen einer Körperverletzung oder Sachbeschädigung und manchmal wegen anderem Unrecht, auf das die Versicherungspolice anwendbar ist, gesetzlich zu zahlen verpflichtet ist. Privathaftpflichtpolicen schließen ein die → Allgemeine Privathaftpflichtversicherung, die → Hausbesitzerversicherungspolice, die → Privat-Kfz-Police, die *private Globalhaftpflicht* und den *Nachtrag gegen nicht-versicherte Fahrzeuglenker.* Unternehmenshaftpflichtpolicen schließen ein → Geschäftswagenpolice; → Geschäftsbesitzerpolice, *Haftpflicht für abgeschlossene Arbeiten und Produkte,* → Allgemeine Haftpflichtversicherung, *Arbeitgeberhaftpflicht und Berufsunfallentschädigung,* → Hersteller- und Unternehmerhaftpflichtversicherung; (→ M&C) → Eigentümer-, Vermieter- und Mieterhaftpflichtversicherungspolice, (→ OL&T), *Berufshaftpflicht von Ärzten, Chirurgen und Zahnärzten,* → Ladenbesitzerhaftpflichtversicherung, *Globalhaftpflichtpolice* und den *Versicherungsschutz gegen nicht-versicherte Fahrzeuglenker.*

## Liability, Legal

Obligations and responsibilities subject to evaluation, interpretation, and enforcement in a court of law. Casualty insurance provides coverage for an insured against a civil legal liability suit, not criminal legal liability, intentional torts, or liability for breach of contract. → Liability, Civil; → Liability, Civil Damages Awarded

## Haftpflicht, Gesetzliche

Verpflichtungen und Verantwortlichkeiten, die der Bewertung, Interpretation und Durchsetzung eines Gerichtes unterliegen. Eine Unfallversicherung bietet Versicherungsschutz für einen Versicherten gegen zivilrechtliche Klagen, nicht gegen strafrechtliche Haftpflicht, absichtliche Straftaten oder Haftpflicht aufgrund eines Vertragsbruches. → Haftung, Zivilrechtliche; → Haftpflicht, Zuerkannter zivilrechtlicher Schadensersatzanspruch

## Liability: Limitations on Insurers

Exceptions to coverage. There is no obligation for an insurance company to pay a claim if:
1. The loss is not covered by a policy or if a particular person is not included in the definition of the insured.
2. The loss takes place outside the territorial coverage of the policy. For example, there is no coverage under the → Personal Automobile Policy (PAP) outside the United States and Canada.
3. The loss takes place after the policy has expired.
4. The insured involved in the loss was in violation of public law, for example, an insured's car that is damaged as the result of his transporting drugs.
5. The insured is in violation of contract law.
6. The limit of coverage under the policy is not sufficient to cover a loss.

## Haftpflicht: Beschränkungen auf seiten der Versicherer

Deckungsausschlüsse. Für eine Versicherungsgesellschaft besteht keine Verpflichtung einen Anspruch zu zahlen, wenn:
1. der Schaden nicht von einer Police abgedeckt ist, oder wenn eine bestimmte Person nicht in die Definition des Versicherten eingeschlossen ist;
2. der Schaden außerhalb des Deckungsgebietes der Police entstanden ist. Bei der → Privat-Kfz-Police z. B. gibt es keinen Versicherungsschutz außerhalb der Vereinigten Staaten und Kanada;
3. der Schaden eintritt, nachdem die Police abgelaufen ist;
4. der an dem Schaden beteiligte Versicherte ein öffentliches Gesetz verletzt hat, wenn z. B. das Auto eines Versicherten infolge Drogentransportes beschädigt wurde;
5. der Versicherte das Vertragsgesetz verletzt;
6. die Deckungsgrenze bei einer Police nicht ausreicht, um einen Schaden zu decken.

## Liability Limits

Maximum amount of coverage available under a liability insurance policy. → Aggregate Limit; → Basic Limits of Liability; → Business Liability Insurance (Insuring Agreement Section); → Liability: Limitations on Insurers; → Loss

## Liability, No-Fault Insurance

→ No-Fault Automobile Insurance

## Liability, Personal Exposures

Acts or omissions which result in suits against an individual and/or residents of the individual's household for actual or imagined bodily injury and/or property damage to a third party. Exposures include:
1. Ownership, use, and possession of property concerning: (a) trespass – the obligation is not to render property safe for a trespasser, but one cannot create a death trap or maintain an attractive nuisance, such as a swimming pool, without proper safeguards; (b) licensee – the obligation is not to render property safe for a licensee but to provide adequate warning of any hidden dangers such as quicksand at the side of an approach road; (c) invitation – the obligation is to render the

## Haftungsgrenzen

Maximale Höhe des Versicherungsschutzes, der bei einer Haftpflichtversicherungspolice erhältlich ist. → Gesamtlimit; → Mindesthaftpflichtbeträge; → Unternehmenshaftpflichtversicherung (Versicherungsvereinbarungsteil); → Haftpflicht: Beschränkungen auf seiten der Versicherer; → Schaden

## Haftpflicht, Versicherung ohne Verschuldensprinzip

→ Kfz-Versicherung ohne Verschuldensprinzip

## Haftpflicht, Persönliche Gefährdungen

Handlungen oder Unterlassungen, die Klagen gegen eine Person und/oder gegen die Bewohner des Haushaltes der Person wegen tatsächlicher oder eingebildeter Körperverletzung und/oder Sachbeschädigung an einer dritten Partei zur Folge haben. Die Gefährdungen schließen ein:
1. Eigentum, Gebrauch und Besitz von Grund und Boden betreffend: (a) unerlaubtes Betreten – es besteht keine Verpflichtung, ein Grundstück für einen Unbefugten sicher zu gestalten, aber man kann keine Todesfalle schaffen oder eine anziehende Gefahrenstelle unterhalten, wie einen Swimmingpool ohne entsprechende Sicherheitsvorkehrungen; (b) Konzessionsträger – es besteht keine Verpflichtung, das Grundstück für den Konzessionsträger sicher zu gestalten, aber man muß in angemessener Weise vor versteckten Gefahren, wie etwa Treibsand an der Seite einer Zufahrtstraße, warnen; (c) Einladung – es besteht die Verpflichtung, ein Grundstück für den Besuch eines Ein-

property safe for an invitee's visit. For example, if someone trips on a throw rug, the owner or occupier of the premises can be held liable.
2. Ownership, use, and possession of a motorized vehicle on or off premises.
3. Involvement in sports.
4. Actions of pets.

**Liability, Professional**
Liability created when an individual who offers services to the general public claims expertise in a particular area greater than the ordinary layman. Today, suits are frequently brought alleging that a professional such as a physician, attorney, or CPA, has committed negligent acts or omissions in performing the purchased service. For some professions, such as medical specialties, it has become impossible to purchase professional liability insurance at a reasonable price. Premiums have become prohibitive because of the frequency and severity of both reasonable and unreasonable professional liability suits.

**Liability, Pro Rata**
→ Pro Rata Liability Clause

**Liability Risk**
→ Liability, Business Exposures; → Liability; → Personal Exposures

geladenen sicher zu gestalten. Wenn z. B. jemand auf einem Teppichläufer ausrutscht, so kann der Besitzer oder der Betreiber des Geländes haftbar gemacht werden.
2. Eigentum, Benutzung und Besitz eines Kraftfahrzeuges inner- oder außerhalb des Geländes.
3. Beteiligung an Sport.
4. Handlungen von Haustieren.

**Haftpflicht, Berufs-**
Haftpflicht, die entsteht, wenn eine Person, die der allgemeinen Öffentlichkeit Dienstleistungen anbietet, behauptet, in einem bestimmten Bereich über größeres Fachwissen zu verfügen als der gewöhnliche Laie. Heute werden häufig Klagen eingereicht, die behaupten, daß ein Angehöriger einer Berufsgruppe, wie ein Arzt, Anwalt oder Wirtschaftsprüfer, bei der Erbringung der gekauften Dienstleistung fahrlässige Handlungen oder Unterlassungen begangen hat. Für einige Berufe, wie medizinische Spezialgebiete, ist es unmöglich geworden, eine Berufshaftpflichtversicherung zu vernünftigen Preisen abzuschließen. Die Prämien sind wegen der Häufigkeit und der Schwere sowohl begründeter als auch unbegründeter Berufshaftpflichtklagen unerschwinglich geworden.

**Haftung, Anteilmäßige**
→ Anteilmäßige Haftungsklausel

**Haftungsrisiko**
→ Haftpflicht, Unternehmensgefährdungen; → Haftpflicht, Persönliche Gefährdungen

**Liability, Strict**
→ Strict Liability

**Liability, Vicarious**
→ Contingent Liability (Vicarious Liability)

**Liability without Regard to Fault**
→ Absolute Liability; → Strict Liability

**Libel**
→ Tort, Intentional

**Libel Insurance**
Coverage for an insured in the event that he writes and publishes libelous statements and the injured party brings suit against the insured.

**Liberalization Clause**
In → Property Insurance policy, clause which stipulates that, if legislative acts or acts of the insurance commissioner's office expand the coverage of an insurance policy or endorsement forms without requiring an additional premium, then all similar insurance policies and endorsement forms will automatically have such expanded coverage.

**License**
In insurance, legal authority obtained by an insurance company, agent, broker, or consultant which permits them to do business in a particular

**Haftung, Gefährdungs-**
→ Gefährdungshaftung

**Haftung, Stellvertretende**
→ Bedingte Haftpflicht (stellvertretende Haftung)

**Vom Verschulden unabhängige Haftpflicht**
→ Unbeschränkte Haftpflicht; → Gefährdungshaftung

**Verleumdung**
→ Straftat, Absichtliche

**Verleumdungsversicherung**
Versicherungsschutz für einen Versicherten, für den Fall, daß er verleumderische Aussagen schreibt und veröffentlicht und die verletzte Partei den Versicherten verklagt.

**Liberalisierungsklausel**
Klausel bei einer → Sachversicherungs-Police, die besagt, daß dann, wenn Gesetzgebungsakte oder Erlasse des Büros des Regierungsbevollmächtigten für Versicherungen den Versicherungsschutz einer Police oder von Nachtragsformen ausweiten, ohne eine zusätzliche Prämie zu fordern, alle gleichartigen Policen und Nachtragsformen automatisch einen solchen erweiterten Versicherungsschutz haben werden.

**Lizenz**
Bei der Versicherung, die von einer Versicherungsgesellschaft, einem Agenten, Makler oder Berater erworbene legale Vollmacht, die es ihnen erlaubt, in einem bestimmten Staat Geschäfte zu machen.

state. The document issued by the state shows that the company or person is in compliance with the various governing laws and thus is authorized to conduct insurance business in that jurisdiction. A license, in and of itself, is not a guarantee that a consumer will be sold the best product to fit his needs or that an agent will have the proper technical expertise to evaluate the products on a consumer's behalf.

**License Bond**
Instrument that guarantees compliance with various city, county, and state laws that govern the issuance of a particular license to conduct business.

**Licensee**
Individual permitted to enter property with the permission of the owner or the person who controls the property. There is no mutual profit motive; the licensee comes onto the property for his sole benefit. For example, the owner of land gives an individual permission to hunt on the property but does not charge him a fee. The owner must warn the licensee of any hidden dangers on the property of which he is aware.

**License Fee**
Sum paid by an insurance company or other firms or in-

Die vom Staat ausgegebene Urkunde zeigt, daß die Gesellschaft oder die Person mit den verschiedenen geltenden Gesetzen in Übereinstimmung steht und somit autorisiert ist, ein Versicherungsunternehmen innerhalb dieses Gerichtsverwaltungsbezirkes zu führen. Eine Lizenz ist aus sich heraus noch keine Garantie, daß dem Verbraucher das beste Produkt verkauft wird, um seinen Bedürfnissen zu genügen oder daß ein Agent über das richtige technische Fachwissen verfügt, um die Produkte für den Verbraucher zu bewerten.

**Lizenzkaution**
Instrument, das die Beachtung verschiedener Stadt-, Bezirks- und Staatsgesetze, die die Ausgabe einer bestimmten Lizenz für die Führung eines Unternehmens bestimmen, garantiert.

**Konzessionsträger**
Eine Person, der es gestattet ist, mit Erlaubnis des Besitzers oder der Person, die das Anwesen kontrolliert, das Grundstück zu betreten. Es existiert kein wechselseitiges Gewinnmotiv; der Konzessionsträger kommt nur zu seinem eigenen Vorteil auf das Grundstück. Z. B.: Der Besitzer eines Grundstückes erteilt einer Person die Erlaubnis, auf seinem Grundstück zu jagen, aber stellt ihm keine Gebühren in Rechnung. Der Besitzer muß den Konzessionsträger vor allen versteckten Gefahren auf dem Grundstück, die ihm bekannt sind, warnen.

**Lizenzgebühr**
Von einer Versicherungsgesellschaft oder anderen Firmen oder Personen an

dividuals to designated types of business in a particular state or municipality.

### Licensing of Agents and Brokers

Legal authority granting individuals the right to conduct insurance business in a particular state. In many states, agents and brokers must pass a written exam as a prerequisite to being licensed. In others, a professional designation such as the CLU or CPCU can be substituted for the examination requirement. The caliber of examinations varies from state to state. A license is usually issued for one or two year periods, and then must be renewed.

### Lien

Action brought by a worker or creditor for failure to receive payment for labor and material provided. Property insurance is available for individuals with an insurable interest in property against which they may bring a lien.

### Life and Health, Business Exposures

Loss of a key person due to death, disability, sickness, resignation, incarceration, or retirement. Because of the expertise of such an individual, there could be a loss of income, market share, research and de-

bestimmte Typen von Unternehmen in einem bestimmten Staat oder einer Stadt bezahlte Summe.

### Lizensierung von Agenten und Maklern

Rechtliche Vollmacht, die Einzelpersonen das Recht erteilt, ein Versicherungsunternehmen in einem bestimmten Staat zu führen. In vielen Staaten müssen Agenten und Makler als Voraussetzung für die Lizensierung eine schriftliche Prüfung bestehen. In anderen Staaten kann eine Berufsbezeichnung wie CLU (geprüfter Lebensversicherer) oder CPCU (geprüfter Sach- und Unfallversicherer) die Prüfungsanforderung ersetzen. Das Ansehen der Prüfungen variiert von Staat zu Staat. Eine Lizenz wird gewöhnlich für einen Zeitraum von ein oder zwei Jahren erteilt und muß dann erneuert werden.

### Pfandrecht

Eine von einem Arbeiter oder einem Gläubiger wegen nichterhaltener Zahlung für die geleistete Arbeit und das Material vorgenommene Handlung. Für Personen, die ein versicherbares Interesse an Vermögen haben, gegenüber dem sie ein Pfandrecht geltend machen könnten, gibt es Sachversicherungen.

### Leben und Gesundheit, Unternehmensgefährdungen

Der Verlust einer Schlüsselperson wegen Tod, Invalidität, Krankheit, Rücktritt, Inhaftierung oder Pensionierung. Aufgrund des Fachwissens einer solchen Person könnte es zu einem Verlust des Einkommens, des Marktanteils, des Forschungs- und Entwicklungsvorteils und

velopment advantage, and line of credit by the firm. Also, there are extra expenses associated with training a replacement for a key person. Coverage for many of these exposures is available under key person life and health insurance. → Buy and Sell Agreement

**Life and Health Insurance Partnership**
→ Partnership Life and Health Insurance

**Life and Health Insurance, Personal and Family Exposures**
Personal and family loss by death, disability, sickness, old-age, accident, and unemployment. All of these exposures are insurable, and coverages can be purchased under a variety of policies. In life insurance these include → Adjustable Life, → Current Assumptions, → Endowment, → Family Income Policies, → Family Maintenance Policies, → Family Policy, → Limited Payment Life, → Term Life, → Universal Life, and → Variable Life. In annuities, both fixed and variable types are available in health insurance, medical expense and disability income coverages are available. In pensions, there are → Defined Benefit and → Defined Contribution Pension

des Kreditrahmens der Firma kommen. Zudem entstehen in Verbindung mit der Einarbeitung eines Ersatzes für eine Schlüsselperson zusätzliche Kosten. Versicherungsschutz für viele dieser Gefahren ist bei der Schlüsselpersonenlebens- und -krankenversicherung erhältlich. → Kauf- und Verkaufvereinbarung

**Lebens- und Krankenversicherung, Teilhaber-**
→ Teilhaber-Lebens- und -krankenversicherung

**Lebens- und Krankenversicherung, Persönliche und Familiengefährdungen**
Persönlicher Schaden und Familienschaden durch Tod, Invalidität, Krankheit, Alter, Unfall und Arbeitslosigkeit. Alle diese Gefährdungen sind versicherbar, und ein Versicherungsschutz kann durch eine Vielzahl von Policen abgeschlossen werden. Bei der Lebensversicherung sind dies u. a. → Anpassungsfähige Lebensversicherung, → Lebensversicherung auf den Todesfall auf der Basis einer gegenwärtigen Annahme, → Lebensversicherung auf den Erlebensfall, → Familieneinkommenspolicen, → Familienunterhaltspolicen, → Familienpolice, → Lebensversicherung mit abgekürzter Zahlung, → Befristete Lebensversicherung, → Universelle Lebensversicherung und → Variable Lebensversicherung. Bei Renten sind sowohl feste als auch variable Typen des Krankenversicherungs-, Arztkosten-, Invaliditätseinkommens-Versicherungsschutzes erhältlich. Bei Pensionen gibt es → Definierte Leistungssysteme und →

plans. The various Social Security benefits also provide considerable protection against personal and family exposures.

Pensionssysteme mit definiertem Beitrag. Die verschiedenen Sozialversicherungsleistungen bieten auch einen beträchtlichen Schutz gegen persönliche Gefahren und Familiengefahren.

**Life Annuity**
→ Annuity

**Leibrente**
→ Rente

**Life Annuity Certain**
→ Annuity guaranteeing a given number of income payments whether or not the annuitant is alive to receive them. If the annuitant is living after the guaranteed number of payments have been made, the income continues for life. If the annuitant dies within the guarantee period, the balance is paid to a beneficiary. For example, under one common contract, a life annuity certain for 10 years, income payments are guaranteed for a minimum of 10 years. If the annuitant dies after receiving two years of payments, the beneficiary would receive the remaining eight years of income. An annuitant who lives out the 10 years would receive income payments for life, but there would be none available to a beneficiary.

**Leibrente mit garantierter Zahl an Auszahlungen**
→ Rente, die eine bestimmte Anzahl von Einkommenszahlungen garantiert, unabhängig davon, ob der Rentenempfänger, der sie erhalten soll, lebt. Falls der Rentenempfänger, nachdem die garantierte Anzahl an Zahlungen geleistet worden ist, noch lebt, dauern die Einkommenszahlungen ein Leben lang an. Stirbt der Rentenempfänger innerhalb des garantierten Zeitraumes, wird die Differenz an einen Begünstigten gezahlt. Beispielsweise werden bei einem üblichen Vertrag, einer Leibrente mit garantierten Auszahlungen für 10 Jahre, die Einkommenszahlungen für einen Zeitraum von mindestens 10 Jahren garantiert. Stirbt der Rentenempfänger nach Erhalt der Zahlungen von zwei Jahren, erhält der Begünstigte die verbleibenden acht Einkommensjahre. Ein Rentenempfänger, der die 10 Jahre überlebt, würde Zeit seines Lebens Einkommenszahlungen erhalten, aber für einen Begünstigten wäre keines vorhanden.

**Life Annuity Certain and Continuous**
→ Life Annuity Certain

**Stetige Leibrente mit garantierter Laufzeit**
→ Leibrente mit garantierter Zahl an Auszahlungen

## Life Annuity Due
→ Annuity Due

## Vorschüssige Leibrente
→ Vorschüssige Rente

## Life Estate
→ Estate Planning Distribution

## Nießbrauch
→ Nachlaßverteilungsplanung

## Life Expectancy
Probability of one's living to a specific age according to a particular → Mortality Table. Life expectancy is the beginning point in calculating the pure cost of life insurance and annuities and is reflected in what is known as the → Basic Premium. The probability of living longer has continued to increase in the U.S. and thus the pure cost of insurance continues to decrease. This is reflected in a declining premium rate. Increasing life expectancy is critical to the cash value projection in → Current Assumptions life insurance products, such as universal life insurance and variable life insurance.

## Lebenserwartung
Wahrscheinlichkeit, daß jemand nach einer bestimmten → Sterblichkeitstabelle bis zu einem bestimmten Alter lebt. Die Lebenserwartung ist der Ausgangspunkt bei der Berechnung der reinen Kosten einer Lebensversicherung und von Renten und wird in dem, was als → Grundprämie bekannt ist, widergespiegelt. Die Wahrscheinlichkeit, länger zu leben, steigt in den USA ständig, und so fallen die reinen Versicherungskosten ständig. Dies spiegelt sich in einem fallenden Prämientarif wider. Die ansteigende Lebenserwartung ist für die Vorausplanung der Barwerte bei den Lebensversicherungsprodukten auf der Grundlage → Gegenwärtiger Annahmen, wie der universellen Lebensversicherung und der variablen Lebensversicherung, wichtig.

## Life Income
Annuity payments that continue for the life of the annuitant. → Annuity

## Lebenseinkommen
Rentenzahlungen, die, solange der Rentenempfänger lebt, fortgesetzt werden. → Rente

## Life Income with Period Certain
Annuity payments that continue for the life of the annuitant; should the annuitant not survive a stated period, the payments are then made to a

## Lebenseinkommen mit garantiertem Auszahlungszeitraum
Rentenzahlungen, die, solange der Rentenempfänger lebt, fortgesetzt werden. Sollte der Rentenempfänger einen festgelegten Zeitraum nicht überleben, werden die Zahlungen an einen Begünstigten

beneficiary until the stated period ends.

### Life Insurance
Protection against the death of an individual in the form of payment to a beneficiary – usually a family member, business, or institution. In exchange for a series of premium payments or a single premium payment, upon the death of an insured, the face value (and any additional coverage attached to a policy), minus outstanding policy loans and interest, is paid to the beneficiary. *Living benefits* may be available for the insured in the form of surrender values or income payments. → Adjustable Life Insurance; → Endowment Insurance; → Family Income Policy; → Family Income Rider; → Family Maintenance Insurance; → Limited Payment Life Insurance; → Ordinary Life Insurance; → Term Insurance; → Universal Life Insurance; → Variable Life Insurance

### Life Insurance, Assignment Clause
→ Assignment Clause, Life Insurance

### Life Insurance, Business Uses
→ Business Life and Health Insurance

geleistet, bis der angegebene Zeitraum endet.

### Lebensversicherung
Schutz gegen den Tod einer Person in der Form einer Zahlung an einen Begünstigten – gewöhnlich ein Familienmitglied, ein Unternehmen oder eine Institution. Als Gegenleistung für eine Reihe von Prämienzahlungen oder einer einzigen Prämienzahlung wird bei Tod des Versicherten der Nennwert (und jeder zusätzliche zur Police gehörige Versicherungsschutz) abzüglich ausstehender Policendarlehn und Zinsen an den Begünstigten gezahlt. *Leistungen zu Lebzeiten des Versicherten* können für den Versicherten in Form des Rückkaufwertes oder in Form von Einkommenszahlungen verfügbar sein. → Anpassungsfähige Lebensversicherung; → Lebensversicherung auf den Erlebensfall; → Familieneinkommenspolice; → Familieneinkommens-Zusatzklausel; → Familienunterhaltspolicen; → Lebensversicherung mit abgekürzter Zahlung; → Lebensversicherung auf den Todesfall; → Befristete Lebensversicherung; → Universelle Lebensversicherung; → Variable Lebensversicherung

### Lebensversicherung, Abtretungsklausel
→ Abtretungsklausel, Lebensversicherung

### Lebensversicherung, Geschäftszwecke
→ Unternehmenslebens- und -krankenversicherung

**Life Insurance Contract**
→ Insurance Contract, Life

**Life Insurance Cost**
Amount paid to an insurer. Determination of the actual cost (not the price paid) of a life insurance policy has been widely discussed for many years in life insurance and consumer circles. The *traditional* or *net cost* method (that adds a policy's premiums, and subtracts dividends, if any, and cash value) does not consider the → Time Value of Money. The → Linton Yield Method, a theoretical approach, attempted to remedy this by comparing a cash value policy with a combination of decreasing term insurance and the yield of a side fund of bonds and other investments. Other methods have been proposed. At present many states require prospective insureds to be given → Interest-Adjusted Cost figures that do take into consideration the time value of money. This method is not altogether practical for → Interest Sensitive Policies, but it is generally felt that present work toward a new approach will eventually result in a useful means of comparing the costs of these policies.

**Lebensversicherungsvertrag**
→ Versicherungsvertrag, Lebensversicherung

**Lebensversicherungskosten**
Der an einen Versicherer gezahlte Betrag. Die Bestimmung der tatsächlichen Kosten (nicht des gezahlten Preises) einer Lebensversicherungspolice wird seit vielen Jahren in weiten Kreisen der Lebensversicherungsbranche und Verbraucher diskutiert. Die *traditionelle* oder *Nettokosten*-Methode (die die Prämien einer Police addiert und die Dividenden (falls vorhanden) und den Barwert subtrahiert) berücksichtigt den → Zeitwert des Geldes nicht. Die → Linton Ertragsmethode, ein theoretischer Ansatz, versuchte dies durch den Vergleich einer Barwertpolice mit einer Kombination einer befristeten Versicherung mit abnehmendem Nennwert und dem Ertrag eines Nebenfonds aus Schuldverschreibungen und anderen Kapitalanlagen auszugleichen. Andere Methoden sind vorgeschlagen worden. Gegenwärtig fordern viele Staaten, daß zukünftigen Versicherten → Zinsbereinigte Kosten-Zahlen gegeben werden, die den Geldzeitwert berücksichtigen. Diese Methode ist nicht gänzlich für → Zinsempfindliche Policen praktikabel, aber man glaubt allgemein, daß die gegenwärtige Arbeit hin zu einem neuen Ansatz schließlich ein nützliches Mittel für den Kostenvergleich dieser Policen zum Ergebnis haben wird.

## Life Insurance, Creditor Rights

Protection given to life insurance beneficiaries by state laws, under which the benefits of a life insurance policy usually cannot be attached by creditors of an insured and/or beneficiary. These laws are based on philosophical concerns – dating back to the founding of the U.S., and the Homestead Laws – that a widow and children should not be made to pay for the financial sins of the father.

## Life Insurance, Family Protection

→ Family Income Policy; → Family Income Rider; → Family Maintenance Policy; → Family Policy

## Life Insurance in Force

Aggregate of face amount of coverage paid up, or on which premiums are still being paid, as issued by a life insurance company. This is one measure used to rank life insurance companies by size.

## Life Insurance: Life Risk

→ Human Life Value Approach (EVOIL); → Needs Approach

## Life Insurance Limits

→ Face Amount (Face of Pol-

## Lebensversicherung, Gläubigerrechte

Den Begünstigten von Lebensversicherungen durch staatliche Gesetze gewährter Schutz, bei denen die Leistungen einer Lebensversicherung gewöhnlich nicht durch Gläubiger eines Versicherten und/oder Begünstigten an sich gezogen werden können. Diese Gesetze basieren auf philosophischen Bedenken, die auf die Gründung der Vereinigten Staaten und die Homestead Laws (Heimstättengesetze) zurückgehen, wonach eine Witwe und Kinder nicht zur Zahlung für die finanziellen Sünden des Vaters herangezogen werden sollten.

## Lebensversicherung, Familienschutz

→ Familieneinkommenspolice; → Familieneinkommes-Zusatzklausel; → Familienunterhaltspolice; → Familienpolice

## Rechtsgültige Lebensversicherung

Summe des einbezahlten Versicherungsnennwertes oder des Versicherungsnennwertes, für den noch Prämien bezahlt werden, wie von einer Versicherungsgesellschaft ausgegeben. Dies ist ein Maß, das verwendet wird, um Lebensversicherungsgesellschaften der Größe entsprechend zu klassifizieren.

## Lebensversicherung: Lebensrisiko

→ Ansatz zum Wert eines menschlichen Lebens; → Bedürfnisansatz

## Lebensversicherungsgrenzen

→ Nennwert (Nennwert einer Police); →

icy); → Renewable Term Life Insurance

**Life Insurance, Living Benefits**
→ Living Benefits of Life Insurance

**Life Insurance Marketing and Research Association (LIMRA)**
Organization that conducts research on distribution systems for the life and health insurance products on behalf of its member companies. Studies range from consumer attitudes towards the life insurance product to reasons for turnover of the agency field force. Headquarters in Hartford, Connecticut.

**Life Insurance, Ordinary**
→ Ordinary Life Insurance

**Life Insurance Policies Providing Family Protection**
Coverage giving income benefits to surviving family member(s) if one member should die. These include the → Family Income Policy, → Family Income Rider, → Family Maintenance Policy, and the → Family Policy.

**Life Insurance Renewability**
→ Renewable Term Life Insurance

Befristete Lebensversicherung mit Verlängerungsrecht

**Lebensversicherung, Leistungen zu Lebzeiten des Versicherten**
→ Leistungen einer Lebensversicherung zu Lebzeiten des Versicherten

**Life Insurance Marketing and Research Association (LIMRA)**
(Marketing- und Forschungsvereinigung von Lebensversicherern) – Organisation, die im Namen ihrer Mitgliedsfirmen Forschungen zum Vertrieb von Lebens- und Krankenversicherungsprodukten durchführt. Die Studien reichen vom Verbraucherverhalten gegenüber Lebensversicherungsprodukten bis zu den Gründen für den Umsatz der Versicherungsagenten im Außendienst. Sitz der Hauptverwaltung ist Hartford, Connecticut.

**Lebensversicherung auf den Todesfall**
→ Lebensversicherung auf den Todesfall

**Lebensversicherungspolicen, die Familienschutz bieten**
Versicherungsschutz, der Einkommensleistungen an ein überlebendes Familienmitglied/an überlebende Familienmitglieder leistet, falls ein Mitglied sterben sollte. Diese sind u.a. die → Familieneinkommenspolice, die → Familieneinkommens-Zusatzklausel, die → Familienunterhaltspolice und die → Familienpolice.

**Lebensversicherungserneuerbarkeit**
→ Befristete Lebensversicherung mit Verlängerungsrecht

## Life Insurance Reserves
→ Full Preliminary Term Reserve Plan; → Prospective Reserve; → Retrospective Method Reserve Computation

## Life Insurance Settlement Options
→ Optional Modes of Settlement

## Life Insurance, Straight
→ Ordinary Life Insurance

## Life Insurance, Term
→ Term Life Insurance

## Life Insurance Trust
Agreement establishing a trust for the named beneficiary under a life insurance policy. Upon the death of the insured, the trust has the legal obligation to pay the policy proceeds in the manner stipulated in the trust agreement.

## Life Insurance, Whole Life
→ Ordinary Life Insurance

## Life Insurers Conference (LIC)
Organization of *home service debit* life insurance companies and combination companies. → Combination Agent; → Debit Insurance (Home Service Insurance, Industrial Insurance)

## Lebensversicherungsreserven
→ Vollständiger zunächst befristeter Rückstellungsplan; → Vorausschauende Rückstellung; → Rückschauende Methode der Reservenberechnung

## Lebensversicherungsregulierungsoptionen
→ Wahlmöglichkeiten bei den Auszahlungsmodalitäten

## Lebensversicherung, Groß-
→ Lebensversicherung auf den Todesfall

## Lebensversicherung, Befristete
→ Befristete Lebensversicherung

## Lebensversicherungstreuhandvermögen
Vereinbarung, die bei einer Lebensversicherungspolice ein Treuhandvermögen für einen benannten Begünstigten errichtet. Bei Tod des Versicherten hat das Treuhandvermögen die gesetzliche Verpflichtung, die Erlöse der Police in der Art, wie in der Treuhandvermögensvereinbarung festgelegt, zu zahlen.

## Lebensversicherung auf den Todesfall
→ Lebensversicherung auf den Todesfall

## Life Insurers Conference (LIC)
(Lebensversichererkonferenz) – Organisation der *Inkasso*-Lebensversicherungsgesellschaften und Kombinationsgesellschaften. → Kombinationsagent; → Inkassoversicherung (Home Service-Versicherung, Kleinlebensversicherung)

## Life Management Institute
Unit of the → Life Office Management Association (LOMA) which prepares and administers educational materials for the Fellow Life Management Institute (FLMI) Program. Upon successful completion of its examinations, the student receives the FLMI designation.

## Life Office Management Association (LOMA)
Organization which develops and administers educational materials and examinations for the life insurance industry. It awards the → Fellow, Life Management Institute (FLMI) designation to individuals who pass a series of 10 national life and health insurance examinations on insurance, accounting, marketing, information systems, finance, law, management, and computers.

## Life Paid up at Specified Age
→ Limited Payment Life Insurance

## Life Planning
→ Estate Planning; → Estate Planning Distribution; → Human Life Value Approach (Economic Value of an Individual Life) (EVOIL)

## Life Management Institute
(Institut für Lebensversicherungsmanagement) – Teil der → Life Office Management Association (LOMA) (Lebensversicherungsbüro-Managementvereinigung), die Ausbildungsmaterialien für das Fellow Life Management Institute (FLMI) Programm (Mitglied des Instituts für Lebensversicherungsmanagement) vorbereitet und verwaltet. Bei erfolgreichem Abschluß seiner Prüfungen erhält der Student die Bezeichnung FLMI (Mitglied des Instituts für Lebensversicherungsmanagement).

## Life Office Management Association (LOMA)
(Lebensversicherungsbüro-Management-Vereinigung) – Organisation, die Ausbildungsmaterialien und Prüfungen für die Lebensversicherungsbranche entwickelt und verwaltet. Es verleiht die Bezeichnung Fellow Life Management Institute (FLMI) (Mitglied des Instituts für Lebensversicherungsmanagement) an Personen, die eine Reihe von 10 nationalen Lebens- und Krankenversicherungsprüfungen über Versicherungswesen, Buchhaltung, Marketing, Informationssysteme, Finanzen, Recht, Management und Computer absolviert haben.

## Für ein bestimmtes Alter einbezahlte Lebensversicherung
→ Lebensversicherung mit abgekürzter Zahlung

## Lebensplanung
→ Nachlaßplanung; → Nachlaßverteilungsplanung; → Ansatz zum Wert eines menschlichen Lebens (wirtschaftlicher Wert eines Einzellebens)

## Life Reinsurance
System whereby a life insurance company (the reinsured) reduces its possible maximum loss on either an individual life insurance policy (→ Facultative Reinsurance) or on a large number of life insurance policies (→ Automatic Reinsurance) by giving (ceding) a portion of its liability to another insurance company (the reinsurer). → Reinsurance

## Life Risk Factors
Information needed for underwriting a life insurance policy such as an applicant's age, weight, height, and build; personal and family health record; occupation, and personal habits. These factors decide into which rate classification to place the applicant since they determine to a significant degree the probability of an applicant's length of life.

## Lifetime Disability Benefit
Provision in some disability income policies, which provides a monthly income benefit to a disabled insured for as long as he or she remains disabled according to the definition of disability in the policy. → Disability Income Insurance

## Lifetime Policy
→ Lifetime Disability Benefit

## Lebensrückversicherung
System, bei dem eine Lebensversicherungsgesellschaft (der Rückversicherte) seinen potentiellen Höchstschaden entweder bei einer einzelnen Lebensversicherungspolice (→ Fakultative Rückversicherung) oder bei einer großen Zahl von Lebensversicherungspolicen (→ Automatische Rückversicherung) durch Abtreten (Zedieren) eines Teiles ihrer Haftung an eine andere Versicherungsgesellschaft (den Rückversicherer) reduziert. → Rückversicherung

## Lebensversicherungs-Risikofaktoren
Für die Zeichnung einer Lebensversicherungspolice benötigte Informationen, wie das Alter eines Antragstellers, Gewicht, Größe und Bau, die persönliche Krankengeschichte und Familienkrankengeschichte, Beschäftigung und persönliche Gewohnheiten. Diese Faktoren entscheiden, in welche Tarifklasse der Antragsteller eingeordnet wird, da sie in wesentlichem Maße die Wahrscheinlichkeit der Lebensdauer eines Antragstellers bestimmen.

## Lebenslängliche Invaliditätsleistung
Bestimmung bei einigen Invaliditätseinkommenspolicen, die solange eine monatliche Einkommensleistung an einen behinderten Versicherten gewähren, wie er oder sie entsprechend der Definition von Behinderung in der Police behindert bleibt.
→ Invaliditätseinkommensversicherung

## Lebenslängliche Police
→ Lebenslängliche Invaliditätsleistung

## Life Underwriter
→ Life Insurance Agent

## Life Underwriter Political Action Committee (LUPAC)
Affiliate of the → National Association of Life Underwriters (NALU) that supports legislators in the interest of the insurance agents. One becomes a member of LUPCA through a monetary contribution.

## Life Underwriting Training Council (LUTC)
Organization that develops and administers educational materials and examinations for life insurance agents. A significant objective of the courses is sales technique.

## Lightning
Discharge of electricity from the atmosphere, one of the perils covered in most fire insurance policies.

## Limit, Aggregate
→ Aggregate Limit

## Limit, Annual Aggregate
→ Annual Aggregate Limit

## Limitations
Exceptions and limitations of coverage; that is, the maximum amount of insurance coverage available under a policy. → Coinsurance

## Lebensversicherer
→ Lebensversicherungsagent

## Life Underwriter Political Action Committee (LUPAC)
(Politisches Aktionskomitee der Lebensversicherer) – Untergruppe der → National Association of Life Underwriters (NALU) (Nationale Vereinigung der Lebensversicherungszeichner), die Gesetzgeber im Interesse von Versicherungsagenten unterstützt. Durch einen finanziellen Beitrag kann man Mitglied des LUPCA werden.

## Life Underwriting Training Council (LUTC)
(Ausbildungsrat für Lebensversicherungen) – Organisation, die Ausbildungsmaterialien und Prüfungen für Lebensversicherungsagenten entwickelt und verwaltet. Ein wesentliches Ziel der Kurse ist die Verkaufstechnik.

## Blitzschlag
Entladung von Elektrizität aus der Atmosphäre, eine der Gefahren, die bei den meisten Feuerversicherungspolicen abgedeckt wird.

## Limit, Gesamt-
→ Gesamtlimit

## Limit, Jährliches Gesamt-
→ Jährliches Gesamtlimit

## Beschränkungen
Ausnahmen und Beschränkungen des Versicherungsschutzes, d. h. der bei einer Police verfügbare Deckungshöchstbetrag.
→ Mitversicherung

## Limitations on Amount of Monthly Benefits

Clause in some → Disability Income Insurance policies under which there is a maximum an insured can receive from all sources of disability income benefits. For example, the clause may stipulate that all sources of disability income cannot exceed 50% of the insured's gross earnings prior to the disability.

## Limitations on Insurers Liability

→ Liability; → Limitations on Insurers

## Limit, Basic

→ Basic Limits of Liability

## Limit, Blanket

→ Blanket Limit

## Limit, Divided

→ Split Limit

## Limited Payment Life Insurance

Type of policy with premiums that are fully paid up within a stated period. For example, a 20-payment life insurance policy has 20 annual premium payments, with no further premiums to be paid.

## Limited Policy

Type of health insurance providing benefits for only a particular peril, such as cancer.

## Beschränkungen der Höhe der monatlichen Leistungen

Klausel bei einigen → Invaliditätseinkommensversicherungspolicen, bei denen es eine Höchstsumme gibt, die ein Versicherter aus allen Leistungsquellen an Invaliditätseinkommen beziehen kann. Die Klausel kann z. B. vorschreiben, daß alle Quellen des Invaliditätseinkommens 50 % der Bruttoverdienste des Versicherten vor der Invalidität nicht übersteigen dürfen.

## Beschränkungen der Haftpflicht des Versicherers

→ Haftpflicht; → Beschränkungen auf seiten der Versicherer

## Grenze, Unter-

→ Mindesthaftpflichtbeträge

## Grenze, Pauschal-

→ Pauschalgrenze

## Limit, Geteiltes

→ Getrenntes Limit

## Lebensversicherung mit abgekürzter Zahlung

Policentyp, bei dem die Prämien innerhalb eines angegebenen Zeitraumes voll einbezahlt werden. Eine Lebensversicherungspolice mit 20 Zahlungen z.B. hat 20 Jahresprämienzahlungen, wobei keine weiteren Prämienzahlungen zu leisten sind.

## Beschränkte Police

Krankenversicherungstyp, der nur für eine bestimmte Gefahr, wie Krebs, Leistungen bietet.

**Limited Pollution Liability Coverage Form**
Commercial liability insurance form providing coverage for an insured business in the event of a pollution liability suit. The insurance provides → Claims Made Basis Liability Coverage. Excluded from coverage are clean-up costs.

**Limit, Excess**
→ Excess Limit

**Limit, Line**
→ Line Limit

**Limit of Liability**
→ Liability: Limitations on Insurers

**Limit of Recovery**
→ Coinsurance

**Limit, Per Accident**
→ Per Accident Limit

**Limit, Per Person**
Maximum amount under a liability policy that insurance company will pay for bodily injury incurred by any one person in any one accident.

**Limit, Policy**
→ Limitations

**Limits**
→ Liability: Limitations on Insurers; → Coinsurance

**Beschränkte Umweltverschmutzungs-Haftpflichtversicherungsschutzform**
Gewerbliche Haftpflichtversicherungsform, die einem versicherten Unternehmen im Falle einer Umweltverschmutzungshaftpflichtklage Versicherungsschutz bietet. Die Versicherung bietet → Haftpflichtversicherungsschutz auf der Grundlage geltend gemachter Ansprüche. Vom Versicherungsschutz ausgeschlossen sind Reinigungskosten.

**Höchstbetrag, Überschuß-**
→ Überschußhöchstbetrag

**Höchstbetrag, Zeichnung**
→ Zeichnungshöchstbetrag

**Haftungsgrenze**
→ Haftpflicht: Beschränkungen auf seiten der Versicherer

**Rückvergütungsgrenze**
→ Mitversicherung

**Höchstbetrag, Pro Unfall**
→ Höchstbetrag pro Unfall

**Höchstbetrag, Pro Person**
Höchstbetrag bei einer Haftpflichtversicherungspolice, den eine Versicherungsgesellschaft für eine von einer Person in irgendeinem Unfall erlittene Körperverletzung zahlt.

**Höchstbetrag, Police**
→ Beschränkungen

**Begrenzungen**
→ Haftpflicht: Beschränkungen auf seiten der Versicherer; → Mitversicherung

**Limit, Scheduled**
→ Scheduled Limit

**Limit, Single**
→ Single Limit

**Limit, Specific**
→ Specific Limit

**Limit, Standard**
→ Basic Limits of Liability

**Limit, Variable**
→ Variable Limit

**Line**
Term used for a general class of insurance such as → Life Insurance, → Property Insurance, or → Workers Compensation Insurance.

**Line, Gross**
→ Gross Line

**Line Limit**
Maximum amount of a specified type of insurance coverage, according to underwriting guidelines, that an insurance company feels it can safely underwrite on a particular exposure without having to acquire → Reinsurance for that exposure. → Line; → Surplus Lines; → Surplus Reinsurance.

**Line, Net**
→ Net Line

**Höchstbetrag, Planmäßiger**
→ Planmäßiger Höchstbetrag

**Limit, Einzel-**
→ Einzellimit

**Höchstbetrag, Spezifischer**
→ Spezifischer Höchstbetrag

**Limit, Standard-**
→ Mindesthaftpflichtbeträge

**Limit, Variables**
→ Variables Limit

**Sparte**
Für eine allgemeine Versicherungsklasse verwendeter Begriff, wie → Lebensversicherung, → Sachversicherung oder → Berufsunfallversicherung.

**Grenze, Übernahme-**
→ Übernahmegrenze

**Zeichnungshöchstbetrag**
Höchstbetrag eines bestimmten Versicherungsschutztyps entsprechend den Versicherungsrichtlinien, von dem eine Versicherungsgesellschaft glaubt, daß sie ein bestimmtes Risiko sicher zeichnen kann, ohne für diese Gefährdung eine → Rückversicherung abschließen zu müssen. → Sparte; → Für die Rückversicherung vorgesehene Versicherungssumme, bei zugelassenen Versicherern eines Staates nicht versicherbare Risiken; → Exzedentenrückversicherung.

**Höchstgrenze, Selbstbehalt**
→ Höchstgrenze des Selbstbehalts

**Line of Business**
→ Line; → Lines of Insurance, Major

**Line of Credit**
Borrowing power that a business firm or an individual has with a lending institution such as a bank.

**Lines**
→ Surplus Lines

**Line Sheet**
Amount of insurance coverage that an insurance company is willing to write on a given category of business.

**Lines of Insurance, Major**
Five primary sectors of insurance coverage. Their purposes are:
1. → Life Insurance – provides income to a beneficiary in the event of the death of the insured.
2. → Health Insurance – provides two types of coverage: (1) *Medical Expense,* which indemnifies an insured for hospital, physician and related expenses; (b) *Disability Income,* which provides a source of income for an insured in the event of partial or total disability. It is generally felt that this source of income should approximate at least 50% of

**Unternehmenssparte**
→ Sparte; → Versicherungssparten, Haupt-

**Kreditlinie**
Die Kreditaufnahmebefugnis, die eine Firma oder eine Einzelperson bei einem Kreditinstitut wie einer Bank hat.

**Zeichnungsgrenzen**
→ Für die Rückversicherung vorgesehene Versicherungssummen, bei zugelassenen Versicherern eines Staates nicht versicherbare Risiken.

**Aufstellung der Zeichnungsgrenzen**
Höhe des Versicherungsschutzes, den eine Versicherungsgesellschaft bei einer bestimmten Kategorie von Unternehmen zu zeichnen bereit ist.

**Sparten einer Versicherung, Haupt-**
Fünf Hauptbereiche des Versicherungsschutzes. Ihre Ziele sind:
1. → Lebensversicherung: stellt im Falle des Todes des Versicherten Einkommen für einen Begünstigten zur Verfügung.
2. → Krankenversicherung: bietet zwei Deckungstypen: (a) *medizinische Ausgaben,* die einem Versicherten Krankenhaus-, Arzt- und verwandte Ausgaben erstattet, (b) *Invaliditätseinkommen,* welches einem Versicherten im Falle einer teilweisen oder vollständigen Invalidität eine Einkommensquelle bietet. Man ist allgemein der Überzeugung, daß diese Einkommensquelle mindestens 50 % der Verdienste vor der Behinderung ausmachen sollte.
3. → Rente: bietet einem Rentenempfänger ein lebenslängliches monatliches Ein-

earnings prior to a disability.
3. → Annuity – provides monthly income to an annuitant for life.
4. → Property Insurance – indemnifies an insured for damages or destruction of property.
5. → Liability Insurance – covers damages on behalf of an insured who becomes legally obligated to pay because of actual (or alleged) negligent acts and omissions.

kommen.
4. → Sachversicherung: entschädigt einen Versicherten für die Beschädigung oder Zerstörung von Sachbesitz.
5. → Haftpflichtversicherung: deckt Schäden im Namen eines Versicherten, der wegen tatsächlicher (oder behaupteter) fahrlässiger Handlungen oder Unterlassungen zu zahlen gesetzlich verpflichtet ist.

### Linton Yield Method

Interest adjusted method that measures the cost of life insurance. Named for the late distinguished actuary, M. Albert Linton. This method compares a whole life policy with a combination of a decreasing term policy and a side fund. The rate of return of the side fund is called the Linton Yield, in that it brings the side fund up to an amount equal to the cash value of the whole life policy after a specified period of time.

### Linton-Ertragsmethode

Zinsbereinigte Methode, die die Kosten einer Lebensversicherung mißt. Benannt nach dem berühmten Versicherungsmathematiker M. Albert Linton. Diese Methode vergleicht eine Lebensversicherung auf den Todesfall mit einer Kombination aus einer befristeten Police mit abnehmendem Barwert und einem Nebenfonds. Die Ertragsrate des Nebenfonds wird als Linton-Ertrag bezeichnet, wobei sie den Nebenfonds zu einem Betrag bringt, der nach einem bestimmten Zeitraum dem Barwert der Lebensversicherungspolice auf den Todesfall entspricht.

### Liquidation and Rehabilitation

Taking over of an insurance company's assets by the State Insurance Commissioner when examination of the annual report reveals that the company is in substantial financial difficulty. The State Insurance Commissioner will then oper-

### Liquidierung und Sanierung

Übernahme des Vermögens einer Versicherungsgesellschaft durch den staatlichen Versicherungsbevollmächtigten, wenn die Überprüfung der Jahresbilanz enthüllt, daß sich die Versicherungsgesellschaft in erheblichen finanziellen Schwierigkeiten befindet. Der staatliche Versicherungsbeauftragte wird die Gesellschaft dann in

## Liquidation Period/Liquidierungszeitraum

ate the company in what is deemed to be the best interest of the policyowners, insureds, and creditors. If the State Insurance Commissioner believes it is possible to save the company, rehabilitation (reorganization of the company's structure) may be ordered; if salvage is deemed impossible, liquidation may be necessary.

einer Weise führen, die als im besten Interesse der Policeninhaber, Versicherten und Gläubiger angesehen wird. Wenn der staatliche Versicherungsbeauftragte der Auffassung ist, daß es möglich ist, die Gesellschaft zu retten, kann die Sanierung (Umorganisation der Gesellschaftsstruktur) angeordnet werden, falls die Rettung unmöglich erscheint, kann eine Liquidierung erforderlich sein.

### Liquidation Charge

Amount subtracted from an annuity or from mutual fund proceeds, payable to an annuity owner or mutual fund owner to reflect expense fees described in the annuity contract or mutual fund prospectus. This charge may be viewed as a penalty for cashing in the annuity or mutual fund early. This fee is meant to discourage early withdrawal of funds and/or to enable the company to recoup its expenses associated with marketing, administering, and liquidating the product.

### Liquidationsgebühr

Ein von einer Rente oder Erlösen eines Investmentfonds, die an einen Rentenbesitzer oder einen Besitzer eines Investmentfonds zahlbar sind, abgezogener Betrag, um den Gebühren für Ausgaben, die im Rentenvertrag oder Prospekt des Investmentfonds beschrieben sind, Rechnung zu tragen. Diese Gebühr kann als Strafe für eine frühzeitige Auszahlung der Rente oder des Investmentfonds angesehen werden. Die Gebühr soll von einer frühzeitigen Entnahme von Finanzmitteln abschrecken und/oder die Gesellschaft in die Lage versetzen, sich für ihre Ausgaben, die mit der Vermarktung, Verwaltung und Liquidierung des Produktes in Zusammenhang stehen, schadlos zu halten.

### Liquidation Period

Time frame during which an annuitant receives income payments from the insurance company, usually on a monthly basis. The obligations of the company to the annuitant during the liquidation period depend on whether it is a *pure* or *refund* annuity. For the → Pure Annuity, all payments cease

### Liquidierungszeitraum

Zeitlicher Rahmen, während dessen ein Rentenempfänger, gewöhnlich monatlich, Zahlungen einer Versicherungsgesellschaft erhält. Die Verpflichtungen der Gesellschaft gegenüber dem Rentenempfänger während des Liquidierungszeitraums hängen davon ab, ob es sich um eine *reine* oder eine Rente *mit Rückerstattung nicht erschöpfter Prämienzahlungen* handelt. Bei einer → Reinen Rente enden alle

upon the death of the annuitant. For the → Refund Annuity, a beneficiary is usually entitled to payments upon the death of the annuitant.

## Liquidity of Assets
Financial holdings that can be converted into cash in a timely manner without the loss of principal, such as U.S. Treasury Bills. Liquidity of assets is one of the most important principles of investment strategies, especially the first layer of an investment portfolio. Life insurance is generally placed in this first layer because of its cash value. The owner has complete liquidity since it can be used as collateral for a loan at any time.

## Liquor Liability Laws
Legislation that makes an establishment and/or individual selling liquor responsible for injuries caused by its customers to third parties. The best known law governing dispensation of liquor on premises is the → Dram Shop Law. For example, an individual is served liquor at an establishment and becomes intoxicated. On his way home he causes an accident, injuring another party. The injured third party can bring a liability suit against the establishment that dispensed the liquor for injuries suffered.

Zahlungen bei Tod des Rentenempfängers. Bei einer → Rente mit Rückerstattung nicht erschöpfter Prämienzahlungen hat ein Begünstigter gewöhnlich bei Tod des Rentenempfängers ein Anrecht auf Zahlungen.

## Liquidität von Vermögen
Finanzielle Beteiligungen, die in zeitgerechter Weise ohne Verlust der Hauptsumme in Bargeld umgewandelt werden können, wie etwa U.S. Schatzbriefe. Die Liquidität von Vermögen ist eines der wichtigsten Prinzipien von Investitionsstrategien, besonders bei der ersten Schicht eines Investmentportefeuilles. Wegen ihres Barwertes wird eine Lebensversicherung im allgemeinen in der ersten Schicht plaziert. Der Besitzer verfügt über vollständige Liquidität, da sie jederzeit als Sicherheit für ein Darlehn verwendet werden kann.

## Alkoholhaftpflichtgesetze
Gesetzgebung, die eine Einrichtung und/oder eine Einzelperson, die alkoholische Getränke verkauft, für von ihren Kunden verursachte Verletzungen an Dritten verantwortlich macht. Das bekannteste Gesetz über den Ausschank alkoholischer Getränken auf einem Gelände ist das → Branntweinschenkengesetz. Einer Person wird z. B. in einem Lokal Alkohol serviert, und sie wird betrunken. Auf ihrem Heimweg verursacht sie einen Unfall und verletzt eine andere Partei. Die verletzte dritte Partei kann wegen der erlittenen Verletzungen eine Haftpflichtklage gegen das Lokal, das den Alkohol servierte, anstrengen.

## Life Animal Insurance

Coverage under the *Commercial Property Floater* for loss under two forms: → Livestock Mortality Life Insurance and → Livestock Floater. This is really life insurance coverage for livestock.

## Livestock Floater

Standard *Commercial Property Floater* form covering death or damage to livestock as the result of insured perils such as fire, lightning, explosion, smoke, wind, hail, aircraft, earthquake, theft, flood, collapse of bridges, collision, or overturn of a vehicle used in transporting the livestock from the point of destination. Some insurance companies also cover attacks by domestic or wild animals, drowning, and accidental shooting. Common exclusions include illegal acts, confiscation by the order of a government authority, loss due to quarantine, war, loss due to sleet or snow, and loss due to the acceptance by the owner of a check covered by insufficient funds.

## Livestock Insurance

Coverage for designated horses and other farm animals if they are damaged or destroyed. The insurance includes registered cattle and herds, other farm livestock, and zoo animals. This type of

## Lebensversicherung für Tiere

Versicherungsschutz bei einer *gewerblichen Pauschalsachversicherung* gegen Schäden auf zwei Arten: → Herdenviehsterblichkeits(lebens)versicherung und die →Herdenviehpauschalversicherung. Dies ist der eigentliche Lebensversicherungsschutz für Herdenvieh.

## Herdenviehpauschalversicherung

Standardform einer *gewerblichen Pauschalsachversicherung,* die den Tod von oder Schaden an Herdenvieh infolge versicherter Gefahren, wie Feuer, Blitzschlag, Explosion, Rauch, Wind, Hagel, Flugzeug, Erdbeben, Diebstahl, Überschwemmung, Brückeneinsturz, Zusammenstoß oder Überschlagen eines Fahrzeuges, das zum Transport des Viehs vom Ziel aus benutzt wird. Einige Versicherungsgesellschaften versichern auch Angriffe von Haustieren oder wilden Tieren, Ertrinken und unfallbedingtes Erschießen. Allgemeine Ausschlüsse umfassen gesetzwidrige Handlungen, auf Befehl einer Regierungsbehörde vorgenommene Beschlagnahmung, Schaden wegen Quarantäne, Krieg, Schaden wegen Hagel oder Schnee und Verlust aufgrund der Annahme eines ungedeckten Schecks durch den Besitzer.

## Viehversicherung

Versicherungsschutz für benannte Pferde und andere Farmtiere, falls sie beschädigt oder zerstört werden. Die Versicherung schließt registrierte Rinder und Herden, sonstiges Farmvieh und Zootiere ein. Dieser Versicherungstyp schützt den Farmer oder Rancher gegen vorzeitigen Tod

insurance protects the farmer or rancher against the premature death of animals resulting from natural causes, fire, lightning, accidents, and acts of God, acts of individuals other than the owner or employees, and destruction for humane purposes.

von Tieren infolge natürlicher Ursachen, Feuer, Blitzschlag, Unfällen, höhere Gewalt, Handlungen durch Einzelpersonen, mit Ausnahme des Besitzers oder dessen Angestellten und Tötung aus humanen Beweggründen.

### Livestock Mortality (Life) Insurance
Coverage that provides a death benefit to the owner of a policy in the event of the death of insured livestock.

### Viehsterblichkeits-(Lebens)versicherung
Versicherungsschutz, die dem Besitzer einer Police im Falle des Todes von versichertem Vieh eine Todesfalleistung bietet.

### Livestock Transit Insurance
Coverage in event of damage or destruction of animals that are being shipped.

### Viehtransportversicherung
Versicherungsschutz, falls Tiere, die transportiert werden, verletzt oder getötet werden.

### Living
Still with life. This is a life insurance term used to describe the *living benefits* available under a life insurance policy such as a monthly retirement payment to an insured.

### Lebend
Noch mit Leben. Dies ist ein Begriff bei der Lebensversicherung, um die *Leistungen zu Lebzeiten des Versicherten,* die bei einer Lebensversicherungspolice verfügbar sind, wie eine monatliche Rentenzahlung an einen Versicherten zu beschreiben.

### Living Benefits of Life Insurance

Benefits provided to and obtained by those insured, while still alive. They include the → Annuity, → Cash Surrender Value, → Disability Income (DI), → Policy Loan, and → Waiver of Premium (WP).

### Leistungen einer Lebensversicherung zu Lebzeiten des Versicherten
Leistungen, die jenen Versicherten geboten und von jenen Versicherten bezogen werden, während sie noch am Leben sind. Sie schließen die → Rente, den → Rückkaufbarwert, das → Invaliditätseinkommen, das → Policendarlehn und die → Prämienfreistellung ein.

## Living Trust

→ Estate Planning Distribution

## Living Will

Legal document which permits the individual to declare his or her desires concerning the use of life-sustaining treatment to be made at the point in time when death is imminent and the individual no longer has control of his or her faculties. This type of will has the advantages of ensuring that the individual's wishes are followed to the conclusion and that a family member does not have the burden of making extremely agonizing decisions on behalf of the individual. It is the requirement of most state statutes that such a will be signed, dated, and witnessed (excluding anyone who has an interest in the estate of the individual affirming the will). Also required by most state statutes is that the will include both a statement of capacity and a statement of intent by the individual. The following states have statutes addressing the living will issue: Alabama, Arizona, Arkansas, California, Colorado, Connecticut, Delaware, Florida, Georgia, Idaho, Illinois, Indiana, Iowa, Kansas, Louisiana, Maine, Maryland, Mississippi, Missouri, Montana, Nevada, New Hampshire, New Mexico,

## Lebenstreuhandvermögen zu Lebzeiten des Verfügungsberechtigten

→ Nachlaßverteilungsplanung

## Willenserklärung zum Leben

Rechtliches Dokument, das einer Einzelperson erlaubt, ihre Wünsche bezüglich der Anwendung einer lebenserhaltenden Behandlung zu einem Zeitpunkt, wenn der Tod unmittelbar bevorsteht, und die Person keine Kontrolle über ihre natürlichen Gaben mehr hat, zu erklären. Diese Art der Willenserklärung hat den Vorteil, sicherzustellen, daß die Wünsche der Person bis zum Schluß befolgt werden und daß ein Familienmitglied nicht unter der Belastung steht, eine äußerst bedrückende Entscheidung für die Person treffen zu müssen. Die meisten staatlichen Bestimmungen fordern, daß eine solche Willenserklärung unterschrieben, datiert und bezeugt wird (wobei jeder, der ein Interesse am Nachlaß desjenigen hat, der seinen Willen erklärt, ausgeschlossen ist). Außerdem fordern die meisten staatlichen Bestimmungen, daß sowohl eine Erklärung über das geistige Vermögen als auch über die Absicht der Person vorgenommen wird. Die nachfolgenden Staaten verfügen über Bestimmungen, die eine Willenserklärung zum Leben betreffen: Alabama, Arizona, Arkansas, California, Colorado, Connecticut, Delaware, Florida, Georgia, Idaho, Illinois, Indiana, Iowa, Kansas, Louisiana, Maine, Maryland, Mississipi, Missouri, Montana, Nevada, New Hampshire, New Mexico, North Carolina, Oklahoma, Oregon, South Carolina, Tennessee, Texas, Utah, Vermont, Virginia, Washington, West Virginia, Wisconsin und Wyoming sowie

North Carolina, Oklahoma, Oregon, South Carolina, Tennessee, Texas, Utah, Vermont, Virginia, Washington, West Virginia, Wisconsin, and Wyoming, as well as Washington, D.C. → Estate Planning Distribution

Washington, D.C. → Nachlaßverteilungsplanung

**Lloyd's Association**
Organization following the format of → Lloyd's of London.

**Lloyd's Association**
(Lloyd's Vereinigung) – Organisation, die dem Format von → Lloyd's of London (Lloyd's, London) folgt.

**Lloyd's Broker**
Specialist whose task is to place insurance with the specialized syndicates that underwrite particular risks at → Lloyd's of London.

**Lloyd's Makler**
Spezialist, dessen Aufgabe es ist, Versicherungen bei spezialisierten Verkaufssammelstellen, die bestimmte Risiken bei → Lloyd's of London (Lloyd's, London) versichern, zu plazieren.

**Lloyd's of London**
Insurance facility composed of many different syndicates, each specializing in a particular risk, for example, hull risks. Lloyd's provides coverage for primary jumbo risks as well as offering → Reinsurance and → Retrocessions. Membership in a syndicate is limited to individuals with a large personal net worth, and each member may belong to one or more syndicates depending upon his net worth. Although much of the publicity Lloyd's receives involves insuring exotic risks such as an actress' legs, this represents only a very small portion of its total business, most of which

**Lloyd's of London**
(Lloyd's, London) – Versicherungseinrichtung, die sich aus vielen verschiedenen Syndikaten zusammensetzt, die sich jeweils auf ein bestimmtes Risiko, z. B. auf Kaskorisiken, spezialisiert haben. Lloyd's bietet sowohl Versicherungsschutz für erstrangige Großrisiken als auch → Rück-versicherung und → Folgerückversicherung. Die Mitgliedschaft in einem Syndikat ist auf Einzelpersonen mit einem großen persönlichen Eigenkapital beschränkt, und jedes Mitglied kann in Abhängigkeit von seinem Eigenkapital einem oder mehreren Syndikaten angehören. Obwohl Lloyd's seinen Bekanntheitsgrad zu großen Teilen aus der Versicherung exotischer Risiken, wie der Beine einer Schauspielerin, herleitet, stellt dies nur einen Kleinen Teil des gesamten Geschäftes dar, wovon die Rückversi-

involves reinsurance and retrocessions.

### Lloyd's Register of Shipping

Classification of ships according to their construction material, age, physical condition, propulsion type, stress tests of structure, and owners. Marine insurance rates for a particular vessel are based on these demographics. Lloyd's register is used worldwide by government agencies and industry to track and identify vessels. In many instances the country of registration is of strategic importance if a vessel is exposed to attack, say in the Middle East and in danger points in the world.

### Lloyd's Syndicate

Group of underwriters with → Lloyd's of London who specialize in underwriting a particular risk such as hull insurance.

### Lloyd's Underwriter

Individual member of one of the syndicates of → Lloyd's of London.

### Loading

Addition to the pure cost of insurance that reflects agent commissions, premium taxes, administrative costs associated with putting business on an insurance company's books, and contingencies.

cherung und Folgerückversicherung den größten Teil ausmachen.

### Lloyd's Schiffsregister

Klassifizierung von Schiffen entsprechend ihren Baumaterialien, Alter, physischem Zustand, Antriebsart, Strukturbelastungstests und Eignern. Seeversicherungstarife für ein bestimmtes Schiff beruhen auf diesen demographischen Daten. Das Lloyd's Register wird weltweit von Regierungsbehörden und der Industrie verwendet, um Schiffe aufzuspüren und zu identifizieren. In vielen Fällen ist das Registrierungsland von strategischer Wichtigkeit, wenn das Schiff einem Angriff ausgesetzt ist, sagen wir im Mittleren Osten oder an Gefahrenpunkten in der Welt.

### Lloyd's Syndikat

Gruppe von Versicherern bei → Lloyd's of London (Lloyd's, London), die sich auf die Versicherung eines bestimmten Risikos wie der Kaskoversicherung spezialisiert haben.

### Lloyd's Versicherer

Einzelnes Mitglied bei einem der Syndikate von → Lloyd's of London (Lloyd's, London).

### Zuschlag

Hinzufügung zu den reinen Versicherungskosten, die die Provisionen der Agenten, die Prämiensteuern, die mit der Führung des Geschäftes in den Büchern der Versicherungsgesellschaft verbundenen Verwaltungskosten und unvorhergesehene Ausgaben widerspiegeln.

## Loan

Money that is lent. In life insurance, a loan can be taken against the cash value of a life insurance policy at any time. The policyholder does not have to repay the loan until the policy matures or until the loan and any outstanding interest equals the cash value.

## Loan Receipt

Acknowledgment by the → Policyowner that he or she has received the → Policy Loan requested.

## Loan Value

Amount that a policyowner can borrow from a cash value of a permanent life insurance policy.

## Longshoremen and Harbor Workers Act Liability

Coverage under the Workers Compensation Act for all employees in the maritime industry who perform their function in navigable U.S. waters, including dry docks, wharves, piers, and other places for docking. Excluded are the master and crew of the ship, and any individual involved in loading, unloading, or repairing of a ship whose weight is less than 18 tons.

## Longshoremen and Harbor Workers Endorsement

Extension of a Workers Com-

## Darlehn

Geld, das verliehen wird. Bei der Lebensversicherung kann jederzeit ein Darlehn auf den Barwert einer Lebensversicherungspolice genommen werden. Der Policeninhaber muß das Darlehn nicht zurückzahlen, bis die Police fällig ist oder bis das Darlehn und alle ausstehenden Zinsen dem Barwert entsprechen.

## Darlehnsquittung

Bestätigung durch den → Policeninhaber, daß er oder sie das erbetene → Policendarlehn erhalten hat.

## Beleihungswert

Der Betrag, den ein Policeninhaber von dem Barwert einer ständigen Lebensversicherungspolice entleihen kann.

## Longshoremen and Harbor Workers Act Liability

(Kai- und Hafenarbeitergesetz-Haftpflicht) – Versicherungsschutz nach dem Berufsunfallgesetz für alle Angestellten bei der Seefahrt, die ihre Funktionen in navigierbaren US-Gewässern ausüben, einschließlich Trockendocks, Werften, Pieren und sonstigen Anlegestellen. Ausgeschlossen sind Meister und Besatzung des Schiffes und jede Einzelperson, die mit dem Beladen, Entladen oder Reparieren eines Schiffes, dessen Gewicht weniger als 18 Tonnen beträgt, beschäftigt ist.

## Kai- und Hafenarbeiter-Nachtrag

Erweiterung einer Berufsunfall- und

pensation and Employers Liability Insurance policy to cover workers who go aboard ship to perform their jobs. → Workers Compensation Benefits; → Workers Compensation, Coverage B

Arbeitgeberhaftpflichtversicherungspolice, um Arbeiter, die an Bord eines Schiffes gehen, um ihre Berufe auszuüben, abzudecken. → Berufsunfallentschädigungsleistungen; → Berufsunfallentschädigung, Versicherungsschutz A

**Long-Tail Liability**
One where an injury or other harm takes time to become known and a claim may be separated from the circumstances that caused it by as many as 25 years or more. Some examples: exposure to asbestos, which sometimes results in a lung disease called asbestosis; exposure to coal dust, which might cause black lung disease; or use of certain drugs that may cause cancer or birth defects. These long-tail liabilities became very expensive for many corporations in the 1970s, and 1980s, also causing problems for insurers because it was unclear when the situation that gave rise to the claim happened and who should pay the claim. One theory, the → Manifestation/ Injury Theory, states that the insurer is responsible whenever the disease is diagnosed. The other view, the → Occurrence/ Injury Theory, states that the insurer must pay only when the person is injured.

**Langfristige Haftpflicht**
Eine Haftpflicht, bei der eine Verletzung oder ein sonstiger Schaden Zeit braucht, bis er erkannt wird und der Haftungsanspruch von dem Umstand, der ihn verursachte, bis zu 25 Jahre und mehr entfernt liegen kann. Einige Beispiele: Asbestfreisetzung, die manchmal eine Lungenkrankheit namens Asbestosis zur Folge hat; Kohlenstaubfreisetzung, die eine schwarze Lungenkrankheit verursachen kann, oder die Verwendung bestimmter Arzneimittel, die Krebs oder Geburtsdefekte verursachen können. In den 70er und 80er Jahren wurden diese langfristigen Haftungsverpflichtungen für viele Unternehmen sehr kostspielig, was auch für die Versicherer Probleme verursachte, da unklar war, wann sich die Situation, die den Anspruch entstehen ließ, ereignete und wer den Anspruch zahlen sollte. Eine Theorie, die → Verletzungsoffenbarungstheorie, besagt, daß der Versicherer immer dann verantwortlich ist, wenn die Krankheit diagnostiziert wird. Die andere Sichtweise der → Verletzungseintrittstheorie besagt, daß der Versicherer nur dann zahlen muß, wenn die Person verletzt wird.

**Long-Term Care (LTC)**
Day-to-day care that a patient (generally older than 65) re-

**Langzeitpflege**
Tägliche Pflege, die ein(e) Patient(in) (im allgemeinen älter als 65 Jahre alt) in einer

ceives in a nursing facility or in his or her residence following an illness or injury, or in old age, such that the patient can no longer perform at least two of the five basic activities of daily living: walking, eating, dressing, using the bathroom, and mobility from one place to another. There are basically three types of LTC plans:

1. *Skilled nursing care* provided only by skilled medical professionals as ordered by a physician. → Medicare will pay a limited amount of the associated cost.

2. *Intermediate care* provided only by skilled medical professionals as ordered by a physician. This care involves the occasional nursing and rehabilitative assistance required by a patient.

3. *Custodial care* provided only by skilled medical professionals as ordered by a physician. The patient requires personal assistance in order to conduct his or her basic daily living activities.

When selecting a LTC policy, some of the more important considerations include:

1. *Renewability* – policy should be a → Guaranteed Renewable Contract.

2. *Waiting period* – length of time before benefits are paid should not exceed 90 days.

3. *Age eligibility* – upper age limit should be at least 80.

Pflegeeinrichtung oder in seiner oder ihrer Wohnung nach einer Krankheit oder einer Verletzung erhält, oder in hohem Alter, wenn der Patient nicht wenigstens zwei der fünf Grundfertigkeiten des täglichen Lebens ausführen kann: Laufen, Essen, Anziehen, Benutzung des Bades und Mobilität von einem Ort zu einem anderen. Es gibt drei Grundtypen von Langzeitpflegevorhaben:

1. *Ausgebildete Krankenpflege,* die nur von ausgebildetem medizinischem Fachpersonal auf Anordnung eines Arztes vorgenommen wird. → Medicare (Gesundheitsfürsorge für über 65jährige) bezahlt einen begrenzten Teil der damit verbundenen Kosten.

2. *Mittelfristige Pflege* wird nur von ausgebildetem medizinischem Fachpersonal auf Anordnung eines Arztes vorgenommen. Diese Pflege beinhaltet die gelegentliche Pflege und vom einem Patienten geforderte Unterstützung bei der Rehabilitation.

3. *Pflegschaft* wird nur von ausgebildetem medizinischem Fachpersonal auf Anordnung eines Arztes vorgenommen. Der/die Patient(in) benötigt zur Durchführung seiner oder ihrer grundlegenden täglichen Lebensaktivitäten persönliche Unterstützung.

Bei der Wahl einer Langzeitpflegepolice sind einige der wichtigen Überlegungen u.a.:

1. *Erneuerbarkeit*: Die Police sollte ein → Garantiert erneuerbarer Vertrag sein.

2. *Wartezeitraum:* Der Zeitraum, bevor Leistungen bezahlt werden, sollte 90 Tage nicht überschreiten.

3. *Altersberechtigung:* Die Altershöchstgrenze sollte bei wenigstens 80 Jahren liegen.

4. *Length of time benefits are paid* – typically the range is 5 to 10 years. It would be preferable to have benefits paid for life.
5. *Inflation guard* – the benefit level should be automatically adjusted each year according to the increase in the costs charged by the long-term-care providers.
6. *Premium waiver* – after the patient has received benefits for at least 90 days, the patient is no longer required to make premium payments for as long as he or she is under long-term care.
7. *No increase of premiums with age* – premiums should be based on the age at the time of application and should never increase as a result of changes in age.
8. *No limitations for preexisting conditions* – there should be no → Preexisting Condition limitations.

4. *Zeitraum, für den Leistungen gezahlt werden:* liegt typischerweise zwischen 5 und 10 Jahren. Leistungen, die lebenslang gezahlt werden, wären vorzuziehen.
5. *Inflationsangleichung:* Das Leistungsniveau sollte entsprechend dem Anstieg bei den von den Anbietern von Langzeitpflege berechneten Kosten jedes Jahr automatisch angepaßt werden.
6. *Prämienfreistellung:* Nachdem der Patient für wenigstens 90 Tage Leistungen bezogen hat, braucht der Patient, solange er sich in Langzeitpflege befindet, keine Prämienzahlungen zu leisten.
7. Kein Anstieg der Prämien *mit zunehmendem Alter:* Die Prämien sollten auf dem Alter bei Antragstellung basieren und sollten niemals aufgrund von Änderungen des Alters ansteigen.
8. *Keine Beschränkungen aufgrund vorher existierender Bedingungen:* Es sollte keine Beschränkungen wegen einer → Zuvor bestehenden Bedingung geben.

## Long-Term Disability Income Insurance

Coverage that provides monthly income payments for as long as an insured remains disabled. The insurance policy defines the nature of the disability it covers. Most policies discontinue income payments beyond age 65. → Disability Income Insurance

## Langzeitinvaliditätseinkommensversicherung

Versicherungsschutz, der monatliche Einkommenszahlungen bietet, solange ein Versicherter behindert bleibt. Die Versicherungspolice definiert die Natur der Invalidität, die sie abdeckt. Die meisten Policen beenden Einkommenszahlungen, nachdem das Alter 65 erreicht wurde. → Invaliditätseinkommensversicherung

## Loss

Damage through an insured's negligent acts and/or omissions resulting in bodily injury and/or property damage to a third party; damage to an insured's property; or amount an insurance company has a legal obligation to pay.

1. A company is legally obligated to pay the least of the following amounts: (a) amount of the loss; (b) limits of coverage; (c) amount resulting from the application of the coinsurance formula, such that

$$\frac{\text{Insurance Carried}}{\text{Insurance Required}} \times \text{Amount of Loss} = \text{Amount of Payment to Insured}$$

where Insurance Required = Value of Property x Coinsurance

For example, assume that the insured had a $200,000 home destroyed totally by fire; carried $150,000 in insurance coverage; and there was an 80% coinsurance requirement. Then, according to the formula

$$\frac{\$ 150{,}000}{\$ 200{.}000 \times 80\,\%} \times \$ 200{,}000 = \$187{,}500 =$$

Amount of Payment to Insured

amount according to the pro rata distribution clause. If there is more than one insurance policy covering the damaged

## Schaden

Beschädigung durch die fahrlässigen Handlungen und/oder Unterlassungen, die Körperverletzungen und/oder Sachbeschädigungen an einer dritten Partei zur Folge haben, die Beschädigung am Besitz eines Versicherten oder der Betrag, den eine Versicherungsgesellschaft zu zahlen gesetzlich verpflichtet ist.

1. Eine Gesellschaft ist gesetzlich verpflichtet, den geringsten der folgenden Beträge zu zahlen: (a) Höhe des Schadens, (b) Deckungsgrenzen, (c) der Betrag, der sich aus der Anwendung der Mitversicherungsformel ergibt, so daß

$$\frac{\text{Abgeschlossene Versicherung}}{\text{Erforderliche Versicherung}} \times \text{Schadensbetrag} = \text{Höhe der Zahlung an den Versicherten,}$$

wobei die erforderliche Versicherung = Wert des Besitzes x Mitversicherung ist.

Nehmen wir z. B. an, der Versicherte hatte ein Haus im Werte von US$ 200.000, das vollständig durch Feuer zerstört wurde. Er war mit US$ 150.000 versichert, und es gab eine Mitversicherungsforderung von 80%, dann lautet dementsprechend die Formel:

$$\frac{\text{US\$ 150.000}}{\text{US\$ 200.000} \times 80\,\%} \times \text{US\$ 200.000} = \text{US\$ 187.500} =$$

Zahlung an den Versicherten

(d) Betrag nach der anteiligen Deckungsklausel. Falls es mehr als eine Versicherungspolice gibt, die den beschädigten oder zerstörten Besitz abdeckt, wird jede

or destroyed property, each policy will pay no more than its proportionate share of the loss. In the foregoing example if the insured had two separate $200,000 policies, each would pay no more than $100,000.

2. Questions regarding loss coverage include: Is the peril covered? Is the property covered? Is the person covered? Is the policy in force? Are the limits of coverage adequate? Is the location covered? Has the hazard been increased?

3. Steps an insured should take: (a) send written notice immediately to the insurance company or its agent; (b) do everything reasonable to protect the property from further damage; (c) separate damaged from undamaged property; (d) provide the insurance company with a written inventory of damaged or destroyed property; (e) submit within 60 days following the loss written proof of the loss; and (f) make the damaged or destroyed property available for examination by the insurance company.

**Loss Adjustment Expense**
Cost involved in an insurance company's adjustment of losses under a policy.

**Loss Assumption**
→ Retention and Limits

der Policen nicht mehr als ihren proportionalen Anteil des Schadens bezahlen. Wenn der Versicherte in dem vorhergehenden Beispiel zwei getrennte Policen über US$ 200.000 hätte, würde jede nicht mehr als US$ 100.000 zahlen.

2. Fragen, die die Schadensdeckung betreffen, lauten: Ist die Gefahr abgedeckt? Ist der Besitz abgedeckt? Ist die Person abgedeckt? Ist die Police in Kraft? Sind die Deckungsgrenzen angemessen? Ist der Standort abgedeckt? Ist das Risiko angewachsen?

3. Schritte, die der Versicherte einleiten sollte: (a) sofort eine schriftliche Meldung an die Versicherungsgesellschaft oder deren Agenten schicken; (b) alles Vernünftige unternehmen, um den Besitz vor weiterer Beschädigung zu schützen; (c) beschädigten von nicht-beschädigtem Besitz trennen, (d) der Versicherungsgesellschaft eine schriftliche Auflistung des beschädigten oder zerstörten Besitzes zur Verfügung stellen, (e) innerhalb von 60 Tagen nach dem Schaden einen schriftlichen Nachweis über den Schaden einreichen und (f) den beschädigten oder zerstörten Besitz zur Prüfung durch die Versicherungsgesellschaft bereitstellen.

**Schadensregulierungsausgaben**
Die bei der Schadensregulierung durch eine Versicherungsgesellschaft bei einer Police anfallenden Kosten.

**Schadensübernahme**
→ Klausel zu Selbstbehalt und Begren-

Clause; → Risk Management; → Self Insurance

**Loss Avoidance**
→ Avoidance

**Loss Clause**
Feature of property and casualty policy providing coverage without a reduction in the policy's limits after a loss is paid. For example, if the limit of coverage under a property policy is $100,000 and a loss of $50,000 is paid, the limit still remains $100,000. Thus, the total amount of coverage in force for future losses is $100,000. In the absence of a loss clause, the total limit of coverage is reduced after payment of a loss.

**Loss Constant**
Surcharge, in retrospective rating of property and liability insurance, added to the → Basic Premium rate charged to reflect fixed cost of adjusting or settling losses.

**Loss Control**
→ Engineering Approach; → Human Approach; → Risk Management

**Loss Conversion Factor**
Measure used in the → Retrospective Rating method for → Workers Compensation Insurance. A factor is applied to the → Incurred Losses during the

zungen; → Risikomanagement; → Selbstversicherung

**Schadensvermeidung**
→ Vermeidung

**Schadensklausel**
Merkmal einer Sach- und Unfallpolice, die Versicherungsschutz ohne eine Reduzierung bei den Policenlimits bietet, nachdem ein Schaden bezahlt worden ist. Z. B., wenn die Deckungshöchstgrenze bei einer Sachversicherungspolice US$ 100.000 beträgt und ein Schaden von US$ 50.000 bezahlt wird, bleibt das Limit weiterhin US$ 100.000. Bei Fehlen einer Schadensklausel wird die Gesamtdeckungshöchstgrenze nach Zahlung eines Schadens reduziert.

**Schadenskonstante**
Zuschlag bei der rückschauenden Prämienfestsetzung der Sach- und Haftpflichtversicherung, der zu dem berechneten → Grundprämien-Tarif hinzuaddiert wird, um den fixen Kosten bei der Schadensregulierung Rechnung zu tragen.

**Schadenskontrolle**
→ Ingenieurtechnischer Ansatz; → Menschlicher Ansatz; → Risikomanagement

**Schadensumwandlungsfaktor**
Bei der → Rückschauenden Prämienfestsetzungs-Methode für die → Berufsunfallversicherung verwendete Maßnahme. Auf die während des fraglichen Prämienfestsetzungszeitraumes → Erlittenen

rating period in question in order to generate a loss adjustment expense amount to be used in claim investigation and settlement.

**Loss Development**
Difference in the amount of losses between the beginning and end of a time period.

**Loss Development Factor**
Element used to adjust losses to reflect the → Incurred but not Reported Losses (IBNR) under the retrospective method of rating. → Retrospective Rating

**Losses**
Reductions in the value of property due to physical damage or destruction.

**Losses Incurred**
Important quantitative measure for an insurance company indicating the percentage of each premium dollar that is going to pay for losses. Based on losses incurred, appropriate reserves are established. Changes in incurred losses over several policy periods indicate the trend in the loss picture and the accuracy of the basic premium charged to reflect expected losses.

**Losses Outstanding**
Losses representing claims not paid.

Schäden wird ein Faktor angewendet, um einen Betrag für die Schadensregulierungskosten, der für die Untersuchung des Anspruches und die Regulierung verwendet werden soll, hervorzubringen.

**Schadensentwicklung**
Differenz in der Schadenshöhe zu Beginn und am Ende eines Zeitraumes.

**Schadensentwicklungsfaktor**
Bei der Regulierung von Schäden verwendetes Element, um den → Erlittenen, aber nicht gemeldeten Schäden bei der rückschauenden Prämienfestsetzung Rechnung zu tragen. → Rückschauende Prämienfestsetzung

**Schäden**
Verringerung des Wertes von Vermögen wegen körperlicher Beschädigung oder Zerstörung.

**Erlittene Schäden**
Wichtiges quantitatives Maß für eine Versicherungsgesellschaft, das den Prozentsatz jeden Prämiendollars, den sie für Schäden zahlen wird, angibt. Auf der Grundlage der erlittenen Schäden werden angemessene Rückstellungen gebildet. Änderungen bei den erlittenen Schäden über mehrere Policenzeiträume hinweg zeigen den Trend des Schadensbildes an und die Genauigkeit der Grundprämie, die in Rechnung gestellt wird, um den erwarteten Schäden Rechnung zu tragen.

**Ausstehende Schäden**
Schäden, die nicht bezahlte Ansprüche darstellen.

## Losses Paid
Losses representing claims paid.

## Bezahlte Schäden
Schäden, die bezahlte Schadensforderungen darstellen.

## Loss Event
Circumstance which produces the loss.

## Schadensereignis
Umstand, der einen Schaden produziert.

## Loss Frequency
→ Frequency; → Frequency and Distribution of Losses

## Schadenshäufigkeit
→ Häufigkeit; → Häufigkeit und Verteilung von Schäden

## Loss Frequency Method
Procedure used in projecting the number of future losses within a given time frame. This prediction of future losses forms the basic premium onto which loadings are made for an insurance company's expenses, profits, and contingencies.

## Schadenshäufigkeitsmethode
Bei der Vorhersage der Zahl zukünftiger Schäden innerhalb eines bestimmten zeitlichen Rahmens verwendetes Verfahren. Diese Vorhersage zukünftiger Schäden bildet die Grundprämie, auf die Zuschläge für die Ausgaben, Gewinne und unvorhergesehenen Ausgaben einer Versicherungsgesellschaft erhoben werden.

## Loss of Income Insurance
Coverage in property insurance for an employee's lost income if a peril such as fire damages or destroys the place of employment, causing the worker to become unemployed. For example, a fire destroys a manufacturing plant and as a result employees are placed on indefinite leave without pay. This coverage would then go into effect. In health insurance, loss of income benefits are paid when an insured becomes disabled and cannot work.

## Einkommensverlustversicherung
Versicherungsschutz bei der Sachversicherung für den Einkommensverlust eines Arbeitnehmers, wenn eine Gefahr wie Feuer den Arbeitsplatz beschädigt oder zerstört und verursacht, daß der Arbeitnehmer arbeitslos wird. Ein Brand zerstört z. B. eine Herstellungsanlage, und als Ergebnis werden die Arbeitnehmer in unbefristeten unbezahlten Urlaub geschickt. Dieser Versicherungsschutz würde dann in Kraft treten. Bei der Krankenversicherung werden Einkommensverlustleistungen gezahlt, wenn ein Versicherter arbeitsunfähig wird und nicht arbeiten kann.

## Loss of Time Insurance
→ Loss of Income Insurance

## Zeitverlustversicherung
→ Einkommensverlustversicherung

## Loss of Use Insurance
Coverage in the event that property is damaged or destroyed so that an insured cannot use the property for its intended purpose. For example, loss of use of a drill press because of vandalism would be covered.

## Loss Payable Clause
Coverage for a mortgagee where real or personal property, used as security for a loan, is damaged or destroyed. For example, a bank (mortgagee) lends money to an individual (mortgagor) who pledges certain valuables as security. The valuables are stolen. If the individual defaults on the loan, the bank would be indemnified under the policy for an amount up to the outstanding loan.

## Loss Prevention
→ Engineering Approach; → Loss Prevention and Reduction

## Loss Prevention and Reduction
Risk management control procedure which emphasizes safety management. Its purpose is to reduce the frequency and severity of potential losses. Business firms apply this procedure by posting safety signs, holding safety meetings, and providing cash awards for em-

## Gebrauchsverlustversicherung
Versicherungsschutz für den Fall, daß ein Vermögensgegenstand beschädigt oder zerstört wird, so daß ein Versicherter den Vermögensgegenstand nicht für seinen vorgesehenen Zweck verwenden kann. Z. B. wäre der Gebrauchsverlust einer Bohrmaschine aufgrund von Vandalismus abgedeckt.

## Schadenersatzklausel
Versicherungsschutz für einen Hypothekengläubiger, wo Immobilienbesitz oder bewegliches Vermögen, das als Sicherheit für ein Darlehn verwendet wird, beschädigt oder zerstört wird. Z. B.: Eine Bank (Hypothekengläubiger) verleiht Geld an eine Person (Hypothekenschuldner), die bestimmte Wertgegenstände als Sicherheit hinterlegt. Die Wertgegenstände werden gestohlen. Falls die Person das Darlehn nicht zurückzahlen kann, würde die Bank bei dieser Police für einen Betrag bis in Höhe des ausstehenden Darlehns entschädigt.

## Schadensprävention
→ Ingenieurtechnischer Ansatz; → Schadensprävention und -reduzierung

## Schadensprävention und -reduzierung
Risikomanagementkontrollverfahren, das das Sicherheitsmanagement betont. Sein Zweck ist es, die Häufigkeit und Schwere von möglichen Schäden zu reduzieren. Firmen wenden dieses Verfahren durch Anbringen von Sicherheitsschildern, Abhalten von Sicherheitsveranstaltungen und die Bereitstellung von Geldprämien für Arbeitnehmer mit den besten Sicherheits-

ployees with the best safety records. → Engineering Approach; → Human Approach

**Loss Rate**
Frequency of Losses. → Loss Frequency Method

**Loss Ratio**
Relationship of incurred losses plus loss adjustment expense to earned premiums.

**Loss Ratio Method**
Modification of premium rates by a stipulated uniform percentage for closely related classes of property or liability insurance policies. The objective of such modification is to more directly align the combined actual loss ratio of the classes of policies under consideration with the expected loss ratio of these classes. The resultant alignment should show no significant → Standard Deviation or Variation of the actual loss ratio from the expected loss ratio.

**Loss Ratio Reserve Method**
Formula for a given line of insurance used by property and casualty insurance companies to compare losses and loss adjustment expense with premiums. This shows (1) the amount of each premium dollar generated which is used to pay losses and expenses, and (2) the

leistungen an. → Ingenieurtechnischer Ansatz; → Menschlicher Ansatz

**Schadensrate**
Schadenshäufigkeit. → Schadenshäufigkeitsmethode

**Schadensquote**
Verhältnis zwischen erlittenen Schäden plus Schadensregulierungsausgaben gegenüber verdienten Prämien.

**Schadensquotenmethode**
Modifizierung von Prämienraten durch einen festgelegten einheitlichen Prozentsatz für eng verwandte Sach- und Haftpflichtversicherungspolicenklassen. Das Ziel einer solchen Modifikation ist es, die kombinierte tatsächliche Schadensquote der betrachteten Policenklassen mit der erwarteten Schadensquote dieser Klassen direkter in eine Linie zu bringen. Die resultierende Angleichung sollte keine signifikante → Standardabweichung oder Veränderung der tatsächlichen Schadensquote von der erwarteten Schadensquote aufweisen.

**Schadensquotenrückstellungsmethode**
Formel für eine bestimmte Versicherungssparte, die von Sach- und Unfallversicherungsgesellschaften verwendet wird, um Schäden und Schadensregulierungskosten mit den Prämien zu vergleichen. Dies zeigt (1) die Höhe jeden hervorgebrachten Prämiendollars, die verwendet wird, um Schäden und Kosten zu zahlen, und (2) die Rückstellungen, die zur Zah-

reserves that must be maintained to pay for those losses and expenses.

**Loss Reduction**
→ Loss Prevention and Reduction

**Loss Report**
→ Claim Report

**Loss Reserves**
Provision for known claims due but not paid, known claims not yet due, and provision for → Incurred But Not Reported (IBNR) claims. The critical problem facing a casualty insurance company is the amount of reserves necessary for the incurred but not reported losses (IBNR) because many of these claims and their resultant settlements may not manifest themselves until several years in the future. This is known as the *tail end distribution liability*. → Full Preliminary Term Reserve Plan; → Prospective Reserve; → Reserve Liabilities Regulation; → Retrospective Method Reserve Computation.

**Loss Retention**
→ Retention and Limits Clause; → Risk Management; → Self Insurance

**Loss Run**
→ Loss Development; → Loss Frequency Method

lung dieser Verluste und Kosten unterhalten werden müssen.

**Schadensreduzierung**
→ Schadensprävention und -Reduzierung

**Schadensbericht**
→ Schadensbericht

**Schadensrückstellungen**
Vorkehrung für bekannte, fällige Ansprüche, die noch nicht bezahlt sind, bekannte Ansprüche, die noch nicht fällig sind, und Vorkehrung für → Erlittene, aber nicht gemeldete Schäden. Das kritische Problem, dem sich eine Unfallversicherungsgesellschaft gegenübersieht, ist die Höhe der erforderlichen Rückstellungen für die erlittenen, aber nicht gemeldeten Schäden, da viele dieser Ansprüche und ihrer daraus resultierenden Regulierungen sich erst nach einigen Jahren in der Zukunft zeigen. Dies ist als *tail end distribution liability* (Endverteilungshaftung) bekannt. → Vollständiger zunächst befristeter Rückstellungsplan; → Vorausschauende Rückstellung; → Vorschriften bezüglich der Rückstellungen für Eventualverbindlichkeiten; → Rückschauende Methode der Reservenberechnung.

**Schadenselbstbehalt**
→ Klausel zu Selbstbehalt und Begrenzungen; → Risikomanagement; → Selbstversicherung

**Schadensverlauf**
→ Schadensentwicklung; → Schadenshäufigkeitsmethode

## Loss Settlement
→ Loss Settlement Amount

## Loss Settlement Amount
In homeowners insurance, usually an 80% coinsurance requirement, which means the insured must carry insurance on the value of a home on a replacement cost basis of at least 80%. For example, a home is worth $200,000, and a fire does $50,000 damage. If there is $150,000 of insurance it may appear that the insured would be reimbursed for the total loss. But the homeowner would receive only $46,875 according to the following formula:

$$\frac{\text{Amount of Insurance Carried}}{80\% \text{ Insurance to Value (Replacement Cost Basis)}} \times \text{Loss} = \text{Insured Reimbursement}$$

$$\frac{\$150{,}000}{\$160{,}000} \times \$50{,}000 = \$46{,}875$$

If, however, the insured had carried an 80% insurance to value of $160,000, then the insured would have been reimbursed for the total loss of $50,000 according to the following formula:

$$\frac{\$160{.}000}{\$160{.}000} \times \$50{,}000 = \$50{.}000$$

→ Coinsurance; → Settlement Options, Property and Casualty Insurance

## Schadenregulierung
→ Schadenregulierungsbetrag

## Schadenregulierungsbetrag
Bei der Hausbesitzerversicherung gewöhnlich eine 80%ige Mitversicherungsforderung, die bedeutet, daß der Versicherte eine Versicherung im Werte des Hauses auf Grundlage der Wiederbeschaffungskosten von wenigstens 80% unterhalten muß. Z. B.: Ein Haus ist US$ 200.000 wert, und ein Brand richtet einen Schaden in Höhe von US$ 50.000 an. Wenn eine Versicherung über US$ 150.000 existiert, könnte es so aussehen, als würde der Versicherte für den gesamten Schaden entschädigt. Aber der Hausbesitzer würde nach der folgenden Formel nur US$ 46.875 erhalten:

$$\frac{\text{Höhe der abgeschlossenen Versicherung}}{80\% \text{ Versicherung vom Wert (Grundlage Wiederbeschaffungskosten)}} \times \text{Schaden} = \text{versicherte Rückerstattung}$$

$$\frac{\text{US\$ } 150{.}000}{\text{US\$ } 160{.}000} \times \text{US\$ } 50{.}000 = \text{US\$ } 46{.}875$$

Wenn der Versicherte jedoch eine 80%ige Versicherung gegenüber dem Wert von US$ 160.000 abgeschlossen hätte, dann wäre der Versicherte für den gesamten Schaden von US$ 50.000 nach der folgenden Formel entschädigt worden:

$$\frac{\text{US\$ } 160{.}000}{\text{US\$ } 160{.}000} \times \text{US\$ } 50{.}000 = \text{US\$ } 50{.}000$$

→ Mitversicherung; → Wahlmöglichkeiten bei der Schadensregulierung, Sach- und Unfallversicherung

**Loss Severity**
→ Severity Rate

**Loss Trends**
Projections of future accidental losses based on analyses of historical loss patterns. A projected loss picture is used to determine the pure cost of protection and the resultant basic premium, contingency reserves, and whether or not the company should continue selling a given line of business, or remain in a particular geographical area. However, loss trends based on historical data may not really represent likely loss outcomes in the future.

**Loss-Year Statistics**
→ Accident-Year Statistics

**Lost-Instrument Bond**
Indemnification bond under which a stock certificate holder who loses the original certificate will be issued a duplicate. The indemnity bond guarantees that if the original stock certificate is recovered, the holder will send it to the surety company.

**Lost Policy Receipt**
Life insurance company form to be signed by a policyholder who wishes to surrender a policy that has been lost. The signed receipt then becomes evidence that the policy is no longer in force. This protects the insurance company if a

**Schadensschwere**
→ Härtequote

**Schadentrends**
Vorhersagen zukünftiger Unfallschäden auf der Grundlage von historischen Schadensmustern. Ein vorhergeplantes Schadensbild wird zur Bestimmung der reinen Schutzkosten und der resultierenden Grundprämie, der Sicherheitsrücklagen und ob ein Unternehmen mit dem Verkauf einer bestimmten Produktgruppe fortfahren sollte oder nicht, oder ob es in einem bestimmten geographischen Bereich bleiben sollte, verwendet. Die auf historische Daten gestützten Schadenstrends können jedoch die wahrscheinlichen Schadensergebnisse in der Zukunft nicht wirklich repräsentieren.

**Schadenjahresstatistik**
→ Unfalljahresstatistik

**Kaution gegen Urkundenverlust**
Ausfallbürgschaft, bei der der Inhaber eines Aktienzertifikats, der die Originalurkunde verliert, ein Duplikat ausgestellt bekommt. Die Ausfallbürgschaft garantiert, daß für den Fall, daß die Originalurkunde wiedergefunden wird, der Inhaber es an die Bürgschaftsgesellschaft zurücksenden wird.

**Quittung bei verlorener Police**
Formular der Lebensversicherungsgesellschaft, das von einem Policenbesitzer unterzeichnet werden muß, der eine Police, die verlorenging, abtreten will. Die unterzeichnete Quittung wird dann zum Beweis, daß die Police nicht länger in Kraft ist. Dies schützt die Versicherungsgesellschaft, falls ein Policeninhaber behauptet, die

policyholder claims that the policy was never surrendered.

Police sei nie abgetreten worden.

### Lost Policy Release
→Lost Policy Receipt

### Freigabe einer verlorenen Police
→ Quittung bei verlorener Police

### Lump Sum
In life insurance, single payment instead of a series of installments. → Lump Sum Distribution

### Pauschalsumme
Bei der Lebensversicherung Einzelzahlung anstelle einer Reihe von Raten. → Pauschalsummenausschüttung

### Lump Sum Distribution
Death benefit option in which a beneficiary of a life insurance policy receives the death benefit as a single sum payment instead of installments.

### Pauschalsummenausschüttung
Option bei der Todesfalleistung, bei der ein Begünstigter einer Lebensversicherungspolice eine Todesfalleistung als einzige Pauschalsummenzahlung anstelle von Raten erhält.

### Lump Sum Refund Annuity
→ Cash Refund Annuity (Lump Sum Refund Annuity)

### Pauschalbetragserstattungsrente
→ Rente mit Barausschüttung nicht erschöpfter Prämienzahlungen (Pauschalbetragserstattungsrente)

# M

**Machinery Malfunction (Breakdown) Insurance**
→ Boiler and Machinery Insurance

**Mail Order Insurance**
Insurance marketed through advertising in such media as newspapers, magazines, television, and radio. The mail is used to collect the application and distribute the policy. An insurance agent is not involved in the process. → Direct Response Marketing (Direct Selling System)

**Maintaining a Nuisance**
→ Attractive Nuisance

**Maintenance Bond**
Legal instrument posted by a contractor or craftsman to guarantee that completed work is free of flaws and will perform its intended function for a specified period of time.

**Major Medical Insurance**
Coverage in excess of that provided by a basic hospital medical insurance plan. After the limits of coverage have been exhausted under a basic plan, major medical then

**Maschinenschadenversicherung**
→ Dampfkessel- und Maschinenparkversicherung

**Postversandversicherung**
Versicherung, die durch Werbung in solchen Medien wie Zeitungen, Magazinen, Fernsehen und Radio, vermarktet wird. Die Post wird benutzt, um die Antragsformulare zu sammeln und die Police zu verteilen. Ein Versicherungsagent ist an diesem Verfahren nicht beteiligt. → Direct Response Marketing (Direktverkaufssystem)

**Unterhaltung einer Gefahrenstelle**
→ Anziehende Gefahrenstelle

**Kaufmännischer Garantieschein**
Von einem Unternehmer oder einem Handwerker aufgestelltes rechtliches Instrument, um zu garantieren, daß eine abgeschlossene Arbeit frei von Fehlern ist und seine vorgesehene Funktion für einen spezifischen Zeitraum erfüllen wird.

**Große Krankenversicherung**
Versicherungsschutz, der über das, was bei einem Grundkrankenhauskrankenversicherungsvorhaben geboten wird, hinausgeht. Nachdem die Deckungsgrenzen eines Basisvorhabens ausgeschöpft sind, deckt die große Krankenversicherung

covers medical expenses relating to room and board; physician fees; miscellaneous expenses such as bandages, operating room expenses, drugs, X-ray, and fluoroscopy. There may be a lifetime limit. For example, if the lifetime limit is $ 500,000 and an insured uses $ 100,000 of coverage in a given year, the lifetime limit would be reduced to $ 400,000. → Group Health Insurance; → Health Insurance; → Health Maintenance Organization (HMO)

danach alle medizinischen Ausgaben, die sich auf Unterkunft und Verpflegung, Arztgebühren, verschiedenartige Ausgaben wie Bandagen, Gebühren für den Operationssaal, Arzneimittel, Röntgenaufnahmen und Röntgendurchleuchtung erstrecken. Es kann eine auf die Lebzeit bezogene Höchstgrenze existieren. Wenn es z. B. eine Höchstgrenze auf die Lebzeit von US$ 500.000 gibt und ein Versicherter in einem bestimmten Jahr US$ 100.000 der Deckungssumme verbraucht, reduziert sich die Höchstgrenze auf die Lebzeit auf US$ 400.000. → Gruppenkrankenversicherung; → Krankenversicherung; → Health Maintenance Organization (HMO)

## Malicious Mischief
Intentional damage or destruction of another person or business's property. Insurance can be purchased by the owner of the property to protect against this exposure. → Homeowners Insurance Policy; → Personal Automobile Policy (PAP); → Special Multiperil Insurance (SMP); → Vandalism and Malicious Mischief Insurance

## Böswillige Beschädigung
Absichtliche Beschädigung oder Zerstörung des Besitzes einer anderen Person oder eines anderen Unternehmens. Um sich gegen diese Gefährdung zu schützen, kann der Eigentümer des Besitzes eine Versicherung abschließen. → Hausbesitzerversicherungspolice; → Privat-Kfz-Police; → Spezielle Vielgefahrenversicherung; → Versicherung gegen Vandalismus und böswillige Beschädigung

## Malingering
Effort by an individual to continue to receive disability income benefits by faking a continuing sickness or injury.

## Simulieren
Anstrengung einer Person, durch Vortäuschen einer Krankheit oder Verletzung weiterhin Invaliditätseinkommensleistungen zu beziehen.

## Malpractice Liability Insurance
Professional liability coverage for a practitioner in a given

## Haftpflichtversicherung gegen Kunstfehler
Berufshaftpflichtversicherungsschutz für einen auf einem bestimmten Fachgebiet

field of expertise. Coverage takes the form of defending the practitioner against liability suits whether or not with foundation, and paying on behalf of the insured, court awarded damages up to the limits of the policy. → Professional Liability Insurance

**Managed Care**
Plan to control employer's health care cost through the introduction of practice guidelines or protocols for health care providers, and to improve the methods used by employers and employees to select health care providers. The goal of the plan is to create a financial accounting system in order to manage the impact of medical treatment on the patient's clinical response and quality of life. Once such a system is created, the employer and the employee will be better able to judge which health provider is more effective and efficient.

**Manager**
→ Agency Manager

**Managing Physician, HMO**
→ Health Maintenance Organization (HMO)

**Mandatory Securities Valuation Reserve**
Method established by the → National Association of Insur-

Praktizierenden. Der Versicherungsschutz nimmt die Form der Verteidigung des Praktizierenden gegen Haftpflichtklagen, ob begründet oder nicht, und die Zahlung vom Gericht zuerkannten Schadenersatzes bis zu den Höchstgrenzen der Police an.
→ Berufshaftpflichtversicherung

**Beaufsichtigte Pflege**
Vorhaben, die Krankenpflegekosten eines Arbeitgebers durch die Einführung von praktischen Richtlinien oder Protokollen für die Anbieter von Krankenpflegeleistungen zu kontrollieren und die von Arbeitgebern und Arbeitnehmern bei der Auswahl von Krankenpflegeanbietern verwendeten Methoden zu verbessern. Ziel dieses Vorhabens ist es, ein Finanzbuchhaltungssystem zu schaffen, um die Wirkung einer medizinischen Behandlung auf die klinische Reaktion des Patienten und auf dessen Lebensqualität zu lenken. Ist ein solches System einmal geschaffen, können Arbeitgeber und Arbeitnehmer besser beurteilen, welcher Anbieter von Krankendienstleistungen effektiver und effizienter ist.

**Manager**
→ Agenturleiter

**Hausarzt der Health Maintenance Organization (HMO)**
→ Health Maintenance Organization (HMO)

**Obligatorische Bewertungsreserve für Wertpapiere**
Von der → National Association of Insurance Commissioners (NAIC) (Natio-

ance Commissioners (NAIC) for valuing stocks and bonds for reserve purposes. The method levels the fluctuations in stock and bond values due to market conditions through incremental increases in the reserve. Each incremental increase is related to capital gains earned by the stocks and bonds during the year. The objective is to eliminate surplus changes resulting from market fluctuations of owned stocks and bonds.

## M&C

→ Manufacturers and Contractors Liability Insurance

## Manifestation Injury Theory

Approach that maintains injury or sickness begins when it is first detected by an obvious appearance. This argument is used in determining if liability insurance is afforded in a particular bodily injury case.

## Manual

Publication stipulating underwriting rules applicable for a given line of insurance, classifications of exposures within that line of insurance, and premium rates per classification. For example, a life insurance manual shows the → Premium Mode factor, → Policy Fee, Premiums, and values per

nale Vereinigung der Regierungsbevollmächtigten für Versicherungen) begründete Methode zur Bewertung von Aktien und Schuldverschreibungen zu Reservezwecken. Diese Methode gleicht marktbedingte Schwankungen bei Aktien- und Schuldverschreibungswerten durch zunehmende Steigerungen der Reserven aus. Jede Zuwachssteigerung ist auf durch Aktien und Schuldverschreibungen innerhalb des Jahres verdiente Kapitalerträge bezogen. Das Ziel ist es, Überschußänderungen, die von Marktschwankungen im Besitz befindlicher Aktien und Schuldverschreibungen herrühren, auszulöschen.

## Hersteller- und Unternehmerhaftpflichtversicherung

→ Hersteller und Unternehmerhaftpflichtversicherung

## Verletzungsoffenbarungstheorie

Ansatz, der besagt, daß eine Verletzung oder eine Krankheit dann beginnt, wenn sie zum ersten Mal durch eine offensichtliche Erscheinung entdeckt wird. Dieses Argument wird verwendet, um zu bestimmen, ob eine Haftpflichtversicherung bei einem bestimmten Körperverletzungsfall gewährt wird.

## Handbuch

Veröffentlichung, die die Zeichnungsvorschriften, die auf eine bestimmte Versicherungssparte anzuwenden sind, Gefahrenklassifikationen innerhalb dieser Versicherungssparte und die Prämientarife pro Klassifikation festlegen. Ein Lebensversicherungshandbuch zeigt z. B. den → Prämienarten-Faktor, die → Policengebühr, die → Prämien und die Werte pro US$ 1.000 Versicherungsschutz, ein-

$1,000 of coverage, to include → Cash Value, → Paid-Up Insurance and → Extended Term Insurance, available at the end of each policy year. → Manual Rate

## Manual Rate
Published cost per unit of insurance, usually the standard rate charged for a standard risk. For example, one company's manual yearly rate per $1000 of life insurance for a given policy for a male age 26 is $12.02. → Rate Making

## Manufacturers and Contractors Liability Insurance
Coverage for liability exposures which result from manufacturing and/or contracting operations in process on a manufacturer's premises (all locations of ongoing operations) or, in the case of the contractor, off-premises operation at a construction site. Excluded are activities of independent contractors, damage to property by explosion, collapse, and underground property damage. Additional coverages apply to the acts of the insured's employees when constructing new structures, demolishing old structures, and changing the size and/or location of existing structures.

schließlich → Barwert, → Prämienfreie Versicherung, → Erweiterte befristete Versicherung, die am Ende eines jeden Policenjahres erhältlich ist. → Handbuchtarif

## Handbuchtarif
Veröffentlichte Kosten pro Versicherungseinheit, gewöhnlich der Standardtarif, der für ein Standardrisiko berechnet wird. Z. B. beträgt der jährliche Handbuchtarif pro US$ 1.000 einer Lebensversicherung einer Gesellschaft für eine bestimmte Police für eine männliche Person im Alter von 26 Jahren US$ 12,02. → Prämienfestsetzung

## Hersteller- und Unternehmerhaftpflichtversicherung
Versicherungsschutz für Haftpflichtgefährdungen, die von Herstellungs- und/oder unternehmerischen Tätigkeiten, die in Bearbeitung sind, auf dem Betriebsgelände eines Herstellers (alle Standorte mit laufenden Operationen) herrühren oder, im Falle des Unternehmers, Handlungen außerhalb des Betriebsgeländes auf einer Baustelle betreffen. Ausgeschlossen sind Handlungen unabhängiger Unternehmer, Beschädigung von Besitz durch Explosion, Zusammenbruch und unterirdische Beschädigung von Besitz. Zusätzlicher Versicherungsschutz betrifft Handlungen von Angestellten des Versicherten, wenn diese neue Bauten erstellen, alte Bauten abreißen und die Größe und/oder den Standort bestehender Bauten ändern.

## Manufacturers Output Insurance
Coverage for personal property of a manufacturer on an → All Risks basis when that property is off the manufacturer's premises.

## Manufacturing Insurance
→ Business Interruption Insurance

## Manuscript Insurance
Coverage tailored to the particular requirements of an insured, when a *standard policy* cannot be used to provide coverage for real or personal property. A manuscript policy is often written on site by an agent (most often representing a large *brokerage house*) to reflect the special conditions and provisions.

## Map
Diagram used in property insurance to locate the geographical area in which risks reside. Maps are also used to reveal areas of high concentration of insured risks and their potential impact on an insurance company should a catastrophe occur, such as a hurricane.

## Margin
Fluctuation in claims arising from → Adverse Selection.

## Produktionsertragsversicherung
Versicherungsschutz für das bewegliche Vermögen eines Herstellers auf Grundlage → Aller Risiken, wenn sich dieses Vermögen außerhalb des Betriebsgeländes des Herstellers befindet.

## Produktionsversicherung
→ Geschäftsunterbrechungsversicherung

## Manuskriptversicherung
Entsprechend den Erfordernissen eines Versicherten maßgeschneiderter Versicherungsschutz, wenn eine *Standardpolice* nicht verwendet werden kann, um Versicherungsschutz für Immobilien- oder bewegliches Vermögen zu bieten. Eine Manuskriptpolice wird häufig von einem Agenten (der meistens eine große *Maklerfirma* vertritt) vor Ort geschrieben, um den besonderen Umständen und Bestimmungen Rechnung zu tragen.

## Karte
Diagramm, das bei der Sachversicherung verwendet wird, um den geographischen Bereich zu lokalisieren, in dem ein Risiko angesiedelt ist. Karten werden auch verwendet, um Gebiete mit einer hohen Konzentration versicherter Risiken und ihrer möglichen Auswirkungen auf eine Versicherungsgesellschaft zu offenbaren, sollte eine Katastrophe, wie ein Hurrikan, eintreten.

## Spanne
Schwankung bei Ansprüchen, die sich aus der → Negativen Auswahl ergibt.

**Margolin Act**
Legislation passed in California which establishes procedures applicable to any worker who incurs a job-related injury. This Act has far-reaching implications for → Workers Compensation Insurance in other states also. Under the Act, the employer must provide the Employee's Claim for Workers' Compensation Benefits form upon an employee's request or within 1 day of his or her injury. A series of penalties and fines is established in the event that claims rightfully due a claimant are inappropriately delayed. For example, one fine could result if indemnity payments do not begin within 14 days of the employer's knowledge of an employee's disability. Another fine could result if the entire compensability investigation is not completed within 90 days. Attorneys are required to provide prospective clients at the initial consultation with an Attorney Fee Disclosure Statement, which states attorneys' fees for handling the case, and also encourages the prospective client to use instead the Office of Benefit Assistance and Enforcement, which provides its service at no charge. It is a requirement that this form be signed by both the prospective client and the attorney.

**Margolin-Gesetz**
In Kalifornien verabschiedetes Gesetz, das die Verfahren festlegt, die auf jeden Arbeiter, der eine berufsbezogene Verletzung erleidet, angewendet werden müssen. Dieses Gesetz hat weitreichende Auswirkungen auf die → Berufsunfallversicherung auch in anderen Staaten. Nach diesem Gesetz muß der Arbeitgeber dem/der Arbeitnehmer(in) auf dessen/deren Bitte oder innerhalb eines Tages nach seiner/ihrer Verletzung ein Formular über den Anspruch des Arbeitnehmers auf Berufsunfalleistungen zur Verfügung stellen. Eine Reihe von Strafen und Geldstrafen wurde für den Fall geschaffen, daß Schadensansprüche, die einem Anspruchsteller rechtmäßig zustehen, in unangemessener Weise hinausgezögert werden. Z. B. könnte sich eine Geldstrafe ergeben, wenn Entschädigungszahlungen nicht innerhalb von 14 Tagen nach Kenntnisnahme des Arbeitgebers von der Arbeitsunfähigkeit eines Arbeitnehmers beginnen. Eine weitere Geldstrafe könnte eintreten, wenn die gesamten Untersuchungen zur Erstattungsfähigkeit nicht binnen 90 Tagen abgeschlossen sind. Anwälte sind verpflichtet, potentiellen Mandanten bei der ersten Beratung eine Auflistung der anwaltlichen Gebühren auszuhändigen, die die Gebühren des Anwalts für die Übernahme des Falls angibt und den potentiellen Mandanten auch ermutigt, statt dessen das Office of Benefit Assistance and Enforcement (Büro für Leistungsbeihilfe und -durchsetzung) zu konsultieren, das seine Dienste kostenlos zur Verfügung stellt. Sowohl der potentielle Mandant als auch der Anwalt müssen dieses Formular unterzeichnen.

## Marine Insurance
Coverage for goods in transit and the vehicles of transportation on waterways, land, and air. → Inland Marine Insurance (Transportation Insurance): Business Risks; → Instrumentalities of Transportation Insurance; → Nationwide Marine Definition; → Ocean Marine Insurance

## Marine Insurance Certificate
Special policy blank issued by an insured for individual shipments or other purposes under an → Open Policy. The open policy allows an insured to buy protection for all marine business for an indefinite period. When required to show evidence of insurance for a particular shipment, or to protect the cargo or ship of a client, the insured may issue a certificate of insurance backed by his or her own overriding open policy.

## Marine Insurance Officers Protective

→ Officers Protective Marine Insurance

## Marital Deduction
Provision in the Federal Tax Code for favorable treatment of an estate. Under the → Unlimited Marital Deduction no

## Transportversicherung
Versicherungsschutz für im Transit befindliche Waren und für Transportfahrzeuge auf Wasserwegen, auf dem Land und in der Luft. → Binnentransportversicherung (Transportversicherung): Geschäftsrisiken; → Zweckdienlichkeiten der Transportversicherung; → Landesweite Definition von Transport; → Überseeversicherung

## Transportversicherungsurkunde

Spezieller Policenvordruck, der von einem Versicherten für Einzelsendungen oder zu sonstigen Zwecken bei einer → Offenen Police ausgegeben wird. Die offene Police gestattet es einem Versicherten, Schutz für alle Transportgeschäfte für einen unbestimmten Zeitraum abzuschließen. Wenn es erforderlich ist, einen Versicherungsnachweis für eine bestimmte Sendung zu erbringen oder die Fracht oder das Schiff eines Kunden zu schützen, darf der Versicherte eine Versicherungsurkunde ausstellen, die von seiner oder ihrer eigenen vorrangigen offenen Police gestützt wird.

## Seeversicherung für persönliches Eigentum von Passagieren und Mannschaft eines Schiffes
→ Seeversicherung für persönliches Eigentum von Passagieren und Mannschaft eines Schiffes

## Ehegattenabzug
Bestimmung bei dem Federal Tax Code (Bundessteuerverordnung) für die begünstigte Behandlung eines Nachlasses. Bei dem → Unbegrenzten Ehegattenabzug

Federal estate tax is imposed on qualified transfers between a husband and wife. Under the → Qualified Terminable Interest Property (Q Tip) Trust all income from assets in trust is paid at least annually for the life of the spouse. → Estate Planning

**Marital Trust**
→ Trust that qualifies assets under the → Marital Deduction provision in the Federal Tax Code for favorable treatment of an estate. The surviving spouse has the full power to use the assets of the trust as well as to transfer assets to any heirs. Upon the death of the surviving spouse, any assets in the trust are subject to → Federal Estate Tax. → Bypass Trust; → Estate Planning Distribution; → Gift in Trust

**Marketing**
Creation of a demand for a company's products, its distribution, and services for customers who purchase that product. Actuarial research and development, underwriting efficiency, and claim payment promptness is of little value if no one is willing to purchase insurance products. *Agency and marketing departments* are the focus of all sales activity within an insurance company, and touch every as-

wird auf steuerbegünstigte Übertragungen zwischen Ehemann und -frau keine Bundeserbschaftsteuer erhoben. Bei dem → Steuerbegünstigten Treuhandvermögen mit terminierbarem, vermögensrechtlichem Anspruch wird das gesamte Einkommen aus dem Vermögen im Treuhandvermögen solange der Ehepartner lebt, zumindest jährlich, gezahlt. → Nachlaßplanung

**Ehegattentreuhandvermögen**
→ Treuhandvermögen, das Vermögen unter der → Ehegattenabzugs-Bestimmung des Federal Tax Codes (Bundessteuervorordnung) für die begünstigte Behandlung eines Nachlasses qualifiziert. Der überlebende Ehegatte verfügt sowohl über die vollständige Befugnis, das Treuhandvermögen zu verwenden, als auch Vermögen an irgendwelche Erben zu übertragen. Bei Tod des überlebenden Ehegattens unterliegt jedwedes Vermögen der → Bundeserbschaftsteuer. → Umgehungstreuhandvermögen; Nachlaßverteilungsplanung; → Schenkung an ein Treuhandvermögen

**Marketing**
Die Schaffung von Bedarf für die Produkte eines Unternehmens, seines Vertriebes und Dienstleistungen für Kunden, die dieses Produkt kaufen. Versicherungsmathematische Forschung und Entwicklung, Versicherungseffizienz und prompte Zahlung von Ansprüchen sind von geringem Wert, wenn niemand willens ist, Versicherungsprodukte zu kaufen. *Agentur- und Marketingabteilungen* sind das Zentrum aller Verkaufsaktivitäten innerhalb einer Versicherungsgesellschaft und berühren jeden Aspekt einer Gesellschaft (1) durch Schaffung von Prämieneinkommen für Wertpa-

pect of a company by generating (1) premium income for securities, real estate, and mortgage investments; (2) sales for review by the underwriting department and their issuance by policyholder services; (3) need for data storage and retrieval by the company's data processing center; (4) legal analysis and decisions by the law department; and (5) need for corporate planning.

piere, Immobilien- und Hypothekenanlagen, (2) Verkäufe zur Überprüfung durch die Zeichnungsabteilung und ihre Ausgabe durch den Kundendienst für Policenbesitzer, (3) Bedarf an Datenspeicherung und -wiedergewinnung durch das Datenverarbeitungszentrum der Gesellschaft, (4) rechtliche Analyse und Entscheidungen durch die Rechtsabteilung und (5) Bedarf an Unternehmensplanung.

**Marketing Representative**
→ Special Agent

**Vertriebsrepräsentant**
→ Bezirksagent

**Market Timing**
Investment strategy which advocates the transfer of amounts from one category of investment to another category according to a perception of how each of these categories of investments will perform relative to other categories of investments at a stipulated point in time. This strategy may be applied by purchasers of the → Variable Dollar Annuity or → Variable Life Insurance, both of which have provisions for the transfer of sums between stock, bond, and real estate accounts.

**Zeitliche Marktkoordination**
Kapitalanlagestrategie, die den Transfer von Beträgen einer Kapitalanlagekategorie zu einer anderen Kategorie entsprechend der Kenntnis beinhaltet, wie sich jede dieser Kapitalanlagekategorien zu einem bestimmten festgelegten Zeitpunkt im Verhältnis zu den anderen Kapitalanlagekategorien verhalten wird. Diese Strategie kann von Käufern einer → Variablen Dollarrente oder einer → Variablen Lebensversicherung angewendet werden, die jeweils über ihre eigenen Vorschriften hinsichtlich des Transfers von Summen zwischen Aktien-, Anleihen- und Immobilienkonten verfügen.

**Market Value**
→ Market Value v. Actual Cash Value

**Marktwert**
→ Marktwert ./. tatsächlicher Barwert

**Market Value Clause**
Provision of property insur-

**Marktwertklausel**
Bestimmung bei der Sachversicherung, die

ance which establishes the amount for which an insured must be reimbursed for damaged or destroyed property according to the price a willing buyer would pay for the property purchased from a willing seller, as opposed to the → Actual Cash Value of the damaged or destroyed property. → Market Value v. Actual Cash Value

den Betrag festlegt, für den ein Versicherter für seinen beschädigten oder zerstörten Besitz entschädigt werden muß, entsprechend dem Preis, den ein gewillter Käufer für den von einem gewillten Verkäufer gekauften Besitz zahlen würde, im Gegensatz zum → Tatsächlichen Barwert des beschädigten oder zerstörten Besitzes. → Marktwert ./. tatsächlicher Barwert

**Market Value v. Actual Cash Value**
Value of property as established by the price a willing buyer would pay for property purchased from a willing seller, compared with the replacement cost of damaged or destroyed property minus depreciation and obsolescence. Usually, replacement cost basis is used in property insurance to indemnify an insured for damaged or destroyed property. → Market Value Clause

**Marktwert ./. tatsächlicher Barwert**
Der Wert eines Vermögensgegenstandes, wie durch den Preis festgelegt, den ein gewillter Käufer für den Kauf eines Vermögensgegenstandes von einem gewillten Verkäufer zahlen würde, verglichen mit den Wiederbeschaffungskosten des beschädigten oder zerstörten Besitzes abzüglich Abschreibung und Veralterung. Gewöhnlich wird bei der Sachversicherung die Wiederbeschaffungsgrundlage verwendet, um einen Versicherten für beschädigten oder zerstörten Besitz zu entschädigen. → Marktwertklausel

**Mass Marketing**
→ Mass Merchandising

**Massenabsatz**
→ Massenabsatzförderung

**Mass Merchandising**
Coverage for a group of individuals under one policy. Usually, members belong to a particular company, union, or trade association. In a *contributory plan* a lump sum premium is paid by the group to the insurance company using salary deductions.

**Massenabsatzförderung**
Versicherungsschutz für eine Gruppe von Einzelpersonen unter einer Police. Gewöhnlich gehören die Mitglieder einem bestimmten Unternehmen, einer Gewerkschaft, einer Handelsvereinigung an. Bei einem *beitragspflichtigen Vorhaben* wird mittels Gehaltsabzügen eine Pauschalprämie durch die Gruppe an die Versicherungsgesellschaft gezahlt.

## Mass Underwriting
Evaluation of the demographic characteristics of the entire group (such as age, → Sex, → Morbidity, → Mortality), as opposed to the evaluation of individuals in that group. → Mass Merchandising

## Master Contract
→ Master Policy

## Master Policy
Single contract coverage on a group basis issued to an employer. Group members receive certificates as evidence of membership summarizing benefits provided. → Group Health Insurance; → Group Life Insurance

## Master-Servant Rule
Assumption that an employer is liable for negligent acts or omissions of employees which result in bodily injury and/or property damage to third parties if those acts are in the course of employment.

## Matched Set or Pair Insurance

→ Set Clause (Pair or Set Clause)

## Material Fact
→ Material Misrepresentation

## Material Misrepresentation
Falsification of a material fact

## Massenzeichnung
Bewertung demographischer Merkmale einer vollständigen Gruppe (wie Alter, → Geschlecht, → Erkrankungsziffer, → Sterblichkeit) im Gegensatz zur Bewertung von Einzelpersonen in dieser Gruppe. → Massenabsatzförderung

## Rahmenvertrag
→ Rahmenpolice

## Rahmenpolice
An einen Arbeitgeber ausgegebener Versicherungsschutz mit einem Einzelvertrag auf Gruppenbasis. Die Gruppenmitglieder erhalten als Nachweis ihrer Mitgliedschaft Zertifikate, die die gebotenen Leistungen zusammenfassen. → Gruppenkrankenversicherung; → Gruppenlebensversicherung

## Arbeitgeberhaftungsregel
Annahme, daß ein Arbeitgeber für fahrlässige Handlungen oder Unterlassungen der Arbeitnehmer, die Körperverletzungen und/oder Sachbeschädigungen Dritter zur Folge haben, haftbar ist, wenn diese Handlungen im Verlaufe des Arbeitsverhältnisses erfolgen.

## Versicherung für einen zusammengehörigen Satz oder ein Paar
→ Satzklausel (Paar- oder Satzklausel)

## Wesentliche Tatsache
→ Wesentliche Falschdarstellung

## Wesentliche Falschdarstellung
Verfälschung einer wesentlichen Tatsache

in such a manner that, had the insurance company known the truth, it would not have insured the risk. A material misrepresentation gives an insurance company grounds to rescind a contract. → Concealment

in der Art, daß dann, wenn der Versicherungsgesellschaft die Wahrheit bekannt gewesen wäre, sie das Risiko nicht versichert hätte. Eine wesentliche Falschdarstellung gibt einer Versicherungsgesellschaft das Recht, einen Vertrag zu widerrufen. → Verschweigen

**Matured Endowment**
Endowment period of time, in life insurance, at which the face amount of the policy is payable to the insured.

**Fällige Erlebensfallzahlung**
Erlebensfallzeitraum bei der Lebensversicherung, bei der der Nennwert der Police an den Versicherten zahlbar ist.

**Maturity Date**
Time at which life insurance death proceeds or endowments are paid, either at the death of an insured or at the end of the endowment period.

**Fälligkeitsdatum**
Zeitpunkt, zu dem die Todesfalleistungen oder die Erlebenszahlungen einer Lebensversicherung gezahlt werden, entweder bei Tod des Versicherten oder zum Ende des Erlebensfallzeitraums.

**Maturity Value**
Speicified amount received by an insured at the end of an endowment period (usually the face amount of the endowment policy), or by the owner of an ordinary life policy (usually the individual insured) who lives to a given age.

**Fälligkeitswert**
Spezifischer Betrag, den ein Versicherter am Ende des Erlebensfallzeitraums erhält (gewöhnlich den Barwert der Erlebensfallpolice) oder den der Besitzer einer gewöhnlichen Lebensversicherungspolice (in der Regel die versicherte Person), der ein bestimmtes Alter erreicht, erhält.

**Maximum**
Total amount of insurance coverage available for an → Insured.

**Maximum**
Gesamtbetrag an Versicherungsschutz, der für einen → Versicherten verfügbar ist.

**Maximum Benefit**
→ Benefit Formula; → Coinsurance

**Höchstleistung**
→ Leistungsformel; → Mitversicherung

## Maximum Deductible Contribution

Limit allowed by law on employee salary reduction plans. Many pension plans, as well as the popular *401 (k) plan*, allow employees to set aside pre-tax dollars in a company-sponsored retirement account, often matched by a company contribution. But the amount contributed by the employee is regulated by law. For example, the maximum annual contribution for the 401 (k) plan, which was $30,000 per year in 1986, was reduced to $7000 by the → Tax Reform Act of 1986.

## Maximum Family Benefit

→ Coordination of Benefits; → Group Health Insurance

## Maximum Foreseeable Loss (MFL)

Worst case scenario under which an estimate is made of the maximum dollar amount that can be lost if a catastrophe occurs such as a hurricane or firestorm.

## Maximum Possible Loss

→ Maximum Foreseeable Loss (MFL)

## Maximum Probable Loss (MPL)

Estimate of maximum dollar value which can be lost under realistic situations. For example, a fire or other peril

## Maximal abzugsfähiger Beitrag

Bei Gehaltreduzierungsvorhaben für Angestellte gesetzlich erlaubte Höchstgrenze. Viele Pensionssysteme sowie der beliebte *401 (k) Plan* gestatten es Arbeitnehmern, unversteuerte Dollarbeträge in einem vom Unternehmen unterstützten Pensionierungskonto, häufig mit einem entsprechenden Beitrag des Unternehmens, beiseite zu legen. Der vom Arbeitnehmer geleistete Beitrag ist gesetzlich geregelt. Der jährliche Höchstbeitrag zum 401(k) Plan z. B., der 1986 US$ 30.000 betrug, wurde durch das → Steuerreformgesetz aus dem Jahre 1986 auf US$ 7.000 reduziert.

## Maximale Familienleistung

→ Koordination von Leistungen; → Gruppenkrankenversicherung

## Vorhersehbarer Höchstschaden

Das Szenario des schlimmsten Falles, bei dem eine Schätzung über den Höchstbetrag in Dollar vorgenommen wird, der verlorengeht, falls eine Katastrophe, wie ein Hurrikan oder eine Brandkatastrophe, eintritt.

## Maximal möglicher Schaden

→ Vorhersehbarer Höchstschaden

## Wahrscheinlicher Höchstschaden

Schätzung des Höchstwertes in Dollar, der bei realistischen Situationen verlorengeht. Z. B., wenn ein Feuer oder eine andere Gefahr eintritt, aber das Sprinklersystem

occurs, but a sprinkler system works and a fire department responds in good order.

funktioniert und die Feuerwehr ordnungsgemäß reagiert.

**Maxi Tail (Full Tail)**
Extended reporting period, for an unlimited length of time, during which claims may be made after a → Claims Made Basis Liability Coverage policy has expired. → Incurred but not Reported Losses (IBNR); → Long-Tail Liability

**Maximaler Meldezeitraum**
Verlängerter Meldezeitraum für unbegrenzte Zeit, während der Schadensansprüche geltend gemacht werden können, nachdem eine → Haftpflichtversicherungspolice auf der Grundlage geltend gemachter Ansprüche abgelaufen ist. → Erlittene, aber nicht gemeldete Schäden; → Langfristige Haftpflicht

**McCarran-Ferguson Act (Public Law 15)**
1945 Federal legislation in which the Congress declared that the states may continue to regulate the insurance industry. Nevertheless, in recent years Congress has expanded the Federal government's insurance activities into *flood insurance,* → Federal Crop Insurance, and *riot and civil commotion insurance.* → South-Eastern Underwriters Association (SEUA) Case

**McCarran-Ferguson Gesetz (Öffentliches Gesetz 15)**
Bundesgesetz von 1945, in dem der Kongreß erklärte, daß die Staaten mit der Lenkung der Versicherungsbranche fortfahren dürfen. Trotzdem hat der Kongreß in den letzten Jahren die Versicherungsaktivitäten der Bundesregierung auf die *Überschwemmungsversicherung,* die → Bundesrentenversicherung und die *Versicherung gegen Aufruhr und bürgerliche Unruhen* ausgeweitet. → Der Fall der South-Eastern Underwriters Association (SEUA)

**Mean**
→ Expected Loss

**Mittel**
→ Erwarteter Schaden

**Measurement**
→ Loss Development; → Loss Frequency Method; → Loss Trends

**Messung**
→ Schadensentwicklung; → Schadenshäufigkeitmethode; → Schadenstrends

**Median**
Statistical term indicating the central value of a frequency distribution, such that smaller and greater values than this

**Halbwert**
Statistischer Begriff, der den zentralen Wert einer Häufigkeitsverteilung so angibt, daß Werte, die kleiner und größer sind als dieser zentrale Wert, im gleichen

central value occur at an equal rate. For example, given the numbers 1, 7, 10, 12, 14, 17, 19, 20, and 22, the median is 14.

Verhältnis auftreten. Z. B. ist bei den gegebenen Zahlen 1, 7, 10, 12, 14, 17, 19, 20 und 22 der Halbwert 14.

## Medicaid

Assistance program for the financially needy. Medicaid, also referred to as *Title XIX* of the Social Security Act, was enacted in 1965 at the same time as → Medicare. It is a joint Federal-state program that provides medical assistance for the aged, blind, and disabled, and families with dependent children who cannot pay for such assistance themselves. Benefits vary widely among the states.

## Medicaid

(Gesundheitsdienst für Bedürftige) – Beihilfeprogramm für finanziell Bedürftige. Medicaid, auch unter der Bezeichnung *Title XIX* des Sozialversicherungsgesetzes bekannt, wurde 1965 zur gleichen Zeit wie → Medicare (Gesundheitsfürsorge für über 65jährige) eingeführt. Es handelt sich um ein gemeinschaftliches Bundes-/staatliches Programm, das Alten, Blinden, Behinderten und Familien mit unterhaltsberechtigten Kindern, die für eine solche Hilfe nicht selbst zahlen können, medizinische Hilfe bietet. Die Leistungen variieren von Staat zu Staat stark.

## Medicaid Qualifying Trust

→ Irrevocable Living Trust (rights to make any changes are forfeited by the → Grantor permanently) in which the grantor forfeits control of all assets placed in the trust. However, the grantor retains the right to all income produced by the assets in the trust, and the assets can be distributed to beneficiaries at the grantor's death. The objective of this trust is to protect the assets of the grantor against depletion to pay the costs of → Long-Term Care or against dissipation by the grantor's heirs during the grantor's lifetime.

## Für Medicaid qualifizierendes Treuhandvermögen

→ Unwiderrufliches Treuhandvermögen zu Lebzeiten des Verfügungsberechtigten (die Rechte, irgendwelche Änderungen vorzunehmen, werden vom → Stifter für immer aufgegeben), bei dem der Stifter die Kontrolle über alles im Treuhandvermögen plazierte Vermögen aufgibt. Der Stifter behält jedoch das Anrecht auf das vom Treuhandvermögen produzierte Einkommen. Das Vermögen kann bei Tod des Stifters an die Begünstigten verteilt werden. Das Ziel dieses Treuhandvermögens ist es, das Vermögen des Stifters gegen Aufzehrung durch die Zahlung von → Langzeitpflege-Kosten oder gegen Verschwendung durch die Erben des Stifters zu Lebzeiten des Stifters zu schützen.

**Medical**
→ Medical Examination

**Medical Examination**
Physical checkup required of applicants for life and/or health insurance to ascertain if they meet a company's underwriting standards or should be classified as substandard or uninsurable. Physicals are administered by medical personnel selected by the insurance company at its expense. Physicals may also be used to determine extent of disability for insurance purposes. → Medical Examiner

**Medical Examiner**
Physician who conducts physicals of applicants for life and/or health insurance. This physician is selected by the insurance company at its expense. → Medical Examination

**Medical Expense Insurance**
→ Coordination of Benefits; → Group Health Insurance; → Health Insurance Contract; → Health Maintenance Organization (HMO)

**Medical Information Bureau (MIB)**
Central computerized facility which keeps on file the health history of the applicants for life and health insurance with

**Ärztliche Untersuchung**
→ Ärztliche Untersuchung

**Ärztliche Untersuchung**
Medizinische Untersuchung, die von Antragstellern für Lebens- und/oder Krankenversicherungen gefordert wird, um festzustellen, ob sie den Zeichnungsstandards einer Gesellschaft entsprechen oder ob sie als unterhalb des Standards oder unversicherbar eingestuft werden sollten. Die medizinischen Untersuchungen werden von medizinischem Personal durchgeführt, das von der Versicherungsgesellschaft auf deren Kosten ausgewählt wird. Ärztliche Untersuchungen können auch durchgeführt werden, um zu Versicherungszwecken den Grad der Behinderung festzustellen. → Vertrauensarzt

**Vertrauensarzt**
Arzt, der medizinische Untersuchungen von Antragstellern für Lebens- und/oder Krankenversicherungen durchführt. Der Arzt wird von der Versicherungsgesellschaft auf deren Kosten ausgewählt. → Ärztliche Untersuchung

**Arztkostenversicherung**

→ Koordination der Leistungen; → Gruppenkrankenversicherung; → Krankenversicherungsvertrag; → Health Maintenance Organization (HMO)

**Medical Information Bureau (MIB)**
(Büro für Medizinische Informationen) – Zentralcomputer-Einrichtung, die Akten über die Krankengeschichte von Antragstellern für Lebens- und Krankenversi-

# Medical Payments Insurance/ Versicherung zur Zahlung medizinischer Leistungen

member MIB companies. For example, the health record of an applicant for insurance with a member MIB company in Atlanta, Georgia is available to another member MIB company in Shreveport, Louisiana. The MIB was organized to guard against fraud by applicants.

cherungen bei Mitgliedsgesellschaften des MIB führt. Die Krankengeschichte eines Antragstellers für eine Versicherung bei einer MIB Mitgliedsgesellschaft in Atlanta, Georgia, ist für eine andere MIB Mitgliedsgesellschaft in Shevreport, Louisiana, zugänglich. Das Medical Information Bureau (MIB) wurde als Schutz gegen den Betrug von Antragstellern organisiert.

## Medical Payments Insurance

Provision of liability policies and the liability sections of *package insurance* policies, such as the → Personal Automobile Policy (PAP), which pay medical expenses without regard to fault. The insured does not admit liability for bodily injury to another party, nor does an injured party forfeit the right to sue the insured.

## Versicherung zur Zahlung medizinischer Leistungen

Bestimmung bei Haftpflichtversicherungspolicen und den Haftpflichtteilen von *Versicherungspaket*policen, wie der → Privat-Kfz-Police, die die Arztkosten unabhängig von der Schuldfrage zahlen. Der Versicherte gibt die Haftung für eine Körperverletzung einer anderen Partei gegenüber nicht zu, noch verzichtet die verletzte Partei auf ihr Recht, den Versicherten zu verklagen.

## Medical Payments to Others Insurance

→ Homeowners Insurance Policy – Section II (Liability Coverage)

## Versicherung für die Zahlung medizinischer Behandlungskosten anderer

→ Hausbesitzerversicherungspolice – Teil II (Haftpflichtversicherungsschutz)

## Medicare

Program enacted in 1965 under Title XVIII of the Social Security Amendments of 1965 to provide medical benefits to those 65 and over. The program has two parts: *Part A, Hospital Insurance* and *Part B, Supplementary Medical Insurance*. Retired workers qualified to receive Social Security bene-

## Medicare

(Gesundheitsfürsorge für über 65jährige) – ein 1965 unter Titel XVIII der Sozialversicherungsangleichung von 1965 in Kraft gesetztes Programm, um Personen im Alter von 65 Jahren und darüber medizinische Leistungen zu bieten. Das Programm verfügt über zwei Teile: *Teil A, Krankenhausversicherung* und *Teil B, ergänzende medizinische Versicherung*. Pensionierte Arbeiter, die berechtigt sind,

fits, and their dependents, also qualify for the hospital insurance portion. The program is paid for by payroll taxes on employees and covered workers. The supplementary medical insurance provides additional coverage on a voluntary basis for physician services. Those enrolled in the program pay a monthly premium. Coverage is also available to persons under 65 who are disabled and have received Social Security disability benefits for 24 consecutive months.

## Medicare Catastrophic Coverage Act

Federal legislation passed in 1988 (repealed November 23, 1989) that significantly increased the benefit amounts provided under → Medicare, both Part A and Part B, in the following manner:
1. *Doctors' bills* – effective January 1, 1990, Medicare patients under Part B would have had their out-of-pocket expenses for doctors' bills limited to $ 1,370. However, if the doctor charged more than Medicare approved, the patient would be liable for the difference. The patient would have paid the first $ 75 as a → Deductible for the approved charges, and Medicare would have paid 80% of the remaining approved charges up to

Sozialversicherungsleistungen zu empfangen, ihre Angehörigen haben auch ein Anrecht auf den Krankenversicherungsteil. Das Programm wird durch die Lohnsummensteuer für Angestellte und abgedeckte Arbeiter finanziert. Die ergänzende medizinische Versicherung bietet zusätzlichen Versicherungsschutz auf freiwilliger Grundlage für ärztliche Leistungen. Diejenigen, die an dem Progamm teilnehmen, zahlen eine monatliche Prämie. Versicherungsschutz ist auch für Personen unter 65, die behindert sind und für 24 aufeinanderfolgende Monate Sozialversicherungs-Invaliditätsleistungen bezogen haben, verfügbar.

## Medicare Catastrophic Coverage Act

(Medicare Katastrophenversicherungsschutzgesetz) – 1988 verabschiedetes Bundesgesetz (am 23. November 1989 außer Kraft gesetzt), welches die unter → Medicare (Gesundheitsfürsorgeprogramm für über 65jährige) gebotenen Leistungen, sowohl in Teil A als auch in Teil B, auf die folgende Art und Weise in beträchtlichem Umfang steigerte:
1. *Arztrechnungen:* Ab dem 1. Januar 1990 wären die effektiven Kosten für Medicare-Patienten unter Teil B für Arztrechnungen auf US$ 1.370 beschränkt worden. Hätte der Arzt jedoch mehr in Rechnung gestellt als von Medicare anerkannt worden wäre, so wäre der Patient für die Differenz haftbar gewesen. Der Patient hätte die ersten US$ 75 als → Selbstbehalt für die anerkannten Gebühren gezahlt, und Medicare hätte 80% der verbleibenden anerkannten Gebühren bis zu US$ 1.370 und 100 % der anerkannten Gebühren über

$ 1,370 and 100% of the approved charges above $ 1,370. Any payments made by the patient's private insurance would be applied to the $ 1,370.

2. *Hospital bills* – effective January 1, 1990, Medicare patients would have paid a deductible of $ 564 per year for the first stay in the hospital. After this deductible was paid, Medicare would have paid 100% of all hospital bills regardless of the length of stay.

3. *Drugs* – effective January 1, 1990, Medicare would have begun paying for → Outpatient prescription drugs. After the patient paid a $ 550 deductible, Medicare would have paid 80% of the cost of intravenous drugs, to include antibiotics, and 50% of the cost of immunosuppressive drugs. Effective January 1, 1991, after the patient paid a $ 600 deductible and a 50% → Copayment, Medicare would have paid for most other prescription drugs and insulin. Effective January 1, 1992, after the patient paid a $ 652 deductible and a 40% copayment, most prescription drugs would have been covered by Medicare. Effective January 1, 1993 and beyond, after the patient paid a deductible yet to be determined and a 20% copayment, most prescription drugs would have been covered by Medicare.

US$ 1.370 getragen. Alle von der Privatversicherung des Patienten geleisteten Zahlungen wären auf die US$ 1.370 verwendet worden.

2. *Krankenhausrechnungen:* Ab dem 1. Januar 1990 hätten Medicare-Patienten einen Selbstbehalt von US$ 564 pro Jahr für den ersten Krankenhausaufenthalt bezahlt. Nach Zahlung dieses Selbstbehaltes hätte Medicare 100 % aller Krankenhausrechnungen unabhängig von der Länge des Aufenthalts bezahlt.

3. *Arzneimittel:* Ab dem 1. Januar 1990 hätte Medicare damit begonnen, verordnete Arzneimittel für → Ambulante Patienten zu zahlen. Nachdem der Patient einen Selbstbehalt von US$ 550 bezahlt hätte, hätte Medicare 80% der Kosten für intravenöse Arzneimittel, einschließlich Antibiotika, und 50% der Kosten für immunsuppressive Arzneimittel übernommen. Ab dem 1. Januar 1991, nachdem der Patient einen Selbstbehalt von US$ 600 und eine 50%ige → Zuzahlung geleistet hätte, hätte Medicare für die meisten anderen verordneten Arzneimittel und Insulin bezahlt. Ab dem 1. Januar 1992, nachdem der Patient einen Selbstbehalt von US$ 652 und eine 40%ige Zuzahlung geleistet hätte, wären die meisten verordneten Arzneimittel von Medicare abgedeckt gewesen. Ab dem 1. Januar 1993 und darüber hinaus, nachdem der Patient einen noch zu bestimmenden Selbstbehalt und eine 20%ige Zuzahlung gezahlt hätte, wären die meisten verordneten Arzneimittel von Medicare abgedeckt gewesen.

4. *Qualifizierte Pflegeeinrichtung:* Ab dem 1. Januar 1989, nachdem der Patient eine Zuzahlung von US$ 22 für die ersten 8 Tage geleistet hätte, hätte Medicare für 150 Pflegetage in einer qualifizierten

4. *Skilled nursing facility* – effective January 1, 1989, after the patient paid a copayment of $ 22 per day for the first 8 days, Medicare would have paid for 150 days of skilled nursing facility care.
5. *Home health care* – effective January 1, 1990, patients who did not require daily care would have been eligible for up to 6 days a week of home health care for as long as the doctor prescribed.
6. *Hospice care* – effective January 1, 1989, terminal patients would have been entitled under Medicare to unlimited hospice care.
7. *Respite care* – effective January 1, 1990, an individual who was caring for a Medicare patient (provided the patient had met either the $ 1,370 Part B limit or the annual deductible for prescription drugs) at home who required daily care would have been entitled to 80 hours per year of home health aide and personal care services.
8. *Mammography* – effective January 1, 1990, a Medicare patient would have been covered up to $ 50 for X-ray expenses incurred to detect breast cancer.

The costs to Medicare participants would have been as follows:
1. Currently, all Medicare Part B beneficiaries must pay an extra $ 4 premium each month

Pflegeeinrichtung bezahlt.
5. *Häusliche Krankenpflege:* Ab dem 1. Januar 1990 hätten Patienten, die keiner täglichen Pflege bedürfen, bis zu sechs Tage in der Woche ein Anrecht auf häusliche Krankenpflege gehabt, solange der Arzt dies verschreibt.
6. *Hospizpflege:* Ab dem 1. Januar 1989 hätten Pflegefälle unter Medicare ein Anrecht auf unbeschränkte Pflege in einem Hospiz gehabt.
7. *Pflegeerleichterung:* Ab dem 1. Januar 1990 hätte eine Person, die einen Medicare-Patienten, der tägliche Pflege benötigt, zu Hause pflegt (vorausgesetzt, der Patient hätte entweder das US$ 1.370 Limit von Teil B oder den jährlichen Selbstbehalt für verschriebene Arzneimittel erfüllt), ein Anrecht auf eine häusliche Pflegehilfe für 80 Tage pro Jahr und persönliche Pflegedienste.
8. *Mammographie:* Ab dem 1. Januar 1990 wäre ein Medicare Patient für Röntgenausgaben von bis zu US$ 50 für die Feststellung von Brustkrebs versichert gewesen.

Die Kosten für die Medicare-Teilnehmer wären wie folgt gewesen:
1. Gegenwärtig müssen alle Leistungsempfänger von Medicare Teil B jeden Monat eine zusätzliche Prämie von US$ 4 über die normale Medicare Teil A-Prämie hinaus zahlen. Bis 1993 hätte die zusätzliche Prämie US$ 10,20 im Monat betragen. Alle Personen mit einem Anrecht auf Leistungen unter Teil A für mehr als sechs Monate während eines Steuerjahres und mit einer Bundeseinkommensteuerschuld von wenigsten US$ 150 hätten zudem für 1989 eine ergänzende Prämie von 15 % pro US$ 150 zahlen müssen, für 1990 eine von 25 %, für 1991 eine von 26 %, für 1992 eine

above the normal Medicare Part A premium. By 1993, the extra premium would have been $ 10.20 per month. All individuals who were entitled to Part A benefits for more than 6 months during a tax year and owed at least $ 150 in federal income taxes would also have paid a supplemental premium of 15% for each $ 150 for 1989, 25% for 1990, 26% for 1991, 27% for 1992, and 28% for 1993. For tax years starting after 1993, the annual limit would have been tied to increases in the costs of Medicare. The maximum supplemental premium would have been $ 800 per Medicare beneficiary, or $ 1,600 per couple enrolled in Medicare for tax year 1989; $ 850 and $ 1,700, respectively, for tax year 1990; $ 900 and $ 1,800, respectively, for tax year 1991; $ 950 and $ 1,900, respectively, for tax 1992; and $ 1,050 and $ 2,100, respectively, for tax year 1993.

von 27 % und für 1993 eine von 28 %. Für nach 1993 beginnende Steuerjahre wäre der jährliche Höchstbetrag an die Kostensteigerungen von Medicare gebunden gewesen. Die höchste Ergänzungsprämie wären für das Steuerjahr 1989 US$ 800 pro Medicare Begünstigten gewesen oder US$ 1.600 pro Ehepaar, das an Medicare teilnimmt, US$ 850 bzw. US$ 1.700 für das Steuerjahr 1990, US$ 900 bzw. 1.800 für das Steuerjahr 1991, US$ 950 bzw. 1.900 für das Steuerjahr 1992 und US$ 1.050 bzw. US$ 2.100 für das Steuerjahr 1993.

## Medicare Gap Insurance

→ Medicare; → Medigap Insurance

## Medicare Supplementary Insurance

→ Medigap Insurance

## Medicare-Ergänzungskrankenversicherung, die die Lücken von Medicare abdeckt

→ Medicare; → Ergänzungskrankenversicherung, die die Lücken von Medicare abdeckt

## Medicare-Ergänzungsversicherung

→ Ergänzungskrankenversicherung, die die Lücken von Medicare abdeckt

**Medigap Insurance (Medicare Supplementary Insurance)**
Coverage for at least some portion of the expenses not paid for by → Medicare. A good policy includes the following coverages:
1. Full payment of doctors' bills above the amount paid by Medicare.
2. Full payment of hospital bills above the amount paid by Medicare.
3. Immediate coverage of the patient for existing illness (no → Preexisting Condition clause).
4. → Guaranteed Renewable Contract.
5. Full payment of nursing-home bills above the amount paid by Medicare (long-term custodial care will be excluded from this policy).
6. Coverage for illnesses incurred while in a foreign country.

**Member**
Person covered by insurance under a → Blue Cross or → Blue Shield plan.

**Memorandum Clause**
Provision in *ocean marine cargo* policies to limit an insurance company's liability for partial losses; the company has liability only for losses which exceed a stipulated percentage of the value of the cargo.

**Ergänzungskrankenversicherung, die die Lücken von Medicare abdeckt (Medicare-Ergänzungsversicherung)**
Versicherungsschutz zumindest für einen Teil der Ausgaben, die von → Medicare (Medizinisches Fürsorgeprogramm für über 65jährige) nicht abgedeckt werden. Eine gute Police umfaßt die folgenden Deckungen:
1. Vollständige Zahlung von Arztrechnungen, die über den von Medicare gezahlten Betrag hinausgehen.
2. Vollständige Zahlung von Krankenhausrechnungen, die über den von Medicare gezahlten Betrag hinausgehen.
3. Sofortiger Versicherungsschutz des Patienten für eine bestehende Krankheit (keine Klausel über eine → Zuvor bestehende Bedingung).
4. → Garantiert erneuerbarer Vertrag.
5. Vollständige Zahlung von Pflegeheim-Rechnungen, die über den von Medicare bezahlten Betrag hinausgehen (langfristige Pflegschaft wird bei dieser Police ausgeschlossen sein).
6. Versicherungsschutz für im Ausland erlittene Krankheiten.

**Mitglied**
Bei einem Versicherungsvorhaben des → Blue Cross (Blaues Kreuz) oder → Blue Shield (blaues Schutzschild) versicherte Person.

**Haftungsbeschränkungsklausel**
Bestimmung bei *Überseefrachtversicherungspolicen,* um die Haftpflicht einer Versicherungsgesellschaft für Teilschäden zu begrenzen. Die Gesellschaft ist nur für Schäden haftbar, die einen festgelegten Prozentsatz des Frachtwertes übersteigen.

## Mercantile Open-Stock Burglary Insurance

Coverage for damage or destruction of property due to a crime, and property lost due to a burglary, whether successful or attempted. An endorsement provides coverage for robbery and theft of merchandise. Coverage is provided for merchandise, equipment, fixtures, furniture left in the open on the business premises. There is a coinsurance basis of 40 to 80%.

## Mercantile Robbery Insurance

Coverage available under two forms for actual or attempted robbery of money, securities or other property. Under the *First Form* the policy covers if the robbery is committed on the premises of the business. The *Second Form* covers if the robbery is committed against a messenger of the business off its premises. An endorsement can provide coverage if employees have property of the business in their custody at home, and this property is lost through robbery or burglary.

## Mercantile Safe Burglary Insurance

Coverage in the event a safe of a business is forceably entered, either on or off the premises, and property is stolen from the safe. Also covered is damage to

## Einbruchdiebstahlversicherung offener Warenlager

Versicherungsschutz für die Beschädigung oder Zerstörung von Vermögensgegenständen aufgrund eines Verbrechens und verlorengegangene Vermögensgegenstände aufgrund eines Einbruchsdiebstahls, ob erfolgreich oder versucht. Ein Nachtrag bietet Versicherungsschutz gegen Raub und Diebstahl der Handelsware. Versicherungsschutz wird für Handelsware, Ausstattung, Armaturen und für im Freien stehende Möbel auf dem Betriebsgelände geleistet. Die Mitversicherungsgrundlage liegt bei 40 bis 80%.

## Betriebliche Raubversicherung

Unter zwei Formen erhältlicher Versicherungsschutz für den tatsächlichen oder versuchten Raub von Geld, Wertpapieren oder sonstigen Vermögensgegenständen. Bei der *ersten Form* versichert die Police, wenn der Raub auf dem Betriebsgelände des Unternehmens begangen wird. Die *zweite Form* versichert, falls der Raub auf einen Boten des Unternehmens außerhalb des Betriebsgeländes verübt wird. Ein Nachtrag kann Versicherungsschutz bieten, falls Angestellte Vermögensgegenstände des Unternehmens unter ihrer Obhut zu Hause aufbewahren und diese Vermögensgegenstände durch Raub oder Einbruchdiebstahl verlorengehen.

## Betriebliche Safeeinbruchversicherung

Versicherungsschutz für den Fall, daß ein Safe eines Unternehmens entweder auf oder außerhalb des Betriebsgeländes mit Gewalt geöffnet wird und Vermögensgegenstände aus dem Safe gestohlen werden.

the premises during actual or attempted burglary. Premium rates can be reduced through precautions such as burglar alarms, guards, and other protective measures. There is no coinsurance or deductible requirement.

**Merchant Marine Act**
→ Jones Act

**Merger, Consolidation or Reorganization of Plan Sponsor**
Change in the nature of an employer or other organization that sponsors a *qualified pension plan*. A qualified plan must guarantee vested benefits due to participants in the event of a merger, acquisition, or change in employer status. For example, the value of benefits cannot be reduced as the result of a merger.

**Merit Rate**
→ Merit Rating

**Merit Rating**
System of charges to an insured which fluctuates according to the loss experience of that insured. This is a form of → Experience Rating. → Prospective Rating; → Retrospective Rating

**Messenger Insurance**
→ Messenger Robbery Insurance

Auch abgedeckt ist die Beschädigung des Betriebsgeländes während des tatsächlichen oder versuchten Diebstahls. Die Prämien können durch Vorsichtsmaßnahmen wie Alarmanlagen, Wachen und andere Schutzmaßnahmen reduziert werden. Eine Mitversicherung oder ein Selbstbehalt werden nicht gefordert.

**Merchant Marine Act**
(Handelsmarinegesetz) → Jones Gesetz

**Zusammenschluß, Zusammenlegung oder Reorganisation des Sponsors eines Systems**
Änderung im Status eines Arbeitgebers oder einer sonstigen Organisation, die ein *steuerbegünstigtes Pensionssystem* sponsort. Ein steuerbegünstigtes System muß den Teilnehmern zustehende wohlerworbene Leistungen im Falle eines Zusammenschlusses, eines Aufkaufs oder eines Wechsels des Arbeitgeberstatus garantieren. Der Wert der Leistungen kann beispielsweise nicht aufgrund eines Zusammenschlusses reduziert werden.

**Leistungsklasse**
→ Leistungsbeurteilung

**Leistungsbeurteilung**
System von Gebühren an einen Versicherten, das entsprechend der Schadenserfahrung dieses Versicherten schwankt. Dies ist eine Form der → Erfahrungsbeurteilung. → Vorausschauende Prämienfestsetzung; → Rückschauende Prämienfestsetzung

**Botenversicherung**
→ Botenraubversicherung

## Messenger Robbery Insurance

Coverage for an insured who is authorized to convey property such as money, securities, and other valuables, away from a business's premises.

## Mexico Insurance

Coverage through an endorsement to the → Personal Automobile Policy (PAP) to extend its protection against accidents within a 25 mile radius of the U.S. border. This coverage is excess over liability insurance with a licensed Mexican insurance company. The purchase of Mexican liability insurance is prerequisite to the extended coverage of PAP.

## MFL

→ Maximum Foreseeable Loss

## MIB

→ Medical Information Bureau (MIB)

## Midi Tail

Automatically extended reporting period of 5 years, during which claims may be made after a → Claims Made Basis Liability Coverage policy has expired, provided these claims are the result of an event that took place within 60 days of the termination of the policy. → Incurred but not Reported

## Botenraubversicherung

Versicherungsschutz für einen Versicherten, der bevollmächtigt ist, Vermögensgegenstände wie Geld, Wertpapiere und andere Wertgegenstände vom Betriebsgelände weg zu befördern.

## Mexikoversicherung

Versicherungsschutz durch einen Nachtrag zur → Privat-Kfz-Police, um ihren Schutz gegen Unfälle innerhalb eines Umkreises von 25 Meilen von der US-amerikanischen Grenze zu erweitern. Dieser Versicherungsschutz erfolgt zusätzlich zur Haftpflichtversicherung bei einer lizensierten mexikanischen Versicherungsgesellschaft. Der Abschluß einer mexikanischen Haftpflichtversicherung ist eine Voraussetzung für den erweiterten Versicherungsschutz der Privat-Kfz-Police.

## Vorhersehbarer Höchstschaden

→ Vorhersehbarer Höchstschaden

## MIB

→ Medical Information Bureau (MIB)

## Mittlerer Meldezeitraum

Automatisch verlängerter Meldezeitraum von 5 Jahren, während dessen Ansprüche geltend gemacht werden können, nachdem eine → Haftpflichtversicherungs-Police auf Grundlage geltend gemachter Ansprüche abgelaufen ist, unter der Voraussetzung, daß diese Ansprüche das Ergebnis eines Ereignisses sind, das innerhalb von 60 Tagen nach Beendigung der Police eintrat. → Erlittene, aber nicht gemeldete

Losses (IBNR); → Long-Tail Liability

Schäden; → Langfristige Haftpflicht

**Military Service Exclusion**
Clause common to life and health insurance policies issued during wartime which exclude benefits for military service-connected perils of death, disability, illness, accident, or sickness. This clause is usually canceled with the declaration of peace.

**Militärdienstzeitausschluß**
Übliche Klausel bei Lebens- und Krankenversicherungspolicen, die während eines Krieges ausgegeben werden. Sie schließt Leistungen für Gefahren, die mit dem Militärdienst verbunden sind, wie Tod, Invalidität, Krankheit, Unfall oder Leiden, aus. Diese Klausel wird gewöhnlich mit der Friedenserklärung gestrichen.

**Million Dollar Round Table (MDRT)**
Association of life insurance agents who meet minimum life insurance sales standards predetermined each year by the organization. Membership is a primary goal of professional life insurance agents, as it denotes personal sales achievement.

**Million Dollar Round Table (MDRT)**
(Runder Tisch der Millionen Dollars) – Vereinigung von Lebensversicherungsagenten, die bestimmte durch die Organisation jeweils ein Jahr im voraus festgelegte Lebensversicherungs-Mindestumsatzzahlen erfüllen. Die Mitgliedschaft ist ein erstrangiges Ziel professioneller Lebensversicherungsagenten, da diese persönliche Verkaufserfolge signalisiert.

**Minimum Amount Policy**
→ Minimum Benefit

**Police über einen Mindestbetrag**
→ Mindestleistung

**Minimum Benefit**
Smallest face amount of life insurance that an insurance company will write on any one person.

**Mindestleistung**
Der kleinste Nennwert einer Lebensversicherungspolice, den eine Versicherungsgesellschaft für eine Person zeichnet.

**Minimum Contribution**
→ Minimum Premium Plan

**Mindestbeitrag**
→ Minimaltarifsystem

**Minimum Deposit Insurance**
→ Final Insurance (Minimum Deposit Insurance)

**Mindesteinlagenversicherung**
→ Letzte Versicherung (Mindesteinlagenversicherung)

## Minimum Deposit Rescue

Technique designed to permit the exchange of a life insurance policy that has an outstanding loan charged against it for another life insurance policy on a tax-free basis. The procedure is for the insurer to issue a new policy subject to a loan in the amount equal to the outstanding loan on the old policy. If the new policy so issued is of the form of a → Flexible Premium policy such as → Universal Life, the loan from the old policy can be replaced by the new policy assuming the loan.

## Minimum Deposit Whole Life Insurance

→ Ordinary Life Insurance which generates a first year cash value from the payment of the first year premium. Using this cash value, loans could be made to finance premiums due in the future, with the interest deductible for tax purposes under specified IRS rules. However, the 1986 Tax Code revision appears to have canceled this arrangement.

## Minimum Group

Smallest number of individuals for which an insurance company will issue a policy. A minimum number is required because the fixed expenses of placing a policy on the books exist regardless of the size of a group.

## Mindesteinlagenrettung

Eine Technik, die geschaffen wurde, um den steuerfreien Austausch einer Lebensversicherungspolice, die mit einem offenstehenden Darlehn belastet ist, gegen eine andere Lebensversicherungspolice zu erlauben. Das Verfahren besteht für den Versicherer darin, eine neue Police unter dem Vorbehalt eines Darlehns in gleicher Höhe wie das des ausstehenden Darlehns der alten Police auszustellen. Wird die neue Police in Form einer Police mit → Flexibler Prämie, wie etwa der → Universellen Lebensversicherungs-Police, ausgegeben, kann das Darlehn der alten Police durch eine neue Police, die das Darlehn übernimmt, ersetzt werden.

## Minimaltariflebensversicherung auf den Todesfall

→ Lebensversicherung auf den Todesfall, die im ersten Jahr einen Barwert von der Prämie des ersten Jahres schafft. Unter Verwendung dieses Barwertes könnten Darlehn genommen werden, um die in der Zukunft fälligen Prämien zu finanzieren, wobei die Zinsen für in den IRS-Vorschriften (Vorschriften der Einkommensteuerverwaltung) spezifizierte Steuerzwecke abzugsfähig sind. Die Revision der Besteuerungsvorschriften von 1986 scheint diese Regelung jedoch abgeschafft zu haben.

## Kleinstgruppe

Kleinste Anzahl von Personen, für die eine Versicherungsgesellschaft eine Versicherungspolice ausgibt. Eine Mindestanzahl ist erforderlich, weil unabhängig von der Größe der Gruppe fixe Kosten für das Führen der Police in den Büchern bestehen.

## Minimum Premium Deposit Plan
→ Minimum Deposit Whole Life Insurance

## Minimum Premium Plan
Smallest acceptable premium for which an insurance company will write a policy. This minimum charge is necessary to cover fixed expenses in placing the policy on the books.

## Minimum Standards
Lowest acceptable criteria that a risk must meet in order to be insurable. For example, life insurance companies require an applicant for individual (nongroup) coverages to be free of terminal illness.

## Mini Tail
Automatically extended reporting period of 60 days, during which claims may be made after a → Claims Made Basis Liability Coverage policy has expired. → Incurred but not Reported Losses (IBNR); → Long-Tail Liability

## Minor's Trust (2503(c))
→ Trust whereby asset management is provided until a child reaches the age of majority. Upon reaching majority, the child has full use and control over the assets. The → Grantor of the trust cannot re-

## Einlagensystem mit Mindestprämie
→ Minimaltariflebensversicherung auf den Todesfall

## Minimaltarifsystem
Die kleinste akzeptierbare Prämie, für die eine Versicherungsgesellschaft eine Police zeichnet. Diese Mindestgebühr ist erforderlich, um die fixen Kosten für die Plazierung der Police in den Büchern abzudecken.

## Mindeststandards
Die niedrigsten akzeptierbaren Kriterien, die ein Risiko erfüllen muß, um versicherbar zu sein. Lebensversicherungsgesellschaften verlangen z. B. von einem Antragsteller auf Individualversicherungsschutz (nicht Gruppenversicherungsschutz), daß er frei von tödlichen Krankheiten ist.

## Kurzer Meldezeitraum
Automatisch verlängerter Meldezeitraum von 60 Tagen, während dessen Ansprüche geltend gemacht werden können, nachdem eine → Haftpflichtversicherungs-Police auf der Grundlage geltend gemachter Ansprüche abgelaufen ist. → Erlittene, aber nicht gemeldete Schäden; → Langfristige Haftpflicht

## Minor's Trust (2503(c))
(Minderjährigentreuhandvermögen (2503 (c)) – → Treuhandvermögen, bei dem eine Vermögensverwaltung geboten wird, bis ein Kind das Volljährigkeitsalter erreicht. Bei Erreichung des Volljährigkeitsalters verfügt das Kind über die vollständige Verwendung und Kontrolle über das Ver-

ceive any income from the assets held in the trust. All undistributed income is taxed at trust rates, which are low. The grantor, through this type of trust, is able to control the time at which the minor has access to the assets given to him or her by the grantor (who wishes to take advantage of the annual → Gift Tax exclusion). → Estate Planning Distribution; → Gift in Trust

mögen. Der → Stifter des Treuhandvermögens kann kein Einkommen aus dem im Treuhandvermögen befindlichen Vermögen beziehen. Das gesamte nicht ausgeschüttete Einkommen wird zu Treuhandvermögenstarifen, die niedrig sind, besteuert. Durch diesen Treuhandvermögenstyp kann der Stifter steuern, zu welchem Zeitpunkt der Minderjährige Zugang zu dem vom Stifter (der von dem jährlichen → Schenkungssteuerausschluß profitieren will) vermachten Vermögen hat. → Nachlaßverteilungsplanung; → Schenkung an ein Treuhandvermögen

## Miscellaneous Expenses

Hospital charges in addition to room and board. Miscellaneous expenses are covered under a *basic hospital plan,* with the limits of coverage expressed either as a multiple of the daily hospital benefit for room and board, or as a flat dollar amount. Expenses included in the coverage are X rays, drugs, bandages, operating room expenses, and ambulance services. → Group Health Insurance; → Health Insurance; → Health Maintenance Organization (HMO)

## Nebenkosten

Krankenhausgebühren zusätzlich zu Unterkunft und Verpflegung. Nebenkosten sind bei einer *Basiskrankenhausversicherung* abgedeckt, wobei die Deckungsgrenzen entweder als ein Vielfaches der täglichen Krankenhausleistungen für Unterkunft und Verpflegung oder als Pauschalbetrag in Dollar ausgedrückt werden. Im Versicherungsschutz eingeschlossene Kosten sind Röntgenaufnahmen, Arzneimittel, Verbandsmaterial, Kosten für den Operationssaal und Ambulanzdienste. → Gruppenkrankenversicherung; → Krankenversicherung; → Health Maintenance Organization (HMO)

## Miscellaneous Vehicles Coverage

Endorsement to the → Personal Automobile Policy (PAP) that insures other motorized vehicles such as golf carts and motorcycles owned by a policyholder.

## Versicherungsschutz für verschiedenartige Fahrzeuge

Nachtrag zur → Privat-Kfz-Police, die andere motorisierte Fahrzeuge wie Golfwagen und Motorräder im Besitz eines Policenbesitzers versichert.

## Misrepresentation (False Pretense)

Intent to defraud. An insured is required to answer truthfully all questions on the application. The insurance company can void a contract if it would not have issued a policy had it known the true facts. For example, on a → Personal Automobile Policy application, if the insured answers that the car is used only for pleasure (when in fact it is used in stock car races), the insurance company can void the policy.

## Misstatement of Age

Falsification of birth date by an applicant for a life or health insurance policy. If the company discovers that the wrong age was given, the coverage will be adjusted to reflect the correct age according to the premiums paid in.

## Misstatement of Age or Sex Clause

→ Misstatement of Age

## Mixed Insurance Company

One that combines the two forms of ownership, stock and mutual. A → Stock Insurance Company is owned by stockholders whereas a → Mutual Insurance Company is owned by its policyholders. A mixed company is owned in part by stockholders and in part by policyholders. Most mixed

## Falschdarstellung (Vorspiegelung falscher Tatsachen)

Betrugsabsicht. Von einem Versicherten wird gefordert, alle Fragen auf dem Antragsformular wahrheitsgetreu zu beantworten. Die Versicherungsgesellschaft kann einen Vertrag für ungültig erklären, falls sie eine Police nicht ausgegeben hätte, wenn ihr die wahren Fakten bekannt gewesen wären. Bei einem Antrag für eine → Privat-Kfz-Police z. B. kann die Versicherungsgesellschaft die Police für ungültig erklären, wenn ein Versicherter angibt, das Auto sei nur zum Vergnügen bestimmt (während es tatsächlich bei Stock-Car-Rennen eingesetzt wird).

## Falsche Altersangabe

Fälschung des Geburtstages durch einen Antragsteller auf einer Lebens- oder Krankenversicherungspolice. Falls die Versicherungsgesellschaft feststellt, daß das falsche Alter angegeben wurde, so wird der Versicherungsschutz angepaßt, um das richtige Alter entsprechend den einbezahlten Prämien widerzuspiegeln.

## Klausel über Falschangabe von Alter oder Geschlecht

→ Falsche Altersangabe

## Gemischte Versicherungsgesellschaft

Eine Versicherungsgesellschaft, die zwei Eigentümerformen miteinander verbindet, die auf Aktien und auf Gegenseitigkeit. Eine → Versicherungsgesellschaft auf Aktien ist im Besitz der Aktionäre, während ein → Versicherungsverein auf Gegenseitigkeit seinen Policenbesitzern gehört. Eine gemischte Gesellschaft gehört zum Teil den Aktionären und zum Teil den Policenbesitzern. Die meisten gemischten

companies issue *participating* and *nonparticipating* policies.

## Mixed Perils
Several different types of perils covered under one policy. → Homeowners Insurance Policy; → Personal Automobile Policy (PAP); → Special Multiperil Insurance (SMP)

## Mobile Equipment Insurance
→ Contractors Equipment Floater

## Mobile Home Insurance
Coverage similar to a → Homeowners Insurance Policy in that Section I covers property exposure and Section II covers liability exposure.
1. *Section I (property)* Coverage A – structural coverage of the mobile home Coverage B – unscheduled personal property coverage Coverage C – additions to the structure of the mobile home to include equipment Coverage D – additional living expense.
2. *Section II (liability)* Coverage E – liability coverage for personal acts and/or omissions Coverage F – medical payments to others.

## Mode
Frequency of premium payment, for example annually, semiannually, quarterly, or monthly.

Gesellschaften geben *gewinnbeteiligte* und *nicht-gewinnbeteiligte* Policen aus.

## Gemischte Gefahren
Mehrere verschiedene Typen von Gefahren, die bei einer Police abgedeckt werden.
→ Hausbesitzerversicherungspolice; → Privat-Kfz-Police; → Spezielle Vielgefahrenversicherung

## Mobile Ausrüstungsversicherung
→ Pauschalausrüstungsversicherungspolice für Unternehmer

## Wohnwagenversicherung
Versicherungsschutz ähnlich einer → Hausbesitzerversicherungspolice, die im Teil I Gefährdungen für Vermögensgegenstände und im Teil II die Haftpflichtgefährdung abdeckt.
1. *Teil I (Vermögen)* Versicherungsschutz A – strukturelle Deckung des Wohnwagens, Deckung B – Versicherungsschutz für nicht aufgelistete persönliche Vermögensgegenstände, Deckung C – Hinzufügungen zur baulichen Struktur des Wohnwagens, einschließlich Ausrüstung, Deckung D – zusätzliche Ausgaben für den Lebensunterhalt.
2. *Teil II (Haftpflicht)* Deckung E – Haftpflichtversicherungsschutz für persönliche Handlungen und/oder Unterlassungen, Deckung F – medizinische Zahlungen an andere.

## Verfahren
Häufigkeit der Prämienzahlung, z. B. jährlich, halbjährlich, vierteljährlich oder monatlich.

## Model Insurers Supervision, Rehabilitation, and Liquidation Act of 1977

Model law endorsed by the → National Association of Insurance Commissioners (NAIC) giving state regulators broad new powers to deal with financially troubled insurance companies. The act was intended to replace the model *Insurers Rehabilitation and Liquidation Act,* which the NAIC endorsed in 1969. The new model would make it easier for insurance commissioners to gain control of impaired insurers by listing new grounds for placing them in → Liquidation and Rehabilitation. The act also sets liquidation standards for interstate cooperation among regulators.

## Mode of Entry

1. Method of gaining illegal entry to perform a criminal act. If a policyholder makes a claim for loss of jewelry or rugs under a homeowners policy, or if a business owner makes a claim for damage caused by vandals, the insurer must establish how the vandal or burglar gained entry. The mode of entry is important both (a) to determine that someone did actually enter

## Model Insurers Supervision, Rehabilitation, and Liquidation Act of 1977

(Mustergesetz zur Überwachung, Sanierung und Liquidierung von Versicherern aus dem Jahre 1977) – von der → National Association of Insurance Commissioners (NAIC) (Nationale Vereinigung der Regierungsbevollmächtigten für Versicherungen) gebilligtes Mustergesetz, das den staatlichen Aufsichtsbehörden breite neue Befugnisse im Umgang mit Versicherungsgesellschaften in finanzieller Bedrängnis verleiht. Das Gesetz war als Ersatz für das Mustergesetz *Insurers Rehabilitation and Liquidation Act* (Modellgesetz für die Sanierung und Liquidierung) vorgesehen, das die NAIC 1969 unterstützte. Das neue Modell würde es Versicherungsbevollmächtigten erleichtern, Kontrolle über gefährdete Versicherer zu erlangen, indem es neue Gründe auflistet, um sie zur → Liquidation oder Sanierung zu bringen. Das Gesetz legt auch Liquidierungsnormen für die zwischenstaatliche Kooperation zwischen den Aufsichtsbehörden fest.

## Eintrittsart

1. Methode, sich illegal Eintritt zu verschaffen, um eine kriminelle Handlung zu verüben. Wenn ein Policenbesitzer aufgrund einer Hausbesitzerpolice einen Anspruch wegen Verlust von Schmuck oder Teppichen geltend macht, oder wenn der Besitzer eines Unternehmens einen Anspruch wegen durch Vandalen verursachten Beschädigungen geltend macht, muß der Versicherer feststellen, wie der Vandale oder der Räuber Zutritt erlangte. Die Eintrittsart ist wichtig (a), um zu

the premises and (b) to establish that the policyholder was not unduly negligent.

2. Path by which a toxic substance enters the human body, such as by inhalation, injection, ingestion, or absorption.

bestimmen, daß jemand das Gelände tatsächlich betreten hat, und (b), um festzustellen, daß der Policenbesitzer nicht unrechtmäßig fahrlässig war.

2. Weg, über den eine giftige Substanz in den menschlichen Körper eintritt, wie durch Einatmung, Injektion, Einnahme oder Absorption.

## Modification of Contract

Adaptation of a standard insurance contract for special needs. Standard forms do not cover all needs but they can be adapted by an underwriter, broker, or an insurance company at the request of an insured. Risk managers may request many modifications in property and casualty coverage to meet the needs they have diagnosed for their corporations. Some risk managers even write their own contracts. Many insurers write their own contracts as well rather than use forms designed by a → Rating Bureau.

## Vertragsänderung

Anpassung eines Standard-Versicherungsvertrages aufgrund spezieller Bedürfnisse. Standardformen decken nicht alle Bedürfnisse ab, sie können jedoch von einem Zeichner, Makler oder einer Versicherungsgesellschaft auf Antrag eines Versicherten angepaßt werden. Risikomanager können eine Vielzahl von Änderungen bei der Sach- und Unfalldeckung fordern, um dem Bedarf, den sie für ihre Unternehmen diagnostiziert haben, zu entsprechen. Einige Risikomanager schreiben sogar ihre eigenen Verträge. Viele Versicherer schreiben auch ihre eigenen Verträge, statt die von einem → Prämienfestsetzungsbüro erstellten Formen zu verwenden.

## Modification Rating

(Also known as → Merit Rating) method of setting property insurance rates by modifying or adjusting the → Manual Rate for various classifications of risks. Modifications may be based on past or anticipated loss experience. The three types of modification rating are → Experience Rating, → Retrospective Rating, and → Schedule Rating.

## Modifizierte Prämienfestsetzung

(Auch bekannt als → Leistungsbeurteilung) – Methode zur Festsetzung von Sachversicherungstarifen durch Modifizierung oder Anpassung des → Handbuchtarifs für verschiedene Risikoklassifikationen. Die Modifikationen können auf der Grundlage vergangener oder vorhergeplanter Schadenserfahrungen erfolgen. Die drei Arten der modifizierten Prämienfestsetzung sind: → Erfahrungsbeurteilung, → Rückschauende Prämienfestsetzung und → Listenmäßige Prämienfestsetzung.

## Modified Cash Refund Annuity

Form of → Cash Refund Annuity used by contributory pension or employee benefit plans. When employee participants die before receiving all of their contributions in the form of retirement benefits, this type of annuity guarantees to repay the remainder of those contributions, with interest, to the beneficiaries.

## Modified Life Insurance

→ Ordinary Life Insurance under which premiums are calculated so that the first few years of premiums are less than normal, and subsequent premiums are higher than normal. → Graded Premium, Whole Life Insurance

## Modified Prior Approval
→ Rating Bureau

## Modified Prior Approval Rating

Form of state rating law that requires prior approval of property and casualty insurance premiums by the state insurance department for certain changes. Here, a state generally allows new rates to go into effect immediately after filing with the insurance department. However, changes in classification of risks or other substantial changes require prior

## Modifizierte Rente mit Barausschüttung nicht erschöpfter Prämienzahlungen

Eine Form der → Rente mit Barausschüttung nicht erschöpfter Prämienzahlungen, die bei beitragspflichtigen Pensionssystemen oder bei betrieblichen Sozialzulagensystemen verwendet wird. Wenn angestellte Teilnehmer sterben, bevor sie alle ihre Beiträge in Form von Rentenleistungen erhalten haben, so garantiert dieser Rententyp, den Rest dieser Beiträge mit Zinsen an die Begünstigten zurückzuzahlen.

## Modifizierte Lebensversicherung

→ Lebensversicherung auf den Todesfall, bei der die Prämien so berechnet werden, daß die Prämien der ersten Jahre geringer als normal und die nachfolgenden Prämien höher als normal sind. → Gestaffelte Prämie, Lebensversicherung auf den Todesfall

## Modifizierte vorherige Genehmigung
→ Prämienfestsetzungsbüro

## Modifizierte Tarifgestaltung nach vorheriger Genehmigung

Form eines staatlichen Prämienfestsetzungsgesetzes, das für bestimmte Änderungen die vorherige Genehmigung von Sach- und Unfallversicherungsprämien durch die staatliche Versicherungsaufsichtsbehörde fordert. Ein Staat erlaubt es im allgemeinen, daß neue Tarife, sofort nachdem sie bei der Versicherungsaufsichtsbehörde eingereicht worden sind, in Kraft treten. Änderungen bei der Klassifikation von Risiken oder andere wesentliche Änderungen erfordern jedoch eine

insurance department approval. There are four methods of rate approval. In addition to modified prior approval, they are → Prior Approval Rating, *open competition*, and *file and use*.

**Modified Reserve Methods**
Accounting procedures that defer the full funding of a life insurance → Net Level Premium Reserve to accommodate the policy → Acquisition Cost in the early years of a policy. First-year policy expenses, such as *agent commission*, → Medical Examination, and → Premium Tax, often result in little of the → Premium remaining for the premium reserve required under → Full Valuation Reserve standards. In such cases, the difference comes out of the insurer's → Surplus Account. To avoid this, two types of modified reserve methods are used: (1) the → Full Preliminary Term Reserve Valuation method and, (2) the modified preliminary term reserve valuation method, better known as the *commissioners' reserve valuation method*. The full preliminary term method does not require any → Terminal Reserve at the end of the first year and in effect accounts for reserves like *term insurance* during this period. This leaves

vorhergehende Zustimmung der Versicherungsaufsichtsbehörde. Es gibt vier Methoden der Tarifgenehmigung. Neben der modifizierten Tarifgestaltung nach vorheriger Genehmigung gibt es die → Tarifgestaltung nach vorheriger Genehmigung, *freier Wettbewerb*, und „*file and use*" (Einreichung und Verwendung).

**Modifizierte Rückstellungsmethoden**
Buchhaltungsverfahren, die die vollständige Finanzierung einer → Nettoprämienreserve einer Lebensversicherung verschieben, um den → Akquisitionskosten der Police in den frühen Jahren einer Police Rechnung zu tragen. Policenkosten des ersten Jahres, wie die *Agentenprovision*, die → Ärztliche Untersuchung und die → Prämiensteuer haben oft zur Folge, daß von der → Prämie nur wenig für die nach den Normen der → Vollständigen Bewertungsrückstellung verlangte Prämienreserve übrigbleibt. In solchen Fällen kommt die Differenz aus dem → Überschußkonto des Versicherers. Um dies zu vermeiden, werden zwei Arten von modifizierten Rückstellungsmethoden verwendet: (1) die → Vollständige, zunächst befristete Rückstellungsbewertungsmethode und (2) die modifizierte, zunächst befristete Rückstellungsbewertungsmethode, besser bekannt als *Rückstellungsbewertungsmethode der Regierungsbevollmächtigten für Versicherungen*. Die vollständige, zunächst befristete Methode bedarf am Ende des ersten Jahres keiner → Prämienrückstellung zum Ende eines Policenjahres und beurteilt Rückstellungen während dieses Zeitraums in der Tat wie eine *befristete Versicherung*. Somit verbleibt mehr von der Prämie zur Abdeckung der Akquisitionskosten und der Ansprüche

more of the premium available to cover acquisition cost and first-year claims. In subsequent years, for reserve accounting purposes, the policy is considered to have been issued one year later than its actual date on an insured who was one year older than his actual age. This results in stepping up additions to the premium reserve, eventually making up for the first year's shortfall.

The commissioners' reserve valuation method limits first-year expenses and thus the amount of deferred funding of policy reserves. Policies whose premiums fall below a certain level can be accounted for under the full preliminary term method. For policies with premiums above that level, the full preliminary term method is modified by a limitation on the amount of expenses that can be used in figuring the schedule of deferred reserve funding.

des ersten Jahres. In den nachfolgenden Jahren wird die Police zu rückstellungstechnischen Zwecken so behandelt, als sei sie ein Jahr später als das tatsächliche Datum für einen Versicherten, der ein Jahr älter als sein tatsächliches Alter ist, ausgegeben worden. Die Hinzufügungen zur Prämienreserve werden somit beschleunigt, was schließlich das Defizit des ersten Jahres ausgleicht.

Die Rückstellungsbewertungsmethode der Regierungsbevollmächtigten für Versicherungen beschränkt die Kosten des ersten Jahres und somit die Höhe der aufgeschobenen Finanzierung von Policenrückstellungen. Policen, deren Prämien unter ein bestimmtes Niveau fallen, können nach der vollständigen, zunächst befristeten Methode bewertet werden. Bei Policen mit Prämien, die oberhalb dieses Niveaus liegen, wird die vollständige, zunächst befristete Methode durch eine Beschränkung der Kostenhöhe, die bei der Berechnung des Schemas zur verschobenen Rückstellungsfinanzierung verwendet werden kann, modifiziert.

**Modified Reserve Standards**
→ Modified Reserve Methods

**Modifizierte Rückstellungsnormen**
→ Modifizierte Rückstellungsmethoden

**Money and Securities Broad Form Policy**
Coverage providing protection for a business against loss from a hazard under the *On-Premises Form,* which provides → All Risk protection against the loss of money and securities; or the *Off-Premises*

**Geld- und Wertpapierpolice, Erweiterte Form**
Versicherungsschutz, der für ein Unternehmen Schutz gegen Schaden aufgrund einer Gefahr bietet, bei der *auf das Betriebsgelände beschränkten Form,* die Schutz gegen den Verlust von Geld und Wertpapieren auf Grundlage → Aller Risiken bietet, oder der *Form außerhalb*

*Form,* → All Risk protection against loss of money and securities while they are in possession of a messenger. There is no coinsurance deductible requirement.

**Money Damages**

Payments awarded by a court in a liability suit. Money damages can be broken down into *compensatory* and *punitive.* Compensatory damages reimburse a plaintiff for expenses incurred for such things as disability, disfigurement, and pain and suffering. Punitive damages go beyond this to punish and make an example of a defendant. In recent years, punitive damages have become increasingly common and insurers claim that the frequency of multimillion dollar jury awards has made the business of underwriting so difficult.

**Money Market Investments**

Short-term investments, to include the following: commercial papier, interest-bearing balances with banks, Federal funds sold and securities purchased under agreements to resell, trading account securities, and loans held for resale.

**Money Purchase Plan**

Contributions to a pension plan on a fixed basis according to a formula, with variable benefits. Contributions can be made

*des Betriebsgeländes* Schutz auf Grundlage → Aller Risiken gegen den Verlust von Geld und Wertpapieren, während sich diese im Besitz eines Boten befinden. Ein Mitversicherungsselbstbehalt ist nicht erforderlich.

**Geldlicher Schadenersatz**

Von einem Gericht in einem Haftpflichtprozeß zuerkannte Zahlungen. Geldlicher Schadenersatz kann unterteilt werden in *Entschädigungszahlungen* und *Bußgeld.* Entschädigungszahlungen erstatten einem Kläger die Ausgaben, die für Dinge wie Invalidität, Entstellung, Schmerzen und Leiden erlitten werden. Das Bußgeld geht darüber hinaus, um den Angeklagten zu bestrafen und zum Zwecke der generellen Abschreckung. In den letzten Jahren wurden Bußgelder immer üblicher und Versicherer behaupten, daß die Häufigkeit von Urteilen über mehrere Millionen Dollar das Versicherungsgeschäft so schwierig gemacht habe.

**Geldmarktanlagen**

Kurzfristige Kapitalanlagen einschließlich der folgenden: kurzfristige Handelspapiere, Zinsen hervorbringende Bankguthaben, verkaufte Staatspapiere und unter Wiederverkaufsvereinbarungen gekaufte Wertpapiere, Warenverkaufseffekte und für den Wiederverkauf gehaltene Darlehn.

**Rentenkaufsystem**

Beiträge zu einem Pensionssystem auf einer entsprechend einer Formel festgelegten Grundlage mit variablen Leistungen. Beiträge können bei einem → Zuge-

under an → Allocated Funding Instrument (paid to an insurance company that purchases an individual → Annuity or a group → Deferred Annuity), or under an → Unallocated Funding Instrument. Individual benefits will be determined by the person's age, sex, normal retirement age, and rate schedules in effect at the time the insurance company receives the contributions. These plans are appropriate for an organization that must know its premium outlay in the years ahead. → Defined Contribution Plan

wiesenen Finanzierungsinstrument (das an eine Versicherungsgesellschaft gezahlt wird, die eine einzelne → Rente oder eine Gruppen-(→)Anwartschaftrente kauft) oder bei einem → Nicht zugewiesenen Finanzierungsinstrument geleistet werden. Die individuellen Leistungen werden bestimmt durch das Alter, Geschlecht, das normale Rentenalter einer Person und den zu dem Zeitpunkt, zu dem die Versicherungsgesellschaft die Beiträge erhält, gültigen Tariflisten. Diese Systeme sind für eine Organisation geeignet, die ihren Prämienaufwand in den vor ihr liegenden Jahren kennen muß. → Pensionssystem mit definiertem Beitrag

**Monoline Policy**
Insurance protection written in the form of a single line policy.

**Einzelspartenpolice**
Versicherungsschutz, der in Form einer Police für eine einzelne Sparte gezeichnet wird.

**Monopolistic State Fund**
State operated insurance company used in → Workers Compensation Insurance in some states where the risks are so great that the commercial insurance companies cannot operate at affordable rates.

**Monopolistischer Staatsfonds**
Vom Staat betriebene Versicherungsgesellschaft, die in einigen Staaten bei der → Berufsunfallversicherung verwendet wird, wo die Risiken so groß sind, daß gewerbliche Versicherungsgesellschaften nicht zu erschwinglichen Tarifen arbeiten können.

**Monthly Debit Ordinary Insurance (MDO)**
Coverage in which premiums are collected monthly on an ordinary life insurance policy. → Debit Insurance (Home Service Insurance, Industrial Insurance)

**Gewöhnliche Versicherung mit monatlicher Kontenbelastung**
Versicherungsschutz, bei dem die Prämien für eine gewöhnliche Lebensversicherung monatlich kassiert werden. → Inkassoversicherung (Home Service Versicherung, Kleinlebensversicherung)

## Monthly Reporting Form

Type of → Inland Marine insurance used to provide coverage for domesticated animals, including poultry, cattle, horses, sheep, and swine. → Livestock Insurance; → Livestock Mortality (Life) Insurance. For application to inventory and other fluctuating values, → Open Form (Reporting Form).

## MOP

→ Manufacturers Output Insurance

## Morale Hazard

Circumstance which increases the probability of loss because of the insured's indifferent attitude. For example, if an insured leaves the doors unlocked and the windows open when leaving home, a morale hazard is created.

## Moral Hazard

Circumstance which increases the probability of loss because of an applicant's personal habits or morals, for example, if an applicant is a known criminal.

## Morbidity

Frequency of illness, sickness, and diseases contracted.

## Morbidity Assumption

Statistical projection of future illness, sickness, and disease.

## Monatliche Berichtsform

Art der → Binnentransport-Versicherung, die verwendet wird, um Schutz für domestizierte Tiere, einschließlich Geflügel, Rinder, Pferde, Schafe und Schweine zu leisten. → Viehversicherung; → Viehsterblichkeits(lebens)versicherung. Für die Anwendung auf Inventar oder andere schwankende Werte: → Offene Form (Berichtsform).

## Produktionsertragsversicherung

→ Produktionsertragsversicherung

## Moralisches Risiko

Umstand, der wegen der gleichgültigen Einstellung des Versicherten die Wahrscheinlichkeit eines Schadens erhöht. Wenn ein Versicherter z. B. die Türen unverschlossen und die Fenster geöffnet läßt, wenn er die Wohnung verläßt, wird ein moralisches Risiko geschaffen.

## Subjektives Risiko

Umstand, der die Schadenswahrscheinlichkeit wegen der persönlichen Gewohnheiten oder Sitten eines Antragstellers steigert. Z. B., wenn ein Antragsteller ein bekannter Verbrecher ist.

## Erkrankungsziffer

Häufigkeit von Leiden, Erkrankungen und zugezogenen Krankheiten.

## Morbiditätsannahme

Statistische Projektion von zukünftigen Leiden, Erkrankungen und Krankheiten.

## Morbidity Rate
Relationship of the frequency of illness, sickness, and diseases contracted by individual members of a group to the entire group membership over a particular time period.

## Morbidity Table
Number of individuals exposed to the risk of illness, sickness, and disease at each age, and the actual number of individuals who incurred an illness, sickness, and disease at each age.

## Mortality
Frequency of death.

## Mortality Adjustment
Additions or subtractions of a → Mortality Table to reflect changing levels of mortality due to advancement in medicine, geriatrics, and sanitation. These adjustments make a mortality table more representative of probable future death experience.

## Mortality Assumption
Statistical projection of future deaths.

## Mortality Charges
→ Mortality Adjustment; → Mortality Rate; → Mortality Table

## Mortality Rate
Relationship of the frequency

## Erkrankungsquote
Verhältnis der Häufigkeit von Leiden, Erkrankungen und von einzelnen Mitgliedern zugezogenen Krankheiten gegenüber der Gesamtheit der Mitglieder der Gruppe über einen bestimmten Zeitraum.

## Erkrankungstabelle
Zahl der Einzelpersonen, die dem Risiko von Leiden, Erkrankung und Krankheit in jedem Alter ausgesetzt sind, und die tatsächliche Zahl der Einzelpersonen, die ein Leiden, eine Erkrankung oder eine Krankheit in jedem Alter erleiden.

## Sterblichkeit
Todeshäufigkeit.

## Sterblichkeitsangleichung
Additionen zu oder Abzüge von einer → Sterblichkeitstabelle, um der sich aufgrund des Fortschritts in der Medizin, der Geriatrie und der sanitären Einrichtungen ändernden Höhe der Sterblichkeit Rechnung zu tragen. Diese Angleichungen machen eine Sterblichkeitstabelle für wahrscheinliche zukünftige Sterblichkeitserfahrungen repräsentativer.

## Sterblichkeitsannahme
Statistische Projektion zukünftiger Todesfälle.

## Sterblichkeitsbelastungen
→ Sterblichkeitsangleichung; → Sterblichkeitsziffer; → Sterblichkeitstabelle

## Sterblichkeitsziffer
Verhältnis der Häufigkeit von Todesfällen

of deaths of individual members of a group to the entire group membership over a particular time period.

**Mortality Table**
Chart showing rate of death at each age in terms of number of deaths per thousand.

**Mortgagee Clause**
Attachment to a property insurance policy to protect the interest of the mortgagee in the mortgaged property. If the property is damaged or destroyed, the mortgagee is indemnified up to his stated interest in the property.

**Mortgagee Insurance**
→ Mortgagee Clause

**Mortgage Guarantee Insurance**
→ Mortgage Insurance

**Mortgage Insurance**
Life insurance that pays the balance of a mortgage if the mortgagor (insured) dies. Coverage is usually in the form of decreasing term insurance, with the amount of coverage decreasing as the debt decreases.

**Mortgage Protection Insurance**
→ Mortgage Insurance

einzelner Mitglieder einer Gruppe gegenüber der Gesamtheit der Mitglieder der Gruppe über einen bestimmten Zeitraum.

**Sterblichkeitstabelle**
Tabelle, die die Sterblichkeitsziffer zu jedem Alter nach Anzahl der Todesfälle pro Tausend zeigt.

**Pfandgläubigerklausel**
Anlage einer Sachversicherungspolice, um die Interessen des Pfandgläubigers an dem verpfändeten Vermögen zu schützen. Wenn das Vermögen beschädigt oder zerstört wird, wird der Pfandgläubiger bis zu seinem angegebenen Anteil an dem Vermögen entschädigt.

**Pfandgläubigerversicherung**
→ Pfandgläubigerklausel

**Hypothekenzusageversicherung**
→ Hypothekenversicherung

**Hypothekenversicherung**
Lebensversicherung, die die Differenz einer Hypothek bezahlt, wenn der Hypothekenschuldner (Versicherte) stirbt. Der Versicherungsschutz erfolgt gewöhnlich in Form einer abnehmenden befristeten Versicherung, wobei die Deckungshöhe mit abnehmender Schuld sinkt.

**Hypothekenschutzversicherung**
→ Hypothekenversicherung

## Mortgage Redemption Insurance
→ Mortgage Insurance

## Morticians Professional Liability Insurance
Coverage for malpractice suits resulting from professional acts and/or omissions of morticians. → Professional Liability Insurance

## Motor Truck Cargo Insurance
Protection required under the Motor Carrier Act of 1935. The policy covers the motor truck carrier if it is legally liable for the damage, destruction or other loss of the customer's property being shipped. This includes lost packages, broken contents, and stolen articles. Two types of policies are available: (1) those that list the specific trucks to be covered in which the property may be damaged or destroyed; and (2) those that cover all of the insured's trucks, with no trucks listed specifically. This coverage is on the *Gross Receipts Form,* which in essence covers all operations of a motor carrier.

## Motor Truck Cargo Radioactive Contamination Insurance
Coverage for a common carrier (the insured) for damage or

## Hypothekenrückzahlungsversicherung
→ Hypothekenversicherung

## Leichenbestatterberufshaftpflichtversicherung
Versicherungsschutz gegen Prozesse wegen der Vernachlässigung der beruflichen Sorgfaltspflicht aufgrund beruflicher Handlungen und/oder Unterlassungen von Leichenbestattern. → Berufshaftpflichtversicherung

## Lkw-Fracht-Versicherung
Nach dem Motor Carrier Act (Spediteurgesetz) von 1935 erforderlicher Schutz. Die Police deckt einen Lkw-Spediteur, wenn er für die Beschädigung, Zerstörung oder anderweitigen Verlust des Eigentums des Kunden, das gerade befördert wird, rechtlich haftbar ist. Dies schließt verlorene Pakete, zerbrochenen Inhalt und gestohlene Gegenstände ein. Es sind zwei Arten von Policen erhältlich: (1) jene, die die bestimmten zu versichernden Lastkraftwagen auflistet, in denen das Vermögen beschädigt oder zerstört werden könnte, und (2) jene, die alle Lastkraftwagen des Versicherten abdeckt, ohne daß die Lastkraftwagen speziell aufgelistet werden. Dieser Versicherungsschutz erfolgt auf der Grundlage der *Bruttoeinnahmenform,* die im wesentlichen alle Operationen eines Spediteurs abdeckt.

## Versicherung gegen die radioaktive Verseuchung von Lkw-Fracht
Versicherungsschutz für einen Spediteur (den Versicherten) wegen Beschädigung

destruction due to radioactive contamination from commercial radioisotopes of a property in the custody of the insured or that of a connecting carrier. Transport of nuclear waste is excluded.

oder Zerstörung aufgrund radioaktiver Verseuchung eines Vermögensgegenstandes unter der Obhut des Versicherten oder der eines Anschlußspediteurs mit gewerblichen radioaktiven Isotopen. Der Transport von Atommüll ist ausgeschlossen.

## Motor Vehicles
→ Motor Truck Cargo Insurance

## Kraftfahrzeuge
→ Lkw-Fracht-Versicherung

## Moving Average Rating Method
Procedure, in insurance, used in time series analysis to smooth out irregularities in projections of loss expectations. Irregularities to be smoothed out include: (1) loss experience which is not homogeneous, (2) loss experience from early policy years not representative of current loss experience, (3) adverse selection by policyholders, (4) changes in loss experience due to changing social values, and (5) loss experience distortion due to misleading averages.

## Gleitende Durchschnittsprämienfestsetzungsmethode
Verfahren bei Versicherungen, das dazu verwendet wird, bei einer Zeitserienanalyse Irregularitäten bei der Projektion von Schadenserwartungen zu glätten. Die zu glättenden Irregularitäten schließen ein: (1) eine Schadenserfahrung, die nicht homogen ist, (2) eine Schadenserfahrung aus den frühen Policenjahren, die für die aktuelle Schadenserfahrung nicht repräsentativ ist, (3) eine negative Auswahl durch die Policenbesitzer, (4) Änderungen bei der Schadenserfahrung aufgrund sich ändernder sozialer Werte und (5) Verzerrung der Schadenserfahrung aufgrund irreführender Durchschnitte.

## Moving Insurance (for a Moving Company)
→ Inland Marine policy to cover liability for goods that belong to clients while in a mover's possession.

## Umzugsversicherung (für einen Umzugsspediteur)
→ Binnentransport-Police, die die Haftpflicht für Waren, die Kunden gehören, während sie sich im Besitz des Spediteurs befinden, abdecken.

## MPL

→ Maximum Possible Loss;
→ Maximum Probable Loss

## Multiemployer Plan
Pension or other employee benefit to cover employees at two or more financially unrelated companies. The companies may employ workers from the same labor union or those in the same industry. Employer contributions go into a common pool from which benefits are paid. Employees may transfer between employers in the fund and still retain their benefits. Multiemployer plans have grown rapidly in recent years as smaller employers band together to provide pension benefits to employees. → Multiemployer Trust

## Multiemployer Trust
One that provides group health or pension benefits for a → Multiemployer Plan. To lower the cost, small firms band together or take advantage of the economies of large group underwriting.

## Multiple Employer Trust
→ Multiemployer Trust

## Abkürzung für 1. Maximal möglicher Schaden, 2. Wahrscheinlicher Höchstschaden

→ Maximal möglicher Schaden; →
Wahrscheinlicher Höchstschaden

## Verbandsebenensystem
Pension oder sonstige betriebliche Sozialleistung, um Arbeitnehmer bei zwei oder mehr finanziell nicht verwandten Unternehmen zu versichern. Die Unternehmen können Arbeiter derselben Gewerkschaft oder jene in derselben Branche beschäftigen. Die Arbeitgeberbeiträge gehen in einen gemeinsamen Pool, aus dem Leistungen gezahlt werden. Arbeitnehmer dürfen zwischen den Arbeitgebern des Fonds wechseln und ihre Leistungen dennoch behalten. Systeme auf Verbandsebene sind in den letzten Jahren rasant angewachsen, da sich kleinere Arbeitgeber zusammenschließen, um Arbeitnehmern Pensionsleistungen zu bieten. → Treuhandvermögen auf Verbandsebene

## Treuhandvermögen auf Verbandsebene
Eines, das Gruppenkranken- oder -pensionsleistungen für ein → Verbandsebenensystem bietet. Um die Kosten zu senken, schließen sich kleine Firmen zusammen, um von den Ersparnissen einer großen Versicherungsgruppe zu profitieren.

## Treuhandvermögen vieler Arbeitgeber
→ Treuhandvermögen auf Verbandsebene

**Multiple Indemnity**
→ Accidental Death Clause

**Multiple Line Contract**
→ Multiple Line Insurance

**Multiple Line Insurance**
Combination of coverages from property and liability policies. → Homeowners Insurance Policy; → Personal Automobile Policy (PAP); → Special Multiperil Insurance (SMP)

**Multiple Line Law**
State legislation that allows insurers to offer both property and casualty insurance. At one time, U.S. insurers sold only one type of insurance, a practice that gradually became written into state law. Most significantly, New York State, where many insurers want to be licensed, allowed insurers to write only one line of insurance early in this century. But in 1949 New York passed a multiple line law and most other states followed.

**Multiple Location Forms**
Type of coverage of property owned by one person at several locations, including merchandise, materials, fixtures, furniture, specified machinery, betterments, and improvements made by tenants.

**Mehrfachentschädigung**
→ Unfalltodklausel

**Mehrspartenversicherungsvertrag**
→ Mehrspartenversicherung

**Mehrspartenversicherung**
Kombination von Deckungen von Sach- und Haftpflichtpolicen. → Hausbesitzerversicherungspolice; → Privat-Kfz-Police; → Spezielle Vielgefahrenversicherung

**Mehrspartengesetz**
Staatliches Gesetz, das es Versicherern erlaubt, sowohl Sach- als auch Unfallversicherungen anzubieten. Früher verkauften U.S.-amerikanische Versicherer nur einen Versicherungstyp, eine Praxis, die allmählich im staatlichen Gesetz festgeschrieben wurde. Bezeichnenderweise erlaubte der Staat New York, wo viele Versicherer lizensiert werden wollen, zu Beginn des Jahrhunderts nur eine Versicherungssparte zu zeichnen. 1949 jedoch verabschiedete New York ein Mehrspartengesetz, und die meisten anderen Staaten folgten.

**Versicherungsformen für mehrere Standorte**
Art des Versicherungsschutzes von Vermögen im Besitz einer Person an mehreren Standorten, einschließlich Handelsware, Materialien, Armaturen, Möbeln, spezifizierten Maschinen, Wertsteigerungen und durch Mieter vorgenommene Verbesserungen.

**Multiple Location Policy**
→ Multiple Location Forms

**Multiple Location Risks**
→ Multiple Location Forms

**Multiple Peril Insurance**
Personal and business property insurance that combines in one policy several types of property insurance covering numerous *perils*. However, no liability insurance is provided.

**Multiple Protection Life Insurance Policy**
Single → Life Insurance policy combining → Term Life Insurance and → Ordinary Life Insurance. If the → Insured dies during the term period, a multiple of the → Face Amount is paid to the → Beneficiary. If the insured dies after the term period has expired, only the face amount is paid to the beneficiary. For example, if the insured dies during the first 10 years that the policy is in force, three times the face amount is paid to the beneficiary; after the 10 years expires, the single face amount is paid to the beneficiary. Thus, during the multiple protection period both term insurance and ordinary life insurance are in force; after the multiple protection period expires, only ordinary life insurance is in force.

**Police für mehrere Standorte**
→ Versicherungsformen für mehrere Standorte

**Risiken mehrerer Standorte**
→ Versicherungsformen für mehrere Standorte

**Vielgefahrenversicherung**
Privat- und Unternehmenssachversicherung, die in einer Police mehrere Arten der Sachversicherung kombiniert und zahlreiche *Gefahren* abdeckt. Es wird jedoch keine Haftpflichtversicherung geboten.

**Mehrfachschutz-Lebensversicherungspolice**
Einzelne → Lebensversicherungs-Police, die eine → Befristete Lebensversicherung und eine → Lebensversicherung auf den Todesfall kombiniert. Falls der → Versicherte während des befristeten Zeitraums stirbt, wird ein Mehrfaches des → Nennwertes an den → Begünstigten gezahlt. Falls der Versicherte nach Ablauf des befristeten Zeitraums stirbt, wird nur der Nennwert an den Begünstigten gezahlt. Wenn ein Versicherter z. B. während der ersten 10 Jahre, in denen eine Police in Kraft ist, stirbt, wird das Dreifache des Nennwertes an den Begünstigten gezahlt. Nach Ablauf der 10 Jahre wird ein einziger Nennwert an den Begünstigten gezahlt. Während des Mehrfachschutzzeitraums sind somit sowohl die befristete Versicherung als auch die Lebensversicherung auf den Todesfall in Kraft. Nach Ablauf des Mehrfachschutzzeitraums ist nur noch die Lebensversicherung auf den Todesfall in Kraft.

## Multiple Retirement Ages

Arrangement by which an employee can retire and receive full benefits without reduction, or reduced benefits subject to a penalty. These ages can be classified in the following manner:

1. *Normal retirement* – earliest an employee can retire and receive full benefits, having reached a minimum age with a minimum number of years of service.

2. *Early retirement* – earliest an employee can retire, having reached a minimum age and a minimum number of years of service, but with a penalty in the form of a reduction in benefits. The reduction is usually a percentage of benefit subtracted for each month of retirement earlier than the normal retirement age.

3. *Deferred retirement* – work beyond the normal retirement age. This may or may not result in an increase of benefits.

## Municipal Bond Insurance

Coverage that guarantees bondholders against default by a municipality. This form of financial guarantee was introduced in the early 1970s and became a runaway success. Municipalities embraced it because their offerings took on the credit rating of the company that wrote the insurance, rather than their own ratings. It

## Mehrfachpensionierungsalter

Regelung, durch die ein Arbeitnehmer in Pension gehen und vollständige Leistungen ohne Abzug oder reduzierte Leistungen, die einer Strafe unterworfen sind, erhalten kann. Dieses Alter kann auf folgende Art und Weise klassifiziert werden:

1. *Normale Pensionierung:* der früheste Zeitpunkt, zu dem ein Arbeitnehmer in Pension gehen und vollständige Leistungen erhalten kann, nachdem er ein Mindestalter mit einer Mindestanzahl von Dienstjahren erreicht hat;

2. *frühzeitige Pensionierung:* der früheste Zeitpunkt, zu dem ein Arbeitnehmer in Pension gehen kann, nachdem er ein Mindestalter und eine Mindestanzahl von Dienstjahren erreicht hat, jedoch mit einer Geldstrafe in Form einer Reduzierung der Bezüge. Die Reduzierung erfolgt gewöhnlich als Prozentsatz der Bezüge, der für jeden Rentenmonat, der vor dem normalen Pensionsalter liegt, erfolgt;

3. *verschobene Pensionierung:* Arbeit über das normale Pensionierungsalter hinaus. Dies kann einen Anstieg der Bezüge zur Folge haben oder auch nicht.

## Kommunalanleihenversicherung

Versicherungsschutz, der Wertpapierbesitzer gegen Zahlungsunfähigkeit einer Stadtverwaltung schützt. Diese Form der finanziellen Garantie wurde zu Beginn der 70er Jahre eingeführt und wurde zum durchschlagenden Erfolg. Die Stadtverwaltungen nahmen sie bereitwillig an, da ihre Angebote die Bonitätsbeurteilung der Gesellschaft, die die Versicherung zeichnete, übernahm, statt ihre eigene Bonitätsbeurteilung. Dies bedeutete, daß die

meant that most municipal bond offerings were elevated to Triple-A and municipalities could raise money at a lower rate of interest. For investors, it made municipal bonds less risky.

**Municipal Insurance**
Property and/or liability coverage for a municipality. Municipalities are responsible for maintenance of throughways as well as a myriad of public services. Liability insurance for municipalities became an issue in the insurance crunch of 1985–1986, when this coverage became difficult to find, or became overly expensive. The problem was aggravated by court decisions in negligence cases in which the doctrine of *joint and several liability* came into play. This doctrine provides that a judgment against several defendants could be collected from one if the others were unable to pay. A municipality found to have been 10% liable in a traffic accident because of the improper placement of a stop sign might end up paying 100% of the judgment if the driver who was 90% responsible had no assets. This resulted in sharply higher premiums for municipal insurance.

meisten Kommunalanleihenangebote zu AAA Kapitalanlagen angehoben wurden und die Stadtverwaltungen Geld zu einem niedrigeren Zinssatz beschaffen konnten. Für Kapitalanleger machte sie die Kommunalanleihen weniger risikoreich.

**Kommunalversicherung**
Sach- und/oder Haftpflichtversicherungsschutz für eine Stadtgemeinde. Stadtgemeinden sind verantwortlich für die Instandhaltung von Durchfahrtstraßen sowie eine zahllose Menge öffentlicher Dienstleistungen. Die Haftpflichtversicherung für Stadtgemeinden wurde in der Versicherungkrise von 1985-1986 zum Thema, als es schwierig wurde, diesen Versicherungsschutz zu finden oder dieser überteuert war. Das Problem wurde erschwert durch Gerichtsentscheidungen in Fällen von Fahrlässigkeit, bei denen die Lehre von der *gesamtschuldnerischen Haftung* ins Spiel kam. Diese Lehre besagt, daß ein Urteil gegen mehrere Angeklagte von einem Angeklagten erhoben werden kann, wenn die anderen zahlungsunfähig sind. Eine Stadtgemeinde, die, weil sie ein Stopschild nicht richtig angebracht hat, bei einem Verkehrsunfall zu 10% haftbar gemacht worden war, mußte letztlich 100% des Urteils zahlen, da der Fahrer, der zu 90% verantwortlich war, über kein Vermögen verfügte. Dies hatte erheblich höhere Prämien für die Kommunalversicherung zur Folge.

## Musical Instruments Insurance

Coverage for musicians and other providers of musical services such as musical instrument dealers. Musical instruments, service equipment and sheet music are insured on an → All Risks basis at any location, subject to exclusions of wear and tear, war, and nuclear disaster. Each item must be specifically listed in the policy.

## Mutual Assent

Offer and acceptance upon which an agreement is based. For a contract to be legal (and thus enforceable in a court of law), an offer must be made by one party to another party, who accepts the offer. If properly negotiated, the insurance contract is deemed to be a contract of mutual assent.

## Mutual Atomic Energy Reinsurance Pool

Group of mutual insurers that provides insurance for nuclear reactors which standard property and liability policies exclude. The Federal government provides supplementary coverage. → Nuclear Energy Liability Insurance

## Mutual Benefit Association

→ Assessment Company; →

## Musikinstrumentenversicherung

Versicherungsschutz für Musiker und andere Anbieter von musikalischen Dienstleistungen, wie Händlern von Musikinstrumenten. Musikinstrumente, Wartungsgeräte und Noten werden auf Grundlage → Aller Risiken an jedem Ort versichert, vorbehaltlich der Ausschlüsse von Verschleiß, Krieg und atomarem Unglück. Jeder Gegenstand muß speziell in der Police aufgelistet sein.

## Gegenseitiges Einverständnis

Angebot und Annahme, auf denen eine Vereinbarung basiert. Damit ein Vertrag rechtskräftig ist, (und somit vor Gericht durchsetzbar ist) muß von einer Partei ein Angebot an eine andere Partei, die das Angebot annimmt, gemacht werden. Falls richtig verhandelt, wird der Versicherungsvertrag als ein Vertrag in gegenseitigem Einverständnis angesehen.

## Mutual Atomic Energy Reinsurance Pool

(Atomenergierückversicherungspool auf Gegenseitigkeit) – Gruppe von Versicherern auf Gegenseitigkeit, die eine Versicherung für Atomreaktoren bietet, was Standardsach- und -haftpflichtversicherungspolicen ausschließt. Die Bundesregierung bietet zusätzlichen Versicherungsschutz. → Nuklearenergiehaftpflichtversicherung

## Wohltätigkeitsverein auf Gegenseitigkeit

→ Sterbegeldverein mit Umlageverfah-

Assessment Insurance; → Assessment Period

## Mutual Fund

Combination of contributions of many investors whose money is used to buy stocks, bonds, commodities, options, and/or money market funds, or precious metals such as gold, or foreign securities. In theory, mutual funds offer investors professional money management and diversification into conservative investments, aggressive investments, or combinations of these. Mutual funds are sold either with a sales charge (load), no sales charge (no-load), or a moderate sales charge (low load). These funds charge a management fee as a percentage of assets under management, usually 1% per year on a downward sliding scale as the asset base increases. Many insurance companies sell mutual funds.

## Mutual Fund Insurance

Financial guarantee policy that insures against loss of principal invested in a mutual fund.

## Mutual Insurance Company

Company owned by its *policyowners*; no stock is available for purchase on the stock exchanges. → Dividend Option; → Participating Insurance; → Stock Insurance Company

ren; → Versicherung auf Gegenseitigkeit; → Veranlagungszeitraum

## Kapitalanlagefonds

Kombination von Beiträgen vieler Anleger, deren Geld dazu verwendet wird, um Aktien, festverzinsliche Wertpapiere, per Termin gehandelte Rohstoffe, Börsentermingeschäfte und/oder Geldmarktfonds oder Edelmetalle wie Gold oder ausländische Wertpapiere zu kaufen. In der Theorie bieten Kapitalanlagefonds Anlegern professionelles Geldmanagement und die Diversifikation in konservative Kapitalanlagen, aggressive Kapitalanlagen oder Kombinationen von beiden. Kapitalanlagefonds werden entweder mit einer Verkaufsgebühr (Zuschlag), keiner Verkaufsgebühr (kein Zuschlag) oder einer bescheidenen Verkaufsgebühr (niedriger Zuschlag) verkauft. Diese Fonds stellen eine Verwaltungsgebühr als einen Prozentsatz der Guthaben unter Verwaltung in Rechnung, gewöhnlich 1% pro Jahr auf einer sich mit ansteigender Guthabengrundlage nach unten bewegenden Skala. Viele Versicherungsgesellschaften verkaufen Kapitalanlagefonds.

## Kapitalanlageversicherung

Finanzielle Garantiepolice, die gegen den Verlust der bei einem Kapitalanlagefonds angelegten Hauptsumme versichert.

## Versicherungsverein auf Gegenseitigkeit

Gesellschaft im Besitz ihrer *Policeninhaber*. Es sind keine Aktien für den Kauf an Börsen verfügbar. → Dividendenoption; → Gewinnbeteiligte Versicherung; → Versicherungsgesellschaft auf Aktien

## Mutualization

Transformation of a → Stock Insurance Company into a → Mutual Insurance Company, in which the stock company buys up and retires its shares.

## Mutual Mortgage Insurance Fund

Fund that insures mortgages on homes for one to four families; also insures property improvement loans and loans to repair homes after a disaster. It is one of three funds operated by the Federal Housing Administration, which oversees mortgage guarantee insurance.

## Mysterious Disappearance Exclusion

Policy clause that excludes coverage for loss of property if the cause of the loss cannot be identified. Mysterious disappearance is an exclusion in a standard → Inland Marine insurance all-risks policy. Because some theft insurance policies do not contain this exclusion, they implicitly insure against mysterious disappearance and would cover the loss of a diamond necklace, for example, even if the owner did not recall how it had been lost.

## Schaffung eines Gegenseitigkeitsverhältnisses

Umwandlung einer → Versicherungsgesellschaft auf Aktien in einen → Versicherungsverein auf Gegenseitigkeit, bei der die Aktiengesellschaft ihre Aktien aufkauft und zurückzieht.

## Hypothekenversicherungsfonds auf Gegenseitigkeit

Fonds, der Hypotheken auf Wohnungen für eine bis vier Familien versichert; er versichert auch Eigentumsverbesserungsdarlehn und Darlehn für die Reparatur von Wohnungen nach einem Unglück. Er ist einer von drei Fonds, der von dem Bundeswohnungsbauministerium betrieben wird, das die Hypothekengarantieversicherung überwacht.

## Ausschluß mysteriösen Verschwindens

Policenklausel, die Versicherungsschutz für den Verlust von Vermögen ausschließt, wenn der Grund des Verlustes nicht identifiziert werden kann. Mysteriöses Verschwinden stellt einen Ausschluß bei einer Standard(→)Binnentransport-Versicherungspolice auf Grundlage aller Risiken dar. Da einige Diebstahlversicherungspolicen diesen Ausschluß nicht enthalten, versichern sie implizit gegen mysteriöses Verschwinden und würden beispielsweise den Verlust einer Diamantenhalskette abdecken, auch wenn der Besitzer sich nicht erinnern könnte, wie sie verloren wurde.

# N

**NAIB**
→ National Association of Insurance Brokers (NAIB)

**NAIC**
→ National Association of Insurance Commissioners (NAIC)

**NAIC: Information and Privacy Protection Model Act National Association of Insurance Commissioners**
Model state law designed to govern use of information collected from insurance applications. The law forbids any insurer or agent from impersonating someone else to gain information about an applicant, unless there is reasonable cause to suspect criminal activity. The law also provides that an insurer must give timely notice of renewal and other company policies. It also governs the method in which an insurer can gain information about a policyholder and the use that can be made of it. All applicants are allowed access to information that the insurer has collected about them, the right to correct it if wrong, and

**NAIB**
→ National Association of Insurance Brokers (NAIB)

**NAIC**
→ National Association of Insurance Commissioners (NAIC)

**NAIC: Modellgesetz der Nationalen Vereinigung der Regierungsbevollmächtigten für Versicherungen über den Schutz von Informationen und der Privatsphäre**
Staatliches Gesetzesmodell, das geschaffen wurde, um die Verwendung von Informationen, die aus Versicherungsanträgen gesammelt wurden, zu kontrollieren. Das Gesetz verbietet es jedem Versicherer oder Agenten, jemand anderen darzustellen, um Informationen über einen Antragsteller zu gewinnen, wenn es keinen vernünftigen Grund gibt, eine kriminelle Handlung zu vermuten. Das Gesetz sieht außerdem vor, daß ein Versicherer fristgerecht über die Verlängerungs- und sonstige Politik der Gesellschaft Nachricht geben muß. Es regelt auch die Methode, anhand derer ein Versicherer Informationen über einen Policenbesitzer gewinnen kann, und den Nutzen, der daraus gezogen werden kann. Allen Antragstellern ist der Zugang zu den vom Versicherer über sie gesammelten Informationen gestattet, sie haben das Recht zu berichtigen, falls etwas

to learn the reason they were turned down for insurance.

### NAIC: Model Asset Valuation Act National Association of Insurance Commissioners

Model state law providing guidelines by regulators for valuation of securities on the books of insurance companies. The act has two sections: one for valuation of fixed-rate bonds and debt securities, and the other covering valuation of other securities such as common and preferred stocks as well as stock in an insurance company's subsidiaries. The model law provides that bonds be valued at cost, adjusted for any purchase discounts or premiums. Preferred and guaranteed stocks while paying dividends can be carried at par value, while other securities such as common stocks are carried at market or appraised value. Valuation of stock in subsidiaries is limited by the law to no more than the value of the subsidiary's → Admitted Assets when valued as if they were on the books of the insurance company parent.

falsch ist, und haben ein Anrecht darauf, den Grund dafür zu erfahren, warum sie abgelehnt wurden.

### NAIC: Modellgesetz zur Anlagenbewertung der Nationalen Vereinigung der Regierungsbevollmächtigten für Versicherungen

Staatliches Modellgesetz, das Richtlinien von Aufsichtsbehörden für die Bewertung von Wertpapieren in den Büchern von Versicherungsgesellschaften bietet. Das Gesetz besteht aus zwei Teilen: einem für die Bewertung von festverzinslichen Wertpapieren und Schuldpapieren und dem anderen Teil, der die Bewertung von sonstigen Wertpapieren, wie Stammaktien und Vorzugsaktien sowie Aktien in den Tochtergesellschaften einer Versicherungsgesellschaft, abdeckt. Das Modellgesetz sieht vor, daß festverzinsliche Wertpapiere zu den Kosten, die um etwaige Rabatte oder Prämien bereinigt werden, bewertet werden. Vorzugsaktien oder Aktien mit von anderen Gesellschaften garantierter Dividende können zum Nennwert geführt werden, während andere Wertpapiere, wie Stammaktien, zum Marktwert oder Schätzwert geführt werden. Die Bewertung von Aktien bei Tochtergesellschaften ist durch das Gesetz auf nicht mehr als den Wert der → Zulässigen Aktiva beschränkt, wenn sie bewertet werden, als wären sie in den Büchern der Versicherungsmuttergesellschaft.

## NAIC: Model Group Life Insurance Definition and Group Life Insurance Standard Provisions Model Act

Model state law of the NAIC setting general standards for group life insurance contracts. It specifies which types of organizations can sponsor group life insurance plans and outlines the authority of the state regulator, including the power to require reasonable premiums. It contains consumer protection provisions such as a 31-day → Grace Period for late payment of premiums, a clause making the policy not *contestable* after two years except for nonpayment of premium, and a → Conversion Privilege, allowing an insured to convert a group insurance policy to an individual policy, regardless of state of health.

## NAIC: Model Life Insurance Solicitation Regulation National Association of Insurance Commissioners

Model state regulation that governs method of selling life insurance to prevent fraud or misrepresentation by agents or insurers. A life insurance disclosure model regulation to help buyers understand the basic policy features and evaluate costs of similar insurance

## NAIC: Modellgesetz zur Definition von Gruppenlebensversicherungen und Standardbestimmungen von Gruppenlebensversicherungen

Staatliches Modellgesetz der NAIC, das allgemeine Normen für Gruppenlebensversicherungsverträge festlegt. Es gibt an, welche Arten von Organisationen Gruppenlebensversicherungsvorhaben unterstützen können und beschreibt die Vollmacht der staatlichen Aufsichtsbehörde, einschließlich der Vollmacht, vernünftige Prämien zu fordern. Es beinhaltet Verbraucherschutzvorschriften, wie eine 31-tägige → Nachfrist für die verspätete Zahlung von Prämien, eine Klausel, die die Police nach zwei Jahren un*anfechtbar* macht, mit Ausnahme bei Nichtzahlung der Prämien, und beinhaltet darüber hinaus ein → Umwandlungsprivileg, das es einem Versicherten erlaubt, eine Gruppenversicherungspolice unabhängig vom Gesundheitszustand in eine Einzelpolice umzuwandeln.

## NAIC: Modellvorschrift der Nationalen Vereinigung der Regierungsbevollmächtigten für Versicherungen zur Überwachung der Werbung von Lebensversicherungen

Staatliche Modellvorschrift, die die Verkaufsmethoden bei Lebensversicherungen regelt, um Betrug oder Falschdarstellung durch Agenten oder Versicherer zu unterbinden. Eine Modellvorschrift über die Offenlegung von Lebensversicherungen, die den Käufern helfen sollte, die grundlegenden Policenmerkmale zu verstehen und die Kosten ähnlicher Versicherungs-

plans was adopted on an interim basis in 1973 and revised in 1976 and 1983. Today, insurers must provide a *buyer's guide* and a *policy summary* to prospective buyers. Insurers must keep files of authorized documents; agents must identify themselves and the company they represent and cannot represent themselves as financial planners or investment advisers unless they in fact are. In addition, reference to a dividend or any nonguaranteed item must be identified as such.

## NAIC: Model Rating Laws National Association of Insurance Commissioners

State laws based on a model law of the → National Association of Insurance Commissioners (NAIC) that allow insurers to (1) set rates independently; or (2) adopt those rates developed by a rating bureau that must first be approved by the appropriate state regulator. Because state regulators believe that rate wars can be disastrous to the financial health of insurers, insurance companies are allowed to band together to set standard rates through rate making bureaus. Model rating laws also allow independent insurers to set their own rates, but prohibit the return of part of a premium to

vorhaben zu bewerten, wurde 1973 auf vorläufiger Grundlage eingeführt und 1976 und 1983 überarbeitet. Heute müssen Versicherer potentiellen Käufern einen *Leitfaden für den Käufer* und eine *Policenzusammenfassung* zur Verfügung stellen. Versicherer müssen Akten der autorisierten Dokumente führen, Agenten müssen sich ausweisen und die Gesellschaft, die sie vertreten, angeben. Sie können sich nicht als Finanzplaner oder Kapitalanlageberater ausgeben, es sei denn, sie sind es tatsächlich. Darüber hinaus muß der Bezug auf eine Dividende oder jeder nicht garantierte Vorgang als solcher kenntlich gemacht werden.

## NAIC: Modellprämienfestsetzungsgesetz der Nationalen Vereinigung der Regierungsbevollmächtigten für Versicherungen

Staatliche Gesetze, die auf einem Modellgesetz der → National Association of Insurance Commissioners (NAIC) (Nationale Vereinigung der Regierungsbevollmächtigten für Versicherungen) basieren, das es Versicherern erlaubt, (1) Tarife unabhängig festzusetzen oder (2) jene Tarife anzuwenden, die von einem Prämienfestsetzungsbüro entwickelt wurden, die erst von der zuständigen staatlichen Aufsichtsbehörde genehmigt werden müssen. Weil die staatlichen Aufsichtsbehörden der Auffassung sind, daß sich Tarifkriege katastrophal auf die finanzielle Gesundheit von Versicherern auswirken können, dürfen sich Versicherungsgesellschaften zusammenschließen, um durch Prämienfestsetzungsbüros Standardtarife festzusetzen. Prämienfestsetzungsmodellgesetze erlauben es unabhängigen Versi-

the insured other than as a dividend. Legislation developed from this model bill is called a *prior approval law* because the appropriate insurance commissioner must approve the rates involved. Other major types of rating laws are → File-and-Use Rating Laws and → Open Competition Laws.

### NAIC: Standard Nonforfeiture Law National Association of Insurance Commissioners

Model state statute that governs terms for surrender of individual deferred annuities and → Cash Value Life Insurance. This model, adopted by most states in the late 1970s and early 1980s, requires that annuity and whole-life contracts have certain minimum values that are not forfeited by policyholders even if a policy is canceled. A formula is given for computing the present value, cash surrender value, and paid-up annuity benefits. The model requires insurers to state clearly if an annuity has limited or no death benefits.

### NAII

→ National Association of Independent Insurers (NAII)

cherern auch, ihre eigenen Tarife festzusetzen, aber sie verbieten die Rückerstattung eines Teiles einer Prämie an den Versicherten, außer als Dividende. Das Gesetz, das sich aus diesem Gesetzesmodell entwickelte, wird als *„prior approval law"* (Gesetz über vorherige Genehmigung) bezeichnet, weil der zuständige Versicherungsbevollmächtigte die beteiligten Tarife genehmigen muß. Weitere Hauptarten von Prämienfestsetzungsgesetzen sind → File and Use- (Einreichung und Verwendung) Prämienfestsetzungsgesetze und die → Gesetze über den freien Wettbewerb.

### NAIC: Standard-Unverfallbarkeitsgesetz der Nationalen Vereinigung der Regierungsbevollmächtigten für Versicherungen

Staatliche Modellvorschrift, die die Rückkaufbedingungen von einzelnen Anwartschaftsrenten und der → Barwertlebensversicherung regelt. Dieses Modell, das in den späten 70er und frühen 80er Jahren von den meisten Staaten eingeführt wurde, verlangt, daß Renten und Verträge auf den Todesfall über bestimmte Mindestwerte verfügen, die dem Policeninhaber nicht verlorengehen können, auch wenn eine Police gekündigt wird. Eine Formel zur Berechnung des gegenwärtigen Wertes, des Barrückkaufwertes und der einbezahlten Rentenleistungen wird angegeben. Das Modell verlangt von Versicherern, deutlich anzugeben, ob eine Rente beschränkte oder keine Todesfallleistungen hat.

### NAII

→ National Association of Independent Insurers (NAII)

## Named Insured

Person, business, or organization specified as the insured(s) in a property or liability insurance policy. In some instances, the policy provides broader coverage to persons other than those named in the policy if they have the insured's permission to use the property that is insured. For example, someone who drives a car with the permission of the owner is protected by a → Personal Automobile Policy (PAP). In other cases, if the owner of a property is not named as an insured party, his interests may not be protected by the policy. For example, if two persons own a home and only one is named on the → Homeowners Insurance Policy, the interest of the other may not be covered. → Other Insureds

## Named Nonowner Coverage

Insurance under the → Personal Automobile Policy (PAP) through a *named nonowner coverage endorsement* offering protection for → Liability, *uninsured motorists,* and *medical payments* to a named insured who does not own an automobile.

## Named Peril Policy

Insurance contract under which covered perils are listed. Benefits for a covered loss are

## Benannter Versicherter

Person, Unternehmen oder Organisation, die in einer Sach- oder Haftpflichtversicherungspolice als Versicherte(r) angegeben sind. In einigen Fällen bietet die Police breiteren Versicherungsschutz für Personen, außer den in der Police Benannten, falls diese die Erlaubnis des Versicherten haben, den versicherten Vermögensgegenstand zu benutzen. Jemand, der ein Auto mit der Erlaubnis des Besitzers fährt, ist z. B. durch eine → Privat-Kfz-Police geschützt. In anderen Fällen, wenn der Besitzer des Vermögensgegenstandes nicht als versicherte Partei benannt ist, können seine Interessen nicht durch die Police geschützt werden. Wenn z. B. zwei Personen ein Haus besitzen und nur eine auf der → Hausbesitzerversicherungspolice benannt ist, kann der Anteil der anderen nicht abgedeckt sein. → Sonstige Versicherte

## Kfz-Haftpflichtversicherungspolice für Unfälle von Erfüllungsgehilfen

Versicherung unter der → Privat-Kfz-Police durch einen Nachtrag für *Haftpflichtversicherungsschutz für Unfälle von Erfüllungsgehilfen,* die Schutz bei → Haftpflicht, *nicht-versicherten Fahrzeuglenkern* und *medizinischen Zahlungen* an einen benannten Versicherten, der kein Auto besitzt, bietet.

## Benannte Gefahrenpolice

Versicherungsvertrag, bei dem versicherte Gefahren aufgelistet sind. Die Leistungen für einen versicherten Schaden werden an

paid to the *policyowner*. If an unlisted peril strikes, no benefits are paid. For example, under the *standard fire policy*, fire is a particular listed peril. If an insured's home burns, he will be indemnified. → All Risks

### Name Position Bond

→ Fidelity Bond which covers a business if employees in listed positions commit dishonest acts, such as stealing money. → Blanket Bond; → Name Schedule Bond

### Name Schedule Bond

→ Fidelity Bond under which an insured employer is reimbursed for loss caused by the dishonest act of two or more employees named or listed in a schedule attached to the bond. The specific amount of coverage is listed beside the name of each employee on the schedule. Coverage is the same as that found under the individual fidelity bond. → Individual Fidelity Bond

### National Association of Independent Insurance Adjusters (NAII)

Trade group of independent

den *Policeninhaber* gezahlt. Tritt eine nicht aufgelistete Gefahr ein, so werden keine Leistungen gezahlt. Bei der → Einheits-Feuerversicherungspolice z. B. ist ein Brand eine besonders aufgelistete Gefahr. Brennt die Wohnung eines Versicherten, wird er dafür entschädigt. → Alle Risiken

### Kautionsversicherungsschein zur Versicherung Beschäftigter eines Unternehmens in benannten Positionen

→ Kaution gegen Veruntreuung, die ein Unternehmen abdeckt, wenn Arbeitnehmer in aufgelisteten Positionen unredliche Handlungen, wie das Stehlen von Geld, begehen. → Blankettversicherungsschein; → Betrieblicher Garantieversicherungsschein anhand einer Personalaufstellung

### Betrieblicher Garantieversicherungsschein anhand einer Personalaufstellung

→ Kaution gegen Veruntreuung, bei der ein versicherter Arbeitgeber für Schäden versichert ist, die durch unredliche Handlungen von zwei oder mehreren Arbeitnehmern, die in einer Liste, die dem Garantieversicherungsschein beigefügt ist, benannt oder aufgelistet werden. Die spezifische Deckungshöhe ist neben dem Namen jedes Arbeitnehmers auf der Liste angegeben. Die Deckung ist die gleiche wie bei einer Einzelkaution gegen Veruntreuung. → Einzelkaution gegen Veruntreuung

### National Association of Independent Insurance Adjusters (NAII)

(Nationale Vereinigung unabhängiger

claims adjusters who settle claims for insurance companies on a fee basis. Some insurers use their own *staff adjusters* to settle a claim. Others use an → Independent Adjuster or, perhaps, both.

Versicherungssachverständiger) – Fachgruppe unabhängiger Schadenssachverständiger, die Ansprüche für Versicherungsgesellschaften auf Gebührengrundlage regulieren. Einige Versicherer greifen auf ihre eigenen *angestellten Schadenssachverständigen zurück,* um einen Anspruch zu regulieren. Andere rufen einen → Unabhängigen Schadenssachverständigen oder vielleicht beide.

## National Association of Independent Insurers (NAII)

Trade association of property and casualty insurance companies that do not have membership in a rating bureau. These companies do not follow standard rates and forms authored by a rating bureau.

## National Association of Independent Insurers (NAII)

(Nationale Vereinigung von unabhängigen Versicherern) – Fachgruppe von Sach- und Unfallversicherungsgesellschaften, die nicht Mitglied in einem Prämienfestsetzungsbüro sind. Diese Gesellschaften folgen den von einem Prämienfestsetzungsbüro erstellten Standardtarifen und -formen nicht.

## National Association of Insurance Brokers (NAIB)

Trade association of commercial insurance brokers whose objective is to further the interests of these brokers through education, lobbying, and adherence to professional ethics.

## National Association of Insurance Brokers (NAIB)

(Nationale Vereinigung der Versicherungsmakler) – Fachgruppe von gewerblichen Versicherungsmaklern, deren Ziel die Förderung der Interessen dieser Makler durch Ausbildung, Beeinflussung von Abgeordneten und das Festhalten an der Berufsethik ist.

## National Association of Insurance Commissioners (NAIC)

Membership organization of state *insurance commissioners.* One of its goals is to promote uniformity of state regulation and legislation as it concerns the insurance industry. The

## National Association of Insurance Commissioners (NAIC)

(Nationale Vereinigung der Regierungsbevollmächtigten für Versicherungen) – Mitgliedschaftsorganisation von *staatlichen Regierungsbevollmächtigten für Versicherungen.* Eines ihrer Ziele ist es, die Einheitlichkeit staatlicher Vorschriften und

NAIC opposes Federal regulation of insurance. The organization has achieved considerable national uniformity through the adoption of a uniform blank for insurance companies' annual financial reports, a → Zone System for the triennial examinations of insurance companies, a *standard valuation law for reserves,* standard *nonforfeiture benefits,* and model laws for valuation of the insurance company's securities.

der Gesetzgebung, die die Versicherungsbranche betrifft, zu fördern. Die NAIC ist gegen eine Reglementierung der Versicherung durch den Bund. Die Organisation hat durch die Einführung eines einheitlichen Formulars für die jährlichen Finanzberichte von Versicherungsgesellschaften, eines → Zonensystems für die alle drei Jahre stattfindenden Prüfungen von Versicherungsgesellschaften, durch die Einführung eines Standardgesetzes *für die Bewertung von Rückstellungen, der Anspruchsverwirkung nicht unterworfene* Standard*leistungen* und durch Modellgesetze für die Bewertung der Wertpapiere von Versicherungsgesellschaften eine beträchtliche nationale Einheitlichkeit erreicht.

## National Association of Insurance Women (NAIW)

Educational organization for insurance women whose objective is to further the interests of these women through education and adherence to professional ethics.

## National Association of Insurance Women (NAIW)

(Nationale Vereinigung von weiblichen Versicherungskräften) – Bildungsorganisation für weibliche Versicherungskräfte, deren Ziel es ist, die Interessen dieser Frauen durch Bildung und das Festhalten an der Berufsethik zu fördern.

## National Association of Life Companies (NALC)

Membership organization primarily of medium and small life and health insurance companies. It represents the views and interests of smaller companies in various political forums.

## National Association of Life Companies (NALC)

(Nationale Vereinigung von Lebensversicherungsgesellschaften) – Mitgliedschaftsorganisation hauptsächlich von mittleren und kleinen Lebens- und Krankenversicherungsgesellschaften. Sie repräsentiert die Ansichten und Interessen kleinerer Gesellschaften in zahlreichen politischen Formen.

## National Association of Life Underwriters (NALU)

Organization of local life underwriter associations rep-

## National Association of Life Underwriters (NALU)

(Nationale Vereinigung von Lebensversicherungszeichnern) – Organisation örtli-

resenting life and health insurance agents on practices of selling and servicing life and health insurance products. NALU sponsors public service programs nationally.

cher Vereinigung von Lebensversicherungszeichnern, die Lebens- und Krankenversicherungsagenten bei Praktiken des Verkaufs und der Bedienung von Lebens- und Krankenversicherungsprodukten vertritt. Die NALU sponsert auf nationaler Ebene öffentliche Dienstleistungsprogramme.

## National Association of Professional Insurance Agents

→ Professional Insurance Agents (PIA)

## National Association of Professional Insurance Agents

(Nationale Vereinigung professioneller Versicherungsagenten) → Professional Insurance Agents (PIA)

## National Association of Professional Surplus Lines Offices, Ltd. (NAPSLO)

Trade association of → Surplus Lines agents and → Insurers.

## National Association of Professional Surplus Lines Offices, Ltd. (NAPSLO)

(Nationale Vereinigung professioneller im Rückversicherungsgeschäft tätiger Büros) – Fachvereinigung von Agenten und → Versicherern, die sich mit → Für die Rückversicherung vorgesehenen → Versicherungssummen und → Bei zugelassenen Versicherern eines Staates nicht versicherbaren Risiken beschäftigen.

## National Association of Public Insurance Adjusters

Trade association whose objective is to further the interests of its membership, as well as to inform the public on the role of its members.

## National Association of Public Insurance Adjusters

(Nationale Vereinigung öffentlicher Schadenssachverständiger) – Fachvereinigung, deren Ziel es ist, die Interessen der Gesamtheit ihrer Mitglieder zu fördern sowie die Öffentlichkeit über die Rolle ihrer Mitglieder zu informieren.

## National Association of Securities Dealers (NASD)

Organization of brokers and

## National Association of Securities Dealers (NASD)

(Nationale Vereinigung von Wertpapier-

securities dealers in the over-the-counter market operating under the auspices of the Securities and Exchange Commission (SEC). Its purpose is to enforce, on a self-regulating basis, the rules of the SEC, which are designed to protect investors against fraud and market manipulation of stocks. The NASD also publishes quotations of both national and regional stocks. Insurance agents selling → Variable Life Insurance, *variable annuities* and → Mutual Funds are required to be licensed by the NASD.

händlern) – Organisation von Maklern und Wertpapierhändlern im Freiverkehr-Markt, der unter der Schirmherrschaft der Securities and Exchange Commission (SEC) (Wertpapier- und Wechselkommission) arbeitet. Ihr Zweck ist, auf einer selbstregelnden Grundlage die Regeln der SEC, die geschaffen wurden, um Anleger gegen Betrug und Marktmanipulation von Aktien zu schützen, durchzusetzen. Die NASD publiziert auch Kursnotierungen sowohl nationaler als auch regionaler Aktien. Versicherungsagenten, die → Variable Lebensversicherungen, *variable Renten* und → Kapitalanlagefonds verkaufen, müssen durch die NASD lizensiert sein.

### National Automobile Theft Bureau (NATB)
Organization of property insurance companies whose goal is to prevent and uncover fraudulent automobile fire and theft claims.

### National Automobile Theft Bureau (NATB)
(Nationales Kraftfahrzeugdiebstahlbüro) – Organisation von Sachversicherungsgesellschaften, deren Ziel es ist, betrügerische Kraftfahrzeugbrand- und -diebstahlsansprüche zu verhindern und aufzudecken.

### National Board of Fire Underwriters
Now-defunct bureau founded by fire insurance underwriters in 1866 to work for fire prevention and loss control. The board helped standardize the fire insurance policy. In the mid-1960s, the National Board of Fire Underwriters merged into the American Insurance Association. In 1971, 30 national and regional rating bureaus merged to form the

### National Board of Fire Underwriters
(Nationale Kommission der Feuerversicherer) – jetzt aufgelöstes Büro, das 1866 von Feuerversicherern gegründet wurde, um für die Brandverhinderung und Schadenskontrolle zu arbeiten. Die Kommission half, die Feuerversicherungspolice zu standardisieren. In der Mitte der 60er Jahre verschmolz der National Board of Fire Underwriters (Nationale Kommission der Feuerversicherer) in die American Insurance Association (Amerikanische Versicherungsvereinigung). 1971 schlossen

→ Insurance Services Office (ISO). sich 30 nationale und regionale Prämienfestsetzungsbüros zusammen, um das → Insurance Services Office (ISO) (Versicherungsdienstleistungsbüro) zu schaffen.

## National Building Code
Set of standard safety guidelines adopted by many states to help provide uniformity in building construction and guard against fire hazards and other unsafe conditions in buildings.

## Nationale Bauordnung
Eine Reihe von Standard-Sicherheitsrichtlinien, die von vielen Staaten eingeführt wurden, um eine Einheitlichkeit bei dem Bau von Gebäuden und Schutz gegen Brandgefahren und andere unsichere Bedingungen innerhalb von Gebäuden zu schaffen.

## National Commission on State Workers Compensation Laws
Group appointed by President Nixon in 1971 to study workers compensation laws under the authorization of the → Occupational Safety and Health Act (OSHA). It issued sweeping recommendations to upgrade state workers compensation laws, including higher disability benefits, compulsory coverage, and unlimited medical care and rehabilitation benefits. Most states adopted the recommendations with a resulting increase in premiums for the new benefits.

## National Commission on State Workers Compensation Laws
(Nationale Kommission zu den staatlichen Berufsunfallgesetzen) – 1971 von Präsident Nixon eingesetzte Gruppe, um die Berufsunfallgesetze unter der Vollmacht des → Occupational Safety and Health Act (OASHA) (Gesetz zur Berufssicherheit und -gesundheit) zu studieren. Sie gab umfassende Empfehlungen, um die staatlichen Berufsunfallgesetze aufzuwerten, einschließlich höherer Invaliditätsleistungen, Pflichtversicherungsschutz und unbeschränkte medizinische Pflege- und Rehabilitationsleistungen. Die meisten Staaten übernahmen die Empfehlungen mit einem sich daraus ergebenden Anstieg bei den Prämien für die neuen Leistungen.

## National Conference of States on Building Codes and Standards
Group responsible for developing, updating, and publishing the → National Building Code.

## National Conference of States on Building Codes and Standards
(Nationale Konferenz der Staaten zu Bauordnungen und -normen) – für die Entwicklung, Aktualisierung und Veröffentlichung der → Nationalen Bauordnung verantwortliche Gruppe.

## National Council on Compensation Insurance

Membership organization of insurance companies that write → Workers Compensation Insurance. The organization collects statistics on the → Frequency and *severity* of job-related injuries to establish a rate structure for member companies, files rate plans with insurance commissioners offices for member companies, and generates forms and policies for member companies.

## National Fire Protection Association (NFPA)

Private, not-for-profit group that develops and publishes safety codes and standards relating to protection of people and property against fire. The NFPA is financed by fees for technical manuals and other material. Most fire safety laws are developed from research done by this organization.

## National Flood Insurance Program

Coverage against flooding for personal and business property under the National Flood Act of 1968, which encourages participation by private insurers in the program through an industry flood insurance pool. Property insurance companies with assets of $1 million or more may become members,

## National Council on Compensation Insurance

(Nationaler Rat zur Berufsunfallversicherung) – Mitgliedsorganisation von Versicherungsgesellschaften, die → Berufsunfallversicherungen zeichnen. Die Organisation sammelt Statistiken über die → Häufigkeit und die *Härte* berufsbezogener Verletzungen, um eine Tarifstruktur für Mitgliedsfirmen zu erstellen, reicht für Mitgliedsfirmen Tarifpläne bei den Büros der Regierungsbevollmächtigten für Versicherungen ein und schafft Formulare und Policen für Mitgliedsfirmen.

## National Fire Protection Association (NFPA)

(Nationale Brandschutzvereinigung) – private, gemeinnützige Gruppe, die Sicherheitsordnungen und -normen, die sich auf den Schutz von Menschen und Sachgegenständen gegen Feuer beziehen, entwickelt und veröffentlicht. Die NFPA finanziert sich durch Gebühren für technische Handbücher und sonstige Materialien. Die meisten Brandsicherheitsgesetze werden auf der Grundlage der Forschung entwickelt, die von dieser Organisation betrieben wird.

## Nationales Überschwemmungsversicherungsprogramm

Versicherungsschutz gegen Überschwemmung für Privat- und Unternehmensvermögen entsprechend dem National Flood Act (nationalen Überschwemmungsgesetz) von 1968, das die Teilnahme privater Versicherer an dem Programm durch einen Überschwemmungsversicherungsindustriepool ermutigt. Sachversicherungsgesellschaften mit einem Aktivvermögen von US$ 1 Million

either as *risk bearers* (who may issue their own policies) or as *nonrisk bearers* (who are limited to act as fiscal agents for the pool, and hence must use a syndicate-type policy as dictated by the pool). National Flood Insurance makes reasonable coverage available to those who could not buy it through private insurers before the 1968 Act, and it encourages maximum participation extent by the private sector.

### National Flood Insurers Association

Pool of private insurers that provide initial flood insurance in cooperation with the U.S. Department of Housing and Urban Development (HUD). In 1978, the association was superseded by the → National Flood Insurance Program administered by HUD.

### National Health Insurance

Government health care program in several European countries that has been proposed in various forms for the U.S., to be administered by the Federal government.
1. *Plan A* – would cover all U.S. residents. Comprehensive benefits, financed by a combination of payroll taxes and general revenues, would include physician services, im-

patient and outpatient hospital care, home health services, and supporting services such as optometry, podiatry, devices and appliances, and dental care.
2. *Plan B* – would expand → Medicare to cover the general population.
3. *Plan C* – would pay premiums for the needy and allow income tax credits for others to purchase private health insurance. The entire U.S. population would be covered. Individuals with no Federal income tax liability would receive full payment of health insurance premiums.

### National Institute for Occupational Safety and Health

Federal agency that researches injury and illness arising from workplace hazards and recommends standards for maximum exposures to hazardous substances.

### National Insurance Development Corporation

Government group that provides reinsurance for private insurers that write → Riot and Civil Commotion Insurance. Riot losses in major cities in the 1960s caused insurers to stop writing this coverage in certain urban areas, whereupon Congress created → Federal Crime Insurance and the National Insurance Develop-

krankendienstleistungen und unterstützende Dienstleistungen, wie Augenheilkunde, Fußheilkunde, Geräte und Apparaturen und zahnärztliche Versorgung.
2. *System B:* würde → Medicare (Gesundheitsfürsorge für über 65jährige) ausweiten, um die allgemeine Bevölkerung abzudecken.
3. *System C:* würde die Prämien für Bedürftige zahlen und würde anderen Einkommensteuerfreibeträge einräumen, um eine private Krankenversicherung abzuschließen. Die gesamte US-Bevölkerung wäre abgedeckt. Für Personen ohne Einkommensteuerverbindlichkeiten würden die Krankenversicherungsprämien vollständig bezahlt werden.

### National Institute for Occupational Safety and Health

(Nationales Institut für Berufssicherheit und -gesundheit) – Bundesbehörde, die Verletzungen und Erkrankungen, die aus Arbeitsplatzgefahren entstehen, erforscht und Normen für die maximale Aussetzung gefährlicher Substanzen empfiehlt.

### National Insurance Development Corporation

(Nationale Versicherungsentwicklungsvereinigung) – Regierungsgruppe, die privaten Versicherern, die eine → Versicherung gegen Aufruhr und bürgerliche Unruhen zeichnen, Rückversicherung bietet. Aufruhrschäden in größeren Städten in den 60er Jahren hatten zur Folge, daß Versicherer aufhörten, diesen Versicherungsschutz in bestimmten städtischen Gebieten zu zeichnen, woraufhin der Kongreß die → Bundesverbrechensversi-

ment Corporation.

## National Insurance Producers Conference

Organization of insurance broker and agent associations that includes the Independent Insurance Agents of America, National Association of Professional Insurance Agents, National Association of Insurance Brokers, National Association of Casualty and Surety Agents, and National Association of Surety Bond Producers.

## National Safety Council

Nonprofit organization of members of various industries nationwide that collects and publishes information and statistics on accidents. The council was established by Congress in 1913. Its statistics on injury in the workplace are an important source of information for loss prevention efforts. It also publishes and disseminates information on safety.

## National Service Life Insurance (NSLI)

→ Government Life Insurance

cherung und die National Insurance Development Corporation schuf.

## National Insurance Producers Conference

(Nationale Konferenz der Versicherungsproduzenten) – Organisation von Versicherungsmakler- und Agentenvereinigungen, die die Independent Insurance Agents of America (die Unabhängigen Versicherungsagenten von Amerika), die National Association of Professional Insurance Agents (Nationale Vereinigung professioneller Versicherungsagenten), die National Association of Insurance Brokers (Nationale Vereinigung der Versicherungsmakler), die National Association of Casualty and Surety Agents (Nationale Vereinigung der Unfall- und Kautionsversicherungsagenten) und die National Association of Surety Bond Producers (Nationale Vereinigung der Kautionsverpflichtungsproduzenten) einschließen.

## Nationaler Sicherheitsrat

Gemeinnützige Organisation aus Mitgliedern verschiedener Branchen des ganzen Landes, die Informationen und Statistiken über Unfälle sammelt und veröffentlicht. Der Rat wurde 1913 vom Kongreß geschaffen. Seine Statistiken zu Verletzungen am Arbeitsplatz sind eine wichtige Informationsquelle für Bemühungen bei der Schadensprävention. Er publiziert und verbreitet auch Informationen zur Sicherheit.

## Militärdienstlebensversicherung

→ Staatliche Lebensversicherung

## Nationwide Definition of Marine Insurance
→ Nationwide Marine Definition

## Nationwide Marine Definition
Statement of the types of exposures classified under *marine, inland marine* or *transportation insurance* by placing them in the following categories: imports, exports, domestic shipments (goods in transit), communication vehicles (tunnels, bridges, piers, and power transmission lines), personal property floaters (stamp collections, coin collections, fine arts, paintings, musical instruments, silverware, and furs), commercial property floaters (accounts receivable, valuable papers, valuable records, and physicians and surgeons instruments). The definition also makes use of the following differences in condition: electronic data, property in a bailee's custody, and property for sale by a dealer (such as musical instruments, cameras, fine arts, and jewelry).

## Natural Death
Death from other than accidental means. → Accidental Death Clause; → Riders, Life Policies

## Landesweite Definition der Transportversicherung
→ Landesweite Definition von Transport

## Landesweite Definition von Transport
Angabe der Gefahrentypen, die unter die *Seetransport-, Binnentransport* oder *Transportversicherung* klassifiziert werden, indem sie in die folgenden Kategorien eingruppiert werden: Import, Export, inländische Lieferungen (im Transport befindliche Güter), Verkehrswege (Tunnel, Brücken, Piere und Energieübertragungsleitungen), Pauschalversicherungen für Privateigentum (Briefmarkensammlungen, Münzsammlungen, Kunst, Gemälde, Musikinstrumente, Silber und Pelze), gewerbliche Pauschalversicherungen (Forderungen, wertvolle Urkunden, wertvolle Akten, Arzt- und Chirurgeninstrumente). Die Definition nutzt auch die folgenden Unterschiede, die den Zustand betreffen: elektronische Daten, Besitz im Gewahrsam eines Pfandgläubigers und Vermögensgegenstände zum Verkauf durch einen Händler (wie Musikinstrumente, Kameras, Kunst und Schmuck).

## Natürlicher Tod
Tod aus anderen Gründen als einem Unfall. → Unfalltodklausel; → Besondere Versicherungsvereinbarungen, Lebensversicherungspolicen

## Natural Losses
Property damage, accident, or injury resulting from vagaries of nature, including tornadoes, hurricanes, and floods.

## Natural Premium
→ Pure Premium Rating Method

## Navigation Risk Insurance
Coverage during the operation of a ship for: (1) *Property of Ship* (ship's hull, tackle, passenger fittings, equipment, stores, boats), and ordnance; (2) *Property Damage Liability* (ship's owner and/or operator is protected if the ship collides with another, causing damage and loss of use). Excluded is liability to the owner and/or operator for damage to piers, wharves, bodily injury, or loss to the insured ship's hull and/or cargo (this coverage amount is in addition to the amount of coverage on the insured ship's hull and cargo); and (3) *Bodily Injury Liability Insurance*.

## NCCI
→ National Council on Compensation Insurance

## Needs Approach
Personal insurance method used to analyze the amount necessary to maintain a family in its customary life-style, should the primary wage earner die. This includes such con-

## Natürliche Schäden
Sachbeschädigung, Unfall oder Verletzung, die aus den Launen der Natur, einschließlich Tornados, Hurrikans und Überschwemmungen, resultiert.

## Natürliche Prämie
→ Nettoprämienfestsetzungsmethode

## Schiffahrtrisikoversicherung
Versicherungsschutz während des Betriebes eines Schiffes für: (1) *Schiffseigentum* (Schiffsrumpf, Takelwerk, Passagiereinrichtungen, Ausrüstung, Läden und Boote) und Geschütze, (2) *Haftpflicht für Sachbeschädigung* (der Schiffseigner und/oder der Betreiber sind geschützt, wenn das Schiff mit einem anderen kollidiert und Schäden und Gebrauchsverlust verursacht. Ausgeschlossen ist die Haftung für den Besitzer und/oder Betreiber wegen Beschädigung an Pieren, Werften, Körperverletzung oder Schaden am Schiffsrumpf und/oder der Fracht des Versicherten (diese Deckungshöhe gilt zusätzlich zu der Deckungshöhe für den versicherten Schiffsrumpf und die Fracht), (3) *Körperverletzungshaftpflichtversicherung*.

## NCCI
→ National Council on Compensation Insurance

## Bedürfnisansatz
Persönliche Versicherungsmethode, die verwendet wird, um zu analysieren, welcher Betrag notwendig ist, um eine Familie in ihrem gewohnten Lebensstil zu unterhalten, sollte der Hauptverdiener sterben. Dies schließt Überlegungen ein wie:

siderations as:
1. immediate needs ("cleanup fund") – expenses associated with final medical treatments and burial, inheritance taxes, estate taxes, probate costs, outstanding debt;
2. continued income – while children are still in school and depend on family support;
3. continued income – for the surviving spouse after children no longer depend on family support;
4. continued income – to pay a mortgage, education expenses, emergency expenses, and miscellaneous expenses; and
5. retirement fund – for the surviving spouse.
From the sum of these expenses, subtract sources of income available to the surviving spouse (Social Security, investments, employee benefit plans such as group life insurance and pensions), to arrive at a final figure on which to base the amount of life insurance the wage earner should consider.

### Neglect

Failure to exercise proper care. Many property insurance policies exclude losses that result from negligence. Neglect is also the basis for many liability suits. If an injury can be demonstrated to result from negligence on the part of a homeowner, a product manufac-

1. Sofortige Bedürfnisse („Aufräum-Fonds"): Ausgaben, die mit den letzten ärztlichen Behandlungen und der Beerdigung, den Erbschaftsteuern, Nachlaßsteuern, Kosten der Testamentseröffnung, offenstehenden Schulden in Zusammenhang stehen;
2. fortgesetztes Einkommen: während die Kinder noch in der Schule sind und von der Unterstützung der Familie abhängen;
3. fortgesetztes Einkommen: für den hinterbliebenen Ehepartner, nachdem die Kinder nicht länger von der Unterstützung der Familie abhängen;
4. fortgesetztes Einkommen: um eine Hypothek abzuzahlen und zur Zahlung von Ausbildungskosten, Notfallausgaben und verschiedenartigen Ausgaben und
5. Rentenfonds: für den überlebenden Ehegatten.
Von der Summe dieser Ausgaben sind die Einkommensquellen, die dem überlebenden Ehepartner zur Verfügung stehen, abzuziehen (Sozialversicherung, Kapitalanlagen, betriebliche Sozialzulagensysteme wie Gruppenlebensversicherung und Pensionen), um den Endbetrag zu erhalten, auf den ein Lohnempfänger die Höhe der Lebensversicherung zu gründen in Betracht ziehen sollte.

### Vernachlässigung

Das Versagen, angemessene Sorgfalt walten zu lassen. Viele Sachversicherungspolicen schließen Schäden wegen Fahrlässigkeit aus. Vernachlässigung ist auch die Grundlage vieler Haftungsprozesse. Falls gezeigt werden kann, daß eine Verletzung aus Fahrlässigkeit von seiten eines Hausbesitzers, eines Produktherstellers oder einer Stadtgemeinde, die für

turer, or a municipality responsible for maintaining streets, an injured party can often collect damages.

### Negligence
Failure to act with the legally required degree of care for others, resulting in harm to them. → Tort, Unintentional

### Negligence, Comparative
→ Comparative Negligence

### Negligence, Contributory
→ Contributory Negligence

### Negligence, Gross
→ Gross Negligence

### Negligence, Presumed
→ Res Ipsa Loquitor

### Negligent Manufacture
Charge against a business firm in a → Product Liability Insurance lawsuit. Manufacturers have been held responsible for their products. When consumers become injured while operating a lawnmower, flying in an airplane, driving a car, or any of hundreds of other ways, they have grounds to sue the manufacturer of these products for negligence. Product liability has become one of the most rapidly growing areas of liability exposure for businesses and one of the most difficult to insure against.

die Instandhaltung von Straßen verantwortlich ist, herrührt, so kann eine verletzte Partei häufig Entschädigungszahlungen beziehen.

### Fahrlässigkeit
Das Versagen, mit dem gesetzlich geforderten Umfang an Sorgfalt für andere zu handeln, was deren Verletzung zur Folge hat. → Straftat, Unabsichtliche

### Mitverschulden
→ Mitverschulden

### Mitwirkendes Verschulden
→ Mitwirkendes Verschulden

### Grobe Fahrlässigkeit
→ Grobe Fahrlässigkeit

### Angenommene Fahrlässigkeit
→ Res Ipsa Loquitor

### Fahrlässige Herstellung
Beschuldigung einer Firma in einem → Produkthaftungsversicherungs-Prozeß. Hersteller sind für ihre Produkte verantwortlich gemacht worden. Wenn sich Verbraucher verletzen, während sie einen Rasenmäher betätigen, in einem Flugzeug fliegen, ein Auto fahren oder sich auf andere Weise verletzen, haben sie einen Grund, den Hersteller dieser Produkte wegen Fahrlässigkeit zu verklagen. Die Produkthaftpflicht ist zu einer der am schnellsten wachsenden Bereiche der Haftungsgefährdung für Unternehmen geworden und eine der schwierigsten, um sich dagegen zu versichern.

## Negotiated Contribution Plan

Defined contribution pension plan in which employer contributions are set under a collective bargaining agreement. It usually covers the employees of a number of firms and is administered by a board of trustees on which participating employers and unions are equally represented.

## Neon and Electric Signs Floater

Coverage on an → All Risks basis through an endorsement to a business → Property Insurance policy in which each sign is specifically scheduled, subject to the exclusions of wear and tear, and damage caused by nuclear hazard, war, and electricity.

## Neon and Fluorescent Sign Insurance

Coverage through an endorsement to the *glass insurance* policy on an → All Risks basis, subject to the exclusions of wear and tear, and damage caused by nuclear hazard, war, and electricity.

## Net Amount at Risk

In life insurance, difference between the face value of a life insurance policy and its cash value (also known as "pure amount of protection").

## Ausgehandeltes Beitragssystem

Pensionssystem mit definiertem Beitrag, bei dem die Arbeitgeberbeiträge in einer Tarifvereinbarung festgesetzt werden. Sie deckt gewöhnlich die Arbeitnehmer einer Vielzahl von Firmen ab und wird von einer Kommission von Treuhändern, in der die teilnehmenden Arbeitgeber und die Gewerkschaften zu gleichen Teilen vertreten sind, verwaltet.

## Pauschalversicherung für Neon- und elektrische Schilder

Versicherungsschutz auf Grundlage → Aller Risiken durch Nachtrag zu einer betrieblichen → Sachversicherungs-Police, in der jedes Schild speziell aufgelistet wird, unter dem Vorbehalt der Ausschlüsse von Verschleiß, durch ein atomares Risiko verursachte Beschädigung, Krieg und Elektrizität.

## Versicherung für Neon- und fluoreszierende Schilder

Versicherungsschutz durch einen Nachtrag zur *Glasversicherungs*police auf Grundlage → Aller Risiken, vorbehaltlich der Ausschlüsse von Verschleiß und durch ein atomares Risiko verursachte Beschädigung, Krieg und Elektrizität.

## Nettorisikobetrag

Bei der Lebensversicherung die Differenz zwischen dem Nennwert einer Lebensversicherungspolice und ihrem Barwert (auch bekannt als der „reine Schutzbetrag").

## Net Cost Method
→ Life Insurance Cost

## Net Increase
Amount of the increase in the → Book of Business of an → Insurance Company over a specified time interval. This increase is calculated as follows:

Net Increase = New Issued Policies + Renewed Policies – Lapsed Policies – Cancelled Policies

## Net Interest Earned
Average interest earned by an insurer on its investments after investment expense, but before Federal income tax.

## Net Level
→ Net Level Premium; → Net Level Premium Reserve

## Net Level Premium
Life insurance payment that is constant from year to year. The premium may be paid throughout the life of an insured or may be limited to a maximum number, such as 30 annual premiums. The premium is based only on interest and a mortality assumption and does not consider an expense assumption.
→ Gross Premium

## Net Level Premium Reserve
Fund that comes into existence

## Nettokostenmethode
→ Lebensversicherungskosten

## Nettoerhöhung
Die Höhe des Anstiegs im → Geschäftsbuch einer → Versicherungsgesellschaft über ein bestimmtes Zeitintervall. Diese Steigerung wird wie folgt berechnet:

Nettosteigerung = neu ausgegebene Policen + erneuerte Policen – verfallene Policen – gekündigte Policen

## Verdiente Nettoverzinsung
Von einem Versicherer durchschnittlich auf seine Kapitalanlagen verdiente Zinsen nach den Kapitalanlagekosten, aber vor der Bundeseinkommensteuer.

## Nettoniveau
→ Gleichbleibende Nettoprämie; → Gleichbleibende Nettoprämienreserve

## Gleichbleibende Nettoprämie
Lebensversicherungszahlung, die von Jahr zu Jahr gleich bleibt. Die Prämie kann während des gesamten Lebens eines Versicherten gezahlt werden oder auf eine Höchstzahl, wie etwa 30 Jahresprämien, beschränkt sein. Die Prämie basiert lediglich auf einer Zins- und Sterblichkeitsannahme und berücksichtigt eine Ausgabenannahme nicht. → Bruttoprämie

## Gleichbleibende Nettoprämienreserve
Fonds, der entsteht, weil die Prämien einer

because premiums for ordinary life insurance policies in their early years are higher than necessary for the pure cost of protection. These excess premiums, plus the interest credited, create the net level reserve. When an insured dies, the reserve comprises part of the death benefit. The net premium is calculated according to this fundamental actuarial equation: *present value of future premiums = present value of future benefits.*

This relationship holds only at the point of issue of a life insurance policy. Thereafter, future benefits will exceed future premiums because fewer premiums are left to be paid and benefits are coming closer to being due. The reserve makes up the difference between the future benefits and future premiums at any point. This reserve can be calculated on either a *prospective* or *retrospective* basis, but it is important to note that the various state minimum reserve valuation laws are stated in terms of the prospective basis. → Full Preliminary Term Reserve Plan; → Prospective Reserve; → Retrospective Method Reserve Computation

gewöhnlichen Lebensversicherungspolice in ihren Anfangsjahren höher sind als für die reinen Schutzkosten erforderlich. Diese Überschußprämien plus die gutgeschriebenen Zinsen schaffen die gleichbleibende Nettoreserve. Wenn ein Versicherter stirbt, umfaßt die Reserve einen Teil der Todesfalleistung. Die Nettoprämie wird entsprechend dieser grundlegenden versicherungsmathematischen Gleichung berechnet: *Gegenwärtiger Wert der zukünftigen Prämien = Gegenwärtiger Wert zukünftiger Leistungen.*

Dieses Verhältnis trifft nur zum Zeitpunkt der Ausgabe der Lebensversicherungspolice zu. Danach übersteigen zukünftige Leistungen die zukünftigen Prämien, weil weniger Prämien zur Zahlung verbleiben und die Leistungen ihrer Fälligkeit näherrücken. Die Reserve gleicht die Differenz zwischen den zukünftigen Leistungen und den zukünftigen Prämien zu jedem Zeitpunkt aus. Diese Reserve kann entweder auf einer *vorausschauenden* oder einer *rückschauenden* Grundlage berechnet werden, aber es ist wichtig, anzumerken, daß die verschiedenen staatlichen Mindestreservenbewertungsgesetze auf einer vorausschauenden Grundlage angegeben werden. → Vollständiger, zunächst befristeter Rückstellungsplan; → Vorausschauende Rückstellung; → Rückschauende Methode der Reservenberechnung

**Net Line**
→ Net Retained Lines

**Höchstgrenze des Selbstbehaltes**
→ Nettozurückbehalt

## Net Line Limit

Maximum amount of → Insurance that an → Insurance Company will issue on a particular risk exposure. This limit is used by the insurance company to avoid having to pay for a loss on the exposure in excess of that which is acceptable to the company.

## Net Loss

Amount of the loss absorbed by an → Insurance Company after deducting any → Reinsurance applicable to the loss, as well as → Subrogation and → Abandonment and Salvage rights.

## Net Payment Method of Comparing Costs

→ Interest Adjusted Cost; → Life Insurance Cost

## Net Payments Index

Table charting relative costs of a group of → Cash Value Life Insurance policies derived by using the *net cost method* of comparing costs *(traditional net cost method of comparing costs; net payment method)*. The net payments index contrasts with the interest adjusted → Surrender Cost Index and the → Interest Adjusted Cost index, which are derived by using the interest adjusted method of comparing policy costs.

## Maximale Versicherunghöhe für ein Risiko

Maximale Höhe der → Versicherung, die eine → Versicherungsgesellschaft für ein bestimmtes Risiko ausgeben wird. Diese Beschränkung wird von der Versicherungsgesellschaft verwendet, um zu vermeiden, für einen Schaden aufgrund einer Gefährdung in einem Umfang zahlen zu müssen, der über das, was für die Gesellschaft akzeptabel ist, hinausgeht.

## Nettoschaden

Höhe des Schadens, der von einer → Versicherungsgesellschaft nach Abzug irgendeiner auf den Schaden anzuwendenden → Rückversicherung sowie der Rechte, die den → Rechtsübergang auf den Versicherer und die → Preisgabe und Bergung betreffen, aufgefangen wird.

## Nettozahlungsmethode des Kostenvergleichs

→ Zinsbereinigte Kosten; → Lebensversicherungskosten

## Nettozahlungsindex

Tabelle mit den relativen Kosten einer Gruppe von → Barwertlebensversicherungs-Policen, die von der Verwendung der *Nettokostenmethode* des Kostenvergleichs *(traditionelle Nettokostenmethode des Kostenvergleichs, Nettozahlungsmethode)* abgeleitet wurden. Der Nettozahlungsindex steht im Gegensatz zu dem zinsbereinigten → Rückkaufkostenindex und dem → Zinsbereinigten Kosten-Index, die durch die Verwendung der zinsbereinigten Methode des Policenkostenvergleichs abgeleitet werden.

**Net Premium**
→ Net Single Premium

**Net Premiums Written**
Total premiums written by a → Ceding Company minus premiums ceded to its → Reinsurer.

**Net Rate**
→ Net Single Premium

**Net Retained Lines**
Amount of insurance remaining on a → Ceding Company's books, net of the amount reinsured.

**Net Retention**
→ Net Retained Lines

**Net Single Premium**
*Pure cost of protection*, or the premium covering the present value of future claims (not including loadings for the various expenses).

**Net Underwriting Profit (or Loss)**
Statutory → Underwriting Gain minus (or → Loss plus) → Policyholder's dividends

**Net Valuation Premium**
→ Valuation Premium

**Net Worth**
Total assets minus liabilities. It is used by underwriters to evaluate the financial standing of applicants for surety bonds.

**Nettoprämie**
→ Nettoeinzelprämie

**Gezeichnete Nettoprämien**
Alle von einer → Zedierenden Gesellschaft gezeichneten Prämien, abzüglich der an einen → Rückversicherer abgetretenen Prämien.

**Nettotarif**
→ Nettoeinzelprämie

**Nettozurückbehalt**
Versicherungsbetrag, der in den Büchern einer → Zedierenden Gesellschaft verbleibt, frei von dem rückversicherten Betrag.

**Nettoselbstbehalt**
→ Nettozurückbehalt

**Nettoeinzelprämie**
*Reine Schutzkosten* oder die Prämie, die den gegenwärtigen Wert zukünftiger Ansprüche abdeckt (ohne Zuschläge für die verschiedenen Ausgaben einzuschließen).

**Nettozeichnungsgewinn (oder -verlust)**
Satzungsgemäßer → Zeichnungsgewinn minus (oder → Verlust plus) Dividenden des → Policenbesitzers

**Nettobewertungsprämie**
→ Bewertungsprämie

**Nettowert**
Gesamtes Guthaben abzüglich der Verbindlichkeiten. Er wird von Zeichnern verwendet, um die finanzielle Stellung von Antragstellern auf eine Kautionsversicherungen zu bewerten.

## New York Insurance Code

Standard for insurance regulation in New York State and a model for insurance regulation elsewhere. For example, the *standard fire policy* was first adopted in New York State. Similarly, following the → Armstrong Investigation, the New York Insurance Code of 1906 became a model for cleaning up life insurance industry abuses. New York is widely viewed as the toughest state to get an insurance license, but because of the size of the insurance market there, many companies are willing to meet the stiff requirements.

## New York Insurance Exchange

Reinsurance marketplace modeled after → Lloyd's of London. Like Lloyd's, the New York Exchange is a market for hard-to-place risks and for the placement of excess or surplus lines. → Surplus Lines (Excess Surplus Lines).

## New York Standard Fire Policy

Contract first written in 1918 that provided the basis for modern day property insurance, both personal and commercial. *Forms* and *endorsements* must be added to

## Versicherungsordnung des Staates New York

Standard für die Versicherungsverordnung im Staate New York und ein Modell für die Versicherungsverordnungen in anderen Staaten. Die *Einheits-Feuerversicherungspolice* z. B. wurde zuerst im Staate New York eingeführt. In ähnlicher Weise wurde die Versicherungsordnung des Staates New York von 1906 nach der → Armstrong Untersuchung ein Modell zur Bereinigung der Mißbräuche der Lebensversicherungsbranche. New York wird weithin als der härteste Staat angesehen, was die Erlangung einer Versicherungslizenz anbetrifft. Doch wegen der dortigen Größe des Versicherungsmarktes sind viele Gesellschaften bereit, die starren Anforderungen zu erfüllen.

## New York Insurance Exchange

(Versicherungsbörse von New York) – in Anlehnung an → Lloyd's of London gebildeter Rückversicherungsmarkt. Wie Lloyd's ist die New Yorker Versicherungsbörse ein Markt für schwer plazierbare Risiken und für die Plazierung von bei zugelassenen Versicherern eines Staates nicht versicherbare Risiken. → Bei zugelassenen Versicherern eines Staates nicht versicherbare Risiken

## Einheits-Feuerversicherungspolice von New York

Ein 1918 erstmalig unterzeichneter Vertrag, der die Grundlage der heutigen Sachversicherung, sowohl der privaten als auch der gewerblichen, lieferte. *Formulare* und *Nachträge* müssen hinzugefügt werden, um die Police zu vervollständigen und

complete the policy and tailor it to cover the particular insured property. This policy is also known as the "165 Line" policy, for the number of lines in its text that covers → Concealment or → Misrepresentation (False Pretense), property and perils excluded; → Other Insurance; cancellation due to increase in hazards; obligations to a mortgagee; pro rata contribution of a company; requirements of an insured in case of loss; conditions when a company must pay a loss incurred by an insured; and → Subrogation. The New York Standard Fire Policy has become largely obsolete since 1980, but its provisions have been incorporated into many other property insurance policies.

sie so maßzuschneidern, daß sie das bestimmte versicherte Vermögen abdecken. Diese Police ist wegen der Anzahl der Textzeilen auch bekannt als die „165-Zeilen" Police. Sie deckt das → Verschweigen oder die → Falschdarstellung (Vorspiegelung falscher Tatsachen), ausgeschlossenes Vermögen und Gefahren, → Sonstige Versicherung, Kündigung wegen Risikosteigerung, Verpflichtungen gegenüber einem Pfandgläubiger, anteilmäßiger Beitrag eines Unternehmens, Anforderungen eines Versicherten im Schadensfalle, Bedingungen, wenn eine Gesellschaft einen von einem Versicherten erlittenen Schaden bezahlen muß, und den → Rechtsübergang auf den Versicherer ab. Die New Yorker Einheits-Feuerversicherungspolice ist seit 1980 weitgehend veraltet, aber ihre Vorschriften wurden Bestandteil vieler anderer Sachversicherungspolicen.

**NFIA**
→ National Flood Insurers Association (NFIA)

**NFIA**
→ National Flood Insurers Association (NFIA)

**NFPA**
→ National Fire Protection Association (NFPA)

**NFPA**
→ National Fire Protection Association (NFPA)

**No-Fault Automobile Insurance**
Type of coverage in which an insured's own policy provides indemnity for bodily injury and/or property damage without regard to fault. In many instances it is difficult if not impossible to determine the

**Kfz-Versicherung ohne Verschuldensprinzip**
Art von Versicherungsschutz, bei dem die eigene Police eines Versicherten, unabhängig vom Verschulden, Entschädigung für Körperverletzung und/oder Sachbeschädigung bietet. In vielen Fällen ist es schwierig, wenn nicht unmöglich, die ursprüngliche Ursache zu bestimmen, wie

original cause – such as who is at fault in a chain car collision. In states with no-fault liability insurance, an insured cannot sue for general damages until special damages including medical expenses exceed a minimum amount. This is an effort to eliminate groundless suits for general damages.

**No Fault Liability Insurance**
→ No Fault Automobile Insurance

**No Load Insurance**
→ Flow-Through Cost (No Load Insurance)

**Nonadmitted Assets**
Assets, such as furniture and fixtures, which are not permitted by state law to be included in an insurance company's → Annual Statement.
→ Admitted Assets

**Nonadmitted Insurer**
Company not licensed by a particular state to sell and service insurance policies within that state.

**Nonadmitted Reinsurance**
→ Surplus Lines (Excess Surplus Lines)

**Nonassessable Mutual**
Insurance company whose

etwa die Frage, wer an einem Kettenauffahrunfall schuld ist. In Staaten mit einer Haftpflichtversicherung ohne Verschuldensprinzip kann ein Versicherter nicht wegen allgemeiner Schäden klagen, bis hin zu besonderen Schäden, einschließlich Arztkosten, die einen Mindestbetrag überschreiten. Dies geschieht in dem Bestreben, unbegründete Klagen wegen allgemeiner Schäden auszuschließen.

**Haftpflichtversicherung ohne Verschuldensprinzip**
→ Kfz-Versicherung ohne Verschuldensprinzip

**Versicherung ohne Zuschlag**
→ Durchflußkosten (Versicherung ohne Zuschlag)

**Unzulässige Aktiva**
Vermögensgegenstände, wie Möbel und Armaturen, die aufgrund staatlicher Gesetze nicht in den Jahresabschluß einer Versicherungsgesellschaft aufgenommen werden dürfen. → Zulässige Aktiva

**Nicht zugelassener Versicherer**
Gesellschaft, die durch einen bestimmten Staat nicht lizensiert ist, in diesem Staat Versicherungspolicen zu verkaufen und zu bedienen.

**Nicht zugelassene Rückversicherung**
→ Bei zugelassenen Versicherern eines Staates nicht versicherbare Risiken

**Nicht-nachzahlungspflichtiger Versicherungsverein auf Gegenseitigkeit**
Versicherungsverein, dessen Gründungs-

corporate charter and bylaws prevent assessment of its policyowners, regardless of how adverse its loss and expense experience may become. → Assessment company

urkunde und Satzungen eine Nachzahlung ihrer Policeninhaber verhindern, unabhängig davon, wie nachteilig ihre Schadens- und Kostenerfahrung sein mag. → Versicherung auf Gegenseitigkeit

**Nonassessable Policy**
Insurance contract under which a policyowner cannot be assessed for adverse loss and expense experience of the insurance company. → Assessment Insurance

**Nicht-nachzahlungspflichtige Police**
Versicherungsvertrag, bei dem ein Policeninhaber nicht für eine nachteilige Schadens- und Kostenerfahrung der Versicherungsgesellschaft nachveranlagt werden kann. → Versicherung auf Gegenseitigkeit

**Nonassignable Policy**
Insurance policy, particularly → Property and Liability Insurance, which the owner cannot assign to a third party. → Assignment; → Assignment Clause, Life Insurance

**Nicht übertragbare Police**
Versicherungspolice, insbesondere → Sach- und Haftpflichtversicherung, die der Besitzer nicht an eine dritte Partei übertragen kann. → Abtretung (Zession); → Abtretungsklausel, Lebensversicherung

**Noncancellable Guaranteed Renewable Policy**
Health insurance that is not subject to alteration, termination, or increase in premium upon renewal.

**Unkündbare, garantiert erneuerbare Police**

Krankenversicherung, die bei Erneuerung keiner Änderung, Beendigung oder Prämiensteigerung unterliegt.

**Noncancellable Health Insurance**
→ Commercial Health Insurance

**Unkündbare Krankenversicherung**
→ Gewerbliche Krankenversicherung

**Nonconcurrency**
Circumstance under which several insurance policies cover an insured's property against damage or destruction, but since the limits of coverage,

**Nicht-Übereinstimmung**
Umstand, bei dem verschiedene Versicherungspolicen das Vermögen eines Versicherten gegen Beschädigung oder Zerstörung abdecken. Da aber die Deckungsgrenzen, die Arten des Vermö-

kinds of property, and perils covered are not the same under all policies, the insured may not be fully covered in the event of a loss.

## Nonconcurrent Apportionment Rules

Standards used to determine claims payments in cases of overlapping property/liability insurance coverage. At one time, each type of insurance had its own rules to govern claims where more than one policy provided coverage. In 1963, several property/casualty industry groups agreed on a set of principles to be used in apportioning claims among insurers.

## Nonconfining Sickness

Sickness incurred by the insured which does not require restriction of activity to the indoors. → Health Insurance

## Noncontribution Mortgage Clause

Endorsement to *standard fire policy* to protect the interests of a mortgage lender without providing for → Apportionment. A mortgage lender may choose to have his or her rights to the property protected by a → Mortgage Clause. Where an insured has more than one policy, claims are normally paid by assigning a portion of the loss among the insurance

gens und die abgedeckten Gefahren nicht bei allen Policen gleich sind, ist der Versicherte im Falle eines Schadens vielleicht nicht vollständig abgedeckt.

## Verteilungsregeln bei Nicht-Übereinstimmung der den gleichen Gegenstand versichernden Policen

Normen, die verwendet werden, um Anspruchszahlungen in Fällen sich überlappender Sach-/Haftpflichtversicherungsdeckungen zu bestimmen. Früher hatte jede Versicherungsart ihre eigenen Vorschriften zur Regelung von Ansprüchen, bei denen mehr als eine Police Versicherungsschutz bot. 1963 vereinbarten eine Reihe von Sach-/Unfallbranchengruppen einen Satz von Prinzipien, der zur Verteilung von Ansprüchen unter den Versicherern verwendet werden soll.

## Nicht beschränkende Krankheit

Krankheit eines Versicherten, die diesen in seinen Aktivitäten nicht so einschränkt, daß er im Haus bleiben muß. → Krankenversicherung

## Vergünstigungsklausel allein für die Ersthypothek

Nachtrag zur *Einheits-Feuerversicherungspolice,* um die Interessen eines Hypothekengläubigers zu schützen, ohne für eine → Proportionale Verteilung zu sorgen. Ein(e) Hypothekengläubiger(in) kann seine oder ihre Rechte an dem geschützten Vermögen durch eine → Pfandgläubigerklausel schützen lassen. Wo ein Versicherter über mehr als eine Police verfügt, werden Ansprüche normalerweise durch Verteilung eines Teiles des Schadens zwischen den Versicherungs-

carriers under terms of the policy's → Pro Rata Liability Clause. A *full contribution mortgage clause* provides that losses on the lender's interest would be apportioned in the same manner as the rest of the policy. But with a noncontribution mortgage clause, the lender's interest would be protected up to the policy limits with no apportionment.

## Noncontributory
→ Employee Benefit Insurance Plan under which an employer pays the entire direct cost of the plan; employees do not share in the cost, except perhaps through comparatively lower wages.

## Nondeductibility of Employer Contributions
Law that payments by an employer to a → Nonqualified Plan are not deductible as a business expense for Federal tax purposes.

## Nondisabling Injury
Injury that does not qualify either for *partial* or *total disability income* under a disability income or Workers Compensation policy.

## Nonduplication of Benefits
→ Coordination of Benefits

trägern unter den Bedingungen der → Anteilmäßigen Haftungsklausel der Police gezahlt. Eine *Hypothekenklausel mit vollständigem Beitrag* sieht vor, daß die Schäden am Anteil des Gläubigers in der gleichen Art und Weise verteilt werden wie der Rest der Police. Bei einer Vergünstigungsklausel allein für die Ersthypothek wäre der Anteil des Gläubigers ohne proportionale Verteilung bis zur Policengrenze geschützt.

## Beitragsfrei
→ Betriebliches Sozialzulagenversicherungssystem, bei dem ein Arbeitgeber die gesamten direkten Kosten des Systems zahlt; Arbeitnehmer sind an den Kosten nicht beteiligt, außer vielleicht durch vergleichsweise niedrigere Löhne.

## Nichtabzugsfähigkeit von Arbeitgeberbeiträgen
Gesetz, daß Zahlungen durch einen Arbeitgeber zu einem → Steuerlich nicht begünstigten Vorhaben für Bundessteuerzwecke als Geschäftsausgabe steuerlich abzugsfähig sind.

## Nicht zur Erwerbsunfähigkeit führende Verletzung
Verletzung, die weder einen Anspruch auf *Teil-* noch auf *Totalinvaliditätseinkommen* bei einer Invaliditätseinkommens- oder einer Berufsunfallpolice begründet.

## Nicht-Verdopplung von Leistungen
→ Koordination von Leistungen

## Nonforfeitability

1. Provision in a → Cash Value Insurance policy that an insured will receive the equity in some form even if the insurance is canceled.
2. Vested benefit to a retirement plan participant. It is enforceable against the plan.
→ Nonforfeiture Benefit (Option); → Nonforfeiture Cash Surrender Benefit; → Nonforfeiture Extended Term Benefit; → Nonforfeiture Reduced Paid-Up Benefit

## Nonforfeiture Benefit (Option)

Provision that the equity of an insured in a life insurance policy cannot be forfeited. There are four benefits a policyholder can select under the option: → Cash Surrender Value, → Extended Term Insurance, → Loan Value, and → Paid-Up Insurance. If none is elected, a clause in the policy will stipulate the option that automatically goes into effect, usually extended term insurance.

## Nonforfeiture Cash Surrender Benefit

Amount in a cash value life insurance policy that a policyowner will receive upon surrender of the policy, minus any outstanding loan and accrued interest. A table in the policy shows the amount of

## Unverfallbarkeit

1. Vorschrift bei einer → Barwertversicherungs-Police, daß ein Versicherter das Eigenkapital in irgendeiner Form erhalten wird, auch wenn die Versicherung gekündigt wird.
2. Wohlerworbene Leistung an den Teilnehmer eines Pensionssystems. Sie ist gegenüber dem System durchsetzbar.
→ Der Anspruchsverwirkung nicht unterworfene Leistung (Option); → Unverfallbarkeit der Rückkaufbarwertleistung; → Unverfallbarkeit der erweiterten befristeten Versicherungsleistung; → Unverfallbarkeit einer reduzierten beitragsfreien Leistung

## Der Anspruchsverwirkung nicht unterworfene Leistung (Option)

Bestimmung, daß das Eigenkapital eines Versicherten bei einer Lebensversicherungspolice nicht verfallen kann. Bei dieser Option kann der Policenbesitzer zwischen vier Leistungen wählen: → Rückkaufbarwert, → Erweiterte befristete Versicherung, → Beleihungswert und → Prämienfreie Versicherung. Wird keine gewählt, so bestimmt eine Klausel in der Police, welche Option automatisch in Kraft tritt, normalerweise die verlängerte befristete Versicherung.

## Unverfallbarkeit der Rückkaufbarwertleistung

Betrag einer Barwertlebensversicherungspolice, die ein Policeninhaber bei Rückkauf der Police abzüglich etwaiger offenstehender Darlehn und angehäufter Zinsen erhalten wird. Eine Tabelle in der Police zeigt die Höhe der Rückkaufbarwerte. Bei einigen Policen behält sich die

cash surrender values. With some policies, the insurance company reserves the right to hold the cash surrender value for six months from time of notification, but this is rarely if ever applied today.

**Nonforfeiture Extended Term Benefit**
Right of a policyholder, in life insurance with cash values, to continue full coverage for a limited period, as shown in a table in the policy, with no further premiums payable.

**Nonforfeiture Provision**
Value in life insurance policies that entitle the insured to these choices:
(1) To relinquish the policy for its → Cash Surrender Value. (Note that in the beginning years the cash value may be minimal because of expenses such as agent's commission, premium tax, and the cost of putting the policy on the insurance company's books).
(2) To take *reduced paid-up insurance* instead of the cash surrender value.
(3) To take → Extended Term Insurance for the full face amount instead of the cash surrender value.
(4) To borrow from the company, using the cash value as collateral.
Each policy provides a table illustrating the first 20 years of its

Versicherungsgesellschaft das Recht vor, den Rückkaufbarwert für sechs Monate vom Zeitpunkt der Benachrichtigung an zu behalten, aber dieses Recht wird heute, wenn überhaupt, nur noch selten angewandt.

**Unverfallbarkeit der erweiterten befristeten Versicherungsleistung**
Recht eines Policenbesitzers bei Lebensversicherungen mit Barwerten, den vollständigen Versicherungsschutz für einen begrenzten Zeitraum, wie in einer Tabelle in der Police dargestellt, fortzusetzen, ohne daß weitere Prämien zahlbar sind.

**Obligatorische Rückkaufbestimmung**
Wert bei Lebensversicherungspolicen, die den Versicherten zu folgenden Wahlmöglichkeiten berechtigen:
(1) die Police wegen ihres → Rückkaufbarwertes aufzugeben. (Es wäre anzumerken, daß der Barwert in den Anfangsjahren wegen der Kosten, wie Provision des Agenten, Prämiensteuern und der Kosten für die Führung der Police in den Büchern der Versicherungsgesellschaft, minimal sein kann.);
(2) die *reduzierte beitragsfreie Versicherung* anstelle des Rückkaufbarwertes zu nehmen;
(3) die → Erweiterte befristete Versicherung für den vollständigen Nennwert anstelle des Rückkaufbarwertes zu nehmen;
(4) ein Darlehn bei der Gesellschaft aufzunehmen unter Verwendung des Barwertes als Besicherung.
Jede Police bietet eine Tabelle, die die ersten 20 Jahre ihrer garantierten Barwerte angibt.

guaranteed cash values.

## Nonforfeiture Reduced Paid-Up Benefit
Right of a policyholder in life insurance with cash value to elect a smaller, fully paid up policy, without any further premiums to pay. The amount of the paid-up policy is determined by the insured's age and the cash surrender value.

## Nonforfeiture Values
→ Nonforfeiture Cash Surrender Benefit; → Nonforfeiture Extended Term Benefit; → Nonforfeiture Reduced Paid-Up Benefit

## Noninsurance Risk
→ Uninsurable Risk

## Noninsurance Transfer
Risk management technique for shifting a corporation's exposure from itself. A risk manager looks at many alternatives to insurance to limit the risks a business firm faces. One transfer method is by contract, such as → Hold-Harmless Agreements, or to insert in an existing contract an endorsement stating that the business firm will not be responsible for something that would normally fall within its responsibility.

## Noninsured Driver
Operator with no liability insurance. If a noninsured driver

## Unverfallbarkeit einer reduzierten beitragsfreien Leistung
Recht eines Policenbesitzers, bei einer Lebensversicherung mit einem Barwert eine kleinere, voll einbezahlte Police zu wählen, ohne weitere Prämien zu zahlen. Die Höhe der beitragsfreien Police wird von dem Alter des Versicherten und dem Rückkaufbarwert bestimmt.

## Unverfallbarkeitswerte
→ Unverfallbarkeit der Rückkaufbarwertleistung; → Unverfallbarkeit der erweiterten befristeten Versicherungsleistung; → Unverfallbarkeit einer reduzierten beitragsfreien Leistung

## Nichtversicherungs-Risiko
→ Nicht versicherbares Risiko

## Nichtversicherungstransfer
Risikomanagementtechnik, eine Gefährdung von dem Unternehmen abzuwenden. Ein Risikomanager betrachtet viele Alternativen zur Versicherung, um die Risiken, denen sich eine Firma gegenübersieht, zu begrenzen. Eine Transfermethode erfolgt durch einen Vertrag, wie etwa → Schadloshaltungsvereinbarungen, oder durch Einfügung eines Nachtrages in einen bestehenden Vertrag, der besagt, daß die Firma für etwas, das normalerweise in ihren Verantwortungsbereich fallen würde, nicht verantwortlich ist.

## Nicht versicherter Fahrer
Fahrzeuglenker ohne Haftpflichtversicherung. Falls ein nicht versicherter Fahrer auf

hits another car, the victim sometimes has no recourse against the driver. For this reason, many motorists carry → Uninsured Motorist Coverage, an endorsement to the → Personal Automobile Policy (PAP) that covers them if they are involved in a collision with a driver without liability insurance. Some states also maintain an → Unsatisfied Judgment Fund to pay claims to innocent victims of automobile accidents.

ein anderes Auto auffährt, hat das Opfer manchmal keine Regreßmöglichkeit gegen den Fahrer. Aus diesem Grunde schließen viele Fahrzeuglenker → Versicherungsschutz gegen nicht versicherte Fahrzeuglenker ab, ein Nachtrag zur → Privat-Kfz-Police, der sie schützt, falls sie an einem Zusammenprall mit einem Fahrer ohne Haftpflichtversicherung beteiligt sind. Einige Staaten unterhalten auch einen → Fonds für nicht vollstreckte Urteile, um die Ansprüche unschuldiger Opfer von Autounfällen zu bezahlen.

## Nonledger Assets
Assets of an → Insurer which are due and payable in the current year but have yet to be received by the insurer.

## Antizipative Aktiva
Forderungen eines → Versicherers, die im laufenden Jahr fällig und zahlbar sind, jedoch noch vom Versicherer zu kassieren sind.

## Nonmedical Application
→ Nonmedical Life Insurance

## Antragstellung ohne ärztliche Untersuchung
→ Lebensversicherung ohne ärztliche Untersuchung

## Nonmedical Life Insurance
Coverage in which an applicant not required to take a medical examination, instead answers written questions to ascertain his current physical condition.

## Lebensversicherung ohne ärztliche Untersuchung
Versicherungsschutz, bei dem ein Antragsteller, der sich keiner ärztlichen Untersuchung unterziehen muß, statt dessen schriftliche Fragen beantwortet, um seine derzeitige physische Verfassung zu bestätigen.

## Nonmedical Limit
Dollar ceiling on a life insurance policy for applicants who are not given a medical examination. The insurer accepts a

## Höchstgrenze ohne ärztliche Untersuchung
Höchstgrenze in Dollar für eine Lebensversicherungspolice für Antragsteller, bei denen keine ärztliche Untersuchung vorgenommen wird. Der Versicherer akzep-

health questionnaire in the place of a physical examination. At one time, a medical examination was a requirement for anyone buying life insurance. In recent years, however, most companies write → Nonmedical Life Insurance because the savings in expenses for the company have been found to offset the higher risk of underwriting insurance without the benefit of an examination. However, nonmedical policies are written only for a → Standard Risk.

tiert einen Gesundheitsfragebogen anstelle einer ärztlichen Untersuchung. Früher war eine ärztliche Untersuchung für alle, die eine Lebensversicherung abschließen wollten, erforderlich. In den letzten Jahren haben die meisten Gesellschaften damit begonnen, → Lebensversicherungen ohne ärztliche Untersuchung zu zeichnen, weil sich herausgestellt hat, daß die Kostenersparnisse für die Gesellschaften größer sind als das höhere Risiko bei der Zeichnung einer Versicherung ohne den Vorteil einer Untersuchung. Policen ohne ärztliche Untersuchung werden jedoch nur für ein → Standardrisiko gezeichnet.

**Nonoccupational Disability**
Condition that results from injury or disease that is not job related. Workers compensation applies to employees disabled by on-the-job injuries or disease. In addition, five states require employers to pay income (not medical expense) benefits if a worker is disabled by illness or injury that did not occur at work: Rhode Island, California, New Jersey, New York, and Hawaii. Except for Rhode Island, employers may buy private coverage; in Rhode Island, they must get coverage from a state fund. Hawaii is the only state without an optional state fund.

**Berufsfremde Invalidität**
Ein Zustand, der von einer Verletzung oder einer Krankheit, die nicht berufsbezogen ist, herrührt. Berufsunfallversicherungsleistungen werden verwendet für Arbeitnehmer, die durch Verletzungen oder Krankheit am Arbeitsplatz arbeitsunfähig werden. Darüber hinaus fordern fünf Staaten, daß Arbeitgeber Einkommensleistungen (aber keine Arztkosten) zahlen, wenn ein Arbeitnehmer durch eine Krankheit oder eine Verletzung, die aber nicht am Arbeitsplatz eingetreten ist, arbeitsunfähig wird: Rhode Island, Kalifornien, New Jersey, New York und Hawaii. Außer für Rhode Island können Arbeitgeber privaten Versicherungsschutz abschließen. In Rhode Island müssen sie Versicherungsschutz bei einem staatlichen Fonds erwerben. Hawaii ist der einzige Staat ohne wahlweisen staatlichen Fonds.

**Nonoccupational Health Insurance Policy**
Insurance coverage for acci-

**Berufsfremde Krankenversicherungspolice**
Versicherungsschutz für Unfälle und

dents and sickness which are not job related.

**Nonoccupational Policy**
Health and medical insurance that excludes coverage for job-related injuries and illnesses. Most medical insurance policies do not provide benefits for job-related claims, which are covered by → Workers Compensation Benefits.

**Nonownership Aircraft Liability Insurance**
Coverage in a separate policy or as an endorsement to the → Commercial General Liability (CGL) form, for insureds responsible for aircraft they do not own. If an aircraft is leased from another firm or owned by employees who operate it for a business owner, the insured's liability exposure is not covered by the CGL policy; a special endorsement is necessary.

**Nonownership Automobile Liability Insurance**
Coverage in a separate policy or as an endorsement to the → Commercial General Liability (CGL) form, for liability exposures for an employee who drives a leased car or his own automobile for business purposes.

Erkrankungen, die nicht berufsbezogen sind.

**Berufsfremde Police**
Kranken- und medizinische Versicherung, die Versicherungsschutz für berufsbezogene Verletzungen und Krankheiten ausschließt. Die meisten medizinischen Versicherungspolicen bieten keine Leistungen bei berufsbezogenen Ansprüchen, die von den → Berufsunfallentschädigungsleistungen abgedeckt werden.

**Flugzeughaftpflichtversicherung für Erfüllungsgehilfen**
Versicherungsschutz unter einer getrennten Police oder als Nachtrag zur → Allgemeinen gewerblichen Haftpflichtversicherungsform, für Versicherte, die für ein Flugzeug, das ihnen nicht gehört, verantwortlich sind. Wenn ein Flugzeug von einer anderen Firma geleast wird oder Eigentum von Arbeitnehmern ist, die es für den Besitzer des Unternehmens betreiben, ist die Haftungsgefährdung des Versicherten nicht von der allgemeinen gewerblichen Haftpflichtversicherungspolice abgedeckt; ein spezieller Nachtrag ist erforderlich.

**Kfz-Haftpflichtversicherung für Erfüllungsgehilfen**
Versicherungsschutz unter einer getrennten Police oder als Nachtrag zur → Allgemeinen gewerblichen Haftpflichtversicherungsform für Haftpflichtgefährdungen eines Arbeitnehmers, der ein geleastes Auto oder sein eigenes Kraftfahrzeug zu Geschäftszwecken fährt.

## Nonownership Liability Insurance

Coverage for an employer against liability for property damage or physical injury caused by an employee operating a personally owned vehicle for the business firm. Employers can be held liable if an employee has an accident while driving a leased automobile or operating a motorboat that the employee owns, if it is done for the benefit of the employer. → Nonownership Aircraft Liability Insurance; → Nonownership Automobile Liability Insurance

## Nonparticipating Insurance

Policy not designed to pay the policyowner a dividend. → Current Assumption; → Participating Insurance

## Nonparticipating Life Insurance

→ Nonparticipating Insurance

## Nonparticipating Policy

→ Nonparticipating Insurance

## Nonprofit Insurer

Company formed and operated without the profit motive as its normal business objective; normally sells and services health insurance policies. → Blue Gross; → Blue Shield

## Haftpflichtversicherung für Erfüllungsgehilfen

Versicherungsschutz für einen Arbeitgeber gegen Haftpflicht- oder Sachschäden bzw. Körperverletzung, die von einem Arbeitnehmer, der ein privates Fahrzeug für die Firma benutzt, verursacht werden. Arbeitgeber können haftbar gemacht werden, wenn ein Arbeitnehmer einen Unfall mit einem geleasten Auto verursacht oder ein Motorboot, das dem Arbeitgeber gehört, zu dessen Nutzen fährt. → Flugzeughaftpflichtversicherung für Erfüllungsgehilfen; → Kfz-Haftpflichtversicherung für Erfüllungsgehilfen

## Nicht gewinnbeteiligte Versicherung

Police, die nicht dazu geschaffen ist, dem Policeninhaber eine Dividende zu zahlen. → Gegenwärtige Annahmen; → Gewinnbeteiligte Versicherung

## Nicht gewinnbeteiligte Lebensversicherung

→ Nicht gewinnbeteiligte Versicherung

## Nicht gewinnbeteiligte Police

→ Nicht gewinnbeteiligte Versicherung

## Gemeinnütziger Versicherer

Eine Gesellschaft, die ohne Gewinnmotiv als Unternehmensziel gegründet wurde und betrieben wird und normalerweise Krankenversicherungspolicen verkauft und betreut. → Blue Cross (Blaues Kreuz); → Blue Shield (Blaues Schutzschild)

## Nonproportional Automatic Reinsurance

Obligatory reinsurance contract in which a reinsurer agrees to pay for all or a large portion of losses up to a limit, when these losses exceed the retention level of the cedent. The reinsurance premium paid by the cedent is calculated independently of the premium charged to the insured. It is not expected that every treaty will pay for itself or that every loss will be recouped by the reinsurer. When a cedent reinsures on a nonproportional basis, it retains substantially more of its profits than reinsuring on a proportional basis. Nonproportional differs from proportional reinsurance in that it does not involve the sharing of risks.

## Nicht-proportionale automatische Rückversicherung

Pflichtrückversicherungsvertrag, bei dem ein Rückversicherer zustimmt, für alle oder einen großen Teil der Schäden bis zu einem Limit zu zahlen, wenn diese Schäden das Selbstbehaltniveau des Zedenten überschreiten. Die vom Zedenten gezahlte Rückversicherungsprämie wird unabhängig von der dem Versicherten in Rechnung gestellten Prämie berechnet. Es wird nicht erwartet, daß jeder Vertrag für sich selbst zahlt oder daß jeder Schaden durch den Rückversicherer entschädigt wird. Wenn sich ein Zedent auf nicht proportionaler Grundlage rückversichert, hält er mehr seiner Gewinne zurück als wenn er sich auf einer proportionalen Basis rückversichert. Die nicht-proportionale unterscheidet sich von der proportionalen Rückversicherung dadurch, daß sie keine Risikoteilung beinhaltet.

## Nonproportional Facultative Reinsurance

Coverage in which an insurer is not bound to → Cede and a reinsurer is not bound to accept a risk. A separate reinsurance contract covers each cession. The contract is automatically renewed if the original insurance is renewed. Casualty facultative reinsurance is usually written on excess of loss basis, and the reinsurer shares only in losses which exceed retention level of the cedent.

## Nicht-proportionale fakultative Rückversicherung

Versicherungsschutz, bei dem ein Versicherer nicht → Zedieren muß und ein Rückversicherer nicht verpflichtet ist, ein Risiko zu akzeptieren. Ein getrennter Rückversicherungsvertrag deckt jede Zession ab. Der Vertrag wird automatisch erneuert, wenn der Originalvertrag erneuert wird. Eine fakultative Unfallrückversicherung wird normalerweise auf einer Schadensüberschußbasis gezeichnet, und der Rückversicherer übernimmt nur Schäden, die das Selbstbehaltniveau des Zedenten übersteigen.

## Nonproportional Reinsurance

Arrangement in which a reinsurer makes payments to an insurer whose losses exceed a predetermined retention level. Nonproportional reinsurance is either *facultative* or *automatic*. → Catastrophe Loss; → Excess of Loss Reinsurance; → Stop Loss Reinsurance

## Nonqualified Plan

Employee benefit plan which does not have the Federal tax advantages of a *qualified pension plan,* in which employers receive a Federal tax deduction for contributions paid into the plan on behalf of their employees. For an employer, not having a tax deduction can be a serious disadvantage, but a nonqualified plan has these advantages:
1. Otherwise discriminatory coverage for some employees is allowed.
2. Benefits can be allocated to certain employees whom the employer wishes to reward. The result could be that the total cost of the benefits for a particular group of employees may be less under a nonqualified plan than for all employees under a qualified plan.

## Nonrenewal Clause

Provision in a policy that states

## Nicht-proportionale Rückversicherung

Regelung, bei der ein Rückversicherer Zahlungen an einen Versicherer leistet, dessen Schäden ein vorherbestimmtes Selbstbehaltniveau übersteigen. Die nicht-proportionale Rückversicherung ist entweder *fakultativ* oder *automatisch*. → Katastrophenschaden; → Schadenexzedentenrückversicherung; → Stop-Loss-Rückversicherung

## Steuerlich nicht begünstigtes Vorhaben

Betriebliches Sozialzulagensystem, das nicht über die Bundessteuervorteile eines *steuerbegünstigten Pensionssystems* verfügt, bei dem Arbeitgeber einen Bundessteuerabzug für die im Namen ihrer Arbeitnehmer an das System geleisteten Beiträge erhalten. Für einen Arbeitgeber kann das Fehlen eines Steuerabzugs ein ernsthafter Nachteil sein, aber ein steuerlich nicht begünstigtes Vorhaben hat diese Vorteile:
1. Ansonsten ist ein Sonder-Versicherungsschutz für einige Arbeitnehmer zulässig.
2. Leistungen können bestimmten Arbeitnehmern zugeteilt werden, die der Arbeitgeber belohnen möchte. Das könnte zur Folge haben, daß die Gesamtkosten der Leistungen für eine bestimmte Gruppe von Arbeitnehmern bei einem System ohne steuerliche Begünstigung geringer ausfallen als für alle Arbeitnehmer bei einem steuerbegünstigten System.

## Nichterneuerungsklausel

Bestimmung in einer Police, die die

the circumstances under which an insurer may elect not to renew the policy.

Umstände erläutert, unter denen ein Versicherer entscheiden kann, die Police nicht zu verlängern.

**Nonresident Agent**
Agent who is licensed and who markets and services insurance policies in a state in which he or she is not domiciled.

**Auswärtiger Agent**
Agent, der eine Lizenz hat und Versicherungspolicen in einem Staat, in dem er nicht seinen Wohnsitz hat, vermarktet und betreut.

**Nonsmoker**
Health characteristic considered by an insurer underwriting an applicant for life or health insurance. Many insurance companies charge reduced premiums for nonsmokers.

**Nichtraucher**
Gesundheitsmerkmal, das von einem Versicherer, der einen Antragsteller für eine Lebens- oder Krankenversicherung versichert, berücksichtigt wird. Viele Versicherungsgesellschaften berechnen reduzierte Prämien für Nichtraucher.

**Nontraditional Reinsurance**
Types of → Reinsurance instruments under which the amount of → Risk transferred is more limited than under → Traditional Risk Reinsurance instruments. The limitations on risk transfer take the form of an aggregate dollar amount or loss ratio limits according to the reinsurance coverage in effect. Premiums for nontraditional reinsurance instruments are usually larger than those for traditional reinsurance instruments.

**Nicht-traditionelle Rückversicherung**
Arten von → Rückversicherungsinstrumenten, bei denen die Höhe des übertragenen → Risikos eingeschränkter ist als bei den → Traditionellen Risikorückversicherungs-Instrumenten. Die Beschränkungen des Risikotransfers nehmen die Form eines Gesamtbetrages in Dollar oder Schadenquotenlimits an entsprechend der Rückversicherungsdeckung, die in Kraft ist. Die Prämien für nicht traditionelle Rückversicherungsinstrumente sind in der Regel höher als die für traditionelle Rückversicherungsinstrumente.

**Normal Annuity Form**
Cost computation form that assumes retirement and commencement of annuity payments on the first day of the

**Normale Rentenform**
Kostenberechnungsform, die von der Pensionierung und dem Beginn der Rentenzahlungen am 1. Tag des Monats, der dem Geburtstag, an dem ein Rentner das

month nearest the birthday when a retiree reaches normal retirement age. Most employee pension plans provide for a normal retirement age of 65, with pension or annuity payments to begin at that time. But many also provide an *optional annuity form* for those who either wish to retire before, or continue working past, the normal retirement age. These employees receive reduced benefits, in the case of the early retirees, or possible enhanced benefits for those who work longer.

normale Rentenalter erreicht, am nächsten liegt, ausgeht. Die meisten betrieblichen Pensionssysteme sehen ein normales Pensionsalter von 65 Jahren vor, wobei die Pensions- oder Rentenzahlungen zu diesem Zeitpunkt beginnen. Viele sehen jedoch auch eine *wahlweise Rentenform* für jene vor, die entweder vor Erreichen des normalen Rentenalters in Pension gehen oder über das normale Rentenalter hinaus arbeiten möchten. Diese Arbeitnehmer erhalten im Falle der Frührente reduzierte Bezüge oder, wenn sie länger arbeiten wollen, möglicherweise erweiterte Bezüge.

## Normal Loss

Particular type of loss which is expected by an organization and for which provision is usually made in the budgeting process of the organization. → Self Insurance; → Self-Insured Retention (SIR)

## Natürlicher Schwund

Bestimmte Art von Schaden, der von einer Organisation erwartet wird und für den gewöhnlich im Budgetverfahren der Organisation Vorsorge getroffen wird. → Selbstversicherung; → Selbstversicherter Selbstbehalt

## Normal Retirement Age

Earliest age at which an employee can retire without a penalty reduction in pension benefits after having (1) reached a minimum age and (2) served a minimum number of years with an employer. Historically, this has been 65 years, but many private pension plans now envision earlier or later normal retirement ages.

## Normales Rentenalter

Frühester Zeitpunkt, zu dem ein Arbeitnehmer ohne Strafabzug bei den Pensionsbezügen in Rente gehen kann, nachdem er (1) ein Mindestrentenalter erreicht hat und (2) eine Mindestanzahl an Jahren bei einem Arbeitgeber gearbeitet hat. Historisch gesehen umfaßte dieses Alter 65 Jahre, aber viele private Pensionsvorhaben sehen jetzt ein frühzeitigeres oder ein späteres als das normale Rentenalter vor.

## Notice of Cancellation Clause

Provision in an insurance policy that permits an insured to cancel the policy and recoup the excess of the paid premiums above the customary *short rate* for the expired time. The clause also permits a company to cancel the policy at any time by sending the insured five days' written notice and repaying the excess of the paid premium above the *pro rata* premium for the expired time.

## Notice to Company

Written notice, to be submitted by the → Claimant, required by the insurance company in the event of an → Insured Peril. This notice is part of the standard → Property and Casualty Insurance Provisions defining the insured's obligations after a loss.

## NSC

→ National Safety Council

## Nuclear Energy Liability Insurance

Coverage for bodily injury and property damage liability resulting from the nuclear energy material (whether or not radioactive) on the insured business's premises or in transit. This insurance has become more significant since the

## Kündigungsklausel

Bestimmung bei einer Versicherungspolice, die es einem Versicherten erlaubt, die Police zu kündigen und sich für den Überschuß der bezahlten Prämien, der über die übliche *gekürzte Prämienrückerstattung bei vorzeitiger Kündigung durch den Versicherungsnehmer* für die ausgelaufene Zeit hinausgeht, schadlos zu halten. Die Klausel erlaubt es einer Gesellschaft auch, die Police jederzeit durch Zusendung einer Ankündigung an den Versicherten mit einer Frist von 5 Tagen und Rückzahlung des Überschusses der bezahlten Prämie, der über die *anteilige* Prämie für die abgelaufene Zeit hinausgeht, zu kündigen.

## Mitteilung an die Gesellschaft

Schriftliche Mitteilung, die vom → Anspruchsteller einzureichen ist und von der Versicherungsgesellschaft im Fall einer → Versicherten Gefahr gefordert wird. Diese Mitteilung ist Bestandteil der Standard-(→ )Sach- und Unfallversicherungsbestimmungen, die die Verpflichtungen des Versicherten nach einem Schaden definieren.

## Nationaler Sicherheitsrat

→ Nationaler Sicherheitsrat

## Nuklearenergiehaftpflichtversicherung

Versicherungsschutz für die Haftpflicht bei Körperverletzung und Sachbeschädigung infolge von Nuklearenergiematerial (ob radioaktiv oder nicht) auf dem Betriebsgelände des Versicherten oder beim Transport. Diese Versicherung ist nach dem Three Mile Island Unfall immer wichtiger geworden. Um für eine nukleare

Three Mile Island accident. In order to obtain a license for a nuclear facility, there must be evidence of financial responsibility such as insurance. Nuclear energy liability is excluded from nearly all other liability policies.

## Nuclear Reaction Exclusion

Clause in most property insurance policies that excepts coverage for loss from a nuclear reaction or radiation, or radioactive contamination. (However, a fire resulting from one of these perils would be covered.) Because of this exclusion, insurer pools have been formed to write coverage for nuclear reactors. In addition, the → Nuclear Regulatory Commission is authorized to provide coverage under the → Price-Anderson Act.

## Nuclear Regulatory Commission

U.S. government agency (formerly the Atomic Energy Commission) responsible for regulating the nuclear energy industry. The commission also provides supplemental insurance for nuclear facilities to augment coverage by private insurance pools.

## Nuisance

Product or service that does more harm than good to so-

Einrichtung eine Lizenz zu erhalten, muß ein Nachweis über die finanzielle Haftung, z.B. eine Versicherung, vorliegen. Die Haftung für Nuklearenergie ist bei fast allen anderen Haftpflichtpolicen ausgeschlossen.

## Kernreaktionsausschluß

Klausel bei den meisten Sachversicherungspolicen, die Versicherungsschutz für Schäden wegen einer Kernreaktion, Strahlung oder einer radioaktiven Verseuchung ausnimmt. (Ein aufgrund einer dieser Gefahren entstehender Brand wäre jedoch abgedeckt). Wegen dieses Ausschlusses wurden Versichererpools gebildet, um Versicherungsschutz für Atomreaktoren zu zeichnen. Darüber hinaus ist die → Atomaufsichtsbehörde befugt, Versicherungsschutz unter dem → Price-Anderson-Gesetz zu leisten.

## Atomaufsichtsbehörde

Behörde der US-Regierung (früher die Atomenergiekommission), die für die Lenkung der Atomenergieindustrie verantwortlich ist. Die Kommission leistet auch ergänzenden Versicherungsschutz für nukleare Einrichtungen, um den Versicherungsschutz durch private Versicherungspools zu verbessern.

## Mißstand

Produkt oder Dienstleistung, das/die der Gesellschaft mehr schadet als nützt oder

ciety, or endangers life or health. Society would probably be better off without such a product or service. → Attractive Nuisance

## Numerical Rating System

Underwriting method used in classifying applicants for life insurance according to certain demographic factors and assigning weights to these factors. Factors include physical condition, build, family history, personal history, habits, and morals. For example, if an applicant is 5'8" and weighs 250 pounds, his mortality expectation based on this height-weight ratio may be 160% of a standard risk who weighs 150 pounds at that height. In this instance a debit of 60 percentage points would be listed next to the weight factor on the applicant's underwriting sheet. If the applicant has an excellent family history (no hereditary diseases such as diabetes), his mortality expectation based on this factor is 90% of the standard risk. Here a credit of 10 percentage points would be listed next to the family history factor. Upon completion of the debiting/crediting process, debits and credits would be totaled for a final rate, which would classify the applicant as *standard, substandard,* or an *uninsurable risk.*

Leben bzw. Gesundheit gefährdet. Der Gesellschaft ginge es wahrscheinlich ohne ein solches Produkt oder eine solche Dienstleistung besser. → Anziehende Gefahrenstelle

## Numerisches Prämienfestsetzungssystem

Zeichnungsmethode, die bei der Klassifizierung von Antragstellern für eine Lebensversicherung entsprechend bestimmter demographischer Faktoren und Gewichtung dieser Faktoren verwendet wird. Faktoren schließen ein die körperliche Verfassung, den Bau, die Familiengeschichte, die persönliche Geschichte, Gewohnheiten und charakterliche Eigenschaften. Wenn ein Antragsteller z.B. l5'8" (172,72 cm) groß ist und 250 Pfund (113,4 kg) wiegt, beträgt seine Sterblichkeitserwartung auf Grundlage dieses Größen-Gewichts-Verhältnisses vielleicht 160% des Standardrisikos einer Person, die bei der gleichen Größe 150 Pfund (68,04 kg) wiegt. In diesem Fall würde ein Malus von 60 Prozentpunkten neben dem Gewichtsfaktor auf dem Zeichnungsblatt des Antragstellers vermerkt. Verfügt ein Antragsteller über eine ausgezeichnete Familiengeschichte (keine erblichen Krankheiten wie Diabetes) beträgt seine Sterblichkeitserwartung auf der Grundlage dieses Faktors 90% des Standardrisikos. Hier würde ein Bonus von 10 Prozentpunkten neben dem Faktor Familiengeschichte vermerkt. Bei Beendigung des Bonus/Malus-Verfahrens würden Mali und Boni zu einer Endsumme aufaddiert, was den Antragsteller als *Standard-, anomales* oder *nicht versicherbares Risiko* klassifizieren würde.

# O

**OASDHI**

→ Old Age, Survivors, Disability, and Health Insurance (OASDHI)

**Obligatory Reinsurance**
→ Automatic Reinsurance

**Obligee**
→ Fidelity Bond; → Liability, Business Exposures; → Surety Bond

**Obligor**
Individual or other entity who has promised to perform a certain act. For example, an insurance company promises to pay a death benefit if a life insurance policy is in force at the time of the death of an insured.

**Obsolescence**
Decrease in value of property as the result of technological advancement and/or changing social mores. This factor is used to measure the amount of depreciation in determining the → Actual Cash Value of damaged or destroyed property protected by → Property Insurance Coverage.

**Alters-, Hinterbliebenen-, Invaliditäts- und Krankenversicherung**
→ Alters-, Hinterbliebenen-, Invaliditäts- und Krankenversicherung

**Obligatorische Rückversicherung**
→ Automatische Rückversicherung

**Gläubiger**
→ Kaution gegen Veruntreuung; → Haftpflicht, Unternehmensgefährdungen; → Kautionsversicherung

**Schuldner**
Einzelperson oder sonstige Einheit, die versprochen hat, eine bestimmte Handlung auszuführen. Eine Versicherungsgesellschaft verspricht z.B. eine Todesfalleistung zu zahlen, wenn die Police zum Zeitpunkt des Todes eines Versicherten in Kraft ist.

**Überalterung**
Wertminderung bei einem Vermögensgegenstand als Ergebnis technologischen Fortschritts und/oder sich ändernder sozialer Sitten. Dieser Faktor wird verwendet, um die Abschreibungshöhe bei Festlegung des → Tatsächlichen Barwertes beschädigten oder zerstörten Vermögens, das durch → Sachversicherungsschutz geschützt ist, zu bestimmen.

## Occupancy and Fire Rates

Direct relationship between the use to which a building is put and the likelihood that it will catch on fire. Occupancy is one of the most important factors in setting fire insurance rates. For example, a building that houses an explosives manufacturer is at much greater risk than one occupied by a jewelry boutique. Other factors that influence the risk of fire are geographical location, construction, nature of the neighborhood, and the adequacy of protective devices.

## Occupation
→ Occupational Hazard

## Occupational Accident

Work-related accident. Occupational accidents that injure employees are the responsibility of the employer and are covered by → Workers Compensation Insurance. In recent years, the term occupational accident has been expanded to include job-related long-term exposure to hazardous substances that result in occupational diseases, and such emotional injuries as nervous breakdowns and even heart attacks.

## Occupational Disease

Illness contracted as the result of employment-related expo-

## Vorgesehene Benutzung und Feuerversicherungstarife

Direkte Beziehung zwischen der Verwendung, der ein Gebäude zugeführt wird, und der Wahrscheinlichkeit, daß es in Brand gerät. Die vorgesehene Benutzung ist einer der wichtigsten Faktoren bei der Festsetzung der Feuerversicherungstarife. Ein Gebäude, das z. B. einen Hersteller von Sprengstoffen beherbert, birgt ein sehr viel größeres Risiko als eines, in dem sich ein Schmuckgeschäft befindet. Sonstige Faktoren, die das Brandrisiko beeinflussen, sind der geographische Standort, die Konstruktionsweise, die Beschaffenheit der Nachbarschaft und die Angemessenheit von Schutzeinrichtungen.

## Beschäftigung
→ Beschäftigungsrisiko

## Berufsunfall

Arbeitsbezogener Unfall. Berufsunfälle, die Arbeitnehmer verletzen, fallen unter die Verantwortlichkeit des Arbeitgebers und sind bei der → Berufsunfallversicherung abgedeckt. In den letzten Jahren wurde die Bezeichnung Berufsunfall ausgeweitet, um die berufsbedingte langfristige Gefährdung durch gefährliche Substanzen, die Berufskrankheiten zur Folge haben, und emotionale Verletzungen, wie Nervenzusammenbrüche oder Herzanfälle, einzuschließen.

## Berufskrankheit

Krankheit, die man sich infolge beschäftigungsbezogener Gefährdungen und Be-

sures and conditions. Coverage for such diseases is found under → Workers Compensation Insurance.

dingungen zuzieht. Versicherungsschutz für solche Erkrankungen findet man bei der → Berufsunfallversicherung.

### Occupational Hazard
Condition surrounding a work environment which increases the probability of death, disability, or illness to a worker. This class of hazard is considered when writing → Workers Compensation Insurance or determining which underwriting classification to place an applicant for life or health insurance.

### Beschäftigungsrisiko
Eine das Arbeitsumfeld betreffende Bedingung, die die Wahrscheinlichkeit von Tod, Invalidität oder Erkrankung eines Arbeiters steigert. Diese Gefahrenklasse wird bei der Zeichnung einer → Berufsunfallversicherung oder der Bestimmung, in welche Zeichnungsklassifikation ein Antragsteller für Lebens- oder Krankenversicherung plaziert werden soll, berücksichtigt.

### Occupational Injury
→ Occupational Accident; → Occupational Hazard; → Occupation, Risk

### Berufsverletzung
→ Berufsunfall; → Beschäftigungsrisiko; → Beschäftigung, Risiko

### Occupational Safety and Health Act (OSHA)
1970 legislation that set Federal standards for workplace safety and imposed fines for failure to meet them. A controversial law, it took much of the power from the states for regulating workplace safety. It authorized the U.S. Department of Labor to have Federal compliance officers make surprise inspections of business firms. It set up the → National Commission of State Workers Compensation Laws to recommend upgrade of worker protection, including higher disability benefits, compulsory

### Occupational Safety and Health Act (OSHA)
(Gesetz zur Berufssicherheit und -gesundheit) – Gesetz aus dem Jahre 1970, das Bundesnormen für die Sicherheit am Arbeitsplatz festsetzte und Strafen für deren Nichteinhaltung auferlegte. Ein kontroverses Gesetz, es nahm den Staaten viel von der Macht für die Regelung der Arbeitsplatzsicherheit. Es autorisierte das US-amerikanische Arbeitsministerium, Bundesbeamte, die die Einhaltung überwachen sollten, unangemeldete Überprüfungen von Firmen durchführen zu lassen. Es gründete die → Nationale Kommission für staatliche Berufsunfallgesetze, um die Höherstufung des Arbeiterschutzes einschließlich höherer Invaliditätsleistungen, Pflichtversicherungsschutz und unbe-

coverage, and unlimited medical care and rehabilitation. Most states adopted the recommendations, which incidentally led to increases in workers compensation insurance premiums.

## Occupation, Risk

Relationship between occupation of an insured and degree of risk in such coverages as life, health, and workers compensation. Some occupations are more risky than others; for example, a high wire performer would have to pay more for life insurance than a banker. But the impact of occupation goes further. Claims resulting from exposure to toxic substances that result in occupational disease have been one of the most costly business insurance expenses of recent years. Life and health insurance underwriters also consider whether the occupation of a potential insured is likely to encourage a reckless lifestyle. For example, certain high-pressure occupations, like acting or Wall street trading, might be considered to lead to overconsumption of alcohol or drug abuse. Occupation is one of many factors weighed by the underwriter in → Risk Selection.

## Occurrence Basis

Coverage, in liability insurance, for harm suffered by

grenzter medizinischer Versorgung und Rehabilitation zu empfehlen. Die meisten Staaten führten diese Empfehlungen ein, was schließlich zu Prämiensteigerungen bei der Berufsunfallversicherung führte.

## Beschäftigung, Risiko

Verhältnis zwischen der Beschäftigung eines Versicherten und der Höhe des Risikos in Bereichen wie Lebens-, Kranken- und Berufsunfallversicherungsschutz. Einige Beschäftigungen sind riskanter als andere. Ein Hochseilartist z. B. wird mehr für eine Lebensversicherung zahlen müssen als ein Bankkaufmann. Aber die Auswirkung der Beschäftigung reicht noch weiter. Ansprüche, die dadurch entstehen, daß jemand giftigen Substanzen ausgesetzt ist, die Berufskrankheiten zur Folge haben, stellen eine der teuersten betrieblichen Versicherungskosten der letzten Jahre dar. Lebens- und Krankenversicherungszeichner berücksichtigen auch, ob die Beschäftigung eines potentiellen Versicherten diesen wahrscheinlich zu einem leichtfertigen Lebensstil ermutigt. Einige streßintensive Beschäftigungen, wie etwa die Schauspielerei oder der Wall Street-Handel, könnten als zu übermäßigem Alkoholgenuß oder Drogenmißbrauch verleitend angesehen werden. Die Beschäftigung ist eine von vielen Faktoren, die bei der → Risikoauswahl des Zeichners gewichtet wird.

## Eintrittsgrundlage

Bei der Haftpflichtversicherung Versicherungsschutz für einen Schaden, der von

others because of events occurring while a policy is in force, regardless of when a claim is actually made. → Claims Made Basis Liability Coverage

**Occurrence Form**
→ Occurrence Basis

**Occurrence/Injury Theory**
Viewpoint that an insurer whose liability policy is in force at the time of an accident or injury should pay a claim. → Long-Tail Liability; → Manifestation/Injury Theory

**Occurrence Limit**
Maximum amount that an insurance company is obligated to pay all injured parties seeking recourse as the result of the occurrence of an event covered under a → Liability Insurance policy. In order for the coverage to apply, the policy must have been written on an → Occurrence Basis.

**Ocean Accident and Guarantee Corporation**
Major credit insurer of the early 20th century that merged into the London Guarantee and Accident Co. in 1931.

**Ocean Marine Exposure**
Possibility of loss associated with water transportation, including hull damage or destruction, cargo damage or de-

anderen wegen Ereignissen erlitten wird, die eintreten, während die Police in Kraft ist, unabhängig davon, wann der Anspruch tatsächlich geltend gemacht wird. → Haftpflichtversicherungsschutz auf der Grundlage geltend gemachter Ansprüche

**Eintrittsform**
→ Eintrittsgrundlage

**Verletzungseintrittstheorie**
Standpunkt, daß ein Versicherer, dessen Haftpflichtpolice zum Unfall- oder Verletzungszeitpunkt in Kraft ist, einen Anspruch bezahlen sollte. → Langfristige Haftpflicht; → Verletzungsoffenbarungstheorie

**Höchstgrenze pro Ereignis**
Höchstbetrag, den eine Versicherungsgesellschaft an alle verletzten Parteien, die infolge des Eintritts eines unter einer → Haftpflichtversicherungs-Police abgedeckten Ereignisses Entschädigung suchen, zu zahlen verpflichtet ist. Damit der Versicherungsschutz zur Anwendung kommt, muß die Police auf einer → Eintrittsgrundlage gezeichnet sein.

**Ocean Accident and Guarantee Corporation**
Hauptkreditversicherer des frühen 20. Jahrhunderts, der sich 1931 in der London Guarantee and Accident Co. zusammenschloß.

**Seetransportgefährdung**
Möglichkeit eines Schadens, der mit dem Wassertransport verbunden ist, einschließlich Beschädigung oder Zerstörung des Schiffsrumpfs, Beschädigung oder

struction, liability to others for bodily injury, and property damage or destruction.

## Ocean Marine Insurance

Coverage in the event of a marine loss. Marine loss is damage or destruction of a ship's hull and the ship's cargo (freight) as the result of the occurrence of an insured peril. Perils insured against include collision of the ship with another ship or object; the ship sinking, capsizing, or being stranded; fire; piracy; jettisoning (throwing overboard of property to save other property); barratry (fraud or other illegal act by a ship's master or crew, resulting in damage or destruction of the ship and/or cargo), and various other liability exposures. To be covered, an act cannot involve prior knowledge by the owner of the ship or its cargo. Excluded are wear and tear, dampness, decay, mold, and war. → Ocean Marine Insurance, War Risks

## Ocean Marine Insurance, War Risks

Coverage on cargo in overseas ships for war-caused liability excluded under standard → Ocean Marine Insurance. Not covered is cargo awaiting shipment on a wharf, or on ships after 15 days of arrival at a port. Confiscation of the

Zerstörung der Fracht und Sachbeschädigung oder -zerstörung.

## Überseeversicherung

Versicherungsschutz für den Fall eines Seeschadens. Ein Seeschaden ist die Beschädigung oder Zerstörung eines Schiffsrumpfes und der Schiffsfracht infolge des Eintritts einer versicherten Gefahr. Gefahren, gegen die versichert wird, schließen den Zusammenstoß eines Schiffes mit einem anderen Schiff oder Gegenstand, Versinken des Schiffes, Kentern oder Strandung, Brand, Piraterie, Überbordwerfen (Überbordwerfen von Vermögensgegenständen, um andere Vermögensgegenstände zu retten), Beschädigung der Ladung (Betrug oder anderweitige illegale Handlung durch einen Schiffsmeister oder die Mannschaft, der/die die Beschädigung oder Zerstörung des Schiffes und/oder der Fracht zur Folge hat) und verschiedene sonstige Haftpflichtgefährdungen ein. Um abgedeckt zu sein, darf eine Handlung nicht mit vorheriger Kenntnis des Eigentümers des Schiffes oder seiner Fracht erfolgen. Ausgeschlossen sind Verschleiß, Feuchtigkeit, Verfall, Schimmel und Krieg. → Überseeversicherung, Kriegsrisiken

## Überseeversicherung, Kriegsrisiken

Versicherungsschutz für die Fracht auf Überseeschiffen aufgrund durch Krieg verursachter Haftpflicht, die bei der Standard-(→)Überseeversicherung ausgeschlossen ist. Nicht abgedeckt ist die Fracht, die die Verschiffung auf einer Werft oder auf Schiffen 15 Tage nach Erreichen eines Hafens erwartet. Die

cargo by a government is covered. Most policies have an automatic termination clause which goes into effect within 60 days of the declaration of war between countries specified in the policy.

### Ocean Marine Protection and Indemnity Insurance
Coverage for bodily injury and property damage liability excluded under standard → Ocean Marine Insurance. Coverage includes protection of wharfs, docks, and harbors; bodily injury; cost of removing the wreck if ship is sunk; and the cost of disinfecting and quarantining a ship.

### Odds
Probable number of times that a specified event is likely to occur. For example, if $E$ is the event, then the odds *for* $E$ occuring are $X$ to $Y$ according to the following relationship:

$$P(E) = \frac{X}{X + Y}$$

where $P$ = probability. The odds *against* $E$ occurring are $Y$ to $X$. For example, if the probability of $E$ occurring equals 0.6 [$P(E) = 0.6$], then

$$P(E) = \frac{6}{6 + 4} = \frac{6}{10}$$

Therefore, the odds for $E$ oc-

Beschlagnahmung der Fracht durch eine Regierung ist abgedeckt. Die meisten Policen verfügen über eine automatische Beendigungsklausel, die innerhalb von 60 Tagen nach der Kriegserklärung zwischen den Ländern, die in der Police angegeben sind, in Kraft tritt.

### Überseeschutz- und Entschädigungsversicherung
Versicherungsschutz gegen die Haftung für Körperverletzung und Sachbeschädigung, die bei der Standard-(→)Überseeversicherung ausgeschlossen ist. Der Versicherungsschutz schließt den Schutz von Werften, Docks und Häfen, Körperverletzung, die Kosten für die Entfernung des Wracks, wenn ein Schiff versenkt wurde, und die Kosten für die Desinfektion und Quarantäne eines Schiffes ein.

### Chance
Die wahrscheinliche Zahl, wie häufig ein bestimmtes Ereignis vermutlich eintritt. Wenn $E$ z. B. ein Ereignis ist, dann sind die Chancen *dafür,* daß $E$ eintritt, $X$ zu $Y$ entsprechend dem folgenden Verhältnis:

$$P(E) = \frac{X}{X + Y}$$

wobei $P$ = Wahrscheinlichkeit ist. Die Chance, daß $E$ *nicht* eintritt, sind $Y$ zu $X$. Wenn z. B. die Eintrittswahrscheinlichkeit von $E$ 0,6 [$P(E) = 0,6$] entspricht, dann ist

$$P(E) = \frac{6}{6 + 4} = \frac{6}{10}$$

Deshalb beträgt die Chance, daß $E$ eintritt,

curring are 6 to 4. The odds against *E* occurring are 4 to 6.

### Offer
Application for a policy, in life insurance, accompanied by the first premium; in property and casualty insurance, the insurance application itself.

### Offeree
1. In life insurance, receipt by a company of an insurance application accompanied by the first premium.
2. In property and casualty insurance, a company's receipt of an application.

### Office Burglary and Robbery Insurance
Coverage for the office of a business, or an individual in a general office building or other structure. Includes burglary of a safe; damage caused by robbery and burglary, actual or attempted; theft of office furniture, equipment, supplies and fixtures within an office; robbery inside and outside an office; kidnapping so as to force managers of an office and/or their representatives to open the office from the outside; and theft of securities and monies from the home of a messenger of the office and/or from a night depository of a bank.

6 zu 4. Die Chance, daß *E* nicht eintritt, ist 4 zu 6.

### Offerte
Bei der Lebensversicherung Antrag auf eine Police, begleitet von der ersten Prämie; bei der Sach- und Unfallversicherung ist es der Versicherungsantrag selbst.

### Empfänger der Offerte
1. Bei der Lebensversicherung der Erhalt eines Versicherungsantrages begleitet von der ersten Prämie.
2. Bei der Sach- und Unfallversicherung der Erhalt eines Antrages durch eine Gesellschaft.

### Büroeinbruchdiebstahl- und -raubversicherung
Versicherungsschutz für das Büro eines Unternehmens oder einer Einzelperson in einem allgemeinen Bürogebäude oder einem anderen Bauwerk. Schließt den Einbruch in einen Safe, durch Raub und Einbruchdiebstahl verursachte Beschädigung (tatsächlich oder versucht), Diebstahl von Büromöbeln, Geräten, Vorräten und Armaturen innerhalb eines Büros, Raub inner- und außerhalb eines Büros, Entführung, um die Manager des Büros und/oder ihre Vertreter dazu zu zwingen, das Büro von außen zu öffnen, und Diebstahl von Wertpapieren und Geldern aus der Wohnung eines Boten des Büros und/oder aus einem Nachttresor einer Bank ein.

## Office Contents Form
→ Office Burglary and Robbery Insurance

## Office Personal Property Form
Endorsement to many commercial property insurance policies that covers office equipment. Coverage includes all equipment, whether or not owned by an insured, improvements an insured has made to his office (if leased), and valuable documents such as manuscripts. This also applies to property that has been purchased for the office while in transit.

## Officers and Directors Liability Insurance
→ Directors and Officers Liability Insurance

## Officers Protective Marine Insurance

Type of insurance providing → All Risks coverage for personal property of the crew and passengers aboard a ship. Marine cargo insurance does not cover personal property of the crew and passengers, thus necessitating the purchase of an *Officers Protective Policy*.

## Official Bonds
→ Public Employees Blanket Bond; → Public Official Bonds

## Büroinhaltsform
→ Büroeinbruchdiebstahl- und -raubversicherung

## Büromobiliarvermögensform

Nachtrag zu vielen gewerblichen Sachversicherungspolicen, der Büroausrüstung abdeckt. Der Versicherungsschutz schließt die gesamte Ausrüstung ein, ob sich diese im Besitz des Versicherten befindet oder nicht, die Verbesserungen, die ein Versicherter an seinem Büro vorgenommen hat (falls gemietet), und wertvolle Dokumente, wie etwa Manuskripte. Dies trifft auch auf Vermögensgegenstände zu, die für das Büro gekauft wurden, während sie sich auf dem Transport befinden.

## Haftpflichtversicherung für leitende Angestellte und Direktoren
→ Haftpflichtversicherung für Direktoren und leitende Angestellte

## Seeversicherung für persönliches Eigentum von Passagieren und der Mannschaft eines Schiffes
Versicherungstyp, der Versicherungsschutz auf Grundlage → Aller Risiken für das persönliche Eigentum von Mannschaft und Passagieren an Bord eines Schiffes bietet. Die Seefrachtversicherung deckt das persönliche Eigentum von Mannschaft und Passagieren nicht ab und macht somit den Abschluß einer *Police für das persönliche Eigentum von Mannschaft und Passagieren* erforderlich.

## Sicherheitsleistungen
→ Globalversicherungsschein für öffentliche Bedienstete; → Kaution für Staatstreuhänder

## Off Premises

Location that is different from an insured's home or place of business. Under the standard → Homeowners Insurance Policy, the property of the insured is covered off premises; for example, if it is stolen from an airport. Likewise, an employer is liable for physical injury and property damage caused by an employee or by equipment, even if it does not occur at the place of business. If a truck spills chemicals on the highway or at another business site, or if a salesperson injures a client on a sales call, the employer is responsible. Business liability policies insure against such risks.

## Außerhalb des Versicherungsgegenstandes

Standort, der sich von der Wohnung oder dem Unternehmensstandort eines Versicherten unterscheidet. Bei der Standard-(→)Hausbesitzerversicherungspolice ist das Eigentum eines Versicherten außerhalb des versicherten Gegenstandes abgedeckt, z. B., wenn es auf einem Flughafen gestohlen wird. In ähnlicher Weise ist ein Arbeitgeber für eine körperliche Verletzung und Sachbeschädigung, die von einem Arbeitnehmer oder durch Ausrüstung verursacht wurde, haftbar, auch wenn dies nicht am Unternehmensstandort eintritt. Wenn ein Lkw Chemikalien auf der Autobahn oder auf einem anderen Betriebsgelände verliert oder wenn ein Außendienstmitarbeiter einen Kunden bei einem Geschäftsbesuch verletzt, dann ist der Arbeitgeber verantwortlich. Unternehmenshaftpflichtversicherungen versichern gegen solche Risiken.

## Offset Approach

Method of integrating an employee's Social Security or other retirement benefits with a qualified retirement plan. Some employers offset (reduce) retirement or disability income benefits from an employee's Social Security income, reasoning that since Social Security taxes are a business expense for them, they should reduce or offset employee pension benefits by a percentage of the Social Security money. An employer with a 100% offset would subtract the entire Social Se-

## Verrechnungsansatz

Methode, die Sozialversicherung oder andere Rentenleistungen eines Arbeitnehmers in einen steuerbegünstigten Rentenplan zu integrieren. Einige Arbeitgeber verrechnen (reduzieren) Renten- oder Invaliditätseinkommensleistungen mit dem Sozialversicherungseinkommen eines Angestellten und begründen dies damit, daß sie, da die Sozialversicherungssteuern Geschäftsausgaben für sie darstellen, die Arbeitnehmerpensionsleistungen reduzieren oder mit einem Prozentsatz des Sozialversicherungsgeldes verrechnet werden sollten. Ein Arbeitgeber mit 100%iger Verrechnung würde die gesamte Sozialversicherungszahlung von der verdienten Pension abziehen und

curity payment from the earned pension and pay only the difference as the employee pension. A 50% offset means the employer subtracts half of the Social Security benefit from the pension benefit and pays the difference.

lediglich die Differenz als Arbeitnehmerpension zahlen. Eine 50%ige Verrechnung bedeutet, daß der Arbeitgeber die Hälfte der Sozialversicherungsleistung von der Pensionsleistung abzieht und die Differenz bezahlt.

## OL&T

→ Owners, Landlords, and Tenants Liability Policy

## Eigentümer-, Vermieter- und Mieterhaftpflichtversicherungspolice

→ Eigentümer-, Vermieter- und Mieterhaftpflichtversicherungspolice

## Old Age, Survivors, Disability, and Health Insurance (OASDHI)

Federal social insurance program that provides monthly benefits to qualified retirees, their dependents, their survivors, and, in some cases, disabled workers. OASDHI was created by the Social Security Act of 1935. Federal taxes are withheld from the paychecks of all covered workers, which includes most workers with the exception of public employees and certain union employees. Self-employed persons are also required to pay the tax. Benefits are paid to retired workers after age 65, with a partial benefit for retirees at age 62. Dependents and survivors of qualified workers also qualify for benefits as do some categories of disabled workers and their dependents.

## Alters-, Hinterbliebenen-, Invaliditäts- und Krankenversicherung

Bundessozialversicherungsprogramm, das berechtigten Rentnern, ihren Angehörigen und Hinterbliebenen und in einigen Fällen arbeitsunfähigen Arbeitern monatliche Leistungen bietet. Die Alters-, Hinterbliebenen-, Invaliditäts- und Krankenversicherung wurde durch das Sozialversicherungsgesetz von 1935 geschaffen. Die Bundessteuern werden von den Lohnschecks aller versicherten Arbeiter einbehalten, worunter die meisten Arbeiter, mit Ausnahme öffentlicher Bediensteter und bestimmter Gewerkschaftsangestellter, fallen. Selbständige Personen müssen diese Steuern auch zahlen. Die Leistungen werden an pensionierte Arbeiter über 65 Jahre gezahlt, wobei Teilleistungen für Rentner im Alter von 62 Jahren gezahlt werden. Angehörige und Hinterbliebene von berechtigten Arbeitern haben ebenso wie einige Kategorien arbeitsunfähiger Arbeiter und deren Angehörige auch ein Anrecht auf Leistungen.

## Old Line Company
Imprecise term still occasionally used by commercial or → Proprietary Insurers to differentiate them from *fraternal* insurers. "Old line" was apparently meant to make these companies sound more established and distinguished.

## Old Line Legal Reserve Company
Commercial life insurers that operate on the → Legal Reserve system as opposed to → Fraternal Life Insurance companies, many of which now operate on a legal reserve basis.

## Omissions
Wrongful inaction; failure to act; inactivity.

## Omissions Clause
Provision of a *treaty reinsurance* contract stating that if an insurer fails to report a risk that would normally be covered, the reinsurer is still liable for the risk.

## Omnibus Budget Reconciliation Act of 1987: Implications for Estate Planning
Legislation that provides for the inclusion in the estate of the decedent of lifetime transfers that involve a retained life interest in the following manner:

## Traditionelle Gesellschaft
Ungenauer Begriff, der gelegentlich noch von gewerblichen oder → Prämienversicherern verwendet wird, um sich von *Bruderschafts*versicherern zu unterscheiden. „Traditionell" sollte diese Gesellschaften offensichtlich als etablierter und hervorragender ausweisen.

## Traditionelle Gesellschaft mit gesetzlicher Rücklage
Gewerbliche Lebensversicherer, die auf der Grundlage des → Gesetzlichen Rücklagen-Systems operieren, im Gegensatz zu → Bruderschaftslebensversicherungen, von denen viele jetzt auf einer gesetzlichen Rücklagegrundlage arbeiten.

## Unterlassungen
Unrechtmäßige Nicht-Handlung, Versagen zu handeln, Untätigkeit.

## Versäumnisklausel
Bestimmung eines *automatisch wirksamen Rückversicherungsvertrages,* der besagt, daß, falls ein Versicherer es versäumt, ein Risiko zu melden, das normal abgedeckt wäre, der Rückversicherer dennoch für das Risiko haftbar ist.

## Rahmengesetz über die Haushaltsabstimmung von 1987: Auswirkungen für die Nachlaßplanung
Gesetz, das die Einbeziehung von Übertragungen zu Lebenszeiten, die eine zurückbehaltene lebenslängliche Nutznießung beinhalten, in das Vermögen eines Verstorbenen in der folgenden Weise vorsieht:

1. Decedent sells or gives to a family member a remainder interest in a business.
2. Decedent transfers more than 50% of appreciation interest into a general partnership but retains the limited partnership interest.
3. Decedent sells or gives to a family member more than 50% of common stock interest in a corporation but retains the preferred stock interest in the corporation.

**Omnibus Clause**
Provision in → Personal Automobile Policy (PAP) providing coverage to persons driving an automobile with permission of the → Named Insured.

**Open Cargo Form**
→ Single Risk Cargo Insurance

**Open Certificate**
→ Open Form (Reporting Form); → Open Policy

**Open Competition Law**
Form of state rating legislation that allows each property/liability insurer to choose between using rates set by a bureau or its own rates. Individual states regulate insurers and approve their property insurance rates. There are three methods of rate approval in addition to open competition:

1. Der Verstorbene verkauft oder übergibt einem Familienmitglied einen Restanteil an einem Unternehmen.
2. Der Verstorbene überträgt mehr als 50% des Wertzuwachsanteils an eine offene Handelsgesellschaft, behält aber den Kommanditgesellschaftsanteil zurück.
3. Der Verstorbene verkauft oder übergibt einem Familienmitglied mehr als 50% des Stammaktienanteils an einer Aktiengesellschaft, behält aber den Vorzugsaktienanteil an der Aktiengesellschaft zurück.

**Vertreter des Fahrzeughalters abdeckende Versicherungsklausel**
Bestimmung bei der → Privat-Kfz-Police, die Personen Versicherungsschutz bietet, die ein Auto mit Genehmigung des → Benannten Versicherten fahren.

**Offene Transportgüterform**
→ Einzelrisikofrachtversicherung

**Offene Urkunde**
→ Offene Form (Berichtsform); → Offene Police

**Gesetz über freien Wettbewerb**
Form eines staatlichen Tarifgesetzes, das es jedem Sach-/Haftpflichtversicherer erlaubt, zwischen den von einem Prämienfestsetzungsbüro festgesetzten oder seinen eigenen Tarifen zu wählen. Einzelne Staaten lenken Versicherer und genehmigen ihre Sachversicherungstarife. Es gibt neben dem freien Wettbewerb drei Methoden der Tarifgenehmigung: → Tarifgestaltung nach vorheriger Geneh-

→ Prior-Approval Rating, → Modified Prior Approval Rating and *file and use*. At one time the insurance industry operated like a cartel, with rates set by bureaus and filed with the insurance commissioners of each state. Experts believed that competition would result either in unfairly high rates or unreasonably low rates that would lead to mass insurance company insolvencies. But open competition became widespread after New York State adopted it in 1969.

## Open Competition State
→ Rating Bureau

## Open Debit
Circumstance in which no agent is servicing a → Debit. → Debit Insurance (Home Service Insurance, Industrial Insurance)

## Open End Policy
→ Open Form (Reporting Form); → Open Policy

## Open Form (Reporting Form)
Single policy covering all insurable property of specified type(s) at all locations of an insured business. The form is appropriate for the business that has several locations. There are several different types of reporting forms: (1) *Form ML.1* insures businesses

migung, → Modifizierte Tarifgestaltung nach vorheriger Genehmigung und *file and use* (Einreichung und Verwendung). Früher arbeitete die Versicherungsbranche wie ein Kartell mit von Verbänden festgesetzten und bei den Regierungsbevollmächtigten für Versicherungen jeden Staates eingereichten Tarifen. Experten glaubten, daß Wettbewerb entweder ungerecht hohe Tarife oder unvernünftig niedrige Tarife zur Folge hätte und zu Masseninsolvenzen bei den Versicherungsgesellschaften führen würde. Doch der freie Wettbewerb wurde, nachdem er 1969 vom Staat New York eingeführt worden war, weitverbreitet.

## Staat mit freiem Wettbewerb
→ Prämienfestsetzungsbüro

## Offenes Inkassoeinzugsgebiet
Umstand, bei dem kein Agent ein Inkassoeinzugsgebiet bedient. → Inkassoversicherung (Home Service Versicherung, Kleinlebenversicherung)

## Unbefristete Police
→ Offene Form (Berichtsform); → Offene Police

## Offene Form (Berichtsform)
Einzelpolice, die alles versicherbare Vermögen eines bestimmten Typs/bestimmter Typen an allen Standorten eines versicherten Unternehmens abdeckt. Die Form ist für das Unternehmen, das über mehrere Standorte verfügt, geeignet. Es gibt mehrere verschiedene Arten von Berichtsformen: (1) *Form ML.1* versichert Unternehmen, die einem substantiellen Risiko aus-

with substantial risk exposures on a multiple location basis; (2) *Form ML.2* insures businesses with a distilled spirits risk exposure; and (3) *Form A* insures businesses with relatively small risk exposures, at either a single or multiple locations.
→ Blanket Insurance

### Open Policy
Coverage normally used on an indefinite basis under → Ocean Marine Insurance and → Inland Marine Insurance (Transportation Insurance): → Business Risks for the damage or destruction of a shipper's goods in transit. While the policy is in force, the shipper is required each month to submit to the insurance company reports on goods being shipped to be covered by the policy; premiums are also submitted at that time.

### Open Stock Burglary Policy
→ Mercantile Open-Stock Burglary Insurance

### Operations Liability
Business liability for bodily injury or property damage resulting from operations of the business. Business firms can buy insurance for this risk with a variety of liability policies, including the → Comprehensive General Liability Insurance (CGL).

gesetzt sind, auf Grundlage vieler Standorte; (2) *Form ML.2* versichert Unternehmen, die einem Risiko destillierter alkoholischer Getränke ausgesetzt sind; und (3) *Form A* versichert Unternehmen, die einem relativ kleinen Risiken ausgesetzt sind, entweder an einem oder an mehreren Standorten. → Kollektivversicherung

### Offene Police
Versicherungsschutz, der normalerweise auf unbestimmter Grundlage bei der → Überseeversicherung und der → Binnentransportversicherung (Transportversicherung): Geschäftsrisiken für die Beschädigung oder Zerstörung der im Transport befindlichen Waren eines Spediteurs benutzt wird. Solange die Police in Kraft ist, wird vom Spediteur verlangt, der Versicherungsgesellschaft jeden Monat Berichte über die verfrachteten Waren, die von der Police abgedeckt werden sollen, einzureichen. Zu diesem Zeitpunkt werden auch die Prämien eingezahlt.

### Einbruchdiebstahlversicherungspolice für ständig vorrätige Ware
→ Einbruchdiebstahlversicherung offener Warenlager

### Betriebshaftpflicht
Unternehmenshaftpflicht für Körperverletzung oder Sachbeschädigung infolge der Betriebstätigkeit des Unternehmens. Firmen können für dieses Risiko bei einer Reihe von Haftpflichtpolicen, einschließlich der → Allgemeinen Haftpflichtversicherung, eine Versicherung abschließen.

## OPIC
→ Overseas Private Investment Corporation (OPIC)

## Opportunity Cost
Value of a foregone opportunity, one rejected in favor of a presumably better opportunity. For example, investment of a sum into a → Mutual Fund instead of a *variable annuity* with a comparable equities portfolio, thereby foregoing the tax deferred advantages of the investment build-up under the variable annuity.

## Option
→ Optional Modes of Settlement

## Optional Annuity Form
→ Annuity

## Optional Benefits
Choice of a lump sum payment for an injury incurred instead of a series of periodic payments, available under a health insurance policy.

## Optionally Renewable Contract
Health insurance contract that is renewable at the option of the insurer. On the anniversary date of the contract, the insurer has the right to decide whether or not to renew.

## OPIC
→ Overseas Private Investment Corporation (OPIC)

## Opportunitätskosten
Wert einer vorhergegangenen Gelegenheit, einer Gelegenheit, die zugunsten einer voraussichtlich besseren Gelegenheit zurückgewiesen wurde. Z. B.: Die Anlage von Kapital bei einem → Kapitalanlagefonds anstelle einer *variablen Rente* mit einem vergleichbaren Wertpapierportefeuille und damit Verzicht auf die steueraufschiebenden Vorteile der Kapitalaufstockung bei der variablen Rente.

## Wahlrecht hinsichtlich der Auszahlungsmodalitäten
→ Wahlmöglichkeiten bei den Auszahlungsmodalitäten

## Wahlweise Rentenform
→ Rente

## Wahlmöglichkeit bei den Leistungen
Wahl einer Pauschalzahlung für eine erlittene Verletzung anstelle einer Reihe periodischer Zahlungen, die bei einer Krankenversicherungspolice verfügbar sind.

## Wahlweise erneuerbarer Vertrag
Krankenversicherungsvertrag, der wahlweise durch den Versicherer erneuert werden kann. Am Jahrestag des Vertrages hat der Versicherer das Recht zu entscheiden, ob der Vertrag erneuert wird oder nicht.

## Optionally Renewable Health Insurance
→ Health Insurance

## Optional Modes of Settlement
Choice of one of the following available to a life insurance policyowner (or beneficiary, if entitled to receive a death benefit in a lump sum at the death of an insured):
1. → Interest Option – death benefit left on deposit at interest with the insurance company with earnings paid to the beneficiary annually. The beneficiary can withdraw part or all of the principal of the death proceeds, subject to any restrictions the policyowner may have placed on this option.
2. *Fixed amount option* – death benefit paid in a series of fixed amount installments until the proceeds and interest earned terminate.
3. *Fixed period option* – death benefit left on deposit with the insurance company with the death benefit plus interest thereon paid out in equal payments for the period of time selected.
4. *Life income option* – death benefit plus interest paid through a life → Annuity. Income continues under a *straight life income option,* for as long as the beneficiary lives; or whether or not the beneficiary lives, under a *live in-*

## Wahlweise erneuerbare Krankenversicherung
→ Krankenversicherung

## Wahlmöglichkeiten bei den Auszahlungsmodalitäten
Wahl einer der folgenden Optionen, die einem Policeninhaber einer Lebensversicherung (oder einem Begünstigten, wenn er berechtigt ist, bei Tod des Versicherten eine Todesfalleistung in einer Pauschalsumme zu beziehen) zur Verfügung stehen:
1. →Zinsoption: Die Todesfalleistung wird unter Verzinsung als Einlage bei der Versicherungsgesellschaft belassen, wobei die Verdienste jährlich an den Begünstigten gezahlt werden. Der Begünstigte kann einen Teil oder die gesamte Hauptsumme des Todesfallerlöses zurückziehen, vorbehaltlich jedweder Beschränkungen, die der Policeninhaber mit dieser Option verknüpft haben mag.
2. *Option mit festgesetztem Betrag:* Todesfalleistung, die in einer Reihe von Raten in festgesetzter Höhe gezahlt wird, bis der Erlös und die verdienten Zinsen erschöpft sind.
3. *Option mit festgelegtem Zeitraum:* Bei der Versicherungsgesellschaft als Einlage belassene Todesfalleistung, wobei die Todesfalleistung plus die darauf entfallenden Zinsen über einen ausgewählten Zeitraum mit Zahlungen in gleicher Höhe ausbezahlt werden.
4. *Lebenseinkommensoption:* Todesfalleistung plus Zinsen werden durch eine Leib-(→)Rente gezahlt. Bei einer *unmittelbaren Lebenseinkommensoption* wird das Einkommen solange gezahlt, wie der Begünstigte lebt, bei einer *Option mit Lebenseinkommen für einen sicheren*

*come with period certain* option.

### Optional Peril Endorsement
Provision in many property insurance policies that allows an insured to pick coverage for selected perils. The choices are (1) explosion; (2) explosion, riot and civil commotion; (3) explosion, riot and civil commotion, and vandalism and malicious mischief; and (4) aircraft and vehicle damage to property.

### Ordinary Agency
Local life insurance office which sells and services *ordinary life insurance* as well as other forms of life insurance except → Debt Insurance.

### Ordinary Life Insurance
Policy that remains in full force and effect for the life of the insured, with premium payments being made for the same period. → Limited Payment Life Insurance; → Term Life Insurance

### Ordinary Payroll
→ Ordinary Payroll Coverage Endorsement

### Ordinary Payroll Coverage Endorsement
Policy provision that provides coverage for continuing payroll expense of all employees

*Zeitraum* unabhängig davon, ob der Begünstigte lebt oder nicht.

### Fakultativer Gefahrennachtrag
Bestimmung bei vielen Sachversicherungspolicen, die es einem Versicherten erlaubt, Versicherungsschutz für ausgesuchte Gefahren auszusuchen. Die Wahlmöglichkeiten umfassen (1) Explosion, (2) Explosion, Aufstand und bürgerliche Unruhe, (3) Explosion, Aufstand und bürgerliche Unruhe, Vandalismus und böswillige Sachbeschädigung und (4) Flugzeug- und Fahrzeugbeschädigung an Vermögensgegenständen.

### Herkömmliche Agentur
Örtliches Lebensversicherungsbüro, das *Lebensversicherungen auf den Todesfall sowie* andere Formen der Lebensversicherung außer → Inkassoversicherungen verkauft und betreut.

### Lebensversicherung auf den Todesfall
Police, die während des Lebens des Versicherten vollständig in Kraft und wirksam bleibt, wobei die Prämienzahlungen für den gleichen Zeitraum getätigt werden. → Lebensversicherung mit abgekürzter Zahlung; → Befristete Lebensversicherung

### Gewöhnliche Lohnliste
→ Lohnfortzahlungsversicherungsnachtrag

### Lohnfortzahlungsversicherungsnachtrag
Policenbestimmung, die Versicherungsschutz für die fortlaufenden Ausgaben für Löhne und Gehälter aller Arbeitnehmer

of an insured business (except for officers and executives) for the first specified number of days of business interruption. Applies when the business's continuing operation is interrupted by damage or destruction by an insured peril.

**Ordinary Payroll Exclusion Endorsement**
Provision in → Business Interruption Insurance that excludes coverage for continuing the wages of rank and file employees. Business interruption insurance covers an employer for loss of earnings, including payroll expense, that occur when a business must be shut down as a result of a direct insurable loss, such as a fire. However, in order to save on the premium, an employer may not want payroll coverage for ordinary workers because, if the business were temporarily shut down, the workers could be replaced. In this case, the endorsement would be written to cover only officers and key employees.

**Ordinary Register**
Record of ordinary policies that a → Combination Agent is responsible for servicing.

**Original Age**
Insured's age at the date a → Term Life Insurance policy is issued. An original age or

eines Unternehmens (außer leitenden Angestellten und Führungskräften) für die erste spezifizierte Anzahl an Tagen einer Betriebsunterbrechung bietet. Sie kommt zur Anwendung, wenn der fortlaufende Betrieb eines Unternehmens durch Beschädigung oder Zerstörung durch eine versicherte Gefahr unterbrochen wird.

**Nachtrag über Lohnfortzahlungsausschluß**
Bestimmung bei der → Geschäftsunterbrechungsversicherung, die Versicherungsschutz für die Fortsetzung von Lohnzahlungen an die breite Masse der Arbeitnehmer ausschließt. Die Geschäftsunterbrechungsversicherung deckt einen Arbeitgeber für Verdienstverluste einschließlich der Ausgaben für Lohnzahlungen ab, die eintreten, wenn ein Unternehmen infolge eines direkt versicherbaren Schadens, wie Feuer, geschlossen werden muß. Um Prämien zu sparen, wünscht der Arbeitgeber jedoch vielleicht keinen Versicherungsschutz für die Lohnfortzahlung an gewöhnliche Arbeiter, da die Arbeiter ersetzt werden könnten, wenn das Unternehmen zeitweise geschlossen würde. In diesem Falle würde der Nachtrag gezeichnet, damit nur leitende und Schlüsselangestellte abgedeckt wären.

**Ordentliches Register**
Aufzeichnung gewöhnlicher Policen, für deren Service ein → Kombinationsagent verantwortlich ist.

**Ursprüngliches Alter**
Das Alter des Versicherten an dem Tag, an dem eine → Befristete Lebensversicherungspolice ausgegeben wird. Ein

*retroactive conversion* option permits the insured to convert the term policy to a cash value policy as of the original date of issue. Conversion is made without a physical examination, but a correction factor is charged to reflect the difference in premiums between the policies that would have been payable beginning at the original date of issue. This difference is accumulated at interest to reflect the time value of money. → Attained Age

**Original Age Conversion**
→ Original Age

**Original Cost**
Actual price paid for property when it was acquired. The original cost might apply to a piece of jewelry, to a piece of equipment, or to a building. For insurance purposes, original cost is often different from *replacement cost* or → Actual Cash Value.

**Original Cost Less Depreciation**
Actual price paid for property when acquired, minus depreciation. Original cost less depreciation is used to compute → Actual Cash Value, which is often the insurable interest in a property.

ursprüngliches Alter oder eine *rückwirkende Umwandlungsoption* erlaubt es dem Versicherten, die befristete Police in eine Barwertpolice ab dem ursprünglichen Ausgabedatum umzuwandeln. Die Umwandlung erfolgt ohne ärztliche Untersuchung, aber es wird ein Korrekturfaktor berechnet, um den Prämienunterschied zwischen den Policen, die bei dem ursprünglichen Ausgabedatum beginnend fällig gewesen wären, widerzuspiegeln. Die Differenz wird unter Verzinsung aufaddiert, um den Zeitwert des Geldes widerzuspiegeln. → Erreichtes Alter

**Umwandlung zum ursprünglichen Alter**
→ Ursprüngliches Alter

**Anschaffungskosten**
Tatsächlicher Preis, der für einen Vermögensgegenstand, als dieser erworben wurde, gezahlt wurde. Die Anschaffungskosten könnten auf ein Schmuckstück angewendet werden, auf einen Ausrüstungsgegenstand oder ein Gebäude. Zu Versicherungszwecken unterscheiden sich die Anschaffungskosten häufig von den *Wiederbeschaffungskosten* oder dem → Tatsächlichen Barwert

**Anschaffungskosten abzüglich Wertminderung**
Der tatsächliche, für einen Vermögensgegenstand bei Erwerb gezahlte Preis minus Wertminderung. Die Anschaffungskosten abzüglich Wertminderung werden verwendet, um den → Tatsächlichen Barwert, der oft das versicherbare Interesse an einem Vermögensgegenstand darstellt, zu berechnen.

### Other Insurance
Presence of other contract(s) covering the same conditions. When more than one policy covers the exposure, each policy will pay an equal share of the loss.

### Other Insurance Clause
Provision in a property, liability, or health insurance policy stipulating the extent of coverage in the event that other insurance covers the same property. → Apportionment; → Coordination of Benefits

### Other Insureds
Individuals or organizations covered by → Property and Liability Insurance other than the named insured. For example, under the → Personal Automobile Policy (PAP), other insureds under Coverage A – Liability are the named insured's spouse, other relatives living with the insured, and any other person using the automobile with the permission of the insured or the insured's spouse. → Riders, Life Policies

### Outage Insurance
→ Extra Expense Insurance

### Outboard Motor Boat Insurance
Coverage on an → All Risks basis for physical damage loss. Coverage applies to property

### Sonstige Versicherungen
Vorliegen eines anderen Vertrages/anderer Verträge, die die gleichen Bedingungen abdecken. Wenn mehr als eine Police die Gefahr abdeckt, zahlt jede Police einen gleichen Anteil an dem Schaden.

### Klausel über sonstige Versicherungen
Bestimmung in einer Sach-, Haftpflicht- oder Krankenversicherungspolice, die den Umfang des Versicherungsschutzes festlegt, für den Fall, daß eine andere Versicherung den gleichen Vermögensgegenstand abdeckt. → Proportionale Verteilung; → Koordination von Leistungen

### Sonstige Versicherte
Einzelpersonen oder Organisationen, die außer dem benannten Versicherten durch eine → Sach- und Haftpflichtversicherung abgedeckt werden. Bei der → Privat-Kfz-Police z. B. sind sonstige Versicherte unter Deckung A – Haftpflicht der Ehepartner des benannten Versicherten, sonstige Verwandte, die bei dem Versicherten wohnen, und jede andere Person, die das Fahrzeug mit Erlaubnis des Versicherten oder dem Ehepartner des Versicherten benutzt, geschützt. → Besondere Versicherungsvereinbarungen, Lebensversicherungspolicen

### Fehlmengenversicherung
→ Zusatzausgabenversicherung

### Außenbordmotorbootversicherung
Versicherungsschutz auf Grundlage → Aller Risiken für Verluste aufgrund physischer Beschädigung. Versicherungs-

damage to the insured boat or damage caused by the insured boat to a third party boat (property damage liability). Excluded perils are war damage, use of boat in a race or speed contest, nuclear loss, and so forth. Bodily injury liability coverage is excluded from this policy since the operator of the boat would be covered for this risk under a → Comprehensive Personal Liability Insurance policy, → Homeowners Insurance Policy, or → Tenants Insurance.

schutz trifft auf Sachbeschädigung am versicherten Boot oder auf vom versicherten Boot verursachte Beschädigung am Boot einer dritten Partei (Sachschadenhaftpflicht) zu. Ausgeschlossene Gefahren sind Kriegsschäden, Verwendung des Bootes in einem Rennen oder Geschwindigkeitswettstreit, nukleare Schäden usw. Haftpflichtversicherungsschutz für Körperverletzungen ist bei dieser Police ausgeschlossen, da der Betreiber des Bootes bei einer → Allgemeinen Privathaftpflichtversicherungs-Police, einer → Hausbesitzerversicherungspolice oder → Mieterversicherung gegen dieses Risiko abgedeckt wäre.

**Out-of-Area Emergency Services**
→ Health Maintenance Organization (HMO)

**Notfalldienste außerhalb des Gebietes**
→ Health Maintenance Organization (HMO)

**Outpatient**
Individual receiving medical treatment who is not required to be hospitalized overnight.

**Ambulanter Patient**
Person, die eine medizinische Behandlung erhält, die aber nicht über Nacht im Krankenhaus bleiben muß.

**Outpatient Health Services at HMO Facility**
→ Health Maintenance Organization (HMO)

**Krankendienste für ambulant behandelte Patienten bei einer Einrichtung der HMO**
→ Health Maintenance Organization (HMO)

**Outpatient Hospital Care, HMO**
→ Health Maintenance Organization (HMO)

**Krankenhauspflege für ambulant behandelte Patienten, HMO**
→ Health Maintenance Organization (HMO)

**Outstanding Premiums**
Payments due to an insurance company but not yet paid.

**Unbeglichene Prämien**
An eine Versicherungsgesellschaft fällige, aber noch nicht geleistete Zahlungen.

## Overhead Insurance
→ Business Interruption Insurance

## Overinsurance
Situation in which insurance benefits exceed the actual loss of an insured. Overinsurance can be a problem for the insurer because it may tempt the insured to make a false claim in order to profit financially. Various safeguards are designed to prevent overinsurance. For example, in group health insurance, companies break down benefits paid by the primary carrier and the secondary carrier through → Coordination of Benefits. Still, some types of coverage, particularly disability income insurance, are subject to overinsurance abuse.

## Overlapping Insurance
Coverage by at least two insurance policies providing the same coverage for the same risk. → Apportionment; → Concurrency; → Coordination of Benefits; → Nonconcurrency; → Primary Insurance

## Over Line
Coverage that exceeds the normal insurance capacity of an insurer or reinsurer.

## Overriding Commission
Payment to a broker, master

## Gemeinkostenversicherung
→ Geschäftsunterbrechungsversicherung

## Überversicherung
Situation, bei der die Versicherungsleistungen den tatsächlichen Schaden eines Versicherten überschreiten. Eine Überversicherung kann ein Problem für den Versicherer darstellen, weil sie den Versicherten dazu verleiten kann, einen unrechtmäßigen Anspruch geltend zu machen, um finanziell zu profitieren. Um Überversicherung zu verhindern, wurden verschiedene Schutzbestimmungen geschaffen. Bei der Gruppenkrankenversicherung z. B. unterteilen die Gesellschaften die vom erstrangigen Träger und vom zweitrangigen Träger gezahlten Leistungen durch die → Koordination von Leistungen. Trotzdem sind einige Versicherungsschutzarten, besonders die Invaliditätseinkommensversicherung, dem Überversicherungsmißbrauch unterworfen.

## Überlappende Versicherung
Versicherungsschutz durch wenigstens zwei Versicherungspolicen, die den gleichen Versicherungsschutz für das gleiche Risiko bieten. → Proportionale Verteilung; → Übereinstimmung; → Koordination von Leistungen; → Nichtübereinstimmung; → Erstrangige Versicherung

## Oberhalb der Versicherunghöchstgrenze
Versicherungsschutz, der die normale Versicherungskapazität eines Versicherers oder Rückversicherers überschreitet.

## Gebietsprovision
Zahlung an einen Makler, einen General-

general agent, general agent, or agent on any particular line of insurance written by other agents within a particular geographical area.

## Overseas Private Investment Corporation (OPIC)

Federal program to insure private U.S. investments in foreign countries, created by the Foreign Assistance Act of 1961. It is a joint government and private effort to encourage U.S. investments abroad by providing protection against three political risks: (1) inability to convert foreign currency; (2) expropriation of facilities by a foreign country; and (3) war or revolution. The program is guaranteed by the full faith and credit of the U.S. government.

## Owners and Contractors Protective Liability Insurance

Endorsement to → Owners, Landlords, and Tenants Liability Policy, → Manufacturers and Contractors Liability Insurance or other liability policies for business firms which provides liability coverage for an insured who is sued because of negligent acts or omissions of an independent contractor or subcontractor resulting in bodily injury and/or property damage to a third party.

bevollbemächtigten, einen Generalagenten oder einen Agenten für eine bestimmte Versicherungssparte, die von anderen Agenten innerhalb eines bestimmten geographischen Gebietes gezeichnet werden.

## Overseas Private Investment Corporation

(Körperschaft für Privatinvestitionen in Übersee) – Bundesprogramm zur Versicherung privater US-amerikanischer Investitionen im Ausland, wurde geschaffen durch den Foreign Assistance Act (Auslandsbeihilfegesetz) von 1961. Es stellt eine gemeinsame Regierungs- und private Anstrengung dar, US-amerikanische Investitionen im Ausland durch Schutz gegen drei politische Risiken zu ermutigen: (1) Unmöglichkeit, die ausländische Währung zu konvertieren, (2) Enteignung von Einrichtungen durch ein ausländisches Land und (3) Krieg oder Revolution. Dieses Programm wird durch die volle Anerkennung der US-Regierung garantiert.

## Eigentümer- und Unternehmer-Schutzhaftpflichtversicherung

Nachtrag zur → Eigentümer-, Vermieter- und Mieterhaftpflichtversicherungspolice, zur → Hersteller- und Unternehmerhaftpflichtversicherung oder zu sonstigen Haftpflichtversicherungspolicen für Firmen, die Haftpflichtversicherungsschutz für einen Versicherten bieten, der wegen fahrlässiger Handlungen oder Unterlassungen eines unabhängigen Unternehmers oder Subunternehmers, die eine Körperverletzung und/oder Sachbeschädigung an einer dritten Partei zur Folge haben, verklagt wird.

## Ownership of Expirations

Retention of all files of policies sold by the agent of record who, according to written agreement with the insurance company, has the exclusive rights to solicit renewals. → Independent Agent; → Independent Agency System

## Ownership of Life Insurance

→ Ownership Rights under Life Insurance; → Policyholder

## Ownership Provision

→ Ownership Rights Under Life Insurance; → Policyholder

## Ownership Rights under Life Insurance

Right of the *policyowner* as listed in a policy. An insured has the right to exercise all privileges and to receive all benefits of the policy except when restricted by the right of an *irrevocable beneficiary* or an assignee of record. A policyowner can transfer ownership of the policy by making an *absolute assignment* (rights transferred to another individual without any conditions) or a → Collateral Assignment (policy is security for a loan), transfer ownership by endorsement, change the plan of insurance (apply the cash value of present policy to purchase

## Eigentum an erloschenen Verträgen

Zurückbehaltung aller Akten von Policen, die von dem aktenmäßigen Agenten abgeschlossen wurden, der entsprechend einer schriftlichen Vereinbarung mit der Versicherungsgesellschaft das alleinige Recht zur Verhandlung von Erneuerungen hat. → Unabhängiger Agent; → Unabhängiges Agentursystem

## Besitz einer Lebensversicherung

→ Eigentümerrechte bei einer Lebensversicherung; → Policenbesitzer

## Eigentumsbestimmung

→ Eigentümerrechte bei einer Lebensversicherung; → Policenbesitzer

## Eigentümerrechte bei einer Lebensversicherung

Recht des *Policeninhabers,* wie in der Police aufgeführt. Ein Versicherter hat das Recht, alle Privilegien auszuschöpfen und alle Leistungen der Police zu erhalten, außer wenn diese durch das Recht eines *unwiderruflichen Begünstigten* oder eines eingetragenen Bevollmächtigten eingeschränkt werden. Ein Policeninhaber kann den Besitz seiner Police durch Vornahme einer *offenen Forderungsabtretung* (Rechte werden an eine andere Person ohne irgendwelche Bedingungen übertragen) oder einer → Indirekten Abtretung (die Police ist Sicherheit für ein Darlehn) übertragen, er kann den Besitz durch Nachtrag übertragen, den Versicherungsplan ändern (den Barwert der gegenwärtigen Police dazu verwenden, um eine andere Policenart mit den Originalpoli-

another type of policy with the original policy's date), *reinstate* the policy, select an → Optional Mode of Settlement, make a → Policy Loan, select the → Dividend Option (if it is a *participating policy*), or select the → Nonforfeiture Benefit Option.

cendatum abzuschließen), die Police *wieder aufleben* lassen, eine → Wahlmöglichkeit bei den Auszahlungsmodalitäten auswählen, ein → Policendarlehn nehmen, eine → Dividendenoption auswählen (falls es sich um eine *gewinnbeteiligte Police* handelt) oder eine der → Anspruchsverwirkung nicht unterworfene Leistung (Option) auswählen.

**Owners, Landlords, and Tenants Liability Policy**
Coverage for bodily injury and property damage liability resulting from the ownership, use, and/or maintenance of an insured business's premises as well as operations by the business anywhere in the U.S. or Canada. Businesses that qualify for the Owners, Landlords, and Tenants Policy include mercantile establishments, apartment buildings, and office buildings. The only ineligible firms are those engaged in manufacturing. Excluded perils are: operation of an automobile, aircraft, contractual liability resulting from an agreement by the insured, war, nuclear disaster, and liquor liability.

**Eigentümer-, Vermieter- und Mieterhaftpflichtversicherungspolice**
Versicherungsschutz für die Haftpflicht bei Körperverletzung und Sachbeschädigung infolge des Besitzes, Gebrauchs und/oder des Unterhaltens des Betriebsgeländes eines Versicherten sowie den Tätigkeiten des Unternehmens irgendwo in den USA oder in Kanada. Für die Eigentümer-, Vermieter- und Mieterhaftpflichtversicherungspolice geeignete Unternehmen schließen ein: geschäftliche Einrichtungen, Appartementhäuser und Bürobauten. Die einzigen untauglichen Firmen sind die, die mit der Herstellung beschäftigt sind. Ausgeschlossene Gefahren sind: Bedienung eines Kraftfahrzeuges, Flugzeuges, vertragliche Haftung infolge einer Vereinbarung durch den Versicherten, Krieg, atomares Unglück und Alkoholhaftpflicht.

# P

**Package Insurance**
→ Multiple Line Insurance

**Package Policy**
Several basic property and/or liability policies combined to form a single policy. For example, the → Homeowners Insurance Policy is composed of such basic coverages as → Broad Form Personal Theft Insurance, → Comprehensive Personal Liability, and → Fire Insurance – Standard Fire Policy.

**Paid Business**
Life and health insurance business for which the prospective insured or insureds have signed the → Application, completed the → Medical Examination, and paid the required → Premium.

**Paid For**
Insurance policy for which the required → Premium has been paid. → Paid Business

**Paid-In Capital**
Sum received by an insurance company at the sale of its stock. This capital represents the interest of the stockholders in the company.

**Paketversicherung**
→ Mehrspartenversicherung

**Sammelpolice**
Verschiedene grundlegende Sach- und/oder Haftpflichtpolicen, die kombiniert werden, um eine einzige Police zu bilden. Die → Hausbesitzerversicherungspolice z. B. besteht aus Grunddeckungen, wie der → Breiten Form der Privatdiebstahlversicherung, der → Allgemeinen Privathaftpflicht- und der → Feuerversicherung – Einheits-Feuerversicherungspolice.

**Bezahltes Geschäft**
Lebens- und Krankenversicherungsgeschäft, für das der zukünftige Versicherte oder die Versicherten das Formular zur → Antragstellung unterzeichnet haben, die → Ärztliche Untersuchung abgeschlossen und die geforderte → Prämie gezahlt haben.

**Bezahlt**
Versicherungspolice, für die die geforderte → Prämie bezahlt wurde. → Bezahltes Geschäft

**Einlagekapital**
Von einer Versicherungsgesellschaft durch den Verkauf ihrer Aktien erhaltene Summe. Dieses Kapital stellt den Anteil der Aktionäre an der Gesellschaft dar.

## Paid-In Surplus
Excess of the value of an insurer's admitted assets over the total value of its liabilities and minimum capital requirements established by applicable statutes designed to assure the insurer's solvency.

## Paid Losses
Actual amount of total losses paid by an insurance company during a specified time interval.

## Paid-Loss Retro Plan
→ Retrospective Rating

## Paid-Up Additions
Option under a participating life insurance policy by which the policyowner can elect to have the dividends purchase paid-up increments of permanent insurance.

## Paid-Up Insurance
Life insurance policy under which all premiums have already been paid, with no further premium payment due. → Limited Payment Life Insurance

## Pair Clause
→ Set Clause (Pair or Set Clause)

## Nicht-entnommener Gewinn
Überschuß der zulässigen Aktiva eines Versicherers über den Gesamtwert seiner Verbindlichkeiten und die von den anzuwendenden Statuten festgelegten Mindestkapitalerfordernissen hinaus, die gedacht sind, die Solvenz des Versicherers sicherzustellen.

## Bezahlte Schäden
Tatsächliche Höhe der von einer Versicherungsgesellschaft während eines spezifischen Zeitintervalls bezahlten Gesamtschäden.

## Rückschauender Plan auf der Grundlage bezahlter Schäden
→ Rückschauende Prämienfestsetzung

## Verwendung des Prämienerlöses zur Erhöhung der Versicherungssumme
Option bei einer gewinnbeteiligten Lebensversicherungspolice, bei der der Policeninhaber wählen kann, mit den Dividenden den einbezahlten Wertzuwachs einer Versicherung auf den Todesfall zu erwerben.

## Prämienfreie Versicherung
Lebensversicherungspolice, bei der alle Prämien bereits bezahlt wurden und keine weitere Prämienzahlung fällig ist. → Lebensversicherung mit abgekürzter Zahlung

## Paarklausel
→ Satzklausel (Paar- oder Satzklausel)

## P&I

→ Protection and Indemnity Insurance (P&I)

## PAR
→ Participating Insurance

## Paramedical Examination
Medical check of an applicant for life or health insurance by a medical professional who is not a physician.

## Parasol Policy
→ Difference in Conditions Insurance

## Parcel Post Insurance
Coverage for a shipper (owner/sender) for property damage or loss of goods in transit through the Post Office. A → Trip Transit Insurance policy specifically excludes coverages on property sent through the Post Office since that agency is not a common carrier and does not incur the liability of a common carrier. This is why additional coverage must be purchased in the form of parcel post insurance, even if a business has a trip transit insurance policy. Parcel post insurance is sold by the Post Office in the form of a certificate, which covers property in its custody. It is issued on an → All Risks basis, subject to exclusions of spoilage, and financial instruments such as bills, currency, deeds,

## Seerechtliche Reederhaftpflichtversicherung
→ Seerechtliche Reederhaftpflichtversicherung

## Gewinnbeteiligte Versicherung
→ Gewinnbeteiligte Versicherung

## Paramedizinische Untersuchung
Medizinische Überprüfung eines Antragstellers einer Lebens- und Krankenversicherung durch einen im medizinischen Bereich Tätigen, der jedoch kein Arzt ist.

## Schirmpolice
→ Versicherung unterschiedlicher Zustände

## Paketpostversicherung
Versicherungsschutz für einen Versender (Eigentümer/Absender) gegen Sachbeschädigung oder Verlust von Waren während des Transportes durch die Post. Eine → Reisetransportversicherungs-Police schließt den Versicherungsschutz von Vermögensgegenständen, die durch die Post geschickt werden, speziell aus, da diese Behörde kein gewöhnlicher Spediteur ist und nicht der Haftpflicht eines normalen Spediteurs unterliegt. Dies ist der Grund dafür, daß zusätzlicher Versicherungsschutz in Form der Paketpostversicherung abgeschlossen werden muß, sogar dann, wenn ein Unternehmen über eine Reisetransportversicherungspolice verfügt. Eine Paketpostversicherung wird von der Post in Form eines Zertifikats, das das unter ihrer Obhut befindliche Vermögen abdeckt, verkauft. Es wird auf Grundlage → Aller Risiken ausgegeben und unterliegt den Ausschlüssen von Verderb und Finanzinstrumenten, wie Rech-

notes, and securities.

nungen, Währung, Urkunden, Schuldscheine und Wertpapiere.

## Parent Company
Insurer in a group of companies which act as subsidiaries. → Fleet of Companies

## Muttergesellschaft
Versicherer innerhalb einer Gruppe von Gesellschaften, die als Tochtergesellschaften fungieren. → Unternehmensgruppe

## Parent Liability
Liability incurred by a parent by reason of a → Tort committed by his or her minor child.

## Elterliche Haftpflicht
Von einem Elternteil erlittene Haftpflicht aufgrund einer von seinem oder ihrem eigenen minderjährigen Kind begangenen → Straftat.

## Parol Evidence Rule
Rule that prohibits the introduction into a court of law any oral or written agreement which contradicts the final written agreement. For example, an insurance contract containing clauses and provisions is in writing and as such this contract cannot be contradicted or modified by any oral statements or agreements that are inadmissible in a court of law.

## Mündliche Beweiserhebungsregel
Regel, die es verbietet, irgendeine mündliche oder schriftliche Vereinbarung bei Gericht einzuführen, die der letzten schriftlichen Vereinbarung widerspricht. Z. B. ein Versicherungsvertrag, der Klauseln und Bestimmungen beinhaltet, liegt in Schriftform vor, und als solches kann dieser Vertrag durch keine mündlichen Aussagen oder Vereinbarungen, die bei Gericht un-zulässig sind, widerlegt oder modifiziert werden.

## Partial Disability
→ Permanent Partial Disability

## Teilinvalidität
→ Ständige Teilinvalidität

## Partial Loss
Damage of property which is not total; average (in sense of partial) loss. → Set Clause

## Teilschaden
Beschädigung von Vermögen, das nicht vollständig ist. Havarieschaden (im Sinne eines teilweisen Schadens). → Satzklausel

## Partial Plan Termination
Scheme to recapture excess pension assets by splitting a

## Teilweise Systembeendigung
Aktionsprogramm, um das Überschußpensionsguthaben durch Aufteilung eines

qualified plan in two, and terminating one of them. In the mid-1980s, many pension plans became "overfunded" because their investments had performed so well. In order to recapture the "extra" money, some business firms split the pension plan into two plans, one for current employees and an overfunded one for retirees. The company buys annuities to pay the required benefits to retirees and reclaims the excess assets. The other plan is kept in place for current employees.

**Participant**
Person covered under an → Employee Benefit Insurance Plan.

**Participating**
→ Participating Insurance

**Participating Insurance**
Policy which pays a dividend to its owner. → Participating Policy Dividend

**Participating Policy Dividend**
Life insurance contract which pays its owner dividends, which can be: (1) taken as cash; (2) applied to reduce a premium; (3) applied to purchase an increment of → Paid-Up Insurance; (4) left on deposit with the insurance company to accumulate at interest; and (5) applied to purchase *term insurance* for one year.

steuerbegünstigten Systems in zwei und Beendigung eines der beiden wiederzuerlangen. In der Mitte der 1980er Jahre waren viele Pensionssysteme „überfinanziert", da sich ihre Kapitalanlagen so günstig entwickelt hatten. Um dieses „zusätzliche" Geld wieder in Besitz nehmen zu können, teilten einige Firmen das Pensionssystem in zwei Systeme, eines für die gegenwärtigen Arbeitnehmer und ein überfinanziertes für Rentner. Das Unternehmen kauft Renten, um die erforderlichen Leistungen an die Rentner zu zahlen und fordert das überschüssige Guthaben zurück. Das andere Pensionssystem bleibt für die gegenwärtigen Arbeitnehmer in Kraft.

**Teilnehmer**
Beim → Betrieblichen Sozialzulagenversicherungssystem abgedeckte Person.

**Gewinnbeteiligt**
→ Gewinnbeteiligte Versicherung

**Gewinnbeteiligte Versicherung**
Police, die eine Dividende an ihren Inhaber zahlt. → Gewinnbeteiligte Policendividende

**Gewinnbeteiligte Policendividende**
Lebensversicherungsvertrag, der seinem Inhaber Dividenden zahlt, die (1) als Bargeld genommen werden können, (2) verwendet werden können, um eine Prämie zu reduzieren, (3) verwendet werden können, um einen Teil einer → Prämienfreien Versicherung zu erwerben, (4) bei der Versicherungsgesellschaft als Einlage unter Verzinsung belassen werden können und (5) verwendet werden können, um eine *befristete Versicherung* für ein Jahr zu erwerben.

## Participating Policy Dividend Option
→ Participating Policy Dividend

## Participating Reinsurance
→ Proportional Reinsurance;
→ Quota Share Reinsurance;
→ Surplus Reinsurance

## Participation
→ Participating Insurance

## Particular Average
1. Expenses and damages incurred as the result of damage to a ship and its cargo, and/or of taking direct action to prevent initial or further damage to the ship and its cargo. These expenses and damages are paid by the owner of the part of the ship and cargo which actually suffers a loss. Contrast with → General Average.
2. Partial loss of property resulting from an → Ocean Marine Exposure for which the owner of that property must bear the entire loss. → Free of Particular Average (FPA)

## Partnership Life and Health Insurance
Protection to maintain the value of a business in case of death or disability of a partner. Upon the death or long-term disability of a partner, insurance can provide for the transfer of a deceased or

## Gewinnbeteiligte Policendividendenoption
→ Gewinnbeteiligte Policendividende

## Gewinnbeteiligte Rückversicherung
→ Proportionale Rückversicherung; → Quotenrückversicherung; → Exzedentenrückversicherung

## Gewinnbeteiligung
→ Gewinnbeteiligte Versicherung

Unter diesem Begriff versteht man:
### 1. Besondere Havarie
Ausgaben und Schadenersatz, die infolge einer Beschädigung an einem Schiff und seiner Fracht und/oder der Ergreifung direkter Maßnahmen, um eine anfängliche oder weitere Beschädigung des Schiffes und seiner Fracht zu verhindern, erlitten werden. Diese Ausgaben und der Schadenersatz werden von dem Eigentümer des Teils des Schiffes und der Fracht bezahlt, der tatsächlich einen Schaden erleidet. Gegensatz zu → Große Havarie.
### 2. Teilhavarie
Teilweiser Verlust eines Vermögensgegenstandes infolge einer → Seetransportgefährdung, für die der Eigentümer dieses Vermögensgegenstandes den gesamten Verlust tragen muß. → Nicht gegen Teilhavarie versichert.

## Teilhaber-Lebens- und -krankenversicherung
Schutz, um den Wert eines Unternehmens im Falle von Tod oder Invalidität eines Teilhabers zu erhalten. Bei Tod oder langfristiger Invalidität eines Teilhabers kann eine Versicherung die Übertragung des Anteils des verstorbenen oder arbeits-

disabled partner's interest to the surviving partner according to a pre-determined formula. Funding can be achieved through either of two plans:

1. *Cross Purchase Plan* – each partner buys insurance on the lives of the other partners. The beneficiaries are the surviving partners who use the proceeds to buy out the deceased's interest. This plan can become complicated when there are more than two partners. For example, if there are four partners, partner A will buy insurance on the lives of partners B, C, and D. The procedure would be repeated with partners B, C, and D. Total policies would be 12.

2. *Entity Plan* – because of the number of policies required, the entity plan is most often used for buy-and-sell agreements by larger partnerships. The partnership owns, is beneficiary of, and pays the premiums on the life insurance of each partner. When one of the partners dies, the partnership as a whole purchases the deceased partner's interest. Premiums are not tax deductible as a business expense. If whole life insurance is used, the cash values are listed as assets on the balance sheet of the partnership and are available as collateral for loans.

Partners use insurance to fund other objectives. In personal

unfähigen Teilhabers an den hinterbliebenen Teilhaber nach einer vorher bestimmten Formel leisten. Die Finanzierung kann durch eines der beiden Vorhaben erfolgen:

1. *Gegenseitiges Kaufvorhaben:* Jeder Teilhaber schließt eine Versicherung auf die Leben der anderen Partner ab. Die Begünstigten sind die hinterbliebenen Teilhaber, die den Erlös dazu verwenden, um den Anteil des Verstorbenen aufzukaufen. Dieses Vorhaben kann kompliziert werden, wenn es mehr als zwei Teilhaber gibt. Wenn es z. B. vier Teilhaber gibt, schließt Teilhaber A Versicherungen für die Leben von Teilhaber B, C und D ab. Das Verfahren würde bei den Partnern B, C und D wiederholt. Es gäbe insgesamt 12 Policen.

2. *Einheiten-Vorhaben:* Wegen der Anzahl der erforderlichen Policen wird das Einheiten-Vorhaben am häufigsten für Kauf- und Verkaufvereinbarungen von größeren Personengesellschaften verwendet. Die Gesellschaft besitzt, ist Begünstigte von und bezahlt die Prämien für die Lebensversicherung eines jeden Teilhabers. Wenn ein Teilhaber stirbt, kauft die Gesellschaft den Anteil des verstorbenen Teilhabers. Die Prämien sind nicht als Geschäftsausgabe steuerlich abzugsfähig. Falls Lebensversicherungen auf den Todesfall verwendet werden, werden die Barwerte als Aktiva in der Bilanz der Personengesellschaft ausgewiesen und sind als Sicherheit für Darlehn verfügbar.

Die Teilhaber verwenden die Versicherung, um andere Ziele zu finanzieren. Bei privaten Dienstleistungssozietäten von Doktoren, Anwälten und Rechnungsprüfern können die Erben, wenn es wichtig ist, den Namen des verstorbenen Sozius im

service partnerships of doctors, lawyers, and accountants, when it is important to retain a deceased partner's name on the title of the firm, the heirs may agree to this for a share in subsequent partnership profits. An *income continuation insurance* plan funded through life insurance by the partnership, serves this purpose.

*Disability of partner buy and sell insurance* can be used by a partnership to provide income for the firm if a partner becomes disabled. The policy would pay a monthly income to the partnership for the duration of the partner's disability.

Titel der Firma zu behalten, gegen einen Anteil an den zukünftigen Gewinnen der Sozietät zustimmen. Ein *Einkommensfortzahlungsversicherungs*vorhaben, das durch eine Lebensversicherung der Sozietät finanziert wird, dient diesem Zweck.

*Kauf- und Verkaufversicherung bei Invalidität eines Teilhabers* kann von einer Personengesellschaft verwendet werden, um der Firma Einkommen zu bieten, wenn ein Teilhaber arbeitsunfähig wird. Die Police würde der Personengesellschaft für die Dauer der Arbeitsunfähigkeit des Teilhabers ein monatliches Einkommen zahlen.

## Party

Individual or entity who enters into a contract or other legal proceeding, such as a lawsuit.

## Partei

Einzelperson oder Einheit, die in einen Vertrag oder ein sonstiges rechtliches Verfahren, wie eine Klage, eintritt.

## Passenger Bodily Injury Liability Insurance

Coverage for automobile or aircraft operators if they are sued for negligently killing or injuring a passenger. The → Personal Automobile Policy (PAP) provides → Medical Payments Insurance for doctor and hospital bills for passengers of the insured, and → Bodily Injury liability insurance for anyone who is accidentally disabled, injured, or killed by the insured. Aviation policies split bodily injury liability into *general* and *passen-*

## Insassenhaftpflichtversicherung

Versicherungsschutz für Bediener von Kraftfahrzeugen oder Flugzeugen, falls sie wegen fahrlässiger Tötung oder Verletzung eines Insassen verklagt werden. Die → Privat-Kfz-Police bietet → Versicherung zur Zahlung medizinischer Leistungen für Arzt- und Krankenhausrechnungen für Passagiere des Versicherten, Haftpflichtversicherung für → Körperverletzung für jeden, der durch Unfall durch den Versicherten invalide, verletzt oder getötet wird. Flugverkehrspolicen unterteilen die Haftpflicht für Körperverletzungen in eine *allgemeine* und eine *Insassen*-Haftpflichtversicherung. Die Insassenhaft-

ger. Passenger liability covers a passenger who is injured, killed, or disabled; general liability covers anyone else.

pflicht deckt einen Passagier, der verletzt, getötet oder zum Invaliden wird, ab. Die allgemeine Haftpflicht deckt jeden anderen ab.

## Passive Loss Rules

Rules passed as part of the → Tax Reform Act of 1986, that limit the amount of income investors can shelter from current tax. Losses can be deducted from passive activities only in the amount to which income results from passive activities. Furthermore, losses from one passive activity can be used only to offset the passive income earned from a similar passive activity. For example, losses from publicly traded partnerships can be applied only to offset passive income earned from publicly traded partnerships.

## Untätige Verlustregeln

Als Teil des → Steuerreformgesetzes aus dem Jahre 1986 verabschiedete Vorschriften, die die Höhe des Einkommens begrenzen, welches Kapitalanleger vor der laufenden Besteuerung schützen kann. Verluste können von untätigen Aktivitäten nur in der Höhe abgezogen werden, in der Einkommen aus untätigen Aktivitäten erzielt wird. Darüber hinaus können die Verluste aus einer untätigen Aktivität nur dazu verwendet werden, um sie auf das passive Einkommen, das mit einer ähnlichen untätigen Aktivität verdient wurde, anzurechnen. Die Verluste aus öffentlich gehandelten Personengesellschaften z. B. können nur mit dem untätigen Einkommen, das mit öffentlich gehandelten Personengesellschaften verdient wurde, verrechnet werden.

## Passive Retention

Practice in which no funds are set aside on a mathematical basis to pay for expected losses. This occurs when a risk manager is not aware of an exposure, when the cost of treating an exposure positively is prohibitive, or of the *severity* of a loss (should it occur) would be inconsequential. → Self Insurance

## Passiver Selbstbehalt

Praktik, bei der keine Finanzmittel auf mathematischer Grundlage zur Seite gelegt werden, um für erwartete Schäden zu zahlen. Dies tritt ein, wenn ein Risikomanager sich einer Gefährdung nicht bewußt ist, wenn die Kosten, eine Gefährdung positiv zu behandeln, unerschwinglich sind, oder wenn die *Härte* eines Schadens (sollte er eintreten) ohne Folgen bleiben würde. → Selbstversicherung

## Past Due Accounts

Funds receivable or payable that have not been paid in a

## Überfällige Rechnungen

Offenstehende oder zu bezahlende Geldsummen, die nicht fristgerecht gezahlt

timely manner. →Commercial Credit Insurance protects an insured against declines in the value of receivables due to insolvency of a debtor. The insured may turn over to the insurer accounts that are up to 12 months past due or, by special endorsement, those that are 6 months overdue. For insurance purposes, these past due accounts will be treated as if they were accounts due from an insolvent company.

## Past Service Benefit

Private pension plan credit given for an employee's past service with an employer prior to establishment of a pension plan. Usually, a lower percentage of compensation is credited for benefits for past service than for future service benefits.

## Past Service Credit

→ Past Service Benefit

## Past Service Liability

Employer's obligation to fund a pension plan for the time period when employees were qualified to participate but the plan was not yet established. For example, a pension plan is established at XYZ Co. in 1985. Because John Smith

wurden. Eine → Gewerbliche Kreditversicherung schützt einen Versicherten gegen Wertminderungen bei offenstehenden Rechnungen wegen Insolvenz eines Schuldners. Der Versicherte kann dem Versicherer Rechnungen übergeben, die bis zu 12 Monate überfällig sind oder, durch einen besonderen Nachtrag, diejenigen, die 6 Monate überfällig sind. Zu Versicherungszwecken werden die überfälligen Rechnungen behandelt, als handele es sich um fällige Rechnungen insolventer Unternehmen.

## Leistungen für vorangegangene Dienstjahre

Gutschrift bei einem privaten Pensionsvorhaben, die für die vorangegangenen Dienste eines Arbeitnehmers bei einem Arbeitgeber, bevor ein Pensionsvorhaben eingerichtet wurde, erteilt wird. Gewöhnlich wird für vergangene Dienste ein geringerer Entschädigungsprozentsatz gutgeschrieben als für zukünftige Dienste.

## Gutschrift für vorangegangene Dienstjahre

→ Leistungen für vorangegangene Dienstjahre

## Verbindlichkeit aus vorangegangenen Dienstjahren

Die Verpflichtung eines Arbeitgebers, ein Pensionssystem für den Zeitraum zu finanzieren, als Arbeitnehmer berechtigt waren, teilzunehmen, aber das System noch nicht eingerichtet war. 1985 wurde z. B. ein Pensionssystem bei der Firma XYZ gegründet. Da John Smith 1975 bei der Firma begonnen hat, würde er eine

started at the firm in 1975, he would have a *past service credit* for his 10 years of service before the plan started. For funding purposes, annual contributions are broken down into → Future Service Benefits and → Past Service Benefit. Past service liability is not funded entirely in the initial year of a plan, primarily because it would be too expensive, and the IRS requires that deductions be spread over 10 years.

**Past Service Liability – Initial**
Funding of an employee's benefits in a pension plan for his beginning past service of employment. This is a significant cost factor in pension planning and financing of future benefits.

**Patent and Copyright Infringement**
→ Unfair Trade Practice

**Paul v. Virginia**
U.S. Supreme Court case in 1868 in which the decision (since overruled) was that an insurance policy was not an instrument of commerce, and thus did not involve interstate commerce transactions which would make it subject to Federal regulation. → McCarran-Ferguson Act (Public Law 15); → South-Eastern Underwriters Association (SEUA) Case

*Gutschrift für die vergangenen 10 Dienstjahre,* bevor das Vorhaben eingeführt wurde, erhalten. Zu Finanzierungszwecken werden die jährlichen Beiträge unterteilt in → Leistungen für zukünftige Dienstjahre und → Leistungen für vergangene Dienstjahre. Die Verbindlichkeit aus vorangegangenen Dienstjahren wird nicht vollständig im Anfangsjahr eines Vorhabens finanziert, hauptsächlich deshalb, weil dies zu teuer wäre und der IRS (Einkommensteuerverwaltung) fordert, daß Abzüge über 10 Jahre verteilt werden.

**Verbindlichkeit aus vorangegangenen Dienstjahren – Beginn**
Finanzierung der Bezüge eines Arbeitnehmers bei einem Pensionssystem für den Anfang seiner vorangegangenen Angestelltendienste. Dies stellt einen wesentlichen Kostenfaktor bei der Planung eines Pensionssystems und der Finanzierung zukünftiger Leistungen dar.

**Patent- und Urheberrechtverletzung**
→ Unlauterer Wettbewerb

**Paul ./. Virginia**
Fall des Obersten Gerichts der USA von 1868, bei dem entschieden wurde (die Entscheidung wurde in der Zwischenzeit aufgehoben), daß eine Versicherungspolice kein Instrument des Handelsverkehrs sei und somit keine zwischenstaatlichen Handelstransaktionen beinhalte, die sie der Bundeskontrolle unterwerfen würde. → McCarran-Ferguson-Gesetz (öffentliches Gesetz 15); → Der Fall der South-Eastern Underwriters Association (SEUA)

## Pay-As-You-Go Plan
→ Current Disbursement

## Payee
1. Recipient.
2. Insurance company that receives a premium payment from a payer.
3. Insured or beneficiary who receives a loss or benefit payment from an insurer.

## Paymaster Robbery Insurance
Coverage for robbery of the payroll of a business. Coverage applies to money and checks from the time the payroll is withdrawn from the bank until it is distributed to the employees, whether inside or outside of the premises of the business. Employees are covered if robbed of their pay when the business itself is being robbed of the payroll. Excluded are manuscripts and records of accounts.

## Payment Bond
Bond guaranteeing that a contractor will pay fees owed for labor and materials necessary for construction of a project. If these fees are not paid, an owner who has paid the contractor might be confronted with subcontractor's or worker's liens filed against the completed project. If this happens, the owner could end up paying many times the value

## Einbehaltungsplan
→ Laufende Auszahlung

## Zahlungsempfänger
1. Empfänger.
2. Versicherungsgesellschaft, die eine Prämienzahlung von einem Zahler erhält.
3. Versicherter oder Begünstigter, der eine Schadens- und Leistungszahlung von einem Versicherer erhält.

## Kassierer-Raubversicherung
Versicherungschutz gegen Raub der Lohngelder eines Unternehmens. Der Versicherungsschutz gilt für die Zeit, in der das Geld und die Schecks von einer Bank abgehoben werden, bis sie, ob innerhalb oder außerhalb des Betriebsgeländes des Unternehmens, an die Arbeitnehmer verteilt worden sind. Die Arbeitnehmer sind abgedeckt, falls sie ihrer Lohnzahlung beraubt worden sind, wenn das Unternehmen selbst der Lohngelder beraubt wurde. Ausgeschlossen sind Manuskripte und Kontenaufzeichnungen.

## Zahlungsversprechen
Schriftliche Verpflichtungserklärung, die garantiert, daß ein Unternehmer die geschuldeten Gebühren für Arbeit und Materialien, die für den Bau eines Projektes erforderlich sind, bezahlen wird. Falls diese Gebühren nicht bezahlt werden, könnte ein Eigentümer, der den Unternehmer bezahlt hat, mit den von Subunternehmern oder Arbeitern gegenüber dem vollendeten Projekt eingereichten Pfandrechten konfrontiert werden. Falls dies geschieht, könnte der Besitzer schließlich

of the work done. → Performance Bond

### Payment Certain
Phrase used to describe a method of annuity payout that guarantees a specified number of years, regardless of whether an annuitant remains alive.

### Payment of Exposures Insured by Company
→ Claim, Obligation to Pay; → Homeowners Insurance Policy; → Interinsurance Company Claims; → Interpleader; → Personal Automobile Policy (PAP); → Property and Casualty Insurance Provisions

### Payment of Premiums on Bonds
Act that seals a contract and is noncancellable. → Surety Bonds and → Fidelity Bonds resemble insurance contracts in many ways. However, the surety, which is often an insurance company, cannot cancel a bond once the premium has been paid.

### Payor Clause
Provision found in → Juvenile Insurance which waives the premiums due on the insured child's policy provided that the payor of the premiums becomes totally disabled or dies before the child reaches a stipulated age.

ein Vielfaches des Wertes der erledigten Arbeit bezahlen. → Leistungsversprechen

### Gesicherte Zahlung
Ausdruck, der verwendet wird, um eine Methode der Rentenauszahlung zu beschreiben, die eine bestimmte Anzahl von Jahren garantiert, unabhängig davon, ob ein Rentenempfänger noch am Leben ist.

### Zahlung der durch die Gesellschaft versicherten Gefährdungen
→ Verpflichtung zur Schadensvergütung; → Hausbesitzerversicherungspolice; → Versicherungsgesellschaftsübergreifende Ansprüche; → Interventionsklage; → Privat-Kfz-Police; → Sach- und Unfallversicherungsbestimmungen

### Zahlungen von Prämien für Verpflichtungserklärungen
Handlung, die einen Vertrag besiegelt und unkündbar ist. → Kautionsversicherungen und → Kautionen gegen Veruntreuung ähneln Versicherungsverträgen auf vielerlei Weise. Ein Bürgschaftsgeber jedoch, der häufig eine Versicherungsgesellschaft ist, kann eine Verpflichtungserklärung, sobald eine Prämie bezahlt worden ist, nicht kündigen.

### Zahlungspflichtigenklausel
Bestimmung bei der → Jugendversicherung, die auf die für die Police des Kindes eines Versicherten fälligen Prämien verzichtet, wenn der Zahlungspflichtige der Prämien vollständig arbeitsunfähig werden oder sterben sollte, bevor das Kind ein festgelegtes Alter erreicht hat.

## Payout Phase

Period when the accumulated assets in an → Annuity are returned to the annuitant. An annuity may be purchased with either a single payment or with many payments over the life of the contract. At some point, usually upon retirement, the annuitant elects to have the payments, plus earnings, returned. The 1982 Federal Tax Code declared that any money received during the payout phase is considered earnings first and is taxable.

## Payroll Audit

Insurance company's examination of an insured business's payroll records in order to determine the final premium due on a → Workers Compensation Insurance policy.

## Payroll Deduction Insurance

Plan under which an employee authorizes his employer to deduct from each paycheck premiums due on an insurance plan.

## Payroll Endorsements

→ Ordinary Payroll Exclusion Endorsement

## Payroll Stock Ownership Plans (PAYSOP)

→ Employee Stock Ownership Plan (ESOP); → Trust (ESOP) under which an employer re-

## Auszahlungsphase

Zeitraum, wenn das angesammelte Guthaben einer → Rente an den Rentenempfänger zurückgezahlt wird. Eine Rente kann entweder über eine einzelne Zahlung oder über mehrere über die Laufzeit der Rente verteilte Zahlungen abgeschlossen werden. Zu einem Punkt, gewöhnlich bei Pensionierung, entscheidet sich der Rentenempfänger, die Zahlungen plus Verdienste zurückzahlen zu lassen. 1982 erklärte der Federal Tax Code (Bundessteuerordnung), daß jedwedes Geld, das während der Auszahlungsphase erhalten wird, zunächst als Verdienst angesehen wird und steuerpflichtig ist.

## Revision der Lohnbuchhaltung

Überprüfung der Aufzeichnungen der Lohnbuchhaltung eines versicherten Unternehmens durch eine Versicherungsgesellschaft, um die endgültige Prämie, die für eine → Berufsunfallversicherungs-Police fällig ist, zu bestimmen.

## Lohnabzugsversicherung

Vorhaben, bei dem ein Arbeitnehmer seinen Arbeitgeber bevollmächtigt, von jeder Lohnzahlung für ein Versicherungsvorhaben fällige Prämien abzuziehen.

## Lohnlistennachträge

→ Nachtrag über Lohnfortzahlungsausschluß

## Belegschaftsaktienbesitzvorhaben

→ Arbeitnehmeraktienbesitzvorhaben, → Treuhandvermögen, bei dem ein Arbeitgeber eine Steuergutschrift anstelle

ceived tax credit instead of a tax deduction for contributions. Until passage of the → Tax Reform Act of 1986, the tax credit was limited to the lesser of the value of the stock contributed to the plan or 5% of the employer's payroll. The PAYSOP must have met all of the requirements of a qualified plan and all participants must have had 100% immediate → Vesting. The Tax Reform Act of 1986 repealed PAYSOP.

**Peak Season Endorsement**
Endorsement attached to → Property Insurance Coverage which provides additional limits of protection on a merchant's inventories during specific time intervals. The time intervals generally are the periods during the year when shopping is most intense.

**PEL**
→ Permissible Exposure Limit

**Penalty**
Liability limit on a → Fidelity Bond or → Surety Bond. A fixed-penalty bond is one with a fixed liability limit that the surety company will pay in the event of nonperformance.

**Pension Benefit Guaranty Corporation (PBGC)**
Independent Federal govern-

eines Steuerabzuges für Beiträge erhielt. Bis zur Verabschiedung des → Steuerreformgesetzes aus dem Jahre 1986 war die Steuergutschrift beschränkt auf den geringeren Wert der zum Vorhaben beigetragenen Aktien oder auf 0,5% der Lohnsumme des Arbeitgebers. Das Belegschaftsaktienbesitzvorhaben mußte alle Voraussetzungen eines steuerbegünstigten Vorhabens erfüllen, und alle Teilnehmer mußten über eine 100%ige sofortige → Übertragung verfügen. Das Steuerreformgesetz aus dem Jahre 1986 widerrief das Belegschaftsaktienbesitzvorhaben.

**Hochsaisonnachtrag**
Dem → Sachversicherungsschutz beigefügter Nachtrag, der zusätzliche Schutzgrenzen für den Warenbestand eines Kaufmanns während bestimmter Zeitintervalle bietet. Die Zeitintervalle sind generell die Zeiträume im Verlauf des Jahres, wenn das Einkaufen am intensivsten verläuft.

**Zulässige Gefährdungshöchstgrenze**
→ Zulässige Gefährdungshöchstgrenze

**Strafe**
Haftungsbeschränkung bei einer → Kaution gegen Veruntreuung oder → Kautionsversicherung. Eine Verpflichtungserklärung mit festgesetzter Strafe ist eine mit einer festgesetzten Haftungsgrenze, die die Kautionsversicherungsgesellschaft im Falle der Nichtleistung bezahlen wird.

**Pension Benefit Guaranty Corporation (PBGC)**
(Körperschaft für die Garantie von Pen-

ment organization authorized by the → Employee Retirement Income Security Act of 1974 (ERISA) to administer the → Pension Plan Termination Insurance program. Its function is to ensure that *vested* benefits of employees, whose → Pension Plan is being terminated, will be paid as they come due. The PBGC board of directors consists of the U.S. Secretaries of Labor, Commerce, and Treasury. Only qualified → Defined Benefit Plans are guaranteed; → Profit Sharing Plans, *stock bonus plans,* and → Money Purchase Plans are not. Plan termination insurance covers both voluntary termination and terminations ordered by the PBGC. Employers pay an annual premium rate per employee in their pension plans to the PBGC to finance the plan termination insurance program.

sionsleistungen) – unabhängige Organisation der Bundesregierung, die durch den → Employee Retirement Income Security Act of 1974 (ERISA) (Arbeitnehmerrenteneinkommensicherheitsgesetz aus dem Jahre 1974) bevollmächtigt wurde, das → Versicherungs-Programm gegen die Beendigung eines Pensionssystems zu verwalten. Seine Funktion besteht darin, sicherzustellen, daß *wohlerworbene* Leistungen von Arbeitnehmern, deren → Pensionssystem beendet wird, bei Fälligkeit gezahlt werden. Der PBGC Verwaltungsrat setzt sich aus den US-amerikanischen Ministern für Arbeit, Handel und Finanzen zusammen. Nur steuervergünstigte, → Definierte Leistungssysteme werden garantiert; → Gewinnbeteiligungssystem, *Gratisvorhaben* und → Rentenkaufsysteme dagegen nicht. Die Systembeendigungsversicherung deckt sowohl die freiwillige Beendigung als auch eine von PBGC verordnete Beendigung ab. Arbeitgeber zahlen einen jährlichen Prämientarif pro Arbeitnehmer in ihren Pensionssystemen an die PBGC, um das Versicherungsprogramm zur Systembeendigung zu finanzieren.

**Pension Fund**
→ Pension Plan

**Pensionsfonds**
→ Pensionssystem

**Pension Maximization**
Plan under which life insurance is substituted for retirement income. Under the plan, a married individual selects a → Single Life Annuity payout from the pension plan, which will generate the maximum monthly income benefit while that individual is alive, with

**Pensionsmaximierung**
Vorhaben, bei dem eine Lebensversicherung durch ein Pensionseinkommen ersetzt wird. Bei dem Vorhaben wählt eine verheiratete Einzelperson eine → Einzelleibrenten-Auszahlung des Pensionsvorhabens, die die höchste monatliche Einkommensleistung hervorbringen wird, solange die Person lebt, wobei an den hinterbliebenen Ehepartner nach dem Tod dieser

nothing being paid to the surviving spouse after the death of that individual. The higher income generated from the single life annuity, compared with that from a → Joint Life and Survivorship Annuity, is used to buy a life insurance policy on the married individual's life. If this individual dies first, the proceeds of the policy will be used to purchase an → Annuity for the lifetime of the spouse. Should the spouse die first, the married individual still has the higher income benefit from the single life annuity.

Person nichts bezahlt wird. Das im Vergleich zu einer → Gemeinsamen Überlebensrente höhere von der Einzelleibrente hervorgebrachte Einkommen wird dazu verwendet, eine Lebensversicherungspolice auf das Leben der verheirateten Person abzuschließen. Wenn diese Person zuerst stirbt, werden die Erlöse der Police dazu verwendet, eine lebenslängliche → Rente für die Ehefrau zu kaufen. Sollte die Frau zuerst sterben, so hat die verheiratete Person immer noch die höheren Einkommensbezüge aus der Einzelleibrente.

**Pension Plan**
Retirement program to provide employees (and often, spouses) with a monthly income payment for the rest of their lives. To qualify, an employee must have met minimum age and service requirements. Benefit formulas can be either the → Defined Contribution Pension (Money Purchase Plan) or the → Defined Benefit Plan. The → Employee Retirement Income Security Act of 1974 (ERISA) requires a pension plan to provide an income for the rest of a retired employee's life, and at least 50% of that amount to the surviving spouse of a retired employee for the rest of her life, unless the spouse waives this right in writing. Death and

**Pensionssystem**
Pensionierungsprogramm, um Arbeitnehmer (und häufig Ehepartner) mit einer monatlichen Einkommenszahlung für den Rest ihres Lebens zu versorgen. Um sich zu qualifizieren, muß ein Arbeitnehmer Mindestanforderungen an das Alter und die Dienstzeit erfüllt haben. Leistungsformeln können entweder das → Pensionssystem mit definiertem Beitrag (Rentenkaufsystem) oder das → Definierte Leistungssystem sein. Der → Employee Retirement Income Security Act of 1974 (ERISA) (Arbeitnehmerrenteneinkommenssicherheitsgesetz aus dem Jahre 1974) verlangt von einem Pensionssystem, einem pensionierten Arbeitnehmer für den Rest seines Lebens ein Einkommen bereitzustellen und mindestens 50% dieses Betrages der hinterbliebenen Ehefrau eines Arbeitnehmers, es sei denn, die Ehefrau verzichtet schriftlich. Die meisten Pensionssysteme bieten auch Todesfall- und

disability benefits are also provided by most pension plans. The → Tax Reform Act of 1986 has changed the → Vesting requirements. Funds for these plans can be generated under numerous → Pension Plan Funding Instruments.

Invaliditätsleistungen. Das → Steuerreformgesetz aus dem Jahre 1986 hat die → Übertragungs-Erfordernisse geändert. Finanzmittel für diese Systeme werden durch eine Vielzahl von → Pensionssystemfinanzierungsinstrumenten hervorgebracht.

## Pension Plan: Fund College Education

Group of plans (to include → Section 401 (k) Plans und → Section 403 (b) Plans) which permit in-service withdrawals to fund a college education if a → Hardship exists.

## Pensionssystem: Finanzierung der College-Ausbildung

Gruppe von Systemen (einschließlich → Section 401(k) Plans und → Section 403(b) Plans), die Entnahmen während der Dienstzeit zur Finanzierung einer College-Ausbildung zulassen, wenn eine → Härte vorliegt.

## Pension Plan Funding: Group Deposit Administration Annuity

Pension plan funding instrument in which contributions paid by an employer are deposited to accumulate at interest. (These plans are usually → Noncontributory.) Upon retirement, an *immediate annuity* is purchased for the employee. The benefit is determined by a formula and the investment earnings on funds left to accumulate at interest. Since the annuity is purchased at point of retirement, the deposit administration plan can be used with any benefit formula.

## Pensionssystemfinanzierung: Gruppeneinlagenverwaltungsrente

Finanzierungsinstrument eines Pensionssystems, bei dem die Beiträge, die von einem Arbeitgeber gezahlt werden, hinterlegt werden, um bei Verzinsung angespart zu werden. (Diese Systeme sind gewöhnlich → Beitragsfrei). Bei Pensionierung wird für den Arbeitnehmer eine *sofort fällige Rente* abgeschlossen. Die Leistung und die Anlageerlöse der zur Verzinsung zurückbelassenen Finanzmittel werden durch eine Formel bestimmt. Da die Rente zum Pensionierungszeitpunkt gekauft wird, kann auf das Einlagenverwaltungssystem jede Leistungsformel angewandt werden.

## Pension Plan Funding: Group Immediate Participation Guaranteed (IPG) Contract Annuity

Modification of the *group deposit administration annuity* under which an employer participates in the investment (which may prove to be adverse as well as favorable), mortality, and expense experience of the plan on an immediate basis. Under the IPG, contributions are paid into a fund to which interest is credited. At retirement, an → Immediate Annuity is purchased for the employee. The size of the benefit will depend on the benefit formula used and the investment, mortality, and expense experience of the plan.

## Pensionssystemfinanzierung: Sofortige Gruppenvertragsrente mit garantierter Beteiligung

Modifikation der *Gruppeneinlagenverwaltungsrente,* bei der ein Arbeitgeber an der Kapitalanlage (was sich sowohl als ungünstig als auch als günstig herausstellen kann), der Sterblichkeit und der Kostenerfahrung des Systems unmittelbar teilhat. Bei der Gruppenvertragsrente mit sofortiger garantierter Beteiligung werden die Beiträge in einen Fonds eingezahlt, worauf Zinsen gutgeschrieben werden. Bei Pensionierung wird eine → Sofort fällige Rente für den Arbeitnehmer abgeschlossen. Die Höhe der Leistung wird von der verwendeten Leistungsformel und der Kapitalanlage, der Sterblichkeit und Kostenerfahrung des Systems abhängen.

## Pension Plan Funding: Group Permanent Contract

Insurance policy under which the value equals the benefits to be paid to the plan participants (employees) at normal retirement age, assuming that (1) their rate of earnings remains the same until → Normal Retirement Age, and (2) the contributions to the plan are sufficient to meet funding requirements for benefits under the plan. Adjustments to contributions are made as employee earnings increase. Retirement benefits depend on the benefit formula used, and the investment, mortality, and expense experience of the plan.

## Pensionssystemfinanzierung: Ständiger Gruppenvertrag

Versicherungspolice, bei der der Wert den an die Teilnehmer des Systems (Arbeitnehmer) zum normalen Pensionierungsalter zu zahlenden Leistungen entspricht, unter der Annahme, daß (1) ihre Verdienstrate bis zum → Normalen Rentenalter gleich bleibt und (2) die Beiträge zum System ausreichen, um die Finanzierungserfordernisse für die Leistungen bei dem System zu erfüllen. Mit Ansteigen der Verdienste der Arbeitnehmer werden Beitragsanpassungen vorgenommen. Pensionsleistungen hängen von der verwendeten Leistungsformel, der Kapitalanlage, der Sterblichkeit und der Kostenerfahrung des Systems ab.

## Pension Plan Funding: Immediate Participation Guarantee Contingent Annuity

→ Pension Plan Funding: Group Immediate Participation Guaranteed (IPG) Contract Annuity

## Pension Plan Funding: Individual Contract Pension Plan

Retirement plan for an individual based on a single contract with a benefit based on current earnings, as if they will remain static until → Normal Retirement Age. As the earnings of the plan participant increase, additional contracts are purchased (with an increase in the contributions to the plan). The amount of retirement benefits depends on the benefit formula used and the investment experience of the company underwriting the plan.

## Pension Plan Funding Instruments

Means of paying the cost of benefits of pension plan participants including retirement, death, and disability. → Group Permanent Life Insurance; → Pension Plan; → Pension Plan Funding: Group Deposit Administration Annuity; → Pension Plan Funding: Group Immediate Participation Guaranteed (IPG) Contract Annuity

## Pensionssystemfinanzierung: Bedingte Rente mit sofortiger Beteiligungsgarantie

→ Pensionssystemfinanzierung: Sofortige Gruppenvertragsrente mit garantierter Beteiligung

## Pensionssystemfinanzierung: Einzelvertragpensionssystem

Pensionierungsvorhaben für eine Einzelperson auf der Grundlage eines Einzelvertrages mit einer Leistung, die auf dem laufenden Verdienst basiert, als wenn er bis zum → Normalen Rentenalter statisch bleiben würde. In dem Maße, in dem der Verdienst des Systemteilnehmers ansteigt, werden zusätzliche Verträge abgeschlossen (mit einem Anstieg der Beiträge zum System). Die Höhe der Pensionsleistungen hängt von der verwendeten Leistungsformel und der Kapitalanlageerfahrung der das System zeichnenden Gesellschaft ab.

## Pensionssystemfinanzierungsinstrumente

Mittel zur Zahlung der Kosten von Leistungen von Pensionssystemteilnehmern einschließlich Pensionierung, Tod und Invalidität. → Gruppenlebensversicherung mit einjähriger Kündigungsfrist; → Pensionssystem; → Pensionssystemfinanzierung: Gruppeneinlagenverwaltungsrente; → Pensionssystemfinanzierung: Sofortige Gruppenvertragsrente mit garantierter Beteiligung

## Pension Plan Fundings Methods

→ Pension Plan Funding: Group Deposit Administration Annuity; → Pension Plan Funding: Group Immediate Participation Guaranteed (IPG) Contract Annuity; → Pension Plan Funding: Group Permanent Contract; → Pension Plan Funding: Individual Contract Pension Plan

## Pensionssystemfinanzierungsmethoden

→ Pensionssystemfinanzierung: Gruppeneinlagenverwaltungsrente; → Pensionssystemfinanzierung: sofortige Gruppenvertragsrente mit garantierter Beteiligung; → Pensionssystemfinanzierung: ständiger Gruppenvertrag; → Pensionssystemfinanzierung, Einzelvertragspensionssystem

## Pension Plan Integration with Social Security

Offset or subtraction of Social Security benefits from earned benefits in a qualified pension plan to reduce a pension benefit. Many business firms offset their pension payments by the amount of a retiree's Social Security benefit. For example, John Smith has earned a monthly pension benefit of $ 950. His monthly Social Security payment is $ 688. If his employer applies 100% integration, his pension is reduced by the entire Social Security benefit; he will receive $ 950 minus $ 688, or $ 262 monthly. More commonly, integration is based on a percentage of Social Security. With 50% integration, 50% of the Social Security benefit ($ 344) would be subtracted from the $ 950 pension for a monthly benefit of $ 606. Offsets were limited by the → Tax Reform Act of 1986.

## Integration der Sozialversicherung in ein Pensionssystem

Anrechnung oder Abzug der Sozialversicherungsleistungen von den verdienten Leistungen bei einem steuerbegünstigten Pensionssystem, um eine Pensionsleistung zu reduzieren. Viele Firmen verrechnen ihre Pensionszahlungen mit der Höhe der Sozialversicherungsleistung eines Rentners. John Smith z. B. hat eine monatliche Pensionsleistung von US$ 950 verdient. Seine monatliche Sozialversicherungszahlung beträgt US$ 688. Falls der Arbeitgeber eine 100%ige Integration anwendet, so wird seine Pension um die gesamte Sozialversicherungsleistung reduziert. Er wird US$ 950 minus US$ 688 oder US$ 262 monatlich erhalten. Es ist üblich, die Integration auf Grundlage eines Prozentsatzes der Sozialversicherung vorzunehmen. Bei einer 50%igen Integration würden 50% der Sozialversicherungsleistung (US$ 344) von der Pension von US$ 950 für eine monatliche Leistung von US$ 606 abgezogen. Anrechnungen wurden durch das → Steuerreformgesetz aus dem Jahre 1986 beschränkt.

## Pension Plans: Distributions

Prior to 1988, right to withdraw retirement assets before age 59 1/2 without having to pay a 10% penalty under the following circumstances:
1. Medical expenses are incurred.
2. The plan participant becomes disabled.

With the passage of the → Technical and Miscellaneous Revenue Act of 1988 (TAMRA): → Employee Benefits a third option is available to the plan participant:
3. Distribution must be a part of a scheduled series of substantially equal periodic payments. The distributions must be made in such a manner that they will continue for the lifetime of the plan participant or the joint lifetime of the plan participant and his or her beneficiary.

## Pension Plan Valuations Factors

Present value computation of the accrued or projected benefits of a retirement plan. This computation is known as the *actuarial valuation* because it is based on (1) probability (retirement event will take place); (2) demographic changes (increase or decrease in employee's earnings); (3) interest rate (discount rate used to derive present value of future benefits).

## Pensionssysteme: Zuteilungen

Vor 1988 das Recht, Pensionsguthaben vor Erreichung des Alters von 59 1/2 Jahren unter folgenden Bedingungen zu entnehmen, ohne eine 10%ige Strafe zahlen zu müssen:
1. Medizinische Kosten sind entstanden.
2. Der Systemteilnehmer wird zum Invaliden.

Mit Verabschiedung des → Technical and Miscellaneous Revenue Act of 1988 (TAMRA): Employee Benefits (Gesetz über technische und verschiedenartige Staatseinkünfte aus dem Jahre 1988: betriebliche Sozialzulagen) ist für den Systemteilnehmer eine dritte Option verfügbar.
3. Die Zuteilung muß Bestandteil einer planmäßigen Serie gleicher periodischer Zahlungen sein. Die Zuteilungen müssen in einer Weise erfolgen, daß sie dem Systemteilnehmer Zeit seines Lebens oder während des gemeinsamen Lebens mit dem oder der Begünstigten zugehen.

## Pensionssystembewertungsfaktoren

Berechnung des gegenwärtigen Wertes von angesammelten oder vorhergeplanten Leistungen eines Pensionssystems. Diese Berechnung ist als die *versicherungsmathematische Bewertung* bekannt, weil sie (1) auf der Wahrscheinlichkeit (das Pensionierungsereignis wird stattfinden), (2) auf demographischen Änderungen (Anstieg oder Rückgang bei den Verdiensten des Arbeitnehmers) und (3) auf dem Zinssatz (der Diskontsatz, der verwendet wird, um den gegenwärtigen Wert zukünftiger Leistungen abzuleiten) basiert.

## Pension Plans: Withdrawal Benefits

Rights of employees who leave an employer with a qualified plan to withdraw their accumulated benefits. With a → Contributory plan, employees have immediate rights to their own contributions, plus earnings. If they leave the employer, the accumulated money belongs to them. But they are not entitled to employer contributions, unless vested. → Vesting depends on the terms of the plan, but maximum time limits are set by law. A vested employee who withdraws accumulated benefits upon separation may either pay tax on the amount contributed by the employer and spend it, or roll it over into an → Individual Retirement Account (IRA).

## Pension Plan Termination Insurance

Coverage provided by the → Pension Benefit Guaranty Corporation (PBGC) that guarantees participants a certain level of pension benefits even if the plan terminates without assets. The PBGC was authorized under the → Employee Retirement Income Security Act of 1974 (ERISA). The insurance, paid for by employers, protects *vested interest* only.

## Pensionssysteme: Entnahmeleistungen

Arbeitnehmerrechte, die es einem Arbeitnehmer bei einem steuerbegünstigten System erlauben, seine angehäuften Leistungen zu entnehmen. Bei einem → Beitragspflichtigen System haben Arbeitnehmer ein sofortiges Anrecht auf ihre eigenen Beiträge plus der Erlöse. Wenn sie den Arbeitgeber verlassen, gehört das angehäufte Geld ihnen. Sie haben jedoch kein Anrecht auf die Arbeitgeberbeträge, mit Ausnahme, wenn sie übertragen wurden. Die → Übertragung hängt von den Bedingungen des Systems ab, aber zeitliche Höchstgrenzen sind durch das Gesetz festgesetzt. Ein Arbeitnehmer mit unentziehbarer Pensionsanwartschaft, der die angesammelten Leistungen bei der Trennung entnimmt, kann entweder auf den vom Arbeitgeber beigesteuerten Betrag Steuern bezahlen und ihn ausgeben, oder er kann ihn in ein → Individuelles Rentenkonto überführen.

## Versicherung gegen die Beendigung eines Pensionssystems

Von der → Pension Benefit Guaranty Corporation (PBGC) (Körperschaft für die Garantie von Pensionsleistungen) geleisteter Versicherungsschutz, der den Teilnehmern ein bestimmtes Niveau an Pensionsleistungen garantiert, auch wenn das System ohne Guthaben endet. Die PBGC wurde durch den → Employee Retirement Income Security Act of 1974 (ERISA) (Arbeitnehmerrenteneinkommenssicherheitsgesetz aus dem Jahre 1974) autorisiert. Die Versicherung, die von Arbeitgebern bezahlt wird, schützt nur das → Wohlerworbene Anrecht.

## Pension Portability
Employee's right to transfer pension benefit credits from a former employer to a current employer.

## Pensions
→ Pension Plan

## Pension Trust
Provision that funds a tax-qualified plan. Trust funds are the oldest, and still the most common, method of funding pensions. All contributions made by employer and employees are deposited into a trust fund, with a trustee responsible for investing the money, administering the plan, and paying benefits.

## Per Accident Limit
Maximum amount that an insurance company will pay under a liability insurance policy for claims resulting from a particular accident. This maximum amount applies regardless of the amount of property damage or the number of persons injured in that accident.

## Per Capita
Distribution of a deceased beneficiary's share of an estate among all of his or her living heirs. Contrast with → Per Stirpes.

## Per Cause Deductible
Requirement that the deduct-

## Pensionsübertragbarkeit
Recht eines Arbeitnehmers, Pensionsleistungsguthaben von einem früheren Arbeitgeber auf einen gegenwärtigen Arbeitgeber zu übertragen.

## Pensionen
→ Pensionssystem

## Pensionskasse
Eine Vorkehrung, die ein steuerbegünstigtes System finanziert. Treuhandvermögen sind die älteste und dennoch die üblichste Methode, Pensionen zu finanzieren. Alle Beiträge, die von Arbeitgebern und Arbeitnehmern geleistet werden, werden in ein Treuhandvermögen eingezahlt, wobei ein Treuhänder für die Anlage des Geldes, die Verwaltung des Systems und die Zahlung der Leistungen verantwortlich ist.

## Höchstgrenze pro Unfall
Höchstbetrag, den eine Versicherungsgesellschaft bei einer Haftpflichtversicherungspolice für Ansprüche, die sich infolge eines bestimmten Unfalls ergeben, zahlen wird. Dieser Höchstbetrag trifft unabhängig von der Höhe des Sachschadens oder der Anzahl der bei diesem Unfall verletzten Personen zu.

## Pro Kopf
Verteilung des Anteils aus dem Nachlaß eines verstorbenen Begünstigten unter allen seinen oder ihren lebenden Erben. Gegensatz zu → Nach Stämmen.

## Selbstbehalt pro Grund
Forderung, daß der Selbstbehalt für jede

ible must be met for each separate illness or accident before benefits are payable under major medical insurance.

**Percentage-of-Loss Deductible**
Deductible, applied to every loss, expressed as a percentage of that loss. As the loss increases, the deductible amount increases.

**Percentage Participating Deductible**
*(Stop loss)* amount over which a health insurance plan pays 100% of the costs in a → Percentage Participation plan. Here, an insured shares costs with the insurer according to some predetermined ratio. For example, an insured may pay 20% of covered costs and the insurer 80%. However, most group medical plans pick up all covered expenses over a certain deductible amount or specified dollar limit. For example, once the insured has paid a $ 2000 deductible amount, the plan may pay 100% of covered expenses for the remainder of the policy year.

**Percentage Participation**
(→ Coinsurance) plan where a portion of medical expenses are paid by an insured. Some health insurance policies provide that the insured shares expenses

Krankheit oder jeden Unfall eingehalten werden muß, bevor Leistungen bei einer großen Krankenversicherung zahlbar sind.

**Selbstbehalt in Höhe eines Prozentsatzes des Schadens**
Selbstbehalt, der auf jeden Schaden angewendet und als Prozentsatz dieses Schadens ausgedrückt wird. In dem Maße, in dem der Schaden ansteigt, steigt auch die Höhe des Selbstbehaltes.

**Selbstbehalt mit prozentualer Beteiligung**
*(Stop Loss)* – Betrag, über den hinaus eine Krankenversicherung 100% der Kosten bei einer Versicherung mit → Prozentualer Beteiligung bezahlt. Hier teilt sich ein Versicherter die Kosten mit dem Versicherer entsprechend einer vorher festgelegten Quote. Ein Versicherter kann z.B. 20% der abgedeckten Kosten und der Versicherer 80% bezahlen. Die meisten Gruppenkrankenversicherungen übernehmen jedoch alle abgedeckten Ausgaben, die über einen bestimmten Selbstbehalt oder einen spezifischen Betrag in Dollar hinausgehen. Sobald der Versicherte beispielsweise einen Selbstbehalt von US$ 2.000 bezahlt hat, kann die Versicherung 100% der abgedeckten Ausgaben für den Rest des Policenjahres zahlen.

**Prozentuale Beteiligung**
(→ Mitversicherung) – Vorhaben, bei dem ein Teil der medizinischen Ausgaben von einem Versicherten bezahlt wird. Einige Krankenversicherungspolicen sehen vor, daß der Versicherte die Ausgaben mit dem

with the insurer according to a predetermined ratio. For example, many group health plans provide that, after paying a deductible amount, the insured pays a portion (usually 20–25%) of covered medical expenses. For some types of services, such as psychiatry or dentistry, the percentage participation, which the insured pays, may go as high as 50% of covered services.

## Per Diem Business Interruption Policy

Type of → Business Interruption Insurance policy which provides a specific daily dollar amount benefit to the business owner for each day the business is unable to resume normal business operations because of property damage or destruction resulting from an → Insured Peril.

## Performance Bond

Bond guaranteeing that a contractor will perform under the contract in accordance with all specifications of the bid submitted.

## Peril
→ All Risks

## Period
→ Policy Period

## Period Certain
→ Annuity

Versicherer entsprechend einer vorher festgelegten Quote teilt. Viele Gruppenkrankenversicherungen sehen z. B. vor, daß nachdem ein Selbstbehalt gezahlt worden ist, der Versicherte einen Teil (gewöhnlich 20–25%) der abgedeckten medizinischen Ausgaben bezahlt. Für einige Arten von Leistungen, wie etwa Psychiatrie oder Zahnmedizin, kann die prozentuale Beteiligung, die der Versicherte bezahlt, bis zu 50% der abgedeckten Leistungen betragen.

## Geschäftsunterbrechungspolice pro Tag

Typ der → Geschäftsunterbrechungsversicherungs-Police, die dem Besitzer eines Unternehmens für jeden Tag, an dem das Unternehmen wegen Sachbeschädigung oder -zerstörung aufgrund einer → Versicherten Gefahr nicht in der Lage ist, den normalen Geschäftsbetrieb wieder aufzunehmen, eine bestimmte Leistung in Dollar zahlt.

## Leistungsversprechen

Verpflichtungserklärung, die garantiert, daß ein Unternehmer die vertraglichen Leistungen entsprechend allen Spezifikationen des eingereichten Angebotes erbringen wird.

## Gefahr
→ Alle Risiken

## Zeitraum
→ Policenzeitraum

## Gesicherter Zeitraum
→ Rente

**Periodic Level**
→ Level

**Permanent Disability**
→ Disability

**Permanent Life Insurance**
→ Ordinary Life Insurance

**Permanent Partial Disability**
Disability in which a wage earner is forever prevented from working at full physical capability because of injury or illness. → Disability Income Insurance

**Permanent Total Disability**
Disability in which a wage earner is forever prevented from working because of injury or illness suffered. → Disability Income Insurance

**Permissible Exposure Limit (PEL)**
Standard set under the → Occupational Safety and Health Act that sets allowable levels of worker exposure to such toxic substances as asbestos, certain chemicals, and radiation. In many cases workers must wear devices to determine their exposure to toxic workplace substances and, when the maximum is reached, they must be transferred to another workplace. Business firms that violate the standard can be fined.

**Periodisches Niveau**
→ Gleiche Höhe

**Ständige Invalidität**
→ Invalidität

**Lebensversicherung mit einjähriger Kündigungsfrist**
→ Lebensversicherung auf den Todesfall

**Ständige Teilinvalidität**
Behinderung, bei der ein Lohnempfänger aufgrund einer Verletzung oder einer Krankheit für immer daran gehindert wird, mit vollständiger körperlicher Fähigkeit zu arbeiten. → Invaliditätseinkommensversicherung

**Ständige Totalinvalidität**
Behinderung, die einen Lohnempfänger aufgrund einer erlittenen Verletzung oder einer Krankheit für immer daran hindert, zu arbeiten. → Invaliditätseinkommensversicherung

**Zulässige Gefährdungshöchstgrenze**
Bei dem → Occupational Safety and Health Act (Gesetz zur Berufssicherheit- und -gesundheit) festgelegte Norm, die das Ausmaß, in dem Arbeiter giftigen Substanzen, wie Asbest, bestimmten Chemikalien und Strahlungen, ausgesetzt werden dürfen, festsetzt. In vielen Fällen müssen Arbeiter Vorrichtungen tragen, um ihre Gefährdung durch toxische Substanzen zu bestimmen, und, wenn die Höchstgrenze erreicht ist, müssen sie zu einem anderen Arbeitsplatz überführt werden. Firmen, die gegen diese Bestimmung verstoßen, können bestraft werden.

## Permissible Loss Ratio
→ Expected Loss Ratio

## Permission Granted Clause
Provision in most property insurance policies on *real property* that permits a policyholder to use an insured place for normal purposes related to occupancy. This might include storing remodeling materials or hobby equipment. This clause is important because a policy may be voided for fraud, concealment, or misrepresentation. A policy may also be suspended for increased hazard by an insured. The permission granted clause provides a defense against a charge that a policyholder has increased the hazard of covered property if the materials in question are a part of the insured's everyday lifestyle.

## Permissive Law
→ File-and-Use Rating Laws

## Permissive User
Person who uses personal property such as an automobile with permission of an owner. For example, for insurance purposes, someone who uses an automobile with the owner's permission would be covered by the latter's → Personal Automobile Policy (PAP). On the other hand, the owner of

## Zulässige Schadensquote
→ Erwartete Schadensquote

## Klausel über erteilte Genehmigung
Bestimmung bei den meisten Sachversicherungspolicen für *Immobilienbesitz*, die es einem Policenbesitzer gestattet, einen versicherten Ort für einen normalen, auf die vorgesehene Benutzung bezogenen Zweck zu verwenden. Dies könnte die Lagerung von Umgestaltungsmaterialien oder Hobbyausrüstung beinhalten. Diese Klausel ist wichtig, weil eine Police wegen Betruges, Verheimlichung oder Falschdarstellung für ungültig erklärt werden kann. Eine Police kann auch aufgrund eines gesteigerten Risikos durch einen Versicherten außer Kraft gesetzt werden. Die Klausel über die erteilte Genehmigung bietet eine Verteidigung gegen den Vorwurf, daß ein Policenbesitzer das Risiko des abgedeckten Vermögensgegenstandes gesteigert hat, falls die fraglichen Materialien Bestandteil des alltäglichen Lebensstils des Versicherten sind.

## Ermessensgesetz
→ File-and-use-Prämienfestsetzungsgesetze

## Statthafter Benutzer
Person, die den Privatbesitz, wie etwa ein Auto, mit Erlaubnis des Eigentümers benutzt. Für Versicherungszwecke wäre z. B. jemand, der ein Kraftfahrzeug mit Erlaubnis des Eigentümers benutzt, durch die → Privat-Kfz-Police des Letzteren abgedeckt. Auf der anderen Seite kann es sein, daß der Eigentümer eines Grundstücks nicht für einen → Unbefugten verantwortlich ist.

property may not be responsible for a → Trespasser.

**Permit Bond**
Contract guaranteeing that a person licensed by a city, county, or state agency will perform activities for which the bond was granted, according to the regulations governing the license.

**Per Person Limit**
Maximum amount that an insurance company will pay under a liability insurance policy for bodily injury incurred by any single person as a result of any one accident.

**Perpetual Insurance**
Coverage on *real property* written to have no time limit. A single deposit premium pays for insurance for the life of the risk. The insurer earns enough investment income on the deposit to cover losses and costs. Upon cancellation, the insured is entitled to return of the initial deposit premium. Perpetual insurance, first issued in the U.S. in Philadelphia in 1752, is still used for fire and homeowner's insurance.

**Perpetual Mutual Insurance Company**
Type of → Mutual Insurance Company that requires a substantial initial premium pay-

**Genehmigungskaution**
Vertrag, der garantiert, daß eine Person, die von einer Stadt, einem Bezirk oder einer staatlichen Behörde lizensiert worden ist, die Aktivitäten, für die die Zulassung erteilt worden ist, entsprechend den für die Lizenz geltenden Bestimmungen erbringen wird.

**Höchstgrenze pro Person**
Der Höchstbetrag, den eine Versicherungsgesellschaft für eine von einer einzelnen Person infolge eines Unfalls erlittenen Körperverletzung bei einer Haftpflichtversicherungspolice zahlen wird.

**Unbefristete Versicherung**
Versicherungsschutz für *Immobilienbesitz*, der ohne zeitliche Befristung gezeichnet wird. Eine einzige Depotprämie bezahlt die Versicherung für die Lebensdauer des Risikos. Der Versicherer verdient mit der Einlage genügend Anlageeinkommen, um Schäden und Kosten abzudecken. Bei Kündigung ist der Versicherte berechtigt, die anfängliche Depotprämie zurückzunehmen. Die unbefristete Versicherung, die in den Vereinigten Staaten 1752 zum ersten Mal in Philadelphia ausgegeben wurde, wird noch für die Feuer- und Hausbesitzerversicherung verwendet.

**Unbefristeter Versicherungsverein auf Gegenseitigkeit**
Art des → Versicherungsvereins auf Gegenseitigkeit, der eine substantielle Anfangsprämienzahlung fordert. Nach-

ment. After the initial premium payment is made, future premium payments required will be paid from the investment earnings of the initial premium payment. → Perpetual Insurance

dem die anfängliche Prämienzahlung geleistet wurde, werden die zukünftig erforderlichen Prämien durch Investionserlöse aus der Anfangsprämienzahlung bezahlt. → Unbefristete Versicherung

## Persistency

Percentage of life insurance or other insurance policies remaining in force; percentage of policies which have not *lapsed*. The higher the percentage the greater the persistency. Since it is an important measure of a company's retention of its life insurance business, most companies extend every effort to increase persistency. → Conservation

## Beständigkeit

Prozentsatz einer Lebensversicherungs- oder sonstiger Versicherungspolicen, die in Kraft bleiben; Prozentsatz derjenigen Policen, die nicht *verfallen*. Je höher der Prozentsatz, desto größer die Beständigkeit. Da dies eine wichtige Maßeinheit für die Beibehaltung des Lebensversicherungsgeschäftes einer Gesellschaft ist, intensivieren die meisten Gesellschaften jede Anstrengung, um die Beständigkeit zu steigern. → Aufrechterhaltung

## Personal Accident Catastrophe Reinsurance

→ Automatic Nonproportional Reinsurance; → Automatic Proportional Reinsurance; → Automatic Reinsurance; → Excess of Loss Reinsurance; → Facultative Reinsurance; → Nonproportional Reinsurance; → Proportional Reinsurance; → Quota Share Reinsurance; → Stop Loss Reinsurance; → Surplus Reinsurance

## Privatunfallkatastrophenrückversicherung

→ Automatische nicht-proportionale Rückversicherung; → Automatische proportionale Rückversicherung; → Automatische Rückversicherung; → Schadenexzedentenrückversicherung; → Fakultative Rückversicherung; → Nichtproportionale Rückversicherung; → Proportionale Rückversicherung; → Quotenrückversicherung; → Stop-loss-Rückversicherung; → Exzedentenrückversicherung

## Personal Articles Insurance

Coverage for all kinds of personal property whether inside or outside an insured's (home) to include jewelry, musical in-

## Private Hausratversicherung

Versicherungsschutz für alle Arten von Privatbesitz, ob innerhalb oder außerhalb der Wohnung eines Versicherten, einschließlich Schmuck, Musikinstrumente,

struments, cameras, fine arts, and precious stones. The insurance policy can be issued separately as an → Inland Marine Insurance policy or as an endorsement to the → Homeowners Insurance Policy. Protection is on an → All Risks basis subject to exclusions of wear and tear, war, and nuclear disaster. Each piece of jewelry and other expensive items must be specifically listed in the policy. → Personal Effects Insurance

**Personal Automobile Policy (PAP)**

Replacement for the earlier *Family Automobile Policy (FAP)* with these nine basic coverages:
1. *Coverage A* – Liability. (a) The company pays damages for which an insured becomes legally obligated because negligent acts or omissions resulted in bodily injury and/or property damage to a third party; (b) the company defends the insured against liability suits for damages caused to the third party, paying various expenses in this connection; and (c) vehicles covered include the insured's own cars, a newly acquired car, and a temporary substitute car.
2. *Coverage B* – Medical Payments. The company pays medical expenses for bodily injury incurred by the insured

Kameras, Kunst und Edelsteine. Die Versicherungspolice kann getrennt als eine → Binnentransportversicherungs-Police oder als Nachtrag zur → Hausbesitzerversicherungspolice ausgegeben werden. Der Schutz erfolgt auf Grundlage → Aller Risiken vorbehaltlich der Ausschlüsse Verschleiß, Krieg und Atomunfall. Jedes Schmuckstück und sonstige Wertgegenstände müssen speziell in der Police aufgelistet werden. → Versicherung von Gegenständen des persönlichen Gebrauchs

**Privat-Kfz-Police**

Ersatz für die frühere *Familien-Kfz-Police* mit neun Grunddeckungsarten:
1. *Deckung A:* Haftpflicht. (a) Die Gesellschaft zahlt Schadensersatz, den ein Versicherter zu leisten gesetzlich verpflichtet ist, weil fahrlässige Handlungen oder Unterlassungen eine Körperverletzung und/oder Sachbeschädigung einer dritten Partei zur Folge hatten; (b) die Gesellschaft verteidigt den Versicherten gegen Haftungsklagen wegen einer dritten Partei zugefügter Schäden, wobei sie in diesem Zusammenhang verschiedene Ausgaben bezahlt; (c) abgedeckte Fahrzeuge schließen die eigenen Autos des Versicherten, ein neu erworbenes Auto und einen vorübergehenden Ersatzwagen ein.
2. *Deckung B*: Medizinische Zahlungen. Die Gesellschaft zahlt die Kosten für die medizinische Versorgung einer von dem Versicherten (einschließlich Ehepartner und Verwandte) erlittenen Körperverletzung und jeder anderen Person, wenn sie

(including spouse and relatives) and any other person while they occupy the insured car.

3. *Coverage C* – Uninsured Motorist Coverage. The company pays damages which the insured is legally entitled to collect from the owner or driver of an uninsured motor vehicle.

4. *Coverage D* – Comprehensive. The company pays for loss to the insured's car for all damages, in excess of a deductible amount, except due to collision.

5. *Coverage E* – Collision. The company pays for loss to the insured's car for all damages in excess of a deductible amount caused by collision.

6. *Coverage F* – Car Rental Expense (optional). The company pays for car rental up to a daily dollar limit, when the insured's car cannot run due to a loss incurred.

7. *Coverage G* – Death, Dismemberment, and Loss of Sight (optional). The company pays the insured or beneficiary for death or loss caused by an accident to the insured.

8. *Coverage H* – Total Disability (optional). The company pays the insured a monthly disability income benefit because of bodily injury in an accident while occupying or being struck by a motor vehicle.

sich im Auto des Versicherten aufgehalten haben.

3. *Deckung C:* Versicherungsschutz gegen nichtversicherte Fahrzeuglenker. Die Gesellschaft zahlt den Schadenersatz, den der Versicherte vom Besitzer oder Fahrer des nichtversicherten Kraftfahrzeuges zu kassieren rechtlich berechtigt ist.

4. *Deckung D:* Teilkasko. Die Gesellschaft zahlt alle Schäden am Auto des Versicherten für alle Beschädigungen, die über einen Selbstbehalt hinausgehen, außer wegen Kollision.

5. *Deckung E:* Kollision. Die Gesellschaft zahlt bei Verlust am Auto des Versicherten für alle Schäden oberhalb des Selbstbehaltes, die durch Zusammenprall verursacht wurden.

6. *Versicherungsschutz F:* Kosten für Mietwagen (wahlweise). Die Gesellschaft zahlt die Kosten für einen Leihwagen bis zu einer Höchstgrenze in Dollar pro Tag, wenn das Auto des Versicherten wegen eines erlittenen Schadens nicht benutzt werden kann.

7. *Deckung G:* Todesfall, Verstümmelung, und Verlust des Augenlichtes (wahlweise). Die Gesellschaft zahlt an den Versicherten oder Begünstigten wegen Tod oder Schaden, der dem Versicherten durch Unfall zugefügt wurde.

8. *Deckung H:* Totalinvalidität (wahlweise). Die Gesellschaft zahlt dem Versicherten eine monatliche Invaliditätseinkommensleistung wegen einer Körperverletzung, die er sich bei einem Verkehrsunfall zugezogen hat.

9. *Deckung I:* Verdienstverlust (wahlweise). Die Gesellschaft zahlt dem Versicherten einen Prozentsatz seiner monatlichen Verdienste wegen einer Körperverletzung infolge eines Unfalls, bei dem er

9. *Coverage I* – Loss of Earnings (optional). The company pays the insured a percentage of his loss of monthly earnings because of bodily injury as the result of an accident while occupying or being struck by a motor vehicle.

sich in einem Kraftfahrzeug aufhielt oder von einem Kraftfahrzeug angefahren wurde.

**Personal Catastrophe Insurance**

Excess coverage over the first layer of medical insurance to provide for catastrophic medical payments. The first layer may be either group or individual medical insurance, or an individual may choose to pay for ordinary medical payments himself and buy insurance for those losses above a certain amount.

**Privatkatastrophenversicherung**

Überschußdeckung, die über die erste Schicht der medizinischen Versicherung hinausgeht, um für katastrophale medizinische Zahlungen vorzusorgen. Die erste Schicht kann entweder eine Gruppen- oder eine Einzelkrankenversicherung sein, oder eine Person kann sich entscheiden, die gewöhnlichen medizinischen Zahlungen selbst zu leisten und eine Versicherung für jene Schäden, die oberhalb eines bestimmte Betrages liegen, abzuschließen.

**Personal Comprehensive Liability Insurance**

→ Comprehensive Personal Liability Insurance

**Private allgemeine Haftpflichtversicherung**

→ Allgemeine Privathaftpflichtversicherung

**Personal Contract**

Agreement concerning an insured individual not the insured's property. A *property and casualty insurance contract* cannot be assigned, since it follows the insured, not the property. For example, a → Homeowners Insurance Policy cannot be transferred with the home upon its sale because the insured no longer has an insurable interest (expectation of

**Privatrechtlicher Vertrag mit dem Gemeinschuldner**

Vereinbarung, die eine versicherte Person und nicht das Vermögen des Versicherten betrifft. Ein *Sach- und Unfallversicherungsvertrag* kann nicht abgetreten werden, da er dem Versicherten und nicht dem Vermögen folgt. Eine → Hausbesitzerversicherungspolice kann nicht bei Verkauf des Hauses mit dem Haus übertragen werden, weil der Versicherte nicht länger ein versicherbares Interesse (die Erwartung eines geldwerten Schadens) an dem Haus hat. Ein → Lebensversicherungs-

monetary loss) in the home. But a → Life Insurance contract can be assigned (for example, to secure a line of credit for a business). Banks use the *American Bankers Form* for the assignment of life insurance policies pledged as security for a loan.

Vertrag kann jedoch abgetreten werden (beispielsweise, um eine Kreditlinie für ein Unternehmen zu besichern). Banken verwenden das *American Bankers Form* (Formular der amerikanischen Bankiers) für die Abtretung von Lebensversicherungspolicen, die als Sicherheit für ein Darlehn hinterlegt werden.

## Personal Effects Insurance

Coverage outside an insured's home for personal items usually carried or worn while traveling. Protection is for personal property (apparel and jewelry), not for real property or property not usually carried by the traveler (a piano, household furniture). Coverage applies anywhere in the world for the named insured and insured's spouse and unmarried children if residents of the household.

## Versicherung von Gegenständen des persönlichen Gebrauchs

Versicherungsschutz außerhalb der Wohnung eines Versicherten für persönliche Gebrauchsgegenstände, die gewöhnlich beim Reisen getragen werden. Der Schutz gilt dem persönlichen Besitz (Kleidung und Schmuck), nicht dem Immobilienbesitz oder Vermögensgegenständen, die gewöhnlich nicht von einem Reisenden getragen werden (ein Klavier, Haushaltsmöbel). Der Versicherungsschutz findet überall auf der Welt für den benannten Versicherten und den Ehepartner des Versicherten und unverheiratete Kinder, falls sie Bewohner des Haushaltes sind, Anwendung.

## Personal Excess Liability Insurance

→ Umbrella Liability Insurance

## Private Überschußhaftpflichtversicherung

→ Globalhaftpflichtversicherung

## Personal Floater Policy

→ Personal Articles Insurance; → Personal Effects Insurance

## Private Pauschalversicherungspolice

→ Private Hausratversicherung; → Versicherung von Gegenständen des persönlichen Gebrauchs

## Personal Furs Insurance

→ Furriers Block Insurance; → Furs Insurance

## Private Pelzversicherung

→ Kürschnergeneralversicherung; → Pelzversicherung

## Personal History

Insurance applicant's life and health record, financial standing, driving record, general character, vocation, and habits. These factors are evaluated by a *home office underwriter* in classifying the applicant as insurable, preferred, extra-risk, or uninsurable, → Numerical Rating System

## Personal Injury

Wrongful conduct causing false arrest, invasion of privacy, libel, slander, defamation of character and bodily injury. The injury is against the person in contrast to property damage or destruction. → Business Liability Insurance (Insuring Agreements Section).

## Personal Injury Protection (PIP)

Coverage to pay basic expenses for an insured and his family in states with → No Fault Automobile Insurance. No-fault laws generally require drivers to carry both → Liability Insurance and personal injury protection (PIP) coverage to pay for basic needs of the insured, such as medical expenses, in the event of an accident.

## Personal Insurance

→ Accidental Death and Dismemberment Insurance; → Accident and Health Insur-

## Persönliche Geschichte

Lebens- und Gesundheitsakte eines Antragstellers einer Versicherung, seine finanzielle Situation, Fahrleistung, allgemeiner Charakter, Ruf und Gewohnheiten. Diese Faktoren werden von einem *Hauptverwaltungsversicherer* bei der Klassifizierung eines Antragstellers als versicherbar, bevorzugt, Sonderrisiko oder unversicherbar berücksichtigt. → Numerisches Prämienfestsetzungssystem

## Persönliche Verletzung

Falsches Verhalten, das eine fälschliche Inhaftierung, Eingriff in die Privatsphäre, Verleumdung, Verunglimpfung, Diffamierung des Charakters und Körperverletzung zur Folge hat. Die Verletzung richtet sich im Gegensatz zur Sachbeschädigung oder Zerstörung gegen die Person. → Unternehmenshaftpflichtversicherung (Versicherungsvereinbarungsteil).

## Personenschadenversicherung

Versicherungsschutz für die Zahlung der Grundkosten für einen Versicherten und dessen Familie in Staaten mit einer → Kfz-Versicherung ohne Verschuldensprinzip. Gesetze ohne Verschuldensprinzip fordern im allgemeinen von Fahrern, sowohl eine → Haftpflichtversicherung als auch eine Personenschadenversicherung abzuschließen, um für die Grundbedürfnisse des Versicherten, wie medizinische Ausgaben, im Falle eines Unfalles zu zahlen.

## Individualversicherung

→ Unfalltod- und Verstümmelungsversicherung; → Unfall- und Krankenversicherung; → Versicherung gegen zusätzli-

ance; → Additional Living Expense Insurance; → Adjustable Life Insurance; → Annuity; → Broad Form Personal Theft Insurance; → Comprehensive Health Insurance; → Comprehensive Personal Liability Insurance; → Disability Income Insurance; → Endowment Insurance; → Family Income Policy; → Family Income Rider; → Family Maintenance Policy; → Family Policy; → Farmers Comprehensive Personal Liability Insurance; → Homeowners Insurance Policy; → Life Insurance; → Minimum Deposit Whole Life Insurance; → Paid-Up Insurance; → Personal Automobile Policy (PAP); → Personal Injury Protection (PIP); → Pleasure Boat Coverage; → Pure Endowment

che Lebenshaltungskosten; → Anpassungsfähige Lebensversicherung; → Rente; → Breite Form der privaten Diebstahlversicherung; → Umfassende Krankenversicherung; → Allgemeine Privathaftpflichtversicherung; → Invaliditätseinkommensversicherung; Versicherung auf den Erlebensfall; → Familieneinkommenspolice; → Familieneinkommenszusatzklausel; → Familienunterhaltspolice; → Familienpolice; → Allgemeine Privathaftpflichtversicherung für Farmer; → Hausbesitzerversicherungspolice; → Lebensversicherung; → Minimaltariflebensversicherung auf den Todesfall; → Prämienfreie Versicherung; → Private Kfz-Police; → Personenschadenversicherung; → Wassersportversicherungsschutz; → Kapitalversicherung auf den Überlebensfall

**Personal Insurance Needs**
→ Needs Approach

**Persönliche Versicherungsbedürfnisse**
→ Bedürfnisansatz

**Personal Jewelry Insurance**
Coverage on jewelry and precious stones on an → All Risks basis at any location subject to exclusions of wear and tear, war, and nuclear disaster. Each item must be specifically listed in the policy. This coverage is of importance to insureds with valuable jewelry since most property

**Private Schmuckversicherung**
Versicherungsschutz für Schmuck und Edelsteine auf Grundlage → Aller Risiken an jedem Standort unter dem Vorbehalt der Ausschlüsse von Verschleiß, Krieg, atomarem Unglück. Jeder Gegenstand muß in der Police gesondert aufgelistet werden. Dieser Versicherungsschutz ist für Versicherte mit wertvollem Schmuck von Wichtigkeit, da die meisten Sachversicherungspolicen, wie etwa die → Haus-

insurance policies such as the → Homeowners Insurance Policy have relatively low limits of coverage for jewelry and precious stones.

### Personal Legal Expense Liability Insurance
Coverage for routine personal legal expenses, including probate, criminal defense, and divorce.

### Personal Liability Claim Insurance
→ Comprehensive Personal Liability Insurance; → Homeowners Insurance Policy; → Personal Automobile Policy (PAP)

### Personal Liability Exposures
→ Liability, Personal Exposures

### Personal Liability Insurance
→ Coverage E Policy Section II Homeowners Insurance Policy – Section II (Liability Coverage)

### Personal Lines
Insurance written on the personal and real property of an individual (or individuals) to include such policies as the → Homeowners Insurance Policy and → Personal Automobile Policy (PAP).

besitzerversicherungspolice, über relativ niedrige Deckungsgrenzen für Schmuck und Edelsteine verfügen.

### Privatrechtschutzversicherung
Versicherungsschutz für routinemäßige persönliche juristische Kosten, einschließlich gerichtlicher Testamentsbestätigung, strafrechtlicher Verteidigung und Scheidung.

### Private Haftpflichtanspruchsversicherung
→ Allgemeine Privathaftpflichtversicherung; → Hausbesitzerversicherungspolice; → Privat-Kfz-Police

### Private Haftungsgefährdungen
→ Haftplicht, persönliche Gefährdungen

### Privathaftpflichtversicherung
→ Hausbesitzerversicherungspolice – Teil II (Haftpflichtversicherungsschutz), Deckung E

### Privatversicherung
Versicherung, die für den Privat- und Immobilienbesitz einer Einzelperson (oder von Einzelpersonen) gezeichnet wird, einschließlich solcher Policen, wie der → Hausbesitzerversicherungspolice und der → Privat-Kfz-Police.

## Personal Loss
→ Property Insurance Coverage

## Personal Property
→ Homeowners Insurance Policy; → Personal Articles Insurance; → Personal Effects Insurance; → Personal Property Floater

## Personal Property Floater
Coverage for all personal property, regardless of location of an insured and household residents, including children away at school. Written on an → All Risks basis, subject to excluded perils such as war, wear and tear, mechanical breakdown, vermin, and nuclear disaster. "Personal property" includes clothing, television, musical instruments, cameras, jewelry, watches, furs, furniture, radios, and appliances. Coverage can be extended to damage of real property as the result of theft of personal property.

## Personal Theft Insurance
→ Broad Form Personal Theft Insurance; → Homeowners Insurance Policy

## Per Stirpes
Distribution of a deceased beneficiary's share of an estate among that beneficiary's children. *Contrast with* → Per Capital

## Persönlicher Schaden
→ Sachversicherungsschutz

## Privateigentum
→ Hausbesitzerversicherungspolice; → Private Hausratversicherung; → Versicherung von Gegenständen des persönlichen Gebrauchs; → Pauschalversicherung für Privateigentum

## Pauschalversicherung für Privateigentum
Versicherungsschutz für jegliches Privateigentum unabhängig vom Standort eines Versicherten und der Bewohner des Haushaltes, einschließlich der sich in der Schule befindenden Kinder. Wird auf Grundlage → Aller Risiken gezeichnet, unter dem Vorbehalt ausgeschlossener Gefahren wie etwa Krieg, Verschleiß, mechanischer Zusammenbruch, Ungeziefer und atomares Unglück. „Privateigentum" umfaßt Kleidung, Fernsehgeräte, Musikinstrumente, Kameras, Schmuck, Uhren, Pelze, Möbel, Radios und Geräte. Der Versicherungsschutz kann ausgeweitet werden auf die Beschädigung von Immobilienvermögen infolge von Diebstahl von Privateigentum.

## Private Diebstahlversicherung
→ Breite Form der privaten Diebstahlversicherung; → Hausbesitzerversicherungspolice

## Nach Stämmen
Verteilung des Anteils eines verstorbenen Begünstigten aus einem Nachlaß unter den Kindern dieses Begünstigten. Gegenteil von → Pro Kopf.

## Pet Insurance
→ Livestock Floater; → Livestock Insurance; → Livestock Mortality (Life) Insurance; → Livestock Transit Insurance

## Physical Condition
→ Application; → Disability Income Insurance; → Inspection Report; → Preexisting Condition; → Preferred Risk; → Underwriting; → Unique Impairment

## Physical Damage Insurance
Property damage coverage for a vehicle under the → Collision Insurance and → Comprehensive Insurance sections of the → Business Automobile Policy (BAP) and the → Personal Automobile Policy (PAP).

## Physical Damage to Property of Others
→ Homeowners Insurance Policy – Section II (Liability Coverage); → Personal Automobile Policy (PAP); → Property and Liability Insurance

## Physical Examination Provision
→ Application; Disability Income Insurance; Reinstatement

## Physical Harm
→ Homeowners Insurance

## Haustierversicherung
→ Herdenviehpauschalversicherung; → Viehversicherung; → Viehsterblichkeits-(Lebens)versicherung; → Viehtransportversicherung

## Körperliche Verfassung
→ Antragstellung; → Invaliditätseinkommensversicherung; → Untersuchungsbericht; → Zuvor bestehende Bedingung; → Bevorzugtes Risiko; → Zeichnung; → Einzigartige Beeinträchtigung

## Versicherung gegen materiellen Schaden
Versicherungsschutz gegen Sachbeschädigung für ein Kraftfahrzeug bei einer → Kollisionsversicherung und bei den → Kombinierten Haftpflicht- und Kaskoversicherungs-Teilen der → Geschäftswagenpolice und der → Privat-Kfz-Police.

## Materieller Schaden am Eigentum anderer
→ Hausbesitzerversicherungspolice – Teil II (Haftpflichtversicherungsschutz); → Privat-Kfz-Police; → Sach- und Haftpflichtversicherung

## Bestimmung hinsichtlich ärztlicher Untersuchung
→ Antragstellung; → Invaliditätseinkommensversicherung; → Wiederaufleben einer Versicherung

## Materieller Schaden
→ Hausbesitzerversicherungspolice –

Policy – Section II (Liability Coverage); → Liability; → Personal Automobile Policy (PAP); → Property and Liability Insurance

Teil II (Haftpflichtversicherungsschutz); → Haftpflicht, → Privat-Kfz-Police; → Sach- und Haftpflichtversicherungspolice

**Physical Hazard**
→ Hazard; → Increased Hazard

**Materielles Risiko**
→ Gefahr; → Gesteigertes Risiko

**Physicians and Surgeons Equipment Insurance**
Coverage for equipment normally carried from location to location by a physician or surgeon; written on an → All Risks basis to include supplies and scientific books used in medical practice.

**Versicherung der Ausrüstung von Ärzten und Chirurgen**
Versicherungsschutz für Geräte, die normalerweise von einem Arzt oder Chirurgen von Ort zu Ort getragen werden; wird auf Grundlage → Aller Risiken gezeichnet und schließt medizinische Vorräte und wissenschaftliche Bücher, die in einer medizinischen Praxis verwendet werden, ein.

**Physicians and Surgeons Services in Hospital, HMO**
→ Health Maintenance Organization (HMO)

**Ärzte- und Chirurgenleistungen im Krankenhaus, HMO**
→ Health Maintenance Organization (HMO)

**Physicians Care**
→ Disability Income Insurance

**Ärztliche Pflege**
→ Invaliditätseinkommensversicherung

**Physicians Insurance**
→ Physicians and Surgeons Equipment Insurance; → Physicians, Surgeons, and Dentists Insurance

**Ärzteversicherung**
→ Versicherung der Ausrüstung von Ärzten und Chirurgen; → Ärzte-, Chirurgen-, und Zahnärzteversicherung

**Physicians, Surgeons, and Dentists Insurance**
Coverage for a practicing physician, surgeon, or dentist, when bodily injury, personal injury, and/or property damage is incurred by a patient and the

**Ärzte-, Chirurgen- und Zahnärzteversicherung**
Versicherungsschutz für einen praktizierenden Arzt, Chirurgen oder Zahnarzt, wenn eine Körperverletzung, eine persönliche Verletzung und/oder eine Sachbeschädigung von einem Patienten erlitten

patient sues for injuries and/or damages. The cost of defending the physician, surgeon, or dentist is in addition to the upper limits of the policy, and includes legal fees, court costs, and other general expenses. There is a crisis in this type of coverage, in that fewer companies are writing these policies. → Malpractice Liability Insurance

**PIA**

→ Primary Insurance Amount (PIA); → Professional Insurance Agents (PIA)

**Piers, Wharves, Docks, and Slips Insurance**
Coverage in the event of damage or destruction resulting from collision by a vessel or high waves. Excluded are fire, lightning, windstorm, earthquake, and explosion, since these perils are included under the *Standard Fire Policy* and the other business property policies. Piers, wharves, docks, and slips were the few properties that could be covered for flood damage under commercial insurance prior to passage of the Natural Disasters Act of 1968, of which the Federal Flood Insurance Program is a part.

wird und der Patient wegen Verletzungen und/oder Beschädigungen klagt. Die Kosten für die Verteidigung des Arztes, Chirurgen oder Zahnarztes verstehen sich zusätzlich zu den Höchstgrenzen der Police und schließen anwaltliche Gebühren, Gerichtskosten und sonstige allgemeine Ausgaben mit ein. Bei diesem Typ des Versicherungsschutzes gibt es eine Krise, die darin besteht, daß weniger Gesellschaften diese Policen zeichnen. → Haftpflichtversicherung für Kunstfehler

**Grundrente; Professional Insurance Agents (PIA)**
(Professionelle Versicherungsagenten) – → Grundrente; → Professional Insurance Agents (PIA) (Professionelle Versicherungsagenten)

**Piere-, Werften-, Docks- und Gleitbahnenversicherung**
Versicherungsschutz für den Fall der Beschädigung oder Zerstörung infolge Kollision durch ein Schiff oder hohe Wellen. Ausgeschlossen sind Feuer, Blitzschlag, Sturm, Erdbeben und Explosion, da diese Gefahren bei der *Einheits-Feuerversicherungspolice* und sonstigen Unternehmenssachversicherungen eingeschlossen sind. Piere, Werften, Docks und Gleitbahnen waren die wenigen Vermögensgegenstände, die bei einer gewerblichen Versicherung vor Verabschiedung des Naturkatastrophengesetzes aus dem Jahre 1968, von dem das Bundesüberschwemmungsversicherungsprogramm ein Teil ist, gegen Überschwemmungsschäden versichert werden konnten.

## Pilferage
Stealing small amounts of property. Insurance coverage is available under a number of policies. → Blanket Crime Policy; → Broad Form Personal Theft Insurance; → Burglary Insurance; → Businessowners Policy (BOP); → Dishonesty, Disappearance, and Destruction Policy ("3-D" Policy); → Homeowners Insurance Policy; → Personal Automobile Policy (PAP); → Special Multiperil Insurance (SMP)

## Notdiebstahl
Das Stehlen von Vermögensgegenständen geringen Wertes. Versicherungsschutz ist bei einer Reihe von Policen erhältlich. → Pauschalverbrechenspolice; → Breite Form der Privaten Diebstahlversicherung; → Einbruchversicherung; → Geschäftsbesitzerpolice; → Untreue-, Schwund- und Zerstörungs-Police („3-D"-Police); → Hausbesitzerversicherungspolice; → Privat-Kfz-Police; → Spezielle Vielgefahrenversicherung

## PIP
→ Personal Injury Protection (PIP)

## Personenschadenversicherung
→ Personenschadenversicherung

## Pipeline Insurance
Type of → Inland Marine insurance that covers pipelines. Although pipelines are stationary, the coverage is written on inland marine forms because they are considered part of the transportation system.

## Pipelineversicherung
Art der → Binnentransport-Versicherung, die Pipelines abdeckt. Obwohl Pipelines stationär sind, wird der Versicherungsschutz auf Binnentransportversicherungsformularen gezeichnet, weil sie als Teil des Transportsystems angesehen werden.

## Plaintiff
Party who asserts a claim against another party in a legal proceeding.

## Kläger
Partei, die einen Anspruch gegen eine andere Partei in einem juristischen Verfahren bekräftigt.

## Plaintiff's Replevin Bond
→ Judicial Bond

## Kaution des Klägers im Vollstreckungsverfahren
→ Gerichtliche Kaution

## Plan Administration
→ Administering Agency; Administrative Charge; → Advisory Committee

## Systemverwaltung
→ Verwaltungsagentur; → Verwaltungsgebühr; → Beratender Ausschuß

## Plan Document
Formal, written, legal statement listing the provisions of an → Employee Benefit Insurance Plan.

## Plan Participants
Employees participating in and covered under an → Employee Benefit Insurance Plan.

## Plans Covered, Insurance
→ Business Insurance; → Group Insurance; → Individual Insurance

## Plan Sponsor
Employer, association, labor union, or other group offering a qualified employee benefit plan such as a pension or profit-sharing plan.

## Plan Termination Insurance
→ Pension Plan Termination Insurance

## Plate Glass Insurance
→ Comprehensive Glass Insurance

## Pleasure Boat Coverage
Insurance for private pleasure boats. Coverage is not standard, but is generally broken down into insurance for (1) yachts, including sailboats; (2) boats with inboard motors under *marine* policies; and (3) outboard motor boats under

## Systemurkunde
Formale, schriftliche, rechtsverbindliche Erklärung, die die Bestimmungen eines → Betrieblichen Sozialzulagenversicherungssystems auflistet.

## Systemteilnehmer
Arbeitnehmer, die an einem → Betrieblichen Sozialzulagenversicherungssystem teilnehmen und darunter abgedeckt sind.

## Abgedeckte Systeme, Versicherung
→ Unternehmensversicherung; → Gruppenversicherung; → Individualversicherung

## Sponsor des Systems
Arbeitgeber, Vereinigung, Gewerkschaft oder eine sonstige Gruppe, die ein steuerbegünstigtes betriebliches Sozialzulagensystem für Arbeitnehmer, wie eine Pension oder ein Gewinnbeteiligungssystem, anbieten.

## Systembeendigungsversicherung
→ Versicherung gegen die Beendigung eines Pensionssystems

## Glasversicherung
→ Allgemeine Glasversicherung

## Wassersportversicherungsschutz
Versicherung für private Sportboote. Der Versicherungsschutz ist kein Standard, sondern er wird generell untergliedert in (1) Versicherung für Yachten, einschließlich Segelbooten, und (2) Boote mit Innenbordmotoren bei *Marine*policen und (3) Außenbordmotorboote bei → Binnentransport-Policen.

→ Inland Marine policies. Yacht insurance, which is written on an → All Risks or a *named peril* basis, is broken down into (1) hull insurance; (2) bodily injury and property damage liability insurance; (3) Federal compensation insurance for crew members; and (4) medical payments insurance. Outboard coverage insures a boat on land or in the water on an → All Risks or named peril basis.

Die Yachtenversicherung, die auf Grundlage → Aller Risiken oder *benannter Gefahren* erfolgt, untergliedert sich in (1) Schiffskaskoversicherung, (2) Haftpflichtversicherung gegen Körperverletzung und Sachbeschädigung, (3) Bundesentschädigungsversicherung für Mitglieder der Crew und (4) Versicherung für medizinische Zahlungen. Der Außenbordversicherungsschutz versichert ein Boot an Land oder im Wasser auf Grundlage → Aller Risiken oder benannter Gefahren.

**Pluvious Insurance**
→ Rain Insurance

**Niederschlagversicherung**
→ Regenversicherung

**PML**

→ Maximum Foreseeable Loss (MFL); → Maximum Probable Loss (MPL)

**Vorhersehbarer Höchstschaden, Wahrscheinlicher Höchstschaden**
→ Vorhersehbarer Höchstschaden; → Wahrscheinlicher Höchstschaden

**Policy**
Written agreement which puts insurance coverage into effect.
→ Health Insurance Contract; → Insurance Contract, General; → Insurance Contract, Life; → Insurance Contract, Property and Casualty

**Police**
Schriftliche Vereinbarung, die den Versicherungsschutz wirksam werden läßt. → Krankenversicherungsvertrag; → Versicherungsvertrag, Allgemein; → Versicherungsvertrag, Lebensversicherung; → Versicherungsvertrag, Sach- und Unfallversicherung

**Policy Anniversary**
12-month period from the date of issue of a policy as stated in its → Declarations Section.

**Policenjahrestag**
12monatiger Zeitraum ab dem Ausgabedatum einer Police, wie in ihrem → Erklärungenteil angegeben.

**Policy Condition**
→ Condition

**Policenbedingung**
→ Bedingung

**Policy Date**
→ Effective Date

**Policy Declaration**
→ Declaration

**Policy Dividend**
→ Participating Policy Dividend

**Policy Face**
→ Face Amount (Face of Policy)

**Policy Fee**
Flat amount added to the basic premium rate to reflect the cost of issuing a policy, establishing the required records, sending premium notices, and other related expenses.

**Policyholder**
Individual or other entity who owns an insurance policy. Synonymous with *policyowner*.

**Policyholder Surplus**
Excess of an insurance company's assets above its legal obligations to meet the benefits (liabilities) payable to its policyholders. Also, the net worth in an insurance company adjusted for the overstatement of liabilities. → Surplus Account; → Surplus Lines

**Policendatum**
→ Inkrafttreten

**Policenerklärung**
→ Erklärung

**Policendividende**
→ Gewinnbeteiligte Policendividende

**Policennennwert**
→ Nennwert (Nennwert einer Police)

**Policengebühr**
Pauschalbetrag, der zum Grundprämientarif hinzuaddiert wird, um den Kosten für die Ausgabe einer Police, der Erstellung der erforderlichen Unterlagen, der Versendung der Prämienmitteilungen und sonstiger verwandter Ausgaben Rechnung zu tragen.

**Policenbesitzer**
Einzelperson oder Einheit, die eine Versicherungspolice besitzt. Synonym zu *Policeninhaber*.

**Policenbesitzerüberschuß**
Überschuß der Aktiva einer Versicherungsgesellschaft, der über ihre gesetzlichen Verpflichtungen, die an ihre Policenbesitzer zahlbaren Leistungen (Verbindlichkeiten) zu erfüllen, hinausgeht. Außerdem der Nettowert bei einer Versicherungsgesellschaft, der um die Überbewertung bei den Verbindlichkeiten bereinigt worden ist. → Überschußkonto; → Für Rückversicherung vorgesehene Versicherungssumme, für bei zugelassenen Versicherern eines Staates nicht versicherbare Risiken

## Policy Jacket
→ Jacket

## Policy Limit
→ Business Liability Insurance (Insuring Agreement Section); → Coordination of Benefits

## Policy Loan
Amount that the owner of a life insurance policy can borrow at interest from the insurer, up to the cash surrender value. If interests is not paid when due, it is deducted from any remaining cash value. When the cash value is exhausted, the insurance ceases. If the insured dies, any outstanding policy loan and interest due are subtracted from the death benefit.
The policy owner may repay the loan in whole or in part at any time; or may continue the loan, as long as the interest plus the principal of the loan does not equal or exceed the cash value (in essence only the interest on the loan must be serviced) or until the policy matures. Insurance companies reserve the right to delay payment of a policy loan for up to six months to protect their solvency, but this has rarely been done since the Depression of the 1930s.
→ Automatic Premium Loan Provision

## Policyowner
→ Ownership Rights under

## Policenumschlag
→ Umschlag

## Policenhöchstgrenze
→ Unternehmenshaftpflichtversicherung (Versicherungsvereinbarungsteil); → Koordination von Leistungen

## Policendarlehn
Betrag bis zum Rückkaufbarwert, den ein Besitzer einer Lebensversicherungspolice von dem Versicherer gegen Verzinsung entleihen kann. Falls die Zinsen bei Fälligkeit nicht gezahlt werden, werden sie von jedem verbleibenden Barwert abgezogen. Wenn der Barwert erschöpft ist, erlischt die Versicherung. Wenn der Versicherte stirbt, werden jedes offenstehende Policendarlehn und die fälligen Zinsen von der Todesfalleistung abgezogen.
Der Policeninhaber kann das Darlehn jederzeit als Ganzes oder zum Teil zurückzahlen, oder er kann das Darlehn fortbestehen lassen, solange Zinsen plus Hauptsumme dem Barwert nicht entsprechen oder diesen überschreiten (im wesentlichen müssen nur die Zinsen auf das Darlehn bedient werden) oder die Police fällig wird. Versicherungsgesellschaften behalten sich das Recht vor, die Zahlung eines Policendarlehns bis zu sechs Monate hinauszuschieben, um ihre Solvenz zu schützen, aber seit der Wirtschaftskrise der 1930er Jahre hat man dies selten getan. → Automatische Prämiendarlehnsvorkehrung

## Policeninhaber
→ Eigentümerrechte bei einer Lebensver-

Life Insurance; → Policyholder

sicherung; → Policenbesitzer

**Policyowners Equity**
Portion of a life insurance policy cash value after the deduction of all the policyowner's indebtedness.

**Eigenkapital des Policeninhabers**
Teil des Barwertes einer Lebensversicherungspolice nach Abzug aller Verbindlichkeiten des Policeninhabers.

**Policy Period**
Time interval during which policy is in force. → Claims Made Basis Liability Coverage; → Claims Occurrence Basis Liability Coverage

**Policenzeitraum**
Zeitintervall, während dessen eine Police in Kraft ist. → Haftpflichtversicherungsschutz auf der Grundlage geltend gemachter Ansprüche; → Haftpflichtversicherungsschutz auf der Grundlage des Eintritts von Ansprüchen

**Policy Provisions**
Words, sentences, and paragraphs in an insurance policy. → Analysis of Property and Casualty Policy; → Health Insurance Contract; → Homeowners Insurance Policy; → Insurance Contract, General; → Insurance Contract, Life; → Insurance Contract, Property and Casualty; → Personal Automobile Policy (PAP)

**Policenbestimmungen**
Worte, Sätze und Paragraphen in einer Versicherungspolice. → Analyse einer Sach- und Unfallversicherungspolice; → Krankenversicherungsvertrag; → Hausbesitzerversicherungspolice; → Versicherungsvertrag, Allgemein; → Versicherungsvertrag, Lebensversicherung; → Versicherungsvertrag, Sach- und Unfallversicherung; → Privat-Kfz-Police

**Policy Provisions, Life**
Stipulations of the rights and obligations of an *insured* and an *insurer* under a policy. → Accidental Death Clause; → Assignment Clause, Life Insurance; → Beneficiary Clause; → Disability Income Rider; → Dividend Option; → Grace Period; → Incontestable Clause; → Life Insurance,

**Policenbestimmungen, Lebensversicherung**
Formulierung der Rechte und Pflichten eines *Versicherten* und eines *Versicherers* bei einer Police. → Unfalltodklausel; → Abtretungsklausel, Lebensversicherung; → Begünstigtenklausel; → Invaliditätseinkommenszusatzklausel; → Dividendenoption; → Nachfrist; → Unbestreitbarkeitsklausel; → Lebensversicherung, Gläubigerrechte; → Falsche Altersangabe; → Obligatorische Rückkaufbestimmung;

Creditor Rights; → Misstatement of Age; → Nonforfeiture Provision; → Optional Modes of Settlement; → Policy Loan; Reinstatement; → Spendthrift Trust Clause; → Suicide Clause; → War Exclusion Clause

→ Wahlmöglichkeiten bei den Auszahlungsmodalitäten; → Policendarlehn; → Wiederaufleben einer Versicherung; → Unterhaltsfondsklausel; → Selbstmordklausel; → Kriegsausschlußklausel

**Policy Purchase Option**
→ Guaranteed Insurability

**Policenkaufoption**
→ Garantierte Versicherbarkeit

**Policy Replacement**
→ Conservation; → Replacement, Life Insurance

**Policenersetzung**
→ Aufrechterhaltung; → Ersetzung, Lebensversicherung

**Policy Reserve**
→ Full Preliminary Term Reserve Plan; → Prospective Reserve; → Retrospective Method Reserve Computation

**Schadensreserve**
→ Vollständiger, zunächst befristeter Rückstellungsplan; → Vorausschauende Rückstellung; → Rückschauende Methode der Reservenberechnung

**Policy Structure**
General arrangement of a contract between an insurer and an insured. The policy defines the insured and the type of coverage, lays out what the insurer must do, lists exceptions and limitations, and states the conditions for coverage. In a standard property and liability contract, the provisions are grouped into these four categories: → Declaration, → Insuring Agreement, → Exclusions, and → Conditions for Qualification.

**Policenstruktur**
Generelle Gestaltung eines Vertrages zwischen einem Versicherer und einem Versicherten. Die Police definiert den Versicherten und die Art des Versicherungsschutzes, sie legt dar, was ein Versicherer tun muß, führt die Ausnahmen und Beschränkungen auf und gibt die Bedingungen für den Versicherungsschutz an. Bei einem Standardsach- und Haftpflichtvertrag gruppieren sich die Bestimmungen entsprechend dieser vier Kategorien: → Erklärung, → Versicherungsvereinbarung, → Ausschlüsse und → Vorbedingungen.

**Policy Term**
→ Policy Period

**Policenlaufzeit**
→ Policenzeitraum

## Policy Year
→ Policy Year Experience

## Policy Year Experience
12-month loss on a policy or line of business.

## Political Risk Insurance
Coverage for business firms operating abroad to insure them against loss due to political unheavals including war, revolution, confiscation, incontrovertibility of currency, and other such losses. → Overseas Private Investment Corporation

## Pollution Exclusion
Liability insurance exception for pollution coverage that is not both sudden and accidental from the insured's standpoint. As a result of the damage suits from such incidents as the chemical pollution at Love Canal, insurance companies began to modify pollution coverage in their liability policies in the 1970s. First, companies changed coverage to apply only if pollution was "sudden and accidental," rather than "gradual." But some courts ruled that "sudden and accidental" could encompass several years of pollution problems. Consequently, the → Insurance Services Office (ISO) introduced a new → Comprehensive General Liability Insurance (CGL)

## Policenjahr
→ Policenjahreserfahrung

## Policenjahreserfahrung
12-monatiger Verlust bei einer Police oder einer Geschäftssparte.

## Versicherung politischer Risiken
Versicherungsschutz für Firmen, die im Ausland arbeiten, um diese gegen Schäden wegen politischer Umwälzungen einschließlich Krieg, Revolution, Enteignung, Nichtkonvertierbarkeit der Währung und sonstiger derartiger Schäden zu versichern. → Overseas Private Investment Corporation

## Verschmutzungsausschluß
Haftpflichtversicherungsausschluß beim Versicherungsschutz für eine Verschmutzung, die vom Standpunkt des Versicherten weder plötzlich noch unfallbedingt erfolgte. Infolge der Schadenersatzklagen wegen solcher Vorfälle wie der chemischen Verunreinigung in Love Canal begannen Versicherungsgesellschaften in den 1970er Jahren ihren Versicherungsschutz für Umweltverschmutzung in ihren Haftpflichtpolicen zu modifizieren. Als erstes änderten Gesellschaften den Versicherungsschutz dahingehend, daß er nur dann Anwendung findet, wenn die Verunreinigung „plötzlich und unfallbedingt" anstatt „stufenweise" erfolgt. Einige Gerichte entschieden jedoch, daß „plötzlich und unfallbedingt" einige Jahre mit Verunreinigungsproblemen beinhalten könnte. Als Konsequenz führte das → Insurance Services Office (ISO) (Versicherungsdienstleistungsbüro) 1985 eine neue → Allgemeine Haftpflichtversicherungs-Police ein

policy in 1985 (replaced today by the → Commercial General Liability form) that excluded coverage for nearly all types of pollution damage, leaving only limited liability coverage for pollution originating away from an insured's premises.

## Pool
Syndicate or association of insurance companies or → Reinsurance companies organized to underwrite a particular risk, usually with high limits of exposure. Each member shares in premiums, losses, and expenses according to a predetermined agreement.

## Pooling
Method by which each member of an insurance → Pool shares in each and every risk written by the other members of the pool.

## Pooling Charge
Amount that each member of a → Pool contributes to that pool. → Pooling

## Population Decrements
Reduction in a retirement plan's population resulting from the death, disability, and termination of its members.

## Population Increments
Additions of new entrants into an → Employee Benefit Insurance Plan.

(die heute durch die → Gewerbliche Haftpflichtversicherungsform ersetzt wird), die den Versicherungsschutz für fast alle Arten von Schäden durch Umweltverschmutzung ausschloß und nur einen beschränkten Haftpflichtversicherungsschutz für Verschmutzungen, die außerhalb des Betriebsgeländes des Versicherten entstanden, zurückließ.

## Pool
Syndikat oder Vereinigung von Versicherungsgesellschaften oder → Rückversicherungs-Gesellschaften, die organisiert wurde, um ein bestimmtes Risiko, gewöhnlich mit hohen Gefährdungshöchstgrenzen, zu zeichnen. Jedes Mitglied übernimmt einen Anteil der Prämien, Schäden und Ausgaben entsprechend einer vorher festgelegten Vereinbarung.

## Poolbildung
Methode, durch die jedes Mitglied eines Versicherungs(→)pools an jedem Risiko, das durch andere Mitglieder des Pools gezeichnet wurde, teilhat.

## Poolgebühr
Betrag, den jedes Mitglied eines → Pools zu diesem Pool beiträgt. → Poolbildung

## Mitgliederrückgang
Rückgang bei den Mitgliedern eines Rentenvorhabens infolge Tod, Invalidität und Beendigung durch seine Mitglieder.

## Mitgliederzuwachs
Beitritt von Personen zum → Betrieblichen Sozialzulagenversicherungssystem.

## Portability
→ Pension Portability

## Portfolio
Insurance company's total investments in financial securities.

## Portfolio Reinsurance
Coverage in which an insurance company's portfolio is *ceded* to a *reinsurer,* who reinsures a given percentage of a particular line of business.

## Portfolio Return
Process whereby a → Ceding Company resumes the insuring of a portfolio of insurance policies which it had previously → Ceded to a → Reinsurer.

## Portfolio Runoff
Process of the continual → Reinsurance of a → Ceding Company's portfolio of insurance policies. All premiums which have been → Ceded become → Earned Premiums.

## Port Risk Insurance
Coverage for ships in port for a lengthy stay and/or those which are under repair. Insures on an → All Risks basis to include the exposures associated with the ship moving from one dock to another.

## Übertragbarkeit
→ Pensionsübertragbarkeit

## Wertpapierportefeuille
Die gesamten Kapitalanlagen einer Versicherungsgesellschaft in Wertpapieren.

## Portefeuille-Rückversicherung
Versicherungsschutz, bei dem das Portefeuille einer Versicherungsgesellschaft an einen *Rückversicherer zediert* wird, der einen bestimmten Prozentsatz einer bestimmten Geschäftssparte rückversichert.

## Rückführung des Versicherungsbestandes
Prozeß, durch den eine → Zedierende Gesellschaft die Versicherung eines Bestandes von Versicherungspolicen, den sie zuvor an einen → Rückversicherer → zediert hatte, wieder aufnimmt.

## Portefeuille-Ablauf
Prozeß der fortwährenden → Rückversicherung des Bestandes an Versicherungs-Policen einer → Zedierenden Gesellschaft. Alle Prämien, die → Zediert wurden, werden zu → Verdienten Prämien.

## Hafenrisikoversicherung
Versicherungsschutz für Schiffe im Hafen für einen längeren Aufenthalt und/oder jene, die sich in Reparatur befinden. Versichert auf Grundlage → Aller Risiken, einschließlich der Gefährdungen, die mit dem Transport eines Schiffes von einem Dock zum anderen verbunden sind.

## Position Schedule Bond

→ Fidelity Bond

## Kautionsversicherungsschein zur Versicherung aller in einem Werk beschäftigten aufgeführten Angestellten
→ Kaution gegen Veruntreuung

## Possible Maximum Loss
→ Maximum Foreseeable Loss (MFL)

## Möglicher Höchstschaden
→ Vorhersehbarer Höchstschaden

## Postmortem Dividend
Dividend in a *participating policy* paid after the death of an insured, representing dividends earned between the last dividend date and the insured's death.

## Postmortale Dividende
Dividende bei einer *gewinnbeteiligten Police,* die nach dem Tod eines Versicherten gezahlt wird und die die Dividenden, die zwischen dem letzten Dividendendatum und dem Tod des Versicherten verdient wurden, darstellt.

## Postmortem Planning
→ Estate Planning; → Estate Planning Distribution; → Human Life Value Approach (Economic Value of an Individual Life (EVOIL); → Needs Approach

## Postmortale Planung
→ Nachlaßplanung; → Nachlaßverteilungsplanung; → Ansatz zum Wert eines menschlichen Lebens (wirtschaftlicher Wert eines einzelnen Lebens); → Bedürfnisansatz

## Postretirement Funding
Method of funding a pension plan after a worker retires. An employer purchases an annuity or sets aside a sum when an employee retires that will pay monthly lifetime benefits. Postretirement funding is no longer permitted under the → Employee Retirement Income Security Act of 1974 (ERISA), which requires current funding of future pension liabilities.

## Finanzierung nach der Pensionierung
Finanzierungmethode eines Pensionssystems, nachdem ein Arbeiter in Rente geht. Ein Arbeitgeber kauft, wenn ein Arbeitnehmer in den Ruhestand geht, eine Rente oder legt eine Summe zur Seite, die monatliche lebenslängliche Leistungen zahlen wird. Die Finanzierung nach der Pensionierung ist nach dem → Employee Retirement Income Security Act of 1974 (ERISA) (Arbeitnehmerrenteneinkommensicherheitsgesetz aus dem Jahre 1974), das eine laufende Finanzierung zukünftiger Pensionsverbindlichkeiten fordert, nicht länger zulässig.

## Postselection of Insured
Underwriting practice involving regular review of insurance contracts in force with the intent of either cancelling a policy or not offering renewal for risks no longer deemed acceptable. → Cancellation Provision Clause; → Noncancellable Guaranteed Renewable Policy; → Nonrenewal Clause; → Renewal Provision

## Power Interruption Insurance Endorsement
Addition to boiler and machinery insurance that covers loss to property or equipment caused by an interruption of power by a public utility. Coverage is available either on an hourly or daily basis for loss of use or for actual loss sustained.

## Power of Appointment
→ Estate Planning Distribution

## Power of Attorney
Legal instrument whereby an individual is given the right to act on behalf of another individual. For example, the right to buy and sell stock and to sign all brokerage papers relating to buying and selling in a stockholder's account is given by the stockholder to another individual through power of attorney. Or, the right to decide

## Nachauswahl von Versicherten
Zeichnungspraxis, die eine regelmäßige Durchsicht der Versicherungsverträge, die in Kraft sind, beinhaltet, entweder mit der Absicht, eine Police zu kündigen, oder wegen Risiken, die als nicht länger akzeptabel angesehen werden, keine Erneuerung anzubieten. → Kündigungsvorbehaltklausel; → Unkündbare, garantiert erneuerbare Police; → Nichterneuerungsklausel; → Erneuerungsbestimmung

## Stromunterbrechungsversicherungsnachtrag
Zusatz zur Dampfkessel- und Maschinenparkversicherung, der Schäden an Vermögensgegenständen oder Geräten, der durch eine Stromunterbrechung einer öffentlichen Einrichtung verursacht wurde, abdeckt. Versicherungsschutz ist entweder auf einer stündlichen oder täglichen Grundlage für den Gebrauchsverlust oder den tatsächlich erlittenen Schaden erhältlich.

## Nachlaßeinsetzung
→ Nachlaßverteilungsplanung

## Handlungsvollmacht
Rechtliches Instrument, wodurch einer Person das Recht verliehen wird, im Namen einer anderen Person zu handeln. Zum Beispiel wird das Recht, Aktien zu kaufen und zu verkaufen und alle Maklerpapiere, die sich auf den Kauf und Verkauf zum Vorteil eines Aktieninhabers beziehen, zu unterzeichnen, von einem Aktieninhaber durch Handlungsvollmacht an eine andere Person gegeben. Oder, das Recht zu entscheiden, welches Regulierungs-

which settlement option is to be used under a life insurance policy may be given by a policy owner to another individual. Experts often advise extreme care in assigning a power of attorney since that person becomes free to make financial decisions which can enhance – or ruin – an individual represented.

### Power Plant Insurance

1. Form of → Boiler and Machinery Insurance that covers power generating plants.
2. Form of → Business Interruption Insurance that covers a utility customer's losses resulting from interruption of power from a public utility.

### Preauthorized Check Plan

Plan for the automatic payment of premiums due through drafting by the insurer of the policyowner's preauthorized bank account. Usually, the insurer drafts this account on a monthly basis for the premium payment owed. Studies show that → Persistency is highest when premium payments are made through bank draft plans.

### Preauthorized Check System (PAC)

Arrangement by which a policyowner authorizes an insurance company to draft his checking account for premiums due on an insurance

wahlrecht bei einer Lebensversicherungsgesellschaft verwendet werden soll, kann von einem Aktieninhaber an eine andere Person gegeben werden. Experten raten häufig zur äußersten Sorgfalt bei der Erteilung einer Handlungsvollmacht, da es dieser Person frei steht, finanzielle Entscheidungen zu treffen, die für eine Person, die diese vertritt, von Vorteil sein oder diese ruinieren können.

### Stromversorgungsversicherung

1. Form der → Dampfkessel- und Maschinenparkversicherung, die stromerzeugende Anlagen abdeckt.
2. Form der → Geschäftsunterbrechungsversicherung, die die Schäden eines Kunden einer Einrichtung abdeckt, die sich aus einer Stromunterbrechung einer öffentlichen Einrichtung ergeben.

### Einzugsermächtigungsvorhaben

System für die automatische Zahlung von fälligen Prämien durch Abbuchung von einem zuvor autorisierten Bankkonto des Policeninhabers durch den Versicherer. Gewöhnlich belastet der Versicherer dieses Konto monatlich wegen der geschuldeten Prämienzahlungen. Untersuchungen zeigen, daß die → Beständigkeit am größten ist, wenn die Prämienzahlungen durch Bankeinzugssysteme erfolgen.

### Einzugsermächtigungssystem

Regelung, durch die ein Policeninhaber eine Versicherungsgesellschaft ermächtigt, sein Girokonto mit den für eine Versicherungspolice fälligen Prämien zu belasten. Die Belastung erfolgt gewöhn-

policy. The drafting is usually monthly. → Persistency of policies paid this way is substantially higher than when insureds pay them directly to an insurance company.

lich monatlich. Die → Beständigkeit von Policen, die auf diese Weise bezahlt werden, ist wesentlich höher als wenn Versicherte direkt an eine Versicherungsgesellschaft zahlen.

**Predictability**
→ Expected Loss

**Vorhersagbarkeit**
→ Erwarteter Schaden

**Preexisting Condition**
Illnesses or disability for which the insured was treated or advised within a stipulated time period before making application for a life or health insurance policy. A preexisting condition can result in cancellation of the policy.

**Zuvor bestehende Bedingung**
Krankheiten oder Behinderung, gegen die ein Versicherter innerhalb eines festgelegten Zeitraums vor Antragstellung für eine Kranken- oder Lebensversicherungspolice behandelt oder beraten wurde. Eine zuvor bestehende Bedingung kann die Kündigung einer Police zur Folge haben.

**Preference Beneficiary Clause**
→ Beneficiary; → Beneficiary Clause

**Vorzugsbegünstigtenklausel**
→ Begünstigter; → Begünstigtenklausel

**Preferred Beneficiary**
→ Beneficiary; → Beneficiary Clause

**Bevorzugter Begünstigter**
→ Begünstigter; → Begünstigtenklausel

**Preferred Provider Organization (PPO)**
Hospital, physician, or other provider of health care which an insurer recommends to insureds. A PPO allows insurance companies to negotiate directly with hospitals and physicians for health services at a lower price than would be normally charged. A PPO tries to combine the best elements of a fee-for-service and →

**Preferred Provider Organization (PPO)**
(Bevorzugte Anbieterorganisation) – Krankenhaus, Arzt oder sonstiger Anbieter von Krankenpflege, die ein Versicherer den Versicherten empfiehlt. Eine PPO erlaubt es Versicherungsgesellschaften, direkt mit Krankenhäusern und Ärzten über Gesundheitsdienstleistungen zu einem niedrigeren Preis, als er normalerweise in Rechnung gestellt werden würde, zu verhandeln. Eine PPO versucht die besten Elemente der „Gebühr-für-eine-

Health Maintenance Organization (HMO) systems.

Leistung"- und des → Health Maintenance Organization (HMO) (Gesunderhaltungsorganisation)-Systems zu verbinden.

## Preferred Risk

Insured, or an applicant for insurance, with lower expectation of incurring a loss than the *standard applicant*. For example, an applicant for life insurance who does not smoke can usually obtain a reduced premium rate to reflect his greater → Life Expectancy.

## Bevorzugtes Risiko

Versicherter oder ein Versicherungsantragsteller mit einer niedrigeren Erwartung, einen Schaden zu erleiden, als ein *Standardantragsteller*. Ein Antragsteller für eine Lebensversicherung, z. B., der nicht raucht, kann gewöhnlich einen reduzierten Prämientarif bekommen, um seiner höheren → Lebenserwartung Rechnung zu tragen.

## Preliminary Term

Life insurance accounting method that does not require any → Terminal Reserve for a policy at the end of the first year. First-year policy acquisition expenses, such as *agent commission,* → Medical Examination, and → Premium Tax, are often too large to leave enough of the end-of-the-year → Premium for addition to the premium reserve required under state → Full Valuation Reserve standards. In order to avoid taking the difference between the amount of the premium remaining and the required addition to reserves out of the insurance company's → Surplus Account, the → Full Preliminary Term Reserve Valuation method is sometimes used. This leaves more of the premium available to cover acquisition cost and first-year claims. → Modified Reserve Methods

## Vorläufiger Zeitraum

Lebensversicherungsbuchführungsmethode, die für eine Police am Ende des ersten Jahres keine → Prämienrückstellung zum Ende eines Policenjahres erfordert. Die Akquisitionskosten einer Police im ersten Jahr, wie die *Provision des Agenten,* die → Ärztliche Untersuchung und die → Prämiensteuer sind häufig zu hoch, um von der → Prämie am Ende des Jahres genug für die Zuführung zu der bei den staatlichen → Vollständigen Bewertungsrückstellungs-Normen geforderten Prämienrückstellungen zurückzulassen. Um zu vermeiden, die Differenz zwischen der verbleibenden Höhe der Prämie und der geforderten Zuführung zu den Rückstellungen aus dem → Überschußkonto der Gesellschaft zahlen zu müssen, wird manchmal die → Vollständige, zunächst befristete Rückstellungsbewertungsmethode verwendet. Diese macht mehr von der Prämie für die Abdeckung der Akquisitionskosten und der Ansprüche des ersten Jahres verfügbar. → Modifizierte Rückstellungsmethoden

## Premises and Operations Liability Insurance

Part of a business liability policy that covers an insured for bodily injury or property damage liability to members of the public while they are on his premises. This coverage is available in basic business policies that include → Comprehensive General Liability Insurance (CGL); → Manufacturers and Contractors Liability Insurance; → Owners, Landlords, and Tenants Liability Policy; → Storekeepers Liability Insurance.

## Premises Liability

→ Liability, Business Exposures; → Liability, Personal Exposures

## Premises Medical Payments Insurance

Supplemental coverage written into or endorsed onto many business and personal liability policies. Covers medical costs and loss of income of persons injured on an insured's property, regardless of whether the insured was at fault in causing those injuries. This coverage enables the insured to volunteer to pay these medical costs and income losses when doing so serves the insured's business purposes or preserves personal relationships.

## Haftpflichtversicherung für die Anlage und den Betrieb

Teil einer Unternehmenshaftpflichtpolice, die einen Versicherten gegen die Haftung bei Körperverletzung oder Sachbeschädigung an Mitgliedern der Öffentlichkeit, während sie sich auf seinem Geschäftsgelände aufhalten, abdeckt. Dieser Versicherungsschutz ist bei den Basisunternehmenspolicen erhältlich, die die → Allgemeine Haftpflichtversicherung, → Hersteller- und Unternehmerhaftpflichtversicherung, → Eigentümer-, Vermieter- und Mieterhaftpflichtversicherungspolice, → Ladenbesitzerhaftpflichtversicherung mit einschließen.

## Haftpflicht für das Betriebsgelände

→ Haftpflicht, Unternehmensgefährdungen; → Haftpflicht, Persönliche Gefährdungen

## Versicherung des Grundstückes gegen Zahlungen für medizinische Leistungen

Zusätzlicher Versicherungsschutz, der in vielen Unternehmens- und Privathaftpflichtversicherungspolicen enthalten ist oder durch Nachtrag hinzugefügt wird. Deckt die medizinischen Kosten und den Einkommensverlust von Personen, die auf dem Grundstück eines Versicherten verletzt wurden, ab, unabhängig davon, ob der Versicherte an der Verursachung dieser Verletzungen schuld war oder nicht. Dieser Versicherungsschutz versetzt den Versicherten in die Lage, diese medizinisch bedingten Kosten und die Einkommensverluste freiwillig zu zahlen. Wenn er dies tut, so dient dies den Unternehmenszwecken des Versicherten, oder es bewahrt die persönlichen Beziehungen.

## Premises Sold Exclusion

In a → Commercial General Liability (Comprehensive General Liability) policy, exclusion of coverage for sold premises. The objective of this exclusion is to eliminate coverage for property damage and/or bodily injury due to inherently dangerous risks associated with property sold by the insured. For example, the insured may sell property that has defects which should have been repaired prior to the sale. These defects could then result in damage to the property, as well as bodily injury to a person or persons who came in contact with that property.

## Premium

Rate that an insured is charged, reflecting his/her expectation of loss or risk. The insurance company will assume the risks of the insured (length of life, state of health, property damage or destruction, or liability exposure) in exchange for a premium payment. Premiums are calculated by combining expectation of loss and expense and profit loadings. Usually, the periodic cost of insurance is computed by multiplying the premium rate per unit of insurance by the number of units purchased. The rate class in which the insured is placed includes large numbers of individuals with

## Ausschluß des verkauften Anwesens

Bei einer → Allgemeinen gewerblichen Haftpflichtversicherungs- (Allgemeinen Haftpflichtversicherungs-) -Police, Deckungsausschluß für ein verkauftes Anwesen. Ziel dieses Ausschlusses ist es, den Versicherungsschutz für Sachbeschädigung und/oder Körperverletzung wegen mit dem vom Versicherten verkauften Besitz verbundenen innewohnenden gefährlichen Risiken auszulöschen. Der Versicherte kann z. B. einen Besitz verkaufen, der Mängel beinhaltet, die vor dem Verkauf hätten repariert werden sollen. Diese Mängel könnten dann Schäden am Besitz sowie eine Körperverletzung einer Person oder von Personen, die mit dem Besitz in Kontakt kamen, zur Folge haben.

## Prämie

Tarif, der einem Versicherten in Rechnung gestellt wird und seine/ihre Schadenserwartung oder das Risiko widerspiegelt. Die Versicherungsgesellschaft wird die Risiken des Versicherten (Lebensdauer, Gesundheitszustand, Sachbeschädigung/-zerstörung oder Haftpflichtgefährdung) als Gegenleistung für eine Prämienzahlung übernehmen. Prämien werden durch eine Kombination der Schadenserwartung und der Ausgaben- und Gewinnzuschläge berechnet. Gewöhnlich werden die periodischen Kosten einer Versicherung durch Multiplikation des Prämientarifes pro Versicherungseinheit mit der Anzahl der gekauften Einheiten berechnet. Die Tarifklasse, in die der Versicherte eingeordnet wird, schließt eine große Zahl von Einzelpersonen mit ähnlichen Merkmalen, die das gleiche Risiko darstellen, ein. Es wird

like characteristics who pose the same risk. Every individual in a given class will not incur the same loss; rather each has approximately the same *expectation* of loss (known as the *Principle of Equity*). → Equity; → Gross Premium; → Pure Premium Rating Method

nicht jede Einzelperson in einer gegebenen Klasse den gleichen Schaden erleiden, vielmehr hat jeder ungefähr die gleiche Schadens*erwartung* (bekannt als das *Billigkeitsprinzip*). → Rechtschaffenheit; → Bruttoprämie; → Nettoprämienfestsetzungsmethode

## Premium Adjustment Endorsement
Provision in an insurance policy allowing an → Initial Premium to be charged but subject to adjustment during the period of coverage or at the end of coverage depending on the actual loss experience of the insured risk.

## Prämienangleichungsnachtrag
Bestimmung in einer Versicherungspolice, die es erlaubt, eine → Anfangsprämie in Rechnung zu stellen, jedoch unter dem Vorbehalt, während des Deckungszeitraums oder am Ende des Versicherungsschutzes in Abhängigkeit von der tatsächlichen Schadenserfahrung des versicherten Risikos, eine Anpassung vorzunehmen.

## Premium Adjustment Form
→ Premium Adjustment Endorsement

## Prämienangleichungsform
→ Prämienangleichungsnachtrag

## Premium Advance
→ Deposit Premium

## Vorschußprämie
→ Prämieneinlage

## Premium, Annuity
(Consideration) cost of annuity based on expectation of life of the → Annuitant and the expense and profit loadings of the insurance company. → Annuity; → Consideration

## Prämie, Rente
(Gegenleistung) – Kosten der Rente auf der Grundlage der Lebenserwartung eines → Rentenempfängers und die Kosten- und Gewinnzuschläge der Versicherungsgesellschaft. → Rente; → Gegenleistung

## Premium Base
→ Base Premium

## Prämiengrundlage
→ Grundprämie

## Premium Charge
→ Premium

## Prämiengebühr
→ Prämie

## Premium Computation
→ Premium; → Pure Premium Rating Method

## Premium Default
→ Discontinuance of Contributions; → Lapse

## Premium Deficiency Reserve
Supplementary life insurance reserve required by state regulators when the → Gross Premium is lower than the → Valuation Premium. Some life insurers are able to charge policyholders a premium that is lower than required by the reserve valuation system they use. This may be because mortality tables are outdated and their own experience reflects different loss statistics. But if the insurer charges a premium lower than that dictated in the calculation of policy reserves, it must set up a deficiency reserve for the difference.

## Premium Deposit
→ Deposit Premium

## Premium Discount
Reduction in rate reflecting the present value of a premium due on an annuity one year hence.

## Premium Discount Plan
Plan whereby adjustments are made in the premium, as the premium increases to reflect

## Prämienberechnung
→ Prämie; → Nettoprämienfestsetzungsmethode

## Prämienverzug
→ Einstellung der Beiträge; → Verfall

## Rückstellung für Prämienmindereinnahmen
Zusätzliche Rückstellung bei der Lebensversicherung, die von den staatlichen Aufsichtsbehörden verlangt wird, wenn die → Bruttoprämie niedriger ist als die → Bewertungsprämie. Einige Versicherer sind in der Lage, ihren Policeninhabern eine Prämie in Rechnung zu stellen, die niedriger ist als von dem Rückstellungsbewertungssystem, das sie verwenden, gefordert wird. Dies kann geschehen, weil die Sterblichkeitstabellen überholt sind und ihre eigene Erfahrung unterschiedliche Schadensstatistiken widerspiegelt. Aber wenn der Versicherer eine niedrigere Prämie berechnet als bei der Berechnung der Policenrückstellungen vorgeschrieben, dann muß er für die Differenz eine Rückstellung für Mindereinnahmen einrichten.

## Prämieneinzahlung
→ Prämieneinlage

## Prämienrabatt
Reduzierung des Prämientarifs, die den gegenwärtigen Wert einer binnen eines Jahres für eine Rente fälligen Prämie widerspiegelt.

## Prämienrabattsystem
System, wonach Angleichungen bei der Prämie vorgenommen werden, wenn die Prämie ansteigt, um den nichtproportio-

the nonproportionate increases in expenses. Generally, the expenses of acquisition costs, administrative costs of placing the policy on the insurer's books, taxes, and claims do not increase in proportion to the increase in the premium. Thus, the → Gross Premium should not reflect a proportionate increase in expenses as the → Net Single Premium increases.

**Premium, Earned**
→ Earned Premium

**Premium, Gross**
→ Gross Premium

**Premium Loan**
Amount borrowed against the cash value of a life insurance policy to pay the premium due. → Automatic Premium Loan Provision

**Premium, Minimum**
→ Minimum Premium Plan

**Premium Mode**
Frequency of premium payment, monthly, quarterly, or annually.

**Premium, Net**
→ Net Level Premium

**Premium Notice**
Message from an insurance company or insurance agency informing a policyowner that a premium is due by a specified date.

nalen Anstieg bei den Ausgaben widerzuspiegeln. Allgemein steigen die Ausgaben für die Akquisitionskosten, die Verwaltungskosten für die Plazierung der Police in den Büchern des Versicherers, die Steuern und die Ansprüche nicht im Verhältnis zu dem Anstieg der Prämie. Die → Bruttoprämie sollte somit keinen proportionalen Anstieg bei den Ausgaben widerspiegeln, wenn die → Nettoeinzelprämie ansteigt.

**Prämie, Verdiente**
→ Verdiente Prämie

**Prämie, Brutto-**
→ Bruttoprämie

**Prämiendarlehn**
Betrag, der vom Barwert einer Lebensversicherungspolice entliehen wird, um die fällige Prämie zu zahlen. → Automatische Prämiendarlehnsvorkehrung

**Prämie, Minimum**
→ Minimaltarifsystem

**Prämienart**
Häufigkeit der Prämienzahlung, monatlich, vierteljährlich oder jährlich.

**Prämie, Netto-**
→ Gleichbleibende Nettoprämie

**Prämienmitteilung**
Mitteilung einer Versicherungsgesellschaft oder einer Versicherungsagentur, die einen Policeninhaber informiert, daß eine Prämie bis zu einem angegebenen Datum fällig ist.

## Premium, Pure
→ Pure Premium Rating Method

## Premium Rate
→ Premium

## Premium Rate Equity
→ Equity

## Premium Receipt
Written evidence given to a policyowner by an insurance company or insurance agency that it has received a premium.

## Premium Refund
In some life insurance policies, provision which permits the beneficiary, upon the death of the insured, to receive not only the → Death Benefit payable under the policy but also all premiums paid into the policy.

## Premium Return
→ Return of Premium

## Premiums Written
→ Written Premiums

## Premium Tax
Payment to a state or municipality by an insurance company based on premiums paid by residents.

## Premium, Unearned
→ Unearned Premium Reserve

## Prämie, Netto-
→ Nettoprämienfestsetzungsmethode

## Prämientarif
→ Prämie

## Billigkeit des Prämientarifs
→ Rechtschaffenheit

## Prämienquittung
Von einer Versicherungsgesellschaft oder einer Versicherungsagentur an einen Policeninhaber gegebener schriftlicher Nachweis, daß sie eine Prämie erhalten hat.

## Prämienrückerstattung
Bestimmung bei einigen Lebensversicherungspolicen, die es dem Begünstigten erlaubt, bei Tod des Versicherten nicht nur die bei der Police zahlbare → Todesfalleistung, sondern auch alle in die Police gezahlten Prämien zu erhalten.

## Prämienrückzahlung
→ Rückzahlung der Prämie

## Gezeichnete Prämien
→ Gezeichnete Prämien

## Prämiensteuer
Zahlung an einen Staat oder an eine Stadtgemeinde durch eine Versicherungsgesellschaft, die auf den von den Bewohnern bezahlten Prämien basiert.

## Prämie, Unverdiente
→ Rückstellung für noch nicht verdiente Prämien

**Prepaid Group Practice Package**
Health insurance plan where a group of physicians and dentists provide medical services to a group of individuals for a predetermined fee. It is a basic type of → Health Maintenance Organization (HMO).

**Prepaid Legal Insurance**
→ Legal Expense Insurance

**Prepayment**
→ Advance Payments

**Prepayment of Premiums**
→ Advance Premium

**Prescription Drug Plan**
→ Commercial Health Insurance; → Copayment; → Covered Expense; → Group Health Insurance; → Health Maintenance Organization (HMO)

**Preselection of Insured**
→ Inspection Report; → Pre-existing Condition; → Preferred Risk; → Underwriting; → Unique Impairment

**Present Interest (Gift)**

→ Estate Planning Distribution; → Gift; → Gift Tax

**Present Value**
→ Present Value Factor

**Vorausbezahltes Gruppenpraxispaket**
Krankenversicherungssystem, bei dem eine Gruppe von Ärzten und Zahnärzten medizinische Leistungen für eine Gruppe von Einzelpersonen gegen eine vorher festgelegte Gebühr bietet. Es handelt sich um einen Grundtyp der → Health Maintenance Organization (HMO) (Gesunderhaltungsorganisation).

**Vorausbezahlte Rechtschutzversicherung**
→ Rechtschutzversicherung

**Vorauszahlung**
→ Schadensbevorschussung

**Prämienvorauszahlung**
→ Vorgezogene Prämie

**Rezeptpflichtiges Medikamentenvorhaben**
→ Gewerbliche Krankenversicherung; → Zuzahlung; → Abgedeckte Ausgaben; → Gruppenkrankenversicherung; → Health Maintenance Organization (HMO)

**Vorauswahl des Versicherten**
→ Untersuchungsbericht; → Zuvor bestehende Bedingung; → Bevorzugtes Risiko; → Zeichnung; → Einzigartige Beeinträchtigung

**Recht auf sofortige Inbesitznahme (Schenkung)**
→ Nachlaßverteilungsplanung; → Schenkung; → Schenkungssteuer

**Kapitalwert**
→ Kapitalwertfaktor

## Present Value Factor

Discount interest rate factor used to determine the present value of a sum in the future. The present value equation is:
$P = R(1 + i)^{-N}$
where:
$P$ = present value of a sum in the future (discounted value of $R$);
$R$ = sum of money in the future (accumulated value at the end of $N$ periods);
$N$ = number of periods a sum of money is to be discounted in the future;
$i$ = interest rate per period.
For example, if one wished to determine a sum *(P)* which must be invested today in order for it to accumulate to $1000 *(R)* at the end of 20 years, *(N)* assuming an 8% interest rate *(i)*, then the equation is:
P = $1000 (1 + .08)$^{-20}$
  = $1000 (.2145482)
  = $214.55

## Present Value of Annuity Due

*Present value* of a series of payments such that the first payment is due immediately, the second payment one period from hence, the third payment two periods hence, and so forth. The continued payment is contingent upon the designated beneficiary (the → Annuitant) continuing to live. → Present Value of Annuity Immediate

## Kapitalwertfaktor

Diskontierter Zinsfußfaktor, der verwendet wird, um den gegenwärtigen Wert eines Betrages in der Zukunft zu bestimmen. Die Kapitalwertgleichung lautet:
$P = R(1 + i)^{-N}$
wobei:
$P$ = Kapitalwert eines Betrages in der Zukunft (diskontierter Wert von $R$),
$R$ = Geldbetrag in der Zukunft (am Ende von $N$ Perioden angesammelter Wert),
$N$ = Zahl der Perioden, für die ein Geldbetrag in der Zukunft diskontiert werden muß und
$i$ = Zinssatz pro Periode ist.
Wenn man z. B. einen Betrag *(P)* bestimmen will, der heute investiert werden muß, um auf US$ 1.000 *(R)* am Ende von 20 Jahren anzuwachsen, und ein Zinssatz von 8% ($i$) angenommen wird, dann lautet die Gleichung:
P = US$ 1.000 $(1 + 0{,}08)^{-20}$
  = US$ 1.000 (0,2145482)
  = US$ 214,55.

## Kapitalwert einer vorschüssigen Rente

*Kapitalwert* einer Reihe von Zahlungen in der Art, daß die erste Zahlung sofort fällig ist, die zweite Zahlung innerhalb einer Periode, die dritte Zahlung innerhalb von zwei Perioden usw. Die fortgesetzte Zahlung ist abhängig von dem designierten Begünstigten (dem → Rentenempfänger), der weiterlebt. → Kapitalwert der sofortigen Rente

## Present Value of Annuity Immediate

*Present value* of a series of payments such that the first payment is due one period hence, the second payment two periods hence, and so forth. The continued payment is contingent upon the designated beneficiary (the → Annuitant) continuing to live. → Present Value of Annuity Due

## Present Value of Future Benefits

→ Present Value Factor

## Presumed Negligence

→ Res Ipsa Loquitur

## Presumptive Disability

Assumption of total disability when an insured loses sight, hearing, speech, or a limb. When such a loss occurs to an insured with disability income insurance, the insurer often assumes that the individual is disabled, even if he or she later returns to work. Here insurers may pay a lump sum in addition to monthly disability payments for the maximum benefit period set by the policy.

## Preventive Care

Program of health care designed for the prevention and/or reduction of illnesses by providing such services as regular physical examinations. This care is in opposition to

## Kapitalwert einer sofortigen Rente

*Kapitalwert* einer Reihe von Zahlungen in der Art, daß die erste Zahlung innerhalb einer Periode fällig ist, die zweite Zahlung innerhalb von zwei Perioden usw. Die fortgesetzte Zahlung ist abhängig von dem designierten Begünstigten (dem Rentenempfänger), der weiterlebt. → Kapitalwert einer vorschüssigen Rente

## Kapitalwert zukünftiger Leistungen

→ Kapitalwertfaktor

## Unterstellte Fahrlässigkeit

→ Res Ipsa Loquitor

## Vermutliche Invalidität

Annahme einer Totalinvalidität, wenn ein Versicherter das Augenlicht, das Gehör, die Sprechfähigkeit oder ein Körperteil verliert. Wenn ein solcher Verlust bei einem Versicherten mit einer Invaliditätseinkommensversicherung eintritt, nimmt der Versicherer häufig an, daß die Person behindert ist, auch wenn er oder sie später zur Arbeit zurückkehrt. Hier können Versicherer eine Pauschalsumme zusätzlich zu monatlichen Invaliditätszahlungen für den maximalen Leistungszeitraum, der durch die Police festgesetzt ist, zahlen.

## Vorsorge

Gesundheitsfürsorgeprogramm, das für die Vermeidung und/oder den Rückgang von Erkrankungen durch solche Leistungen wie regelmäßige ärztliche Untersuchungen entwickelt wurde. Dieses Vorsorgeprogramm steht im Gegensatz zur

curative care, which goes into effect only after the occurrence of an illness. → Health Maintenance Organization (HMO)

## Preventive Health Services
→ Health Maintenance Organization (HMO)

## Price-Anderson Act
1957 Federal law setting a limit on the liability of operators of nuclear facilities. The law, an amendment to the Atomic Energy Act of 1954, authorized establishment of private insurance pools to provide liability insurance for nuclear facilities, giving the Atomic Energy Commission (now the → Nuclear Regulatory Commission) authority to sell additional insurance in excess of the amount of pool coverage available. → Mutual Atomic Energy Reinsurance Pool; → Nuclear Energy Liability Insurance

## Priestly v. Fowler
1837 British case that established that an employer was not responsible for injury to an employee if the injury were caused by another employee. Prior to this, English common law provided that an employer took responsibility for his employees; *Priestly v. Fowler* was the first crack in that relationship. Later, other exceptions to employer responsibility were established until finally, the

heilenden Pflege, die erst nach Auftreten einer Erkrankung wirksam wird. → Health Maintenance Organization (HMO)

## Gesundheitsvorsorgeleistungen
→ Health Maintenance Organization (HMO)

## Price-Anderson Gesetz
Bundesgesetz aus dem Jahre 1957, das eine Beschränkung der Haftpflicht für Betreiber von atomaren Einrichtungen festsetzt. Das Gesetz, eine Abänderung des Atomenergiegesetzes von 1954, erlaubt die Einrichtung privater Versicherungspools, um Haftpflichtversicherungsschutz für atomare Einrichtungen anzubieten, und verleiht der Atomenergiekommission (jetzt der → Atomaufsichtsbehörde) die Vollmacht, eine zusätzliche Versicherung, die über die Höhe des verfügbaren Poolversicherungsschutzes hinausgeht, zu verkaufen. → Mutual Atomic Energy Reinsurance Pool; → Nuklearenergiehaftpflichtversicherung

## Priestly ./. Fowler
Britischer Fall aus dem Jahre 1837, der feststellte, daß ein Arbeitgeber nicht für die Verletzung eines Arbeitnehmers verantwortlich ist, wenn die Verletzung von einem anderen Arbeitnehmer verursacht wurde. Vor diesem Fall übernahm nach englischem Gewohnheitsrecht ein Arbeitgeber die Verantwortung für seine Arbeitnehmer. Der Fall *Priestly gegen Fowler* stellte den ersten Bruch in dieser Beziehung dar. Später wurden weitere Ausnahmen von der Arbeitgeberverantwortung festgestellt, bis der Arbeitnehmer

employee shouldered all responsibility for his own welfare because, it was argued, he had, after all, agreed to accept the job. Late in the 19th century in Great Britain, and early in the 20th century in the U.S., *workers compensation* laws were passed in which the employer accepts responsibility for on-the-job injuries and pays benefits according to an established schedule. In exchange, the employee accepts this as the exclusive remedy. However, in the past decade there have been many challenges to this system, including cases in which injured employees have been allowed to sue their employers.

endlich die gesamte Verantwortung für sein Wohlergeben übernahm, weil er ja schließlich, so argumentierte man, die Arbeit akzeptiert hatte. Im späten 19. Jahrhundert wurden in Großbritannien und im frühen 20. Jahrhundert in den Vereinigten Staaten die *Berufsunfall*gesetze verabschiedet, bei denen der Arbeitgeber die Verantwortung für Verletzungen während der Berufsausübung übernimmt und Leistungen nach einem festgesetzen Schema bezahlt. Im Gegenzug akzeptiert der Arbeitnehmer dies als das ausschließliche Heilmittel. Im letzten Jahrzehnt jedoch gab es viele Herausforderungen für dieses System, einschließlich Fällen, bei denen es Arbeitnehmern gestattet wurde, ihre Arbeitgeber zu verklagen.

**PRIMA**
→ Public Risk and Insurance Management Association (PRIMA)

**PRIMA**
→ Public Risk and Insurance Management Association (PRIMA)

**Primacy**
Property, liability, or health coverage that takes precedence when more than one policy covers the same loss. In order to avoid → Overinsurance or paying an insured more than the actual loss, the covering policies accept responsibility for insurance in an established order. For example, if a husband and wife cover each other as dependents in group medical insurance, the injured person's own policy assumes primacy.

**Vorrang**
Sach-, Haftpflicht- oder Krankenversicherungsschutz, der den Vorrang übernimmt, wenn mehr als eine Police denselben Schaden abdeckt. Um → Überversicherung oder die Zahlung von mehr als dem tatsächlichen Schaden an einen Versicherten zu vermeiden, akzeptieren die abdeckenden Policen die Verantwortung für die Versicherung in einer festgelegten Reihenfolge. Wenn Frau und Mann sich beispielsweise einander als abhängige Verwandte bei einer Gruppenkrankenversicherung abdecken würden, so übernähme die eigene Police des Versicherten

Therefore, if the wife gave birth to a child, her policy would apply to obstetrical and hospital fees up to its limits. Only then would the husband's policy apply, covering the amount that had not been paid by his wife's policy up to the limits of his plan.

den Vorrang. Wenn die Frau ein Kind gebären würde, würde deshalb ihre Police die Geburtshilfe- und Krankenhausgebühren bis zu deren Höchstgrenzen übernehmen. Erst danach würde die Police des Mannes einsetzen und den Betrag, der von der Police seiner Frau nicht bezahlt worden war, bis zu den Höchstgrenzen seiner Versicherung bezahlen.

**Primary Beneficiary**
→ Beneficiary

**Erstbegünstigter**
→ Begünstigter

**Primary Insurance**
Property or liability coverage that provides benefits (usually after a deductible has been paid by an insured) up to the limits of a policy, regardless of other insurance polices in effect. → Apportionment; → Coordination of Benefits; → Excess Insurance; → Group Health Insurance

**Erstrangige Versicherung**
Sach- oder Haftpflichtversicherungsschutz, der (gewöhnlich nachdem ein Selbstbehalt vom Versicherten gezahlt worden ist) Leistungen bis zu den Höchstgrenzen einer Police zahlt, unabhängig davon, ob andere Policen in Kraft sind. → Proportionale Verteilung; → Koordination von Leistungen; → Überschußversicherung; → Gruppenkrankenversicherung

**Primary Insurance Amount (PIA)**
Monthly benefit payable to retired or disabled worker under Social Security. It is calculated by using the average monthly earnings of the covered person while working. Under this formula, lower-income workers receive a greater percent of the income they had earned while employed than do more highly paid workers. Benefits for spouse, other dependents, and survivors are figured as a percentage of the PIA. A worker who takes early retirement may

**Grundrente**
Bei der Sozialversicherung monatlich an einen pensionierten oder arbeitsunfähigen Arbeiter zu zahlende Leistung. Sie wird berechnet durch Verwendung der monatlichen Durchschnittsverdienste der abgedeckten Person, als diese noch arbeitete. Nach dieser Formel erhalten Arbeiter mit einem geringen Einkommen einen höheren Prozentsatz des Einkommens als hochbezahlte Arbeitnehmer. Leistungen für den Ehegatten, sonstige unterhaltsberechtigte Angehörige und Hinterbliebene werden als Prozentsatz der Grundrente berechnet. Ein Arbeiter, der in Frührente geht, kann im Alter von 62 Jahren einen Teil der Grund-

receive a portion of the PIA at age 62. The PIA is used to calculate most other benefits.

**Primary Insurer**
→ Primary Insurance

**Primary Plan**
→ Coordination of Benefits

**Principal**
→ Surety Bond

**Principal Sum**
*Accidental death benefit* option that can be added to a → Disability Income (DI) policy under which a lump sum is payable at the loss of life, dismemberment, or loss of sight.

**Principle of Indemnity**
→ Indemnity

**Prior Acts Coverage**
Liability insurance coverage for claims arising from acts that occurred before the beginning of the policy period. Policies written on a *claims made basis*, such as → Malpractice Liability Insurance and → Errors and Omissions Liability Insurance, cover only claims during the policy period. Prior acts coverage is necessary for covering a claim made during a current policy period for an event that happened before a policy was in force.

rente erhalten. Die Grundrente wird zur Berechnung der meisten anderen Leistungen verwendet.

**Erstrangiger Versicherer**
→ Erstrangige Versicherung

**Erstrangiges System**
→ Koordination von Leistungen

**Hauptsumme**
→ Kautionsversicherung

**Kapitalabfindung**
Option bei der *Unfalltodleistung*, die zu einer → Invaliditätseinkommens-Police hinzugefügt werden kann, bei der eine Pauschalsumme bei Verlust des Lebens, der Gliedmaßen oder des Augenlichts zahlbar ist.

**Entschädigungsprinzip**
→ Entschädigung

**Rückwärtsversicherungsschutz**
Haftpflichtversicherungsschutz für Ansprüche, die sich aus Handlungen vor Beginn der Policenlaufzeit ergeben. Policen, die auf der *Grundlage geltendgemachter Ansprüche* gezeichnet werden, wie die → Haftpflichtversicherung gegen Kunstfehler und die → Haftpflichtversicherung für Fehler und Unterlassungen, decken nur Ansprüche während des Policenzeitraums ab. Rückwärtsversicherungsschutz ist erforderlich, um einen Anspruch, der während eines laufenden Policenzeitraums für ein Ereignis, das vor Inkrafttreten der Police geschah, abzudecken.

## Prior Approval Rating

Requirement of state approval of property insurance rates and policy forms before they can be used. Individual states regulate insurers and approve their rates. There are three methods of rate approval, in addition to prior approval: *modified prior approval, open competition,* and *file and use.*

## Prior-Approval States

Those states requiring insurers to obtain → Prior Approval Rating of rates and policy forms before they use them. Although most states once fell into this category, many followed the lead of New York State in 1969 when it moved to a system of *open competiton.*

## Private Insurance
→ Social Insurance

## Private Noncommercial Health Insurance
→ Health Insurance

## Private Pension Plan
→ Pension Plan; → Pension Plan Funding: Group Deposit Administration Annuity; → Pension Plan Funding: Group Immediate Participating Guaranteed (IPG) Contract Annuity; → Pension Plan Funding: Group Permanent Contract; → Pension Plan Funding: Individual Contract Pension Plan

## Tarifgestaltung nach vorheriger Genehmigung

Erfordernis einer staatlichen Genehmigung von Sachversicherungstarifen und Policenformen, bevor sie verwendet werden können. Die einzelnen Staaten überwachen Versicherer und genehmigen ihre Tarife. Zusätzlich zur vorherigen Genehmigung gibt es drei Methoden der Tarifgenehmigung: *modifizierte vorherige Genehmigung, freier Wettbewerb* und *„file and use"* (Einreichung und Verwendung).

## Staaten mit vorheriger Genehmigung

Jene Staaten, die von Versicherern fordern, eine → Tarifgestaltung nach vorheriger Genehmigung für Tarife und Policenformen vorzunehmen, bevor sie sie verwenden. Obwohl die meisten Staaten einmal dieser Kategorie angehörten, folgten viele der Führung des Staates New York, als dieser sich 1969 einem System des *freien Wettbewerbs* zuwandte.

## Private Versicherung
→ Sozialversicherung

## Private nicht-gewerbliche Krankenversicherung
→ Krankenversicherung

## Privates Pensionssystem
→ Pensionssystem; → Pensionssystemfinanzierung: Gruppeneinlagenverwaltungsrente; → Pensionssystemfinanzierung: sofortige Gruppenvertragsrente mit garantierter Beteiligung; → Pensionssystemfinanzierung: ständiger Gruppenvertrag; → Pensionssystemfinanzierung: Einzelvertragpensionssystem

## Probability

Chance that an event will occur. The foundation of insurance is probability and → Statistics. By pooling a large number of *homogeneous exposures* an insurance company can predict with a given degree of accuracy the chance that a policyholder will incur a loss. The company reflects this expectation in the pure cost of insurance, known as the *pure premium*. The chance that an event will occur can be expressed as follows:

$$\frac{\text{Probability of Event Occuring}}{} = \frac{\text{Number of Successful Ways Event Can Occur}}{\text{Total Number of Ways Event Can Occur}}$$

For example, the probability of rolling a six on one die can be expressed as:

$$P(6) = \frac{1}{6}$$

## Probability Distribution

Outcomes of an experiment and their probabilities of occurrence. If the experiment were to be repeated any number of times the same probabilities should also repeat. For example, the probability distribution for the possible number of heads from two tosses of a fair coin having both a head and a tail would be as follows:

## Wahrscheinlichkeit

Chance, daß ein Ereignis eintreten wird. Das Fundament der Versicherung sind Wahrscheinlichkeit und → Statistik. Durch Sammlung einer großen Zahl *homogener Gefährdungen* kann eine Versicherungsgesellschaft mit einem gegebenen Maß an Genauigkeit die Chance vorhersagen, daß ein Policeninhaber einen Schaden erleiden wird. Die Gesellschaft spiegelt diese Erwartung in den reinen Versicherungskosten, bekannt als *Nettoprämie,* wider. Die Chance, daß ein Ereignis eintreten wird, kann wie folgt ausgedrückt werden:

$$\frac{\text{Wahrscheinlichkeit, daß Ereignis eintritt}}{} = \frac{\text{Zahl der erfolgreichen Möglichkeiten, daß ein Ereignis eintreten kann}}{\text{Gesamtzahl der Möglichkeiten, daß ein Ereignis eintreten kann}}$$

Die Wahrscheinlichkeit, mit einem Wurf eine 6 zu würfeln, kann beispielsweise so ausgedrückt werden:

$$P(6) = \frac{1}{6}$$

## Wahrscheinlichkeitsverteilung

Ausgang von Experimenten und ihre Eintrittswahrscheinlichkeit. Wenn ein Experiment mehrmals wiederholt werden sollte, sollten sich die gleichen Wahrscheinlichkeiten ebenfalls wiederholen. Die Wahrscheinlichkeitsverteilung für die mögliche Anzahl von Köpfen bei zwei Würfen einer nicht-gezinkten Münze mit Kopf und Zahl wäre wie folgt:

| Number of Heads | Tosses | Probability of Event | Zahl der Köpfe | Würfe | Wahrscheinlichkeit des Ereignisses |
|---|---|---|---|---|---|
| 0 | (tail, tail) | .25 | 0 | (Zahl, Zahl) | 0,25 |
| 1 | (head, tail) + (tail, head) | .50 | 1 | (Kopf, Zahl) + (Zahl, Kopf) | 0,50 |
| 2 | (head, head) | .25 | 2 | (Kopf, Kopf) | 0,25 |

**Probability of Loss**
→ Probability

**Schadenswahrscheinlichkeit**
→ Wahrscheinlichkeit

**Probable Maximum Loss (PML)**
→ Maximum Probable Loss (MPL)

**Wahrscheinlicher Höchstschaden**
→ Wahrscheinlicher Höchstschaden

**Probate**

Legal proceeding whereby the will of a deceased is tested for validity.

**Gerichtliche Testamentbestätigung und Erbscheinerteilung**

Juristisches Verfahren, nach dem das Testament eines Verstorbenen auf Gültigkeit überprüft wird.

**Probate Bond**
→ Judicial Bond

**Testamentsvollstreckerkaution**
→ Gerichtliche Kaution

**Probationary Period**
Time, in health insurance, from the first day of a disability, illness, or accident during which no benefits are payable. The longer the probationary period the lower the premium. → Elimination Period

**Probezeit**
Zeit, bei der Krankenversicherung vom ersten Tag einer Invalidität, Krankheit oder eines Unfalles, während derer keine Leistungen zahlbar sind. Je länger die Probezeit, desto geringer die Prämie. → Auslassungszeitraum

**Proceeds**
Benefits payable under any insurance policy or annuity contract.

**Erlöse**
Bei einer Police oder einem Rentenvertrag zahlbare Leistungen.

**Producer**
→ Agent

**Produzent**
→ Agent

**Producers Cooperative**
Health plans established by associations of hospitals and physicians to provide hospital service and care, and medical and surgical care. → Blue Cross; → Blue Shield

**Product Development**
Design, testing, packaging, and marketing of an insurance policy.

**Product Failure Exclusion**
→ Business Risk Exclusion

**Product Liability Catastrophe Reinsurance**
→ Automatic Nonproportional Reinsurance; → Automatic Proportional Reinsurance; → Automatic Reinsurance; → Excess of Loss Reinsurance; → Facultative Reinsurance; → Nonproportional Reinsurance; → Proportional Reinsurance; → Quota Share Reinsurance; → Stop Loss Reinsurance; → Surplus Reinsurance

**Product Liability Insurance**
Coverage usually provided under the → Commercial General Liability Insurance (CGL); it can also be purchased separately. → Products and Completed Operations Insurance

**Product Recall Exclusion**
Exception in general liability policies for all expenses asso-

**Anbietergenossenschaft**
Von Krankenhaus- und Ärztevereinigungen eingerichtete Gesundheitssysteme, um Krankenhausleistungen und -pflege sowie medizinische und chirurgische Versorgung anzubieten. → Blue Cross; → Blue Shield

**Produktentwicklung**
Design, Prüfung, Aufmachung und Vermarktung einer Versicherungspolice.

**Ausschluß von Produktversagen**
→ Ausschluß von Geschäftsrisiken

**Produkthaftungskatastrophenrückversicherung**
→ Automatische nicht-proportionale Rückversicherung; → Automatische proportionale Rückversicherung; → Automatische Rückversicherung; → Schadenexedentenrückversicherung; → Fakultative Rückversicherung; → Nichtproportionale Rückversicherung; → Proportionale Rückversicherung; → Quotenrückversicherung; → Stop-loss-Rückversicherung; → Exzedentenrückversicherung

**Produkthaftungsversicherung**
Versicherungsschutz, der gewöhnlich bei der → Allgemeinen gewerblichen Haftpflichtversicherungsform geboten wird. Er kann auch getrennt abgeschlossen werden. → Versicherung für Produkte und abgeschlossene Arbeiten

**Produktrückrufausschluß**
Bei allgemeinen Haftpflichtpolicen Ausschluß aller Ausgaben, die mit einem Pro-

ciated with product recall. In recent years, there have been increasing instances of Federal recalls. In addition, there have been many instances of deliberate tampering and of manufacturers issuing their own recalls. In either event, the cost of identifying the products, communicating with consumers, inspecting the returned products, and repairing or replacing them, can be enormous. These costs are excluded from general liability policies, but → Product Recall Insurance can be purchased for this purpose.

duktrückruf verbunden sind. In den letzten Jahren hat es eine ansteigende Zahl bundesstaatlicher Rückrufe gegeben. Darüber hinaus gab es viele Fälle vorsätzlicher Fälschung und Fälle von Herstellern, die ihre eigenen Rückrufe ausgaben. In allen Fällen können die Kosten für die Identifikation der Produkte, der Kommunikation mit den Verbrauchern, der Untersuchung der zurückgegebenen Produkte und deren Reparatur oder Ersatz enorm sein. Diese Kosten sind bei allgemeinen Haftpflichtversicherungspolicen ausgeschlossen, aber es kann zu diesem Zweck eine → Produktrückrufversicherung abgeschlossen werden.

**Product Recall Insurance**

Coverage for the expenses incurred by a business resulting from the recall of products, whether defective or not. → Product Liability Insurance; → Product and Completed Operations Insurance; → Product Recall Exclusion

**Produktrückrufversicherung**

Versicherungsschutz für die durch den Rückruf von Produkten, ob defekt oder nicht, von einem Unternehmen erlittenen Kosten. → Produkthaftungsversicherung; → Versicherung für Produkte und abgeschlossene Arbeiten; → Produktrückrufausschluß

**Products and Completed Operations Insurance**

Coverage for an insured manufacturer for claims after a manufactured product has been sold and/or a claim results from an operation which the manufacturer has completed. → Completed Operations Insurance

**Versicherung für Produkte und abgeschlossene Arbeiten**

Versicherungsschutz für einen versicherten Hersteller gegen Ansprüche nachdem ein hergestelltes Produkt verkauft worden ist und/oder gegen einen Anspruch infolge einer Arbeit, die der Hersteller abgeschlossen hat. → Versicherung für abgeschlossene Arbeiten

**Product Variability**

Uneven quality of a product made by the same manufac-

**Produktunbeständigkeit**

Ungleichmäßige Qualität eines Produktes, das vom gleichen Hersteller hergestellt

turer. A manufacturer is responsible for producing products of similar quality, and can be held liable for those that deviate materially from a model, sample, or standard.

**Professional**
→ Professional Liability Insurance

**Professional Insurance Agents (PIA)**
(→ National Association of Professional Insurance Agents). Independent agent membership group, originally mutual agents but today open to both mutual and stock agents. Association views are presented both nationally and locally on insurance legislation. There is an extensive education program for members.

**Professional Liability**
→ Liability, Professional

**Professional Liability Insurance**
Coverage for specialists in various professional fields. Since basic liability policies do not protect against situations arising out of business or professional pursuits, professional liability insurance is purchased

wird. Ein Hersteller ist für die Herstellung von Produkten gleicher Qualität verantwortlich und kann für solche Produkte, die substantiell von einem Modell, Muster oder einer Norm abweichen, haftbar gemacht werden.

**Berufsangehöriger**
→ Berufshaftpflichtversicherung

**Professional Insurance Agents (PIA)**
(Professionelle Versicherungsagenten) → (National Association of Professional Insurance Agents [Nationale Vereinigung professioneller Versicherungsagenten]) – unabhängige Mitgliedschaftsgruppe von Agenten, ursprünglich von Agenten von Versicherungsvereinen auf Gegenseitigkeit, heute aber offen sowohl für Agenten von Versicherungsvereinen auf Gegenseitigkeit als auch für Agenten von Versicherungsgesellschaften auf Aktien. Die Ansichten der Vereinigung werden sowohl national als auch bei der Versicherungsgesetzgebung vor Ort vertreten. Es gibt ein umfangreiches Bildungsangebot für Mitglieder.

**Berufshaftpflicht**
→ Haftpflicht, Berufs-

**Berufshaftpflichtversicherung**

Versicherungsschutz für Spezialisten in verschiedenen Berufsfeldern. Da Basishaftpflichtpolicen nicht gegen Situationen, die aufgrund geschäftlicher oder beruflicher Betätigungen erfolgen, schützen, wird von Personen, die von sich selbst in der allgemeinen Öffentlichkeit behaupten, auf

by individuals who hold themselves out to the general public as having greater than average expertise in particular areas. → Accountants Professional Liability Insurance; → Druggists Liability Insurance; → Errors and Omissions Liability Insurance; → Insurance Agents and Brokers Liability Insurance; → Lawyers (Attorneys Professional) Liability Insurance; → Physicians, Surgeons, and Dentists Insurance

bestimmten Gebieten über ein größeres als das durchschnittliche Fachwissen zu verfügen, eine Berufshaftpflichtversicherung abgeschlossen. → Bilanzbuchhalterberufshaftpflichtversicherung; → Drogistenhaftpflichtversicherung; → Haftpflichtversicherung für Fehler und Unterlassungen; → Haftpflichtversicherung für Versicherungsagenten und -makler; → Anwaltliche (Berufs-)Haftpflichtversicherung; → Ärzte-, Chirurgen- und Zahnärzteversicherung

## Professional Reinsurer

Company formed to sell and service → Proportional Reinsurance and → Nonproportional Reinsurance with profit motive as the normal business objective.

## Professioneller Rückversicherer

Gesellschaft, die gebildet wurde, um → Proportionale Rückversicherung und → Nicht-proportionale Rückversicherung zu verkaufen und zu bedienen, wobei das Gewinnmotiv das normale Unternehmensziel ist.

## Professional Standards Review Organization (PSRO)

Group that monitors government health insurance programs. Authorized by the 1972 amendment to the Social Security Act, PSROs were set up to cut costs and minimize abuses by checking on the need of applicants for care and the cost and quality of care.

## Professional Standards Review Organization (PSRO)

(Berufsethische Grundsatzüberprüfungskommission) – Gruppe, die staatliche Krankenversicherungsprogramme überwacht. Durch die Anpassung des Sozialversicherungsgesetzes aus dem Jahre 1972 bevollmächtigt, wurden PRSOs eingerichtet, um Kosten zu senken und den Mißbrauch durch Überprüfung des Pflegebedarfs eines Antragstellers und der Kosten und der Qualität der Pflege zu minimieren.

## Profitability Underwriting

Degree of → Underwriting profit that an insurance company's book of business shows. → Underwriting Gain (Loss)

## Wirtschaftlichkeitszeichnung

Das Maß an → Zeichnungs-Gewinnen, das das Geschäftsbuch einer Versicherungsgesellschaft zeigt. → Zeichnungsgewinn (-verlust)

## Profits and Commissions Form

Coverage protecting future profits to be earned from a manufacturer's inventory. A manufacturer may lose all or part of an inventory of finished goods due to a peril such as fire and still be able to operate. But in the event that an inventory and other merchandise is destroyed by an insured peril, the insured is indemnified for the loss profit or commissions.

## Profits and Commissions Insurance

→ Profits and Commissions Form

## Profit Sharing Plan

Arrangement by an employer in which employees, share in profits of the business. To be a *qualified plan,* a predetermined formula must be used to determine contributions to the plan and benefits to be distributed, once a participant attains a specified age, becomes ill or disabled, severs employment, retires, or dies. When a profit sharing plan is first installed, employees with considerable past service usually do not receive such credit. An advantage to an employer is that in low or no profit years, the business does not have to contribute to the plan, since contributions are voluntary and the Internal Revenue Code does

## Versicherungsform für Gewinne und Kommissionen

Versicherungsschutz, der zukünftige Gewinne, die mit den Vorräten eines Herstellers verdient werden sollen, schützt. Ein Hersteller kann aufgrund einer Gefahr wie Feuer alle oder einen Teil seiner Vorräte an Fertigwaren verlieren und dennoch in der Lage sein, weiterzuarbeiten. Aber für den Fall, daß ein Warenbestand oder eine sonstige Handelsware durch eine versicherte Gefahr zerstört wird, wird der Versicherte für verlorengegangenen Gewinn oder Kommissionen entschädigt.

## Gewinne und Kommissionen-Versicherung

→ Versicherungsform für Gewinne und Kommissionen

## Gewinnbeteiligungssystem

Regelung eines Arbeitgebers, bei dem die Arbeitnehmer an den Gewinnen eines Unternehmens beteiligt sind. Um zu einem *steuerbegünstigten Vorhaben* zu werden, muß eine vorher festgelegte Formel angewendet werden, um die Beiträge zum Vorhaben und die Leistungen festzulegen, die auszuschütten sind, sobald ein Teilnehmer ein bestimmtes Alter erreicht hat, krank oder arbeitsunfähig wird, das Arbeitsverhältnis auflöst, in Rente geht oder stirbt. Wenn ein Gewinnbeteiligungssystem erstmalig eingeführt wird, erhalten Arbeitnehmer mit beträchtlicher vorangegangener Dienstzeit gewöhnlich keine solche Gutschrift. Ein Vorteil für den Arbeitgeber ist es, daß in Jahren mit einem niedrigen oder keinem Gewinn das Unternehmen nichts zum Vorhaben beitragen muß, da die Beiträge freiwillig sind und der Internal Revenue Code (Abga-

not require a minimum contribution, as with a *deferred benefit plan* or a → Money Purchase Plan.

## Progressive Income Tax
Structure under which tax rates increase with increases in income. One way to minimize such taxes is to purchase tax advantaged financial instruments. → Tax Deferred Annuity; → Tax Benefits of Life Insurance

## Progressively Diminishing Deductible
→ Disappearing Deductible

## Prohibited Risk
Uninsurable risk.

## Projection Factors
Expectations of investment return, mortality experience, and expenses used in projecting future cash values for life insurance and annuities. These projections cannot be part of the actual policy since they are not guaranteed. Rather, they take the form of separate computer printouts and are used in sales presentations.

## Proof of Interest
→ Insurable Interest; → Insurable Interest: Life Insurance; → Insurable Interest: Property and Casualty Insurance

benordnung) keinen Mindestbeitrag fordert, wie bei einem *aufgeschobenen Leistungssystem* oder einem → Rentenkaufsystem.

## Progressive Einkommensteuer
Struktur, bei der Steuertarife mit den Steigerungen beim Einkommen ansteigen. Ein Mittel, solche Steuern zu minimieren, ist der Kauf von steuerbegünstigten Finanzinstrumenten. → Steueraufschiebende Rente; → Steuererleichterungen der Lebensversicherung

## Progressiv abnehmender Selbstbehalt
→ Schwindender Selbstbehalt

## Nicht versicherungsfähiges Risiko
Nicht versicherbares Risiko.

## Prognosefaktoren
Erwartungen von Anlageerlösen, Sterblichkeitserfahrung und Ausgaben, die bei der Prognostizierung zukünftiger Barwerte für Lebensversicherungen und Renten verwendet werden. Diese Prognosen können nicht Bestandteil der tatsächlichen Police sein, da sie nicht garantiert sind. Sie nehmen vielmehr die Form getrennter Computerausdrucke an und werden bei Verkaufspräsentationen verwendet.

## Interessennachweis
→ Versicherbares Interesse; → Versicherbares Interesse: Lebensversicherung; → Versicherbares Interesse: Sach- und Unfallversicherung

## Proof of Loss

Documentation of loss required of a policyowner by an insurance company. For example, in the event of an insured's death, a death certificate (or copy) must be submitted to the company for a life insurance death benefit to be paid to the beneficiary.

## Schadensnachweis

Von einer Versicherungsgesellschaft von einem Policeninhaber geforderte Dokumentation des Schadens. Im Falle des Todes eines Versicherten z. B. muß eine Todesurkunde (oder eine Kopie) bei der Versicherungsgesellschaft eingereicht werden, damit die Todesfalleistung an den Begünstigten gezahlt wird.

## Property

*Real* (land and attachments) and *personal* (movable effects not attached to land). Both classifications of property give rise to an insurable interest. → Insurable Interest; → Property and Casualty Insurance Provisions

## Vermögen

Immobilien (Grund, Boden und Gebäude) und bewegliches Vermögen (bewegliche Güter, die nicht mit dem Grund und Boden verbunden sind). Beide Vermögensklassifikationen schaffen ein versicherbares Interesse. → Versicherbares Interesse; → Sach- und Unfallversicherungsbestimmungen

## Property and Casualty Insurance Contract

→ Insurance Contract, Property and Casualty

## Sach- und Unfallversicherungsvertrag

→ Versicherungsvertrag, Sach- und Unfallversicherung

## Property and Casualty Insurance Provisions

Specifications dealing with exclusions, policy requirements, cancellations and related matters.

1. *Perils* – Most policies exclude enemy attack, invasions, insurrection, rebellion, revolution, civil war, usurped power, neglect of an insured to reasonably preserve damaged property from further loss; and explosion or riot unless caused by fire. Other exclusions may be specified in a policy. Among

## Sach- und Unfallversicherungsbestimmungen

Spezifikationen, die sich mit Ausschlüssen, Policenerfordernissen, Kündigungen und verwandten Angelegenheiten befassen.

1. *Gefahren:* Die meisten Policen schließen aus: feindliche Angriffe, Invasionen, Aufstände, Rebellion, Revolution, Bürgerkrieg, widerrechtliche Machtergreifung, Vernachlässigung eines Versicherten oder eines beschädigten Vermögensgegenstandes, diesen vernünftig vor weiterer Beschädigung zu bewahren sowie Explosionen und Unruhen, sofern sie nicht durch Brand verursacht wurden. Sonstige

| Property and Casualty Insurance Provisions / Sach- und Unfallversicherungsbestimmungen |

them are concealment and fraud by the insured; increased hazard by an insured's actions; and vacancy in an insured building for at least 60 consecutive days.

2. *Requirements* – In the event of a loss the insured must give immediate written notice to the insurance company; protect the insured property from further damage; separate damaged from undamaged property; give the company a complete inventory of the damaged or destroyed property, with signed proof of loss within 60 days; and submit to the company's examination of damaged or destroyed property.

3. → Other Insurance – If two or more separate policies over the same loss, each will pay no more than its pro rata share of the loss.

4. → Subrogation – After the company pays the insured for a loss incurred as the result of actions of a third party, the company reserves the right to seek recovery for damages against that third party. (The insured has passed the right of suit against the third party to the insurance company.)

5. *Cancellation* – The insured and the insurance company can terminate the policy under specified circumstances. The insured can terminate the policy at any time, and will receive a return of part of the premium,

Ausschlüsse können in der Police angegeben werden. Zu ihnen gehören Verheimlichung und Betrug durch den Versicherten, ein durch Handlungen des Versicherten gesteigertes Risiko und ein mindestens 60 aufeinanderfolgende Tage andauerndes Freistehen eines versicherten Gebäudes.

2. *Anforderungen:* Im Schadensfalle muß der Versicherte sofort eine schriftliche Meldung an die Versicherungsgesellschaft vornehmen, den versicherten Vermögensgegenstand vor weiterer Beschädigung schützen, beschädigte von unbeschädigten Vermögensgegenständen trennen, der Versicherungsgesellschaft innerhalb von 60 Tagen eine vollständige Auflistung beschädigter oder zerstörter Vermögensgegenstände mit unterzeichnetem Schadensnachweis geben und sich der Untersuchung der beschädigten oder zerstörten Vermögensgegenstände durch die Versicherungsgesellschaft unterwerfen.

3. → Sonstige Versicherungen: Wenn zwei oder mehrere getrennte Policen den gleichen Schaden abdecken, zahlt keine mehr als ihren Anteil am Schaden.

4. → Rechtsübergang auf den Versicherer: Nachdem die Gesellschaft den Versicherten für einen infolge von Handlungen einer dritten Partei erlittenen Schaden bezahlt, behält sich die Gesellschaft das Recht vor, eine Entschädigung für diesen Schadenersatz bei dieser dritten Person zu suchen. (Der Versicherte hat das Klagerecht gegen die dritte Partei an die Versicherungsgesellschaft abgetreten).

5. *Kündigung:* Der Versicherte und die Versicherungsgesellschaft können die Police unter bestimmten Bedingungen beenden. Der Versicherte kann die Police jederzeit beenden und erhält einen Teil der

less an amount for administrative expenses. The insurance company can cancel a property policy by sending the insured written notice at least 5 days before the intended date of cancellation. For a liability policy, after the policy has been renewed the first time, or has been in force for at least 60 days, the insurance company can cancel only for causes such as failure of an insured to pay a premium when due, if an insured is involved in illegal activities, drives while intoxicated, or is under the influence of drugs.

Prämie zurück, abzüglich eines Betrages für Verwaltungsausgaben. Die Versicherungsgesellschaft kann eine Police kündigen, indem sie dem Versicherten wenigstens 5 Tage vor dem beabsichtigten Kündigungsdatum eine schriftliche Mitteilung schickt. Bei einer Haftpflichtpolice kann die Versicherungsgesellschaft, nachdem die Police zum ersten Mal erneuert worden ist oder wenn sie wenigstens 60 Tage in Kraft gewesen ist, nur aus Gründen, wie das Versäumnis eines Versicherten, eine Prämie bei Fälligkeit zu zahlen, oder wenn ein Versicherter an illegalen Handlungen beteiligt ist, in berauschtem Zustand fährt oder unter Drogeneinfluß steht, kündigen.

**Property and Liability Insurance**

Coverage for an insured whose property is damaged or destroyed by an insured peril, or whose negligent acts or omissions damage or destroy another party's property or cause bodily injury to another party. → Business Automobile Policy (BAP); → Business Property and Liability Insurance Package; → Businessowners Policy; → Condominium Insurance; → Homeowners Insurance Policy; → Personal Automobile Policy (PAP); → Special Multiperil Insurance (SMP); → Tenants Insurance

**Sach- und Haftpflichtversicherung**

Versicherungsschutz für einen Versicherten, dessen Vermögen durch eine versicherte Gefahr beschädigt oder zerstört wird oder dessen fahrlässige Handlungen oder Unterlassungen das Eigentum einer anderen Partei beschädigen oder zerstören oder eine Körperverletzung an einer anderen Partei verursachen. → Geschäftswagenpolice; → Unternehmenssach- und Haftpflichtversicherungspaket; → Geschäftsbesitzerpolice; → Mitbesitzversicherung; → Hausbesitzerversicherungs-Police; → Privat-Kfz-Police; → Spezielle Vielgefahrenversicherung; → Mieterversicherung

## Property and Liability Insurance Planning for Business

→ Business Automobile Policy (BAP); → Business Crime Insurance; → Business Insurance; → Business Interruption Insurance; → Business Liability Insurance; → Business Property and Liability Insurance Package; → Businessowners Policy

## Sach- und Haftpflichtversicherungsplanung für Unternehmen

→ Geschäftswagenpolice; → Geschäftliche Verbrechensversicherung; → Unternehmensversicherung; → Geschäftsunterbrechungsversicherung; → Unternehmenshaftpflichtversicherung; → Unternehmenssach- und -haftpflichtversicherungspaket; → Geschäftsbesitzerpolice

## Property and Liability Insurance Planning for Individuals and Families

→ Comprehensive Personal Liability Insurance; → Homeowners Insurance Policy; → Liability, Personal Exposures; → Liability, Professional; → Personal Automobile Policy (PAP); → Tenants Insurance

## Sach- und Haftpflichtversicherungsplanung für Einzelpersonen und Familien

→ Allgemeine Privathaftpflichtversicherung; → Hausbesitzerversicherungspolice; → Haftpflicht, Persönliche Gefährdungen; → Haftpflicht, Berufs-; → Privat-Kfz-Police; → Mieterversicherung

## Property Catastrophe

→ Fire Catastrophe Reinsurance Insurance; → Reinsurance, Property and Casualty – Casualty Catastrophe

## Vermögenskatastrophe

→ Feuerkatastrophenrückversicherung; → Rückversicherung, Sach- und Unfall-, Unfallkatastrophen

## Property Damage

→ Business Liability Insurance (Insuring Agreement Section); → Personal Automobile Policy (PAP)

## Sachschaden

→ Unternehmenshaftpflichtversicherung (Versicherungsvereinbarungsteil); → Privat-Kfz-Police

## Property Damaged or Destroyed

→ Property Insurance Coverage

## Beschädigtes oder zerstörtes Eigentum

→ Sachversicherungsschutz

## Property Damage Liability Insurance

Coverage in the event that the negligent acts or omissions of an insured result in damage or destruction to another's property. Coverage can be purchased with → Bodily Injury liability under various insurance policies. → Business Automobile Policy (BAP); → Business Property and Liability Insurance Package; → Homeowners Insurance Policy; → Personal Automobile Policy (PAP)

## Haftpflichtversicherung für Sachschäden

Versicherungsschutz für den Fall, daß fahrlässige Handlungen oder Unterlassungen eines Versicherten die Beschädigung oder Zerstörung von Vermögensgegenständen einer anderen Partei zur Folge haben. Versicherungsschutz mit Haftung für → Körperverletzungen kann bei vielen verschiedenen Versicherungspolicen abgeschlossen werden. → Geschäftswagenpolice; → Unternehmenssach- und Haftpflichtversicherungspaket; → Hausbesitzerversicherungspolice; → Privat-Kfz-Police

## Property Depreciation Insurance

Coverage that provides for replacement of damaged or destroyed property on a new replacement cost basis without any deduction for depreciation. This is equivalent to *replacement cost* property insurance.

## Vermögenswertminderungsversicherung

Versicherungsschutz, der Ersatz für durch eine versicherte Gefahr beschädigte oder zerstörte Vermögensgegenstände auf einer neuen Wiederbeschaffungskostengrundlage ohne einen Abzug für die Wertminderung leistet. Dies entspricht der *Wiederbeschaffungskosten*sachversicherung.

## Property Insurance

Indemnifies an insured whose property is stolen, damaged, or destroyed by a covered peril. The term property insurance encompasses numerous lines of available insurance.

## Sachversicherung

Entschädigt einen Versicherten, dessen Vermögen durch eine versicherte Gefahr gestohlen, beschädigt oder zerstört wird. Der Begriff Sachversicherung beinhaltet eine Vielzahl verfügbarer Versicherungsarten.

## Property Insurance Coverage

Coverage for direct or indirect property loss which can be analyzed under the following headings:
1. *Peril* – a particular peril

## Sachversicherungsschutz

Versicherungsschutz für direkten oder indirekten Sachschaden, der unter den folgenden Überschriften analysiert werden kann:
1. *Gefahr*: Eine bestimmte Gefahr kann

may be included or excluded. For example, the *Standard Fire Policy* names specific perils such as fire and lightning; the → All Risks policy covers all entities unless specifically excluded.

2. Property – a policy may cover only specified or scheduled property such as an automobile; all of an insured's personal property up to a specified amount on each item regardless of its location (→ Personal Property Floater); or all property of the insured with no specific limit (→ Blanket Policy).

3. Person – the person covered must be specifically identified as the *named insured* in a policy. Residents of that household also covered are the spouse, relatives of either, and anyone else below the age of 21 under the insured's care, custody, and control.

4. Duration – policies are usually written for one year; a personal automobile policy is usually for six months.

5. *Limits* – limits are stated as a face amount in a policy. The insurer will never pay more than the lesser of the following amounts: limits stated in a policy; actual cash value of destroyed or damaged property; or amount resulting from the coinsurance formula.

6. Location – a policy may cover perils which strike only

ein- oder ausgeschlossen sein. Die Einheits-*Feuerversicherungspolice* z. B. benennt spezifische Gefahren wie Brand und Blitzschlag; die → Globalrisiko-Police deckt alle Einheiten ab, außer wenn sie besonders ausgeschlossen sind.

2. Vermögensgegenstand: Eine Police kann nur bestimmte oder aufgelistete Vermögensgegenstände, wie etwa ein Kraftfahrzeug, abdecken; das gesamte persönliche Vermögen eines Versicherten bis zu einer bestimmten Höhe für jeden Gegenstand, unabhängig von dessen Standort (→ Pauschalversicherung für Privateigentum), oder das gesamte Vermögen eines Versicherten ohne spezifische Höchstgrenze (→ Pauschalpolice).

3. Person: Die abgedeckte Person muß als *benannter Versicherter* in einer Police identifiziert werden können. Zu den Bewohnern des Haushaltes, die auch abgedeckt sind, gehören der Ehepartner, Verwandte von beiden, jeder unter 21, der sich in der Obhut, im Gewahrsam und unter der Kontrolle des Versicherten befindet.

4. Zeitdauer: Policen werden gewöhnlich für ein Jahr abgeschlossen; eine Privat-Kfz-Police läuft normalerweise sechs Monate.

5. *Höchstgrenzen:* Höchstgrenzen werden als Nennwert in der Police angegeben. Der Versicherer zahlt nie mehr als den geringeren der folgenden Beträge: die in der Police angegebenen Höchstgrenzen, den tatsächlichen Barwert des zerstörten oder beschädigten Gegenstandes oder den sich aus der Mitversicherungsformel ergebenden Betrag.

6. Standort: Die Police kann Gefahren abdecken, die nur das Betriebsgelände des Versicherten betreffen, oder sie kann Versicherungsschutz außerhalb dieses

the premises of the insured, or it may provide off-premises coverage subject to a geographic restriction. For example, the personal automobile policy covers only the U.S. and Canada.

7. → Hazard – the exclusions and suspension section states that if the insured increases a covered hazard the company can suspend or exclude the coverage. For example, the insured starts processing explosives at home.

8. → Loss – insurance contracts cover either direct or indirect (→ Consequential) loss. For example, a homeowners policy covers damage due to the direct loss by fire, lightning, and other perils. It does not cover consequential losses such as loss of income by an insured who is unable to go to work because of fatigue.

Geländes unter dem Vorbehalt einer geographischen Beschränkung bieten. Die Privat-Kfz-Police z. B. deckt nur die Vereinigten Staaten und Kanada ab.

7. → Gefahr: Der Ausschlüsse- und Aussetzungsteil besagt, daß, wenn der Versicherte eine abgedeckte Gefahr steigert, die Gesellschaft den Versicherungsschutz aussetzen oder ausschließen kann. Ein Versicherter beginnt beispielsweise damit, explosive Materialien zu Hause zu verarbeiten.

8. → Schaden: Versicherungsverträge, die entweder einen direkten oder indirekten Schaden (→ Folgeschaden) abdecken. Eine Hausbesitzerpolice z. B. deckt Schäden wegen eines direkten Schadens durch Feuer, Blitzschlag und sonstige Gefahren ab. Folgeschäden, wie Einkommensverlust eines Versicherten, der wegen Müdigkeit nicht in der Lage ist, zur Arbeit zu gehen, deckt sie nicht ab.

**Proportional Reinsurance**

System whereby the reinsurer shares losses in the same proportion as it shares premium and policy amounts. Proportional reinsurance may be divided into the two basic forms: → Automatic Proportional Reinsurance and *facultative proportional reinsurance*. → Reinsurance

**Proportionale Rückversicherung**

System, wobei ein Rückversicherer an Schäden im gleichen Verhältnis teilhat wie an den Prämien und den Policenbeträgen. Die proportionale Rückversicherung kann in zwei Grundformen unterteilt werden: die → Automatische proportionale Rückversicherung und die *fakultative proportionale Rückversicherung*. → Rückversicherung

**Proposal Bond**
→ Bid Bond

**Angebotsgarantie**
→ Bietungsgarantie

## Proposition 103: California

Legislation mandating that factors taken into account in the calculation of premium rates for automobile insurance include the insured's driving record, annual miles driven, and years of driving experience. Excluded from consideration is territorial rating. Also included in the provision is a required discount of 20% for being a good driver. The Proposition repeals previous laws which prohibited insurance brokers and agents from → Rebating premiums or commissions as an inducement to prospective insureds to purchase insurance from them. Also repealed by the Proposition was the law which prohibited banks from becoming licensed to sell insurance. The Proposition requires California to be a prior-approval state for any rate changes concerning automobile insurance, as well as to submit certain specified rate-change requests to a public hearing.

## Proprietary Insurer

For-profit insurance company, such as a mutual or stock company or → Lloyd's of London association. Proprietary insurers contrast with cooperative insurers, or Blue Cross/Blue Shield plans, or → Fraternal Life Insurance Organizations.

## Vorschlag 103: Kalifornien

Gesetzgebung, die fordert, daß die Faktoren, die bei der Kalkulation von Prämientarifen für Kraftfahrzeugversicherung berücksichtigt werden, die bisherigen Fahrleistungen des Versicherten, die Meilen, die pro Jahr gefahren werden, und die Fahrpraxis in Jahren einschließen müssen. Von der Berücksichtigung ausgeschlossen wird die territoriale Prämienfestsetzung. Die Bestimmung schließt auch einen geforderten Rabatt von 20% für einen guten Fahrer ein. Der Vorschlag setzt vorhergehende Gesetze außer Kraft, die es Versicherungsmaklern und -agenten verboten, durch → Rabattgewährung auf Prämien oder Provisionen den potentiellen Versicherten dahingehend zu beeinflussen, eine Versicherung bei ihnen abzuschließen. Auch das Gesetz, das es Banken untersagte, sich für den Verkauf von Versicherungen lizenzieren zu lassen, wurde durch den Vorschlag außer Kraft gesetzt. Der Vorschlag fordert von Kalifornien, ein Staat mit vorheriger Genehmigung für alle die Kraftfahrzeugversicherung betreffenden Tarifänderungen zu sein sowie bestimmte spezifizierte Anträge auf Tarifänderung einer öffentlichen Anhörung zu unterwerfen.

## Prämienversicherer

Nach Gewinn strebende Versicherungsgesellschaft wie ein Versicherungsverein auf Gegenseitigkeit oder eine Versicherungsgesellschaft auf Aktien oder die Vereinigung → Lloyd's of London. Prämienversicherer bilden einen Gegensatz zu genossenschaftlichen Versicherern, den Blue Cross-/Blue Shield-Systemen oder → Bruderschaftslebensversicherungs-Organisationen.

## Pro Rata
→ Pro Rata Cancellation; → Pro Rata Distribution Clause; → Pro Rata Liability Clause; → Pro Rata Reinsurance

## Pro Rata Cancellation
Revocation of a policy by an insurance company, which returns to the policyholder the *unearned premium* (the portion of the premium for the remaining time period that the policy will not be in force). There is no reduction for expenses already paid by the insurer for that time period. → Short Rate Cancellation

## Pro Rata Distribution Clause
Provision in many property insurance policies that automatically distributes coverage over insured property at various locations in proportion to their value. For example, if an insured buys a $ 100,000 policy to cover three properties worth $ 75,000, $ 30,000 and $ 20,000, the insurance (which would not be enough to cover a total loss) would be distributed in the same manner. If the $ 75,000 property were totally destroyed, the insured would receive 60% of the value of the insurance, or $ 60,000, because that property represents 60% of the covered property. If the insured buys adequate coverage, this clause is important because

## Anteilig
→ Anteilige Kündigung; → Anteilige Deckungsklausel; → Anteilmäßige Haftpflichtklausel; → Anteilmäßige Rückversicherung

## Anteilige Kündigung
Widerruf einer Police durch eine Versicherungsgesellschaft, die *nicht verdiente Prämien* (den Teil der Prämie, für den verbleibenden Zeitraum, in dem die Police nicht in Kraft sein wird) an den Policenbesitzer zurückzahlt. Es erfolgt keine Reduzierung für Gebühren, die für diesen Zeitraum bereits vom Versicherer gezahlt worden sind. → Kündigung mit gekürzter Prämienrückerstattung

## Anteilige Deckungsklausel
Bestimmung bei vielen Sachversicherungspolicen, die den Versicherungsschutz für das versicherte Vermögen an verschiedenen Standorten automatisch im Verhältnis zu dessen Wert verteilt. Wenn ein Versicherter zum Beispiel eine Police über US$ 100.000 abschließt, die drei Standorte im Werte von US$ 75.000, US$ 30.000 und US$ 20.000 abdecken soll, so würde die Versicherung (die nicht ausreichen würde, um einen Totalschaden abzudecken) in gleicher Weise verteilt werden. Würde der Besitz im Wert von US$ 75.000 total zerstört, würde der Versicherte 60% des Versicherungswertes erhalten oder US$ 60.000, weil dieser Besitz 60% des abgedeckten Vermögens darstellt. Wenn der Versicherte einen angemessenen Versicherungsschutz abschließt, ist diese Klausel wichtig, weil sie die Versicherung so auf verschiedene

it can spread the insurance to different locations as inventories decrease or increase, rather than forcing the insured to constantly revise the coverage. → Double Recovery

**Pro Rata Liability Clause**
Provision in many property insurance policies that spreads the obligation to pay a claim among various insurers covering that claim in proportion to the insurance each has written on the property. For example, there are three different policies covering a $ 130,000 building. Co. A wrote a $ 60,000 policy, Co. B a $ 50,000 policy, and Co. C. a $ 20,000 policy. A fire results in $ 25,000 damage. The loss would be spread in the same ratio as the coverage: Co. A's share would be $ 11,750, or 47%, Co. B would pay $ 9,500, or 38%; and Co. C would pay $ 3,750, or 15%. One purpose of this clause is to prevent an insured from capitalizing on a loss. In the case cited, the insured could collect the full amount ($ 25,000) twice from the first two insurers, and $ 20,000 from the third, giving him $ 70,000 to cover a $ 25,000 loss.

**Pro Rata Rate**
Premium rate charged for a particular time interval which

Standorte verteilen kann, je nachdem, wie die Lagerbestände ab- oder zunehmen, statt den Versicherten zu zwingen, den Versicherungsschutz ständig zu überprüfen. → Doppelte Rückvergütung

**Anteilmäßige Haftpflichtklausel**
Bestimmung bei vielen Sachversicherungspolicen, die die Verpflichtung, einen Anspruch zu zahlen, unter verschiedenen Versicherern im Verhältnis zu der von jedem für den Vermögensgegenstand gezeichneten Versicherung verteilt. Es gibt z.b. drei verschiedene Policen, die ein Gebäude im Wert von US$ 130.000 abdecken. Gesellschaft A zeichnete eine Police über US$ 60.000, Gesellschaft B zeichnete eine Police über US$ 50.000, Gesellschaft C zeichnete eine Police über US$ 20.000. Ein Brand hat einen Schaden von US$ 25.000 zur Folge. Der Schaden würde im gleichen Verhältnis wie der Versicherungsschutz verteilt: Der Anteil von Gesellschaft A würde US$ 11.750 oder 47% betragen, Gesellschaft B würde US$ 9.500 oder 38% bezahlen, Gesellschaft C würde US$ 3.750 oder 15% bezahlen. Zweck dieser Klausel ist es, den Versicherten daran zu hindern, Kapital aus einem Schaden zu schlagen. In dem zitierten Fall könnte der Versicherte den vollständigen Betrag (US$ 25.000) zweimal von den ersten beiden Versicherern und US$ 20.000 vom dritten Versicherer kassieren, was ihm US$ 70.000 einbrächte, um einen Schaden von US$ 25.000 abzudecken.

**Anteilige Prämie**
Für eine bestimmte Zeitspanne, die kürzer ist als der normale Zeitraum, in Rechnung

is less than the normal time interval. For example, if the time interval of coverage is 1 month, the premium due each month would be one-twelfth of the annual premium payment.

gestellter Prämientarif. Wenn der Deckungszeitraum einen Monat beträgt, würde die jeden Monat fällige Prämie ein Zwölftel der jährlichen Prämienzahlung betragen.

**Pro Rata Reinsurance**
→ Proportional Reinsurance;
→ Quota Share Reinsurance;
→ Surplus Reinsurance

**Anteilmäßige Rückversicherung**
→ Proportionale Rückversicherung; → Quotenrückversicherung; → Exzedentenrückversicherung

**Proration**
→ Pro Rata Cancellation; → Pro Rata Liability Clause

**Anteilmäßige Aufteilung**
→ Anteilige Kündigung; → Anteilmäßige Haftpflichtklausel

**Proration of Coverage**
→ Other Insurance Clause

**Anteilige Aufteilung des Versicherungsschutzes**
→ Klausel über sonstige Versicherungen

**Prospect**
Individual or organization that is a potential purchaser of an insurance product.

**Voraussichtlicher Kunde**
Einzelperson oder Organisation, die einen potentiellen Käufer eines Versicherungsproduktes darstellt.

**Prospecting**

Soliciting of customers for the purchasing of an insurance product. → Prospect

**Nach potentiellen Kunden Ausschau halten**
Beratung von Kunden für den Kauf eines Versicherungsproduktes. → Voraussichtlicher Kunde

**Prospective Computation**
→ Prospective Rating

**Vorausschauende Berechnung**
→ Vorausschauende Prämienfestsetzung

**Prospective Experience Rating**
→ Prospective Rating

**Vorausschauende Erfahrungsbeurteilung**
→ Vorausschauende Prämienfestsetzung

**Prospective Rating**
Determination of (1) a future property or liability insurance

**Vorausschauende Prämienfestsetzung**
Bestimmung (1) eines zukünftigen Sach- oder Haftpflichtversicherungstarifes,

or reinsurance rate or (2) a premium for a specified future period of time. It is based on the loss experience of a specified past period of time.

### Prospective Reserve

Amount designated as a future liability for life or health insurance to meet the difference between future benefits and future premiums. → Net Level Premium is determined so that this basic relationship holds: the present value of a future premium equals the present value of a future benefit. This relationship, incidentally, exists in fact only at the point of issuance of a life insurance policy. After that, the value of future premiums is less than the value of future benefits because fewer premiums are left to be paid. Thus, a reserve must be maintained at all times to make up this difference.

### Prospective Valuation

Calculations involving the → Mortality Rate of a company's insureds and the rate of return on the company's investments. It is used in calculating the → Prospective Reserve.

### Protected Risk

Property to be insured, or that is insured, which is located within the specific geographical region falling under the auspices of the fire department.

eines Rückversicherungstarifes oder (2) einer Prämie für eine bestimmte zukünftige Zeitdauer. Sie basiert auf der Schadenserfahrung eines bestimmten Zeitraums in der Vergangenheit.

### Vorausschauende Rückstellung

Betrag, der als zukünftige Verbindlichkeit für eine Lebens- oder Krankenversicherung vorgesehen ist, um die Differenz zwischen zukünftigen Leistungen und zukünftigen Prämien auszugleichen. Es wird eine → Gleichbleibende Nettoprämie bestimmt, so daß die Grundbeziehung gilt: Der Kapitalwert einer zukünftigen Prämie entspricht dem Kapitalwert einer zukünftigen Leistung. Dieses Verhältnis besteht übrigens nur zum Zeitpunkt der Ausgabe einer Lebensversicherungspolice. Danach ist der Wert der zukünftigen Prämien geringer als der Wert der zukünftigen Leistungen, weil weniger Prämien zu zahlen bleiben. Somit muß zu jeder Zeit eine Reserve aufrechterhalten werden, um diese Differenz auszugleichen.

### Vorausschauende Bewertung

Berechnungen, die die → Sterblichkeitsziffer der Versicherten einer Gesellschaft und die Ertragsrate des investierten Kapitals der Gesellschaft beinhalten. Sie wird bei der Berechnung der → Vorausschauenden Rückstellung verwendet.

### Geschütztes Risiko

Ein zu versichernder oder versicherter Vermögensgegenstand, der sich in einer bestimmten geographischen Region befindet, die unter den Zuständigkeitsbereich einer Feuerwehr fällt.

## Protection
→ Coverage

## Protection and Indemnity Insurance (P&I)
Broad type of marine legal liability coverage. → Hull Marine Insurance is limited to an insured ship. With the addition of a → Running Down Clause, a policy can be extended to cover liability in case of collision with another ship. But many shipowners desire the much broader coverage offered by protection and indemnity insurance since it covers the ship operator for liability to crew members and other people on board, damage to fixed objects like docks, and other miscellaneous claims.

## Protective Liability Insurance
→ Owners and Contractors Protective Liability Insurance

## Provisional Premium (Rate)
→ Deposit Premium

## Proximate Cause
→ Direct Loss

## Prudent Man Rule
→ Tort, Unintentional

## Public Adjuster
Representative of an insurance claimant in situations only

## Schutz
→ Versicherungsschutz

## Seerechtliche Reederhaftpflichtversicherung
Breiter Typ des gesetzlichen Marinehaftpflichtversicherungsschutzes. Die → Schiffskaskoversicherung ist auf das versicherte Schiff beschränkt. Durch Zusatz der → Kollisionsklausel kann eine Police erweitert werden, um die Haftpflicht im Falle einer Kollision mit einem anderen Schiff mitabzudecken. Aber viele Schiffsbesitzer wünschen den viel breiteren Versicherungsschutz der seerechtlichen Reederhaftpflichtversicherung, da sie den Betreiber für die Haftpflicht gegenüber Mitgliedern der Mannschaft und anderen Personen an Bord, Beschädigung an festen Gegenständen wie Docks und sonstigen verschiedenartigen Ansprüchen abdeckt.

## Schutzhaftpflichtversicherung
→ Eigentümer- und Unternehmerschutzhaftpflichtversicherung

## Vorläufige(r) Prämie(ntarif)
→ Prämieneinlage

## Unmittelbare Ursache
→ Direkter Schaden

## Regel des einsichtigen Menschen
→ Straftat, Unbeabsichtigte

## Öffentlicher Schadenssachverständiger
Vertreter eines Versicherungsanspruchstellers nur in Situationen, in denen ein

where an adjuster can act for an insurance company or an insured. → Adjuster, Staff

**Public Employees Blanket Bond**
Fidelity bond provided under a → Blanket Position Bond (in which each position is covered on an individual basis) or a → Commercial Blanket Bond (in which a loss is covered on a blanket basis regardless of the number of employees causing the loss) for employees of public institutions and agencies.

**Public Law 15**
→ McCarran-Ferguson Act (Public Law 15)

**Public Law 87-311**
1961 Federal legislation that allows the U.S. Export-Import Bank to set up insurance protection for U.S. exporters against credit risk and political risk in order to help make U.S. exports more competitive and bolster the U.S. trade balance. The *Foreign Credit Insurance Association* oversees the insurance program, which is written by private insurers.

**Public Law 91-156**
1969 Federal legislation requiring states to treat national

Schadenssachverständiger für eine Versicherungsgesellschaft oder einen Versicherten handeln kann. → Schadenssachverständiger, Personal

**Globalversicherungsschein für öffentliche Bedienstete**
Kaution gegen Veruntreuung bei einem → Blankettversicherungsschein mit getrenntem Deckungslimit pro Arbeitnehmer (bei dem jede Position auf individueller Grundlage abgedeckt ist) oder einem → Blankettversicherungsschein für Versicherungsdelikte von Betriebsangehörigen (bei dem ein Schaden auf einer Pauschalgrundlage unabhängig von der Anzahl der Arbeitnehmer, die den Schaden verursachen, abgedeckt ist) für Arbeitnehmer öffentlicher Institutionen und Behörden zur Verfügung gestellt wird.

**Öffentliches Gesetz 15**
→ McCarran-Ferguson Gesetz (öffentliches Gesetz 15)

**Öffentliches Gesetz 87-311**
Bundesgesetzgebung von 1961, die es der US Export-Import Bank erlaubt, Versicherungsschutz für US-amerikanische Exporteure gegen Kreditrisiko und politisches Risiko einzuführen, um US-Exporte wettbewerbsfähiger zu machen und die Handelsbilanz der Vereinigten Staaten zu unterstützen. Die *Foreign Credit Insurance Association* (Auslandskreditversicherungsvereinigung) überwacht das Versicherungsprogramm, das von privaten Versicherern gezeichnet wird.

**Öffentliches Gesetz 91-156**
Bundesgesetzgebung, die von den Staaten verlangt, nationale Banken, einschließlich

banks, including those whose principal offices are out of state, the same way for tax purposes as they treat their own state-chartered banks.

### Public Law 92-500
Amendments to the → Water Quality Improvement Act of 1970 that extends liability of shipowners to any hazardous substances discharged by their ships. The 1970 act made shipowners responsible for cleanup of oil spills. Public Law 92-500 (the Federal Water Pollution Control Act Amendments of 1972) extended responsibility to other hazardous substances.

### Public Liability Insurance
Very broad term for insurance covering liability exposures for individuals and business owners. It provides broad coverage, generally including all exposures for property damage and bodily injury, except exposures that relate to ownership of airplanes and automobiles, and to employees. Liability insurance may be written to cover specified hazards, as a → Comprehensive General Liability Insurance (CGL) policy, → Package Policy, or → Scheduled Policy.

### Public Official Bond
Type of → Surety Bond that guarantees the performance of

jenen, deren Hauptverwaltungen sich außerhalb des Staates befinden, zu Steuerzwecken genauso zu behandeln wie ihre eigenen, vom Staat konzessionierten Banken.

### Öffentliches Gesetz 92-500
Änderungen am → Gesetz zur Verbesserung der Wasserqualität aus dem Jahre 1970, das die Haftpflicht von Schiffseignern auf alle gefährlichen Substanzen, die von ihren Schiffen entladen werden, ausweitet. Das Gesetz von 1970 machte Schiffseigner für die Reinigung ausgelaufenen Öls verantwortlich. Das öffentliche Gesetz 92-500 (die Änderungen des Bundesgesetzes zur Kontrolle der Wasserverschmutzung aus dem Jahre 1972) weitete die Verantwortung auf sonstige gefährliche Substanzen aus.

### Haftpflichtversicherung
Sehr weiter Begriff für Versicherungsschutz, der Haftpflichtgefährdungen für Einzelpersonen und Geschäftsbesitzer abdeckt. Sie bietet breiten Versicherungsschutz, der im allgemeinen alle Gefährdungen aufgrund von Sachbeschädigung und Körperverletzung einschließt, außer Gefährdungen, die sich auf den Besitz von Flugzeugen und Kraftfahrzeugen und auf Arbeitnehmer beziehen. Eine Haftpflichtversicherung kann abgeschlossen werden, um spezifizierte Gefahren abzudecken, wie eine → Allgemeine Haftpflichtversicherungs-Police, eine → Sammelpolice oder → Gegliederte Police.

### Kaution für Staatstreuhänder
Art von → Kautionsversicherung, die die Leistung von öffentlichen Beamten ga-

public officials. Public officials are responsible for a broad range of property including fees that they collect, money they handle, and bank accounts that they oversee. They may also be held responsible for misdeeds that result in a loss of public funds by those they supervise. In some cases coverage is available for an entire group of employees under a → Public Employees Blanket Bond.

## Public Risk and Insurance Management Association (PRIMA)
Organization based in Washington, D.C., which is composed of risk and insurance managers of various public entities, to include municipalities and school boards.

## Public Truckmens Legal Liability Form
→ Inland Marine policy that covers truck drivers for loss or damage to merchandise they haul. The Interstate Commerce Commission requires this coverage for trucks engaged in interstate commerce.

## Punitive Damages
→ Liability, Civil Damages Awarded

---

rantiert. Öffentliche Beamte sind verantwortlich für ein breites Spektrum von Vermögensgegenständen, einschließlich Gebühren, die sie kassieren, Geld, mit dem sie umgehen, und Bankkonten, die sie überwachen. Sie können auch für Fehlhandlungen verantwortlich gemacht werden, die einen Verlust öffentlicher Finanzmittel durch jene, die sie überwachen, zur Folge haben. In einigen Fällen ist Versicherungsschutz für eine ganze Gruppe von Angestellten unter einem → Globalversicherungsschein für öffentliche Bedienstete erhältlich.

## Public Risk and Insurance Management Association (PRIMA)
(Öffentliche Risiko- und Versicherungsmanagementvereinigung) – Organisation mit Sitz in Washington, D.C., die sich aus Risiko- und Versicherungsmanagern verschiedener öffentlicher Einrichtungen, einschließlich Stadtgemeinden und Schulbehörden, zusammensetzt.

## Gesetzliche Haftpflichtversicherung für Lkw-Fahrer
→ Binnentransport-Police, die Lkw-Fahrer gegen Verlust oder Beschädigung von Handelsware, die sie befördern, abdeckt. Die Interstate Commerce Commission (zwischenstaatliche Handelskommission) fordert diesen Versicherungsschutz für Lastkraftwagen, die am zwischenstaatlichen Handel beteiligt sind.

## Bußgeld
→ Haftpflicht, zuerkannter zivilrechtlicher Schadenersatzanspruch

## Pup Company
Subsidiary, smaller company which is owned and controlled by a much larger company. In many instances pup companies are used to write → Special Risk Insurance for which the larger company does not have → Underwriting facilities.

## Purchase
→ Ownership Rights under Life Insurance; → Policyholder

## Purchase Price
Cost of an → Annuity. Annuities are often paid for in a lump sum rather than annual or other periodic payments. This sum, which guarantees an income, usually for life, is called the *purchase price* rather than the → Premium, which is generally associated with payments for insurance.

## Purchasing Group
→ Group Health Insurance; → Group Life Insurance; → Mass Merchandising; → Mass Underwriting; → Master Policy

## Pure
→ Pure Annuity; → Pure Endowment; → Pure Premium Rating Method; → Pure Risk

## Pure Amount of Protection
→ Net Amount at Risk

## Pup Company
Tochtergesellschaft, kleinere Gesellschaft, die Eigentum einer viel größeren Gesellschaft ist und von dieser kontrolliert wird. In vielen Fällen werden ‚pup companies' benutzt, um → Versicherungen für ein besonderes Risiko abzuschließen, für die die größere Gesellschaft über keine → Zeichnungs-Möglichkeiten verfügt.

## Kauf
→ Eigentümerrechte bei einer Lebensversicherung; → Policenbesitzer

## Kaufpreis
Kosten einer → Rente. Renten werden häufig mit einem Pauschalbetrag anstelle jährlicher oder sonstiger periodischer Zahlungen bezahlt. Diese Summe, die ein lebenslanges Einkommen garantiert, wird als *Kaufpreis* statt als → Prämie, die allgemein mit Zahlungen für eine Versicherung assoziiert wird, bezeichnet.

## Einkaufsgemeinschaft
→ Gruppenkrankenversicherung; → Gruppenlebensversicherung; → Massenabsatzförderung; → Massenzeichnung; → Rahmenpolice

## Rein
→ Reine Rente; → Kapitalversicherung auf den Überlebensfall; → Nettoprämienfestsetzungsmethode; → Reines Risiko

## Reine Schutzhöhe
→ Nettorisikobetrag

## Pure Annuity

Contract sold by insurance companies that pays a monthly (quarterly, semiannual, or annual) income benefit for the life of a person (the → Annuitant). The annuitant can never outlive the income from the annuity. Upon the death of the annuitant all income payments cease. There are no beneficiary benefits under this type of annuity. Contrast with → Refund Annuity.

## Pure Assignment Mutual Insurance Company
→ Assessable Mutual

## Pure Endowment

Life insurance policy under which its face value is payable only if the insured survives to the end of the stated endowment period; no benefit is paid if the insured dies during the endowment period. Few if any of these policies are sold today. Contrast with → Endowment Insurance.

## Pure Loss Cost Ratio
→ Burning Cost Ratio

## Pure Premium
→ Pure Premium Rating Method

## Reine Rente

Von Versicherungsgesellschaften verkaufter Vertrag, der eine monatliche (vierteljährliche, halbjährliche oder jährliche) Einkommenszahlung, solange eine Person (der → Rentenempfänger) lebt, bietet. Der Rentenempfänger kann das Einkommen aus einer Rente nie überleben. Bei Tod des Rentenempfängers hören alle Einkommenszahlungen auf. Bei diesem Typ von Rente gibt es keine Begünstigtenleistungen. Gegensatz zur → Rente mit Rückerstattung nicht erschöpfter Prämienzahlungen.

## Reiner Zuteilungsversicherungsverein auf Gegenseitigkeit
→ Nachschußpflichtige Versicherung auf Gegenseitigkeit

## Reine Kapitalversicherung auf den Erlebensfall

Lebensversicherungspolice, bei der ihr Nennwert nur dann zahlbar ist, wenn der Versicherte das Ende des angegebenen Erlebensfallzeitraums überlebt. Stirbt der Versicherte während des Erlebensfallzeitraums, wird keine Leistung gezahlt. Wenn überhaupt, dann werden heute nur noch wenige dieser Policen verkauft. → Versicherung auf den Erlebensfall

## Reine Schadenskostenquote
→ Burning Cost Ratio

## Nettoprämie
→ Nettoprämienfestsetzungsmethode

## Pure Premium Rating Method

Approach that reflects losses expected. It is a calculation of the pure cost of property or liability insurance protection without loadings for the insurance company's expenses, premium taxes, contingencies, and profit margins. The pure premium is calculated according to the relationship:

Pure Premium =  Total Amount of Losses (and Loss Adjustment Expenses) Incurred per Year
_____
Number of Units of Exposure

## Pure Risk

Situation involving a chance of a loss or no loss, but no chance of gain. For example, either one's home burns or it does not; this risk is insurable. → Standard Risk

## Pyramiding

Situation in which several liability insurance policies are in force to cover the same risk thereby resulting in higher limits of coverage than is required to adequately insure the risk.

## Nettoprämienfestsetzungsmethode

Ansatz, der die erwarteten Schäden widerspiegelt. Es handelt sich um eine Berechnung der reinen Kosten des Sach- oder Haftpflichtversicherungsschutzes, ohne Zuschläge für die Ausgaben einer Versicherungsgesellschaft für die Prämiensteuern, für Nebenausgaben und Gewinnmargen. Die Nettoprämie wird nach dem folgenden Verhältnis berechnet:

Nettoprämie =
Gesamtbetrag der pro Jahr erlittenen Schäden (und Ausgaben der Schadensbereinigung)
_____
Anzahl der Gefährdungseinheiten

## Reines Risiko

Situation, die die Möglichkeit eines Schadens oder keines Schadens beinhaltet, aber keine Gewinnchance. Ein Haus brennt z. B. nieder oder auch nicht; dieses Risiko ist versicherbar. → Standardrisiko

## Verschachtelung

Situation, in der mehrere Haftpflichtversicherungspolicen in Kraft sind, um das gleiche Risiko abzudecken, was höhere Versicherungsschutzgrenzen als zur angemessenen Versicherung des Risikos erforderlich zur Folge hat.

# Q

## Q Schedule
Provision of the → New York Insurance Code and regulations under which (1) the life insurance company must file with the Insurance Commissioner all expenses associated with selling new life insurance policies; and (2) a limit is set on expenses to acquire new business.

The expense limitation serves to restrict agent commissions in New York State. This is one important reason why many national insurance companies do not sell life insurance in New York, or why some organize subsidiary companies for the sole purpose of conducting life insurance business only in New York. Many life insurance companies feel the expense limitation too restrictive to attract brokerage business.

## Quadruple Indemnity
→ Accidental Death Clause

## Qualified Impairment Insurance
Waiver of an impairment of an applicant for health insurance by attaching an → Endorsement to the health insurance

## Zusatzartikel Q
Bestimmung der → Versicherungsordnung des Staates New York und der Vorschriften, nach denen (1) die Lebensversicherung dem Regierungsbevollmächtigten für Versicherungen alle mit dem Verkauf neuer Lebensversicherungspolicen verbundene Kosten einreichen muß, und (2) eine Begrenzung der Ausgaben für die Akquisition neuer Geschäfte besteht.

Die Ausgabenbegrenzung dient dazu, die Agentenprovisionen im Staat New York zu beschränken. Dies ist ein wichtiger Grund, warum viele nationale Versicherungsgesellschaften keine Lebensversicherungen in New York verkaufen oder warum einige Tochtergesellschaften organisieren, zu dem alleinigen Zweck, das Lebensversicherungsgeschäft nur in New York durchzuführen. Viele Lebensversicherungsgesellschaften empfinden die Ausgabenbeschränkung als zu restriktiv, um Maklergeschäfte anzuziehen.

## Vierfache Entschädigung
→ Unfalltodklausel

## Qualifizierte Anomalieversicherung
Verzichtserklärung für eine Beeinträchtigung durch einen Antragsteller für eine Krankenversicherung durch Hinzufügen eines → Nachtrages zur Krankenversi-

policy stating that the policy will pay no benefits in connection with the impairment. This waiver enables an applicant, who otherwise would not qualify, to be insured. → Substandard Health Insurance (Qualified Impairment Insurance)

cherungspolice, der besagt, daß die Police keine Leistungen im Zusammenhang mit der Beeinträchtigung zahlen wird. Dieser Verzicht versetzt einen Antragsteller, der andernfalls nicht versicherbar wäre, in die Lage, versichert zu werden. → Risikokrankenversicherung (Qualifizierte Anomalieversicherung)

**Qualified Joint and Survivor Annuity**
→ Annuity, Joint-Life and Survivorship Annuity; → Pension Plan

**Qualifizierte gemeinsame Überlebensrente**
→ Rente; → Gemeinsame Überlebensrente; → Pensionssystem

**Qualified Pension Plan**
→ Pension Plan

**Steuerbegünstigtes Pensionssystem**
→ Pensionssystem

**Qualified Terminable Interest Property (Q TIP) Trust**

Strategy which provides that all income from assets in trust be paid at least annually for the life of the surviving spouse. This trust, which prohibits transfer of any assets to anyone else, can provide for the surviving spouse to will the property to one or more individuals among a group previously designated by the deceased spouse. For example, a husband establishes a Q TIP trust that gives his widow income for life. At the death of the wife, the corpus of the Q TIP trust will go the children, even though the corpus is part of the wife's estate. Since the hus-

**Steuerbegünstigtes Treuhandvermögen mit terminierbarem vermögensrechtlichem Anspruch**
Strategie, die vorsieht, daß das gesamte Einkommen aus den Aktiva eines Treuhandvermögens, solange der hinterbliebene Ehepartner lebt, wenigstens jährlich gezahlt wird. Dieses Treuhandvermögen, das die Übertragung von Vermögensteilen an irgend jemand anderen verbietet, kann dafür sorgen, daß der hinterbliebene Ehepartner das Vermögen an eine oder mehrere Personen innerhalb einer Gruppe, die zuvor von dem verstorbenen Ehepartner bestimmt worden war, vererbt. Z.B: Ein Mann richtet ein steuerbegünstigtes Treuhandvermögen mit terminierbarem vermögensrechtlichem Anspruch ein, das seiner Witwe ein lebenslanges Einkommen sichert. Nach dem Tod der Frau geht das Stammkapital des Treuhandvermögens an die Kinder, auch wenn das

band elects how much of the estate is to be treated as Q TIP property, the estate tax strategy is to have only that portion of Q TIP property necessary to achieve zero estate death tax. → Estate Planning; → Estate Planning Distribution

Stammkapital Teil des Nachlasses der Frau ist. Da der Mann entschieden hat, wieviel vom Nachlaß als Vermögen des steuerbegünstigten Treuhandvermögens mit terminierbarem vermögensrechtlichem Anspruch zu behandeln ist, besteht die Nachlaßsteuerstrategie darin, nur den Teil des steuerbegünstigten Treuhandvermögens mit terminierbarem vermögensrechtlichem Anspruch zu haben, der notwendig ist, um eine Erbschaftsteuer von Null zu erreichen. → Nachlaßplanung; → Nachlaßverteilungplanung

### Quantity Discount
→ Group Insurance; → Mass Merchandising

### Mengenrabatt
→ Gruppenversicherung; → Massenabsatzförderung

### Quick Assets
Liquid property that can be converted easily to cash. For example, a policyowner can borrow readily against the cash value of a life insurance policy. → Policy Loan

### Aktiva hoher Liquiditätsstufe
Liquides Vermögen, das leicht in Bargeld umgewandelt werden kann. Ein Policeninhaber z. B. kann leicht gegen den Barwert einer Lebensversicherungspolice Geld leihen. → Policendarlehn

### Quid Pro Quo
Exchange, in insurance, of an adequate *consideration* (premium paid by an insured) for the promise of an insurance company to pay benefits in the event the insured incurs a loss.

### Gegenleistung
Bei einer Versicherung Austausch eines angemessenen *Gegenwertes* (durch einen Versicherten gezahlte Prämie) für das Versprechen einer Versicherungsgesellschaft, Leistungen für den Fall zu erbringen, daß der Versicherte einen Schaden erleidet.

### Quota Share Reinsurance
Automatic reinsurance which requires the insurer to transfer and the reinsurer to accept a given percentage of every risk within a defined category of business written by the insurer.

### Quotenrückversicherung
Automatische Rückversicherung, die vom Versicherer verlangt, einen bestimmten Prozentsatz eines jeden Risikos innerhalb einer definierten Geschäftskategorie, die vom Versicherer gezeichnet wird, zu übertragen und vom Rückversicherer,

For example, in the case of a 20% quota share, the insurer transfers 20% of its liability and premiums on every risk to the reinsurer, who must pay 20% of any loss sustained, whether total or partial. The percentage is constant throughout and applies to premiums and losses alike. → Reinsurance

diesen zu akzeptieren. Im Falle einer anteiligen Quote von 20% z.B. überträgt der Versicherer 20% seiner Haftung und Prämien eines jeden Risikos an den Rückversicherer, der 20% eines jeden erlittenen Schadens zahlen muß, egal, ob es sich dabei um einen Total- oder einen Teilschaden handelt. Der Prozentsatz bleibt stets konstant und trifft in gleicher Weise auf Prämien und Verluste zu. → Rückversicherung

# R

### Rabbi Trust
→ Trust named from a private-letter ruling by the IRS which involved a trust established by a Jewish congregation on behalf of its rabbi. The operation of the trust involves the employer's making contributions to the trust which are irrevocable. An independent trustee has control of the trust and must pay benefits from it if a stipulated event occurs, such as the death, disability, or retirement of the employee. If the employer becomes bankrupt or insolvent, the funds held in the trust are subject to the claims of the employer's creditors. The employer cannot take income tax deductions for its contributions to the trust until the funds in the trust are actually distributed to the employee.

### Racketeer Influenced and Corrupt Organizations Act of 1970 (RICO)
Legislation that provides support for legal actions against individuals or organizations involved in systematic illegal

### Rabbi-Treuhandvermögen
Nach einer vertraulichen Briefentscheidung durch den IRS (Einkommensteuerverwaltung) benanntes → Treuhandvermögen, das ein Treuhandvermögen, das von einer jüdischen Kongregation im Namen ihres Rabbis eingerichtet worden war, beinhaltete. Das Betreiben des Treuhandvermögens beinhaltet, daß der Arbeitgeber Beiträge zum Treuhandvermögen leistet, die unwiderruflich sind. Ein unabhängiger Treuhänder hat die Kontrolle über das Treuhandvermögen und muß Leistungen aus dem Treuhandvermögen bezahlen, wenn ein festgelegtes Ereignis, wie der Tod, Invalidität oder Pensionierung des Arbeitnehmers eintritt. Geht der Arbeitgeber in Konkurs oder wird er zahlungsunfähig, so unterliegen die Finanzmittel des Treuhandvermögens den Forderungen der Gläubiger des Arbeitgebers. Der Arbeitgeber kann keine Einkommensteuerabzüge für seine Beiträge zum Treuhandvermögen vornehmen, bis die Finanzmittel im Treuhandvermögen tatsächlich an den Arbeitnehmer ausgeschüttet worden sind.

### Racketeer Influenced and Corrupt Organizations Act of 1970 (RICO)
(Gesetz gegen von Gangstern beeinflußte und korrupte Organisationen aus dem Jahre 1970) – Gesetzgebung, die Unterstützung für juristische Schritte gegen Einzelperso-

activities. This act has been applied against insurance organizations when they were accused of bad-faith failure to pay claims or when there was a question of insolvency.

nen oder Organisationen bietet, die an systematischen illegalen Aktivitäten beteiligt sind. Dieses Gesetz wurde gegen Versicherungsorganisationen angewendet, wenn ihnen böswilliges Versäumnis bei Zahlung von Ansprüchen vorgeworfen wurde oder wenn deren Zahlungsunfähigkeit zur Debatte stand.

## Radioactive Contamination Insurance

Form of → Inland Marine Insurance under which an insured is indemnified for damage or destruction of his on-premises property if it is due to radioactive material stored or used within the premises. → Motor Truck Cargo Radioactive Contamination Insurance; → Shippers Radioactive Contamination Insurance

## Versicherung gegen radioaktive Verseuchung

Form der → Binnentransportversicherung, bei der ein Versicherter für Beschädigung oder Zerstörung seines Eigentums auf dem Betriebsgelände entschädigt wird, falls dies aufgrund der Lagerung oder Verwendung radioaktiven Materials innerhalb des Geschäftsgeländes erfolgt. → Versicherung gegen radioaktive Verseuchung von Lkw-Fracht; → Versicherung des Verfrachters gegen radioaktive Verseuchung

## Radio and Television Transmitting Equipment, Transmission Lines, Pipe Lines, Traffic Lights Insurance

Coverage if transmission equipment is damaged or destroyed on an → All Risks basis excluding the perils of war, wear and tear, inherent defect, and nuclear damage. → Consequential Loss (indirect loss) may be added by endorsement to include such eventualities as lost revenue because of damage to a radio transmitting line. This endorsement can be of special importance to business, such as stock brokerages,

## Radio- und Fernsehübertragungsausrüstungs-, Übertragungsleitungen-, Rohrleitungen-, Verkehrsampelversicherung

Versicherungsschutz, wenn die Übertragungsausrüstung beschädigt oder zerstört wird, auf Grundlage → Aller Risiken unter Ausschluß der Gefahren von Krieg, Verschleiß, innewohnender Mängel, nuklearer Beschädigung. → Folgeschaden (indirekter Schaden) kann durch einen Nachtrag hinzugefügt werden, um solche Eventualitäten wie Einkommensverlust wegen Beschädigung einer Radioübertragungsleitung einzuschließen. Dieser Nachtrag kann für Unternehmen wie Börsenmaklerbüros, die den Kauf und Verkauf von Aufträgen übermitteln, von

which transmit buy and sell orders.

**Radium Floater**
→ Radioactive Contamination Insurance

**Railroad Retirement Act**
→ Railroad Retirement System

**Railroad Retirement System**
Insurance established under the Federal Railroad Retirement Act for railroad employees, covering death, retirement, disability, and unemployment. Benefits are adjusted for cost or living increases according to the formula used for Social Security.

**Railroad Rolling Stock Insurance**
Coverage for railroad equipment, liability of a railroad for damaging another railroad's equipment, or the damage to goods under its care, custody, and control. Coverage is provided on an → All Risks basis subject to perils specifically excluded in the policy.

**Railroad Sidetrack Agreement**
→ Sidetrack Agreement

**Railroad Travel Policy**
→ Travel Accident Insurance

besonderer Wichtigkeit sein.

**Radiumpauschalversicherung**
→ Versicherung gegen radioaktive Verseuchung

**Eisenbahnpensionierungsgesetz**
→ Eisenbahnpensionierungssystem

**Eisenbahnpensionierungssystem**

Unter dem Bundes-Eisenbahnpensionierungsgesetz für Eisenbahnangestellte eingerichtete Versicherung, die Tod, Pensionierung, Invalidität und Arbeitslosigkeit abdeckt. Die Leistungen werden den Lebenshaltungskostensteigerungen entsprechend der Formel, die für die Sozialversicherung verwendet wird, angepaßt.

**Eisenbahnbetriebsmittelversicherung**
Versicherungsschutz für Eisenbahnausrüstung, die Haftpflicht einer Eisenbahnlinie für die Beschädigung von Ausrüstung einer anderen Eisenbahnlinie oder die Beschädigung von Waren unter ihrer Obhut, in ihrem Gewahrsam oder unter ihrer Kontrolle. Der Versicherungsschutz erfolgt auf Grundlage → Aller Risiken unter dem Vorbehalt in der Police speziell ausgeschlossener Gefahren.

**Eisenbahnnebengleisvereinbarung**

→ Nebengleisvereinbarung

**Eisenbahnreisepolice**
→ Reiseunfallversicherung

## Rain Insurance

Business interruption insurance in which the insured is indemnified for loss of earnings and payment of expenses resulting from adverse weather conditions. For example, the raining out of a fair, horse race, or boxing match can cause a substantial loss of money for a promoter who may have spent huge sums in advance of the event for rental, advertising, and site conditioning. However, the policy does not cover damage to property because of rain.

## Regenversicherung

Geschäftsunterbrechungsversicherung, bei der der Versicherte für Verdienstverluste und die Zahlung von Ausgaben aufgrund nachteiliger Wetterbedingungen entschädigt wird. Z. B. kann das Ausregnen einer Messe, eines Pferderennens oder eines Boxkampfes für den Veranstalter, der vielleicht schon vor dem Ereignis riesige Summen für Miete, Werbung und Vorbereitung des Platzes ausgegeben hat, einen substantiellen Geldverlust verursachen. Die Police deckt jedoch keine Beschädigung an Vermögensgegenständen wegen Regens ab.

## Ranchowners Insurance

→ Farmowners and Ranchowners Insurance

## Ranchbesitzerversicherung

→ Farm- und Ranchbesitzerversicherung

## Random Sample

Sample of $n$ elements selected from a population of $N$ elements in such a way that the sample has essentially the same characteristics as the population. The random sample serves as the foundation of all → Probability theory as it relates to probability in sampling. In theory, all subsets drawn from the same sample have an equal chance of being drawn. Sampling is extremely important to the calculation of premium rates. For example, if the → Insurer wants to predict the probability that a wood-frame house will burn, the sample must be drawn from the popu-

## Stichprobe

Probe von $n$ Elementen, die in einer solchen Weise aus einer Population von N Elementen ausgewählt wird, daß die Probe im wesentlichen die gleichen Merkmale aufweist wie die Population. Die Stichprobe dient der Begründung der gesamten → Wahrscheinlichkeitstheorie, da sie sich bei der Probenentnahme auf die Wahrscheinlichkeit bezieht. Theoretisch haben alle Teilmengen, die aus der gleichen Probe gezogen worden sind, die gleiche Chance, gezogen zu werden. Die Probenentnahme ist für die Berechnung der Prämientarife äußerst wichtig. Wenn der → Versicherer z. B. die Wahrscheinlichkeit vorhersagen will, daß ein Haus mit einem Holzrahmen brennen wird, muß die Probe aus der Population der Häuser mit Holzrahmen und nicht der Häuser mit Zie-

## Random Insurance
Coverage up to specific limits for payments demanded by kidnappers for the release of an insured held against his or her will. Most random insurance policies have a deductible and exclude abductions within certain geographical areas from coverage.

## Rate
→ Rate Making; → Rate Manual; → Rating; → Rating Bureau

## Rate Credit or Deficiency
Annual contributions to a pension plan that exceed or are smaller than (1) the minimum required for future employee benefits currently being earned; and (2) any supplemental liability for past benefits earned but not previously funded.

## Rated Policy
Statement in which a life insurance applicant is charged a higher-than-standard premium to reflect a unique impairment, occupation, or hobby, such as a history of heart disease, a circus performer, or sky diver.

## Rated Up
→ Rated Policy

## Lösegeldversicherung
Versicherungschutz für von Entführern für die Freilassung eines/einer Versicherten, der/die gegen seinen oder ihren Willen festgehalten wird, geforderte Zahlungen bis zu einer bestimmten Höchstgrenze. Die meisten Lösegeldversicherungspolicen verfügen über einen Selbstbehalt und schließen Entführungen innerhalb bestimmter geographischer Gebiete vom Versicherungsschutz aus.

## Tarif
→ Prämienfestsetzung; → Tarifhandbuch; → Bewertung; → Prämienfestsetzungsbüro

## Beitragsguthaben oder -fehlbetrag
Jährliche Beiträge zu einem Pensionssystem, die (1) das geforderte Minimum für zukünftige Arbeitnehmerleistungen, die laufend verdient werden, über- oder unterschreiten; und (2) jede zusätzliche Verbindlichkeit für in der Vergangenheit verdiente, aber nicht zuvor finanzierte Leistungen.

## Klassifizierte Police
Erklärung, bei der einem Antragsteller für eine Lebensversicherung eine überdurchschnittlich hohe Prämie in Rechnung gestellt wird, um eine einzigartige Beeinträchtigung, Beschäftigung oder ein Hobby widerzuspiegeln, wie z.B. ein Herzleiden, die Arbeit eines Zirkusartisten oder das Hobby eines Drachenfliegers.

## Höher klassifizierte Police
→ Klassifizierte Police

## Rate Factors
→ Rate Making

## Rate Making
Process of calculating a → Premium so that it is (1) *adequate* – sufficient to pay losses according to expected → Frequency and *severity* thereby safeguarding against the insurance company becoming insolvent; (2) *reasonable* – the insurance company should not be able to earn an excessive profit; and (3) *not unfairly discriminatory* or *inequitable*. Theoretically, it can be said that each insurance applicant should pay a personally unique premium to reflect a different expectation of loss, but this would be impractical. Instead, classifications are established for applicants to be grouped according to similar expectation of loss. Statistical studies of a large number of nearly homogeneous exposures in each underwriting classification enable the projection of losses after adjustments for future inflation and statistical irregularities. The adjusted statistics are used to caculate the *pure cost of protection* or *pure premium,* to which the insurance company adds on loads for agent commissions, premium taxes, administrative expenses, contingency reserves, other acquisition costs, and profit margin. The result is

## Tariffaktoren
→ Prämienfestsetzung

## Prämienfestsetzung
Der Prozeß einer → Prämien-Berechnung, die (1) *angemessen* sein sollte – ausreichend, um die Schäden entsprechend der erwarteten → Häufigkeit und *Härte* zu zahlen, und die Versicherungsgesellschaft somit gegen Zahlungsunfähigkeit schützt; (2) sie sollte *vernünftig* sein – die Versicherungsgesellschaft sollte nicht in der Lage sein, übermäßig zu verdienen, und (3), sie sollte *nicht in unfairer Weise diskriminierend* oder *ungerecht* sein. Theoretisch kann man sagen, daß jeder Versicherungsantragsteller eine persönliche, einzigartige Prämie zahlen sollte, um der unterschiedlichen Schadenserwartung Rechnung zu tragen; dies wäre jedoch nicht praktikabel. Statt dessen werden Klassifikationen eingeführt, damit Antragsteller entsprechend ähnlicher Schadenserwartungen gruppiert werden können. Statistische Untersuchungen einer großen Zahl nahezu homogener Gefährdungen in jeder Zeichnungsklassifikation ermöglichen die Prognostizierung von Schäden nach Bereinigung wegen zukünftiger Inflation und statistischer Unregelmäßigkeiten. Die bereinigten Statistiken werden verwendet, um die *reinen Schutzkosten* oder die *Nettoprämie* zu berechnen, zu denen die Versicherungsgesellschaft Zuschläge für Agentenprovisionen, Prämiensteuern, Verwaltungsausgaben, Rückstellungen für Eventualverbindlichkeiten, sonstige Akquisitionskosten und die Gewinnmarge hinzuaddiert. Das Ergebnis ist die dem Versicherten in Rechnung gestellte → Bruttoprämie.

the → Gross Premium to be charged to the insured.

### Rate Manual
Publication which lists premiums charged for products sold by an insurance company. A manual also has underwriting guidelines for agents. A life insurance rate manual includes minimum guaranteed → Nonforfeiture values; and if a *participating* policy, *dividend* scales.

### Rate of Return Method of Cost Comparison
Approach advocated by the Federal Trade Commission (FTC) in its 1979 → Life Insurance Cost disclosure report. It calculates the rate of return earned by the savings element of a life insurance policy in these steps:
1. Determine *pure cost of protection* (mortality expectation).
2. Determine amount of dividends paid (if it is a *participating policy*).
3. Subtract the pure cost of protection plus dividends from the → Gross Premiums paid into the policy. This is the savings element.
4. The rate of return equals the interest rate at which the savings element must be accumulated in order to equal the cash value of the policy at some future specified time period. → Interest Adjusted Cost

### Prämienhandbuch
Veröffentlichung, die die Prämien, die für die von einer Versicherungsgesellschaft verkauften Produkte in Rechnung gestellt werden, auflistet. Ein Handbuch beinhaltet auch Zeichnungsrichtlinien für Agenten. Ein Prämienhandbuch für Lebensversicherungen schließt garantierte Mindest-(→)Unverfallbarkeitswerte und, falls es sich um eine *gewinnbeteiligte* Police handelt, eine *Dividendenstaffelung* ein.

### Kapitalverzinsungsmethode des Kostenvergleichs
Von der Federal Trade Commission (FCT) (Bundeshandelskommission) in ihrem Offenlegungsbericht über die → Lebensversicherungskosten aus dem Jahre 1979 vertretener Ansatz. Sie berechnet die Kapitalverzinsung, die durch das Sparelement einer Lebensversicherungspolice verdient wird, nach folgenden Schritten:
1. Bestimmung der *reinen Schutzkosten* (Sterblichkeitserwartung).
2. Bestimmung der Höhe der ausgeschütteten Dividenden (falls es sich um eine *gewinnbeteiligte* Police handelt).
3. Subtraktion der reinen Schutzkosten plus der Dividenden von den in die Police einbezahlten → Bruttoprämien. Dies ist das Sparelement.
4. Die Kapitalverzinsung entspricht dem Zinssatz, zu dem das Sparelement angespart werden muß, um dem Barwert der Police zu einem bestimmten Zeitraum in der Zukunft zu entsprechen. → Zinsbereinigte Kosten

## Rates
Cost per unit of insurance. → Rate Making

## Rates and Selection
→ Rate Making

## Ratification by Agency
Sanction or affirmation by an insurance company of acts of its agents which become the acts of the company, with all the legal obligations these acts entail.

## Rating
A valuation of risk of an individual or organization.

## Rating Bureau
Cooperative organization among insurers that rates and prepares new policy forms according to guidelines and regulations of the state → Insurance Department. Loss experience, collected according to the line of business in specific geographical areas, is used to suggest rates for use by the rating bureau member companies. They may either use these rates or file their own *deviated rates* for approval by the state insurance department if it is a *prior approval state.* In an *open competition state,* a company does not need approval for a deviated rate. In a *file-and-use state,* a company can use a deviated rate without approval, after having filed it

## Prämiensätze
Kosten pro Versicherungseinheit. → Prämienfestsetzung

## Prämiensätze und Auswahl
→ Prämienfestsetzung

## Anerkennung durch Agentur
Billigung oder Bekräftigung der Handlungen ihrer Agenten durch eine Versicherungsgesellschaft, die zu Handlungen der Gesellschaft werden, mit allen rechtlichen Verpflichtungen, die diese Handlungen nach sich ziehen.

## Bewertung
Eine Einschätzung der Risiken einer Einzelperson oder einer Organisation.

## Prämienfestsetzungsbüro
Zweckverband von Versicherern, der entsprechend den Richtlinien und Vorschriften der staatlichen → Versicherungsaufsichtsbehörde Prämien bewertet und neue Policenformen vorbereitet. Die Schadenserfahrung, die nach Geschäftssparten in spezifischen geographischen Gebieten gesammelt wird, wird verwendet, um Tarife zur Verwendung durch die Mitgliedsfirmen des Prämienbüros vorzuschlagen. Sie können entweder diese Tarife benutzen oder ihre eigenen *abweichenden Tarife* bei der staatlichen Versicherungsaufsichtsbehörde zur Genehmigung einreichen, falls es sich um einen *Staat mit vorheriger Genehmigungspflicht* handelt. In einem *Staat mit offenem Wettbewerb* benötigt eine Gesellschaft keine Genehmigung für einen abweichenden Tarif. In einem *„file and use"-Staat* (Einreichungs- und Verwendungsstaat) kann eine Gesellschaft einen abweichenden

with the state insurance department. In a *modified prior approval state*, a company can use a deviated rate after filing it with the state insurance department provided it is a modest deviation and not a new rate classification.

Tarif ohne Genehmigung verwenden, nachdem sie ihn bei der staatlichen Versicherungsaufsichtsbehörde eingereicht hat. Bei einem Staat mit *modifizierter vorheriger Genehmigungspflicht* kann eine Gesellschaft einen abweichenden Tarif nach Einreichung bei der staatlichen Versicherungsaufsichtsbehörde verwenden, vorausgesetzt, es handelt sich um eine bescheidene Abwandlung und nicht um eine neue Tarifklassifikation.

**Rating Class**
→ Class Rate

**Tarifeinstufung**
→ Klassentarif

**Rating Clause**
→ Rate Making

**Prämienfestsetzungsklausel**
→ Prämienfestsetzung

**Rating Down**
→ Age Setback

**Herunterbewertung**
→ Verringerung des Alters

**Rating, Experience**
→ Experience Rating

**Beurteilung, Erfahrungs-**
→ Erfahrungsbeurteilung

**Rating, Merit**
→ Merit Rating

**Beurteilung, Leistungs-**
→ Leistungsbeurteilung

**Rating Organization**
→ Rating Bureau

**Bewertungsorganisation**
→ Prämienfestsetzungsbüro

**Rating, Retrospective**
→ Retrospective Rating

**Prämienfestsetzung, Rückschauende**
→ Rückschauende Prämienfestsetzung

**Rating, Schedule**
→ Schedule Rating

**Prämienfestsetzung, Listenmäßige**
→ Listenmäßige Prämienfestsetzung

**Readjustment Income**
→ Adjustment Income

**Sanierungseinkommen**
→ Wiederanpassungseinkommen

**Real Estate**
Land and attached structures. Interest in real estate can be

**Immobilien**
Grund und Boden und dazugehörige Gebäude. Das Interesse an Immobilien

protected through various insurance policies. → Business Property and Liability Insurance Package; → Businessowners Policy; → Homeowners Insurance Policy

**Real Property**
→ Real Estate

**Reasonable and Customary Charge**
Fee that is most consistent with that of physicians, hospitals, or other health providers for a given procedure; usual fee for a procedure charged by the majority of physicians with similar training and experience within the same geographical area.

**Reasonable Expenses**
→ Exclusions, Medical Benefits

**Reasonable Man Test**

→ Tort, Unintentional

**Reasonableness of Premium Rate**
→ Rate Making

**Reassured**
→ Ceding Company

**Rebating**
→ Anti-Rebate Law

**Recapture**
Practice of a → Ceding Com-

kann durch verschiedene Versicherungspolicen geschützt werden. → Unternehmenssach- und Haftpflichtversicherungspaket; → Geschäftsbesitzerpolice; → Hausbesitzerversicherungspolice

**Grundstückseigentum**
→ Immobilien

**Gerechtfertigte und übliche Gebühr**
Gebühr, die für ein gegebenes Verfahren von Ärzten, Krankenhäusern oder sonstigen Gesundheitseinrichtungen am üblichsten ist. Übliche Gebühr für ein Verfahren, die von der Mehrheit der Ärzte mit ähnlicher Ausbildung und Erfahrung innerhalb des gleichen geographischen Gebietes berechnet wird.

**Gerechtfertigte Ausgaben**
→ Ausschlüsse, medizinische Leistungen

**Test für den normalen Durchschnittsmenschen**
→ Straftat, Unbeabsichtigte

**Angemessenheit des Prämientarifs**
→ Prämienfestsetzung

**Rückversichert**
→ Zedierende Gesellschaft

**Rabattgewährung**
→ Anti-Preisnachlaßgesetz

**Rückführung**
Praxis einer → Zedierenden Gesellschaft,

pany whereby insurance previously → Ceded to a → Reinsurer is returned to that ceding company. → Recapture of Plan Assets by Employer

wodurch eine Versicherung, die zuvor an einen → Rückversicherer → Zediert wurde, an die zedierende Gesellschaft zurückgegeben wird. → Rückführung von Systemguthaben durch den Arbeitgeber

**Recapture of Plan Assets by Employer**
Return of employer contributions to a pension of that plan is (1) newly established and is determined by the IRS not to be tax qualified; or (2) long established but the IRS disallows a portion or all of the employer contribution.

**Rückführung von Systemguthaben durch den Arbeitgeber**
Rückgabe der Arbeitgeberbeiträge zu einer Pension, wenn (1) dieses System neu errichtet wird und vom IRS (Einkommensteuerverwaltung) als nicht steuerbegünstigt eingestuft wird oder (2), wenn es bereits vor langer Zeit errichtet wurde, aber der IRS einen Teil oder die gesamten Arbeitgeberbeiträge nicht anerkennt.

**Recipient Property**
Insurance against interruption of supply of goods and services. If firm A depends on firm B for its supply of goods and services, an interruption caused by damage or destruction to B can jeopardize A. → Contingent Business Interruption Form can be used by A to protect against this possibility.

**Empfängereigenschaft**
Versicherung gegen eine Unterbrechung bei der Lieferung von Waren und Dienstleistungen. Falls Firma A von Firma B aufgrund der Lieferung von Waren und Dienstleistungen abhängt, kann eine Unterbrechung, die durch Beschädigung oder Zerstörung der Firma B verursacht wird, die Firma A gefährden. Die → Bedingte Geschäftsunterbrechungsform kann von A verwendet werden, um sich gegen diese Möglichkeit zu schützen.

**Reciprocal Exchange**
Unincorporated association with each insured insuring the other insureds within the association. (Thus, each participant in this pool is both an insurer and an insured.) An attorney-in-fact administers the exchange to include paying losses experienced by the exchange, investing premium inflow into the exchange, re-

**Gegenseitigkeitsverein**
Nicht eingetragener rechtsfähiger Verein, bei dem jeder Versicherte die anderen Versicherten innerhalb des Vereines versichert. (Jeder Teilnehmer in diesem Pool ist somit sowohl ein Versicherer als auch ein Versicherter). Ein gesetzlicher Vertreter verwaltet den Verein, einschließlich der Zahlung der von dem Verein erlittenen Schäden, der Investition der einfließenden Prämien im Verein, der Rekrutierung neuer Mitglieder, der Zeichnung der her-

cruiting new members, underwriting the inflow of new business, underwriting renewal business, receiving premiums, and exchanging reinsurance contracts. Members share profits and losses in the same proportion as the amount of insurance purchased from the exchange by that member.

**Reciprocal Insurance Exchange**
→ Reciprocal Exchange

**Reciprocal Insurer**
→ Reciprocal Exchange

**Reciprocal Legislation**
Law under which one state gives favorable tax treatment to an insurance company *domiciled* in a different state that is admitted to do business, provided the second state does the same for companies domiciled in the first state. → Retaliation Laws

**Reciprocity**
→ Reciprocal Exchange; → Reciprocal Legislation

**Recission**
Cancellation of a contract. Under the Federal Truth in Lending Act, a person who signs a contract can nullify it within three business days of having signed it without penalty; funds paid into the contract by the signer must be re-

einkommenden neuen Geschäfte, der Zeichnung der Erneuerungsgeschäfte, des Erhaltes von Prämien und des Austausches von Rückversicherungsverträgen. Die Mitglieder teilen sich Gewinne und Verluste im Verhältnis zur Höhe der Versicherung, die dieses Mitglied bei dem Verein abgeschlossen hat.

**Versicherungsverein auf Gegenseitigkeit**
→ Gegenseitigkeitsverein

**Versicherer auf Gegenseitigkeit**
→ Gegenseitigkeitsverein

**Wechselseitige Gesetzgebung**
Gesetz, bei dem ein Staat einer Versicherungsgesellschaft, die in einem anderen Staat *ansässig* ist und die zugelassen ist, Geschäfte zu tätigen, eine günstige steuerliche Behandlung zubilligt, unter der Voraussetzung, daß der zweite Staat für Gesellschaften, die ihren Hauptsitz im ersten Staat haben, das gleiche tut. → Vergeltungsgesetze

**Gegenseitigkeit**
→ Gegenseitigkeitsverein; → Wechselseitige Gesetzgebung

**Vertragsaufhebung**
Kündigung eines Vertrages. Nach dem Bundesgesetz über die Wahrheit bei der Darlehnsgewährung kann eine Person, die einen Vertrag unterzeichnet, diesen innerhalb von drei Arbeitstagen nach Unterzeichnung ohne Strafe annullieren. Vom Unterzeichner in den Vertrag einbezahlte Finanzmittel müssen zurückerstattet wer-

turned. Also, fraud or misrepresentation provides legal grounds for cancellation of a contract. For example, life insurance contracts with minors are voidable (by minors but not by insurers) since they are under legal age for making a contract.

den. Darüber hinaus bieten Betrug und Falschdarstellung eine rechtliche Grundlage für die Kündigung eines Vertrages. Lebensversicherungsverträge mit Minderjährigen z. B. können (durch die Minderjährigen, aber nicht durch Versicherer) für ungültig erklärt werden, da sie das gesetzliche Alter, um einen solchen Vertrag abschließen zu dürfen, noch nicht erreicht haben.

**Recording Agent**
→ Agent of Record

**Aktenführender Agent**
→ Verbürgter Agent

**Recording Method**
→ Accident-Year Statistics; → Calendar Year Experience

**Aufzeichnungsmethode**
→ Unfalljahresstatistiken; → Kalenderjahrerfahrung

**Record Keeping**
→ Debit; → Debit Agent (Home Service Agent); → Debit Insurance (Home Service Insurance, Industrial Insurance)

**Führen von Aufzeichnungen**
→ Inkassoeinzugsumfang; → Inkassoagent (Home Service Agent); → Inkasso-Versicherung (Home-Service-Versicherung, Kleinlebensversicherung)

**Recruiting**
Search, attraction, interview, and employment of insurance agents. This is a primary function of the → General Agent (GA) or → Agency Manager.

**Anwerbung**
Suche, Anziehung, Vorstellungsgespräch und Anstellung von Versicherungsagenten. Dies ist die Hauptfunktion eines → Generalagenten oder eines → Agenturleiters.

**Recurrent Disability**
→ Disability Income Insurance

**Wiederkehrende Invalidität**
→ Invaliditätseinkommensversicherung

**Recurring Clause**
Time period in health insurance that must elapse between a previous illness and a current one, if the current one is to be considered a separate illness

**Wiederkehrklausel**
Zeitraum bei der Krankenversicherung, der zwischen einer vorhergehenden Krankheit und einer gegenwärtigen verstreichen muß, wenn die derzeitige als gesonderte Krankheit angesehen werden

eligible for a new set of benefits.

### Redlining
Refusal by an insurance company to underwrite or to continue to underwrite questionable risks in a given geographical area. This is an important civil rights issue.

### Reduced Paid-Up Insurance
→ Nonforfeiture Reduced Paid-Up Benefits

### Reduced Rate Contribution Clause
→ Coinsurance; → Double Recovery

### Re-Entry Term Life Insurance
*Yearly renewable term (YRT)* life insurance under which an insured can usually re-apply for term insurance every fifth year at a lower premium than the guaranteed renewal rate. If the insured's health is good (as documented by evidence of insurability), the guaranteed renewable term premium can be reduced. If not, the guaranteed rate must be continued to be paid on renewal.

### Refund Annuity
Form of annuity returning premiums plus interest to a beneficiary if the annuitant dies

soll, die ein Anrecht auf einen neuen Satz Leistungen begründet.

### Streichung
Weigerung einer Versicherungsgesellschaft, fragliche Risiken in einem bestimmten geographischen Gebiet zu versichern oder weiterhin zu versichern. Dies ist eine wichtige Bürgerrechtsfrage.

### Reduzierte prämienfreie Versicherung
→ Unverfallbarkeit einer reduzierten beitragsfreien Leistung

### Reduzierte Prämienbeitragsklausel
→ Mitversicherung; → Doppelte Entschädigung

### Befristete Lebensversicherung mit Wiedereintrittsmöglichkeit
*Jährlich erneuerbare befristete* Lebensversicherung, bei der ein Versicherter gewöhnlich alle fünf Jahre einen neuen Antrag auf eine befristete Versicherung zu einer niedrigeren Prämie als der garantierten Erneuerungsprämie stellen kann. Wenn der Gesundheitszustand des Versicherten gut ist (wie durch einen Versicherbarkeitsnachweis dokumentiert), kann die garantierte Erneuerungszeitraumprämie reduziert werden. Falls nicht, muß bei Erneuerung der garantierte Tarif weitergezahlt werden.

### Rente mit Rückerstattung nicht erschöpfter Prämienzahlungen
Form der Rente, bei der die Prämien plus Zinsen an einen Begünstigten zurückerstattet werden, wenn der Rentenempfänger

during the accumulation period. A refund annuity costs more than a pure annuity. If the annuitant dies during the liquidation period, benefits paid to any beneficiary depend on whether the refund annuity is in the form of a → Life Annuity Certain, → Installment Refund Annuity, or → Cash Refund Annuity.

während des Ansparungszeitraums verstirbt. Eine Rente mit Rückerstattung nicht erschöpfter Prämienzahlungen kostet mehr als eine reine Rente. Stirbt ein Rentenempfänger während des Auszahlungszeitraums, dann hängen die an einen Begünstigten gezahlten Leistungen davon ab, ob es sich bei der Rente mit Rückerstattung nicht erschöpfter Prämienzahlungen um eine → Leibrente mit garantierter Zahl an Auszahlungen, eine → Rente mit Ausschüttung nicht erschöpfter Prämienzahlungen in Raten oder um eine → Rente mit Barausschüttung nicht erschöpfter Prämienzahlungen handelt.

**Refund Life Income Option**

→ Annuity

**Option eines lebenslänglichen Einkommens mit Rückerstattung nicht erschöpfter Prämienzahlungen**
→ Rente

**Regional Office**
→ Branch Office of an insurance company's home office which markets, underwrites, and services the company's lines of business within a specified geographical area.

**Regionalbüro**
→ Zweigstellenbüro der Hauptverwaltung einer Versicherungsgesellschaft, das die Geschäftssparten der Gesellschaft innerhalb einer bestimmten geographischen Region vermarktet, zeichnet und betreut.

**Register**
Record of debit or industrial insurance policies. → Debit Insurance (Home Service Insurance, Industrial Insurance)

**Register**
Aufzeichnung der Inkasso- oder Kleinlebensversicherungspolicen. → Inkassoversicherung (Home-Service-Versicherung, Kleinlebensversicherung)

**Registered Mail and Express Mail Insurance**
Coverage for damage or destruction of property with relatively high monetary value, such as stock brokerage house and bank shipments which in-

**Postwertversicherung für Einschreiben und Eilsendungen**
Versicherungsschutz für die Beschädigung oder Zerstörung von Vermögensgegenständen mit relativ hohem Geldwert, wie etwa Sendungen von Börsenmaklerfirmen und Banken, die den Transfer von

volve the transfer of securities and monies to different locations and whose loss would result in great expense. Coverage is on an → All Risks basis excluding war, nuclear disaster, and illegal trade items.

### Registered Mail Insurance
→ Registered Mail and Express Mail Insurance

### Registered Representative
Individual licensed to sell securities to the public. For example, to sell *variable annuities* and → Variable Life Insurance products and mutual funds, an insurance agent is required to pass examinations given by the → National Association of Securities Dealers.

### Registered Retirement Savings Plan (RRSP)
Canadian retirement plan much like U.S. → Individual Retirement Account (IRA). Here, an employee can contribute on a tax deductible basis C $3500 each year as a member of an employer pension plan. A nonmember employee can contribute C $5500 tax deductible. Earnings under this plan accumulate tax-deferred. RRSPs are issued by life insurance companies and trust companies.

Wertpapieren und Geldern an verschiedene Orte beinhalten und deren Verlust große Kosten zur Folge haben würde. Der Versicherungsschutz erfolgt auf Grundlage → Aller Risiken unter dem Ausschluß von Krieg, atomarem Unglück und illegaler Handelsgegenstände.

### Postwertversicherung für Einschreiben
→ Postwertversicherung für Einschreiben und Eilsendungen

### Börsenauftragsnehmer
Person, die für den Verkauf von Wertpapieren an die Öffentlichkeit lizensiert ist. Z. B., um *variable Renten-* und → Variable Lebensversicherungsprodukte und Investmentfonds zu verkaufen, muß ein Versicherungsagent von der → National Association of Securities Dealers (Nationale Vereinigung der Wertpapierhändler) durchgeführte Prüfungen bestehen.

### Eingetragenes Rentensparsystem
Kanadisches Rentensystem ähnlich dem US-amerikanischen → Individuellen Rentenkonto. Hier kann ein Arbeitnehmer als Mitglied eines Arbeitgeberpensionssystems einen jährlichen Beitrag von 3.500 kanadischen Dollar auf steuerlich abzugsfähiger Grundlage leisten. Ein Arbeitnehmer, der nicht Mitglied ist, kann steuerlich abzugsfähig 5.500 kanadische Dollar beitragen. Die Verdienste bei diesem System sammeln sich steuerverschoben an. Eingetragene Rentensparsysteme werden von Lebensversicherungsgesellschaften und Treuhandbanken ausgegeben.

## Regulation of Insurance Companies
→ State Supervision and Regulation

## Regulation of Life Insurance
→ State Supervision and Regulation

## Rehabilitation
→ Rehabilitation Clause

## Rehabilitation Clause
Provision in health insurance under which an insured disabled person is required to undertake (and is reimbursed) for expenses associated with vocational rehabilitation for retraining to perform another economic function.

## Reimbursement of Insured
Payment of benefits by an insurance policy to a → Policyowner (usually the insured), if a loss occurs.

## Reinstatement
Restoration of a policy that has lapsed because of nonpayment of premiums after the grace period has expired. In life insurance the reinstatement time period is three years from the premium due date. The company usually requires the insured to show evidence of continued insurability (for example, by taking a medical examination); to pay all past

## Beaufsichtigung von Versicherungsgesellschaften
→ Staatliche Überwachung und Lenkung

## Beaufsichtigung der Lebensversicherung
→ Staatliche Überwachung und Lenkung

## Rehabilitation
→ Rehabilitationsklausel

## Rehabilitationsklausel
Bestimmung bei der Krankenversicherung, nach der eine versicherte behinderte Person die Ausgaben, die verbunden sind mit einer beruflichen Rehabilitation aufgrund einer Umschulung, um eine andere wirtschaftliche Funktion auszuüben, übernehmen muß (und dafür entschädigt wird).

## Entschädigung des Versicherten
Zahlung von Leistungen durch eine Versicherungspolice an den → Policeninhaber (gewöhnlich den Versicherten), wenn ein Schaden eintritt.

## Wiederaufleben einer Versicherung
Wiedereinsetzung einer Police, die wegen Nichtzahlung von Prämien verfallen war, nachdem die Nachfrist abgelaufen war. Bei Lebensversicherungen beträgt der Wiederauflebenszeitraum drei Jahre ab dem Prämienfälligkeitsdatum. Die Gesellschaft verlangt gewöhnlich vom Versicherten, daß er einen Nachweis für seine fortgesetzte Versicherbarkeit erbringt (z. B. dadurch, daß er sich einer ärztlichen Untersuchung unterzieht), daß er alle vergangenen Prämien plus fällige Zinsen zahlt

premiums plus interest due; and to either reinstate or repay any loans that are still outstanding. Because the insured is now older and a new policy would require a higher premium it may be to the advantage of an insured to reinstate a policy.

**Reinstatement Clause**
→ Reinstatement Provision

**Reinstatement of Policy**
→ Reinstatement Provision

**Reinstatement Premium**
→ Reinstatement Provision

**Reinstatement Provision**
→ Reinstatement

**Reinsurance**
Form of insurance that insurance companies buy for their own protection, "a sharing of insurance." An insurer *(the reinsured)* reduces its possible maximum loss on either an individual risk (→ Facultative Reinsurance) or on a large number of risks (→ Automatic Reinsurance) by giving *(ceding)* a portion of its liability to another insurance company *(the reinsurer)*.
Reinsurance enables an insurance company to (1) expand its capacity; (2) stabilize its underwriting results; (3) finance its expanding volume; (4) secure catastrophe protection against

und daß er alle Darlehn, die noch ausstehen, entweder wieder einsetzt oder zurückzahlt. Da der Versicherte jetzt älter ist und eine neue Police eine höhere Prämie erfordern würde, kann es für den Versicherten von Vorteil sein, eine Police wieder aufleben zu lassen.

**Wiederauflebensklausel**
→ Wiederauflebensbestimmung

**Wiederaufleben der Police**
→ Wiederauflebensbestimmung

**Wiederauflebensprämie**
→ Wiederauflebensbestimmung

**Wiederauflebensbestimmung**
→ Wiederaufleben einer Versicherung

**Rückversicherung**
Form der Versicherung, die Versicherungsgesellschaften zu ihrem eigenen Schutz abschließen, ein „Teilen der Versicherung". Ein Versicherer *(der Wiederversicherte)* reduziert seinen möglichen Höchstschaden entweder bei einem Individualrisiko (→ Fakultative Rückversicherung) oder bei einer großen Anzahl von Risiken (→ Automatische Rückversicherung) durch Übergabe *(Zedieren)* eines Teils ihrer Haftung an eine andere Versicherungsgesellschaft *(den Rückversicherer)*.
Die Rückversicherung versetzt eine Versicherungsgesellschaft in die Lage, (1) ihre Kapazität zu erweitern, (2) ihre Zeichnungsergebnisse zu stabilisieren, (3) ihr Erweiterungsvolumen zu finanzieren, (4) ihren Katastrophenschutz gegen Katastro-

shock losses; (5) withdraw from a class or line of business, or a geographical area, within a relatively short time period; and (6) share large risks with other companies.
There are two broad forms of reinsurance; → Proportional Reinsurance and → Nonproportional Reinsurance.

phenschäden zu sichern, (5) sich von einer Klasse oder einer Geschäftssparte oder einem geographischen Gebiet in relativ kurzer Zeit zurückzuziehen und (6) große Risiken mit anderen Gesellschaften zu teilen.
Es gibt zwei breite Formen der Rückversicherung, die → Proportionale Rückversicherung und die → Nicht-proportionale Rückversicherung.

### Reinsurance Association
→ Reinsurance Exchange

### Rückversicherungsvereinigung
→ Rückversicherungsverein auf Gegenseitigkeit

### Reinsurance Assumed
→ Cede

### Übernommene Rückversicherung
→ Zedieren

### Reinsurance, Automatic
→ Automatic Reinsurance

### Rückversicherung, Automatische
→ Automatische Rückversicherung

### Reinsurance Broker
Individual who represents a *ceding* insurance company in placing its business with a reinsurer. → Reinsurance

### Rückversicherungsmakler
Person, die eine *zedierende* Versicherungsgesellschaft bei der Plazierung ihrer Geschäfte bei einer Rückversicherung vertritt. → Rückversicherung

### Reinsurance Capacity
(1) Largest amount of → Reinsurance available from a company or from the general market; (2) large amounts of reinsurance on one risk; or (3) maximum premium volume which can be written by a reinsurer.

### Rückversicherungskapazität
(1) Größter von einer Gesellschaft oder vom allgemeinen Markt verfügbarer → Rückversicherung-Betrag, (2) große Rückversicherungsbeträge für ein Risiko oder (3) maximales Prämienvolumen, das von einem Rückversicherer gezeichnet werden kann.

### Reinsurance, Carpenter Plan
→ Carpenter Plan (Spread Loss Cover, Spread Loss Reinsurance)

### Rückversicherung, Carpenter Plan
→ Carpenter Plan (verteilte Schadensdeckung, verteilte Schadenrückversicherung)

## Reinsurance Ceded
→ Cede

## Reinsurance Clause
Provision that covers a business to be protected under a reinsurance treaty. The class can either appear at the beginning of the agreement or may be included in the → Retention and Limits Clause at a later stage of the contract.

## Reinsurance Credit
Credit reflected on a → Ceding Company's → Annual Statement, showing → Reinsurance Premiums Ceded and losses recoverable from the → Reinsurer.

## Reinsurance, Excess
→ Excess of Loss Reinsurance

## Reinsurance, Excess of Loss Ratio
→ Stop Loss Reinsurance

## Reinsurance Exchange
Group in which subscribing members agree to (1) regulations governing their behavior, and (2) the qualifications that → Reinsurance contracts *ceded* to them must meet in order to be acceptable. The exchange is run by a manager who has the power of attorney to represent each member and the exchange in the conduct of the reinsur-

## Zedierte Rückversicherung
→ Zedieren

## Rückversicherungsklausel
Bestimmung, die ein Unternehmen abdeckt, damit es bei einem Rückversicherungsvertrag geschützt ist. Die Klausel kann entweder zu Beginn der Vereinbarung erscheinen, oder sie kann zu einem späteren Stadium des Vertrages in die → Klausel zu Selbstbehalt und Begrenzungen eingeschlossen werden.

## Rückversicherungsguthaben
Guthaben, das sich im → Jahresabschluß einer → Zedierenden Gesellschaft widerspiegelt, indem es die → Zedierten Rückversicherungsprämien und die vom → Rückversicherer erstattungsfähigen Schäden zeigt.

## Rückversicherung, Überschuß
→ Schadenexzedentenrückversicherung

## Rückversicherung, Schadenüberschußquote
→ Stop-loss-Rückversicherung

## Rückversicherungsverein auf Gegenseitigkeit
Gruppe, bei der die beteiligten Mitglieder (1) Bestimmungen, die ihr Verhalten reglementieren und (2) Voraussetzungen, denen an sie *zedierte* → Rückversicherungsverträge entsprechen müssen, um akzeptabel zu sein, zustimmen. Der Verein wird von einem Mitglied geführt, das über die Handlungsvollmacht verfügt, jedes Mitglied und den Verein bei der Durchführung des Rückversicherungsgeschäftes zu vertreten. Heute stellen diese Vereine

ance business. However, today these exchanges are no longer a factor in the reinsurance market.

### Reinsurance Facility
1. Pool that contains various reinsurance companies with each sharing reinsurance contracts on a pro rata basis as they are submitted to the pool.
2. Market that operates much like the New York Stock Exchange in which reinsurance contracts are bought and sold on a bid and asked basis. → Reinsurance

### Reinsurance, Facultative
→ Facultative Reinsurance

### Reinsurance, Life
→ Life Reinsurance

### Reinsurance, Pooling
→ Pool; → Reinsurance Facility

### Reinsurance Premium
→ Automatic Reinsurance; → Burning Cost Ratio (Pure Loss Cost); → Carpenter Plan (Spread Loss Cover, Spread Loss Reinsurance); → Excess of Loss Reinsurance; → Facultative Reinsurance; → Non-proportional Reinsurance; → Proportional Reinsurance; → Quota Share Reinsurance; → Stop Loss Reinsurance; → Surplus Reinsurance

jedoch nicht länger einen Faktor auf dem Rückversicherungsmarkt dar.

### Rückversicherungseinrichtung
1. Pool, der verschiedene Rückversicherungsgesellschaften beinhaltet, wobei jede an Rückversicherungsverträgen auf einer anteiligen Grundlage, wie diese dem Pool vorgelegt werden, teilhat.
2. Markt, der ähnlich wie die New Yorker Aktienbörse arbeitet, indem Rückversicherungsverträge auf einer Geld- und Brief-Grundlage gekauft und verkauft werden. → Rückversicherung

### Rückversicherung, Fakultative
→ Fakultative Rückversicherung

### Rückversicherung, Lebens-
→ Lebensrückversicherung

### Rückversicherung, Poolbildung
→ Pool; → Rückversicherungseinrichtung

### Rückversicherungsprämie
→ Automatische Rückversicherung; → Burning Cost Ratio (Reine Schadenskosten); → Carpenter Plan (Verteilte Schadensdeckung, Verteilte Schadensrückversicherung); → Schadenexzedentenrückversicherung; → Fakultative Rückversicherung; → Nicht-proportionale Rückversicherung; → Proportionale Rückversicherung; → Quotenrückversicherung; → Stop-loss-Rückversicherung; → Exzedentenrückversicherung

### Reinsurance, Property and Casualty-Casualty Catastrophe

→ Automatic Nonproportional Reinsurance; → Automatic Proportional Reinsurance; → Automatic Reinsurance; → Excess of Loss Reinsurance; → Facultative Reinsurance; → Nonproportional Reinsurance; → Proportional Reinsurance; → Quota Share Reinsurance; → Stop Loss Reinsurance; → Surplus Reinsurance

### Reinsurance, Quota Share
→ Quota Share Reinsurance

### Reinsurance Reserve (Unearned Premium Reserve)
Fund in a segregated account to provide for the return of unearned premiums on policies which are cancelled. → Pro Rata Cancellation; → Short Rate Cancellation

### Reinsurance, Specific Excess
→ Specific Excess Reinsurance

### Reinsurance, Spread Loss
→ Carpenter Plan (Spread Loss Cover, Spread Loss Reinsurance)

### Reinsurance, Stop Loss
→ Stop Loss Reinsurance

### Rückversicherung, Sach- und Unfall-, Unfallkatastrophen-
→ Automatische Nicht-proportionale Rückversicherung; → Automatische Proportionale Rückversicherung; → Automatische Rückversicherung; → Schadenexedentenrückversicherung; → Fakultative Rückversicherung; → Nichtproportionale Rückversicherung; → Proportionale Rückversicherung; → Quotenrückversicherung; → Stop-loss-Rückversicherung; → Exzedentenrückversicherung

### Rückversicherung, Quoten-
→ Quotenrückversicherung

### Rückversicherungsreserve (Rückstellung für noch nicht verdiente Prämien)
Fonds in Form eines getrennten Kontos, um für die Rückzahlung nicht verdienter Prämien bei Policen, die gekündigt werden, vorzusorgen. → Anteilige Kündigung; → Kündigung mit gekürzter Prämienrückerstattung

### Exzedentenrückversicherung, Spezifische
→ Spezifische Exzedentenrückversicherung

### Rückversicherung, Verteilte Schadens-
→ Carpenter Plan (Verteilte Schadensdeckung, Verteilte Schadensrückversicherung)

### Rückversicherung, Stop-loss-
→ Stop-loss-Rückversicherung

**Reinsurance, Surplus**
→ Surplus Reinsurance

**Reinsurer**
Insurance company which assumes all or part of an → Insurance or → Reinsurance policy written by a primary insurance company (→ Ceding Company). → Reinsurance; → Reinsurance Broker; → Reinsurance Exchange; → Reinsurance Facility

**Rejection**
Refusal by an insurance company to underwrite a risk. → Risk Classification

**Relationship between Risk and Chance**
→ Wagering v. Insurance

**Relative Value Schedule (RVS)**
List of the values of specific medical procedures in comparison with other medical procedures.

**Relative Value Study (RVS) Schedule**
Assignment of a unit value to each of various medical procedures for the purpose of cost comparisons.

**Removal**
Insured peril in some property insurance policies that encompasses any accidental damage to insured property

**Rückversicherung, Exzedenten-**
→ Exzedentenrückversicherung

**Rückversicherer**
Versicherungsgesellschaft, die die gesamte oder einen Teil der von einer erstrangigen Versicherungsgesellschaft (→ Zedierenden Gesellschaft) gezeichneten → Versicherungs- oder → Rückversicherungs-Police übernimmt. → Rückversicherung; → Rückversicherungsmakler; → Rückversicherungsverein auf Gegenseitigkeit; → Rückversicherungseinrichtung

**Ablehnung**
Weigerung einer Versicherungsgesellschaft, ein Risiko zu zeichnen. → Risikoklassifizierung

**Verhältnis zwischen Risiko und Chance**
→ Wetten ./. Versicherung

**Bezugswerttabelle**

Liste mit den Werten spezifischer medizinischer Verfahren im Vergleich zu anderen medizinischen Verfahren.

**Bezugswertstudientabelle**

Zuschreibung eines Einheitswertes für jedes der verschiedenen medizinischen Verfahren zum Zwecke des Kostenvergleiches.

**Entfernung**
Bei einigen Sachversicherungspolicen versicherte Gefahr, die jede unfallbedingte Beschädigung an versichertem Vermögen beinhaltet, während dieses vor einer un-

while being removed to safety from the immediate threat of damage by another peril covered by that policy. For example, if an insured removes a chair from his burning home, puts it on the lawn, and then rain damages the chair, the loss insured would be covered by fire insurance on the furnishings of the home.

mittelbaren Bedrohung durch eine andere von dieser Police abgedeckten Gefahr in Sicherheit gebracht wird. Wenn ein Versicherter z. B. einen Stuhl aus seiner brennenden Wohnung entfernt, ihn auf die Wiese stellt und Regen den Stuhl beschädigt, wäre der versicherte Schaden durch die Feuerversicherung für das Mobiliar der Wohnung gedeckt.

### Removal Bond
→ Judicial Bond

### Entfernungskaution
→ Gerichtliche Kaution

### Renewable Term Health Insurance
→ Commercial Health Insurance

### Befristete Krankenversicherung mit Verlängerungsrecht
→ Gewerbliche Krankenversicherung

### Renewable Term Life Insurance
Coverage that is renewable at the option of the insured, who is not required to take a medical examination. Regardless of physical condition, the insured must be allowed to renew the policy and the premium cannot be increased to reflect any adverse physical condition. However, the premium of each renewal increases to reflect the → Life Expectancy of the individual at that particular age.

### Befristete Lebensversicherung mit Verlängerungsrecht
Versicherungsschutz, der nach Wahl des Versicherten, der sich keiner ärztlichen Untersuchung unterziehen muß, erneuerbar ist. Unabhängig von der körperlichen Verfassung muß es dem Versicherten gestattet werden, die Police zu erneuern; die Prämie kann nicht erhöht werden, um der nachteiligen körperlichen Verfassung Rechnung zu tragen. Die Prämie jeder Verlängerung erhöht sich jedoch, um die → Lebenserwartung der Person widerzuspiegeln.

### Renewal
Automatic reestablishment of an insurance policy's in-force status, usually achieved through payment of the pre-

### Fortsetzung des Versicherungsverhältnisses
Automatische Wiedereinsetzung in den Gültigkeitsstatus der Police, gewöhnlich wird dies durch Zahlung der fälligen Prämie erreicht. → Gewerbliche Kranken-

mium due. → Commercial Health Insurance; → Renewal Certificate; → Renewal Premium; → Renewal Provision; → Renewable Term Life Insurance

versicherung; → Erneuerungsschein; → Erneuerungsprämie; → Erneuerungsbestimmung; → Befristete Lebensversicherung mit Verlängerungsrecht

### Renewal Certificate
Form showing notification that an insurance policy has been renewed with the same provisions, clauses, and benefits of the previous policy.

### Erneuerungsschein
Formular, das eine Mitteilung beinhaltet, daß eine Versicherungspolice mit den gleichen Bestimmungen, Klauseln und Leistungen der vorhergehenden Police erneuert wurde.

### Renewal Commission
Commission paid to an → Agent after the → First Year Commission has been paid to that agent. Renewal commissions generally form a substantial portion of an agent's income after 4 years in the business and serve as an important incentive for him or her to make every effort to keep the policies on an → In-Force Business status.

### Verlängerungsprovision
Provision, die an einen → Agenten gezahlt wird, nachdem die → Provision für das erste Jahr an diesen Agenten gezahlt worden ist. Verlängerungsprovisionen bilden nach vier Jahren allgemein einen wesentlichen Teil eines Agenteneinkommens und dienen als wichtiger Anreiz, alle Anstrengungen zu unternehmen, die Policen als Teil des → Bestandes in Kraft zu halten.

### Renewal Premium
Payment due on the renewal of an insurance policy. The premium may be adjusted up or down to reflect the loss experience of the → Underwriting classification to which the insured belongs. → Renewable Term Life Insurance

### Erneuerungsprämie
Zahlung, die bei einer Erneuerung der Versicherungspolice fällig ist. Die Prämie kann nach oben oder unten angepaßt werden, um der Schadenserfahrung der → Zeichnungs-Klassifikation, der der Versicherte angehört, Rechnung zu tragen. → Befristete Lebensversicherung mit Verlängerungsrecht

### Renewal Provision
Clause in an insurance policy which permits an insured to renew without having to take

### Erneuerungsbestimmung
Klausel bei einer Versicherungspolice, die es einem Versicherten erlaubt, unabhängig von seiner körperlichen Verfassung die

a medical examination, regardless of his or her physical condition; the premium cannot be increased to reflect an adverse medical condition. → Renewable Term Life Insurance

Police zu erneuern, ohne sich einer ärztlichen Untersuchung unterziehen zu müssen. Die Prämie kann nicht erhöht werden, um dem nachteiligen Gesundheitszustand Rechnung zu tragen. → Befristete Lebensversicherung mit Verlängerungsrecht

**Renewals**

→ Renewal Premium

**Fortsetzung der Versicherungsverhältnisse**

→ Erneuerungsprämie

**Rent**
→ Rent Insurance

**Miete**
→ Mietausfallversicherung

**Rental Value Insurance**
→ Rent Insurance

**Mietwertversicherung**
→ Mietausfallversicherung

**Renters Insurance**
→ Tenants Insurance

**Mieterversicherung**
→ Mieterversicherung

**Rent Insurance**
Endorsement to an existing policy or a separate policy covering loss of rental income to the property owner, caused by the damage or destruction of a building, rendering it unrentable. The coverage applies whether or not the dwelling is rented at the time of loss. The insured can select a coinsurance requirement of either 50%, 80%, or 100%. The higher the coinsurance amount, the lower the premium.

**Mietausfallversicherung**
Nachtrag zu einer bestehenden Police oder eine separate Police, die den Verlust von Mieteinkommen für den Hausbesitzer abdeckt, der durch Beschädigung oder Zerstörung eines Gebäudes, was dieses unvermietbar macht, verursacht wird. Der Versicherungsschutz findet unabhängig davon, ob das Gebäude zum Zeitpunkt des Schadens vermietet ist oder nicht, Anwendung. Der Versicherte kann zwischen einer Mitversicherungsforderung von 50%, 80% oder 100% wählen. Je höher der Mitversicherungbetrag ist, desto geringer ist die Prämie.

**Reparations**
Payment made by a party causing harm to the party incurring that harm.

**Wiedergutmachungen**
Von einer Person, die einer Partei einen Schaden zugefügt hat, vorgenommene Zahlung an die Partei, die diesen Schaden erleidet.

## Replacement Cost
→ Replacement Cost Less Physical Depreciation and Obsolescence

## Replacement Cost Less Physical Depreciation and Obsolescence
Sum it takes to replace an insured's damaged or destroyed property with one of like kind and quality, equivalent to the actual cash value, minus physical depreciation (fair wear and tear) and obsolescence. The objective is to place the insured in the same financial position after a loss as prior to it; the insured should not profit or lose by incurring a loss.

## Replacement, Life Insurance
Exchange of a new policy for one already in force. → Conservation

## Replacement Ratio
Measure showing how much life insurance an agent has lost through replacement. It is expressed as a percentage of number of policies, face amount, or premium volume.

## Replacement, Reconstruction, and Reproduction Cost
Option to an insurance company to replace, reconstruct (repair), or reproduce (rebuild) damaged or destroyed property

## Wiederbeschaffungskosten
→ Wiederbeschaffungskosten abzüglich materieller Wertminderung und Veralterung

## Wiederbeschaffungskosten abzüglich materieller Wertminderung und Veralterung
Betrag, der benötigt wird, um einen beschädigten oder zerstörten Vermögensgegenstand durch einen ähnlicher Art und Qualität, entsprechend dem aktuellen Barwert abzüglich der materiellen Wertminderung (gerechter Verschleiß) und der Veralterung, zu ersetzen. Ziel ist es, den Versicherten nach dem Schaden in die gleiche finanzielle Position zu versetzen wie vor dem Schaden. Der Versicherte sollte durch Erleiden eines Schadens weder gewinnen noch verlieren.

## Ersetzung, Lebensversicherung
Austausch einer neuen Police für eine, die bereits in Kraft ist. → Aufrechterhaltung

## Ersetzungsquote
Maß, das zeigt, wie viele Lebensversicherungen ein Agent durch Ersetzung verloren hat. Sie wird ausgedrückt als ein Prozentsatz der Anzahl der Policen, des Nennwertes oder des Prämienumfangs.

## Wiederbeschaffungs-, Rekonstruktions- und Reproduktionskosten
Wahlmöglichkeit einer Versicherungsgesellschaft, einen beschädigten oder zerstörten Vermögensgegenstand, der durch eine Sachversicherungspolice abgedeckt

covered by property insurance rather than indemnify an insured in cash. This is rarely done.

ist, zu ersetzen, zu rekonstruieren (reparieren) oder zu reproduzieren (neu zu bauen), anstelle einen Versicherten in bar zu entschädigen. Dies geschieht selten.

## Replevin Bond
→ Judicial Bond

## Sicherheitsleistung bei Zwangsvollstreckung
→ Gerichtliche Kaution

## Reportable Event
Obligation of the insured to report losses from a covered peril to the insurance company or its representative as soon after its occurrence as possible.

## Meldepflichtiges Ereignis
Verpflichtung eines Versicherten, Schäden einer abgedeckten Gefahr so schnell wie möglich nach Eintreten der Versicherungsgesellschaft oder ihrem Vertreter zu melden.

## Reporting Endorsement
→ Open Form (Reporting Form)

## Berichterstattungsnachtrag
→ Offene Form (Berichtsform)

## Reporting Form
→ Open Form (Reporting Form)

## Berichtsform
→ Offene Form (Berichtsform)

## Reporting Requirements
→ Open Form (Reporting Form)

## Berichtsauflagen
→ Offene Form (Berichtsform)

## Report to Social Security Administration
Requirement of an employer to report annually to the U.S. Treasury Department the names of employees who terminated employment with vested benefits, and the amount of the benefits. The Treasury sends the Social Security Administration a copy, which is available to an employee on request. A statement on vested

## Meldung an die Sozialversicherungsverwaltung
Anforderung an einen Arbeitgeber, dem US-Finanzministerium jährlich die Namen der Angestellten, die das Beschäftigungsverhältnis mit wohlerworbenen Leistungen beendet haben, sowie die Höhe der Leistungen zu melden. Das Finanzamt schickt der Sozialversicherungsverwaltung eine Kopie, die einem Arbeitnehmer auf Anfrage zur Verfügung steht. Eine Aufstellung wohlerworbener Leistungen wird einem Antragsteller auf Sozialversi-

benefits is given by the Social Security Administration to an applicant for Social Security benefits.

cherungsleistungen von der Sozialversicherungsverwaltung gegeben.

## Representations
Statements by an insurance applicant concerning personal health history, family health history, occupation, and hobbies. These statements are required to be substantially correct; that is, applicants must answer questions to the best of their knowledge.

## Erklärungen
Aussagen eines Versicherungsantragstellers, die die persönliche Krankengeschichte, die Familienkrankengeschichte, die Beschäftigung und die Hobbies betreffen. Von diesen Erklärungen wird gefordert, daß sie im wesentlichen richtig sind, d. h., die Antragsteller müssen die Fragen nach bestem Wissen beantworten.

## Representative
→ Agent; → Broker-Agent; → Captive Agent; → Independent Agent

## Vertreter
→ Agent; → Makler-Agent; → Firmeneigener Agent; → Unabhängiger Agent

## Representative Sample
Sample in which the relative sizes of the subpopulation samples are selected in such a manner as to be equal to the relative sizes of the subpopulations. For example, when measuring the viewing audience of a particular television show, the audience is stratified into several subpopulations: income groups, age groups, vocational groups, and so on. Then random samples are drawn from the various strata in proportion to the relative sizes of these strata.

## Repräsentative Probe
Probe, bei der die relativen Größen von Teilmengenproben derart ausgewählt werden, daß sie den relativen Größen der Teilmengen entsprechen. Wenn z. B. die Zuschauerzahlen einer bestimmten Fernsehshow gemessen werden, wird das Publikum in verschiedene nach Schichten spezifizierte Teilmengen unterteilt: Einkommensgruppen, Altersgruppen, Berufsgruppen usw. Dann werden Stichproben aus den verschiedenen Schichten im Verhältnis zu den relativen Größen dieser sozialer Schichten entnommen.

## Reproduction Value
→ Replacement, Reconstruction, and Reproduction Cost

## Reproduktionswert
→ Wiederbeschaffungs-, Rekonstruktions- und Reproduktionskosten

## Required Insurance
→ Compulsory Insurance

## Requirements
→ Requirements of Insurable Risk

## Requirements of Insurable Risk
1. A large number of homogeneous exposures (in order for the deviation of actual losses from expected losses to approach *zero,* and the creditability of the prediction to approach *one*).
2. Loss must be definite in time and amount.
3. Loss must be fortuitous. An insured cannot cause the loss to happen; it must be due to chance.
4. Must not be an exposure to catastrophic loss; risks must be spread over a large geographical area to prevent their concentration. → Reinsurance often is used to spread potentially catastrophic risks.
5. Premium must be reasonable in relation to the potential loss. In theory, one could even insure against a pencil point breaking, but the premium would be much greater than any possible loss.

## Reserve
→ Reserves and their Computation

## Erforderliche Versicherung
→ Pflichtversicherung

## Anforderungen
→ Anforderungen an ein versicherbares Risiko

## Anforderungen an ein versicherbares Risiko
1. Eine große Zahl homogener Gefährdungen (damit sich die Abweichung der tatsächlichen Schäden von den erwarteten Schäden *null* und die Glaubwürdigkeit der Vorhersage *eins* nähert).
2. Der Schaden muß nach Zeitpunkt und Höhe bestimmt sein.
3. Der Schaden muß zufallsbedingt sein. Ein Versicherter kann nicht bewirken, daß ein Schaden eintritt; er muß sich zufällig ereignen.
4. Der Schaden darf keinem Katastrophenschaden ausgesetzt sein; die Risiken müssen über ein großes geographisches Gebiet gestreut werden, um deren Konzentration zu verhindern. Die → Rückversicherung wird häufig verwendet, um potentielle Katastrophenrisiken zu streuen.
5. Die Prämie muß im Verhältnis zu dem potentiellen Schaden gerechtfertigt sein. In der Theorie könnte man sich sogar gegen eine abgebrochene Bleistiftspitze versichern, aber die Prämie wäre höher als ein möglicher Schaden.

## Rückstellung
→ Rückstellungen und ihre Berechnung

**Reserve Factors**
→ Reserves and their Computation

**Reserve, Full Preliminary Term**
→ Full Preliminary Term Reserve Plan

**Reserve, Incurred but not Reported Losses**
→ Incurred but not Reported Losses (IBNR)

**Reserve Liabilities Regulation**

1. → Life Insurance: specification by each state regarding (a) the minimum assumptions that must be used in reserve calculations as they pertain to the maximum interest rate that can be assumed; (b) the mortality table that can be used (the more conservative the table, the higher the death rates that will be shown which exceed the death rates actually expected); and (c) the reserve valuation that must be used (the minimum is established by the National Association of Insurance Commissioners *Standard Valuation Law*).
2. → Property and Liability Insurance specification by each state regarding the minimum assumptions that must be used in reserve calculations as they pertain to unpaid loss reserves and *unearned premium reserves*.

**Rückstellungsfaktoren**
→ Reserven und ihre Berechnung

**Rückstellung, Vollständige zunächst befristete**
→ Vollständiger zunächst befristeter Rückstellungsplan

**Rückstellung, Erlittene, aber nicht gemeldete Schäden**
→ Erlittene, aber nicht gemeldete Schäden

**Vorschriften bezüglich der Rückstellungen für Eventualverbindlichkeiten**

1. → Lebensversicherung: Spezifikation durch jeden Staat in bezug auf (a) die Mindestannahmen, die bei der Berechnung der Rückstellungen angewendet werden müssen, sofern sie den maximalen Zinssatz betreffen, der angenommen werden kann; (b) die Sterblichkeitstabelle, die verwendet werden kann (je konservativer die Tabelle, desto höher die Todesfallraten, die gezeigt werden; diese übersteigen die tatsächlich erwarteten Todesfallraten) und (c) den Ansatz der Rückstellungen, der verwendet werden muß (das Minimum wird von dem *Standardreservenberechnungsgesetz* der National Association of Insurance Commissioners (Nationale Vereinigung der Regierungsbevollmächtigten für Versicherungen) festgelegt.
2. → Sach- und Haftpflichtversicherung – Spezifikation durch jeden Staat in bezug auf die bei der Berechnung der Rückstellungen anzuwendenden Mindestannahmen, sofern sich diese auf Rückstellungen für unbezahlte Schäden und *Rückstellungen für noch nicht verdiente Prämien* beziehen.

**Reserve, Loss**
→ Loss Reserve

**Reserve, Prospective**
→ Prospective Reserve

**Reserve, Retrospective**
→ Retrospective Method Reserve Computation

**Reserves and their Computation**
→ Full Preliminary Term Reserve Plan; → Prospective Reserve; → Retrospective Method Reserve Computation

**Reserve, Unearned Premium**
→ Unearned Premium Reserve

**Resident Agent**
Salesman who markets and services insurance policies in the state in which he is domiciled.

**Residential Construction Insurance**
Coverage in the event an insured's negligent acts and/or omissions involving the construction of a new one- or two-family residential structure result in bodily injury and/or property damage to a third party. The "insured" includes his employees and independent contractors. This coverage is normally part of the → Homeowners Insurance

**Rückstellung, Schaden-**
→ Schadenrückstellung

**Rückstellung, Vorausschauende**
→ Vorausschauende Rückstellung

**Rückstellung, Rückschauende**
→ Rückschauende Methode der Reservenberechnung

**Rückstellungen und ihre Berechnung**
→ Vollständiger zunächst befristeter Rückstellungsplan; → Vorausschauende Rückstellung; → Rückschauende Methode der Reservenberechnung

**Rückstellung, nicht verdiente Prämie**
→ Rückstellung für noch nicht verdiente Prämien

**Inlandsagent**
Verkäufer, der Versicherungspolicen in dem Staat, in dem er ansässig ist, vermarktet und betreut.

**Wohnungsbauversicherung**
Versicherungsschutz für den Fall, daß fahrlässige Handlungen oder Unterlassungen eines Versicherten beim Bau eines neuen Ein- oder Zweifamilienwohnhauses eine Körperverletzung und/oder eine Sachbeschädigung an einer dritten Partei zur Folge haben. Der „Versicherte" schließt seine Angestellten und unabhängige Unternehmer ein. Dieser Versicherungsschutz ist normalerweise Bestandteil der → Hausbesitzerversicherungspolice und erweitert den Versicherungsschutz für

Policy and extends coverage on an automatic basis for this exposure at no extra premium.

### Residential Form
→ Residential Construction Insurance

### Residual Automobile Insurance Market
→ Business Automobile Policy; → Personal Automobile Policy

### Residual Disability
Inability to perform one or more important daily business duties, or inability to perform the usual daily business duties for the time period usually required for the performance of such duties. → Residual Disability Income Insurance

### Residual Disability Income Insurance
Coverage for an individual with a residual disability. Benefits are usually payable for the unused portion of the total disability benefit period up to age 65. If an individual is at least age 55 at the time of disablement, and total disability lasts less than a year, residual benefits are payable for the unused portion of the benefit period for up to 18 months, but not beyond age 65. If there is at least a 25% loss in current earnings, the residual benefits will equal the per-

diese Gefahr automatisch, ohne daß eine zusätzliche Prämie fällig wird.

### Wohnungsform
→ Wohnungsbauversicherung

### Nicht versicherungsfähiger Kraftfahrzeugbestand
→ Geschäftswagenpolice; → Privat-Kfz-Police

### Zurückbleibende Invalidität
Unfähigkeit, einer oder mehreren alltäglichen geschäftlichen Verpflichtungen nachzukommen, oder die Unfähigkeit, diese normalen alltäglichen geschäftlichen Pflichten für einen Zeitraum, der für die Erfüllung solcher Pflichten gewöhnlich gefordert wird, zu erfüllen. → Restinvaliditätseinkommensversicherung

### Restinvaliditätseinkommensversicherung
Versicherungsschutz für eine Person mit einer bleibenden Behinderung. Leistungen sind gewöhnlich für den unverbrauchten Teil des gesamten Invaliditätsleistungszeitraums bis zum Alter von 65 Jahren zahlbar. Wenn eine Person zum Zeitpunkt der Behinderung wenigstens 55 Jahre alt ist und die Vollinvalidität weniger als ein Jahr andauert, sind Restleistungen für den unverbrauchten Teil des Leistungszeitraums bis zu 18 Monaten, jedoch nicht über das Alter von 65 Jahren hinaus, zahlbar. Falls bei den laufenden Verdiensten ein Verlust von mindestens 25% eintritt, gleichen die Restleistungen den Schadenprozentsatz multipliziert mit den Leistun-

centage of loss times the monthly benefit for total disability. The residual disability monthly benefit can be expressed in this equation:

$$\frac{\text{Loss of Monthly Income}}{\text{Prior Monthly Income}} \times \text{Monthly Benefit for Total Disability}$$

→ Residual Disability

## Residual Market

→ Automobile Assigned Risk Insurance Plan; → Residual Disability; → Residual Disability Income Insurance

## Res Ipsa Loquitor

Latin phrase for "The facts speak for themselves." This is a rule of evidence under which an individual is deemed, under certain specific circumstances, to be negligent by the mere occurrence of an accident. These circumstances are defined when the law presumes that an accident could not have occurred had the individual not been negligent.

## Respondeat Superior

Latin for "Let the superior reply." That is, an employer is liable for the torts of employees which result from their employment. For example, an insurance company (the master) acts through its agent (the ser-

gen der Totalinvalidität aus. Die monatliche Leistung für die Restinvalidität kann mittels dieser Gleichung ausgedrückt werden:

$$\frac{\text{Verlust des monatlichen Einkommens}}{\text{Vorheriges monatliches Einkommen}} \times \text{Monatliche Leistung für Totalinvalidität}$$

→ Zurückbleibende Invalidität

## Nicht versicherungsfähiger Restbestand

→ Kraftfahrzeugversicherungssystem mit zugewiesenem Risiko; → Bleibende Invalidität; → Restinvaliditätseinkommensversicherung

## Res ipsa loquitor

Lateinische Redewendung für „Die Fakten sprechen für sich selbst". Dies ist eine Beweisregel, nach der eine Person unter bestimmten spezifischen Umständen alleine durch das Auftreten eines Unfalles für fahrlässig gehalten wird. Diese Umstände sind so definiert, daß das Gesetz annimmt, daß ein Unfall sich nicht hätte ereignen können, wäre die Person nicht fahrlässig gewesen.

## Respondeat Superior

Lat.: Haftung für Erfüllungsgehilfen. D. h., ein Arbeitgeber ist für die Unrechthandlungen von Arbeitnehmern, die sich aus ihrem Arbeitsverhältnis ergeben, haftbar. Z. B.: Eine Versicherungsgesellschaft (der Vorgesetzte) handelt durch ihren Agenten (den Bediensteten). Auf-

vant); because of this master-servant relationship, any wrongs the agent commits are deemed to have been committed by the insurance company, which must accept responsibility.

### Rest Cure
Care in a sanitarium, nursing home, or other facility designed to provide → Custodial Care on behalf of the mental and physical well being of the patient. The cost may or may not be provided by health insurance policies.

### Restoration of Plan
Authority of the → Pension Benefit Guaranty Corporation (PBGC) to stop the termination of a pension plan and restore it to its previous status by returning a portion or all of the plan's assets and liabilities. For example, such an action could be taken by the PBGC when a company whose pension plan is being terminated has experienced a reversal in the adverse conditions which originally caused the termination.

### Restoration of Vested Benefits
Plan under the → Employee Retirement Income Security Act of 1974 (ERISA) for employees who are less than 50% *vested*. An employee must be

grund dieses Vorgesetzten-Bediensteten-Verhältnisses wird jegliches Unrecht, das der Agent begeht, so angesehen, als sei es von der Versicherungsgesellschaft begangen worden, die die Verantwortung übernehmen muß.

### Ruhekur
Pflege in einem Sanatorium, einem Pflegeheim oder einer sonstigen Einrichtung, die dafür vorgesehen ist, eine → Pflegschaft für das geistige und körperliche Wohlergeben des Patienten zu bieten. Die Kosten können von Krankenversicherungspolicen übernommen werden.

### Wiederherstellung eines Systems
Vollmacht der → Pension Benefit Guaranty Corporation (PBGC) (Körperschaft für die Garantie von Pensionsleistungen), die Beendigung eines Pensionssystems zu stoppen und seinen vorherigen Status durch Rückführung eines Teils oder aller Systemguthaben und -verbindlichkeiten wiederherzustellen. Eine solche Maßnahme könnte z. B. durch den PBGC ergriffen werden, wenn eine Gesellschaft, deren Pensionssystem beendet werden soll, eine Umkehr bei den nachteiligen Bedingungen, die die Beendigung ursprünglich verursacht hatten, erfahren hat.

### Wiederherstellung von Leistungsanwartschaften
Vorhaben nach dem → Employee Retirement Income Security Act of 1974 (ERISA) (Arbeitnehmerrenteneinkommenssicherheitsgesetz aus dem Jahre 1974) für Arbeitnehmer, deren Anwart-

permitted to buy back retirement benefits lost because of the withdrawal of his or her contributions. The employee pays back to the pension plan the withdrawal contributions, plus 5% interest compounded annually.

## Restoration Premium

Sum that an insurance company charges a business firm to restore a property or liability insurance policy, or a bond, to its initial face value after the insurance company has paid a claim either to the insured business or to a third party on behalf of the insured business.

## Resumption of Operations Clause

In a → Business Interruption Insurance policy, clause which stipulates that if, by resuming operations, the business can reduce a loss, the business is obligated to do so. If the business refuses to resume operations, it will incur a portion of the loss.

## Retail Credit Report

Report developed by or supplied by a credit agency to an insurer dealing with the financial standing and character of an insurance applicant. These factors are carefully weighted by the company's *underwriter* in deciding the → Insurability

schaften zu weniger als 50% *übertragen* worden sind. Es muß einem Arbeitnehmer erlaubt sein, wegen Entnahme seiner Beiträge verlorene Pensionsleistungen zurückzukaufen. Der Arbeitnehmer zahlt die entnommenen Beiträge plus 5% pro Jahr berechneter Zinsen an das Pensionssystem zurück.

## Wiederherstellungsprämie

Summe, die eine Versicherungsgesellschaft einer Firma in Rechnung stellt, um eine Sach- oder Haftpflichtversicherung oder eine Kaution in ihrem ursprünglichen Nennwert wiederherzustellen, nachdem die Versicherungsgesellschaft entweder einen Anspruch an das versicherte Unternehmen oder im Namen des versicherten Unternehmens an eine dritte Partei gezahlt hat.

## Klausel über die Wiederaufnahme der Geschäftstätigkeit

Klausel bei einer → Geschäftsunterbrechungsversicherungs-Police, die fordert, daß dann, wenn das Unternehmen durch Wiederaufnahme der Geschäftstätigkeit einen Schaden reduzieren kann, das Unternehmen verpflichtet ist, dies zu tun. Falls sich das Unternehmen weigert, die Geschäftstätigkeit wieder aufzunehmen, erleidet es einen Teil des Schadens.

## Kundenkreditreport

Von einer Kreditagentur entwickelter oder an einen Versicherer gelieferter Bericht, der sich mit der finanziellen Situation und dem Charakter eines Versicherungsantragstellers befaßt. Diese Faktoren werden vom *Versicherer* der Gesellschaft bei der Entscheidung über die → Versicherbarkeit des Antragstellers sorgfältig abgewogen.

of the applicant. → Numerical Rating System

**Retained Earnings**
Net profit of a business, less dividends. Reinvestment of retained earnings enables an insurance company to write more business from a stronger capital base. Contributions to retained earnings come from three sources: (1) excess interest from investment earnings; (2) loss savings (fewer and/or smaller losses than were loaded into premiums); and (3) expense savings (less expense costs than were loaded into premiums). → Surplus Account

**Retainer Clause**
Provision in a *nonproportional reinsurance contract* that the reinsurance will protect only the business retained by the *cedent* for its own account. In this connection, losses must be assumed by the cedent if it cannot enforce payment for any loss falling under its other *surplus* or → Quota Share Reinsurance contract.

**Retaliation Laws**
Legislation by a state that taxes out-of-state insurance companies operating in its jurisdiction in the same way that the state's own insurance companies are taxed in the second state. For example, state #1

→ Numerisches Prämienfestsetzungssystem

**Nicht ausgeschüttete Gewinne**
Nettogewinn eines Unternehmens abzüglich der Dividenden. Die Reinvestierung von nicht ausgeschütteten Gewinnen versetzt eine Versicherungsgesellschaft in die Lage, mehr Geschäfte auf einer stärkeren Kapitalbasis abzuschließen. Die Beiträge zu nicht ausgeschütteten Gewinnen kommen aus drei Quellen: (1) Überschußzinsen aus Kapitalanlageerlösen, (2) Schadensersparnisse (weniger und/oder geringere Schäden, als dafür bei den Prämien einkalkuliert wurden) und (3) Ausgabenersparnisse (weniger Kosten für Ausgaben, als den Prämien zugeschlagen wurden).
→ Überschußkonto

**Zurückbehaltungsklausel**
Bestimmung bei einem *nichtproportionalen Rückversicherungsvertrag,* daß die Rückversicherung nur das von dem *Zedenten* für sein eigenes Konto zurückbehaltene Geschäft schützen wird. In diesem Zusammenhang müssen Schäden vom Zedenten übernommen werden, wenn er die Zahlung für einen Schaden, der unter seinen sonstigen *Schadenexzedenten-* oder → Quotenrückversicherungsvertrag fällt, nicht durchsetzen kann.

**Vergeltungsgesetze**
Gesetzgebung eines Staates, die Versicherungsgesellschaften aus anderen Staaten, die innerhalb ihrer Jurisdiktion operieren, in der gleichen Weise besteuert, in der die eigenen Versicherungsgesellschaften des Staates von dem zweiten Staat besteuert werden. Staat Nr. 1 stellt seinen

charges a tax of 4% on its *domiciled* insurers. But if these insurers are charged a higher tax when operating in state #2, then state #1 will charge the higher tax to insurers of state #2 who wish to do business in state #1.

**Retaliatory Premium Tax**
→ Retaliation Laws

**Retention**
→ Retention and Limits Clause; → Risk Management; → Self Insurance

**Retention and Limits Clause**
Provision in almost all → Excess of Loss Reinsurance contracts under which payment is made by a reinsurer of each and every loss incurred by the *cedent* in excess of a specified sum, up to a fixed limit. Under this clause, there is no restriction on the number of claims that may be recovered by the cedent under the contract for any one event. The only stipulation is that each claim must arise as a result of the event in question.

**Retention Deductible**
In → Umbrella Liability Insurance clause which stipulates that in the event of a loss where there are no underlying policies providing coverage, the → Deductible will apply.

*ansässigen* Versicherern eine Steuer von 4% in Rechnung. Wenn diesen Versicherern jedoch eine höhere Steuer berechnet wird, wenn sie in Staat Nr. 2 agieren, dann stellt Staat Nr. 1 den Versicherern von Staat Nr. 2, die in Staat Nr. 1 Geschäfte machen wollen, eine höhere Steuer in Rechnung.

**Vergeltungsprämiensteuern**
→ Vergeltungsgesetze

**Selbstbehalt**
→ Klausel zu Selbstbehalt und Begrenzungen; → Risikomanagement; → Selbstversicherung

**Klausel zu Selbstbehalt und Begrenzungen**
Bestimmung bei fast allen → Schadenexzedentenrückversicherungs-Verträgen, derzufolge von einem Rückversicherer für jeden Schaden, der von einem *Zedenten* über eine bestimmte Summe hinaus erlitten wird, bis zu einem bestimmten Höchstbetrag eine Zahlung geleistet wird. Bei dieser Klausel gibt es keine Beschränkung der Anzahl der Ansprüche, für die von einem Zedenten gemäß dem Vertrag für ein Ereignis Schadenersatz verlangt werden kann. Die einzige Vorschrift besteht darin, daß sich jeder Anspruch als Ergebnis aus dem in Frage stehenden Ereignis ergeben muß.

**Zurückbehaltener Selbstbehalt**
Bei der → Globalhaftpflichtversicherung eine Klausel, die fordert, daß im Falle eines Schadens, bei dem es keine zugrunde liegenden Policen gibt, die Versicherungsschutz bieten, der → Selbstbehalt Anwendung findet.

## Retention of Loss
→ Retention and Limits Clause; → Risk Management; → Self Insurance

## Retirement Age
Age at which a pension plan participant is entitled to receive retirement benefits; or point at which retirement benefits are payable: (1) → Normal Retirement Age is the earliest age permitted to retire and receive full benefits; (2) → Early Retirement is earlier-than-normal age permitted to retire provided attained minimum age and service requirement are met, but there is a proportionate reduction in benefits; (3) → Deferred Retirement age beyond automatic retirement age permitted to retire, usually with no increase in benefits; (4) *Automatic retirement age* is age at which retirement is automatically effective.

## Retirement Annuity
→ Annuity; → Group Deferred Annuity; → Pension Plan Funding: Group Deposit Administration Annuity; → Pension Plan Funding: Group Immediate Participation Guaranteed (IPG) Contract Annuity

## Retirement Benefits
→ Allocated Funding Instrument; → Defined Benefit Plan;

## Schadenselbstbehalt
→ Klausel zu Selbstbehalt und Begrenzungen; → Risikomanagement; → Selbstversicherung

## Pensionierungsalter
Alter, ab dem ein Teilnehmer bei einem Pensionssystem berechtigt ist, Pensionsleistungen zu beziehen, oder der Zeitpunkt, zu dem Altersruhegelder zahlbar sind: (1) Das → Normale Rentenalter ist das früheste zulässige Alter, um in Rente zu gehen und volle Leistungen zu beziehen; (2) der → Vorruhestand beginnt zu einem früheren als dem normal zulässigen Alter, unter der Voraussetzung, daß ein Mindestalter erreicht und ein Diensterfordernis erfüllt ist. Es gibt jedoch eine proportionale Reduzierung der Leistungen. (3) Die → Aufgeschobene Pensionierung geht über das automatische Pensionierungsalter, zu dem in Rente zu gehen erlaubt ist, hinaus, gewöhnlich ohne Steigerung der Leistungen. (4) Das *automatische Pensionierungsalter* ist das Alter, bei dem die Pensionierung automatisch wirksam wird.

## Bei Pensionierung ausgezahlte Versicherungsrente
→ Rente; → Gruppenanwartschaftsrente; → Pensionssystemfinanzierung: Gruppeneinlagenverwaltungsrente; → Pensionssystemfinanzierung: sofortige Gruppenvertragsrente mit garantierter Beteiligung

## Pensionsbezüge
→ Zugewiesenes Finanzierungsinstrument; → Definiertes Leistungssystem; →

Defined Contribution Pension (Money Purchase Plan); → Pension Plan Funding: Group Deposit Administration Annuity; → Group Permanent Life Insurance; → Pension Plan Funding: Group Immediate Participation Guaranteed (IPG) Contract Annuity; → Pension Plan Funding: Individual Contract Pension Plan; → Pension Plan Funding Instruments

Pensionssystem mit definiertem Beitrag (Rentenkaufsystem); → Pensionssystemfinanzierung: Gruppeneinlagenverwaltungsrente; → Gruppenlebensversicherung mit einjähriger Kündigungsfrist; → Pensionssystemfinanzierung: sofortige Gruppenvertragsrente mit garantierter Beteiligung; → Pensionssystemfinanzierung: Einzelvertragspensionssystem; → Pensionssystemfinanzierungsinstrumente

**Retirement Income Endowment Policy**

Type of → Endowment Insurance which matures at a stipulated retirement age and whose purpose is to provide retirement income to the → Insured.

**Pensionseinkommensversorgungspolice**

Typ der → Lebensversicherung auf den Erlebensfall, die zu einem bestimmten Pensionierungsalter fällig wird und deren Zweck darin besteht, dem → Versicherten ein Pensionseinkommen zu bieten.

**Retirement Income Payments**
→ Retirement Benefits

**Pensionseinkommenszahlungen**

→ Pensionsbezüge

**Retirement Income Policy**

Form of → Deferred Annuity; a life insurance policy which usually guarantees from 120 to 180 monthly income payments to the *annuitant* at retirement. If the annuitant dies during the deferral (or guaranteed) period, a beneficiary receives a death payment of the face amount or the cash value, whichever is larger. During the deferred period, the policyowner can withdraw part or all of the annuity's cash value (the latter terminating the annuity).
→ Annuity

**Pensionseinkommenspolice**

Form der → Anwartschaftsrente. Eine Lebensversicherungspolice, die einem *Rentenempfänger* bei Pensionierung gewöhnlich zwischen 120 bis 180 monatliche Einkommenszahlungen garantiert. Wenn der Rentenempfänger während des Anwartschafts- (oder Garantie-)Zeitraums stirbt, erhält der Begünstigte eine Todesfallzahlung in Höhe des Nennwertes oder des Barwertes, je nachdem, welcher Betrag größer ist. Während des Anwartschafts-Zeitraums kann der Policeninhaber einen Teil oder den gesamten Barwert der Rente entnehmen (wobei das Letzere die Renteneinkommen beendet). → Rente

**Retirement Insurance Needs**
→ Retirement Annuity; → Retirement Benefits; → Retirement Income Policy; → Retirement Planning

**Retirement Plan**
→ Allocated Funding Instrument; → Defined Benefit Plan; → Defined Contribution Pension Plan (Money Purchase Plan); → Pension Plan Funding: Group Deposit Administration Annuity; → Pension Plan Funding Instruments; → Retirement Benefits; → Retirement Income Policy; → Retirement Planning; → Unallocated Funding Instrument

**Retirement Planning**
Formal process of setting aside funds on a mathematical basis to provide deferred income benefits. → Retirement Plan

**Retirement Rate Assumptions**
→ Pension Plan Funding Instruments

**Retroactive Conversion**
→ Original Age

**Retroactive Insurance**
→ Original Age

**Retroactive Liability Insurance**
Coverage which is purchased

**Ruhestandsversicherungsbedarf**
→ Bei Pensionierung ausbezahlte Versicherungsrente; → Pensionsbezüge; → Pensionseinkommenspolice; → Pensionsplanung

**Pensionssystem**
→ Zugewiesenes Finanzierungsinstrument; → Definiertes Leistungssystem; → Pensionssystem mit definiertem Beitrag (Rentenkaufsystem); → Pensionssystemfinanzierung: Gruppeneinlagenverwaltungsrente; → Pensionssystemfinanzierungsinstrumente; → Pensionsbezüge; → Pensionseinkommenspolice; → Pensionsplanung; → Nicht-zugewiesenes Finanzierungsinstrument

**Pensionsplanung**
Formeller Prozeß des Beiseite-Legens von Finanzmitteln auf mathematischer Grundlage, um in der Zukunft fällige Einkommensleistungen zu bieten. → Pensionssystem

**Annahmen bezüglich des Rückkaufsatzes**
→ Pensionssystemfinanzierungsinstrumente

**Rückwirkende Umwandlung**
→ Ursprüngliches Alter

**Rückwirkende Versicherung**
→ Ursprüngliches Alter

**Rückwirkende Haftpflichtversicherung**
Versicherungsschutz, der abgeschlossen

to provide protection for a loss that has already occured. The severity of the loss, however, is uncertain.

**Retroactive Period**
→ Original Age

**Retroactive Rate Reduction**
→ Retrospective Rating

**Retrocession**
→ Reinsurance of a reinsurer.
→ Retrocession Catastrophe Cover

**Retrocessionaire**
→ Reinsurer of a reinsurer. → Retrocession

**Retrocession Catastrophe Cover**
→ Reinsurance of a *reinsurer* such that the reinsurer protects itself from a catastrophe occurrence. Just as an insurer must decide to → Cede to the reinsurer a portion of a risk it has underwritten, the reinsurer must make the same decision as to which risks it can sustain within its resources, and what portion of the risks it must retrocede. Retrocession may be either *proportional* or *nonproportional*. → Nonproportional Reinsurance; → Proportional Reinsurance

**Retro-Note Plan**
Means of financing by which

wird, um Schutz für einen Schaden zu bieten, der bereits eingetreten ist. Die Schwere des Schadens ist jedoch noch ungewiß.

**Rückwirkender Zeitraum**
→ Ursprüngliches Alter

**Rückwirkende Prämienreduzierung**
→ Rückschauende Prämienfestsetzung

**Folgerückversicherung**
→ Rückversicherung eines Rückversicherers. → Katastrophenschutzfolgerückversicherung

**Folgerückversicherer**
→ Rückversicherer eines Rückversicherers. → Folgerückversicherung

**Katastrophenschutzfolgerückversicherung**
→ Rückversicherung eines *Rückversicherers* in der Form, daß ein Rückversicherer sich selbst vor einem Katastropheneintritt schützt. Genauso wie ein Versicherer sich dazu entschließen muß, einen Teil eines Risikos, das er gezeichnet hat, an den Rückversicherer zu → Zedieren, muß der Rückversicherer die gleiche Entscheidung treffen, welche Risiken er innerhalb seiner eigenen Ressourcen tragen kann und welchen Teil der Risiken er folgerückversichern muß. Die Folgerückversicherung kann entweder *proportional* oder *nichtproportional* erfolgen. → Nicht-proportionale Rückversicherung; → Proportionale Rückversicherung

**Rückwirkendes Schuldscheinsystem**
Finanzierungsmittel, durch das einige

some large organizations pay their property or liability insurance premiums to reflect losses actually paid during the first year of coverage, plus claims expenses, administrative and servicing expenses, and a loading for the company's profit. The insured signs a promissory note to the company for the difference in the normal or standard premium that should have been charged.

große Organisationen ihre Sach- oder Haftpflichtversicherungsprämien zahlen, um den Schäden, die während des ersten Jahres des Versicherungsschutzes tatsächlich bezahlt wurden, plus Anspruchsausgaben, Verwaltungs- und Bedienungsausgaben und einem Zuschlag für den Gewinn der Gesellschaft, Rechnung zu tragen. Der Versicherte unterzeichnet der Gesellschaft einen Schuldschein über die Differenz bei der normalen oder Standardprämie, die hätte berechnet werden sollen.

**Retrospective Computation**
→ Retrospective Premium

**Rückschauende Berechnung**
→ Rückschauende Prämie

**Retrospective Method Reserve Computation**
Accumulated value of assumed past net life insurance premiums, minus the accumulated value of past benefits (claims paid).

**Rückschauende Methode der Reservenberechnung**
Endwert angenommener vergangener Nettolebensversicherungsprämien abzüglich des Endwertes vergangener Leistungen (bezahlte Ansprüche).

**Retrospective Premium**
→ Retrospective Rating

**Rückschauende Prämie**
→ Rückschauende Prämienfestsetzung

**Retrospective Rating**
Method of establishing rates in which the current year's premium is calculated to reflect the actual current year's loss experience. An initial premium is charged and then adjusted at the end of the policy year to reflect the actual loss experience of the business.

**Rückschauende Prämienfestsetzung**
Methode der Prämienfestsetzung, bei der die Prämie des laufenden Jahres berechnet wird, um die tatsächliche Schadenserfahrung des laufenden Jahres widerzuspiegeln. Es wird eine Anfangsprämie berechnet und dann am Ende des Policenjahres angepaßt, um der tatsächlichen Schadenserfahrung des Geschäftes Rechnung zu tragen.

## Return Commission

Return of a *pro rata* portion of an agent's commission for a policy that is cancelled prior to its expiration date. A commission is paid to an agent in the expectation that the premium will be earned over the life of a policy. If the policy is cancelled, a portion of the unearned premium (either pro rata or *short rate*) also must be returned to the policyowner.

## Return of Cash Value Clause

Provision in a life insurance policy that if an insured dies within a given period of time, the beneficiary receives the *face value* of the policy plus its *cash value*. → Cash Surrender Value

## Return of Premium

→ Cancellation Provision Clause

## Return Premium

Amount received by the → Policyholder if the policy is cancelled, benefits are reduced, or the → Premium is reduced. → Pro Rata Cancellation; → Short Rate Cancellation

## Revenue Bulletin 1988-52

Ruling issued in 1988 by the Internal Revenue Service which stipulates that, when computing the pension benefits of an employee still work-

## Provisionsrückzahlung

Rückzahlung eines *anteiligen* Betrages der Provision eines Agenten für eine Police, die vor ihrem Ablauf gekündigt worden ist. Eine Provision wird in der Erwartung an einen Agenten gezahlt, daß die Prämie über die Laufzeit einer Police verdient wird. Wenn die Police gekündigt wird, muß auch ein Teil der unverdienten Prämie (entweder anteilmäßig oder als *Überprämie*) an den Policeninhaber zurückgezahlt werden.

## Klausel über die Rückzahlung des Barwertes

Bestimmung bei einer Lebensversicherungspolice, daß, wenn ein Versicherter innerhalb eines bestimmten Zeitraums stirbt, der Begünstigte den *Nennwert* der Police plus ihren *Barwert* erhält. → Rückkaufbarwert

## Rückzahlung der Prämie

→ Kündigungsvorbehaltklausel

## Rückprämie

Von dem → Policenbesitzer erhaltener Betrag, wenn die Police gekündigt wird, die Leistungen reduziert oder die → Prämie reduziert wird. → Anteilige Kündigung; → Kündigung mit verkürzter Prämienrückerstattung

## Revenue Bulletin 1988-52

(Finanzverwaltungsbulletin 1988-52) – 1988 vom Internal Revenue Service (oberste Steuerbehörde) ausgegebene Entscheidung, die fordert, daß bei der Berechnung der Pensionsbezüge eines

ing after 1987, the years of service on the job after the employee reaches age 65 cannot be disregarded. The issuance of this revenue bulletin makes it mandatory that pension benefits reflect all years on the job, to include those years after age 65.

**Reverse-Annuity Mortgage (RAM)**
Loan under which the owner of a home receives the equity in the form of a series of monthly income payments for life. Upon the owner's death, the lender institution (usually a bank) gains title to the home and is free to keep or sell it. The longer that monthly income payments are made the greater the reduction in the owner's equity in his home. This type of mortgage is of value to older individuals who own their homes free and clear. Their large equity enables them to continue to live there and to receive a monthly income benefit.

**Reversionary Annuity**
→ Survivorship Annuity

**Reversionary Interest**
Interest of a beneficiary in the proceeds of a → Survivorship Annuity. → Survivorship Annuity

Arbeitnehmers, der nach 1987 noch arbeitet, die Berufsjahre nach dem 65. Lebensjahr nicht außer acht gelassen werden können. Die Ausgabe dieses Finanzverwaltungsbulletins schreibt vor, daß die Pensionsbezüge alle Berufsjahre, einschließlich jener Jahre nach Erreichung des Alters von 65 Jahren, widerspiegeln.

**In Rentenzahlung umgewandelte Hypothek**
Darlehn, bei dem der Besitzer eines Hauses das Eigenkapital in Form einer Reihe von lebenslangen monatlichen Einkommenszahlungen erhält. Bei Tod des Besitzers gewinnt die darlehngewährende Institution (gewöhnlich eine Bank) einen Titel über das Haus, und es ist ihr freigestellt, es zu behalten oder zu verkaufen. Je länger die monatlichen Einkommenszahlungen geleistet werden, desto größer ist die Reduzierung des Eigenkapitals des Besitzers an seinem Haus. Dieser Hypothekentyp ist für ältere Personen von Wert, die ihre Häuser frei von Schulden besitzen. Ihr hohes Eigenkapital ermöglicht es ihnen, dort weiter zu leben und eine monatliche Einkommenszahlung zu beziehen.

**Einseitige Überlebensrente**
→ Überlebensrente

**Anwartschaftsrecht**
Anrecht eines Begünstigten auf die Erlöse einer → Überlebensrente. → Überlebensrente

**Revival**
→ Reinstatement

**Revocable**
→ Beneficiary

**Revocable Beneficiary**
→ Beneficiary

**Revocable Living Trust**

→ Trust in which rights to make any changes therein are retained by the → Grantor. At the grantor's death all rights become irrevocable. This type of trust has several advantages: it can avoid → Probate, it prevents public disclosure of the assets of the trust, it can easily be revised or terminated, and it promotes continuity for the transfer of the estate. However, since the grantor retains ownership rights under this trust, the trust loses all of the income and estate tax advantages available under an → Irrevocable Living Trust.

**Rider**

Endorsement to an insurance policy that modifies clauses and provisions of the policy, adding or excluding coverage.

**Wiederaufleben**
→ Wiederaufleben einer Versicherung

**Widerruflich**
→ Begünstigter

**Widerruflicher Begünstigter**
→ Begünstigter

**Widerrufliches Treuhandvermögen zu Lebzeiten des Verfügungsberechtigten**

→ Treuhandvermögen, bei dem Rechte, irgendwelche Änderungen daran vorzunehmen, dem → Stifter vorbehalten bleiben. Bei Tod des Stifters sind alle Rechte unwiderruflich. Dieser Treuhandverwaltungstyp hat verschiedene Vorteile: Er kann die → Gerichtliche Testamentsbestätigung und Erbscheinerteilung vermeiden; er verhindert die öffentliche Offenlegung der Guthaben des Treuhandvermögens; er kann leicht überprüft oder beendet werden und fördert die Kontinuität bei der Übertragung des Nachlasses. Da der Stifter jedoch die Eigentümerrechte bei diesem Treuhandvermögen behält, verliert das Treuhandvermögen alle Einkommens- und Nachlaßsteuervorteile, die bei einem → Unwiderruflichen Treuhandvermögen zu Lebzeiten des Verfügungsberechtigten verfügbar sind.

**Besondere Versicherungsvereinbarung**

Nachtrag zu einer Versicherungspolice, der Klauseln und Bestimmungen der Police durch Hinzufügen oder Ausschließen von Versicherungsschutz modifiziert.

## Riders, Life Policies

Endorsements to life insurance policies that provide additional benefits or limit an insurance company's liability for payment of benefits under certain conditions. These include:
1. *Waiver of Premium for Disability.* An insured with total disability that lasts for a specified period no longer has to pay premiums for the duration of the disability. In effect, the company pays the premiums.
2. *Accidental Death Benefit.*
3. → Guaranteed Insurability.
4. → Cost-of-Living Adjustment (COLA).
5. *Other Insured.* Term life insurance is added on a person other than the primary insured, with the rate based on the other person's age, sex, underwriting classification, and amount of coverage.
6. *Children's Insurance.* Term insurance on each child is added, usually to the age of majority. Generally, a child cannot become insured before the age of 15 days or after his or her eighteenth birthday.
7. *Additional Insurance.* Term insurance can be added to ordinary life policies as an additional layer of coverage for some specified time interval.
8. *Transfer of Insureds.* In

## Besondere Versicherungsvereinbarungen, Lebensversicherungspolicen

Nachträge zu Lebensversicherungspolicen, die zusätzliche Leistungen bieten oder die Haftung einer Versicherungsgesellschaft für die Zahlung von Leistungen unter bestimmten Bedingungen begrenzen. Diese schließen ein:
1. *Prämienverzicht wegen Invalidität:* Ein Versicherter mit einer Totalbehinderung, die über einen bestimmten Zeitraum andauert, muß während der Dauer der Behinderung nicht länger Prämien zahlen. In Wirklichkeit zahlt die Gesellschaft die Prämien.
2. *Unfalltodleistung.*
3. → Garantierte Versicherbarkeit.
4. → Lebenshaltungskostenangleichung.
5. *Sonstige Versicherte:* Eine befristete Lebensversicherung wird für eine andere Person als den erstrangigen Versicherten hinzugefügt, wobei der Tarif auf dem Alter, Geschlecht, der Zeichnungsklassifikation und der Höhe des Versicherungsschutzes der anderen Person basiert.
6. *Kinderversicherung:* Eine befristete Versicherung für jedes Kind wird hinzugefügt, gewöhnlich bis zum Volljährigkeitsalter. Ein Kind kann generell nicht vor dem Alter von 15 Tagen oder nach seinem 18. Geburtstag versichert werden.
7. *Zusätzliche Versicherung:* Eine befristete Versicherung kann zu *Lebensversicherungspolicen auf den Todesfall* als zusätzliche Deckungsschicht für einen spezifischen Zeitraum hinzuaddiert werden.
8. *Transfer von Versicherten:* Wird in Geschäftssituationen generell verwendet, um Schlüsselpersonen mit dem Barwert zu versichern; der Versicherungsschutz ist

business situations, generally used to insure key persons with the cash value and the insurance coverage transferrable from the initial insured person to another person.

von der anfänglich versicherten Person auf eine andere Person übertragbar.

### RIMS
→ Risk and Insurance Management Society (RIMS)

### RIMS
→ Risk and Insurance Management Society (RIMS)

### Riot and Civil Commotion Insurance
Coverage for damage to property resulting from riot or civil commotion. Riot is defined by most state laws as a violent disturbance involving three or more (in some states two or more) persons. Civil commotion is a more serious and prolonged disturbance or violent uprising. Losses from riots in major cities during the 1960s caused insurers to stop writing this type of coverage in certain urban areas. In response, Congress enacted legislation creating the → Federal Crime Insurance program and providing riot reinsurance in states that established acceptable pooling plans. → Fair Access to Insurance Requirements (FAIR) Plan

### Versicherung gegen Aufruhr und bürgerliche Unruhen
Versicherungsschutz gegen Sachbeschädigung infolge Aufruhr oder bürgerlicher Unruhen. Aufruhr wird von den meisten staatlichen Gesetzen als eine gewalttätige Störung definiert, an der mindestens drei oder mehr (in einigen Staaten zwei oder mehr) Personen beteiligt sind. Bei bürgerlichen Unruhen handelt es sich um ernstere und länger andauernde Störungen oder um gewalttätige Aufstände. Schäden infolge Aufruhr in Großstädten während der 1960er Jahre bewegten Versicherer dazu, die Zeichnung dieses Versicherungstyps in bestimmten städtischen Gebieten zu beenden. Daraufhin verabschiedete der Kongreß ein Gesetz, das das → Bundesverbrechensversicherungs-Programm schuf und Aufruhrrückversicherung in Staaten bietet, die akzeptable Poolbildungssysteme einrichteten. → Vorhaben über einen gerechten Zugang zu Versicherungserfordernissen (FAIR Plan)

### Riot Coverage
→ Riot and Civil Commotion Insurance

### Aufruhrversicherungsschutz
→ Versicherung gegen Aufruhr und bürgerliche Unruhen

### Riot Exclusion
Clause in the *Standard Fire*

### Aufruhrausschluß
Klausel bei der *Einheits-Feuerversiche-*

*Policy* and many other property insurance policies that excepts coverage for losses caused by riot or civil commotion. Coverage for riot and civil commotion can be added with the → Extended Coverage Endorsement.

### Risk
Uncertainty of financial loss; term used to designate an insured or a peril insured against.

### Risk and Change
→ Risk Classification

### Risk and Insurance Management Society (RIMS)
Society dedicated to the advancement of professional standards of → Risk Management. Its membership is composed of risk and insurance managers of business organizations, public organizations, and service organizations. Both profit and nonprofit organizations are represented. The goal of RIMS is to upgrade the management of risk and employee benefit plans in order to preserve the assets of the organization in question. Included in the activities of RIMS are research, conferences and seminars, and sponsorship of the → Insurance Institute of America's (IIA) Associate in Risk Management (ARM) program.

*rungspolice* und vielen anderen Sachversicherungspolicen, die Versicherungsschutz für durch Aufruhr oder bürgerliche Unruhen verursachte Schäden ausschließt. Versicherungsschutz für Aufruhr und bürgerliche Unruhen kann durch den → Erweiterten Deckungsnachtrag hinzugefügt werden.

### Risiko
Ungewißheit eines finanziellen Schadens. Begriff, der verwendet wird, um einen Versicherten oder eine Gefahr, gegen die versichert wird, zu bezeichnen.

### Risiko und Chance
→ Risikoklassifizierung

### Risk and Insurance Management Society (RIMS)
(Risiko- und Versicherungsmanagementgesellschaft) – Gesellschaft, die sich der Förderung berufsethischer Normen des → Risikomanagements widmet. Ihre Mitglieder setzen sich aus Risiko- und Versicherungsmanagern von Unternehmen, öffentlichen Organisationen und Dienstleistungsorganisationen zusammen. Sowohl nach Gewinn strebende als auch gemeinnützige Organisationen sind vertreten. Ziel der RIMS ist es, das Management von Risiken und betrieblichen Sozialzulagensystemen aufzuwerten, um die Guthaben der in Frage stehenden Organisation zu wahren. In die Aktivitäten von RIMS eingeschlossen sind: Forschung, Konferenzen, Seminare und die Unterstützung des → Associate in Risk Management (ARM) (Fachmann für Risikomanagement) Programms des → Insurance Institute of America (IIA) (Versicherungsinstitut von Amerika).

## Risk and Occupation

→ Frequency and *severity* of accidents resulting from conditions and environment surrounding one's work place. Occupation is an important underwriting factor when considering an applicant for insurance.

## Risk Appraisal
→ Risk Management

## Risk Assumption
→ Retention and Limits Clause; → Risk Management; → Self Insurance

## Risk Avoidance
→ Avoidance

## Risk Bearer
→ Self Insurance

## Risk Classification

Analysis of uncertainty of financial loss. This classification can be according to whether a risk is *Fundamental, Particular,* → Pure, → Speculative, → Dynamic, or Static. In life insurance the process by which a company determines how much to charge for a policy according to an applicant's age, occupation, sex and health. → Underwriting

## Risk Control
→ Risk Management

## Risiko und Beschäftigung

→ Häufigkeit und *Härte* von Unfällen aufgrund der Bedingungen und des Umfeldes, die einen Arbeitsplatz umgeben. Die Beschäftigung ist ein wichtiger Zeichnungsfaktor, wenn ein Antragsteller für eine Versicherung in Betracht gezogen wird.

## Risikoabschätzung
→ Risikomanagement

## Risikoübernahme
→ Klausel zu Selbstbehalt und Begrenzungen; → Risikomanagement; → Selbstversicherung

## Risikovermeidung
→ Vermeidung

## Risikoträger
→ Selbstversicherung

## Risikoklassifizierung

Analyse der Ungewißheit eines finanziellen Schadens. Diese Klassifizierung kann danach erfolgen, ob ein Risiko ein *Katastrophenrisiko,* ein *auf einen Einzelfall beschränktes Risiko,* ein → Reines Risiko, ein → Spekulationsrisiko, ein → Dynamisches Risiko oder ein → Statisches Risiko ist. Bei der Lebensversicherung der Prozeß, durch den eine Gesellschaft bestimmt, wieviel sie für eine Police entsprechend dem Alter, der Beschäftigung, dem Geschlecht und dem Gesundheitszustand des Antragstellers berechnet. → Zeichnung

## Risikokontrolle
→ Risikomanagement

## Risk, Degree of
→ Degree of Risk

## Risk Equivalent
→ Actuarial Equivalent

## Risk Experience Loss Ratio
→ Experience Rating; → Frequency and Distribution of Losses; → Loss Ratio

## Risk Financing
Utilization of source(s) of funds to pay for losses. Source(s) of funds can be classified as:
1. *Internal* – a → Retention program is established to use funds from within the organization to pay for losses.
2. *External* – a transfer program (generally through the purchase of → Insurance) is established to use funds from without the organization to pay for losses.
Usually, a → Risk Management program combines retention and transfer to form a comprehensive program for loss protection.

## Risk Identification
→ Risk Management

## Risk Identification in Liability Exposures
Process of discovering sources of loss concerning the liability → Risk faced by individuals

## Risikos, Grad des
→ Risikograd

## Risikoäquivalent
→ Versicherungsmathematisches Äquivalent

## Risikoerfahrungsschadensquote
→ Erfahrungsbeurteilung; → Häufigkeit und Verteilung von Schäden; → Schadensquote

## Risikofinanzierung
Nutzung von Finanzquellen zur Zahlung von Schäden. Finanzquellen können klassifiziert werden als:
1. *Intern:* Ein → Selbstbehalt-Programm wird eingerichtet, um Finanzmittel innerhalb der Organisation für Schäden zu verwenden.
2. *Extern:* Ein Transferprogramm (gewöhnlich durch den Abschluß einer → Versicherung) wird eingerichtet, um Finanzmittel außerhalb der Organisation für die Begleichung der Schäden zu verwenden.
Gewöhnlich kombiniert ein → Risikomanagement-Programm Selbstbehalt und Transfer, um ein umfassendes Programm für den Schutz vor Schäden zu bilden.

## Risikoidentifizierung
→ Risikomanagement

## Risikoidentifizierung bei Haftpflichtgefährdungen
Prozeß der Aufdeckung von Schadensquellen, die das Haftpflicht-(→)Risiko, mit dem Einzelpersonen und Firmen kon-

and business firms. The first step in risk management is to identify the causes of a loss by analyzing possible negligent acts and/or omissions that could result in bodily injury and/or property damage. → Risk Management

### Risk Identification in Property Exposures

Process of discovering sources of loss concerning the property → Risk faced by individuals and business firms. The first step is to analyze possible *perils* that can damage or destroy both real and personal property. → Risk Management

### Risk Management

Procedure to minimize the adverse effect of a possible financial loss by (1) identifying potential sources of loss; (2) measuring the financial consequences of a loss occurring; and (3) using controls to minimize actual losses or their financial consequences. → Business Property and Liability Insurance Package; → Condominium Insurance; → Disability Income Insurance; → Health Insurance; → Homeowners Insurance Policy; → Human Life Value Approach (EVOIL); → Life Insurance; → Loss Prevention and Reduction; → Pension Plan; → Personal Automobile

frontiert sind, betreffen. Der erste Schritt im Risikomanagement besteht in der Identifizierung der Ursachen für einen Schaden durch eine Analyse möglicher fahrlässiger Handlungen und/oder Unterlassungen, die eine Körperverletzung und/oder Sachbeschädigung zur Folge haben könnten. → Risikomanagement

### Risikoidentifizierung bei Vermögensgefährdungen

Prozeß der Aufdeckung von Schadensquellen, die das Vermögens-(→)Risiko, mit dem Einzelpersonen und Firmen konfrontiert sind, betreffen. Der erste Schritt im Risikomanagement ist, mögliche *Gefahren* zu analysieren, die sowohl Immobilienbesitz als auch persönliches Vermögen beschädigen oder zerstören können. → Risikomanagement

### Risikomanagement

Verfahren, die nachteilige Auswirkung eines möglichen finanziellen Schadens zu minimieren: durch (1) Identifizierung möglicher Schadensquellen, (2) durch Messung der finanziellen Folgen eines eintretenden Schadens und (3) durch Verwendung von Kontrollen, um die tatsächlichen Schäden oder ihre finanziellen Folgen zu minimieren. → Unternehmenssach- und -haftpflichtversicherungspaket; → Mitbesitzversicherung; → Invaliditätseinkommensversicherung; → Krankenversicherung; → Hausbesitzerversicherungspolice; → Ansatz zum Wert eines menschlichen Lebens; → Lebensversicherung; → Schadensprävention und -reduzierung; → Pensionssystem; → Privat-Kfz-Police; → Risikoidentifizierung, Haftpflichtgefährdung; → Risikoidentifizierung, Vermögensgefährdungen; →

Policy (PAP); → Risk Identification, Liability Exposure; → Risk Identification, Property Exposurers; → Self Insurance; → Tenants Insurance

**Risk Manager**
→ Retention and Limits Clause; → Risk Management; → Self Insurance

**Risk Measurement**
→ Risk Management

**Risk Philosophy**
Personal view regarding how losses occur and the validity of loss prevention and reduction; also, whether an individual is a risk taker or a risk avoider. For example, if a driver takes the view that dying in a serious automobile accident is inevitable, then use of seat belts is unnecessary. On the other hand, a driver's philosophy may be that wearing a seat belt will minimize injury and reduce the chance of dying in an accident.

**Risk Premium Insurance**
→ Renewable Term Life Insurance

**Risk Rating, Individual**
Rating system under which a specific premium rate, rather than a manual or class rate, is assigned to each unit of exposure.

Selbstversicherung; → Mieterversicherung

**Risikomanager**
→ Klausel zu Selbstbehalt und Begrenzungen; → Risikomanagement; → Selbstversicherung

**Risikomessung**
→ Risikomanagement

**Risikophilosophie**
Persönliche Ansicht, wie Schäden auftreten, und die Gültigkeit von Schadensprävention und -reduzierung; auch, ob eine Person ein Risiko auf sich nimmt oder es vermeidet. Wenn ein Fahrer z. B. der Auffassung ist, daß es unausweichlich ist, bei einem schweren Autounfall ums Leben zu kommen, dann ist die Verwendung von Sicherheitsgurten unnötig. Auf der anderen Seite kann die Philosophie eines Fahrers aber auch von der Art sein, daß das Tragen eines Sicherheitsgurtes Verletzungen minimieren und die Wahrscheinlichkeit, bei einem Unfall zu sterben, reduzieren wird.

**Risikoprämienversicherung**
→ Befristete Lebensversicherung mit Verlängerungsrecht

**Risikobewertung, Individuelle**
Bewertungssystem, bei dem jeder Gefahreneinheit ein spezifischer Prämientarif anstelle eines Handbuch- oder Klassentarifs zugeschrieben wird.

## Risk Reduction
→ Engineering Approach; → Human Approach; → Loss Prevention and Reduction

## Risk Retention
→ Self Insurance

## Risk Retention Act of 1986
Federal act composed of amendments to the Product Liability Risk Retention Act of 1981 and enacted to make the procedures more efficient for creating → Risk Retention Groups (capitalized, member-owned → Insurance Company) and → Purchasing Groups (→ Insurance buyers' group formed to obtain coverage for homogeneous → Liability Risks, in many instances hard to insure, from an insurance company).

## Risk Retention Group
→ Self Insurance

## Risk Selection
Methods by which a home office underwriter chooses applicants that an insurer will accept. The underwriter's job is to spread the costs equitably among members of the group to be insured. Therefore, the underwriter must determine which are normal, or *standard risks,* to be charged the standard rate; which are *substandard risks,* to be charged a

## Risikoreduzierung
→ Ingenieurtechnischer Ansatz; → Menschlicher Ansatz; → Schadenprävention und -reduzierung

## Risikozurückbehaltung
→ Selbstversicherung

## Risikozurückbehaltungsgesetz aus dem Jahre 1986
Bundesgesetz, das sich zusammensetzt aus Abänderungen am Produkthaftungsrisikozurückbehaltungsgesetz von 1981 und verabschiedet wurde, um die Verfahren zur Schaffung von → Risikozurückbehaltungsgruppen (kapitalisierte → Versicherungsgesellschaft im Besitz der Mitglieder) und → Einkaufsgemeinschaften (→ Versicherungskäufergruppen, die sich bilden, um Versicherungsschutz für homogene → Haftungsrisiken, die in vielen Fällen schwer durch eine Versicherungsgesellschaft zu versichern sind) effizienter zu gestalten.

## Risikozurückbehaltungsgruppe
→ Selbstversicherung

## Risikoauswahl
Methode, mit der ein Zeichner der Hauptverwaltung Antragsteller auswählt, die ein Versicherer akzeptieren wird. Aufgabe des Zeichners ist es, die Kosten gleichmäßig unter den Mitgliedern der zu versichernden Gruppe zu streuen. Der Versicherer muß deshalb bestimmen, was normale oder *Standardrisiken* sind, bei denen ein Standardtarif in Rechnung gestellt wird, was *anomale Risiken* sind, bei denen ein höherer Tarif berechnet wird, und was *bevorzugte Risiken* sind, die einen Rabatt

higher rate; and which are *preferred risks,* to receive a discount. This process is made more difficult by → Self-Selection and → Adverse Selection. The underwriter must screen applicants who are looking for insurance, specifically because they have a greater-than-normal chance of loss, and set the correct → Premium *rate* for them.

**Risk Sources, Personal**
→ Human Life Value Approach (Economic Value of an Individual Life – EVOIL); → Risk Management

**Risk Spread**
→ Pooling

**Risk, Subjective**
→ Subjective Probability

**Risk, Systematic**
→ Static Risk

**Risk Transfer**
Shifting a → Pure Risk by means of a two party contract such as → Insurance.

**Risk, Unsystematic**
→ Dynamic

**Robbery**
Use of the threat of violence, or actual violence, in taking property from someone else's possession. This peril is covered on a personal basis

erhalten. Dieser Prozeß wird durch die → Selbstauslese und die → Negative Auswahl noch erschwert. Der Versicherer muß Antragsteller, die um Versicherung nachsuchen, vor allem deshalb durchleuchten, weil sie eine höhere Schadenswahrscheinlichkeit aufweisen und den korrekten → Prämien-*Tarif* für sie festsetzen.

**Risikoquellen, Persönliche**
→ Ansatz zum Wert eines menschlichen Lebens (wirtschaftlicher Wert eines einzelnen Lebens); → Risikomanagement

**Risikostreuung**
→ Poolbildung

**Risiko, Subjektives**
→ Subjektive Wahrscheinlichkeit

**Risiko, Systematisches**
→ Statisches Risiko

**Risikotransfer**
Verschiebung eines → Reinen Risikos durch einen Vertrag zwischen zwei Parteien, wie eine → Versicherung.

**Unsystematisches Risiko**
→ Dynamik

**Raub**
Anwendung der Androhung von Gewalt oder tatsächlicher Gewalt bei der Entwendung von Vermögensgegenständen aus dem Besitz eines anderen. Diese Gefahr wird auf privater Basis durch

through the purchase of a → Homeowners Insurance Policy or *renter's insurance* or on a business basis through a → Special Multiperil Insurance (SMP) policy. Specialty items such as coin and stamp collections must be specifically scheduled on a property policy in order for the insured to receive full value for a loss.

Abschluß einer → Hausbesitzerversicherungspolice oder einer *Mieterversicherung* oder auf geschäftlicher Basis durch eine → Spezielle Vielgefahrenversicherungs-Police abgedeckt. Spezialgegenstände wie Münz- und Briefmarkensammlungen müssen speziell in einer Sachversicherungspolice aufgelistet werden, damit der Versicherte den vollen Wert für einen Schaden erhält.

## Rollover Individual Retirement Account

Individual retirement account (IRA) established to receive distribution of assets from a qualified pension or retirement plan. For example, if an employee resigns from his job and receives a lump sum distribution of $75,000, he may roll it over into an IRA without paying taxes. Rollover IRAs are governed by the same tax rules as other IRAs. They provide a way to maintain the tax-deferred status of distributions from pensions or other qualified plans until an age specified by law, when withdrawals must begin.

## Individuelles Rentenübertragungskonto

Individuelles Rentenkonto, das eingerichtet wird, um die Ausschüttung von Guthaben aus einem steuerbegünstigten Pensions- oder Rentensystem zu empfangen. Wenn ein Arbeitnehmer z. B. aus seinem Beruf ausscheidet und eine Pauschalausschüttung von US$ 75.000 erhält, kann er sie in ein individuelles Rentenkonto übertragen, ohne Steuern zahlen zu müssen. Für individuelle Rentenübertragungskonten gelten die gleichen Steuervorschriften wie für andere individuelle Rentenkonten. Sie bieten einen Weg, den steueraufschiebenden Status für Ausschüttungen von Pensions- oder sonstigen steuerbegünstigten Systemen bis zu einem bestimmten, vom Gesetz festgelegten Alter, bei dessen Erreichung die Entnahmen beginnen müssen, zu bewahren.

## Running Down Clause

Coverage in liability insurance for a shipowner in the event of collision with another ship. A running down clause, when added to basic → Hull Marine Insurance, protects against liability for damage to the other

## Kollisionsklausel

Versicherungsschutz für einen Schiffseigner bei einer Haftpflichtversicherung, im Falle einer Kollision mit einem anderen Schiff. Eine Kollisionsklausel schützt, wenn sie zu einer Basis-(→)Schiffskaskoversicherung hinzugefügt wird, gegen die Haftung für die Beschädigung

vessel, its freight and cargo, and for lost income to the other vessel's owner during the time it cannot be used.

an einem anderen Schiff, seiner Fracht und Ladung und für den Einkommensverlust des Eigners des anderen Schiffes für die Zeit, während der das Schiff nicht verwendet werden kann.

**Run-Off**
Liability of an insurance company for future claims that it expects to pay and for which a reserve has been established.

**Fälligwerden**
Haftpflicht einer Versicherungsgesellschaft für zukünftige Ansprüche, die sie zu zahlen erwartet und für die eine Rückstellung geschaffen worden ist.

# S

**Safe Burglary Insurance**
Coverage against a loss resulting from the forcible entry of a safe. In order for this coverage to be applicable, there must be signs of forcible entry into the premises in which the safe is located. → Mercantile Safe Burglary Insurance

**Safe Driver Plan**
Procedure for offering reduced auto insurance rates to drivers with good records, and imposing higher rates on bad drivers. Typically, premiums are weighted under a system that assigns points for traffic violations and accidents. The more points awarded during a certain rating period, the higher the premium. Most plans consider violations only during the past two or three years, giving bad drivers who improve their records a chance to reduce their premiums.

**Safety**
Important means of preventing accidents and injuries. Insurers take corporate safety programs into account when rating workers compensation and

**Safe-Einbruchversicherung**
Versicherungsschutz gegen einen Schaden infolge gewaltsamen Zutritts zu einem Safe. Damit dieser Versicherungsschutz zur Anwendung kommt, muß es Anzeichen für einen gewaltsamen Zutritt zu dem Gebäude, in dem sich der Safe befindet, geben. → Betriebliche Safe-Einbruchversicherung

**Versicherungssystem für sichere Fahrer**
Verfahren, Fahrern mit einer guten Fahrvergangenheit reduzierte Kfz-Versicherungstarife anzubieten und schlechte Fahrer mit höheren Prämientarifen zu belegen. Die Prämien werden bei einem solchen System typischerweise durch Zuordnung von Punkten für Verkehrswidrigkeiten und Unfälle gewichtet. Je mehr Punkte innerhalb eines bestimmten Zeitraums zugewiesen werden, desto höher die Prämie. Die meisten Systeme berücksichtigen nur Verkehrswidrigkeiten der vergangenen zwei oder drei Jahre und geben schlechten Fahrern somit eine Chance, ihre Akten zu verbessern und ihre Prämien zu reduzieren.

**Sicherheit**
Wichtiges Mittel, um Unfälle und Verletzungen zu verhindern. Versicherer berücksichtigen Werksicherheitsprogramme bei der Prämienfestsetzung für Berufsunfall- und andere Unternehmensversi-

## Safety of Assets

Quality of investments of insurance companies. State insurance regulators establish rules for company investments. Authorized investments vary, depending on whether a company is a life insurer or property casualty company and, in some instances, on whether it is a mutual or stock company. Investments must meet standards for asset type, credit quality, and diversification. Generally, insurance company assets are limited to government securities, bonds, stocks, mortgages, and certain real estate holdings. → Admitted Assets; → Liquidity of Assets; → Separate Account Funding

## Safety Audit

Study of an organization's operations, and real and personal property to discover existing and potential → Hazard and the actions needed to render these hazards harmless.

## Safety Responsibility Law

→ Financial Responsibility Law

## Guthabensicherheit

Qualität der Kapitalanlagen von Versicherungsgesellschaften. Staatliche Versicherungsaufsichtsbehörden erstellen Richtlinien für die Kapitalanlagen von Gesellschaften. Autorisierte Kapitalanlagen unterscheiden sich danach, ob eine Gesellschaft ein Lebensversicherer oder eine Sach- und Unfallversicherungsgesellschaft ist und in einigen Fällen danach, ob es sich um einen Versicherungsverein auf Gegenseitigkeit oder eine Versicherungsgesellschaft auf Aktien handelt. Die Kapitalanlagen müssen den Normen für den Guthabentyp, die Kreditqualität und die Diversifikation entsprechen. Im allgemeinen sind die Guthaben von Versicherungsgesellschaften auf Bundesanleihen, festverzinsliche Wertpapiere, Aktien, Hypotheken und auf Immobilienbesitz beschränkt. → Zulässige Aktiva; → Liquidität von Vermögen; → Getrennte Kontenfinanzierung

## Sicherheitsüberprüfung

Überprüfung der Geschäftstätigkeiten einer Organisation und des Immobilien- und beweglichen Vermögens, um bestehende und mögliche → Gefahren und die erforderlichen Vorgehensweisen, um diese Gefahren schadlos zu halten, aufzudecken.

## Safety Responsibility Law

(Sicherheitshaftungsgesetz) → Financial Responsibility Law

### Salary Continuation Plan
Arrangement, often funded by life insurance, to continue an employee's salary in the form of payments to a beneficiary for a certain period after the employee's death. The employer itself may be the beneficiary, collecting the death benefit and making payments to the employee's beneficiary.

### Salary Deduction Group Insurance
→ Section 401 (k) Plan (Salary Reduction Plan); → Payroll Deduction Insurance

### Salary Reduction Plan
→ Section 401 (k) Plan (Salary Reduction Plan)

### Salary Savings Insurance (Deduction or Allotment)
→ Section 401 (k) Plan (Salary Reduction Plan)

### Salary Savings Program
→ Payroll Deduction Insurance

### Salary Scales
System whereby benefits in an → Employee Benefit Insurance Plan vary according to the employee's earnings. → Defined Benefit Plan; → Employee Stock Ownership Plan (ESOP), Trust (ESOP); → Group Life Insurance; → Pension Plan

### Gehaltfortzahlungssystem
Häufig durch eine Lebensversicherung finanzierte Regelung, um das Gehalt eines Arbeitnehmers für eine bestimmte Zeit nach dem Tod des Arbeitnehmers in Form von Zahlungen an einen Begünstigten fortzuzahlen. Der Arbeitgeber selbst kann der Begünstigte sein, der die Todesfalleistung kassiert und Zahlungen an den Begünstigten des Arbeitnehmers leistet.

### Gehaltabzuggruppenversicherung
→ Section 401 (k) Plan (Gehaltreduzierungsplan); → Lohnabzugsversicherung

### Gehaltreduzierungsplan
Section 401(k) Plan (Gehaltreduzierungsplan)

### Gehaltsparprämienversicherung (Abzug oder Zuschlag)
→ Section 401(k) Plan (Gehaltreduzierungsplan)

### Gehaltsparprogramm
→ Lohnabzugsversicherung

### Gehaltsstufen
System, bei dem sich die Leistungen bei einem → Betrieblichen Sozialzulagenversicherungssystem entsprechend den Verdiensten der Arbeitnehmer unterscheiden. → Definiertes Leistungssystem; → Arbeitnehmeraktienbesitzvorhaben; → Treuhandvermögen; → Gruppenlebensversicherung; → Pensionssystem

### Salesman's Sample Floater
Coverage for sample merchandise while in the custody of a salesperson.

### Sales Representative
→ Agent; → Broker-Agent; → Captive Agent; → Independent Agent

### Salvage
→ Abandonment and Salvage

### Salvage Charges
Expense of recovering property by a salvor. Salvage charges are not provided for in insurance contracts. If the owner and the salvor cannot agree on salvage charges, a court makes a determination based on the value of the salvaged items and the salvor's expenses. Rules governing payment of salvage charges originated in marine insurance but are now used in other policies, such as personal automobile insurance.

### Sample
Item given or sold to a buyer that establishes a standard of quality by which later products will be judged. Since the → Uniform Commercial Code does not distinguish between a sample and a model, a sample may create an implied warranty that all goods will conform to this standard. If other goods

### Musterpauschalversicherung für Verkäufer
Versicherungsschutz für Musterware, während sich diese in der Obhut eines Verkäufers befindet.

### Verkäufer
→ Agent; → Makler-Agent; → Firmeneigener Agent; → Unabhängiger Agent

### Bergung
→ Preisgabe und Bergung

### Bergungsgebühren
Kosten für die Bergung von Vermögensgegenständen durch einen Retter. Für Rettungsgebühren wird bei Versicherungsverträgen nicht vorgesorgt. Falls der Eigentümer und der Retter sich nicht über die Rettungsgebühren verständigen können, trifft ein Gericht eine Entscheidung auf Grundlage des Wertes der geretteten Gegenstände und der Ausgaben des Retters. Richtlinien über die Zahlung von Rettungsgebühren haben ihren Ursprung in der Seeversicherung, aber sie werden jetzt in anderen Policen, wie der Privat-Kfz-Versicherung, verwendet.

### Muster
Gegenstand, der an einen Käufer abgegeben oder verkauft wird, der einen Qualitätsstandard begründet, anhand dessen spätere Produkte beurteilt werden. Da der → Uniform Commercial Code (vereinheitlichtes Handelsrecht) nicht zwischen einem Muster und einem Modell unterscheidet, kann ein Muster eine implizite Garantie schaffen, daß alle Waren mit diesem Standard übereinstim-

shipped later do not meet this standard, the manufacturer may be held liable.

men. Falls andere Waren, die später versendet werden, diesem Standard nicht entsprechen, kann der Hersteller haftbar gemacht werden.

**Sample, Random**
→ Random Sample

**Probe, Stich-**
→ Stichprobe

**Sample, Representative**
→ Representative Sample

**Probe, Repräsentative**
→ Repräsentative Probe

**Sampling, Stratified Random**
→ Stratified Random Sampling

**Stichprobenverfahren, Geschichtetes**
→ Geschichtetes Stichprobenverfahren

**Savings**
→ Savings Element, Life Insurance

**Ersparnisse**
→ Sparelement, Lebensversicherung

**Savings Bank Life Insurance (SBLI)**

Low-cost life insurance sold by savings banks in the states of Conneticut, Massachusetts, and New York. SBLI is a popular source of life insurance in these states for two reasons: it is offered in bank lobbies, which makes it convenient; and there are no commissions, as with commercial life insurance, which makes it cheaper. Although banks generally are barred from the insurance business, SBLI was allowed by these three states at the urging of consumer groups. Other states have refused to adopt similar legislation. Maximum policy amounts are limited by state law.

**Sparkassenlebensversicherung**

Niedrigpreis-Lebensversicherungen, die von Sparkassen in den Staaten Connecticut, Massachusetts und New York verkauft werden. Sparkassenlebensversicherungen sind aus zwei Gründen eine beliebte Bezugsquelle für Lebensversicherungen in diesen Staaten: Sie werden in den Eingangshallen der Banken angeboten, was sie bequem macht, und es gibt keine Provisionen, wie bei der gewerblichen Lebensversicherung, was sie billiger macht. Obwohl Banken generell vom Versicherungsgeschäft ausgeschlossen sind, wurde die Sparkassenlebensversicherung auf Drängen von Verbrauchergruppen in diesen drei Staaten zugelassen. Andere Staaten haben sich geweigert, eine ähnliche Gesetzgebung einzuführen. Policenhöchstbeträge sind durch staatliche Gesetze beschränkt.

## Savings Element

Cash value of life insurance that accumulates according to a table in a policy. It reflects premiums in the early years that exceed the *pure cost of protection* during that period. If a policy is surrendered, the policyowner receives the cash surrender value and the insurance ends. This is why a cash value policy can be considered a savings or investment vehicle. Cash value is also the part of a life insurance product used as an investment for an → Individual Retirement Account (IRA).

## Savings Element, Life Insurance

Buildup of policy cash value, as distinguished from the death benefit. A policyholder has a choice between surrendering the policy for its cash surrender value or keeping it in force for its death benefit. The rates of return on cash value policies, such as *whole life insurance, universal life,* or *variable life,* depend on schedules in the insurance contract or, in some types of policies, on prevailing interest rates or the performance of an investment portfolio. → Cash Surrender Value

## Savings, Need for Life Insurance

→ Savings Element, Life Insurance

## Sparelement

Lebensversicherungsbarwert, der entsprechend einer Tabelle in einer Police angesammelt wird. Es spiegelt die Prämien in den frühen Jahren wider, die die *reinen Schutzkosten* während dieses Zeitraums übersteigen. Wenn eine Police zurückgekauft wird, erhält der Policeninhaber den Barwert, und die Versicherung endet. Dies ist der Grund, warum eine Barwertpolice als Spar- oder Kapitalanlagevehikel betrachtet werden kann. Der Barwert ist außerdem der Teil eines Lebensversicherungsproduktes, der als Kapitalanlage für ein → Individuelles Rentenkonto verwendet wird.

## Sparelement, Lebensversicherung

Bildung des Policenbarwertes im Unterschied zur Todesfalleistung. Ein Policeninhaber hat die Wahl zwischen dem Rückkauf der Police gegen ihren Barwert oder ihrer Aufrechterhaltung wegen ihrer Todesfalleistung. Die Erlöse bei Barwertpolicen, wie der *Lebensversicherung auf den Todesfall, der universellen Lebensversicherung* oder der *variablen Lebensversicherung,* hängen von den Tabellen im Versicherungsvertrag oder bei einigen Policenarten vom vorherrschenden Zinssatz oder dem Abschneiden eines Kapitalanlageportefeuilles ab. → Rückkaufbarwert

## Ersparnisse, Bedarf an Lebensversicherung

→ Sparelement, Lebensversicherung

## Schedule Bond

→ Name Position Bond; → Name Schedule Bond

## Betrieblicher Garantieversicherungsschein anhand einer Aufstellung der Beschäftigten

→ Kautionsversicherungsschein zur Versicherung Beschäftigter eines Unternehmens in benannten Positionen; → Betrieblicher Garantieversicherungsschein anhand einer Personalaufstellung

## Scheduled Coverage
→ Scheduled Policy

## Planmäßiger Versicherungsschutz
→ Gegliederte Police

## Scheduled Limit

Specified limit on the dollar amount of coverage for a given loss.

## Planmäßiger Höchstbetrag

Spezifizierte Höchstgrenze des Versicherungsschutzes in Dollar für einen bestimmten Schaden.

## Scheduled Personal Property Endorsement

Addition to a → Homeowners Insurance Policy, or other personal or business property policies, to provide extra coverage for listed articles. The standard policy has dollar limits on certain items, such as jewelry, furs, art, or guns. This endorsement allows a policyholder to purchase additional coverage for specific items of property, with each item or group of items, and the amount of coverage, listed.

## Nachtrag über aufgelistetes bewegliches Eigentum

Zusatz zu einer → Hausbesitzerversicherungspolice oder sonstigen privaten oder Unternehmenssachversicherungspolicen, um zusätzlichen Versicherungschutz für aufgelistete Gegenstände zu bieten. Die Standardpolice hat für bestimmte Gegenstände wie Schmuck, Pelze, Kunstgegenstände oder Gewehre eine Höchstgrenze in Dollar. Dieser Nachtrag erlaubt es dem Policenbesitzer, zusätzlichen Versicherungsschutz für bestimmte Vermögensgegenstände abzuschließen, wobei jeder Gegenstand oder jede Gruppe von Gegenständen und der Versicherungsbetrag aufgeführt sind.

## Scheduled Policy

Policy permitting an insured to choose desired coverages. These policies are important for items with relatively low limits of coverage under standard property insurance forms.

## Gegliederte Police

Police, die es einem Versicherten erlaubt, den gewünschten Versicherungsschutz zu wählen. Diese Policen sind für Gegenstände mit relativ geringen Deckungshöchstbeträgen bei den Standardsachversicherungsformen wichtig. Ein Versicher-

For example, an insured would have to specifically schedule expensive jewelry, furs, and paintings in order to receive full value for a loss.

ter würde beispielsweise teuren Schmuck, Pelze und Gemälde gesondert auflisten müssen, um den vollständigen Wert für einen Schaden zu erhalten.

### Schedule of Benefits
→ Group Health Insurance (Schedule of Benefits)

### Auflistung der Leistungen
→ Gruppenkrankenversicherung (Auflistung der Leistungen)

### Schedule P Reserve
Statutory reserve for automobile liability, representing specific dollar estimates for future claims. The → National Association of Insurance Commissioners (NAIC) established formulas to project the amount that liability insurers must put aside for unpaid claims. These formulas are based on the assumption that future claims will approximate those paid out in recent years. The name comes from the NAIC convention → Annual Statement blank, where it is designated as Schedule P.

### Schedule P Reserve
Gesetzlich vorgeschriebene Rückstellung für die Kraftfahrzeughaftpflicht, die spezifische Schätzungen in Dollar für zukünftige Ansprüche darstellt. Die → National Association of Insurance Commissioners (NAIC) (Nationale Vereinigung der Regierungsbevollmächtigten für Versicherungen) hat Formeln erstellt, um den Betrag, den Haftpflichtversicherer für unbezahlte Ansprüche beiseite legen müssen, vorherzuplanen. Diese Formeln gehen von der Annahme aus, daß zukünftige Ansprüche in etwa den in den vergangenen Jahren ausbezahlten Ansprüchen entsprechen werden. Die Bezeichnung stammt von dem → Jahresabschluß-Formular der NAIC, wo die Rückstellung als „Schedule P" bezeichnet wird.

### Schedule Property Floater
→ Floater; → Personal Articles Insurance; → Personal Property Floater

### Pauschalversicherung für aufgelistete Vermögensgegenstände
→ Pauschalversicherung; → Private Hausratversicherung; → Pauschalversicherung für Privateigentum

### Schedule Q
→ Q Schedule

### Schedule Q
→ Q Schedule

### Schedule Rating
Method of pricing property and liability insurance. It uses

### Listenmäßige Prämienfestsetzung
Methode der Preisfestsetzung für Sach- und Haftpflichtversicherungen. Sie ver-

charges and credits to modify a class rate based on the special characteristics of the risk. Insurers have been able to develop a schedule of rates because experience has shown a direct relationship between certain physical characteristics and the possibility of loss. For example, for fire insurance, the underwriter might make an additional charge above the standard rate for the class if a building contains a flammable liquid. A credit may be given if it has a sprinkler system. In automobile insurance, a credit might be given for driver education. In life insurance, credit is usually given for a nonsmoker. Schedule rating is commonly used for fire, automobile and workers compensation insurance. → Experience Rating; → Premium Discount; → Retrospective Rating

wendet Mali und Boni, um die Prämie einer Klasse auf der Grundlage spezieller Merkmale des Risikos zu modifizieren. Versicherer waren in der Lage, eine Tariftabelle zu entwickeln, da die Erfahrung eine direkte Beziehung zwischen bestimmten materiellen Merkmalen und der Schadensmöglichkeit gezeigt hat. Bei der Feuerversicherung z. B. könnte ein Versicherer einen Zuschlag, der über die Standardprämie der Klasse hinausgeht, erheben, wenn sich in einem Gebäude eine entflammbare Flüssigkeit befindet. Eine Gutschrift kann erfolgen, wenn es über ein Sprinklersystem verfügt. Bei der Kfz-Versicherung könnte ein Bonus für eine Fahrerausbildung erfolgen. Bei der Lebensversicherung wird gewöhnlich ein Bonus für Nichtraucher erteilt. Die listenmäßige Prämienfestsetzung wird allgemein für Feuer-, Kfz- und Berufsunfallversicherungen verwendet. → Erfahrungsbeurteilung; → Prämienrabatt; → Rückschauende Prämienfestsetzung

## SCLP

→ Simplified Commercial Lines Portfolio Policy (SCLP)

## Vereinfachte gewerbliche Geschäftssportenportefeuillepolice

→ Vereinfachte gewerbliche Geschäftssportenportefeuillepolice

## Screens

System established for checking claims to determine whether they should be paid immediately or checked further for validity.

## Überprüfung

Zur Überprüfung von Ansprüchen eingerichtetes System, um zu bestimmen, ob ein Anspruch sofort beglichen oder weiter auf Gültigkeit überprüft werden sollte.

## Seasonal Risk

Exposure present only at cer-

## Saisonales Risiko

Gefährdungen, die nur zu bestimmten Zei-

tain times of the year. For example, resort property faces a business interruption risk only from damage that cannot be repaired in time for the resort season.

## Seaworthiness Admitted Clause
Part of a marine cargo policy that exempts the policyholder from vouching for the seaworthiness of the vessel. For example, while a purchaser of → Hull Marine Insurance warrants that a ship is in proper condition for a voyage, the purchaser of → Cargo Insurance, who has no control over the ship's condition, is not expected to vouch for it.

## Secondary Beneficiary
→ Beneficiary

## Secondary Plan
→ Coordination of Benefits

## Second Death Insurance
Life insurance policy with a death benefit that is paid only when the second of two insureds dies. No benefits are paid as long as both live or if just one lives.

## Second Injury Fund
Insurance fund set up by most states to encourage employers to hire handicapped workers. Where workers with existing handicaps suffer further

work-related injuries or diseases that result in total disability, the employer is responsible for the *workers compensation* benefit only for the second injury or disease. The fund makes up the difference between the benefit for total disability and the benefit for the second injury. Second-injury funds are financed through general state revenues or assessments on workers compensation insurers.

tere berufsbezogene Verletzungen oder Erkrankungen erleiden, die eine Totalinvalidität zur Folge haben, ist der Arbeitgeber nur für die *Berufsunfall*-Leistung der zweiten Verletzung oder Erkrankung verantwortlich. Der Fonds gleicht die Differenz zwischen der Leistung für die Totalinvalidität und der Leistung für die zweite Verletzung aus. Zweitverletzungsfonds werden durch die allgemeinen Staatseinkünfte oder die Besteuerung von Berufsunfallversicherern finanziert.

### Second Mortgage

Mortgage loan secured by real estate that already has a first mortgage. In case of default, the claim of the second mortgage holder is subordinate to that of the first mortgage holder. Generally, insurance companies are not permitted by state laws to offer or invest in second mortgages.

### Zweite Hypothek

Durch Immobilienbesitz, der bereits eine erste Hypothek hat, besicherte Hypothek. Im Versäumnisfall ist der Anspruch des zweiten Hypothekengläubigers dem des ersten Hypothekengläubigers untergeordnet. Versicherungsgesellschaften ist es allgemein durch staatliche Gesetze nicht gestattet, zweite Hypotheken anzubieten oder in zweite Hypotheken zu investieren.

### Second Surplus Reinsurance

Amount of → Reinsurance accepted by a second → Reinsurer which is in excess of the original insurer's retention limit and the first reinsurer's first surplus treaty's limit. → Retention and Limits Clause; → Surplus Reinsurance

### Zweite Exzedentenrückversicherung

Höhe der von einem zweiten → Rückversicherer akzeptierten → Rückversicherung, die über den maximalen Selbstbehalt des ursprünglichen Versicherers und den Vertrag über den maximalen Selbstbehalt des ersten Rückversicherers hinausgeht. → Klausel zu Selbstbehalt und Begrenzungen; → Exzedentenrückversicherung

### Section 79 Plan

Group *whole life* insurance policy designed to reduce an employee's exposure to in-

### Section 79 Plan

Gruppen*lebensversicherungspolice auf den Todesfall,* die geschaffen wurde, um die Einkommensteuerpflicht eines Ar-

come tax on the value of life insurance provided by the employer. The policy separates the term element from the cash value element, and apportions part of the premium to each. The plan takes advantage of the tax exemption to employees on a specified amount of group term insurance plans and the special tax rate on the premium for the amount of insurance over that amount.

### Section 401 (k) Plan (Salary Reduction Plan)

Employer-sponsored retirement savings program named for the section of the Internal Revenue Code that permits it. These plans allow employees to invest pre-tax dollars that are often matched in some portion by employers. Because of their flexibility, 401 (k)s became a popular employee benefit during the 1980s. But the → Tax Reform Act of 1986 limited their use as short-term savings plans by imposing a 10 percent penalty on all money withdrawn before retirement. It also reduced the maximum annual contribution from $30,000 to $7000 and tightened nondiscrimination rules. Employees may still borrow the money, however, and pay themselves interest.

### Section 403 (b) Plan

Retirement plan offered by

beitnehmers für den Wert einer Lebensversicherung, die vom Arbeitgeber zur Verfügung gestellt wird, zu verringern. Die Police trennt das befristete Element von dem Barwertelement und teilt jedem einen Teil der Prämie zu. Das Vorhaben profitiert von der Steuerbefreiung für Arbeitnehmer bei einer bestimmten Höhe von Gruppenversicherungssystemen und von dem besonderen Steuertarif für Prämien für den Versicherungsbetrag, der darüber hinausgeht.

### Section 401 (k) Plan (Gehaltreduzierungsplan)

Nach dem Teil des Internal Revenue Code (Abgabenordnung) benanntes und vom Arbeitgeber gefördertes Pensionssparprogramm, das vom Internal Revenue Code zugelassen ist. Diese Systeme erlauben es Arbeitnehmern, unversteuerte Beträge in Dollar, die häufig zu einem bestimmten Anteil von Arbeitgebern ergänzt werden, anzulegen. Wegen ihrer Flexibilität wurden 401(k) Systeme im Verlaufe der 1980er Jahre eine beliebte Arbeitnehmerleistung. Aber das → Steuerreformgesetz aus dem Jahre 1986 beschränkte ihre Verwendung als kurzfristiges Sparvorhaben durch Erhebung einer Strafe von 10% auf alle Geldbeträge, die vor Pensionierung entnommen wurden. Es verringerte ebenfalls den jährlichen Höchstbeitrag von US$ 30.000 auf US$ 7.000 und verschärfte die Nichtdiskriminierungsvorschriften.

Arbeitnehmer können jedoch weiterhin Geld entleihen und selbst Zinsen zahlen.

### Section 403 (b) Plan

Von öffentlichen Arbeitgebern und steu-

public employers and tax-exempt organizations. Under Section 403(b) of the Internal Revenue Code, certain tax-exempt organizations such as public school systems can make payments for retirement annuity policies for their employees and have the payments excluded from the employees' gross income for tax purposes, subject to certain limitations.

erbefreiten Organisationen angebotenes Pensionssystem. Nach Section 403(b) des Internal Revenue Code (Abgabenordnung) können bestimmte von der Steuer befreite Organisationen, wie öffentliche Schulsysteme, Zahlungen für Pensionsrentenpolicen für ihre Angestellten vornehmen und diese Zahlungen, unter dem Vorbehalt bestimmter Einschränkungen, zu Steuerzwecken vom Bruttoeinkommen der Angestellten ausschließen lassen.

### Section 408 (k) Plan
Section of the Internal Revenue Code that provides for → Simplified Employee Pensions (SEP).

### Section 408 (k) Plan
Teil des Internal Revenue Codes (Abgabenordnung), der → Vereinfachte Arbeitnehmerpensionen vorsieht.

### Section 1035 Exchange
Section of the Internal Revenue Code that provides for the taking of the proceeds from one → Life Insurance policy or → Annuity and the reinvesting of these proceeds immediately in another life insurance policy or annuity of the same type without being required to pay a tax on any gain. This exchange should be handled by the seller of the → Replacement, → Life Insurance policy or annuity.

### Section 1035 Exchange
Teil des Internal Revenue Codes (Abgabenordnung), der die Entnahme der Erlöse einer → Lebensversicherungs-Police oder einer → Rente und die unmittelbare Reinvestierung dieser Erlöse in eine andere Lebensversicherung oder Rente des gleichen Typs vorsieht, ohne Steuern auf einen Gewinn zahlen zu müssen. Dieser Austausch sollte vom Verkäufer der → Ersetzung, → Lebensversicherungs-Police oder Rente vorgenommen werden.

### Secular Trust [402 (b)] (Nonexempt Trust)

### Weltliches Treuhandvermögen [402 (b)] (Nicht-steuerbefreites Treuhandvermögen)

→ Nonqualified Plan of Deferred Compensation whose goal is to compensate → Key Employees without having to provide similar benefits to rank

→ Steuerlich nicht begünstigtes Vorhaben einer → Aufgeschobenen Entschädigung, deren Ziel es ist, → Schlüsselarbeitnehmer zu entschädigen, ohne den normalen Arbeitnehmern gleichwertige Leistungen

and file employees. The → Trust is irrevocable, and funds placed in it are protected against claims made by the company's creditors. Even though funds in this trust are not in the employee's possession, they are deemed by the Internal Revenue Service to have been constructively received by the employee. The company is allowed to take an income tax deduction for the funds it contributed to the trust, even though these funds have not been distributed to the employee while he or she has current taxable income. At the time funds from the trust are actually distributed, the employee is taxed only to the extent that these distributions are from earnings of the trust or from current trust income, which will allow the employee to pay taxes owed as the result of the company's contributions to the trust. The employer is not taxed on the trust income; the employee pays all taxes on this income. For example, assume that the company is in the 34% tax bracket and contributed $ 40,000 to the trust on behalf of John Employee, who is in the 28% tax bracket. The result is that John Employee will have an $ 11,200 tax liability ($ 40,000 x 28%) and the company will incur a $ 13,600 tax deduction ($ 40,000 x 34%). In order that John Employee will

bieten zu müssen. Das → Treuhandvermögen ist unwiderruflich, die eingezahlten Finanzmittel sind gegenüber Ansprüchen von Gläubigern des Unternehmens geschützt. Obwohl sich die Finanzmittel des Treuhandvermögens nicht im Besitz des Angestellten befinden, geht der Internal Revenue Service (Einkommensteuerverwaltung) davon aus, daß sie mittelbar vom Arbeitnehmer erhalten wurden. Das Unternehmen darf für die Finanzmittel, die es zum Treuhandvermögen beigetragen hat, einen Einkommensteuerabzug vornehmen, obwohl diese Finanzmittel noch nicht an den Arbeitnehmer ausgeschüttet worden sind, während er über ein laufendes steuerpflichtiges Einkommen verfügt. Zu dem Zeitpunkt, zu dem die Finanzmittel des Treuhandvermögens tatsächlich ausgeschüttet werden, wird der Arbeitnehmer nur in dem Umfang besteuert, in dem diese Ausschüttungen aus Verdiensten des Treuhandvermögens oder aus laufendem Einkommen des Treuhandvermögens erfolgen, was dem Arbeitnehmer erlaubt, als Ergebnis der von dem Unternehmen geleisteten Beiträge zu dem Treuhandvermögen geschuldete Steuern zu zahlen. Der Arbeitgeber wird für das Einkommen des Treuhandvermögens nicht besteuert, der Arbeitnehmer bezahlt alle Steuern für dieses Einkommen. Nehmen wir z. B. an, das Unternehmen befindet sich in der Steuerklasse von 34% und hat US$ 40.000 für den Arbeitnehmer John, der sich in der Steuerklasse von 28% befindet, in das Treuhandvermögen eingezahlt. Das Ergebnis ist, daß der Arbeitnehmer John eine Steuerverbindlichkeit von US$ 11.200 hat (US$ 40.000 x 28%) und das Unternehmen einen Steuerabzug von US$ 13.600 (US$ 40.000 x 34%) erlangt. Damit der Arbeit-

have the necessary funds to pay the taxes owed, the company usually will bonus him the $11,200 required, which of course is tax deductible as a business expense for the company.

nehmer John die notwendigen Finanzmittel hat, um die Steuerschuld zu begleichen, wird das Unternehmen ihm gewöhnlich einen Bonus über die benötigten US$ 11.200 erteilen, die für das Unternehmen natürlich als Geschäftsausgabe steuerlich abzugsfähig sind.

**Secured Creditor**
Creditor with a documented claim on a specific asset of a *debtor*. → Collateral Borrower; → Collateral Creditor (Assignee)

**Dinglich gesicherter Gläubiger**
Gläubiger mit einem dokumentierten Anspruch auf einen bestimmten Vermögensgegenstand eines *Schuldners*. → Nebenschuldner; → Nebengläubiger (Zessionar)

**Secured Lien**
→ Collateral Borrower; → Collateral Creditor (Assignee); → Secured Creditor

**Gesichertes Pfandrecht**
→ Nebenschuldner; → Nebengläubiger (Zessionar); → Dinglich gesicherter Gläubiger

**Securities**
→ Securities and Exchange Commission (SEC); → Securities Bond; → Securities Investor Protection Corporation (SIPC)

**Wertpapiere**
→ Securities and Exchange Commission (SEC); → Wertpapierkaution; → Securities Investor Protection Corporation (SIPC)

**Securities Act of 1933**
Landmark legislation passed by Congress providing the first regulation of the securities markets. The law, enforced by the → Securities and Exchange Commission (SEC), requires registration of securities issues and disclosure of material information about the financial condition of the issuers. *Variable annuity* and → Variable Life Insurance policies have been determined to be securities under the terms of this law

**Securities Act of 1933**
(Wertpapiergesetz aus dem Jahre 1933) – vom Kongreß verabschiedeter Wendepunkt in der Gesetzgebung, der die erste Regelung der Wertpapiermärkte vorschrieb. Das von der → Securities and Exchange Commission (SEC) (Börsenaufsichtsamt) durchgesetzte Gesetz fordert die Registrierung von Wertpapieremissionen und die Offenbarung materieller Informationen über die finanzielle Lage der Emittenten. *Variable Renten* und → Variable Lebensversicherungs-Policen werden nach diesem Gesetz als Wertpapiere definiert und unterliegen somit

and thus are subject to regulation both by the SEC as well as by state insurance departments.

### Securities and Exchange Commission (SEC)
Federal agency that regulates the securities markets. The independent five-member commission was created under the Securities Exchange Act of 1934 to enforce the → Securities Act of 1933. Members are appointed by the President and serve five-year terms. The SEC has responsibility to regulate securities exchanges and markets, set disclosure and accounting rules for most issuers of corporate securities and to oversee securities firms, investment companies, and investment advisers.

### Securities Bond
Forgery insurance covering securities issues such as stocks and bonds. They protect the issuer of securities against forgery of the securities.

### Securities Investor Protection Corporation (SIPC)
Federal insurance fund that protects assets in client accounts held by registered securities broker-dealers. The SIPC is a nonprofit corporation created by Congress in 1970

sowohl der Kontrolle der SEC als auch der staatlichen Versicherungsaufsichtsbehörden.

### Securities and Exchange Commission (SEC)
(Börsenaufsichtsamt) – Bundesbehörde, die die Wertpapiermärkte beaufsichtigt. Die unabhängige, fünf Mitglieder umfassende Kommission wurde unter dem Securities Exchange Act (Wertpapiergesetz) von 1934 geschaffen, um den → Securities Act of 1933 (Wertpapiergesetz aus dem Jahre 1933) durchzusetzen. Die Mitglieder werden vom Präsidenten ernannt und haben eine Amtsperiode von fünf Jahren. Es obliegt der Verantwortung der SEC, die Wertpapierbörsen und -märkte zu lenken, Offenbarungs- und Rechnungslegungsrichtlinien für die meisten Emittenten von Industrieobligationen aufzustellen und Effektenverwertungsfirmen, Kapitalanlagegesellschaften und Kapitalanlageberater zu überwachen.

### Wertpapierkaution
Fälschungsversicherung, die ausgegebene Wertpapiere, wie Aktien und Obligationen, abdeckt. Sie schützen den Emittenten von Wertpapieren gegen Fälschung von Wertpapieren.

### Securities Investor Protection Corporation (SIPC)

(Körperschaft zum Schutz von Wertpapieranlegern) – Bundesversicherungsfonds, der die Guthaben auf Kundenkonten, die von eingetragenen Effektenmaklern und -händlern verwaltet werden, schützt. Die SIPC ist eine gemeinnützige

under the Securities Investor Protection Act. Membership in SIPC is mandatory for all broker-dealers registered with the → Securities and Exchange Commission and with the national stock exchange. When the SIPC is unsuccessful in finding a healthy firm to acquire a failed brokerage, it pays off account holders of the failed brokerage for losses up to the coverage limit. Maximum coverage for cash and securities in a customer's account is $ 500,000, with a limit of $ 100,000 on the amount of cash that is insured.

**Securities Valuation Reserve**
→Valuation Reserve (Securities Valuation Reserve)

**Securities Valuation**
Rules used by state regulators to value securities on the books of insurance companies. Bonds with acceptable credit quality are carried at *amortized value,* which is the face value, plus or minus the amount of any purchase discount or premium, as amortized over the life of the bond. Preferred stock is valued at cost and → Common Stock Investments at year-end market price. Valuations for impaired securities such as bonds in default are determined by the Committee on Valuation of Securities of the → National

Körperschaft, die 1970 vom Kongreß unter dem Securities Investor Protection Act (Gesetz zum Schutz von Wertpapieranlegern) geschaffen wurde. Die Mitgliedschaft ist für alle Makler-Händler verpflichtend, die bei der → Securities and Exchange Commission (Börsenaufsichtsamt) und den nationalen Aktienbörsen eingetragen sind. Wenn es der SIPC nicht gelingt, eine gesunde Maklerfirma zu finden, die eine gescheiterte Maklerfirma übernimmt, so zahlt sie die Konteninhaber der gescheiterten Firma für Verluste bis zum Deckungslimit aus. Die Höchstdeckung für Bargeld und Wertpapiere auf einem Kundenkonto beträgt US$ 500.000 mit einem Höchstbetrag von US$ 100.000 an versichertem Bargeld.

**Wertpapierbewertungsreserve**
→ Bewertungsreserve (Wertpapierbewertungsreserve)

**Wertpapierbewertung**
Von staatlichen Aufsichtsbehörden verwendete Richtlinien, um Wertpapiere in den Büchern von Versicherungsgesellschaften zu bewerten. Festverzinsliche Wertpapiere akzeptabler Kreditqualität werden zum *amortisierten Wert,* d. h. dem Nennwert plus oder minus der Höhe eines Kaufrabattes oder einer Prämie, wie über die Laufzeit des Wertpapiers amortisiert, bewertet. Vorzugsaktien werden zu Kosten und → Stammaktienbesitz zum Marktpreis am Jahresende bewertet. Die Bewertungen von gefährdeten Wertpapieren, wie notleidenden Obligationen, werden durch das Wertpapierbewertungskomitee der → National Association of Insurance Commissioners (NAIC)

Association of Insurance Commissioners (NAIC). → Mandatory Securities Valuation Reserve

(Nationale Vereinigung der Regierungsbevollmächtigten für Versicherungen) vorgenommen. → Obligatorische Bewertungsreserve für Wertpapiere

**Segregation of Exposure Units**
Risk management practice designed to control losses by physically separating assets or operations (on separating a single exposure unit into various parts) to reduce maximum potential loss. The objective of such a separation is to reduce the risk of loss to the whole exposure unit through dispersion. For example, two related chemical processing operations, both subject to loss from explosion or fire, would be built a sufficient distance apart – perhaps even on separate premises – so that the explosion of one would not damage the other.

**Abtrennung von Gefährdungseinheiten**
Risikomanagementverfahren, um Schäden durch die materielle Trennung von Anlagegütern oder Geschäftstätigkeiten (bei der Trennung einer einzigen Gefahreneinheit in verschiedene Teile) zu kontrollieren, um den maximal möglichen Schaden zu verringern. Das Ziel einer solchen Trennung ist es, das Schadenrisiko für die gesamte Gefährdungseinheit durch Streuung zu reduzieren. Zwei verwandte chemische Verarbeitungsstätten, die beide einem Schaden durch Explosion oder Brand ausgesetzt sind, würden z. B. in ausreichendem Abstand voneinander, vielleicht sogar auf unterschiedlichen Geländen, gebaut werden, so daß die Explosion der einen Produktionsstätte die andere nicht beschädigen würde.

**Selection**
→ Selection of Risk

**Auswahl**
→ Auswahl des Risikos

**Selection of Risk**
→ Risk Selection; → Underwriting

**Auswahl des Risikos**
→ Risikoauswahl; → Zeichnung

**Select Mortality Table**
→ Mortality Table that includes data only on people who have recently purchased life insurance. Experience shows that such people have a lower mortality rate in the years immediately following their pur-

**Auserwählte Sterblichkeitstabelle**
→ Sterblichkeitstabelle, die nur Daten zu Personen, die kürzlich eine Lebensversicherung abgeschlossen haben, einschließt. Die Erfahrung zeigt, daß solche Leute, in den Jahren, die dem Abschluß der Versicherung unmittelbar folgen, eine geringere Sterblichkeitsrate aufweisen als jene, die

chase of insurance than those who have been insured for some time, probably because they have recently passed medical and other tests, and because they are younger. For example, a select mortality table would show the number of deaths per 1000 of individuals age 30 who have been insured for one year. An → Ultimate Mortality Table shows the rate of the group, exclusive of the initial period after the purchase of insurance. An *aggregate mortality table* includes all data.

**Self-Administered Plan**
Qualified pension or other employee benefit where responsibility rests with an employer rather than an insurer. A → Trust Fund plan, where assets are deposited with and invested by a trustee, is the most common self-administered plan. A → Trust Agreement governs the plan administration and retirees are paid benefits from the trust or the *trustee* buys annuities for them. The self-administered, or trust fund plan, contrasts with the insured (insurance company) pension plan.

**Self Funding**
→ Self Insurance

**Self-Inflicted Injury**
Intentional injury a person

bereits seit einiger Zeit versichert sind. Wahrscheinlich deshalb, weil sie gerade einige ärztliche und sonstige Tests bestanden haben und weil sie jünger sind. Eine auserwählte Sterblichkeitstabelle würde z. B. die Anzahl der Todesfälle pro 1.000 Personen im Alter von 30 Jahren zeigen, die seit einem Jahr versichert sind. Die → Äußerste Sterblichkeitstabelle zeigt die Sterblichkeitsrate der Gruppe, wobei der Anfangszeitraum nach Abschluß der Versicherung ausgenommen wird. Eine *Aggregatsterblichkeitstafel* umfaßt alle Daten.

**Selbstverwaltetes System**
Steuerbegünstigtes Pensions- oder sonstiges Sozialzulagensystem, bei dem die Verantwortung bei einem Arbeitgeber anstatt bei einem Versicherer liegt. Ein → Treuhandfondssystem, bei dem die Guthaben bei einem Treuhänder hinterlegt und von diesem angelegt werden, ist das gängigste selbstverwaltete System. Ein → Sicherungsübereignungsvertrag bestimmt über die Systemverwaltung, und den Rentnern werden Leistungen vom Treuhandvermögen gezahlt, oder der *Treuhänder* kauft Renten für sie. Ein selbstverwaltetes System oder ein Treuhandfondssystem steht im Gegensatz zu dem versicherten Pensionssystem (Pensionssystem einer Versicherungsgesellschaft).

**Selbstfinanzierung**
→ Selbstversicherung

**Selbst beigebrachte Verletzung**
Eine Verletzung, die sich eine Person

causes to himself. For life and health insurance purposes, self-inflicted injury typically is not covered by accident policies, because it is intentional not an accident. This applies for → Workers Compensation Insurance purposes as well. However, for life insurance purposes, suicide is covered after the policy has been in force for two years.

## Self Insurance

Protecting against loss by setting aside one's own money. This can be done on a mathematical basis by establishing a separate fund into which funds are deposited on a periodic basis. Through self insurance it is possible to protect against high → Frequency low-*severity* losses. To do this through an insurance company would mean having to pay a premium that includes loadings for the company's general expenses, cost of putting the policy on the books, acquisition expenses, premium taxes, and contingencies.

## Self-Insurer

→ Self Insurance; → Self-Insured Retention (SIR)

## Self-Insured Retention (SIR)

Portion of a property or liability loss retained by a policyholder. Most policyholders do not purchase insurance to cover

absichtlich selbst zufügt. Für Lebens- und Krankenversicherungszwecke ist eine selbstzugefügte Verletzung typischerweise nicht durch Unfallpolicen abgedeckt, da sie beabsichtigt war und kein Unfall ist. Dies trifft ebenso auf die → Berufsunfallversicherung zu. Für Lebensversicherungszwecke ist Selbstmord jedoch abgedeckt, wenn die Police zwei Jahre in Kraft gewesen ist.

## Selbstversicherung

Schutz gegen Schaden durch Beiseite-Legen des eigenen Geldes. Dies kann auf mathematischer Grundlage durch Einrichtung eines getrennten Fonds erfolgen, in den in periodischen Abständen Finanzmittel eingezahlt werden. Durch die Selbstversicherung ist es möglich, sich gegen Schäden großer → Häufigkeit und geringer *Härte* abzusichern. Dies durch eine Versicherungsgesellschaft zu tun, würde bedeuten, eine Prämie zahlen zu müssen, die Zuschläge für die allgemeinen Ausgaben der Gesellschaft, die Kosten für die Aufnahme der Police in die Bücher, die Akquisitionsausgaben, Prämiensteuern und unerwartete Ausgaben einschließt.

## Selbstversicherer

→ Selbstversicherung; → Selbstversicherter Selbstbehalt

## Selbstversicherter Selbstbehalt

Teil eines Sach- oder Haftpflichtschadens, der von einem Policenbesitzer zurückbehalten wird. Die meisten Policenbesitzer schließen keine Versicherung ab, um ihre

their entire exposure. Rather, they elect to take a deductible, or portion that they will cover themselves. For example, a homeowner may purchase $ 150,00 worth of insurance with a $ 500 deductible for certain losses, such as roof damage by hail. The $ 500 deductible is one form of self insurance. It means the homeowner will cover all losses for that amount or less. → Self Insurance

### Self-Selection
Effort of a poor risk to seek insurance coverage. The onset of a health problem such as heart disease, for example, may prompt a person to apply for life insurance before seeking medical treatment. Such applicants, if not screened out, would weight the insured pool toward bad risks. The → Underwriting process is intended to counter the natural tendency toward self-selection among insurance applicants, either by requiring higher rates for poorer risks or by denying them coverage. → Adverse Selection

### Selling Agents' Commission Insurance
Coverage that provides for the indemnification of a salesperson for the amount of his or her lost commission on a product

gesamte Gefährdung abzusichern. Statt dessen wählen sie lieber einen Selbstbehalt oder einen Teil, den sie selbst abdecken werden. Ein Hausbesitzer z. B. kann eine Versicherung in Höhe von US$ 150.000 abschließen mit einem Selbstbehalt von US$ 500 für bestimmte Schäden, wie Dachbeschädigung durch Hagel. Der Selbstbehalt von US$ 500 ist eine Form der Selbstversicherung. Sie bedeutet, daß der Hausbesitzer alle Schäden in dieser Höhe oder darunter abdecken wird. → Selbstversicherung

### Selbstauslese
Anstrengung einer Person, die ein ungünstiges Risiko darstellt, um Versicherungsschutz nachzusuchen. Der Beginn eines gesundheitlichen Problems, wie z. B. eine Herzkrankheit, mag eine Person dazu bewegen, einen Antrag auf Lebensversicherung zu stellen, bevor sie sich in ärztliche Behandlung begibt. Solche Antragsteller, würden, wenn sie nicht ausfiltriert würden, den versicherten Pool in Richtung schlechter Risiken gewichten. Der → Zeichnungs-Prozeß verfolgt die Absicht, der natürlichen Tendenz der Selbstauslese unter den Versicherungsantragstellern entgegenzuwirken, entweder durch Forderung höherer Prämientarife für ungünstigere Risiken oder dadurch, daß sie ihnen Versicherungsschutz versagt. → Negative Auswahl

### Provisionsversicherung der verkaufenden Agenten
Versicherungsschutz, der die Entschädigung eines Verkäufers in Höhe seiner oder ihrer verlorenen Provision für ein Produkt vorsieht, das verkauft werden soll, aber

to be sold which cannot be produced because of damage incurred by the manufacturer or which, once produced, cannot be delivered by the manufacturer because of damage incurred. → Contingent Business Interruption Form

## Selling Price Clause
Property insurance coverage available to business that pays the established market (sales) value of products that are damaged rather than simply their lower (production) cost. This fills the gap between → Actual Cash Value, which provides coverage only for the cost to the insured, and → Business Interruption Insurance. For manufacturers, it covers the cost of all finished goods; for mercantile firms, it applies only to goods that have been sold but are not yet delivered.

## Separate Account
→ Split Funded Plan

## Separate Account Funding
→ Split Funded Plan

## Series of Catastrophes
Hazard covered under *catastrophe reinsurance*. This form of → Excess of Loss Reinsurance protects the → Ceding Company for loss above the *retention* limit caused by multiple catastrophic events. → Catastrophe Hazard; → Catastrophe Loss

wegen einer vom Hersteller erlittenen Beschädigung nicht produziert werden kann, oder das, nachdem es produziert worden ist, wegen einer erlittenen Beschädigung nicht durch den Hersteller ausgeliefert werden kann. → Bedingte Geschäftsunterbrechungsversicherungsform

## Verkaufspreisklausel
Für Unternehmen verfügbarer Sachversicherungsschutz, der den etablierten (Verkaufs-) Marktwert von beschädigten Produkten anstatt deren niedrigere (Produktions-) Kosten zahlt. Dies schließt die Lücke zwischen dem → Tatsächlichen Barwert, der dem Versicherten nur Deckung für die Kosten bietet, und der → Geschäftsunterbrechungsversicherung. Für Hersteller deckt sie die Kosten für alle Fertigprodukte ab, für Handelsfirmen trifft sie nur auf Waren zu, die verkauft, aber noch nicht ausgeliefert sind.

## Getrenntes Konto
→ Geteilt finanziertes System

## Getrennte Kontenfinanzierung
→ Geteilt finanziertes System

## Reihe von Katastrophen
Bei einer *Katastrophenrückversicherung* abgedeckte Gefahr. Diese Form der → Schadenexzedentenrückversicherung schützt die → Zedierende Gesellschaft gegen einen Schaden, der über dem *Selbstbehalt*limit liegt und durch eine Vielzahl von Katastrophenereignissen verursacht wurde. → Katastrophenrisiko; → Katastrophenschaden

## Serious Injury Frequency Rate
Number of serious injuries per 1,000,000 employee-hours worked. → Frequency

## Service Adjustment
Change in → Years of Service credited to employee in calculating pension benefits and other employee benefits.

## Service Insurer Agreement

Arrangement whereby an insurance company agrees to pay specified health care service vendors a predetermined sum for providing such services to the covered individuals. → Blue Cross; → Blue Shield

## Servicemen's Group Life Insurance (SGLI)
U.S. government group term life insurance for men and women members of the Federal uniformed forces on active duty, underwritten by private insurance companies. Premiums reflect peacetime mortality rates for this group, with any additional costs of military risks (such as wartime exposure) being borne by the Federal government. Upon discharge, SGLI policies can be converted either to five-year nonrenewable term → Veterans Group Life Insurance

## Häufigkeitsquote von Schwerverletzungen
Zahl der Schwerverletzungen pro 1.000 geleisteter Arbeitnehmer-Stunden. → Häufigkeit

## Dienstzeitanpassung
Änderung bei den → Dienstjahren, die dem Arbeitnehmer bei der Berechnung der Pensionsbezüge und anderer betrieblicher Sozialzulagen gutgeschrieben werden.

## Vereinbarung zwischen einem Serviceanbieter und einem Versicherer
Vereinbarung, wonach eine Versicherungsgesellschaft zustimmt, bestimmten Anbietern von Gesundheitsfürsorgeleistungen eine vorher festgelegte Summe für die Leistung solcher Dienste an die versicherten Personen zu zahlen. → Blue Cross (Blaues Kreuz); → Blue Shield (Blaues Schutzschild).

## Gruppenlebensversicherung der Streitkräfte
Befristete Gruppenlebensversicherung der US-Regierung für männliche und weibliche Mitglieder der uniformierten Streitkräfte im aktiven Dienst, die von privaten Versicherungsgesellschaften gezeichnet wird. Die Prämien spiegeln Sterblichkeitsraten für diese Gruppe zu Friedenszeiten wider, wobei alle zusätzlichen Kosten für militärische Risiken (wie die Kriegsgefährdung) von der Bundesregierung getragen werden. Bei Entlassung können Policen der Gruppenversicherung der Streitkräfte entweder in eine nicht verlängerbare → Veteranengruppenlebensversicherung mit fünfjähriger Laufzeit oder in eine jährlich kündbare

(VGLI) or to a permanent policy at the veteran's attained age (at higher cost) with one of the commercial insurance companies participating in the servicemen's plan.

### Service Plans
Types of insurance coverage under which health care benefits are provided to the covered individuals instead of monetary reimbursement for health care expenses. → Blue Cross; → Blue Shield

### Services Offered Policyholders
Range of administrative and risk management services that can be purchased by an insured. Increasingly, insurance can be purchased → Unbundled so that policyholders may pay for straight coverage without available services. However, some policyholders may want to purchase additional services such as loss control, claims adjustment, captive management, or other services from the insurer.

### Setback
→ Age Setback

### Set Clause (Pair or Set Clause)
Provision in many business and personal policies that loss or damage to one of a pair or set of individual items does not

Lebensversicherungspolice zu dem erreichten Alter des Veteranen (zu höheren Kosten) bei einer der gewerblichen Versicherungsgesellschaften, die an dem Streitkräftesystem teilnehmen, umgewandelt werden.

### Fürsorgesysteme
Arten des Versicherungsschutzes, bei dem den versicherten Personen Gesundheitsfürsorgeleistungen anstelle von Erstattungen für die Gesundheitsfürsorgeausgaben in Geldform geboten werden. → Blue Cross; → Blue Shield

### Dienstleistungen, die Policenbesitzern angeboten werden
Spektrum administrativer und Risikomanagementdienstleistungen, die von einem Versicherten erworben werden können. In steigendem Ausmaß kann eine Versicherung → Ungebündelt abgeschlossen werden, so daß Policenbesitzer nur für den Versicherungsschutz, ohne verfügbare Dienstleistungen zahlen können. Einige Policenbesitzer wollen jedoch vielleicht zusätzliche Dienstleistungen, wie Schadenskontrolle, Regulierung der Ansprüche, Selbstversicherungsmanagement, oder sonstige Dienstleistungen vom Versicherer erwerben.

### Rückgang
→ Verringerung des Alters

### Satzklausel (Paar- oder Satzklausel)
Bestimmung bei vielen Unternehmens- und Privatpolicen, daß der Verlust oder die Beschädigung eines Gegenstandes von zweien oder eines Satzes von einzelnen

represent the loss of the pair or set. For example, the loss of one diamond earring would not entitle an insured to be reimbursed for a pair of earrings, but for only the resulting decrease in the overall pre-loss value of the pair.

Gegenständen nicht den Verlust des Paares oder des Satzes darstellt. Der Verlust eines Diamandohrrings z. B. würde dem Versicherten kein Anrecht auf die Entschädigung eines Paares von Ohrringen verleihen, sondern lediglich für den sich ergebenden Wertverlust des ganzen Paares vor dem Schaden.

**Settlement**
Disposition of a claim or policy benefit. Policies may specify time limits for payment of claims or benefits and designate various methods of settlement at the option of the insurer or the insured. → Optional Modes of Settlement; → Settlement Options, Property and Casualty Insurance

**Schadenregulierung**
Verteilung eines Anspruches oder einer Policenleistung. Policen können zeitliche Fristen für die Zahlung von Ansprüchen oder Leistungen festlegen und verschiedene Arten der Schadensregulierung nach Wahl des Versicherers oder des Versicherten bestimmen. → Wahlmöglichkeiten bei den Auszahlungsmodalitäten; → Wahlmöglichkeiten bei der Schadenregulierung, Sach- und Unfallversicherung

**Settlement Agreement**
→ Optional Modes of Settlement; → Settlement Options, Property and Casualty Insurance

**Vergleichsvereinbarung**
→ Wahlmöglichkeiten bei den Auszahlungsmodalitäten; → Wahlmöglichkeiten bei der Schadenregulierung, Sach- und Unfallversicherung

**Settlement Arrangement**
→ Optional Modes of Settlement; → Life Insurance; → Settlement Options, Property and Casualty Insurance

**Schadenregulierungsübereinkommen**
→ Wahlmöglichkeiten bei den Auszahlungsmodalitäten; → Lebensversicherung; → Wahlmöglichkeiten bei der Schadenregulierung, Sach- und Unfallversicherung

**Settlement Options, Life Insurance**

→ Optional Modes of Settlement

**Wahlmöglichkeiten bei der Schadenregulierung, Lebensversicherung**

→ Wahlmöglichkeiten bei den Auszahlungsmodalitäten

## Settlement Options, Property and Casualty Insurance

Methods for payment of the value of a policy. An insurance company can select one of three options in settlement of a loss: (1) make a cash payment; (2) take possession of damaged or destroyed property and replace it with property of like kind and quality; or (3) repair the property so that it is restored to its structural condition prior to the loss, and return the repaired property to the insured.

Usually insurance companies settle losses by a cash payment to the insured.

## SEUA

→ South-Eastern Underwriters Association (SEUA) Case

## Severity

→ Severity Rate

## Severity Rate

Size of the losses used as a factor in calculating *premium rates*. For example, the U.S. Bureau of Labor Statistics studies the number of days lost by injured employees per million man-hours worked. → Frequency and Distribution of Losses

## Sex

Demographic designation used in life insurance to calculate

## Wahlmöglichkeiten bei der Schadenregulierung, Sach- und Unfallversicherung

Methoden zur Zahlung des Wertes einer Police. Eine Versicherungsgesellschaft kann bei der Schadenregulierung eine von drei Optionen auswählen: (1) Leistung einer Barzahlung, (2) den beschädigten oder zerstörten Vermögensgegenstand in Besitz nehmen und durch einen Vermögensgegenstand der gleichen Art und Qualität ersetzen oder (3) den Vermögensgegenstand reparieren, so daß der strukturelle Zustand vor dem Schaden wiederhergestellt ist, und den reparierten Vermögensgegenstand an den Versicherten zurückgeben.

Normalerweise regulieren Versicherungsgesellschaften Schäden durch eine Barzahlung an den Versicherten.

## SEUA

→ Fall der South-Eastern Unterwriters Association (SEUA)

## Härte

→ Härtequote

## Härtequote

Größe der Schäden als Faktor bei der Berechnung von *Prämientarifen*. Das US-Büro für Arbeitsstatistiken z. B. untersucht die Zahl der durch verletzte Arbeitnehmer verlorengegangenen Tage pro Millionen geleisteter Arbeitsstunden. → Häufigkeit und Verteilung von Schäden

## Geschlecht

Demographische Bezeichnung, die bei der Lebensversicherung verwendet wird, um

*premium rates* for life and health insurance and annuity contracts. Since females have a longer → Life Expectancy than males of the same age, life insurance premiums for females are lower than for males the same age. Annuity income for females, by the same token, is lower than for males the same age. These differences are being contested.

## Sex Discrimination
Classification of insured life and health risks based on the sex of the proposed insured. Gender has long been one of many factors in classifying, accepting, and rating risks. For example, because experience shows that women live longer than men, life insurance rates for women are lower. By the same token, annuity payments are lower for women because it is expected that they will be paid out for more years. On the other hand, women have sometimes paid lower rates for auto insurance. Insurance rating by sex became an issue in the early 1980s when many women charged that it was discriminatory. They demanded through → Unisex Legislation to be rated no differently. Although insurers have resisted it, individual states have passed laws prohibiting the use of sex in risk classification. → Risk Classification

*Prämientarife* für Lebens- und Krankenversicherungen und Rentenverträge zu berechnen. Da Frauen eine höhere → Lebenserwartung als Männer des gleichen Alters haben, sind die Lebensversicherungsprämien für Frauen niedriger als die für Männer des gleichen Alters. Aus dem gleichen Grund ist das Renteneinkommen für Frauen geringer als für Männer des gleichen Alters. Diese Unterschiede werden angefochten.

## Geschlechtliche Diskriminierung
Klassifizierung von versicherten Lebens- und Gesundheitsrisiken auf der Grundlage des Geschlechts des potentiellen Versicherten. Das Geschlecht war für lange Zeit einer der vielen Faktoren bei der Klassifizierung, Annahme und Bemessung von Risiken. Weil die Erfahrung z. B. gezeigt hat, daß Frauen länger leben als Männer, sind Lebensversicherungsprämien für Frauen niedriger. Aus dem gleichen Grunde sind Rentenzahlungen für Frauen niedriger, da erwartet wird, daß sie für eine größere Anzahl von Jahren ausgezahlt werden. Auf der anderen Seite zahlen Frauen manchmal niedrigere Autoversicherungsprämien. Die Festsetzung von Versicherungsprämien nach dem Geschlecht wurde in den frühen 1980er Jahren zum Streitthema, als viele Frauen behaupteten, daß dies diskriminierend sei. Durch die → Eingeschlechtlichkeitsgesetzgebung forderten sie, nicht unterschiedlich bewertet zu werden. Obwohl Versicherer sich dem entgegenstellten, haben einzelne Staaten Gesetze verabschiedet, die die Verwendung des Geschlechtes bei der Risikoklassifizierung verbieten. → Risikoklassifizierung

## SFP

→ Fire Insurance – Standard Fire Policy

## Share Reinsurance
→ Proportional Reinsurance;
→ Quota Share Reinsurance;
→ Surplus Reinsurance

## Sherman Antitrust Act
1890 law prohibiting monopolies and restraint of trade in interstate commerce. The Sherman Act was strengthened in 1914 with amendments known as the Clayton Act that added further prohibitions against price-fixing conspiracies. These Federal antitrust laws at first were not applied to the insurance industry because of the 1869 Supreme Court ruling in → Paul v. Virginia that insurance was not commerce and thus not subject to Federal regulation. After the → South-Eastern Underwriters Association (SEUA) Case in 1944 and passage of the → McCarran-Ferguson Act (Public Law 15) in 1945, Congress made it clear that states would retain the power to regulate insurance but price-fixing and restraint of trade not sanctioned by state laws and regulations would be subject to Federal antitrust prosecution.

## Feuerversicherung – Einheitsfeuerversicherungspolice
→ Feuerversicherung – Einheits-Feuerversicherungspolice

## Anteilige Rückversicherung
→ Proportionale Rückversicherung; → Quotenrückversicherung; → Exzedentenrückversicherung

## Sherman Antitrust-Gesetz
Gesetz aus dem Jahre 1890, das Monopole und die Behinderung des zwischenstaatlichen Handels verbietet. Das Sherman-Gesetz wurde 1914 mit Ergänzungen verstärkt, die als Clayton-Gesetz bekannt sind und weitere Verbote gegen konspirative Preisfestsetzungen hinzufügten. Diese Bundes-Antitrustgesetze wurden zunächst aufgrund einer Entscheidung des Obersten Gerichtshofes in Sachen → Paul ./. Virginia, daß Versicherungen keinen Handel darstellten und somit nicht der Bundesaufsicht unterliegen würden, nicht auf die Versicherungsbranche angewendet. Nach dem → Fall der South-Eastern Underwriters Association (SEUA) im Jahre 1944 und der Verabschiedung des → McCarran-Ferguson-Gesetzes (Öffentliches Gesetz 15) 1945 machte der Kongreß klar, daß die Staaten die Macht, das Versicherungswesen zu ordnen, behalten würden, aber die von staatlichen Gesetzen und Vorschriften nicht reglementierte Preisfestsetzung und die Behinderung des Handels der Bundes-Antitrust-Verfolgung unterliegen würde.

## Ship Insurance, Pleasure Craft and Commercial
→ Marine Insurance

## Shippers Radioactive Contamination Insurance
Coverage for shippers of certain radioactive materials, such as medical or commercial isotopes, for direct loss or damage by radioactive contamination; does not cover transport of radioactive waste or nuclear reactor fuel. Coverage has two forms: one for transport on common carriers and the other for transport on vehicles operated by or for an insured. → Motor Truck Cargo Radioactive Contamination Insurance; → Nuclear Energy Liability Insurance; → Radioactive Contamination Insurance

## Shipping Insurance
→ Inland Marine Insurance (Transportation Insurance): Business Risks

## Shock Loss
Loss so catastrophic in nature that the insurance company will experience a significant → Underwriting loss. Protection against such an event can be purchased through various → Reinsurance instruments. → Reinsurance, Property and Casualty – Casualty Catastrophe

## Schiffsversicherung, Sportboote und Gewerbliche
→ Transportversicherung

## Versicherung des Verfrachters gegen radioaktive Verseuchung
Versicherungsschutz für Verfrachter bestimmter radioaktiver Materialien wie medizinischer oder gewerblicher Isotopen gegen direkten Verlust oder Beschädigung durch radioaktive Verseuchung. Nicht abgedeckt ist der Transport radioaktiven Mülls oder nuklearer Reaktorbrennstoffe. Der Versicherungsschutz hat zwei Formen: eine für den Transport durch allgemeine Spediteure und die andere für den Transport mit Kraftfahrzeugen, die entweder vom oder für einen Versicherten betrieben werden. → Versicherung gegen radioaktive Verseuchung von Lkw-Fracht; → Nuklearenergiehaftpflichtversicherung; → Versicherung gegen radioaktive Verseuchung

## Transportversicherung
→ Binnentransportversicherung (Transportversicherung): Geschäftsrisiken

## Katastrophenschaden
Schaden, der seiner Natur nach so katastrophal ist, daß die Versicherungsgesellschaft einen bedeutenden → Zeichnungs-Verlust erleiden wird. Schutz gegen ein solches Ereignis kann durch verschiedene → Rückversicherungs-Instrumente erworben werden. → Rückversicherung, Sach- und Unfall – Unfallkatastrophen –

## Shore Clause

Provision in → Marine Insurance listing onshore perils covered. In the case of marine cargo, these may include such occurences as damage from flooding, sprinklers, collapse of docks, and wharf or warehouse fires. It may also cover damage from accidents during ground transportation.

## Short Rate Cancellation

Cancellation by the insured of a property or disability insurance policy for which the returned unearned premium is diminished by administration costs incurred when the insurance company placed the policy on its books.

## Short Rate Premium

Premium charge for a policy which is going to be in force for less than the normal period of time.

## Short Rate, Short Term Insurance

Coverage for less than one year. Insurers generally charge higher rates for short term policies than for longer term insurance, such as an → Annual Policy, because of (1) the need to recoup relatively fixed administrative and processing costs over a shorter policy life; and (2) the likelihood of → Adverse Selection, with buyers

## Uferklausel

Bestimmung bei der → Transportversicherung, die die abgedeckten Gefahren an Land auflistet. Im Falle der Seefracht kann diese solche Erscheinungen einschließen, wie Beschädigung durch Überschwemmung, Sprinkler, Zusammenbruch von Docks und Werften oder Lagerbränden. Sie kann auch die Beschädigung durch Unfälle während des Landtransportes abdecken.

## Kündigung mit gekürzter Prämienrückerstattung

Kündigung einer Sach- oder Invaliditätsversicherungspolice durch den Versicherten, für die die zurückerstattete, nicht verdiente Prämie um die Verwaltungskosten, die entstanden, als die Versicherungsgesellschaft die Police in ihre Bücher aufnahm, verringert wird.

## Erhöhte Prämie

Prämienbelastung für eine Police, die für einen kürzeren als den normalen Zeitraum in Kraft sein wird.

## Erhöhte Prämie, kurzfristige Versicherung

Versicherungsschutz für weniger als ein Jahr. Versicherer berechnen allgemein höhere Prämien für kurzfristige Policen als für längerfristige Versicherungen, wie eine → Jahrespolice, weil sie (1) relativ fixe Verwaltungs- und Bearbeitungskosten über einen kürzeren Policenzeitraum erwirtschaften müssen und (2) wegen der Wahrscheinlichkeit einer → Negativen Auswahl bei Käufern, die nur zu Zeiten des Jahres, von denen sie wissen, daß sie mit

seeking insurance only at times of the year when they know they face greatest likelihood of loss.

### Short Rate Table
Display of percentage of earned premiums as a function of the time in days for term property insurance policies originally written for one year or longer. These tables are used to compute the refund or the excess of the paid premium above the customary short rate for the expired term in the event the → Insured cancels the policy (makes a → Short Rate Cancellation).

### Short Term Disability Income Insurance
→ Disability Income Insurance

### Short Term Policy
→ Short Rate, Short Term Insurance

### Short Term Reversionary Trust
Financial instrument established irrevocably for a minimum of 10 years, after which the principal reverts to the grantor upon termination of the trust. A key feature is that earnings from the principal traditionally have been taxed at the beneficiary's tax rate instead of the presumably higher tax rate of the grantor. An ex-

der größten Schadenswahrscheinlichkeit konfrontiert sind, um Versicherung nachsuchen.

### Erhöhte Prämientabelle
Darstellung des Prozentsatzes verdienter Prämien als Zeitfunktion in Tagen für befristete Sachversicherungspolicen, die ursprünglich für ein Jahr oder länger gezeichnet wurden. Diese Tabellen werden verwendet, um die Rückerstattung oder den Überschuß der bezahlten Prämie über die übliche erhöhte Prämie für den abgelaufenen Zeitraum hinaus für den Fall zu berechnen, daß der → Versicherte die Police storniert (eine → Kündigung mit gekürzter Prämienrückerstattung vornimmt).

### Kurzfristige Invaliditätseinkommensversicherung
→ Invaliditätseinkommensversicherung

### Kurzfristige Police
→ Erhöhte Prämie, kurzfristige Versicherung

### Kurzfristiges Umkehrtreuhandverhältnis
Ein für mindestens 10 Jahre unwiderruflich eingerichtetes Finanzinstrument, bei dem die Hauptsumme bei Beendigung des Treuhandvorhabens an den Stifter zurückgeht. Ein Hauptmerkmal ist, daß die Verdienste aus der Hauptsumme traditionell zum Steuersatz des Begünstigten versteuert werden, anstelle des wahrscheinlich höheren Steuersatzes des Stifters. Ein Beispiel ist der → Clifford Trust, der gemeinhin verwendet wird, um für die

ample is the → Clifford Trust commonly used to save for a child's college expenses. Another example is the funded irrevocable → Life Insurance Trust. Under a typical arrangement, a grandparent might establish such a trust to fund premiums for permanent insurance on the life of a son or a daughter, with the grandchildren as beneficiaries. At termination of the trust, the grandchildren would have a fully paid policy on their parent's life and the trust assets would revert to the grandparent. Congress curtailed the tax advantages of short-term reversionary trusts in the *Tax Reform Act of 1969* and again in the → Tax Reform Act of 1986.

College-Ausgaben eines Kindes zu sparen. Ein weiteres Beispiel ist das finanzierte unwiderrufliche → Lebensversicherungstreuhandvermögen. Bei einer typischen Regelung könnte ein Großelternteil solch ein Treuhandvermögen einrichten, um die Prämien für eine jährlich kündbare Lebensversicherung eines Sohnes oder einer Tochter zu finanzieren, mit den Enkeln als Begünstigten. Bei Beendigung des Treuhandverhältnisses hätten die Enkel eine voll einbezahlte Police auf das Leben ihrer Eltern, und das Treuhandguthaben ginge an den Großelternteil zurück. Der Kongreß kürzte die Steuervorteile von kurzfristigen Umkehrtreuhandvermögen im *Steuerreformgesetz aus dem Jahre 1969* und noch einmal im → Steuerreformgesetz aus dem Jahre 1986.

## Sickness Coverage
→ Health Insurance

## Krankenversicherungsschutz
→ Krankenversicherung

## Sickness Insurance
→ Health Insurance

## Krankenversicherung
→ Krankenversicherung

## Sidetrack Agreement
Type of *hold-harmless agreement* made by a property owner as a condition for being served by a railroad spur. If the owner wants a special sidetrack, the railroad requires the owner to assume responsibility for certain losses for property damage or injury arising from use of the track, even if the railroad is at fault. Most common in these

## Nebengleisvereinbarung
Typ einer *Schadloshaltungsvereinbarung*, die von einem Grundstücksbesitzer eingegangen wird, mit der Bedingung, mit Eisenbahngleisen versorgt zu werden. Wenn der Eigentümer ein besonderes Nebengleis wünscht, fordert die Eisenbahn vom Eigentümer, die Haftung für bestimmte Schäden wegen Sachbeschädigung oder Verletzungen aufgrund der Benutzung des Gleises zu übernehmen, auch wenn die Eisenbahn schuld ist. Bei

agreements is responsibility for loss due to fire.

### Sidetrack Insurance
→ Sidetrack Agreement

### Sign Floater Insurance
Endorsement to a business property floater policy that covers neon signs for all perils, both while they are being moved and once they are in place. Signs that are attached to a building can be covered under the underlying property insurance. The sign floater policy provides broader coverage for each sign that is listed on the policy.

### Simple Probability
→ Probability

### Simplified Commercial Lines Portfolio Policy (SCLP)
Policy that provides coverage through four parts:
1. *Commercial property* – coverage is provided under the → Building and Personal Property Coverage Form (BPPCF), divided into three major categories: owned buildings, owned business personal property, and non-owned business personal property.
2. *Crime* – coverage is provided under the commercial crime program, which includes the following coverages: forg-

diesen Vereinbarungen ist die Haftung für Brandschäden üblich.

### Nebengleisversicherung
→ Nebengleisvereinbarung

### Schilderpauschalversicherung
Nachtrag zu einer Unternehmenspauschalsachversicherungspolice, die Neonschilder gegen alle Gefahren, sowohl während diese transportiert werden als auch sobald sie an Ort und Stelle sind, versichert. Schilder, die an einem Gebäude angebracht sind, können durch die zugrundeliegende Sachversicherung abgedeckt werden. Die Schilderpauschalversicherungspolice bietet eine breitere Deckung für jedes in der Police aufgelistete Schild.

### Einfache Wahrscheinlichkeit
→ Wahrscheinlichkeit

### Vereinfachte Geschäftsspartenportefeuillepolice
Police, die Versicherungsschutz über vier Bereiche bietet:
1. *Gewerbliches Eigentum:* Versicherungsschutz wird geboten bei der → Versicherungsschutzform für Gebäude und bewegliches Vermögen, unterteilt in die drei Hauptkategorien: Gebäude im Besitz des Unternehmens, bewegliches Vermögen im Besitz des Unternehmens, bewegliches Vermögen des Unternehmens, das nicht Eigentum des Unternehmens ist.
2. *Verbrechen:* Versicherungsschutz wird bei dem gewerblichen Verbrechensprogramm geboten, das die folgenden Versicherungsschutzarten einschließt: Fälschung, Diebstahl, Verschwinden und

ery; theft, disappearance, and destruction; employee dishonesty; safe robbery and burglary; burglary of the premises; computer fraud; extortion; and liability for the property of guests.

3. *Boiler and machinery* – coverage is provided according to four items of classification: electrical, turbine, mechanical, and pressure and refrigeration. Property covered in these four groups is that which is owned by the insured or is under the care, custody, or control of the insured.

4. *Liability* – coverage is provided for general liability, products and completed operations liability, medical payments, advertising and personal liability, and fire legal liability. Each of these categories has a separate limit of liability which is applicable. However, an annual → Aggregate Limit of liability is applicable to the total of these categories except for the products and completed operations liability, which has a separate annual aggregate limit.

## Simplified Earnings Form

Addition to a business property insurance policy to cover loss of earnings, subject to a monthly limit, in the event that property of an insured is destroyed and a business cannot continue. The property insur-

Zerstörung, Untreue von Arbeitnehmern, Saferaub und -einbruchdiebstahl, Einbruchdiebstahl auf dem Betriebsgelände, Computerbetrug, Erpressung und Haftung für das Eigentum von Gästen.

3. *Dampfkessel und Maschinenpark:* Versicherungsschutz wird entsprechend vier Geräteklassifikationen geboten: Elektro-, Turbinen-, mechanische und Druck- und Kühlgeräte. Vermögensgegenstände, die bei diesen vier Gruppen abgedeckt sind, sind entweder Eigentum des Versicherten oder befinden sich unter der Obhut, in dem Gewahrsam oder unter der Kontrolle des Versicherten.

4. *Haftpflicht*: Versicherungsschutz wird für allgemeine Haftpflicht, Produkthaftung und Haftung für abgeschlossene Geschäftstätigkeiten, medizinische Zahlungen, Werbungs- und Privathaftung und für die gesetzliche Feuerhaftung geboten. Jede dieser Kategorien hat ein getrennt anzuwendendes Haftungslimit. Es existiert jedoch ein jährliches Haftungs-(→)Gesamtlimit, was auf diese Kategorien insgesamt anwendbar ist, außer für die Haftpflicht für Produkte und abgeschlossene Arbeitsvorgänge, die ein getrenntes jährliches Gesamtlimit hat.

## Vereinfachte Verdienstform

Zusatz zu einer Unternehmenssachversicherungspolice, um den Verdienstverlust unter dem Vorbehalt eines monatlichen Höchstbetrages für den Fall abzudecken, daß ein Vermögensgegenstand des Versicherten zerstört wird und ein Unternehmen nicht weiterarbeiten kann. Die Sachversi-

ance policy pays only in the event that property of an insured is destroyed and a business cannot continue. The property insurance policy pays only for → Direct Loss of income-producing property. A building destroyed by fire represents a direct loss. Lost income resulting from the shutdown of a manufacturing facility housed in the burned building represents an → Indirect Loss that would be covered by → Business Interruption Insurance, which is written on a number of separate forms.

## Simplified Employee Pension (SEP)

Employee → Individual Retirement Account funded by an employer or a self-employed person. (Also known as SEP-IRA.) Differs from a pension plan in that contributions are immediately vested and employees have control of the investment of the SEP-IRA. IRS rules require that SEP-IRA contributions be made according to a written allocation formula. The maximum contribution is 15% of compensation or $ 30,000, whichever is less. Employees may elect to take cash instead of their SEP-IRA contribution but must pay income taxes on it. The → Tax Reform Act of 1986 also allows a SEP-IRA to be used as an alternative to a → Section

cherungspolice zahlt nur dann, wenn ein Vermögensgegenstand des Versicherten zerstört wird und das Unternehmen nicht weiterarbeiten kann. Die Sachversicherungspolice bezahlt nur für → Direkten Schaden an Einkommen produzierenden Vermögensgegenständen. Ein durch einen Brand zerstörtes Gebäude stellt einen direkten Schaden dar. Einkommensverlust infolge Schließung einer Herstellungseinrichtung, die in dem verbrannten Gebäude untergebracht war, stellt einen → Indirekten Schaden dar, der bei einer → Geschäftsunterbrechungsversicherung abgedeckt wäre, die in einer Vielzahl unterschiedlicher Formen gezeichnet wird.

## Vereinfachte Arbeitnehmerpension

→ Individuelles Rentenkonto eines Arbeitnehmers, das von einem Arbeitgeber oder einem Selbständigen finanziert wird. (Auch bekannt unter der Abkürzung SEP-IRA – vercinfachte Arbeitnehmerpension – individuelles Rentenkonto). Unterscheidet sich dadurch von einem Pensionssystem, daß die Beiträge sofort übertragen werden und Arbeitnehmer die Kontrolle über die Kapitalanlagen des SEP-IRA haben. Die Vorschriften des IRS (Einkommensteuerverwaltung) fordern, daß die Beiträge zu einer SEP-IRA entsprechend einer schriftlichen Zuteilungsformel erfolgen. Der Höchstbeitrag beträgt 15% des Gehaltes oder US$ 30.000, je nachdem, welcher der beiden Beträge geringer ist. Arbeitnehmer können sich anstelle ihres SEP-IRA Beitrags für Bargeld entscheiden, aber sie müssen darauf Einkommensteuer bezahlen. Das → Steuerreformgesetz aus dem Jahre 1986 erlaubt

401(k) Plan (Salary Reduction Plan) for an employer with 25 or fewer employees. The maximum annual contribution limit per employee for such salary-reduction SEP-IRAs is $ 7000.

### Sine Qua Non Rule
Latin phrase meaning "without which not," signifying a legal rule in → Tort and → Negligence cases. Under this rule, a plaintiff trying to prove that an injury was a direct result of a negligent act by the defendant would have to establish that the injury would not have occured without the negligent act.

### Single Annuitant (Single Life Annuity)
→ Annuity that continues income payments as long as the annuitant lives, ceasing upon the individual's death.

### Single Interest Policy
Property insurance coverage for only one of the parties having an → Insurable Interest in that property.

### Single Life Annuity
→ Single Annuitant (Single Life Annuity)

### Single Limit
→ Combined Single Limit

zudem, daß ein Arbeitgeber mit 25 Arbeitnehmern oder weniger eine SEP-IRA als Alternative zu einem → Section 401(k) Plan (Gehaltreduzierungsplan) verwenden darf. Der jährliche Höchstbeitrag pro Arbeitnehmer für solche gehaltsreduzierenden SEP-IRSs beträgt US$ 7.000.

### Sine-Qua-Non-Regel
Lateinische Redewendung „ohne daß nicht", bezeichnet eine juristische Regel bei → Straftat- und → Fahrlässigkeits-Fällen. Nach dieser Regel müßte ein Kläger, der zu beweisen versucht, daß eine Verletzung die direkte Folge einer fahrlässigen Handlung durch den Angeklagten war, beweisen, daß die Verletzung ohne die fahrlässige Handlung nicht eingetreten wäre.

### Einzelrentenempfänger (Einzelleibrente)
→ Rente, die Einkommenszahlungen solange fortsetzt, wie der Rentenempfänger lebt, und mit dem Tod dieser Person aufhört.

### Einzelinteressenpolice
Sachversicherungsschutz für nur eine der Parteien, die ein → Versicherbares Interesse an dem Vermögensgegenstand hat.

### Einzelleibrente
→ Einzelrentenempfänger (Einzelleibrente)

### Einzellimit
→ Kombiniertes Einzellimit

## Single Premium Life Insurance

Coverage in which one premium payment is made and the policy is fully paid up with no further premiums required. → Limited Payment Life Insurance

## Single Risk Cargo Insurance

Marine cargo coverage for a single shipment of goods. Also known as → Special Risk Insurance and *trip cargo insurance*. Contrast with *open policy cargo insurance* that covers all of a shipper's goods in transit.

## Sinking Fund

Money set aside to pay for losses. Rather than buy insurance coverage for all potential losses, some businesses and individuals choose this form of → Self Insurance to cover all or a portion of certain losses.

## SIR

→ Self-Insured Retention (SIR)

## Sistership Clause

→ Sistership Exclusion

## Sistership Exclusion

Part of the → Business Risk Exclusion in → General Lia-

## Lebensversicherung mit Einmalprämie

Versicherungsschutz, bei dem eine Prämienzahlung geleistet und die Police voll einbezahlt wird, ohne daß zusätzliche Prämien erforderlich werden. → Lebensversicherung mit abgekürzter Zahlung

## Einzelrisikofrachtversicherung

Seefrachtversicherungsschutz für eine einzige Lieferung von Waren. Auch bekannt als → Versicherung für ein besonderes Risiko und *Reisefrachtversicherung*. Steht im Gegensatz zur *offenen Frachtversicherungspolicenform*, die alle im Transport befindlichen Waren eines Verfrachters abdeckt.

## Ablösungsfonds

Zur Bezahlung von Schäden beiseite gelegtes Geld. Anstatt eine Versicherung für alle möglichen Schäden abzuschließen, wählen einige Unternehmen und Einzelpersonen diese Form der → Selbstversicherung, um alle oder einen Teil bestimmter Schäden abzudecken.

## Selbstversicherter Selbstbehalt

→ Selbstversicherter Selbstbehalt

## Klausel bezüglich nachfolgender, gleichartiger Ansprüche

→ Ausschluß nachfolgender, gleichartiger Ansprüche

## Ausschluß nachfolgender, gleichartiger Ansprüche

Teil des → Ausschlusses von Geschäftsrisiken bei der → Allgemeinen Haft-

bility Insurance that denies coverage for subsequent claims if a defective product is not recalled by an insured. For example, if a consumer filed a damage suit against XYZ Co. claiming that he or she became sick while eating a can of soup from a particular lot that was contaminated, the insurer would not pay later claims filed by other consumers if the XYZ Co. did not recall that lot of the soup. The general liability insurance policy for businesses also excludes costs associated with the withdrawal of a product from the market whether it is ordered by a government agency or by company management. A business that wants coverage for product recall would need to buy → Product Recall Insurance to include the extra wages and other costs of identifying the faulty product, notifying consumers, correcting or repairing the product, and redistributing it.

pflichtversicherung, der den Versicherungsschutz für nachfolgende Ansprüche ausschließt, wenn ein defektes Produkt nicht durch den Versicherten zurückgerufen wird. Wenn z. B. ein Verbraucher die Firma XYZ mit der Behauptung auf Schadenersatz verklagt, er sei nach dem Verzehr einer Dose Suppe aus einer bestimmten Warenlieferung, die vergiftet war, erkrankt, dann wird der Versicherer die später von anderen Verbrauchern eingereichten Ansprüche nicht bezahlen, wenn die Firma XYZ die Suppenlieferung nicht zurückgerufen hat. Die allgemeine Haftpflichtversicherung für Unternehmen schließt auch die Kosten, die mit dem Rückruf eines Produktes vom Markt verbunden sind, aus, unabhängig davon, ob dies auf Anordnung einer Regierungsbehörde oder durch das Unternehmensmanagement selbst geschieht. Ein Unternehmen, das Versicherungsschutz für Produktrückruf wünscht, müßte eine → Produktrückrufversicherung abschließen, um die zusätzlichen Löhne und sonstigen Kosten für die Identifizierung des fehlerhaften Produktes, die Benachrichtigung der Verbraucher, die Korrektur oder Reparatur des Produktes und seine Rückverteilung einzuschließen.

### Size
→ Face Amount (Face of Policy)

### Umfang
→ Nennwert (Nennwert einer Police)

### Slander
→ Tort, Intentional

### Üble Nachrede
→ Straftat, Absichtliche

### Sliding Scale Commission
Percentage that has an inverse relationship to the loss experience on the business brought

### Gleitende Provisionsstaffel
Prozentsatz, der eine inverse Beziehung zur Schadenserfahrung eines eingebrachten Geschäftes ausweist. Wenn eine →

in. For example, if a → Ceding Company laid off better risks that resulted in better and more profitable business for the reinsurer, it would get a higher commission.

**Small Loss Principle**
Statement regarding an insured's retention of low severity risks because they are not catastrophic, and can be absorbed without having a dramatic effect on the financial structure of a business or individual. Insurance purchased for small-loss coverage is, in effect, swapping dollars with the insurance company, since the premium charged reflects the individual's expected losses plus loadings for the insurance company's expenses, profit margin and contingencies. → Large Loss Principle

**Smoke Clause**
Provision in the → Extended Coverage Endorsement stating that smoke damage is covered when it results from the sudden, unusual and faulty operation of an on-premises cooking or heating unit, provided that it has been connected to the chimney by means of a vent.

**Smoke Damage**
→ Smoke Clause

Zedierende Gesellschaft z. B. bessere Risiken rückversichern würde, was zu besseren und gewinnbringenderen Geschäften für den Rückversicherer führen würde, dann würde sie eine höhere Provision erhalten.

**Prinzip des kleinen Schadens**
Aussage über den Selbstbehalt von Risiken geringer Härte durch einen Versicherten, da diese nicht katastrophal sind und aufgefangen werden können, ohne dramatische Auswirkungen auf die finanzielle Situation eines Unternehmens oder einer Einzelperson zu haben. Eine zur Deckung von Kleinschäden abgeschlossene Versicherung stellt in der Tat nur einen Austausch von Dollars mit der Versicherungsgesellschaft dar, da die in Rechnung gestellte Prämie die erwarteten Schäden plus die Zuschläge für die Kosten der Versicherungsgesellschaft, für die Gewinnmarge und für unerwartete Ausgaben widerspiegelt. → Prinzip des großen Schadens

**Rauchklausel**
Bestimmung in dem → Erweiterten Deckungsnachtrag, die besagt, daß Rauchschaden abgedeckt ist, wenn er infolge eines plötzlichen, ungewöhnlichen und fehlerhaften Prozesses einer Koch- oder Heizeinheit innerhalb des Gebäudes entsteht, unter der Voraussetzung, daß sie durch einen Abzug mit einem Kamin verbunden war.

**Rauchschaden**
→ Rauchklausel

## SMP
→ Special Multiperil Insurance (SMP)

## Snowmobile Coverage
→ Snowmobile Floater

## Snowmobile Floater
Endorsement to a → Homeowners Insurance Policy or a → Personal Automobile Policy (PAP) that covers physical damage to a snowmobile wherever it happens to be. Coverage can be on *named peril* or → All Risks basis.

## Snowmobile Insurance
→ Snowmobile Floater

## Social Insurance
Compulsory employee benefit plan under which participants are entitled to a series of benefits as a matter of right. The plan is administered by a Federal or state government agency and has as its objective the provision of a minimum standard of living for those in lower and middle wage groups. → Social Security Act of 1935

## Social Security Act of 1935
Federal legislation that established the → Old Age Survivors, Disability, and Health Insurance (OASDHI).

## Spezielle Vielgefahrenversicherung
→ Spezielle Vielgefahrenversicherung

## Motorschlittenversicherungsschutz
→ Motorschlittenpauschalversicherung

## Motorschlittenpauschalversicherung
Nachtrag zu einer → Hausbesitzerversicherungspolice oder einer → Privat-Kfz-Police, die eine materielle Beschädigung an einem Motorschlitten abdeckt, wo auch immer sich diese ereignen mag. Der Versicherungsschutz kann auf Grundlage *benannter Gefahren* oder auf Grundlage → Aller Risiken erfolgen.

## Motorschlittenversicherung
→ Motorschlittenpauschalversicherung

## Sozialversicherung
Betriebliches Sozialleistungenpflichtsystem, bei dem die Teilnehmer dem Gesetz nach ein Anrecht auf eine Reihe von Leistungen haben. Das System wird von einer Bundes- oder Staatsregierungsbehörde verwaltet und hat die Bereitstellung eines Mindestlebensstandards für jene in den unteren und mittleren Lohngruppen zum Ziel. → Sozialversicherungsgesetz aus dem Jahre 1935

## Sozialversicherungsgesetz aus dem Jahre 1935
Bundesgesetzgebung, die die → Alters-, Hinterbliebenen-, Invaliditäts- und Krankenversicherung begründete.

## Social Security Act, Title XIX

1965 Federal law that provides for medical assistance to those who cannot afford to pay for it. Four categories of the needy can qualify; aged, blind, disabled, and families with dependent children. The → Medicaid program was enacted at the same time as → Medicare.

## Sozialversicherungsgesetz, Hauptabschnitt XIX

Bundesgesetz aus dem Jahre 1965, das für medizinische Hilfe für diejenigen sorgt, die sie sich finanziell nicht leisten können. Vier Kategorien von Bedürftigen haben ein Anrecht: Alte, Blinde, Behinderte und Familien mit unterhaltsberechtigten Kindern. Das → Medicaid-Programm (Gesundheitsdienst für Bedürftige) wurde zur gleichen Zeit wie → Medicare (Gesundheitsfürsorge für über 65jährige) eingeführt.

## Social Security Adjustment Option

Choice an employee can make of receiving higher private pension benefits prior to eligibility for Social Security, and lower pension benefits thereafter. For example, employees taking early retirement may wish to receive higher-than-normal benefits in the months or years before their Social Security benefits begin. In exchange, they would have to accept reduced pension benefits once the Social Security payments started.

## Sozialversicherungsangleichungsoption

Wahlmöglichkeit eines Arbeitnehmers, vor seinem Anrecht auf eine Rente aus der Sozialversicherung höhere private Pensionsbezüge und danach niedrigere Pensionsbezüge zu beziehen. Arbeitnehmer, die z. B. in Frührente gehen, können in den Monaten oder Jahren, bevor ihre Rente aus der Sozialversicherung beginnt, höhere als die üblichen Pensionsbezüge beziehen. Zum Ausgleich werden sie aber reduzierte Pensionsbezüge akzeptieren müssen, sobald die Rentenzahlungen aus der Sozialversicherung beginnen.

## Social Security Freeze

Maintenance of Social Security benefits at current dollar or percentage levels. Social Security benefits are indexed to the Consumer Price Index and rise in tandem with the Index. A benefit freeze is one solution that legislators and regulators have proposed to cope with a

## Einfrierung der Sozialversicherung

Das Halten der Sozialversicherungsleistungen auf dem gegenwärtigen Dollar- oder Prozentsatzniveau. Sozialversicherungsleistungen sind mit dem Verbraucherpreisindex verknüpft und steigen zusammen mit diesem Index an. Eine Einfrierung der Leistungen ist eine Lösung, die Gesetzgeber und Aufsichtsbehörden vorgeschlagen haben, um mit dem in

troubled Social Security system, but many powerful lobbying groups oppose such a remedy.

### Social Security Offset
Reduction of private pension benefits to avoid "duplication" of Social Security benefits, according to a formula. Many pension plans "offset" or reduce monthly pension benefits by a percentage of the employee's monthly Social Security benefit. → Pension Plan Integration With Social Security

### Society of Actuaries (SA)
Membership organization of individuals especially trained in the application of → Actuarial mathematics, including compound interest, annuities, life contingencies, measurement of mortality, probability, and statistics. The organization holds a series of actuarial examinations for prospective members seeking the designation of Fellow or Associate of the Society of Actuaries (FSA, ASA).

### Society of Chartered Property and Casualty Underwriters
Membership organization of individuals especially trained in the application of property

Schwierigkeiten steckenden Sozialversicherungssystem fertig zu werden. Viele mächtige Lobbyistengruppen sind jedoch gegen solch eine Lösung.

### Sozialversicherungsausgleich
Reduzierung der privaten Pensionsbezüge nach einer Formel, um eine „Verdopplung" der Rentenbezüge aus der Sozialversicherung auszuschließen. Viele Pensionssysteme „verrechnen" oder reduzieren die monatlichen Pensionsbezüge um einen Prozentsatz der monatlichen Rentenbezüge aus der Sozialversicherung des Angestellten. → Integration der Sozialversicherungsleistungen in ein Pensionssystem

### Society of Actuaries (SA)
(Gesellschaft der Versicherungsmathematiker) – Mitgliedschaftsorganisation von Einzelpersonen, die in der Anwendung der → Versicherungsmathematischen Verfahren, einschließlich Zinseszinsen, Renten, von der Lebensdauer abhängigen Risiken, Bemessung der Sterblichkeit, Wahrscheinlichkeit und Statistik, besonders ausgebildet sind. Die Organisation hält eine Reihe versicherungsmathematischer Prüfungen für potentielle Mitglieder ab, die die Berufsbezeichnung Fellow oder Associate of the Society of Actuaries (FSA, ASA) (Mitglied oder Gesellschafter der Gesellschaft der Versicherungsmathematiker) erwerben wollen.

### Society of Chartered Property and Casualty Underwriters
(Gesellschaft der eingetragenen Sach- und Unfallversicherungszeichner) – Mitgliedschaftsorganisation von Einzelpersonen,

and casualty insurance to personal and business situations. Membership is achieved by passing a series of examinations administered by the American Institute for Property and Liability Underwriters, plus three years of industry experience. Successful completion of the examinations results in the designation of Chartered Property Casualty Underwriter (CPCU).

## Society of Insurance Research

Organization formed to encourage research in insurance and to foster an exchange of ideas and research methodology among the society members.

## Sole Proprietor Life and Health Insurance

Coverage for the owner of a business. When a proprietor dies, debts of the business become the debts of the estate since in this circumstance the law recognizes business and personal assets as one. The executor is required to dispose of the business as quickly as possible. Life insurance can fund the disposition in several ways:
1. If the business is transferred through a will, the life insur-

die in der Anwendung von Sach- und Unfallversicherungen für persönliche und Geschäftssituationen besonders ausgebildet sind. Die Mitgliedschaft wird erworben durch Bestehen einer Reihe von Prüfungen, die von dem American Institute of Property and Liability Underwriters (Amerikanisches Institut der Sach- und Haftpflichtversicherer) veranstaltet werden, plus drei Jahre Branchenerfahrung. Der erfolgreiche Abschluß der Prüfungen endet mit der Berufsbezeichnung eines Chartered Property and Casualty Underwriter (CPCU) (geprüfter Sach- und Unfallversicherungszeichner).

## Society of Insurance Research

(Gesellschaft für Versicherungsforschung) – eine Organisation, die gebildet wurde, um die Forschung im Versicherungswesen zu fördern und den Austausch von Ideen und Forschungsmethodik zwischen den Mitgliedern der Gesellschaft zu fördern.

## Alleinunternehmer-Lebens- und Krankenversicherung

Versicherungsschutz für den Besitzer eines Unternehmens. Wenn ein Besitzer stirbt, werden die Schulden des Unternehmens zu Schulden des Nachlasses, da das Gesetz unter diesen Bedingungen Geschäfts- und Privatguthaben als Einheit betrachtet. Der Testamentsvollstrecker muß das Unternehmen so schnell als möglich veräußern. Die Lebensversicherung kann die Übergabe auf verschiedene Weise finanzieren:
1. Wenn das Unternehmen durch ein Testament übertragen wird, kann die Todesfallleistung der Lebensversicherung

ance's death benefit can be applied to the deceased proprietor's personal and business debts and estate taxes.

2. If the executor conducts a forced sale or liquidation, a death benefit can be used to reduce or eliminate any debts. The death benefit can also be used as a source of working capital for interim financing to operate the business in the short run.

3. If the business is to be transferred to a child or employee, the death benefit can provide funds to effect the transfer.

4. If the business is to be sold to a key employee(s) through a buy-and-sell agreement, the key employee(s) usually has previously bought a life insurance policy on the sole proprietor and made all premium payments. The buy-and-sell agreement stipulates the formula to be used in valuing the business as well as other conditions of the sale. Upon the death of the proprietor and the sale of the business to the key employee(s), the proprietor's estate receives the cash amount according to the buy-and-sell agreement and the key employee(s) receives the deceased proprietor's business.

für die Unternehmensschulden des verstorbenen Besitzers und für die Nachlaßsteuer verwendet werden.

2. Wenn der Testamentsvollstrecker eine Zwangsversteigerung oder eine Liquidation durchführt, kann die Todesfalleistung dazu verwendet werden, Schulden zu reduzieren oder auszulöschen. Die Todesfalleistung kann auch als Arbeitskapitalquelle verwendet werden, als Zwischenfinanzierung für den kurzfristigen Betrieb des Unternehmens.

3. Wenn das Unternehmen an ein Kind oder einen Arbeitnehmer übertragen werden soll, kann die Todesfalleistung Finanzmittel zur Verfügung stellen, die die Übertragung wirksam werden lassen.

4. Wenn ein Unternehmen durch eine Kauf- und Verkaufsvereinbarung an einen Schlüsselangestellte(n) verkauft werden soll, dann hat/haben der/die Schlüsselangestellte(n) gewöhnlich vorher eine Lebensversicherungspolice auf den Alleininhaber abgeschlossen und alle Prämienzahlungen geleistet. Die Kauf- und Verkaufsvereinbarung sieht eine Formel, die bei der Bewertung des Unternehmens verwendet werden soll, sowie sonstige Bedingungen für den Verkauf vor. Bei Tod des Besitzers und Verkauf des Unternehmens an den/die Schlüsselangestellte(n) erhält der Nachlaß des Besitzers den Barwert entsprechend der Kauf- und Verkaufsvereinbarung, und der/die Schlüsselangestellte(n) erhält/erhalten das Unternehmen des verstorbenen Besitzers.

**Soliciting Agent**
→ Solicitor (Soliciting Agent)

**Vermittlungsagent**
→ Agent (Vermittlungsagent)

## Soliciting Offer
→ Solicitor (Soliciting Agent)

## Solicitor (Soliciting Agent)
Insurance salesperson who contacts potential customers and handles clerical responsibilities but has no authority to make insurance contracts. → Binder; → General Agent (GA)

## Solvency
Minimum standard of financial health for an insurance company, where assets exceed liabilities. State laws require insurance regulators to step in when solvency of an insurer is threatened and proceed with *rehabilitation* or *liquidation*.

## Sonic Boom Losses
Property damage resulting from aircraft traveling faster than the speed of sound. Although the vibrations caused by such high speed can cause damage, it is excluded on most property forms.

## Sound Equipment Insurance
Special endorsement to → Personal Automobile Policy (PAP) covering loss of records, tapes, and other sound equipment caused by an insured peril in an insured automobile.

## Sources of Income
In insurance, company rev-

## Vermittlungsangebot
→ Agent (Vermittlungsagent)

## Agent (Vermittlungsagent)
Versicherungsverkäufer, der Kontakt zu potentiellen Kunden aufnimmt und administrative Aufgaben wahrnimmt, jedoch keine Vollmacht hat, Versicherungsverträge abzuschließen. → Vorläufige Deckungszusage; → Generalagent

## Solvenz
Mindestniveau finanzieller Gesundheit einer Versicherungsgesellschaft, wo Guthaben die Verbindlichkeiten übersteigen. Staatliche Gesetze fordern von den Versicherungsaufsichtsbehörden einzuschreiten, wenn die Solvenz eines Versicherers bedroht ist, und mit der *Sanierung* oder *Liquidierung* fortzufahren.

## Überschallschäden
Sachschäden, die von einem Flugzeug verursacht werden, das schneller als der Schall fliegt. Obwohl die Vibrationen, die von einer solch hohen Geschwindigkeit herrühren, Beschädigungen bewirken können, sind sie bei den meisten Sachversicherungsformen ausgeschlossen.

## Musikausrüstungsversicherung
Spezieller Nachtrag zur einer → Privat-Kfz-Police, der den Verlust von Schallplatten, Tonbändern und sonstiger Musikausrüstung absichert, der von einer versicherten Gefahr in einem versicherten Kraftfahrzeug verursacht wird.

## Einkommensquellen
In der Versicherungsbranche Einkünfte

enues from underwriting and investment. Insurance companies make money firstly, by underwriting good risks so that their premium dollars cover claims losses and expenses (the money left over being called underwriting income); and secondly, by investing premium dollars until claims have to be paid (called investment income), sometimes many years later. In the late 1970s, for example, casualty insurers lost money on underwriting but made up for the loss with a gain in investment income.

einer Gesellschaft aus Versicherungen und Kapitalanlagen. Versicherungsgesellschaften verdienen Geld erstens durch die Zeichnung guter Risiken, so daß ihre Prämiendollars Ansprüche, Schäden und Ausgaben abdecken (das übrigbleibende Geld wird Versicherungseinkommen genannt) und zweitens durch die Anlage der Prämiendollars, bis Ansprüche, manchmal viele Jahre später, bezahlt werden müssen (Kapitalanlageeinkommen genannt). In den 70er Jahren z. B. verloren Unfallversicherer Geld bei der Zeichnung, aber sie kompensierten den Verlust mit einem Gewinn beim Kapitalanlageeinkommen.

**Sources of Surplus**
Cash carried forward from the previous year, plus gains from operations for the current year, plus any capital gains.

**Überschußquellen**
Aus dem vergangenen Jahr übertragenes Bargeld plus Gewinne aus Geschäftstätigkeiten für das laufende Jahr plus aller Kapitalgewinne.

**South-Eastern Underwriters Association (SEUA) Case**
Important 1944 U.S. Supreme Court ruling that the insurance business constituted interstate commerce and was thus subject to the → Sherman Antitrust Act. This decision came in U.S. v. *South-Eastern Underwriters Association,* a price-fixing case, brought against a fire insurance rate-making group by the U.S. Attorney General, at the urging of the state of Missouri. SEUA relied for its defense on the 1869 → Paul v. Virginia decision by the Su-

**Fall der South-Eastern Underwriters Association (SEUA)**
Wichtige Entscheidung des Obersten Gerichtes der Vereinigten Staaten aus dem Jahr 1944, daß das Versicherungsgeschäft zwischenstaatlichen Handel darstelle und somit dem → Sherman-Antitrust-Gesetz unterliege. Diese Entscheidung entstand in dem Fall *Vereinigte Staaten ./. South-Eastern Underwriters Association,* einem Preisfestsetzungsfall, der gegen eine Feuerversicherungstariffestsetzungsgruppe vom US-Generalstaatsanwalt auf Drängen des Staates Missouri vorgebracht wurde. Die SEUA stützte ihre Verteidigung auf die Entscheidung des Obersten Gerichtes im Fall → Paul ./. Virginia aus dem Jahre 1869,

preme Court that insurance activities were not commerce and the Sherman Act did not apply. The high court subsequently accepted the argument that the industry was subject to the antitrust law. In response, Congress passed the → McCarran-Ferguson Act (Public Law 15) in 1945, in effect overruling the court by stating affirmatively that regulation of insurance was the job of the states, not the Federal government. The law exempted insurance from Federal antitrust rules if it was covered by state regulation.

nach der Versicherungsaktivitäten keinen Handel darstellen und das Sherman Gesetz somit nicht zutreffe. Das hohe Gericht akzeptierte schließlich das Argument, daß die Branche dem Antitrustgesetz unterliegt. Daraufhin verabschiedete der Kongress das → McCarran-Ferguson Gesetz (Öffentliches Gesetz 15) aus dem Jahre 1945, was das Gesetz in der Tat dadurch aufhob, daß es bekräftigte, daß die Reglementierung des Versicherungswesens Arbeit der Staaten und nicht der Bundesregierung sei. Das Gesetz befreite Versicherungen von den Bundes-Antitrustvorschriften, wenn es von der staatlichen Reglementierung abgedeckt war.

## Special Acceptance

Extension of a → Reinsurance treaty to include a risk that was not originally in its terms.

## Besondere Annahme

Erweiterung eines → Rückversicherungsvertrages, damit dieser ein Risiko, das ursprünglich nicht Bestandteil seiner Bedingungen war, einschließt.

## Special Agent

Individual who sells and services life insurance in an exclusive territory; in property and casualty insurance, an individual who represents a property and casualty insurance company as a marketing representative.

## Bezirksagent

Person, die Lebensversicherungen in einem exklusiven Gebiet verkauft und betreut. Bei der Sach- und Unfallversicherung eine Person, die eine Sach- und Unfallversicherungsgesellschaft als Marketingrepräsentant vertritt.

## Special Building Form

Endorsement to the → Special Multiperil Insurance (SMP) policy that provides → All Risks damage coverage for real property. This special form provides only minimum cover,

## Spezielle Gebäudeversicherungsform

Nachtrag zu einer → Speziellen Vielgefahrenversicherungs-Police, der Versicherungsschutz für Beschädigungen an Immobilien auf Grundlage →Aller Risiken bietet. Diese spezielle Versicherungsform bietet nur eine Mindestdeckung und läßt

leaving the option for adding forms to the policyholder. The policyholder has a choice of the general building form, which provides named peril coverage, or the special building form for the broader all-risks coverage.

**Special Charge**
Any fee imposed on insurance companies by a state. Insurers pay special taxes, including premium taxes and franchise taxes. In addition, various states have their own special charges to cover costs of such things as maintaining fire departments, licensing agents, or filing reports.

**Special Damages**
→ Liability, Civil Damages Awarded

**Special Extended Coverage**
Endorsement to a property insurance policy providing → All Risks coverage for insured property. Excluded properties include residences, farms, and manufacturing properties. This endorsement is generally used for property that does not qualify for a packaged form such as the standard multiperil policy.

**Special Form**
→ Special Personal Property Form

dem Policenbesitzer die Wahl, Versicherungsformen hinzuzufügen. Der Policenbesitzer hat die Wahl zwischen einer allgemeinen Gebäudeversicherungsform, die Versicherungsschutz für eine benannte Gefahr bietet, und einer speziellen Gebäudeversicherungsform für den breiteren Versicherungsschutz auf Grundlage aller Risiken.

**Sonderabgabe**
Jede Gebühr, die einer Versicherungsgesellschaft von einem Staat auferlegt wird. Versicherer bezahlen Sondersteuern einschließlich Prämiensteuern und Konzessionsabgaben. Darüber hinaus haben verschiedene Staaten ihre eigenen Sonderabgaben, um Kosten für Dinge wie Feuerschadensabteilungen, für die Lizensierung von Agenten und das Einreichen von Berichten abzudecken.

**Zusätzlicher Schadenersatz**
→ Haftpflicht, Zuerkannter zivilrechtlicher Schadenersatzanspruch

**Speziell ausgeweiteter Versicherungsschutz**
Nachtrag zu einer Sachversicherungspolice, die für versicherte Vermögensgegenstände Versicherungsschutz auf der Grundlage → Aller Risiken bietet. Zu den ausgeschlossenen Vermögensgegenständen gehören u. a. Landsitze, Farmen und Herstellungsgebäude. Dieser Nachtrag wird allgemein verwendet für Vermögensgegenstände, die sich nicht für eine Versicherungspaketform wie die Standard-Vielgefahrenpolice eignen.

**Spezialform**
→ Spezielle Versicherungsform für bewegliches Vermögen

## Special Insurance Policies
→ Special Risk Insurance

## Spezialversicherungspolicen
→ Versicherung für ein besonderes Risiko

## Special Mortality Table
One used to determine the life expectancy of → Annuitants. Annuity buyers are not representative of the population as a whole, or of life insurance buyers. Because annuities pay an income for life, only those in good health, and who expect to live a long time, will spend their money for an annuity contract. Recognizing this, life insurers, who sell annuity contracts, use special mortality tables, which chiefly consider age and sex, to predict their deaths. For example, if a 50-year-old applicant purchases an → Immediate Annuity for life with $100,000, his income would be less than that for a 70-year-old. Likewise, because women have longer life expectancies, their monthly income payments would be lower than men the same age.

## Besondere Sterblichkeitstabelle
Eine Tabelle, die verwendet wird, um die Lebenserwartung von → Rentenempfängern zu bestimmen. Rentenkäufer sind nicht für die Bevölkerung als Ganzes oder für Käufer von Lebensversicherungen repräsentativ. Weil Renten ein lebenslanges Einkommen bieten, werden nur Gesunde, die erwarten, lange zu leben, ihr Geld für einen Rentenvertrag ausgeben. Da sie dies erkennen, verwenden Lebensversicherer, die Rentenverträge verkaufen, spezielle Sterblichkeitstabellen, die bei der Voraussage des Todes hauptsächlich Alter und Geschlecht berücksichtigen. Wenn z. B. ein 50jähriger Antragsteller eine → Sofortig fällige lebenslängliche → Rente mit US$ 100.000 abschließt, so wäre sein Einkommen geringer als das eines 70jährigen. Genauso wäre das monatliche Einkommen von Frauen, weil sie eine höhere Lebenserwartung haben, niedriger als das von Männern des gleichen Alters.

## Special Multiperil Insurance (SMP)
Coverage usually provided for large businesses in four areas:
1. *Section I (Property)* – The building(s) and contents are either covered against any peril (→ All Risks basis), or only perils listed in Section I. It is to the advantage of the business to have coverage written on an →

## Spezielle Vielgefahrenversicherung
Versicherungsschutz, wird gewöhnlich für große Unternehmen in vier Bereichen geboten:
1. *Teil I (Vermögen):* Das/die Gebäude und der Inhalt sind entweder gegen jede Gefahr abgedeckt (Grundlage → Alle Risiken) oder nur gegen die in Teil I aufgelisteten Gefahren. Für das Unternehmen ist es von Vorteil, Versicherungsschutz auf Grund-

All Risks basis. Endorsements can be added for sprinkler leakage, business interruption, extra expense, water damage, rental loss, valuable records and papers, mercantile robbery and safe burglary, mercantile open stock burglary, glass and fine arts, or these items can be covered separately.

2. *Section II (Liability)* – The insured is covered for actions or nonactions which result in liability exposure arising out of ownership, use, possession and/or maintenance of the covered locations and structures. Also covered are the business's activities conducted by the insured whether at or from the covered locations and structures. Endorsements can be added to cover for medical payments, liability arising out of products and completed operations, and liability arising out of operation of a non-owned automobile. Additional endorsement can be added to this section to broaden liability coverage.

3. *Section III (Crime)* – Coverage for employee dishonesty, premises loss both inside and outside of the structure, forgery by depositions, paper currency which proves to be counterfeit, and money orders. The comprehensive → Dishonesty, Disappearance, and Destruction Policy ("3-D" Policy) and the → Blanket Crime Policy

lage → Aller Risiken gezeichnet zu haben.

Nachträge können hinzugefügt werden für Sprinklerleckage, Betriebsunterbrechung, Sonderausgaben, Wasserschaden, Mietausfall, wertvolle Aufzeichnungen und Papiere, Warenraub, Safeeinbruch, Diebstahl ständig vorrätiger Waren, Glas und Kunst; diese Gegenstände können aber auch getrennt abgedeckt werden.

2. *Teil II ( Haftpflicht):* Der Versicherte ist für Handlungen oder Nichthandlungen, die eine Haftpflichtgefahr, die aus dem Eigentum, der Verwendung, dem Besitz und/oder der Unterhaltung der abgedeckten Standorte und Bauten entstehen, versichert. Auch abgedeckt sind die von dem Versicherten ausgeführten Geschäftstätigkeiten, sowohl an als auch von den abgedeckten Standorten und Gebäuden aus. Nachträge können hinzugefügt werden, um medizinische Zahlungen, von Produkten und abgeschlossenen Geschäftstätigkeiten und die aus dem Betreiben eines fremden Kraftfahrzeugs herrührende Haftpflicht abzudecken. Zusätzliche Nachträge können zu diesem Teil hinzugefügt werden, um den Haftpflichtversicherungsschutz auszuweiten.

3. *Teil III (Verbrechen):* Versicherungsschutz für die Untreue von Arbeitnehmern, Verlust des versicherten Gegenstandes sowohl innerhalb als auch außerhalb des Gebäudes, Fälschung durch Falschaussagen, Papierwährung, die sich als gefälscht herausstellt, und Geldanweisungen. Die umfassende → Untreue-, Schwund- und Zerstörungs-Police („3-D" Police) und die → Pauschalverbrechenspolice bieten diese Deckungen.

4. *Teil IV (Dampfkessel und Maschinenpark):* Versicherungsschutz gegen die

provide these coverages.

4. *Section IV (Boiler and Machinery)* – Coverage for explosion of a boiler, engine, turbines, and/or pipes owned or under the control of the insured. Endorsements can be added to cover indirect and consequential losses resulting from accidents associated with the boiler and machinery expenses.

**Special Personal Property Form**

Endorsement to the → Special Multiperil Insurance (SMP) policy that provides → All Risks damage coverage for personal property. There are special limitations on amounts of coverage for furs, jewelry, precious stones and metals, patterns and dies, and stamps, tickets and letters of credit. Certain electronic equipment and fragile materials are only covered for specific perils.

**Special Risk Insurance**

Transfer of highly individualized loss exposures that is not based on the usual pooling principles of insurance such as *risk identification* and *classification selection*. Rather than setting up an insurance pool of standard risks, the underwriter accepts responsibility for a unique or special risk. Some examples would be insurance by → Lloyd's of London

Explosion eines Dampfkessels, Motors, Turbinen und/oder Rohren, die Eigentum oder unter der Kontrolle des Versicherten sind. Nachträge können hinzugefügt werden, um indirekte oder Folgeschäden infolge von Unfällen, die mit Ausgaben für Dampfkessel und Maschinenpark verbunden sind, abzudecken.

**Spezielle Versicherungsform für bewegliches Vermögen**

Nachtrag zu der → Speziellen Vielgefahrenversicherungs-Police, die Versicherungsschutz für die Beschädigung von beweglichem Vermögen auf Grundlage → Aller Risiken bietet. Es gibt bestimmte Beschränkungen bezüglich der Versicherungsschutzhöhe bei Pelzen, Schmuck, Edelsteinen und -metallen, Mustern, Prägestempeln und Briefmarken, Eintrittskarten und Akkreditiven. Bestimmte elektronische Ausrüstungsgegenstände und zerbrechliche Materialien sind nur gegen spezielle Gefahren abgedeckt.

**Versicherung für ein besonderes Risiko**

Übertragung sehr individueller Schadensrisiken, die nicht auf den üblichen Versicherungspoolbildungsprinzipien, wie *Risikoidentifikation* und *Klassifikationsauswahl* basiert. Anstatt einen Versicherungspool für Standardrisiken zu bilden, akzeptiert der Zeichner die Verantwortung für ein einzigartiges oder spezielles Risiko. Einige Beispiele wären die Versicherung für Athleten, Artisten und Unterhaltungskünstler durch Zeichner von → Lloyd's of London, die Versicherung von Betty

under-writers for athletes, artists, and entertainers; insurance on Betty Grable's legs; or insurance for dangerous scientific experiments or moon travel.

Grable's Beinen oder die Versicherung gefährlicher wissenschaftlicher Experimente oder Reisen zum Mond.

## Specific Coverage
→ Specific Insurance

## Spezifischer Versicherungsschutz
→ Spezifische Versicherung

## Specific Excess Contract
Policy in which an insurer agrees to pay property or liability losses in excess of a specific amount per occurrence. For example, this type of coverage typically is used by an employer that self insures its workers compensation but wants to limit the loss per accident to, say, $ 40,000. Contrasts with *stop loss aggregate contract* that pays for total losses above a certain amount during the year.

## Spezifischer Überschußvertrag
Police, bei der ein Versicherer zustimmt, Sach- oder Haftpflichtschäden, die über einen bestimmten Betrag pro Ereignis hinausgeben, zu zahlen. Diese Art des Versicherungsschutzes z. B. wird typischerweise von einem Arbeitgeber verwendet, der Berufsunfälle selbstversichert, den Schaden pro Unfall jedoch auf US$ 40.000 begrenzen möchte. Gegensatz zu einem *Stop-Loss-Gesamtvertrag*, der für die Gesamtschäden oberhalb eines bestimmten Betrages innerhalb des Jahres zahlt.

## Specific Excess Reinsurance
→ Excess of Loss Reinsurance written on a → Facultative Reinsurance basis to provide cover for a particular → Primary Insurance policy.

## Spezifische Exzedentenrückversicherung
→ Schadenexzedentenrückversicherung, die auf der Grundlage einer → Fakultativen Rückversicherung gezeichnet wird, um eine bestimmte → Erstrangige Versicherungs-Police abzudecken.

## Specific Insurance
Single insurance policy for only one kind of property at only one location of an insured. For example, property insurance on a rare piano in the insured's home would cover only that piano, not any other property of the insured.

## Spezifische Versicherung
Einzelne Versicherungspolice für nur eine Art von Vermögen an nur einem Standort eines Versicherten. Die Sachversicherung für ein seltenes Klavier im Hause des Versicherten z.B. würde nur dieses Klavier und keine anderen Vermögensgegenstände des Versicherten abdecken.

## Specific Limit
Maximum limit of → Liability of an insurance company for a particular claim or kind of loss which is applicable in general to all such claims and losses. This maximum limit of liability is usually less than the → Policy Limit of liability.

## Specific Rate
Property insurance premium rate which is applicable to a single, particular piece of property.

## Specific Reinsurance
→ Facultative Reinsurance

## Specified Disease Policy
→ Dread Disease Insurance

## Specified Peril Insurance
Policy covering loss only for a named peril in the policy. For example, the *Standard Fire Policy* covers only the two named perils of fire and lightning. Other perils can be added by endorsement, such as theft, vandalism, malicious mischief, and burglary.

## Speculative
→ Speculative Risk

## Speculative Risk
Uncertain prospect of financial gain or loss. A business investment that could either re-

## Spezifischer Höchstbetrag
→ Haftpflicht-Höchstbetrag einer Versicherungsgesellschaft für einen bestimmten Anspruch oder eine Art von Schaden, der im allgemeinen auf alle diese Ansprüche oder Schäden anwendbar ist. Dieser Haftungshöchstbetrag liegt gewöhnlich unterhalb der die Haftung betreffenden → Policenhöchstgrenze

## Spezifischer Tarif
Prämientarif bei der Sachversicherung, der auf einen einzelnen, besonderen Vermögensgegenstand anwendbar ist.

## Spezifizierte Rückversicherung
→ Fakultative Rückversicherung

## Spezifizierte Krankenversicherungspolice
→ Versicherung gegen Schwerstkrankheiten

## Spezifische Gefahrenversicherung
Police, die einen Schaden nur für eine in der Police benannte Gefahr abdeckt. Die *Einheits-Feuerversicherungspolice* z. B. deckt nur die zwei benannten Gefahren Feuer und Blitzschlag ab. Sonstige Gefahren wie Diebstahl, Vandalismus, böswillige Sachbeschädigung und Einbruchdiebstahl können durch Nachtrag hinzugefügt werden.

## Spekulativ
→ Spekulationsrisiko

## Spekulationsrisiko
Ungewiße Aussicht auf finanziellen Gewinn oder Verlust. Eine Geschäftsinvestition, die entweder einen Gewinn

turn a profit or sustain a loss, such as the purchase of a common stock, is an example of a speculative risk. In most instances, speculative risks are not insurable. → Pure Risk; → Standard Risk

### Spell of Illness
Period of time, an insured is sick or entitled to receive health insurance benefits. → Disability Income Insurance; → Group Health Insurance

### Spendthrift Trust
→ Spendthrift Trust Clause

### Spendthrift Trust Clause
Provision in a life insurance policy which protects its proceeds from the beneficiary's creditors. On payment, the beneficiary loses the protection of the spendthrift trust clause and the beneficiary's creditors can then bring suit to attach the proceeds.

### Split Deductible
Deductible applicable to each loss so that the amount of each loss retained by the insured varies according to the → Peril which caused the loss. For example, the split deductible in a policy may specify that the insured must retain the first $ 300 of any fire loss and $100 of any vandalism and malicious mischief loss.

bringen oder einen Verlust verursachen könnte, so wie der Kauf von Stammaktien ein Beispiel für ein spekulatives Risiko ist. In den meisten Fällen sind spekulative Risiken nicht versicherbar. → Reines Risiko; → Standardrisiko

### Krankheitszeit
Zeitraum, während dessen ein Versicherter krank ist und ein Anrecht auf den Bezug von Krankenversicherungsleistungen hat. → Invaliditätseinkommensversicherung; → Gruppenkrankenversicherung

### Für einen Verschwender eingesetzte Vermögensverwaltung
→ Unterhaltsfondsklausel

### Unterhaltsfondsklausel
Bestimmung in einer Lebensversicherungspolice, die ihre Erlöse vor den Gläubigern des Begünstigten schützt. Bei Auszahlung verliert der Begünstigte den Schutz der Unterhaltsfondsklausel, und die Gläubiger des Begünstigten können eine Klage vorbringen, um die Erlöse zu pfänden.

### Aufgegliederter Selbstbehalt
Selbstbehalt, der auf jeden Schaden anwendbar ist, so daß die Höhe jedes vom Versicherten zurückbehaltenen Schadens je nach → Gefahr, die den Schaden verursachte, unterschiedlich ist. Der aufgegliederte Selbstbehalt kann in einer Police z. B. angeben, daß der Versicherte die ersten US$ 300 eines jeden Brandschadens und US$ 100 jedes durch Vandalismus oder böswillige Beschädigung verursachten Schadens zurückbehalten muß.

## Split Dollar Life Insurance

Policy in which premiums, ownership rights, and death proceeds are split between an employer and an employee, or between a parent and a child. The employer pays the part of each year's premium that at least equals the increase in the *cash value*. The employee may pay the remainder of the premium, or the employer may pay the entire premium. When the increase in cash value equals or exceeds the yearly premium, the employer pays the entire premium. If the employee dies while in the service of the employer, a beneficiary chosen by the employee receives the difference between the face value and the amount paid to the employer (the cash value or the total of all premiums paid by the employer – whichever is greater). Thus, during employment, the employee's share of the death benefit decreases. If the employee leaves the employer, the latter has the option of surrendering the policy in exchange for return of all premiums, or selling the policy to the employee for the amount of its cash value. There are two types of split dollar life insurance policies: (1) *Endorsement* – the employer owns all policy privileges; the employee's only rights are to choose ben-

## Arbeitnehmer-Lebensversicherung durch den Arbeitgeber

Police, bei der Prämien, Eigentümerrechte und Todesfallerlöse zwischen einem Arbeitgeber und einem Arbeitnehmer oder zwischen einem Elternteil und einem Kind geteilt werden. Der Arbeitgeber zahlt jedes Jahr den Teil der Prämie, der wenigstens dem Anstieg des *Barwertes* entspricht. Der Arbeitnehmer kann den Rest der Prämie zahlen, oder der Arbeitgeber kann die gesamte Prämie zahlen. Wenn die Steigerung des Barwertes der jährlichen Prämie entspricht oder diese übersteigt, zahlt der Arbeitgeber die gesamte Prämie. Wenn der Arbeitnehmer stirbt, während er sich in den Diensten des Arbeitgebers befindet, dann erhält ein vom Arbeitnehmer ausgewählter Begünstigter die Differenz zwischen dem Nennwert und dem an den Arbeitgeber bezahlten Betrag (dem Barwert oder der Gesamtsumme aller vom Arbeitgeber gezahlten Prämien, je nachdem, welche Summe größer ist). Somit nimmt der Anteil des Arbeitnehmers an der Todesfallleistung im Verlaufe des Arbeitsverhältnisses ab. Wenn der Arbeitnehmer den Arbeitgeber verläßt, hat der Letztere die Wahl, die Police im Austausch gegen eine Rückzahlung aller Prämien aufzugeben oder die Police für den Betrag in Höhe ihres Barwertes an den Arbeitnehmer zu verkaufen. Es gibt zwei Arten von Arbeitnehmer-Lebensversicherungen durch den Arbeitgeber: (1) *Nachtrag* – Der Arbeitgeber verfügt über alle Policenprivilegien. Die einzigen Rechte des Arbeitnehmers bestehen darin, die Begünstigten auszuwählen und die Art zu bestimmen, in der die Todesfallleistung gezahlt wird. (2) *Besicherung* – Dem Arbeitnehmer gehört die Police. Die Beiträge des Arbeitgebers

eficiaries and to select the manner in which the death benefit is paid. (2) *Collateral* – the employee owns the policy. The employer's contributions toward the premiums are viewed as a series of interest-free loans, which equal the yearly increase in the cash value of the policy. The employee *assigns* the policy to the employer as collateral for these loans. When the employee dies, the loans are paid from the face value of the policy. Any remaining proceeds are paid to the beneficiary.

zu den Prämien werden als eine Reihe zinsloser Darlehn angesehen, die dem jährlichen Anstieg des Barwertes der Police entsprechen. Der Arbeitnehmer *tritt* dem Arbeitgeber die Police als Sicherheit für diese Darlehn *ab*. Wenn der Arbeitnehmer stirbt, werden die Darlehn vom Barwert der Police bezahlt. Alle verbleibenden Erlöse werden an den Begünstigten gezahlt.

### Split Funded Plan

Retirement arrangement in which contributions are divided between *allocated* (insured) and *unallocated funding instruments* (an uninsured plan). It seeks to combine the advantages of guarantees-of-income of the allocated funding instrument with the investment flexibility (and possible higher *yields*) of an unallocated funding instrument. For example, 60% of contributions could be placed in a → Retirement Income Policy (or other permanent life insurance policy) and 40% in a → Deposit Administration Plan (or other fund held and invested by a trustee).

### Geteilt finanziertes System

Rentengestaltung, bei der die Beiträge in *zugewiesene* (versicherte) und *nicht-zugewiesene Finanzierungsinstrumente* (einem nicht-versicherten System) unterteilt werden. Es versucht die Vorteile der Einkommensgarantien der zugewiesenen Finanzierungsinstrumente mit der Kapitalanlageflexibilität (und den möglichen höheren *Erträgen)* eines nicht zugewiesenen Finanzierungsinstrumentes zu vereinen. Es könnten z. B. 60% der Beiträge bei einer → Pensionseinkommenspolice (oder sonstigen unbefristeten Lebensversicherungspolice) und 40% bei einem → Einlagenverwaltungssystem (oder sonstigen Fonds, der von einem Treuhänder geführt und in den von diesem investiert wird) angelegt werden.

### Split Funding
→ Split Funded Plan

### Getrennte Finanzierung
→ Geteilt finanziertes System

**Split Limit**
→ Split Limits Coverage

**Split Limits Coverage**
Technique for expressing limits of liability coverage under a particular insurance policy, stating separate limits for different types of claims growing out of a single event or combination of events. Coverage may be split (limited) per person, per occurrence, between bodily injury and property damage, or in other ways. Property damage liability is listed with a limit per accident. For example, a policy with split limits quoted as $ 100,000/ $ 300,000 / $ 25,000 would provide a maximum of $ 100,000 bodily injury coverage per person, $ 300,000 total bodily injury coverage per accident, and $ 25,000 total property damage liability coverage per accident.

**Spouse's Benefit**
Insured sum paid regularly to a married partner (usually a wife but sometimes a husband) of a retired worker. There are several forms:
1. The Federal Retirement Equity Act mandates a spouse's benefit payable out of a husband's pension, unless cancelled under specified conditions.

**Getrenntes Limit**
→ Versicherungsschutz mit getrennten Limits

**Versicherungsschutz mit getrennten Limits**
Technik, um die Höchstgrenzen des Haftpflichtversicherungsschutzes bei einer bestimmten Versicherungspolice auszudrücken, wobei getrennte Limits für die verschiedenen Anspruchstypen, die aus einem einzelnen Ereignis oder einer Kombination von Ereignissen erwachsen, angegeben werden. Der Versicherungsschutz kann pro Person, pro Eintreten, nach Körperverletzung oder Sachbeschädigung oder auf sonstige Weise aufgeteilt (beschränkt) werden. Die Haftung für Sachbeschädigung wird mit einem Höchstbetrag pro Unfall aufgeführt. Eine Police z. B., bei der die getrennten Limits mit US$ 100.000/US$ 300.000/US$ 25.000 angegeben werden, würde eine maximale Deckung von US$ 100.000 für eine Körperverletzung pro Person, US$ 300.000 Gesamtdeckung für Körperverletzungen pro Unfall und US$ 25.000 Haftpflichtdeckung für die gesamte Sachbeschädigung pro Unfall bieten.

**Ehegattenrente**
Versicherte Summe, die regelmäßig an einen verheirateten Partner (gewöhnlich an eine Ehefrau, aber manchmal an einen Ehemann) eines pensionierten Arbeiters gezahlt wird. Es gibt verschiedene Formen:
1. Der Federal Retirement Equity Act (Bundesrentenausgleichsanspruchsgesetz) fordert eine Pensionszahlung für die Ehegattin, die von der Pension des Ehegatten zahlbar ist, wenn diese Bestimmung nicht

2. Under Social Security, a spouse receives a benefit upon reaching age 65, whether or not she has earned Social Security credits.
3. Some business firms provide for a spouse's benefit at the death of a retired worker, usually a percentage of the deceased worker's last highest salary, funded out of his pension.
4. A joint and survivor annuity can provide a spouse's benefit. For example a joint and two-thirds annuity gives the couple an income for as long as both are alive, and when one dies the survivor receives two-thirds of the amount they had been getting.

**Spread Loss**
→ Carpenter Plan (Spread Loss Cover, Spread Loss Reinsurance)

**Spread Loss Cover**
→ Carpenter Plan (Spread Loss Cover, Spread Loss Reinsurance)

**Spread Loss Reinsurance**
→ Carpenter Plan (Spread Loss Cover, Spread Loss Reinsurance)

**Spread on Interest-Bearing Funds**
Difference between the yield on earning assets and the cost of interest-bearing liabilities.

unter spezifischen Bedingungen annulliert wird.
2. Bei der Sozialversicherung bezieht eine Ehefrau bei Erreichen des 65. Lebensjahres eine Rente, unabhängig davon, ob sie Sozialversicherungsguthaben verdient hat oder nicht.
3. Einige Firmen sorgen bei Tod eines pensionierten Mitarbeiters für eine Rente der Ehefrau, gewöhnlich in Höhe eines Prozentsatzes des letzten höchsten Gehaltes des Arbeiters, finanziert aus seiner Pension.
4. Eine gemeinsame Überlebensrente kann eine Rente für den Ehegatten bieten. Eine gemeinsame und 2/3 Rente gibt einem Ehepaar, solange beide leben, ein Einkommen und, wenn einer stirbt, erhält der Überlebende 2/3 des Betrages, den sie bekommen hätten.

**Schadenstreuung**
→ Carpenter Plan (Verteilte Schadendeckung, verteilte Schadenrückversicherung)

**Verteilte Schadendeckung**
→ Carpenter Plan (Verteilte Schadendeckung, verteilte Schadenrückversicherung)

**Verteilte Schadenrückversicherung**
→ Carpenter Plan (Verteilte Schadendeckung, verteilte Schadenrückversicherung)

**Streuung auf zinsbringende Finanzmittel**
Differenz zwischen dem Ertrag zinsbringender Guthaben und den Kosten verzinslicher Verbindlichkeiten.

### Spreadsheet
Risk management tool to determine risk exposure and to help spread the risk. A risk manager considers a business firm's individual exposures separately. As the number of exposures increases, the threat that all units will suffer loss decreases, and the manager is able to spread the risk.

### Sprinkler Damage Insurance
→ Sprinkler Leakage Insurance; → Sprinkler Leakage Legal Liability Insurance

### Sprinkler Leakage Insurance
Coverage for property damage caused by untimely discharge from an automatic sprinkler system. This coverage, available through an endorsement to the *Standard Fire Policy,* typically excludes losses from fire, lightning, windstorm, earthquake, explosion, rupture of steam boiler, riot, civil commotion, and order of civil authority.

### Sprinkler Leakage Legal Liability Insurance
Coverage for liability for damage to property of others from untimely discharge of fire-fighting sprinkler systems. This coverage is available as an endorsement to broad-form → Comprehensive General Liability Insurance (CGL).

### Streuungsplan
Werkzeug des Risikomanagements, um die Risikogefährdung zu bestimmen und um zu helfen, das Risiko zu streuen. Ein Risikomanager betrachtet die einzelnen Gefährdungen einer Firma getrennt. Steigt die Zahl der Gefährdungen, sinkt die Bedrohung, daß alle Einheiten einen Schaden erleiden, und der Manager ist in der Lage, das Risiko zu streuen.

### Sprinklerschadenversicherung
→ Sprinklerleckageversicherung; → Gesetzliche Haftpflichtversicherung gegen Sprinklerleckage

### Sprinklerleckageversicherung
Versicherungsschutz gegen Sachbeschädigung, die durch eine Entladung eines automatischen Sprinklersystems zur Unzeit herrührt. Dieser Versicherungsschutz, der durch einen Nachtrag zur *Einheits-Feuerversicherungspolice* erhältlich ist, schließt typischerweise Schäden infolge Brandes, Blitzschlag, Sturm, Erdbeben, Explosion, Bersten eines Dampfkessels, Aufruhr, bürgerliche Unruhen und Anordnungen ziviler Behörden aus.

### Gesetzliche Haftpflichtversicherung gegen Sprinklerleckage
Haftpflichtversicherungsschutz für die Beschädigung von Vermögensgegenständen anderer Personen aufgrund einer Entleerung von Feuerbekämpfungssprinklersystemen zur Unzeit. Dieser Versicherungsschutz ist als ein Nachtrag zur breiten Form der → Allgemeinen Haftpflichtversicherung erhältlich.

## Stacking

Circumstance under which the insured maintains that, if an insurance policy covers at least two scheduled items of real or personal property, in the event of a loss applicable coverage should be twice the stated limit in the policy. In an effort to avoid the stacking issue, automobile policies include a stipulation that the limit of liability stated in the → Declarations Section is the maximum amount the → Insurer will pay for all damages resulting from one accident, regardless of the number of insureds, claims made, vehicles, or premiums stated in the declarations section, or vehicles involved in an accident.

## Stapelung

Umstand, bei dem ein Versicherter behauptet, daß, wenn eine Versicherungspolice wenigstens zwei aufgeführte Gegenstände von Immobilien oder beweglichem Vermögen abdeckt, der Versicherungsschutz im Schadensfalle doppelt so hoch sein sollte, wie das in der Police angegebene Limit. Um die Stapelungsfrage zu vermeiden, schließen Kfz-Policen die Bestimmung ein, daß das im → Erklärungenteil aufgeführte Haftungslimit der Höchstbetrag ist, den der → Versicherer für alle Schäden infolge eines Unfalles bezahlen wird, unabhängig von der Zahl der Versicherten, der geltend gemachten Ansprüche, der Fahrzeuge oder der im Erklärungenteil aufgeführten Prämien, oder der an einem Unfall beteiligten Fahrzeuge.

## Staff Adjuster
→ Adjuster

## Angestellter Schadenssachverständiger
→ Schadenssachverständiger

## Staff Underwriter
→ Underwriter, Lay

## Angestellter Prämienfestsetzer
→ Prämienfestsetzer

## Stamp and Coin Collections Insurance

Coverage on an → All Risks basis at any location for stamp and coin collections, excluding wear and tear, war, nuclear disaster, and mysterious disappearance. Usually each item is specifically listed and valued in the policy. This insurance is of particular importance for insureds with valuable stamp

## Briefmarken- und Münzsammlungsversicherung

Versicherungsschutz auf Grundlage → Aller Risiken für Briefmarken- und Münzsammlungen an jedem Standort, unter dem Ausschluß von Verschleiß, Krieg, Atomunglück und mysteriösem Verschwinden. Gewöhnlich wird jeder Gegenstand in der Police speziell aufgelistet und bewertet. Diese Versicherung ist für Versicherte mit wertvollen Briefmarken und Münzsammlungen von besonderer Wichtigkeit. Stan-

and coin collections. Standard property insurance policies such as the → Homeowners Insurance Policy have a relatively low limit of coverage of specialty items such as stamp and coin collections.

### Stamp and Coin Dealers Insurance
Coverage on an → All Risks basis, subject to exclusions of war, wear and tear, loss resulting from delay, loss of market, infidelity of the insured's employee, loss due to rain, sleet, snow or flood, except while the stamps or coins are in transit. This is a special → Inland Marine insurance coverage designed specifically for dealers.

### Standard Deviation or Variation
Statistic indicating the degree of dispersion in a set of outcomes, computed as the *arithmetic mean* of the differences between each outcome and the average of all outcomes in the set.

### Standard Fire Policy
→ Fire Insurance – Standard Fire Policy

### Standard Fire Policy Analysis
Method of rating that compares property to be insured to a standard and adjusts the rate for

dardsachversicherungspolicen wie die → Hausbesitzerversicherungspolice haben eine relativ niedrige Deckungshöchstgrenze für besondere Gegenstände, wie Briefmarken und Münzsammlungen.

### Briefmarken- und Münzhändlerversicherung
Versicherungsschutz auf Grundlage → Aller Risiken unter dem Vorbehalt der Ausschlüsse von Krieg, Verschleiß, Schaden infolge von Verspätung, Verlust des Marktes, Untreue eines Angestellten des Versicherten, Schaden wegen Regen, Hagel, Schnee oder Überschwemmung – es sei denn, Briefmarken oder Münzen befinden sich im Transport. Dies ist ein spezieller → Binnentransport-Versicherungsschutz, der speziell für Händler geschaffen wurde.

### Standardabweichung oder Veränderung
Statistik, die das Maß der Streuung in einem Satz von Ergebnissen, berechnet als das *arithmetische Mittel* der Differenz zwischen jedem Ergebnis und dem Durchschnitt aller Ergebnisse eines Satzes, angibt.

### Einheits-Feuerversicherungspolice
→ Feuerversicherung – Einheits-Feuerversicherungspolice

### Einheits-Feuerversicherungspolicenanalyse
Prämienfestsetzungsmethode, die das zu versichernde Vermögen mit einem Standard vergleicht und die Prämie aufgrund

deviations from the standard. A standard building is situated in a standard city of specific construction with specified fire protection. Other risks are compared to the standard and given credits or debits if they are a better or worse risk.

### Standard Form
Approved or accepted policy for a particular type of risk. The only type of risk covered by a standard form mandated by law is the fire policy. In 1886, New York adopted a standard fire form and that has since been revised and adopted by every other state. In other types of coverage, states may prescribe mandatory or optional minimums or may forbid certain provisions. Therefore, while life and health benefits may vary widely, for example, policyholders are given certain uniform rights like grace periods for paying premiums. In other areas, insurers have voluntarily adopted standard forms. One example is the standard automobile policy. Other types of coverage are offered on standard forms developed by rating bureaus such as the → Insurance Services Office (ISO). Although insurers may use these forms, they are not obligated to do so, and many develop their own forms.

von Abweichungen vom Standard angleicht. Ein Standardgebäude liegt in einer Standardstadt spezifischer Bauweise mit spezifiziertem Brandschutz. Sonstige Risiken werden mit dem Standard verglichen, und es werden ihnen Boni oder Mali zugeteilt, wenn sie ein besseres oder schlechteres Risiko darstellen.

### Standardversicherungsform
Genehmigte oder akzeptierte Police für einen bestimmten Risikotyp. Der einzige Risikotyp, der von einer Einheitsform abgedeckt wird, die vom Gesetz vorgeschrieben ist, ist die Feuerversicherungspolice. 1886 führte New York die Einheits-Feuerversicherungsform ein, und diese ist seitdem überarbeitet und durch jeden anderen Staat eingeführt worden. Bei anderen Versicherungsschutztypen können die Staaten ein Pflicht- oder ein wahlweises Minimum vorschreiben, oder sie können bestimmte Bestimmungen verbieten. Deshalb verfügen Policenbesitzer, obwohl Lebens- und Krankenversicherungsleistungen sehr unterschiedlich sein können, über bestimmte einheitliche Rechte, wie Nachfristen für die Zahlung von Prämien. In anderen Bereichen haben Versicherer freiwillig Standardformen eingeführt. Ein Beispiel ist die Standard-Kfz-Versicherungspolice. Andere Versicherungsschutzarten werden auf der Grundlage von Beitragsfestsetzungsbüros, wie dem → Insurance Service Office (ISO) (Versicherungsdienstleistungsbüro), entwickelten Standardformen angeboten. Obwohl Versicherer diese Formen verwenden können, sind sie dazu nicht verpflichtet, sie dürfen ihre eigenen Formen entwickeln.

**Standard Group**
→ Standard Risk

**Standard Insurance Contract Provision**
→ Standard Provisions, Life Insurance; → Standard Provisions, Property and Casualty Insurance

**Standard Limit**
→ Basic Limits of Liability

**Standard Mortgage Clause**
→ Mortgage Clause

**Standard Policy**
→ Standard Form; → Standard Provisions, Life Insurance; → Standard Provisions, Property and Casualty Insurance

**Standard Premium**
→ Basic Premium

**Standard Provisions, Life Insurance**
Elements common to all life insurance policies. While state insurance laws do not prescribe the exact words which must be in a life insurance policy, certain standard provisions must be included to provide specified basic benefits for an insured, who cannot be charged extra for them. Additional benefits can be provided, if the insurance company desires. Standard provisions include the → Beneficiary; → Grace Period; → Incontestable

**Standardgruppe**
→ Standardrisiko

**Standardversicherungs-vertragsbestimmung**
→ Standardbestimmungen, Lebensversicherung; → Standardbestimmungen, Sach- und Unfallversicherung

**Standardhöchstgrenze**
→ Mindesthaftpflichtbeträge

**Standardhypothekenklausel**
→ Pfandgläubigerklausel

**Standardpolice**
→ Standardversicherungsform; → Standardbestimmungen, Lebensversicherung; → Standardbestimmungen, Sach- und Unfallversicherung

**Standardprämie**
→ Grundprämie

**Standardbestimmungen, Lebensversicherung**
Elemente, die alle Lebensversicherungspolicen aufweisen. Während staatliche Versicherungsgesetze den genauen Wortlaut, den eine Lebensversicherungspolice enthalten muß, nicht vorschreiben, müssen bestimmte Standardbestimmungen vorkommen, um einem Versicherten bestimmte Grundleistungen zu bieten, die diesem nicht extra berechnet werden dürfen. Falls die Versicherungsgesellschaft dies wünscht, können zusätzliche Leistungen angeboten werden. Standardbestimmungen schließen den → Begünstigten, die → Nachfrist, die → Unbestreitbarkeitsklausel, die → Unverfallbarkeit

Clause; → Nonforfeiture (Cash Surrender Benefit, Reduced Paid-up Benefit, Extended Term Benefit); → Policy Loan, Reinstatement; → Suicide Clause; → War Exclusion Clause.

(→ Rückkaufbarwertleistung, → Reduzierte beitragsfreie Leistung, → Erweiterte befristete Versicherungsleistung), das → Policendarlehn, das → Wiederaufleben einer Versicherung, die → Selbstmordklausel, die → Kriegsausschlußklausel ein.

## Standard Provisions, Property and Casualty Insurance
Sections with standard wording common to all property and casualty insurance contracts; → Conditions, → Declarations, → Exclusions, → Insuring Agreement. → Property and Casualty Insurance Provisions

## Standardbestimmungen, Sach- und Unfallversicherung
Teile mit Standardtexten, die allen Sach- und Unfallversicherungsverträgen gemein sind: → Bedingungen, → Erklärungen, → Ausschlüsse, → Versicherungsvereinbarung. → Sach- und Unfallversicherungsbestimmungen

## Standard Risk
One that is regarded by underwriters as normal and insurable at standard rates. Other classifications of risks are given credits or debits based on their deviation from the standard.

## Standardrisiko
Eines, das von Versicherern als normales und zu Standardprämien versicherbares Risiko angesehen wird. Anderen Risikoklassifizierungen werden auf der Grundlage ihrer Abweichung vom Standard Boni oder Mali erteilt.

## Standard Workers Compensation Insurance
→ Workers Compensation Insurance

## Standard-Berufsunfallversicherung
→ Berufsunfallversicherung

## Standing Timber Insurance
Coverage against only two perils, fire and lightning. The amount of coverage is per acre of standing timber for either merchantable trees (living trees with no decay, and minimum diameter), or for trees

## Nutzholzversicherung
Versicherungsschutz nur gegen zwei Gefahren – Feuer und Blitzschlag. Die Höhe des Versicherungsschutzes erfolgt pro Morgen Stammholz entweder marktgängiger Bäume (lebende Bäume ohne Verwitterung und Mindestdurchmesser) oder für Bäume, die zur Wiederaufforstung

used in reforestation. This coverage is commonly purchased by tree farmers and investors. Historically, because of tax write-offs, investing in tree farms has been particularly popular among certain investors. With the passage of the → Tax Reform Act of 1986 such a tax shelter is no longer possible, but the reason for purchasing timber insurance for protection remains unchanged.

**Stare Decisis**
Latin phrase meaning "to stand by the decisions." This legal doctrine under common law requires courts to rely on precedents, or precious decisions, when deciding disputes unless there is a compelling reason to reject those precedents. In most instances, this doctrine means that courts will decide disputes over insurance contracts the same way they have decided cases with similar facts and legal issues in the past.

**State Agent**
Insurance salesperson who markets and services policies in one or more states and holds a supervisory position. → Special Agent

**State Associations of Insurance Agents**
→ Independent Insurance

verwendet werden. Dieser Versicherungsschutz wird gemeinhin von Waldbauern und Investoren abgeschlossen. Historisch gesehen war die Investition in Baumbestände wegen der steuerlichen Abschreibungen bei bestimmten Investoren besonders beliebt. Seit der Verabschiedung des → Steuerreformgesetzes aus dem Jahre 1986 ist eine solche Vermeidung steuerlicher Belastungen nicht länger möglich, aber der Grund für den Abschluß einer Nutzholzversicherung zum Schutz bleibt unverändert bestehen.

**Stare Decisis**
Lateinische Redewendung „nach herrschender Rechtsprechung". Diese juristische Doktrin des allgemeinen Rechts verlangt von Gerichten, sich bei der Entscheidung von Streitsachen auf Präzedenzfälle oder vorhergehende Entscheidungen zu stützen, außer, wenn es einen zwingenden Grund gibt, diese Präzedenzfälle zurückzuweisen. In den meisten Fällen bedeutet diese Doktrin, daß Gerichte Streitfälle über Versicherungsverträge in der gleichen Weise, wie sie Fälle mit ähnlichen Fakten und rechtlichen Fragen in der Vergangenheit entschieden haben, entscheiden.

**Staatlicher Agent**
Versicherungsverkäufer, der Policen in einem oder mehreren Staaten vermarktet und betreut und eine überwachende Stellung innehat. → Bezirksagent

**Staatliche Vereinigungen von Versicherungsagenten**
→ Independent Insurance Agents of

Agents of America (IIAA); → National Association of Life Underwriters (NALU); → Professional Insurance Agents (PIA)

America (IIAA); → National Association of Life Underwriters (NALU); → Professional Insurance Agents (PIA)

## Stated Amount Endorsement

Addition to a property policy providing coverage for a specified amount. This endorsement is typically used for an unusual or valuable piece of property that does not fit standard descriptions and, instead of declining, retains its value. For example, a classic Austin Healey 3000 Mark IV might be covered by this type of endorsement to a → Personal Automobile Policy (PAP).

## Nachtrag über einen angegebenen Betrag

Zusatz zu einer Sachversicherungspolice, der Versicherungsschutz für einen bestimmten Betrag bietet. Dieser Nachtrag wird typischerweise für einen ungewöhnlichen oder wertvollen Vermögensgegenstand verwendet, der nicht in die Standardbeschreibungen paßt und der, anstatt im Wert zu sinken, seinen Wert behält. Ein klassischer Austin Healey 3000 Mark IV z. B. könnte durch diesen Nachtragstyp zu einer → Privat-Kfz-Police versichert werden.

## State Disability Plan

Account established and administered by a state agency to finance a mandatory state insurance program for job-related injuries or to finance a nonjob related injuries insurance program on a state-wide basis. → Workers Compensation Insurance

## Staatliches Invaliditätssystem

Konto, das von einer staatlichen Behörde eingerichtet und verwaltet wird, um ein staatliches Pflichtversicherungsprogramm für berufsbezogene Verletzungen zu finanzieren oder um ein Versicherungsprogramm für nicht-berufsbezogene Verletzungen auf einer staatlichen Grundlage zu finanzieren. → Berufsunfallversicherung

## State Exemption Statute

Laws in most cases protecting life insurance policies from an insured's creditors. These laws typically exempt death benefit proceeds and policy cash values from attachment by creditors, particularly if the beneficiary is a spouse or child

## Staatliches Unpfändbarkeitsstatut

Gesetze, die in den meisten Fällen Lebensversicherungspolicen vor den Gläubigern eines Versicherten beschützen. Diese Gesetze nehmen typischerweise die Todesfalleistung und den Policenbarwert von der Pfändung durch die Gläubiger aus, besonders wenn der Begünstigte ein Ehegatte oder ein Kind des Versicherten

of the insured. Many exemption laws have limits, with all insurance proceeds over a certain amount, say $ 20,000, available to the insured's creditors. In some states, *endowment* and → Annuity policies are granted less protection from creditors than → Ordinary Life Insurance because such policies are often used as investment vehicles. → Life Insurance, Creditor Rights

### State Fund
Account established and administered by a state agency to finance a mandatory insurance program, for example, → Workers Compensation Insurance.

### State Government Insurance
Health insurance coverage offered by some states for medical expenses and loss of income from nonoccupational disability. The merits of Federal health insurance have been debated for some time. In the meantime, several states have passed plans that may be used as a testing ground for a more comprehensive plan. For example, Rhode Island pays for out-of-pocket expenses that total more than $ 5000 or a certain percentage of income. Other states have passed similar laws, including Georgia, Maine, Minnesota, and Connecticut.

ist. Viele Unpfändbarkeitsgesetze haben Höchstgrenzen, wobei alle Versicherungserlöse über einen bestimmten Betrag, z. B. US$ 20.000, den Gläubigern des Versicherten zur Verfügung stehen. In einigen Staaten wird *Versicherungen auf den Erlebensfall* und → Renten-Policen weniger Schutz vor Gläubigern zuerkannt als der → Lebensversicherung auf den Todesfall, da solche Policen oft als Anlagemedium verwendet werden. → Lebensversicherung, Gläubigerrechte

### Staatlicher Fonds
Von einer staatlichen Behörde eingerichtetes und verwaltetes Konto, um ein Pflichtversicherungsprogramm, z. B. die → Berufsunfallversicherung, zu finanzieren.

### Regierungsstaatliche Versicherung
Krankenversicherungsschutz, der von einigen Staaten für medizinische Ausgaben und Einkommensverlust aufgrund einer nicht beschäftigungsbezogenen Arbeitsunfähigkeit angeboten wird. Die Verdienste der Bundeskrankenversicherung sind seit geraumer Zeit diskutiert worden. In der Zwischenzeit haben einige Staaten Vorhaben verabschiedet, die als Testgrundlage für ein umfassenderes System verwendet werden können. Rhode Island z. B. zahlt für Barauslagen, die mehr als US$ 5.000 oder einen bestimmten Prozentsatz des Einkommens ausmachen. Andere Staaten, einschließlich Georgia, Maine, Minnesota und Connecticut, haben ähnliche Gesetze verabschiedet.

## State Insurance Department
→ Insurance Department

## State Life Fund
→ Wisconsin State Life Fund

## Statement Blank
→ Annual Statement

## Statement (Insurance Company to Insured)

Annual report to policyholders of certain → Cash Value Life Insurance products and annuities to inform them of the value of the investment portion of their contracts. Buyers of whole life insurance can be said to purchase both an insurance product and a tax-deferred savings vehicle. If the insurance is terminated, the policyholder is entitled to the cash value buildup. In addition, newer forms of these policies, such as → Universal Life Insurance, *variable annuities* and → Variable Life Insurance offer policyholders a choice of investments rather than a guaranteed return. A statement informs the insured of the annual cash buildup and the performance of the investment portion.

## Staatliche Versicherungsaufsichtsbehörde
→ Versicherungsaufsichtsbehörde

## Staatlicher Lebensversicherungsfonds
→ Lebensversicherungsfonds des Staates Wisconsin

## Berichtsformular
→ Jahresabschluß

## Rechenschaftsbericht (Versicherungsgesellschaft an Versicherte)

Jahresbericht an Policeninhaber bestimmter → Barwertlebensversicherungsprodukte und Renten, um sie über den Wert des Kapitalanlageanteils ihrer Verträge zu informieren. Von Käufern einer Lebensversicherung auf den Todesfall kann man sagen, daß sie sowohl ein Versicherungsprodukt als auch ein steueraufschiebendes Sparmedium kaufen. Falls die Versicherung beendet wird, hat der Policenbesitzer ein Anrecht auf den angesammelten Barwert. Darüber hinaus bieten die neueren Formen dieser Policen, wie die → Universelle Lebensversicherung, *variable Renten* und die → Variable Lebensversicherung Policenbesitzern eher eine Auswahl an Kapitalanlagen anstelle eines garantierten Erlöses. Ein Rechenschaftsbericht informiert den Versicherten über den jährlichen Barwertanstieg und die Leistung des Kapitalanlageteils.

## Statement of Opinion (Accountants Report, Auditors Report)

Statement by an auditor or certified public accountant indicating if a company's financial statements fairly present its true financial condition. A statement of opinion may be unqualified, qualified, or adverse. An unqualified or "clean" opinion indicates no exceptions or qualifications were found by the auditor. A qualified report means the statement makes a fair presentation of a firm's financial condition except for some important uncertainties with effects that cannot be determined by the auditor. In the case of an insurance company, an example of an important uncertainty that might lead to a qualified opinion would be the outcome of litigation over a major disputed claim. An adverse opinion means the auditor is unwilling to vouch for the financial statements presented by the company.

## State Mutual

Assessment mutual company that operates on a statewide basis or in more than one state.
→ Assessable Mutual

## State Rate

Standard property/casualty insurance premium set by a state

## Revisionsbericht (Bericht des Rechnungsprüfers, Bericht des Buchprüfers)

Bericht eines Wirtschaftsprüfers oder eines vereidigten öffentlichen Bilanzprüfers, der zeigt, ob die Bilanzen eines Unternehmens den wahrhaften finanziellen Zustand der Gesellschaft in angemessener Weise darstellen. Ein Revisionsbericht kann uneingeschränkt, eingeschränkt oder entgegengesetzt sein. Ein uneingeschränkter oder „fehlerfreier" Prüfbericht besagt, daß keine Ausnahmen oder Einschränkungen vom Buchprüfer gefunden wurden. Ein eingeschränkter Bericht bedeutet, daß der Bericht eine angemessene Darstellung des finanziellen Zustandes der Firma vornimmt, außer einiger wichtiger Ungewißheiten mit Auswirkungen, die vom Buchprüfer nicht bestimmt werden können. Im Falle einer Versicherungsgesellschaft wäre eine wichtige Ungewißheit, die zu einem eingeschränkten Bericht führen könnte, der Ausgang eines Rechtsstreits über einen großen strittigen Anspruch. Eine entgegengesetzte Meinung bedeutet, daß der Buchprüfer nicht willens ist, den von dem Unternehmen vorgelegten Jahresabschluß zu bestätigen.

## Staatlicher Versicherungsverein auf Gegenseitigkeit

Versicherungsverein auf Gegenseitigkeit, der innerhalb eines gesamten Staates oder in mehr als einem Staat operiert. → Nachschußpflichtige Versicherung auf Gegenseitigkeit

## Staatlicher Tarif

Standard-Sach-/Unfallversicherungsprämie, die von einem staatlichen Prämien-

rating bureau. States have responsibility for regulating insurers and making certain that rates are reasonable. To this end, experience information is gathered by rating bureaus and standard, or advisory, rates are set for various lines of insurance in that state. The rates are simply for guidance and individual companies may charge more or less as long as their rates are approved by the state commissioner. The bureau may represent the companies that write a particular line of insurance in that state, such as *workers compensation,* and may request rate increases from the state commissioner on behalf of its members.

festsetzungsbüro festgelegt wird. Es liegt im Verantwortungsbereich der Staaten, die Versicherer zu beaufsichtigen und sicherzustellen, daß die Tarife gerechtfertigt sind. Zu diesem Zweck werden von den Prämienfestsetzungsbüros auf Erfahrungen beruhende Informationen gesammelt und Standardtarife oder empfohlene Tarife für die verschiedenen Versicherungssparten in diesem Staat festgesetzt. Die Tarife gelten lediglich als Richtlinien, und einzelne Gesellschaften können mehr oder weniger berechnen, solange ihre Tarife vom staatlichen Regierungsbevollmächtigten genehmigt werden. Das Büro kann Gesellschaften, die eine bestimmte Art von Versicherungen, wie die *Berufsunfallversicherung,* in diesem Staat zeichnen, vertreten, und es kann im Namen seiner Mitglieder Tariferhöhungen beim staatlichen Bevollmächtigten beantragen.

### State Rate Sheet
→ State Rate

### Staatliche Tarifaufstellung
→ Staatlicher Tarif

### State Savings Guarantee Corporation
State-sponsored insurance fund that was intended to guarantee deposits at state-chartered savings institutions. A handful of these funds existed in the early 1980s, but after a string of savings and loan failures in Maryland and Ohio in 1985, these funds were phased out and the member savings institutions converted to Federal Deposit Insurance.

### State Savings Guarantee Corporation
(Staatliche Körperschaft zur Garantie von Ersparnissen) – vom Staat unterstützter Versicherungsfonds, der geschaffen wurde, um Einlagen bei staatlich eingetragenen Sparinstitutionen zu garantieren. Eine Handvoll dieser Fonds existierte in den frühen 1980er Jahren, aber nach einer Reihe von Spar- und Darlehnszusammenbrüchen in Maryland und Ohio im Jahre 1985 wurden diese Fonds abgewickelt, und die Mitgliedssparinstitutionen traten in die Bundeskrediteinlagenversicherung über.

## State Supervision and Regulation

Primary responsibility for overseeing the insurance industry that has rested with individual states since 1945, after Congress passed the → McCarran-Ferguson Act (Public Law 15). In addition to supervision and regulation, states receive taxes and fees paid by the industry that amount to several billion dollars a year. State insurance laws are administered by state insurance departments that are responsible for making certain that (1) rates are adequate, not unfairly discriminatory, and not unreasonably high, and (2) insurance companies in the state are financially sound and able to pay future claims.

To this end, states set requirements for company reserves, require annual financial statements, and examine company books. Each state has an insurance commissioner or superintendent who is either elected or appointed by the governor, with responsibility for investigating company practices, approving rates and policy forms and ordering liquidation of insolvent insurers. The → National Association of Insurance Commissioners (NAIC) has drafted model legislation and worked for policy uniformity, but regulations vary widely from state to state.

## Staatliche Überwachung und Lenkung

Die Hauptverantwortung bei der Beaufsichtigung der Versicherungsbranche liegt seit 1945, nachdem der Kongreß das → McCarran-Ferguson-Gesetz (Öffentliches Recht 15) verabschiedet hatte, bei den einzelnen Staaten. Über die Überwachung und Lenkung hinaus erhalten die Staaten von der Branche gezahlte Steuern und Gebühren, die sich auf mehrere Milliarden Dollar pro Jahr belaufen. Staatliche Versicherungsgesetze werden von den staatlichen Versicherungsaufsichtsämtern verwaltet, die dafür verantwortlich sind, daß (1) die Tarife angemessen und nicht diskriminierend oder unangemessen hoch sind und daß (2) Versicherungsgesellschaften in dem Staat finanziell gesund und in der Lage sind, zukünftige Ansprüche zu zahlen.

Zu diesem Zweck stellen Staaten Anforderungen an die Unternehmensreserven, fordern jährliche Bilanzen und überprüfen die Bücher der Gesellschaft. Jeder Staat verfügt über einen Regierungsbevollmächtigten für Versicherungen oder einen Aufsichtsbeamten, der entweder gewählt oder vom Gouverneur ernannt wird und der dafür verantwortlich ist, die Praktiken der Gesellschaften zu untersuchen, die Prämien und Policenformen zu genehmigen und die Liquidation insolventer Versicherer anzuordnen. Die → National Association of Insurance Commissioners (NAIC) (Nationale Vereinigung von Regierungsbevollmächtigten für Versicherungen) hat Modellgesetze entworfen und arbeitet für die Gleichförmigkeit von Policen, aber die Bestimmungen variieren von Staat zu Staat stark.

Ob Versicherer von den Staaten oder von

Whether insurers should be regulated by the states or the Federal government remains at issue, but so far insurers and the NAIC lobbying have been effective in resisting Federal regulation. Nevertheless, the Federal government has a profound effect in the insurance industry through its taxes and a variety of regulations. → State Taxation of Insurance

der Bundesregierung gelenkt werden sollten, bleibt weiterhin ein Streitpunkt, aber bis jetzt waren die Versicherer und die Lobbyisten des NAIC darin erfolgreich, der Lenkung durch den Bund zu widerstehen. Trotzdem hat die Bundesregierung durch ihre Steuern und eine Vielzahl von Verordnungen weitreichende Auswirkungen auf die Versicherungsbranche. → Staatliche Besteuerung von Versicherungen

## State Taxation of Insurance

Authority of states to tax the insurance companies they regulate. States levy income taxes, real and personal property taxes, and special levies, the most important of which is a premium tax – in effect, a sales tax on premiums. Although it is generally 2% of premiums, some states tax as much as 4%. Insurers also pay franchise taxes, licensing fees, and → Special Charges. Insurance taxes are an important source of revenue for the states, amounting to several billion dollars a year. → Federal Taxation

## Staatliche Besteuerung von Versicherungen

Vollmacht der Staaten, die Versicherungsgesellschaften, die sie lenken, zu besteuern. Staaten erheben Einkommensteuern, Steuern auf Immobilien und bewegliches Vermögen und besondere Abgaben, von denen die Prämiensteuer, die in Wirklichkeit eine Verkaufssteuer auf Prämien ist, die wichtigste darstellt. Obwohl sie im allgemeinen 2% der Prämien beträgt, erheben manche Staaten bis zu 4%. Versicherer bezahlen auch Konzessionsabgaben, Lizenzgebühren und → Sonderabgaben. Versicherungssteuern, die sich auf mehrere Milliarden Dollar pro Jahr belaufen, sind eine wichtige Einnahmequelle für die Staaten. → Bundesbesteuerung

## Static Risk

Damage or destruction of property and/or property that is illegally transferred as the result of misconduct of individuals. The risk is insurable.

## Statisches Risiko

Beschädigung oder Zerstörung von Vermögensgegenständen und/oder Vermögensgegenstände, die illegal infolge Fehlverhaltens von Einzelpersonen übertragen werden. Das Risiko ist versicherbar.

## Statistics

Collection of numbers to

## Statistik

Sammlung von Zahlen, um Daten wie das

record and analyze data such as occurences of events and particular characteristics. Statistics are absolutely vital to all elements of insurance. In life and health insurance, they are used to tabulate age, sex, disability, cause of death, occupation, and other data needed to construct a → Morbidity Table and → Mortality Table, which in turn figure importantly in calculating premiums. Similarly, in property and casualty insurance statistics are used to record losses and injuries to help predict their future occurrence in order to calculate premiums.

Eintreten von Ereignissen und bestimmten Merkmalen aufzuzeichnen und zu analysieren. Die Statistik ist besonders wichtig für alle Versicherungsbestandteile. Bei der Lebens- und Krankenversicherung wird sie verwendet, um Alter, Geschlecht, Invalidität, Todesursache, Beschäftigung und sonstige Daten tabellarisch zu ordnen, die benötigt werden, um eine → Erkrankungstabelle und eine → Sterblichkeitstabelle, die wiederum für die Berechnung der Prämien wichtig sind, aufzustellen. In ähnlicher Weise wird die Statistik bei Sach- und Unfallversicherungen für die Aufzeichnung von Schäden und Verletzungen verwendet, die bei der Vorhersage ihres zukünftigen Eintretens und bei der Berechnung der Prämien helfen.

### Statute of Limitations
Period, set by law, after which a damage claim cannot be made. Limits are set by individual states and usually range from one to seven years.

### Gesetzliche Verjährungsvorschriften
Gesetzlich festgelegter Zeitraum, nach dem ein Schadensanspruch nicht geltend gemacht werden kann. Die Verjährungsfristen werden von den einzelnen Staaten festgesetzt und reichen gewöhnlich von einem bis zu sieben Jahren.

### Statutory Accounting
Rules that insurance companies must follow in filing an annual financial statement known as the *convention blank*, with state insurance departments. The reported financial condition of an insurance company can differ markedly depending on whether statutory accounting rules or → Generally Accepted Accounting Principles (GAAP) are used in preparing financial statements.

### Gesetzliche Buchführung
Vorschriften, die Versicherungsgesellschaften bei Einreichen eines Jahresabschlusses, bekannt als *Konventionsformular*, bei den staatlichen Versicherungsaufsichtsämtern befolgen müssen. Der gemeldete finanzielle Zustand einer Versicherungsgesellschaft kann sich stark unterscheiden, je nachdem, ob die gesetzlichen Buchführungsvorschriften oder die → Allgemein akzeptierten Buchführungsprinzipien bei der Vorbereitung der Bilanz angewendet werden. Im allgemeinen ist die gesetzliche Buchführung kon-

In general, statutory accounting is more conservative than GAAP because it tends to overstate expenses and liabilities while understating income and assets.

## Statutory Bonds

Any of a number of types of → Surety Bonds that the law requires of government contractors, licensed businesses, litigants, fiduciaries, government officials, and others whose performance of some duty or obligation must be assured in the public interest. → Appeal Bond; → Bail Bond; → Bid Bond; → Completion Bond; → Contract Bond; → Federal Officials Bond; → Judicial Bond; → License Bond; → Lost Instrument Bond; → Performance Bond; → Permit Bond; → Securities Bond; → Trustee Role, Pension Plans

## Statutory Earnings

Revenue based on conservative reserve requirements of various states. Statutory earnings do not meet → Generally Accepted Accounting Principles (GAAP). A role of state regulation is to make certain that insurers have enough money set aside in → Statutory Reserves to pay all future claims and that the company will remain solvent. For this reason, regulators take a conservativer als die allgemein akzeptierten Buchführungsprinzipien, weil sie dazu neigt, Ausgaben und Verbindlichkeiten überzubewerten, während Einkommen und Guthaben unterbewertet werden.

## Schuldurkunden in staatlich vorgeschriebener Form

Jede einer Reihe von → Kautionsversicherungen, die das Gesetz von Unternehmen mit Staatsaufträgen, lizensierten Unternehmen, Prozeßparteien, Treuhändern, Regierungsbeamten und anderen, deren Leistung aus einer Pflicht oder Verpflichtung im Interesse der Öffentlichkeit gesichert sein muß, fordert. → Sicherheitsleistung; → Kaution; → Bietungsgarantie; → Fertigungstellungskaution; → Unternehmerkaution; → Bundesbeamtenkaution; → Gerichtliche Kaution; → Lizenzkaution; → Kaution gegen Urkundenverlust; → Leistungsversprechen; → Genehmigungskaution; → Wertpapierkaution; → Rolle des Treuhänders, Pensionssysteme

## Gesetzlicher Gewinn

Einkommen, das auf konservativen Rücklagenforderungen verschiedener Staaten basiert. Der gesetzliche Gewinn entspricht den → Allgemein akzeptierten Buchführungsprinzipien nicht. Eine Rolle der staatlichen Lenkung besteht darin, sicherzustellen, daß Versicherer den → Satzungsmäßig vorgeschriebenen Rücklagen gemäß genügend Geld beiseite gelegt haben, um alle zukünftigen Ansprüche zu begleichen und die Gesellschaft zahlungsfähig bleibt. Aus diesem Grunde wählen Aufsichtsbeamte bei der Festset-

servative approach to setting reserve requirements. But because an increase in reserves translates into lower earnings for a stock insurer, investors and securities analysts argue that they are not helpful in gauging the health of a company for investment purposes. Therefore, insurers calculate statutory earnings for regulators and another set of earnings, based on natural reserves, for investors.

**Statutory Law**
→ Statutory Liability

**Statutory Liability**
→ Annual Statement; → Full Preliminary Term Reserve Plan; → Liabilities: Life Insurance Companies; → Prospective Reserve; → Retrospective Method Reserve Computation; → Statutory Accounting; → Statutory Requirements; → Statutory Reserves

**Statutory Provisions**
→ Standard Provisions, Property and Casualty Insurance

**Statutory Requirements**
Standards set by the various state regulatory authorities that determine how financial statements must be prepared for regulators. The states are responsible for making certain

zung der Anforderungen an die Rücklagen einen konservativen Ansatz. Da ein Anstieg der Rücklagen geringere Gewinne für einen Versicherer auf Aktien bedeutet, argumentieren Kapitalanleger und Wertpapieranalytiker, daß diese Rücklagen nicht hilfreich seien, um die Gesundheit einer Gesellschaft zu Kapitalanlagezwecken zu beurteilen. Deshalb berechnen Versicherer gesetzliche Gewinne für Aufsichtsbeamte und einen weiteren Satz von Gewinnen für Kapitalanleger, der auf natürlichen Reserven basiert.

**Gesetzesrecht**
→ Gesetzliche Haftung

**Gesetzliche Haftung**
→ Jahresabschluß; → Vollständiger zunächst befristeter Rückstellungsplan; → Verbindlichkeiten: Lebensversicherungsgesellschaften; → Vorausschauende Rückstellung; → Rückschauende Methode der Reservenberechnung; → Gesetzliche Buchführung; → Gesetzlich vorgeschriebene Voraussetzungen; → Satzungsmäßig vorgeschriebene Rücklagen

**Satzungsgemäße Bestimmungen**
→ Standardbestimmungen, Sach- und Unfallversicherung

**Gesetzlich vorgeschriebene Voraussetzungen**
Von verschiedenen staatlichen Aufsichtsbehörden aufgestellte Normen, die festlegen, wie Bilanzen für Aufsichtsbehörden vorbereitet werden müssen. Die Staaten sind dafür verantwortlich, sicherzustellen, daß Versicherer zahlungsfähig bleiben und

that insurers will remain solvent and have enough set aside in reserves to pay future claims. To this end, they have devised → Statutory Accounting principles that govern insurance company reporting. These requirements differ from → Generally Accepted Accounting Principles (GAAP). Among other things, statutory requirements include the setting of → Statutory Reserves, and the immediate expensing of the cost of acquiring new business, rather than allowing insurers to spread the exposure over the life of the policy. → State Supervision and Regulation.

## Statutory Reserves

Reserves required by state regulators. Because regulators must assure that an insurance company remains solvent and that it can pay future claims, they set conservative standards for insurer reserves. Regulators have various formulars for valuing reserves, such as the → Loss Frequencey Method and the *Commissioners Reserve Valuation Method.*

## Statutory Restriction.

Limitation imposed on insurance companies by state law. States oversee the insurance

genügend Rücklagen gebildet haben, um zukünftigen Ansprüchen zu genügen. Zu diesem Zweck haben sie → Gesetzliche Buchprüfungs-Prinzipien eingeführt, die die Berichterstattung der Versicherungsgesellschaften zur Auflage machen. Diese Anforderungen unterscheiden sich von den → Allgemein akzeptierten Buchführungsprinzipien. Unter anderem schließen die gesetzlich vorgeschriebenen Voraussetzungen die Aufstellung von → Satzungsmäßig vorgeschriebenen Rücklagen und die sofortige Verbuchung der Akquisitionskosten für neue Geschäfte mit ein, anstatt den Versicherern zu erlauben, die Gefährdung über die Laufzeit der Police zu streuen. → Staatliche Überwachung und Lenkung

## Satzungsmäßig vorgeschriebene Rücklagen

Von staatlichen Aufsichtsbehörden geforderte Rücklagen. Da Aufsichtsbehörden sicherstellen müssen, daß eine Versicherungsgesellschaft zahlungsfähig bleibt und zukünftige Ansprüche bezahlen kann, stellen sie konservative Richtlinien für die Rücklagen der Versicherer auf. Aufsichtsbehörden verfügen über verschiedene Formeln für die Bewertung von Rücklagen, wie der → Schadenshäufigkeitsmethode und der *Rücklagenbewertungsmethode der Regierungsbevollmächtigten für Versicherungen.*

## Gesetzlich vorgeschriebene Beschränkung

Versicherungsgesellschaften durch staatliches Gesetz auferlegte Beschränkung. Die Staaten überwachen die Versiche-

industry, among other things, being responsible for making certain that the rates are fair, reasonable, and adequate, and that the companies that write insurance in the state are financially sound and able to pay future claims. To this end, the states restrict the types of investments insurance companies can make with their premium dollars and they control insurers' relationships with insureds by guaranteeing certain minimum rights to insureds.

rungsbranche und sind u. a. dafür verantwortlich, sicherzustellen, daß die Tarife gerecht, annehmbar und angemessen sind, und daß die Gesellschaften, die Versicherungen in dem Staat zeichnen, finanziell gesund und in der Lage sind, zukünftige Ansprüche zu zahlen. Aus diesem Grund beschränken die Staaten die Arten von Kapitalanlagen, die Versicherungsgesellschaften mit ihren Prämiendollars vornehmen können, und kontrollieren die Beziehungen der Versicherer zu ihren Versicherten, indem sie den Versicherten bestimmte Mindestrechte garantieren.

**Statutory Underwriting Profit or Loss**
Difference between the → Earned Premiums and the losses and expenses of an insurance company. → Statutory Earnings; → Statutory Requirements; → Statutory Reserves

**Gesetzlicher Zeichnungsgewinn oder -verlust**
Differenz zwischen den → Verdienten Prämien und den Verlusten und Ausgaben einer Versicherungsgesellschaft. → Gesetzliche Gewinne; → Gesetzlich vorgeschriebene Voraussetzungen; → Satzungsmäßig vorgeschriebene Rücklagen

**Stevedores Legal Liability Insurance**
Liability coverage for dockworkers for damage to property in transit while in their care.

**Gesetzliche Haftpflichtversicherung für Belader**
Haftpflichtversicherungsschutz für Dockarbeiter gegen die Beschädigung von im Transport befindlichen Vermögensgegenständen, während sie sich unter deren Obhut befinden.

**Stipulated Premium Company**
→ Stipulated Premium Insurance

**Vertragsprämiengesellschaft**
→ Vertragsprämienversicherung

## Stipulated Premium Insurance

A form of → Assessment Insurance for which a regular premium is charged. In addition to paying the regular stipulated premium, an insured and other members of a mutual → Assessment Company may be subject to an additional assessment premium to make up for underwriting losses.

## Stock
→ Stock Insurance Company

## Stock Company Insurance
Insurance sold by a stock insurance company which is usually in the form of → Nonparticipating Insurance.

## Stocking a Mutual

→ Demutualization (Stocking a Mutual)

## Stock Insurance Company
Business owned by stockholders, as contrasted to a → Mutual Insurance Company that is owned by its policyholders. Many major life insurers are mutual companies whereas some leading *property/casualty* and *multiline* insurers are stock insurance companies. → Demutualization (Stocking a Mutual)

## Vertragsprämienversicherung

Eine Form der → Versicherung auf Gegenseitigkeit, für die eine regelmäßige Prämie berechnet wird. Zusätzlich zur Zahlung der regelmäßigen Vertragsprämie können ein Versicherter und sonstige Mitglieder eines → Sterbegeldvereins auf Gegenseitigkeit mit Umlageverfahren einer zusätzlichen Veranlagungsprämie unterliegen, um Zeichnungsverluste auszugleichen.

## Aktien
→ Versicherungsgesellschaft auf Aktien

## Versicherung einer Versicherunggesellschaft auf Aktien
Versicherung, die von einer Versicherungsgesellschaft auf Aktien verkauft wird, die gewöhnlich in Form einer → Nicht-gewinnbeteiligten Versicherung erfolgt.

## Einen Verein auf Gegenseitigkeit mit Aktien aufstocken
→ Auflösung eines Gegenseitigkeitsverhältnisses (Einen Verein auf Gegenseitigkeit mit Aktien aufstocken)

## Versicherungsgesellschaft auf Aktien
Unternehmen im Besitz der Aktionäre, im Gegensatz zu einem → Versicherungsverein auf Gegenseitigkeit, der Eigentum der Policenbesitzer ist. Viele große Lebensversicherer sind Vereine auf Gegenseitigkeit, wohingegen einige der führenden *Sach-/Unfall-* und *Vielsparten*-Versicherer Versicherungsgesellschaften auf Aktien sind. → Auflösung eines Gegenseitigkeitsverhältnisses (Einen Verein auf Gegenseitigkeit mit Aktien aufstocken)

**Stock Insurer**
→ Stock Insurance Company

**Stock Processing Insurance**
Coverage in the event that stock sent to others for processing is damaged or destroyed en route or at their premises except those perils specifically excluded. For example, this coverage can be used when processing milk into cheese since the farmer would lose everything if the milk were damaged or destroyed en route or at the processor's premises.

**Stock Redemption Plan**
→ Close Corporation Plan

**Stop Loss**

→ Stop Loss Reinsurance

**Stop Loss Aggregate Contract**
→ Stop Loss Reinsurance

**Stop Loss Provision**
→ Stop Loss Reinsurance

**Stop Loss Reinsurance**
Protects a *cedent* against an aggregate amount of claims over a period, in excess of a specified percentage of the earned premium income. Stop loss reinsurance does not cover individual claims. The *reinsurer's* liability is limited to a

**Versicherer auf Aktien**
→ Versicherungsgesellschaft auf Aktien

**Versicherung für die Weiterverarbeitung von Waren**
Versicherungsschutz für den Fall, daß Waren, die an andere zur Weiterverarbeitung geschickt werden, auf dem Transport oder auf deren Gelände beschädigt oder zerstört werden, außer infolge speziell ausgeschlossener Gefahren. Dieser Versicherungsschutz kann beispielsweise bei der Weiterverarbeitung von Milch zu Käse verwendet werden, da ein Farmer alles verlieren würde, wenn die Milch während des Transportes oder auf dem Gelände des Weiterverarbeiters beschädigt oder zerstört würde.

**Aktienrückkaufplan**
→ Close Corporation Plan

**Zur Vermeidung weiterer Schäden bestimmt**
→ Stop-Loss-Rückversicherung

**Stop-Loss-Gesamtvertrag**

→ Stop-Loss-Rückversicherung

**Stop-Loss-Bestimmung**
→ Stop-Loss-Rückversicherung

**Stop-Loss-Rückversicherung**
Schützt einen *Zedenten* gegen einen Gesamtbetrag von Ansprüchen über einen Zeitraum, der über einen bestimmten Prozentsatz verdienten Prämieneinkommens hinausgeht. Die Stop-Loss-Rückversicherung deckt keine individuellen Ansprüche ab. Die Haftung des *Rückversicherers* ist auf einen bestimmten Pro-

stipulated percentage of the loss and/or a maximum dollar amount. The stop loss method protects the cedent against the possibility that the aggregate value of an accumulation of small losses will exceed a specified percentage of earned premium income of a particular class. Stop loss reinsurance is the exact opposite of the → Quota Share Reinsurance and → Surplus Reinsurance, and differs considerably from other forms of → Excess of Loss Reinsurance. For example, a reinsurer can provide a cedent with 50% of the amount by which aggregate incurred losses of the cedent in any year exceed 70% of the cedent's earned premium income during that year.

zentsatz des Schadens und/oder einen Höchstbetrag in Dollar beschränkt. Die Stop-Loss-Methode schützt den Zedenten gegen die Möglichkeit, daß der Gesamtwert einer Ansammlung kleiner Schäden einen bestimmten Prozentsatz des verdienten Prämieneinkommens einer bestimmten Klasse übersteigt. Die Stop-Loss-Rückversicherung ist das genaue Gegenteil der → Quotenrückversicherung und der → Exzedentenrückversicherung und unterscheidet sich beträchtlich von anderen Formen der → Schadenexzedentenrückversicherung. Ein Rückversicherer kann z. B. einem Zedenten 50% des Betrages, um den die erlittenen Gesamtschäden in einem Jahr 70% des verdienten Prämieneinkommens dieses Zedenten übersteigen, zur Verfügung stellen.

## Storekeepers Burglary and Robbery Insurance

Coverage for small mercantile establishments on a package basis. Combines six layers of protection: burglary of a safe; damage caused by robbery and burglary, whether actual or attempted; robbery of a guard and burglary of the business's merchandise; robbery inside or outside the premises of the business; kidnapping to physically force a businessowner and/or his/her representative(s) to open the premises of the business from the outside; and theft of securities and

## Ladenbesitzer-Einbruchdiebstahl und -Raubversicherung

Versicherungsschutz für kleine kaufmännische Einrichtungen auf einer Paketgrundlage. Sie kombiniert sechs Schutzschichten: 1. Einbruchdiebstahl in einen Safe, 2. durch tatsächlichen oder versuchten Raub und Einbruchdiebstahl verursachte Beschädigung, 3. Ausraubung einer Wache und Einbruchdiebstahl von Handelsware eines Unternehmens, 4. Raub inner- und außerhalb des Betriebsgeländes eines Unternehmens, 5. Kidnapping, um einen Geschäftsbesitzer und/oder seine(n)/ihre(n) Vertreter gewaltsam zu zwingen, das Geschäftsgelände von außen zu öffnen, und 6. Diebstahl von Wertpapieren und Geldern,

monies either from the home of a messenger of the business and/or from a night depository of a bank.

entweder aus dem Haus eines Boten des Unternehmens und/oder aus dem Nachttresor einer Bank.

**Storekeepers Liability Insurance**

Coverage for bodily injury and property damage liability resulting from ownership, use, and/or maintenance of the insured business's premises, completed operations and products. Covers medical payment expenses associated with bodily injury to another party when an accident causes hazardous conditions on the business's premises or within the business's operation. Also covers costs in defending the insured against liability suits, even if the suits are without foundation.

**Ladenbesitzerhaftpflichtversicherung**

Haftpflichtversicherungsschutz gegen Körperverletzung und Sachbeschädigung infolge des Besitzes, der Verwendung und/oder des Unterhalts des versicherten Geschäftsgeländes, abgeschlossener Geschäftstätigkeiten und Produkte. Deckt Ausgaben für medizinische Zahlungen, die mit einer Körperverletzung an einer anderen Partei verbunden sind, ab, wenn ein Unfall gefährliche Bedingungen auf dem Geschäftsgelände des Unternehmens oder während der Geschäftstätigkeiten des Unternehmens zur Folge hat. Sie deckt auch die Kosten für die Verteidigung des Versicherten gegen Haftpflichtklagen ab, auch wenn die Klagen unbegründet sind.

**Storm Insurance (Windstorm Insurance)**

Additional coverage to a property policy. Windstorms are not one of the standard covered perils. If an insured desires coverage for windstorms and hail, it requires an endorsement.

**Sturmversicherung (Sturmwindversicherung)**

Zusätzlicher Versicherungsschutz zu einer Sachversicherungspolice. Windstürme gehören nicht zu den standardmäßig abgedeckten Gefahren. Wenn ein Versicherter Versicherungsschutz gegen Windstürme und Hagel wünscht, so erfordert dies einen Nachtrag.

**Straight Deductible Clause**

Section of a policy that specifies the dollar amount or percentage of any loss that the insurance does not pay. Most property and medical policies specify that the first portion of

**Unmittelbare Selbstbehaltklausel**

Teil einer Police, die den Dollarbetrag oder den Prozentsatz eines jeden Schadens angibt, den die Versicherungsgesellschaft nicht bezahlt. Die meisten Sach- und Krankenversicherungspolicen besagen, daß der erste Teil eines jeden Schadens

any loss is absorbed by the insured. A straight deductible clause, which is common in auto and homeowners insurance, might provide for a deductible stated in a dollar amount, such as $ 500. For example, the Smiths have a homeowners policy with a $ 500 straight deductible clause. Fire damage to the home amounts to $ 1500. Under the terms of the policy, the Smiths would pay the first $500 and the insurance company would reimburse them for $ 1000. Some straight deductibles are expressed as a specific percentage of value rather than a dollar amount. For example, the insured might absorb the loss for 5% of the value of property that is totally destroyed. → Disappearing Deductible

vom Versicherten getragen wird. Eine unmittelbare Selbstbehaltklausel, die bei der Auto- und Hausbesitzerversicherung üblich ist, könnte einen Selbstbehalt vorsehen, der mit einem Dollarbetrag, wie etwa US$ 500, angegeben wird. Z. B.: Die Smiths haben eine Hausbesitzerpolice mit einer unmittelbaren Selbstbehaltklausel über US$ 500. Der Brandschaden an dem Haus beläuft sich auf US$ 1.500. Nach den Policenbedingungen würden die Smiths die ersten US$ 500 bezahlen, und die Versicherungsgesellschaft würde ihnen US$ 1.000 erstatten. Einige unmittelbare Selbstbehalte werden als ein bestimmter Prozentsatz anstelle eines Dollarbetrages ausgedrückt. Ein Versicherter könnte z. B. den Schaden von 5% des Wertes des Vermögensgegenstandes, der vollständig zerstört wurde, übernehmen. → Schwindender Selbstbehalt

**Straight Life Annuity**
→ Annuity; → Annuity Due; → Life Annuity Certain; → Pure Annuity; → Refund Annuity

**Unmittelbare Leibrente**
→ Rente; → Vorschüssige Rente; → Leibrente mit garantierter Zahl an Auszahlungen; → Reine Rente; → Rente mit Rückerstattung nicht erschöpfter Prämienzahlungen

**Straight Life Insurance**
→ Ordinary Life Insurance

**Großlebensversicherung**
→ Lebensversicherung auf den Todesfall

**Straight Line Rule**
Method of depreciating an asset in which its useful life is divided into an appropriate number of years (or other periods), the final salvage value

**Lineare Abschreibungsregel**
Abschreibungsmethode für einen Anlagegegenstand, bei dem dessen Nutzungsdauer in eine angemessene Zahl von Jahren (oder sonstige Zeiträume) unterteilt wird, der verbleibende Restwert wird abgezo-

is deducted, and the asset is written off in an equal portion for each period. Depreciation is a business expense for tax purposes. Straight line depreciation is the simplest method, but is not as advantageous to an owner as → Accelerated Depreciation, which allows a company to recover its costs more quickly.

**Stratification of Losses**

Technique of breaking down the various losses as a whole into useful components called *subsets (strata)* so that no subset is overrepresented. The result is the classification of losses according to dollar amount in order to predict the probabilities of various degrees of loss severity so that the organization can adopt the proper → Risk Management techniques. → Rate Making

**Stratified Random Sampling**

Selection of restricted random samples in order to obtain a more accurate estimate of the → Expected Loss (mean) than could be obtained by the selection of completely → Random Samples. For example, assume it is the desire to obtain an accurate estimate of the average number of automobile accidents experienced by juniors in the Louisiana State University System. By select-

gen, und der Anlagegegenstand wird in gleichmäßigen Teilen für jede Periode abgeschrieben. Die Abschreibung stellt eine Geschäftsausgabe zu Steuerzwecken dar. Die lineare Abschreibung ist die einfachste Methode, aber sie ist nicht so vorteilhaft für einen Besitzer wie die → Vorzeitige Abschreibung, die es einem Unternehmen erlaubt, seine Kosten schneller wiedergutzumachen.

**Schichtung von Schäden**

Technik, die verschiedenen Schäden als ein Ganzes in sinnvolle Komponenten zu unterteilen, die als *Teilmengen (Schichten)* bezeichnet werden, so daß keine Teilmenge überrepräsentiert ist. Das Ergebnis ist die Klassifizierung der Schäden nach dem Dollarbetrag, um die Wahrscheinlichkeiten verschiedener Härtegrade der Schäden vorherzusagen, so daß die Organisation die richtigen → Risikomanagementtechniken anwenden kann. → Prämienfestsetzung

**Geschichtetes Stichprobenverfahren**

Auswahl eingeschränkter Stichproben, um eine genauere Schätzung des → Erwarteten Schadens (Durchschnitt) zu erhalten, als dies durch die Wahl vollkommener → Stichproben erreicht werden könnte. Nehmen wir z. B. an, man wolle eine genaue Schätzung der durchschnittlichen Autounfälle von Studenten des Universitätssystems des Staates Louisiana im vorletzten Jahr vor der Graduierung ermitteln. Durch die Auswahl von Stichproben der richtigen Größe unter den Colleges innerhalb des Systems kann eine genauere Schätzung der

ing proper size random samples among the various colleges within the system, a more accurate estimate of the number of automobile accidents experienced by juniors system-wide can be obtained than by selecting the same total random sample from the system as a whole.

Autounfälle von Studenten im vorletzten Jahr vor der Graduierung innerhalb des gesamten Systems erreicht werden als durch Auswahl einer Gesamtstichprobe aus dem System als Ganzes.

### Street Clock Floater

Endorsement to a *scheduled property floater* that provides → All Risks protection for street clocks. Clocks and signs attached to business property can be covered under the *Standard Fire Policy*. But a street clock floater provides broader coverage and protects the owner of the clock both in transit and wherever it is located. Each clock and its value must be listed on the schedule.

### Straßenuhrenpauschalversicherung

Nachtrag zu einer *Pauschalversicherung für aufgeführte Vermögensgegenstände*, die Schutz für Straßenuhren auf Grundlage → Aller Risiken bietet. Uhren und Schilder, die auf dem Grund und Boden eines Unternehmens angebracht sind, können bei der *Einheits-Feuerversicherungspolice* abgedeckt werden. Aber eine Straßenuhrenpauschalversicherung bietet breiteren Versicherungsschutz und schützt den Besitzer der Uhr sowohl auf dem Transport als auch dort, wo sie angebracht wird. Jede Uhr und ihr Wert müssen auf der Liste aufgeführt sein.

### Strict Liability

Tort liability, which is defined by law, requiring an injured party to prove only that he or she was harmed in a specified way in order to collect damages. For example, the law provides that an employer is responsible if a worker is injured on the job. All the worker must do to collect → Workers Compensation Benefits is to prove that the injury took place at work. → Absolute Liability

### Gefährdungshaftung

Strafrechtliche Haftung, die durch das Gesetz definiert ist und von einer verletzten Partei nur fordert, daß sie beweist, daß sie in einer spezifischen Weise geschädigt wurde, um Schadenersatz zu beziehen. Das Gesetz sieht beispielsweise vor, daß ein Arbeitgeber verantwortlich ist, wenn sich ein Arbeiter während der Arbeit verletzt. Alles, was der Arbeiter tun muß, um → Berufsunfallentschädigungsleistungen zu beziehen, ist, zu beweisen, daß die Verletzung am Arbeitsplatz erfolgte. → Unbeschränkte Haftpflicht

### Strike Insurance
Coverage to protect employers from losses due to labor disruptions. The *ocean marine policy* exempts losses caused by strikes, riots, and civil commotion. Special coverage is necessary.

### Strikes, Riots, and Civil Commotion Clause
Exemption in *ocean marine policy* for losses caused by strikes, riots, and civil commotion. → Riot and Civil Commotion Insurance; → Riot Exclusion; → Strike Insurance

### Strike-Through Clause (Cut-Through Clause)
Provision that holds a → Reinsurer liable for its share of losses even if the → Ceding Company becomes insolvent before paying these losses. For example, XYZ Insurance Co. writes a fire policy for Acme Manufacturing and then reinsures 80% of the risk with ABC Reinsurance. XYZ is declared insolvent. Then Acme Manufacturing burns to the ground. ABC Reinsurance would be responsible for the 80% of the risk it reinsured and would pay the claim directly to Acme.

### Structured Settlement
Periodic payments to an injured person or survivor for a determinable number of years

### Streikversicherung
Versicherungsschutz, um Arbeitgeber gegen Verluste aufgrund von Arbeitsunterbrechungen zu schützen. Die *Überseepolice* schließt durch Streiks, Aufruhr und bürgerliche Unruhen verursachte Schäden aus. Besonderer Versicherungsschutz ist erforderlich.

### Klausel in bezug auf Streiks, Aufruhr und bürgerliche Unruhe
Ausschluß bei der *Überseepolice* für durch Streiks, Aufruhr und bürgerliche Unruhen verursachte Schäden. → Versicherung gegen Aufruhr und bürgerliche Unruhen; → Aufruhrausschluß; → Streikversicherung

### Durchschlagende Klausel (Durchgreifende Klausel)
Bestimmung, die einen → Rückversicherer für seinen Anteil an den Schäden haftbar macht, auch wenn die → Zedierende Gesellschaft vor Zahlung dieser Schäden zahlungsunfähig wird. Die XYZ Versicherungsgesellschaft zeichnet z. B. eine Feuerversicherungspolice für die Firma Acme Manufacturing und rückversichert dann 80% des Risikos bei der ABC Rückversicherung. XYZ wird für zahlungsunfähig erklärt. Dann brennt die Firma Acme Manufacturing nieder. Die ABC Rückversicherung wäre für 80% des Risikos, das sie rückversicherte, verantwortlich und würde den Anspruch direkt an Acme zahlen.

### Strukturierte Schadensregulierung
Periodische Zahlungen an eine versicherte Person oder einen Hinterbliebenen für eine bestimmbare Zahl von Jahren oder

or for life typically in settlement of a claim under a liability policy. Terms may include immediate reimbursement for medical and legal expenses and rehabilitation, and long-term payments for loss of income or as compensation for other injuries. A structured settlement can be expected to be less costly to the insurance carrier than a → Lump Sum settlement, especially if it enables costly litigation to be avoided.

lebenslänglich, typischerweise bei der Regulierung eines Schadens bei einer Haftpflichtversicherungspolice. Die Bedingungen können eine sofortige Erstattung von Arzt- und Anwaltsgebühren, Rehabilitation und langfristige Zahlungen für Einkommensverluste oder als Kompensation für sonstige Verletzungen umfassen. Von einer strukturierten Schadensregulierung kann erwartet werden, daß sie für einen Versicherungsträger weniger kostenaufwendig ist als eine → Pauschalsummen-Regulierung, besonders dann, wenn sie dazu verhilft, kostenintensive Rechtsstreitigkeiten zu vermeiden.

### Subjective Probability
Projections of losses based on qualitative (emotional) rather than quantitative reasoning.

### Subjektive Wahrscheinlichkeit
Vorausplanungen von Schäden, die auf einer qualitativen (emotionalen) anstatt einer quantitativen Begründung beruhen.

### Subjective Risk
→ Subjective Probability

### Subjektives Risiko
→ Subjektive Wahrscheinlichkeit

### Subject Premium
→ Base Premium

### Prämiengegenstand
→ Grundprämie

### Sublimits
→ Broad Form Personal Theft Insurance; → Homeowners Insurance Policy – Section I (Property Coverage)

### Untergrenzen
→ Breite Form der privaten Diebstahlversicherung; → Hausbesitzerversicherungspolice – Teil I (Sachversicherungsschutz)

### Submitted Business
Applications for insurance coverage that have been forwarded to an insurer but not yet processed.

### Eingereichtes Geschäft
Anträge auf Versicherungsschutz, die an einen Versicherer gesendet worden, aber noch nicht bearbeitet worden sind.

### Subrogation
→ Subrogation Clause

### Rechtsübergang auf den Versicherer
→ Subrogationsklausel

## Subrogation Clause

Section of → Property Insurance and → Liability Insurance policies giving an insurer the right to take legal action against a third party responsible for a loss to an insured for which a claim has been paid. For example, an insurance company pays a claim for $ 40,000 in damages to an insured storekeeper for losses caused by a negligent contractor working next door. The policy's subrogation clause gives the insurer the right to be subrogated to, or take on as its own, the storekeeper's claim and to sue the contractor for damages.

## Subrogation Principle

Surrender of rights by an insured against the third party to an insurance company that has paid a claim.

## Subrogation, Property and Casualty Insurance

Circumstance where an insurance company takes the place of an insured in bringing a liability suit against a third party who caused injury to the insured. For example, if a third party, through negligence, damages an insured's car and the insured's insurance company pays to restore the car, the insurance company has recourse against the third party

## Subrogationsklausel

Teil von → Sachversicherungs- und → Haftpflichtversicherungs-Policen, der einem Versicherer das Recht gibt, gesetzliche Schritte gegen eine dritte Partei einzuleiten, die für einen Schaden an einem Versicherten verantwortlich ist, für den ein Anspruch bezahlt wurde. Eine Versicherungsgesellschaft zahlt beispielsweise einen Anspruch von US$ 40.000 an Schadenersatzleistungen an einen versicherten Ladenbesitzer für Schäden, die durch einen fahrlässigen Unternehmer im Nachbargebäude verursacht worden sind. Die Subrogationsklausel der Police gibt dem Versicherer das Recht, den Anspruch des Ladenbesitzers abgetreten zu bekommen oder diesen als eigenen Anspruch zu übernehmen und den Unternehmer auf Schadenersatz zu verklagen.

## Subrogationsprinzip

Abtretung von Rechten durch einen Versicherten gegenüber der dritten Partei an eine Versicherungsgesellschaft, die einen Anspruch bezahlt hat.

## Rechtsübergang auf den Versicherer, Sach- und Unfallversicherung

Umstand, bei dem eine Versicherungsgesellschaft die Stelle eines Versicherten übernimmt und eine Haftpflichtklage gegen eine dritte Partei, die eine Verletzung des Versicherten verursachte, anstrengt. Wenn eine dritte Partei z. B. durch Fahrlässigkeit das Auto eines Versicherten beschädigt und die Versicherungsgesellschaft des Versicherten die Wiederherstellung des Autos bezahlt, kann die Versicherungsgesellschaft die dritte Partei wegen der angefallenen Kosten in Regreß

for the costs involved. The insured cannot sue the third party for damage, since if successful, the insured could collect twice for the same damage.

**Subrogation Release**
→ Subrogation Clause

**Subrogation, Waiver of**
→ Waiver of Subrogation Rights Clause

**Subrosee**
Insurance company which becomes subrogated to the rights of another party. → Subrogation Clause; → Subrogation Principle; → Subrogation, Property and Casualty Insurance

**Subrosor**
Insured whose rights against a third party are transferred to an insurance company (the → Subrosee) according to the process required by the → Subrogation Clause in the policy.

**Subscriber, Blue Cross, Blue Shield**
Person insured under a → Blue Cross hospitalization or → Blue Shield medical health insurance plan.

**Subsequent Negligence**
→ Last Clear Chance

nehmen. Der Versicherte kann die dritte Partei nicht wegen der Beschädigung verklagen, da der Versicherer sonst, falls erfolgreich, zweimal für den gleichen Schaden kassieren könnte.

**Subrogationsfreigabe**
→ Subrogationsklausel

**Subrogation, Verzicht auf**
→ Verzicht auf die Subrogationsrechteklausel

**Sonderrechtsnachfolger**
Versicherungsgesellschaft, der die Rechte einer anderen Partei übertragen werden.
→ Subrogationsklausel; → Subrogationsprinzip; → Rechtsübergang auf den Versicherer, Sach- und Unfallversicherung

**Abtretender**
Versicherter, dessen Rechte gegenüber einer dritten Partei an eine Versicherungsgesellschaft (den → Sonderrechtsnachfolger) entsprechend dem von der → Subrogationsklausel in der Police geforderten Prozeß übertragen werden.

**Abonnent, Blue Cross, Blue Shield**
Person, die bei einem → Blue Cross- (Blaues Kreuz) Krankenhaussystem oder einem → Blue Shield- (Blaues Schutzschild) Krankenversicherungssystem versichert ist.

**Nachfolgende Fahrlässigkeit**
→ Letzte klar erkennbare Möglichkeit

## Subsidization
Difference between the → Actuarial Equivalent (rate) and the often lower rate actually charged to insure a risk.

## Substandard
→ Substandard Health Insurance (Qualified Impairment Insurance); → Substandard Life Insurance

## Substandard Group
→ Substandard Health Insurance (Qualified Impairment Insurance); → Substandard Life Insurance

## Substandard Health Insurance (Qualified Impairment Insurance)
Coverage for persons whose medical history includes serious illness such as heart disease or whose physical condition is such that they are rated below standard. A policy may specifically deny coverage for recurrence of a particular illness or medical condition through an *impairment exemption rider*, or may provide only partial benefits. → Rated Policy

## Substandard Life Insurance
Coverage for risks deemed uninsurable at standard rates by normal standards (persons whose medical histories include serious illness such as

## Bezuschussung
Differenz zwischen dem → Versicherungsmathematischen Äquivalent (der Prämie) und der häufig niedrigeren Prämie, die berechnet wird, um ein Risiko zu versichern.

## Unterdurchschnittlich
→ Risikokrankenversicherung (qualifizierte Anomalieversicherung); → Risikolebensversicherung

## Risikogruppe
→ Risikokrankenversicherung (qualifizierte Anomalieversicherung); → Risikolebensversicherung

## Risikokrankenversicherung (qualifizierte Anomalieversicherung)
Versicherungsschutz für Personen, deren Krankengeschichte ernste Erkrankungen wie Herzerkrankungen aufweist oder deren gesundheitlicher Zustand so ist, daß sie als unterdurchschnittlich bewertet werden. Eine Police kann den Versicherungsschutz für das Wiederkehren einer bestimmten Krankheit oder eines medizinischen Zustandes durch einen *Anomalieausschlußnachtrag* ausdrücklich verweigern oder nur Teilleistungen bieten. → Klassifizierte Police

## Risikolebensversicherung
Versicherungsschutz für Risiken, die bei normalen Tarifen unter normalen Bedingungen als unversicherbar angesehen werden. (Personen, deren Krankengeschichten eine ernste Krankheit, wie z.B.

heart disease or whose physical conditions are such that they are rated below standard.) A policy may specifically deny benefits for death caused by a specific illness or medical condition or may provide only partial benefits. Many risks that would have been rejected as uninsurable under earlier underwriting standards, either because of their hazardous occupations or physical impairment, now can be insured under an extra-risk policy at an extra premium; even applicants who have survived cancer may be acceptable. The premium may include an extra flat fee of so much per thousand dollars of coverage, or is one that would normally be charged to an older person. → Rated Policy

eine Herzkrankheit, einschließen oder deren körperliche Verfassung so ist, daß sie als unterdurchschnittlich bewertet werden). Eine Police kann Leistungen für den durch eine bestimmte Krankheit oder einen bestimmten medizinischen Zustand verursachten Tod ausdrücklich verweigern oder nur Teilleistungen bieten. Viele Risikobeträge, die früher nach damaligen Zeichnungsnormen entweder wegen ihres gefährlichen Berufes oder aufgrund einer körperlichen Anomalie als unversicherbar zurückgewiesen worden wären, können nun bei einer Sonderrisikopolice zu einer Sonderprämie versichert werden. Sogar Antragsteller, die Krebs überlebt haben, können annehmbar sein. Die Prämie kann eine Pauschalgebühr von so und soviel pro Tausend Dollar Versicherungsschutz einschließen, oder es handelt sich um eine Prämie, die normalerweise einer älteren Person berechnet werden würde. → Klassifizierte Police

### Substandard Risk
→ Impaired Risk (Substandard Risk); → Substandard Health Insurance (Qualified Impairment Insurance); → Substandard Life Insurance

### Anomales Risiko
→ Verschlimmertes Risiko (anomales Risiko); → Risikokrankenversicherung (qualifizierte Anomalieversicherung); → Risikolebensversicherung

### Substantial Employer
→ Substantial Owner Benefit Limitation

### Materiell-rechtlicher Arbeitgeber
→ Leistungsbeschränkung materiell-rechtlicher Besitzer

### Substantial Owner
Effective proprietor of a business. Under the → Tax Reform Act of 1986, a uniform accrual rule prevents a qualified → Pension Plan from being weighted in favor of the sub-

### Materiell-rechtlicher Besitzer
Wirklicher Eigentümer eines Unternehmens. Bei dem → Steuerreformgesetz aus dem Jahre 1986 verhindert eine einheitliche Zuwachsregel, daß ein steuerbegünstigtes → Pensionssystem zugunsten des materiell-rechtlichen Besitzers des Unter-

stantial owner of the business. The owner can select the accrual method to be applied provided the same method is used for all qualified employees of the business.

**Substantial Owner Benefit Limitation**

Restriction on the benefit that owners and other highly compensated individuals may receive from a qualified pension or other employee benefits. The U.S. Tax Code requires that benefits under a qualified plan, and some other benefits, do not unduly favor a business firm's top hierarchy. The → Tax Reform Act of 1986 provides a uniform definition of "highly compensated" as an employee who either owned more than 5% interest in the business, received more than $ 75,000 in compensation, received more than $ 50,000 in compensation and was in the top 20% of employees as ranked by salary, or was an officer and received compensation greater than 150% of Section 415 defined contribution dollar amount. → Substantial Owner

**Succession Beneficiary Clause**

Section of a → Life Insurance policy setting the procedure for revoking a current beneficiary and designating a successor beneficiary. Insurers require

nehmens gewichtet wird. Der Besitzer kann die Zuwachsmethode, die angewendet werden soll, unter der Voraussetzung wählen, daß die gleiche Methode für alle berechtigten Arbeitnehmer des Unternehmens angewendet wird.

**Leistungsbeschränkung für materiell-rechtliche Besitzer**

Beschränkung der Leistung, die Besitzer und sonstige hochbezahlte Einzelpersonen von einer steuerbegünstigten Pension oder sonstigen betrieblichen Sozialzulagen erhalten dürfen. Die US-amerikanische Abgabenordnung fordert, daß Leistungen eines steuerbegünstigten Systems und sonstige Leistungen die Spitzenhierarchie einer Firma nicht ungerechtfertigt bevorzugen dürfen. Das → Steuerreformgesetz aus dem Jahre 1986 bietet eine einheitliche Definition eines Arbeitnehmers, der als „hoch bezahlt" gilt und der entweder einen Anteil von mehr als 5% an dem Unternehmen besitzt, der ein Gehalt von über US$ 75.000 bezieht, der ein Gehalt von über US$ 50.000 empfängt und zu den 20% der Topangestellten, entsprechend einer Rangfolge nach Gehalt, gehört oder ein Beamter ist und Bezüge erhält, die mehr als 150% des in Absatz 415 definierten Beitrages in Dollar umfassen. → Materiell-rechtlicher Besitzer

**Begünstigtennachfolgeklausel**

Abschnitt einer → Lebensversicherungspolice, die das Verfahren für die Widerrufung eines gegenwärtigen Begünstigten und die Benennung eines nachfolgenden Begünstigten festlegt. Versicherer benöti-

written notice of a beneficiary change, usually on a form designated for that purpose. Some may require return of the policy for the beneficiary change to be added. → Beneficiary; → Beneficiary Clause

gen eine schriftliche Mitteilung über die Änderung eines Begünstigten, gewöhnlich auf einem für diesen Zweck geschaffenen Formular. Einige können die Rückgabe der Police fordern, damit die Änderung des Begünstigten hinzugefügt werden kann. → Begünstigter; → Begünstigtenklausel

### Successor Beneficiary
→ Succession Beneficiary Clause

### Nachfolgender Begünstigter
→ Begünstigtennachfolgeklausel

### Successor Payee
→ Succession Beneficiary Clause

### Nachfolgender Zahlungsberechtigter
→ Begünstigtennachfolgeklausel

### Sue and Labor Clause
Section of *ocean marine policy* making it an obligation of the insured to take specific measures to limit losses to ship or cargo when a mishap occurs. Expenses incurred to limit physical damages, or to take legal action to protect the ship and its cargo, are reimbursed by the insurer to the extent they reduce the loss otherwise payable by the insurer, according to policy terms.

### Klage- und Arbeitsklausel
Teil der *Überseepolice,* die es einem Versicherten zur Verpflichtung macht, spezielle Maßnahmen zu ergreifen, um Schäden am Schiff oder an der Ladung zu beschränken, wenn ein Unglück eintritt. Ausgaben, die für die Beschränkung materieller Beschädigungen oder durch Einleiten rechtlicher Schritte zum Schutz des Schiffes und seiner Ladung erlittenen werden, werden in dem Umfang durch den Versicherer erstattet, in dem sie den Schaden, der andernfalls, entsprechend den Bedingungen der Police, vom Versicherer zahlbar wäre, reduzieren.

### Sue, Labor, and Travel Clause
→ Sue and Labor Clause

### Klage-, Arbeits- und Reiseklausel
→ Klage- und Arbeitsklausel

### Suicide Clause
Limitation in all life insurance policies to the effect that no death payment will be made if an insured commits suicide within the first two years that

### Selbstmordklausel
Beschränkung bei allen Lebensversicherungspolicen, mit dem Effekt, daß keine Todesfallzahlung geleistet wird, wenn ein Versicherter innerhalb der ersten zwei Jahre, während der die Police in Kraft ist,

the policy is in force. This clause protects the company against → Adverse Selection – that is, purchase of a policy in contemplation of planned death in order for a beneficiary to collect the proceeds.

Selbstmord begeht. Diese Klausel schützt die Gesellschaft gegen eine → Negative Auswahl, d. h. den Abschluß einer Police mit dem Vorsatz eines geplanten Todes, damit ein Begünstigter die Erlöse kassieren kann.

### Supergrit
Type of → Grantor-Retained Income Trust (GRIT) in which the grantor retains the right to the assets of the trust should he or she die before the term of the trust expires.

### Supergrit
Typ einer → Stiftung mit zurückbehaltenem Stiftereinkommen, bei der der Stifter das Anrecht auf die Guthaben der Stiftung zurückbehält, sollte er oder sie sterben, bevor die Laufzeit der Stiftung endet.

### Superintendent of Insurance
→ Commissioner of Insurance (Insurance Commissioner, Superintendent of Insurance)

### Regierungsbevollmächtigter für Versicherungen
→ Regierungsbevollmächtigter für Versicherungen

### Superseded Suretyship Rider

Endorsement to a → Fidelity Bond or Surety Bond to cover losses that occurred after lapse of the → Discovery Period of the previous bond. Coverage is limited to the amount provided by the previous bond.

### Besondere Versicherungsvereinbarung für eine ungültige Garantieleistung
Nachtrag zu einer → Kaution gegen Veruntreuung oder → Kautionsversicherung, um Schäden, die nach Ablauf des → Meldespielraums für Schäden der früheren Kaution eintraten, abzudecken. Der Versicherungsschutz ist auf die durch die frühere Kaution bereitgestellte Höhe beschränkt.

### Supplemental Accident Expense
→ Group Health Insurance

### Zusätzliche Unfallkosten
→ Gruppenkrankenversicherung

### Supplemental Benefit Formula
Procedure in Social Security that sets the benefit level for a

### Ergänzungsleistungsformel

Verfahren bei der Sozialversicherung, das das Leistungsniveau für einen Unterhalts-

dependent of a retired or disabled person who is receiving Social Security benefits. For example, if a retired or disabled worker has a spouse over age 65, the spouse is entitled to a benefit that is 50% of that paid to the primary recipient. This benefit is also available to dependent children. Further, the spouse can elect to take a reduced benefit if he or she is between age 62 and 65.

berechtigten eines Rentners oder eines Behinderten, der Sozialversicherungsleistungen erhält, festsetzt. Wenn ein pensionierter oder behinderter Arbeiter beispielsweise eine Frau im Alter über 65 Jahren hat, hat die Frau ein Anrecht auf eine Leistung, die 50% der an den Hauptempfänger bezahlten Leistungen entspricht. Diese Leistung ist auch für unterhaltsberechtigte Kinder verfügbar. Darüber hinaus kann der Ehepartner wählen, verringerte Bezüge zu beziehen, wenn er oder sie im Alter zwischen 62 und 65 ist.

### Supplemental Contract
→ Supplementary Contract

### Ergänzungsvertrag
→ Zusatzvertrag

### Supplemental Extended Reporting Period
Period of time after the expiration of a → Claims Made Basis Liability Coverage policy during which claims may be made. → Maxi Tail (Full Tail); → Midi Tail; → Mini Tail

### Zusätzlicher erweiterter Meldezeitraum
Zeitraum nach Ablauf einer → Haftpflichtversicherungsschutz-Police auf der Grundlage geltend gemachter Ansprüche, während dessen Ansprüche geltend gemacht werden dürfen. → Maximaler Meldezeitraum; → Mittlerer Meldezeitraum; → Kurzer Meldezeitraum

### Supplemental Liability Insurance
Broad excess protection for liability over the level of primary coverage or self insurance. Umbrella policies are written for both business and personal liability. For example, a personal umbrella policy might add $ 1 million in liability coverage for an insured's negligent use of a car, boat, and all other property, over and above his regular coverage. For a business, its applications

### Zusatzhaftpflichtversicherung

Breiter Haftpflichtüberschußschutz, der über die Höhe der Hauptversicherung oder der Selbstversicherung hinausgeht. Globalversicherungspolicen werden sowohl für die Unternehmenshaftpflicht als auch für die Privathaftpflicht gezeichnet. Eine private Globalversicherungspolice z. B. könnte einen zusätzlichen Haftpflichtversicherungsschutz von 1 Millionen US$ für die fahrlässige Benutzung eines Autos, eines Bootes und aller anderen Vermögensgegenstände durch den Versicherten, der über den regulären Versicherungs-

would be even broader, including workers compensation, general liability, and all other coverage. Policyholders must have a certain minimum level of primary insurance before they can buy this supplemental coverage. For a personal policy the minimum might be $ 100,000 in homeowner's liability insurance and $ 500,000 per accident for bodily injury in an auto policy. → Umbrella Liability Insurance

schutz hinausgeht, hinzufügen. Für ein Unternehmen wären die Anwendungsmöglichkeiten sogar noch breiter und würden die Berufsunfall-, allgemeine Haftpflicht und sonstigen Versicherungsschutz einschließen. Policenbesitzer müssen über eine erstrangige Versicherung einer bestimmten Mindesthöhe verfügen, bevor sie diesen zusätzlichen Versicherungsschutz abschließen können. Für eine Privatversicherungspolice könnte das Minimum US$ 100.000 bei einer Hausbesitzerhaftpflichtversicherung und US$ 500.000 pro Unfall für Körperverletzung bei einer Kfz-Police betragen. → Globalhaftpflichtversicherung

### Supplemental Major Medical Insurance
→ Supplementary Medical Insurance

### Große Zusatzkrankenversicherung
→ Zusatzkrankenversicherung

### Supplemental Medical Insurance
→ Supplementary Medical Insurance

### Ergänzungskrankenversicherung
→ Zusatzkrankenversicherung

### Supplemental Security Income (SSI)
Income supplement program under Social Security to provide a minimum monthly income to aged, blind, and disabled persons. The SSI payments, which were introduced in January 1974, make up the difference between family income and a guaranteed minimum amount for families who have only a specified amount of other resources such as savings accounts.

### Sozialhilfe
Einkommensergänzungsprogramm bei der Sozialversicherung, um Alten, Blinden und Behinderten ein monatliches Mindesteinkommen zu bieten. Die Sozialhilfezahlungen, die 1974 eingeführt wurden, gleichen die Differenz zwischen dem Familieneinkommen und einem garantierten Mindestbetrag für Familien aus, die nur über einen bestimmten Betrag aus anderen Quellen, wie Sparkonten, verfügen.

## Supplementary Contract

Terms of a settlement of a life insurance or annuity contract under which monies are currently payable or used at least in part by the beneficiary to fund a new insurance policy. Supplementary contracts are a balance sheet liability for a life company. They represent money held for policyholders that will eventually be paid out. But because the contract no longer involves insurance on a life, it is not included in the company's policy reserves.

## Supplementary Coverage

In property insurance, percentages of basic coverages which may be applied to provide coverage for other real and personal property. For example, under the → Homeowners Insurance Policy – Section I (Property Coverage) *Coverage B,* structures not attached to or part of the home (garage or appurtenant private structures) can be covered up to 10% of the basic home structure as found under *Coverage A.*

## Supplementary Medical Insurance

Part of the Federal Medicare program for additional coverage on a voluntary basis. The Medicare program is divided into two parts: (1) *Hospital*

## Zusatzvertrag

Auszahlungsbedingungen einer Lebensversicherung oder eines Rentenvertrages, bei dem Gelder laufend zahlbar sind oder vom Begünstigten wenigstens teilweise dazu verwendet werden, eine neue Versicherungspolice zu finanzieren. Zusatzverträge sind für eine Lebensversicherungsgesellschaft eine Bilanzverbindlichkeit. Sie stellen Geld dar, das für die Policenbesitzer aufbewahrt und irgendwann ausbezahlt werden wird. Da der Vertrag jedoch nicht länger eine Versicherung auf ein Leben beinhaltet, wird er nicht in die Policenrückstellung der Gesellschaft eingeschlossen.

## Zusatzversicherungsschutz

Bei der Sachversicherung Prozentsatz des Grundversicherungsschutzes, der verwendet werden kann, um Versicherungsschutz für sonstiges Immobilien- und bewegliches Vermögen zu bieten. Bei der → Hausbesitzerversicherungspolice – Teil I (Sachversicherungsschutz), *Deckung B,* können z. B. Bauten, die nicht an das Haus angeschlossen oder ein Teil davon sind (Garage oder dazugehörige Privatgebäude) mit bis zu 10% des Grundgebäudes, wie unter *Deckung A* vorgefunden, abgedeckt werden.

## Zusatzkrankenversicherung

Teil des Bundes-Medicare-Programmes für zusätzlichen Schutz auf freiwilliger Grundlage. Das Medicare Programm unterteilt sich in zwei Teile: (1) Die *Krankenhausversicherung* bietet Personen

*Insurance* provides hospital benefits to persons over 65 who qualify for Social Security, and to disabled persons who have been receiving Social Security benefits for at least two years; and (2) → Supplementary Medical Insurance provides physician services to those over 65, and their dependents, who have enrolled in the program. Those enrolled in the program pay half the cost and the U.S. government pays the other half.

über 65, die ein Anrecht auf Leistungen aus der Sozialversicherung haben, und Behinderten, die wenigstens zwei Leistungen aus der Sozialversicherung bezogen haben, Krankenhausleistungen, und (2) eine → Zusatzkrankenversicherung, die ärztliche Leistungen für jene bietet, die 65 Jahre alt sind, und deren Angehörigen, die bei diesem Programm eingeschrieben sind. Diejenigen, die bei diesem Programm eingeschrieben sind, müssen die Hälfte der Kosten tragen, und die US Regierung zahlt die andere Hälfte.

## Supplementary Payments

In a → Liability Insurance policy, provision for the payment of the insured's expenses as stated in the policy in three areas above the policy limit of liability; legal fees resulting from defending the insured, expenses incurred by the insured as the result of legal actions taken against him or her as the result of requests by the insurance company, and premium payments for bonds required by the insured.

## Zusätzliche Zahlungen

Bestimmung bei einer → Haftpflichtversicherungs-Police, die die Zahlung der Ausgaben des Versicherten, wie in der Police angegeben, in drei Bereichen oberhalb der Haftpflichthöchstgrenzen der Police regelt: Anwaltsgebühren, die sich aus der Verteidigung des Versicherten ergeben, von dem/der Versicherten aufgrund gerichtlicher Schritte erlittene Kosten, die gegen ihn wegen Forderungen durch die Versicherungsgesellschaft angestrengt werden, und Prämienzahlungen für vom Versicherten benötigte Sicherheitsleistungen.

## Supplies and Transporters Forms

→ Inland Marine Insurance (Transportation Insurance): Business Risks

## Lieferungs- und Transportversicherungsformen

→ Binnentransportversicherung (Transportversicherung): Geschäftsrisiken

## Surety

→ Fidelity Bond; → Liability, Business Exposures; → Obligor; → Surety Bond

## Bürge

→ Kaution gegen Veruntreuung; → Haftpflicht, Unternehmensgefährdungen; → Schuldner; → Kautionsversicherung

## Surety Association of America (SAA)

Association whose membership is composed of surety bonding companies. The association's primary purpose is to act as a rating bureau for member companies by collecting statistics and developing rating tables.

## Surety Bond

Contract by which one party agrees to make good the default or debt of another. Actually, three parties are involved: the *principal,* who has primary responsibility to perform the obligation (after which the bond becomes void); the *surety,* the individual with the secondary responsibility of performing the obligation if the principal fails to perform. (After the surety performs, recourse is against the principal for reimbursement of expenses incurred by the surety in the performance of the obligation, known as *surety's right of exoneration*); and the *obligee,* to whom the right of performance *(obligation)* is owed.

## Surety Bond Guarantee Program

Program instituted by the Small Business Administration (SBA) that guarantees a construction contract bond in the event the issuing surety

## Surety Association of America (SAA)

(Kautionsversicherungsvereinigung von Amerika) – Vereinigung, deren Mitgliedschaft sich aus Kautionsversicherungsgesellschaften zusammensetzt. Hauptzweck der Vereinigung ist es, durch Sammlung von Statistiken und Entwicklung von Tarifbemessungstabellen als Tariffestsetzungsbüro für Mitgliedsgesellschaften zu fungieren.

## Kautionsversicherung

Vertrag, bei dem eine Partei zustimmt, das Versäumnis oder die Schuld einer anderen Partei gutzumachen. Tatsächlich sind drei Parteien beteiligt: der *Hauptschuldner,* dessen Hauptverantwortung es ist, die Verpflichtung zu erfüllen (nach deren Erfüllung die Kaution ungültig wird), der *Bürge,* die Person mit der zweitrangigen Verantwortung, die Verpflichtung zu erfüllen, wenn der Hauptschuldner bei der Erfüllung versagt. (Nachdem der Bürge leistet, wird Rekurs auf den Hauptschuldner wegen Rückerstattung der von dem Bürgen erlittenen Ausgaben genommen, bekannt als das *Entlastungsrecht des Bürgen)* und der *Gläubiger,* dem das Recht der Leistung *(Verpflichtung)* geschuldet wird.

## Kautionsversicherungsgarantieprogramm

Von der Small Business Administration (SBA) (Mittelstandsbehörde) eingeführtes Programm, das eine Bauunternehmervertragskaution für den Fall garantiert, daß die ausgebende Kautionsversicherungsgesell-

company suffers a loss. This is an effort by the SBA to encourage the awarding of more construction bids to minority contractors. → Surety Bond

**Suretyship**
→ Fidelity Bond; → Surety Bond

**Surety's Right of Exoneration**
→ Surety Bond

**Surgical Expense Insurance**
Policy providing benefits to pay for surgery.

**Surgical Insurance Benefits**
→ Surgical Expense Insurance

**Surgical Schedule**
List of cash allowances for various types of surgeries. → Surgical Expense Insurance

**Surplus**
→ Surplus Account; → Surplus Lines

**Surplus Account**
Assets minus liabilities of the insurance company. → Statutory Liability

**Surplus Lines**
Reinsurance: → Surplus Rein-

schaft einen Schaden erleidet. Dies stellt eine Bestrebung des SBA dar, die Beteiligung von Minderheitenunternehmern an Bauausschreibungen zu fördern. → Kautionsversicherung

**Garantieleistung**
→ Kaution gegen Veruntreuung; → Kautionsversicherung

**Entlastungsrecht des Bürgen**
→ Kautionsversicherung

**Chirurgiekostenversicherung**

Police, die Leistungen bietet, um chirurgische Eingriffe zu bezahlen.

**Chirurgieversicherungsleistungen**

→ Chirurgiekostenversicherung

**Chirurgieliste**
Liste der Barvergütungen für verschiedene Arten chirurgischer Eingriffe. → Chirurgiekostenversicherung

**Überschuß**
→ Überschußkonto; → Für die Rückversicherung vorgesehene Versicherungssummen, bei zugelassenen Versicherern eines Staates nicht versicherbare Risiken

**Überschußkonto**
Guthaben minus Verbindlichkeiten der Versicherungsgesellschaft. → Gesetzliche Haftung

Unter dem Begriff versteht man:
**1. Für die Rückversicherung vorgese-**

surance contracts under which the agreement between an insurer and a reinsurer is based on the *ceding* company's line guide, such that the amount reinsured is expressed in terms of the multiples of the retention and is referred to as a number of lines. → Surplus Reinsurance

Regular market: insurance coverage not available from an → Admitted Company in the regular market; thus a surplus lines broker/agent representing an applicant seeks coverage in the surplus lines market from a → Nonadmitted Insurer according to the insurance regulations of a particular state.

hene Versicherungssummen.

**2. Bei zugelassenen Versicherern eines Staates nicht versicherbare Risiken.**

Rückversicherung: → Exzedentenrückversicherungs-Verträge, bei denen die Übereinkunft zwischen einem Versicherer und einem Rückversicherer auf den Richtlinien für Versicherungshöchstgrenzen der *zedierenden* Gesellschaft beruht, wobei der rückversicherte Betrag als Vielfaches des Selbstbehaltes ausgedrückt wird und als Anzahl der Versicherungshöchstgrenzen bezeichnet wird. → Exzedentenrückversicherung

Regulärer Markt: Versicherungsschutz ist von einer → Zugelassenen Gesellschaft auf dem regulären Markt nicht erhältlich. Ein Makler für bei regulären Versicherungsgesellschaften nicht versicherbare Risiken/ein Agent, der einen Antragsteller vertritt, sucht den Versicherungsschutz auf dem Markt für bei regulären, zugelassenen Versicherern nicht versicherbare Risiken bei einem entsprechend den Versicherungsvorschriften des bestimmten Staates → Nicht-zugelassenen Versicherer.

## Surplus Lines Broker

→ Excess Line Broker (Surplus Line Broker)

## Makler für auf dem regulären Markt bei einem lizensierten Versicherer nicht plazierbare Aufträge

→ Makler überzähliger Aufträge (Makler für auf dem regulären Markt bei einem lizensierten Versicherer nicht plazierbare Aufträge)

## Surplus Lines (Excess-Surplus Lines)

Specialized property or liability coverage provided by a → Nonadmitted Insurer in instances where it is unavailable from insurers licensed by the

## Bei zugelassenen Versicherern eines Staates nicht versicherbare Risiken

Spezialisierter Sach- oder Haftpflichtversicherungsschutz, der in den Fällen, bei denen dieser von in dem Staat lizensierten Versicherern nicht verfügbar ist, von einem → Nicht-zugelassenen Versicherer

state. Examples of surplus lines are coverage for some environmental impairment liability risks, or liability coverage for directors and officers of certain companies. → Excess Line Broker (Surplus Line Broker)

## Surplus Ratio
Percentage of total assets set aside by an insurance company to provide for unexpected losses. In general, a minimum of a 5% surplus ratio (5 cents in reserve for each $1 of assets) is advocated for determining whether the company has an adequate reserve against unexpected losses.

## Surplus Reinsurance
Automatic → Reinsurance which requires an insurer to transfer (CEDE) and the reinsurer to accept the part of every risk which exceeds the insurer's predetermined retention limit. The reinsurer shares in premiums and losses in the same proportion as it shares in the total policy limits of the risk. The *surplus method* permits the insurer to keep for its own account small policies, and to transfer the amount of risk on large policies above its retention limit.
For example, assume an insurer issues a policy for

angeboten wird. Beispiele für überschüssige Aufträge sind der Versicherungsschutz für einige Haftpflichtrisiken, die die Beeinträchtigung der Umwelt betreffen, oder der Haftpflichtversicherungsschutz für Direktoren und leitende Angestellte bestimmter Firmen. → Makler überzähliger Aufträge (Makler für auf dem regulären Markt bei einem lizensierten Versicherer nicht plazierbare Aufträge)

## Überschußquote
Prozentsatz der gesamten Guthaben, die von einer Versicherungsgesellschaft beiseite gelegt werden, um für einen unerwarteten Schaden Vorsorge zu treffen. Im allgemeinen wird zu einer Überschußquote von 5% (5 Cents als Reserve pro 1 US$ Guthaben) geraten, um zu bestimmen, ob eine Gesellschaft über eine angemessene Rücklage für unerwartete Schäden verfügt.

## Exzedentenrückversicherung
Automatische → Rückversicherung, bei der ein Versicherer den Teil eines jeden Risikos, der den vorher festgelegten Selbstbehalt des Versicherers übersteigt, übertragen (→ Zedieren) und der Rückversicherer diesen akzeptieren muß. Der Rückversicherer ist im gleichen Verhältnis an den Prämien und Schäden beteiligt, in dem er auch am Policengesamtlimit des Risikos teilhat. Die *Überschußmethode* erlaubt es dem Versicherer, kleine Policen für sich zu behalten und den Risikobetrag, der bei großen Policen über seine eigenen Selbstbehaltgrenzen hinausgeht, zu übertragen.
Nehmen wir z. B. an, ein Versicherer gebe eine Police über US$ 20.000 aus. Der Versicherer behält US$ 5.000 (1/4) und

$ 20,000. The insurer keeps $ 5,000 (1/4) and transfers the remaining $ 15,000 (3/4) to its reinsurer. This is called a *three line surplus* because the amount transferred equals three times the retained line of the insurer. The insurer keeps 1/4 and transfers 3/4 of the premium to the reinsurer. In the event of total loss, the settlements between the insurer and the reinsurer would be effected on the identical 1/4-3/4 basis. The same principal applies if there is a partial loss, in that the reinsurer must reimburse the insurer in the same proportion as the reinsurance premium received.

### Surplus Release
Method of using → Reinsurance to counteract the unexpected impact of business on the → Policyholder Surplus. → Portfolio Reinsurance; → Reinsurance

### Surplus Share
→ Surplus Reinsurance

### Surplus to Policyholders
→ Policyholder Surplus

### Surplus Treaty Reinsurance

→ Surplus Reinsurance

### Surrender Charge
Fee charged to a policyowner

überträgt die verbleibenden US$ 15.000 (3/4) an seinen Rückversicherer. Dies wird als *dreifacher Überschuß* bezeichnet, weil der übertragene Betrag dem Dreifachen des vom Versicherten zurückbehaltenen Betrags entspricht. Der Versicherer behält 1/4 der Prämie und überträgt 3/4 der Prämie an den Rückversicherer. Im Falle eines Totalschadens würde die Schadensregulierung zwischen dem Versicherer und dem Rückversicherer auf der identischen 1/4–3/4 Grundlage erfolgen. Das gleiche Prinzip kommt zur Anwendung, wenn es sich um einen Teilschaden handelt, bei dem der Rückversicherer dem Versicherer im gleichen Verhältnis wie die erhaltene Rückversicherungsprämie eine Erstattung leisten muß.

### Überschußfreigabe
Methode, die → Rückversicherung zu verwenden, um der unerwarteten Einwirkung von Geschäften auf den → Policenbesitzerüberschuß entgegenzuwirken. → Portefeuillerückversicherung; → Rückversicherung

### Überschußanteil
→ Exzedentenrückversicherung

### Überschuß für die Policenbesitzer
→ Policenbesitzerüberschuß

### Exzedentenrückversicherung mit festgelegtem maximalem Selbstbehalt
→ Exzedentenrückversicherung

### Rückkaufgebühr
Gebühr, die einem Policeninhaber in

when a life insurance policy or annuity is surrendered for its cash value. This fee reflects insurance company expenses incurred by placing the policy on its books, and subsequent administrative expenses. → Back Load

**Surrender Cost Index**
Method of comparing the costs of a set of → Cash Value Life Insurance policies that takes into account the → Time Value of Money. The true costs of alternative cash value policies with the same death benefit depend on a number of factors – amount and timing of premiums paid, amount and timing of dividends (in the case of *participating* policies), time period involved, and the → Cash Surrender Value. In evaluating a particular group of policies, a surrender cost index can be calculated using → Interest Adjusted Cost comparison. The index ranks the policies for the same period of time, say the first 20 years of the policy life, by cost per $1000 of → Face Amount, showing the cheapest through the most expensive. In effect, the index illustrated the relative cost of acquiring a dollar's worth of each policy's cash surrender value after 20 years. Contrast with the → Net Payments Index, a ranking of policy costs using the traditional

Rechnung gestellt wird, wenn eine Lebensversicherungspolice oder eine Rente für ihren Barwert aufgegeben wird. Diese Gebühr spiegelt die Ausgaben der Versicherungsgesellschaft für das Plazieren der Police in ihren Büchern und nachfolgende Verwaltungsausgaben wider. → Rückbelastung

**Rückkaufkostenindex**
Kostenvergleichsmethode für einen Satz von → Barwertlebensversicherungs-Policen, die den → Zeitwert von Geld mit in Betracht zieht. Die wahren Kosten alternativer Barwertpolicen mit der gleichen Todesfalleistung basieren auf einer Reihe von Faktoren, der Höhe und der Terminierung der gezahlten Prämien, der Höhe und der Terminierung der Dividenden (im Falle *gewinnbeteiligter* Policen), dem beteiligten Zeitraum und dem → Rückkaufbarwert. Bei der Bewertung einer bestimmten Gruppe von Policen kann ein Rückkaufkostenindex durch Verwendung des → Zinsbereinigten Kosten-Vergleichs berechnet werden. Der Index erstellt eine Rangfolge der Policen für den gleichen Zeitraum, z.B. für die ersten 20 Jahre, nach den Kosten pro US$ 1.000 des → Nennwertes und zeigt alle Policen von der billigsten bis zur teuersten. Der Index veranschaulicht in der Tat die relativen Kosten für den Erwerb des Gegenwertes eines Dollars pro Rückkaufbarwert jeder Police nach 20 Jahren. Gegensatz zum → Nettozahlungsindex, der eine Rangfolge der Policenkosten erstellt, indem er für den Vergleich die traditionelle *Nettokostenmethode,* die den Zeitwert von Geld ignoriert und somit ein ungenaueres Bild der relativen Policenkosten gibt, verwendet.

*net cost method* of comparison, that ignores the time value of money and thus gives a less accurate picture of relative policy costs.

### Surrender Cost Method
→ Surrender Cost Index

### Surrender, Life Insurance
Action by the owner of a cash value policy to relinquish it for its → Cash Surrender Value. Since the Depression of the 1930s, companies have reserved the right to delay payment of a cash surrender value up to six months; however, payments have been prompt.

### Surrender Value
→ Surrender, Life Policy

### Survey
→ Survey Approach

### Survey Approach
Study of buying habits of consumers to determine their insurance needs.

### Survival Statute
→ Uniform Simultaneous Death Act

### Survivor Purchase Option
Provision applied as a → Rider attached to an → Ordinary Life Insurance Policy for the purpose of meeting → Estate Planning requirements. When the → Insured dies, the →

### Rückkaufkostenmethode
→ Rückkaufkostenindex

### Rückkauf, Lebensversicherung
Handlung des Besitzers einer Barwertpolice, diese für ihren → Rückkaufbarwert aufzugeben. Seit der Wirtschaftskrise der 1930er Jahre behalten sich Gesellschaften das Recht vor, die Auszahlung des Rückkaufbarwertes bis zu sechs Monate hinauszuzögern; die Zahlungen sind jedoch prompt erfolgt.

### Rückkaufwert
→ Rückkauf, Lebensversicherung

### Marktforschung
→ Marktforschungsansatz

### Marktforschungsansatz
Untersuchung der Kaufgewohnheiten von Verbrauchern, um deren Versicherungsbedarf zu bestimmen.

### Überlebensstatut
→ Uniform Simultaneous Death Act

### Kaufoption des Hinterbliebenen
Bestimmung, die als → Besondere Versicherungsvereinbarung zu einer → Lebensversicherung auf den Todesfall verwendet wird, um Erfordernisse der → Nachlaßplanung zu erfüllen. Wenn der → Versicherte stirbt, ist der → Begünstigte

Beneficary is entitled to receive the → Death Benefit in cash or to use the death benefit to purchase a new ordinary life insurance policy. This new policy is not subject to additional underwriting requirements and has, as the date of issue, the same time as the original policy. The initial premium due is automatically subtracted from the original policy's death benefit.

berechtigt, die → Todesfalleistung in bar zu erhalten oder die Todesfalleistung für den Kauf einer neuen Lebensversicherung auf den Todesfall zu verwenden. Diese neue Police unterliegt keinen zusätzlichen Zeichnungsbedingungen und hat als Ausgabedatum den gleichen Zeitpunkt wie die ursprüngliche Police. Die fällige Anfangsprämie wird automatisch von der Todesfalleistung der Originalpolice abgezogen.

## Survivorship Annuity

Agreement under which an annuitant receives a predetermined monthly income benefit for life upon the death of the insured. Should the annuitant predecease the insured, the contract is terminated and no benefits are ever paid. The life expectancy of both the insured and annuitant must be taken into consideration in determining the premium, and such, the annuitant cannot be changed once selected. This is also called a *reversionary annuity* (a life insurance policy combined with an annuity agreement).

## Überlebensrente

Vereinbarung, nach der ein Rentenempfänger bei Tod des Versicherten eine vorher bestimmte lebenslängliche monatliche Einkommenszahlung erhält. Sollte der Begünstigte vor dem Versicherten sterben, endet der Vertrag, und es werden keine Leistungen bezahlt. Bei der Bestimmung der Prämie muß sowohl die Lebenserwartung des Versicherten als auch des Begünstigten berücksichtigt werden, und somit kann der Begünstigte, wenn er einmal ausgewählt wurde, nicht geändert werden. Dies wird auch als *einseitige Überlebensrente* (eine mit einer Lebensversicherungspolice kombinierte Rentenvereinbarung) bezeichnet.

## Survivorship Benefit

Retirement income benefit of a survivor (or survivors) of an insured individual, according to a particular formula. For example, if a retired worker dies, all or a portion of his monthly pension (perhaps half

## Hinterbliebenenbezüge

Pensionseinkommensbezüge eines Hinterbliebenen (oder Hinterbliebener) einer versicherten Person gemäß einer bestimmten Formel. Z. B.: Wenn ein pensionierter Arbeiter stirbt, kann seine gesamte Pension oder ein Teil seiner monatlichen Pension (vielleicht die Hälfte oder

or two-thirds) may continue to go to his wife, if he has elected the → Joint and Survivor Option. Survivors of a person entitled to Social Security benefits also may be entitled to receive a survivorship benefit. For example, the widow may get as much as 100% of the husband's benefits, if claimed at age 65 or over.

2/3) an seine Frau weitergezahlt werden, wenn er die → Gemeinsame Überlebensoption gewählt hat. Hinterbliebene einer Person mit Anspruch auf Sozialrente können auch ein Anrecht auf Hinterbliebenenbezüge haben. Eine Witwe kann z. B. bis zu 100% der Bezüge ihres Mannes erhalten, wenn sie den Anspruch im Alter von 65 Jahren oder darüber stellt.

### Survivorship Clause
→ Common Disaster Clause (Survivorship Clause)

### Überlebensklausel
→ Allgemeine Unglücksklausel (Überlebensklausel)

### Survivorship Income Payments
→ Survivorship Benefit

### Hinterbliebeneneinkommenszahlungen
→ Hinterbliebenenbezüge

### Survivorship Life Insurance
Coverage on more than one person that pays a benefit after all of the insureds die. This type of *joint life policy* is significantly cheaper than a regular policy. Survivorship life insurance might be used to help fund estate taxes after the deaths of a husband and wife or as a form of *business continuation insurance*. → Tontine

### Überlebensversicherung
Versicherungsschutz für mehr als eine Person, die eine Leistung zahlt, nachdem alle Versicherten gestorben sind. Dieser Typ der *gemeinsamen Lebensversicherungspolice* ist bedeutend preiswerter als eine reguläre Police. Überlebensversicherungen könnten dazu verwendet werden, um nach dem Tod von Mann und Frau dabei zu helfen, Nachlaßsteuern zu finanzieren oder als eine Art *Geschäftsfortführungsversicherung zu fungieren*. → Erbklassenrente

### Survivors Right to Sue
Legal recourse available to survivors of a person who suffers a wrongful death. Under → Common Law, only an injured person had the right to sue for damages. If a wrongfully

### Recht des Hinterbliebenen, zu klagen
Rechtlicher Regreß, der Hinterbliebenen einer Person zur Verfügung steht, die widerrechtlich zu Tode gekommen ist. Nach dem → Allgemeinen Recht hatte nur eine verletzte Person das Recht, auf Schadenersatz zu klagen. Falls die widerrecht-

injured person died of those injuries, there was no one with a legal right to sue to recover damages for the death. State laws now provide for the survivors' right to sue, not just for the wrongful death but for loss of income and other losses.

## Suspension of Coverage

Interruption of insurance provided for in most property insurance policies under circumstances where a substantial increase in hazard has arisen with the knowledge or control of the insured. The policy's → Work and Materials Clause gives the insured the right to use materials and processes needed in his or her business without facing suspension from increased hazard. But major changes in the characteristics of the risk will trigger suspension of coverage. For example, a building used to warehouse dry goods when fire insurance first is written on it, may be converted by the insured to store paint. The substantial increase in hazard results in suspension of coverage. Vacancy for more than 60 days and riot or explosion also result in suspension. Coverage is reinstated automatically for the remainder of the policy term when the condition that triggered suspension is corrected.

lich verletzte Person jedoch an diesen Verletzungen stirbt, gibt es niemanden, der ein Recht hätte, wegen jener Verletzungen auf Schadenersatz zu klagen. Staatliche Gesetze sehen nun ein Recht der Hinterbliebenen vor, nicht nur wegen widerrechtlichen Todes, sondern auch wegen Einkommensverlustes und sonstiger Schäden zu klagen.

## Aufhebung des Versicherungsschutzes

In den meisten Sachversicherungspolicen vorgesehene Unterbrechung des Versicherungsschutzes unter Umständen, bei denen ein erheblicher Gefahrenanstieg mit Wissen oder unter der Kontrolle des Versicherten stattgefunden hat. Die → Arbeit- und Materialienklausel der Police verleiht einem Versicherten das Recht, Materialien und Verfahren zu verwenden, die er in seinem oder ihrem Unternehmen benötigt, ohne der Gefahr der Aufhebung des Versicherungsschutzes wegen einer gesteigerten Gefahr ausgesetzt zu sein. Große Veränderungen bei den Merkmalen des Risikos bewirken jedoch die Aussetzung des Versicherungsschutzes. Z. B.: Ein Gebäude, das, als die Feuerversicherung abgeschlossen wurde, zur Lagerung trockener Waren verwendet wurde, wird vielleicht vom Versicherten in ein Lager für Farben umgewandelt. Der nachhaltige Anstieg der Gefahr hat die Aussetzung des Versicherungsschutzes zur Folge. Ein Leerstehen für mehr als 60 Tage und Aufruhr oder Explosion haben ebenfalls eine Aufhebung zur Folge. Der Versicherungsschutz wird für den verbleibenden Policenzeitraum automatisch wiederhergestellt, wenn die Bedingung, die die Aufhebung auslöste, korrigiert wird.

## Suspension Provision
→ Suspension of Coverage

## Syndicate
Group of insurers or reinsurers involved in joint underwriting. Members typically take predetermined shares of premiums, losses, expenses, and profits. Syndicates, more common in → Reinsurance than in → Primary Insurance, are formed to cover major risks that are beyond the → Capacity of a single underwriter. → Pool; → Pooling

## System Safety
Method of accident prevention whose objective is to detect system-component deficiencies which have the potential for causing accidents.

## Systems Safety Engineering
Risk management technique for identifying risks and taking steps to minimize losses.

## Aufhebungsbestimmung
→ Aufhebung des Versicherungsschutzes

## Syndikat
Gruppe von Versicherern oder Rückversicherern, die an der gemeinsamen Zeichnung beteiligt sind. Mitglieder übernehmen üblicherweise im vorhinein festgelegte Anteile an Prämien, Schäden, Ausgaben und Gewinnen. Syndikate, die bei der → Rückversicherung häufiger vorkommen als bei der → Erstrangigen Versicherung, werden gebildet, um große Risiken zu versichern, die über die → Kapazität eines einzelnen Versicherers hinausgehen. → Pool; → Poolbildung

## Systemsicherheit
Methode zur Unfallprävention, deren Ziel es ist, Mängel von Systemkomponenten aufzudecken, die über ein Unfallverursachungspotential verfügen.

## Systemsicherheitstechnik
Risikomanagementtechnik zur Identifizierung von Risiken und Einleitung von Schritten, um Schäden zu minimieren.

# T

**Table of Morbidity**
→ Morbidity Table

**Table of Mortality**
→ Mortality Table

**Tabular Cost of Insurance**
→ Tabular Plans

**Tabular Interest Rate**
→ Tabular Plans

**Tabular Mortality**
→ Tabular Plans

**Tabular Plans**
→ Retrospective Rating system with basic, minimum, and maximum premium rates listed in manual tables. Calculation of an individual premium involves adjusting the basic premium for appropriate discounts, losses, and a tax multiplier. The rate is then set between the minimum and the maximum, based on the loss experience, the size of the risk, and the underwriter's judgment.

**Tabular-Value Reserve Method**
Means of setting life insurance reserves based on expected

**Erkrankungstabelle**
→ Erkrankungstabelle

**Sterblichkeitstabelle**
→ Sterblichkeitstabelle

**Tabellarische Versicherungskosten**
→ Tabellarische Systeme

**Tabellenzinssatz**
→ Tabellarische Systeme

**Tabellensterblichkeit**
→ Tabellarische Systeme

**Tabellarische Systeme**
→ Rückschauendes Prämienfestsetzungssystem mit Grund-, Mindest- und Höchstprämientarifen, die in Handbuchtabellen aufgeführt sind. Die Berechnung einer Einzelprämie beinhaltet, die Grundprämie mit einem entsprechenden Multiplikator für Rabatte, Schäden und Steuern anzupassen. Die Prämie wird dann auf der Grundlage der Schadenserfahrung, der Größe des Risikos und der Beurteilung des Zeichners zwischen dem Minimum und dem Maximum festgesetzt.

**Tabellarische Bewertungsreservenmethode**
Mittel zur Festsetzung der Rückstellungen von Lebensversicherungen auf Grundlage

mortality rates as reflected in a → Mortality Table. → Retrospective Method Reserve Computation

der in einer → Sterblichkeitstabelle widergespiegelten Sterblichkeitsraten. → Rückschauende Methode der Reservenberechnung

**Taft-Hartley Act**
Provision of Federal legislation that prohibits an employer from making contributions (premium payments) directly to a union for the purchase of employee benefits; instead the contributions can be paid into a trust fund established for these purposes.

**Taft-Hartley-Gesetz**
Bestimmung der Bundesgesetzgebung, die es einem Arbeitgeber verbietet, Beiträge (Prämienzahlungen) für den Kauf von Arbeitnehmerleistungen direkt an eine Gewerkschaft zu leisten. Statt dessen können die Beiträge an ein Treuhandvermögen, das für diese Zwecke errichtet wurde, eingezahlt werden.

**Tail Coverage**
Liability insurance that extends beyond the end of the policy period of a liability insurance policy written on a *claims-made* basis. Liability claims are often made long after the accident or event that caused the injury. Many liability policies are written on a claims made basis, which means the insurer pays only claims that are received during the policy period. In that case, an insured needs tail coverage to protect against claims he did not know about at the end of the policy period. For example, a doctor retires, allows his insurance policy to lapse, and a claim comes in six months later. In order to protect himself, the doctor purchases tail coverage.

**Verlängerter Versicherungsschutz**
Haftpflichtversicherung, die über das Ende der Policenlaufzeit einer Haftpflichtversicherungspolice, die auf der Grundlage geltend gemachter Ansprüche gezeichnet wurde, hinaus andauert. Haftpflichtansprüche werden häufig lange nach dem Unfall oder Ereignis, das die Verletzung verursachte, geltend gemacht. Viele Haftpflichtpolicen werden auf der Grundlage geltend gemachter Ansprüche gezeichnet, d.h., der Versicherer zahlt nur die Ansprüche, die während der Policenlaufzeit eingehen. In diesem Fall benötigt ein Versicherter verlängerten Versicherungsschutz, um sich gegen Ansprüche zu schützen, von denen er am Ende der Policenlaufzeit noch nichts wußte. Z. B.: Ein Arzt geht in Rente, erlaubt seiner Versicherungspolice zu verfallen, und sechs Monate später kommt ein Anspruch. Um sich zu schützen, schließt der Arzt einen verlängerten Versicherungsschutz ab.

**Tapes Insurance**
→ Data Processing Insurance

**Bänderversicherung**
→ Datenverarbeitungsversicherung

**Target Benefit Plan**
Type of pension in which benefits may vary depending on the investment performance of the pension plan assets. Contributions are made to fund a target benefit, such as 35% of compensation, using acceptable mortality and interest rate assumptions. Funds are invested wholly or partially in such vehicles as variable annuities or mutual funds, and benefits may exceed or fall below target levels depending on investment performance. Target plans are subject to the same annual contribution limits for individual participants as a → Money Purchase Plan. → Variable Dollar Annuity

**Vorkalkuliertes Leistungssystem**
Typ von Pension, bei der die Leistungen in Abhängigkeit von dem Abschneiden der Kapitalanlagen der Pensionssystemguthaben variieren können. Unter Verwendung akzeptabler Sterblichkeits- und Zinssatzannahmen werden Beiträge geleistet, um eine Zielleistung, wie etwa eine Entschädigung von 35%, zu finanzieren. Die Finanzmittel werden insgesamt oder teilweise in Medien wie variable Renten oder Kapitalanlagefonds investiert. Die Leistungen können je nach Abschneiden der Kapitalanlage das Zielniveau übersteigen oder unter das Zielniveau fallen. Zielsysteme unterliegen den gleichen jährlichen Beitragsbegrenzungen für einzelne Teilnehmer wie ein → Rentenkaufsystem. → Variable Dollarrente

**Target Risk**
1. Prospective buyers of insurance classified according to various demographics such as age, sex, and insurance.
2. Risk so hazardous that it is difficult to obtain insurance coverage.

**Zielrisiko**
1. Zukünftige Käufer von Versicherungen, die nach verschiedenen demographischen Daten wie Alter, Geschlecht und Versicherung klassifiziert werden.
2. Ein so gefährliches Risiko, daß es schwierig ist, Versicherungsschutz zu erhalten.

**Tariff**
→ Tariff Rate

**Tarif**
→ Tarifsatz

**Tariff Rate**
Standard property-liability insurance premium set by a rating bureau for a particular class of risk.

**Tarifsatz**
Standard-Sach-Haftpflichtversicherungsprämie, die von einem Prämienfestsetzungsbüro für eine bestimmte Risikoklasse festgesetzt wird.

**Taxable-Equivalent Yield**
Tax-free yield – (1 – individ-

**Steuerpflichtiger Ertragsgegenwert**
Steuerfreier Ertrag – (1 – kombinierte

ual's combined Federal and state income tax bracket). The calculation is made according to the following steps:

1. Determine individual's effective state tax rate (percentage that individual pays in state taxes after deduction of these state taxes from his or her Federal tax). Where: effective state tax rate = (state tax rate + local tax rate) x (1 - Federal income tax rate).

Assume that the individual's taxable income is $ 60,000. The individual is in the 33% Federal marginal income tax bracket, and his or her state tax rate on dividend income is 7.9%. Then the effective state tax rate = 0.079 (1 − 0.33) = 0.05293.

2. Determine individual's combined Federal and state income tax bracket (Federal marginal tax rate + effective state tax rate). For the above example, this relationship equals 0.33 + 0.05293 = 0.38293.

3. Determine taxable-equivalent yield. Assume, for the above example, that an individual is considering an investment that has a tax-free yield of 8%. Then

tax-equivalent yield =
tax-free yield ./. (1 – individual's combined Federal and state income tax bracket)

$$= \frac{0.08}{0.61707} = 12.96\,\%$$

Bundes- und Staatseinkommensteuerklasse einer Person). Die Berechnung wird entsprechend den folgenden Schritten vorgenommen:

1. Bestimmung des effektiven staatlichen Steuersatzes (Prozentsatz, den eine Person an staatlichen Steuern nach Abzug dieser staatlichen Steuern von seinen oder ihren Bundessteuern zahlt).
Wobei der effektive staatliche Steuersatz = (staatlicher Steuersatz + örtlicher Steuersatz) x (1 − Bundeseinkommensteuersatz) ist.

Nehmen wir an, das steuerpflichtige Einkommen einer Person beträgt US$ 60.000. Die Person unterliegt der Einkommensteuerklasse von 33%, und ihr Steuersatz für Dividendeneinkommen beträgt 7,9%. Dann liegt der effektive staatliche Steuersatz bei 0,079 (1 − 0,33) = 0,05293.

2. Bestimmung der kombinierten Bundes- und staatlichen Einkommensteuerklasse (Bundeseingangssteuersatz + effektiver staatlicher Steuersatz). Für das obige Beispiel entspricht dieses Verhältnis 0,33 + 0,05293 = 0,38293.

3. Bestimmung des steuerpflichtigen Ertragsgegenwertes. Nehmen wir für das obige Beispiel an, daß eine Person eine Kapitalanlage in Betracht zieht, die einen steuerfreien Ertrag von 8% hat. Dann ist der

steueräquivalente Ertrag =
steuerfreier Ertrag ./. (1 − kombinierte Bundes- u. staatliche Einkommensteuerklasse)

$$= \frac{0{,}08}{0{,}61707} = 12{,}96\,\%$$

## Taxable Income

Earned and unearned income on which current taxes must be paid. Tax avoidance is one of the goals of investment and various tax-free or tax-deferred investments have been devised for this purpose. In the past, real estate and oil and gas limited partnerships have been a method of avoiding tax on current income, but changing tax legislation frequently alters the nature of taxable income and the taxes that must be paid on it. For example, the → Tax Reform Act of 1986 eliminated contributions to → Individual Retirement Accounts as a deduction for many taxpayers.

Insurance products have long enjoyed special tax benefits because of the belief in the importance of protecting one's family. For example, the interest buildup in annuities is allowed to accumulate tax deferred. Taxes are paid on the earnings only when the money is withdrawn. Because the 1986 Federal tax law eliminated so many other forms of tax shelters, insurance products became even more attractive for these properties.

## Steuerpflichtiges Einkommen

Verdientes und nichtverdientes Einkommen, auf das laufende Steuern gezahlt werden müssen. Die Steuervermeidung ist eines der Ziele von Kapitalanlagen, und verschiedene steuerfreie oder steueraufschiebende Kapitalanlagen sind zu diesem Zweck geschaffen worden. In der Vergangenheit stellten Beteiligungen an Immobilien- und Öl- und Gasgesellschaften eine Methode der Steuervermeidung für laufendes Einkommen dar, aber die sich ändernde Steuergesetzgebung ändert häufig die Natur des steuerpflichtigen Einkommens und die Steuern, die darauf gezahlt werden müssen. Z. B. schaffte das → Steuerreformgesetz aus dem Jahre 1986 die Beiträge zu → Individuellen Rentenkonten als Freibetrag für viele Steuerzahler ab.

Versicherungsprodukte haben wegen des Glaubens an die Wichtigkeit des Schutzes der Familie lange besondere Steuervorteile genossen. Die Ansparung der Zinsen darf bei Renten z. B. steueraufschiebend erfolgen. Steuern werden nur dann auf Verdienste gezahlt, wenn das Geld entnommen wird. Weil das Steuerreformgesetz aus dem Jahre 1986 so viele andere Formen der Verhinderung steuerlicher Belastungen beseitigt hat, wurden Versicherungsprodukte für diese Eigenschaften sogar noch attraktiver.

## Tax Advantages of Qualified Plan
→ Pension Plan

## Steuervorteile eines steuerbegünstigten Systems
→ Pensionssystem

## Tax-Appraised Value
Estimate of an asset that is used

## Steuerlicher Veranlagungswert
Schätzung eines Guthabens, die verwendet

to determine tax obligations. It is usually in the interest of the owner to have a low value put on a piece of property for tax purposes. However, the owner sometimes wants the same property to carry a higher appraisal value for insurance purposes so that losses can be easily recovered if the property is lost or damaged.

**Taxation, Insurance Companies**
→ Tax Equity and Financial Responsibility Acts of 1982 and 1983 (TEFRA); → Tax Reform Act of 1984

**Taxation, Interest on Dividends**
Interest earned on dividends from a *participating life insurance policy* left on deposit with the insurance company and subject to taxation.

**Taxation, Life Insurance Companies**
→ Tax Equity and Financial Responsibility Acts of 1982 and 1983 (TEFRA); → Tax Reform Act of 1984

**Taxation, Participating Dividends**
Dividends of a *participating life insurance policy* deemed by the Internal Revenue Service to be a return of a portion of premiums and thus not subject to taxation.

wird, um Steuerverpflichtungen zu bestimmen. Es liegt gewöhnlich im Interesse des Besitzers, daß einem Vermögensgegenstand zu Steuerzwecken ein möglichst niedriger Wert beigemessen wird. Doch der Besitzer möchte manchmal, daß der gleiche Vermögensgegenstand einen höheren Schätzwert für Versicherungszwecke hat, so daß, falls der Vermögensgegenstand verlorengeht oder beschädigt wird, leicht Schadenersatz erlangt werden kann.

**Besteuerung, Versicherungsgesellschaften**
→ Tax Equity and Financial Responsibility Acts of 1982 and 1983 (TEFRA); → Steuerreformgesetz aus dem Jahre 1984

**Besteuerung, Zinsen auf Dividenden**
Auf Dividenden einer *gewinnbeteiligten Lebensversicherungspolice* verdiente Zinsen, die als Einlage bei der Versicherungsgesellschaft belassen werden und der Besteuerung unterliegen.

**Besteuerung, Lebensversicherungsgesellschaften**
→ Tax Equity and Financial Responsibility Acts of 1982 and 1983 (TEFRA); → Steuerreformgesetz aus dem Jahre 1984

**Besteuerung, Gewinnbeteiligte Dividenden**
Dividenden einer *gewinnbeteiligten Lebensversicherungspolice* werden vom Internal Revenue Service (Einkommensteuerverwaltung) als Rückerstattung eines Teiles der Prämien angesehen und unterliegen somit nicht der Besteuerung.

**Taxation, Proceeds**
→ Authority to Terminate Plan; → Gift Tax; → Taxable Income; → Taxation, Interest on Dividends; → Taxation, Participating Dividends; → Tax Deferral; → Tax Deferred Annuity (TDA); → Tax Equity and Financial Responsibility Acts of 1982 and 1983 (TEFRA); → Tax Free Rollover; → Tax Planning; → Tax Reform Act of 1984; → Tax Reform Act of 1986

**Tax Benefits of Annuity**
→ Annuity

**Tax Benefits of Life Insurance**
Tax advantages of investing in life insurance fall into two main areas: (1) → Tax Deferral on untaxed buildup of earnings in such *cash value* policies as whole life insurance and annuities, and (2) exclusion from Federal income tax of the proceeds of a death benefit of an insurance policy. → Tax Reform Act of 1986

**Tax Bracket Shifting**
Arrangement of financial affairs such that a family member who is in a lower income tax bracket receives income that another family member would otherwise have received (thereby reducing the taxes paid by the family unit).

**Besteuerung, Erlöse**
→ Vollmacht, ein System zu beenden; → Schenkungssteuer; → Steuerpflichtiges Einkommen; → Besteuerung, Zinsen auf Dividenden; → Besteuerung, Gewinnbeteiligte Dividenden; → Steuerstundung; → Steueraufschiebende Rente; → Tax Equity and Financial Responsibility Acts of 1982 and 1983 (TEFRA); → Steuerfreie Übertragung; → Steuerplanung; → Steuerreformgesetz aus dem Jahre 1984; → Steuerreformgesetz aus dem Jahre 1986

**Steuererleichterungen der Rente**
→ Rente

**Steuererleichterungen der Lebensversicherung**
Steuervorteile von Kapitalanlagen in Lebensversicherungen gliedern sich in zwei Bereiche: (1) → Steuerstundung der nicht-versteuerten Bildung von Verdiensten bei *Barwert*policen wie der Lebensversicherung auf den Todesfall und Renten und (2) Ausschluß der Erlöse einer Todesfalleistung aus einer Versicherungspolice von der Bundeseinkommensteuer. → Steuerreformgesetz aus dem Jahre 1986

**Steuerklassenüberwälzung**
Regelung der finanziellen Angelegenheiten, so daß ein Familienmitglied, das einer niedrigeren Steuerklasse angehört, ein Einkommen erhält, das ansonsten ein anderes Familienmitglied erhalten hätte (wodurch die durch die Familieneinheit gezahlten Steuern reduziert werden).

## Tax Deferral

Postponement of taxes on investment or other earnings until the investor begins to consume them and anticipates being in a lower tax bracket. One example of a tax-deferred investment is an → Individual Retirement Account (IRA). Earnings accumulate tax free until the account holder retires after age 59 1/2. At that time, taxes must be paid on the earnings as money is withdrawn from the account. Other examples of tax deferred investments are insurance products such as *annuities* and various types of *whole life insurance* such as → Variable Life and → Universal Life. The → Tax Reform Act of 1986 limited the use of IRAs, making insurance products one of the few tax-deferred investments still available.

## Tax Deferred Annuity (TDA)

Retirement vehicle permitted under → Section 403 (b) Plan of the U.S. Internal Revenue Code for employees of a public school system or a qualified charitable organization. Under such an agreement, the maximum annual contribution is $ 9500. Cash values and dividends accrue but are not taxed until the annuitant actually receives benefits. At that time, the annuitant is taxed only on

## Steuerstundung

Aufschub von Steuern auf Kapitalanlagen oder andere Verdienste, bis ein Anleger beginnt, diese zu verbrauchen, und antizipiert, daß er einer niedrigeren Steuerklasse angehört. Ein Beispiel einer steuerverschiebenden Kapitalanlage ist ein → Individuelles Rentenkonto. Die Verdienste sammeln sich steuerfrei an, bis der Konteninhaber nach Erreichung des Alters von 59 1/2 Jahren in Rente geht. Zu diesem Zeitpunkt müssen Steuern auf die Verdienste gezahlt werden, da Geld vom Konto entnommen wird. Sonstige Beispiele für steueraufschiebende Kapitalanlagen sind Versicherungsprodukte wie *Renten* und verschiedene Arten von *Lebensversicherungen auf den Todesfall*, wie die → Variable Lebensversicherung und die → Universelle Lebensversicherung. Das → Steuerreformgesetz aus dem Jahre 1986 beschränkte die Verwendung von → Individuellen Rentenkonten und machte Versicherungsprodukte somit zu einer der wenigen weiterhin verfügbaren steueraufschiebenden Kapitalanlagen.

## Steueraufschiebende Rente

Rentenmedium, das nach dem → Section 403(b) Plan der US-amerikanischen Abgabenordnung für Angestellte eines öffentlichen Schulsystems oder einer steuerbegünstigten gemeinnützigen Organisation zulässig ist. Nach einer solchen Übereinkunft beträgt der Höchstbeitrag pro Jahr US$ 9.500. Barwerte und Dividenden sammeln sich an, werden aber nicht versteuert, bis der Rentenempfänger tatsächlich Leistungen empfängt. Zu diesem Zeitpunkt wird der Rentenempfänger nur für den Betrag besteuert, der die Anlage in

the amount that exceeds the investment in the annuity. Should the annuitant receive a monthly benefit under one of the various *annuities,* the percentage of each payment that would not be subject to taxation is determined by the exclusion ratio:

Exclusion Ratio =
$$\frac{\text{Amount Invested in Annuity}}{\text{Expected Return under Annuity}}$$

where the expected return under the annuity equals the life expectancy of the annuitant x the annual income payment.
For example, if an annuitant invested $ 40,000 in an annuity, and at age 60 has a 14 year life expectancy, and receives an annual income of $ 5,000, then 57.14% of each income payment would not be subject to taxation.

## Tax Equity and Financial Responsibility Acts of 1982 and 1983 (TEFRA)

Legislation that redefined life insurance and raised taxes on life insurance companies. Among the provisions were new rules for some life insurance products, including a definition of → Flexible Premium Life Insurance, and an increase in life insurance company taxes. Congress was concerned that a policyholder

die Rente übersteigt. Sollte der Rentenempfänger bei einer der verschiedenen *Renten* eine monatliche Leistung beziehen, dann wird der Prozentsatz jeder Zahlung, der der Besteuerung nicht unterliegt, durch das *Ausschlußverhältnis* bestimmt werden:

Ausschlußverhältnis =
$$\frac{\text{in die Rente einbezahlter Betrag}}{\text{bei der Rente erwarteter Ertrag}}$$

wobei der erwartete Ertrag bei der Rente der Lebenserwartung des Rentenempfängers x der jährlichen Einkommenszahlung entspricht.
Wenn ein Rentenempfänger beispielsweise US$ 40.000 in eine Rente einbezahlte und im Alter von 60 Jahren eine Lebenserwartung von 14 Jahren hat und ein jährliches Einkommen von US$ 5.000 bezieht, dann würden 57,14% jeder Einkommenszahlung nicht der Besteuerung unterliegen.

## Tax Equity and Financial Responsibility Acts of 1982 and 1983 (TEFRA)

(Steuergerechtigkeits- und Finanzverantwortungsgesetze aus den Jahren 1982 und 1983) – Gesetzgebung, die die Lebensversicherung neu definierte und die Steuern für Lebensversicherungsgesellschaften anhob. Unter den Bestimmungen gab es neue Vorschriften für einige Lebensversicherungsprodukte, einschließlich einer Definition der → Lebensversicherung mit flexibler Prämie, und eine Steigerung bei den Steuern für Lebensversicherungsge-

could take a substantial amount, say $ 1 million, and, after putting a few dollars toward a life insurance premium, put the remainder into a tax-free investment vehicle. One of two tests had to be satisfied for a policy to qualify as life insurance: (1) the cash surrender value policy could not exceed a net single premium, and (2) the death benefit had to represent a certain percentage of the cash value, which declined as the policyholder got older. For example, at age 40, the death benefit must be 140% of cash value. The second rule closed a loophole on tax-free withdrawals from annuities. Prior to 1982 an annuity holder could withdraw his initial premium tax free at any time. The 1982 code decreed that any money withdrawn from an annuity would be considered income first and would therefore be taxable.

The older 1959 tax code devised a shorthand formula for determining taxes paid by insurers. The formula worked when interest rates were low, but as they soared, insurers found ways to reduce the increased tax bite. The 1982 code introduced a stopgap measure designed to raise taxes on life insurers by $ 3 billion.

sellschaften. Der Kongreß war besorgt, daß ein Policenbesitzer einen beträchtlichen Betrag von einer Millionen Dollar beispielsweise nehmen könnte und, nachdem er ein paar Dollar in eine Lebensversicherungsprämie gesteckt hat, den Rest in einem steuerfreien Kapitalanlagemedium anlegen könnte. Einer von zwei Tests mußte erfüllt werden, damit eine Police als Lebensversicherung gelten konnte: (1) Die Rückkaufbarwertpolice durfte eine einzelne Nettoprämie nicht übersteigen, und (2) die Todesfalleistung mußte einen bestimmten Prozentsatz des Barwertes darstellen, der mit zunehmendem Alter des Policeninhabers abnahm. Im Alter von 40 Jahren muß die Todesfalleistung z. B. 140 % des Barwertes betragen. Die zweite Vorschrift schloß ein Hintertürchen für steuerfreie Entnahmen bei Renten. Vor 1982 konnte ein Renteninhaber seine ursprüngliche Prämie zu jeder Zeit steuerfrei entnehmen.

Die Vorschriften aus dem Jahre 1982 bestimmten, daß alles von einer Rente entnommene Geld zunächst als Einkommen betrachtet würde und deshalb steuerpflichtig sei.

Die älteren Steuervorschriften aus dem Jahre 1959 schufen eine knappe Formel für die Bestimmung der von den Versicherern gezahlten Steuern. Die Formel funktionierte, solange die Zinssätze niedrig waren, als diese jedoch emporschnellten, fanden Versicherer Wege, den gesteigerten Steuerzugriff zu verringern. Die Vorschriften von 1982 führten eine behelfsmäßige Maßnahme ein, die dazu geschaffen war, die Steuern für Lebensversicherer um US$ 3 Milliarden anzuheben.

**Tax-Equivalent Income**
Tax-exempt income which, for comparative purposes, has been increased by an amount equal to the taxes that would be paid if this income were fully taxable at statutory rates. → Taxable-Equivalent Yield

**Tax (Federal), Income of Pension Plan**
→ Pension Plan

**Tax-Free Exchange of Insurance Products**
Under Section 1035 of the Internal Revenue Code, stipulation that the exchange of one life insurance policy for another life insurance policy will generally not result in a recognized gain for the purpose of federal income tax purposes to the policyowner who exchanges the policy. The insured must be the same person under both policies. If the policyowner should surrender the second policy in a taxable transaction, the untaxed gain is then recognized. The types of policy exchanges which can be made on a tax-free basis are as follows: a life insurance policy for another life insurance policy, a life insurance policy for an annuity contract, and an annuity contract for another annuity contract (an annuity contract cannot be exchanged on a tax-free basis for a life insurance policy. The → An-

**Steueräquivalentes Einkommen**
Steuerbefreites Einkommen, das zu Vergleichszwecken um den Betrag erhöht wird, der den Steuern entspricht, die hätten gezahlt werden müssen, wenn dieses Einkommen nach den gesetzlichen Tarifen voll steuerpflichtig gewesen wäre. → Steuerpflichtiger Ertragsgegenwert

**(Bundes-)steuer, Einkommen des Pensionssystems**
→ Pensionssystem

**Steuerfreier Austausch von Versicherungsprodukten**
Bestimmung gemäß Abschnitt 1035 des Internal Revenue Code (Abgabenordnung), daß der Austausch einer Lebensversicherungspolice gegen eine andere Lebensversicherungspolice für den Policeninhaber, der die Policen austauscht, generell keinen anerkannten Gewinn der Bundeseinkommensteuer zur Folge hat. Der Versicherte muß bei beiden Policen die gleiche Person sein. Sollte der Versicherte die zweite Police in einer steuerpflichtigen Transaktion aufgeben, dann wird der nicht versteuerte Gewinn anerkannt. Die Arten des Policenaustausches, die auf einer steuerfreien Grundlage vorgenommen werden können, sind wie folgt: eine Lebensversicherungspolice für eine andere Lebensversicherungspolice, eine Lebensversicherungspolice für einen Rentenvertrag und ein Rentenvertrag für einen anderen Rentenvertrag (ein Rentenvertrag kann nicht steuerfrei gegen eine Lebensversicherungspolice ausgetauscht werden. Der → Rentenempfänger muß bei beiden Rentenverträgen die gleiche Person sein, um die Steuerbefreiung zu erhalten).
→ Mindesteinlagenrettung

nuitant must be the same person under both annuity contracts in order to maintain the tax-free basis.) → Minimum Deposit Rescue

## Tax-Free Income

→ Taxation, Participating Dividends; → Tax Benefits of Life Insurance; → Tax Deferral; Tax Deferred Annuity (TDA); → Tax Free Rollover; → Tax Planning

## Tax-Free Rollover

1. Transfer of money from or into an employer-sponsored pension or other qualified plan into an → Individual Retirement Account (IRA) without paying tax on the distribution.
2. Transfer of money from one individual retirement account to another without paying tax. In both cases, the law allows the account holder 60 days to place the money in a new IRA account. Transfer from one account to another can be accomplished either by withholding the money from one account and depositing it in another within 60 days or by instructing one institution to transfer it to a second. As long as the new deposit is made within 60 days, there is no current tax liability.

## Tax Lien

Claim against property for payment of taxes. Life insur-

## Steuerfreies Einkommen

→ Besteuerung, Gewinnbeteiligte Dividenden; → Steuererleichterungen der Lebensversicherung; → Steuerstundung; → Steueraufschiebende Rente; → Steuerfreie Übertragung; → Steuerplanung

## Steuerfreie Übertragung

1. Transfer von Geld aus einem oder in ein vom Arbeitgeber unterstütztes Pensions- oder sonstiges steuerbegünstigtes System in ein → Individuelles Rentenkonto, ohne bei Ausschüttung Steuern zu zahlen.
2. Transfer von Geld aus einem individuellen Rentenkonto in ein anderes, ohne Steuern zu zahlen.
In beiden Fällen gewährt das Gesetz dem Konteninhaber 60 Tage, um das Geld auf ein neues individuelles Rentenkonto einzuzahlen. Der Transfer von einem Konto zum anderen kann entweder dadurch erreicht werden, daß das Geld einem Konto vorenthalten wird und innerhalb von 60 Tagen auf ein anderes eingezahlt wird oder dadurch, daß eine Institution beauftragt wird, es an eine zweite zu überweisen. Solange die neue Einlage innerhalb von 60 Tagen vorgenommen wird, gibt es keine laufende Steuerverbindlichkeit.

## Steuerpfandrecht

Anspruch auf Zahlung von Steuern gegenüber Vermögen. Erlöse von Le-

ance proceeds and annuity benefits are protected against certain creditors of the insured, but the Federal government is not one of them. Thus life insurance and annuity benefits can be held liable if the Federal government has a tax lien against the insured.

**Tax Multiplier**
Factor applied in → Retrospective Rating in order to increase the → Basic Premium to cover state premium taxes for liability and workers compensation insurance. For example, if a state premium tax is 2%, the tax multiplier used in the formula to determine the *retrospective premium* would be 1.02.

**Tax Planning**
Arrangement of discretionary income, expenses, and investments in a way that enhances after-tax wealth. Insurance policies can be used to increase after-tax income through the tax-deferral features of → Cash Value Life Insurance and to reduce estate taxes through the preferential tax treatment of the life insurance → Death Benefit. → Estate Planning

**Tax Reform Act of 1976**
Legislation that provided temporary rules for implementing the → Employee Retirement

bensversicherungen und Rentenbezüge sind gegen bestimmte Gläubiger des Versicherten geschützt. Die Bundesregierung gehört jedoch nicht zu diesen. Somit können Lebensversicherungs- und Rentenleistungen haftbar gemacht werden, wenn die Bundesregierung dem Versicherten gegenüber über ein Steuerpfandrecht verfügt.

**Steuermultiplikator**
Bei der → Rückschauenden Prämienfestsetzung verwendeter Faktor, um die → Grundprämie anzuheben, damit sie die staatlichen Prämiensteuern für die Haftpflicht- und Berufsunfallversicherung abdeckt. Wenn z. B. eine staatliche Prämiensteuer 2% beträgt, dann wäre der in der Formel zur Bestimmung der *rückschauenden Prämie* verwendete Steuermultiplikator 1,02.

**Steuerplanung**
Gestaltung des frei verfügbaren Einkommens, der Ausgaben und der Kapitalanlagen in einer Weise, die den Reichtum nach Steuern steigert. Versicherungspolicen können verwendet werden, um das Einkommen durch steueraufschiebende Merkmale der → Barwertlebensversicherung nach Steuern zu steigern und um Nachlaßsteuern durch die bevorzugte steuerliche Behandlung der → Todesfalleistung von Lebensversicherungen zu reduzieren. → Nachlaßplanung

**Steuerreformgesetz aus dem Jahre 1976**
Gesetzgebung, die vorübergehende Vorschriften für die Durchführung des → Employee Retirement Income Security

Income Security Act of 1974 (ERISA).

## Tax Reform Act of 1984

Legislation that raised taxes on life insurers and further defined life insurance. Because the → Tax Equity and Financial Responsibility Act of 1982 and 1983 (TEFRA) failed to raise the amount of revenue the U.S. Treasury wanted, the 1984 Act again raised the corporate tax on life insurance companies. It also expanded the definition of life insurance to all life insurance contracts, rather than just those with flexible premiums that had been addressed in the *Tax Reform Act of 1982*. For → Flexible Premium contracts, the 1982 Act established the death benefits had to represent a certain percentage of the cash value, which declined as the policyholder got older. The 1984 Act raised that ratio. For example, at age 40, the death benefit must be at least 250% of cash value for the product to qualify as life insurance. This act also attempted to redistribute the tax burden between mutual and stock life insurance companies. It also replaced a three-tier structure for taxing life insurance companies with a single-phase structure.

Act of 1974 (ERISA) (Arbeitnehmerrenteneinkommenssicherheitsgesetz aus dem Jahre 1974) lieferte.

## Steuerreformgesetz aus dem Jahre 1984

Gesetzgebung, die die Steuern für Lebensversicherer anhob und die Lebensversicherung weiter definierte. Da die → Tax Equity and Financial Responsibility Acts of 1982 and 1983 (TEFRA) (Steuergerechtigkeits- und Finanzverantwortungsgesetze aus den Jahren 1982 und 1983) nicht in der Lage waren, die Einnahmen hervorzubringen, die das US-Finanzministerium wünschte, hob das 1984er Gesetz die Unternehmenssteuern für Lebensversicherungsgesellschaften erneut an. Außerdem weitete es die Definition der Lebensversicherung auf alle Lebensversicherungsverträge aus, bis auf jene mit flexiblen Prämien, auf die das *Steuerreformgesetz aus dem Jahre 1982* ausgerichtet war. Für Verträge mit → Flexibler Prämie legte das Gesetz von 1982 fest, daß die Todesfalleistungen einen bestimmten Prozentsatz des Barwertes darstellen müßten, der mit zunehmendem Alter des Policenbesitzers abnahm. Das Gesetz von 1984 hob dieses Verhältnis weiter an. Z. B. muß im Alter von 40 Jahren die Todesfalleistung mindestens 250% des Barwertes betragen, damit sich das Produkt als Lebensversicherung qualifiziert. Dieses Gesetz versuchte auch die Steuerlast zwischen Lebensversicherungsvereinen auf Gegenseitigkeit und Lebensversicherungen auf Aktien neu zu verteilen. Es ersetzte auch die dreistufige Struktur bei der Besteuerung von Lebensversicherungsgesellschaften durch eine einstufige Struktur.

## Tax Reform Act of 1986

Legislation to eliminate most tax shelters and writeoffs in exchange for lower rates for both corporation and individuals. It was intended to be revenue neutral; that is, to bring in the same amount of revenue as the previous law.

1. For individuals, it eliminated deductions for most tax shelters such as tax-advantaged limited partnerships; it eliminated special treatment for capital gains by taxing them at the same rate as ordinary income.

2. Deductions for an → Individual Retirement Account (IRA) no longer applied to those with incomes above $ 35,000 and couples above $ 50,000 unless they had no company pension plan. Individuals with incomes between $ 25,000 and $ 35,000 and couples between $ 40,000 and $ 50,000 got a partial deduction.

3. For company-sponsored 401 (k) salary reduction plans, the maximum annual limit was reduced from $ 30,000 to $ 7000; antidiscrimination rules were tightened; and a 10% penalty was imposed for withdrawals before age 59 1/2.

4. Other administrative changes made it more expensive for companies to start or maintain a company pension plan.

## Steuerreformgesetz aus dem Jahre 1986

Gesetzgebung, die die meisten Steuervermeidungs- und Abschreibungsmöglichkeiten im Austausch gegen niedrigere Tarife sowohl für Unternehmen als auch für Einzelpersonen abschaffen sollte. Es war beabsichtigt, daß dies einnahmenneutral geschehen sollte, d.h., daß dieses Gesetz die gleichen Einnahmen bringen sollte wie das vorhergehende Gesetz.

1. Für Einzelpersonen strich es Freibeträge für die meisten Steuervermeidungsmöglichkeiten, wie steuerbegünstigte Kommanditgesellschaften. Es schaffte die Sonderbehandlung von Kapitalgewinnen ab, indem es sie zu dem gleichen Satz wie normales Einkommen besteuerte.

2. Die Freibeträge für ein → Individuelles Rentenkonto trafen für jene mit einem Einkommen über US$ 35.000 und Ehepaare mit einem Einkommen über US$ 50.000 nicht länger zu, außer, wenn sie über kein Firmenpensionssystem verfügten. Einzelpersonen mit einem Einkommen zwischen US$ 25.000 und US$ 35.000 und Ehepaare mit einem Einkommen zwischen US$ 40.000 und US$ 50.000 erhielten einen teilweisen Freibetrag.

3. Für von Firmen unterstützte 401(k) Gehaltsreduzierungssysteme wurde das jährliche Höchstlimit von US$ 30.000 auf US$ 7.000 gesenkt, Antidiskriminierungsvorschriften wurden strenger, und Entnahmen vor Erreichen des Alters von 59 1/2 Jahren wurden mit einer Strafe in Höhe von 10% belegt.

4. Sonstige verwaltungsbedingte Änderungen machten es für Firmen teurer, ein Unternehmenspensionssystem zu beginnen oder zu unterhalten.

5. Die → Barwertlebensversicherung war

5. → Cash Value Life Insurance was one of the few retirement vehicles to retain its tax-deferred status.
6. Top individual tax rates were reduced from a series of rates going up to 50% to two rates: 15% and 28%, although the top marginal rate was 33%.
7. The top corporate rate down from 46% to 34%.
8. The investment tax credit was eliminated and depreciation schedules were lengthened.
9. Many industries lost special advantages they held under the old code.
10. The alternative minimum tax was stiffened for individuals and one was added for corporations.

**Tax-Sheltered Annuit (TSA)**
→ Tax Deferred Annuity (TDA)

**Teachers Insurance and Annuity Association – College Retirement Equities Fund (TIAA-CREF)**
Life insurance company that sells life insurance and annuities to the faculty and staff of colleges and universities. Its TIAA-CREF Tax-Sheltered Annuity (TSA) uses a traditional → Fixed Dollar Annuity, the TIAA portion, and a → Variable Dollar Annuity, the CREF portion. Most partici-

eines der wenigen Rentenmedien, das seinen steueraufschiebenden Status beibehielt.
6. Die Spitzeneinzelsteuersätze wurden von einer Reihe von Sätzen, die bis zu 50 % reichten, auf zwei Sätze reduziert, 15% und 28%, obwohl der Spitzensteuersatz bei 33% lag.
7. Der Spitzenunternehmenssteuersatz wurde von 46% auf 34% gesenkt.
8. Die Steuervergünstigungen für Kapitalanlagen wurden abgeschafft und die Abschreibungsschemata verlängert.
9. Viele Branchen verloren Sondervorteile, die sie unter der alten Abgabenordnung nutzen konnten.
10. Die alternative Mindeststeuer wurde für Einzelpersonen verschärft, und für Unternehmen wurde eine hinzugefügt.

**Steuergeschützte Rente**
→ Steueraufschiebende Rente

**Teachers Insurance and Annuity Association – College Retirement Equities Fund (TIAA-CREF)**
(Lehrerversicherungs-, Rentenvereinigungs- und Collegepensionierungseigenkapitalfonds) – Lebensversicherungsgesellschaft, die Lebensversicherungen und Renten an Fakultäten und die Mitarbeiter von Colleges und Universitäten verkauft. Ihre TIAA-CREF steuergeschützte Rente verwendet eine traditionelle → Festgelegte Dollarrente den TIAA Teil, und eine → Variable Dollarrente, den CREF Teil.

pants have a → Split Funded Plan with 50% of the premium going to each, but this proportion can be changed as often as a participant desires. → Tax Deferred Annuity (TDA)

**Technical and Miscellaneous Revenue Act of 1988 (TAMRA): Children's Education**

Determination that investments by parents in their children's education through the purchase of Series EE Savings Bonds which generate interest income are tax-exempt if the proceeds are applied to qualified education expenses. To qualify for this tax exemption, the following criteria must be met:

1. In order for education expenses to qualify, they must be incurred in the year of redemption of the bonds. Such expenses include tuition and required fees. In a year in which the proceeds from the redeemed bonds are greater than the qualifying expenses, a prorated percentage of the redeemed bonds' earnings becomes taxable income for that year.

2. In order for the education expenses to qualify, they must be the expenses of the bond's purchaser or those ot the purchaser's dependent in the year of redemption of the bonds.

3. In order for the education

Die meisten Teilnehmer verfügen über ein → Geteiltes finanziertes System, bei dem 50% der Prämie an jeden gehen, aber dieses Verhältnis kann, sooft der Teilnehmer dies wünscht, geändert werden. → Steueraufschiebende Rente

**Technical and Miscellaneous Revenue Act of 1988 (TAMRA): Children's Education**

(Gesetz über technische und verschiedenartige Staatseinkünfte aus dem Jahre 1988: Ausbildung von Kindern) – Bestimmung, daß die Investitionen von Eltern in die Ausbildung ihrer Kinder durch den Kauf kleingestückelter Staatsobligationen der Serie EE, die ein Zinseinkommen hervorbringen, steuerfrei sind, wenn die Erlöse für steuerbegünstigte Ausbildungsausgaben verwendet werden. Zur Erlangung dieser Steuerbefreiung müssen die folgenden Bedingungen erfüllt sein:

1. Damit die Ausgaben für die Ausbildung steuerlich begünstigt werden, müssen sie in dem Jahr der Auszahlung der Staatsobligationen anfallen. Solche Ausgaben schließen Schulgeld und die erforderlichen Gebühren ein. In einem Jahr, in dem die Erlöse der ausbezahlten Staatsobligationen größer sind als die steuerbegünstigten Ausgaben, wird ein anteilmäßiger Prozentsatz der Verdienste der ausbezahlten Staatsobligationen zu steuerpflichtigem Einkommen für dieses Jahr.

2. Damit die Ausgaben für die Ausbildung steuerlich begünstigt werden, muß es sich um Ausgaben des Käufers der Staatsobligationen oder des Unterhaltsberechtigten des Käufers im Auszahlungsjahr der Staatsobligationen handeln.

3. Damit die Ausgaben für die Ausbildung

expenses to qualify, the purchaser of the bonds must be at least 24 years of age and the bonds must be in the name of the purchaser or in the joint names of the purchaser and his or her spouse. Also, married individuals must file joint tax returns.

4. Bonds purchased must have been issued after December 31, 1987.

**Technical and Miscellaneous Revenue Act of 1988 (TAMRA): Employee Benefits**

Determination that group plans offering legal services are limited to an annual tax-free benefit of $ 70 per employee; group plans may offer employer-provided educational assistance plans on a tax-exclusion basis to employees, with the exception of graduate school expenses; if an employer elects to treat highly compensated employees as those earning in excess of $50,000, then the employer must have significant business operations in at least two geographically separate locations; and each plan must be tested for discrimination on a date to be chosen by the employer in 1990, and the same date must be used each year in the future unless a date change is approved in advance by the Secretary of the Treasury.

steuerlich begünstigt werden, muß der Käufer der Staatsobligationen wenigstens 24 Jahre alt sein, und die Obligationen müssen auf den Namen des Käufers oder auf die gemeinsamen Namen des Käufers und seines Ehepartners lauten. Außerdem müssen verheiratete Personen eine gemeinsame Steuererklärung einreichen.

4. Die gekauften Obligationen müssen nach dem 31. Dezember 1987 ausgegeben worden sein.

**Technical and Miscellaneous Revenue Act of 1988 (TAMRA): Employee Benefits**

(Gesetz über technische und verschiedenartige Staatseinkünfte aus dem Jahre 1988: betriebliche Sozialzulagen) – Bestimmung, daß Gruppenvorhaben, die juristische Dienstleistungen anbieten, auf eine jährliche steuerfreie Leistung von US$ 70 pro Arbeitnehmer beschränkt sind. Gruppenvorhaben können Arbeitnehmern vom Arbeitgeber zur Verfügung gestellte Ausbildungsbeihilfen auf einer steuerbefreiten Grundlage anbieten, mit der Ausnahme der Ausgaben für Graduiertenschulen. Falls der Arbeitgeber sich dafür entscheidet, hochbezahlte Arbeitnehmer, wie jene mit einem Verdienst von über US$ 50.000, zu beschäftigen, dann muß der Arbeitgeber über beträchtliche Geschäftstätigkeiten in wenigstens zwei geographisch voneinander getrennten Standorten verfügen, und jedes Vorhaben muß an einem vom Arbeitgeber 1990 zu bestimmenden Datum auf Diskriminierung überprüft werden, und das gleiche Datum muß zukünftig jedes Jahr verwendet werden, außer, wenn eine Datumsänderung zuvor

## Technical and Miscellaneous Revenue Act of 1988 (TAMRA): Income Taxation of Cash Value Life Insurance

Determination that policies entered into on or after June 21, 1988, that fail the 7-pay test (aggregate premiums paid at any time during the first 7 years of the contract exceed the annual net level premium of a 7-pay policy multiplied by the number of years the policy has been in force) are considered by the Internal Revenue Service (IRS) to be modified endowment contracts (MECS). If the policy is determined to be a MEC, it may be subject to income taxes as well as penalty taxes. Any policy loans, dividends, or partial withdrawals of funds are treated by the IRS for income tax purposes on a last-in, first-out basis.

## Telegram Proposal of Insurance

Binding contract for insurance completed by telegraph. The law has recognized the date an insurance agreement is made as the date that coverage com-

## Technical and Miscellaneous Revenue Act of 1988 (TAMRA): Income Taxation of Cash Value Life Insurance

(Gesetz über technische und verschiedenartige Staatseinkünfte aus dem Jahre 1988: Einkommensbesteuerung von Barwertlebensversicherungen) – Bestimmung, daß Policen, die am oder nach dem 21. Juni 1988 abgeschlossen wurden und die den 7-Zahlungen-Test nicht bestehen (während der ersten 7 Jahre des Vertrages gezahlte Gesamtprämien übersteigen die jährlich gleichbleibende Nettoprämie einer Police mit 7 Zahlungen, multipliziert mit der Anzahl der Jahre, während der die Police bereits in Kraft gewesen ist), werden vom Internal Revenue Service (IRS) (Einkommensteuerverwaltung) als modifizierte Lebensversicherungsverträge auf den Erlebensfall angesehen. Falls festgestellt wird, daß die Police ein modifizierter Lebensversicherungsvertrag auf den Erlebensfall ist, kann sie Einkommensteuern sowie Strafsteuern unterliegen. Alle Policendarlehn, Dividenden oder Teilentnahmen von Finanzmitteln werden vom IRS (Einkommensteuerverwaltung) zu Einkommensteuerzwecken auf einer last-in-, first-out-Grundlage behandelt.

## Versicherungsvorschlag per Telegramm

Rechtsverbindlicher Versicherungsvertrag, der telegraphisch abgeschlossen wird. Das Gesetz hat das Datum, an dem eine Versicherungsvereinbarung abgeschlossen wird, anstelle des auf der Versiche-

mences, rather than the date stated on the insurance policy. Acceptance of a proposal by telegram, like a letter or an oral agreement, represents a binding contract.

**Temperature Extremes Exclusion**
Provision in an → All Risks Inland Marine policy that denies coverage for exposure to dampness and extremes of temperature. Some property, like living plants, might be particularly vulnerable to extremes of temperature and is not considered as insurable risk.

**Temporary Disability Benefits**
Income paid to a worker who is temporarily disabled by an injury or sickness that is not work related. Compare with → Workers Compensation Benefits, which are available only to workers injured on the job. And unemployment benefits are available only to those who are able to work. Temporary disability benefits fill in for those who cannot work because of illness and who were not injured on the job. After a waiting period that is typically about a week, the disabled worker is paid a weekly income. Temporary disability benefits may come from a group benefit plan, from a

rungspolice angegebenen Datums als das Datum, an dem die Deckung beginnt, anerkannt. Die Annahme eines Vorschlages per Telegramm stellt, wie ein Brief oder eine mündliche Vereinbarung, einen rechtsverbindlichen Vertrag dar.

**Ausschluß von Extremtemperaturen**
Bestimmung bei einer → Binnentransport-Police auf Grundlage → Aller Risiken, die Versicherungsschutz gegen Feuchtigkeit und Extremtemperaturen verweigert. Einige Gegenstände, wie lebende Pflanzen, könnten für Temperaturextreme sehr anfällig sein und werden daher nicht als versicherbares Risiko angesehen.

**Zeitweilige Invaliditätsleistungen**
An einen Arbeiter, der wegen einer Verletzung oder Krankheit, die nicht berufsbezogen ist, vorübergehend arbeitsunfähig ist, gezahltes Einkommen; vgl. mit → Berufsunfallentschädigungsleistungen, die nur Arbeitern zur Verfügung stehen, die während der Arbeit verletzt wurden. Arbeitslosenleistungen sind nur für jene verfügbar, die arbeiten können. Zeitweilige Invaliditätsleistungen schließen die Lücke für jene, die wegen Krankheit nicht arbeiten können und die nicht bei der Arbeit verletzt wurden. Nach einer Wartezeit, die typischerweise eine Woche beträgt, wird dem arbeitsunfähigen Arbeiter ein wöchentliches Einkommen gezahlt. Zeitweilige Invaliditätsleistungen können von einem Gruppenleistungssystem, einem gewerkschaftlichen Krankenfürsorgesystem oder, in einigen Fällen,

union medical plan or, in some cases, from a state insurance fund. Five states have temporary disability plans: California, Hawaii, New Jersey, New York, and Rhode Island.

von einem staatlichen Versicherungsfonds stammen. Fünf Staaten verfügen über Programme für vorübergehende Arbeitsunfähigkeit: Kalifornien, Hawaii, New Jersey, New York und Rhode Island.

**Temporary Life Annuity**
Annuity payment for a limited period of time. → Annuity

**Befristete Leibrente**
Rentenzahlung für einen befristeten Zeitraum. → Rente

**Temporary Life Annuity Due**
Limited number of payments, the first of which is due immediately and payments thereafter are contingent upon the designated beneficiary (the → Annuitant) continuing to live. After the limit has been reached all payments cease even if the annuitant is still alive.

**Befristete vorschüssige Leibrente**
Beschränkte Anzahl von Zahlungen, von denen die erste sofort fällig ist und die nachfolgenden Zahlungen davon abhängen, ob der benannte Begünstigte (der → Rentenempfänger) weiterhin lebt. Nachdem das Limit erreicht worden ist, hören alle Zahlungen auf, auch wenn der Rentenempfänger noch lebt.

**Temporary Life Insurance**
→ Term Life Insurance

**Befristete Lebensversicherung**
→ Befristete Lebensversicherung

**Temporary Nonoccupational Disability Plan**
Social insurance that provides benefits to temporarily disabled workers in a few states. Five states require employers to pay cash benefits if workers are disabled. They are Rhode Island, California, New Jersey, New York, and Hawaii.

**Vorhaben für befristete, nicht beschäftigungsbezogene Arbeitsunfähigkeit**
Sozialversicherung, die vorübergehend arbeitsunfähigen Arbeitern in wenigen Staaten Leistungen bietet. Fünf Staaten verlangen von Arbeitgebern, Barleistungen zu zahlen, falls ein Arbeiter arbeitsunfähig ist. Dies sind Rhode Island, Kalifornien, New Jersey, New York und Hawaii.

**Temporary Partial, Total Disability**
→ Disability Income Insurance; Temporary Disability Benefits

**Vorübergehende Teil- oder Totalinvalidität**
→ Invaliditätseinkommensversicherung;
→ Zeitweilige Invaliditätsleistungen

## Tenancy

→ Estate Planning Distribution; → Joint Tenants; → Tenancy by the Entirety

## Tenancy by the Entirety

Ownership of property by a husband and wife together; the law views the couple as one person. This can have a bearing on insurance claims. For example, if the wife willfully destroys property, her husband's claim may be denied by an insurer on the grounds that he is not separate from his wife for insurance purposes, and this constitutes destruction by the insured. Contrasts with → Tenants in Common.

## Tenants Improvements and Betterments

Improvements or renovations to a leased business or residential property made by a tenant to meet its particular needs. Loss of use of these improvements as a result of damage is covered by an endorsement to the *Standard Fire Policy*.

## Tenants in Common

Ownership of property by two or more persons who do not have rights of survivorship. If one tenant dies, his property passes to his heirs and not to the other tenants. Because insurance is a personal contract, all parties with an interest in the property must be listed. When

## Grundeigentum

→ Nachlaßverteilungplanung; → Gesamthandseigentümer; → Gütergemeinschaft

## Gütergemeinschaft

Besitz von Vermögen von Mann und Frau zusammen. Das Gesetz sieht das Paar als eine Person an. Dies kann eine Auswirkung auf Versicherungsansprüche haben. Wenn die Frau z. B. willentlich einen Vermögensgegenstand zerstört, dann kann der Anspruch ihres Mannes von einem Versicherer mit der Begündung verweigert werden, daß er zu Versicherungszwecken nicht von seiner Frau getrennt sei und dies eine Zerstörung durch den Versicherten begründe. Gegensatz zu → Bruchteilseigentümer.

## Verbesserungen und Wertzuwachs der Mieter

Verbesserungen oder Renovierungen an gemietetem Geschäfts- oder Wohnbesitz, die von einem Mieter vorgenommen werden, um seine besonderen Bedürfnisse zu erfüllen. Der Gebrauchsverlust dieser Verbesserungen infolge Beschädigung ist durch einen Nachtrag zur *Einheits-Feuerversicherungspolice* abgedeckt.

## Bruchteilseigentümer

Besitz von Vermögen durch zwei oder mehrere Personen, die keine Anwartschaftrechte haben. Wenn ein Miteigentümer stirbt, geht sein Vermögen an seine Erben und nicht an die anderen Miteigentümer. Da eine Versicherung ein persönlicher Vertrag ist, müssen alle Parteien, die über einen Anteil am Vermögen verfügen, aufgeführt werden. Bei Einreichung eines

filing an insurance claim, the policyholder must prove there was a loss and that the property damaged belonged to him. For example, four tenants in common own a resort condominium. Only one is listed on the insurance policy. A fire destroys the condo. The insurer probably could argue successfully that the interests of the other three are not covered.

**Tenants Insurance**
Coverage for the contents of a renter's home or apartment and for liability. Tenant policies are similar to homeowners insurance, except that they do not cover the structure. They do, however, cover changes made to the inside structure, such as carpeting, kitchen appliances, and built-in bookshelves.

**Tender Offer Defense Expense Insurance**
Coverage for defense costs incurred in defending a company from an unfriendly takeover attempt. Hostile takeovers have been one of the hottest business topics of the 1980s. Vulnerable companies have responded in a variety of ways including changing the corporate bylaws, selling off their most attractive assets and, in the last resort, voting themselves huge severance packages or "golden parachutes." When a company or individual

Versicherungsanspruches muß der Policenbesitzer beweisen, daß ein Schaden vorgelegen hat und daß das beschädigte Vermögen ihm gehörte. Z. B.: Vier Eigentümer besitzen gemeinsam ein Ferienhaus. Nur einer ist in der Versicherungspolice aufgeführt. Ein Feuer zerstört das Ferienhaus. Der Versicherer könnte vermutlich erfolgreich argumentieren, daß die Anteile der anderen drei nicht abgedeckt sind.

**Mieterversicherung**
Versicherungsschutz für den Inhalt des Hauses oder der Wohnung eines Mieters und für die Haftpflicht. Mieterpolicen ähneln der Hausbesitzerversicherung mit dem Unterschied, daß sie die Gebäudestruktur nicht abdecken. Sie decken jedoch im Inneren des Gebäudes vorgenommene Änderungen, wie Teppichböden, Kücheneinrichtungen, Einbaubücherregale, ab.

**Verteidigungskostenversicherung bei Übernahmeangebot**
Versicherungsschutz für Verteidigungskosten bei der Verteidigung eines Unternehmens gegen einen feindlichen Übernahmeversuch. Feindliche Übernahmen waren eines der heißesten wirtschaftlichen Diskussionsthemen der 1980er Jahre. Anfällige Gesellschaften antworteten mit einer Vielzahl von Möglichkeiten, u.a. Änderung der Gesellschaftsstatuten, Verkauf ihrer attraktivsten Aktiva, und – als letzten Ausweg – genehmigten sie sich selbst riesige Abtrennungspakete oder „goldene Fallschirme". Wenn ein Unternehmen oder eine Einzelperson ein Übernahmeangebot für die Aktien seines

makes a tender offer for the stock of its takeover target, the latter company usually hires legal experts and mounts a costly defense. This insurance is an example of a specialized coverage that grew to meet a specific need.

## Tender of Unearned Premium

Return of a pro rata portion of premium after a policy is cancelled by the insurer. Under most property and liability insurance policies, the insurer can cancel at any time but must return the portion of the premium that has not been used to the insured. Although some courts have held that a policy has not been cancelled until the insurer returns the unearned premium, others allow the insurer to cancel the policy and inform the insured that the unearned premium will be refunded on demand.

## Ten Year Averaging

Accounting method used to reduce income taxes on distributions from qualified pension or retirement plans. Ten-year averaging was repealed by the → Tax Reform Act of 1986 but is still available to persons who reached age 50 before January 1, 1986. They are allowed at any future date to make a one-time use of 10-year averaging at 1986 income tax

Übernahmeopfers macht, beauftragt das letztere Unternehmen gewöhnlich Rechtsexperten und beginnt eine kostenintensive Verteidigung. Diese Versicherung ist ein Beispiel für Spezialversicherungsschutz, der entstand, um ein spezielles Bedürfnis zu erfüllen.

## Angebot unverdienter Prämien

Rückerstattung einer anteilmäßigen Quote der Prämie, nachdem eine Police vom Versicherer gekündigt worden ist. Bei den meisten Sach- und Haftpflichtversicherungspolicen kann der Versicherer die Police jederzeit kündigen, aber er muß den Teil der Prämie, der noch nicht verwendet worden ist, an den Versicherten zurückerstatten. Obwohl einige Gerichte entschieden haben, daß eine Police erst dann als gekündigt gilt, wenn der Versicherer die unverdiente Prämie zurückerstattet hat, erlauben andere es dem Versicherer, die Police zu kündigen und den Versicherten zu informieren, daß die unverdiente Prämie auf Antrag rückerstattet wird.

## 10-Jahres-Durchschnittsbildung

Buchführungsmethode, die verwendet wird, um Einkommensteuern bei der Ausschüttung steuerbegünstigter Pensions- oder Rentensysteme zu reduzieren. Die 10-Jahres-Durchschnittsbildung wurde von dem → Steuerreformgesetz aus dem Jahre 1986 aufgehoben, aber sie ist für Personen, die vor dem 1. Januar 1986 das Alter von 50 Jahren erreicht haben, noch verfügbar. Sie dürfen zu jedem zukünftigen Zeitpunkt einmaligen Gebrauch von der 10-Jahres-Durchschnittsbildung zu

and capital gains rates. Everyone else is limited to *5-year forward averaging*. For those still eligible, 10-year averaging provides the opportunity to pay tax on a lump sum distribution as if it were the only income received over a 10-year period. For example, a lump sum distribution of $ 50,000 would be taxed at $ 5,874. This amount is calculated as shown on page 988.

dem Einkommensteuer- und Kapitalertragsteuersatz aus dem Jahre 1986 machen. Alle anderen sind auf eine *fünfjährige vorwärts gerichtete Durchschnittsbildung* beschränkt. Für jene, die noch berechtigt sind, bietet die 10-Jahres-Durchschnittsbildung eine Gelegenheit, Steuern auf eine Pauschalsummenausschüttung zu zahlen, als wenn es sich um das einzige Einkommen, das über einen 10-Jahreszeitraum bezogen worden ist, handeln würde. Eine Pauschalsummenzahlung von US$ 50.000 z. B. würde zu US$ 5.874 versteuert werden. Dieser Betrag wird berechnet, wie auf Seite 988 gezeigt.

**Ten-Year Vesting (Cliff Vesting)**

Method of vesting under the → Employee Retirement Income Security Act of 1974 (ERISA) that requires an employee to have 10 years of service with an employer to be vested. An employee who leaves an employer prior to that time does not receive retirement benefits from that job. Under the → Tax Reform Act of 1986, after December 31, 1988 the 10-year vesting rule is reduced to 5 years. → Vesting

**Übertragung von Pensionsansprüchen nach 10 Jahren (Klippe bei der Übertragung von Pensionsansprüchen)**

Übertragungsmethode nach dem → Employee Retirement Income Security Act of 1974 (ERISA) (Arbeitnehmerrenteneinkommensicherheitsgesetz aus dem Jahre 1974), das fordert, daß ein Arbeitnehmer 10 Jahre bei einem Arbeitgeber gearbeitet haben muß, um die Anwartschaft auf Pensionsleistungen übertragen zu bekommen. Ein Arbeitnehmer, der einen Arbeitgeber vor dieser Zeit verläßt, erhält aus diesem Arbeitsverhältnis keine Rentenbezüge. Nach dem → Steuerreformgesetz aus dem Jahre 1986 wurde die 10-Jahres-Übertragungsregel nach dem 31. Dezember 1988 auf fünf Jahre reduziert. → Übertragung

**Term**

Period of time of insurance coverage. If a loss occurs during this time, insurance bene-

**Laufzeit**

Versicherungsschutzzeitraum. Wenn während dieser Zeit ein Schaden eintritt, werden Versicherungsleistungen gezahlt.

# Ten-Year-Averaging/10-Jahres-Durchschnittsbildung 988

**Part IV** Complete this part to choose the 10-year averaging method. (See Instructions.)

| | | |
|---|---|---|
| 1 Ordinary income part from Form 1099-R, Box 2 minus Box 3. If you did not make the Schedule D election or complete Part II, enter the amount from Box 2 of Form 1099-R (taxable amount). (See Instructions) | 1 | $50,000 00 |
| 2 Death benefit exclusion. (See Instructions) | 2 | -0- |
| 3 Subtract line 2 from line 1 (total taxable amount) | 3 | $50,000 00 |
| 4 Current actuarial value of annuity, if applicable (from Form 1099-R, Box 8 | 4 | -0- |
| 5 Add lines 3 and 4 (adjusted total taxable amount). If this amount is $70,000 or more, skip lines 6 through 9, and enter this amount on line 10 | 5 | $50,000 00 |
| 6 Multiply line 5 by 50% (.50), but not enter more than $10,000 ...... 6 $10,000 00 | | |
| 7 Subtract $ 20,000 from line 5. Enter difference. If line 5 is $ 20,000 or less, enter zero ...... 7 $30,000 00 | | |
| 8 Multiply line 7 by 20% (.20) ........ 8 $ 6,000 00 | | |
| 9 Subtract line 8 from line 6 (minimum distribution allowance) | 9 | $ 4,000 00 |
| 10 Subtract line 9 from line 5 | 10 | $46,000 00 |
| 11 Federal estate tax attributable to lump-sum distribution. Do not deduct on Form 1040 or Form 1041 the amount attributable to the ordinary income entered on line 1. (See Instructions) | 11 | -0- |
| 12 Subtract line 11 from line 10 | 12 | $46,000 00 |
| 13 Enter $ 2,480 plus 10% (.10) of line 12 | 13 | $ 7,080 00 |
| 14 Tax on amount on line 13. Use Tax Rate Schedule in the Instructions for Form 4972 | 14 | $ 587 40 |
| 15 Multiply line 14 by 10. If no entry on line 4, skip lines 16 through 21, and enter this amount on line 22 | 15 | $ 5,874 00 |
| 16 Divide line 4 by line 5 and enter the result as a decimal. (See Instructions.) | 16 | N/A |
| 17 Multiply line 9 by the decimal amount on line 16 | 17 | N/A |
| 18 Subtract line 17 from line 4 | 18 | N/A |
| 19 Enter $ 2,480 plus 10% (.10) of line 18 | 19 | N/A |
| 20 Tax on amount on line 19. Use Tax Rate Schedule in the Instructions for Form 4972 | 20 | N/A |
| 21 Multiply line 20 by 10 | 21 | N/A |
| 22 Subtract line 21 from line 15. (Multiple recipients, see Instructions.) | 22 | $ 5,874 00 |
| 23 Tax on lump-sum distribution (add Part II, line 2, and Part IV, line 22). Enter on Form 1040, line 39, or Form 1041, Schedule G, line 1b ▶ | 23 | $ 5,874 00 |

**Teil IV Füllen Sie diesen Teil aus, um die 10-Jahres-Durchschnittsbildung zu wählen. (s. Anleitung)**

| | | |
|---|---|---|
| 1 Gewöhnliches Einkommen aus Formular 1099-R, Kästchen 2 minus Kästchen 3. Falls Sie Liste D nicht ausgewählt oder Teil II ausgefüllt haben, tragen Sie bitte den Betrag von Kästchen 2 des Formulars 1099-R (zu versteuernder Betrag) ein. (s. Anleitung) ................ | 1 | US$ 50.000 00 |
| 2 Steuerfreibetrag für Todesfalleistung (s. Anleitung) ....................... | 2 | -0- |
| 3 Subtrahieren Sie Zeile 2 von Zeile 1 (zu versteuernder Gesamtbetrag).............. | 3 | US$ 50.000 00 |
| 4 Gegenwärtiger versicherungsmathematischer Wert der Rente, falls zutreffend (aus Formular 1099-R, Kästchen 8) ............... | 4 | -0- |
| 5 Addieren Sie die Zeilen 3 und 4 (bereinigter zu versteuernder Gesamtbetrag). Beträgt dieser Betrag US$ 70.000 oder mehr, übergehen Sie die Zeilen 6 bis 9 und tragen Sie diesen Betrag in Zeile 10 ein ............ | 5 | US$ 50.000 00 |
| 6 Multiplizieren Sie die Zeile 5 mit 50 % (0,50), tragen Sie jedoch nicht mehr als US$ 10.000 ein    6   US$ 10.000 00 | | |
| 7 Subtrahieren Sie US$ 20.000 von Zeile 5. Tragen Sie die Differenz ein. Beträgt Zeile 5 US$ 20.000 oder weniger, tragen Sie eine Null ein .....   7   US$ 30.000 00 | | |
| 8 Multiplizieren Sie Zeile 7 mit 20 % (0,20)    8   US$ 6.000 00 | | |
| 9 Subtrahieren Sie Zeile 8 von Zeile 6 (Mindestauszahlungsfreibetrag) ................ | 9 | US$ 4.000 00 |
| 10 Subtrahieren Sie Zeile 9 von Zeile 5 ............. | 10 | US$ 46.000 00 |
| 11 Der Pauschalsummenauszahlung zurechenbare Bundeserbschaftsteuer. Ziehen Sie den in Zeile 1 eingetragenen, dem gewöhnlichen Einkommen zuzurechnenden Betrag nicht auf Formular 1040 oder 1041 ab. (s. Anleitung)................... | 11 | -0- |
| 12 Subtrahieren Sie Zeile 11 von Zeile 10............. | 12 | US$ 46.000 00 |
| 13 Tragen Sie US$ 2.480 plus 10% (0,10) von Zeile 12 ein.............. | 13 | US$ 7.080 00 |
| 14 Steuern für den Betrag in Zeile 13. Verwenden Sie die Steuersatztabelle in den Anleitungen zu Formular 4972 .............. | 14 | US$ 587 40 |
| 15 Multiplizieren Sie Zeile 14 mit 10. Wenn Sie in Zeile 4 nichts eingetragen haben, übergehen Sie die Zeilen 16 bis 21 und tragen Sie diesen Betrag in Zeile 22 ein........ | 15 | US$ 5.874 00 |
| 16 Dividieren Sie Zeile 4 durch Zeile 5 und tragen Sie das Ergebnis als Dezimalwert ein. (s. Anleitung)............... | 16 | unzutreffend |
| 17 Multiplizieren Sie Zeile 9 mit dem Dezimalbetrag in Zeile 16............... | 17 | unzutreffend |
| 18 Subtrahieren Sie Zeile 17 von Zeile 4 .............. | 18 | unzutreffend |
| 19 Tragen Sie US$ 2.480 plus 10% (0,10) von Zeile 18 ein.............. | 19 | unzutreffend |
| 20 Steuern für den Betrag in Zeile 19. Verwenden Sie die Steuersatztabelle in den Anleitungen zu Formular 4972 ............... | 20 | unzutreffend |
| 21 Multiplizieren Sie Zeile 20 mit 10 ............... | 21 | unzutreffend |
| 22 Subtrahieren Sie Zeile 21 von Zeile 15 (Mehrfachempfänger s. Anleitung) ............... | 22 | US$ 5.874 00 |
| 23 Steuern für die Pauschalsummenauszahlung (addieren Sie Teil II, Zeile 2 und Teil IV, Zeile 22). Tragen Sie diese auf Formular 1040, Zeile 39 oder Formular 1041, Liste G, Zeile 1b ein.............. | 23 | US$ 5.874 00 |

*Druckerei der US Regierung: 1989-245-333

fits are paid. If a loss occurs after this time period has expired, no insurance benefits are paid.

Falls ein Schaden eintritt, nachdem dieser Zeitraum abgelaufen ist, werden keine Versicherungsleistungen bezahlt.

**Terminal Dividend**
Additional policy dividend paid to a life insurance policyholder when a policy terminates. A → Mutual Insurance Company is owned by its policyholders and writes participating policies, which pay annual policy dividends to policyholders. (Some *stock insurance* companies pay dividends on some policies as well.) In addition to the annual dividend, many policies pay a terminal dividend when the policy terminates after a minimum period in force – usually 10 to 20 years. This represents a return to the policyholder of an equitable portion of the overall increase in the insurer's surplus over this period. Some companies pay this dividend no matter how a policy is terminated; others pay it only under certain conditions.

**Enddividende**
Zusätzliche Policendividende, die an den Besitzer einer Lebensversicherungspolice gezahlt wird, wenn eine Police endet. Ein → Versicherungsverein auf Gegenseitigkeit ist Eigentum seiner Policenbesitzer und zeichnet gewinnbeteiligte Policen, die jährliche Policendividenden an Policenbesitzer zahlen. (Einige *Versicherungsgesellschaften auf Aktien* zahlen auf einige Policen auch Dividenden). Zusätzlich zu der jährlichen Dividende zahlen viele Policen eine Enddividende, wenn die Police, nachdem sie für einen Mindestzeitraum in Kraft war, gewöhnlich 10 oder 20 Jahre, endet. Dies stellt eine Rückerstattung eines gerechten Anteils des Gesamtanstiegs des Überschusses seitens des Versicherers während dieses Zeitraums an den Policenbesitzer dar. Einige Gesellschaften zahlen diese Dividende unabhängig davon, wie die Police beendet wird. Andere zahlen sie nur unter bestimmten Bedingungen.

**Terminal Funding**
Former method of funding a pension plan. When employees retire, the employer sets aside a lump sum that will pay them lifetime monthly benefits. When determining the amount, these factors are considered: life expectancy, the promised monthly benefit, and expected

**Schlußfinanzierung**
Ehemalige Methode, ein Pensionssystem zu finanzieren. Wenn Arbeitnehmer in Rente gehen, legt der Arbeitgeber eine Pauschalsumme beiseite, die ihnen lebenslang monatliche Bezüge gewährt. Bei der Bestimmung des Betrages werden folgende Faktoren berücksichtigt: Lebenserwartung, die versprochene monatliche Leistung und die erwarteten Erträge

earnings on the sum set aside. The lump sum can either be placed in a trust fund or used to buy an annuity. Terminal funding, along with the current disbursement method, are no longer permitted for qualified pension plans under the → Employee Retirement Income Security Act of 1974 (ERISA). ERISA requires current funding of future pension liabilities.

## Terminal Reserve

Life insurance reserve at the end of any policy year. Insurers are required by state regulatory authorities to set up reserves to pay for future claims. The *initial reserve* is the reserve at the beginning of the policy year; the *mean reserve* is the average of the initial reserve and the terminal reserve for that year. The terminal reserve is used for dividend distributions and to set *nonforfeiture* values for → Cash Value Life Insurance. The terminal reserve for one policy year is the initial reserve for the next policy year.

für die beiseite gelegte Summe. Der Pauschalbetrag kann entweder in einen Treuhandfonds einbezahlt werden, oder er kann dazu verwendet werden, um eine Rente zu kaufen. Die Schlußfinanzierung wie auch die laufende Auszahlungsmethode sind unter dem → Employee Retirement Income Security Act of 1974 (ERISA) (Arbeitnehmerrenteneinkommenssicherheitsgesetz aus dem Jahre 1974) bei steuerbegünstigten Pensionssystemen nicht länger gestattet. ERISA fordert die laufende Finanzierung zukünftiger Pensionsverbindlichkeiten.

## Prämienrückstellung zum Ende eines Policenjahres

Lebensversicherungsreserve am Ende jedes Policenjahres. Von Versicherern wird von den staatlichen Aufsichtsbehörden gefordert, daß sie am Jahresende Rückstellungen zur Zahlung zukünftiger Ansprüche aufstellen. Die *Anfangsrückstellung* ist die Rückstellung zu Beginn des Policenjahres, die *durchschnittliche Rückstellung* ist der Durchschnitt der Anfangsrückstellung und der Prämienrückstellung zum Ende dieses Jahres. Die Rückstellung zum Jahresende wird zu Dividenausschüttungen und zum Aufbau von *Unverfallbarkeitswerten* bei der → Barwertlebensversicherung verwendet. Die Rückstellung zum Ende eines Policenjahres ist die Anfangsrückstellung des nächsten Policenjahres.

## Termination
Cancellation of a policy by an insurance company. → Pension Benefit Guaranty Corporation (PBGC); → Termination Insurance

## Termination Date
→ Expiration; → Expiration Notice

## Termination Insurance
→ Pension Plan Termination Insurance

## Termination Rate
Measure of the rate at which policies are cancelled or allowed to lapse. The termination rate is a factor in setting premiums for group life and health policies.

## Term Insurance
→ Term Life Insurance

## Term Insurance Cost
Low-cost life insurance providing coverage only for a limited time, such as one year, five years, or to age 65. Term insurance costs less at younger ages than a comparable amount of → Cash Value Life Insurance, or permanent insurance, which covers an insured for the rest of his life. Term insurance has become increasingly popular; it costs less because there is less likelihood that an insured will die during the term, whereas with cash value in-

## Beendigung
Kündigung einer Police durch eine Versicherungsgesellschaft. → Pension Benefit Guaranty Corporation (PBGC); → Beendigungsversicherung

## Beendigungsdatum
→ Zeitablauf; → Benachrichtigung über Versicherungsablauf

## Beendigungsversicherung
→ Versicherung gegen die Beendigung eines Pensionssystems

## Beendigungsquote
Maß, das die Quote anzeigt, zu der Policen gekündigt werden oder zu der man sie verfallen läßt. Die Beendigungsquote ist ein Faktor, der bei der Festlegung von Prämien für Gruppenlebens- und Krankenversicherungspolicen verwendet wird.

## Befristete Versicherung
→ Befristete Lebensversicherung

## Kosten der befristeten Versicherung
Mit geringen Kosten verbundene Lebensversicherung, die Versicherungsschutz lediglich für einen befristeten Zeitraum, z.B. einem Jahr, oder bis zum Alter von 65 Jahren bietet. Die befristete Lebensversicherung kostet in jüngeren Jahren weniger als eine → Barwertlebensversicherung in vergleichbarer Höhe oder eine Versicherung auf den Todesfall, die einen Versicherten für den Rest seines Lebens abdeckt. Die befristete Versicherung ist immer beliebter geworden. Sie kostet weniger, weil die Wahrscheinlichkeit, daß ein Versicherter während des Zeitraums sterben wird, geringer ist, wohingegen bei

surance, a policy must pay off whenever a policyholder dies. However, the premium for term insurance increases dramatically as an insured grows older, but the premium for permanent insurance usually remains level throughout an insured's lifetime.

## Term Life Insurance

Life insurance which stays in effect for only a specified, limited period. If an insured dies within that period, the → Beneficiary receives the death payments. If the insured survives, the policy ends and the beneficiary receives nothing. For example, if an insured with a five year term policy dies within that period, the beneficiary receives the face amount of the policy. If the insured survives the five year period, the policy ends, with no benefit payable. → Ordinary Life Insurance; → Renewable Term Life Insurance

## Territorial Grouping of Risks

Method of classifying risks to establish equitable rates. In many property and liability insurance lines, the location of an insured has a significant impact on the loss experience. For example, in automobile insurance the chance of a policyholder sustaining a loss is much greater in New York City

einer Barwertversicherung die Police rentabel sein muß, wann auch immer der Policenbesitzer stirbt. Die Prämie für eine befristete Versicherung steigt jedoch dramatisch an, wenn ein Versicherter älter wird, die Prämie für eine Versicherung auf den Todesfall jedoch bleibt gewöhnlich zu Lebzeiten des Versicherten gleich.

## Befristete Lebensversicherung

Lebensversicherung, die nur für einen spezifischen, begrenzten Zeitraum in Kraft bleibt. Falls ein Versicherter innerhalb dieses Zeitraums stirbt, erhält der → Begünstigte Todesfallzahlungen. Überlebt der Versicherte, endet die Police, und der Versicherte erhält nichts. Wenn beispielsweise ein Versicherter mit einer befristeten Police über fünf Jahre innerhalb dieses Zeitraums stirbt, dann erhält der Begünstigte den Nennwert der Police. Überlebt der Versicherte den Zeitraum von fünf Jahren, endet die Police, ohne daß Leistungen zahlbar sind. → Lebensversicherung auf den Todesfall; → Befristete Lebensversicherung mit Verlängerungsrecht

## Territoriale Gruppierung von Risiken

Methode der Risikoklassifizierung, um gerechte Tarife aufzustellen. In vielen Sach- und Haftpflichtversicherungssparten hat der Standort des Versicherten erhebliche Auswirkungen auf die Schadenserfahrung. Bei der Kfz-Versicherung z. B. sind die Chancen eines Policenbesitzers, einen Schaden zu erleiden, in New York City viel größer als in dem ländlichen Iowa. In Sparten wie der Berufsunfallver-

than in rural Iowa. In lines like workers compensation, insurers may consider the attitude of the state courts and its impact on the cost of claims in that state. The insurer's task is to define a territorial grouping that has an exposure that is either smaller or greater than the standard, yet the group must be large enough to provide significant loss experience for rate making.

**Territorial Limits**
Condition for → Inland Marine liability insurance coverage that states a loss or claim must occur in the policy territory. Policy territory for a liability policy includes the U.S., its territories, and Canada; international water or air space (except for when the injured person is traveling to another country); and injuries sustained anywhere in the world if a product is produced in the U.S. and the suit is brought in the U.S.

**Territorial Limits Liability Insurance**
→ Territorial Limits

**Tertiary Beneficiary**
Third-in-line → Beneficiary to receive benefits from an insurance policy should the primary and secondary beneficiaries not survive.

sicherung können Versicherer die Haltung der staatlichen Gerichte berücksichtigen und ihre Auswirkungen auf die Kosten der Ansprüche in diesem Staat. Die Aufgabe des Versicherten besteht darin, die territoriale Gruppierung, deren Gefährdung entweder kleiner oder größer als der Standard ist, zu definieren. Die Gruppe muß jedoch groß genug sein, um eine für die Prämienfestsetzung bedeutsame Schadenserfahrung aufzuweisen.

**Territoriale Beschränkungen**
Bedingung für → Binnentransport-Haftpflichtversicherungsschutz, die besagt, daß ein Schaden oder ein Anspruch innerhalb des Policengebiets auftreten muß. Das Policengebiet für eine Haftpflichtpolice schließt die Vereinigten Staaten, ihre Hoheitsgebiete, und Kanada, internationale Gewässer bzw. den internationalen Luftraum (außer wenn die verletzte Person zu einem anderen Land reist) und irgendwo in der Welt erlittene Verletzungen, wenn ein Produkt in den Vereinigten Staaten hergestellt wird und in den Vereinigten Staaten Klage eingereicht wird, mit ein.

**Territoriale Beschränkungen der Haftpflichtversicherung**
→ Territoriale Beschränkungen

**Drittrangiger Begünstigter**
Dritter in der Reihenfolge der → Begünstigten für den Bezug von Leistungen aus einer Lebensversicherungspolice für den Fall, daß der erst- und der zweitrangige Begünstigte nicht überleben sollten.

## Testamentary Trust
→ Estate Planning Distribution; → Testamentary Disposition

## Testamentary Disposition
Disposition or transfer of property at time of death. Although the law provides that property may be transferred at death only by means of a will that meets the requirements of state statutes, life insurance proceeds are exempt from this requirement. They pass to the stated beneficiary without regard to the state requirements for wills.

## Testate Distribution
→ Estate Planning Distribution

## Theatrical Floater
Endorsement to a *scheduled property floater* that provides named perils coverages for props, costumes, and other materials that might be used by a theatrical company. Coverage is provided for these perils: fire, lightning, windstorm, explosion, collapse of bridges, flood, theft, smoke, and transportation perils.

## Theft
Act of stealing. Coverage can be purchased under most property insurance policies such as the → Homeowners Insurance Policy.

## Testamentarisch errichtetes Treuhandvermögen
→ Nachlaßverteilungsplanung; → Testamentarische Verfügung

## Testamentarische Verfügung
Verfügung oder Übertragung von Vermögen zum Zeitpunkt des Todes. Obwohl das Gesetz vorschreibt, daß Vermögen nach dem Tod nur durch ein Testament, das die Anforderungen staatlicher Bestimmungen erfüllt, übertragen werden kann, sind die Erlöse einer Lebensversicherung von dieser Forderung ausgeschlossen. Sie gehen unabhängig von den staatlichen Anforderungen an Testamente an den angegebenen Begünstigten über.

## Testatorverteilung
→ Nachlaßverteilungsplanung

## Theaterpauschalversicherung
Nachtrag zu einer *Pauschalversicherung für aufgelistete Sachgegenstände*, der Versicherungsschutz für Requisiten und sonstige von einer Theatergesellschaft verwendete Materialien gegen benannte Gefahren bietet. Versicherungsschutz wird gegen folgende Gefahren geboten: Feuer, Blitzschlag, Sturm, Explosion, Brückeneinsturz, Überschwemmung, Diebstahl, Rauch und Transportgefahren.

## Diebstahl
Akt des Stehlens. Versicherungsschutz kann bei den meisten Sachversicherungspolicen, wie der → Hausbesitzerversicherungspolice, abgeschlossen werden.

## Theft, Characteristics
→ Burglary Insurance; → Homeowners Insurance Policy; → Personal Automobile Policy (PAP); → Special Multiperil Insurance (SMP)

## Theft, Exclusion
→ Burglary Insurance; → Homeowners Insurance Policy; → Personal Automobile Policy (PAP); → Special Multiperil Insurance (SMP)

## Theft, Homeowners Insurance Policy
→ Homeowners Insurance Policy

## Theory of Probability
→ Law of Large Numbers; → Probability; → Probability Distribution

## Thief
→ Burglary Insurance; → Homeowners Insurance Policy; → Personal Automobile Policy (PAP); → Special Multiperil Insurance (SMP)

## Third Party
Individual other than the insured or insurer who has incurred a loss or is entitled to receive a benefit payment as the result of the acts or omissions of the insured.

## Third Party: Administration
Performance of managerial

## Diebstahl, Merkmale
→ Einbruchversicherung; → Hausbesitzerversicherungspolice; → Privat-Kfz-Police; → Spezielle Vielgefahrenversicherung

## Diebstahl, Ausschluß
→ Einbruchversicherung; → Hausbesitzerversicherungspolice; → Privat-Kfz-Police; → Spezielle Vielgefahrenversicherung

## Diebstahl, Hausbesitzerversicherungspolice
→ Hausbesitzerversicherungspolice

## Wahrscheinlichkeitstheorie
→ Gesetz der großen Zahlen; → Wahrscheinlichkeit; → Wahrscheinlichkeitsverteilung

## Dieb
→ Einbruchversicherung; → Hausbesitzerversicherungspolice; → Privat-Kfz-Police; → Spezielle Vielgefahrenversicherung

## Dritte Partei
Andere Person als der Versicherte oder der Versicherer, die einen Schaden erlitten hat und aufgrund von Handlungen oder Unterlassungen des Versicherten ein Anrecht auf eine Leistungszahlung hat.

## Dritte Partei: Verwaltung
Durchführung von Management- und

and clerical functions related to an → Employee Benefit Insurance Plan by an individual or committee that is not an original party to the benefit plan. → Administering Agency; → Administrative Charge; → Advisory Committee

Verwaltungsfunktionen in bezug auf ein → Betriebliches Sozialzulagensystem durch eine Einzelperson oder ein Komittee, das keine ursprüngliche Partei des Leistungssystems ist. → Verwaltungsagentur; → Verwaltungsgebühr; → Beratender Ausschuß

**Third Party: Beneficiary**

Individual who has a legally enforceable right to receive all benefits allocated to him or her under the insurance policy or employee benefit plan even though this person was not an original party to the insurance policy contract or employee benefit contract.

**Dritte Partei: Begünstigter**

Person, die über ein juristisch durchsetzbares Recht verfügt, alle ihr bei einer Versicherungspolice oder einem betrieblichen Sozialzulagensystem zugewiesenen Leistungen zu beziehen, auch wenn diese Person keine ursprüngliche Partei des Versicherungspolicenvertrags oder des betrieblichen Sozialzulagenvertrags war.

**Third Party: Insurance**

Liability insurance purchased by the insured (first party) from an insurance company (second party) for protection against possible suits brought by another (third party). → Liability Insurance

**Dritte Partei: Versicherung**

Von einem Versicherten (erste Partei) bei einer Versicherungsgesellschaft (zweite Partei) abgeschlossene Haftpflichtversicherung gegen mögliche Klagen einer anderen (dritten Partei). → Haftpflichtversicherung

**"3-D" Policy**

→ Dishonesty, Disappearance, and Destruction Policy ("3-D" policy)

**„3-D"-Police**

→ Untreue-, Schwund- und Zerstörungspolice („3-D"-Police)

**Three-Fourths Loss Clause**

Provision requiring insurance company to pay no more than three-fourths of the actual cash value of the damaged or destroyed property. Historically, this clause was found in prop-

**3/4-Schadensklausel**

Bestimmung, die von einer Versicherungsgesellschaft nicht mehr als 3/4 des tatsächlichen Barwertes des beschädigten oder zerstörten Vermögens zu zahlen verlangt. Historisch gesehen fand man diese Klausel bei Sachversicherungspolicen und

erty insurance policies and marine insurance policies. Today, this clause is no longer used.

Seeversicherungspolicen. Heute wird diese Klausel nicht länger verwendet.

## Three-Fourths Value Clause
→ Three-Fourths Loss Clause

## 3/4-Wertklausel
→ 3/4-Schadensklausel

## Three Steps Involved
→ Risk Management

## Drei beteiligte Schritte
→ Risikomanagement

## Threshold Level
Minimum degree of injury or loss for which an injured party can sue, even though covered by → No Fault Automobile Insurance. Traditionally, an accident victim had to prove the other driver was at fault in order to collect damages from that driver's insurance company. Today, more than 20 states have some type of automobile no fault law designed to eliminate long and costly legal action, and to assure quick payment for medical and hospital costs, loss of income, and other unavoidable costs stemming from automobile accidents. An injured person can collect from his or her insurance company up to the threshold level, or specified limit, no matter who is at fault. For expenses above these limits, the injured person is still allowed to sue. There are three types of thresholds: a *specific dollar amount*, a *specific period of disability*, or spec-

## Schwellenniveau
Mindestverletzung oder -verlust, wegen derer eine verletzte Partei klagen kann, auch wenn sie durch eine → Kfz-Versicherung ohne Verschuldensprinzip abgedeckt ist. Traditionell mußte ein Unfallopfer beweisen, daß der andere Fahrer schuld war, um Entschädigung von der Versicherung dieses Fahrers zu kassieren. Heute haben mehr als 20 Staaten ein Kraftfahrzeuggesetz ohne Verschuldensprinzip, das geschaffen wurde, um langwierige und kostspielige Prozesse zu vermeiden und die schnelle Bezahlung von Arzt- und Krankenhauskosten, Einkommensverlust und andere unvermeidbare Kosten, die von einem Autounfall herrühren, sicherzustellen. Eine verletzte Person kann unabhängig vom Verschulden von seiner oder ihrer Versicherungsgesellschaft bis zum Schwellenniveau oder spezifischen Höchstbetrag kassieren. Für Ausgaben, die oberhalb dieses Höchstbetrages liegen, darf die verletzte Person weiterhin klagen. Es gibt drei Arten von Schwellen: ein *spezifischer Betrag in Dollar,* ein *spezifischer Invaliditätszeitraum* oder *spezifische Verletzungen,* wie den Verlust eines Beines.

*ified injuries* such as loss of a leg.

**Ticket Policy**
→ Transportation Ticket Insurance

**Ticketpolice**
→ Fahrscheinpolice

**Time Element (Time Policy) Coverage**
Insurance that covers an → Indirect Loss stemming from a → Direct Loss by a covered peril to income-producing property. A building destroyed by fire represents a direct loss. Lost income resulting from the shutdown of a manufacturing facility housed in the burned building represents an indirect time element loss and would be covered by → Business Interruption Insurance, a form of time element insurance.

**Zeitfaktor-(Zeitraumpolice)-Versicherungsschutz**
Versicherung, die einen → Indirekten Schaden abdeckt, der von einem → Direkten Schaden an einem Einkommen produzierenden Vermögensgegenstand durch eine versicherte Gefahr herrührt. Ein durch einen Brand zerstörtes Gebäude stellt einen direkten Schaden dar. Einkommensverlust infolge der Schließung einer Herstellungseinrichtung, die in dem niedergebrannten Gebäude untergebracht war, stellt einen indirekten Zeitfaktorschaden dar und wäre von einer → Geschäftsunterbrechungsversicherung, einer Form der Zeitfaktorversicherung, abgedeckt.

**Time for Notification of Loss**
Period allowed an insured to notify an insurer of loss. Many policies require immediate written notice, or notice as soon as practicable. Different types of policies have their own time periods. For example, health insurance policies require notice within 20 days, windstorm insurance policies within 10 days, and hail insurance policies within 48 hours. The purpose of a time period is to allow the insurer to investigate the loss and protect the property from further damage.

**Zeitraum der Schadensmeldung**
Einem Versicherten zur Meldung eines Schadens an den Versicherer zugebilligter Zeitraum. Viele Policen fordern eine sofortige schriftliche Benachrichtigung oder eine Mitteilung sobald als möglich. Verschiedene Policenarten haben ihre eigenen Zeiträume. Krankenversicherungspolicen z. B. fordern eine Mitteilung innerhalb von 20 Tagen, Sturmversicherungspolicen innerhalb von 10 Tagen und Hagelversicherungspolicen innerhalb von 48 Stunden. Der Zweck eines Zeitraums ist, dem Versicherer die Untersuchung des Schadens zu erlauben und das Vermögen vor weiteren Schäden zu schützen.

## Time Limit

1. Part of the *Model Uniform Life and Health Insurance Policy Provisions Law* giving an insurer a time limit on contesting coverage for preexisting conditions or misrepresentation. This law, developed in 1950 as model legislation by the → National Association of Insurance Commissioners (NAIC), has been adopted by all states. While the model law gave insurers three years for certain defenses, such as misrepresentation of facts by an insured or nondisclosure of a preexisting condition, many states have lowered it to two years.

2. Period of time that proof of loss or claim must be filed with an insurance company.

## Time Limits

Period of time during which notice of claim and proof of loss must be submitted by the → Insured or his or her legal representatives.

## Time Policy

→ Time Element (Time Policy) Coverage; → Voyage Policy

## Time Value of Money

Relationship determined by the mathematics of → Compound Interest between the

## Frist

1. Teil des *Modellgesetzes zu einheitlichen Lebens- und Krankenversicherungsbestimmungen,* der einem Versicherer eine Frist einräumt, den Versicherungsschutz wegen vorher bestehender Bedingungen oder Falschdarstellungen zu bestreiten. Dieses Gesetz, das 1950 als Modellgesetz von der → National Association of Insurance Commissioners (NAIC) (Nationale Vereinigung der Regierungsbevollmächtigten für Versicherungen) entwickelt wurde, wurde in allen Staaten eingeführt. Während das Modellgesetz Versicherern für bestimmte Verteidigungen, wie die Falschdarstellung von Tatsachen durch einen Versicherten oder die Nicht-Offenlegung einer zuvor bestehenden Bedingung, drei Jahre einräumte, haben viele Staaten diese Frist auf zwei Jahre herabgesetzt.

2. Zeitraum, innerhalb dessen ein Nachweis über den Schaden oder den Anspruch bei der Versicherungsgesellschaft eingereicht sein muß.

## Fristen

Zeitraum, während dessen die Meldung eines Anspruches und der Nachweis eines Schadens durch den → Versicherten oder seine oder ihre gesetzlichen Vertreter eingereicht werden muß.

## Zeitraumpolice

→ Zeitfaktor-(Zeitraumpolice)-Versicherungsschutz; → Seereiseversicherung

## Zeitwert von Geld

Verhältnis, das durch die → Zinseszins-Rechnung zwischen dem Wert einer Geldsumme zu einem bestimmten Zeit-

value of a sum of money at one point in time, and its value at another point in time. Time value of money can be illustrated by the fact that a dollar received today is worth more than a dollar received a year from now because today's dollar can be invested and earn interest as the year elapses. Implicit in any consideration of time value of money are the rate of interest and the period of compounding. For example, the *present value* of $1 million received 10 years from now is only $ 386,000 today, assuming a 10% rate of interest and annual compounding. Insurance companies make use of time value of money by earning investment income on premiums between the time of receipt and the time of payment of claims or benefits. → Structured Settlement

punkt und seinem Wert zu einem anderen Zeitpunkt bestimmt wird. Der Zeitwert von Geld kann durch die Tatsache veranschaulicht werden, daß ein heute erhaltener Dollar mehr wert ist als ein Dollar, der in einem Jahr erhalten wird, weil der Dollar von heute angelegt werden und Zinsen verdienen kann, während das Jahr vergeht. Der Zinssatz und die Verzinsungsdauer sind in jeder Betrachtung des Zeitwertes von Geld implizit vorhanden. Z. B.: Der *Kapitalwert* von US$1 Million, die wir in 10 Jahren erhalten, beträgt unter der Annahme eines Zinssatzes von 10 % und einer jährlichen Verzinsung heute lediglich US$ 386.000. Versicherungsgesellschaften nutzen den Zeitwert von Geld, indem sie Kapitalanlageeinkommen für Prämien zwischen dem Zeitpunkt des Erhaltes und dem Zeitpunkt der Zahlung der Ansprüche oder Leistungen verdienen.
→ Strukturierte Schadensregulierung

## Title Insurance

Coverage for losses if a land title is not free and clear of defects that were unknown when the title insurance was written. Title insurance protects a purchaser if there is a defect in the title, such as a lien against the property, that is not discovered when he buys the property. Although a title search is a routine part of a property transaction, it is possible that a search may overlook some encumbrance. Title insurance

## Rechtsanspruchversicherung

Versicherungsschutz für Schäden, wenn ein Anspruch auf Land nicht frei von Mängeln ist, die, als die Rechtsanspruchversicherung gezeichnet wurde, nicht bekannt waren. Eine Rechtsanspruchversicherung schützt einen Käufer, wenn ein Rechtsanspruch einen Mangel aufweist, wie etwa ein Pfandrecht gegenüber dem Grundstück, das nicht entdeckt wird, als er das Grundstück kaufte. Obwohl die Suche nach einem Rechtsanspruch ein Routinebestandteil einer Grundstückstransaktion ist, ist es möglich, daß bei einer Überprüfung eine Belastung übersehen wird.

is written by title insurance companies that generally operate in a specific geographic area because of the need to examine local records. The → Torrens System is a form of title insurance used in some states.

Rechtsanspruchversicherungen werden von Rechtsanspruchversicherungsgesellschaften gezeichnet, die generell in einem bestimmten geographischen Gebiet arbeiten, weil es nötig ist, die örtlichen Akten zu überprüfen. Das → Torrens System ist eine Form der Rechtsanspruchversicherung.

## Title XIX Insurance
→ Medicaid

## Hauptabschnitt-XIX-Versicherung
→ Medicaid

## TLO
→ Total Loss Only (TLO) Insurance

## Reine Totalschadenversicherung
→ Reine Totalschadenversicherung

## Tontine
Early life insurance that provided benefits only to survivors who lived to the end of a certain period of time. In the mid-17th century, Lorenzo Tonti, an Italian, devised a scheme to raise money for the French government of Louis XIV. It involved a state lottery in which the oldest survivor would collect the pot. One woman, age 96, hit the jackpot shortly before her death. Tontine policies were introduced in the U.S. in the 1860s, but condemned in the → Armstrong Investigation in 1905 in New York State and subsequently outlawed everywhere 45 years later.

## Erbklassenrente
Frühe Lebensversicherung, die nur Hinterbliebenen, die bis zum Ende eines bestimmten Zeitraums lebten, Leistungen zahlte. In der Mitte des 17. Jahrhunderts entwickelte Lorenzo Tonti, ein Italiener, ein Schema, um Geld für die französische Regierung Ludwig XIV bereitzustellen. Es beinhaltete eine staatliche Lotterie, bei der der älteste Hinterbliebene die Gewinnsumme kassieren würde. Eine Frau, Alter 96 Jahre, gewann den Hauptpreis kurz vor ihrem Tod. Tontinenpolicen wurden in den 1860er Jahren in den USA eingeführt, aber von der → Armstrong Untersuchung im Jahre 1905 im Staate New York und 45 Jahre später überall abgeschafft.

## Top-Heavy Plan
Pension or other employee benefit plan that favors highly compensated employees or top

## Kopflastiges System
Pensions- oder sonstiges Sozialzulagensystem, das hochbezahlte Angestellte, Topmanager oder Besitzer einer Firma

executives or owners of a company. Prior to the → Tax Reform Act of 1986, there was no uniform definition of a "highly compensated" employee, but that law provides a specific definition that is used for *qualified pension plans, 401 (k) plans,* and some other employee benefits. An employee is considered highly compensated if he or she: (1) directly or indirectly owns more than a 5% interest in the company, (2) receives compensation from the company of more than $ 75,000, (3) is paid more than $ 50,000 and was among the top 20% of employees ranked by compensation, or (4) is at any time an officer and receives compensation that was more than 150% of the Section 415 defined-contribution dollar amount.

bevorzugt. Vor dem → Steuerreformgesetz aus dem Jahre 1986 gab es keine einheitliche Definition eines „hochbezahlten" Arbeitnehmers, aber dieses Gesetz bietet eine spezielle Definition, die für *steuerbegünstigte Pensionssysteme, 401(k) Pläne* und sonstige betriebliche Sozialzulagensysteme verwendet wird. Ein Arbeitnehmer wird als hochbezahlt angesehen, wenn er oder sie (1) direkt oder indirekt einen Anteil von mehr als 5% am Unternehmen besitzt, (2) von dem Unternehmen eine Entschädigung von über US$ 75.000 bezieht, (3) wenn er oder sie mehr als US$ 50.000 bezieht *und* zu den 20% der bestbezahlten Arbeitnehmer gehört, oder (4), wenn er oder sie zu einer Zeit leitender Angestellter ist und über mehr als 150% der in Sektion 415 definierten Beitragshöhe in Dollar verfügt.

## Torrens System

Means of land title registration used in some states that, in effect, provides a government sponsored form of → Title Insurance. Under this system, a government official, such as county recorder or county clerk, maintains Torrens System deed records and guarantees clear title when property is transferred. Fees charged for registration and transfer of title are used in part to finance a Torrens insurance fund in each

## Torrens-System

Mittel der Registrierung eines Rechtsanspruches auf Land, da in einigen Staaten verwendet wird und in Wirklichkeit eine Art der von der Regierung unterstützten Form einer → Rechtsanspruchsversicherung bietet. Bei diesem System unterhält ein Regierungsbeamter, wie ein Bezirksurkundenbeamter oder ein Geschäftsstellenleiter, ein Archiv mit den Grundstücksübertragungsurkunden des Torrens-Systems und garantiert einen klaren Rechtsanspruch, wenn das Grundstück übertragen wird. Die Gebühren für die Registrierung und Übertragung des

jurisdiction to compensate claimants for damages resulting from errors.

Rechtsanspruches werden teilweise verwendet, um eine Torrensversicherung in jedem Gerichtsbezirk zu finanzieren, die Anspruchsteller für Schäden aufgrund von Fehlern entschädigen.

## Tort

In general, a civil wrong, other than breach of contract, for which a court will provide a remedy in the form of a suit for damages. Torts include negligent acts or omissions on the part of a defendant. Liability insurance is designed to cover an insured (defendant) for *unintentional tort acts*. → Negligence

## Straftat

Im allgemeinen ein bürgerliches Unrecht, außer einem Vertragsbruch, für das ein Gericht ein Rechtsmittel in Form einer Schadenersatzklage bietet. Straftaten schließen fahrlässige Handlungen oder Unterlassungen auf seiten eines Angeklagten ein. Die Haftpflichtversicherung ist dafür vorgesehen, einen Versicherten (den Angeklagten) gegen *unbeabsichtigte Straftaten* abzudecken. → Fahrlässigkeit

## Tort, Defense against Unintentional

Excuses raised by a defendant in a negligent suit (unintentional tort). There are three basic defenses to unintentional torts or negligence.
1. → Assumption of Risk – an individual (plaintiff), by not objecting to the negligent conduct of another, acknowledges that he is aware and consents to the present danger.
2. → Contributory Negligence – both individuals have contributed an injury or property damage sustained by one or both individuals. Under this circumstance neither should be allowed to collect from the other.
3. → Comparative Negligence – where both plaintiff

## Straftat, Verteidigung gegen unbeabsichtigte

Von einem Angeklagten bei einem Verfahren wegen Fahrlässigkeit (unbeabsichtigte Straftat) vorgebrachte Entschuldigungen. Gegenüber unbeabsichtigten Straftaten oder Fahrlässigkeit gibt es drei Grundverteidigungen:
1. → Risikoübernahme: Eine Person (der Kläger) bestätigt dadurch, daß er keine Einwände gegen das fahrlässige Verhalten eines anderen vorbringt, daß er sich der gegenwärtigen Gefahr bewußt ist und ihr zustimmt.
2. → Mitwirkendes Verschulden: Beide Personen haben zu einer Verletzung oder einer Sachbeschädigung, die von einer oder beiden Personen erlitten wurde, beigetragen. Unter diesen Umständen sollte keinem der beiden erlaubt sein, vom anderen zu kassieren.
3. → Mitverschulden: Wo beide, Kläger und Angeklagter, zu der Verletzung des

and defendant contributed to plaintiff's injury, the apportionment of some fault to the plaintiff reduces the liability of the defendant.

### Tort Feasor
Person who commits a → Tort, a type of wrongful act, that causes injury or damage.

### Tort, Intentional
Deliberate act or ommission. These torts include *trespass* – an individual enters property owned or in the possession of another without permission; *conversion* – an individual exerts control and subverts another's property to his own benefit; *assault* – an individual's conduct causes another to fear for his life or the damage to his property; *battery* – an individual physically strikes another without permission; *false imprisonment* – an individual confines another illegally; *libel* – dissemination of written injurious and false information about another's character; and *slander* – oral dissemination of injurious and false information about another's character.

### Tort Law
Legislation governing wrongful acts, other than breaches of contract by one person against another or his property, for

Klägers beigetragen haben, reduziert die Zuweisung eines Teiles der Schuld an den Kläger die Haftpflicht des Angeklagten.

### Täter
Person, die eine → Straftat, eine Art widerrechtlicher Handlung, die eine Verletzung oder eine Beschädigung verursacht, begeht.

### Straftat, Absichtliche
Freiwillige Handlung oder Unterlassung. Diese Straftaten schließen ein: *Übertretung* – eine Person betritt ein Grundstück, das Eigentum oder im Besitz eines anderen ist, ohne Erlaubnis; *Unterschlagung* – eine Person übt Kontrolle über das Vermögen eines anderen aus und unterschlägt dies zu seinem eigenen Vorteil; *Angriff* – das Betragen einer Person verursacht bei einer anderen Furcht um ihr Leben oder die Beschädigung ihres Vermögens; *Tätlichkeit* – körperliche Gewaltanwendung; *Freiheitsberaubung* – eine Person sperrt eine andere widerrechtlich ein; *Verleumdung* – schriftliche Verbreitung verletzender und unrichtiger Informationen über den Charakter eines anderen; *üble Nachrede* – mündliche Verbreitung verletzender und unrichtiger Informationen über den Charakter eines anderen.

### Schadenersatzrecht
Rechtsgebung, die widerrechtliche Handlungen, außer Vertragsbrüche, einer Person gegenüber einer anderen oder ihrem Vermögen reguliert, für die eine zivil-

which civil action can be brought. Tort law and contract law define civil liability exposures. The four areas of torts are negligence, intentional interference, absolute liability, and strict liability. For example, the owner of a decrepit boat dock that collapses while people are standing on it might be liable under negligence. Assault and battery are an example of intentional interference. The owner of a poisonous snake that bit someone could be liable for injury under absolute liability, even if he did not intend to harm anyone. The maker of a defective product that harms the buyer might be held liable under strict liability. → Tort Liability

rechtliche Klage eingereicht werden kann. Schadenersatzrecht und Vertragsrecht definieren zivilrechtliche Haftungsgefährdungen. Die vier Gebiete von Straftaten sind Fahrlässigkeit, absichtliche Störung, unbeschränkte Haftpflicht und Gefährdungshaftung. Der Besitzer eines baufälligen Schiffsdocks, das zusammenbricht, während sich Leute darauf befinden, könnte z. B. wegen Fahrlässigkeit haftbar gemacht werden. Angriff und Tätlichkeit sind ein Beispiel für eine absichtliche Störung. Der Besitzer einer giftigen Schlange, die jemanden gebissen hat, könnte nach der unbeschränkten Haftplicht für die Verletzung haftbar gemacht werden, auch wenn er nicht beabsichtigte, jemanden zu verletzen. Der Hersteller eines mängelbehafteten Produktes, das dem Käufer Schaden zufügt, könnte unter der Gefährdungshaftung haftbar gemacht werden. → Haftung aus unerlaubter Handlung

## Tort Liability

→ Tort; → Tort, Defense against Unintentional; → Tort, Intentional; → Tort, Unintentional

## Haftung aus unerlaubter Handlung

→ Straftat; → Straftat, Verteidigung gegen unbeabsichtigte; → Straftat, Absichtliche; → Straftat, Unbeabsichtigte

## Tort, Unintentional

Individual action or failure to act as a reasonably prudent person would under similar circumstances, resulting in harm to another. Also called → Negligence. A reasonably prudent person is defined by the standards of the profession he follows, and the level of expertise expected of a person with like training. An example

## Straftat, Unbeabsichtigte

Einzelhandlung oder Versäumnis, so zu handeln, wie dies eine einigermaßen vernünftige Person unter ähnlichen Umständen tun würde, was eine Verletzung eines anderen zur Folge hat. Auch → Fahrlässigkeit genannt. Eine einigermaßen vernünftige Person wird nach den Maßstäben des Berufes, dem sie nachgeht, definiert und nach dem Niveau des Fachwissens, das von einer Person mit einer ähnlichen Ausbildung erwartet wird. Ein Beispiel ist

is a CPA who fails to complete tax returns on behalf of a client according to → Generally Accepted Accounting Principles.

**Total Disability**
→ Disability

**Total Loss**
Condition of real or personal property when it is damaged or destroyed to such an extent that it cannot be rebuilt or repaired to equal its condition prior to the loss.

**Total Loss Only (TLO) Insurance**
Ocean marine policy that pays an insured only if a ship or cargo is a total loss. Because total loss is rare, these policies are much less expensive than regular hull insurance. Therefore, it is used by shipowners who cannot afford more complete coverage or who cannot get it for some other reason.

**Tourist Baggage Insurance**
Coverage for personal effects of a tourist, including apparel, books, toilet articles, watches, jewelry, luggage, portable typewriters, photographs and photography equipment and supplies. This is a → Specified Peril Insurance policy that specifically includes fire, lightning, damage due to auto-

ein Steuerberater, der es versäumt, Steuerrückerstattungen für einen Kunden entsprechend der → Allgemein akzeptierten Buchführungsprinzipien auszufüllen.

**Totalinvalidität**
→ Invalidität

**Totalschaden**
Zustand von Immobilien- oder beweglichem Vermögen, wenn es in einem solchen Ausmaß beschädigt oder zerstört wird, daß es nicht so rekonstruiert oder repariert werden kann, daß es seinem vorherigen Zustand entspricht.

**Reine Totalschadenversicherung**
Überseepolice, die einen Versicherten nur bezahlt, wenn Schiff oder Ladung einem Totalschaden entsprechen. Weil ein Totalschaden selten ist, sind diese Policen weit weniger teuer als die reguläre Schiffskaskoversicherung. Deshalb wird sie von Schiffseignern verwendet, die sich einen vollständigen Versicherungsschutz nicht leisten können oder die ihn aus irgendeinem Grunde nicht bekommen können.

**Reisegepäckversicherung**
Versicherungsschutz für die persönlichen Gegenstände eines Touristen, einschließlich Kleidung, Büchern, Toilettenartikeln, Uhren, Schmuck, Gepäck, tragbaren Schreibmaschinen, Fotos, Fotoausstattung und Vorräten. Dies ist eine → Spezifische Gefahrenversicherungs-Police, die speziell Feuer, Blitzschlag, Beschädigung aufgrund eines Autounfalls, Diebstahl von Gegenständen unter der Obhut, in dem

mobile accident, theft of items in the care, custody, and control of a common carrier, and theft of items from the hotel room in which the insured tourist is registered. Excluded are baggage theft from checkrooms, baggage theft from hotel lobbies unless checked, items at the permanent premises of the insured tourist, and items that cannot be found but have not been stolen.

Gewahrsam und unter der Kontrolle eines allgemeinen Spediteurs und Diebstahl von Gegenständen aus dem Hotelzimmer, in dem der versicherte Tourist registriert ist, einschließt. Ausgeschlossen sind Gepäckdiebstahl aus der Gepäckaufbewahrung, Gepäckdiebstahl aus Hotelhallen, außer wenn sie in Aufbewahrung waren, Gegenstände im ständigen Gebäude des versicherten Touristen oder Gegenstände, die nicht gefunden werden konnten, aber nicht gestohlen worden sind.

## Towing Insurance

Endorsement to an automobile policy that pays specified amount for towing and related labor costs.

## Abschleppversicherung

Nachtrag zu einer Kfz-Versicherungspolice, die einen bestimmten Betrag für das Abschleppen und verwandte Arbeitskosten bezahlt.

## Townhouse Multiple Line Insurance

Homeowners policy to cover the owner of a townhouse. → Homeowners Insurance Policy

## Stadthausmehrfachversicherung

Hausbesitzerversicherung, die den Besitzer eines Stadthauses abdeckt. → Hausbesitzerversicherungspolice

## Traditional Net Cost Method of Comparing Costs

→ Interest Adjusted Cost; → Life Insurance Cost

## Traditionelle Nettokostenmethode des Kostenvergleiches

→ Zinsbereinigte Kosten; → Lebensversicherungskosten

## Traditional Risk Reinsurance

Application of conventional terms and conditions to the → Reinsurance of a → Risk. Contrast with → Nontraditional Reinsurance.

## Traditionelle Risikorückversicherung

Anwendung konventioneller Bedingungen auf die → Rückversicherung eines → Risikos. Gegensatz zur → Nichttraditionellen Rückversicherung.

## Trailer Insurance

Liability and physical damage

## Kfz-Anhänger-Versicherung

Versicherungsschutz gegen Haftpflicht

coverage for trailers under business or personal auto policies. Most *automobile insurance* policies offer liability coverage for common types of trailers owned by an insured, including house trailers, boat trailers, and campers. For *collision insurance* coverage, personally owned trailers must be scheduled on a personal policy. The → Business Automobile Policy (BAP) offers only limited insurance without scheduled coverage for both liability and collision.

und materielle Beschädigung für Anhänger bei Geschäftswagen- oder Privat-Kfz-Policen. Die meisten *Kfz-Versicherungs*policen bieten Haftpflichtversicherungsschutz für die üblichen Anhängertypen, die sich im Besitz eines Versicherten befinden, einschließlich Hausanhänger, Bootsanhänger und Campingwagen. Für *Kollisionsversicherungs*schutz müssen Anhänger in Privatbesitz in einer Privatpolice speziell aufgelistet sein. Die → Geschäftswagenpolice bietet nur eine beschränkte Versicherung ohne planmäßigen Versicherungsschutz sowohl für Haftpflicht als auch für Kollision.

**Transacting Insurance**
→ NAIC: Model Life Insurance Solicitation Regulation; → National Association of Insurance Commisioners (NAIC)

**Versicherungsgeschäfte ausüben**
→ NAIC: Modellvorschrift der Nationalen Vereinigung der Regierungsbevollmächtigten für Versicherungen zur Überwachung der Werbung von Lebensversicherungen; → National Association of Insurance Commissioners (NAIC)

**Transferability**
→ Assignment; → Assignment Clause, Life Insurance; → Collateral Assignment

**Übertragbarkeit**
→ Abtretung; → Abtretungsklausel, Lebensversicherung; → Indirekte Abtretung

**Transfer Absolute**
→ Assignment Clause, Life Insurance

**Uneingeschränkte Übertragung**
→ Abtretungsklausel, Lebensversicherung

**Transfer by Assignment**
→ Assignment Clause, Life Insurance

**Übertragung durch Abtretung**
→ Abtretungsklausel, Lebensversicherung

**Transfer by Endorsement**
→ Assignment; → Collateral Assignment; → Assignment Clause, Life Insurance

**Übertragung durch Indossament**
→ Abtretung; → Indirekte Abtretung; → Abtretungsklausel, Lebensversicherung

## Transfer of Insureds

Provision in corporate life insurance policies that allows coverage to be transferred to a new individual with proof of insurability, for a premium appropriate to the age of the new individual. These policies are designed to cover key executives of a corporation and to provide continuous insurance in force without the necessity of obtaining a new policy. For example, if a corporation buys insurance to cover the chief executive officer and he retires, the policy could be transferred to the new CEO. → Riders, Life Insurance

## Transfer of Risk
→ Risk Transfer

## Transit Insurance
→ Inland Marine policy that protects an insured against loss for property that is shipped. One policy may be written for a single shipment, as for a family moving household goods, or it may be an open policy written for a manufacturer who continuously ships products. The basic inland transit policy is written on one of two policy forms, the → Annual Policy or the → Open Policy. → Trip Transit Insurance is available for single shipments.

## Übertragung der Versicherten

Bestimmung bei Unternehmenslebensversicherungspolicen, die es erlaubt, daß Versicherungsschutz auf eine neue Person mit einem Nachweis der Versicherbarkeit gegen eine Prämie, die dem Alter der neuen Person angemessen ist, übertragen wird. Diese Policen sind dazu beschaffen, um leitende Schlüsselangestellte eines Unternehmens abzudecken und um eine sich kontinuierlich in Kraft befindliche Versicherung zu bieten, ohne die Notwendigkeit, eine neue Police zu erwerben. Wenn eine Firma z. B. eine Versicherung abschließt, um ein Vorstandsmitglied abzudecken, und dieser in Rente geht, dann könnte die Police an das neue Vorstandsmitglied übertragen werden. → Besondere Versicherungsvereinbarungen, → Lebensversicherung

## Übertragung des Risikos
→ Risikotransfer

## Gütertransportversicherung
→ Binnentransport-Police, die einen Versicherten gegen Beschädigung von Vermögensgegenständen schützt, die verfrachtet werden. Eine Police kann für eine einzelne Lieferung gezeichnet werden, wie für eine Familie, die mit Haushaltsgegenständen umzieht, oder es kann sich um eine offene Police handeln, die für einen Hersteller gezeichnet wird, der ständig Produkte verfrachtet. Die Binnentransportgrundpolice wird in einer von zwei Policenformen gezeichnet, der → Jahrespolice oder der → Offenen Police. Eine → Reisetransportversicherung ist für Einzellieferungen verfügbar.

## Transportation Insurance
→ Inland Marine Insurance (Transportation Insurance): Business Risks

## Transportation Insurance Rating Bureau (TIRB)
One of two bureaus that writes forms and files standard rates for inland marine insurance. The other is the → Inland Marine Insurance Bureau.

## Transportation Ticket Insurance
Accident policy that covers a traveler for a single trip on an airplane or other common carrier. The name comes from its origin as part of the ticket or ticket stub, but these policies are no longer sold with the ticket. They are commonly sold in airports, often from vending machines.

## Traumatic Injury
Bodily or emotional injury resulting from physical or mental wound or shock. A traumatic injury is caused by something outside the person's body as opposed to a sickness or a disease. An example would be injury to a hand that is smashed in a machine or a nervous breakdown caused by stress on the job.

## Transportversicherung
→ Binnentransportversicherung (Transportversicherung): Geschäftsrisiken

## Transportation Insurance Rating Bureau (TIRB)
(Prämienfestsetzungsbüro für die Transportversicherung) – eines der zwei Büros, das Formulare zeichnet und Standardtarife für die Binnentransportversicherung einreicht. Das andere ist das → Inland Marine Insurance Bureau (Binnentransportversicherungsbüro).

## Fahrscheinversicherung
Unfallpolice, die einen Reisenden bei einer einfachen Fahrt mit einem Flugzeug oder einem anderen öffentlichen Verkehrsmittel absichert. Der Name rührt von seinem Ursprung als Teil einer Fahrkarte oder eines Fahrkartenkontrollabschnitts her, aber diese Policen werden nicht länger mit dem Fahrschein verkauft. Sie werden normalerweise auf Flughäfen verkauft, häufig an Verkaufsautomaten.

## Traumatische Verletzung
Körperliche oder emotionale Verletzung, wegen einer physischen oder geistigen Verwundung oder eines Schocks. Eine traumatische Verletzung wird im Gegensatz zu einer Krankheit oder einem Leiden durch äußere Einwirkungen verursacht. Ein Beispiel ist die Verletzung einer Hand, die in einer Maschine zerschmettert wird, oder ein durch Streß verursachter Nervenzusammenbruch.

## Travel Accident Insurance
Special-purpose health insurance policy that covers an insured for accidents while traveling. The policy may cover the insured for one specific trip or one particular type of travel, or it may cover all trips taken in a year. This type of insurance can be purchased in airport vending machines or from an agent.

## Treatment of Death Benefits
→ Tax Benefits of Life Insurance; → Tax Planning; → Estate Planning; → Estate Planning Distribution; → Group Life Insurance; → Pension Plan

## Treatment of Employee Withdrawals
→ Pension Plans: Withdrawal Benefits

## Treatment of Gains and Losses
→ Tax Reform Act of 1986

## Treaty Reinsurance
→ Automatic Nonproportional Reinsurance; → Automatic Proportional Reinsurance; → Automatic Reinsurance

## Trespass
→ Trespasser; → Tort, Intentional

## Reiseunfallversicherung
Krankenversicherungspolice für einen bestimmten Zweck, die einen Versicherten gegen Unfälle während einer Reise absichert. Die Police kann den Versicherten für eine besondere Reise oder eine bestimmte Art von Reise abdecken, oder sie kann alle in einem Jahr unternommenen Reisen abdecken. Diese Versicherungsart kann aus Flughafenversicherungsautomaten oder von einem Agenten erworben werden.

## Behandlung von Todesfalleistungen
→ Steuervorteile der Lebensversicherung; → Steuerplanung; → Nachlaßplanung; → Nachlaßverteilungsplanung; → Gruppenlebensversicherung; → Pensionssystem

## Behandlung von Arbeitnehmerentnahmen
→ Pensionssysteme: Entnahmeleistungen

## Behandlung von Gewinnen und Verlusten
→ Steuerreformgesetz aus dem Jahre 1986

## Automatisch wirksame Rückversicherung
→ Automatische nicht-proportionale Rückversicherung; → Automatische proportionale Rückversicherung; → Automatische Rückversicherung

## Übertretung
→ Unbefugter; → Straftat, Absichtliche

## Trespasser

Person who enters property without the right to do so. For liability purposes, it has been held that property owners are not responsible for trespassers as long as they do not intentionally trap or injure them. On the other hand, a property owner can be liable for injury to a person who has been invited onto his property, including messengers, delivery people, and service people, as well as guests. However, trespassers are very narrowly defined. No one in a public place is considered a trespasser. Likewise owners of an → Attractive Nuisance have been held liable for injuries to trespassing children. Further, recent interpretations by the courts have sometimes made owners liable for injury to trespassers if the owner was negligent.

## Unbefugter

Person, die ein Grundstück betritt, ohne berechtigt zu sein. Für Haftungszwecke wurde festgestellt, daß Grundstücksbesitzer nicht für Unbefugte verantwortlich sind, solange sie ihnen nicht absichtlich eine Falle stellen oder sie absichtlich verletzen. Auf der anderen Seite kann ein Grundstücksbesitzer für eine Verletzung einer Person, die auf sein Grundstück eingeladen wurde, einschließlich Boten, Lieferanten, Kundendienstpersonal sowie Gäste, haftbar gemacht werden. Der Begriff Unbefugter ist jedoch sehr eng definiert. An einem öffentlichen Ort wird niemand als Unbefugter betrachtet. Ebenso sind die Besitzer einer → Anziehenden Gefahrenstelle für Verletzungen unbefugt eintretender Kinder haftbar gemacht worden. Ferner haben die jüngsten Interpretationen von Gerichten Besitzer manchmal für die Verletzungen von Unbefugten haftbar gemacht, wenn der Besitzer fahrlässig war.

## Trip Cargo Insurance
→ Cargo Insurance

## Reisefrachtversicherung
→ Transportgüterversicherung

## Triple Indemnity
→ Accidental Death Clause

## Dreifache Entschädigung
→ Unfalltodklausel

## Triple Protection

Combination life insurance policy consisting of → Ordinary Life and double the amount of → Term Life. Should the insured die within a stipulated time period, the double term amount and ordinary life amount are paid to the ben-

## Dreifacher Schutz

Kombinationslebensversicherungspolice, die aus einer → Lebensversicherung auf den Todesfall und einer → Befristeten Lebensversicherung in doppelter Höhe besteht. Sollte der Versicherte innerhalb eines bestimmten Zeitraums sterben, würden der doppelte befristete Betrag und der Betrag der Lebensversicherung auf den

eficiary. If the insured dies beyond the stipulated time period, only the ordinary amount is paid to the beneficiary. This policy may be applicable in situations where the family is young and extra amounts of protection are required until the children reach the age of majority.

### Trip Transit Insurance
Coverage on a single shipment of property while in temporary storage or in transit. This policy is most commonly used in moving of household goods, which are covered from the time they are picked up, put in temporary storage, shipped to another location and put in temporary storage, and then delivered to the insured's new address. Protection is on an → All Risks basis subject to exclusions such as war, wear and tear, and nuclear disaster.

### Truckers Insurance
Limited special purposes policy that provides liability and physical damage insurance for owners and operators of trucks while engaged in business. This insurance is often purchased by a business that employs owner-operators.

### True Group Plan
Insurance arrangement in which all employees of a given

Todesfall an den Begünstigten gezahlt. Falls der Versicherte nach dem festgelegten Zeitraum stirbt, wird nur der Betrag der Lebensversicherung auf den Todesfall an den Begünstigten gezahlt. Die Police kann in Situationen angewendet werden, wenn es sich um eine junge Familie handelt und Schutz in zusätzlicher Höhe erforderlich ist, bis die Kinder das Volljährigkeitsalter erreichen.

### Reisetransportversicherung
Versicherungsschutz für eine einzelne Lieferung von Vermögensgegenständen, während diese vorübergehend gelagert oder transportiert werden. Die Police wird am häufigsten für den Umzug von Haushaltswaren verwendet, die von dem Zeitpunkt an, an dem sie abgeholt werden, vorübergehend eingelagert werden, zu einem anderen Standort verfrachtet und vorübergehend eingelagert werden und schließlich an die neue Adresse des Versicherten ausgeliefert werden, abgesichert sind. Der Schutz erfolgt auf Grundlage → Aller Risiken unter dem Vorbehalt von Ausschlüssen wie Krieg, Verschleiß und atomarem Unglück.

### Lkw-Fahrerversicherung
Police für spezielle, beschränkte Zwecke, die für Besitzer und Bediener von Lastkraftwagen eine Versicherung gegen Haftpflicht und materielle Beschädigung bietet, während sie geschäftlich unterwegs sind. Diese Versicherung wird häufig von einem Unternehmen abgeschlossen, das selbständige Fahrer beschäftigt.

### Echtes Gruppenvorhaben
Gestaltung einer Versicherung, bei der alle Arbeitnehmer eines gegebenen Unterneh-

business firm are accepted into a plan regardless of their physical condition. The employee cannot be required to take a physical examination in order to qualify. The employees are covered under a *Master Contract*. → Group Health Insurance; → Group Life Insurance

**True No-Fault Automobile Insurance**
→ No-Fault Automobile Insurance

**Trust**
Legal entity that provides for ownership of property by one person for the benefit of another. The → Trustee receives title to the property, but does not have the right to benefit personally from that property. The trustee has a legal obligation to manage the property and invest its assets solely for the → Beneficiary of Trust. Since the trustee is required to manage the property and its assets in a prudent manner, if he or she fails to perform in accordance with the → Prudent Man Rule the trustee becomes personally responsible for any lost funds or profits incurred by the trust. There are basically two types of trusts: → Living Trust (established during the life of the → Grantor) and → Testamentary Trust. For example, a trust may be established by a parent

mens, unabhängig von ihrer körperlichen Verfassung, bei einem System akzeptiert werden. Vom Arbeitnehmer kann nicht verlangt werden, sich einer ärztlichen Untersuchung zu unterziehen, um sich zu qualifizieren. Die Arbeitnehmer sind unter dem *Rahmenvertrag* abgedeckt. → Gruppenkrankenversicherung; → Gruppenlebensversicherung

**Echte Kfz-Versicherung ohne Verschuldensprinzip**
→ Kfz-Versicherung ohne Verschuldensprinzip

**Treuhandvermögen**
Rechtliche Einheit, die für das Vermögen einer Person zugunsten einer anderen sorgt. Der → Treuhänder erhält einen Rechtsanspruch auf das Vermögen, hat jedoch kein Recht, von diesem Vermögen persönlich zu profitieren. Der Treuhänder ist rechtlich verpflichtet, das Vermögen zu verwalten und seine Guthaben nur für den → Begünstigten des Treuhandverhältnisses anzulegen. Da der Treuhänder das Vermögen und seine Guthaben in umsichtiger Weise verwalten muß, wird er oder sie für alle verlorenen Finanzmittel oder Verluste, die vom Treuhandvermögen erlitten werden, persönlich verantwortlich gemacht, wenn er oder sie nicht entsprechend der → Regel des einsichtigen Menschen handelt. Es gibt zwei grundlegende Arten von Treuhandvermögen: → Treuhandvermögen zu Lebenszeiten des Verfügungsberechtigten (wird errichtet während der → Stifter lebt) und das → Testamentarisch errichtete Treuhandvermögen. Ein Treuhandvermögen kann z. B. von Eltern eingerichtet werden, um Gut-

to hold assets for the benefit of a child. → Beneficiary of Trust; → Estate Planning Distribution

## Trust Agreement
Legal document setting out the rules to be followed by a → Trustee in administering assets of a → Trust. The trust agreement may limit investment of trust assets to specified types of securities, for example, or provide for distribution of the trust principal or earnings to a → Beneficiary of Trust only under certain circumstances.

## Trustee
→ Estate Planning Distribution

## Trustee, Bond
→ Trustee Role, Pension Plans

## Trustee Liability Insurance
Coverage provided for the fiduciaries of a retirement plan as well as for the plan itself in the event negligence of the fiduciaries results in losses to the plan and/or liability suits filed against the plan and/or the fiduciaries.

## Trustee, Negligence
→ Trustee Liability Insurance

haben zugunsten eines Kindes bereitzuhalten. → Begünstigter des Treuhandverhältnisses; → Nachlaßverteilungsplanung

## Sicherungsübereignungsvertrag
Rechtliches Dokument, das die Regeln festlegt, die ein → Treuhänder bei der Verwaltung der Guthaben eines → Treuhandvermögens befolgen muß. Der Sicherungsübereignungsvertrag kann die Kapitalanlage von Guthaben des Treuhandvermögens z.B. auf bestimmte Wertpapiere beschränken oder die Ausschüttung der Hauptsumme des Treuhandvermögens bzw. die Ausschüttung der Erträge an einen → Begünstigten des Treuhandverhältnisses nur unter bestimmten Voraussetzungen vorsehen.

## Treuhänder
→ Nachlaßverteilungsplanung

## Treuhänder, Kaution
→ Rolle des Treuhänders, Pensionssysteme

## Treuhänderhaftpflichtversicherung
Versicherungsschutz für die Treuhänder eines Pensionssystems sowie für das System selbst, für den Fall, daß Fahrlässigkeit von Treuhändern Schaden für das System und/oder Haftpflichtklagen gegen das System und/oder die Treuhänder zur Folge hat.

## Treuhänder, Fahrlässigkeit
→ Treuhänderhaftpflichtversicherung

**Trustee Role, Pension Plans**
→ Pension Plan; → Pension Plan Funding Instruments; → Pension Plan Funding: Group Deposit Administration Annuity; → Pension Plan Funding: Group Immediate Participation Guaranteed (IPG) Contract Annuity; → Pension Plan Funding: Group Permanent Contract; → Pension Plan Funding: Individual Contract Pension Plan

**Trustee, Terminated Plan**
One named under provisions of the → Employee Retirement Income Security Act of 1974 (ERISA) for a terminated pension plan with an unfunded liability for its benefits.

**Trust Fund Plan**
One of two basic types of funding instruments for pensions or employee benefits, in which responsibility for plan assets is vested in a trustee. The other type is known as an *insured plan,* whose assets are held by a life insurance company, typically under a group annuity contract that guarantees payment of benefits. A → Combination Plan makes use of both approaches, with some contributions going to a trustee and the remainder to an insurance company. → Self-

Administered Plan

**Trust Fund Plan Analysis**
→ Trust Fund Plan

**Trust Indenture**
Document setting out the responsibilities of a borrower, such as a corporation issuing bonds, and the powers of a trustee who will be looking after the interests of the bondholders.

**Trustor**
→ Estate Planning Distribution

**Tuition Fees Insurance**
Indemnification of a school for the loss of tuition, and room and board fees when it is forced to suspend classes because of the occurrence of a peril. → Tuition Form

**Tuition Form**
Coverage in the event a school, summer camp, or similar operation suffers loss of tuition because a peril destroys a building. The tuition form reimburses the institution for loss of tuition and rental income from room and board. → Tuition Fees Insurance

**Tunnel Insurance**
Coverage in the event a tunnel is damaged or destroyed. Written on an → All Risks basis,

**Analyse eines Treuhandfondssystems**
→ Treuhandfondssystem

**Treuhandvertrag**
Dokument, das die Verpflichtungen eines Entleihers – wie z.B. ein Unternehmen, das Schuldverschreibungen ausgibt – und die Vollmachten eines Treuhänders, der sich um die Interessen der Obligationsinhaber kümmert, festlegt.

**Stifter**
→ Nachlaßverteilungsplanung

**Schulgeldversicherung**
Entschädigung einer Schule für den Verlust von Schulgeld und der Gebühren für Unterkunft und Verpflegung, wenn sie gezwungen ist, den Unterricht, wegen des Eintritts einer Gefahr, vorübergehend einzustellen. → Unterrichtsversicherungsform

**Unterrichtsversicherungsform**
Versicherungsschutz für den Fall, daß eine Schule, ein Sommercamp oder ein ähnliches Unternehmen einen Verlust von Studiengebühren erleidet, weil eine Gefahr ein Gebäude zerstört hat. Die Unterrichtsversicherungsform entschädigt die Institution für den Verlust von Studiengebühren und Mieteinkommen für Unterkunft und Verpflegung. → Schulgeldversicherung

**Tunnelversicherung**
Versicherungsschutz für den Fall, daß ein Tunnel beschädigt oder zerstört wird. Wird auf der Grundlage → Aller Gefahren

excluding perils of war, wear and tear, inherent defect, and nuclear damage. For example, this coverage would be important to businesses which have underground tunnels connecting different locations.

**Turnkey Insurance**
Contractor's and Architect's Errors and Omissions Insurance, which also serves as a general liability policy for these professionals.

**Turnover Rate**
Frequency with which employees resign, are fired, or retire from a company, usually computed as the percentage of an organization's employees at the beginning of a calendar year. The turnover rate is one of the factors affecting the cost of a pension plan. Employees who leave a company before they have a *vested interest* in the plan represent a cost saving to plan administrators, because they will not receive benefits when they retire. For this reason, most actuaries make assumptions about the turnover rate of a particular company when calculating how much money must be contributed to a retirement plan to pay future benefits.

**Twisting**
→ Unfair Trade Practice, in

gezeichnet und unter Ausschluß der Gefahren Krieg, Verschleiß, innewohnendem Defekt und atomarer Beschädigung. Dieser Versicherungsschutz wäre z. B. für Unternehmen wichtig, die unterirdische Tunnel, die verschiedene Standorte miteinander verbinden, besitzen.

**Berufshaftpflichtversicherung für Architekten und Bauunternehmer**
Versicherung gegen Fehler und Unterlassungen von Architekten und Bauunternehmern, die für diese Berufsgruppe auch als allgemeine Haftpflichtversicherungspolice gilt.

**Fluktuationsrate**
Häufigkeit, mit der Arbeitnehmer bei einer Firma kündigen, entlassen werden, in Rente gehen, gewöhnlich berechnet als Prozentsatz der Arbeitnehmer einer Organisation zu Beginn des Kalenderjahres. Die Fluktuationsrate ist einer der Faktoren, der die Kosten eines Pensionssystems beeinflußt. Arbeitnehmer, die ein Unternehmen verlassen, bevor sie das ihnen *zustehende Anrecht* am System erworben haben, stellen für die Systemverwalter eine Kostenersparnis dar, da sie keine Leistungen erhalten werden, wenn sie in Rente gehen. Aus diesem Grunde stellen die meisten Versicherungsmathematiker Annahmen bezüglich der Fluktuationsrate eines bestimmten Unternehmens auf, wenn sie berechnen, wieviel Geld zu einem Pensionssystem beigetragen werden muß, um zukünftige Leistungen zu zahlen.

**Verdrehung**
→ Unlauterer Wettbewerb bei der Versi-

insurance, whereby an agent or broker attempts to persuade a life insurance policyholder through misrepresentation to cancel one policy and buy a new one. Some states have laws requiring full disclosure of relevant comparative information about existing and proposed policies by an agent trying to convince a customer to switch policies. These laws may provide for notification of the insurance company that issued the existing policy to give it an opportunity to respond to the agent's proposal.

cherung, wenn ein Agent oder ein Makler den Inhaber einer Lebensversicherungspolice durch Falschdarstellung zu überreden versucht, eine Police zu kündigen und eine neue abzuschließen. Einige Staaten verfügen über Gesetze, die die vollständige Offenlegung relevanter Vergleichsinformationen über existierende und vorgeschlagene Policen durch einen Agenten, der versucht, einen Kunden vom Tausch der Policen zu überzeugen, fordern. Diese Gesetze können eine Benachrichtigung der Versicherungsgesellschaft vorsehen, die die existierende Police ausgegeben hat, um ihr eine Möglichkeit zu geben, auf die Vorschläge des Agenten zu antworten.

# U

### U&O
→ Use and Occupancy Insurance

### Uberrimae Fidei Contract
Agreement "of utmost good faith." Under law, it is assumed that insurance contracts are entered into by all parties in good faith, meaning that they have disclosed all relevant facts and intend to carry out their obligations. Where lack of good faith can be proved, such as in a fraudulent application to obtain insurance, the contract may be nullified.

### UJF
→ Unsatisfied Judgment Fund

### UL
→ Underwriters Laboratories, Inc. (UL)

### Ultimate Mortality Table
Presentation of data that excludes the first 5 to 10 years of experience of those who purchase life insurance. A → Mortality Table shows the number of deaths per 1000 of a group of people. Experience

### Betriebsunterbrechungsversicherung
→ Betriebsunterbrechungsversicherung

### Vertrag von höchster Redlichkeit
Vertrag von „äußerst gutem Glauben". Vor dem Gesetz geht man davon aus, daß alle Parteien einen Versicherungsvertrag in gutem Glauben abschließen, d. h., daß sie alle relevanten Tatsachen offenbart haben und beabsichtigen, ihren Verpflichtungen nachzukommen. Wo das Fehlen des guten Glaubens nachgewiesen werden kann, wie etwa eine betrügerische Antragstellung, um Versicherung zu erlangen, kann der Vertrag annulliert werden.

### Fonds für nicht vollstreckte Urteile
→ Fonds für nicht vollstreckte Urteile

### UL
→ Underwriters Laboratories, Inc. (UL)

### Äußerste Sterblichkeitstabelle
Präsentation von Daten, die die ersten fünf bis zehn Jahre der Erfahrung jener, die eine Lebensversicherung abschließen, ausschließt. Eine → Sterblichkeitstabelle zeigt die Anzahl von Todesfällen pro 1000 einer Gruppe von Menschen. Die Erfahrung zeigt, daß Menschen in den ersten

shows that people have a lower mortality rate in the first years after they have purchased insurance, probably because they have recently passed a medical and other tests. A → Select Mortality Table includes data only on people who have recently purchased insurance. An *aggregate mortality table* includes all data.

**Ultimate Net Loss**

Insurer's total payments resulting from a claim, including all related expenses, less any recoveries from salvage, reinsurance, and the exercise of *subrogation* rights or other rights against third parties. → Loss Development

**Ultra Vires**

Latin phrase meaning "beyond power or authority" describing an act by a corporation that exceeds its legal powers. For example, corporations do not have the authority to engage in the insurance business without a charter. A corporation offering insurance without authority would be acting ultra vires. Similarly, an insurance company chartered to engage in a single line of business would be operating ultra vires by offering some other line.

**Umbrella Liability Insurance**

Excess liability coverage

Jahren nach Abschluß einer Versicherung über eine geringere Sterblichkeitsrate verfügen, wahrscheinlich weil sie sich gerade erst erfolgreich einer ärztlichen Untersuchung und sonstigen Tests unterzogen haben. Eine → Auserwählte Sterblichkeitstabelle schließt nur Daten von Leuten ein, die gerade erst eine Lebensversicherung abgeschlossen haben. Eine *Gesamtsterblichkeitstabelle* schließt alle Daten ein.

**Letztendlicher Nettoschaden**

Gesamtzahlungen eines Versicherers infolge eines Anspruches, einschließlich aller verwandten Ausgaben, abzüglich jedweder Zurückerlangung durch Bergung, Rückversicherung und Ausübung der *Subrogations-* oder sonstiger Rechte gegenüber dritten Parteien. → Schadensentwicklung

**Ultra Vires**

Lateinische Redewendung, die bedeutet „außerhalb der Vertretungsmacht". Sie bezieht sich auf eine Handlung eines Unternehmens, das seine legalen Befugnisse überschreitet. Unternehmen haben beispielsweise nicht das Recht, ohne urkundliche Genehmigung in das Versicherungsgeschäft einzusteigen. Ein Unternehmen, das eine Versicherung ohne Vollmacht anbieten würde, würde ultra vires handeln. In gleicher Weise würde ein Unternehmen mit Genehmigung, in einer Geschäftssparte Geschäfte zu tätigen, seine Befugnisse überschreiten, wenn es eine andere Sparte anbieten würde.

**Globalhaftpflichtversicherung**

Überschußhaftpflichtversicherungsschutz,

above the limits of a basic business liability insurance policy such as the → Owners, Landlords and Tenants Liability Policy. For example, if a basic policy has a limit of $ 500,000, and it is exhausted by claims, the umbrella will pay the excess above $ 500,000 up to the limit of the umbrella policy, which may be as high as $ 10,000,000, $ 25,000,000 or more. The umbrella policy also fills gaps in coverage under basic liability policies.

## Umbrella Reinsurance

Protection for all classes of business including automobile, fire, general liability, homeowners, multiple peril, burglary, and glass, by combining the contracts for these classes of business into one reinsurance contract. This enables the *cedant* to obtain reinsurance more cheaply, with greater capacity and with greater spread of risk. An umbrella reinsurance contract is offered to one set of reinsurers who all take a fixed percentage of every treaty in the contract. One reinsurer may take 5% across the board, another may take 10%, and so on until the umbrella contract is totally placed. All the treaties that compose the umbrella contract are written as one block of business; hence, the reinsurers are prohibited from

der über die Grenzen einer Grundhaftpflichtversicherungspolice wie der → Eigentümer-, Vermieter- und Mieterhaftpflichtversicherungspolice, hinausgeht. Wenn eine Basispolice z. B. eine Höchstgrenze von US$ 500.000 hat und durch Ansprüche erschöpft ist, dann zahlt die Globalversicherung den Überschuß, der über die US$ 500.000 hinausgeht, bis zur Deckungsgrenze der Globalpolice, die bis zu US$ 10.000.000, US$ 25.000.000 oder mehr betragen kann. Die Globalpolice füllt auch Lücken im Versicherungsschutz der Basishaftpflichtpolicen.

## Globalrückversicherung

Schutz für alle Geschäftsklassen einschließlich Kfz, Feuer, allgemeine Haftpflicht, Hausbesitzer, Vielgefahren, Einbruchdiebstahl und Glas, wobei die Verträge für diese Klassen von Geschäften in einem Rückversicherungsvertrag kombiniert werden. Dies versetzt den *Zedenten* in die Lage, eine Rückversicherung billiger, mit größerer Kapazität und mit einer größeren Risikostreuung zu erlangen. Ein Globalversicherungsvertrag wird einer Reihe von Rückversicherern angeboten, die einen festgelegten Prozentsatz jedes Vertrages innerhalb des Vertrages übernehmen. Ein Rückversicherer mag insgesamt 5% übernehmen, ein anderer mag 10% übernehmen usw., bis der Globalvertrag schließlich vollständig plaziert ist. Alle Verträge, die einen Globalvertrag bilden, werden als ein Geschäftsblock gezeichnet. Somit wird den Rückversicherern verboten, auszuwählen, welchen Vertrag sie rückversichern wollen. Durch Kombination aller Rückversicherungs-

choosing which treaty they want to reinsure. By combining all the reinsurance treaties into one contract, if a catastrophe loss results, each reinsurer will assume only a percentage of the loss instead of assuming the entire loss by itself.

verträge in einem Vertrag übernimmt, wenn ein Katastrophenschaden eintritt, jeder Rückversicherer nur einen Prozentsatz des Schadens, anstatt den gesamten Verlust alleine zu übernehmen.

## Umpire
Arbitrator who settles disputes over the amount of loss when an insurer and an insured do not agree.

## Schiedsrichter
Schlichter, der einen Streit über die Höhe eines Schadens regelt, wenn ein Versicherer und ein Versicherter sich nicht einigen.

## Unallocated Benefit
→ Unallocated Funding Instrument

## Nicht zugewiesene Leistungen
→ Nicht zugewiesenes Finanzierungsinstrument

## Unallocated Funding Instrument
Pension funding agreement under which funds paid into a retirement plan are not currently allocated to purchase retirement benefits. The funds of one plan cannot be commingled with funds of another plan and the plan trustee guarantees neither principal nor interest of the funds deposited. At retirement the trustee can either purchase an *immediate retirement annuity* for the retiring employee or pay the benefits directly from the fund as they become due. → Pension Plan Funding: Group Deposit Administration Annuity; → Pension Plan Funding: Group Immediate Participation Guaranteed (IPG) Contract Annu-

## Nicht zugewiesenes Finanzierungsinstrument
Pensionsfinanzierungsübereinkommen, bei dem die in ein Pensionssystem eingezahlten Finanzmittel nicht laufend zugewiesen werden, um Pensionsleistungen zu erwerben. Die Finanzmittel eines Systems können nicht mit den Finanzmitteln eines anderen Systems vermischt werden, und der Treuhänder des Systems garantiert weder die Hauptsumme noch die Zinsen der hinterlegten Finanzmittel. Bei Pensionierung kann der Treuhänder entweder eine *sofort fällige Pensionierungsrente* für den in den Ruhestand gehenden Arbeitnehmer erwerben oder die Leistungen bei Fälligkeit direkt aus dem Fonds bezahlen. → Pensionssystemfinanzierung: Gruppeneinlagenverwaltungsrente; → Pensionssystemfinanzierung: sofortige Gruppenvertragsrente mit garantierter Beteiligung; → Pensionssystemfinanzierungsinstrumente; → Treuhandfondssystem

ity; → Pension Plan Funding Instruments; → Trust Fund Plan

**Unauthorized Insurer**
→ Nonadmitted Insurer

**Unauthorized Practice of Law**
Act of practicing law or providing legal advice without a license.

**Unbundled**
Term that describes commercial insurance with no administrative services attached, or alternatively, administrative services from an insurer without insurance coverage. Years ago, insureds bought a package that included coverage for exposures as well as claims paying, loss control, and other risk management services. With the increasing sophistication of risk management in the past decade, and to reduce their costs, many corporations elect to perform some of these duties themselves and to purchase insurance and other services on an unbundled basis.

**Unbundled Life Insurance Policy**
Coverage in which the investment features, mortality element, and cost factors of a → Life Insurance policy are separated, permitting each part to be independently analyzed.

**Nicht autorisierter Versicherer**
→ Nicht-zugelassener Versicherer

**Unerlaubte Rechtsberatung**
Akt der Praktizierung von Recht oder die Gewährung von rechtlichem Rat ohne eine Lizenz.

**Ungebündelt**
Begriff, der eine gewerbliche Versicherung beschreibt, bei der keine Verwaltungsdienstleistungen hinzugefügt werden, oder alternativ, Verwaltungsdienstleistungen eines Versicherers ohne Versicherungsschutz. Vor Jahren kauften Versicherte ein Paket, das den Versicherungsschutz für Gefährdungen sowie die Zahlung von Ansprüchen, die Schadenskontrolle und andere Risikomangementdienstleistungen umfaßte. Mit der steigenden Weiterentwicklung des Risikomanagements im vergangenen Jahrzehnt und um ihre Kosten zu senken, entscheiden sich viele Unternehmen, diese Aufgaben selbst zu übernehmen, und erwerben Versicherungsschutz und sonstige Dienstleistungen in ungebündelter Form.

**Ungebündelte Lebensversicherungspolice**
Versicherungsschutz, bei dem Kapitalanlagemerkmale, das Sterblichkeitselement und Kostenfaktoren einer → Lebensversicherungs-Police getrennt werden, was eine unabhängige Analyse jedes Teils erlaubt. Das → Sparelement der Police wird dann

The → Savings Element of the policy then becomes interest-sensitive (rate of return paid to the → Policyholder is more consistent with the rate of returns earned by the life insurance company over a period of time than is the rate of return paid to the holder of a traditional life insurance policy). → Universal Life Insurance

zinsempfindlich (die an einen → Policenbesitzer gezahlte Ertragsquote stimmt eher mit der von der Lebensversicherungsgesellschaft über einen bestimmten Zeitraum verdienten Ertragsquote überein als die an den Besitzer einer traditionellen Lebensversicherungspolice gezahlte Ertragsquote). → Universelle Lebensversicherung

**Underinsurance**
1. Failure to maintain adequate coverage for a specific loss or damage.
2. Failure to meet a → Coinsurance requirement.

**Unterversicherung**
1. Versäumnis, angemessenen Versicherungsschutz für einen spezifischen Verlust oder Schaden zu unterhalten;
2. Versäumnis, die → Mitversicherungsforderung zu erfüllen.

**Underinsured Motorist Endorsement**
Addition to a → Personal Automobile Policy (PAP) that covers an insured who is involved in a collision with a driver who does not have sufficient liability insurance to pay for the damages. → Uninsured Motorist Insurance

**Nachtrag für unterversicherte Fahrzeuglenker**
Zusatz zu einer → Privat-Kfz-Police, die einen Versicherten, der an einem Zusammenstoß mit einem Fahrer beteiligt ist, der über keine ausreichende Haftpflichtversicherung verfügt, um die Schäden zu bezahlen, abdeckt. → Versicherung gegen nicht versicherte Fahrzeuglenker

**Underlying Mortality Assumption**
→ Mortality Assumption

**Zugrunde liegende Sterblichkeitsannahme**
→ Sterblichkeitsannahme

**Underlying Retention**
→ Retention and Limits Clause; → Risk Management; → Self Insurance

**Zugrunde liegender Selbstbehalt**
→ Klausel zu Selbstbehalt und Begrenzungen; → Risikomanagement; → Selbstversicherung

**Underwriter, Lay**
Individual who works in the home office of an insurance

**Prämienfestsetzer**
Einzelperson, die in der Hauptverwaltung einer Versicherungsgesellschaft arbeitet

company and performs the function of → Underwriting to determine if an applicant is insurable at standard rates, substandard rates, insurable at preferred rates, or is uninsurable.

**Underwriter, Life**
→ Agent

**Underwriters Association**
→ Pool; → Producers Cooperative

**Underwriters Laboratories, Inc. (UL)**
Independent agency supported by the insurance industry that tests a variety of materials, products, and devices, such as appliances and electrical equipment, to assure that they meet safety standards.

**Underwriter Syndicate**
→ Lloyd's of London

**Underwriting**
Process of examining, accepting, or rejecting insurance risks, and classifying those selected, in order to charge the proper premium for each. The purpose of underwriting is to spread the risk among a pool of insureds in a manner that is equitable for the insureds and profitable for the insurer. → Risk Management; → Risk Selection

und die → Zeichnungsfunktion ausübt, um zu bestimmen, ob ein Antragsteller zu den Standardtarifen, zu Tarifen oberhalb des Standards oder zu bevorzugten Tarifen versicherbar ist, oder ob er unversicherbar ist.

**Versicherer, Lebens-**
→ Agent

**Vereinigung von Versicherern**
→ Pool; → Anbietergenossenschaft

**Underwriters Laboratories, Inc. (UL)**
(Von der Versicherungswirtschaft unterstützte Materialprüfungslaboratorien) – unabhängige Agentur, die von der Versicherungsbranche unterstützt wird und eine Vielzahl von Materialien, Produkten und Vorrichtungen wie Geräte und elektrische Ausrüstungen prüft, um sicherzustellen, daß sie Sicherheitsnormen erfüllen.

**Versicherersyndikat**
→ Lloyd's of London

**Zeichnung**
Prozeß der Untersuchung, der Annahme oder Ablehnung von Versicherungsrisiken und der Klassifizierung der Ausgewählten, um die richtige Prämie für jedes Risiko zu berechnen. Der Zweck der Übernahme von Versicherungen ist es, das Risiko innerhalb eines Pools von Versicherten in einer Weise zu streuen, daß es für die Versicherten gerecht und für den Versicherer gewinnbringend ist. → Risikomanagement; → Risikoauswahl

## Underwriting Cycle

Tendency of property and liability insurance premiums, insurer's profits, and availability of coverage to rise and fall with some regularity over time. A cycle can be said to begin when insurers tighten their underwriting standards and sharply raise premiums after a period of severe underwriting losses. Stricter standards and higher premium rates often bring dramatic increases in profits, attracting more capital to the insurance industry and raising underwriting capacity. On the other hand, as insurers strive to write more premiums at higher levels of profitability, premium rates may be driven down and underwriting standards relaxed in the competition for new business. Profits may erode and then turn into losses if more lax underwriting standards generate mounting claims. The stage would then be set for the cycle to begin again.

## Konjunkturverlauf im Versicherungsgeschäft

Tendenz von Sach- und Haftpflichtversicherungsprämien, Gewinnen der Versicherer und Verfügbarkeit von Versicherungsschutz mit einiger Regelmäßigkeit über einen Zeitraum anzusteigen und zu fallen. Man kann sagen, daß ein Konjunkturzyklus beginnt, wenn Versicherer beginnen, ihre Versicherungsnormen zu straffen und sie die Versicherungsprämien nach einer Zeit schwerer Versicherungsverluste stark anheben. Strengere Normen und höhere Prämientarife bringen häufig dramatische Anstiege bei den Gewinnen mit sich, was Kapital zur Versicherungsbranche anzieht und die Zeichungskapazität erhöht. Da Versicherer auf der anderen Seite bestrebt sind, mehr Prämien auf einem gewinnbringenden Niveau zu zeichnen, können die Prämientarife im Wettbewerb um neue Geschäfte heruntergefahren und um Zeichnungsnormen gelockert werden. Gewinne können schwinden und sich schließlich in Verluste verwandeln, wenn laschere Zeichnungsnormen ansteigende Ansprüche hervorbringen. Dann wäre das Stadium erreicht, bei dem der Zyklus erneut beginnen könnte.

## Underwriting Gain (Loss)

Profit (deficit) that remains after paying claims and expenses. Insurers generate profits from underwriting and from investment income. Their chief business is insuring against risks for a profit, and one measure of success is whether there is money left

## Versicherungsgewinn (-verlust)

Profit (Defizit), der nach Zahlung von Ansprüchen und Ausgaben zurückbleibt. Versicherer schaffen Gewinne aus der Übernahme von Versicherungen und Kapitalanlageeinkommen. Ihr Hauptgeschäft ist die Versicherung gegen Risiken für einen Gewinn, und ein Erfolgsmaß besteht darin, ob nach Zahlung der Ansprüche und Ausgaben Geld übrig-

after paying claims and expenses. This amount, if any, is their underwriting gain. → Combined Ratio

**Underwriting Profit (Loss)**
→ Underwriting Gain (Loss)

**Unearned Premium**
→ Unearned Premium Insurance; → Unearned Premium Reserve; → Unearned Reinsurance Premium

**Unearned Premium Insurance**
Coverage for loss of unearned premium if insured property is destroyed before the end of a policy period. The policyholder pays in advance for insurance, but the insurer does not earn the premium until coverage is provided. For example, if a policy period is one year, one-twelfth of the premium is earned each month. After six months, one-half of the premium is still unearned and belongs to the policyholder if the policy is cancelled. If the property is destroyed in the second month and the insurer pays the claim, the policyholder would have nothing left to insure. Unearned premium insurance reimburses the insured for the part of the premium paid up front that is no longer needed for insurance coverage.

bleibt. Dieser Betrag, falls vorhanden, ist ihr Versicherungsgewinn. → Kombinierte Quote

**Versicherungsprofit (-verlust)**
→ Versicherungsgewinn (-verlust)

**Nicht verdiente Prämie**
→ Versicherung noch nicht verdienter Prämien; → Rückstellung für noch nicht verdiente Prämien; → Nicht verdiente Rückversicherungsprämie

**Versicherung noch nicht verdienter Prämien**
Versicherungsschutz für den Verlust nicht verdienter Prämien, falls ein versicherter Vermögensgegenstand vor dem Ende der Policenlaufzeit zerstört wird. Der Policeninhaber zahlt für die Versicherung im voraus, aber der Versicherer verdient die Prämie erst, wenn der Versicherungsschutz geleistet wird. Wenn der Versicherungszeitraum z. B. ein Jahr beträgt, wird jeden Monat ein Zwölftel der Prämie verdient. Nach sechs Monaten ist die Hälfte der Prämie noch immer unverdient und gehört dem Policenbesitzer, falls die Police gekündigt wird. Falls das Vermögen im zweiten Monat zerstört wird und der Versicherer den Anspruch bezahlt, behielte der Policenbesitzer nichts zurück, was versichert werden müßte. Die Versicherung für nicht verdiente Prämien entschädigt den Versicherten für den Teil der Prämie, die zuvor bezahlt worden ist und nicht länger für den Versicherungsschutz benötigt wird.

## Unearned Premium Reserve

Fund that contains the portion of the premium that has been paid in advance for insurance that has not yet been provided. For example, if a business pays an annual premium of $1000 on January 1, the money is not earned by the insurer until the insurance coverage has been provided. On July 1, $500 would have been earned and $500 would remain as unearned premium, belonging to the policyholder. If either party cancels the contract, the insurer must have the unearned premium ready to refund. For this reason, insurance regulators require that insurers maintain an unearned premium reserve so that, in the event an insurer must be liquidated, there is enough money to pay claims and refund the unearned premium. Because computations for individual policies would be cumbersome, regulators have devised formulas for figuring unearned premium reserves. → Reinsurance Reserve (Unearned Premium Reserve)

## Unearned Reinsurance Premium

Portion of reinsurance premium received by the reinsurer which relates to the unexpired part of the reinsured policy. → Automatic Proportional

## Rückstellung für noch nicht verdiente Prämien

Fonds, der einen Teil der Prämie enthält, die im voraus für eine Versicherung bezahlt, aber noch nicht geleistet worden ist. Z. B., wenn ein Unternehmen eine jährliche Prämie von US$ 1.000 am 1. Januar zahlt, dann ist das Geld vom Versicherer nicht verdient, bis der Versicherungsschutz geleistet worden ist. Am 1. Juli wären US$ 500 verdient, und US$ 500 würden als unverdiente Prämie übrigbleiben, die dem Policenbesitzer gehört. Wenn eine der Parteien den Vertrag kündigt, muß der Versicherer die unverdiente Prämie zur Rückzahlung bereithalten. Aus diesem Grunde fordern Versicherungsaufsichtsbeamte, daß Versicherer eine Rückstellung für unverdiente Prämien unterhalten, so daß, falls ein Versicherer liquidiert werden muß, genügend Geld vorhanden ist, um Ansprüche zu zahlen und die unverdienten Prämien zurückzuerstatten. Weil die Berechnungen für einzelne Policen sehr mühselig wären, haben Aufsichtsbeamte Formeln für die Berechnung von Rückstellungen für noch nicht verdiente Prämien entwickelt. → Rückversicherungsreserve (Rückstellung für noch nicht verdiente Prämien)

## Nicht verdiente Rückversicherungsprämie

Teil der von einem Rückversicherer bezogenen Rückversicherungsprämie, der sich auf den nicht abgelaufenen Teil der Rückversicherungspolice bezieht. → Automatische proportionale Rückversi-

Reinsurance; → Facultative Reinsurance; → Nonproportional Reinsurance; → Proportional Reinsurance; → Reinsurance

**Unemployment Compensation**

Money paid through state and Federal programs to workers who are temporarily unemployed. The program, which was created by the → Social Security Act of 1935, is managed by the individual states, which decide the level of benefits that will be paid and assess a payroll tax on employers to pay for the program. Employers may pay more or less tax depending on the stability of their workforces. Weekly benefits vary widely among the states.

**Unfair Claims Practice**

Abuse by an insurer in an effort to avoid paying a claim filed by an insured, or to reduce the size of the payment. The → National Association of Insurance Commissioners (NAIC) has developed model legislation requiring that claims be handled fairly and that there be free communication between policyholder and insurer. Many states have adopted unfair claims practice laws.

cherung; → Fakultative Rückversicherung; → Nicht-proportionale Rückversicherung; → Proportionale Rückversicherung; → Rückversicherung

**Arbeitslosenunterstützung**

Durch staatliche und Bundesprogramme an Arbeiter, die vorübergehend arbeitslos sind, bezahltes Geld. Das Programm, das durch das → Sozialversicherungsgesetz aus dem Jahre 1935 geschaffen wurde, wird von den einzelnen Staaten verwaltet, die über das Niveau der Leistungen, die bezahlt werden, entscheiden und die die Lohnsummensteuer der Arbeitgeber, die das Programm bezahlt, festsetzen. Arbeitgeber können in Abhängigkeit von der Stabilität ihrer Belegschaft mehr oder weniger Steuern bezahlen. Die wöchentlichen Leistungen unterscheiden sich stark von Staat zu Staat.

**Unlautere Anspruchspraxis**

Mißbrauch durch einen Versicherer bei dem Versuch, die Zahlung eines von einem Versicherten eingereichten Anspruchs zu vermeiden oder den Umfang der Zahlung zu verringern. Die → National Association of Insurance Commissioners (NAIC) (Nationale Vereinigung der Regierungsbevollmächtigten für Versicherungen) hat eine Modellgesetzgebung entwickelt, die fordert, daß Ansprüche fair gehandhabt werden und daß es eine freie Kommunikation zwischen Policenbesitzer und Versicherer gibt. Viele Staaten haben Gesetze gegen eine unlautere Anspruchspraxis eingeführt.

## Unfair Trade Practice

In insurance, fraudulent or unethical practice that is illegal under state law. States may fine or revoke the licenses of agents and brokers for unfair trade practices, including misrepresentation, false advertising, misappropriation of policyholder's money, and → Twisting. Many states have adopted the NAIC model *Unfair Trade Practices Act*.

## Unlauterer Wettbewerb

Bei Versicherungen betrügerische oder unethische Handlungsweise, die nach staatlichen Gesetzen gesetzeswidrig ist. Staaten können Agenten oder Makler wegen unlauteren Wettbewerbs, einschließlich Falschdarstellung, rechtswidriger Werbung, Veruntreuung von Geldern des Policenbesitzers und → Verdrehung bestrafen oder die Lizenzen widerrufen. Viele Staaten haben das *Modellgesetz gegen den unlauteren Wettbewerb der NAIC* (Nationale Vereinigung der Regierungsbevollmächtigten für Versicherungen) eingeführt.

## Unfriendly Fire
→ Hostile Fire

## Unfreundliches Feuer
→ Schadenfeuer

## Unfunded
→ Unallocated Funding Instrument

## Nicht-finanziert
→ Nicht-zugewiesenes Finanzierungsinstrument

## Uniform Commercial Code

Standardized set of business laws that has been adopted by most states. The Uniform Commercial Code governs a wide range of transactions including borrowing, contracts, and many other everyday business practices. It is useful because it standardizes practices from state to state.

## Uniform Commercial Code (Vereinheitlichtes Handelsrecht)

Standardisierter Satz von gewerblichen Gesetzen, der in den meisten Staaten eingeführt worden ist. Das vereinheitlichte Handelsrecht bestimmt eine Reihe von Transaktionen einschließlich Kreditwesen, Verträge und viele andere alltägliche Geschäftspraktiken. Dies ist nützlich, weil es Praktiken von Staat zu Staat standardisiert.

## Uniform Forms

Widely accepted standard policy forms that have been developed by various → Rating Bureaus or insurance companies. Some forms are re-

## Einheitliche Formen

Weitgehend akzeptierte Standardpolicenformen, die von verschiedenen → Prämienfestsetzungsbüros oder Versicherungsgesellschaften entwickelt worden sind. Einige Formen werden von staatli-

quired by state law, and some are used by custom. In some cases provisions are mandated but a form is not. Even so, many companies use the same forms, which become widely recognized as the standard for certain types of risk.

## Uniform Individual Accident and Sickness Policy Provisions Act

Regulations of the → National Association of Insurance Commissioners (NAIC) that dictate provisions which all individual health insurance policies must contain. All states now require these provisions, which include the circumstances under which changes can be made to the policy; how the → Beneficiary can be changed; submission of → Proof of Loss; → Reinstatement of the policy; and → Grace Period.

## Uniform Policy Provisions, Health Insurance

Basic contract language in individual health and accident insurance policies. These provisions are required under a model state law known as the → Uniform Individual Accident and Sickness Policy Provisions Act. The uniform provisions, some mandatory and some optional under the model

act, deal with such questions as proof of loss, medical examination, claims notice, claims forms, policy renewal, and premium grace period. The act does not require companies to adopt exact wording in their policies but to substantially follow the provision guidelines.

**Uniform Provisions**
Language adopted by the → National Association of Insurance Commissioners (NAIC) and recommended or required by state law. While they rarely dictate the language of policies, states often prescribe mandatory or optional policy minimums, or may forbid certain provisions. Therefore, while life and health benefits may vary widely, for example, policyholders are given certain uniform rights, like grace periods for paying premiums and loan and surrender values.

**Uniform Reciprocal Licensing Act**
Law by which many states attempt to regulate insurers who are unlicensed in those states. With a few notable exceptions, such as reinsurers, insurance companies must be licensed in the states where they do business. If a U.S. insurer sells insurance in a state where it is unauthorized, the insurer's

verpflichtend, andere erfolgen wahlweise, behandeln solche Fragen wie den Schadensnachweis, ärztliche Untersuchung, Meldung von Ansprüchen, Anspruchsformen, Policenverlängerung und Prämiennachfrist. Das Gesetz verlangt von den Gesellschaften nicht, den genauen Wortlaut in ihren Policen zu verwenden, sondern den Richtlinien der Bestimmungen im wesentlichen zu folgen.

**Vereinheitlichte Bestimmungen**
Von der → National Association of Insurance Commissioners (NAIC) (Nationale Vereinigung der Regierungsbevollmächtigten für Versicherungen) eingeführte und vom staatlichen Gesetz vorgeschriebe oder empfohlene Sprache. Während sie selten die sprachliche Form der Policen diktieren, schreiben Staaten häufig verpflichtende oder wahlweise Mindestanforderungen an Policen vor oder verbieten gewisse Bestimmungen. Deshalb werden Policenbesitzern, obwohl die Leistungen von Lebens- und Krankenversicherungen z. B. stark variieren können, bestimmte einheitliche Rechte zuerkannt, wie die Nachfristen zur Zahlung der Prämien und Darlehns- und Rückkaufwerte.

**Uniform Reciprocal Licensing Act**
(Vereinheitlichtes gegenseitiges Lizensierungsgesetz) – Gesetz, durch das viele Staaten versuchen, Versicherer, die in jenen Staaten nicht lizensiert sind, zu reglementieren. Mit einigen wenigen bemerkenswerten Ausnahmen, wie z.B. die Rückversicherer, müssen Versicherungsgesellschaften in den Staaten, in denen sie Geschäfte betreiben, lizensiert sein. Falls ein US-amerikanischer Versi-

home state may revoke its license under the Uniform Reciprocal Licensing Act.

cherer in einem Staat, in dem er nicht lizensiert ist, Versicherungen verkauft, kann der Staat, in dem der Versicherer ansässig ist, dessen Lizenz unter dem Uniform Reciprocal Licensing Act (vereinheitlichtes gegenseitiges Lizensierungsgesetz) widerrufen.

### Uniform Simultaneous Death Act

Statute in most states under which, if no evidence exists in a *common disaster* (when an insured and beneficiary die within a short time of each other in an accident for which determination cannot be made as to who died first), the presumption is that the insured survived the beneficiary and the life insurance proceeds will either be paid to a secondary beneficiary (if named in a policy) or if not named, then to the insured's estate.

### Uniform Simultaneous Death Act

(Vereinheitlichtes Gesetz über den gleichzeitigen Tod) – Statut in den meisten Staaten, unter dem, falls bei einem *allgemeinen Unglück* kein Nachweis existiert (wenn ein Versicherter und ein Begünstigter kurz hintereinander bei einem Unfall sterben, wobei nicht bestimmt werden kann, wer von den beiden zuerst gestorben ist), angenommen wird, daß der Versicherte den Begünstigten überlebt hat und die Lebensversicherungserlöse entweder an einen zweitrangigen Begünstigten (falls in der Police benannt) oder, falls nicht benannt, an den Nachlaß des Versicherten gezahlt werden.

### Unilateral Contract

Legal agreement in which only one of the two parties makes legally enforceable promises. An insurance contract is a unilateral contract because only the insurer has made a promise of future performance and only the insurer can be charged with breach of contract. In contrast, in a bilateral contract, both parties promise future performance.

### Einseitiger Vertrag

Rechtliche Übereinkunft, bei der nur eine der Parteien ein rechtlich durchsetzbares Versprechen macht. Ein Versicherungsvertrag ist ein einseitiger Vertrag, weil nur der Versicherer ein Versprechen über eine zukünftige Leistung abgibt und nur der Versicherer des Vertragsbruchs beschuldigt werden kann. Im Gegensatz dazu versprechen bei einem zweiseitigen Vertrag beide Parteien eine zukünftige Leistung.

### Uninsurable Property
→ Uninsurable Risk

### Nicht versicherbares Vermögen
→ Nicht versicherbares Risiko

## Uninsurable Risk
Risk that substantially fails to meet the → Requirements of Insurable Risk.

## Uninsured Motorist Coverage
Endorsement to → Personal Automobile Policy (PAP) that covers an insured involved in a collision with a driver who does not have liability insurance. → Underinsured Motorist Endorsement

## Unintentional Tort
→ Negligence; → Tort, Unintentional

## Unique Impairment
Physical, moral, or financial circumstance of a life insurance applicant that sets him apart from a physically, morally, and financially sound standard applicant. The underwriting weight attached to this impairment (such as a history of bankruptcy or a serious health condition) could result in the applicant being classified as substandard or uninsurable.

## Unisex Legislation
Regulations affecting the right of insurance companies to use sex as one of the factors in the actuarial determination of premium rates. The precedent case for such legislation is Arizona Governing Committee v. Norris in which the decision was

## Nicht versicherbares Risiko
Risiko, das die → Anforderungen an ein versicherbares Risiko in wesentlichen Teilen nicht erfüllt.

## Versicherung gegen nicht versicherte Fahrzeuglenker
Nachtrag zur → Privat-Kfz-Police, der einen Versicherten abdeckt, der an einem Zusammenstoß mit einem Fahrzeuglenker, der über keine ausreichende Haftpflichtversicherung verfügt, beteiligt ist. → Nachtrag gegen unterversicherte Fahrzeuglenker

## Unbeabsichtigte Straftat
→ Fahrlässigkeit; → Straftat, Unbeabsichtigte

## Einzigartige Beeinträchtigung
Körperlicher, moralischer oder finanzieller Umstand eines Lebensversicherungsantragstellers, der ihn von einem körperlich, moralisch und finanziell gesunden Antragsteller unterscheidet. Das dieser Beeinträchtigung zugewiesene Zeichnungsgewicht (wie eine Konkursgeschichte oder ein ernster gesundheitlicher Zustand) können zur Folge haben, daß ein Versicherter als Risiko unterhalb des Standards oder als unversicherbar klassifiziert wird.

## Eingeschlechtlichkeitsgesetzgebung
Bestimmungen, die das Recht von Versicherungsgesellschaften, das Geschlecht als einen Faktor bei der versicherungsmathematischen Bestimmung der Prämientarife zu benutzen, beeinflussen. Der Präzedenzfall für eine solche Gesetzgebung ist das Arizona Governing Committee ./. Norris, bei dem entschieden wurde, daß ein

that a municipal retirement plan could not provide retirement benefits based on sex.

**Unit Benefit**
→ Defined Benefit Plan; → Unit Benefit Plan

**Unit Benefit Approach**
→ Defined Benefit Plan

**Unit Benefit Plan**
Retirement plan under which a discrete increment of periodic retirement income is credited to an employee for each year of service with an employer. This increment is either a flat dollar amount or, more often, a percentage of compensation. If percentage of compensation is credited, it generally is 1 1/4–2 1/2%. At retirement, years of service are multiplied by percentage of compensation. The resulting percentage is applied to the employee's final average or career average of earnings. For example, if an employee has 30 years of service, a final average earnings of $100,000, and the percentage of compensation is 1 1/2%, the employee's annual retirement benefit would be $45,000 ($ 30 x $ 100,00 x .015). → Defined Benefit Plan

**United States Aircraft Insurance Group**
One of the major underwriting organizations for insurance

**Leistungseinheit**
→ Definiertes Leistungssystem; → Leistungseinheitssystem

**Leistungseinheitsansatz**
→ Definiertes Leistungssystem

**Leistungseinheitssystem**
Pensionssystem, bei dem einem Arbeitnehmer für jedes Dienstjahr bei einem Arbeitgeber ein getrennter Teil des periodischen Pensionseinkommens gutgeschrieben wird. Dieser Anteil ist entweder ein Pauschalbetrag in Dollar oder, häufiger, ein Prozentsatz seines Gehalts. Wenn ein Prozentsatz des Gehaltes gutgeschrieben wird, so sind dies im allgemeinen 1 1/4 oder 2 1/2%. Bei Pensionierung werden die Beschäftigungsjahre mit dem Prozentsatz des Gehaltes multipliziert. Der sich ergebende Prozentsatz wird auf den Enddurchschnitt oder den Karrieredurchschnitt der Verdienste des Arbeitnehmers angewendet. Wenn ein Arbeitnehmer z. B. bei über 30 Beschäftigungsjahren über einen Enddurchschnitt bei den Verdiensten von US$ 100.000 verfügt und der Prozentsatz des Gehaltes beträgt 1 1/2 Prozent, dann beliefen sich die jährlichen Pensionsbezüge des Arbeitnehmers auf US$ 45.000 (US$ 30 x US$ 100.000 x 0,15).
→ Definiertes Leistungssystem

**United States Aircraft Insurance Group**
(Luftfahrzeugversicherungsgruppe der Vereinigten Staaten) – eine der Hauptversi-

company pools insuring commercial aircraft liability exposure.

**United States Government Life Insurance (USGLI)**
→ Government Life Insurance

**United States Longshoremen and Harbor Workers Act of 1927**
→ Longshoremen and Harbor Workers Act Liability

**United States v. The South-Eastern Underwriters Association**
→ South-Eastern Underwriters Association (SEUA) Case

**Universal Life II**
→ Universal Variable Life Insurance

**Universal Life Insurance**
→ Adjustable Life Insurance under which (1) premiums are flexible, not fixed; (2) protection is adjustable, not fixed; and (3) insurance company expenses and other charges are specifically disclosed to a purchaser. This policy is referred to as *unbundled life insurance* because its three basic elements (investment earnings, *pure cost of protection,* and company expenses) are separ-

cherungsorganisationen für Pools von Versicherungsgesellschaften, die das gewerbliche Luftfahrzeughaftpflichtrisiko versichern.

**United States Government Life Insurance (USGLI)**
(Staatliche Lebensversicherung der Vereinigten Staaten) – → Staatliche Lebensversicherung

**United States Longshoremen and Harbor Workers Act of 1927**
(Kai- und Hafenarbeiter-Gesetz aus dem Jahre 1927) – → Longshoremen and Harbor Workers Act Liability

**Vereinigte Staaten ./. The South-Eastern Underwriters Association**
→ Fall der South-Eastern Underwriters Association (SEUA)

**Universelle Lebensversicherung II**
→ Universelle variable Lebensversicherung

**Universelle Lebensversicherung**
→ Anpassungsfähige Lebensversicherung, bei der (1) die Prämien flexibel und nicht festgelegt sind, (2) der Schutz anpassungsfähig und nicht festgelegt ist und (3) die Ausgaben der Versicherungsgesellschaft und sonstige Gebühren einem Käufer speziell offengelegt werden. Diese Police wird als *ungebündelte Lebensversicherung* bezeichnet, da ihre drei Grundelemente (Erträge aus Kapitalanlagen, die *reinen Schutzkosten* und die Ausgaben der Gesellschaft) sowohl in der Police als auch in einem Jahresbericht an den Policenin-

ately identified both in the policy and in an annual report to the policyowner. After the first premium, additional premiums can be paid at any time. (There usually are limits on the dollar amount of each additional payment.) A specified percentage expense charge is deducted from each premium before the balance is credited to the cash value, along with interest. The pure cost of protection is subtracted from the cash value monthly. As selected by the insured, the death benefit can be a specified amount plus the cash value or the specified amount which includes the cash value. After payment of the minimal initial premium required, there are no contractually scheduled premium payments (provided the cash value account balance is sufficient to pay the pure cost of protection each month and any other expenses and charges. Expenses and charges may take the form of a flat dollar amount for the first policy year, a sales charge for each premium received, and a monthly expense charge for each policy year). An annual report is provided the policyowner which shows the status of the policy (death benefit option selected, specified amount of insurance in force cash value, surrender value, and the transactions made each haber getrennt ausgewiesen werden. Nach der ersten Prämie können jederzeit zusätzliche Prämien bezahlt werden. (Gewöhnlich gibt es eine Beschränkung bezüglich der Höhe jeder zusätzlichen Zahlung). Von jeder Prämienzahlung wird ein spezifischer Prozentsatz für Ausgaben abgezogen, bevor die Differenz dem Barwert zusammen mit den Zinsen gutgeschrieben wird. Die reinen Schutzkosten werden monatlich vom Barwert abgezogen. Nach Wahl des Versicherten kann es sich bei der Todesfalleistung entweder um einen spezifischen Betrag plus dem Barwert oder um einen spezifischen Betrag, der den Barwert einschließt, handeln. Nach Zahlung der geforderten Mindestprämie gibt es keine vertraglich festgelegten Prämienzahlungen (unter dem Vorbehalt, daß der Kontostand des Barwertes ausreicht, um jeden Monat die reinen Schutzkosten und alle sonstigen Ausgaben und Gebühren zu bezahlen. Ausgaben und Gebühren können für das erste Policenjahr die Form eines Pauschalbetrags in Dollar, eine Verkaufsgebühr für jede erhaltene Prämie und eine monatliche Gebühr für Ausgaben für jedes Policenjahr annehmen). Dem Policeninhaber wird ein Jahresbericht zur Verfügung gestellt, der den Status der Police zeigt (die gewählte Todesfalleistungsoption, den spezifischen Versicherungsbetrag, der in Kraft ist, den Barwert, den Rückkaufwert und die unter der Police in jedem Monat innerhalb des Jahres vorgenommenen Transaktionen, die erhaltenen Prämien, die berechneten Gebühren, die garantierten Zinsen und die Überschußzinsen, die dem Barwertkonto gutgeschrieben wurden, die reinen Versicherungskosten, die abgezogen wurden, und die Barwertdifferenz). → Universelle variable Lebensversicherung

month under the policy during the year-premiums received, expenses charged, guaranteed and excess interest credited to the cash value account, pure cost of insurance deducted, and cash value balance). → Universal Variable Life Insurance

## Universal Variable
→ Universal Variable Life Insurance

## Universal Variable Life Insurance
Policy combining features of → Universal Life Insurance and → Variable Life Insurance in that excess interest credited to the cash value account depends on investment results of separate accounts (equities, bonds, real estate, etc.). The policyowner selects the accounts into which the premium payments are to be made. However, since this is an → Equity product, filing with the → Securities and Exchange Commission (SEC), an annual prospectus, an audit of separate accounts, and agent registration with the → National Association of Securities Dealers (NASD) are required. This policy can be considered a replacement for universal life insurance when interest rates of U.S. Treasury issues and other money market instruments are low. *Contrast* with → Universal Life Insurance.

## Universelle Variable
→ Universelle variable Lebensversicherung

## Universelle variable Lebensversicherung
Police, die Merkmale der → Universellen Lebensversicherung und der → Variablen Lebensversicherung miteinander kombiniert, indem die Gutschrift von Überschußzinsen für das Barwertkonto von den Kapitalanlageergebnissen getrennter Konten abhängt (Wertpapiere, Obligationen, Immobilien etc.) Der Policeninhaber wählt die Konten, für die Prämienzahlungen gemacht werden sollen, aus. Da es sich jedoch um ein → Wertpapier-Produkt handelt, sind die Einreichung bei der → Securities and Exchange Commission (Börsenaufsichtsamt), ein jährlicher Emissionprospekt, eine Revision der einzelnen Konten und die Registrierung der Agenten bei der → National Association of Securities Dealers (NASD) (Nationale Vereinigung von Wertpapierhändlern) erforderlich. Diese Police kann als Ersatz für die universelle Lebensversicherung angesehen werden, wenn Zinssätze der Emissionen des US-Finanzministeriums und sonstiger Geldmarktinstrumente niedrig sind. Vgl. → Universelle Lebensversicherung.

## Unlimited Marital Deduction

Deduction allowed for gifts and bequests to a spouse for Federal estate and gift tax purposes. Under the Economic Recovery Tax Act of 1981 (ERTA), the deduction became unlimited. Prior to this, there was a dollar and percentage limitation for the marital deduction.

## Unoccupancy

Absence of people for at least 60 consecutive days from a given property. Many property insurance policies suspend coverage after a structure has been unoccupied for 60 consecutive days because the probability of loss increases dramatically from such perils as vandalism and malicious mischief. Premiums for these policies were based on statements of an insured that the structure would be occupied. Unoccupancy results in an increase in hazards within the control of an insured, which gives the insurance company the right to suspend the policy.
→ Vacancy

## Unreported Claims

→ Incurred but not Reported Losses (IBNR)

## Unsatisfied Judgment Fund

Money set aside in some states

## Unbeschränkter Ehegattenabzug

Abzug, der zu Bundesnachlaß- und Schenkungsteuerzwecken für Geschenke und testamentarische Zuwendungen an einen Ehegatten zulässig ist. Nach dem Economic Recovery Tax Act of 1981 (ERTA) (Konjunkturbelebungsgesetz aus dem Jahre 1981) wurde der Abzug unbegrenzt. Vorher gab es eine Dollar- oder Prozentsatz-Beschränkung für den ehelichen Abzug.

## Leerstehen

Fernbleiben von Leuten von einem gegebenen Gebäude für wenigstens 60 aufeinanderfolgende Tage. Viele Sachversicherungspolicen unterbrechen den Versicherungsschutz, nachdem ein Gebäude für wenigstens 60 aufeinanderfolgende Tage leergestanden hat, weil die Wahrscheinlichkeit eines Schadens, infolge solcher Gefahren wie Vandalismus und böswilliger Beschädigung, in dramatischer Weise ansteigt. Die Prämien für diese Policen basierten auf den Aussagen eines Versicherten, daß das Gebäude bewohnt werden würde. Leerstehen hat einen Anstieg der Gefahren unter der Kontrolle des Versicherten zur Folge, was einer Versicherungsgesellschaft das Recht gibt, die Police auszusetzen. → Zeitweiliges Unbewohntsein

## Nicht gemeldete Ansprüche

→ Erlittene, aber nicht gemeldete Schäden

## Fonds für nicht vollstreckte Urteile

In einigen Staaten beiseite gelegtes Geld,

to pay otherwise uncompensated bodily injury claims to innocent victims of automobile accidents. The claimant must prove that he was not at fault and that he cannot collect damages from the driver who hit him. The responsible driver then loses his license until he reimburses the fund.

um nicht entschädigte unschuldige Opfer von Verkehrsunfällen zu bezahlen. Der Anspruchsteller muß nachweisen, daß er nicht schuldig war und daß er von dem Fahrer, der ihn angefahren hat, keinen Schadenersatz erlangen kann. Der verantwortliche Fahrer verliert dann seinen Führerschein, bis er den Fonds entschädigt.

## Unscheduled Property Floater

Insurance that offers blanket coverage up to a certain dollar amount on all property of the classification covered by the policy. Floater policies, which cover property wherever it happens to be and while it is in transit, can also be purchased as a → Scheduled Policy where each individual item is listed.

## Pauschalsachversicherung ohne Auflistung der versicherten Gegenstände

Versicherung, die eine Globaldeckung für alle Vermögensgegenstände der Klassifikation, die von der Police abgedeckt werden, bis zu einem bestimmten Dollarbetrag bietet. Pauschalpolicen, die Vermögensgegenstände, wo auch immer sie sich befinden, abdecken, auch während sie transportiert werden, können als → Gegliederte Police abgeschlossen werden, wobei jeder einzelne Gegenstand getrennt aufgeführt wird.

## Unsolicited Application

Request for life insurance coverage by an individual, not through an agent or broker. It is given extra scrutiny by an insurance company because of the possibility of → Self-Selection, which is the likelihood that poorer risks will seek insurance on their own initiative. → Adverse Selection; → Risk Selection

## Unaufgeforderte Antragstellung

Antrag auf Lebensversicherungsschutz durch eine Einzelperson, nicht durch einen Agenten oder Makler. Sie wird einer besonders sorgfältigen Untersuchung durch eine Versicherungsgesellschaft unterworfen, wegen der Möglichkeit der → Selbstauslese, die eine Wahrscheinlichkeit darstellt, daß schlechtere Risiken auf eigene Initiative nach Versicherung suchen. → Negative Auswahl; → Risikoauswahl

## Unvalued Marine Policy

Coverage that does not put a dollar value on a hull or cargo

## Unbewertete Seepolice

Versicherungsschutz, der einem Schiffsrumpf oder der Ladung, die versichert sind,

that is insured. A *valued marine policy* puts a specific value on the insured property. With unvalued property, the value is determined at the time of loss.

## Urban Development Act of 1970
Law that provided for Federal crime insurance. Because private insurance is not available for business owners and residents of certain high-crime areas, the act provides that the → Federal Insurance Administration write the coverage. Private insurers service the program.

## Use and Occupancy Insurance
Type of → Business Interruption Insurance that provides indirect loss coverage by endorsement to → Boiler and Machinery Insurance. The latter, sometimes called → Power Plant Insurance, provides for both direct and indirect loss coverage. Direct loss would indemnify an insured for damage to property. Use and occupancy insurance covers an insured for loss of use of the equipment due to damage from a named peril.

keinen Wert in Dollar beimißt. Eine *bewertete Seepolice* schreibt einem versicherten Vermögen einen bestimmten Wert zu. Bei unbewertetem Vermögen wird der Wert zum Zeitpunkt des Schadens bestimmt.

## Urban Development Act of 1970
(Stadtentwicklungsgesetz aus dem Jahre 1970) – Gesetz, das eine Bundesverbrechensversicherung bereitstellte. Da für Geschäftsbesitzer und Bewohner bestimmter Gebiete mit hoher Kriminalität keine private Versicherung verfügbar ist, sieht das Gesetz vor, daß die → Bundesversicherungsverwaltung den Versicherungsschutz zeichnet. Private Versicherer betreuen dieses Programm.

## Betriebsunterbrechungsversicherung
Art der → Geschäftsunterbrechungsversicherung, die Versicherungsschutz für indirekte Schäden durch einen Nachtrag zu einer → Dampfkessel- und Maschinenparkversicherung bietet. Die letztere, die manchmal auch als → Stromanlagenversicherung bezeichnet wird, bietet Versicherungsschutz sowohl für direkte als auch für indirekte Schäden. Ein direkter Schaden würde einen Versicherten für Schäden an Vermögensgegenständen entschädigen. Die Betriebsunterbrechungsversicherung deckt einen Versicherten für den Gebrauchsverlust von Ausrüstung infolge einer Beschädigung durch eine benannte Gefahr ab.

## USGLI

→ Government Life Insurance

## Usual and Customary Charge

1. Fee that is the most consistently charged by the physician for a particular procedure.
2. Fee that is usual for a particular procedure charged by the majority of physicians with similar training and experience within the same geographic area.

## Usual, Customary and Reasonable Charges (UCR)

Limits on reimbursement by an insurance company. Health insurance plans pay a doctor's full charge for service if it does not exceed the charge for the same service by other physicians in the area or if it is reasonable.

## Utilization

Measurement of the use of health insurance by employees of an insured employer, stated in terms of the average number of claims per employee.

## Utility

Quality of being useful. Risk diminishes maximum utility in society because resources gravitate to activities, businesses, and investments that

## Staatliche Lebensversicherung der Vereinigten Staaten

→ Staatliche Lebensversicherung

## Übliche und gebräuchliche Gebühr

1. Gebühr, die von einem Arzt für ein bestimmtes Verfahren am durchgängigsten berechnet wird.
2. Gebühr, die für ein bestimmtes Verfahren üblich ist und von der Mehrheit der Ärzte mit ähnlicher Ausbildung und Erfahrung innerhalb des gleichen geographischen Gebietes berechnet wird.

## Übliche, gebräuchliche und vernünftige Gebühren

Beschränkungen der Erstattung durch eine Versicherungsgesellschaft. Krankenversicherungssysteme zahlen die vollständigen Gebühren eines Arztes für Leistungen, wenn diese die übliche Gebühr nicht übersteigen, d. h., wenn sie die Gebühr für die gleiche Leistung anderer Ärzte in der Gegend nicht übersteigen, oder wenn sie angemessen sind.

## Nutzung

Maß der Inanspruchnahme der Krankenversicherung durch die Arbeitnehmer eines versicherten Arbeitgebers, das angegeben wird als durchschnittliche Zahl der Ansprüche pro Arbeitnehmer.

## Nützlichkeit

Die Qualität, nützlich zu sein. Ein Risiko vermindert die maximale Nützlichkeit in der Gesellschaft, weil sich die Ressourcen zu Aktivitäten, Geschäften und Kapitalanlagen hingezogen fühlen, die am

are least risky. By absorbing or protecting against some risks, insurance increases utility. When individuals know they will have some cushion against loss, their assets can be spread out over a greater range of activities and enterprises.

**Utmost Good Faith**
→ Uberrimae Fidei Contract

wenigsten riskant sind. Durch das Aufsaugen von oder den Schutz gegen einige Risiken steigert die Versicherung die Nützlichkeit. Wenn Einzelpersonen wissen, daß sie einen Puffer gegen einen Schaden haben werden, können sie ihre Guthaben über eine größere Zahl von Aktivitäten und Unternehmen streuen.

**Äußerst guter Glaube**
→ Vertrag von höchster Redlichkeit

## Vacancy

Circumstance where no people or contents occupy or are kept in a building for at least 60 consecutive days. The same stipulations apply to property coverages as found in unoccupancy. → Unoccupancy

## Validation Period

Length of time required to amortize the excess expenses of acquiring a given group of life insurance policies. In acquiring a policy, a life insurance company may incur expenses (such as the costs of sales commissions, paperwork, and medical examinations) that are greater than the amount allocated for → Loading in the first year's premium. In effect, this means new policies are acquired at a loss, forcing insurers to dip into *surplus* to add the new business. After the first year, because expenses are lower, premiums and their invested earnings begin to generate a contribution to surplus, gradually making up for the excess expense of the first year. The length of the validation period depends on many factors, in-

## Zeitweiliges Unbewohntsein

Umstand, bei dem in einem Gebäude für wenigstens 60 aufeinanderfolgende Tage keine Leute oder Gegenstände sind bzw. darin aufbewahrt werden. Für den Sachversicherungsschutz gelten die gleichen Bestimmungen wie bei Leerstehen. → Leerstehen

## Amortisationszeitraum

Zeitdauer, die erforderlich ist, damit sich die Überschußausgaben für die Akquisition einer gegebenen Gruppe von Lebensversicherungspolicen amortisieren. Bei der Akquisition einer Police können einer Lebensversicherungsgesellschaft Kosten entstehen (wie die Kosten für Verkaufsprovisionen, Büroarbeiten und ärztliche Untersuchungen), die größer sind als der für den → Zuschlag zugewiesene Betrag im ersten Prämienjahr. In Wirklichkeit bedeutet dies, daß neue Policen mit Verlust akquiriert werden und Versicherer gezwungen sind, in ihren *Überschuß* einzutauchen, um das neue Geschäft einzugliedern. Nach dem ersten Jahr beginnen die Prämien und ihre angelegten Erträge, weil die Ausgaben geringer werden, einen Überschußbetrag zu erwirtschaften und gleichen somit stufenweise die überschüssigen Ausgaben des ersten Jahres aus. Die Länge des Amortisationszeitraumes hängt von vielen Faktoren, einschließlich des Niveaus der → Bruttoprämien und der Ausgaben, ab, aber in einigen

cluding the levels of → Gross Premiums and expenses, but in some companies validation periods can extend for 10 years or more.

Unternehmen können die Amortisationszeiträume 10 Jahre oder mehr betragen.

### Valid Contract
Agreement signed by both parties that meets the requirements of state law and is therefore in force.

### Rechtsgültiger Vertrag
Eine von beiden Parteien unterzeichnete Übereinkunft, die den Erfordernissen des staatlichen Gesetzes entspricht und daher in Kraft ist.

### Valuable Papers (Records) Insurance
Coverage in the event that papers of intrinsic value are damaged or destroyed. Coverage is on an → All Risks basis. Limits of coverage can be quite high; but the insurance company will not pay an amount in excess of the actual cash value of the loss, or the amount necessary to repair or replace the damaged or destroyed papers. Also, the papers must be kept under lock and key.

### Versicherung wertvoller Dokumente (Unterlagen)
Versicherungsschutz für den Fall, daß Dokumente von wirklichem Wert beschädigt oder zerstört werden. Der Versicherungsschutz erfolgt auf Grundlage → Aller Risken. Die Versicherungsschutzhöchstgrenzen können ziemlich hoch sein. Die Versicherungsgesellschaft wird jedoch keinen Betrag zahlen, der über den tatsächlichen Barwert des Schadens oder den für eine Reparatur oder den Ersatz der beschädigten oder zerstörten Unterlagen erforderlichen Betrag hinausgeht. Außerdem müssen die Dokumente unter Verschluß gehalten werden.

### Valuation
1. Method of determining the worth of property to be insured, or of property that has been lost or damaged.
2. Method of setting insurance company reserves to pay future claims.

### Bewertung
1. Methode, den Wert des zu versichernden Vermögens oder des Vermögens, das verlorengegangen oder beschädigt worden ist, zu bestimmen.
2. Methode, Rückstellungen von Versicherungsgesellschaften zur Zahlung zukünftiger Ansprüche festzusetzen.

### Valuation Factors, Pension Plans
→ Pension Plan Valuation Factors

### Bewertungsfaktoren, Pensionssysteme
→ Pensionssystembewertungsfaktoren

## Valuation Method

Means of determining that a loss has occurred and setting an economic value on it so that a claim can be paid. When an insured suffers a loss, an adjuster must determine that it actually occurred, that it was covered by insurance, and the value of the lost or damaged property. The adjuster, with the help of the insured, determines the cost to repair or replace the covered property. The adjuster computes actual cash value, or replacement cost, minus depreciation. For indirect losses, such as *business interruption,* the adjuster must make rough estimates, and then must consider → Coinsurance and adjust claims payments for it.

## Valuation of Assets

Rules by state insurance regulators for valuing → Admitted Assets on the books of insurance companies. Part of the → State Supervision and Regulation of insurers is the determination of which assets – "admitted assets" – are allowed to back → Statutory Reserves. Admitted assets include real estate, mortgages, securities, cash, and bank deposits. Mortgage loans, cash, and bank deposits are recognized at face value. Real estate is allowed at book value. Securities are

## Bewertungsmethode

Mittel, um zu bestimmen, daß ein Schaden eingetreten ist, und um seinen wirtschaftlichen Wert festzusetzen, so daß ein Anspruch bezahlt werden kann. Wenn ein Versicherter einen Schaden erleidet, muß ein Sachverständiger feststellen, ob er tatsächlich eingetreten ist und ob er von einer Versicherung abgedeckt war. Darüber hinaus muß er den Wert des verlorenen oder zerstörten Vermögensgegenstandes bestimmen. Der Sachverständige bestimmt mit Hilfe des Versicherten die Kosten für die Reparatur oder den Ersatz des abgedeckten Vermögensgegenstandes. Der Sachverständige berechnet den tatsächlichen Barwert oder die Wiederbeschaffungskosten minus Wertminderung. Für indirekte Schäden, wie eine *Geschäftsunterbrechung,* muß der Sachverständige grobe Schätzungen vornehmen und dann die → Mitversicherung berücksichtigen und die Anspruchszahlungen dementsprechend anpassen.

## Bewertung der Aktiva

Vorschriften staatlicher Versicherungsaufsichtsbehörden für die Bewertung → Zulässiger Aktiva in den Büchern von Versicherungsgesellschaften. Ein Teil der → Staatlichen Überwachung und Lenkung von Versicherern besteht darin, zu bestimmen, welche Aktiva – „zulässige Aktiva" – die → Satzungsmäßig vorgeschriebenen Rücklagen unterstützen dürfen. Zulässige Aktiva sind u. a. Immobilien, Hypotheken, Wertpapiere, Bargeld und Bankeinlagen. Hypothekendarlehn, Bargeld und Bankeinlagen werden zum Nennwert anerkannt. Immobilien sind zum Buchwert zugelassen. Wertpapiere werden entsprechend den → Wertpapierbe-

carried according to → Security Valuation rules. *Bonds* with acceptable credit quality are carried at *amortized value,* which is the face value plus or minus the amount of any purchase discount or premium, as amortized over the life of the bond. Preferred stock is valued at cost and → Common Stock Investments at year-end market price. Valuations for impaired securities such as bonds in default are determined by the Committee on Valuation of Securities of the → National Association of Insurance Commissioners (NAIC). → Mandatory Securities Valuation Reserve

## Valuation of Loss

Method of setting a dollar value on loss suffered by an insured. In some cases, a loss is straightforward, such as the cost of gall bladder surgery. But with burglary of a home or a traffic accident that damages a car, the amount of loss is open to interpretation. In many cases, the insured needs receipts, appraisal documents or other evidence of value. In other cases, a claim adjuster values the loss and determines how much the insurer will pay.

## Valuation of Potential Property Loss

Risk management technique that evaluates property expo-

wertungsregeln geführt. *Schuldverschreibungen* mit akzeptabler Kreditqualität werden zum *amortisierten Wert* geführt, d. h. zum Nennwert plus oder minus dem Betrag eines Kaufrabatts oder einer Prämie, wie über die Laufzeit der Schuldverschreibung amortisiert. Vorzugsaktien werden zu Kosten bewertet und → Stammaktienbesitz zum Marktpreis am Jahresende. Die Bewertungen von notleidenden Wertpapieren, wie säumigen Schuldverschreibungen, werden von dem Komitee zur Bewertung von Wertpapieren der → National Association of Insurance Commissioners (NAIC) (Nationale Vereinigung von Regierungsbevollmächtigten für Versicherungen) vorgenommen. → Obligatorische Bewertungsreserve für Wertpapiere

## Schadensbewertung

Methode zur Festsetzung eines Dollarwertes für einen durch einen Versicherten erlittenen Schaden. In einigen Fällen ist ein Schaden eindeutig, wie etwa die Kosten für eine Gallenblasenoperation. Bei einem Einbruch in ein Haus oder einem Verkehrsunfall, bei dem ein Auto beschädigt wird, ist die Schadenshöhe interpretierbar. In vielen Fällen benötigt der Versicherte Quittungen, Schätzunterlagen und sonstige Wertnachweise. In anderen Fällen bewertet ein Schadenssachverständiger den Schaden und bestimmt, wieviel der Versicherer bezahlen wird.

## Bewertung eines möglichen Vermögensschadens

Risikomanagementtechnik, die Vermögensgefährdungen als Vorbereitung zur

sures preparatory to managing the risk. Although risk managers consider the → Original Cost, Depreciation, *market value*, and → Tax-Appraised Value of property, *replacement cost* is the most helpful in determining the value of the property, giving the truest indication of the degree of the exposure to be insured or otherwise financed.

**Valuation Premium**

Life insurance rate determined by the valuation of company policy reserves. State regulators set strict standards for policy reserves to make certain that life insurers will have enough assets to make good on their policies. Once the reserves are valued, the company works backward to set a valuation premium that will cover all of its liabilities. However, some companies determine that they can justify setting a → Gross Premium that is lower than the valuation premium because their experience, based on updated mortality tables, is better than that used to determine the valuation premium. If they do charge a premium that is lower, they are required to deposit the difference in a → Deficiency Reserve.

Verwaltung eines Risikos bewertet. Obwohl Risikomanager die → Anschaffungskosten, die → Abschreibung, den *Marktwert* und den → Steuerlichen Veranlagungswert des Vermögens berücksichtigen, sind die *Wiederbeschaffungskosten* bei der Bestimmung des Vermögenswertes am hilfreichsten bzw. der genaueste Indikator, in welchem Umfang die Gefährdung versichert oder sonstwie finanziert werden soll.

**Bewertungsprämie**

Lebensversicherungstarif, der durch die Bewertung der Policenrückstellungen der Gesellschaft bestimmt wird. Staatliche Aufsichtsbehörden stellen strenge Normen für Policenrückstellungen auf, um sicherzustellen, daß Lebensversicherer über ausreichende Guthaben verfügen, ihren Policen gerecht zu werden. Sobald die Rückstellungen bewertet worden sind, arbeitet die Gesellschaft rückwärts, um eine Bewertungsprämie, die alle ihre Verbindlichkeiten abdeckt, festzusetzen. Einige Gesellschaften stellen jedoch fest, daß sie es rechtfertigen könnten, eine → Bruttoprämie festzusetzen, die niedriger ist als die Bewertungsprämie, da ihre Erfahrung, die auf aktualisierten Sterblichkeitstabellen basiert, besser ist als die für die Bestimmung der Bewertungsprämie verwendete. Falls sie eine Prämie berechnen, die niedriger ist, müssen sie die Differenz einer → Rückstellung für Mindereinnahmen zuführen.

## Valuation Reserve (Securities Valuation Reserve)

Amount set up as a cushion against fluctuations in securities prices. → Mandatory Valuation Securities Reserve

## Value

→ Actual Cash Value; → Market Value v. Actual Cash Value; → Market Value Clause; → Replacement Cost Less Physical Depreciation and Obsolescence

## Valued

Agreement by an insurance company to pay a predetermined amount, as indicated in an insurance policy, should a loss occur.

## Valued Clause

Provision in an insurance policy that states the monetary value of each piece of property to be insured.

## Valued Contract

→ Valued Policy

## Valued Form

→ Valued Policy

## Valued Marine Policy

→ Valued Policy

## Valued Policy

Policy that pays a specified sum not related in any way to the extent of the loss. The term

## Bewertungsreserve (Wertpapierbewertungsreserve)

Betrag, der als Polster gegen Fluktuationen bei den Wertpapierpreisen aufgestellt wird. → Obligatorische Bewertungsreserve für Wertpapiere

## Wert

→ Tatsächlicher Barwert; → Marktwert ./. tatsächlichen Barwert; → Marktwertklausel; → Wiederbeschaffungskosten abzüglich materieller Wertminderung und Veralterung

## Bewertet

Zustimmung einer Versicherungsgesellschaft, einen vorher festgelegten Betrag, wie in einer Versicherungspolice angegeben, zu zahlen, wenn ein Schaden eintreten sollte.

## Bewertungsklausel

Bestimmung in einer Versicherungspolice, die den Geldwert jedes zu versichernden Vermögensgegenstandes angibt.

## Bewerteter Vertrag

→ Police mit Wertangabe

## Bewertete Form

→ Police mit Wertangabe

## Bewertete Seepolice

→ Police mit Wertangabe

## Police mit Wertangabe

Police, die einen bestimmten Betrag bezahlt, ohne in irgendeiner Weise auf den Umfang des Schadens bezogen zu sein.

applies to a life insurance policy rather than to a contract of indemnity because the former does not purport to restore an insured (or beneficiary) to the same financial position after a loss as prior to the loss. The sum of money that a life insurance policy pays as a death benefit is a definite amount which may or may not have any relation to the quantitative value of the death. Thus, the life insurance policy is deemed to be a valued policy.

### Valued Policy Law
Legislation in a number of states requiring insurers to pay the → Face Amount of a fire insurance policy in case of total loss to a dwelling (or sometimes another specified type of building), rather than the → Actual Cash Value of the loss. Such laws in effect override the principle of → Indemnity that normally governs property and liability insurance contracts.

### Value Reporting Form
Form that provides coverage for a business whose inventory has fluctuating values during the year. The amount of insurance coverage is adjusted monthly, quarterly, or annually to reflect the changing monetary value of the inventory. The use of this → Form should eliminate the problem of overinsurance as well as underinsurance.

Diese Bedingung trifft eher auf eine Lebensversicherungspolice als auf einen Entschädigungsvertrag zu, da die Lebensversicherungspolice nicht dazu gedacht ist, einen Versicherten (oder Begünstigten) nach einem Schaden in die gleiche finanzielle Lage wie vor dem Schaden zu versetzen. Die Geldsumme, die eine Lebensversicherungspolice als Todesfalleistung zahlt, ist ein bestimmter Betrag, der eine Beziehung zum quantitativen Wert des Todes haben mag oder auch nicht. Die Lebensversicherungspolice wird somit als Police mit Wertangabe betrachtet.

### Gesetz über Policen mit Wertangabe
Gesetzgebung in einer Reihe von Staaten, die von Versicherern fordert, im Falle der totalen Zerstörung einer Wohnung (oder manchmal eines anderen spezifizierten Gebäudetyps) den → Nennwert einer Feuerversicherungspolice zu zahlen, statt den → Tatsächlichen Barwert des Schadens. Solche Gesetze setzen das → Entschädigungsprinzip, das normalerweise Vorrang vor Sach- und Haftpflichtverträgen hat, in der Realität außer Kraft.

### Wertmeldeform
Form, die Versicherungsschutz für ein Unternehmen bietet, dessen Warenbestand während des Jahres schwankende Werte aufweist. Die Höhe des Versicherungsschutzes wird monatlich, vierteljährlich oder jährlich angepaßt, um den sich ändernden Geldwert des Warenbestandes widerzuspiegeln. Die Verwendung dieses → Formulars sollte das Problem der Über- sowie der Unterversicherung auslöschen.

**Values**
→ Nonforfeitability; → Nonforfeiture Benefit (Option); → Nonforfeiture Provision

**Werte**
→ Unverfallbarkeit; → Der Anspruchsverwirkung nicht unterworfene Leistung (Option); → Obligatorische Rückkaufbestimmung

**Vandalism and Malicious Mischief Insurance**
Coverage usually written as an endorsement to property policies such as the *Standard Fire Policy*. A loss must be by the intentional acts of vandals. This peril is of particular importance to owners of structures which are not occupied during particular periods during the day, such as schools and churches. Vandals have little risk of being caught during these periods, when they are most likely to strike. Because of high frequency, a high deductible is usually required when insuring churches and schools.

**Versicherung gegen Vandalismus und böswillige Beschädigung**
Versicherungsschutz, der gewöhnlich als Nachtrag zu einer Sachversicherungspolice, wie der *Einheits-Feuerversicherungspolice,* gezeichnet wird. Ein Schaden muß aus den absichtlichen Handlungen von Vandalen herrühren. Diese Gefahr ist von besonderer Wichtigkeit für Besitzer von Gebäuden, die zu bestimmten Tageszeiten nicht bewohnt sind, wie Schulen und Kirchen. Vandalen unterliegen einem geringen Risiko, während dieser Zeiten, zu denen sie am wahrscheinlichsten zuschlagen, gefaßt zu werden. Wegen der großen Häufigkeit wird gewöhnlich ein hoher Selbstbehalt gefordert, wenn Kirchen und Schulen versichert werden.

**Vandalism Endorsement**
→ Vandalism and Malicious Mischief Insurance

**Vandalismusnachtrag**
→ Versicherung gegen Vandalismus und böswillige Beschädigung

**Vanishing Premium (Premium Offset)**
Life insurance policy under which there is rapid build-up of cash values due to high initial premiums such that after a given point in time no further premium payments are required (future premium payments are borrowed from the cash value).

**Verschwindende Prämie (Prämienausgleich)**
Lebensversicherungspolice, bei der wegen hoher Anfangsprämien eine schnelle Bildung des Barwertes erfolgt, so daß nach einem bestimmten Zeitpunkt keine weiteren Prämienzahlungen erforderlich sind (zukünftige Prämien werden vom Barwert entliehen).

## Variable Annuities
→ Variable Dollar Annuity

## Variable Renten
→ Variable Dollarrente

## Variable Benefit Plan
→ Variable Dollar Annuity;
→ Variable Life Insurance

## Variables Leistungssystem
→ Variable Dollarrente; → Variable Lebensversicherung

## Variable Dollar Annuity
Annuity in which premium payments are used to purchase *accumulation units,* their number depending on the value of each unit. The value of a unit is determined by the value of the portfolio of stocks in which the insurance company invests the premiums.
At the time of the payment of benefits to the annuitant, the accumulation units are converted to a monthly fixed number of units. The variable element is the dollar value of each unit. For example, assume that the annuitant pays a monthly premium of $ 100. If the accumulation unit value during one month is $ 50, two units are purchased. In another month, if the value of the accumulation unit is $ 25, four units are purchased. In a third month, the value of the unit is $ 10, resulting in the purchase of 10 units. This allows the market use of the investment strategy of dollar cost averaging. Accumulation units are credited to the annuitant's account, a procedure that is similar to purchasing shares in a mutual fund.
When income benefits are

## Variable Dollarrente
Rente, bei der Prämienzahlungen verwendet werden, um *Kapitalansammlungseinheiten* zu erwerben, wobei ihre Zahl vom Wert jeder Einheit abhängt. Der Wert einer Einheit wird bestimmt durch den Wert des Wertpapierportefeuilles, in das die Versicherungsgesellschaft die Prämien anlegt.
Zum Zeitpunkt der Zahlung von Leistungen an den Rentenempfänger werden die Kapitalansammlungseinheiten in eine monatlich festgelegte Anzahl von Einheiten umgewandelt. Das variable Element ist der Dollarwert jeder Einheit. Nehmen wir beispielsweise an, der Rentenempfänger zahlt eine monatliche Prämie von US$ 100. Wenn der Wert der Ansammlungseinheit während eines Monats US$ 50 beträgt, werden zwei Einheiten gekauft. In einem anderen Monat, wenn der Wert der Ansammlungseinheit US$ 25 beträgt, werden vier Einheiten gekauft. In einem dritten Monat beträgt der Wert der Einheit US$ 10, was den Kauf von 10 Einheiten zur Folge hat. Dies gestattet die marktgerechte Verwendung der Kapitalanlagestrategie der Dollarkostendurchschnittsbildung. Die Ansammlungseinheiten werden dem Konto des Rentenempfängers gutgeschrieben, ein Verfahren, das dem beim Kauf von Aktien bei einer Kapitalanlagegesellschaft ähnlich ist.
Beim geplanten Beginn der Einkommensleistungen werden die gesamten Ansammlungseinheiten umgewandelt, um

scheduled to begin, total accumulation units are converted to assume 100 income benefit units per month. The value of the income unit will vary according to the company's stock investments; in one month the annuitant's income might be $1000, in another month $500, in another month $1200. Changes in the investment experience by the insurance company are passed on to the annuitant but the company absorbs fluctuations in expenses and mortality experience. → Annuity

### Variable Life Insurance

Investment-oriented *whole life insurance* policy that provides a return linked to an underlying portfolio of securities. The portfolio typically is a group of mutual funds established by the insurer as a *separate account,* with the policyholder given some investment discretion in choosing the mix of assets among, say, a common stock fund, a bond fund, and a money market fund. Variable life insurance offers fixed premiums and a minimum death benefit. The better the total return on the investment portfolio, the higher the death benefit or surrender value of the variable life policy. → Indexed Life Insurance

100 Einkommenseinheiten pro Monat anzunehmen. Der Wert der Einkommenseinheiten variiert entsprechend der Wertpapieranlagen der Gesellschaft. In einem Monat könnte das Einkommen eines Rentenempfängers US$ 1.000, in einem anderen US$ 500, in einem weiteren US$ 1.200 betragen. Die Änderungen bei den Kapitalanlageerfahrungen der Versicherungsgesellschaft werden an den Rentenempfänger weitergegeben, aber die Gesellschaft absorbiert die Schwankungen bei den Ausgaben und der Sterblichkeitserfahrung. → Rente

### Variable Lebensversicherung

Kapitalanlageorientierte *Lebensversicherungspolice auf den Todesfall,* die eine mit dem zugrunde liegenden Wertpapierportefeuille verbundene Rendite bietet. Das Portefeuille besteht typischerweise aus einer Gruppe von Kapitalanlagefonds, die vom Versicherer als *getrenntes Konto* errichtet werden, wobei dem Policenbesitzer eine gewisse Anlageentscheidung bei der Mischung der Guthaben, zwischen einem Stammaktienfonds, einem Schuldverschreibungsfonds und einem Geldmarktfonds zu wählen, zugebilligt wird. Die variable Lebensversicherung bietet festgesetzte Prämien und eine Mindesttodesfalleistung. Je besser die Gesamtrendite des Investmentportefeuilles ist, desto höher ist die Todesfalleistung oder der Rückkaufwert der variablen Lebensversicherungspolice. → Indexierte Lebensversicherung

### Variable Limit

In property insurance coverages, provision whereby the limit of the policy automatically increases at each policy anniversary date, subject to the insured's rejection of such an increase. The objective of the variable limit is to increase the amount of coverage in tandem with the annual increase in the inflation rate so as to prevent less than adequate coverage in the event of a loss. → Underinsurance

### Variable Pay Life Insurance
→ Variable Premium Life Insurance

### Variable Premium Life Insurance
Policy that allows premium payments to vary, within certain limits, at the option of the policyholder. In return, the death benefit and rate of cash value accumulation vary with the premium payments. → Universal Life Insurance is the most common type of policy offering variable premiums. → Flexible Premium Life Insurance

### Variable Universal Life
→ Universal Variable Life Insurance

### Variables Limit
Beim Sachversicherungsschutz Bestimmung, wonach sich der Höchstbetrag einer Police automatisch mit jedem Policenjahrestag erhöht, unter dem Vorbehalt der Ablehnung solcher Erhöhungen durch den Versicherten. Das Ziel des variablen Limits ist es, die Höhe des Versicherungsschutzes in Anlehnung an die jährliche Steigerung der Inflationsrate zu erhöhen, um somit einen weniger angemessenen Versicherungsschutz im Schadensfall zu verhindern. → Unterversicherung

### Lebensversicherung mit variabler Zahlung
→ Lebensversicherung mit variabler Prämie

### Lebensversicherung mit variabler Prämie
Police, die es zuläßt, daß Prämienzahlungen innerhalb bestimmter Grenzen nach Wahl des Policenbesitzers variieren. Im Gegenzug variieren die Todesfalleistung und die Barwertansparrate mit den Prämienzahlungen. Die → Universelle Lebensversicherung ist die üblichste Policenart, die variable Prämien anbietet. → Lebensversicherung mit flexibler Prämie

### Variable universelle Lebensversicherung
→ Universelle variable Lebensversicherung

## Variance
→ Standard Deviation or Variation

## Abweichung
→ Standardabweichung oder Veränderung

## Variance from Prescribed Standards
→ Standard Deviation or Variation

## Abweichung von den vorgeschriebenen Normen
→ Standardabweichung oder Veränderung

## Vehicle Coverage
→ Business Automobile Policy (BAP); → Inland Marine Insurance (Transportation Insurance): Business Risks; → Instrumentalities of Transportation Insurance; → Ocean Marine Insurance; → Personal Automobile Policy (PAP)

## Kraftfahrzeugversicherungsschutz
→ Geschäftswagenpolice; → Binnentransportversicherung (Transportversicherung): Geschäftsrisiken; → Zweckdienlichkeiten der Transportversicherung; → Überseeversicherung; → Privat-Kfz-Police

## Vending Machine Marketing
Sale of life insurance policies through vending machines. This method of distribution is generally limited to → Travel Accident Insurance, supplemental health or disability policies, or life insurance policies with a small face amount.

## Marketing durch Verkaufsautomaten
Verkauf von Versicherungspolicen durch Verkaufsautomaten. Diese Distributionsart ist allgemein auf die → Reiseunfallversicherung, ergänzende Kranken- oder Invaliditätspolicen oder Lebensversicherungen mit einem kleinen Nennwert beschränkt.

## Vermin Exclusion
Section of some → Inland Marine insurance *(transportation insurance)* and many other property insurance policies excluding coverage for damage to shipped goods by vermin such as rats. → Insect Exclusion

## Ungezieferausschluß
Teil einiger → Binnentransportversicherungen *(Transportversicherungen)* und vieler sonstiger Sachversicherungspolicen, die Versicherungsschutz für eine Beschädigung an Frachtgütern durch Ungeziefer, wie etwa Ratten, ausschliessen. → Insektenausschluß

## Vessel
→ Hull Marine Insurance

## Schiff
→ Schiffskaskoversicherung

## Vested Account
→ Vesting

## Vested Interest
→ Vesting

## Vesting
Entitlement of a pension plan participant (employee) to receive full benefits at → Normal Retirement Age, or a reduced benefit upon → Early Retirement, whether or not the participant still works for the same employer. The → Employee Retirement Income Security Act of 1974 (ERISA) mandates vesting under one of these rules:
1. → Forty-Five Year Rule,
2. → Five To Fifteen Year Rule,
3. → Ten Year Rule.
On January 1, 1989, under the → Tax Reform Act of 1986, the above vesting requirements will be replaced with the following:
1. Full vesting (100%) after a participant completes 5 years of service with an employer; or
2. vesting of 20% after completion of 3 years of service with an employer, increasing by 20% for each year of service thereafter, until 100% vesting is achieved at the end of 7 years of service.

## Vesting, Conditional
Limitation under a contribu-

## Unentziehbares Konto
→ Übertragung

## Wohlerworbenes Anrecht
→ Übertragung

## Übertragung
Anrecht eines Teilnehmers an einem Pensionssystem (Arbeitnehmer), beim → Normalen Rentenalter vollständige Bezüge oder bei → Vorruhestand reduzierte Bezüge zu beziehen, unabhängig davon, ob der Teilnehmer noch für den gleichen Arbeitgeber arbeitet oder nicht. Der → Employee Retirement Income Security Act of 1974 (ERISA) (Arbeitnehmerrenteneinkommenssicherheitsgesetz aus dem Jahre 1974) fordert die Übertragung unter einer dieser Regeln:
1. die → 45 Jahre-Regel,
2. die → 5 bis 15 Jahre-Regel,
3. die → Übertragung von Pensionsansprüchen nach 10 Jahren (Klippe bei der Übertragung von Pensionsansprüchen).
Am 1. Januar 1989 wurden die obigen Übertragungserfordernisse unter dem → Steuerreformgesetz aus dem Jahre 1986 durch die folgenden ersetzt:
1. vollständige Übertragung (100%), wenn ein Arbeitnehmer 5 Beschäftigungsjahre bei einem Arbeitgeber verbringt;
2. Übertragung von 20% nach Ableistung von 3 Beschäftigungsjahren bei einem Arbeitgeber, mit einem Zuwachs von 20% für jedes nachfolgende Beschäftigungsjahr, bis nach 7 Beschäftigungsjahren eine 100%ige Übertragung erreicht ist.

## Übertragung, Bedingte
Einschränkung der Rechte eines Arbeit-

tory pension plan of an employee's right to receive vested benefits. The employee can withdraw contributions to the pension plan only according to stated conditions. → Vesting

**Vesting, Deferred**
Specified requirements of minimum age and years of service to be met by an employee before the individual's benefits are vested. For example, under the → Ten Year Vesting rule, an employee must work 10 years for the particular employer before benefits vest. → Vesting, Immediate

**Vesting, Full**
→ Full Vesting

**Vesting, Immediate**
Employee's full entitlement, with no waiting period, to benefits under a pension or retirement plan. In the case of a → Contributory plan, there is immediate vesting of the employee's own contributions, plus the earnings attributable to those contributions. As to employer contributions in contributory and → Noncontributory plans, → Vesting depends on the terms of the plans, although maximum time limits for full vesting are set by law. Some plans provide immediate vesting of employer contributions in the case of death or

nehmers, bei einem beitragspflichtigen Pensionssystem wohlerworbene Leistungen zu erhalten. Der Arbeitnehmer kann Beiträge zum Pensionssystem nur gemäß den angegebenen Bedingungen entnehmen. → Übertragung

**Übertragung, Aufgeschobene**
Spezielle Anforderungen an das Mindestalter und die Beschäftigungsjahre, die ein Arbeitnehmer erfüllen muß, bevor die Leistungen dieser Person übertragen werden. Nach der Regel bezüglich der → Übertragung von Pensionsansprüchen nach 10 Jahren z. B. muß ein Arbeitnehmer mindestens 10 Jahre für den bestimmten Arbeitgeber gearbeitet haben, bevor die Leistungen übertragen werden. → Übertragung, Sofortige

**Übertragung, Vollständige**
→ Vollständige Übertragung

**Übertragung, Sofortige**
Das vollständige Anrecht eines Arbeitnehmers auf Leistungen bei einem Pensions- oder Altersversorgungssystem ohne Wartezeit. Im Fall eines → Beitragspflichtigen Systems gibt es eine sofortige Übertragung der Beiträge des Arbeitnehmers, plus den Verdiensten, die diesen Beiträgen zuzuschreiben sind. Was die Arbeitgeberbeiträge bei beitragspflichtigen oder → Beitragsfreien Systemen anbelangt, so hängt die → Übertragung von den Bedingungen des Systems ab, die Höchstdauer für die vollständige Übertragung ist jedoch per Gesetz festgelegt. Einige Systeme bieten die sofortige Übertragung von Arbeitgeberbeiträgen im Falle von Tod oder Invalidität. → Vereinfachte Arbeitnehmerpensions-Systeme

disability. → Simplified Employee Pension (SEP) plans require immediate vesting of employer contributions. → Tax Reform Act of 1986; → Vesting

erfordern die sofortige Übertragung von Arbeitgeberbeiträgen. → Steuerreformgesetz aus dem Jahre 1986; → Übertragung

**Veterans Administration (VA)**
U.S. government agency that administers life insurance, health insurance, welfare, mortgage loans, education, pension benefits, and other programs for veterans of the U.S. armed forces.

**Veterans Administration (VA)**
(Veteranenverwaltung) – Behörde der US-Regierung, die die Lebensversicherung, Krankenversicherung, Wohlfahrt, Hypothekendarlehn, Ausbildung, Pensionsleistungen und sonstige Programme für Veteranen der US-Streitkräfte verwaltet.

**Veterans Group Life Insurance (VGLI)**
Five-year nonrenewable → Term Life Insurance policy for veterans who were covered by → Servicemens Group Life Insurance (SEGLI) while on active duty in the U.S. uniformed forces. At the end of the five-year term, the insured may convert the policy to individual *permanent life insurance* with any company that participates in the VGLI program.

**Veteranengruppenlebensversicherung**
Fünfjährige, nicht erneuerbare → Befristete Lebensversicherungs-Police für Veteranen, die bei der → Gruppenlebensversicherung der Streitkräfte abgedeckt waren, solange sie sich im aktiven Dienst der uniformierten Streitkräfte der USA befanden. Bei Beendigung des Fünfjahreszeitraums kann der Versicherte die Police bei einer Gesellschaft, die an dem Veteranengruppenlebensversicherungsprogramm teilnimmt, in eine Einzel-*lebensversicherung auf den Todesfall* umwandeln.

**Vicarious Liability**
→ Contingent Liability (Vicarious Liability)

**Stellvertretende Haftung**
→ Bedingte Haftpflicht (Stellvertretende Haftung)

**Victim Compensation**
Payment under a state-sponsored program for victims of crimes. → Federal Crime Insurance

**Opferentschädigung**
Zahlung unter einem staatlich geförderten Programm für Opfer von Verbrechen. → Bundesverbrechensversicherung

## Vision Care Insurance
Health insurance coverage for eye examinations and eyeglass or contact lens prescriptions.

## Vis Major
Latin phrase meaning "overpowering force"; an unavoidable accident or calamity; an accident for which no one is responsible; an → Act of God.

## Voidable Contract
→ Valid Contract that can be canceled for cause by one or more parties to the contract. An insurance contract can be voided by the insurer if the insured has used fraudulent means to obtain it or has intentionally concealed information or misrepresented the risk.

## Void Contract
Apparent agreement that is not a valid contract.

## Voluntary Compensation Endorsement
Addition to a → Workers Compensation Insurance policy to cover payments to injured employees who are not covered by a state's workers compensation law. This endorsement provides employees who are not covered by the state law a choice of receiving → Workers Compensation Benefits or suing the employer. Under workers compensation laws, employers agree to supply, ac-

## Versicherung des Sehvermögens
Krankenversicherungsschutz für Augenuntersuchungen und Brillen- und Kontaktlinsenrezepte.

## Vis Major
Lateinische Redewendung für „überwältigende Kraft", ein unvermeidbarer Unfall oder Unheil, ein Unfall, für den niemand verantwortlich ist, eine → Gotteshandlung.

## Anfechtbarer Vertrag
→ Rechtsgültiger Vertrag, der aus irgendeinem Grund durch eine oder mehrere Vertragsparteien gekündigt werden kann. Ein Versicherungsvertrag kann von dem Versicherer gekündigt werden, wenn der Versicherte betrügerische Mittel angewendet hat, um diesen zu erlangen, oder Informationen absichtlich verheimlicht oder ein Risiko falsch dargestellt hat.

## Rechtsungültiger Vertrag
Offensichtliche Übereinkunft, die keinen rechtsgültigen Vertrag darstellt.

## Freiwilliger Entschädigungsnachtrag
Zusatz zu einer → Berufsunfallversicherungs-Police, um Zahlungen an verletzte Arbeitnehmer abzudecken, die nicht durch ein staatliches Berufsunfallentschädigungsgesetz versichert sind. Dieser Nachtrag bietet Arbeitnehmern, die nicht durch das staatliche Gesetz abgedeckt sind, die Wahl, → Berufsunfallentschädigungsleistungen zu beziehen oder den Arbeitgeber zu verklagen. Bei den Berufsunfallentschädigungsgesetzen stimmen Arbeitgeber zu, den Einkommensverlust eines durch Unfall bei der Arbeit verletzten

cording to a formula, income lost by workers accidentally injured on the job, as well as medical and rehabilitation benefits and death and survivor benefits. In exchange, these benefits are to be the final obligation of the employer to compensate workers, or the exclusive remedy. However, there has been considerable erosion of the exclusive remedy concept since the early 1970s. Workers have been allowed to sue their employers for various types of on-the-job injuries. Each state has its own workers compensation law.

Arbeiters sowie medizinische Leistungen und Rehabilitationsleistungen sowie Todesfall- und Hinterbliebenenleistungen nach einer Formel zur Verfügung zu stellen. Im Gegenzug müssen diese Leistungen die letzte Verpflichtung des Arbeitgebers oder das alleinige Mittel sein, den Arbeitnehmer zu entschädigen. Bei diesem Konzept des alleinigen Mittels hat jedoch seit den frühen 70er Jahren eine Erosion stattgefunden. Arbeitern wurde gestattet, Arbeitgeber wegen verschiedener Arten berufsbezogener Verletzungen zu verklagen. Jeder Staat hat sein eigenes Berufsunfallentschädigungsgesetz.

**Voluntary Deductible Employee Contribution Plan**

Pension plan that allows an employee to contribute by electing to have money deducted from each paycheck. Some qualified plans such as 401(k) allow employees to contribute pre-tax dollars, while others require employees to put in after-tax dollars.

**Arbeitnehmerbeitragssystem mit freiwilligem Lohnabzug**

Pensionssystem, das einem Arbeitnehmer die Wahl läßt, Beiträge durch Abzug von jeder Gehaltszahlung zu leisten. Einige steuerbegünstigte Systeme, wie das 401(k) System, erlauben es Arbeitnehmern, unversteuerte Beträge beizutragen, während andere vom Arbeitnehmer fordern, versteuerte Beträge einzuzahlen.

**Voluntary Government Insurance**
→ Social Insurance

**Freiwillige Regierungsversicherung**
→ Sozialversicherung

**Voluntary Insurance**
→ Social Insurance

**Freiwillige Versicherung**
→ Sozialversicherung

**Voluntary Plan Termination**
Ending a pension plan at the

**Freiwillige Systembeendigung**
Beendigung eines Pensionssystems nach

election of an employer or sponsor. The employer has the unilateral right to change or terminate a pension plan at any time. However, the termination must meet requirements set out by the → Employee Retirement Income Security Act of 1974 (ERISA). Assets must be distributed to participants according to Federal guidelines.

**Voluntary Reserve**
Amount established by an insurance company, but not required by state law, for any of a number of reasons, such as a reserve for payment of future dividends. A voluntary reserve is likely to appear as a → Liability on the company's balance sheet. Contrasts with → Statutory Reserves. → Balance Sheet Reserves; → Policy Reserve

**Voyage Policy**
→ Ocean Marine Insurance covering one trip. Ocean marine insurance is written either for a specific time period or per trip. A voyage policy is usually written for cargo, whereas a *time policy* covers a ship.

Wahl des Arbeitgebers oder Sponsors. Der Arbeitgeber hat das einseitige Recht, ein Pensionssystem zu jeder Zeit zu ändern oder zu beenden. Die Beendigung muß jedoch die Anforderungen, die im → Employee Retirement Income Security Act of 1974 (ERISA) (Arbeitnehmerrenteneinkommenssicherheitsgesetz aus dem Jahre 1974) festgelegt sind, erfüllen. Guthaben müssen entsprechend der Bundesrichtlinien an die Teilnehmer verteilt werden.

**Freiwillige Reserve**
Betrag, der von einer Versicherungsgesellschaft wegen einer Anzahl von Gründen, wie etwa die Reserve für die Zahlung zukünftiger Dividenden, aufgestellt wurde, der aber nicht von staatlichen Gesetzen gefordert wird. Eine freiwillige Reserve wird in der Bilanz der Gesellschaft wahrscheinlich als → Verbindlichkeit erscheinen. Im Gegensatz zu → Satzungsmäßig vorgeschriebene Rücklagen. → Bilanzrückstellungen; → Schadensreserve

**Seereiseversicherung**
→ Überseeversicherung, die eine Fahrt abdeckt. Eine Überseeversicherung wird entweder für einen bestimmten Zeitraum oder pro Fahrt abgeschlossen. Eine Seereiseversicherung wird gewöhnlich für die Ladung gezeichnet, wohingegen die *Zeitraumpolice* ein Schiff abdeckt.

### Wage Index
Table used, among other purposes, to determine monthly Social Security benefit for a retired or disabled worker and his or her dependents. The → Average Monthly Wage (AMW) of the worker is computed, disregarding certain periods of low earnings. The AMW is used to determine the → Primary Insurance Amount (PIA). Then, benefits are figured from the table depending on how old the worker is upon retirement, whether there are dependents or survivors and when they will retire.

### Wagering v. Insurance
Common misunderstanding about insurance. In gambling a → Risk is created that did not exist prior to placing a bet. Under insurance, a risk exists whether or not an insurance policy is purchased. For example, the uncertainty of one's home burning exists independent of the purchase of insurance; the purchase of insurance should not affect the probability of loss.

### Lohnindex
Tabelle, die u.a. dazu verwendet wird, um die monatlichen Sozialversicherungsbezüge eines pensionierten oder arbeitsunfähigen Arbeiters und seiner Unterhaltsberechtigten zu bestimmen. Der → Durchschnittliche Monatslohn des Arbeiters wird berechnet, ohne daß bestimmte Zeiträume mit niedrigen Verdiensten berücksichtigt werden. Der durchschnittliche Monatslohn wird verwendet, um die → Grundrente zu bestimmen. Dann werden die Bezüge aus einer Tabelle in Abhängigkeit davon, wie alt der Arbeiter bei Pensionierung ist, ob es Unterhaltsberechtigte oder Hinterbliebene gibt und wann sie in Rente gehen, berechnet.

### Wetten ./. Versicherung
Allgemeines Mißverständnis über Versicherungen. Beim Wetten wird ein → Risiko geschaffen, das vor der Plazierung einer Wette nicht bestand. Bei der Versicherung besteht ein Risiko, ob eine Versicherung abgeschlossen wird oder nicht. Die Ungewißheit, ob das Haus eines Versicherten niederbrennt, existiert unabhängig vom Abschluß einer Versicherung. Der Abschluß einer Versicherung sollte die Schadenswahrscheinlichkeit nicht beeinflussen.

## Waiting Period
→ Disability Income Insurance (Elimination Period)

## Waive
→ Waiver; → Waiver of Inventory Clause; → Waiver of Premium (WP); → Waiver of Premium for Payer Benefit; → Waiver of Restoration Premium; → Waiver of Subrogation Rights Clause

## Waiver
Relinquishment of a legal right to act. For example, an insured relies on statements of an agent of an insurance company concerning coverages under an insurance policy. The agent by his actions may have waived certain provisions the insurance company has written in the insurance policy, with the company's authority. Another example would be the provision in the → Homeowners Insurance Policy which suspends coverage if a hazard is increased by the actions of an insured. An insured who stores explosives near his home notifies the insurance company; the company gives him permission to do so, thereby waiving its defense of the increase in hazard clause.

## Waiver of Inventory Clause
Provision in property insurance that waives, under spec-

## Wartezeit
→ Invaliditätseinkommensversicherung (Auslassungszeitraum)

## Verzicht, zu leisten
→ Verzicht; → Verzicht auf die Inventarverzeichnisklausel; → Prämienfreistellung; → Prämienfreistellung zugunsten des Zahlers; → Verzicht auf eine Wiederherstellungsprämie; → Verzicht auf die Subrogationsrechteklausel

## Verzicht
Aufgabe eines gesetzlichen Rechtes zu handeln. Ein Versicherter verläßt sich z. B. auf die Aussagen eines Agenten einer Versicherungsgesellschaft, die die Deckungen bei einer Versicherungspolice betreffen. Durch seine Handlungen mag der Agent auf bestimmte Bestimmungen, die die Versicherungsgesellschaft in der Police niedergeschrieben hat, mit Vollmacht der Versicherungsgesellschaft verzichtet haben. Ein weiteres Beispiel wäre die Bestimmung bei der → Hausbesitzerversicherungspolice, die den Versicherungsschutz aussetzt, wenn eine Gefahr durch die Handlungen eines Versicherten gesteigert wird. Ein Versicherter, der explosive Materialien in der Nähe seines Hauses lagert, benachrichtigt die Versicherungsgesellschaft. Die Gesellschaft erteilt ihm eine Erlaubnis dies zu tun und verzichtet damit auf ihren Schutz aus der Gefahrensteigerungsklausel.

## Verzicht auf die Inventarverzeichnisklausel
Bestimmung bei der Sachversicherung, die unter bestimmten Umständen auf die For-

ified circumstances, the requirement for an inventory of undamaged property when a damage claim is filed. A → Coinsurance clause in a fire insurance policy typically requires such an inventory or appraisal at the time of a claim. The waiver avoids the expense of an inventory when the claim is small. Under one common formula, the inventory requirement is waived when the claim is for less than $10,000 and is also for less than 5% of the limit of all insurance coverage applicable to the property.

**Waiver of Premium for Disability**
→ Riders, Life Policies

**Waiver of Premium for Payer Benefit**
Clause added to an insurance policy providing → Waiver of Premium (WP) if the premium payer dies or becomes disabled. For example, this option is available on insurance policies on a child's life where the premium is paid by an adult, or on life and health policies for adults.

**Waiver of Premium Rider**
→ Waiver of Premium (WP)

**Waiver of Premium (WP)**
In life insurance, action by an

derung nach einer Inventarliste unbeschädigter Vermögensgegenstände verzichtet, wenn ein Schadensanspruch eingereicht wird. Eine → Mitversicherungs-Klausel bei einer Feuerversicherungspolice fordert typischerweise solch eine Inventarliste oder Schätzung zum Zeitpunkt eines Anspruches. Der Verzicht vermeidet die Ausgaben für eine Inventarliste, wenn der Anspruch klein ist. Nach einer allgemeinen Formel wird auf die Inventarlistenforderung verzichtet, wenn der Anspruch weniger als US$ 10.000 und außerdem weniger als 5% der Höchstgrenze des gesamten Versicherungsschutzes, der auf das Vermögen anwendbar ist, beträgt.

**Prämienfreistellung wegen Invalidität**
→ Besondere Versicherungsvereinbarungen, Lebensversicherungspolicen

**Prämienfreistellung zugunsten des Zahlers**
Zu einer Versicherungspolice hinzugefügte Klausel, die eine → Prämienfreistellung bietet, wenn der Prämienzahler stirbt oder arbeitsunfähig wird. Diese Option ist beispielsweise bei Versicherungspolicen auf das Leben eines Kindes erhältlich, bei denen die Prämie von einem Erwachsenen bezahlt wird oder bei Lebens- und Krankenversicherungspolicen für Erwachsene.

**Besondere Versicherungsvereinbarungen zur Prämienfreistellung**
→ Prämienfreistellung

**Prämienfreistellung**
Bei der Lebensversicherung Handlung

insurance company canceling premium payments by an insured who has been disabled for at least six months. The policy remains in force and continues to build cash values and pay dividends (if it is a participating policy), just as if the insured was still making premium payments. Experts suggest that this clause should be considered in a life insurance policy since the probability of becoming disabled is 7 to 10 times greater than death at younger and middle ages.

einer Versicherungsgesellschaft, die die Prämienzahlungen durch einen Versicherten, der für wenigsten sechs Monate arbeitsunfähig ist, storniert hat. Die Police bleibt in Kraft und fährt damit fort, Barwerte zu bilden und (falls es sich um eine gewinnbeteiligte Police handelt) Dividenden zu zahlen, gerade so, als wenn der Versicherte weiterhin Prämienzahlungen leisten würde. Experten raten, daß diese Klausel bei einer Lebensversicherungspolice berücksichtigt werden sollte, da die Wahrscheinlichkeit, arbeitsunfähig zu werden, 7 bis 10 mal größer ist als der Tod in jungen und mittleren Jahren.

## Waiver of Restoration Premium

Clause in a → Surety Bond contract providing for restoration of coverage after a loss without requirement of a → Restoration Premium.

## Verzicht auf eine Wiederherstellungsprämie

Klausel bei einem → Kautionsversicherungs-Vertrag, der die Wiederherstellung des Versicherungsschutzes nach einem Schaden ohne Forderung einer → Wiederherstellungsprämie bietet.

## Waiver of Subrogation Rights Clause

Endorsement to a property liability policy whereby an insurer gives up the right to take action against a third party for a loss suffered by an insured. Typically, under terms of the → Subrogation Clause, the insurer, having paid an insured for a loss, takes over any rights possessed by the insured who has suffered the loss. For example, an insured, John Smith, is hit by another car while he is driving. His insurance company pays his claim and then

## Verzicht auf die Subrogationsrechteklausel

Nachtrag zu einer Vermögenshaftpflichtpolice, bei dem ein Versicherer das Recht, wegen eines vom Versicherten erlittenen Schadens Schritte gegen eine dritte Partei einzuleiten, aufgibt. Gemäß den Bedingungen der → Subrogationsklausel übernimmt der Versicherer, der einen Versicherten für einen Schaden bezahlt hat, typischerweise alle Rechte des Versicherten, der einen Verlust erlitten hat. Z. B.: Ein Versicherter, John Smith, wird während der Fahrt von einem anderen Auto angefahren. Seine Versicherung zahlt seinen Schaden und darf dann den anderen Fahrer verklagen oder kann versuchen, den

may sue or attempt to recover damages from the other driver. In certain instances, the insured might want to get a waiver of subrogation rights from the insurer. For example, if a landlord assured a tenant that he was not responsible for damage to his property, the landlord could make good on his promise only by getting the insurer to waive its subrogation rights. Otherwise, if the landlord's property was damaged by the tenant, the insurer would have to pay the claim and could then try to collect damages from the tenant.

### Wanton Disregard
Legal phrase used in → Negligence cases to describe one person's overwhelming lack of care for the rights or wellbeing of another. Wanton disregard of another's rights is evidence of → Gross Negligence.

### War Damage Insurance Corporation
Government reinsurance program that provided coverage for U.S. properties during World War II. Private insurers shared the first layer of coverage, with the government providing catastrophic loss coverage. This is one of several government insurance programs for exposures that private insurers cannot cover because techniques of spreading the risk do not apply.

Schaden von dem anderen Fahrer zurückzuerhalten. In bestimmten Fällen könnte der Versicherte einen Verzicht der Versicherungsgesellschaft auf die Subrogationsrechte wünschen. Wenn ein Vermieter einem Mieter beispielsweise versichert, daß er nicht für die Beschädigung seines Besitzes verantwortlich sei, könnte der Vermieter sein Versprechen nur erfüllen, wenn er den Versicherer zum Verzicht seiner Subrogationsrechte bewegen könnte. Andernfalls, wenn der Grundbesitz des Vermieters vom Pächter beschädigt worden wäre, würde der Versicherer den Anspruch bezahlen müssen und könnte dann versuchen, Schadenersatz vom Pächter zu kassieren.

### Grobe Mißachtung
Juristischer Ausdruck, der bei → Fahrlässigkeitsfällen verwendet wird, um die überwältigende Mißachtung der Rechte oder des Wohlergehens eines anderen durch eine Person zu beschreiben. Grobe Mißachtung der Rechte eines anderen gilt als Beweis → grober Fahrlässigkeit.

### War Damage Insurance Corporation
(Körperschaft zur Versicherung von Kriegsschäden) – Regierungsrückversicherungsprogramm, das während des zweiten Weltkrieges Versicherungsschutz für US-Vermögensgegenstände bot. Private Versicherer teilten sich die erste Deckungsschicht, wobei die Regierung die Katastrophenschadendeckung übernahm. Dies ist eines von mehreren Regierungsversicherungsprogrammen für Gefährdungen, die private Versicherer nicht abdecken können, weil die Risikostreuungstechniken nicht zutreffen.

## Warehouse Bond
Type of surety bond that guarantees that goods stored in a warehouse will be delivered upon presentation of a receipt.

## Warehousers Liability Form
Special insurance that covers warehousers liability to customers whose property is damaged by an insured peril while in the custody of an insured warehouser. Policy deductibles may range from $ 50 to $ 10,000. Typical exclusions are war risks, money, securities, and spoilage of perishable goods.

## Warehouse-To-Warehouse Clause
Part of an *ocean marine* policy that provides coverage of goods through all of the stages of a journey. Coverage begins when goods leave the warehouse of a shipper, and continues until they reach the customer's warehouse.

## War Exclusion Clause
Provision in a life insurance policy that death benefits will not be paid in the event an insured dies from war related causes; or in lieu of a death benefit there is a return of premiums plus interest, or a refund equal to the reserve portion (cash value) of the policy. For example, during the Vietnam

## Kaution eines Lagerinhabers
Art von Kautionsversicherung, die garantiert, daß die in einem Lager aufbewahrten Waren bei Vorlage einer Quittung ausgeliefert werden.

## Haftpflichtversicherungsform für Lagerinhaber
Sonderversicherung, die die Haftung von Lagerinhabern gegenüber Kunden, deren Vermögen durch eine versicherte Gefahr beschädigt wird, während es sich im Gewahrsam eines Lagerinhabers befindet, abdeckt. Policenselbstbehalte können von US$ 50 bis US$ 10.000 reichen. Typische Ausschlüsse sind Kriegsrisiken, Geld, Wertpapiere und Verderb von verderblichen Waren.

## Vollständige Transportversicherungsklausel
Teil einer *Überseetransport*versicherungspolice, die Versicherungsschutz für Waren auf allen Stadien der Reise bietet. Der Versicherungsschutz beginnt, wenn die Waren das Lager des Verfrachters verlassen und dauert an, bis sie das Lager des Kunden erreichen.

## Kriegsausschlußklausel
Bestimmung bei einer Lebensversicherungspolice, daß Todesfalleistungen nicht bezahlt werden, wenn ein Versicherter aus kriegsbedingten Gründen stirbt, oder es gibt anstelle einer Todesfalleistung eine Rückerstattung der Prämien plus Zinsen oder eine Rückerstattung, die dem Reserventeil (Barwert) der Police entspricht. Wenn während des Vietnam-Krieges z. B. eine Lebensversicherung auf den Todesfall

War, if a whole life policy with a war exclusion clause had a face amount of $10,000 and an insured died as the result of war related injuries, the beneficiary would receive the cash value of the policy. This clause cannot be added to a policy that had none originally. If it is included in a policy bought in time of war, it is typically removed by life insurance companies at the war's end, and once removed, can never be restored.

## WARN
→ Worker Adjustment and Retraining Notification Act (WARN)

## War Peril
→ War Risk Insurance

## Warranty

Pledge by an insured in writing and a part of the actual contract, that a particular condition exists or does not exist. For example, an insured warrants that a sprinkler system works. In exchange, the insurance company charges a reduced premium for fire coverage. Statements by an insured in an application for property insurance are deemed to be warranties, not representations as is generally the case in life insurance policy applications.
→ Representations

mit einer Kriegsausschlußklausel einen Nennwert von US$ 10.000 hatte und ein Versicherter infolge kriegsbedingter Verletzungen starb, so erhielt der Begünstigte den Barwert der Police. Diese Klausel kann nicht zu einer Police hinzugefügt werden, die ursprünglich keine hatte. Wenn sie Inhalt einer Police ist, die zu Kriegszeiten abgeschlossen wurde, dann wird sie gewöhnlich nach Beendigung des Krieges von den Versicherungsgesellschaften entfernt, und wenn sie einmal entfernt wurde, kann sie nicht wieder aufgenommen werden.

## WARN
→ Worker Adjustment and Retraining Notification Act (WARN)

## Kriegsgefahr
→ Kriegsrisikoversicherung

## Zusicherung der Richtigkeit der Angaben

Schriftliche Zusicherung eines Versicherten und ein Teil des eigentlichen Vertrages, daß eine bestimmte Bedingung existiert oder nicht existiert. Ein Versicherter garantiert z. B., daß ein Sprinklersystem funktioniert. Im Gegenzug berechnet die Versicherungsgesellschaft eine geringere Feuerversicherungsprämie. Erklärungen eines Versicherten in einem Antrag auf eine Sachversicherung werden als Zusicherungen der Richtigkeit der Angaben angesehen und nicht als Erklärungen, wie das gewöhnlich bei Anträgen für Lebensversicherungspolicen der Fall ist. → Erklärungen

## War Risks
Exposures usually excluded from life and health insurance, or subject to a maximum limit if covered. For property coverage, → War Risk Insurance.

## War Risk Insurance
Coverage for damage due to peril of war, usually written as part of an → Ocean Marine Insurance policy.

## Watercraft Endorsement
Addition to the → Homeowners Insurance Policy and → Special Multiperil Insurance (SMP) policy that provides liability and medical coverage for damages resulting from the operation of motor boats too large to qualify for insurance under homeowners and SMP policies.

## Watercraft Nonowned Insurance
Endorsement to → Commercial General Liability Insurance (CGL) for a business responsible for boats it does not own. Whether the boats are leased from another firm or owned by employees who operate them for the benefit of the business owner, a business has a liability exposure that is not covered by a CGL policy; the special endorsement is needed for this coverage.

## Kriegsrisiken
Gefährdungen, die bei Lebens- und Krankenversicherungen gewöhnlich ausgeschlossen sind, oder, falls abgedeckt, einem maximalen Höchstbetrag unterliegen. Für Sachversicherungsschutz → Kriegsrisikoversicherung.

## Kriegsrisikoversicherung
Versicherungsschutz für Beschädigung aufgrund einer Kriegsgefahr, gewöhnlich als Teil einer → Überseeversicherungs-Police gezeichnet.

## Wasserfahrzeugnachtrag
Hinzufügung zu der → Hausbesitzerversicherungspolice und der → Speziellen Vielgefahrenpolice, die Haftpflicht- und Krankenversicherungsschutz für Beschädigungen bietet, die infolge des Betriebes von Motorbooten, die zu groß sind, um sich für die Hausbesitzer- oder spezielle Vielgefahrenpolice zu eignen, entstehen.

## Versicherung für Wasserfahrzeuge, die nicht Eigentum sind
Nachtrag zu einer → Allgemeinen gewerblichen Haftpflichtversicherung für ein Unternehmen, das für Boote verantwortlich ist, die es nicht besitzt. Ob die Boote von einer anderen Firma geleast werden oder ob sie Eigentum von Arbeitnehmern sind, die sie zugunsten des Geschäftsbesitzers betreiben, das Unternehmen hat eine Haftpflichtgefährdung, die von einer gewerblichen allgemeinen Haftpflichtversicherung nicht abgedeckt wird. Der Sondernachtrag ist für diesen Versicherungsschutz erforderlich.

## Water Damage Insurance

Protection in the event of accidental discharge, leakage, or overflow of water from plumbing systems, heating, air conditioning, and refrigerating systems, and rain or snow through broken doors, open doors, windows, and skylights resulting in damage or destruction of the property scheduled in the policy. This type of water damage coverage can also be acquired through an endorsement of a standard property insurance policy.

## Water Damage Legal Liability Insurance

Coverage for an insured's liability for damage to another's property from leakage or overflow of water. Some liability policies specifically exclude water damage, including that caused by rain or snow. Therefore, a special policy was necessary to cover this exposure. However, most liability policies today have dropped this exclusion, and coverage for water damage liability is part of the regular liability policy.

## Water Exclusion Clause

Provision in many property insurance policies that excludes coverage for floods and backup from sewers or drains and underground water. Because floods and hurricanes are gen-

## Wasserschadenversicherung

Schutz im Falle unfallbedingter Entladung, Leckage oder Überlauf aus einem Wasserleitungssystem, einer Heizung, einer Klimaanlage und Kühlsystemen sowie Schutz gegen Regen oder Schnee durch kaputte Türen, offene Türen, Fenster, Oberlichter, die die Beschädigung oder Zerstörung von in der Police aufgelisteten Vermögensgegenständen zur Folge haben. Diese Art von Wasserschadendeckung kann auch durch einen Nachtrag zu einer Standardsachversicherungspolice erworben werden.

## Gesetzliche Haftpflichtversicherung für Wasserschäden

Haftpflichtversicherungsschutz eines Versicherten für die Beschädigung des Vermögens eines anderen durch Leckage oder durch Überlauf von Wasser. Einige Haftpflichtversicherungspolicen schließen Wasserschäden, einschließlich dem durch Regen oder Schnee verursachten Wasserschaden, ausdrücklich aus. Daher war eine besondere Police erforderlich, um diese Gefahr abzudecken. Die meisten Haftpflichtversicherungspolicen haben diesen Ausschluß heute jedoch fallenlassen, und der Versicherungsschutz für Wasserschäden ist somit Bestandteil der regulären Haftpflichtversicherungspolice.

## Wasserausschlußklausel

Bestimmung bei vielen Sachversicherungspolicen, die den Versicherungsschutz für Überschwemmungen und den Rückfluß aus der Kanalisation oder Abflüssen und Grundwasser ausschließt. Da Überschwemmungen und Hurrikane

erally confined to certain areas, only policyholders in those areas need flood insurance. Therefore, it is impossible for underwriters to spread the risk, which is the basis of underwriting. But because homeowners in the endangered areas need insurance, the U.S. government developed a special → Federal Flood Insurance program.

## Water Pollution Liability

Obligations of shipowners for water polluted by spills from their ships. If a ship discharges oil or other polluting or hazardous substances into the water, the shipowner is responsible either for removing them, paying for their removal, or, if the substances cannot be removed, paying a fine. Following passage of the → Water Quality Improvement Act of 1970 establishing the liability of shipowners, marine underwriters formed the → Water Quality Insurance Syndicate to provide insurance.

## Water Quality Improvement Act of 1970

Federal law that requires shipowners to clean up or pay for the cleanup of waters polluted by discharges from their ships. Shipowners may be refused navigation privileges if they cannot demonstrate that they have the financial resources to pay for cleanups.

allgemein auf bestimmte Gebiete beschränkt sind, benötigen nur Policenbesitzer in diesen Gebieten eine Überschwemmungsversicherung. Es ist daher für Prämienfestsetzer unmöglich, das Risiko zu streuen, was Zeichnungsgrundlage ist. Weil Hausbesitzer in den gefährdeten Regionen jedoch Versicherungsschutz benötigen, hat die US-Regierung ein spezielles → Bundesüberschwemmungsversicherungs-Programm entwickelt.

## Wasserverschmutzungshaftpflicht

Verpflichtung von Schiffseignern für Gewässer, das durch Verklappungen ihrer Schiffe verschmutzt wurde. Falls ein Schiff Öl oder sonstige verschmutzende oder gefährliche Substanzen ins Wasser entlädt, dann ist der Schiffseigner entweder dafür verantwortlich, sie zu beseitigen oder, wenn die Substanzen nicht entfernt werden können, eine Strafe zu zahlen. Nach Verabschiedung des → Water Quality Improvement Act aus dem Jahre 1970 (Gesetz zur Verbesserung der Wasserqualität), das die Haftpflicht von Schiffseignern festschrieb, haben Seeversicherer ein → Wasserqualitätversicherungssyndikat gebildet, um Versicherungsschutz anzubieten.

## Water Quality Improvement Act of 1970

(Gesetz zur Verbesserung der Wasserqualität aus dem Jahre 1970) – Bundesgesetz, das von Schiffseignern fordert, daß sie Gewässer, die von Entladungen ihrer Schiffe verschmutzt wurden, reinigen oder für die Reinigung bezahlen. Schiffseignern können Navigationsprivilegien verweigert werden, wenn sie nicht nachweisen können, daß sie über die finanziellen Mittel

## Water Quality Insurance Syndicate

Group of marine underwriters formed in 1971 to provide coverage for shipowners for → Water Pollution Liability. The Federal → Water Quality Improvement Act of 1970 made shipowners responsible for hazardous substances discharged by their ships into the water. This led to the Water Quality Insurance Syndicate. Coverage extends to liabilities imposed by states. The syndicate vouches for the financial responsibility of those it insures.

## Wear and Tear Exclusion

Denial of coverage for damage, in → Inland Marine insurance, stemming from routine use of the property. Property can be expected to deteriorate somewhat over time from normal use. This is not considered an insurable loss.

## Wedding Presents Floater

Personal property insurance that provides → All Risks coverage for wedding presents, wherever they may be in the world, until they are permanently located. Because the verfügen, um für Reinigungen zu bezahlen.

## Wasserqualitätsversicherungssyndikat

Gruppe von Seeversicherern, die 1971 gebildet wurde, um Versicherungsschutz für die → Wasserverschmutzungshaftpflicht von Schiffseignern zu bieten. Der Federal Water Quality Improvement Act of 1970 (Gesetz zur Verbesserung der Wasserqualität aus dem Jahre 1970) machte Schiffseigner für gefährliche Substanzen, die von ihren Schiffen ins Wasser geleitet werden, verantwortlich. Dies führte zu dem Water Quality Insurance Syndicate. Der Versicherungsschutz erstreckt sich auf vom Staat auferlegte Verbindlichkeiten. Das Versicherungssyndikat bestätigt die finanzielle Zahlungsfähigkeit derjenigen, die es versichert.

## Verschleißausschluß

Die Verweigerung von Versicherungsschutz für Beschädigung bei der → Binnentransport-Versicherung, der von dem routinemäßigen Gebrauch des Vermögensgegenstandes herrührt. Von einem Vermögensgegenstand kann erwartet werden, daß er im Verlaufe der Zeit aufgrund des normalen Gebrauchs an Wert verliert. Dies wird nicht als ein versicherbarer Schaden angesehen.

## Pauschalversicherung für Hochzeitsgeschenke

Privatsachversicherung, die Versicherungsschutz auf Grundlage → Aller Risiken für Hochzeitsgeschenke bietet, wo auch immer sie sich befinden mögen, bis sie an einem ständigen Ort sind. Da die neuen Besitzer von Hochzeitsgeschenken

new owners of wedding presents may not yet have a home or a → Homeowners Insurance Policy, and because their gifts may be moved from place to place until they are settled, this policy fills a gap in coverage, but it can be purchased only for as long as 90 days following the wedding.

**Weekly Premium Insurance**
→ Debit Insurance (Home Service Insurance, Industrial Insurance)

**Weight of Ice, Snow, or Sleet Insurance**
Coverage for damage to a building or its contents due to the weight of these elements. Outdoor property such as patios, swimming pools, and sidewalks, are usually excluded.

**Welfare and Pension Plans Disclosure Act**
Federal law that requires administrators of pension plans with more than 25 participants to file a plan description with the U.S. Department of Labor. A plan description includes schedules of benefits, type of administration, and copies of the plan. If the plan has more than 100 participants, the administrator must also file an annual financial report. This information must be made

noch keine Wohnung oder eine → Hausbesitzerversicherungspolice haben mögen, und weil die Geschenke noch von einem Ort zum anderen befördert werden können, bis sie sich endlich niederlassen, füllt diese Police eine Lücke bei dem Versicherungsschutz. Sie kann jedoch nur für die Dauer von 90 Tagen nach der Hochzeit abgeschlossen werden.

**Wöchentliche Prämienversicherung**
→ Inkassoversicherung (Home Service Versicherung, Kleinlebensversicherung)

**Versicherung gegen das Gewicht von Eis, Schnee oder Hagel**
Versicherungsschutz gegen Beschädigung an einem Gebäude oder seinem Inhalt aufgrund des Gewichtes dieser Elemente. Außenbesitz, wie etwa Veranden, Swimming Pools und Bürgersteige, sind in der Regel ausgeschlossen.

**Welfare and Pension Plan Disclosure Act**
(Offenlegungsgesetz von Wohlfahrts- und Pensionssystemen) – Bundesgesetz, das von Verwaltern von Pensionssystemen mit mehr als 25 Teilnehmern fordert, eine Beschreibung des Systems bei dem US-Arbeitsministerium einzureichen. Eine Systembeschreibung beinhaltet Auflistungen der Leistungen, Art der Verwaltung und Kopien des Systems. Wenn das System mehr als 100 Mitglieder hat, muß der Verwalter außerdem einen jährlichen Finanzbericht einreichen. Diese Informationen müssen auf Anfrage allen System-

available to plan participants upon request and the person responsible for handling the funds must be bonded.

### Wellness Program
Employee benefit program which emphasizes the pursuit of a lifestyle that minimizes the occurrence of sickness through an organized program of preventive medicine. Such a program includes screening for high blood pressure, obesity, breast cancer, and stress; a smoke-free workplace; a systematized exercise and fitness approach for general health; and training and education programs for employees concerning proper nutrition, stress management, weight control, cardiopulmonary resuscitation, and prenatal care.

### White Collar Crime
→ Blanket Position Bond; → Bond; → Fidelity Bond; → Judicial Bond; → Surety Bond

### Whole Life Annuity
→ Annuity; → Annuity Due; → Life Annuity Certain; → Pure Annuity; → Refund Annuity

### Whole Life Annuity Due
→ Annuity Due

teilnehmern zur Verfügung gestellt werden, und für die Person, die die Finanzmittel handhabt, muß eine Kaution gestellt werden.

### Wohlseinprogramm
Arbeitnehmerleistungsprogramm, das die Führung eines Lebensstils, der das Auftreten von Krankheiten durch ein organisiertes Präventivmedizinprogramm betont. Solch ein Programm beinhaltet die Überprüfung von Bluthochdruck, Fettleibigkeit, Brustkrebs und Streß; rauchfreie Arbeitsplätze; ein systematischer Trainings- und Fitnessansatz für die allgemeine Gesundheit; Ausbildungs- und Erziehungsprogramme für Arbeitnehmer über die richtige Ernährung, Streßbewältigung, Gewichtskontrolle, Herz-/Lungenkreislaufwiederbelebung und Schwangerschaftsvorsorge.

### Wirtschaftsverbrechen
→ Blankettversicherungsschein mit getrenntem Deckungslimit pro Arbeitnehmer; → Verpflichtungserklärung; → Kaution gegen Veruntreuung; → Gerichtliche Kaution; → Kautionsversicherung

### Gesamtlebensrente
→ Rente; → Vorschüssige Rente; → Leibrente mit garantierter Zahl an Auszahlungen; → Reine Rente; → Rente mit Rückerstattung nicht erschöpfter Prämienzahlungen

### Vorschuß Gesamtlebensrente
→ Vorschüssige Rente

## Whole Life Insurance
→ Ordinary Life Insurance

## Wholesale Insurance
→ Franchise Insurance (Wholesale Insurance)

## Wholesale Life Insurance
Variation of → Group Life Insurance that covers a small group of persons who work for the same employer. With group life insurance, the employer owns the policy; with wholesale insurance, each employee applies for and owns his own policy. However, the employer must agree to pay at least part of wholesale life insurance premiums for the group to qualify for wholesale insurance. Wholesale insurance was devised for groups as small as 10 persons when group insurance was limited by law to a minimum of 50 members. Today, group insurance is sold to smaller groups and wholesale insurance is written for groups as small as five persons. → Franchise Insurance (Wholesale Insurance)

## Windstorm Hazard
→ Storm Insurance; → (Windstorm Insurance)

## Windstorm Insurance
Additional coverage available on most property insurance policies through the → Ex-

## Lebensversicherung auf den Todesfall
→ Lebensversicherung auf den Todesfall

## Großhandelsversicherung
→ Franchiseversicherung (Großhandelsversicherung)

## Großhandelslebensversicherung
Abwandlung der → Gruppenlebensversicherung, die eine kleine Gruppe von Personen, die für den gleichen Arbeitgeber arbeiten, abdeckt. Bei der Gruppenlebensversicherung besitzt der Arbeitgeber die Police. Bei der Großhandelsversicherung beantragt und besitzt jeder Arbeitnehmer seine eigene Police. Der Arbeitgeber muß jedoch zustimmen, zumindest einen Teil der Großhandelslebensversicherungsprämien zu zahlen, damit sich die Gruppe für die Großhandelsversicherung qualifizieren kann. Die Großhandelsversicherung wurde für kleine Gruppen ab 10 Personen entwickelt, als eine Gruppenversicherung per Gesetz auf eine Mindestmitgliederzahl von 50 beschränkt war. Heute wird die Gruppenversicherung an kleinere Gruppen verkauft, und die Großhandelsversicherung wird für Gruppen ab fünf Personen verkauft. → Franchiseversicherung (Großhandelsversicherung)

## Sturmwindgefahr
→ Sturmversicherung; → Sturmwindversicherung

## Sturmwindversicherung
Bei den meisten Sachversicherungspolicen durch einen → Erweiterten Deckungsnachtrag verfügbarer Versiche-

tended Coverage Endorsement. Windstorms, including hurricanes, cyclones, and high winds, are not among the covered perils under most property insurance policies.
→ Storm Insurance (Windstorm Insurance)

## Wisconsin State Life Fund
Life insurance distribution system under which the state underwrites and sells life insurance to any resident of Wisconsin who makes application.

## Winter Range Form
Type of livestock insurance that covers for cattle and sheep on the range from October 1 to May 1 in the Western states. Perils insured against are the weather, including freezing; most natural disasters; riot and civil commotion; collision with vehicles; and theft.

## With Benefit of Survivorship
Phrase describing a form of joint tenancy ownership where property passes to the survivors when one party dies.

## Withdrawal Benefits, Pension Plan
→ Pension Plans: Withdrawal Benefits

rungsschutz. Stürme, einschließlich Hurrikans, Zyklone, starke Winde, gehören nicht zu den bei den meisten Sachversicherungspolicen abgedeckten Gefahren.
→ Sturmversicherung (Sturmwindversicherung)

## Lebensversicherungsfonds des Staates Wisconsin
Lebensversicherungsvertriebssystem, bei dem der Staat für jeden Bewohner Wisconsins, der einen Antrag stellt, eine Lebensversicherung zeichnet und verkauft.

## Winterzeitversicherungsform
Art der Viehversicherung, die Rinder und Schafe in der Zeit vom 1. Oktober bis zum 1. Mai in den westlichen Staaten abdeckt. Die Gefahren, gegen die versichert wird, schließen ein das Wetter, einschließlich Frost, die meisten Naturkatastrophen, Aufstände und bürgerliche Unruhen, Zusammenstoß mit Fahrzeugen und Diebstahl.

## Mit Anwartschaft des Hinterbliebenen
Formulierung, die eine Form des Miteigentums beschreibt, bei der das Vermögen auf die Hinterbliebenen übergeht, wenn eine Partei stirbt.

## Entnahmeleistungen, Pensionssystem
→ Pensionssysteme: Entnahmeleistungen

## Withdrawal Credits, Pension Plan
→ Pension Plans: Withdrawal Benefits

## Women Leaders Round Table
Group of women life insurance agents who sell sufficient insurance to qualify for membership. The round table is sponsored by the → National Association of Life Underwriters (NALU).

## Wool Growers Floater
→ Inland Marine policy addition that provides coverage to owners of sheep, and to warehousemen who store wool, as well as wool in transit.

## Work and Materials Clause
Provision in most property insurance policies that permits a policyholder to use the insured premises to store materials and handle them in the manner needed to pursue his or her line of business. Without this clause, a policy may be voided for fraud, concealment, or misrepresentation of an undisclosed → Increased Hazard. The clause provides a defense for a policyholder against a charge of increasing the hazard of a workplace if the materials in question are necessary to the business.

## Entnahmegutschriften, Pensionssystem
→ Pensionssysteme: Entnahmeleistungen

## Women Leaders Round Table
(Runder Tisch weiblicher Führungskräfte) – Gruppe von weiblichen Lebensversicherungsagenten, die in ausreichendem Umfang Versicherungen verkaufen, um sich für die Mitgliedschaft zu qualifizieren. Der Runde Tisch wird von der → National Association of Life Underwriters (NALU) (Nationale Vereinigung der Lebensversicherungszeichner) unterstützt.

## Wollerzeugerpauschalversicherung
Policenzusatz zu einer Binnentransport-Versicherung, der den Besitzern von Schafen, den Besitzern von Lagerhäusern, die die Wolle lagern, sowie Wolle, die sich auf dem Transport befindet, Versicherungsschutz bietet.

## Arbeits- und Materialienklausel
Bestimmung bei den meisten Sachversicherungspolicen, die es einem Policeninhaber erlaubt, das versicherte Gelände zu benutzen, um Materialien zu lagern und in einer Weise zu handhaben, wie dies seine Geschäftssparte erfordert. Ohne diese Klausel kann eine Police wegen Betruges, Verheimlichung oder Falschdarstellung eines nicht offenbarten → Gesteigerten Risikos für ungültig erklärt werden. Diese Klausel stellt eine Verteidigungsmöglichkeit für einen Policenbesitzer gegen den Vorwurf eines gesteigerten Risikos am Arbeitsplatz dar, wenn die fraglichen Materialien für das Unternehmen notwendig sind.

**Worker Adjustment and Retraining Notification Act (WARN)**
Federal law, effective February 4, 1989, that requires company notification of employees prior to laying them off or closing a plant or an office. Workers covered under WARN are to include office workers, field representatives, agents, managers, and any other employees of insurance companies. To be affected by WARN, the company must employ at least 100 full-time employees. Part-time employees are not included in the 100 full-time employees count unless the total hours worked per week by all employees is at least 4,000 hours. WARN requires the company to notify its employees of impending layoffs when one or more of the following circumstances occur:
1. At least 500 employees are terminated or laid off during a 30-day period.
2. At least 50 employees are terminated or laid off, comprising at least 33% of the total employment force during a 30-day period.
3. A plant or an office is closed, whether on a temporary or permanent basis.

**Workers Compensation**
→ Workers Compensation Insurance

**Worker Adjustment and Retraining Notification Act (WARN)**
(Arbeiterfreisetzungs- und Umschulungsbenachrichtigungsgesetz) – seit dem 4. Februar 1989 rechtsgültiges Bundesgesetz, das fordert, daß ein Unternehmen die Arbeitnehmer vor der Entlassung oder vor Schließung eines Werkes oder eines Büros benachrichtigt. Die bei WARN abgedeckten Arbeiter schließen Büroangestellte, Außendienstmitarbeiter, Agenten, Manager und sonstige Mitarbeiter von Versicherungsgesellschaften ein. Um von WARN abgesichert zu werden, muß ein Unternehmen mindestens 100 Vollzeitmitarbeiter haben. Teilzeitkräfte fallen nicht unter die 100 Vollzeitkräftezählung, es sei denn, die von allen Arbeitnehmern gearbeitete Gesamtstundenzahl pro Woche beträgt wenigstens 4.000 Stunden. WARN fordert von dem Unternehmen, seine Arbeitnehmer über bevorstehende Entlassungen zu benachrichtigen, wenn ein oder mehrere der folgenden Umstände eintreten:
1. Während eines Zeitraums von 30 Tagen werden mindestens 500 Arbeitnehmer entlassen.
2. Wenigstens 50 Arbeitnehmer, die wenigstens 33% der gesamten Belegschaft ausmachen, werden innerhalb eines Zeitraums von 30 Tagen entlassen.
3. Ein Werk oder ein Büro wird, ob vorübergehend oder ständig, geschlossen.

**Berufsunfallentschädigung**
→ Berufsunfallversicherung

## Workers Compensation Benefits

Income, medical, rehabilitation, death, and survivor payments to workers injured on the job. State workers compensation laws, which date from early in the twentieth century, provide that employers take responsibility for on-the-job injuries. Each state defines the benefit level for employers in that state. Although these benefits were designed to be the final obligation of an employer to his employees, there has been considerable erosion of this concept since the early 1970s; workers have been allowed by the courts to sue employers for various on-the-job injuries in addition to workers compensation benefits. Because workers compensation benefits are a routine and fairly predictable risk, many employers use → Self Insurance. Some states mandate that employers buy workers compensation insurance from a state fund, but some offer a choice of a state fund, self insurance, or commercial insurance.

## Workers Compensation Catastrophe Cover

Excess coverage for employers who use → Self Insurance for routine workers compensation risks. Many employers consider workers compensation

## Berufsunfallentschädigungsleistungen

Einkommenszahlungen, medizinische Zahlungen, Rehabilitations-, Todesfall- und Hinterbliebenenzahlungen an während der Arbeit verletzte Arbeitnehmer. Staatliche Berufsunfallversicherungsgesetze, die auf das frühe 20. Jahrhundert zurückgehen, sehen vor, daß Arbeitgeber die Verantwortung für Verletzungen bei der Arbeit übernehmen. Jeder Staat definiert das Leistungsniveau für Arbeitgeber in diesem Staat. Obwohl diese Leistungen als letztliche Verpflichtung eines Arbeitgebers geplant waren, hat bei diesem Konzept seit Beginn der 70er Jahre ein beträchtlicher Verschleiß stattgefunden. Arbeitnehmern ist von Gerichten gestattet worden, Arbeitgeber wegen verschiedener Verletzungen bei der Arbeit über die Berufsunfallentschädigungsleistungen hinaus zu verklagen. Da Berufsunfallentschädigungsleistungen Routine und ein ziemlich vorhersehbares Risiko sind, verwenden viele Arbeitgeber die → Selbstversicherung. Einige Staaten fordern, daß Arbeitgeber eine Berufsunfallversicherung bei staatlichen Fonds abschließen, andere hingegen bieten die Wahl zwischen einem staatlichen Fonds, der Selbstversicherung oder einer gewerblichen Versicherung.

## Berufsunfallkatastrophenschutz

Überschußversicherungsschutz für Arbeitgeber, die die → Selbstversicherung für routinemäßige Berufsunfallentschädigungsrisiken verwenden. Viele Arbeitgeber sehen die Berufsunfallentschädi-

exposure to be routine and predictable and set up a fund to pay these losses themselves rather than trade premium and claims dollars with an insurance company. To supplement a self-insurance program, an employer may buy insurance for catastrophic loss above a certain limit. A *stop loss aggregate contract* will pay all losses in one year over a specified dollar limit. A → Specific Excess Contract pays losses over a stated limit per accident.

**Workers Compensation, Coverage A**
Agreement under which an insurance company promises to pay all compensation and all benefits required of an insured employer under the workers compensation act of the state or states listed in the policy.

**Workers Compensation, Coverage B**
Coverage under a commercial *Workers Compensation Policy* for situations in which an employee not covered under Workers Compensation laws could sue for injuries suffered under common law liability.

**Workers Compensation Insurance**
Coverage providing four types of benefits (medical care, death, disability, rehabilita-

gungsgefahr als Routine und vorhersagbar an und errichten einen Fonds, um diese Schäden selbst zu zahlen, anstatt Prämien und Anspruchsdollars mit einer Versicherungsgesellschaft zu tauschen. Um das Selbstversicherungsprogramm zu ergänzen, kann ein Arbeitgeber eine Versicherung für Katastrophenschäden oberhalb einer bestimmten Grenze abschließen. Ein *Stop-Loss-Sammelvertrag* zahlt alle Schäden in einem Jahr oberhalb eines bestimmten Höchstbetrages in Dollar. Ein → Spezifischer Überschußvertrag zahlt Schäden oberhalb einer Grenze pro Unfall.

**Berufsunfallentschädigung, Versicherungsschutz A**
Übereinkunft, bei der eine Versicherungsgesellschaft verspricht, jede Entschädigung und alle Leistungen zu zahlen, die von einem versicherten Arbeitgeber nach dem Berufsunfallgesetz des Staates oder der Staaten, die in der Police angegeben sind, benötigt werden.

**Berufsunfallentschädigung, Versicherungsschutz B**
Versicherungsschutz bei einer gewerblichen *Berufsunfallversicherungspolice* für Situationen, bei denen ein Arbeitnehmer, der nach den Berufsunfallgesetzen nicht abgedeckt ist, wegen erlittener Verletzungen nach den allgemeinen Haftpflichtgesetzen klagen könnte.

**Berufsunfallversicherung**

Versicherungsschutz, der vier Arten von Leistungen für berufsbedingte Verletzungen oder Erkrankungen als rechtlichen

tion) for employee job-related injuries or diseases as a matter of right (without regard to fault). This insurance is usually purchased by the employer from an insurance company although in a few states there are monopolistic state funds through which the insurance must be purchased. The premium rate is based on a percentage of the employer's payroll and varies according to the employee's occupation. → Workers Compensation Benefits

Anspruch (unabhängig vom Verschulden) bietet (medizinische Versorgung, Todesfall-, Invaliditäts- und Rehabilitationsleistungen). Diese Versicherung wird gewöhnlich durch den Arbeitgeber bei einer Versicherungsgesellschaft abgeschlossen, obwohl es in einigen Staaten monopolistische staatliche Fonds gibt, bei denen die Versicherung abgeschlossen werden muß. Der Prämientarif basiert auf einem Prozentsatz der Lohnsumme des Arbeitgebers und unterscheidet sich entsprechend der Beschäftigung des Arbeitnehmers. → Berufsunfallentschädigungsleistungen

**World Insurance**
→ Worldwide Coverage

**Weltweite Versicherung**
→ Weltweiter Versicherungsschutz

**Worldwide Coverage**
Endorsement to the → Commercial General Liability Insurance (CGL) policy that provides liability coverage to an insured business for damages anywhere in the world. Policies typically have territorial limits for liability coverage, but this endorsement extends coverage worldwide, so long as a damage suit is brought in the U.S. or Canada.

**Weltweiter Versicherungsschutz**
Nachtrag zu einer → Allgemeinen gewerblichen Haftpflichtversicherungs-Police, die einem versicherten Unternehmen Haftpflichtversicherungsschutz für Schäden auf der ganzen Welt bietet. Policen verfügen üblicherweise über territoriale Beschränkungen beim Haftpflichtversicherungsschutz, aber dieser Nachtrag weitet den Versicherungsschutz auf die ganze Welt aus, solange die Schadensersatzklagen in den USA oder Kanada vorgebracht werden.

**Worry**
State of anxiety and distress. One goal of adequate insurance is to eliminate, or alleviate, worry on the part of a policyholder. Many people, for example, are concerned that they would not be able to handle the

**Sorge**
Zustand der Angst und Beunruhigung. Ziel einer angemessenen Versicherung ist es, die Sorge auf seiten des Policenbesitzers zu beseitigen oder zu erleichtern. Viele Menschen sind z. B. besorgt, daß sie, wenn sie krank werden sollten, mit der finanziellen Belastung nicht fertig werden

financial burden if they became ill, or that their spouse would be impoverished if they died. Insurance is designed to eliminate these concerns by assuring that benefits will be provided.

### Wrap-Up Insurance
Liability policy that covers all liability exposures for a large group that has something in common. For example, wrap-up insurance can be written for all the various businesses working together on a special project, to provide coverage for losses arising out of that work only.

### Wright, Elizur
Massachusetts Commissioner of Insurance responsible for the passage of legislation (1861) which guaranteed policyowners of that state equity in the cash value of their life insurance. The nonforfeiture legislation stipulated that four-fifths of the cash value of a life insurance policy be applied to the purchase of extended term life insurance.

### Write
To sell a specific amount of insurance.

### Written Business
Insurance for which (1) an application has been filed but the first premium has not yet been

könnten, oder daß ihr Ehepartner, wenn sie sterben, verarmen könnte. Die Versicherung ist dazu geschaffen, diese Sorgen durch die Zusicherung, daß Leistungen zur Verfügung gestellt werden, zu eliminieren.

### Gemeinschaftsversicherung
Haftpflichtpolice, die alle Haftungsgefährdungen einer großen Gruppe, die etwas gemeinsam hat, abdeckt. Eine Gemeinschaftsversicherung kann z. B. für verschiedene Unternehmen, die zusammen an einem bestimmten Projekt arbeiten, gezeichnet werden, um Versicherungsschutz für Schäden, die nur aus dieser Arbeit entstehen, abzudecken.

### Wright, Elizur
Regierungsbevollmächtigter für Versicherungen des Staates Massachusetts, der (1861) für die Verabschiedung des Gesetzes verantwortlich war, das Policeninhabern dieses Staates das Anrecht auf den Barwert ihrer Lebensversicherung garantierte. Die Unverfallbarkeitsgesetzgebung legte fest, daß vier Fünftel des Barwertes einer Lebensversicherungspolice verwendet werden sollten, um eine erweiterte befristete Lebensversicherung abzuschließen.

### Versichern
Einen bestimmten Umfang an Versicherungen verkaufen.

### Gezeichnetes Geschäft
Versicherung, für die (1) ein Antrag eingereicht worden ist, aber die erste Prämie noch nicht bezahlt worden ist, oder (2) für

paid or (2) a life insurance policy that has not yet been delivered to an insured.

## Written Premiums
Total premiums generated from all policies written by an insurance company within a given period of time. → Earned Premium

## Wrongful Act
Error, misstatement, or breach of duty by an officer or director of a company that results in a lawsuit against the company. → Directors and Officers Liability Insurance covers claims arising from wrongful acts by directors or officers of a company while in that capacity. Wrongful acts specifically exclude dishonesty, theft, libel, and slander. During the liability insurance crisis of the 1980s, this type of coverage became unavailable in many industries as wrongful acts received an increasingly liberal interpretation by the courts and many expensive lawsuits were filed against business firms. → Tort; → Tort, Defense against Unintentional; → Tort, Intentional; → Tort, Unintentional

## Wrongful Death
Death caused by a person without legal justification. Wrongful death may be the result of negligence, such as

eine Lebensversicherungspolice, die noch nicht an einen Versicherten ausgehändigt worden ist.

## Gezeichnete Prämien
Alle von einer Versicherungsgesellschaft innerhalb eines bestimmten Zeitraums hervorgebrachten Prämien. → Verdiente Prämie

## Widerrechtliche Handlung
Fehler, Falschdarstellung oder Pflichtversäumnis durch einen leitenden Angestellten oder Direktor eines Unternehmens, die eine Klage gegen das Unternehmen zur Folge haben. Die → Haftpflichtversicherung für Direktoren und leitende Angestellte deckt Ansprüche, die aus widerrechtlichen Handlungen leitender Angestellter und Direktoren eines Unternehmens, während sie diese Position ausfüllen, herrühren. Widerrechtliche Handlungen schließen Untreue, Diebstahl, Verleumdung und üble Nachrede ausdrücklich aus. Während der Haftpflichtversicherungskrise der 1980er Jahre war dieser Typ des Versicherungsschutzes in vielen Branchen nicht mehr verfügbar, da die widerrechtlichen Handlungen eine zunehmend liberalere Interpretation durch die Gerichte erfuhren und viele kostspielige Klagen gegen Firmen eingereicht wurden. → Straftat; → Straftat, Verteidigung gegen eine unbeabsichtigte; → Straftat, Beabsichtigte; → Straftat, Unbeabsichtigte

## Widerrechtlicher Tod
Ohne legale Rechtfertigung durch eine Person verursachter Tod. Widerrechtlicher Tod kann das Ergebnis einer Fahrlässigkeit sein, wie etwa wenn ein betrunkener Fahrer

when a drunken driver hits and kills someone; or it may be intentional, as when someone kills another person with a gun. In most states, suits can be filed for damages caused by wrongful death. Much work has been done in an attempt to put a value on human life and, therefore, to determine the compensation allowable to the family of an individual who has been killed. → Human Life Value Approach (Economic Value of an Individual Life (EVOIL)

## Wrongful Termination Claim

Under a general liability policy, a claim by an employer arising when an employee terminated by a supervisor without authority or just cause brings suit against the employer. Such a claim is covered under most general liability policies provided that the following elements are in evidence:
1. The insurance policy is in force on the date of loss.
2. There has been no willful misinterpretation of any material facts.
3. The → Policyholder did not have a willful (preconceived) intent to harm or injure the employee who was terminated.

jemanden anfährt und tötet, oder er kann absichtlich erfolgen, wie etwa, wenn jemand eine andere Person mit einem Gewehr tötet. In den meisten Staaten können Schadensersatzklagen gegen widerrechtlichen Tod eingereicht werden. Es ist viel Arbeit auf den Versuch verwendet worden, einem menschlichen Leben einen Wert beizumessen und die zulässige Entschädigung für die Familie einer Person, die getötet worden ist, zu bestimmen. → Ansatz zum Wert eines menschlichen Lebens (Wirtschaftlicher Wert eines einzelnen Lebens)

## Anspruch infolge unberechtigter Kündigung

Bei einer allgemeinen Haftpflichtpolice der Anspruch eines Arbeitgebers, der entsteht, wenn ein Arbeitnehmer, dem durch einen Vorgesetzten ohne Vollmacht bzw. ohne gerechten Grund gekündigt wurde, eine Klage gegen den Arbeitgeber anstrengt. Ein solcher Anspruch ist bei den meisten Haftpflichtversicherungspolicen unter der Voraussetzung abgedeckt, daß die folgenden Bedingungen vorliegen:
1. Die Versicherung ist bei Eintritt des Schadens in Kraft.
2. Es hat keine willentliche Fehlinterpretation irgendwelcher wesentlicher Tatsachen gegeben.
3. Der → Policenbesitzer hatte keine willentliche (vorgefaßte) Absicht, den Arbeitnehmer, dem gekündigt wurde, zu schaden oder ihn zu verletzen.

## XCU

→ Explosion, Collapse, and Underground Exclusion

## Ausschluß von Explosion, Zusammenbruch und Untergrund

→ Ausschluß von Explosion, Zusammenbruch und Untergrund

# Y

## Yacht Insurance
Coverage for fire and explosion, against fire and any damage caused by explosion whether or not fire ensues, and whether or not an explosion occurs on or off board; sinking from floating debris, sunken hulks, and reefs; stranding against sand bars and filled channels resulting in salvage costs, material and labor expenses to refloat and repair a yacht; collision causing legal liability for damage to another vessel; assailing thieves (theft by forcible entry); and jettison and barratry of mariners or masters. Coverage for liability for bodily injury and loss of life is available through → Ocean Marine Protection and Indemnity Insurance.

## Yearly Renewable Term (YRT)
→ Renewable Term Life Insurance

## Years Certain Annuity

→ Life Annuity Certain

## Yachtversicherung
Versicherungsschutz gegen Feuer und Explosion, gegen Feuer und jede durch eine Explosion verursachte Beschädigung, ob ein Feuer folgt oder nicht, und unabhängig davon, ob sich die Explosion an Bord oder außerhalb des Bootes ereignet; das Sinken des Bootes wegen umherschwimmender Trümmer, versunkener Schiffsbrocken und Riffe; das Auflaufen auf Sandbänke und gefüllte Kanäle, was Bergungskosten, Material- und Arbeitkosten zur Folge hat, um eine Yacht zu reparieren und wieder flott zu machen; den Zusammenstoß, der eine gesetzliche Haftpflicht wegen Beschädigung eines anderen Schiffes verursacht; Überfall (Diebstahl durch erzwungenen Eintritt); Seenotruf und Beschädigung der Ladung durch Matrosen und Handelskapitäne. Haftpflichtversicherungsschutz gegen Körperverletzung und Tod sind durch die → Überseeschutz und Entschädigungsversicherung erhältlich.

## Jährlich erneuerbare Frist
→ Befristete Lebensversicherung mit Verlängerungsrecht

## Rente mit garantierter Anzahl an Auszahlungsjahren
→ Leibrente mit garantierter Zahl an Auszahlungen

## Years of Service
Length of employment as measured to determine eligibility, → Vesting, and benefit levels for employee participants in tax *qualified pension* plans. There is often a requirement that years of service be continuous (without unexcused breaks).

## Yield of Assets
→ Yield on Assets

## Yield on Assets
Annual or other periodic rate of return on investments. Because life insurance companies act as custodians of premiums for many years, until money must be paid out in death benefits or other types of claims, they invest it to achieve a yield adequate to meet these obligations. Yield is also important to the policyowner of life policies that include a specific investment element. For example, some *annuities* and → Cash Value Life Insurance policies pay a yield that approximates the market rate the policyholder could get elsewhere. While other contracts, such as a *variable annuity* and → Variable Life Insurance do not guarantee a specified yield, they pay one based on the performance of the underlying investments.

## Dienstjahre
Länge des Beschäftigungsverhältnisses, die gemessen wird, um die Berechtigung, die → Übertragung und das Niveau der Bezüge von angestellten Teilnehmern eines *steuerbegünstigten Pensionssystems* festzustellen. Es ist häufig erforderlich, daß die Dienstjahre ununterbrochen (ohne unentschuldigte Pausen) erfolgen.

## Erträge des Kapitals
→ Kapitalerträge

## Kapitalerträge
Jährliche oder anderweitige periodische Kapitalverzinsung für Kapitalanlagen. Da Versicherungsgesellschaften für viele Jahre als Treuhänder von Prämien handeln, bis das Geld als Todesfalleistung oder für sonstige Ansprüche ausbezahlt werden muß, legen sie Kapital an, um einen Ertrag zu erzielen, der angemessen ist, um diese Verpflichtungen zu erfüllen. Der Ertrag ist auch für den Policeninhaber von Lebensversicherungspolicen wichtig, die ein spezielles Kapitalanlageelement enthalten. Einige *Renten* und → Barwertlebensversicherungs-Policen zahlen einen Ertrag, der ungefähr dem Marktzins entspricht, den der Policeninhaber anderswo bekommen könnte. Während andere Verträge, wie eine *variable Rente* und eine → Variable Lebensversicherung, keinen spezifischen Ertrag garantieren, zahlen sie einen Ertrag, der auf dem Abschneiden der darunterliegenden Kapitalanlagen basiert.

**Yield Rate**
→ Yield on Assets

**York Antwerp Rules**
Treaty adopted by most major countries to determine adjustment for *general average* in → Ocean Marine Insurance.

**YRT**
→ Yearly Renewable Term (YRT)

**Verzinsung**
→ Kapitalerträge

**York-Antwerpen-Regeln**
Von den meisten größeren Ländern eingeführtes Vertragswerk, um die Regulierung einer *großen Havarie* bei der → Überseeversicherung zu bestimmen.

**Jährlich erneuerbare Frist**
→ Jährlich erneuerbare Frist

# Z

**Zone System**
Method for triennial examination of insurance companies as established by the → National Association of Insurance Commissioners (NAIC). Teams are composed of representatives from several state insurance commissioners offices. Their findings are acceptable by all the states in which the examined insurance companies are licensed to conduct business.

**Zonensystem**
Methode der dreijährigen Überprüfung von Versicherungsgesellschaften, wie von der → National Association of Insurance Commissioners (NAIC) (Nationale Vereinigung der Regierungsbevollmächtigten für Versicherungen) festgelegt. Die Teams setzen sich aus Vertretern verschiedener Büros staatlicher Regierungsbevollmächtigter für Versicherungen zusammen. Ihre Ergebnisse sind für alle Staaten, in denen die überprüften Versicherungsgesellschaften über eine Lizenz verfügen, um dort Geschäfte zu machen, willkommen.

# Abbreviations and Acronyms
# Abkürzungen und Akronyme

## A

| | | | |
|---|---|---|---|
| AAI | Alliance of American Insurers | AAI | Alliance of American Insurers (Vereinigung amerikanischer Versicherer) |
| AIA | American Insurance Association | AIA | American Insurance Association (Amerikanische Versicherungsvereinigung) |
| AIME | Average Indexed Monthly Earnings | AIME | Durchschnittliche indizierte monatliche Einkommen |
| AMW | Average Monthly Wage | AMW | Monatlicher Durchschnittslohn |
| ASO | Administrative Services Only | ASO | Nur Verwaltungsdienstleistungen |

## B

| | | | |
|---|---|---|---|
| BAP | Business Automobile Policy | BAP | Geschäftswagenpolice |
| BOP | Businessowners Policy | BOP | Geschäftsbesitzerversicherungspolice |

## C

| | | | |
|---|---|---|---|
| CAS | Casualty Actuarial Society | CAS | Casualty Actuarial Society (Gesellschaft der Unfallversicherungsmathematiker) |
| CEBS | Certified Employee Benefit Specialist | CEBS | Certified Employee Benefit Specialist (Zugelassener Spezialist für betriebliche Sozialzulagen) |

| | | | |
|---|---|---|---|
| CFP | Certified Financial Planner | CFP | Certified Financial Planner (Zugelassener Finanzplaner) |
| CGL | Comprehensive General Liability Insurance | CGL | Allgemeine Haftpflichtversicherung |
| ChFC | Chartered Financial Consultant | ChFC | Chartered Financial Consultant (Geprüfter Finanzberater) |
| CLU | Chartered Life Underwriter | CLU | Chartered Life Underwriter (Geprüfter Lebensversicherer) |
| COLA | Cost of Living Adjustment | COLA | Lebenshaltungskostenangleichung |
| CPCU | Chartered Property and Casualty Underwriter | CPCU | Chartered Property and Casualty Underwriter (Geprüfter Sach- und Unfallversicherer) |
| CSI | Commissioners Standard Industrial Mortality Table | CSI | Commissioners Standard Industrial Mortality Table (Standardtabelle des Versicherungsbevollmächtigten zur Industriesterblichkeit) |
| CSO | Commissioners Standard Ordinary Mortality Table | CSO | Commissioners Standard Ordinary Mortality Table (Standardtabelle des Versicherungsbevollmächtigten zur gewöhnlichen Sterblichkeit) |

### D

| | | | |
|---|---|---|---|
| DB&C | Dwelling, Buildings, and Contents Insurance | DB&C | Wohnung, Gebäude und Inhaltversicherung |
| DI | Disability Income | DI | Invaliditätseinkommen |
| DOC | Drive Other Car Insurance | DOC | Versicherung für das Fahren des Fahrzeuges eines anderen |
| DWI | Driving While Intoxicated | DWI | Fahren bei Trunkenheit |

## E

| | | | |
|---|---|---|---|
| EEL | Emergency Exposure Limit | EEL | Notfallbestrahlungshöchstgrenze |
| ERISA | Employee Retirement Income Security Act of 1974 | ERISA | Employee Retirement Income Security Act of 1974 (Arbeitnehmerrenteneinkommensicherheitsgesetz aus dem Jahre 1974) |
| ESOP | Employee Stock Ownership Plan | ESOP | Arbeitnehmeraktienbesitzervorhaben |
| EVOIL | Economic Value of an Individual Life | EVOIL | Wirtschaftlicher Wert eines einzelnen Lebens |

## F

| | | | |
|---|---|---|---|
| FAIR | Fair Access to Insurance Requirements Plan | FAIR | Vorhaben über einen gerechten Zugang zu Versicherungserfordernissen |
| FCAS | Fellow, Casualty Actuarial Society | FCAS | Fellow, Casualty Actuarial Society (Mitglied der Gesellschaft der Unfallversicherungsmathematiker) |
| FDIC | Federal Deposit Insurance Corporation | FDIC | Federal Deposit Insurance Corporation (Bundesversicherungsanstalt für Krediteinlagensicherung) |
| FEGLI | Federal Employee Group Life Insurance | FEGLI | Bundesbedienstetengruppenlebensversicherung |
| FELA | Federal Employers Liability Act | FELA | Federal Employers Liability Act (Bundesarbeitgeberhaftpflichtgesetz) |
| FLMI | Fellow, Life Management Institute | FLMI | Fellow, Life Management Institute (Mitglied |

| | | | |
|---|---|---|---|
| | | | des Instituts für Lebensversicherungsmanagement) |
| FPA | Free of Particular Average | FPA | Nicht gegen Teilhavarie versichert |
| FSA | Fellow, Society of Actuaries | FSA | Fellow, Society of Actuaries (Mitglied der Gesellschaft der Versicherungsmathematiker) |
| FSLIC | Federal Savings and Loan Insurance Corporation | FSLIC | Federal Savings and Loan Insurance Corporation (Bundesaufsichtsamt für Bausparkassenwesen) |
| FTC | Federal Trade Commission | FTS | Federal Trade Commission (Ausschuß zur Bekämpfung des unlauteren Wettbewerbs) |

## G

## G

| | | | |
|---|---|---|---|
| GA | General Agent | GA | Generalagent |
| GAAP | Generally Accepted Accounting Principles | GAAP | Allgemein akzeptierte Buchführungsgrundsätze |
| GAB | General Adjustment Bureau | GAB | General Adjustment Bureau (Allgemeines Regulierungsbüro) |
| GAMC | General Agents and Managers Conference | GAMC | General Agents and Managers Conference (Generalagenten- und Manager-Konferenz) |
| GIC | Guaranteed Investment Contract | GIC | Garantierter Kapitalanlagevertrag |

## H

## H

| | | | |
|---|---|---|---|
| HIAA | Health Insurance Association of America | HIAA | Health Insurance Association of America (Krankenversicherungsvereinigung von Amerika) |

| | | | |
|---|---|---|---|
| HMO | Health Maintenance Organization | HMO | Health Maintenance Organization (Gesunderhaltungsorganisation) |
| HOLUA | Home Office Life Underwriters Association | HOLUA | Home Office Life Underwriters Association (Vereinigung der Hauptverwaltungslebensversicherer) |

**I**

| | | | |
|---|---|---|---|
| IBNR | Incurred But Not Reported Losses | IBNR | Erlittene, aber nicht gemeldete Schäden |
| ICC | Interstate Commerce Commission | ICC | Interstate Commerce Commission (Bundesverkehrsbehörde) |
| IIA | Insurance Institute of America | IIA | Insurance Institute of America (Versicherungsinstitut von Amerika) |
| IIAA | Independent Insurance Agents of America | IIAA | Independent Insurance Agents of America (Unabhängige Versicherungsagenten von Amerika) |
| IPG | Immediate Participation Guarantee Plan | IPG | Vorhaben mit sofortiger Teilnahmegarantie |
| IRA | Individual Retirement Account | IRA | Individuelles Rentenkonto |
| IRIS | Insurance Regulatory Information System | IRIS | Versicherungsausführungsinformationssystem |
| ISO | Insurance Services Office | ISO | Insurance Services Office (Versicherungsdienstleistungsbüro) |

**L**

| | | | |
|---|---|---|---|
| LIC | Life Insurers Conference | LIC | Life Insurers Conference (Lebensversichererkonferenz) |

| | | | |
|---|---|---|---|
| LIMRA | Life Insurance Marketing and Research Association | LIMRA | Life Insurance Marketing and Research Association (Marketing- und Forschungsvereinigung von Lebensversicherern) |
| LOMA | Life Office Management Association | LOMA | Life Office Management Association (Lebensversicherungsbüro-Managementvereinigung) |
| LUPAC | Life Underwriter Political Action Committee | LUPAC | Life Underwriter Political Action Committee (Politisches Aktionskomitee der Lebensversicherer) |
| LUTC | Life Underwriting Training Council | LUTC | Life Underwriting Training Council (Ausbildungsrat für Lebensversicherungen) |

## M

| | | | |
|---|---|---|---|
| MDO | Monthly Debit Ordinary Insurance | MDO | Gewöhnliche Versicherung mit monatlicher Kontenbelastung |
| MDRT | Million Dollar Round Table | MDRT | Million Dollar Round Table (Runder Tisch der Millionen Dollar) |
| MLF | Maximum Forseeable Loss | MLF | Vorhersehbarer Höchstschaden |
| MIB | Medical Information Bureau | MIB | Medical Information Bureau (Büro für medizinische Informationen) |
| MPL | Maximum Probable Loss | MPL | Wahrscheinlicher Höchstschaden |

| | **N** | | **N** |
|---|---|---|---|
| NAIC | National Association of Insurance Commissioners | NAIC | National Association of Insurance Commissioners (Nationale Vereinigung der Regierungsbevollmächtigten für Versicherungen) |
| NAII | National Association of Independent Insurance Adjusters | NAII | National Association of Independent Insurance Adjusters (Nationale Vereinigung unabhängiger Versicherungssachverständiger) |
| NALC | National Association of Life Companies | NALC | National Association of Life Companies (Nationale Vereinigung von Lebensversicherungsgesellschaften) |
| NALU | National Association of Life Underwriting | NALU | National Association of Life Underwriting (Nationale Vereinigung von Lebensversicherungszeichnern) |
| NASD | National Association of Securities Dealers | NASD | National Association of Securities Dealers (Nationale Vereinigung von Wertpapierhändlern) |
| NATB | National Automobile Theft Bureau | NATB | National Automobile Theft Bureau (Nationales Kraftfahrzeugdiebstahlbüro) |
| NFPA | National Fire Protection Association | NFPA | National Fire Protection Association (Nationale Brandschutzvereinigung) |
| NSLI | National Service Life Insurance | NSLI | Militärdienstlebensversicherung |

## O

| | | | |
|---|---|---|---|
| OASDHI | Old Age, Survivors, Disability, and Health Insurance | OASDHI | Alters-, Hinterbliebenen-, Invaliditäts- und Krankenversicherung |
| OPIC | Overseas Private Investment Corporation | OPIC | Overseas Private Investment Corporation (Körperschaft für Private Investitionen in Übersee) |
| OSHA | Occupational Safety and Health Act | OSHA | Occupational Safety and Health Act (Gesetz zur Berufssicherheit und -gesundheit) |

## P

| | | | |
|---|---|---|---|
| PAC | Preauthorized Check System | PAC | Einzugsermächtigungssystem |
| P&I | Protection and Indemnity Insurance | P&I | Seerechtliche Reederhaftpflichtversicherung |
| PAP | Personal Automobile Policy | PAP | Privat-Kfz-Police |
| PAYSOP | Payroll Stock Ownership Plans | PAYSOP | Belegschaftsaktienbesitzvorhaben |
| PBGC | Pension Benefit Guaranty Corporation | PBGC | Pension Benefit Guaranty Corporation (Körperschaft für die Garantie von Pensionsleistungen) |
| PEL | Permissible Exposure Limit | PEL | Zulässige Gefährdungshöchstgrenze |
| PIA | Primary Insurance Amount | PIA | Grundrente |
| PIA | Professional Insurance Agents | PIA | Professional Insurance Agents (Professionelle Versicherungsagenten) |
| PIP | Personal Injury Protection | PIP | Personenschadenversicherung |
| PML | Probable Maximum Loss | PML | Wahrscheinlicher Höchstschaden |

| | | | |
|---|---|---|---|
| PPO | Preferred Provider Organization | PPO | Preferred Provider Organization (Bevorzugte Anbieterorganisation) |
| PSRO | Professional Standards Review Organization | PSRO | Professional Standards Review Organization (Berufsethische Grundsatzüberprüfungsorganisation) |

## Q

| | | | |
|---|---|---|---|
| QTIP | Qualified Terminable Interest Property Trust | QTIP | Steuerbegünstigtes Treuhandvermögen mit terminierbarem vermögensrechtlichem Anspruch |

## R

| | | | |
|---|---|---|---|
| RAM | Reverse-Annuity Mortgage | RAM | In Rentenzahlung umgewandelte Hypothek |
| RRSP | Registered Retirement Savings Plan | RRSP | Eingetragenes Rentensparsystem |

## S

| | | | |
|---|---|---|---|
| SA | Society of Actuaries | SA | Society of Actuaries (Gesellschaft der Versicherungsmathematiker) |
| SAA | Surety Association of America | SAA | Surety Association of America (Kautionsversicherungsvereinigung von Amerika) |
| SBLI | Savings Bank Life Insurance | SBLI | Sparkassenlebensversicherung |
| SEC | Securities and Exchange Commission | SEC | Securities and Exchange Commission (Börsenaufsichtsamt) |
| SEP | Simplified Employee Pension | SEP | Vereinfachte Arbeitnehmerpension |

| | | | |
|---|---|---|---|
| SEUA | South-Eastern Underwriters Association Case | SEUA | Fall der South Eastern Underwriters Association |
| SGLI | Servicemen's Group Life Insurance | SGLI | Gruppenlebensversicherung der Streitkräfte |
| SIPC | Securities Investor Protection Corporation | SIPC | Securities Investor Protection Corporation (Körperschaft zum Schutz von Wertpapieranlegern) |
| SIR | Self-Insured Retention | SIR | Selbstversicherter Selbstbehalt |
| SMP | Special Multiperil Insurance | SMP | Spezielle Vielgefahrenversicherung |
| SSI | Supplemental Security Income | SSI | Sozialhilfe |

**T**

| | | | |
|---|---|---|---|
| TDA | Tax Deferred Annuity | TDA | Steueraufschiebende Rente |
| TEFRA | Tax Equity and Financial Responsibility Acts of 1982 and 1983 | TEFRA | Tax Equity and Financial Responsibility Acts of 1982 and 1983 (Steuergerechtigkeits- und Finanzverantwortungsgesetze aus den Jahren 1982 und 1983) |
| TIAA-CREF | Teachers Insurance and Annuity Association – College Retirement Equities Fund | TIAA-CREF | Teachers Insurance and Annuity Association – College Retirement Equities Fund (Lehrerversicherung- und -Rentenvereinigung – Collegepensionierungseigenkapitalfonds) |
| TIRB | Transportation Insurance Rating Bureau | TIRB | Transportation Insurance Rating Bureau (Prämienfestsetzungsbüro für die Transportversicherung) |

| | | | |
|---|---|---|---|
| TLO | Total Loss Only Insurance | TLO | Reine Totalschadenversicherung |
| TSA | Tax-Sheltered Annuity | TSA | Steuergeschützte Rente |

**U**

| | | | |
|---|---|---|---|
| UL | Underwriters Laboratories Inc. | UL | Underwriters Laboratories Inc. (Von der Versicherungswirtschaft unterstützte Materialprüfungslaboratorien) |

**V**

| | | | |
|---|---|---|---|
| VA | Veterans Administration | VA | Veterans Administration Veteranenverwaltung |
| VGLI | Veterans Group Life Insurance | VGLI | Veteranengruppenlebensversicherung |

**W**

| | | | |
|---|---|---|---|
| WP | Waiver of Premium | WP | Prämienfreistellung |

**Y**

| | | | |
|---|---|---|---|
| YRT | Yearly Renewable Term | YRT | Jährlich erneuerbare Frist |

# Wörterverzeichnis
# Deutsch – Englisch

## A

| | |
|---|---|
| AAM | AAM |
| Abandonklausel | Abandonment Clause |
| Abbruchklausel | Demolition Clause |
| Abbruchversicherung | Demolition Insurance |
| Abdecken | Cover |
| Abgedeckt | Covered |
| Abgedeckte Ausgaben | Covered Expenses |
| –, Anteilige Deckungsklausel | Covered Expenses, Pro Rata Distribution Clause |
| Abgedeckte Person, Sachversicherung | Covered Person, Property Insurance |
| Abgedeckte Schäden | Covered Losses |
| Abgedeckte Systeme, Versicherung | Plans Covered, Insurance |
| Abgedeckte Verletzungen und Krankheiten | Injuries and Diseases Covered |
| Abgedeckte Versicherungsvorhaben | Insurance Plans Covered |
| Abgedeckter Standort, Sachversicherung | Covered Location, Property Insurance |
| Ablauf | Expiry |
| Ablaufkarte | Expiration Card |
| Ablehnung | Declination (s. a. Rejection) |
| Ablösungsfonds | Sinking Fund |
| Abonnent, Blue Cross, Blue Shield | Subscriber, Blue Cross, Blue Shield |
| Absatzförderung, Kollektive bei Versicherungen | Collective Merchandising of Insurance |
| Abschleppversicherung | Towing Insurance |
| Abschreibung | Depreciation |
| Absichtliche Straftat | Intentional Tort |
| Absoluter Begünstigter | Absolute Beneficiary |
| Abteilung einer Versicherungsgesellschaft | Insurance Company Department |
| Abtrennung von Gefährdungseinheiten | Segregation of Exposure Units |
| Abtretender | Subrosor |
| Abtretung (s. a. Zession) | Assignment |
| –, Indirekte | Collateral Assignment |
| Abtretungsklausel, Lebensversicherung | Assignment Clause, Life Insurance |
| Abweichender Tarif | Deviated Rate |

---

(Zusammengesetzte Begriffe, z.B. Abgedeckte Schäden, sind in der Regel unter dem Adjektiv alphabetisch eingeordnet)

| | |
|---|---|
| Abweichung | Deviation (s. a. Variance) |
| – von den vorgeschriebenen Normen | Variance from Prescribed Standards |
| Abzugfähigkeit von Arbeitgeberbeiträgen | Deductibility of Employer Contributions |
| Abzugsfranchise | Deductible, Franchise (s.a. Franchise Deductible) |
| Admiralitätshaftpflicht | Admiralty Liability |
| Agent | Agent |
| –, Aktenführender | Recording Agent |
| –, Aufzeichnender | Agent, Recording |
| –, Firmeneigener | Captive Agent |
| –, General- | Agent, General |
| –, Policenzeichnender | Agent, Policywriting |
| –, Sonder- | Agent, Special |
| –, Staatlicher | Agent, State |
| –, Unabhängiger | Agent, Independent (s.a. Independent Agent) |
| –, Vermittlungs- | Solicitor (Soliciting Agent) |
| Agentenlizenz | Agent License |
| Agentur | Agency |
| –, Herkömmliche | Ordinary Agency |
| Agenturbetrieb | Agency Plant |
| Agenturleiter | Agency Manager |
| Agentursystem | Agency System |
| –, Unabhängiges | Independent Agency System |
| Agenturvereinbarung | Agency Agreement |
| Agenturvertrag (Agenturvereinbarung) | Agency Contract (Agency Agreement) |
| Akkumulationsleistungen | Accumulation Benefits |
| Akquisitionskosten | Acquisition Cost |
| Aktien | Stock |
| Aktienrückkaufplan | Stock Redemption Plan |
| Aktiva | |
| –, Erlaubte | Allowed Assets |
| – hoher Liquiditätsstufe | Quick Assets |
| Aktiver Selbstbehalt | Active Retention |
| Alkoholhaftpflicht des Gastgebers | Host Liquor Liability |
| Alkoholhaftpflichtgesetze | Liquor Liability Laws |
| Alle Risiken | All Risks |
| Alle Spartenversicherung | All Lines Insurance |
| Alleinunternehmer-Lebens- und Krankenversicherung | Sole Proprietor Life and Health Insurance |

| | |
|---|---|
| Alleinvertretungssystem | Exclusive Agency System |
| Allgemein akzeptierte Buchführungsgrundsätze | Generally Accepted Accounting Principles (GAAP) |
| Allgemeine Betriebskosten | General Operating Expense |
| Allgemeine gewerbliche Haftpflichtversicherungsform | Commercial General Liability Form (CGL) |
| Allgemeine Glasversicherung | Comprehensive Glass Insurance |
| Allgemeine Große Krankenversicherung | Comprehensive Major Medical Insurance |
| Allgemeine Haftpflichtversicherung | Comprehensive General Liability Insurance (CGL) [s. a. Comprehensive Liability Insurance, General Liability Insurance] |
| Allgemeine Merkmale | General Characteristics |
| Allgemeine Policenerklärungen | Common Policy Declarations |
| Allgemeine Privathaftpflichtversicherung | Comprehensive Personal Liability Insurance |
| – von Farmern | Farmers Comprehensive Personal Liability Insurance |
| Allgemeine Überlegungen | General Considerations |
| Allgemeine Unglücksklausel (Überlebensklausel) | Common Disaster Clause (Survivorship Clause) |
| Allgemeines Sachversicherungsformular | General Property Form |
| Allodialgut | Fee Simple Estate |
| Alternative Mindestkörperschaftsteuer: Auswirkungen auf Lebensversicherungen in Firmenbesitz | Corporate Alternative Minimum Tax: Implications for Corporate-Owned Life Insurance |
| Alternative Mindestkostenmethode | Alternative Minimum Cost Method |
| Alternative Mindeststeuer | Alternative Minimum Tax |
| Alters-, Hinterbliebenen-, Invaliditäts- und Krankenversicherung | Old Age, Survivors, Disability, and Health Insurance (OASDHI) |
| Altersgrenzen | Age Limits |
| Ambulanter Patient | Outpatient |
| Amerikanisches Agentursystem | American Agency System |
| Amortisation | Amortization |
| Amortisationsplan | Amortization Schedule |
| Amortisationszeitraum | Validation Period |
| Amortisierter Wert | Amortized Value |
| Analyse | Analysis |

| | |
|---|---|
| – einer Sach- und Unfallversicherungspolice | Analysis of Property and Casualty Policy |
| – eines Treuhandfondssystems | Trust Fund Plan Analysis |
| Analytischer Plan nach Dean | Dean Analytic Schedule |
| Analytisches System | Analytic System |
| Anbietergenossenschaft | Producers Cooperative |
| Änderung | |
| – bei den Bedingungen | Change in Conditions |
| – der Begünstigtenbestimmung | Change of Beneficiary Provision |
| – des Alters | Age Change |
| Anerkennung | |
| –, direkte | Direct Recognition |
| – durch Agentur | Ratification by Agency |
| Anfangsdatum | Inception Date |
| Anfangsprämie | Initial Premium |
| Anfangsprämienzuschlag | Front Loading |
| Anfechtbarer Vertrag | Voidable Contract |
| Anfechtbarkeitsklausel | Contestable Clause |
| Anforderungen | Requirements |
| – an ein versicherbares Risiko | Requirements of Insurable Risk |
| Angebot unverdienter Prämien | Tender of Unearned Premium |
| Angebotsgarantie | Proposal Bond |
| Angemessenheit | Adequacy |
| – des Prämientarifs | Reasonableness of Premium Rate |
| –, Lebensversicherung | Adequacy, Life Insurance |
| Angliederungspunkt | Attachment Point |
| Angrenzend | Adjacent |
| Angriff | Assault |
| Anlage | Attachment |
| Annahme | Acceptance |
| –, Besondere | Special Acceptance |
| Annahmen | Assumptions |
| – bezüglich des Rückkaufsatzes | Retirement Rate Assumptions |
| –, Gegenwärtige | Current Assumptions |
| Anomalieversicherung, Qualifizierte | Qualified Impairment Insurance |
| Anpassungsfähige Lebensversicherung | Adjustable Life Insurance |
| Anpassungsfähige Prämie | Adjustable Premium |
| Anrechnung bei der Sozialversicherung | Integration with Social Security |
| Anrechnungsprozentsatz | Integration Percentage |

| | |
|---|---|
| Ansatz zum Wert eines menschlichen Lebens (wirtschaftlicher Wert eines einzelnen Lebens) | Human Life Value Approach (Economic Value of an Individual Life) [EVOIL] |
| Anschaffungskosten | Original Cost |
| – abzüglich Wertminderung | Original Cost Less Depreciation |
| Ansichts-Zeitraum, Freier | Free Look Period |
| Anspruch | Claim |
| – gegenüber dem Eigenkapital des Arbeitgebers | Claim Against Employers Net Worth |
| –, Geltend gemachter | Claims Made |
| – infolge unberechtigter Kündigung | Wrongful Termination Claim |
| Ansprüche, Nicht gemeldete | Unreported Claims |
| Anspruchs- und Schadenskontrolle | Claims and Loss Control |
| Anspruchsbestimmung | Claim Provision |
| Anspruchseintrittsform | Claims Occurrence Form |
| Anspruchsform, Geltend gemachte | Claims Made Form |
| Anspruchsteller | Claimant |
| Anspruchsvertreter | Claims Representative |
| Anspruchsverwirkung, Der nicht unterworfenen Leistung | Nonforfeiture Benefit (Option) |
| Anteilig | Pro Rata |
| Anteilige Aufteilung des Versicherungsschutzes | Proration of Coverage |
| Anteilige Deckungsklausel | Pro Rata Distribution Clause |
| Anteilige Kündigung | Pro Rata Cancellation |
| Anteilige Prämie | Pro Rata Rate |
| Anteilige Rückversicherung | Share Reinsurance |
| Anteilmäßige Aufteilung | Proration |
| Anteilmäßige Haftpflichtklausel | Pro Rata Liability Clause |
| Anteilmäßige Rückversicherung | Pro Rata Reinsurance |
| Anti-Preisnachlaß Gesetz | Antirebate Law |
| Antiselektion | Antiselection |
| Antizipative Aktiva | Nonledger Assets |
| Antizwangsgesetz | Anticoercion Law |
| Antragstellung | Application |
| – ohne ärztliche Untersuchung | Nonmedical Application |
| –, Unaufgeforderte | Unsolicited Application |
| Anwachsen | Accrue |

| | |
|---|---|
| Anwaltliche (Berufs-) Haftpflichtversicherung | Lawyers (Attorneys Professional) Liability Insurance |
| Anwaltliche Berufshaftplichtversicherung | Attorneys Professional Liability Insurance |
| Anwartschaft, Mit, des Hinterbliebenen | With Benefit of Survivorship |
| Anwartschaftsrecht | Reversionary Interest |
| Anwartschaftsrente | Deferred Annuity |
| Anwerbung | Recruiting |
| Appleton-Verordnung | Appleton Rule |
| Arbeitgebergutschriften | Employer Credits |
| Arbeitgeberhaftpflichtversicherungsschutz | Employers Liability Coverage |
| Arbeitgeberhaftungsregel | Master-Servant Rule |
| Arbeitgeberversicherung | Employers Insurance |
| Arbeitnehmer-Lebensversicherung durch den Arbeitgeber | Split Dollar Life Insurance |
| Arbeitnehmeraktienbesitzvorhaben, Treuhandvermögen | Employee Stock Ownership Plan (ESOP), Trust |
| Arbeitnehmerbeiträge | Employee Contributions |
| Arbeitnehmerbeitragssystem mit freiwilligem Lohnabzug | Voluntary Deductible Employee Contribution Plan |
| Arbeitnehmerentnahmen, Behandlung von | Treatment of Employee Withdrawals |
| Arbeitnehmerkrankenversicherungsleistungen | Employee Health Benefits |
| Arbeitnehmertodesfalleistungen | Employee Death Benefits |
| Arbeits- und Materialienklausel | Work and Materials Clause |
| Arbeitslöhne- und Materialkaution | Labor and Material Bond |
| Arbeitslosenunterstützung | Unemployment Compensation |
| Arglistige Täuschung | Fraudulent Misrepresentation |
| Armstrong-Untersuchung | Armstrong Investigation |
| Ärzte-, Chirurgen- und Zahnärzteversicherung | Physicians, Surgeons, and Dentists Insurance |
| Ärzte- und Chirurgenleistungen im Krankenhaus | Physicians and Surgeons Services in Hospital, HMO |
| Ärzteversicherung | Physicians Insurance |
| Arztkostenversicherung | Medical Expense Insurance |
| Ärztliche Pflege | Physicians Care |
| Ärztliche Untersuchung | Medical (s. a. Medical Examination) |
| –, Bestimmung hinsichtlich | Physical Examination Provision |
| Assekurant | Assurer |

| | |
|---|---|
| Assekuranz | Assurance |
| Atomaufsichtsbehörde | Nuclear Regulatory Commission |
| Atomenergierückversicherung | Atomic Energy Reinsurance |
| Aufbringung- und Beschlagnahmeklausel, Frei von | Free-of-Capture-and Seizure |
| Auf der Schadenserfahrung basierende Prämienrückerstattung | Experience Refund |
| Aufbewahrer | Bailee |
| Aufgegliederter Selbstbehalt | Split Deductible |
| Aufgeschobene Gewinnbeteiligung | Deferred Profit-Sharing |
| Aufgeschobene Leistungen und Zahlungen | Deferred Benefits and Payments |
| Aufgeschobene Pensionierung | Deferred Retirement |
| Aufgeschobene Rentengutschrift | Deferred Retirement Credit |
| Aufgeschobene Übertragung | Deferred Vesting |
| Aufgeschobenes Beitragssystem | Deferred Contribution Plan |
| Aufgeschobenes Entschädigungsvorhaben | Deferred Compensation Plan |
| Aufhebung | Discontinuance |
| Aufhebung des Versicherungsschutzes | Suspension of Coverage |
| Aufhebungsbestimmung | Suspension Provision |
| Auflistung der Leistungen | Schedule of Benefits |
| Auflösung eines Gegenseitigkeitsverhältnisses (einen Verein auf Gegenseitigkeit mit Aktien aufstocken) | Demutualization (Stocking a Mutual) |
| Aufrechterhaltung | Conservation |
| Aufruhrausschluß | Riot Exclusion |
| Aufruhrversicherungsschutz | Riot Coverage |
| Aufsichtsbeamter | Conservator |
| Aufwandsentschädigung | Expense Allowance |
| Aufwicklungsfonds | Cleanup Fund |
| Aufzeichnung, Führen von | Record Keeping |
| Aufzeichnungsmethode | Recording Method |
| Aufzughaftpflichtversicherung | Elevator Liability Insurance |
| Aufzugkollisionsversicherung | Elevator Collision Insurance |
| Außenbordmotorbootversicherung | Outboard Motor Boat Insurance |
| Außendienst | Field Force |
| Außerhalb des Versicherungsgegenstandes | Off Premises |
| Äußerst guter Glaube | Utmost Good Faith |

| | |
|---|---|
| Äußerste Sterblichkeitstabelle | Ultimate Mortality Table |
| Auserwählte Sterblichkeitstabelle | Select Mortality Table |
| Ausfallbürgschaft | Indemnity Bond |
| Ausfallhaftung des Arbeitgebers | Employers Contingent Liability |
| Ausfallversicherungsschutz für Arbeitgeber | Employers Contingent Insurance Coverage |
| Ausfallzeit | Break in Service |
| Ausgabedatum | Date of Issue |
| Ausgaben | |
| –, Akzeptable | Eligible Expenses |
| –, Gerechtfertigte | Reasonable Expenses |
| Ausgefertigtes Geschäft | Issued Business |
| Ausgehandeltes Beitragssystem | Negotiated Contribution Plan |
| Ausgeschlossene Gefahr | Excluded Peril |
| Ausgeschlossener Vermögensgegenstand | Excluded Property |
| Ausgeschlossener Zeitraum | Excepted Period (s. a. Excluded Period) |
| Ausgleichseinkommen | Adjustment Income |
| Aushändigung | Delivery |
| Ausländischer Versicherer | Alien Insurer (s. a. Foreign Insurer) |
| Auslassungszeitraum | Elimination Period |
| Ausnahme | Exception |
| Ausrüstungsversicherung | Mobile Equipment Insurance |
| – für Unternehmer | Contractors Equipment Insurance |
| – Mobile | Mobile Equipment Insurance |
| Ausschluß | |
| – des verkauften Anwesens | Premises Sold Exclusion |
| – mysteriösen Verschwindens | Mysterious Disappearance Exclusion |
| – nachfolgender, gleichartiger Ansprüche | Sistership Exclusion |
| – verborgener Mängel | Inherent Vice Exclusion |
| – von Explosion, Zusammenbruch und Untergrund | Explosion, Collapse, and Underground Exclusion (XCU) |
| – von Extremtemperaturen | Temperature Extremes Exclusion |
| – von Geschäftsrisiken | Business Risk Exclusion |
| – von Produktversagen | Product Failure Exclusion |
| Ausschlüsse | Exclusions |
| –, Hausbesitzerversicherung | Exclusions, Homeowners Insurance |

| | |
|---|---|
| –, Medizinische Leistungen | Exclusions, Medical Benefits |
| –, Sach- und Unfallversicherung | Exclusions, Property and Casualty Insurance |
| –, Unternehmenshaftpflichtversicherung | Exclusions, Business Liability Insurance |
| – von der Ausnahmeregelung für medizinische Leistungen | Exclusions from Medical Benefits Exemption |
| – von medizinischen Leistungen bei Gruppenkrankenversicherungen | Exclusions from Medical Benefits Group Health Insurance |
| Ausschlußverhältnis | Exclusion Ratio |
| Ausstehende Schäden | Losses Outstanding |
| Ausstellungsversicherung | Exhibition Insurance |
| Auswahl | Selection |
| – des Risikos | Selection of Risk |
| Auswärtiger Agent | Nonresident Agent |
| Auszahlungsphase | Payout Phase |
| Auszahlungsverzögerungsklausel | Delayed Payment Clause |
| Automatisch wirksame Rückversicherung | Treaty Reinsurance |
| Automatische Bauunternehmerrisikoversicherungsform | Automatic Builders Risk Form |
| Automatische nicht proportionale Rückversicherung | Automatic Nonproportional Reinsurance |
| Automatische Prämiendarlehnsvorkehrung | Automatic Premium Loan Provision |
| Automatische proportionale Rückversicherung | Automatic Proportional Reinsurance |
| Automatische Rückversicherung | Automatic Reinsurance |
| Automatische Sprinklerklausel | Automatic Sprinkler Clause |
| Automatische Wiederinkraftsetzungsklausel | Automatic Reinstatement Clause |
| Automatischer Anstieg beim Versicherungsnachtrag | Automatic Increase in Insurance Endorsement |
| Automatischer Versicherungsschutz | Automatic Coverage |
| Automatisches Sprinklersystem | Automatic Sprinkler System |
| Automobilzusammenstoß | Automobile Collision |
| Autorisierter Versicherer | Authorized Insurer |

## B

| | |
|---|---|
| Bänderversicherung | Tapes Insurance |

| | |
|---|---|
| Bankeinbruch- und -raubversicherung | Bank Burglary and Robbery Insurance |
| Bankendarlehnsystem | Bank Loan Plan |
| Barentnahmen | Cash Withdrawals |
| Bargeld aus wohlerworbenen Leistungen | Cash out of Vested Benefits |
| Barraterie | Barratry |
| Barwert | Cash Value |
| –, Tatsächlicher | Actual Cash Value |
| Barwertlebensversicherung | Cash Value Life Insurance |
| Bauen | Build |
| Baukostenklausel, Erhöhte | Increased Cost of Construction Clause |
| Baumwollversicherung | Cotton Insurance |
| Bauunternehmerrisikoversicherung | Builders Risk Insurance |
| Bauunternehmerrisikoversicherungsschutzform | Builders Risk Coverage Form |
| Bauversicherung | Construction Insurance |
| Beaufsichtigte Pflege | Managed Care |
| Beaufsichtigung der Lebensversicherung | Regulation of Life Insurance |
| Beaufsichtigung von Versicherungsgesellschaften | Regulation of Insurance Companies |
| Bedingt Begünstigter | Contingent Beneficiary |
| Bedingt erneuerbare Krankenversicherung | Conditional Renewable Health Insurance |
| Bedingte Deckungszusage | Conditional Binding Receipt (s. a. Conditional Receipt) |
| Bedingte Geschäftsunterbrechungsversicherung | Contingent Business Interruption Insurance |
| Bedingte Geschäftsunterbrechungsversicherungsform | Contingent Business Interruption Form |
| Bedingte Haftpflicht (Stellvertretende Haftung) | Contingent Liability (Vicarious Liability) |
| Bedingte Haftpflichtversicherung | Contingent Liability Insurance |
| Bedingte Pauschalverkaufsversicherung | Conditional Sales Floater |
| Bedingte Rente | Contingent Annuity |
| Bedingte Transitversicherung | Contingent Transit Insurance |
| Bedingte Übertragung | Conditional Vesting |
| Bedingte Versicherung | Conditional Insurance |
| Bedingter Rentenempfänger | Contingent Annuitant |

| | |
|---|---|
| Bedingung | Condition |
| –, Zuvor Bestehende | Preexisting Condition |
| Bedürfnisansatz | Needs Approach |
| Beeinträchtigung, Einzigartige | Unique Impairment |
| Beendigung | Termination |
| Beendigungsdatum | Termination Date |
| Beendigungsquote | Termination Rate |
| Beendigungsversicherung | Termination Insurance |
| Befristete Einlagenlebensversicherung | Deposit Term Life Insurance |
| Befristete Gruppenlebensversicherung | Group Term Life Insurance |
| Befristete Krankenversicherung mit Verlängerungsrecht | Renewable Term Health Insurance |
| Befristete Lebensversicherung | Temporary Life Insurance (s. a. Term Life Insurance) |
| – mit abnehmendem Nennwert | Decreasing Term Life Insurance |
| – mit Verlängerungsrecht | Renewable Term Life Insurance |
| – mit Wiedereintrittsmöglichkeit | Re-Entry Term Life Insurance |
| Befristete Leibrente | Temporary Life Annuity |
| Befristete Versicherung | Term Insurance |
| Befristete vorschüssige Leibrente | Temporary Life Annuity Due |
| Begräbnisversicherung | Funeral Insurance |
| Begrenzungen | Limits |
| Begünstigtenklausel | Beneficiary Clause |
| Begünstigtennachfolgeklausel | Succession Beneficiary Clause |
| Begünstigter | Beneficiary |
| –, Absoluter | Absolute Beneficiary |
| – des Treuhandverhältnisses | Beneficiary of Trust |
| –, Drittrangiger | Tertiary Beneficiary |
| Beihilfesysteme für die Betreuung Unterhaltsberechtigter | Dependent Care Assistance Plans (DCAP) |
| Beiläufiger Kunstfehler | Incidental Malpractice |
| Beitragende Bedingungen | Contributing Property |
| Beitragsfrei | Noncontributory |
| Beitragsguthaben oder -fehlbetrag | Rate Credit or Deficiency |
| Beitragsklausel | Contribution Clause |
| Beitragspflichtig | Contributory |
| Beitragspflichtige Versicherung | Contributing Insurance |
| Beklagtenkaution | Defendant Bond |
| Belastung | Encumbrance |

| | |
|---|---|
| Belegschaftsaktienbesitzvorhaben | Payroll Stock Ownership Plans (PAYSOP) |
| Beleihungswert | Loan Value |
| Benachbart | Adjoining |
| Benachrichtigung über Versicherungsablauf | Expiration Notice |
| Benutzer, Statthafter | Permissive User |
| Beratender Ausschuß | Advisory Committee |
| Berater | Consultant |
| Bereinigter Nettowert | Adjusted Net Worth |
| Bereinigter Zeichnungsgewinn | Adjusted Underwriting Profit |
| Bergung | Salvage |
| Bergungsgebühren | Salvage Charges |
| Bericht | |
| – des Buchprüfers | Auditors Report |
| – des Rechnungsprüfers | Accountants Report |
| Berichterstattungsnachtrag | Reporting Endorsement |
| Berichtsauflagen | Reporting Requirements |
| Berichtsform | Reporting Form |
| Berichtsformular | Statement Blank |
| Berufsangehöriger | Professional |
| Berufsbezogene Verletzungen, Tod | Job Related Injuries, Death |
| Berufsfremde Invalidität | Nonoccupational Disability |
| Berufsfremde Krankenversicherungspolice | Nonoccupational Health Insurance Policy |
| Berufsfremde Police | Nonoccupational Policy |
| Berufshaftpflicht | Professional Liability |
| Berufshaftpflichtversicherung | Professional Liability Insurance |
| – für Architekten und Bauunternehmer | Turnkey Insurance |
| Berufskrankheit | Occupational Disease |
| Berufsunfall | Occupational Accident |
| Berufsunfallentschädigung | Workers Compensation |
| –, Versicherungsschutz A | Workers Compensation, Coverage A |
| –, Versicherungsschutz B | Workers Compensation, Coverage B |
| Berufsunfallentschädigungsleistungen | Workers Compensation Benefits |
| Berufsunfallkatastrophenschutz | Workers Compensation Catastrophe Cover |
| Berufsunfallversicherung | Workers Compensation Insurance |
| Berufsverletzung | Occupational Injury |

| | |
|---|---|
| Beschädigtes oder zerstörtes Eigentum | Property Damaged or Destroyed |
| Beschädigung | |
| –, Böswillige | Malicious Mischief |
| – von Eigentum anderer | Damage to Property of Others |
| Beschäftigung | Occupation |
| –, Risiko | Occupation, Risk |
| Beschäftigungsrisiko | Occupational Hazard |
| Beschleunigte Lebensversicherung | Acceleration Life Insurance |
| Beschleunigte Option | Accelerated Option |
| Beschleunigte Versicherung auf den Erlebensfall | Accelerative Endowment |
| Beschleunigungskosten | Expediting Expenses |
| Beschränkende Verfassung | Confining Condition |
| Beschränkte Police | Limited Policy |
| Beschränkte Umweltverschmutzungs-Haftpflichtversicherungsschutzform | Limited Pollution Liability Coverage Form |
| Beschränkungen | Limitations |
| – der Haftpflicht des Versicherers | Limitations on Insurers Liability |
| – der Höhe der monatlichen Leistungen | Limitations on Amount of Monthly Benefits |
| Besitz einer Lebensversicherung | Ownership of Life Insurance |
| Bestand | In-Force-Business |
| Beständigkeit | Persistency |
| Bestandteile eines Versicherungsvertrages | Elements of an Insurance Contract |
| Bestellung von Treuhändern für ein beendetes System | Appointment of Trustees for Terminated Plan |
| Besteuerung | |
| –, Erlöse | Taxation, Proceeds |
| –, Gewinnbeteiligte Dividenden | Taxation, Participating Dividends |
| –, Lebensversicherungsgesellschaften | Taxation, Life Insurance Companies |
| –, Versicherungsgesellschaften | Taxation, Insurance Companies |
| –, Zinsen auf Dividenden | Taxation, Interest on Dividends |
| Betrag, für den ein Schaden reguliert wird | Amount for which Loss Settled |
| Betragsgegenstand | Amount Subject |
| Betragsklausel, Vereinbarte | Agreed Amount Clause |
| Betriebliche Raubversicherung | Mercantile Robbery Insurance |

| | |
|---|---|
| Betriebliche Safeeinbruchversicherung | Mercantile Safe Burglary Insurance |
| Betrieblicher Garantieversicherungsschein | |
| – anhand einer Aufstellung der Beschäftigten | Schedule Bond |
| – anhand einer Personalaufstellung | Name Schedule Bond |
| Betriebliches Sozialzulagenversicherungssystem | Employee Benefit Insurance Plan |
| Betriebshaftpflicht | Operations Liability |
| Betriebstechnik unter Einbeziehung menschlicher Faktoren | Human Factors Engineering |
| Betriebsunterbrechungsversicherung | Use and Occupancy Insuranc (U&O) |
| Betriebsversicherung auf Gegenseitigkeit | Factory Mutual |
| Betrug | Fraud |
| Betrügerischer Anspruch | Fraudulent Claim |
| Beurteilung | |
| –, Erfahrungs- | Rating, Experience |
| –, Leistungs- | Rating, Merit |
| Bevollmächtigung | Authorization |
| Bevorzugter Begünstigter | Preferred Beneficiary |
| Bevorzugtes Risiko | Preferred Risk |
| Beweiserhebungsregel, Mündliche | Parol Evidence Rule |
| Beweisklausel | Evidence Clause |
| Bewertet | Valued |
| Bewertete Form | Valued Form |
| Bewertete Seepolice | Valued Marine Policy |
| Bewerteter Vertrag | Valued Contract |
| Bewertung | Rating (s. a. Valuation) |
| – der Aktiva | Valuation of Assets |
| – eines möglichen Vermögensschadens | Valuation of Potential Property Loss |
| Bewertungsfaktoren, Pensionssysteme | Valuation Factors, Pension Plans |
| Bewertungsklausel | Valued Clause |
| Bewertungsmethode | Valuation Method |
| Bewertungsorganisation | Rating Organization |
| Bewertungsprämie | Valuation Premium |
| Bewertungsreserve (Wertpapierbewertungsreserve) | Valuation Reserve (Securities Valuation Reserve) |

| | |
|---|---|
| –, Obligatorische, für Wertpapiere | Mandatory Securities Valuation Reserve |
| Bezahlt | Paid For |
| Bezahlte Schäden | Losses Paid (s. a. Paid Losses) |
| Bezahltes Geschäft | Paid Business |
| Bezirksagent | Special Agent |
| Bezugswertstudientabelle | Relative Value Study (RVS) Schedule |
| Bezugswerttabelle | Relative Value Schedule (RVS) |
| Bezuschussung | Subsidization |
| Bietungsgarantie | Bid Bond (s. a. Bond, Performance) |
| Bilanz | Balance Sheet |
| Bilanzbuchhalterberufshaftpflichtversicherung | Accountants Professional Liability Insurance |
| Bilanzbuchhalterhaftpflichtversicherung | Accountants Liability Insurance |
| Bilanzrückstellungen | Balance Sheet Reserves |
| Billigkeit des Prämientarifs | Premium Rate Equity |
| Billigung | Approval |
| Bindende Kraft | Binding Authority |
| Binnentransport | Inland Marine |
| Binnentransportgefährdung | Inland Marine Exposure |
| Binnentransportversicherung (Transportversicherung): Geschäftsrisiken | Inland Marine Insurance (Transportation Insurance): Business Risks |
| Binominalverteilung | Binomial Distribution |
| Blankettversicherungsschein | Blanket Bond |
| – für Bankangestellte | Bankers Blanket Bond |
| – für Versicherungsdelikte von Betriebsangehörigen | Commercial Blanket Bond |
| – gegen Untreue | Blanket Fidelity Bond |
| – mit getrenntem Deckungslimit pro Arbeitnehmer | Blanket Position Bond |
| Blankotreueversicherung | Blanket Honesty Bond |
| Blitzschlag | Lightning |
| Bobtailhaftpflichtversicherung | Bobtail Liability Insurance |
| Bodmerei | Bottomry |
| Bordereau | Bordereau |
| Börsenauftragsnehmer | Registered Representative |
| Böswillige Beschädigung | Malicious Mischief |
| Botenraubversicherung | Messenger Robbery Insurance |
| Botenversicherung | Messenger Insurance |

| | |
|---|---|
| Brandrate | Burning Ratio |
| Brandstiftung | Arson (s. a. Incendiarism) |
| Branntweinschenkengesetz | Dram Shop Law |
| Branntweinschenkenhaftpflichtversicherung | Dram Shop Liability Insurance |
| Breite Form der Ladenbesitzerversicherung | Broad Form Storekeepers Insurance |
| Breite Form der privaten Diebstahlversicherung | Broad Form Personal Theft Insurance |
| Breite Form der Versicherung | Broad Form Insurance |
| Breite Form des Sachbeschädigungsnachtrages | Broad Form Property Damage Endorsement |
| Briefmarken- und Münzhändlerversicherung | Stamp and Coin Dealers Insurance |
| Briefmarken- und Münzsammlungsversicherung | Stamp and Coin Collections Insurance |
| Bruchteilseigentümer | Tenants in Common |
| Bruchteilsprämie | Fractional Premium |
| Brückenversicherung | Bridge Insurance |
| – für im Bau befindliche Brücken | Bridge Insurance for Bridges under Construction |
| Bruderschaftslebensversicherung | Fraternal Life Insurance |
| Brutto | Gross |
| Bruttoeinkommen | Gross Income |
| Bruttogewinnversicherungsform | Gross Earnings Form |
| Bruttoprämie | Gross Premium |
| Buchführung | Accounting |
| Buchprüfung | Audit |
| Buchwert | Book Value |
| – pro Stammaktie | Book Value per Common Share |
| (Bundes-)steuer, Einkommen des Pensionssystems | Tax (Federal), Income of Pension Plan |
| Bundesatomaufsichtsbehörde | Federal Nuclear Regulatory Commission |
| Bundesbeamtenkaution | Federal Officials Bond |
| Bundesbediensetetengruppenlebensversicherung | Federal Employees Group Life Insurance (FEGLI) |
| Bundesbesteuerung | Federal Taxation |
| Bundeserbschaftsteuer | Federal Estate Tax |
| Bundeserntenversicherung | Federal Crop Insurance |
| Bundesregierungsversicherung | Federal Government Insurance (FTC) |

| | |
|---|---|
| Bundesüberschwemmungsversicherung | Federal Flood Insurance |
| Bundesverbrechensversicherung | Federal Crime Insurance |
| Bundesversicherungsverwaltung | Federal Insurance Administration |
| Bürge | Guarantor (s. a. Surety) |
| Büroeinbruchdiebstahl- und -raubversicherung | Office Burglary and Robbery Insurance |
| Büroinhaltsform | Office Contents Form |
| Büromobiliarvermögensform | Office Personal Property Form |
| Bußgeld | Punitive Damages |

## C

| | |
|---|---|
| Cash Flow-Systeme | Cash Flow Plans |
| Chance | Odds |
| Chirurgiekostenversicherung | Surgical Expense Insurance |
| Chirurgieliste | Surgical Schedule |
| Chirurgieversicherungsleistungen | Surgical Insurance Benefits |
| Chronologischer Stabilisierungsplan | Chronological Stabilization Plan |
| Courtage | Brokerage fee |

## D

| | |
|---|---|
| Dampfkessel- und Maschinenparkversicherung | Boiler and Machinery Insurance |
| Darlehn | Loan |
| Darlehnsquittung | Loan Receipt |
| Datenverarbeitungsversicherung | Data Processing Insurance |
| Datum der Systembeendigung | Date of Plan Termination |
| Debitorenversicherung | Accounts Receivable Insurance |
| Deckung, Direkte | Direct Cover |
| Deckungsbeginn | Commencement of Coverage |
| Deckungsbescheid | Cover Note |
| Deckungsnachtrag, Erweiterter | Extended Coverage Endorsement |
| Deckungsteil | Coverage Part |
| Deckungszusage | Binding Receipt |
| Definiertes Leistungssystem | Defined Benefit Plan |
| Depotscheinrente | CD Annuity |
| Der Anspruchsverwirkung nicht unterworfene Leistung (Option) | Nonforfeiture Benefit (Option) |
| Der Arbeitnehmer als Versicherter | Employee as an Insured |
| Diagnosebezogene Gruppe | Diagnosis Related Group |
| Dieb | Thief |
| Diebe, Angreifende | Assailing Thieves |

| | |
|---|---|
| Diebstahl | Theft |
| –, Ausschluß | Theft, Exclusion |
| –, Hausbesitzerversicherungspolice | Theft, Homeowners Insurance Policy |
| –, Merkmale | Theft, Characteristics |
| Dienstjahre | Years of Service |
| Dienstleistungen, die Policenbesitzern angeboten werden | Services Offered Policyholders |
| Dienstzeitanpassung | Service Adjustment |
| Diffamierung des Charakters | Defamation of Character |
| Dinglich gesicherter Gläubiger | Secured Creditor |
| Direkte Anerkennung | Direct Recognition |
| Direkte Deckung | Direct Cover |
| Direkte Haftung | Direct Liability |
| Direkter Schaden | Direct Loss |
| Direktverkauf | Direct Selling |
| Direktverkaufssystem | Direct Selling System |
| Direktversicherer | Direct Writer |
| Direktversichernder Agent | Direct Writing Agent |
| Direktversicherte Prämie | Direct Written Premium |
| Diskriminierung | Discrimination |
| Dividende | Dividend |
| Dividendenaddition | Dividend Addition |
| Dividendenansammlung | Dividend Accumulation |
| Dividendenoption | Dividend Option |
| Dollarrente, Festgelegte | Fixed Dollar Annuity |
| Dominotheorie der Unfallverursachung | Domino Theory of Accident Causation |
| Doppelschutzpolice | Double-Protection Policy |
| Doppelte Entschädigung | Double Indemnity |
| Doppelte Rückvergütung | Double Recovery |
| Drei beteiligte Schritte | Three Steps Involved |
| „3-D"-Police | "3-D" Policy |
| Dreifache Entschädigung | Triple Indemnity |
| Dreifacher Schutz | Triple Protection |
| 3/4-Schadensklausel | Three-Fourths Loss Clause |
| 3/4-Wertklausel | Three-Fourths Value Clause |
| Dritte Partei | Third Party |
| –: Begünstigter | Third Party: Beneficiary |
| –: Versicherung | Third Party: Insurance |
| –: Verwaltung | Third Party: Administration |
| Drittrangiger Begünstigter | Tertiary Beneficiary |

| | |
|---|---|
| Drogistenhaftpflichtversicherung | Druggists Liability Insurance |
| Duale Lebensversicherungsgesellschaft auf Aktien | Dual Life Stock Company |
| Durchflußkosten (Versicherung ohne Zuschlag) | Flow-Through Cost (No Load Insurance) |
| Durchgreifender Nachtrag (Übernahme eines Risikos) | Cut-Through Endorsement (Assumption of Risk) |
| Durchschlagende Klausel (Durchgreifende Klausel) | Strike-Through Clause (Cut-Through Clause) |
| Durchschnitt | Average |
| Durchschnittliche Nettokosten | Average Net Cost |
| Durchschnittlicher Prämiensatz | Average Rate |
| Durchschnittlicher Wochenlohn | Average Weekly Wage |
| Durchschnittsschadenklausel | Average Loss Clause |
| Dynamik | Dynamic |
| Dynamisches Risiko | Dynamic Risk |
| Dynamoklausel | Dynamo Clause |

## E

| | |
|---|---|
| Echte Kfz-Versicherung ohne Verschuldensprinzip | True No-Fault Automobile Insurance |
| Echtes Gruppenvorhaben | True Group Plan |
| Effektivzeit | Effective Time |
| Ehegattenabzug | Marital Deduction |
| Ehegattenrente | Spouse's Benefit |
| Ehegattentreuhandvermögen | Marital Trust |
| Eigenkapital des Policeninhabers | Policyowners Equity |
| Eigenkapital, Policeninhaber | Equity, Policyowners |
| Eigenkapitalrenten | Equity Annuities |
| Eigentum an erloschenen Verträgen | Ownership of Expirations |
| Eigentümer- und Unternehmer-Schutzhaftpflichtversicherung | Owners and Contractors Protective Liability Insurance |
| Eigentümer-, Vermieter- und Mieterhaftpflichtversicherungspolice | Owners, Landlords, and Tenants Liability Policy (OL&T) |
| Eigentümerpflichten | Incidents of Ownership |
| Eigentümerrechte bei einer Lebensversicherung | Ownership Rights under Life Insurance |
| Eigentumsbestimmung | Ownership Provision |
| Eignungserfordernisse | Eligibility Requirements |
| Eignungsperiode | Eligibility Period |
| Einbehaltungsplan | Pay-As-You-Go Plan |

| | |
|---|---|
| Einbezahlte Gruppenlebensversicherung | Group Paid-Up Life Insurance |
| Einbruch | Burglary |
| Einbruch-/Diebstahlversicherung | Burglary/Theft Insurance |
| Einbruchdiebstahlversicherung offener Warenlager | Mercantile Open-Stock Burglary Insurance |
| Einbruchdiebstahlversicherungspolice für ständig vorrätige Ware | Open Stock Burglary Policy |
| Einbruchversicherung | Burglary Insurance |
| Einfache Wahrscheinlichkeit | Simple Probability |
| Einfrierung der Sozialversicherung | Social Security Freeze |
| Einfrierung zusätzlicher Verbindlichkeit | Freezing of Supplemental Liability |
| Eingeladener | Invitee |
| Eingereichtes Geschäft | Submitted Business |
| Eingeschlechtlichkeitsgesetzgebung | Unisex Legislation |
| Einheitenvorhaben | Entity Plan |
| Einheitliche Formen | Uniform Forms |
| Einheits-Feuerversicherungspolice | Standard Fire Policy |
| Einheits-Feuerversicherungspolicenanalyse | Standard Fire Policy Analysis |
| Einheits-Feuerversicherungspolice von New York | New York Standard Fire Policy |
| Einkaufsgemeinschaft | Purchasing Group |
| Einkommen | Income |
| Einkommenfortzahlungsversicherung | Income Continuation Insurance |
| Einkommensdurchschnittsbildung | Income Averaging |
| Einkommensersetzung | Income Replacement |
| Einkommenserstattungsversicherung | Income Reimbursement Insurance |
| Einkommenspolice | Income Policy |
| Einkommensquellen | Sources of Income |
| Einkommensverlustversicherung | Loss of Income Insurance |
| Einkommenverschiebende Strategien | Income-Shifting Strategies |
| Einkommensversicherung (Persönliche) | Income (Personal) Insurance |
| Einlagekapital | Paid-In Capital |
| Einlagensystem mit Mindestprämie | Minimum Premium Deposit Plan |
| Einlagenverwaltungsgruppenrente | Deposit Administration Group Annuity |
| Einlagenverwaltungssystem | Deposit Administration Plan |
| Einschreibungskarte | Enrollment Card |
| Einseitiger Vertrag | Unilateral Contract |

| | |
|---|---|
| Einstellung der Beiträge | Discontinuance of Contributions |
| Eintauchklausel | Dip-Down Clause |
| Eintrittsart | Mode of Entry |
| Eintrittsform | Occurrence Form |
| Eintrittsgrundlage | Occurrence Basis |
| Einverständnis, Gegenseitiges | Mutual Assent |
| Einwilligungsversicherungsvertrag | Adhesion Insurance Contract |
| Einwilligungsvertrag | Contract of Adhesion |
| Einzahlerversicherung gegen Fälschung | Depositors Forgery Insurance |
| Einzelbilanz | Individual Balance Sheet |
| Einzelinteressenpolice | Single Interest Policy |
| Einzelkaution gegen Veruntreuung | Individual Fidelity Bond |
| Einzellebensversicherung | Individual Life Insurance |
| Einzelleibrente | Single Life Annuity |
| Einzellimit | Single Limit |
| Einzelrentenempfänger (Einzelleibrente) | Single Annuitant (Single Life Annuity) |
| Einzelrisikofrachtversicherung | Single Risk Cargo Insurance |
| Einzelspartenpolice | Monoline Policy |
| Einzigartige Beeinträchtigung | Unique Impairment |
| Einzugsermächtigungssystem | Preauthorized Check System (PAC) |
| Einzugsermächtigungsvorhaben | Preauthorized Check Plan |
| Eisenbahnbetriebsmittelversicherung | Railroad Rolling Stock Insurance |
| Eisenbahnnebengleisvereinbarung | Railroad Sidetrack Agreement |
| Eisenbahnpensionierungsgesetz | Railroad Retirement Act |
| Eisenbahnpensionierungssystem | Railroad Retirement System |
| Eisenbahnreisepolice | Railroad Travel Policy |
| Elektrische (Elektroapparat) Ausschlußklausel | Electrical (Electrical Apparatus) Exemption Clause |
| Elterliche Haftpflicht | Parent Liability |
| Empfänger der Offerte | Offeree |
| Empfängereigenschaft | Recipient Property |
| Empirische Prämie | Empirical Consideration |
| Empirische Tarifberechnung | Empirical Rate Calculation |
| Empirische Wahrscheinlichkeit | Empirical Probability |
| Enddividende | Terminal Dividend |
| Enddurchschnitt | Final Average |
| Enteignungsversicherung | Expropriation Insurance |
| Entfernung | Removal |
| Entfernungskaution | Removal Bond |
| Entführungs-Lösegeldversicherung | Kindnap-Ransom Insurance |

| Deutsch | Englisch |
|---|---|
| Entführungsversicherung | Kidnap Insurance |
| Entlastungsbestimmung | Exculpatory Provision |
| Entlastungsrecht des Bürgen | Surety's Right of Exoneration |
| Entnahmegutschriften, Pensionssystem | Withdrawal Credits, Pension Plan |
| Entnahmeleistungen, Pensionssystem | Withdrawal Benefits, Pension Plan |
| Entschädigen | Indemnify |
| Entschädigung | Indemnity |
| – des Versicherten | Reimbursement of Insured |
| –, Doppelte | Double Indemnity |
| Entschädigungsberechtigter | Indemnitee |
| Entschädigungsprinzip | Principle of Indemnity |
| Entschädigungsprozentsatz, Gleicher | Level Percentage of Compensation |
| Entschädigungsvereinbarung | Indemnity Agreement |
| Erbklassenrente | Tontine |
| Erbschaftsteuer | Estate Tax |
| Erdbebenversicherung | Earthquake Insurance |
| Erfahrung | Experience |
| –, Policenjahr | Experience, Policy Year |
| Erfahrungsbeurteilung | Experience Rating |
| Erfahrungskonto | Experience Account |
| Erfahrungsmodifikation | Experience Modification |
| Erforderliche Versicherung | Required Insurance |
| Ergänzungskrankenversicherung | Supplemental Medical Insurance |
| Ergänzungskrankenversicherung, die die Lücken von Medicare abdeckt (Medicare-Ergänzungsversicherung) | Medigap Insurance (Medicare Supplementary Insurance) |
| Ergänzungsleistungen | Ancillary Benefits |
| Ergänzungsleistungsformel | Supplemental Benefit Formula |
| Ergänzungsvertrag | Supplemental Contract |
| Erklärung | Declaration |
| Erklärungen | Representations |
| Erklärungenteil | Declarations Section |
| Erkrankungsquote | Morbidity Rate |
| Erkrankungstabelle | Morbidity Table (s. a. Table of Morbidity) |
| Erkrankungsziffer | Morbidity |
| –, Erwartete | Expected Morbidity |
| –, Tatsächliche | Experienced Morbidity |
| Erlaubte Aktiva | Allowed Assets |
| Erlebensfallzahlung, Fällige | Matured Endowment |

| | |
|---|---|
| Erlöse | Proceeds |
| Ermessensgesetz | Permissive Law |
| Erneuerungsbestimmung | Renewal Provision |
| Erneuerungsprämie | Renewal Premium |
| Erneuerungsschein | Renewal Certificate |
| Ernteversicherung | Crop Insurance |
| Erpressungsversicherung | Extortion Insurance |
| Erreichtes Alter | Attained Age |
| Ersatz des tatsächlichen Schadens | Compensatory Damages |
| Ersetzung, Lebensversicherung | Replacement, Life Insurance |
| Ersetzungsquote | Replacement Ratio |
| Ersparnisse | Savings |
| –, Bedarf an Lebensversicherung | Savings, Need for Life Insurance |
| Erstbegünstigter | Primary Beneficiary |
| Erstrangige Versicherung | Primary Insurance |
| Erstrangiger Versicherer | Primary Insurer |
| Erstrangiges System | Primary Plan |
| Erstschadenselbstbehalt | First Loss Retention (Deductible) |
| Erteilung beschränkter Besitzanteile | Grant of Limited Property Interest |
| Erträge des Kapitals | Yield of Assets |
| Erwartungswert | Expected Value |
| Erworbenes Immun-Defekt-Syndrom (AIDS) | Acquired Immunodeficiency Syndrome (AIDS) |
| Erziehungsfonds | Educational Fund |
| Eventualpfandrecht bei Vermögenshaftpflicht des Arbeitgebers | Employers Contingent Lien against Assets Liability |
| Explosionsversicherung | Explosion Insurance |
| Export-Import Bank | Export-Import Bank |
| Extraterritorialität | Extraterritoriality |
| Exzedentenrückversicherung | Surplus Reinsurance |
| –, Erste | First Surplus Treaty |
| – mit festgelegtem maximalem Selbstbehalt | Surplus Reinsurance |
| –, Spezifische | Reinsurance, Specific Excess |
| –, Zweite | Second Surplus Reinsurance |

**F**

| | |
|---|---|
| Fahren bei Trunkenheit | Driving While Intoxicated (DWI) |
| Fahrer, Nicht versicherter | Noninsured Driver |
| Fahrlässige Herstellung | Negligent Manufacture |
| Fahrlässigkeit | Negligence |

# Wörterverzeichnis Deutsch-Englisch

| | |
|---|---|
| –, Angenommene | Negligence, Presumed |
| Fahrscheinversicherung | Transportation Ticket Insurance |
| Fahrzeugparkpolice | Fleet Policy |
| Fakultativ obligatorischer Rückversicherungsvertrag | Facultative Obligatory Treaty |
| Fakultative Rückversicherung | Facultative Reinsurance |
| Fakultativer Gefahrennachtrag | Optional Peril Endorsement |
| Fall der South-Eastern Underwriters Association (SEUA) | South-Eastern Underwriters Association (SEUA) Case |
| Fälligkeitsdatum | Maturity Date |
| Fälligkeitswert | Maturity Value |
| Fälligwerden | Run-Off |
| Falschdarstellung (Vorspiegelung falscher Tatsachen) | Misrepresentation (False Pretense) |
| –, Wesentliche | Material Misrepresentation |
| Falsche Altersangabe | Misstatement of Age |
| Fälschungskaution | Bond, Forgery (s. a. Forgery Bond) |
| Familienausgabenversicherung | Family Expense Insurance |
| Familieneinkommenspolice | Family Income Policy |
| Familieneinkommens-Zusatzklausel | Family Income Rider |
| Familienerwägungen | Family Considerations |
| Familiengeschichte | Family History |
| Familienpolice | Family Policy |
| Familienschutznachtrag | Family Protection Endorsement |
| Familienunterhaltspolice | Family Maintenance Policy |
| Familienversicherungsschutz | Family Coverage |
| Farm- und Ranchbesitzerversicherung | Farmowners and Ranchowners Insurance |
| Fehlerbaumanalyse | Fault Tree Analysis |
| Fehlmengenversicherung | Outage Insurance |
| Fertigstellungskaution | Completion Bond |
| Festgelegte Dollarrente | Fixed Dollar Annuity |
| Festgelegte Leistungen | Fixed Benefits |
| Festgelegte Prämie | Fixed Premium |
| Festgelegte Rente | Fixed Annuity |
| Festverzinsliches Wertpapier | Bond (Financial) |
| Feuer | Fire |
| Feuerbelastung | Fire Load |
| Feuerbeständige Konstruktion | Fire Resistive Construction |
| Feuerfest | Fireproof |
| Feuerkarte | Fire Map |

| | |
|---|---|
| Feuerkatastrophenrückversicherung | Fire Catastrophe Reinsurance |
| Feuerlöscher | Fire Extinguisher |
| Feuermarke | Fire Mark |
| Feuerschutz | Fire Protection |
| Feuertrennung | Fire Division |
| Feuertür | Fire Door |
| Feuerversicherung – Einheits-Feuerversicherungspolice | Fire Insurance – Standard Fire Policy (SFP) |
| Feuerwand | Fire Wall |
| Feuerwehrleistungen-Klausel | Fire Department Service Clause |
| Fiktive Gruppe | Fictitious Group |
| File-and-Use Prämienfestsetzungsgesetze | File-and-Use Rating Laws |
| File-and-Use Staat | File and Use State |
| Finanzberichterstattung | Financial Reporting |
| Finanzielle Überlegungen | Financial Considerations |
| Finanzierung | Financing (s. a. Funding) |
| –, Flexible | Flexible Premium |
| – nach der Pensionierung | Postretirement Funding |
| Finanzierungsinstrument, Nicht Zugewiesenes | Unallocated Funding Instrument |
| Finanzierungsvereinbarung, Aufnahme in die | Incorporation into Funding Agreement |
| Finanzierungsverpflichtung des Arbeitgebers, Rechtliche | Employees Legal Obligation to Fund |
| Finanzmittel, Zur Deckung der Kosten im voraus gezahlte | Funds Paid in Advance to Cover Expenses |
| Finanzplanung | Financial Planning |
| Finanzstruktur | Financial Structure |
| Flexible Finanzierung | Flexible Funding |
| Flexible Prämie | Flexible Premium |
| Flexibles Leistungssystem | Flexible Benefit Plan |
| Flughafenhaftpflichtversicherungsschutz | Airport Liability Coverage |
| Flugreisenlebensversicherung | Aviation Trip Life Insurance |
| Flugzeughaftpflichtversicherung | Aircraft Liability Insurance |
| für Erfüllungsgehilfen | Nonownership Aircraft Liability Insurance |
| Flugzeugkaskoversicherung | Aircraft Hull Insurance |
| Fluktuationsrate | Turnover Rate |
| Folgeform | Following Form |
| Folgerückversicherer | Retrocessionaire |

|  |  |
|---|---|
| Folgerückversicherung | Retrocession |
| Folgeschaden | Consequential Loss |
| Fonds für die letzten Ausgaben | Final Expense Fund |
| Fonds für nicht vollstreckte Urteile | Unsatisfied Judgment Fund (UJF) |
| Formular | Form |
| Formular 5500 | Form 5500 |
| Formular Nr. 1 (Basis oder Standard), Hausbesitzerversicherungspolice | Form No. 1 (Basic or Standard), Homeowners Insurance Policy |
| Formular Nr. 2 (Breite Form), Hausbesitzerversicherungspolice | Form No. 2 (Broad), Homeowners Insurance Policy |
| Formular Nr. 3 (Spezielle Form), Hausbesitzerversicherungspolice | Form No. 3 (Special), Homeowners Insurance Policy |
| Formular Nr. 4 (Inhalt breite Form), Hausbesitzerversicherungspolice | Form No. 4 (Contents Broad Form), Homeowners Insurance Policy |
| Formular Nr. 6 (Eigentumswohnung, Formular für den Besitzer einer Eigentumswohnung), Hausbesitzerversicherungspolice | Form No. 6 (Condominium Unit Owner's Form), Homeowners Insurance Policy |
| Frachtversicherung | Freight Insurance |
| Franchiseversicherung (Großhandelsversicherung) | Franchise Insurance (Wholesale Insurance) |
| Freibetrag | Exemption |
| Freier Ansichts-Zeitraum | Free Look Period |
| Freier Prüfungs-, „freier Ansichts"-Zeitraum | Free Examination "Free Look" Period |
| Freigabe einer verlorenen Police | Lost Policy Release |
| Freihandelszone | Free Trade Zone |
| Freiheitsberaubung | False Imprisonment |
| Freiraumklausel | Clear-Space Clause |
| Freiwillige Regierungsversicherung | Voluntary Government Insurance |
| Freiwillige Reserve | Voluntary Reserve |
| Freiwillige Systembeendigung | Voluntary Plan Termination |
| Freiwillige Versicherung | Voluntary Insurance |
| Freiwilliger Entschädigungsnachtrag | Voluntary Compensation Endorsement |
| Frist | Time Limit |
| –, Jährlich erneuerbare | Yearly Renewable Term (YRT) |
| Fristen | Time Limits |
| Führen von Aufzeichnungen | Record Keeping |

| | |
|---|---|
| Führender Versicherer | Lead Insurer |
| Fünf-bis-fünfzehn-Jahre-Regel | Five to Fifteen Year Rule |
| Fünf-Prozent-Regel | Five Percent Rule |
| Fünf-Prozent-Verzichtsklausel | Five Percent Waiver Clause |
| Fünfundvierzig-Jahre-Regel | Forty-Five Year Rule |
| Fürsorgesysteme | Service Plans |

## G

| | |
|---|---|
| Garantiefonds (Insolvenzfonds) | Guaranty Fund (Insolvency Fund) |
| Garantieleistung | Suretyship |
| Garantien, Fehlen von | Guarantees, Lack of |
| Garantiert erneuerbare Krankenversicherung | Guaranteed Renewable Health Insurance |
| Garantiert erneuerbarer Vertrag (Leben oder Krankheit) | Guaranteed Renewable Contract (Life or Health) |
| Garantierte Ausgabe | Guaranteed Issue |
| Garantierte Kaufoption | Guaranteed Purchase Option |
| Garantierte Kostenprämie | Guaranteed Cost Premium |
| Garantierte Versicherbarkeit | Guaranteed Insurability |
| Garantierter Kapitalanlagevertrag | Guaranteed Investment Contract (GIC) |
| Garantieschein, Kaufmännischer | Bond, Maintenance (s. a. Maintenance Bond) |
| Gastrecht | Guest Law |
| Gastwirtehaftpflichtversicherung | Innkeepers Liability Insurance |
| Gebietsprovision | Overriding Commission |
| Gebrauchsverlustversicherung | Loss of Use Insurance |
| Gebühr, Gerechtfertigte und übliche | Reasonable and Customary Change |
| Geburtsrate | Birth Rate |
| Gefahr | Hazard (s. a. Peril) |
| Gefährdung | Exposure |
| Gefährdungseinheiten, Abtrennung von | Segregation of Exposure Units |
| Gefährdungshaftung | Strict Liability |
| Gefahrendeckung | Coverage of Hazard |
| Gefahrennachtrag, Fakultativer | Optional Peril Endorsement |
| Gefahrenpolice, Benannte | Named Peril Policy |
| Gefahrensteigerung, die eine Aussetzung oder einen Ausschluß des Versicherungsschutzes zur Folge hat | Hazard Increase Resulting in Suspension or Exclusion of Coverage |
| Gefahrenstelle, Anziehende | Attractive Nuisance |

| | |
|---|---|
| Gefälligkeitsdeckung | Accommodation Line |
| Gegenleistung | Consideration (s. a. Quid Pro Quo) |
| Gegenseitige Haftung | Cross Liability |
| Gegenseitiges Einverständnis | Mutual Assent |
| Gegenseitiges Kaufvorhaben | Cross Purchase Plan |
| Gegenseitigkeit | Reciprocity |
| Gegenseitigkeitsverein | Reciprocal Exchange |
| Gegenseitigkeitsversicherung | Joint Life Insurance |
| Gegenzeichnung | Countersignature |
| Gegenzeichnungsgesetz | Countersignature Law |
| Gegliederte Police | Scheduled Policy |
| Gehaltsabzuggruppenversicherung | Salary Deduction Group Insurance |
| Gehaltsfortzahlungssystem | Salary Continuation Plan |
| Gehaltsreduzierungsplan | Salary Reduction Plan |
| Gehaltssparprämienversicherung (Abzug oder Zuschlag) | Salary Savings Insurance (Deduction or Allotment) |
| Gehaltssparprogramm | Salary Savings Program |
| Gehaltsstufen | Salary Scales |
| Geld- und Wertpapierpolice, Erweiterte Form | Money and Securities Broad Form Policy |
| Geldlicher Schadenersatz | Money Damages |
| Geldmarktanlagen | Money Market Investments |
| Gemeinkostenversicherung | Overhead Insurance |
| Gemeinnütziger Versicherer | Nonprofit Insurer |
| Gemeinschaftliche Kontrolle | Joint Control |
| Gemeinschaftliche Vereinigung von Versicherern | Joint Underwriter Association |
| Gemeinschaftsunternehmen | Joint Venture |
| Gemeinschaftsversicherung | Wrap-Up Insurance |
| Gemischte Gefahren | Mixed Perils |
| Gemischte Versicherungsgesellschaft | Mixed Insurance Company |
| Genehmigtes Dach | Approved Roof |
| Genehmigungskaution | Permit Bond |
| Generalagent | General Agent (GA) |
| Generalagentursystem | General Agency System |
| Generalpolice | Block Policy |
| Genossenschaftlicher Versicherer | Cooperative Insurer |
| Genossenschaftliches Versicherungswesen | Cooperative Insurance |
| Geographische Begrenzung | Geographical Limitation |
| Gepäckversicherung | Baggage Insurance |
| Gerätepauschalversicherung | Equipment Floaters Insurance |

|  |  |
|---|---|
| Gerichtliche Kaution | Judicial Bond |
| Gerichtliche Testamentbestätigung und Erbscheinerteilung | Probate |
| Gerichtskaution | Court Bond |
| Gesamt-Kfz- Haftpflichtversicherung | Comprehensive Automobile Liability Insurance |
| Gesamtentschädigung | Aggregate Indemnity |
| Gesamthandseigentum | Joint Tenancy |
| Gesamthandseigentümer | Joint Tenants |
| Gesamtkostenniveaumethode | Aggregate Level Cost Method |
| Gesamtlebensrente | Whole Life Annuity |
| Gesamtlimit | Aggregate Limit |
| –, Jährliches | Annual Aggregate Limit |
| Gesamtpolice | Comprehensive Policy |
| Gesamtprodukthaftungslimit | Aggregate Products Liability Limit |
| Gesamtschadenüberschußselbstbehalt | Aggregate Excess of Loss Retention |
| Gesamtselbstbehalt, Jährlicher | Aggregate Annual Deductible |
| Gesamtüberschußvertrag | Aggregate Excess Contract |
| Gesamtvertragsklausel | Entire Contract Clause |
| Geschäft | Business |
| Geschäftliche Verbrechensversicherung | Business Crime Insurance |
| Geschäftsbericht | Annual Report |
| Geschäftsbesitzerpolice – Teil I: Sachversicherungsschutz | Businessowners Policy – Section I: Property Coverages |
| Geschäftsbesitzerpolice – Teil II: Haftpflichtversicherungsschutz | Businessowners Policy – Section II: Liability Coverages |
| Geschäftsbesitzerversicherungspolice | Businessowners Policy (BOP) |
| Geschäftsbuch | Book of Business |
| Geschäftsfortführungsversicherung | Business Continuation Insurance |
| Geschäftsunterbrechung | Business Interruption |
| Geschäftsunterbrechungspolice pro Tag | Per Diem Business Interruption Policy |
| Geschäftsunterbrechungsversicherung | Business Interruption Insurance |
| Geschäftswagenpolice | Business Automobile Policy (BAP) |
| Geschätzte Prämie | Estimated Premium |
| Geschichte, Persönliche | Personal History |
| Geschichtetes Stichprobenverfahren | Stratified Random Sampling |
| Geschlecht | Sex |
| Geschlechtliche Diskriminierung | Sex Discrimination |

|  |  |
|---|---|
| Geschütztes Risiko | Protected Risk |
| Gesellschaftsaktienkaufvorhaben | Corporation Stock Purchase Plan |
| Gesellschaftseigener Versicherer | Association Captive |
| Gesellschaftsübergreifende Daten | Intercompany Data |
| Gesetz der großen Zahlen | Law of Large Numbers |
| Gesetz über freien Wettbewerb | Open Competition Law |
| Gesetz über Policen mit Wertangabe | Valued Policy Law |
| Gesetze über die Qualifikation von Agenten | Agent's Qualification Laws |
| Gesetzesrecht | Statutory Law |
| Gesetzgebung, Wechselseitige | Reciprocal Legislation |
| Gesetzlich | Legal |
| Gesetzlich vorgeschriebene Beschränkung | Statutory Restriction |
| Gesetzlich vorgeschriebene Voraussetzungen | Statutory Requirements |
| Gesetzliche Buchführung | Statutory Accounting |
| Gesetzliche Feuerhaftpflichtversicherung | Fire Legal Liability Insurance |
| (Gesetzliche) Gütergemeinschaft | Community Property |
| Gesetzliche Haftpflicht | Legal Liability |
| Gesetzliche Haftpflichtversicherung für Belader | Stevedores Legal Liability Insurance |
| Gesetzliche Haftpflichtversicherung für Betreiber von Flugzeughallen | Hangarkeepers Legal Liability Insurance |
| Gesetzliche Haftpflichtversicherung für Lkw-Fahrer | Public Truckmens Legal Liability Form |
| Gesetzliche Haftpflichtversicherung für Wasserschäden | Water Damage Legal Liability Insurance |
| Gesetzliche Haftpflichtversicherung gegen Sprinklerleckage | Sprinkler Leakage Legal Liability Insurance |
| Gesetzliche Haftung | Statutory Liability |
| Gesetzliche Rücklage | Legal Reserve |
| Gesetzliche Verjährungsvorschriften | Statute of Limitations |
| Gesetzliche Zweckbestimmung | Legal Purpose |
| Gesetzlicher Gewinn | Statutory Earnings |
| Gesetzlicher Vertreter | Attorney-In-Fact |
| Gesetzlicher Zeichnungsgewinn oder -verlust | Statutory Underwriting Profit or Loss |
| Gesicherte Zahlung | Payment Certain |
| Gesicherter Zeitraum | Period Certain |
| Gesichertes Pfandrecht | Secured Lien |

| | |
|---|---|
| Gestaffelt | Graded |
| Gestaffelte Police | Graded Policy |
| Gestaffelte Prämie, Lebensversicherung auf den Todesfall | Graded Premium, Whole Life Insurance |
| Gestaffelte Provision | Graded Commission |
| Gestaffelte Sterbetafel | Graduated Life Table |
| Gestaffelte Sterblichkeitstabelle | Graduated Mortality Table |
| Gestaffelte Todesfalleistung | Graded Death Benefit |
| Gesteigertes Risiko | Increased Hazard |
| Gesundheitsvorsorgeleistungen | Preventive Health Services |
| Geteilt finanziertes System | Split Funded Plan |
| Geteilter Kraftfahrzeugmarkt | Automobile Shared Market |
| Getrennte Deckung | Divided Cover |
| Getrennte Finanzierung | Split Funding |
| Getrennte Kontenfinanzierung | Separate Account Funding |
| Getrenntes Konto | Separate Account |
| Getrenntes Limit | Split Limit |
| Gewerbliche Fälschungspolice | Commercial Forgery Policy |
| Gewerbliche Krankenversicherung | Commercial Health Insurance |
| Gewerbliche Kreditversicherung | Commercial Credit Insurance |
| Gewerbliche Police | Commercial Policy |
| Gewerbliche Sachversicherungspolice | Commercial Property Policy |
| Gewerbliche Sparten | Commercial Lines |
| Gewerbliche Versicherungen | Commercial Insurance |
| Gewerbliche Versicherungsformen | Commercial Forms |
| Gewerbliche Versicherungsgesellschaft | Commercial Insurance Company |
| Gewerbliches Policenpaket | Commercial Package Policy (CRP) |
| Gewinnbeteiligt | Participating |
| Gewinnbeteiligte Policendividende | Participating Policy Dividend |
| Gewinnbeteiligte Policendividendenoption | Participating Policy Dividend Option |
| Gewinnbeteiligte Rückversicherung | Participating Reinsurance |
| Gewinnbeteiligte Versicherung | Participating Insurance (PAR) |
| Gewinnbeteiligung | Participation |
| Gewinnbeteiligungssystem | Profit Sharing Plan |
| Gewinne, Nicht ausgeschüttete | Retained Earnings |
| Gewinne- und Kommissionen-Versicherung | Profits and Commissions Insurance |
| Gewinne und Verluste, Behandlung von | Treatment of Gains and Losses |
| Gewinnversicherung | Earnings Insurance |

| | |
|---|---|
| Gewohnheiten | Habits |
| Gewohnheitsrecht | Common Law |
| Gewohnheitsrechtliche Verteidigungen | Common Law Defenses |
| Gezeichnete Nettoprämien | Net Premiums Written |
| Gezeichnete Prämien | Premiums Written (s. a. Written Premiums) |
| Gezeichnetes Geschäft | Written Business |
| Glass-Steagall Gesetz (Bankgesetz aus dem Jahre 1933) | Glass-Steagall Act (Banking Act of 1933) |
| Glasversicherung | Glass Insurance (s. a. Plate Glass Insurance) |
| Gläubiger | Obligee |
| –, dinglich gesicherter | Secured Creditor |
| Gläubigerlebensversicherung | Creditor Life Insurance |
| Gläubigerrechte bei der Lebensversicherung | Creditor Rights in Life Insurance |
| Glaubwürdigkeit der Schadenserwartung | Credibility of Loss Experience |
| Gleichheit zwischen Policeninhabern | Equity among Policyowners |
| Gleitende Durchschnittsprämienfestsetzungsmethode | Moving Average Rating Method |
| Gleitende Provisionsstaffel | Sliding Scale Commission |
| Globalhaftpflichtversicherung | Umbrella Liability Insurance |
| Globalrisikoversicherung | All Risk Insurance |
| Globalrückversicherung | Umbrella Reinsurance |
| Globalversicherungsschein für öffentliche Bedienstete | Public Employees Blanket Bond |
| Glücksspielversicherung | Gambling Insurance |
| Golfspielerausrüstungsversicherung | Golfers Equipment Insurance |
| Goodwill | Goodwill |
| Gotteshandlung | Act of God |
| Grad der Sorgfalt | Degree of Care |
| Grenze, Pauschal- | Limit, Blanket |
| Grenze, Übernahme- | Line, Gross |
| Grenze, Unter- | Limit, Basic |
| Grenzrisiko | Borderline Risk |
| Grobe Fahrlässigkeit | Gross Negligence (s. a. Negligence, Gross) |
| Grobe Mißachtung | Wanton Disregard |
| Großhandelslebensversicherung | Wholesale Life Insurance |

| | |
|---|---|
| Großhandelsversicherung | Wholesale Insurance |
| Großlebensversicherung | Straight Life Insurance |
| Grunddienstbarkeit | Easement |
| Grundeigentum | Tenancy |
| Grundlage | Fundamental |
| Grundleistungen, Krankenhausgrundversorgungssystem | Basic Benefits, Basic Hospital Plan |
| Grundliniendaten | Baseline Data |
| Grundprämie | Base Premium (s. a. Basic Premium) |
| Grundrente | Primary Insurance Amount (PIA) |
| Grundstückseigentum | Real Property |
| Grundtarif | Basic Rate |
| Gruppe von Gesellschaften | Group of Companies |
| Gruppenanwartschaftsrente | Deferred Group Annuity (s. a. Group Deferred Annuity) |
| Gruppeneinlagenverwaltungsrente | Group Deposit Administration Annuity |
| Gruppengläubigerversicherung | Group Creditor Insurance |
| Gruppeninvaliditätsversicherung | Group Disability Insurance |
| Gruppenkrankenversicherung | Group Health Insurance |
| Gruppenkreditversicherung | Group Credit Insurance |
| Gruppenlebensversicherung | Group Life Insurance |
| – der Streitkräfte | Servicemen's Group Life Insurance (SGLI) |
| – mit einjähriger Kündigungsfrist | Group Permanent Life Insurance |
| Gruppenrente | Group Annuity |
| –, sofortige, mit garantierter Beteiligung | Group Immediate Participation Guranteed Annuity |
| Gruppenversicherung | Group Insurance |
| –, Ständige | Group Permanent |
| Gruppenvertrag | Group Contract |
| Gruppenvorhaben, Echtes | True Group Plan |
| Gruppenzertifikat | Group Certificate |
| Guertin-Gesetze | Guertin Laws |
| Gütergemeinschaft | Tenancy by the Entirety |
| Guter Samariter-Deckung | Good Samaritan Coverage |
| Gütertransportversicherung | Transit Insurance |
| Guthabensicherheit | Safety of Assets |
| Gutschrift für vorangegangene Dienstjahre | Past Service Credit |
| Gutschrift, Pensionssystem | Credit, Pension Plan |

## H

| | |
|---|---|
| Hafenrisikoversicherung | Port Risk Insurance |
| Haftpflicht | Liability |
| –, Bedingte | Liability, Contingent |
| –, Berufs- | Liability, Professional |
| –: Beschränkungen auf seiten der Versicherer | Liability: Limitations on Insurers |
| – für das Betriebsgelände | Premises Liability |
| –, Gesetzliche | Liability, Legal |
| –, Langfristige | Long-Tail Liability |
| –, Persönliche Gefährdungen | Liability, Personal Exposures |
| –, Unbeschränkte | Liability, Absolute |
| –, Unternehmensgefährdungen | Liability, Business Exposures |
| –, Versicherung ohne Verschuldensprinzip | Liability, No-Fault Insurance |
| – von Gastwirten | Innkeepers Liability |
| –, Zuerkannter zivilrechtlicher Schadenersatzanspruch | Liability, Civil Damages Awarded |
| Haftpflichtanspruch | Liability Claim |
| Haftpflichtversicherung | Liability Insurance (s. a. Public Liability Insurance) |
| – für alkoholische Getränke | Alcoholic Beverage Liability Insurance |
| – für die Anlage und den Betrieb | Premises and Operations Liability Insurance |
| – für Direktoren und leitende Angestellte | Directors and Officers Liability Insurance |
| – für Erfüllungsgehilfen | Nonownership Liability Insurance |
| – für Fehler und Unterlassungen | Errors and Omissions Liability Insurance |
| – für leitende Angestellte und Direktoren | Officers and Directors Liability Insurance |
| – für Sachschäden | Property Damage Liability Insurance |
| – für Versicherungsagenten und -makler | Insurance Agents and Brokers Liability Insurance |
| – für Werbungtreibende | Advertisers Liability Insurance |
| – gegen Kunstfehler | Malpractice Liability Insurance |
| – für Körperverletzungen | Bodily Injury Liability Insurance |
| – ohne Verschuldensprinzip | No Fault Liability Insurance |
| Haftpflichtversicherungsform für Lagerinhaber | Warehousers Liability Form |
| Haftpflichtversicherungsschutz | |

- auf der Grundlage des Eintritts von Ansprüchen — Claims Occurrence Basis Liability Coverage
- auf der Grundlage geltend gemachter Ansprüche — Claims Made Basis Liability Coverage

Haftung
- –, Anteilmäßige — Liability, Pro Rata
- – des Arbeitgebers für die bedingte Übertragung von Vermögen — Employers Contingent Escrowing of Assets Liability
- – des Gastgebers — Host Liability
- –, Direkte — Direct Liability
- –, Gefährdungs- — Liability, Strict
- –, Gegenseitige — Cross Liability
- –, Stellvertretende — Liability, Vicarious (s. a. Vicarious Liability)
- –, Übernommene — Assumed Liability
- –, Vertragliche — Liability, Contractual
- –, Zivilrechtliche — Liability, Civil

Haftungsbeschränkungsklausel — Memorandum Clause
Haftungsgrenze — Limit of Liability
Haftungsgrenzen — Liability Limits
Haftungsklausel, Finanzielle — Financial Responsibility Clause
Haftungsrisiko — Liability Risk
Haftungsschuldner — Indemnitor
Hagelversicherung — Hail Insurance
Halbprivater durchschnittlicher Prämiensatz — Average Semiprivate Rate
Halbwert — Median
Handbuch — Manual
Handbuchtarif — Manual Rate
Händlerversicherung — Dealers Insurance
Handlungen — Acts
Handlungsvollmacht — Power of Attorney
Härte — Hardship (s. a. Severity)
Härtequote — Severity Rate
Häufigkeit — Frequency
Häufigkeit und Verteilung von Schäden — Frequency and Distribution of Losses
Häufigkeitsquote — Incidence Rate
- von Schwerverletzungen — Serious Injury Frequency Rate

Hauptabschnitt XIX Versicherung — Title XIX Insurance
Hauptbuchkosten — Ledger Cost

| | |
|---|---|
| Hauptgeschäftsstelle | Head Office |
| Hauptsumme | Principal |
| Hauptverwaltung | Home Office |
| Hauptverwaltungsversicherer | Home Office Underwriter |
| Hausarzt der Health Maintenance Organization (HMO) | Managing Physician, HMO |
| Hausbesitzerversicherungspolice | Homeowners Insurance Policy |
| Hausbesitzerversicherungspolice – Teil I (Sachversicherungsschutz) | Homeowners Insurance Policy – Section I (Property Coverage) |
| Hausbesitzerversicherungspolice – Teil II (Haftpflichtversicherungsschutz) | Homeowners Insurance Policy – Section II (Liability Coverage) |
| Hausrat | Contents |
| Hausrat-Tarif | Contents Rate |
| Haustierversicherung | Pet Insurance |
| Havarie, Besondere, Teil- | Average, Particular (s. a. Particular Average) |
| Havarie, Große | Average, General (s. a. General Average) |
| Havariesachverständiger | Average Adjuster |
| Heilbehandlung | Cure |
| Heimliches Einverständnis zu betrügerischen Zwecken | Collusion |
| Heimstättenvollstreckungsschutz | Homestead Right |
| Herabfallen | Drop Down |
| Herdenviehpauschalversicherung | Livestock Floater |
| Hersteller- und Unternehmerhaftpflichtversicherung | Manufacturers and Contractors Liability Insurance (M&C) |
| Herunterbewertung | Rating Down |
| Hinlänglichkeit oder Unzulänglichkeit des Vermögens | Asset Sufficiency or Insufficiency |
| Hinterbliebenenbezüge | Survivorship Benefit |
| Hinterbliebeneneinkommenszahlungen | Survivorship Income Payments |
| Hinterleger | Bailor |
| Hinterlegung | Bailment |
| Hobbies oder Nebenbeschäftigungen | Hobbies or Avocations |
| Hoch geschütztes Risiko | Highly Protected Risk |
| Hochsaisonnachtrag | Peak Season Endorsement |
| Höchstbetrag | |
| –, Planmäßiger | Limit, Scheduled |
| –, Police | Limit, Policy |

| | |
|---|---|
| –, Pro Person | Limit, Per Person |
| –, Pro Unfall | Limit, Per Accident |
| –, Spezifischer | Limit, Specific |
| –, Überschuß- | Limit, Excess |
| –, Zeichnung | Limit, Line |
| Höchstgrenze | |
| – des Selbstbehaltes | Net Line |
| – ohne ärztliche Untersuchung | Nonmedical Limit |
| – pro Ereignis | Occurrence Limit |
| – pro Person | Per Person Limit |
| – pro Unfall | Per Accident Limit |
| –, Selbstbehalt | Line, Net |
| Höchstleistung | Maximum Benefit |
| Höchstschaden, Möglicher | Possible Maximum Loss |
| Höhe, Gleiche | Level |
| Home Service Kleinlebensversicherung | Home Service Industrial Insurance |
| Home Service Lebensversicherung | Home Service Life Insurance |
| –, Gewöhnliche | Home Service Ordinary |
| Homogene Gefährdungen | Homogeneous Exposures |
| Homogenität | Homogeneity |
| Hospiz | Hospice |
| HR 10 Plan | HR-10 Plan |
| Hurrikanversicherung | Hurricane Insurance |
| Hypothek | |
| –, in Rentenzahlung umgewandelte | Reverse Annuity Mortgage (RAM) |
| –, Zweite | Second Mortgage |
| Hypothekenrückzahlungsversicherung | Mortgage Redemption Insurance |
| Hypothekenschutzversicherung | Mortgage Protection Insurance |
| Hypothekenversicherung | Mortgage Insurance |
| Hypothekenversicherungsfonds auf Gegenseitigkeit | Mutual Mortgage Insurance Fund |
| Hypothekenzusageversicherung | Mortgage Guarantee Insurance |

## I

| | |
|---|---|
| Identifizierung | Identification |
| Immaterielle Interessen | Incorporeal Interests |
| Immaterielles persönliches Eigentum | Intangible Personal Property |
| Immobilien | Real Estate |
| Implizite Vollmacht | Implied Authority |
| Inchmaree-Klausel | Inchmaree Clause |

| | |
|---|---|
| Indexierte Lebensversicherung | Indexed Life Insurance |
| Indexierte Lebensversicherungspolicen | Indexed Life Policies |
| Individualpolicenpensionskasse | Individual Policy Pension Trust |
| Individualversicherung | Individual Insurance (s. a. Personal Insurance) |
| Individuelle Einkommenserklärung | Individual Income Statement |
| Individuelle gleichbleibende Kostenmethode | Individual Level Cost Method |
| Individuelle gleichbleibende Kostenmethode mit zusätzlicher Verbindlichkeit | Individual Level Cost Method with Supplemental Liability |
| Individuelle gleichbleibende Kostenmethode ohne zusätzliche Verbindlichkeit | Individual Level Cost Method without Supplemental Liability |
| Individuelles Aktienkaufvorhaben | Individual Stock Purchase Plan |
| Individuelles Rentenkonto | Individual Retirement Account (IRA) |
| Individuelles Rentenkonto Plus | Individual Retirement Account Plus (IRA Plus) |
| Individuelles Rentenübertragungskonto | Rollover Individual Retirement Account |
| Individuelles Risikoprämienmodifizierungssystem | Individual Risk Premium Modification Plan |
| Inflationsfaktor | Inflation Factor |
| Inflationsnachtrag | Inflation Endorsement |
| Inflationsüberwachungsnachtrag | Inflation Guard Endorsement |
| Ingenieurtechnischer Ansatz | Engineering Approach |
| Inhärente Explosionsklausel | Inherent Explosion Clause |
| Inkassoagent (Home Service Agent) | Debit Agent (Home Service Agent) |
| Inkassobuch | Collection Book |
| Inkassoeinzugsumfang | Debit |
| Inkassogebühr | Collection Fee |
| Inkassokostenversicherung | Collection Expense Insurance (s. a. Debit Life Insurance) |
| Inkassoprovision | Collection Commission |
| Inkassosystem | Debit System |
| Inkassoversicherung (Home Service Versicherung, Kleinlebensversicherung) | Debit Insurance (Home Service Insurance, Industrial Insurance) |
| Inkrafttreten | Effective Date |
| Inlandsagent | Resident Agent |

| | |
|---|---|
| Insassenhaftpflichtversicherung | Passenger Bodily Injury Liability Insurance |
| Insektenausschluß | Insect Exclusion |
| Insolvenzfonds | Insolvency Fund |
| Inspektionsquittung | Inspection Receipt |
| Installation, Fehlerhafte | Faulty Installation |
| Installationsversicherung | Installation Insurance |
| Integration der Sozialversicherung in ein Pensionssystem | Pension Plan Integration with Social Security |
| Integrierter Selbstbehalt | Integrated Deductible |
| Inter-Vivo-Treuhandvermögen | Inter-Vivo Trust |
| Interessennachweis | Proof of Interest |
| Internationales Netzwerk für Arbeitnehmerleistungen | International Employee Benefit Network |
| Interventionsklage | Interpleader |
| Invalidität | Disability |
| –, Kurzfristige | Disability, Short-Term |
| –, Langfristige | Disability, Long Term |
| –, Ständige | Permanent Disability |
| –, Ständige Teil- | Disability, Permanent Partial (s. a. Permanent Partial Disability) |
| –, Ständige, Total- | Permanent Total Disability |
| –, Ständige Voll- | Disability, Permanent Total |
| –, Vermutliche | Presumptive Disability |
| –, Wiederkehrende | Recurrent Disability |
| –, Zeitweilige Teil- | Disability, Temporary Partial |
| –, Zeitweilige Voll- | Disability, Temporary Total |
| –, Zurückbleibende | Residual Disability |
| Invaliditätsauskaufversicherung | Disability Buy-Out Insurance |
| Invaliditätseinkommen | Disability Income (DI) |
| Invaliditätseinkommensversicherung | Disability Income Insurance |
| –, Kurzfristige | Short Term Disability Income Insurance |
| Invaliditätseinkommenszusatzklausel | Disability Income Rider |
| Invaliditätsleistung | Disability Benefit |
| –, gewerbliche Krankenversicherung | Disability Benefit, Commercial Health Insurance |
| –, Lebenslängliche | Lifetime Disability Benefit |
| Invaliditätsversicherung | Disability Insurance |
| –, Bedingungen | Disability Insurance, Conditions |

| | |
|---|---|
| Investitionsjahrmethode der Zuweisung von Kapitalerträgen | Investment Year Method of Allocating Investment Income |
| Irreführende Praxis | Deceptive Practice |

## J

| | |
|---|---|
| Jahresabschluß | Annual Statement (s. a. Financial Statement) |
| Jahrespolice | Annual Policy |
| Jahrestag | Anniversary |
| Jahresversicherungspolice | Annual Insurance Policy |
| Jones-Gesetz | Jones Act (Merchant Marine Act) |
| Jugendversicherung | Juvenile Insurance |
| Jugendversicherungspolice, Sprunghaft ansteigende (Vermögensbildung für Jugendliche) | Jumping Juvenile Policy (Juvenile Estate Builder) |
| Juwelen-Pauschalversicherungspolice | Jewelry Floater (s. a. Jeweler's Block Insurance Policy) |

## K

| | |
|---|---|
| Kai- und Hafenarbeiter-Nachtrag | Longshoremen and Harbor Workers Endorsement |
| Kalenderjahreserfahrung | Calendar Year Experience |
| Kalenderjahresstatistiken | Calendar Year Statistics |
| Kalkulierbare Schadensänderung | Calculable Change of Loss |
| Kapazität | Capacity |
| – der Parteien | Capacity of Parties |
| Kapital | Capital |
| Kapitalabfindung | Principal Sum |
| Kapitalanlage und Bewertung von Aktiva | Investment and Valuation of Assets |
| Kapitalanlagefonds | Mutual Fund |
| Kapitalanlagegewinne einer Versicherungsgesellschaft | Investment Earnings of Insurance Company |
| Kapitalanlagen | Investments |
| Kapitalanlagen und Bestimmungen | Investments and Regulation |
| Kapitalanlageversicherung | Mutual Fund Insurance |
| Kapitalertrag | Investment Income |
| Kapitalerträge | Capital Gains (s. a. Yield on Assets) |
| Kapitalverzinsungsmethode des Kostenvergleichs | Rate of Return Method of Cost Comparison |
| Kapitalwert | Present Value |

| | |
|---|---|
| – einer sofortigen Rente | Present Value of Annuity Immediate |
| – einer vorschüssigen Rente | Present Value of Annuity Due |
| – zukünftiger Leistungen | Present Value of Future Benefits |
| Kapitalwertfaktor | Present Value Factor |
| Karte | MAP |
| Kassierer-Raubversicherung | Paymaster Robbery Insurance |
| Katastrophenkrankenversicherung | Catastrophic Health Insurance |
| Katastrophenrisiko | Catastrophe Hazard |
| Katastrophenrückversicherung | Catastrophe Reinsurance |
| Katastrophenschaden | Catastrophe Loss (s. a. Shock Loss) |
| Katastrophenschutzfolgerückversicherung | Retrocession Catastrophe Cover |
| Katastrophenüberschußversicherung | Catastrophe Excess Reinsurance |
| Katastrophenversicherung | Catastrophe Insurance |
| Kauf | Purchase |
| Kauf- und Verkaufvereinbarung | Buy-and-Sell Agreement |
| Kauf- und Verkaufversicherung bei Invalidität eines Teilhabers | Disability of Partner Buy and Sell Insurance |
| Kaufhauspauschalversicherung | Department Store Insurance Floater |
| Kaufmännischer Garantieschein | Maintenance Bond |
| Kaufoption des Hinterbliebenen | Survivor Purchase Option |
| Kaufpreis | Purchase Price |
| Kaufvorhaben, Gegenseitiges | Cross Purchase Plan |
| Kaution | Bail Bond |
| – des Klägers im Vollstreckungsverfahren | Plaintiff's Replevin Bond |
| – eines Bauunternehmers | Construction Bond |
| – eines Lagerinhabers | Warehouse Bond |
| – für Staatstreuhänder | Public Official Bond |
| – gegen Urkundenverlust | Lost-Instrument Bond |
| – gegen Veruntreuung | Fidelity Bond |
| –, Genehmigungs- | Bond, Permit |
| –, Gerichts- | Bond, Court |
| –, Staatstreuhänder | Bond, Public Official |
| –, Unternehmer- | Bond, Contract |
| –, Veruntreuung | Bond, Fidelity |
| Kautions- und Garantie-Katastrophenversicherung | Fidelity and Surety Catastrophe Insurance |
| Kautionsverpflichtung | Fiduciary Bond |
| Kautionsversicherung | Bond, Surety (s. a. Surety Bond) |
| Kautionsversicherungsgarantieprogramm | Surety Bond Guarantee Program |

| | |
|---|---|
| Kautionsversicherungsschein | |
| – zur Versicherung aller in einem Werk beschäftigten aufgeführten Angestellten | Position Schedule Bond |
| – zur Versicherung Beschäftigter eines Unternehmens in benannten Positionen | Name Position Bond |
| Keeton-O'Connell Kraftfahrzeugversicherung | Keeton-O'Connell Automobile Insurance Plan |
| Kenney Rate | Kenney Ratio |
| Keogh Plan (HR-10) | Keogh Plan (HR-10) |
| –, Eingefrorener | Frozen Keogh Plan |
| Kernreaktionsausschluß | Nuclear Reaction Exclusion |
| Kfz-Anhänger-Versicherung | Trailer Insurance |
| Kfz-Diebstahl | Automobile Theft |
| Kfz-Haftpflichtversicherung | Automobile Liability Insurance |
| – eines Arbeitgebers für Unfälle von Erfüllungsgehilfen | Employers Nonownership Liability Insurance |
| – für Erfüllungsgehilfen | Nonownership Automobile Liability Insurance |
| Kfz-Haftpflichtversicherungspolice für Unfälle von Erfüllungsgehilfen | Named Nonowner Coverage |
| Kfz-Pflicht-Haftpflichtversicherung | Compulsory Automobile Liability Insurance |
| Kfz-Rückversicherungsmöglichkeit | Automobile Reinsurance Facility |
| –, Echte | True No-Fault Automobile Insurance |
| Kfz-Versicherung ohne Verschuldensprinzip | No-Fault Automobile Insurance |
| –, Echte | True No-Fault Automobile Insurance |
| Kfz-Werkstattversicherung | Garage Insurance |
| Klage-, Arbeits- und Reiseklausel | Sue, Labor, and Travel Clause |
| Klage- und Arbeitsklausel | Sue and Labor Clause |
| Kläger | Plaintiff |
| Klasse | Class |
| Klassenprämientarif | Class Premium Rate |
| Klassentarif | Class Rate |
| Klassifizierte Police | Rated Policy |
| Klassifizierte Versicherung | Classified Insurance |
| Klassifizierung | Classification |
| Klausel | Clause |
| – bezüglich nachfolgender, gleichartiger Ansprüche | Sistership Clause |

|  |  |
|---|---|
| – in bezug auf Streiks, Aufruhr und bürgerliche Unruhe | Strikes, Riots, and Civil Commotion Clause |
| – über die Rückzahlung des Barwertes | Return of Cash Value Clause |
| – über die Wiederaufnahme der Geschäftstätigkeit | Resumption of Operations Clause |
| – über erteilte Genehmigung | Permission Granted Clause |
| – über Falschangaben von Alter und Geschlecht | Misstatement of Age or Sex Clause |
| – über sonstige Versicherungen | Other Insurance Clause |
| – über zuerkannte Seetüchtigkeit | Seaworthiness Admitted Clause |
| – zu Selbstbehalt und Begrenzungen | Retention and Limits Clause |
| Klauseln, Zu einer Lebensversicherung hinzugefügte | Clauses Added to a Life Insurance Policy |
| Kleinlebensversicherung | Industrial Life Insurance |
| Kleinstgruppe | Minimum Group |
| Klippe bei der Übertragung von Pensionsansprüchen | Cliff Vesting |
| Kodierung | Coding |
| Kollektive Absatzförderung bei Versicherungen | Collective Merchandising of Insurance |
| Kollektivversicherung | Blanket Insurance |
| Kollektivversicherungsform | Blanket Form |
| Kollektivversicherungsschutz | Blanket Coverage |
| Kollision | Collision |
| Kollisionsklausel | Running Down Clause |
| Kollisionsversicherung | Collision Insurance |
| Kombinationsagent | Combination Agent |
| Kombinationspolice (-vorhaben) | Combination Policy (Plan) |
| Kombinierte Haftpflicht- und Kaskoversicherung | Comprehensive Insurance |
| Kombinierte Kfz-Haftpflicht- und Kaskoversicherung | Automobile Comprehensive |
| Kombinierte Quote | Combined Ratio |
| Kombinierte Safeeinlagenversicherung | Combination Safe Depository Insurance |
| Kombiniertes Einzellimit | Combined Single Limit |
| Kommissionsversicherung | Consignment Insurance |
| Kommunalanleihenversicherung | Municipal Bond Insurance |
| Kommunalversicherung | Municipal Insurance |
| Kompetenz | Competence |
| Konjunkturverlauf im Versicherungsgeschäft | Underwriting Cycle |

| | |
|---|---|
| Konnossement | Bill of Lading |
| Konstruktiver Totalschaden | Constructive Total Loss |
| Kontenübersicht | Account Current |
| Kontokorrentsystem | Compensating Balances Plan |
| Kontostand des Agenten | Agent's Balance |
| Kontrollgesetze für alkoholische Getränke | Alcoholic Beverage Control Laws |
| Konventionsformular | Convention Blank |
| Konventionsüberprüfung | Convention Examination |
| Konventionswerte | Convention Values |
| Konzessionsträger | Licensee |
| Koordination von Leistungen | Coordination of Benefits |
| Kopflastiges System | Top-Heavy Plan |
| Körperliche Verfassung | Physical Condition |
| Körperverletzung | Bodily Injury |
| Kosten | Cost (s. a. Expense) |
| –, Erlittene | Expense Incurred (s. a. Incurred Expenses) |
| – der befristeten Versicherung | Term Insurance Cost |
| Kosteneindämmungsvorschrift | Cost Containment Provision |
| Kosten-Nutzenanalyse | Cost-Benefit Analysis |
| Kosten Plus | Cost Plus |
| Kostenrückstellung | Expense Reserve |
| Kostensteigerungsnachtrag | Increased Cost Endorsement |
| Kouponpolice | Coupon Policy |
| Kraftfahrzeugbestand, Nicht versicherungsfähiger | Residual Automobile Insurance Market |
| Kraftfahrzeug-, Boots- und Flugzeugversicherung | Automobile, Boat, and Aircraft Insurance |
| Kraftfahrzeuge | Motor Vehicles |
| Kraftfahrzeugpark | Automobile Fleet |
| Kraftfahrzeugversicherung | Automobile Insurance |
| Kraftfahrzeugversicherungsschutz | Vehicle Coverage |
| Kraftfahrzeugversicherungssystem | Automobile Insurance Plan |
| Kraftfahrzeugversicherungssystem mit zugewiesenem Risiko | Automobile Assigned Risk Insurance Plan |
| Krankendienste für ambulant behandelte Patienten bei einer Einrichtung der HMO | Outpatient Health Services at HMO Facility |
| Krankenhaus-, Chirurgie- und Arztkostenversicherung | Hospital, Surgical, and Medical Expense Insurance |
| Krankenhausaufenthaltsversicherung | Hospitalization Insurance |

| | |
|---|---|
| Krankenhausentschädigungsversicherung | Hospital Indemnity Insurance |
| Krankenhaushaftpflichtversicherung | Hospital Liability Insurance |
| Krankenhauskostenversicherung | Hospital Expense Insurance |
| Krankenhausleistungen, HMO | Hospital Services, HMO |
| Krankenhauspflege für ambulant behandelte Patienten, HMO | Outpatient Hospital Care, HMO |
| Krankenversicherung | Health Insurance (s. a. Sickness Insurance) |
| –, Große | Major Medical Insurance |
| –, Umfassende | Comprehensive Health Insurance |
| –, Unkündbare | Noncancellable Health Insurance |
| –, Verlängerbare befristete, mit gleichbleibender Prämie | Level Premium Renewable Term Health Insurance |
| –, Wahlweise erneuerbare | Optionally Renewable Health Insurance |
| Krankenversicherungsvertrag | Health Insurance Contract |
| Krankenversicherungsverlängerbarkeit | Health Insurance Renewability |
| Krankenversicherungsschutz | Sickness Coverage |
| Krankhafter Zustand | Disease |
| Krankheit, Nicht beschränkende | Nonconfining Sickness |
| Krankheitszeit | Spell of Illness |
| Kredit-Krankenversicherung | Credit Health Insurance |
| Kreditbericht | Credit Report |
| Kreditkartenfälschung | Credit Card Forgery |
| Kreditkartenversicherung | Credit Card Insurance |
| Kreditlebensversicherung (Gläubigerlebensversicherung) | Credit Life Insurance (Creditor Life Insurance) |
| Kreditlinie | Line of Credit |
| Kredituntersuchung | Credit Investigation |
| Kreditversicherung | Credit Insurance |
| Kriegsausschlußklausel | War Exclusion Clause |
| Kriegsgefahr | War Peril |
| Kriegsrisiken | War Risks |
| Kriegsrisikoversicherung | War Risk Insurance |
| Kumulative Haftung | Cumulative Liability |
| Kumulative Trendmethode | Cumulative Trend Method |
| Kumulatives Trauma | Cumulative Trauma |
| Kündbar | Cancellable |
| Kunde, Voraussichtlicher | Prospect |

| | |
|---|---|
| Kundenkreditreport | Retail Credit Report |
| Kundenversicherung des Aufbewahrers | Bailee's Customers Insurance |
| Kundenwerbung, Unaufgeforderte | Cold Canvassing |
| Kündigen | Cancel |
| Kündigung | Cancellation |
| –, Anteilige | Cancellation, Pro Rata |
| –, Gekürzte Prämienrückerstattung | Cancellation, Short Rate |
| – mit gekürzter Prämienrückerstattung | Short Rate Cancellation |
| – per Stichtag | Flat Cancellation |
| Kündigungsklausel | Notice of Cancellation Clause |
| Kündigungsvorbehaltklausel | Cancellation Provision Clause |
| Kunstfehler, Beiläufiger | Incidental Malpractice |
| Kunsthändlerversicherung | Fine Art Dealers Insurance |
| Kunst- und Antiquitätenversicherung | Fine Arts and Antiques Insurance |
| Kürschnergeneralversicherung | Furriers Block Insurance |
| Kürschnerkundenpolice | Furriers Customers Policy |

## L

| | |
|---|---|
| Ladenbesitzer-Einbruchdiebstahl und -Raubversicherung | Storekeepers Burglary and Robbery Insurance |
| Ladenbesitzerhaftpflichtversicherung | Storekeepers Liability Insurance |
| Ladenbesitzerversicherung, Breite Form | Brod Form Storekeepers Insurance |
| Landeigentum, Nutzung und Besitz von | Land Ownership, Use and Possession of |
| Landesweite Definition der Transportversicherung | Nationwide Definition of Marine Insurance |
| Landesweite Definition von Transport | Nationwide Marine Definition |
| Langzeitinvaliditätseinkommensversicherung | Long-Term Disability Income Insurance |
| Langzeitpflege | Long-Term Care (LTC) |
| Laufende Auszahlung | Current Disbursement |
| Laufzeit | Term |
| Leben und Gesundheit, Unternehmensgefährdungen | Life and Health, Business Exposures |
| Lebend | Living |
| Lebenseinkommen | Life Income |

| | |
|---|---|
| – mit garantiertem Auszahlungszeitraum | Life Income with Period Certain |
| Lebenserwartung | Expectation of Life (s. a. Life Expectancy) |
| Lebenshaltungskosten, Anstieg der | Cost-of-Living Increase |
| Lebenshaltungskostenangleichung | Cost-of-Living Adjustment (COLA) |
| Lebenshaltungskostenplan | Cost-of-Living Plan |
| Lebenshaltungskostenzusatzklausel | Cost-of-Living Rider |
| Lebensplanung | Life Planning |
| Lebensrente, Gemeinsame | Joint Life Annuity |
| Lebensrückversicherung | Life Reinsurance |
| Lebenstreuhandvermögen zu Lebzeiten des Verfügungsberechtigten | Living Trust |
| Lebens- und Krankenversicherung | |
| –, Persönliche und Familiengefährdungen | Life and Health Insurance, Personal and Family Exposures |
| –, Teilhaber- | Life and Health Insurance Partnership |
| Lebensversicherer | Life Underwriter |
| Lebensversicherung | Life Insurance |
| –, Abtretungsklausel | Life Insurance, Assignment Clause |
| – auf den Erlebensfall | Endowment Insurance |
| – auf den Todesfall | Life Insurance, Ordinary (s. a. Ordinary Life Insurance; Life Insurance, Whole Life; Whole Life Insurance) |
| – auf den Todesfall auf der Basis einer gegenwärtigen Annahme | Current Assumption Whole Life Insurance |
| – auf den Todesfall mit Zinsüberschuß | Excess Interest Whole Life Insurance |
| –, Befristete | Life Insurance, Term |
| –, Familienschutz | Life Insurance, Family Protection |
| –, für ein bestimmtes Alter einbezahlte | Life Paid up at Specified Age |
| – für Tiere | Life Animal Insurance |
| –, Geschäftszwecke | Life Insurance, Business Uses |
| –, Gläubigerrechte | Life Insurance, Creditor Rights |
| –, Groß- | Life Insurance, Straight |
| –: Lebensrisiko | Life Insurance: Life Risk |
| –, Leistungen zu Lebzeiten des Versicherten | Life Insurance, Living Benefits |
| – mit abgekürzter Zahlung | Limited Payment Life Insurance |
| – mit einjähriger Kündigungsfrist | Permanent Life Insurance |

| | |
|---|---|
| – mit Einmalprämie | Single Premium Life Insurance |
| – mit flexibler Prämie | Flexible Premium Life Insurance |
| – mit unbestimmten Prämien | Indeterminate Premium Life Insurance |
| – mit variabler Prämie | Variable Premium Life Insurance |
| – mit variabler Zahlung | Variable Pay Life Insurance |
| –, Modifizierte | Modified Life Insurance |
| –, Nicht gewinnbeteiligte | Nonparticipating Life Insurance |
| – ohne ärztliche Untersuchung | Nonmedical Life Insurance |
| –, Steigende | Increasing Life Insurance |
| Lebensversicherungen, Fortgeschrittene Übernahme von | Advanced Life Underwriting |
| Lebensversicherungserneuerbarkeit | Life Insurance Renewability |
| Lebensversicherungsfonds des Staates Wisconsin | Wisconsin State Life Fund |
| Lebensversicherungsgesellschaft mit gesetzlicher Rücklage | Legal Reserve Life Insurance Company |
| Lebensversicherungsgrenzen | Life Insurance Limits |
| Lebensversicherungskosten | Life Insurance Cost |
| Lebensversicherungspolicen, die Familienschutz bieten | Life Insurance Policies Providing Family Protection |
| Lebensversicherungsregulierungsoptionen | Life Insurance Settlement Options |
| Lebensversicherungsreserven | Life Insurance Reserves |
| Lebensversicherungs-Risikofaktoren | Life Risk Factors |
| Lebensversicherungstreuhandvermögen | Life Insurance Trust |
| Lebensversicherungsvertrag | Life Insurance Contract |
| Lebensversicherungsvorhaben nur mit Todesfalleistung | Death Benefit Only Life Insurance Plan |
| Leerstehen | Unoccupancy |
| Lehre der letzten klar erkennbaren Möglichkeit | Doctrine of Last Clear Chance |
| Lehre von der zweifachen Zuständigkeit | Dual Capacity Doctrine |
| Leibrente | Life Annuity |
| – mit garantierter Zahl an Auszahlungen | Life Annuity Certain |
| –, Stetige, mit garantierter Laufzeit | Life Annuity Certain and Continuous |
| Leichenbestatterberufshaftpflichtversicherung | Morticians Professional Liability Insurance |
| Leistung | Benefit |

Leistungen
- der Unternehmenslebens- und -krankenversicherungen (Schlüsselpersonenversicherung)  Benefits of Business Life and Health Insurance (Key Person Insurance)
- einer Lebensversicherung zu Lebzeiten des Versicherten  Living Benefits of Life Insurance
- , Festgelegte  Fixed Benefits
- für vorangegangene Dienstjahre  Past Service Benefit
- für zukünftige Dienstjahre  Future Service Benefits
- , Nicht zugewiesene  Unallocated Benefit

Leistungsberechtigungskostenmethode, Erworbene  Accrued Benefit Cost Method
Leistungsbeschränkung für materiell-rechtliche Besitzer  Substantial Owner Benefit Limitation
Leistungsbeurteilung  Merit Rating
Leistungsdauer  Duration of Benefits
Leistungseinheit  Unit Benefit
Leistungseinheitsansatz  Unit Benefit Approach
Leistungseinheitssystem  Unit Benefit Plan
Leistungsformel  Benefit Formula
Leistungsklasse  Merit Rate
Leistungssystem
- , Definiertes  Defined Benefit Plan
- , Flexibles  Flexible Benefit Plan

Leistungsversagensausschluß  Failure to Perform Exclusion
Leistungsversprechen  Performance Bond
Leistungszeitraum  Benefit Period
Leitsätze  Guiding Principles
Letzte erkennbare Möglichkeit  Last Clear Chance
Letztwillige Verfügung, Ohne  Intestate
Liberalisierungsklausel  Liberalization Clause
Lieferungs- und Transportversicherungsformen  Supplies and Transporters Forms
Limit
- , Einzel-  Limit, Single
- , Gesamt-  Limit, Aggregate
- , Geteiltes  Limit, Divided
- , Jährliches Gesamt-  Limit, Annual Aggregate

Limit, Standard-  Limit, Standard
Limit, Variables  Limit, Variable
Lineare Abschreibungsregel  Straight Line Rule
Linton-Ertragsmethode  Linton Yield Method

| | |
|---|---|
| Liquidationsgebühr | Liquidation Charge |
| Liquidierung und Sanierung | Liquidation and Rehabilitation |
| Liquidierungszeitraum | Liquidation Period |
| Liquidität von Vermögen | Liquidity of Assets |
| Lizensierung von Agenten und Maklern | Licensing of Agents and Brokers |
| Lizenz | License |
| Lizenzgebühr | License Fee |
| Lizenzkaution | License Bond |
| Lkw-Fahrerversicherung | Truckers Insurance |
| Lkw-Fracht-Versicherung | Motor Truck Cargo Insurance |
| Lloyd's Makler | Lloyd's Broker |
| Lloyd's Schiffsregister | Lloyd's Register of Shipping |
| Lloyd's Syndikat | Lloyd's Syndicate |
| Lloyd's Versicherer | Lloyd's Underwriter |
| Lohnabzugsversicherung | Payroll Deduction Insurance |
| Lohnfortzahlungsversicherungsnachtrag | Ordinary Payroll Coverage Endorsement |
| Lohnindex | Wage Index |
| Lohnliste, Gewöhnliche | Ordinary Payroll |
| Lohnlistennachträge | Payroll Endorsements |
| Lösegeldversicherung | Random Insurance |
| Luftfahrtausschluß | Aviation Exclusion |
| Luftfahrtrisiko | Aviation Hazard |
| Luftfahrtunfallversicherung | Aviation Accident Insurance |
| Luftfahrtversicherung | Aviation Insurance |
| Luftfrachtversicherung | Air Cargo Insurance |

## M

| | |
|---|---|
| Makler | Broker |
| – für auf dem regulären Markt bei einem lizensierten Versicherer nicht plazierbare Aufträge | Surplus Lines Broker |
| – überzähliger Aufträge (Makler für auf dem regulären Markt bei einem lizensierten Versicherer nicht plazierbare Aufträge) | Excess Line Broker (Surplus Line Broker) |
| Maklerabteilung | Brokerage Department |
| Makler-Agent | Broker-Agent |
| Maklergeschäft | Brokerage Business |
| Maklergewerbe | Brokerage |
| Manager | Manager |

| | |
|---|---|
| Manuskriptversicherung | Manuscript Insurance |
| Margolin-Gesetz | Margolin Act |
| Marketing | Marketing |
| – durch Verkaufsautomaten | Vending Machine Marketing |
| Marktforschung | Survey |
| Marktforschungsansatz | Survey Approach |
| Marktwert | Market Value |
| Marktwert ./. tatsächlicher Barwert | Market Value v. Actual Cash Value |
| Marktwertklausel | Market Value Clause |
| Maschinenschadenversicherung | Machinery Malfunction (Breakdown) Insurance |
| Massenabsatz | Mass Marketing |
| Massenabsatzförderung | Mass Merchandising |
| Massenzeichnung | Mass Underwriting |
| Materiell-rechtlicher Arbeitgeber | Substantial Employer |
| Materiell-rechtlicher Besitzer | Substantial Owner |
| Materieller Schaden | Physical Harm |
| – am Eigentum anderer | Physical Damage to Property of Others |
| Materielles Risiko | Physical Hazard |
| Maximal abzugsfähiger Beitrag | Maximum Deductible Contribution |
| Maximal möglicher Schaden | Maximum Possible Loss (MPL) |
| Maximale Familienleistung | Maximum Family Benefit |
| Maximale Versicherunghöhe für ein Risiko | Net Line Limit |
| Maximaler Meldezeitraum | Maxi Tail (Full Tail) |
| Maximum | Maximum |
| McCarran-Ferguson Gesetz (Öffentliches Gesetz 15) | McCarran-Ferguson Act (Public Law 15) |
| Medicare-Ergänzungskrankenversicherung, die die Lücken von Medicare abdeckt | Medicare Gap Insurance |
| Medicare-Ergänzungsversicherung | Medicare Supplementary Insurance |
| Medizinische Krankenhausversicherung | Hospital Medical Insurance |
| Mehrdeutigkeit | Ambiguity |
| Mehrfachentschädigung | Multiple Indemnity |
| Mehrfachpensionierungsalter | Multiple Retirement Ages |
| Mehrfachschutz-Lebensversicherungspolice | Multiple Protection Life Insurance Policy |
| Mehrspartengesetz | Multiple Line Law |
| Mehrspartenversicherung | Multiple Line Insurance |

| | |
|---|---|
| Mehrspartenversicherungsvertrag | Multiple Line Contract |
| Meldepflichtiges Ereignis | Reportable Event |
| Meldespielraum für Schäden | Discovery Period |
| Meldezeitraum, Kurzer | Mini Tail |
| Meldung an die Sozialversicherungsverwaltung | Report to Social Security Administration |
| Mengenrabatt | Quantity Discount |
| Menschlicher Ansatz | Human Approach |
| Messung | Measurement |
| Mexikoversicherung | Mexico Insurance |
| Mietausfallversicherung | Rent Insurance |
| Miete | Rent |
| Mieterversicherung | Renters Insurance (s. a. Tenants Insurance) |
| Mietwertversicherung | Rental Value Insurance |
| Militärdienstlebensversicherung | National Service Life Insurance (NSLI) |
| Militärdienstzeitausschluß | Military Service Exclusion |
| Mindestbeitrag | Minimum Contribution |
| Mindesteinlagenrettung | Minimum Deposit Rescue |
| Mindesteinlagenversicherung | Minimum Deposit Insurance |
| Mindesthaftpflichtbeträge | Basic Limits of Liability |
| Mindestkörperschaftsteuer, Alternative: Auswirkungen auf Lebensversicherungen in Firmenbesitz | Corporate Alternative Minimum Tax: Implications for Corporate-Owned Life Insurance |
| Mindestkostenmethode, Alternative | Alternative Minimum Cost Method |
| Mindestleistung | Minimum Benefit |
| Mindeststandards | Minimum Standards |
| Mindeststeuer, Alternative | Alternative Minimum Tax |
| Minimaltariflebensversicherung auf den Todesfall | Minimum Deposit Whole Life Insurance |
| Minimaltarifsystem | Minimum Premium Plan |
| Mißstand | Nuisance |
| Mitbesitzversicherung | Condominium Insurance |
| Mitglied | Member |
| Mitgliederrückgang | Population Decrements |
| Mitgliederzuwachs | Population Increments |
| Mitteilung an die Gesellschaft | Notice to Company |
| Mittel | Mean |
| Mittlerer Meldezeitraum | Midi Tail |

| | |
|---|---|
| Mitverschulden | Comparative Negligence (s. a. Negligence, Comparative) |
| Mitversicherer | Coinsurer |
| Mitversicherung | Cap (s. a. Coinsurance) |
| Mitversicherungserfordernis | Coinsurance Requirement |
| Mitversicherungsformel | Coinsurance Formula |
| Mitversicherungshöchstgrenze | Coinsurance Limit |
| Mitversicherungsklausel | Coinsurance Clause |
| Mitversicherungsprozentsatz | Coinsurance Percentage |
| Mitversicherungsstrafe | Coinsurance Penalty |
| Mitwirkendes Verschulden | Contributory Negligence (s. a. Negligence, Contributory) |
| Modifizierte Lebensversicherung | Modified Life Insurance |
| Modifizierte Prämienfestsetzung | Modification Rating |
| Modifizierte Rente mit Barausschüttung nicht erschöpfter Prämienzahlungen | Modified Cash Refund Annuity |
| Modifizierte Rückstellungsmethoden | Modified Reserve Methods |
| Modifizierte Rückstellungsnormen | Modified Reserve Standards |
| Modifizierte Tarifgestaltung nach vorheriger Genehmigung | Modified Prior Approval Rating |
| Modifizierte vorherige Genehmigung | Modified Prior Approval |
| Möglicher Höchstschaden | Possible Maximum Loss |
| Monatliche Berichtsform | Monthly Reporting Form |
| Monatlicher Durchschnittslohn | Average Monthly Wage (AMW) |
| Monatliches Durchschnittseinkommen | Average Monthly Earnings (AME) |
| Monopolistischer Staatsfonds | Monopolistic State Fund |
| Morbiditätsannahme | Morbidity Assumption |
| Motorschlittenpauschalversicherung | Snowmobile Floater |
| Motorschlittenversicherung | Snowmobile Insurance |
| Motorschlittenversicherungsschutz | Snowmobile Coverage |
| Mündliche Beweiserhebungsregel | Parol Evidence Rule |
| Musikausrüstungsversicherung | Sound Equipment Insurance |
| Musikinstrumentenversicherung | Musical Instruments Insurance |
| Muster | Sample |
| Musterpauschalversicherung für Verkäufer | Salesman's Sample Floater |
| Muttergesellschaft | Parent Company |
| Mutterschaftsleistung, Pauschale | Flat Maternity Benefit |

## N

| | |
|---|---|
| Nach Stämmen | Per Stirpes |
| Nachauswahl von Versicherten | Postselection of Insured |
| Nachfolgende Fahrlässigkeit | Subsequent Negligence |
| Nachfolgender Begünstigter | Successor Beneficiary |
| Nachfolgender Zahlungsberechtigter | Successor Payee |
| Nachfrist | Grace Period |
| Nachlaßeinsetzung | Power of Appointment |
| Nachlaßplanung | Estate Planning |
| –, Lebensplanung | Estate Planning, Life Planning |
| –, Todesfallplanung | Estate Planning, Death Planning |
| Nachlaßverteilungsplanung | Estate Planning Distribution |
| Nachlaßverwalter | Administrator |
| Nachschußpflichtige Versicherung | Assessable Insurance |
| – auf Gegenseitigkeit | Assessable Mutual |
| Nachtrag | Endorsement |
| – der Interstate Commerce Commission | Interstate Commerce Commission Endorsement |
| – für unterversicherte Fahrzeuglenker | Underinsured Motorist Endorsement |
| – über aufgelistetes bewegliches Eigentum | Scheduled Personal Property Endorsement |
| – über einen angegebenen Betrag | Stated Amount Endorsement |
| – über Lohnfortzahlungsausschluß | Ordinary Payroll Exclusion Endorsement |
| Nachweis der Versicherbarkeit | Evidence of Insurability |
| NAIC: Modellgesetz der Nationalen Vereinigung der Regierungsbevollmächtigten für Versicherungen über den Schutz von Informationen und der Privatsphäre | NAIC: Information and Privacy Protection Model Act National Association of Insurance Commissioners |
| NAIC: Modellgesetz zur Anlagenbewertung der Nationalen Vereinigung der Regierungsbevollmächtigten für Versicherungen | NAIC: Model Asset Valuation Act National Association of Insurance Commissioners |
| NAIC: Modellgesetz zur Definition von Gruppenlebensversicherungen und Standardbestimmungen von Gruppenlebensversicherungen | NAIC: Model Group Life Insurance Definition and Group Life Insurance Standard Provisions Model Act |

|  |  |
|---|---|
| NAIC: Modellprämienfestsetzungsgesetz der Nationalen Vereinigung der Regierungsbevollmächtigten für Versicherungen | NAIC: Model Rating Laws National Association of Insurance Commissioners |
| NAIC: Modellvorschrift der Nationalen Vereinigung der Regierungsbevollmächtigten für Versicherungen zur Überwachung der Werbung von Lebensversicherungen | NAIC: Model Life Insurance Solicitation Regulation National Association of Insurance Commissioners |
| NAIC: Standard-Unverfallbarkeitsgesetz der Nationalen Vereinigung der Regierungsbevollmächtigten für Versicherungen | NAIC: Standard Nonforfeiture Law National Association of Insurance Commissioners |
| Nationale Bauordnung | National Building Code |
| Nationaler Sicherheitsrat | National Safety Council (NSC) |
| Nationales Überschwemmungsversicherungsprogramm | National Flood Insurance Program |
| Natürliche Prämie | Natural Premium |
| Natürliche Schäden | Natural Losses |
| Natürlicher Schwund | Normal Loss |
| Natürlicher Tod | Natural Death |
| Nebengläubiger (Zessionar) | Collateral Creditor (Assignee) |
| Nebengleisvereinbarung | Sidetrack Agreement |
| Nebengleisversicherung | Sidetrack Insurance |
| Nebenkosten | Miscellaneous Expenses |
| Nebenquellenregel | Collateral Source Rule |
| Nebenschuldner | Collateral Borrower |
| Nebenvertrag | Incidental Contract |
| Negative Auswahl | Adverse Selection |
| Nennwert (Nennwert einer Police) | Face Amount (Face of Policy) |
| Nettobewertungsprämie | Net Valuation Premium |
| Nettoeinzelprämie | Net Single Premium |
| Nettoerhöhung | Net Increase |
| Nettokostenmethode | Net Cost Method |
| Nettoniveau | Net Level |
| Nettoprämie | Net Premium (s. a. Pure Premium) |
| –, Gleichbleibende | Net Level Premium |
| Nettoprämienfestsetzungsmethode | Pure Premium Rating Method |
| Nettoprämienreserve, Gleichbleibende | Net Level Premium Reserve |

| | |
|---|---|
| Nettorisikobetrag | Net Amount at Risk |
| Nettoschaden | Net Loss |
| –, Letztendlicher | Ultimate Net Loss |
| Nettoselbstbehalt | Net Retention |
| Nettotarif | Net Rate |
| Nettowert | Net Worth |
| Nettowert des Arbeitgebers | Employers Net Worth |
| Nettowertausfallhaftung des Arbeitgebers, Bestimmung | Employers Contingent Net Worth Liability Determination |
| Nettozahlungsindex | Net Payments Index |
| Nettozahlungsmethode des Kostenvergleichs | Net Payment Method of Comparing Costs |
| Nettozeichnungsgewinn (oder -verlust) | Net Underwriting Profit (or Loss) |
| Nettozurückbehalt | Net Retained Lines |
| New York Insurance Exchange | New York Insurance Exchange |
| Nicht verdiente Rückversicherungsprämie | Unearned Reinsurance Premium |
| Nicht zur Erwerbsunfähigkeit führende Verletzung | Nondisabling Injury |
| Nicht-entnommener Gewinn | Paid-In Surplus |
| Nicht-finanziert | Unfunded |
| Nicht-Haftung für durch Betriebsangehörige verursachte Schäden | Fellow Servant Rule |
| Nicht-nachzahlungspflichtige Police | Nonassessable Policy |
| Nicht-nachzahlungspflichtiger Versicherungsverein auf Gegenseitigkeit | Nonassessable Mutual |
| Nicht-proportionale automatische Rückversicherung | Nonproportional Automatic Reinsurance |
| Nicht-proportionale fakultative Rückversicherung | Nonproportional Facultative Reinsurance |
| Nicht-proportionale Rückversicherung | Nonproportional Reinsurance |
| (Nicht-proportionale) Überschußrückversicherung | Excess (Nonproportional) Reinsurance |
| Nicht-traditionelle Rückversicherung | Nontraditional Reinsurance |
| Nicht-Übereinstimmung | Nonconcurrency |
| Nicht-Verdopplung von Leistungen | Nonduplication of Benefits |
| Nichtabzugsfähigkeit von Arbeitgeberbeiträgen | Nondeductibility of Employer Contributions |
| Nichterneuerungsklausel | Nonrenewal Clause |
| Nichtraucher | Nonsmoker |

| | |
|---|---|
| Nichtversicherungs-Risiko | Noninsurance Risk |
| Nichtversicherungtransfer | Noninsurance Transfer |
| Niederschlagversicherung | Pluvious Insurance |
| Nießbrauch | Life Estate |
| Normales Rentenalter | Normal Retirement Age |
| Notdiebstahl | Pilferage |
| Notfallbestrahlungshöchstgrenze | Emergency Exposure Limit (EEL) |
| Notfalldienste | |
| – außerhalb des Gebietes | Out-of-Area Emergency Services |
| – innerhalb des Bezirks | In-Area Emergency Services |
| Notfallfonds | Emergency Fund |
| Nuklearenergiehaftpflicht-versicherung | Nuclear Energy Liability Insurance |
| Numerisches Prämienfestsetzungssystem | Numerical Rating System |
| Nur Verwaltungsdienstleistungen | Administrative Services Only (ASO) |
| Nutzfeuer | Friendly Fire |
| Nutzholzversicherung | Standing Timber Insurance |
| Nützlichkeit | Utility |
| Nutznießungsanteil | Courtesy Interest |
| Nutzung | Utilization |

## O

| | |
|---|---|
| Oberhalb der Versicherunghöchstgrenze | Over Line |
| Obhut, Gewahrsam und Kontrolle | Care, Custody, and Control |
| Obligatorische Bewertungsreserve für Wertpapiere | Mandatory Securities Valuation Reserve |
| Obligatorische Rückkaufbestimmung | Nonforfeiture Provision |
| Obligatorische Rückversicherung | Obligatory Reinsurance |
| Offene Forderungsabtretung | Absolute Assignment |
| Offene Form (Berichtsform) | Open Form (Reporting Form) |
| Offene Police | Open Policy |
| Offene Transportgüterform | Open Cargo Form |
| Offene Urkunde | Open Certificate |
| Offenes Inkassoeinzugsgebiet | Open Debit |
| Öffentlicher Schadenssachverständiger | Public Adjuster |
| Öffentliches Gesetz 15 | Public Law 15 |
| Öffentliches Gesetz 87-311 | Public Law 87-311 |
| Öffentliches Gesetz 91-156 | Public Law 91-156 |
| Öffentliches Gesetz 92-500 | Public Law 92-500 |

| | |
|---|---|
| Offerte | Offer |
| Opferentschädigung | Victim Compensation |
| Opportunitätskosten | Opportunity Cost |
| Option eines lebenslänglichen Einkommens mit Rückerstattung nicht erschöpfter Prämienzahlungen | Refund Life Income Option |
| Ordentliches Register | Ordinary Register |
| Organisationsstruktur einer Versicherungsgesellschaft | Insurance Company Organization |

## P

| | |
|---|---|
| Paarklausel | Pair Clause |
| Pacht | Lease |
| Pachtausfallversicherung | Leasehold Insurance |
| Pachtbesitz | Leasehold |
| Pachtgewinnanteil | Leasehold Profit Interest |
| Pachtwertanteil | Leasehold Value Interest |
| Paketpostversicherung | Parcel Post Insurance |
| Paketversicherung | Package Insurance |
| Paramedizinische Untersuchung | Paramedical Examination |
| Partei | Party |
| Passiver Selbstbehalt | Passive Retention |
| Patent- und Urheberrechtverletzung | Patent and Copyright Infringement |
| Paul ./. Virginia | Paul v. Virginia |
| Pauschalausrüstungsversicherungspolice | Contractors Equipment Floater |
| Pauschalbetrag | Flat Amount |
| Pauschalbetragserstattungsrente | Lump Sum Refund Annuity |
| Pauschalgrenze | Blanket Limit |
| Pauschalliste | Flat Schedule |
| Pauschalprovision | Flat Commission |
| Pauschalsachversicherung ohne Auflistung der versicherten Gegenstände | Unscheduled Property Floater |
| Pauschalsatz (Pauschalliste) | Flat Rate (Flat Schedule) |
| Pauschalselbstbehalt | Flat Deductible |
| Pauschalsumme | Lump Sum |
| Pauschalsummenausschüttung | Lump Sum Distribution |
| Pauschaltarif | Blanket Rate |
| Pauschalverbrechensnachtrag | Blanket Crime Endorsement |
| Pauschalverbrechenspolice | Blanket Crime Policy |

| | |
|---|---|
| Pauschalversicherung | Floater |
| – für aufgelistete Vermögensgegenstände | Schedule Property Floater |
| – für Hochzeitsgeschenke | Wedding Presents Floater |
| – für medizinische Ausgaben | Blanket Medical Expense Insurance |
| – für Neon- und elektrische Schilder | Neon and Electric Signs Floater |
| – für Privateigentum | Personal Property Floater |
| Pauschalvertrag | Blanket Contract |
| Pelz- und Juwelen-Pauschalversicherungspolice | Fur and Jewelry Floater |
| Pelzversicherung | Furs Insurance |
| Pensionen | Pensions |
| Pensionierungsalter | Retirement Age |
| Pensionsbezüge | Retirement Benefits |
| Pensionseinkommensversorgungspolice | Retirement Income Endowment Policy |
| Pensionseinkommenspolice | Retirement Income Policy |
| Pensionseinkommenszahlungen | Retirement Income Payments |
| Pensionsfonds | Pension Fund |
| Pensionskasse | Pension Trust |
| Pensionsmaximierung | Pension Maximization |
| Pensionsplanung | Retirement Planning |
| Pensionssystem | Pension Plan (s. a. Retirement Plan) |
| –: Finanzierung der College-Ausbildung | Pension Plan: Fund College Education |
| – mit definiertem Beitrag (Rentenkaufsystem) | Defined Contribution Pension Plan (Money Purchase Plan) |
| Pensionssystembewertungsfaktoren | Pension Plan Valuations Factors |
| Pensionssysteme | |
| –: Entnahmeleistungen | Pension Plans: Withdrawal Benefits |
| –: Zuteilungen | Pension Plans: Distributions |
| Pensionssystemeinzelvertrag | Individual Contract Pension Plan |
| Pensionssystemfinanzierungsinstrumente | Pension Plan Funding Instruments |
| Pensionssystemfinanzierungsmethoden | Pension Plan Fundings Methods |
| Pensionssystemfinanzierung | |
| –: Bedingte Rente mit sofortiger Beteiligungsgarantie | Pension Plan Funding: Immediate Participation Guarantee Contingent Annuity |
| –: Einzelvertragpensionssystem | Pension Plan Funding: Individual Contract Pension Plan |

|  |  |
|---|---|
| –: Gruppeneinlagenverwaltungsrente | Pension Plan Funding: Group Deposit Administration Annuity |
| –: Sofortige Gruppenvertragsrente mit garantierter Beteiligung | Pension Plan Funding: Group Immediate Participation Guaranteed (IPG) Contract Annuity |
| –: Ständiger Gruppenvertrag | Pension Plan Funding: Group Permanent Contract |
| Pensionsübertragbarkeit | Pension Portability |
| Pensionsvorhaben, Finanziertes | Funded Pension Plan |
| Periodisches Niveau | Periodic Level |
| Personenschadenversicherung | Personal Injury Protection (PIP) |
| Pfandgläubigerklausel | Mortgagee Clause |
| Pfandgläubigerversicherung | Mortgagee Insurance |
| Pfandrecht | Lien |
| Pflegschaft | Custodial Care |
| Pflichten | |
| – des Versicherten | Duties of Insured |
| – eines Versicherten bei einer Sach- und Unfallversicherungspolice im Schadensfall | Duties of an Insured in the Event of Loss under Property and Casualty Policy |
| Pflichtversicherung | Compulsory Insurance |
| Piere-, Werften-, Docks- und Gleitbahnenversicherung | Piers, Wharves, Docks, and Slips Insurance |
| Pipelineversicherung | Pipeline Insurance |
| Planmäßiger Höchstbetrag | Scheduled Limit |
| Planmäßiger Versicherungsschutz | Scheduled Coverage |
| Police | Policy |
| –, Freigabe einer verlorenen | Lost Policy Release |
| – für mehrere Standorte | Multiple Location Policy |
| –, Gegliederte | Scheduled Policy |
| –, Höher klassifizierte | Rated up Policy |
| –, Klassifizierte | Rated Policy |
| –, Kurzfristige | Short Term Policy |
| –, Lebenslängliche | Lifetime Policy |
| – mit Wertangabe | Valued Policy |
| –, Nicht gewinnbeteiligte | Nonparticipating Policy |
| –, Nicht übertragbare | Nonassignable Policy |
| – über einen Mindestbetrag | Minimum Amount Policy |
| –, Unbefristete | Open End Policy |
| –, Unkündbare, garantiert erneuerbare | Nonconcellable Guaranteed Renewable Policy |

|  |  |
|---|---|
| Policen für Vermögensgegenstände, die zu treuen Händen (in Kommission) gegeben wurden | In-Trust (On-Consignment) Policies |
| Policenausschlüsse | Exclusions of Policy |
| Policenbedingung | Policy Condition |
| Policenbesitzer | Policyholder |
| Policenbesitzerüberschuß | Policyholder Surplus |
| Policenbestimmungen | Policy Provisions |
| –, Krankenversicherung, Einheitliche | Uniform Policy Provisions, Health Insurance |
| –, Lebensversicherung | Policy Provisions, Life |
| Policendarlehen | Policy Loan |
| Policendatum | Policy Date |
| Policendividende | Policy Dividend |
| Policenerklärung | Policy Declaration |
| Policenersetzung | Policy Replacement |
| Policengebühr | Policy Fee |
| Policenhöchstgrenze | Policy Limit |
| Policeninhaber | Policyowner |
| Policenjahr | Policy Year |
| Policenjahreserfahrung | Policy Year Experience |
| Policenjahrestag | Policy Anniversary |
| Policenkaufoption | Policy Purchase Option |
| Policenlaufzeit | Policy Term |
| Policennennwert | Policy Face |
| Policenprogramm für gewerbliches Eigentum | Industrial Property Policy Program |
| Policenstruktur | Policy Structure |
| Policenumschlag | Policy Jacket |
| Policenzeitraum | Policy Period |
| Pool | Pool |
| Poolbildung | Pooling |
| Poolgebühr | Pooling Charge |
| Portefeuille-Ablauf | Portfolio Runoff |
| Portefeuille-Rückversicherung | Portfolio Reinsurance |
| Postmortale Dividende | Postmortem Dividend |
| Postmortale Planung | Postmortem Planning |
| Postversandversicherung | Mail Order Insurance |
| Postwertzeichen | |
| – für Einschreiben | Registered Mail Insurance |
| – für Einschreiben und Eilsendungen | Registered Mail and Express Mail Insurance |

| | |
|---|---|
| Potentielle Kunden, Ausschau halten nach | Prospecting |
| Prämie | Premium |
| –, Brutto- | Premium, Gross |
| –, Erhöhte | Short Rate Premium |
| –, Erhöhte, kurzfristige Versicherung | Short Rate, Short Term Insurance |
| –, Festgelegte | Fixed Premium |
| –, Finanzierte | Financed Premium |
| –, Geschätzte | Estimated Premium |
| –, Gleichbleibende | Level Premium |
| –, Minimum | Premium, Minimum |
| –, Netto- | Premium, Net (s. a. Premium, Pure) |
| –, Nicht verdiente | Unearnect Premium |
| –, Noch nicht fällige | Deferred Premium |
| –, Rente | Premium, Annuity |
| –, Unverdiente | Premium, Unearned |
| –, Verdiente | Premium, Earned |
| –, Verschwindende (Prämienausgleich) | Vanishing Premium (Premium Offset) |
| –, Vorgezogene | Advance Premium |
| Prämienangleichungsform | Premium Adjustment Form |
| Prämienangleichungsnachtrag | Premium Adjustment Endorsement |
| Prämienart | Premium Mode |
| Prämienberechnung | Premium Computation |
| Prämiendarlehn | Premium Loan |
| Prämieneinlage | Deposit Premium |
| Prämieneinzahlung | Premium Deposit |
| Prämienfestsetzer | Lay Underwriter (s. a. Underwriter, Lay) |
| –, Angestellter | Staff Underwriter |
| Prämienfestsetzung | Rate Making |
| –, Listenmäßige | Rating, Schedule (s. a. Schedule Rating) |
| –, Modifizierte | Modification Rating |
| – nach dem Ermessen | Judgment Rating |
| –, Rückschauende | Rating, Retrospective |
| Prämienfestsetzungsbüro | Rating Bureau |
| Prämienfestsetzungsklausel | Rating Clause |
| Prämienfreie Versicherung | Paid-Up Insurance |
| Prämienfreistellung | Waiver of Premium (WP) |
| – wegen Invalidität | Waiver of Premium for Disability |
| – zugunsten des Zahlers | Waiver of Premium for Payer Benefit |

| | |
|---|---|
| Prämiengebühr | Premium Charge |
| Prämiengegenstand | Subject Premium |
| Prämiengrundlage | Premium Base |
| Prämienhandbuch | Rate Manual |
| Prämienmitteilung | Premium Notice |
| Prämienquittung | Premium Receipt |
| Prämienrabatt | Premium Discount |
| Prämienrabattsystem | Premium Discount Plan |
| Prämienrückerstattung | Premium Refund |
| –, Auf der Schadenserfahrung basierende | Experience Refund |
| Prämienrückstellung zum Ende eines Policenjahres | Terminal Reserve |
| Prämienrückzahlung | Premium Return |
| Prämiensätze | Rates |
| – und Auswahl | Rates and Selection |
| Prämiensteuer | Premium Tax |
| Prämientabellen, Erhöhte | Short Rate Table |
| Prämientarif | Premium Rate |
| Prämienversicherer | Proprietary Insurer |
| Prämienversicherung, Wöchentliche | Weekly Premium Insurance |
| Prämienverzug | Premium Default |
| Prämienvorauszahlung | Prepayment of Premiums |
| Preisgabe und Bergung | Abandonment and Salvage |
| Price-Anderson Gesetz | Price-Anderson Act |
| Priestly ./. Fowler | Priestly v. Fowler |
| Prinzip des großen Schadens | Large Loss Principle |
| Prinzip des kleinen Schadens | Small Loss Principle |
| Privat-Kfz-Police | Personal Automobile Policy (PAP) |
| Private allgemeine Haftpflichtversicherung | Personal Comprehensive Liability Insurance |
| Private Diebstahlversicherung | Personal Theft Insurance |
| –, Breite Form | Broad Form Personal Theft Insurance |
| Private Haftpflichtanspruchsversicherung | Personal Liability Claim Insurance |
| Private Haftungsgefährdungen | Personal Liability Exposures |
| Private Hausratversicherung | Personal Articles Insurance |
| Private nicht-gewerbliche Krankenversicherung | Private Noncommercial Health Insurance |
| Private Pauschalversicherungspolice | Personal Floater Policy |
| Private Pelzversicherung | Personal Furs Insurance |
| Private Schmuckversicherung | Personal Jewelry Insurance |

| | |
|---|---|
| Private Überschußhaftpflichtversicherung | Personal Excess Liability Insurance |
| Private Versicherung | Private Insurance |
| Privates Pensionssystem | Private Pension Plan |
| Privateigentum | Personal Property |
| Privathaftpflichtversicherung | Personal Liability Insurance |
| Privatkatastrophenversicherung | Personal Catastrophe Insurance |
| Privatrechtlicher Vertrag mit dem Gemeinschuldner | Personal Contract |
| Privatrechtschutzversicherung | Personal Legal Expense Liability Insurance |
| Privatunfallkatastrophenrückversicherung | Personal Accident Catastrophe Reinsurance |
| Privatversicherung | Personal Lines |
| Pro Kopf | Per Capita |
| Probe | |
| –, Repräsentative | Sample, Representative |
| –, Stich- | Sample, Random |
| Probezeit | Probationary Period |
| Produktentwicklung | Product Development |
| Produkthaftungskatastrophenrückversicherung | Product Liability Catastrophe Reinsurance |
| Produkthaftungsversicherung | Product Liability Insurance |
| Produktionsertragsversicherung | Manufacturers Output Insurance (MOP) |
| Produktionsversicherung | Manufacturing Insurance |
| Produktrückrufausschluß | Product Recall Exclusion |
| Produktrückrufversicherung | Product Recall Insurance |
| Produktunbeständigkeit | Product Variability |
| Produzent | Producer |
| Prognosefaktoren | Projection Factors |
| Progressiv abnehmender Selbstbehalt | Progressively Diminishing Deductible |
| Progressive Einkommensteuer | Progressive Income Tax |
| Proportionale Rückversicherung | Proportional Reinsurance |
| Proportionale Verteilung | Apportionment |
| Provision | Commission |
| – des Agenten | Agent Commission |
| – für das erste Jahr | First Year Commission |
| –, Gleichbleibende | Level Commission |
| Provisionsrückzahlung | Return Commission |

| | |
|---|---|
| Provisionsversicherung der verkaufenden Agenten | Selling Agents' Commission Insurance |
| Prozentpunkt | Basis Point |
| Prozentuale Beteiligung | Percentage Participation |
| Prozentzuschlagtabellen | Extra Percentage Tables |
| Prüfer | Examiner |
| Prüfungszeitraum (Ansichts-Zeitraum), Freier | Free Examination "Free Look" Period |

## Q

| | |
|---|---|
| Quittung bei verlorener Police | Lost Policy Receipt |
| Quotenrückversicherung | Quota Share Reinsurance |

## R

| | |
|---|---|
| Rabatt für gute Studenten | Good Student Discount |
| Rabattgewährung | Rebating |
| Rabbi-Treuhandvermögen | Rabbi Trust |
| Radio- und Fernsehübertragungsausrüstungs-, Übertragungsleitungs-, Rohrleitungs-, Verkehrsampelversicherung | Radio and Television Transmitting Equipment, Transmission Lines, Pipe Lines, Traffic Lights Insurance |
| Radiumpauschalversicherung | Radium Floater |
| Rahmengesetz über die Haushaltsabstimmung von 1987: Auswirkungen für die Nachlaßplanung | Omnibus Budget Reconciliation Act of 1987: Implications for Estate Planning |
| Rahmenpolice | Master Policy |
| Rahmenvertrag | Master Contract |
| Ranchbesitzerversicherung | Ranchowners Insurance |
| Ratenrückerstattung | Installment Refund |
| Ratenverkaufspauschalversicherung | Installment Sales Floater |
| Raub | Robbery |
| Raubversicherungspolice für das Innere eines Betriebsgeländes | Interior Robbery Policy |
| Rauchklausel | Smoke Clause |
| Rauchschaden | Smoke Damage |
| Rechenschaftsbericht (Versicherungsgesellschaft an Versicherte) | Statement (Insurance Company to Insured) |
| Recht auf sofortige Inbesitznahme (Schenkung) | Present Interest (Gift) |
| Recht des Hinterbliebenen, zu klagen | Survivors Right to Sue |
| Rechtsanspruchversicherung | Title Insurance |

| | |
|---|---|
| Rechtschaffenheit | Equity |
| Rechtsgültige Lebensversicherung | Life Insurance in Force |
| Rechtsgültiger Vertrag | Valid Contract |
| Rechtshemmender Einwand | Estoppel |
| Rechtsschutzversicherung | Legal Expense Insurance |
| Rechtsübergang auf den Versicherer | Subrogation |
| –, Sach- und Unfallversicherung | Subrogation, Property and Casualty Insurance |
| Rechtsungültiger Vertrag | Void Contract |
| Reduzierte Prämienbeitragsklausel | Reduced Rate Contribution Clause |
| Reduzierte prämienfreie Versicherung | Reduced Paid-Up Insurance |
| Regel des einsichtigen Menschen | Prudent Man Rule |
| Regenversicherung | Rain Insurance |
| Regierungsbevollmächtigter für Versicherungen | Superintendent of Insurance |
| Regierungsstaatliche Versicherung | State Government Insurance |
| Regionalbüro | Regional Office |
| Register | Register |
| Regreßverzichtsvereinbarung | Knock-For-Knock Agreement |
| Regulierung in Raten | Installment Settlement |
| Rehabilitation | Rehabilitation |
| Rehabilitationsklausel | Rehabilitation Clause |
| Reihe von Katastrophen | Series of Catastrophes |
| Rein | Pure |
| Reine Kapitalversicherung auf den Erlebensfall | Pure Endowment |
| Reine Rente | Pure Annuity |
| Reine Schadenskostenquote | Pure Loss Cost Ratio |
| Reine Schutzhöhe | Pure Amount of Protection |
| Reine Totalschadenversicherung | Total Loss Only (TLO) Insurance |
| Reiner Zuteilungsversicherungsverein auf Gegenseitigkeit | Pure Assignment Mutual Insurance Company |
| Reines Risiko | Pure Risk |
| Reisefrachtversicherung | Trip Cargo Insurance |
| Reisegepäckversicherung | Tourist Baggage Insurance |
| Reisetransportversicherung | Trip Transit Insurance |
| Reiseunfallversicherung | Travel Accident Insurance |
| Rente | Annuity |
| –, Ausschüttung nicht erschöpfter Prämienzahlungen in Raten | Annuity, Installment Refund |
| –, Barausschüttung nicht erschöpfter Prämienzahlungen | Annuity, Cash Refund |

| | |
|---|---|
| –, Depotschein | Annuity, CD |
| –, Festgelegte | Fixed Annuity |
| –, Gemeinsame | Joint Annuity |
| –, Gemeinsame Leib- | Annuity, Joint Life |
| – mit Ausschüttung nicht erschöpfter Prämienzahlungen in Raten | Installment Refund Annuity |
| – mit Barausschüttung nicht erschöpfter Prämienzahlungen (Pauschalbetragserstattungsrente) | Cash Refund Annuity (Lump Sum Refund Annuity) |
| – mit einer gesicherten Zahl an Auszahlungen | Certain Annuity |
| – mit flexibler Prämie | Flexible Premium Annuity |
| – mit garantierter Anzahl an Auszahlungsjahren | Years Certain Annuity |
| – mit gesicherter Zahl an Auszahlungen | Annuity Certain |
| – mit Rückerstattung nicht erschöpfter Prämienzahlungen | Refund Annuity |
| –, Modifizierte, mit Barausschüttung nicht erschöpfter Prämienzahlungen | Modified Cash Refund Annuity |
| –, Sofort fällige | Immediate Annuity |
| –, Steuern aufschiebende | Annuity, Tax Deferred |
| Rentenalter, Normales | Normal Retirement Age |
| Rentenanalyse | Annuity Analysis |
| Rentenempfänger | Annuitant |
| Rentenform | |
| –, Normale | Normal Annuity Form |
| –, Wahlweise | Optional Annuity Form |
| Rentenformen | Annuity Forms |
| Rentenkaufsystem | Money Purchase Plan |
| Rentenprämie | Annuity Consideration |
| Rentensparsystem, Eingetragenes | Registered Retirement Savings Plan (RRSP) |
| Rententabellen | Annuity Tables |
| Rentenvorhaben, Finanziertes | Funded Retirement Plan |
| Repräsentative Probe | Representative Sample |
| Reproduktionswert | Reproduction Value |
| Res ipsa loquitor | Res Ipsa Loquitor |
| Reserve für Schadensfälle | Claims Reserve |

| | |
|---|---|
| Restbestand, Nicht versicherungsfähiger | Residual Market |
| Respondeat Superior | Respondeat Superior |
| Restinvaliditätseinkommensversicherung | Residual Disability Income Insurance |
| Revision der Lohnbuchhaltung | Payroll Audit |
| Revisionsbericht (Bericht des Rechnungsprüfers, Bericht des Buchprüfers) | Statement of Opinion (Accountants Report, Auditors Report) |
| Rezeptpflichtiges Medikamentenvorhaben | Prescription Drug Plan |
| Risiken | |
| –, Bei zugelassenen Versicherern eines Staates nicht versicherbare | Excess-Surplus Lines (s. a. Surplus Lines) |
| – mehrerer Standorte | Multiple Location Risks |
| Risiko | Risk |
| –, Anomales | Substandard Risk |
| –, Dynamisches | Dynamic Risk |
| –, Hoch geschütztes | Highly Protected Risk |
| –, Körperliches | Hazard, Physical |
| –, Moralisches | Hazard, Morale (s. a. Morale Hazard) |
| –, Nicht versicherbares | Uninsurable Risk |
| –, Nicht versicherfähiges | Prohibited Risk |
| –, Saisonales | Seasonal Risk |
| –, Subjektives | Risk, Subjective (s. a. Hazard, Morale) |
| –, Systematisches | Risk, Systematic |
| – und Beschäftigung | Risk and Occupation |
| – und Chance | Risk and Change |
| Risikoabschätzung | Risk Appraisal |
| Risikoäquivalent | Risk Equivalent |
| Risikoausschluß bei Gebäudeeinsturz | Fallen Building Clause |
| Risikoauswahl | Risk Selection |
| Risikobetrag | Amount at Risk |
| Risikobewertung, Individuelle | Risk Rating, Individual |
| Risikoerfahrungsschadensquote | Risk Experience Loss Ratio |
| Risikofinanzierung | Risk Financing |
| Risikograd | Degree of Risk |
| Risikogruppe | Substandard Group |
| Risikoidentifizierung | Risk Identification |
| – bei Haftpflichtgefährdungen | Risk Identification in Liability Exposures |

| | |
|---|---|
| – bei Vermögensgefährdungen | Risk Identification in Property Exposures |
| Risikoklassifizierung | Risk Classification |
| Risikokontrolle | Risk Control |
| Risikokosten | Cost of Risk (COR) |
| Risikokrankenversicherung (qualifizierte Anomalieversicherung) | Substandard Health Insurance (Qualified Impairment Insurance) |
| Risikolebensversicherung | Substandard Life Insurance |
| Risikomanagement | Risk Management |
| Risikomanager | Risk Manager |
| Risikomessung | Risk Measurement |
| Risikophilosophie | Risk Philosophy |
| Risikoprämienversicherung | Risk Premium Insurance |
| Risikoquellen, Persönliche | Risk Sources, Personal |
| Risikoreduzierung | Risk Reduction |
| Risikos, Grad des | Risk, Degree of |
| Risikostreuung | Risk Spread |
| Risikoträger | Risk Bearer |
| Risikotransfer | Risk Transfer |
| Risikoübernahme | Assumption of Risk (s. a. Risk Assumption) |
| Risikoübernahmeregel | Assumption of Risk Rule |
| Risikovermeidung | Risk Avoidance |
| Risikovertrag | Aleatory Contract |
| Risikozurückbehaltung | Risk Retention |
| Risikozurückbehaltungsgesetz aus dem Jahre 1986 | Risk Retention Act of 1986 |
| Risikozurückbehaltungsgruppe | Risk Retention Group |
| Rolle des Treuhänders, Pensionssysteme | Trustee Role, Pension Plans |
| Rückbelastung | Back Load |
| Rückführung | Recapture |
| – des Versicherungsbestandes | Portfolio Return |
| – von Systemguthaben durch den Arbeitgeber | Recapture of Plan Assets by Employer |
| Rückgang | Setback |
| Rückkauf, Lebensversicherung | Surrender, Life Insurance |
| Rückkaufbarwert | Cash Surrender Value |
| Rückkaufbestimmung, Obligatorische | Nonforfeiture Provision |
| Rückkaufgebühr | Surrender Charge |
| Rückkaufkostenindex | Surrender Cost Index |

## Wörterverzeichnis Deutsch-Englisch

| | |
|---|---|
| Rückkaufkostenmethode | Surrender Cost Method |
| Rückkaufwert | Surrender Value |
| Rückprämie | Return Premium |
| Rückschauende Berechnung | Retrospective Computation |
| Rückschauende Methode der Reservenberechnung | Retrospective Method Reserve Computation |
| Rückschauende Prämie | Retrospective Premium |
| Rückschauende Prämienfestsetzung | Retrospective Rating |
| Rückschauender Plan auf der Grundlage bezahlter Schäden | Paid-Loss Retro Plan |
| Rückstellung | Reserve |
| –, Erlittene, aber nicht gemeldete Schäden | Reserve, Incurred but not Reported Losses |
| – für Mindereinnahmen | Deficiency Reserve |
| – für noch nicht verdiente Prämien | Unearned Premium Reserve |
| – für Prämienmindereinnahmen | Premium Deficiency Reserve |
| –, nicht verdiente Prämie | Reserve, Unearned Premium |
| –, Rückschauende | Reserve, Retrospective |
| –, Schaden- | Reserve, Loss |
| –, Vollständige zunächst befristete | Reserve, Full Preliminary Term |
| –, Vorausschauende | Reserve, Prospective |
| Rückstellungen und ihre Berechnung | Reserves and their Computation |
| Rückstellungsfaktoren | Reserve Factors |
| Rückstellungsmethoden, Modifizierte | Modified Reserve Methods |
| Rückstellungsnormen, Modifizierte | Modified Reserve Standards |
| Rückvergütung, Doppelte | Double Recovery |
| Rückvergütungsgrenze | Limit of Recovery |
| Rückversicherer | Reinsurer |
| –, Professioneller | Professional Reinsurer |
| Rückversichert | Reassured |
| Rückversicherung | Reinsurance |
| –, Automatische | Reinsurance, Automatic |
| –, Carpenter Plan | Reinsurance, Carpenter Plan |
| –, Exzedenten- | Reinsurance, Surplus |
| –, Fakultative | Reinsurance, Facultative (s. a. Facultative Reinsurance) |
| –, Finanzielle | Financial Reinsurance |
| –, Nicht zugelassene | Nonadmitted Reinsurance |
| –, Lebens- | Reinsurance, Life |
| –, Obligatorische | Obligatory Reinsurance |
| –, Proportionale | Proportional Reinsurance |
| –, Poolbildung | Reinsurance, Pooling |

|  |  |
|---|---|
| –, Quoten- | Reinsurance, Quota Share |
| –, Sach- und Unfall-, Unfallkatastrophen- | Reinsurance, Property and Casualty-Casualty Catastrophe |
| –, Schadenüberschußquote | Reinsurance, Excess of Loss Ratio |
| –, Stop-loss- | Reinsurance, Stop Loss |
| –, Übernommene | Reinsurance Assumed |
| –, Überschuß | Reinsurance, Excess |
| –, Verteilte Schadens- | Reinsurance, Spread Loss |
| –, Vorgesehene Versicherungssummen, für die | Surplus Lines |
| Rückversicherungseinrichtung | Reinsurance Facility |
| Rückversicherungsguthaben | Reinsurance Credit |
| Rückversicherungskapazität | Reinsurance Capacity |
| Rückversicherungsklausel | Reinsurance Clause |
| Rückversicherungsmakler | Reinsurance Broker |
| Rückversicherungsprämie | Reinsurance Premium |
| –, Nicht verdiente | Unearned Reinsurance Premium |
| Rückversicherungsreserve (Rückstellung für noch nicht verdiente Prämien) | Reinsurance Reserve (Unearned Premium Reserve) |
| Rückversicherungsverein auf Gegenseitigkeit | Reinsurance Exchange |
| Rückversicherungsvereinigung | Reinsurance Association |
| Rückversicherungsvertrag, Fakultativ obligatorischer | Facultative Obligatory Treaty |
| Rückwärtsversicherungsschutz | Prior Acts Coverage |
| Rückwirkende Haftpflichtversicherung | Retroactive Liability Insurance |
| Rückwirkende Prämienreduzierung | Retroactive Rate Reduction |
| Rückwirkende Umwandlung | Retroactive Conversion |
| Rückwirkende Versicherung | Retroactive Insurance |
| Rückwirkender Zeitraum | Retroactive Period |
| Rückwirkendes Schuldscheinsystem | Retro-Note Plan |
| Rückzahlung der Prämie | Return of Premium |
| Ruhekur | Rest Cure |
| Ruhestandsversicherungsbedarf | Retirement Insurance Needs |

## S

|  |  |
|---|---|
| Sachbeschädigungsnachtrag, Breite Form | Broad Form Property Damage Endorsement |
| Sach- und Haftpflichtversicherung | Property and Liability Insurance |

| | |
|---|---|
| Sach- und Haftpflichtversicherungsplanung | |
| – für Einzelpersonen und Familien | Property and Liability Insurance Planning for Individuals and Families |
| – für Unternehmen | Property and Liability Insurance Planning for Business |
| Sach- und Unfallversicherungsbestimmungen | Property and Casualty Insurance Provisions |
| Sach- und Unfallversicherungsvertrag | Property and Casualty Insurance Contract |
| Sachschaden | Property Damage |
| Sachversicherung | Property Insurance |
| Sachversicherungsschutz | Property Insurance Coverage |
| Sachversicherungsschutzform für Gebäude und bewegliches Vermögen | Building and Personal Property Coverage Form |
| Sachverständigenbüro | Adjustment Bureau |
| Safe-Einbruchversicherung | Safe Burglary Insurance |
| Saisonales Risiko | Seasonal Risk |
| Sammelpolice | Package Policy |
| Sanierungseinkommen | Readjustment Income |
| Satzklausel (Paar- oder Satzklausel) | Set Clause (Pair or Set Clause) |
| Satzungsgemäße Bestimmungen | Statutory Provisions |
| Satzungsmäßig vorgeschriebene Rücklagen | Statutory Reserves |
| Schaden | Loss |
| –, Bestimmter | Definite Loss |
| – durch zusätzliche Lebenshaltungskosten | Additional Living Expense Loss |
| –, Erwarteter | Expected Loss |
| –, Indirekter | Indirect Loss |
| –, Jährlich erwarteter, in Dollar | Annual Expected Dollar Loss |
| –, Persönlicher | Personal Loss |
| Schäden | Losses |
| –, Ausstehende | Losses Outstanding |
| –, Erlittene | Incurred Losses (s. a. Losses Incurred) |
| –, Erlittene, aber nicht gemeldete | Incurred but not Reported Losses |
| –, Zur Vermeidung weiterer bestimmt | Stop Loss |
| Schadenbeitragsstatut | Contribute-to-Loss Statute |

| | |
|---|---|
| Schadenbevorschussung | Advance Payments |
| Schadenersatz | Damages |
| – für nicht in Geld feststellbare Schäden | General Damages |
| – Verschärfter | Exemplary Damages |
| Schadenersatzklausel | Loss Payable Clause |
| Schadenersatzrecht | Tort Law |
| Schadenersatzvertrag | Contract of Indemnity |
| Schadenexzedentenrückversicherung | Excess of Loss Reinsurance |
| Schadenfeuer | Hostile Fire |
| Schadenjahresstatistik | Loss-Year Statistics |
| Schadenregulierer, Havarie | Adjuster, Average |
| Schadenregulierung | Loss Settlement (s. a. Settlement) |
| Schadenregulierungsbetrag | Loss Settlement Amount |
| Schadenregulierungskosten | Claim Expense |
| Schadenregulierungsübereinkommen | Settlement Arrangement |
| Schadensbericht | Claim Report (s. a. Loss Report) |
| Schadensbeteiligung | Contribution |
| Schadensbewertung | Valuation of Loss |
| Schadenselbstbehalt | Loss Retention (s. a. Retention of Loss) |
| Schadensentwicklung | Loss Development |
| Schadensentwicklungsfaktor | Loss Development Factor |
| Schadensereignis | Loss Event |
| Schadenserwartung | Expectation of Loss |
| Schadenshäufigkeit | Loss Frequency |
| Schadenshäufigkeitsmethode | Loss Frequency Method |
| Schadensklausel | Loss Clause |
| Schadenskonstante | Loss Constant |
| Schadenskontrolle | Loss Control |
| Schadenskosten | Cost of Loss |
| Schadensnachweis | Proof of Loss |
| Schadensprävention | Loss Prevention |
| – und -reduzierung | Loss Prevention and Reduction |
| Schadensquote | Loss Ratio |
| –, Angenommene | Assumed Loss Ratio |
| –, Erlittene | Incurred Loss Ratio |
| –, Erwartete | Expected Loss Ratio |
| Schadensquotenmethode | Loss Ratio Method |
| Schadensquotenrückstellungsmethode | Loss Ratio Reserve Method |
| Schadensrate | Loss Rate |

| | |
|---|---|
| Schadensreduzierung | Loss Reduction |
| Schadensregulierer | Claim Adjuster |
| Schadensregulierung, Strukturierte | Structured Settlement |
| Schadensregulierungsausgaben | Loss Adjustment Expense |
| Schadensreserve | Policy Reserve |
| Schadensrückstellungen | Loss Reserves |
| Schadenssachverständiger | Adjuster |
| –, Angestellter | Staff Adjuster |
| –, Öffentlicher | Adjuster, Public |
| –, Personal | Adjuster, Staff |
| –, Unabhängiger | Adjuster Independent (s. a. Indepent Adjuster) |
| Schadensschwere | Loss Severity |
| Schadensteilungsverband | Interinsurance Exchange |
| Schadenstreuung | Spread Loss |
| Schadensübernahme | Loss Assumption |
| Schadensumwandlungsfaktor | Loss Conversion Factor |
| Schadensverlauf | Loss Run |
| Schadensvermeidung | Loss Avoidance (s. a. Probability of Loss) |
| Schadenswahrscheinlichkeit | Chance of Loss |
| Schadenszuteilung, Gemeinsame | Joint Loss Apportionment |
| Schadentrends | Loss Trends |
| Schadenüberschußdeckung | Excess Loss Cover |
| Schadloshaltungsvereinbarungen | Hold-Harmless Agreements |
| Schaffung eines Gegenseitigkeitsverhältnisses | Mutualization |
| Schätzung | Appraisal |
| Schedule Q | Schedule Q |
| Scheinagentur (-vollmacht) | Apparent Agency (Authority) |
| Scheinvollmacht | Apparent Authority |
| Schenkung | Gift |
| – an ein Treuhandvermögen | Gift in Trust |
| Schenkungsteuer | Gift Tax |
| Schichtung | Layering |
| – von Schäden | Stratification of Losses |
| Schiedspruchverfahren | Arbitration |
| – zwischen Gesellschaften | Intercompany Arbitration |
| Schiedspruchverfahrensklausel | Arbitration Clause |
| Schiedsrichter | Umpire |
| Schiff | Vessel |
| Schiffahrtrisikoversicherung | Navigation Risk Insurance |

| | |
|---|---|
| Schiffbauerrisikoversicherung | Builders Risk Hull Insurance |
| Schiffskaskoversicherung | Hull Marine Insurance |
| Schiffsversicherung, Sportboote und Gewerbliche | Ship Insurance, Pleasure Craft and Commercial |
| Schilderpauschalversicherung | Sign Floater Insurance |
| Schirmpolice | Parasol Policy |
| Schlußfinanzierung | Terminal Funding |
| Schlüsselangestellte, Versicherungsvorhaben für | Key Employees, Insurance Plans For |
| Schlüsselarbeitnehmerversicherung | Key Employee Insurance |
| Schlüsselarbeitnehmer (Schlüsselperson) | Key Employee (Key Person) |
| Schlüsselpersonen-Lebens- und Krankenversicherung | Key Person Life and Health Insurance |
| Schlüsselpersonenversicherung | Key Person Insurance |
| Schmuckversicherung | Jewelry Insurance |
| Schuldklausel, Beiderseitige | Bottom To-Blame-Clause |
| Schuldner | Obligor |
| Schuldurkunden in staatlich vorgeschriebener Form | Statutory Bonds |
| Schulgeldversicherung | Tuition Fees Insurance |
| Schuttentfernungsklausel | Debris Removal Clause |
| Schutz | Protection |
| –, Gemeinsamer | Joint Protection |
| Schutzhaftpflichtversicherung | Protective Liability Insurance |
| Schutzkosten | Cost of Protection |
| Schwebende Überweisungen | Float |
| Schwellenniveau | Threshold Level |
| Schwindender Selbstbehalt | Disappearing Deductible |
| Seepolice, Unbewertete | Unvalued Marine Policy |
| Seerechtliche Reederhaftpflichtversicherung | Protection and Indemnity Insurance (P&I) |
| Seerechtliches Verfahren | Admiralty Proceeding |
| Seereiseversicherung | Voyage Policy |
| Seetransportgefährdung | Ocean Marine Exposure |
| Seetransportgüterversicherung | Cargo Marine Insurance |
| Seeversicherung | |
| – für persönliches Eigentum von Passagieren und Mannschaft eines Schiffes | Marine Insurance Officers Protective (s. a. Officers Protective Marine Insurance) |
| Selbstauslese | Self-Selection |
| Selbstbehalt | Deductible (s. a. Retention) |

| | |
|---|---|
| – Aktiver | Active Retention |
| –, Aufgegliederter | Deductible, Split |
| – in Höhe eines Prozentsatzes des Schadens | Percentage-of-Loss Deductible |
| –, Integrierter | Integrated Deductible |
| –, Jährlicher Gesamt- | Deductible, Aggregate Annual |
| –, Korridor | Deductible, Corridor |
| – mit prozentualer Beteiligung | Percentage Participating Deductible |
| – pro Grund | Per Cause Deductible |
| –, Prozentsatz des Schadens | Deductible, Percentage-of-Loss |
| –, Schwindender | Deductible, Disappearing |
| –, Zeitraum | Deductible, Period |
| –, Zugrunde liegender | Underlying Retention |
| –, Zurückgekaufter | Deductible, Buy-Back |
| Selbstbehaltklausel | Deductible Clause |
| Selbstbehaltkorridor | Corridor Deductible |
| Selbstfinanzierung | Self Funding |
| Selbstmordklausel | Suicide Clause |
| Selbstversicherer | Self-Insurer |
| Selbstversicherter Selbstbehalt | Self-Insured Retention (SIR) |
| Selbstversicherung | Self Insurance |
| Selbstversicherungsgesellschaft | Captive Insurance Company |
| Selbstverwaltetes System | Self-Administered Plan |
| Selbstwahl-Sozialzulagensystem | Cafeteria Benefit Plan |
| Sherman Antitrust-Gesetz | Sherman Antitrust Act |
| Sicherheit | Safety |
| Sicherheitsleistung | Appeal Bond |
| – bei Zwangsvollstreckung | Replevin Bond |
| – des Nachlaßverwalters | Administration Bond |
| Sicherheitsleistungen | Official Bonds |
| Sicherheitsrücklage | Contingency Reserve |
| Sicherheitsüberprüfung | Safety Audit |
| Sicherheitsüberschuß | Contingency Surplus |
| Sicherungsübereignungsvertrag | Trust Agreement |
| Simulieren | Malingering |
| Sine Qua Non Regel | Sine Qua Non Rule |
| Solvenz | Solvency |
| Sonderabgabe | Special Charge |
| Sonderprämie, Pauschale | Flat Extra Premium |
| Sonderrechtsnachfolger | Subrosee |
| Sonstige Versicherte | Other Insureds |
| Sonstige Versicherungen | Other Insurance |

|  |  |
|---|---|
| Sorge | Worry |
| Sozialhilfe | Supplemental Security Income (SSI) |
| Sozialversicherung | Social Insurance |
| Sozialversicherungsangleichungsoption | Social Security Adjustment Option |
| Sozialversicherungsausgleich | Social Security Offset |
| Sozialversicherungsgesetz | |
| – aus dem Jahre 1935 | Social Security Act of 1935 |
| –, Hauptabschnitt XIX | Social Security Act, Title XIX |
| Spanne | Margin |
| Sparelement | Savings Element |
| –, Lebensversicherung | Savings Element, Life Insurance |
| Sparkassenlebensversicherung | Savings Bank Life Insurance (SBLI) |
| Sparte | Line |
| Sparten einer Versicherung, Haupt- | Lines of Insurance, Major |
| Spediteur | Common Carrier |
| Spekulationsrisiko | Speculative Risk |
| Spekulativ | Speculative |
| Spesenbeschränkung | Expense Limitation |
| Spesenzuschuß | Expense Reimbursement Allowance |
| Spezialform | Special Form |
| Spezialversicherungspolicen | Special Insurance Policies |
| Speziell ausgeweiteter Versicherungsschutz | Special Extended Coverage |
| Spezielle Gebäudeversicherungsform | Special Building Form |
| Spezielle Versicherungsform für bewegliches Vermögen | Special Personal Property Form |
| Spezielle Vielgefahrenversicherung | Special Multiperil Insurance (SMP) |
| Spezifische Exzedentenrückversicherung | Specific Excess Reinsurance |
| Spezifische Gefahrenversicherung | Specified Peril Insurance |
| Spezifische Versicherung | Specific Insurance |
| Spezifischer Höchstbetrag | Specific Limit |
| Spezifischer Tarif | Specific Rate |
| Spezifischer Überschußvertrag | Specific Excess Contract |
| Spezifischer Versicherungsschutz | Specific Coverage |
| Spezifizierte Krankenversicherungspolice | Specified Disease Policy |
| Spezifizierte Rückversicherung | Specific Reinsurance |
| Sponsor des Systems | Plan Sponsor |
| Sprinklerleckageversicherung | Sprinkler Leakage Insurance |
| Sprinklerschadenversicherung | Sprinkler Damage Insurance |

| | |
|---|---|
| Staat mit freiem Wettbewerb | Open Competition State |
| Staaten mit vorheriger Genehmigung | Prior-Approval States |
| Staatliche Besteuerung von Versicherungen | State Taxation of Insurance |
| Staatliche Krankenversicherung | National Health Insurance |
| Staatliche Lebensversicherung | Government Life Insurance |
| – der Vereinigten Staaten | USGLI |
| Staatliche Tarifaufstellung | State Rate Sheet |
| Staatliche Überwachung und Lenkung | State Supervision and Regulation |
| Staatliche Vereinigungen von Versicherungsagenten | State Associations of Insurance Agents |
| Staatliche Versicherung | Government Insurance |
| Staatliche Versicherungsaufsichtsbehörde | State Insurance Department |
| Staatlicher Agent | State Agent |
| Staatlicher Fonds | State Fund |
| Staatlicher Lebensversicherungsfonds | State Life Fund |
| Staatlicher Tarif | State Rate |
| Staatlicher Versicherungsverein auf Gegenseitigkeit | State Mutual |
| Staatliches Invaliditätssystem | State Disability Plan |
| Staatliches Unpfändbarkeitsstatut | State Exemption Statute |
| Stadthausmehrfachversicherung | Townhouse Multiple Line Insurance |
| Stammaktienbesitz | Common Stock Investments |
| Standard-Berufsunfallversicherung | Standard Workers Compensation Insurance |
| Standardabweichung oder Veränderung | Standard Deviation or Variation |
| Standardbestimmungen, Lebensversicherung | Standard Provisions, Life Insurance |
| Standardbestimmungen, Sach- und Unfallversicherung | Standard Provisions, Property and Casualty Insurance |
| Standardfinanzierungskonto | Funding Standard Account |
| Standardgruppe | Standard Group |
| Standardhöchstgrenze | Standard Limit |
| Standardhypothekenklausel | Standard Mortgage Clause |
| Standardpolice | Standard Policy |
| Standardprämie | Standard Premium |
| Standardrisiko | Standard Risk |
| Standardversicherungsform | Standard Form |

| | |
|---|---|
| Standardversicherungsvertragsbestimmung | Standard Insurance Contract Provision |
| Stapelung | Stacking |
| Stationärer Patient | In-Patient |
| Statisches Risiko | Static Risk |
| Statistik | Statistics |
| Sterbegeldverein mit Umlageverfahren | Assessment Company |
| Sterbeversicherung | Burial Insurance |
| Sterblichkeit | Mortality |
| –, Erwartete | Expected Mortality |
| –, Tatsächliche | Experienced Mortality |
| Sterblichkeitsangleichung | Mortality Adjustment |
| Sterblichkeitsannahme | Mortality Assumption |
| –, Zugrundeliegende | Underlying Mortality Assumption |
| Sterblichkeitsbelastungen | Mortality Charges |
| Sterblichkeitstabelle | Mortality Table (s. a. Table of Mortality) |
| –, Auserwählte | Select Mortality Table |
| –, Äußerste | Ultimate Mortality Table |
| –, Besondere | Special Mortality Table |
| Sterblichkeitsziffer | Mortality Rate |
| –, Nicht aufgegliederte | Crude Death Rate |
| Stetige Leibrente mit garantierter Laufzeit | Life Annuity Certain and Continuous |
| Steueräquivalentes Einkommen | Tax-Equivalent Income |
| Steueraufschiebende Rente | Tax Deferred Annuity (TDA) |
| Steuerbegünstigtes Pensionssystem | Qualified Pension Plan |
| Steuerbegünstigtes Treuhandvermögen mit terminierbarem vermögensrechtlichem Anspruch | Qualified Terminable Interest Property (Q TIP) Trust |
| Steuererleichterungen | |
| – der Lebensversicherung | Tax Benefits of Life Insurance |
| – der Rente | Tax Benefits of Annuity |
| Steuerfreie Übertragung | Tax-Free Rollover |
| Steuerfreier Austausch von Versicherungsprodukten | Tax-Free Exchange of Insurance Products |
| Steuerfreies Einkommen | Tax-Free Income |
| Steuergeschützte Rente | Tax-Sheltered Annuity (TSA) |
| Steuerklassenüberwälzung | Tax Bracket Shifting |
| Steuerlich nicht begünstigtes Vorhaben | Nonqualified Plan |

| | |
|---|---|
| Steuerlicher Veranlagungswert | Tax-Appraised Value |
| Steuermißbrauch | Abusive Tax Shelter |
| Steuermultiplikator | Tax Multiplier |
| Steuerpfandrecht | Tax Lien |
| Steuerpflichtiger Ertragsgegenwert | Taxable-Equivalent Yield |
| Steuerpflichtiges Einkommen | Taxable Income |
| Steuerplanung | Tax Planning |
| Steuerreformgesetz | |
| – aus dem Jahre 1976 | Tax Reform Act of 1976 |
| – aus dem Jahre 1984 | Tax Reform Act of 1984 |
| – aus dem Jahre 1986 | Tax Reform Act of 1986 |
| Steuerstundung | Tax Deferral |
| Steuervorteile eines steuerbegünstigten Systems | Tax Advantages of Qualified Plan |
| Stichhaltige Erwartung | Factual Expectation |
| Stichprobe | Random Sample |
| Stichprobenverfahren, Geschichtetes | Sampling, Stratified Random |
| Stifter | Grantor (s. a. Trustor) |
| Stiftung mit zurückbehaltenem Stiftereinkommen | Grantor-Retained Income Trust (GRIT) |
| Stop-Loss-Bestimmung | Stop Loss Provision |
| Stop-Loss-Gesamtvertrag | Stop Loss Aggregate Contract |
| Stop-Loss-Rückversicherung | Stop Loss Reinsurance |
| Strafe | Penalty |
| Strafrechtliche Verantwortlichkeit | Criminal Liability |
| Straftat | Tort |
| –, Absichtliche | Tort, Intentional |
| –, Unbeabsichtigte | Tort, Unintentional (s. a. Inintentional Tort) |
| –, Verteidigung gegen unbeabsichtigte | Tort, Defense against Unintentional |
| Straßenuhrenpauschalversicherung | Street Clock Floater |
| Streichung | Redlining |
| Streikversicherung | Strike Insurance |
| Streuung auf zinsbringende Finanzmittel | Spread on Interest-Bearing Funds |
| Streuungsplan | Spreadsheet |
| Stromunterbrechungsversicherungsnachtrag | Power Interruption Insurance Endorsement |
| Stromversorgungsversicherung | Power Plant Insurance |
| Sturmversicherung (Sturmwindversicherung) | Storm Insurance (Windstorm Insurance) |

| | |
|---|---|
| Sturmwindgefahr | Windstorm Hazard |
| Sturmwindversicherung | Windstorm Insurance |
| Subjektive Wahrscheinlichkeit | Subjective Probability |
| Subjektives Risiko | Moral Hazard (s. a. Subjective Risk) |
| Subrogation, Verzicht auf | Subrogation, Waiver of |
| Subrogationsfreigabe | Subrogation Release |
| Subrogationsklausel | Subrogation Clause |
| Subrogationsprinzip | Subrogation Principle |
| Supergrit | Supergrit |
| Syndikat | Syndicate |
| Syndikatversicherer | Board Insurer |
| System, Erstrangiges | Primary Plan |
| Systembeendingung | Discontinuance of Plan |
| –, Datum der | Date of Plan Termination |
| –, Teilweise | Partial Plan Termination |
| Systembeendigungsversicherung | Plan Termination Insurance |
| Systemsicherheit | System Safety |
| Systemsicherheitstechnik | Systems Safety Engineering |
| Systemteilnehmer | Plan Participants |
| Systemurkunde | Plan Document |
| Systemverwaltung | Plan Administration |

## T

| | |
|---|---|
| Tabellarische Bewertungsreservenmethode | Tabular-Value Reserve Method |
| Tabellarische Systeme | Tabular Plans |
| Tabellarische Versicherungskosten | Tabular Cost of Insurance |
| Tabellensterblichkeit | Tabular Mortality |
| Tabellenzinssatz | Tabular Interest Rate |
| Taft-Hartley-Gesetz | Taft-Hartley Act |
| Tagesformular (Täglicher Bericht) | Daily Form (Report) |
| Tarif | Rate (s. a. Tariff) |
| Tarifbüroprämie | Bureau Rate |
| Tarifeinstufung | Rating Class |
| Tariffaktoren | Rate Factors |
| Tarifgestaltung nach vorheriger Genehmigung | Prior Approval Rating |
| –, Modifizierte | Modified Prior Approval Rating |
| Tarifsatz | Tariff Rate |
| Täter | Tort Feasor |
| Tätlichkeit | Battery |
| Tatsache, Wesentliche | Material Fact |

| | |
|---|---|
| Tatsächliche Erkrankungsziffer | Experienced Morbidity |
| Tatsächliche Sterblichkeit | Experienced Mortality |
| Tatsächlicher Barwert | Actual Cash Value |
| Tatsächlicher Totalschaden | Actual Total Loss |
| Täuschung, Arglistige | Fraudulent Misrepresentation |
| Taxierter Wert | Assessed Value |
| Teilhaber-Lebens- und -krankenversicherung | Partnership Life and Health Insurance |
| Teilhavarie, Nicht versichert gegen | Free of Particular Average (FPA) |
| Teilinvalidität | Partial Disability |
| Teilnehmer | Participant |
| Teilschaden | Partial Loss |
| Termingeschäfte, An Rückversicherung gebundene | Futures Tied to Reinsurance |
| Territoriale Beschränkungen | Territorial Limits |
| – der Haftpflichtversicherung | Territorial Limits Liability Insurance |
| Territoriale Gruppierung von Risiken | Territorial Grouping of Risks |
| Test für den normalen Durchschnittsmenschen | Reasonable Man Test |
| Testament, Fehlen eines | Intestacy |
| Testamentarisch errichtetes Treuhandvermögen | Testamentary Trust |
| Testamentarische Verfügung | Testamentary Disposition |
| Testamentsvollstrecker | Executor |
| Testamentsvollstreckerin | Executrix |
| Testamentsvollstreckerkaution | Probate Bond |
| Testatorverteilung | Testate Distribution |
| Theaterpauschalversicherung | Theatrical Floater |
| Theorie der Energiefreisetzung (der Unfallverursachung) | Energy-Release Theory (of Accident Causation) |
| Thesaurierungszeitraum | Accumulation Period |
| Ticketpolice | Ticket Policy |
| Tierkrankenversicherung | Animal Health Insurance |
| Tierlebensversicherung | Animal Life Insurance |
| Tochtergesellschaften | Affiliated Companies |
| Tod | Death |
| Todesfalleistung | Death Benefit |
| Todesfalleistungen | |
| –, Behandlung von | Treatment of Death Benefits |
| Todesplanung | Death Planning |
| Todesrate | Death Rate |
| Torrens System | Torrens System |

| | |
|---|---|
| Totalinvalidität | Total Disability |
| Totalschaden | Total Loss |
| –, Konstruktiver | Constructive Total Loss |
| –, Tatsächlicher | Actual Total Loss |
| Traditionelle Gesellschaft | Old Line Company |
| – mit gesetzlicher Rücklage | Old Line Legal Reserve Company |
| Traditionelle Nettokostenmethode des Kostenvergleiches | Traditional Net Cost Method of Comparing Costs |
| Traditionelle Risikorückversicherung | Traditional Risk Reinsurance |
| Träger | Carrier |
| Transportgüterhaftpflichtversicherung | Cargo Liability Insurance |
| Transportgüterversicherung | Cargo Insurance |
| Transportversicherung | Marine Insurance (s. a. Shipping Insurance, Transportation Insurance) |
| Transportversicherungsurkunde | Marine Insurance Certificate |
| Traumatische Verletzung | Traumatic Injury |
| Treueausschluß | Fidelity Exclusion |
| Treuhänder | Fiduciary (s. a. Trustee) |
| –, Beendetes System | Trustee, Terminated Plan |
| –, Fahrlässigkeit | Trustee, Negligence |
| –, Kaution | Trustee, Bond |
| Treuhänderhaftpflichtversicherung | Trustee Liability Insurance |
| Treuhänderischer Aspekt von Versicherungen | Fiduciary Aspect of Insurance |
| Treuhänderkonto | Custodial Account |
| Treuhandfonds, Gemeinsamer | Common Trust Fund |
| Treuhandfondssystem | Trust Fund Plan |
| Treuhandvermögen | Trust |
| – auf Verbandsebene | Multiemployer Trust |
| –, Für Medicaid qualifizierendes | Medicaid Qualifying Trust |
| – vieler Arbeitgeber | Multiple Employer Trust |
| Treuhandvertrag | Trust Indenture |
| Tunnelversicherung | Tunnel Insurance |

## U

| | |
|---|---|
| Überalterung | Obsolescence |
| Übereinstimmung | Concurrency |
| Überfällige Rechnungen | Past Due Accounts |
| Überlappende Versicherung | Overlapping Insurance |
| Überlebensklausel | Survivorship Clause |
| Überlebensoption, Gemeinsame | Joint and Survivor Option |
| Überlebensrente | Survivorship Annuity |

| | |
|---|---|
| –, Einseitige | Reversionary Annuity |
| –, Gemeinsame | Joint Life and Survivorship Annuity |
| –, Qualifizierte Gemeinsame | Qualified Joint and Survivor Annuity |
| Überlebensstatut | Survival Statue |
| Überlebensversicherung | Survivorship Life Insurance |
| –, Gemeinsame | Joint Life and Survivor Insurance |
| Überliegezeit | Demurrage |
| Übernahme | Assumption |
| Übernahmegrenze | Gross Line |
| Übernahmerückversicherung | Assumption Reinsurance |
| Übernahmezertifikat | Assumption Certificate |
| Übernehmen | Assume |
| Überprüfung | Screens |
| Überschallschäden | Sonic Boom Losses |
| Überschuß | Surplus |
| – für die Policenbesitzer | Surplus to Policyholders |
| – pro Risiko-Rückversicherung | Excess per Risk Reinsurance |
| Überschußanteil | Surplus Share |
| Überschußfreigabe | Surplus Release |
| Überschußhöchstbetrag | Excess Limit |
| Überschußkonto | Surplus Account |
| Überschußpolice | Excess Policy |
| Überschußquellen | Sources of Surplus |
| Überschußquote | Surplus Ratio |
| Überschußversicherung | Excess Insurance |
| Überschwemmungsversicherung | Flood Insurance |
| Überseeschutz- und Entschädigungsversicherung | Ocean Marine Protection and Indemnity Insurance |
| Überseeversicherung | Ocean Marine Insurance |
| –, Kriegsrisiken | Ocean Marine Insurance, War Risks |
| Übertragbarkeit | Portability (s. a. Transferability) |
| Übertragung | Vesting |
| –, Aufgeschobene | Vesting, Deferred |
| –, Bedingte | Vesting, Conditional |
| – der Versicherten | Transfer of Insureds |
| – des Risikos | Transfer of Risk |
| – durch Abtretung | Transfer by Assignment |
| – durch Indossament | Transfer by Endorsement |
| –, Sofortige | Vesting, Immediate (s. a. Immediate Vesting) |
| –, Vollständige | Vesting, Full |

| | |
|---|---|
| – von Pensionsansprüchen nach 10 Jahren (Klippe bei der Übertragung von Pensionsansprüchen) | Ten-Year Vesting (Cliff Vesting) |
| Übertretung | Trespass |
| Überversicherung | Overinsurance |
| Üble Nachrede | Slander |
| Übliche, gebräuchliche und vernünftige Gebühren | Usual, Customary and Reasonable Charges (UCR) |
| Übliche und angemessene Gebühr | Customary and Reasonable Charge |
| Übliche und gebräuchliche Gebühr | Usual and Customary Charge |
| Uferklausel | Shore Clause |
| Umfang | Size |
| Umgehungs-Treuhandvermögen | Bypass Trust |
| Umgekehrte Ertragskurve | Inverted Yield Curve |
| Umgewandelter Wert | Commuted Value |
| Umkehrtreuhandverhältnis, Kurzfristiges | Short Term Reversionary Trust |
| Umschlag | Jacket |
| Umwandelbar | Convertible |
| Umwandelbare, befristete Lebensversicherung | Convertible Term Life Insurance |
| Umwandeln | Commute |
| Umwandlung | Commutation |
| – bei erreichtem Alter | Attained Age Conversion |
| – zum ursprünglichen Alter | Original Age Conversion |
| Umwandlungsfaktor für Arbeitnehmerbeiträge | Conversion Factor for Employee Contributions |
| Umwandlungsprivileg | Conversion Privilege |
| Umwandlungsrecht | Commutation Right |
| Umzugsversicherung (für einen Umzugsspediteur) | Moving Insurance (For a Moving Company) |
| Unangemeldeter Besuch (Unaufgeforderte Kundenwerbung) | Cold Call (Cold Canvassing) |
| Unbeabsichtigte Straftat | Unintentional Tort |
| Unbefristete Police | Open End Policy |
| Unbefristete Versicherung | Perpetual Insurance |
| Unbefristeter Versicherungsverein auf Gegenseitigkeit | Perpetual Mutual Insurance Company |
| Unbefugter | Trespasser |

| | |
|---|---|
| Unbeglichene Prämien | Outstanding Premiums |
| Unbeschränkte Haftpflicht | Absolute Liability |
| Unbeschränkter Ehegattenabzug | Unlimited Marital Deduction |
| Unbestreitbarkeitsklausel | Incontestable Clause |
| Unbewertete Seepolice | Unvalued Marine Policy |
| Uneingeschränkte Übertragung | Transfer Absolute |
| Unentziehbares Konto | Vested Account |
| Unerlaubte Rechtsberatung | Unauthorized Practice of Law |
| Unfall | Accident (s. a. Accidental Means Casualty) |
| Unfall- und Erkrankungsversicherung | Accident and Sickness Insurance |
| Unfall- und Krankenversicherung | Accident and Health Insurance |
| Unfallhäufigkeit | Accident Frequency |
| Unfalljahresstatistiken | Accident-Year Statistics |
| Unfallkatastrophe | Casualty Catastrophe |
| Unfallquote | Accident Rate |
| Unfallschwere | Accident Severity |
| Unfalltod- und Verstümmelungsversicherung | Accidental Death and Dismemberment Insurance |
| Unfalltodklausel | Accidental Death Clause |
| Unfalltodleistungen | Accidental Death Benefit |
| Unfalltodversicherung | Accidental Death Insurance |
| Unfallverhütung | Accident Prevention |
| Unfallversicherung | Accident Insurance (s. a. Casualty Insurance) |
| Unfreundliches Feuer | Unfriendly Fire |
| Ungebündelt | Unbundled |
| Ungebündelte Lebensversicherungspolice | Unbundled Life Insurance Policy |
| Ungewisses Ereignis | Contingency |
| Ungezieferausschluß | Vermin Exclusion |
| Unglücksklausel | Disaster Clause |
| Universelle Lebensversicherung | Universal Life Insurance |
| – II | Universal Life II |
| Universelle Variable | Universal Variable |
| Universelle variable Lebensversicherung | Universal Variable Life Insurance |
| Unkosten, Erwartete | Expected Expenses |
| Unkostenanteil | Expense Ratio |
| –, Erwarteter | Expected Expense Ratio |
| Unkostenbelastung | Expense Loading |

| | |
|---|---|
| Unkündbare, garantiert erneuerbare Police | Noncancellable Guaranteed Renewable Policy |
| Unkündbare Krankenversicherung | Noncancellable Health Insurance |
| Unlautere Anspruchspraxis | Unfair Claims Practice |
| Unlauterer Wettbewerb | Unfair Trade Practice |
| Unmittelbare Leibrente | Straight Life Annuity |
| Unmittelbare Selbstbehaltklausel | Straight Deductible Clause |
| Unmittelbare Ursache | Proximate Cause |
| Unsystematisches Risiko | Risk, Unsystematic |
| Untätige Verlustregeln | Passive Loss Rules |
| Unterdurchschnittlich | Substandard |
| Untergrenze | Basic Limit |
| Untergrenzen | Sublimits |
| Unterhaltsberechtigter | Dependent |
| Unterhaltsfondsklausel | Spendthrift Trust Clause |
| Unterhaltung einer Gefahrenstelle | Maintaining a Nuisance |
| Unterlassungen | Omissions |
| Unternehmens- und Privatsachversicherungsform | Business and Personal Property Coverage Form (BPPCF) |
| Unternehmensfertigungsgemeinkostenversicherung | Business Overhead Expense Insurance |
| Unternehmensgruppe | Fleet of Companies |
| Unternehmenshaftpflichtversicherung | Business Liability Insurance |
| Unternehmenskrankenversicherung | Business Health Insurance |
| Unternehmenslebens- und -krankenversicherung | Business Life and Health Insurance |
| Unternehmenslebensversicherung | Business Life Insurance |
| Unternehmensorganisation | Company Organization |
| Unternehmenssach- und -haftpflichtversicherungspaket | Business Property and Liability Insurance Package |
| Unternehmenssparte | Line of Business |
| Unternehmensversicherung | Business Insurance |
| Unternehmerkaution | Contract Bond |
| Unterrichtsversicherungsform | Tuition Form |
| Unterschlagung | Conversion |
| Unterstellte Fahrlässigkeit | Presumed Negligence |
| Untersuchtes Geschäft | Examined Business |
| Untersuchung | Examination (s. a. Inspection) |
| Untersuchungsbericht | Inspection Report |
| Unterversicherung | Underinsurance |
| Untreue eines Arbeitnehmers | Employee Dishonesty |

| | |
|---|---|
| Untreue-, Schwund- und Zerstörungs-Police (3-D-Police) | Dishonesty, Disappearance, and Destruction Policy ("3-D" Policy) |
| Untreueausschluß | Infidelity Exclusion |
| Unumschränkte Vollmacht | Discretionary Authority |
| Unverfallbarkeit | Nonforfeitability |
| – der erweiterten befristeten Versicherungsleistung | Nonforfeiture Extended Term Benefit |
| – der Rückkaufbarwertleistung | Nonforfeiture Cash Surrender Benefit |
| – einer reduzierten beitragsfreien Leistung | Nonforfeiture Reduced Paid-Up Benefit |
| Unverfallbarkeitswerte | Nonforfeiture Values |
| Unvorhergesehene Ausgaben | Contingencies |
| Unwiderruflich | Irrevocable |
| Unwiderruflicher Begünstigter | Irrevocable Beneficiary |
| Unwiderrufliches Treuhandvermögen | Irrevocable Trust |
| – zu Lebzeiten des Verfügungsberechtigten | Irrevocable Living Trust |
| Unzulässige Aktiva | Nonadmitted Assets |
| Ursprüngliches Alter | Original Age |
| Urteil | Judgment |

## V

| | |
|---|---|
| Vandalismusnachtrag | Vandalism Endorsement |
| Variable Dollarrente | Variable Dollar Annuity |
| Variable Lebensversicherung | Variable Life Insurance |
| – mit flexibler Prämie | Flexible Premium Variable Life |
| Variable Renten | Variable Annuities |
| Variable universelle Lebensversicherung | Variable Universal Life |
| Variables Leistungssystem | Variable Benefit Plan |
| Variables Limit | Variable Limit |
| Veranlagungssystem | Assessment Plan |
| Veranlagungszeitraum | Assessment Period |
| Veranlassung, Pensionssysteme einzurichten | Inducement to Establishment of Pension Plans |
| Verantwortlichkeit, Strafrechtliche | Liability, Criminal |
| Verbandsebenensystem | Multiemployer Plan |
| Verbandsgruppe | Association Group |
| Verbandsgruppenversicherung | Association Group Insurance |
| Verbandsversicherer | Bureau Insurer |

| | |
|---|---|
| Verbesserungen und Wertzuwachs der Mieter | Tenants Improvements and Betterments |
| Verbesserungs- und Wertzuwachsversicherung | Improvements and Betterments Insurance |
| Verbindlichkeit | |
| – aus vorangegangenen Dienstjahren | Past Service Liability |
| – aus vorangegangenen Dienstjahren – Beginn | Past Service Liability – Initial |
| Verbindlichkeiten: Lebensversicherungsgesellschaften | Liabilities: Life Insurance Companies |
| Verbrechensnachtrag, Umfassender | Comprehensive Crime Endorsement |
| Verbrechensversicherung | Crime Insurance |
| –, Geschäftliche | Business Crime Insurance |
| Verbundene Sparten | Allied Lines |
| Verbürgter Agent | Agent of Record |
| Verbürgter Makler | Broker of Record |
| Verdiente Nettoverzinsung | Net Interest Earned |
| Verdiente Prämie | Earned Premium |
| Verdienter Überschuß | Earned Surplus |
| Verdoppelung der Gefährdungseinheiten | Duplication of Exposure Units |
| Verdoppelung der Leistungen | Duplication of Benefits |
| Verdrehung | Twisting |
| Verein auf Gegenseitigkeit, Einen, mit Aktien aufstocken | Stocking a Mutual |
| Vereinbarte Betragsform | Agreed Amount Form |
| Vereinbarung | Agreement |
| – zwischen einem Serviceanbieter und einem Versicherer | Service Insurer Agreement |
| Vereinfachte Arbeitnehmerpension | Simplified Employee Pension (SEP) |
| Vereinfachte Geschäftssportenportefeuillepolice | Simplified Commercial Lines Portfolio Policy (SCLP) |
| Vereinfachte gewerbliche Geschäftssportenportefeuillepolice | SCLP |
| Vereinfachte Verdienstform | Simplified Earnings Form |
| Vereinheitlichte Bestimmungen | Uniform Provisions |
| Vereinigte Staaten ./. The South-Eastern Underwriters Association | United States v. The South-Eastern Underwriters Association |
| Vereinigung | Association |
| – von Versicherern | Underwriters Association |

| | |
|---|---|
| Verfahren | Mode |
| Verfall | Lapse |
| Verfallene Police | Lapsed Policy |
| Verfallsrate | Lapse Ratio |
| Vergeltungsgesetze | Retaliation Laws |
| Vergeltungsprämiensteuern | Retaliatory Premium Tax |
| Vergleichsvereinbarung | Settlement Agreement |
| Vergünstigungsklausel allein für die Ersthypothek | Noncontribution Mortgage Clause |
| Verhältnis zwischen Risiko und Chance | Relationship between Risk and Chance |
| Verhältnisklausel | Average Clause |
| Verkäufer | Sales Representative |
| Verkaufspreisklausel | Selling Price Clause |
| Verlängerbare befristete Krankenversicherung mit gleichbleibender Prämie | Level Premium Renewable Term Health Insurance |
| Verlängerungsprovision | Renewal Commission |
| Verletzung | |
| –, Nicht zur Erwerbsunfähigkeit führende | Nondisabling Injury |
| –, Persönliche | Personal Injury |
| –, Selbst beigebrachte | Self-Inflicted Injury |
| – von allen Dingen unabhängige | Injury Independent of all other means |
| Verletzungseintrittstheorie | Occurrence/Injury Theory |
| Verletzungsoffenbarungstheorie | Manifestation Injury Theory |
| Verleumdung | Libel |
| Verleumdungsversicherung | Libel Insurance |
| Vermeidung | Avoidance |
| Verminderung des Kapitals | Impairment of Capital |
| Vermischter Treuhandfonds | Commingled Trust Fund |
| Vermittler | Intermediary |
| Vermittlungsagent | Soliciting Agent |
| Vermittlungsangebot | Soliciting Offer |
| Vermögen | Property |
| –, Nicht versicherbares | Uninsurable Porperty |
| – und Bewertung | Assets and Valuation |
| Vermögensanteilwert | Asset Share Value |
| Vermögensbildung für Jugendliche | Juvenile Estate Builder |
| Vermögenskatastrophe | Property Catastrophe |
| Vermögensverwaltung, Für einen Verschwender eingesetzte | Spendthrift Trust |

| | |
|---|---|
| Vermögenswert | Asset |
| Vermögenswertminderungsversicherung | Property Depreciation Insurance |
| Vernachlässigung | Neglect |
| Verpflichtung | |
| – eines Versicherten nach einem Schaden | Insured's Obligation after Loss |
| – zur Schadensvergütung | Claim, Obligation to Pay |
| – zur Sicherheitsleistung | Injunction Bond |
| Verpflichtungserklärung | Bond |
| Verrechnungsansatz | Offset Approach |
| Verringerung des Alters | Age Setback |
| Versagensmodus und Wirkungsanalyse | Failure Mode and Effect Analysis |
| Versagerhilfeversicherung | Lemon AID Insurance |
| Versäumnisklausel | Omissions Clause |
| Versäumnisurteil | Judgment By Default |
| Verschachtelung | Pyramiding |
| Verschleißausschluß | Wear and Tear Exclusion |
| Verschlimmertes Risiko (Anomales Risiko) | Impaired Risk (Substandard Risk) |
| Verschmutzungsausschluß | Pollution Exclusion |
| Verschweigen | Concealment |
| Versehrtenunterstützung bei Gliederverlust | Dismemberment Benefit |
| Versicherbarer Wert | Insurable Value |
| Versicherbares Interesse | Insurable Interest |
| Versicherbares Interesse: Lebensversicherung | Insurable Interest: Life Insurance |
| Versicherbares Interesse: Sach- und Unfallversicherung | Insurable Interest: Property and Casualty Insurance |
| Versicherbares Risiko | Insurable Risk |
| Versicherbarkeit | Insurability |
| Versicherer | Insurer |
| –, Autorisierter | Authorized Insurer |
| – auf Aktien | Stock Insurer |
| – auf Gegenseitigkeit | Reciprocal Insurer |
| –, Erstrangiger | Primary Insurer |
| –, Gemeinnütziger | Nonprofit Insurer |
| –, Inländischer | Domestic Insurer |
| –, Lebens- | Underwriter, Life |
| –, Nicht autorisierter | Unauthorized Insurer |

| | |
|---|---|
| –, Nicht zugelassener | Nonadmitted Insurer |
| –, Unabhängiger | Independent Insurer |
| Versichererfinanzen: Lebens- und Kranken-, Sach- und Unfallversicherung | Insurer Finances: Life and Health, Property and Casualty |
| Versicherersyndikat | Underwriter Syndicate |
| Versichern | Write |
| Versicherte Gefahr | Insured Peril |
| Versicherten-Status, Gegenwärtiger | Currently Insured Status |
| Versicherter | Insured |
| –, Benannter | Insured, Named (s. a. Named Insured) |
| Versichertes Gelände | Insured Premises |
| Versicherung | Insurance |
| – auf den zweiten Tod | Second Death Insurance |
| – auf Gegenseitigkeit | Assessment Insurance |
| –, Beitragspflichtige | Contributing Insurance |
| –, Breite Form | Broad Form Insurance |
| – der Ausrüstung von Ärzten und Chirurgen | Physicians and Surgeons Equipment Insurance |
| – der ersten Partei | First Party Insurance |
| – der landwirtschaftlichen Ausrüstung | Agricultural Equipment Insurance |
| – der Richtigkeit der gemachten Angaben | Affirmative Warranty |
| – des Grundstückes gegen Zahlungen für medizinische Leistungen | Premises Medical Payments Insurance |
| – des Sehvermögens | Vision Care Insurance |
| – des Verfrachters gegen radioaktive Verseuchung | Shippers Radioactive Contamination Insurance |
| – einer Versicherungsgesellschaft auf Aktien | Stock Company Insurance |
| –, Erstrangige | Primary Insurance |
| –, Erweiterte befristete | Extended Term Insurance |
| –, Finanzierte | Financed Insurance |
| – für abgeschlossene Arbeiten | Completed Operations Insurance |
| – für das Fahren des Fahrzeuges eines anderen | Drive Other Car Insurance (DOC) |
| – für die Weiterverarbeitung von Waren | Stock Processing Insurance |
| – für die Zahlung medizinischer Behandlungskosten anderer | Medical Payments to Others Insurance |

| | |
|---|---|
| – für ein besonderes Risiko | Special Risk Insurance |
| – für einen zusammengehörigen Satz oder ein Paar | Matched Set or Pair Insurance |
| – für gepanzerte Fahrzeuge und Boten | Armored Car and Messenger Insurance |
| – für gutgläubige Kreditgeber | Lenders Holder-In-Due-Course Insurance |
| – für Händler von Betriebseinrichtungen | Equipment Dealers Insurance |
| – für Händler von Kameras und Musikinstrumenten | Camera and Musical Instruments Dealers Insurance |
| – für Neon- und fluoreszierende Schilder | Neon and Fluorescent Sign Insurance |
| – für Produkte und abgeschlossene Arbeiten | Products and Completed Operations Insurance |
| – für selbständige Unternehmer | Independent Contractors Insurance |
| – für Wasserfahrzeuge, die nicht Eigentum sind | Watercraft Nonowned Insurance |
| – gegen Aufruhr und bürgerliche Unruhen | Riot and Civil Commotion Insurance |
| – gegen das Gewicht von Eis, Schnee oder Hagel | Weight of Ice, Snow, or Sleet Insurance |
| – gegen die Beendigung eines Pensionssystems | Pension Plan Termination Insurance |
| – gegen die radioaktive Verseuchung von Lkw-Fracht | Motor Truck Cargo Radioactive Contamination Insurance |
| – gegen materiellen Schaden | Physical Damage Insurance |
| – gegen nicht versicherte Fahrzeuglenker | Uninsured Motorist Coverage |
| – gegen physische Kfz-Beschädigung | Automobile Physical Damage Insurance |
| – gegen radioaktive Verseuchung | Radioactive Contamination Insurance |
| – gegen Schwerstkrankheiten | Dread Disease Insurance |
| – gegen Vandalismus und böswillige Beschädigung | Vandalism and Malicious Mischief Insurance |
| – gegen zusätzliche Lebenshaltungskosten | Additional Living Expense Insurance |
| – gegenüber dem Wert | Insurance to Value |
| –, Gemeinsame | Joint Insurance |
| –, Gewöhnliche, mit monatlicher Kontenbelastung | Monthly Debit Ordinary Insurance (MDO) |
| –, Klassifizierte | Classified Insurance |

| | |
|---|---|
| –, Letzte (Mindesteinlagenversicherung) | Final Insurance (Minimum Deposit Insurance) |
| – mit gleichbleibender Bedingung | Level Term Insurance |
| – mit gleichbleibender Prämie | Level Premium Insurance |
| –, Nicht Gewinnbeteiligte | Nonparticipating Insurance |
| – noch nicht verdienter Prämien | Unearned Premium Insurance |
| – ohne Zuschlag | No Load Insurance |
| – politischer Risiken | Political Risk Insurance |
| –, Übereinstimmende | Concurrent Insurance |
| –, Unbefristete | Perpetual Insurance |
| – und Gesellschaft | Insurance and Society |
| – unterschiedlicher Zustände | Difference in Conditions Insurance |
| – von als Darlehnssicherheit fungierender Handelsware | Floor Plan Insurance |
| – von Gegenständen des persönlichen Gebrauchs | Personal Effects Insurance |
| – wertvoller Dokumente (Unterlagen) | Valuable Papers (Records) Insurance |
| – zur Zahlung medizinischer Leistungen | Medical Payments Insurance |
| Versicherungsagent | Insurance Agent (s. a. Insurance Solicitor) |
| Versicherungsaufsichtsbehörde | Insurance Department |
| Versicherungsausführungsinformationssystem | Insurance Regulatory Information System (IRIS) |
| Versicherungsbedürfnisse, Persönliche | Personal Insurance Needs |
| Versicherungsbörse | Insurance Exchange |
| Versicherungsfelder | Insurance Fields |
| Versicherungsform für Gewinne und Kommissionen | Profits and Commissions Form |
| Versicherungsformen für mehrere Standorte | Multiple Location Forms |
| Versicherungsformular | Insurance Form |
| Versicherungsgeschäfte ausüben | Transacting Insurance |
| Versicherungsgesellschaft (Versicherer) | Insurance Company (Insurer) |
| – auf Aktien | Stock Insurance Company |
| –, Wahl einer | Insurance Company, Choosing an |
| Versicherungsgesellschaftsübergreifende Ansprüche | Interinsurance Company Claims |
| Versicherungsgewinn (-verlust) | Underwriting Gain (Loss) |
| Versicherungsgruppe | Insurance Company Fleet |

| | |
|---|---|
| Versicherungshöchstgrenze, Oberhalb der | Over Line |
| Versicherungskosten | Cost of Insurance |
| Versicherungsmakler | Insurance Broker |
| Versicherungsmathematisch | Actuarial |
| Versicherungsmathematik | Actuarial Science |
| Versicherungsmathematiker | Actuary |
| –, Eingeschriebener | Actuary Enrolled (s. a. Enrolled Actuary) |
| Versicherungsmathematische Anpassung | Actuarial Adjustment |
| Versicherungsmathematische Gewinne und Verluste | Actuarial Gains and Losses |
| Versicherungsmathematische Kostenmethoden | Actuarial Cost Methods |
| Versicherungsmathematische Prämie | Actuarial Rate |
| Versicherungsmathematischer Berater | Actuarial Consultant |
| Versicherungsmathematisches Äquivalent | Actuarial Equivalent |
| Versicherungsnehmer | Assured |
| Versicherungsordnung des Staates New York | New York Insurance Code |
| Versicherungspolice | Insurance Policy |
| Versicherungspool | Insurance Pool |
| Versicherungsprofit (-verlust) | Underwriting Profit (Loss) |
| Versicherungsprüfer | Insurance Examiner |
| Versicherungsrente, Bei Pensionierung ausgezahlte | Retirement Annuity |
| Versicherungsrisiko | Insurance Risk |
| Versicherungsschutz | Coverage |
| – ab dem ersten Dollar | First-Dollar Coverage |
| – für verschiedenartige Fahrzeuge | Miscellaneous Vehicles Coverage |
| – für die Wohnung | Dwelling Coverage |
| – für Unterhaltsberechtigte | Dependent Coverage |
| –, Gefahr | Coverage, Peril |
| – gegen beitragende Bedingungen | Contributing Properties Coverage |
| –, Individual- | Coverage, Individual |
| – mit getrennten Limits | Split Limits Coverage |
| –, Planmäßiger | Schedule Coverage |
| –, Sach- | Coverage, Property |
| –, Standort | Coverage, Location |

| | |
|---|---|
| –, Verlängerter | Tail Coverage |
| Versicherungsschutzform für die Wohnung | Dwelling Form |
| Versicherungssystem für sichere Fahrer | Safe Driver Plan |
| Versicherungstarif | Insurance Rate |
| Versicherungsträger | Insurance Carrier |
| Versicherungsumfang, Festlegung des | Insuring Clause |
| Versicherungsverein auf Gegenseitigkeit | Mutual Insurance Company (s. a. Reciprocal Insurance Exchange) |
| –, Unbefristeter | Perpetual Mutual Insurance Company |
| Versicherungsvereinbarung | Insuring Agreement |
| –, Berufsunfall- und Arbeitgeberhaftpflichtversicherung | Insuring Agreement, Workers Compensation and Employers Liability |
| –, Besondere | Rider |
| –, Besondere, für eine ungültige Garantieleistung | Superseded Suretyship Rider |
| –, Besondere, Lebensversicherungspolicen | Riders, Life Policies |
| –, Feuerversicherung | Insuring Agreement, Fire |
| –, Haftpflichtversicherung | Insuring Agreement, Liability |
| –, Kraftfahrzeugpolicen | Insuring Agreement, Automobile Policies |
| –, Sach- und Unfallversicherungspolice | Insuring Agreement, Property and Casualty Policy |
| Versicherungsverhältnisse, Fortsetzung der | Renewals |
| Versicherungsverordnung | Insurance Regulation |
| Versicherungsvertrag | Contract of Insurance (s. a. Insurance Contract) |
| –, Allgemein | Insurance Contract, General |
| –, Krankenversicherung | Insurance Contract Health |
| –, Lebensversicherung | Insurance Contract, Life |
| –, Sach- und Unfallversicherung | Insurance Contract, Property and Casualty |
| Versicherungsvorhaben für Schlüsselangestellte | Insurance Plans for Key Employees |
| Versicherungsvorschlag per Telegramm | Telegram Proposal of Insurance |
| Versicherungszertifikat | Certificate of Insurance |

Verteidigung
- einer Klage gegen den Versicherten   Defense of Suit against Insured
- gegen unbeabsichtigte Straftat   Defense against Unintentional Tort
Verteidigungsklausel   Defense Clause
Verteidigungskosten   Defense Costs
Verteidigungskostenversicherung   Tender Offer Defense Expense
  bei Übernahmeangebot   Insurance
Verteilbarer Überschuß   Divisible Surplus
Verteilte Schadendeckung   Spread Loss Cover
Verteilte Schadenrückversicherung   Spread Loss Reinsurance
Verteilung
- durch die lebende Hand   Distribution By Living Hand
- ohne letztwillige Verfügung   Intestate Distribution
-, Proportionale   Apportionment
- von Vermögen bei Tod   Distribution of Property at Death of
  des Besitzers   Owner
Verteilungsklausel   Distribution Clause
Verteilungsregeln bei Nicht-Überein-   Nonconcurrent Apportionment Rules
  stimmung der den gleichen Ge-
  genstand versichernden Policen
Vertrag   Contract
-, Anfechtbarer   Voidable Contract
-, Einseitiger   Unilateral Contract
-, Erster zur Festlegung maximalen   First Surplus Treaty
  Selbstbehalts
- von äußerst gutem Glauben   Contract of Utmost Good Faith
- von höchster Redlichkeit   Uberrimae Fidei Contract
-, Wahlweise erneuerbarer   Optionally Renewable Contract
Vertragliche Gewährleistung für   Expressed Warranty
  zugesicherte Eigenschaften
Vertragliche Haftung   Contractual Liability
Vertragsänderung   Modification of Contract
Vertragsaufhebung   Recission
Vertragsbeginn und   Contract Inception and Time of Loss
  Schadenszeitpunkt
Vertragsbruch   Breach of Contract
Vertragsgemäß   Conditional
Vertragsinhaber   Contract Holder
Vertragsprämiengesellschaft   Stipulated Premium Company
Vertragsprämienversicherung   Stipulated Premium Insurance
Vertragsspediteur   Contract Carrier
Vertragsteilbarkeitsklausel   Divisible Contract Clause

| | |
|---|---|
| Vertrauensarzt | Medical Examiner |
| Vertrauensniveau | Confidence Level |
| Vertreter | Representative |
| –, des Fahrzeughalters abdeckende Versicherungsklausel | Omnibus Clause |
| Vertriebsrepräsentant | Marketing Representative |
| Veruntreuung | Embezzlement |
| Verwaltungsagentur | Administering Agency |
| Verwaltungsgebühr | Administrative Charge |
| Verwaltungsrecht | Administrative Law |
| Verwaltungsversicherungsschutz für Unterhaltsberechtigte | Dependent Administration Coverage |
| Verwechslung von Gütern | Confusion of Goods |
| Verwendung des Prämienerlöses zur Erhöhung der Versicherungssumme | Paid-Up Additions |
| Verwirkung | Forfeiture |
| – übertragener Leistungen | Forfeiture of Vested Benefits |
| Verzeichnis ablaufender Policen | Expiration File |
| Verzicht | Waiver |
| – auf die Inventarverzeichnisklausel | Waiver of Inventory Clause |
| – auf die Subrogationsrechteklausel | Waiver of Subrogation Rights Clause |
| – auf eine Wiederherstellungsprämie | Waiver of Restoration Premium |
| – auf Schadenersatz bei Kollisionsschäden | Collision Damage Waiver |
| –, zu leisten | Waive |
| Verzinsung | Yield Rate |
| Verzögerung | Lag |
| Verzögerungsklausel | Delay Clause |
| Veteranengruppenlebensversicherung | Veterans Group Life Insurance (VGLI) |
| Viehsterblichkeits-(Lebens)versicherung | Livestock Mortality (Life) Insurance |
| Viehtransportversicherung | Livestock Transit Insurance |
| Viehversicherung | Livestock Insurance |
| Vielgefahrenversicherung | Multiple Peril Insurance |
| Vierfache Entschädigung | Quadruple Indemnity |
| 403 (b) Plan | 403 (b) Plan |
| 401 (k) Plan | 401 (k) Plan |
| Vis Major | Vis Major |
| Volkswirtschaftstheorie nach Keynes | Keynesian Economics |
| Vollmacht | Certificate of Authority |

| | |
|---|---|
| – des Agenten | Agent's Authority |
| – durch schlüssiges Verhalten erteilte | Agency by Estoppel |
| –, ein System zu beenden | Authority to Terminate Plan |
| –, Implizite | Implied Autority |
| Vollständig einbezahlte Police | Fully Paid Policy |
| Vollständige Berichterstattungsklausel | Full Reporting Clause |
| Vollständige Bewertungsrückstellung | Full Valuation Reserve |
| Vollständige Transportversicherungsklausel | Warehouse-To-Warehouse Clause |
| Vollständige Übertragung | Full Vesting |
| Vollständige zunächst befristete Rückstellungsbewertung | Full Preliminary Term Reserve Valuation |
| Vollständiger Versichertenstatus | Fully Insured Status |
| Vollständiger Versicherungsschutz | Full Coverage |
| Vollständiger zunächst befristeter Rückstellungsplan | Full Preliminary Term Reserve Plan |
| Vorausbezahlte Rechtsschutzversicherung | Prepaid Legal Insurance |
| Vorausbezahltes Gruppenpraxispaket | Prepaid Group Practice Package |
| Vorausschauende Berechnung | Prospective Computation |
| Vorausschauende Bewertung | Prospective Valuation |
| Vorausschauende Erfahrungsbeurteilung | Prospective Experience Rating |
| Vorausschauende Prämienfestsetzung | Prospective Rating |
| Vorausschauende Rückstellung | Prospective Reserve |
| Vorauswahl des Versicherten | Preselection of Insured |
| Vorauszahlung | Prepayment |
| Vorbedingungen | Conditions for Qualification |
| Vorbehaltlose Schenkung | Gift Outright |
| Vorderseite | Face |
| Vorfinanziertes Pensionssystem | Advanced Funded Pension Plan |
| Vorfinanzierung | Advance Funding |
| Vorhaben | |
| – für befristete, nicht beschäftigungsbezogene Arbeitsunfähigkeit | Temporary Nonoccupational Disability Plan |
| – mit sofortiger Teilnahmegarantie | Immediate Participation Guarantee Plan (IPG) |
| – über einen gerechten Zugang zu Versicherungserfordernissen (FAIR Plan) | Fair Access to Insurance Requirements (FAIR) Plan |
| Vorherige Genehmigung, Modifizierte | Modified Prior Approval |
| Vorhersagbarkeit | Predictability |

| | |
|---|---|
| Vorhersehbarer Höchstschaden | Maximum Foreseeable Loss (MFL) |
| Vorkalkuliertes Leistungssystem | Target Benefit Plan |
| Vorläufige Deckungszusage | Binder |
| Vorläufige(r) Prämie(ntarif) | Provisional Premium (Rate) |
| Vorläufiger Zeitraum | Preliminary Term |
| Vorrang | Primacy |
| Vorruhestand | Early Retirement |
| Vorschlag 103: Kalifornien | Proposition 103: California |
| Vorschriften bezüglich der Rückstellungen für Eventualverbindlichkeiten | Reserve Liabilities Regulation |
| Vorschuß Gesamtlebensrente | Whole Life Annuity Due |
| Vorschußkonto | Imprest Account |
| Vorschußprämie | Premium Advance |
| Vorschüssige Leibrente | Life Annuity Due |
| Vorschüssige Rente | Annuity Due |
| Vorsorge | Preventive Care |
| Vorspiegelung falscher Tatsachen | False Pretense |
| Vorteil | Boot |
| Vorübergehende Teil- oder Totalinvalidität | Temporary Partial, Total Disability |
| Vorzeichnung (Vorzeichnungsgesellschaft) | Fronting (Fronting Company) |
| Vorzeichnungsgesellschaft | Fronting Company |
| Vorzeitige Abschreibung | Accelerated Depreciation |
| Vorzugsbegünstigtenklausel | Preference Beneficiary Clause |

## W

| | |
|---|---|
| Wachstum des Vermögens | Growth of Assets |
| Wahlmöglichkeit | |
| – bei den Auszahlungsmodalitäten | Optional Modes of Settlement |
| – bei den Leistungen | Optional Benefits |
| – bei der Schadenregulierung, Lebensversicherung | Settlement Options, Life Insurance |
| – bei der Schadenregulierung, Sach- und Unfallversicherung | Settlement Options, Property and Casualty Insurance |
| Wahlrecht hinsichtlich der Auszahlungsmodalitäten | Option |
| Wahrscheinlicher Höchstschaden | Maximum Probable Loss (MPL) [s.a. Probable Maximum Loss (PML)] |
| Wahrscheinlichkeit | Probability |
| Wahrscheinlichkeitstheorie | Theory of Probability |

| | |
|---|---|
| Wahrscheinlichkeitsverteilung | Probability Distribution |
| Wartezeit | Waiting Period |
| Wasserausschlußklausel | Water Exclusion Clause |
| Wasserfahrzeugnachtrag | Watercraft Endorsement |
| Wasserqualitätsversicherungssyndikat | Water Quality Insurance Syndicate |
| Wasserschadenversicherung | Water Damage Insurance |
| Wassersportversicherungsschutz | Pleasure Boat Coverage |
| Wasserverschmutzungshaftpflicht | Water Pollution Liability |
| Wechselseitige Gesetzgebung | Reciprocal Legislation |
| Weltliches Treuhandvermögen [402 (b)] (Nicht-steuerbefreites Treuhandvermögen) | Secular Trust [402 (b)] (Nonexempt Trust) |
| Weltweite Versicherung | World Insurance |
| Weltweiter Versicherungsschutz | Worldwide Coverage |
| Werbung, Versicherungsgesellschaft | Advertising, Insurance Company |
| Werkbankfehler | Bench Error |
| Wert | Value |
| – des Vermögens | Asset Valuation |
| Werte | Values |
| Wertmeldeform | Value Reporting Form |
| Wertminderungsversicherung | Depreciation Insurance |
| Wertpapier, Festverzinsliches | Bond (Financial) |
| Wertpapierbewertung | Securities Valuation |
| Wertpapierbewertungsreserve | Securities Valuation Reserve |
| Wertpapiere | Equities (s. a. Securities) |
| Wertpapierkaution | Securities Bond |
| Wertpapierportefeuille | Portfolio |
| Wertzuwachsversicherung | Betterment Insurance |
| Wetten ./. Versicherung | Wagering v. Insurance |
| Widerrechtliche Handlung | Wrongful Act |
| Widerrechtlicher Tod | Wrongful Death |
| Widerruflich | Revocable |
| Widerruflicher Begünstigter | Revocable Beneficiary |
| Widerrufliches Treuhandvermögen zu Lebzeiten des Verfügungsberechtigten | Revocable Living Trust |
| Wie lange eine Police in Kraft sein wird | How Long a Policy Will be in Force |
| Wiederaufleben | Revival |
| – der Police | Reinstatement of Policy |
| – einer Versicherung | Reinstatement |
| Wiederauflebensbestimmung | Reinstatement Provision |

| | |
|---|---|
| Wiederauflebensklausel | Reinstatement Clause |
| Wiederauflebensprämie | Reinstatement Premium |
| Wiederbeschaffungs-, Rekonstruktions- und Reproduktionskosten | Replacement, Reconstruction, and Reproduction Cost |
| Wiederbeschaffungskosten | Expenses of Replacement (s. a. Replacement Cost) |
| – abzüglich materieller Wertminderung und Veralterung | Replacement Cost Less Physical Depreciation and Obsolescence |
| Wiedergutmachungen | Reparations |
| Wiederherstellung | |
| – eines Systems | Restoration of Plan |
| – von Leistungsanwartschaften | Restoration of Vested Benefits |
| Wiederherstellungsprämie | Restoration Premium |
| Wiederkehrklausel | Recurring Clause |
| Willenserklärung zum Leben | Living Will |
| Winterzeitversicherungsform | Winter Range Form |
| Wirksamkeit durch Anerkennung | Agency by Ratification |
| Wirtschaftlicher oder Gebrauchswert | Economic or Use Value |
| Wirtschaftlicher Schaden | Economic Loss |
| Wirtschaftlicher Vorteil | Economic Benefit |
| Wirtschaftlicher Wert eines einzelnen Lebens | Economic Value of an Individual Life (EVOIL) |
| Wirtschaftlichkeitszeichnung | Profitability Underwriting |
| Wirtschaftsverbrechen | White Collar Crime |
| Witwenanteil | Dower Interest |
| Wohlerworbenes Anrecht | Vested Interest |
| Wohlseinprogramm | Wellness Program |
| Wohltätigkeits- und Regierungsimmunität | Charitable and Government Immunity |
| Wohltätigkeitsverein auf Gegenseitigkeit | Mutual Benefit Association |
| Wohnsitz | Domicile |
| Wohnungs-, Gebäude- und Inhaltversicherung | Dwelling, Buildings, and Contents Insurance (DB&C) |
| Wohnungsbauversicherung | Residential Construction Insurance |
| Wohnungsform | Residential Form |
| Wohnungsversicherungspolicenprogramm | Dwelling Insurance Policy Program |
| Wohnwagenversicherung | Mobile Home Insurance |
| Wollerzeugerpauschalversicherung | Wool Growers Floater |

## Y

| | |
|---|---|
| Yachtversicherung | Yacht Insurance |
| York-Antwerpen-Regeln | York Antwerp Rules |

## Z

| | |
|---|---|
| Zahlung | |
| – der durch die Gesellschaft versicherten Gefährdungen | Payment of Exposures Insured by Company |
| – gemäß dem Wahlrecht mit festgelegtem Zeitraum | Fixed-Period Option Settlement |
| – ohne Anerkennung einer Rechtspflicht | Ex Gratia Payment |
| Zahlungen von Prämien für Verpflichtungserklärungen | Payment of Premiums on Bonds |
| Zahlungsempfänger | Payee |
| Zahlungserleichterungsklausel | Facility of Payment Clause |
| Zahlungsoption mit einem festgelegten Betrag | Fixed-Amount Settlement Option |
| Zahlungspflichtigenklausel | Payor Clause |
| Zahlungsunfähigkeit | Insolvency |
| Zahlungsunfähigkeitsklausel | Insolvency Clause |
| Zahlungsversprechen | Payment Bond |
| Zahnärztliche Versicherung | Dental Insurance |
| Zedent | Cedent |
| Zedieren | Cede |
| Zedierende Gesellschaft | Ceding Company |
| Zedierte Rückversicherung | Reinsurance Ceded |
| 10-Jahres-Durchschnittsbildung | Ten Year Averaging |
| Zeichnung | Underwriting |
| Zeichnungsgrenzen | Lines |
| –, Aufstellung der | Line Sheet |
| Zeichnungshöchstbetrag | Line Limit |
| Zeitablauf | Expiration |
| Zeitfaktor-(Zeitraumpolice)-Versicherungsschutz | Time Element (Time Policy) Coverage |
| Zeitliche Marktkoordination | Market Timing |
| Zeitrahmen, Grundlegender | Basic Time Frame |
| Zeitraum | Period |
| – der Schadensmeldung | Time for Notification of Loss |
| Zeitraumpolice | Time Policy |
| Zeitverlustversicherung | Loss of Time Insurance |
| Zeitweilige Invaliditätsleistungen | Temporary Disability Benefits |

| | |
|---|---|
| Zeitweiliges Unbewohntsein | Vacancy |
| Zeitwert von Geld | Time Value of Money |
| Zentraler Schadenfonds | Central Loss Fund |
| Zentrales Grenztheorem | Central Limit Theorem |
| Zerstümmelungsversicherung | Dismemberment Insurance |
| Zertifikat | Certificate |
| Zession | Cession |
| Zessionar | Assignee |
| Zielrisiko | Target Risk |
| Zinsbereinigte Kosten | Interest Adjusted Cost |
| Zinsempfindliche Policen | Interest Sensitive Policies |
| Zinsen | Interest |
| Zinseszinsen | Compound Interest |
| Zinslose Darlehn | Interest Free Loans |
| Zinsoption | Interest Option |
| Zinspolicen | Interest Policies |
| Zinssätze, Garantierte/Überschuß | Interest Rates, Guaranteed/Excess |
| Zinsübernahme | Interest Assumption |
| Zinsüberschuß | Excess Interest |
| Ziviles Unrecht | Civil Wrong |
| Zivilprozeß | Civil Action |
| Zivilrechtliche Haftung | Civil Liability |
| Zivilrechtlicher Schadenersatz | Civil Damages |
| Zonensystem | Zone System |
| Zufälliger Schaden | Fortuitous Loss |
| Zufälliges Ereignis | Fortuitous Event |
| Zugehörige Gebäude | Appurtenant Structures |
| Zugelassene Gesellschaft | Admitted Company |
| Zugewiesene Ansprüche | Assigned Claims |
| Zugewiesene Leistungen | Allocated Benefits |
| Zugewiesenes Finanzierungsinstrument | Allocated Funding Instrument |
| Zugewiesenes Risiko | Assigned Risk |
| Zugewiesenes Risikosystem | Assigned Risk Plan |
| Zulässige Aktiva | Admitted Assets |
| Zulässige Gefährdungshöchstgrenze | Permissible Exposure Limit (PEL) |
| Zulässige Schadensquote | Permissible Loss Ratio |
| Zur Vermeidung weiterer Schäden bestimmt | Stop Loss |
| Zurückbehaltener Selbstbehalt | Retention Deductible |
| Zurückbehaltungsklausel | Retainer Clause |
| Zurückgekaufter Selbstbehalt | Buy-Back Deductible |

|  |  |
|---|---|
| Zurückziehungs-Bestimmung | Bail-Out Provision |
| Zusammenschluß, Zusammenlegung oder Reorganisation des Sponsors eines Systems | Merger, Consolidation or Reorganization of Plan Sponsor |
| Zusatz | Amendment |
| Zusatzartikel Q | Q Schedule |
| Zusatzausgabenversicherung | Extra Expense Insurance |
| Zusatzhaftpflichtversicherung | Supplemental Liability Insurance |
| Zusatzkrankenversicherung | Supplementary Medical Insurance |
| –, Große | Supplemental Major Medical Insurance |
| Zusätzliche Todesfalleistung | Additional Death Benefit |
| Zusätzliche Unfallkosten | Supplemental Accident Expense |
| Zusätzliche Zahlungen | Supplementary Payments |
| Zusätzlicher erweiterter Meldezeitraum | Supplemental Extended Reporting Period |
| Zusätzlicher Schadenersatz | Special Damages |
| Zusätzlicher Versicherter | Additional Insured |
| Zusätzliches Einzahlungsprivileg | Additional Deposit Privilege |
| Zusätzliches Interesse | Additional Interest |
| Zusatzprämie | Extra Premium |
| Zusatzversicherungsschutz | Supplementary Coverage |
| Zusatzvertrag | Supplementary Contract |
| Zuschlag | Loading |
| Zusicherung der Richtigkeit der Angaben | Warranty |
| Zuweisung | |
| – der Systemguthaben | Allocation of Plan Assets |
| – der Systemguthaben bei Beendigung | Allocation of Plan Assets on Termination |
| Zuzahlung | Copayment |
| Zwangspensionierungsalter | Compulsory Retirement Age |
| Zweckdienlichkeiten einer Transportversicherung | Instrumentalities of Transportation Insurance |
| Zweigstellenbüro | Branch Office |
| Zweigstellenmanager | Branch Manager |
| Zweiseitiger Vertrag | Bilateral Contract |
| Zweitrangiger Begünstigter | Secondary Beneficiary |
| Zweitrangiges System | Secondary Plan |
| Zweitverletzungsfonds | Second Injury Fund |
| Zwischeninvalidität | Intermediate Disability |

# Weitere fremdsprachige Titel aus dem Gabler Verlag

Celestino Sánchez
**Wirtschafts-Wörterbuch**
Band 1: Deutsch / Spanisch
1990, 519 Seiten, gebunden DM 98,–

Band 2: Spanisch / Deutsch
1993, 368 Seiten, gebunden DM 98,–

J. Boelcke / B. Straub / P. Thiele
**Wirtschafts-Wörterbuch**
Band 1: Deutsch / Französisch
2. Auflage 1990, 454 Seiten, gebunden DM 98,–

Band 2: Französisch / Deutsch
2. Auflage 1990, 424 Seiten, gebunden DM 98,–

Clara-Erika Dietl
**Wirtschafts-Wörterbuch**
Band 1: Deutsch / Englisch
2. Auflage 1990, 418 Seiten, gebunden DM 98,–

Band 2: Englisch / Deutsch
2. Auflage 1990, 429 Seiten, gebunden DM 98,–

Götz Hohenstein
**Fachbegriffe Finanz- und Rechnungswesen**
Englisch-Deutsch / Deutsch-Englisch
1992, 223 Seiten, gebunden DM 98,–

Klaus Oppermann
**Grundbegriffe Wirtschaft**
Deutsch-Russisch
1992, 336 Seiten, gebunden DM 98,–

J. Downes / J. E. Goodman
**Fachbegriffe Finanzierung und Kapitalanlagen**
– für den amerikanischen Sprachgebrauch –
Englisch-Deutsch
1993, 1.264 Seiten, gebunden DM 348,–

Dr. Friedrich Blanz
**Fachbegriffe Wirtschaft und Finanzen**
Deutsch / Japanisch / Englisch – Japanisch / Deutsch / Englisch
1994, 856 Seiten, DM 228,–

Stand der Angaben und Preise: 1.3.1994. Änderungen vorbehalten.

Betriebswirtschaftlicher Verlag Dr. Th. Gabler
Taunusstraße 54, 65183 Wiesbaden